KB176256

World Book 233

И.А. Гончаров
ОБЛОМОВ
오블로모프

곤차로프/노현우 옮김

동서문화사

도브롤류보프 Nikolay Aleksandrovich Dobrolyubov 1836. 2. 5(구력 1. 24) 러시아 니주니노브고로트~1861. 11. 29(구력 11. 17) 상트페테르부르크, 러시아 문학비평가. 전통적인 낭만주의 문학을 거부 급진적인 공리주의 비평을 했다. 성직자의 아들로 태어나 신학교와 교육대학에서 공부했으며 일찍 전통주의를 거부하고 서유럽 학문에서 자신의 이상을 발견했다. 1856년 영향력 있는 진보적인 정기간행물인 《소브레멘니크 Sovremennik》에 처음 글을 실었고, 다음해부터 이 잡지의 최고 비평가로 일했다. 급진적 지식인들 가운데 비사리온 벨린스키에 버금가는 영향력 있는 비평가로 꼽히며 주로 문학비평보다는 인생 비평에 관심을 가졌다. 가장 유명한 평론 《오블로모프 주의란 무엇인가? Chto takoye Oblomovshchina》(1859~60)에서 이반 곤차로프가 쓴 소설 《오블로모프 Oblomov》의 주인공 오블로모프를 통해 나타나는 현상을 다루었다. 그때부터 오블로모프 주의란 말은 러시아인의 삶과 문학에서 잉여인간(剩餘人間)의 대명사로 자리잡았다. 19세기 중반 농민혁명을 통한 러시아 사회주의 공화국을 목표로 활동한 사람들이 있었다. 체르니셰프스키와 도브롤류보프가 그 활동 중심적 인물이었다. 도브롤류보프는 겨우 4년간 집필 활동을 하다 25살에 세상을 떠났다. 그의 글은 러시아뿐만 아니라 유럽 여러나라에 큰 영향을 끼쳤다. 마르크스는 그를 '레싱이나 디드로만큼 훌륭한 저술가'라 평했다. 엥겔스는 체르니셰프스키와 도브롤류보프를 '사회주의적 레싱'이라 불렀다.

오블로모프 주의란 무엇인가?
도브롤류보프

러시아인의 본능 속에 살아 숨쉬는 '앞으로' 란 전능한 이 한 마디를 우리에게 해 줄 수 있는 사람은 과연 어디에 있는가? 시대는 끊임없이 흘러가고 있다. 수많은 게으르고, 나태하고, 어리석은 자들이 깨어나지 않는 잠에 빠져 있다. 그리고 이 말을, 전지전능한 이 한 마디를 던질 수 있는 힘을 가진 자는 러시아 땅에 아주 드물게 모습을 드러낸다…….

고골

이 나라의 독서계는 10년 동안 곤차로프의 소설 〈로망〉이 세상에 나오기만을 기다리고 있었다. 작품이 출판되기까지 기나긴 시간 동안, 사람들은 이 책에 대해 마치 이상한 작품이라도 되는 듯 서로 이야기를 나누었다. 그들은 매우 큰 기대를 가지고 작품을 읽기 시작했다. 그러나 이 소설의 제 1부는 이미 1849년에 집필되었고, 현재 눈앞에 펼쳐진 흥밋거리와는 전혀 관계없는 내용이었기 때문에 사람들은 지루함을 느꼈다. 마침 같은 시기에 나온 〈귀족의 둥지〉를 읽고 모든 사람들은 이 작가의 시적이며 감성이 흘러넘치는 재능에 마음을 빼앗겼다. 사람들은 〈오블로모프〉에 대해 가졌던 친근감을 잃어버렸다.

많은 사람들은 곤차로프의 소설 속에 전반적으로 흐르는 매우 구체적이며 심도 있는 심리 분석에 지루함마저 느꼈다. 사건의 재미만을 좇는 독자들이 이 소설의 제 1부를 지루하게 느낀 이유는 마지막 장면까지 주인공이 제 1장 도입부와 마찬가지로 긴의자 위에 계속 드러누운 채였기 때문이다. 또한 사회비판적 경향을 선호하는 독자들은 이 소설 속에 이 나라의 공식적=사회적 생활이 전혀 다뤄지지 않은 채 끝나 버린 것을 불만스럽게 생각했다. 즉, 이 소설의 제 1부는 독자를 잡아끄는 흥밋거리가 없다는 인상을 심어 준 것이다.

이 소설은 전체적으로 본다 해도, 적어도 이 나라의 독서계, 즉 모든 시적 문학을 오락으로 간주하고 예술 작품을 첫인상으로 판단하는 일에 완전히 익숙해져 버린 독서계에서는 성공을 거둘 수 없을 거라고 예상하게 하는 징후들이 적지 않게 보이고 있었다. 그러나 이번에야말로 예술적 진리가 급속히 그 움직임을 드러냈다. 소설 제 1부에 이어지는 각 부는, 처음 이 작품에 대해 불쾌한 인상을 안고 있던 모든 사람에게서 그러한 부정적 인상을 거두어 갔다. 그리고 곤차로프의 재능은, 그를 누구보다 동정하지 않는 사람들에게마저 거부할 수 없는 영향을 미쳤다. 우리는 이와 같은 성공의 비밀이 직접적으로는 작가의 예술적 재능의 힘에 있으며, 또한 이 소설의 비범하리만치 풍부한 내용에 있으리라 생각한다.

주인공의 성격 탓에 사건이라 부를 만한 일이라곤 거의 없는 이 작품 속에서 우리가 특별히 풍부한 내용을 찾아낼 수 있다는 것을 기묘하게 생각할지도 모른다. 그러나 우리는 이 글의 다음과 같은 내용에서 우리의 생각을 명백히 할 수 있으리라 기대한다. 이 글의 주된 목적은 우리가 곤차로프의 소설 속에서 마땅히 끄집어내야 하는 것이라 생각하는 몇 가지 주목할 만한 문제점과 결론을 이끌어내는 데 있다.

〈오블로모프〉는 많은 비평을 불러일으킬 것이 틀림없다. 아마 그 비평 중에는 교정에 관한 것도 있어, 단어나 문체에서 무언가 결점을 찾아내려 할 것이다. 또한 감동적 비평에서는 장면이나 성격의 미학적 표출에 감탄의 소리를 지를 것이다. 게다가 미학적=약제적 비평은 등장인물이 전 권을 통틀어 미학적 처방에 올바르게 따라서 저마다 이 특질의 필요량을 잘 배분하고 있는지, 또 이 인물들이 늘 처방대로 그 특질을 사용하고 있는지에 대해 엄격히 음미할 것이다. 우리는 이러한 자잘한 문제를 파고드는 것에 아무런 흥미도 느끼지 못한다. 또한 우리가 이러저러한 말은 주인공의 성격과 입장에 완벽히 어울리는 것인지, 또는 이러한 단어 속에서 몇몇 단어를 고칠 필요가 있는지, 여러 생각으로 골머리를 썩이지 않더라도 읽는 이에게 특별한 불행은 없을 것이다. 그런 이유로, 곤차로프의 소설 내용과 의의에 대해 좀 더 일반적인 방식으로 다룬다는 것은 절대 비난받을 만한 일은 아니라 생각한다. 물론 비평가들은 우리의 글이 오블로모프에 대해 쓴 것이 아니라 그저 오블로모프를 기회로 삼아 쓴 것에 불과하다며 또 우리를 비난할지도 모르지만…….

다른 어떤 작가보다도 곤차로프에 대한 비평의 경우, 우리는 작품으로부터 이끌어낼 수 있는 일반적인 결과에 대해 보다 많은 설명이 필요하다고 생각한다. 자진해서 이러한 역할을 맡아 자기 작품의 목적과 의미에 대해 독자들에게 설명하는 작가도 있다. 또 어떤 작가는 자신이 의도한 바를 절대 입 밖에 내지 않지만, 그의 이야기 전체가 작가가 가진 생각을 명백하고 정확히 구체화하도록 그려 간다. 이러한 작가의 경우 페이지마다 독자가 가르침을 얻기를 노린다. 그리고 그의 의도를 이해하지 않으려면 어느 정도 우둔함이 필요하다……. 대신 이러한 작품을 읽으면 작품의 바탕에 놓인 사상에 대해 (작가의 재능의 정도에 따른) 다소나마 완전한 동의를 얻을 수 있다. 그 밖의 일은 이 작품을 읽은 지 두 시간 만에 완전히 머릿속에서 잊힐 것이다.

곤차로프의 경우 이들과는 완전히 다르다. 그는 독자에게 어떠한 결론도 내려 주지 않을뿐더러, 반대로 독자가 결론을 내 주는 것도 바라지 않는다. 그가 그리는 생활은 그에게 있어 추상적 철학을 위한 수단이 아니라 그 자체가 직접적인 목적이다. 그에게 독자는 문제되지 않는다. 또한 독자가 그의 소설로부터 어떠한 결론을 이끌어낸다 해도, 그 또한 문제되지 않는다. 그것은 이미 독자의 몫인 것이다. 잘못된 결론을 내렸다면 저마다의 근시안을 탓하라. 절대 작가를 탓해서는 안 된다. 그는 당신에게 생생한 묘사를 제공하고, 그 묘사가 현실과 닮아 있는 것만을 보증한다. 그 속에 그려진 대상의 가치 정도를 결정하는 것은 당신들의 일이며, 작가는 이에 더 이상 관심을 갖지 않는다.

다른 재능 있는 작가들이 가진 가장 큰 힘과 매력인 쉽게 달아오르는 감정도 그에게는 없다. 예를 들어 투르게네프는 자신의 주인공들에 대해 마치 자신과 친한 사람의 이야기를 하는 것처럼 말한다. 그리고 가슴 속 깊은 곳에서 그들의 열렬한 감정을 파악하여, 상냥한 동정과 안쓰러운 불안을 품고 그들의 뒤를 쫓아, 자신이 창조해 낸 인물들과 함께 때로는 괴로워하고 때로는 함께 기뻐한다. 그리고 언제나 기꺼이 그들을 시적 환경으로 둘러싸고 거기에 스스로 열중한다……. 게다가 그의 열중은 전염성이 강하다. 그것은 거부할 수 없도록 독자의 동정심을 유발하여, 첫 페이지에서부터 독자의 사상과 감정을 이야기 속으로 끌어들이고, 독자로 하여금 투르게네프적 인물이 등장하는 순간을 눈앞에서 체험하고 느끼게 하는 것이다. 그렇게 많은 시간이 지나면—독자는 때로 이야기의 줄거리를 잊고, 모든 사건의 세부적인 이음새를 잃은 채 개개의 인물과 상황적인 특징을 놓칠 수도 있다. 그리하여 결국 읽었던 모든 것을 잊어버리게 될지도 모른다. 그러면서도 독자에게 있어 그 이야기를 읽고 경험한 생생한 기쁨의 인상은 잊을 수 없는 귀한 것으로 남게 될 것이다.

곤차로프에게는 그러한 것이 하나도 없다. 그의 재능은 인상이라는 것을 받아들이지 않는다. 그는 꽃피는 장미나 나이팅게일을 바라보아도 서정적인 노래를 부르지 않는다. 물론 그 역시 그것을 보고 가슴 속 깊이 감동받을 것이다. 가던 길에 멈추어 서서 한참을 바라보면서 귀를 기울이고, 생각에 잠기고 말 것이다……. 이 때 그의 마음속에는 어떠한 과정이 발생하고 있는 것일까? 우리로서는 잘 알 수가 없다. 하지만, 보라. 그는 무언가를 그리기 시작하고 있는 것이다. 독자는 아직 확실치 않은 그 윤곽을 냉정히 바라보고 있다……. 그 윤곽은 조금씩 확실해지며, 멋있는 무언가로 변해 간다……. 그리고는 갑자기, 무언가 기적이 일어나기라도 한 듯 이들 윤곽 속에서 장미꽃도 나이팅게일도 그 모든 것이 더할 나위 없는 아름다움과 매력을 품고 독자 앞에 되살아난다. 단순히 독자의 눈앞에 그 모습이 그려질 뿐만이 아니다. 장미꽃 향기가 퍼지고, 나이팅게일의 지저귐이 들려올 것이다……. 만약 장미나 나이팅게일이 독자의 감정을 고조시킨다면, 독자 쪽에서 서정가를 부르면 된다. 예술가는 그 모습을 그려낸 것으로 자신의 일에 만족하고 곁으로 물러난다. 이 이상 그는 그 무엇도 덧붙이지 않을 것이다……. '만약 형상 그 자체가 당신의 영혼에, 언어가 당신에게 전해야 할 말을 하지 않는다면—라고 예술가는 생각한다—이 이상 덧붙인다 해도 소용이 없을 것입니다.'

대상의 있는 그대로의 모습을 파악하여 주조하고 조각해 내는 이 능력 속에—곤차로프의 재능이 가지는 가장 강력한 측면이 있다. 특히 이러한 점에서 그는 현대 러시아의 모든 작가들을 앞서고 있다. 거기에서 그의 재능이 가지는 모든 특징을 쉽게 설명할 수 있다. 그에게는 놀랄 만한 능력이 있다—그는 어떠한 순간에도 생활 속에서 사라지려고 하는 현상의 모든 것을 완전함과 신선함 그대로 파악하고, 그것들이 완전히 예술가의 소유물이 될 때까지 자신의 앞에 매어 두는 힘을 가지고 있다. 생활의 밝은 빛은 우리 모두의 위를 비추고 있지만, 그 빛은 우리 의식에 닿자마자 금방 사라지고 만다. 그리고 그에 이어 또 다른 빛이 다른 곳에서 흘러나와, 거의 흔적을 남기는 일 없이 다시 순식간에 사라져 간다. 이런 식으로 생활 전체가 우리 의식의 표면을 미끄러지듯 스쳐지나간다.

예술가는 이와 다르다. 그는 저마다의 대상 중 자신의 마음에 가까이 하고 싶은 그 무언가를 파악할 수 있다. 그리고 그 무언가가 그의 마음속에 강렬한 인상을 남긴 그 순간 위에 머무를 수 있다. 시적 재능의 특질과 완성의 정도에 따라서 예술가가 다다를 수 있는 범위는 좁아지기도 하고 넓어지기도 한다. 인상은 훨씬 더 생생해질 수도, 깊어질 수도 있다. 인상의 표현은—더 열렬해질 수도 있고, 더 평안해질 수도 있다. 시인이 여러 대상 속에서 어떤 동일한 특질에 흥미를 가지는 일도 적지 않다. 그리고 시인은 그 특질을 모든 곳에서 불러일으키고, 찾아내기 위해 노력한다. 또한 이를 가능한 생생히 표현하는 것을 자기의 주된 목표로 삼아 이 일에 자신의 예술적 능력을 주로 쏟아붓는다. 이렇게 자신 내면의 영혼 세계를 바깥 현실 세계와 융합시켜 생활과 자연 그 모두를 자기 자신의 내면을 지배하고 있는 감정의 프리즘을 통해 바라보는 예술가가 있다.

그리하여 어떤 예술가의 경우는 모든 작품이 조형적인 아름다움의 감각에 종속되고, 또 다른 예술가의 경우는 상냥하고 기분 좋은 특질을 주로 그린다. 또한 다른 예술가들은 모든 형상이나 서술 속에 인간적, 사회적인 지향을 반영하기도 한다. 그러나 이와 같은 측면 중에서 어느 하나 곤차로프의 장점이 될 만한 것은 없다. 그러나 그에게는 다른 특질이 있다. 그것은 시적 세계관의 평정과 충실이다. 그는 어떠한 것에도 특별히 마음을 빼앗기지 않는다. 이를 달리 표현하면 모든 것에 동등하게 마음을 빼앗긴다고 할 수 있을 것이다. 그는 대상의 일부분이나 사건의 계기 하나로 마음이 움직이는 일 없이 대상을 모든 측면에서부터 관찰하고, 현상의 모든 요소가 완성되길 기다린다. 그러고 나서 그 위에 그것을 예술적으로 가공하는 일에 착수한다. 물론 그 결과로 그는 자신이 그리는 대상에 대해 한층 평안하고 공평한 태도를 취할 수 있게 되고, 작은 사물을 섬세하게 묘사하는 경우에조차 그 윤곽을 한결 확실하게 하여 이야기의 모든 부분에 평등하게 주의를 기울인다.

　이런 이유로 어떤 사람들은 곤차로프의 소설이 그저 길기만 한 작품이라고 생각하기도 한다. 그것은 실제로 길다면 길다고도 할 수 있다. 제 1부에서 오블로모프는 긴의자에 누워 있다. 제 2부에서 오블로모프는 이리인스키 집안의 올가를 사랑하게 되고, 올가 또한 그에게 사랑을 느낀다. 제 3부에서—그녀는 오블로모프를 잘못 보았음을 깨닫는다. 그리고 두 사람은 헤어지게 된다. 제 4부에서 올가는 오블로모프의 친구 슈톨츠와 결혼하고, 오블로모프는 자신이 살던 하숙집 여주인과 결혼한다. 이것이 전부다. 이 작품 속에는 어떠한 외적인 사건도, (네바 강 도개교가 올라가는 바람에 올가와 오블로모프의 밀회가 중단된 것 말고는) 어떠한 장애도, 어떠한 부수적 상황도 얽혀 있지 않다. 오블로모프의 태만과 무기력—이것이 그의 이야기 전체에 흐르는 모든 행동을 만든 단 하나의 원동력이다. 대체 어떻게 이 내용을 4부에 이르는 작품으로 만들어 낼 수 있었는지! 이 주제를 다른 작가가 다루었다면, 그는 이와 다른 작품을 완성했을 것이다. 50페이지 쯤의 가볍고 재미있는, 짧은 작품으로 마무리하지 않았을까. 애교 있는 희극이 만들어졌으리라. 게으른 주인공을 비웃고, 올가와 슈톨츠에게 매혹당해, 그것으로 이야기를 끝맺어 버렸을 것이다. 이야기는 특별한 예술적 의의는 없더라도 결코 지루하지는 않을 것이다.

　그러나 곤차로프는 다른 방식으로 글을 써내려갔다. 그는 먼저 자신의 눈길을 끈 현상을 끝까지 추구하지 않고서는, 또한 그 원인을 찾아내지 않고서는, 더욱이 그것과 주변의 모든 현상과의 관계를 이해하지 않고서는 그 현상에서 떠나려 하지 않았다. 그는 자신의 눈앞에 어른거리는 우연의 형상을 하나의 유형으로 굳혀, 여기에 본질적이고 변하지 않는 의의를 부여하고 싶어했다. 따라서 오블로모프와 관계가 있는 것은 무엇 하나라도 그에게 있어서 결코 공허하거나 무시할 만한 것이 아니었다. 그는 모든 것에 애정을 가지고, 그 모든 것을 자세하고 확실히 그려냈다. 오블로모프가 살고 있던 방 구석구석뿐만 아니라, 그가 살고 싶다고 생각한 것에 지나지 않았던 집마저도, 그의 실내복뿐만 아니라, 그의 하인 자하르의 쥐색 연미복과 뻣뻣한 구레나룻에 이르기까지. 또한 오블로모프가 편지를 쓰는 방식뿐만 아니라, 영지 관리인이 그에게 보낸 편지지와 잉크의 질마저도—모든 것을 빠짐없이, 정확하고 명료하게 그렸다. 이 소설 속에서 아무런 역할도 없는 폰 랑그바겐이라는 남작에 대해서마저 작가는 그냥 지나치지 않았다. 그리고 그는 이 남작에 대해 한 페이지를 고스란히 써 가며 훌륭하게 묘사해 냈다. 만약 한 페이지로 성에 차지 않았다면 두 페이지, 아니, 네 페이지라도 썼을 것이다.

이것은 신속한 행동을 거스르는 일일지도 모른다. 또한 강렬한 감각을 통해 억누르기 힘든 유혹을 받고 있는 무관심한 독자를 지루하게 만들지도 모른다. 그럼에도 불구하고 곤차로프의 재능 중에서—이 점이 그의 묘사에서 보이는 예술성에 매우 큰 기여를 하고 있는 귀중한 특질이다. 그의 작품을 처음 읽었을 때 독자는 그 안에 담긴 수많은 사상(事象)이 예술의 영원불멸한 요구에 합당하지 않은 것처럼 여길 것이다. 그러나 곧 독자는 작가가 그리고 있는 세계에 익숙해지고, 작가가 그리는 모든 현상이 법칙에 들어맞으며 자연스러운 것이라는 점을 자기도 모르는 사이 인정할 것이다. 그리고 등장하는 수많은 인물의 입장에 스스로를 대입하여 그들과 같은 입장과 환경에서라면 그것 말고 다른 식으로 행동할 수는 없으리라고 느끼고, 좀 더 나아가면 그것 말고 다른 행동을 해서는 안 된다는 느낌마저 가지게 될 것이다.

작가가 끊임없이 제공하는, 애정과 함께 평범치 않은 숙련된 기술로 그려진 사물에 대한 구체적 묘사는, 마침내 어떤 매혹을 불러일으킨다. 독자는 어느 새 작가가 이끄는 세계에 완전히 빠져들어 버린다. 독자는 거기서 무언가 친근함을 발견한다. 독자의 앞에는 각각의 인물과 대상 저마다의 외면적인 형태뿐만이 아니라, 그 깊은 내면에 있는 것, 그 정신이 차례로 펼쳐질 것이다. 그리고 이 소설을 모두 읽고 나면, 독자는 자신의 사상 범위에 무언가 새로운 것이 더해짐을 느끼고, 마음속에 여러 가지 새로운 형상과 새로운 유형이 깊이 침투했음을 느끼게 될 것이다. 이들 형상과 유형은 오래도록 독자의 곁을 맴돈다. 독자는 그것에 대해 생각해 보고 싶다는 마음을 가진다. 독자 자신의 생활, 성격, 기호에 대해서, 그것들의 의의와 관계를 명확히 하고 싶다는 생각을 하게 된다. 독자의 무기력과 권태는 어디론가 사라져 버리고 강렬한 사상과 싱싱한 감각에 눈을 뜨기 시작한다. 독자는 다시 한 번 많은 페이지를 되새김질하고 싶다는 생각을 하고, 다시 읽은 부분에 대해 생각하고, 토론하고 싶어진다.

적어도 우리에게 오블로모프는 이러한 영향을 주었다. 우리는 〈오블로모프의 꿈〉을 비롯한 몇 가지 장면을 여러 차례 되풀이해 읽었으며, 작품 모두를 두 번에 걸쳐 거의 완전히 읽었다. 두 번째 읽을 때에는 처음 읽을 때보다 더욱 마음에 들었다고 생각한다. 작가가 이런 식으로 사건 진행을 꾸민 부분, 그리고 어떤 사람들의 의견처럼 이 작품의 길게 늘려 쓴 부분의 세부 묘사는 실로 이와 같은 매혹적인 의의를 가지고 있는 것이다.

이렇게 곤차로프는 갖가지 생활에 나타나는 여러 가지 현상을 누구보다도 충실히 표현하는 방법을 알고 있는 예술가로서 우리 앞에 나타났다. 여러 생활 현상의 묘사는 그의 사명이며 즐거움이다. 그의 객관적 창조는 어떠한 이론 상 편견이나 이미 정해진 이념에 의해서도 흔들리지 않고, 어떠한 일방적인 동정(同情)에도 좌우되지 않는다. 그것은 온건하고 정직하며 냉정하다. 이는 예술적 활동의 최고점을 구성하는 것일까, 아니면 예술가의 연약한 감수성을 보여주는 결점이라고까지 말할 수 있는 것일까? 이에 대해 단정적인 답을 내기는 어렵다. 어쨌든 제한과 설명 없이는 공정을 기할 수 없을 것이다. 많은 사람들은 현실에 대한 시인의 조용한 태도가 마음에 들지 않는다. 그들은 이러한 재능이 바람직하지 않다는 점에 있어서 즉시 엄한 판결을 내리려 한다. 우리는 이러한 판단이 자연스럽다는 것을 이해한다. 우리 역시 작가가 우리의 감정을 더 많이 자극하고, 마음을 더 강하게 잡아끄는 식의 글을 써 주었으면 하는 희망이 전혀 없는 것은 아니다.

그러나 우리는 이 희망이—감정 속에서마저—끊임없이 지도자를 가지고자 하는 경향으로부터 태어난, 어느 정도 오블로모프적인 것임을 의식한다. 인상이 작가에게 서정적인 기쁨을 불러일으키지 않고 작가의 마음 속 깊은 곳에 조용히 숨어 있을 뿐이라는 이유로 작가의 감수성이 빈약하다고 단정 지어 버리는 것은—옳지 않다. 오히려 인상을 빠르고 강렬하게 묘사하면 그 인상은 그만큼 쉽게 피상적이고 일시적인 것이 된다. 우리들은 언어와 표정의 파토스를 끊임없이 축적하는 축복받은 사람들에 대해 매사 이와 관련된 수많은 예를 본다. 만일 사람이 대상의 모습을 자신의 마음속에 품은 채 키워 나가고, 그런 뒤에 이를 확실하고 완전하게 표현할 수 있다면—이는 그 사람의 날카로운 감수성이 감각의 깊이와 결부되어 있다는 의미이다. 그 사람은 자신의 생각을 바로 말하려 들지 않는다. 그러나 그에게 있어서 이 땅 위의 그 무엇 하나 무익한 것은 없다. 그의 주변에서 생활하고 움직이는 모든 것, 자연과 인간사회를 풍요롭게 만들고 있는 모든 것, 이 모든 것은 ―

왜인지 기묘하게도
마음 속 깊은 곳에 살아 있다.

어떠한 순간에도 생활의 모든 현상은 그의 안에서는 마법의 거울 속에서처럼 비추어져, 그가 생각하는 대로 머물고, 굳어져서, 단단한 부동의 틀 속에 부어진다. 그는 생활 그 자체를 붙잡아, 생활의 가장 잡기 힘든 한 때를 영원히 고정시켜 우리 앞에 놓고, 우리가 그것을 통해 배우고, 때로는 즐기며, 언제까지나 그것을 바라보도록 할 수 있다.

이러한 힘이 지극히 높은 수준으로 발달해 있을 경우에는 두말할 필요 없이 우리가 재능의 좋은 느낌, 매력, 신선함, 또는 믿음직함이라고 부르는 그 모든 것에 필적한다. 그러나 이 힘이라는 것에도 각각의 정도가 있으며, 심지어 여러 종류의 대상으로 향할 수가 있다. 그리고 이 또한 적지 않게 중요한 일이다.

여기서 우리는 말하자면 예술을 위한 예술의 신봉자들과 의견을 달리한다. 예를 들어, 그들은 낙엽 한 장에 대한 뛰어난 묘사도 인간 성격에 대한 뛰어난 묘사와 동등하게 중요하다고 생각한다. 주관적으로는 그 말도 옳을지도 모른다. 원래 재능의 힘은 두 명의 예술가가 동일한 경우도 있을 수 있다. 그저 그들의 행동 범위가 다를 뿐이다. 그러나 우리는 나뭇잎이나 실개천의 모범적 묘사에 스스로의 재능을 낭비하는 시인이, 그와 같은 재능을 가지고, 예를 들어 사회 생활의 모든 현상을 재현할 수 있는 시인과 동일한 의의를 가질 수 있다는 점에 대해서는 절대 동의할 수 없다. 비평이나 문학, 또한 사회 그 자체에 대해서는 예술가가 자신의 내면에, 추상적인 것 속에, 또 가능성으로서 얼마나 큰 재능과 어떠한 특질을 가지고 있는가 하는 점보다도, 그 재능을 어디에 사용하고, 어떠한 사물의 어떤 면을 표현하는가 하는 문제 쪽이 훨씬 중요하다고 우리는 생각한다.

그렇다면 곤차로프의 재능은 어떤 식으로 나타나고, 어디에 그 재능을 소비하고 있을까? 이 작품의 내용 분석이 질문에 대한 답이 될 것임에 틀림없다.

아마 곤차로프는 자신의 재능을 묘사에는 얼마 사용하지 않았을 것이다. 사람 좋고 한심한 오블로모프가 드러누워 자고 있다, 우정도 사랑도 그의 눈을 뜨게 하거나 일으킬 수 없다—는 데 대한 이야기이다. 이는 그다지 중요한 이야기는 아니다. 그러나 여기에는 러시아의 생활상이 반영되어 있다. 이 글은 가차없는 엄격함과 진실함을 가지고 정확히 그려진, 살아 있는 현대 러시아인의 유형을 우리에게 보여 준다. 여기에는 우리 사회가 발달하며 생겨난 새로운 말, 즉 절망도 없고 어린애다운 기대도 없지만, 진리의 충실한 의식을 가지고 확실하고 강하게 소리낸 새로운 말이 쓰여 있다. 이 단어란—오블로모프 주의이다. 이는 러시아 생활 상 많은 부분에 나타나는 수수께끼를 풀기 위한 열쇠로 적합하다. 그리고 이것은 곤차로프의 소설에 이 나라의 모든 사회비판적 소설이 가지고 있는 것보다도 훨씬 많은 사회적 의의를 부여하고 있다. 오블로모프 유형 속에서, 또 이 오블로모프 주의 전체 속에서, 우리는 강한 재능의 성공적인 창조물 그 이상의 것을 본다. 우리는 그 안에서 러시아 생활의 작품을, 시대의 상징을 보는 것이다.

오블로모프는 러시아 문학사에 반드시 새로운 인물은 아니다. 그러나 지금까지 이러한 인물이 곤차로프의 소설에서만큼 이렇게까지 꾸밈없이, 그리고 자연스럽게 우리 앞에 선 적은 없었다. 너무 예전 기억을 더듬지 않더라도 우리들은 이미 오네긴 속에서 오블로모프 유형의 혈연적 특질을 발견할 수 있다. 그리고 그 뒤 이 나라의 가장 우수한 문학작품 속에서 그러한 특질이 몇 차례인가 반복됨을 발견했다. 문제는 이것이 이 나라의 성실한 예술가들 모두가 무시할 수 없는, 러시아의 근원적 국민 유형이라는 점에 있다.

그러나 시간이 흐름에 따라, 또한 사회가 의식적인 발달에 성공함에 따라, 이런 유형도 스스로의 형태를 변화시켜 생활에 대해 별개의 태도를 취하게 되고, 마침내 새로운 의의를 갖기에 이르렀다. 그 존재들의 새로운 양상에 주목하며, 새로운 의미의 본질을 규정하는 것—이 일은 언제나 커다란 과제였다. 그리고 이 일을 성공시킨 재능은 변함없이 이 나라의 문학사를 본질적으로 일보 전진시켰다. 우선 오블로모프 유형의 주요 특징을 관찰하고 난 뒤에, 이 유형과 여러 시대 속에서 이 나라 문학 상에 나타난 같은 종류의 몇 가지 유형을 간단히 비교해 보자.

오블로모프적 성격의 주된 특징은 무엇인가? 그것은 지상에 존재하는 모든 것에 대한 무관심으로부터 생겨나는, 완전한 무기력이다. 이 무관심은 그의 외면적 입장에서 기인하고 있는 동시에, 그의 지적이고 정신적인 발달 상태에서 기인하고 있는 것이기도 하다. 외면적 입장으로 말하자면—그는 지주(地主)이다. 작가의 표현에 따르면 '그에게는 자하르가 붙어 있고, 그 위에 또 삼백 명의 자하르가 따라다닌다.' 자신이 우월한 입장에 서 있음을 일리야 일리이치(오블로모프)는 자하르를 향해 다음과 같은 말로 타일렀다.

'내가 발버둥을 치거나, 일을 한다는 건가? 먹을 것도 제대로 먹지 못한다는 건가? 비쩍 마른 빈상(貧相)인가? 무언가에 얽매여 자유롭지 못하다는 건가? 물건을 가져 오거나 수발을 들어 주는 사람이 제대로 붙어 있지 않은가. 덕분에 나는 태어나고부터 한 번도 내 손으로 양말 따위 신어 본 적 없다고! 내가 악착같아질 거라고? 이 내가? 내가 대체 누굴 향해 이런 말을 하고 있는 거지! 어린 시절부터 날 돌봐 준 건 너 아냐. 너는 모두 알고 있을 텐데. 전부 다 봤을 거야. 나는 귀한 대접을 받고 자랐어. 나는 추위와 배고픔을 참아 본 적이 없지. 무엇 하나 자유롭지 못한 구석이 없어. 내 스스로 빵을 위해 돈을 벌어 본 적도 없다고. 그런 천한 일 따위 해 본 적 없단 말이다.'

이렇게 오블로모프는 완전한 진실을 말하고 있다. 그가 자라 온 역사가 그가 하는 말의 진실성을 확실히 증명하고 있다. 어린 시절부터 그에게는 물건을 가져다주거나 수발을 들어 주는 사람이 따라다녔다. 덕분에 그는 게으름뱅이와 같은 생활에 익숙해져 있다. 거기에 종종 의지에 거스르면서까지 아무 생각 없이 시간을 보내고, 여기저기 놀러 다니며 하루를 보낸다. 다음과 같은 조건 아래에서 자란 인간에게 애당초 무엇을 바랄 수 있겠는가?

'자하르카는—보통 보모가 자주 그러듯이—그의 양말을 신겨 주거나 신발을 신겨 주거나 한다. 이미 열네 살의 소년이 된 이류시카는 자리에 드러누운 채 자하르카에게 한 쪽씩 다리를 내미는 것 밖에 할 줄 모른다. 그리고 신기는 방법이 조금이라도 마음에 들지 않으면 자하르카의 얼굴에 발길질을 하는 것이다. 자하르카가 혹시 불만스레 잔소리라도 할라 치면, 그 위의 나이 많은 사람들로부터 머리를 한 대 쥐어박힌다. 그러고 나서 자하르카는 일리야 일리이치의 머리를 빗겨 주고, 그가 불안해하지 않도록 주의깊게 재킷 소매에 두 손을 넣게 해서 옷을 입힌다. 그리고 그 외에 해야만 하는 또 다른 일들, 예를 들어 아침 일찍 일어나서—세수를 하지 않으면 안 된다거나 하는 것을 일리야 일리이치에게 일깨워 주는 것이다.

일리야 일리이치는 무언가 가지고 싶은 것이 생겼을 때 슬쩍 눈을 깜박이기만 하면 된다—그러면 서너 명의 시종이 그가 바라는 것을 이루어 주기 위해 바쁘게 돌아다닌다. 그가 무언가를 떨어뜨려도, 무언가 집어야 할 물건에 손이 닿지 않을 때도 마찬가지이다. 그 또한 장난꾸러기 소년답게 때로는 자리에서 뛰쳐나가 뭐든지 스스로 하고 싶다는 생각을 할 때가 있다. 그러면 느닷없이 아버지와 어머니와 세 명의 숙모까지 총 다섯 개의 목소리가 외치는 것이다.

"뭐 하는 거니? 어디 가니? 바시카, 바니카, 자하르카, 뭐 하는 거지? 이봐! 바시카! 바니카! 자하르카! 너희들 대체 뭘 보고 있는 거야! 멍청이들! 혼날 줄 알아!"

그래서 일리야 일리이치는 무언가를 스스로 해 보려고 생각해도 도저히 그렇게 할 수 없었다. 그 뒤 그는 아무 것도 하지 않는 편이 훨씬 편하다는 것을 발견했다. 그리고 그 자신도 큰소리치는 법을 배웠다.

"이봐, 바시카, 바니카! 저거 줘, 아니 다른 거! 저건 싫어, 그게 마음에 드는 걸. 얼른 가서 가지고 와!"

때로는 그 또한 양친의 상냥한 배려에 싫증이 날 때도 있다. 그가 계단을 뛰어내려오거나 뒤뜰에서 뛰어다니거나 하면, 느닷없이 그의 뒤에서 절망에 찬 열 명의 목소리가 울려퍼진다. "아이고, 저런! 누가 좀 말려 줘! 말려 달라고! 저 애가 넘어져, 다친다고! 기다려! 거기 서!"

그가 겨울에 문간방으로 뛰쳐나가려고 하거나 통풍구를 열려고 하면—다시금 외치는 소리가 들려온다. "어라, 어디 가니? 말도 안 되는 소리! 나가면 안 돼, 가는 거 아냐, 열면 안 되지, 위험한 걸, 감기 걸린다고……" 그리하여 일류샤는 온실 속의 이국풍 꽃과 같이 소중한 취급을 받으며, 슬픔에 잠겨 집 안에서만 머물렀다. 그리고 유리 속의 그 이국풍 꽃처럼, 그는 서서히 힘없이 자라났다. 밖으로 표출되어야 하는 힘은 안으로 향하고, 시들어 버렸다.'

이러한 양육 방식은 이 나라의 교양 있는 사회에서 결코 예외적이고 이상한 것이 아니다. 물론 자하르카가 도련님께 양말을 신겨 줄 때와 같은 장면은 많은 곳에서 볼 수 있는 일이 아니다. 그러나 자하르카가 이러한 일을 면제받을 수 있는 경우는 특별한 관대함이나, 혹은 지극히 높은 교육적 고려에 입각한 것으로, 결코 일반적인 가사 상태와 어울리는 것이 아니라는 점을 잊어서는 안 된다. 귀족 아이들도 아마 제 손으로 옷을 입는 경우가 있을 것이다. 그러나 그는 이 일이 자신에게 있어 일종의 유쾌한 기분전환이며 변덕이지, 원래 자신이 그런 일을 할 필요가 전혀 없다는 것을 알고 있다. 사실 일반적으로 그 자신이 무언가를 할 필요는 없는 것이다. 무엇을 위해 악착스레 매달릴 필요가 있는가? 필요한 것은 뭐든지 그를 위해 가져다주고, 필요한 일은 뭐든지 해 주는 사람이 있지 않은가? ……그러므로 그는 노동의 필요와 신성함에 대해 아무리 설교한다 한들 일에 악착같이 매달리거나 하지 않는다. 그는 어릴 적부터 자신의 집에서, 집안일은 전부 하인이나 하녀에게 시키고, 아버지와 어머니는 그저 지시를 내리거나 일이 잘 풀리지 않을 때 호통을 치기만 하면 된다는 것을 보며 자랐다. 거기서 이미 그는—악착스레 일에 매달리기보다 팔짱을 끼고 앉아 있는 편이 존경받는다는 생각을 먼저 갖게 된다……. 그 뒤의 발달도 전부 이 방향으로 진행된다.
아이의 이러한 처지가 그의 모든 정서적이고 지적인 교양에 어떠한 작용을 하는가는 명백하다. 내면의 힘은 필연적으로 '시들어 죽게 된다.' 소년이 때로 이러한 힘을 시험해 보려 하면, 그것은 오직 변덕이 되고, 또한 자신의 명령을 타인에게 실행하도록 하는 교만한 요구로 나타난다. 그러나 충족된 변덕은 무성격을 발달시키며, 교만은 자신의 품위를 성실히 지키려는 능력과 서로 용납되지 않는다는 것은 널리 알려진 사실이다. 무의미한 요구를 하는 일에 익숙해지게 되면, 곧 소년은 자신이 가진 희망의 가능성과 실현성을 계산하지 못하게 되어, 수단을 목적에 적용하는 힘을 완전히 잃고 만다. 그런 탓에 스스로의 노력으로 헤쳐나갈 수밖에 없는 장애물을 만나면 곧 그 자리에 멈춰 서는 것이다. 이러한 소년이 성장하면 오블로모프가 된다. 그는 많던 적던 교묘한 가면 아래 오블로모프적인 무관심과 무성격을 갖추고 있다. 그러나 그가 항상 가지고 있는 공통적이고 변하지 않는 특질이 있다— 즉, 성실하고 자주적인 행위에 대한 혐오이다.

이 경우 오블로모프들의 지적 발달 또한 많은 역할을 해내고 있지만, 이 역시 그들의 외면적 태도에 의해 방향이 정해진 것임은 말할 필요도 없다. 그들은 인생의 시작에서 생활을 뒤집힌 모습으로 바라본다—그 때문에 훗날에도 자신의 생애 마지막에 다다를 때까지 세상과 사람들에 대한 자신의 태도를 합리적으로 이해할 수 없다. 그들은 그 뒤 많은 일에 대한 설명을 듣는다. 그들도 무언가를 이해할 것이다. 그러나 어릴 적부터 심어진 생각이란 것은 여전히 마음 속 어딘가 남아 있어, 끊임없이 고개를 들며 모든 새로운 생각들을 방해하고, 영혼 깊숙이 이러한 새로운 생각들이 들어오는 것을 용서치 않는 것이다……. 그리고 머릿속에 어떠한 혼란이 생겨난다. 때로는 그도 무언가를 하고자 결심할 때가 있다. 그러나 그는 무엇을 시작하면 좋을지, 어느 쪽을 향하면 좋을지를 모른다……. 이는 어려운 일이 아니다. 제대로 된 인간은 보통 성취할 수 있는 일만을 원한다. 그 대신 그는 바라는 일은 뭐든지 즉시 실행에 옮긴다…….

그러나 오블로모프는…… 그는 무언가를 하는 일에 익숙하지 않다. 따라서 자신이 무엇을 할 수 있고, 무엇을 할 수 없는지 제대로 판단할 수 없다—그러므로 무언가를 진지하게, 실질적으로 바라는 일 또한 불가능하다……. 그의 희망은 그저 형식 속에서만 나타난다. '만약 이 일을 한다면 참 좋을 거야.' 그는 이렇게 생각한다. 하지만 어떻게 해야 이 일을 할 수 있는지는 모른다. 그런 연유로 그는 공상을 즐기며, 공상이 현실과 만나는 순간을 지극히 두려워한다. 그래서 그는 모든 일을 누군가 다른 사람에게 강요하려 애쓴다. 만약 아무도 없을 때에는 우연에 기대한다…….

이 모든 특징은 일리야 일리이치 오블로모프의 내면에서 보기 좋게 지적되고, 특이한 힘과 진실함을 가지고 집약되어 있다. 일리야 일리이치가 활동하지 않는 것을 본질적이고 근본적인 특질로 삼는 것 같은 어떤 특별한 종류의 인간에 속해 있다고 상상해서는 안 된다. 그에게 생각한 대로 움직이는 능력이 태어날 때부터 없었다고 생각하는 것은 옳지 않을 것이다. 전혀 그렇지 않다. 그 역시 태어나기는—다른 모든 사람들과 동일한 인간이다. 어릴 적에는 그도 뛰어다니거나 아이들과 눈싸움을 하고 싶다고 생각했다. 또 스스로 무언가 물건을 가지러 가거나 계곡에 뛰어들거나 실개천이나 울타리, 고랑을 뛰어넘어 근처의 자작나무 숲 속에 들어가 보고 싶다고 생각했다. 그는 오블로모프카 마을의 모든 사람이 오수(午睡)에 들어 있을 때를 노려 몸을 움직였다. 자주 있는 일이었지만, 그는 '회랑 위에 올라갔다(이 회랑은 언제 무너져 내릴지 몰랐으므로, 그곳에 가는 일은 허락되지 않았다). 삐걱대는 판자 위를 뛰어다니고, 비둘기집에 기어올라가며, 과수원 깊숙이 숨어 들어 투구벌레가 날아다니는 소리를 듣고, 그것들이 공중으로 날아가는 모습을 언제까지나 바라보는 것이다.' 혹은—'실개천 속에 숨어들어가 흙을 파서 무언가의 줄기를 찾아내어, 껍질을 벗겨 맛있게 먹었다. 그는 그것이 어머니가 준 사과와 잼보다도 훨씬 좋았다.'

이러한 모든 일은 온화하며 조용하지만, 어리석거나 나태하지도 않은 성격의 시작이었을 것이다. 게다가 온화함은 두려움이나 편벽(偏僻)으로 바뀌기도 하는데—이는 인간에게 절대 선천적인 현상이 아니며, 뻔뻔함이나 교만과 마찬가지로 순수한 후천적인 현상이다. 그 두 가지 성질의 차이는 결코 일반적으로 생각하고 있는 만큼 크지 않다. 누구나 하인만큼 자만할 수 없고, 윗사람 앞에서 비굴하게 행동하는 사람만큼 아랫사람 앞에서 거만하게 구는 사람도 없다. 일리야 일리이치는 그 모든 온화함에도 불구하고 그에게 구두를 신기는 자하르카의 면상을 걷어차는 일조차 두려워하지 않았다. 그리고 만약 그가 자기 생활에서 다른 사람에 대해서는 이와 같은 행동을 하지 않았다면, 그런 행동을 할 경우 극복하지 않으면 안 될 저항을 만날 것을 예상했기 때문일 것이다. 어쩔 수 없이 그는 자신의 활동 범위를 자신의 하인 자하르와 같은 삼백 명 가량의 사람으로 제한했다.

이 자하르들이 백 배 천 배 많이 있었다고 해도—그가 저항과 마주치는 일은 없었을 것이다. 그리고 그와 관련지어질 운명에 놓인 사람들의 이빨을 상당히 용감히 후려치는 일에 익숙해졌을 것이다. 게다가 이런 식의 행동은 절대 그의 성격이 어딘가 흉포하기 때문에 일어난 것이 아니다. 그 자신은 물론 주변의 모든 사람들에게도 이러한 행동은 매우 자연스런, 그리고 필요한 것이라고 여겨졌을 것이다……. 그가 무언가 다른 식으로 행동하는 것이 가능하기도 하고 필요하기도 하다는 생각은 그 누구의 염두에도 떠오르지 않았을 것이다. 그러나—불행하게도, 혹은 다행히도—일리야 일리이치는 중산층 지주로 태어나 일만 루블에 조금 못 미치는 수입을 얻고 있으며, 그 결과로 그저 공상 속에서만 세상의 여러 가지 운명을 지배할 수 있었다. 공상 속에서 그는 기꺼이 용감하고 영웅적인 충동에 사로잡혔다.

'그는 때로 자신이 나폴레옹뿐만 아니라 에르스란 라자레비치마저도 빛을 잃을 만한 무적부대의 사령관이라고 공상을 해 보길 좋아했다. 그는 전쟁과 그 원인을 떠올린다. 예를 들어, 아프리카의 여러 민족이 유럽을 침략한다. 혹은 그가 새로운 십자군을 조직해 싸운다. 그리고 여러 민족의 운명을 결정하고, 마을들을 파괴하며, 또는 사면을 베풀고, 처형하고, 또는 선행과 관용의 공적을 쌓는다.'

또한 때로 그는 자신이 위대한 사상가 혹은 예술가로, 군중이 그의 뒤를 따르며, 모든 사람이 그를 숭배한다……고 공상한다. 오블로모프가 지향하는 바나 감정을 가지지 않는 둔하고 무관심한 성격의 소유자가 아니라, 자신의 생활 속에서 역시 무언가를 추구하고, 무언가에 대해 생각하고 있는 인간인 것은 확실하다. 그러나 스스로의 노력이 아닌 타인의 노력으로 자신의 희망을 만족시키려고 하는 배척해야 할 습관이—그의 안에서 무관심한 게으름을 발달시켜, 그를 비참한 정신적 노예 상태로 전락시켰다. 이 노예 상태는 지주로서의 오블로모프의 신분과 극히 밀접한 연관을 가지고 서로 스며들어 영향을 주고 있으므로, 그 사이에 무언가 경계를 두는 것은 불가능한 일이다. 오블로모프의 이러한 정신적 노예 상태는 그의 개성 속에서, 혹은 그의 이야기 전체를 통해 가장 흥미로운 측면이라고까지 말할 수 있다.

그러나 일리야 일리이치와 같은 독립된 입장에 있는 인간이 어째서 노예 상태로까지 전락할 수 있었는가? 언뜻 보면 그만큼 자유를 누릴 수 있는 사람은 달리 없지 않은가? 그는 월급쟁이가 아니며, 사회에 얽매여 있지도 않다. 그리고 확실한 재산을 가지고 있다……. 그는 자신이 절을 하거나, 무언가를 부탁하거나, 스스로를 낮출 필요를 느끼지 않는다는 점을 자랑으로 삼는다. 또한 자신이 지칠 새도 없이 일하거나, 뛰어 돌아다니거나, 억척스레 일에 매달려야 하는—즉, 일하지 않으면 곧 굶게 되는 '다른 사람들'과 다르다는 점을 자랑스레 여긴다. 그는 선량한 과부 프셰니치나의 마음에 그를 향한 깊은 사모의 정을 불러일으키지만, 그것은 그가 지주라는 후광을 발하고 있었기 때문이며, 이렇게나 자유롭게 누구의 제약도 받지 않은 채 걷기도 하고 말도 할 수 있기 때문이고, '끊임없이 서류를 작성할 필요도, 출근 시간에 늦을까 걱정하는 일도 없고, 또 자신에게 안장을 채워 출발하게 해주길 바라는 말과 같은 모습으로 모든 사람을 보는 일도 없이 자신에 대한 순종을 요구하는 듯 거리낌 없고 자유로운 태도로 모든 사람과 사물을 바라보고 있기' 때문이다.

그러나 이 지주의 생활 전체는 그가 항상 타인의 의지의 노예로서 머물러 있으며, 무언가 자주성을 나타낼 만큼의 높이에는 결코 다다를 수 없는 상황에 의해 엉망이 되어 버렸다. 그는 모든 여자, 마주치는 모든 사람의 노예이며, 그를 마음대로 주무르려는 모든 사기꾼의 노예이다. 그는 자신의 농노 자하르의 노예이다. 그리고 그 둘 중 누가 상대방의 권력에 종속되어 있는가를 밝히기는 어렵다. 적어도—일리야 일리이치는 자하르가 하고 싶어하지 않는 일을 강제로 시킬 수 없다. 그러나 자하르는 자신이 하고 싶어하는 일이라면 주인의 뜻을 거스르더라도 할 것이다. 그리고 지주는 거기에 복종할 것이다…….

즉 이러한 식이 된다—자하르는 어쨌든 무언가를 하는 방법을 알고 있다. 그러나 오블로모프는 아무 것도 할 수 없을 뿐더러, 무언가를 하는 방법조차 모른다. 타란체프나 이반 마토비치에 대해서는 말할 필요도 없다. 그들은 지적 발달 정도나 인격적인 점으로 보아 오블로모프보다 한참 아래에 있음에도 불구하고, 오블로모프에게 제멋대로 굴고 있다……. 대체 왜 그럴까? 이 모든 것은 다음과 같은 상황, 즉 지주인 오블로모프가 일할 의지도 능력도 없고, 주변의 모든 것에 관한 자신의 진정한 관계를 이해하고 있지 않기 때문이다. 그에게도 행동하고자 하는 마음은 있다—그저 그 행동이 환상의 형태에 머물러 현실로부터 멀어지고 있는 중일 뿐이다. 예를 들어, 그는 영지의 경영 계획을 세우고, 거기에 무척이나 집중한다. —그러나 그는 '세목과 견적, 숫자'를 무서워해, 결국 그 계획서는 그의 손에 구겨져 한쪽 구석으로 던져지고 만다. 어째서 그가 이런 일에 매달려야 할 필요가 있을까? …… 그는 지주이다. 그는 거기에 대해 스스로 이반 마토비치에게 다음과 같이 말한다.

'나는 누구인가, 어떤 사람인가? 자네는 물어보겠지. 가서 자하르에게 물어 봐. 그 녀석은 자네에게 말할 거야, "지주님이시죠!"라고. 그래, 난 지주야. 그리고 아무 것도 할 줄 모른다! 자네가 알고 있다면 해 줘. 가능하다면 도와주고. 보수는 원하는 만큼 주지—그러기 위한 학문이니까 말이야!'

독자 역시 그가 이것에 의해 그저 일에서 벗어나고 싶어하며, 아무 것도 모른다는 말로 자신의 태만을 감추기 위해 애를 쓰고 있다고 생각할까? 아니, 그는 정말로 아무 것도 모르고, 아무 것도 할 수 없다. 제대로 된 일에 무엇 하나 직접 착수할 수 없는 것이다. 자신의 영지에 대해서(영지개혁에 대해 그는 한 가지 계획을 만들어냈지만), 그는 마찬가지로 자신의 무지(無知)를 이반 마토비치에게 고백한다.

'나는 부역노동이 뭐고 농업노동이 뭔지, 또 빈농이란 무엇이고 부농은 무엇인지 모른다. 또 1체토벨치(약 1.6 헥타르)의 쌀보리나 귀리란 어느 정도이고 가격은 얼마인지, 또 어떤 것을 몇 월에 파종하고 몇 월에 수확하는지, 어떤 식으로 해서 언제 파는 것인지도 모른다. 원래 자신이 부자인지 가난한지, 일 년이 지나고도 배불리 먹고 있을지 아니면 밥을 빌어먹으며 살고 있을지—나는 아무 것도 몰라! 그러니까 나를 어린아이라고 생각하고 말해 주지 않겠는가, 그리고 충고해 주게나.'

이는 다시 말하면—나의 주인이 되어 달라, 내 재산을 마음대로 관리해 달라, 그 중에서 얼마가 되어도 좋으니 적당히 생각하는 만큼을 나에게 나누어 달라…… 고 말하는 것과 마찬가지이다. 그리고 정말 말한 그대로 되었다. 이반 마토비치는 오블로모프의 영지를 완전히 자신의 것으로 만들기 직전 상태에 있었다. 그러나 안타깝게도 슈톨츠가 이를 방해했다.

오블로모프는 단지 자기 마을의 질서를 모르는 것뿐만이 아니다. 그저 자신의 일 상태를 이해하지 않는 것만이 아니다. 그런 일은 어찌 되든 상관없다! …… 가장 곤란한 것은 그가 처음부터 생활이라는 것을 자신에게 있어 의미 있는 것으로 하는 방법을 몰랐다는 점이다. 오블로모프카 마을에서는 누구 한 사람 생활이란 무엇을 위한 것인가, 생활이란 대체 무엇인가, 생활의 의미와 사명이란 무엇인가 라는 문제에 대해 생각해 본 자가 없었다. 오블로모프카 마을의 주민들은 생활이라는 것을 지극히 단순하게 이해하고 있다. 즉—

'여러 가지 유쾌하지 못한 우연의 사건으로, 예를 들어 질병, 손실, 싸움, 또 노동에 의해서, 때때로 중단되는 안정과 무위의 이상(理想)으로 이해하고 있다. 그들은 노동이라는 것을 이미 그 조상 시대로부터 그들에게 주어진 형벌이라고 생각하며 참아 왔으나, 이를 사랑할 수는 없었다. 그리하여 기회만 주어진다면 이를 벗어나려고 했다. 그것도 그러한 일이 가능하며, 필요한 일이라고 생각하고 있었던 것이다.'

일리야 일리이치도 생활에 대해 이와 완전히 같은 태도를 취하고 있었다. 그가 슈톨츠에게 들려 준 행복의 이상이란 것은 만족스런 생활 바로 그 자체다—따뜻한 방과 마룻바닥이 있는 생활, 사모바르를 손에 들고 풀이 우거진 곳으로 소풍을 갈 수 있는 생활—실내복을 입고 사는 생활, 숙면, 그것도 잠깐의 휴식을 위한 숙면을 취할 수 있는 생활—상냥하지만 뚱뚱한 아내와 목가적인 산책을 하고, 농민들이 일하는 모습을 바라보며 사는 생활이다.

오블로모프의 두뇌는 어린 시절부터 가장 추상적인 사색에 있어서도, 또 가장 공상적인 이론에 있어서도, 주어진 계기 위에 머무르며, 그 이상은 아무리 설득하려 해도 그 status quo(현재 상황)로부터 나오려 하지 않은 채 있도록 만들어졌다. 자신의 높은 행복의 이상을 그리면서도 일리야 일리이치는 그 내면의 의미에 대해서 자문하려 생각하지 않았다. 그 합법칙성과 진실성을 확인하는 일은 생각지 않았다. 그리고 그 따뜻한 방과 마룻바닥을 어떻게 손에 넣을 수 있는지, 누가 그 수발을 들 것인지, 어떤 목적으로 그것을 이용할 것인지……여기에 대해서도 생각하지 않았다. 이런 여러 가지 문제에 대해 생각해 보지도 않고 세상이나 사회에 대한 자신의 관계를 명백히 하려고 하지도 않았으므로, 오블로모프는 물론 자기 생활을 의미있게 만들 수도 없었다. 그리고 그런 이유로 그는 자신이 무언가를 해야만 하는 상황이 되면, 항상 고민하고 슬퍼하는 것이었다.

그는 근무를 하러 나간 적도 있다―그러나 도저히 무엇을 위해 서류를 쓰는지 이해할 수 없었다. 이해하지 못한 채 그는 사직해서 아무 것도 쓰지 않는 게 가장 좋다고 생각했다. 공부를 해 본 적도 있다―그러나 학문이 그에게 있어 대체 무슨 역할을 하는지 알 수 없었다. 이를 알지 못한 채로 그는 책을 구석에 쌓아 놓고, 그 위에 먼지가 쌓여 가는 것을 냉정하게 바라보기로 했다. 사교계에 나가 본 적도 있다―하지만 사람들이 왜 손님에게 불려가는 것인지 이해할 수 없었다. 이것을 이해하지 못한 채 그는 모든 지인들을 버리고, 며칠이고 계속 자신의 방 긴의자 위에 드러누워 있게 됐다. 여자들과 교제해 본 적도 있다. 하지만 그들로부터 대체 무엇을 기대하고 무엇을 얻어야 좋을지를 생각했다. 생각하다 결국 문제를 해결하지 못한 채로, 그는 여자들을 피하게 되었다……. 그는 모든 것이 지루하고 싫어졌다. 그리고 그는, 무엇을 위해서인지 영문을 알 수 없는 일에 애를 쓰며 악착같이 매달리는 '개미처럼 일하는 사람들'에 대한 완전한 의식적 멸시감을 가진 채 길게 드러누워 잠만 자고 있었다.

오블로모프의 성격을 여기까지 설명한 이상, 우리가 앞에 약속했던 문학적 비교로 주제를 옮겨도 상관없을 것이다. 앞에 서술한 여러 가지 고찰에 의해 우리는 오블로모프가 자신이 생각한 대로 행동하는 능력이 날 때부터 아예 결여되어 있는 인간은 아니라는 결론을 얻었다. 그의 태만과 무관심은 교육과 환경이 만든 결과이다. 여기서는 오블로모프 개인이 문제가 아니라, 오블로모프 주의가 문제이다. 그는 만약 자신에게 어울리는 일을 찾았을 경우 일을 시작했을지도 모른다. 그러나 물론 그러기 위해서는 그가 자랄 때의 조건과 몇 가지 다른 조건 아래에서 자라났어야 할 필요가 있었다.

자신의 본래 상태 아래에서, 그는 자신의 마음에 맞는 일을 어디에서도 찾을 수 없었다. 왜냐하면 그는 일반적인 생활의 의미를 이해하지 못했으며, 타인에 대한 자신의 태도에 있어서 합리적인 이해를 가질 수 없었기 때문이다. 이 점에 있어서 그는 이 나라의 훌륭한 작가들이 그려낸 지금까지의 여러 유형과 그를 비교할 기회를 주고 있다. 이미 오래 전부터 지적해 온 것처럼, 러시아에서 가장 뛰어난 중편소설이나 장편소설의 주인공은 모두 생활 속에서 목적을 찾지 못하고, 적당한 사업을 발견하지 못하기 때문에 고민하고 있다. 그 결과로서 그들은 모든 것에 지루함과 혐오를 느끼며, 이 점에 있어서 오블로모프와 상당한 유사점을 보인다. 확실히―예를 들어 〈오네긴〉, 〈현대의 영웅〉, 〈누구의 죄인가?〉, 〈루딘〉, 혹은 〈무용지물〉이나 〈시치그로프스키의 햄릿〉을 펼쳐 보자―그 어느 책 속에서나 독자는 오블로모프의 여러 특징과 거의 문자 그대로 비슷한 특징을 발견할 수 있을 것이다.

오네긴은 오블로모프와 마찬가지로 세상으로부터 발을 뺐지만, 그것은 그가

사랑을 찾아다니는 것도 지치고
친한 친구와의 우정에도 질렸다

이런 이유가 있기 때문이다. 그래서 이번에는 글 쓰는 일에 매달린다.

여러 가지의, 우리를 미치게 하는 즐거움을 버리고
오네긴은 집에 틀어박혀
하품을 하며 펜을 집어들어
무언가 쓰려고 생각했지만
끈기를 요하는 일이란 숨이 막히는 듯하여
그 펜으로부터는 무엇 하나 태어나지 않았다…….

이는 또한 루딘이 등장하는 부대이기도 하다. 루딘은 '자신이 계획한 논문과 저서의 앞머리 수 페이지'를 선택받은 소수의 사람에게 읽어 주는 것을 즐겼다.

첸체트니코프도 '전 러시아를 모든 관점에서 논할 만한 대저서'에 오랜 시간 매달려 왔다. 그러나 그에게 있어서도 '계획은 기껏 단순한 사안에 머물렀다. 펜은 여기저기 물어뜯기고, 종이 위엔 낙서가 그려져 있었다. 그러고 나서 이 모든 것은 한 쪽 구석으로 밀려나 버렸다.'

일리야 일리이치는 이 점에서 그들에게 지지 않는다. 그 또한 무언가를 쓰고, 번역했다. ―세이의 번역을 시작하기까지 했다. '자네 일은 어떻게 된 거야, 번역은?' ―그 후 슈톨츠가 곧잘 그에게 물었다―'몰라, 자하르가 어딘가 치워 버렸어. 분명 구석에 널브러져 있겠지' ―오블로모프는 대답한다. 그런 이유로 일리야 일리이치는 그와 마찬가지로 굳은 결의를 가지고 일에 착수한 다른 사람들보다 훨씬 더 많은 일을 했는지도 모른다.

그러나 각각의 입장과 지적 발달 정도에 차이는 있더라도, 어쨌든 이들 오블로모프 일족의 거의 대부분이 이 일에 매달려 있다. 페초린은 '소설의 청부인들과 시정배적 드라마의 거짓 작가들'을 위에서 내려다 볼 뿐이었다. 하지만 그 역시 자신의 수기를 썼다. 베리토프는 어떠냐 하면, 그 또한 무언가를 썼을 것이다. 게다가 그는 화가이기도 했다. 그는 에르미타주에 다니며 이젤 앞에 앉아서, 시베리아에서 돌아온 비론과 시베리아로 향하는 미니프와의 만남을 다룬 대작을 그리려 생각하고 있었다……. 이 모든 것으로부터 어떤 결과가 생겨났는지는 이미 독자들도 알고 있을 것이다……. 이 모든 일족 안에는 똑같은 오블로모프 주의가 있다…….

'타인의 지식을 자신의 것으로 하는 일', 즉 독서에 대해서도 오블로모프는 그 형제들과 큰 차이를 보이지 않았다. 일리야 일리이치 역시 무언가를 읽었다. 그러나 그의 죽은 아버지와 같은 독서 방식은 아니다. '이미 꽤 오랜 기간―이라고 그는 말한다―책을 읽지 않았다.', '뭔가 책을 읽어 볼까.' ―여기서 손 닿는 대로 책을 집어들겠지……. 아니, 그렇지 않다. 현대 교양 풍조는 오블로모프에게도 영향을 주었다. 그는 이미 스스로 선택하여 의식적으로 읽도록 되어 있다. '무언가 주목할 만한 작품 이야기를 들으면― 그에게는 그것을 읽어 보고 싶다는 욕구가 생겨난다. 그는 그 책을 찾도록 누군가에게 부탁한다. 그리고 만약 당장 책을 가져온다면, 그는 그 책에 매달린다. 그의 머릿속에는 그 대상에 대한 생각이 형성되기 시작한다. 조금만 더 나아가면 그는 그것을 파악했을지도 모른다. 그러나 살펴보면, 그는 이미 드러누워 멍하니 천장을 바라보고 있다. 다 읽지도, 이해하지도 못한 책은 그의 옆에 널브러져 있다……. 그에게 있어서는 열중하기보다도 열기가 사그라지는 편이 훨씬 빨랐다. 그는 이 버려진 책을 결코 다시는 펼쳐 보려 하지 않았다.

다른 사람들의 경우도 이와 완전히 같지 않았던가? 오네긴은 타인의 지혜를 자신의 것으로 하려고 생각하면서, 우선,

많은 책을 책장에 꽂았다.

그리고 읽기 시작했다. 그러나 전혀 재미가 없었다. 그는 곧 독서에 싫증이 났다. 그리고―

여자들로부터 멀어진 것처럼
책으로부터도 멀어져 버렸다.
그리고 책장을, 그 먼지투성이의
내용물도 모두 함께, 호박단으로 짠
두꺼운 덮개로 덮어 버렸다.

첸체트니코프도 같은 식으로 책을 읽었다(더욱이 그는 항상 책을 손에 들고 다니는 버릇이 있었으므로)―대부분은 식사 시간에, '스프와 소스, 구운 고기와 함께, 때로는 피로그(소를 채워 구운 러시아식 파이)를 먹을 때에도 책을 읽었다.'

루딘 역시 레지뇨프에게 다음과 같이 고백하고 있다. ―그는 농업에 대해서 몇 권인가의 책을 사 모았으나, 그 중 한 권도 끝까지 읽지 않았다. 교사가 되고 나자, 사실을 잘 모른다는 것을 깨달았다. 그래서 16세기의 어떤 문헌의 일로 수학 교사에게 찍 소리도 못 하게 당한 적마저 있었다. 그 역시 오블로모프와 같은 식으로, 일반적인 사상만을 쉽게 이해하고, '세목과 견석, 숫자'는 항상 한 구석에 처박아 두었다.

'그러나 이것은 아직 생활이 아니고, 단순히 생활에의 준비에 지나지 않는다'―안드레이 이바노비치 첸체트니코프는 이렇게 생각했다. 그 역시 오블로모프 및 그 모든 동료들과 같이 여러 가지 불필요한 학문 속을 통과해 왔지만, 그 중 어느 하나 생활에 적용하는 법을 알지 못했다. '진짜 생활―그것은 일이다.' 여기서 오네긴과 페초린을 제외한 모든 주인공들은 일을 하고 있다. 그리고 그들 모두에게 있어 일이란―불필요하고 무의미한 중노동이

된다. 그들은 다 같이 품위있게, 그리고 시간이 끝나기도 전에 퇴직해 버린다. 베리토프는 도저히 14년 반이나 일해서 훈장을 받는 등의 일은 할 수 없었다. 왜냐하면 시작할 때에만 열중했을 뿐 곧 관청 일에 냉담해져, 그 후 곧잘 화를 내며 남의 일 보듯 대충대충 일을 했기 때문이다……

첸체트니코프는 상사와 격한 논쟁을 벌였다. 게다가 자신의 영지를 스스로 경영해서 국가에 공헌하려 생각했다. 루딘은 자신이 교사로서 근무하고 있는 중학교 교장과 언쟁을 벌였다. 오블로모프에게는 모든 사람이 과장과 이야기할 때 '자신의 목소리가 아닌, 무언가 다른 사람의 목소리와 같은 약간 높으며, 듣기 싫은 목소리로 말하는' 것이 마음에 들지 않았다. ─그는 '필요한 문서를 아스트라한에 보내는 대신 알한게리스크로 보낸' 것에 대해, 이런 목소리로 과장에게 변명하는 것을 원치 않았다. 그리고 사표를 냈다……. 모두가 똑같은 오블로모프 주의이다.

오블로모프들의 일상생활 또한 서로 지극히 닮아 있다.

산책, 독서, 깊은 잠
숲 속 나무그늘, 실개천의 얕은 여울
때로는 까만 눈동자의, 피부가 하얀
마을 처녀의 상큼한 입맞춤
고삐가 매인 대로 움직이는 준마
상당히 공을 들인 저녁 식사
한 병의 백포도주
고독, 조용함─
이것이 오네긴의 신성한 생활

말에 대한 부분을 제외하면 이는 일리야 일리이치가 그린 이상적인 일상 생활과 한 마디 한 마디가 전부 들어맞는다. 까만 눈동자의, 피부가 하얀 여인의 입맞춤마저도 오블로모프의 공상 속에 고스란히 남아 있다. '농촌 아낙 한 사람이─일리야 일리이치는 공상한다─볕에 그을린 목덜미를 하고, 소매를 팔꿈치까지 걷어올린 채, 머뭇머뭇 눈을 내리깔고, 하지만 앙큼스런 눈매로, 겉으로만 보면 잠시 지주의 애무로부터 몸을 지키려는 듯한 모습을 하고 있다. 그러나 마음속으로는 기뻐하는 것이다……. 쉿, 아내가 보면 안 되는데. 아아, 들키지 않도록!' (오블로모프는 이미 자신에게 아내가 있다고 공상하고 있다.)

그리고 혹 일리야 일리이치가 페테르부르크에서 시골로 내려가고 싶어졌다면, 그는 마음 속 깊은 곳에 간직했던 자신의 전원시를 반드시 실행에 옮겼을 것이다. 일반적으로 오블로모프 주의자들은 무언가 요구받는 일 없는, 전원시적인 움직임이 없는 행복에 마음을 빼앗긴다. 즉, '자신을 즐기는 거지, 그것뿐이야'…… 라는 것이다. 페초린마저 마찬가지이다. 그 역시 행복이란 것은 안정과 기분 좋은 휴식 속에 있는 것인지도 모른다고 생각하고 있다. 그는 그의 수기 중 어떤 곳에서 자신을 굶주림에 고통받는 인간에 비유하고 있다. 그 남자는 '지치고 쇠약해져 잠에 빠져서는, 값비싼 요리와 거품이 이는 술이 자신의 앞에 한 상 가득 차려진 꿈을 꾼다. 그는 공상 속의 허탈한 선물을 정신없이 먹어치우고, 편안해진 듯한 기분을 느낀다……. 그러나 눈을 뜨면 공상은 사라지고, 두 배로 늘어난 배고픔과 절망이 남는 것이다…….' 다른 부분에서 페초린은—'이 길은 운명이 나를 위해 열어 준 것이며, 여기에서는 조용한 행복과 마음의 평안이 나를 기다리고 있었건만, 나는 왜 이 길을 걷고 싶어하지 않았던 것일까?'라고 자문하고 있다. 그리고 그는 스스로 다음과 같이 생각한다—왜냐하면 '영혼이 폭풍우에 익숙해져, 끓어오르는 듯한 행위에 굶주려 있었기 때문이다…….' 그러나 그는 자신의 싸움에 영원히 불만스럽지는 않은가, 그리고 자신이 혐오해야 할 방만한 행위는 모두 그보다 나은 행위가 무엇 하나 보이지 않으므로, 어쩔 수 없이 하고 있는 것이라고 스스로 항상 말하고 있는 것이다. 그러나 만일 그가 일을 발견하지 못하고, 그 결과 아무 것도 하지 않고, 그 무엇에도 만족하지 않는다면, 이것은 그가 일보다도 무위를 더 많이 좋아한다는 의미이다……. 역시 똑같은 오블로모프 주의이다…….

사람에 대한, 그 중에서도 특히 여자에 대한 태도에 있어서도, 모든 오블로모프들은 몇 가지 공통적 특징이 있다. 그들은 일반적으로 사람들을, 자잘한 일, 좁은 이해, 근시안적 욕구란 이유로 업신여기고 있다. '이들은 모두 잡역부이다'—그들 중 가장 인간적인 베리토프마저 이렇게 내뱉는다. 루딘은 순진하게도 자신을 그 누구도 이해하지 못하는 천재라고 공상했다. 페초린은 말할 필요도 없이 모든 사람을 두 발로 짓밟는다. 오네긴마저 다음과 같은 이행시(二行詩)를 남겼다—

생활하고 사색하는 사람들은 마음속으로
사람들을 업신여기지 않을 수 없다.

첸체트니코프마저—온화한 성격에도 불구하고—그도 관청에 나가 보자, '실수 등으로 그의 지위가 내려가는 것처럼 느꼈다.' 마을로 돌아온 그는 그와 빨리 친해지고 싶었던 주변 사람으로부터, 마치 오네긴과 오블로모프가 한 것처럼 급히 멀어지려 노력했다.

우리의 일리야 일리이치도 사람들을 업신여기는 점에서는 누구에게도 지지 않는다. 이는 그에게 있어서 그 어떠한 노력도 필요로 하지 않는 쉬운 일이다. 그는 자하르를 앞에 두고 득의양양하게 자신과 '다른 사람'들을 비교해 본다. 그는 친구들과의 대화 속에서, 사람이 대체 무엇 때문에 일부러 취직하거나, 무언가를 쓰고, 신문을 열심히 읽으며, 교제 중인 친구를 방문하는가에 대해 순진한 놀라움을 표명하고 있다. 그는 슈톨츠를 향해 모든 인간에 대한 자신의 우월감을 매우 확실히 표명하기까지 한다.

'사회 생활이라고? —그는 말한다—거절하곤픈 생활이다! 그 속에서 무엇을 찾는다는 거지? 사상이나 감각에 대해 무언가 재미있는 일이라도 있는건가? 보라고! 이 모든 것이 돌아가는 중심은 어디에 있는지? 그런 건 없어. 급소를 찌를 만큼 깊이있는 것은 아무 것도 없다고. 이들은 전부 죽은 사람이야. 잠들어 있는 사람이고, 나보다도 훨씬 쓸데없는 사람들이야. 사교계니 사회니 떠들어대는 이런 녀석들은!' 그리고 나서 일리야 일리이치는 이 문제에 대해 루딘마저 심하다 생각할 정도로 긴 연설을 늘어놓는다.

오블로모프 주의자들은 여자에 대해서 모두 한결같이 면목없는 행동을 한다. 그들은 사랑하는 방법을 전혀 모르며, 일반적인 생활 속에서와 마찬가지로 연애 속에서 무엇을 갈구해야 하는지도 모른다. 그들은 여자가 어디로 튈지 모르는 용수철 달린 인형으로 보이는 동안에는 그녀에게 굽실대고 아양 떠는 일마저 불사한다. 여자의 마음을 자신의 것으로 만드는 것도 마다하지 않는다……. 이는 말할 필요도 없는 일이다! 이를 통해 그들의 지배자적 성격은 완전한 만족을 느낀다. 그러나 상황이 조금이라도 진지해지기 시작하면, 혹은 그들이 자신 앞에 있는 것이 실은 장난감이 아니라 그에게 자신의 권리를 존중해 줄 것을 요구할 수 있는 한 사람의 여성이라는 점을 깨닫기 시작하면—그들은 곧 수치스럽게 도망쳐 버린다. 이 모든 신사들은 평범을 넘어선 겁쟁이가 되는 것이다!

이처럼 '일찍이 바람둥이란 꼬리표가 붙은 여자의 마음을 흔드는 기술을 알고 있던' 오네긴, 여자들을 '즐거움도 없이 따라다니고, 슬픔도 없이 버리는' 오네긴—이 오네긴도 타티아나의 앞에서, 그것도 두 번이나 무릎 꿇었다—한 번은 그녀로부터 교훈을 받으려 했을 때, 또 한 번은 그 자신이 그녀에게 교훈을 주려 했을 때. 처음 만났을 때부터 그는 그녀가 마음에 들었던 게 아닌가. 그리고 만약 그녀가 그렇게 열렬히 그를 사랑하지 않았다면, 그도 그녀에 대해 위엄있는 도덕가와 같은 태도를 취하려 하지 않았을 것이다. 그러나 여기서 그는 장난은 위험하다는 것을 알아차렸다. 그런 이유로 자신의 이미 한창 때를 지나 버린 생활에 대해, 나쁜 성격에 대해, 또 그녀가 그 사이 다른 누군가를 사랑하게 될 거라는 것에 대해 말하기 시작하는 것이다. 나중에 그는 자신의 이 행위를 설명하면서, 그것은 '타티아나 안의 사랑의 불꽃을 인정하면서도 그것을 믿고 싶지 않았기 때문'이며, 또한

이 사랑스런 자유를
그는 잃고 싶지 않았다

이런 이유였다고 말한다. 그러나 얼마나 공허한 말로 변명하고 있는가, 이 겁쟁이 신사는!

크루치쏀스카야 부인을 대하는 베리토프 역시 잘 알려진 대로 그 사랑을 밀고 나갈 용기가 없었다. 그리고 그녀로부터 도망쳤다. 하기야 그의 말대로라면 그것은 전혀 다른 사상에 입각하고 있지만.

루딘—이 남자는 나탈리아가 그로부터 무언가 결정적인 것을 바라기 시작하자, 완전히 당황해 버렸다. 그는 그녀에게 그저 '단념하도록' 유도하는 것 외에 다른 일은 아무 것도 할 수 없었다. 다음 날 그는 그녀에게 편지를 써서, 그녀와 같은 여자를 상대하는 일에 '익숙하지 않았다'고 얕은꾀를 부려

변명했다.

페초린—여성 심리 전문가로, 여자 외에는 이 세상에서 그 무엇도 사랑하지 않는, 여자를 위해서라면 지구상의 모든 것을 희생할 수 있다고 고백하고 있는 이 페초린도 완전히 똑같은 모습이다. 그 역시 제일 먼저, '강한 의지를 가진 여자는 좋아하지 않는다. 강한 의지라니 여성스럽지 않아!'라고 말하며, 두 번째로 자신은 결코 결혼할 수 없음을 고백하고 있다. '내가 아무리 열렬히 여자를 사랑한다 해도—그는 말한다—혹 그녀가 나에게, 내가 그녀와 결혼하지 않으면 안 된다는 생각을 갖게 하는 순간—사랑이여, 안녕. 내 마음은 돌로 변한다. 그리고 그 무엇도 다시 내 심장을 뜨겁게 할 수 없겠지. 이 한 가지를 제외하면 나는 모든 희생을 두려워하지 않는다. 나는 스무 번이라도 이 생명, 아니 명예마저 걸어도 좋아. 그러나 나는 내 자유를 팔지는 않는다. 나는 왜 이리도 자유란 것을 존중하는가? 나에게 있어 무엇이 그 안에 있는가? 무엇을 향해 나는 스스로 준비하고 있는가? 나는 미래로부터 무엇을 기대하고 있는가? 사실 아무것도 없다. 이것은 태어나면서부터의 공포, 설명할 수 없는 예감이다' 등. 그러나 본질적으로 이는—오블로모프 주의 이상 그 무엇도 아니다.

그러나 일리야 일리이치는, 독자들은 생각한다. 오네긴적인 것은 별도로 치더라도, 페초린적인, 그리고 루딘적인 요소마저 없지 않은가? 아니, 잔뜩 가지고 있다! 예를 들어 그는 페초린과 같이 확실히 여자를 점유하기를 원한다. 여자에게서 그 사랑의 증표로 모든 희생을 강요하려 한다. 독자들도 알아차렸듯이, 처음에 그는 올가가 그의 아내가 될 것이라고 기대하지 않았다. 그래서 그녀에게 자신과 결혼해 줄 것을 주저하며 부탁했다. 그러나 그의 생각과 달리 그녀는 그에게 프로즈가 너무 늦었다는 의미의 말을 한다. 그는 주저하며, 올가의 동의에 오히려 불만을 품었다. 그리고 그는—독자는 어떻게 생각했을까? —그녀가 그의 정부(情婦)가 될 만큼 그를 사랑하고 있는지 시험하기 시작한 것이다! 그리고 그는 그녀가 자신은 그러한 길에는 절대로 들어서지 않겠다고 말한 순간, 화를 냈다. 그러나 뒤이은 그녀의 설명과 정열적인 장면이 그를 안심시켰……. 그러나 역시 생각했던 대로, 마침내 그는 올가와 만나는 것조차 두려워하게 되었다. 꾀병을 부리거나, 도개교가 올라가 버린 것을 구실로 삼고, 그녀가 그에게 창피를 줄지도 모른다는 것을 넌지시 그녀에게 암시하곤 했다. 이 모든 원인은 무엇인가. —이는 그녀가 결단이나 행위를, 즉 그가 익숙해 있지 않은 것을 그에게 요구했기 때문이다.

결혼 그 자체는 그것이 페초린과 루딘을 공포에 빠지게 한 만큼은 그에게 두려움을 주지 않았다. 그는 좀 더 가부장적 습관을 가지고 있었다. 그러나 올가는 결혼하기에 앞서 그가 영지 경영에 새로운 방식을 도입하기를 원했다. 이는 그야말로 하나의 희생이었다. 물론 그는 그 희생을 하려 하지 않았다. 그리고 진짜 오블로모프의 모습을 드러냈다. 그러나 그 자신은 매우 큰 것을 강요했다. 그는 올가에게 페초린이나 할 법한 장난스런 일을 시도했다. 그는 자신이 그다지 잘생기지도 않았으며, 전체적으로 보아도 올가로부터 뜨겁게 사랑받을 만큼 매력적이지도 않다고 생각했다. 그는 고민으로 밤잠을 이루지 못하다 마침내 최후의 힘을 짜내서, 올가에게 루딘 식의 긴 편지를 써 내려간다. 그 편지 속에서 그는, 오네긴이 타티아나를 향해, 또 루딘이 나탈리아를 향해, 또한 페초린이 공작의 딸 메리를 향해 했던 그 유명한, 낡아빠진 문구를 반복했다. 즉, '나는 당신과 결혼해서 당신을 행복하게 해 줄 만한 인간이 아닙니다. 앞으로 당신은 반드시 또 다른, 당신에게 더욱 어울리는 사람을 사랑하게 될 것입니다.'

젊은 여인은 몇 번이고
그 경쾌한 꿈을 바꾸어 갑니다……
당신은 또 다시 사랑을 하겠죠……
하지만 자신을 다스리는 법을 배우세요
모든 사람이 나처럼
당신을 이해할 수는 없을 테니까……
세상물정을 모른다는 건 불행의 씨앗입니다.

오블로모프 주의자들은 모두가 비하하길 좋아한다. 그들이 그런 행동을 하는 것은 상대의 반론을 듣거나, 상대 앞에서 자신을 꾸짖어 상대의 칭찬의 말을 듣는 만족을 맛보기 위해서이다. 그들은 자신을 비하하여 만족을 얻는다. 루딘을 비평하며 피가소프는 이렇게 말했다. '그 남자는 먼저 자신을 욕한다, 스스로 자기 얼굴에 침을 뱉는다—그래서 어떠한가. 세간에 얼굴을 내미는 것마저 싫어졌을 텐데. 천만에, 그 자신은 기분 좋아하고 있는 것이다. 스스로 쓰디쓴 보드카를 마시고 있는 꼴이다!' 그런데 그들은 모두 이 루딘과 흡사하다. 이런 식으로 오네긴도 자신을 폄하한 후, 타티아나의 앞에서 마음 넓은 사람인 척 한다.

오블로모프도 마찬가지이다. 그도 올가에게 자신을 비방하는 편지를 쓰고 나서, '더 이상 괴롭지 않다, 거의 행복하다고 해도 될 정도이다'라고 느끼고 있었다……. 그는 자신의 편지를 오네긴이 그가 설교할 때 했던 것과 같은 식의 훈계로 끝맺음했다. 즉 '나와의 사이에 있던 일들이—그는 말한다—당신 미래의 정상적 연애에 길잡이가 된다면 좋겠습니다' 등. 물론 일리야 일리이치는 올가 앞에서 자신을 비하하는 관용을 언제까지나 계속하지는 못했다. 그는 편지가 그녀에게 어떤 인상을 주었는지 알아내기 위해 달려간다. 그리고 올가가 울고 있는 것을 보고 만족했다. 게다가—그녀가 괴로워하는 그 순간에 그녀의 앞에 모습을 보이지 않고서는 참을 수가 없었다. 그러나 그녀는 '그녀의 행복을 배려해서' 쓰여진 이 편지 속에서 그가 얼마나 천박하고 비참한 이기주의자인지를 그에게 증명했다. 그러자 그는 그것을 마지막으로 물러나 버렸다. 그러나 이것은 모든 오블로모프 주의자가 성격이나 교양 면에서 자신보다 높은 여자와 만났을 때 항상 하는 일이다.

'그러나—라고 사려 깊은 사람들은 큰 소리를 내어 말한다—당신네들의 비교는 얼핏 보기에 똑같은 사실을 주워모으긴 했지만, 전혀 무의미하다. 성격을 규정할 경우 그 외면적인 현상보다도 오히려 개별적 행위의 바탕이 되는 의지 쪽이 중요하다. 그런데 행위의 바탕이 되는 의지에 대해 말하자면, 오블로모프의 행동과 페초린, 루딘, 그 외 인물의 행위 의식과의 사이에, 헤아릴 수 없을 정도의 차이를 어떻게 인정하지 않을 수 있는가? ……오블로모프는 모든 것을 타성으로 행한다. 왜냐하면 그는 그 자리에서 움직이는 것조차 귀찮기 때문이며, 남이 그를 잡아당길 때에 그 장소를 고집하는 것 또한 귀찮기 때문이다. 그의 모든 목적은 손가락 하나라도 쓸데없이 움직이지 않는 것이다. 그러나 페초린과 루딘, 그 외의 인물들은 항상 행동욕에 좀먹히고 있다. 정열을 가지고 모든 일에 임한다. 그들은 끊임없이,

불안에 휩싸여
장소의 변화를 추구한다.

그리고 그 외의 병, 강렬한 영혼의 징후에 지배된다. 혹시 그들이 실제 유익한 일을 아무것도 하지 않는다면, 그것은 그들이 자신의 힘에 걸맞은 행위를 발견하지 않았기 때문이다. 페초린의 표현에 따르면 그들은 관청 책상에 붙박인 채 문서를 베끼도록 운명 지어진 천재와 같다. 그들은 주변의 현실보다도 높은 위치에 있다. 그러므로 생활과 사람들을 업신여길 권리를 가지고 있다. 그들의 모든 생활은 사물의 현존하는 질서에 대한 반동이라는 의미에서의 부정이다. 그러나 오블로모프의 경우, 그 생활은 현존하는 모든 힘에 대한 소극적인 복종이고, 모든 변화에 대한 보수적인 혐오이며, 천성 속 내부적 반응의 완전한 결여이다. 이런 사람들을 비교하는 것이 가능한 일인가? 루딘을 오블로모프와 같은 선상에 두다니! 페초린을 일리야 일리이치가 빠져들어 있는 것과 같은 공허함이란 점에서 비난하다니! 이것은 완전한 몰이해요, 바보같은 짓이다, 그야말로 범죄다! ……'

오오, 신이시어! 확실히 우리는 사려깊은 사람을 대할 때 방심은 금물이라는 것을 까맣게 잊고 있었다. 그들은 당신이 꿈에서조차 생각하지 못했던 결론을 이끌어낸다. 당신이 먹을 감으려 하면, 사려깊은 사람은 양 손이 묶인 채 절벽 위에 서서 자신이 멋지게 헤엄칠 수 있다는 사실을 자랑하고, 혹시 당신이 물에 빠지면 당신을 구해 주겠다고 약속한다. ─그러나 당신은 선불리 '잠시 기다려 보게, 친절한 친구여. 자네는 양 손이 묶여 있지 않은가. 먼저 자신의 양 손을 풀 생각을 하게' 라고 말해서는 안 된다. 이런 말을 하는 것은 피해야 한다. 왜냐하면 사려깊은 사람은 곧 기분이 나빠져서 다음과 같이 말할 게 뻔하기 때문이다. '아아, 그러면 자네는 내가 헤엄칠 수 없다고 말하는 거로군! 당신은 내 양 손을 묶은 자를 칭찬하고 있어! 당신은 물에 빠진 자를 구하는 사람을 동정하지 않는군! ……'

매사 이런 식이다. 사려깊은 사람은 종종 놀랄 만한 달변가이며, 전혀 생각지 못한 결론을 이끌어내는 데 선수다. ……이번 일도 그렇다. 곧 결론을 끌어내어, 우리가 오블로모프를 페초린이나 루딘보다 높이 평가하려 한다, 우리가 내내 드러누워 잠만 자는 오블로모프를 변호하려 하고 있다, 우리에겐 오블로모프와 그 이전의 주인공 사이의 내면적이고 근본적인 차이가 보이지 않는 것이라고 말한다. 우리는 당장 이 사려깊은 사람들에게 우리의 입장을 설명하고자 한다.

지금까지 이야기해 온 모든 것 속에서, 우리는 오블로모프와 그 밖의 다른 주인공들의 개성보다는 일반적인 오블로모프 주의를 염두에 두고 있었다. 예를 들어 개성에 대해 말한다면, 우리는 페초린과 오블로모프의 기질 차이를 무시할 수 없다. 이는 페초린과 오네긴, 또는 루딘과 베리토프에 대해서도 기질 차이를 찾아내지 않을 수 없는 것과 동일하다……. 사람들 사이에 개인적인 차이가 존재한다는 것에 다른 견해를 가진 사람이 어디 있겠는가 (하긴 그 차이도 결코 일반적으로 예상하는 만큼 큰 것도, 중요한 것도 아니지만).

그러나 문제는 이 모든 인물들이 그들 위에 무위도식과 지상에 있어서 완전한 불필요성이라는 지울 수 없는 낙인을 찍는 것과 마찬가지인 오블로모프 주의란 무거운 짐을 지고 있다는 것이다. 다른 생활 조건 속이나 다른 사회에서 오네긴은 실로 선량한 젊은이였을 수도 있으며, 페초린과 루딘은 위대한 공적을 남겼을지도 모른다. 더욱이 베리토프는 실로 걸출한 인간이었을 수도 있다. 이는 얼마든지 있을 수 있는 일이다. 다른 조건 속에서 자랐다면, 오블로모프와 첸체트니코프 또한 그런 게으름뱅이로 자라지 않고, 무언가 유익한 일을 찾아냈을지도 모른다……. 중요한 것은 이제 그들 모두는 하나의 공통된 특징—즉 행동을 향한 장난기 어린 동경과, 자신은 많은 것을 해낼 수 있을지도 모르지만 결국 아무것도 하지 않고 끝나리라는 의식을 가지고 있는 점이다. 이 점에서 그들은 놀랄 만큼 서로 닮아 있다.

'나는 내 과거의 모든 것을 추상한다. 그리고 생각지도 못한 사이 스스로에게 묻는다, 나는 무엇을 위해 살아 왔는가? 어떤 목적을 위해 태어난 것인가? ……그러나 틀림없이 목적은 존재한다. 그리고 나에게는 높은 사명이 있었다. 왜냐하면 내 마음속에서 한없는 힘을 느끼기 때문이다. 그러나 나는 그 사명을 찾아보지 않았다. 나는 공허하며 보답받을 수 없는 욕정의 꼬드김에 사로잡혔다. 나는 그 욕정의 용광로 속에서, 무쇠처럼 단단하고 차가워져서 나왔다. 그러나 나는 높은 지향의 불꽃—인생의 가장 아름다운 꽃을 영

원히 잃어버렸다.'

이것은 페초린이다……. 한편 루딘은 자신에 대해 다음과 같이 생각한다.

'그렇습니다. 자연은 나에게 많은 것을 부여했습니다. 그래도 나는 자신의 힘에 걸맞는 것은 무엇 하나 하지 않고, 무엇 하나 유익한 것도 남기지 않은 채 죽어가겠죠. 내 모든 풍요로움은 공허하게 사라져 버리고, 나는 자신의 씨앗이 맺는 열매를 볼 일이 없을 겁니다.'

일리야 일리이치도 다른 사람들에게 뒤지지 않는다. 그 역시―

'내 안에 마치 무덤 속에서처럼 어떤 멋있고 빛나는 소질이 묻혀 있다는 것, 그리고 그것은 이미 사멸해 버렸을지도 모르고 혹은 벌써 금화로 주조되었어야 하는 땅 속 금광처럼 공허하게 드러누워 있다는 것을, 고통스런 마음으로 느꼈다. 그러나 그 보물도 잔뜩 쌓인 티끌과 먼지 속에 깊숙이 묻혀 버렸다. 그것은 마치 세계와 생활이 그에게 선물한 보물을 누군가 훔쳐 그 자신의 마음속에 숨겨 버린 것 같았다.'

독자는 볼 것이다―이 보물은 그의 천성 속에 숨겨져 있고, 다만 그가 결코 그것을 세상의 빛 아래 꺼내 놓지 못했다는 것을. 그보다도 젊은 다른 동료들은 '지상을 돌아다니며',

위대한 사업을 찾아다닌다.
부유한 부모의 유산 덕택에
자잘한 일에서 벗어나 있다…….

오블로모프도 젊은 시절에는 '러시아에는 마르지 않는 샘을 파기 위한 일손과 지능이 필요하므로, 힘이 있는 동안 일하자.' 이렇게 공상했다. 사실 지금도 그는 '전인류적 슬픔과 관련이 없지 않다. 그 또한 높은 사상과 기쁨을 이해할 수 있었다.' 그리고 그는 위대한 사업을 찾아 지상을 돌아다니지는 않

앉다고 해도, 세계적 행위에 대해 공상하고, 업신여기는 마음으로 잡역부를
바라보며, 열의를 가지고 다음과 같이 말한다.

아니, 나는 사람들이 개미처럼 매달리는 일에
나의 영혼을 공허하게 소비하고 싶지는 않다.

그는 결코 다른 모든 오블로모프 주의자보다 더 나태한 생활을 하고 있지
않다. 다만 더 많이 솔직할 뿐이다. 그는 자신의 무위를 감추기 위해 사교계
에 나가 사람들과 대화하고, 네프스키 거리를 산책하는 일마저도 하지 않는
다. 그러나 오블로모프가 우리에게 주는 인상과 앞에 서술한 주인공들이 우
리에게 주는 인상이 이렇게도 다른 것은 왜일까? 앞에 다룬 주인공들은 종
류는 달라도 모두 불리한 환경에 의해 억눌린 강한 성격으로 우리 앞에 나타
나고 있다. 그러나 오블로모프는—가장 유복한 환경 속에 있으면서도 역시
아무것도 하지 않는 게으름뱅이이다. 그리고 무엇보다도 오블로모프의 기질
은 너무나 활발하지 않다. 그런 연유로 그가 자신의 계획을 실행하거나 적대
적인 환경에 저항할 필요가 있을 때, 다혈질인 오네긴이나 참을성과 의지가
강하지만 거만한 페초린보다도 노력을 기울이는 방법이 약간 적은 것은 당
연하다.

본질에 있어서 그들은 적대적인 상황의 힘 앞에서는 동일하게 무력하고,
현실적이고 성실한 행위에 직면한 경우에는 한결같이 쓸모없는 존재로 변해
버린다. 오블로모프의 환경이 그가 행동하기에 좋은 무대를 제공하고 있었
다는 것은 어떤 의미일까? 그는 스스로 경영할 수 있는 소유지가 있다. 그
를 실제적인 행동으로 인도하려 했던 친구가 있었다. 그보다 성격도 강하고,
사물을 보는 방식도 명료하며 그를 깊이 사랑한 여성이 있었다. 그러나 오블
로모프 주의자들 가운데 이 모든 것을 가지지 않은 자가 한 사람이라도 있을
까? 그리고 그들 모두가 이것들로부터 어떠한 결과를 끌어냈을까?

오네긴과 첸체트니코프도 자신의 소유지를 마음대로 관리한 적이 있다. 그
리고 처음 농부들은 첸체트니코프에 대해 '워매, 엄청 똑똑한 주인님이구먼!'
이라 말한 적도 있다. 그러나 곧 농부들은 주인이 처음에는 영민했으나 실은
아무것도 모르며, 유익한 일은 무엇 하나 하지 않는다는 것을 깨달았다.

그렇다면 우정에 있어서는 어떤가? 그들 모두는 친구에게 어떤 행동을 하고 있었을까? 오네긴은 렌스키를 죽였다. 페초린은 베르네르와 서로 빈정대는 말만 주고받을 뿐이다. 루딘은 레지뇨프와 멀어져 버렸다. 그리고 포코루스키의 우정을 이용할 수도 없었다……. 그러나 그들 각자는 인생 속에서 포코루스키와 같은 사람을 몇 명 만나지 않았던 것일까? 그들은 어떻게 했을까? 한 가지 공동의 일을 위해 서로 손을 잡은 것일까? 적대적인 상황으로부터 자신들을 지키기 위해 굳건한 동맹을 맺은 것일까? 그런 일은 없었다……. 모든 것은 먼지가 되어 흩어졌다. 모든 일은 똑같은 오블로모프 주의에 의해 처리되었다…….

연애 또한 말할 것도 없다. 오블로모프 주의자는 모두 자신보다 수준높은 여자를 만났다(크루치펠스카야 부인은 베리토프보다 높았고, 공작의 딸 메리도 페초린보다는 높았으므로). 그리고 모두 부끄러운 줄도 모르고 상대의 애정으로부터 도망치거나, 상대가 자신을 차 버리게 만들었다……. 이는 피해야만 하는 오블로모프 주의의 압박 때문이라는 것 외에 뭐라고 설명할 수 있을까?

기질의 차이 외에, 오블로모프와 다른 주인공 사이에는 연대 자체도 커다란 차이가 있다. 나이에 대한 얘기가 아니다. 그들은 거의 같은 연배이다. 루딘마저 오블로모프보다 두세 살 연상에 지나지 않는다. 그들이 출현한 시대에 대해 말하고 있는 것이다. 오블로모프는 가장 늦은 시대에 속한다. 따라서 그는 젊은 세대가 본다면, 또는 현대 생활에서 본다면, 지금까지의 오블로모프 주의자보다 상당히 나이들어 보일 것이 분명하다. 그는 열 일고여덟 살 때 대학에서, 서른다섯 살의 루딘을 고무시킨 것과 같은 지향을 느끼고, 같은 사상의 세례를 받았다. 이 대학 과정을 마친 뒤, 그에게는 단 두 개의 길이 펼쳐져 있었다. 즉 행동—말이 아니라 머리와 마음과 손을 동시에 움직이는 현실적인 행동을 하거나, 팔짱을 끼고 드러누워 있거나 둘 중 하나였다. 무관심한 성격 탓에 오블로모프는 두 번째 길을 골랐다. 이는 피해야 할 일이었다. 그러나 적어도 거기에는 거짓이나 눈속임은 없었다. 혹시 그가 오늘은 그저 공상밖에 할 수 없는 상황에 대해 형제들이 했던 것처럼 소리높여 말하기 시작했다면, 그는 소유지 관리인에게서 편지를 받았을 때나 집 주인으로부터 퇴거를 요구받았을 때에 느낀 것과 같은 번거로움을 매일같이 느껴야만 했을 것이다.

본래 사람은 무언가의 필요성이라거나, 높은 지향에 대해 이야기하고, 내용 없는 웅변가의 말에 애정과 깊은 존경심을 가지며 귀를 기울였다. 그 때 같았다면 오블로모프도 타인과 이야기할 기분이 들었을지도 모른다……. 그러나 지금의 사람들은 모든 공론가와 몽상가를 향해 '그럼 해 보는 게 어때요?' 하고 요구하게 되었다. 그러나 이는 이제 오블로모프 주의자의 힘이 미치지 않는 일이다…….

확실히—오블로모프를 전부 읽고, 무엇이 이러한 유형을 문학 속에서 불러일으켰는가에 대해 생각할 때, 새로운 생활의 숨결이 느껴질 것이다. 이것을 작가 개인의 재능 및 그 넓은 견해에만 돌려서는 안 된다. 재능의 힘과 매우 폭넓은 인간적인 견해와 함께, 우리는 이것을 앞에 인용한 종래의 모든 유형을 창조한 작가들의 경우에도 찾아낼 수 있다. 그러나 문제는 이러한 유형 중 최초인 오네긴이 나타난 뒤 오늘까지 이미 30년이란 세월이 흘렀다는 것이다. 그때는 막 싹이 트기 시작했을 뿐으로, 속삭이는 목소리와 정확하지 않은 몇 마디 말로 표현되었을 뿐인 것도 지금은 이미 일정하고 확실한 형태를 가지고 공공연히, 그리고 큰 목소리로 이야기되고 있다. 언어는 그 의의를 잃고, 사회 그 자체 속에 현실적 행동에 대한 요구가 나타나기에 이르렀다. 베리토프와 루딘은 실제로 높고 더럽혀지지 않은 지향을 가진 사람이었으나, 자신들을 억누르려는 환경과의 목숨을 건 무서운 싸움의 필연성을 철저히 자각하지 못했을 뿐만 아니라, 그러한 싸움의 일상적인 가능성을 상상조차 할 수 없었다.

말하자면 그들은 무성히 우거진 낯선 숲 속에 들어가 발이 빠지는 위험한 늪지대를 걷다가, 발밑에서 각종 파충류와 뱀을 보고 나무 위에 기어올라간 것과 같다—그것은 주변을 둘러보고 어딘가 있을 길을 찾기 위해서이기도 하고, 휴식과 동시에 늪지대에 빠지거나 뱀에 물릴 위험으로부터 아주 잠시라도 벗어나기 위해서이기도 하다. 그의 뒤를 따라갔던 사람들은 그들의 말을 기다렸다. 그리고 선구자를 보는 듯이 존경심을 가지고 그들을 보고 있었다. 그러나 이러한 선구자는 그들이 기어올라간 높은 곳에서 아무것도 발견하지 못했다. 숲은 너무나도 넓은 데다 울창하게 우거져 있었다.

그들은 나무에 오를 때 얼굴을 긁히고, 다리는 온통 상처투성이가 되었으며, 손까지 다쳤다. 그들은 고통스러워하고 또한 지쳐 있다. 그들은 나무 위에 최대한 편안한 발판을 만들어 쉬지 않으면 안 된다. 확실히 그들은 일반의 이익을 위해서는 아무것도 하지 않는다. 그들은 아무것도 분간하지 못했고, 아무것도 말하지 않았다. 아래에 서 있는 사람들은 그들의 도움을 기다리지 않고 스스로 나무를 베어 쓰러뜨려, 숲 속에 길을 내지 않으면 안 된다. 그러나 일반의 이익을 생각하며 가까스로 나무 위에 오른, 이 불행한 사람들을 그 높은 곳에서 떨어뜨리기 위해, 그를 향해 돌을 던질 사람이 있을까? 사람들은 그를 동정하고 있다. 사람들은 이제 그에게 숲에 길을 여는 데 참가할 것을 요구하지도 않는다. 그에게는 다른 일이 주어져 있었다. 그리고 그는 그 일을 한 것이다. 아무런 도움도 되지 않았다 해도—그것은 그의 잘못이 아니다.

지금까지 작가들은 모두 스스로 오블로모프적 주인공을 이런 관점에서 바라볼 수 있었다. 그것은 옳았다. 게다가 이 여행자들은 모두 숲에서부터 도로로 나가는 출구가 어딘가에서 발견되겠지 하는 기대를 오랫동안 지녀 왔고, 그와 동시에 나무 위에 기어오른 선구자의 달견에 대한 신뢰도 오랫동안 잃지 않고 있었다. 그러나 이윽고 사태는 조금씩 명백해져서 다른 방향을 더 들어 갔다. 선구자는 나무 위가 마음에 들었다. 그는 늪과 숲에서 빠져나가기 위한 여러 가지 길이나 방법에 대해 뛰어난 웅변술로 의견을 펼친다. 그는 나무 위에서 무언가 열매를 발견하기까지 했다. 그리고 그것을 맛보면서, 껍질을 지상에 내던진다. 그는 군중 속에서 선택받은 몇 명을 자신이 있는 곳으로 부른다. 이러한 자들은 무리에서 빠져나와 나무 위에 머무른다. 그리고 더 이상 길을 찾지도 않고, 나무열매를 걸신들린 듯 먹고만 있다.

이는 거의 진정한 의미에서의 오블로모프들이다……. 그러나 나무 밑에 서 있는 가련한 여행자들은 늪에 빠지고, 뱀에 물리며, 파충류를 보고 놀라고, 나뭇가지에 얼굴을 얻어맞는다……. 마침내 군중은 일을 시작하기로 결정하고 나중에 나무에 올라간 사람들을 불러 보지만, 오블로모프들은 잠자코 나무열매만 먹어대고 있다. 그래서 군중은 원래의 선구자들에게 땅 위로 내려와서 공동의 일에 협력해 줄 것을 부탁한다. 그러나 선구자는 길을 찾는 일이 필요할 뿐 숲을 베어 길을 내려 고생할 필요가 없다며, 처음에 늘어놓았던 불평불만을 되풀이한다. 그러자 가련한 여행자들은 자신의 착각을 깨닫고 한 손을 내저으며 말한다 — '아아, 역시 당신들은 모두 오블로모프야!' 그리고 지칠 줄 모르는 활기찬 노동이 시작된다.

사람들은 나무를 잘라 늪 위에 다리를 놓고, 오솔길을 열고, 거기에 나타나는 뱀이나 파충류를 죽이는 동안, 이윽고 그 현명한 사람, 그 강한 성격을 지닌 사람, 원래 그들이 기대를 걸고 마음을 빼앗겼던 페초린과 루딘 같은 자들에게는 아무런 관심도 두지 않게 된다. 오블로모프 주의자들은 처음에는 조용히 이 공동 작업을 바라보고 있었다. 그러나 잠시 뒤, 평소의 습관대로 겁에 질려 외치기 시작한다……. '아, 아, 그만둬. 그대로 내버려 둬—라고 그들은 자신이 올라 있는 나무가 베어져 넘어가는 것을 보고 소리친다—부탁이야, 우리가 죽을지도 모르잖아. 우리가 죽으면 우리가 줄곧 품어왔던 아름다운 사상도, 고결한 감정도, 인간적인 지향도, 웅변도, 열정도, 뛰어나고 고결한 모든 것에 대한 애정도 다 함께 사라져 버린다고. 그대로 내버려 둬, 그대로 내버려 두라고! 너희들 도대체 무슨 짓을 하고 있는 거야?' 그러나 모든 여행자들은 이런 입에 발린 말은 이미 천 번도 넘게 들었으므로, 들은 척도 하지 않고 일을 계속한다.

오블로모프 주의자들에게는 아직도 자신과 자신의 명성을 구할 길이 남아 있다. 나무에서 내려와 다른 사람들과 함께 일에 매달리는 것이다. 그러나 그들은 언제나처럼 망설이며, 무엇을 하면 좋을지 모른다. '대체 왜 갑자기 이런 상황이 된 거지?' 그들은 절망 속에서 되풀이한다. 그리고 그들에 대한 존경심을 잃은 군중을 향해 무익한 저주의 말을 퍼붓는다.

그러나 군중이 옳지 않은가. 만약 군중이 현실적인 일의 필요성을 의식했다면, 그들 앞에 있는 것이 페초린이건 오네긴이건, 그것은 이미 그들과 전혀 상관 없는 일이다. 우리는 이러한 상황 속에서 페초린도 오블로모프와 똑같이 행동하기 시작할 것이라고는 말하지 않는다. 그는 같은 상황 속에서 다른 방향을 향했을지도 모른다. 그러나 재능이 뛰어난 작가가 창조한 유형은 긴 생명을 지닌다. 마치 오네긴, 페초린, 루딘을 본뜬 듯한 사람들이 오늘날에도 살아 있다. 게다가 그들은 다른 사정 속에서 당연히 성장할 수 있었던 모습이 아니라, 그야말로 푸시킨, 레르몬토프, 투르게네프가 제시한 그대로의 모습을 하고 있다. 다만 사회적 의식이라는 면에서만 관찰하면, 그들은 모두 점점 오블로모프로 변해 가고 있다.

이 변화가 이미 끝났다고 말할 수는 없다. 아니, 아직 오늘날에도 수천의 사람들이 대화로 시간을 보내고 있다. 또한 다른 수천의 사람들은 대화를 일로 간주하려 하고 있다. 그러나 이 변화가 시작되었다는 것—이것을 곤차로프가 창조한 오블로모프의 유형이 증명하고 있다.

예전부터 사람의 마음을 강하게 잡아끌던, 이런 어중간한 재능을 가진 성격이 전부 얼마나 쓸모없는 것인가에 대한 의식이, 비록 사회 어느 한 부분에서나마 성숙하지 않았다면, 오블로모프 유형의 출현은 불가능했을 것이다. 원래 그들은 여러 가지 망토를 걸치거나, 다양한 머리 형태로 자신을 꾸미고, 갖가지 재능으로 사람들의 마음을 사로잡았다. 그러나 지금 오블로모프는 아름다운 단상 위에서 푹신한 소파 위로 끌려내려와, 망토 대신 헐렁한 실내복을 입고 아무 말 없이 우리 앞에 있는 그대로의 모습을 보여주고 있다.

그는 무엇을 하고 있는가, 그의 생활의 의미와 목적은 어디에 있는가? —라는 질문은 솔직하고 확실하게 제기되어, 어떠한 부차적인 질문에도 헷갈리지 않는다. 그것은 사회적인 일의 시기가 이미 도래했거나 또는 눈앞에 닥쳐와 있기 때문이다······. 이 글의 첫머리에서 우리가 곤차로프의 소설 속에서 시대의 상징을 본다고 말한 이유는 바로 이 점에 있다.

과거에 진정한 사회적 일꾼이라고 생각한, 교양 있고 사고력도 풍부한 게으름뱅이들에 대한 평가의 관점이 얼마나 변했는지 독자는 주의해야 한다.

지금 당신 앞에는 매우 아름답고 민첩하며 또 교양 있는 한 청년이 있다. 그는 상류사회에 나가 성공을 거둔다. 그는 극장과 무도회, 가장무도회에 참석한다. 그의 옷차림이나 식사예절은 근사하다. 그는 독서를 하고 매우 정확한 문장을 쓴다. 그의 마음은 사교계에서 그날 그날 일어나는 일에만 움직이지만, 고상한 질문에 대해서도 이해하고 있다. 그는 정열에 대해

영원한 편견에 대해
사후세계의 슬픈 비밀에 대해

토론하기를 좋아한다. 그는 몇 가지 청렴결백한 규칙을 가지고 있어,

예부터 내려온 부역의 의무를
가벼운 인두세로 바꾸었다.

또한 가끔은 자신이 사랑하지 않는 소녀가 세상 물정을 모르는 것을 이용
해서 속이거나 하지 않는다. 사교계에서 자신의 성공을 특별히 중시하지도
않는다. 그는 자신을 둘러싼 상류사회의 공허함을 의식하게 된 것 만으로 이
사회보다는 높은 위치를 지닌다. 그는 사교계를 버리고 시골에 내려갈 수도
있다. 물론 시골에 살더라도, 자신이 어떤 일을 발견하면 좋을지 몰라 지루
해 하겠지만……. 아무것도 할 일이 없어서 그는 친구와 다투다가 경솔하게
도 결투에서 그 친구를 살해한다……. 몇 년이 지나 그는 다시 사교계로 돌
아간다. 그리고 한 여자를 사랑하게 된다. 그는 예전에 그녀를 위해 자신의
방랑자적 지유를 버려야만 한다는 것이 두려워 그 사랑을 스스로 거부한 적
이 있다……. 당신은 이 사람이 오네긴이라는 것을 알아차렸을 것이다. 그
러나 잘 보면, 그는—오블로모프이다…….

독자 앞에는 더욱 정열적인 영혼과 더욱 높은 자존심을 가진 또 다른 인간
이 있다. 그는 오네긴에게 있어서 다양한 배려의 대상인 모든 것을, 마치 태
어날 때부터 가지고 있는 듯하다. 그는 화장이나 몸치장에는 신경쓰지 않는
다. 그런 일을 하지 않아도 사교계 사람이다. 그는 단어를 선택하거나, 얕은
지식을 자랑할 필요가 없다. 그런 일을 하지 않아도 그의 말은 면도날처럼
예리하다. 그는 사람들의 약점을 잘 이해하고, 실제로 사람들을 얕보고 있
다. 그는 실제로 마음을 짧은 순간이 아니라 오랫동안, 종종 영원히 손에 넣
을 수 있다. 그는 자신이 나아가는 길 위에 있는 모든 것을 밀어내거나 없애
버릴 수 있다. 단 한 가지 불행은 그가 어디로 가야 하는지 모른다는 것이
다. 그의 마음은 텅 비어 있으며, 모든 것에 대해 차갑게 식어 있다. 그는
모든 것을 경험하고, 젊은 나이에 이미 금전으로 손에 넣을 수 있는 모든 쾌
락을 혐오한다. 아름다운 사교계 여자들의 애정도, 그것이 그의 마음에 아무
것도 가져다주지 않았기에 그에게 있어서는 지겹기만 하다.

그는 학문에도 질렸다. 이는 그가 명예도 행복도 학문과는 아무 관계없는
것을 알았기 때문이다. 가장 행복한 사람들이란—무지한 사람을 말하며, 행
복이란 성공을 가리킨다. 군사상의 모험도 곧 그를 지루하게 했다. 왜냐하면

그는 그 속에서 아무 의미도 인정하지 못하고 곧 그것에 익숙해져 버렸기 때문이다. 마침내, 그 자신도 마음에 들어 했던 미개인 소녀 한 명의 성실하고 티없는 애정조차 그를 지루하게 한다. 그는 이 소녀 안에도 격정의 만족을 발견하지 못한다. 그러나 이 격정이란 애초에 무엇인가? 그것은 어디를 향해 그를 데려가는 것일까? 왜 그는 자신의 영혼이 가진 모든 힘을 가지고 그것에 몸을 던지지 않는 것일까? 왜냐하면 그 스스로 격정이 무엇인지 이해하지 못하고 있으며, 자신의 정신력이 향할 곳에 대해 생각해 보려고도 하지 않기 때문이다. 그래서 그는 어리석은 자들을 비웃고, 세상물정 모르는 귀족 아가씨들의 마음을 흔들어 놓거나, 남의 연애사에 끼어들고, 화를 돋우고, 별 거 아닌 일에 막무가내로 행동하거나, 필요없이 다툼을 벌이면서 자신의 생활을 보내고 있다……. 독자는 이것이 페초린의 역사라는 것, 때로는 그 자신이 이 대부분의 단어를 그대로 이용해서 막심 막시무이치에게 자신의 성격을 설명하고 있는 것을 떠올릴 것이다……. 그러나 좀 더 자세히 보면, 독자는 여기서도 똑같이 오블로모프를 발견할 것이다.

그러나 여기에 자신의 길을 좀 더 의식적으로 나아가고 있는 또 한 사람이 있다. 그는 자신에게 많은 힘이 주어져 있음을 이해하고 있을 뿐만 아니라, 또한 자신에게는 커다란 목적이 있다는 것을 알고 있다. 더욱이 이 목적이 어떠한 것인지, 그리고 그것은 어디에 있는지에 대해서도 생각하고 있는 것처럼 보인다. 그는 품위 있고 정직하다(빌린 돈을 갚지 않은 적도 종종 있기는 하지만). 그는 쓸데없는 일에 대해서가 아니라, 지극히 고상한 문제에 대해 열정을 가지고 토론한다. 인류 행복을 위해 자신을 희생할 용의가 있다고 단언한다. 그의 머릿속에서는 모든 문제가 해결되고, 모든 것이 생생하고 짜임새 있는 연결고리 속에 정돈되어 있다. 그는 그 강력한 언어로 세상물정 모르는 청년들을 끌어당긴다. 그런 이유로 그의 말을 듣고, 그들 또한 자신이 무언가 위대한 것에 대한 사명을 가지고 있다고 느끼는 것이다.

그러나 그의 생활은 어떤 것 속을 지나갈까? 그는 모든 일을 시작하지만 끝마치지는 않는다. 모든 방면에 손을 뻗쳐, 모든 일에 탐욕스럽게 몰두하려고 한다. 그리고―끝까지 몰두하지 못한다……. 그는 한 소녀를 사랑한다. 그 소녀는 어머니의 만류도 듣지 않고, 그의 것이 될 생각이라는 것을 기어이 그에게 고백하지만, 그는 이렇게 대답한다. '오오! 그렇다면 당신의 어머니는 반대하시는 거군요! 정말 뜻밖의 충격입니다! 오오! 이렇게 빨리……. 할 수 없군요 — 따르는 수밖에'……. 바로 여기에 그의 모든 생활의 축약판이 있다. 당신은 이미 이것이 루딘이라는 것을 알고 있다……. 아니, 지금은 이 또한 오블로모프이다. 이 인물을 잘 관찰하여 현대 생활이 요구하는 것 앞에 대신 놓아 보면—스스로 이를 납득할 수 있을 것이다.

이 모든 사람의 공통점은, 그들에게 있어 생활상의 필요물이며, 마음으로부터 신성한 것도 되며, 종교도 되는 '일', 그들의 육체와 유기적으로 이어져 성장하고, 이를 없애는 것은 그들의 생명을 빼앗는 것을 의미하는 '일'이 그들의 생활 속에 없었다는 점이다. 그들에게는 모든 것이 외면적이며, 그 무엇도 그들의 천성 속에 뿌리내리고 있지 않다. 그들 또한 오블로모프가 슈톨츠의 손에 이끌려 손님을 만나러 나가고, 올가를 위해 악보나 책을 사고, 그녀가 읽으라 한 책을 읽었던 것처럼, 외부로부터의 요구가 있으면, 무언가 이런 일을 할 것이다.

하지만 그들의 영혼은 우연이 그들에게 부여한 일에 적합하지 않다. 혹시 그들이 노동을 통해 얻는 모든 외면적 이익이 그들에게 무상 제공된다면 그들은 기꺼이 자신의 일을 집어치울 것이다. 오블로모프 주의 때문에, 오블로모프적 관리는 혹여 일을 하러 나가지 않더라도 봉급을 받고 승진할 수 있다면, 일하러 나가기를 그만 둘 것이다. 군인 또한 지금과 동일한 조건이 주어지고, 어떤 경우에는 크게 도움이 되는 저 아름다운 군복을 입는 것이 허락된다면, 당장 무기에는 일절 손을 대지 않겠다고 맹세할 것이다. 교수는 강의를 그만두고, 학생은 배우기를 그만두고, 작가는 글쓰기를 그만두고, 배우는 무대에 오르길 그만둘 것이다. 또한 미술가는, 지금 노력으로 얻는 모든 것이 무상으로 주어진다면, 격조 높은 말을 읊으며 조각칼과 팔레트를 부수어 버릴 것이다.

그들은 그저 높은 지향과, 도덕적 의무의 의식과, 공통 관심의 침투에 대해 논하기만 한다. 그러나 잘 검토해 보면, 이 모두는—첫째도 말, 둘째도 말이다. 그들의 가장 솔직한 마음 속 깊은 곳에서의 욕구는 안정에 대한, 실내복에 대한 욕구이다. 그들의 행동 자체는 그들이 자신의 공허함과 무관심을 감추기 위해 이용하는, 명예로운 실내복(이 표현은 우리의 것이 아니다)일 뿐이다.

극히 교양 높은 사람들, 그것도 생동감 넘치는 천성과 따뜻한 마음을 가진 사람들마저, 실생활에서는 자신의 의견과 계획을 매우 쉽게 버린다. 주변의 현실과 지극히 신속하게 타협한다. 그러나 말로는, 이 현실을 천박하고 추악한 것으로 간주하길 그만두지 않는다. 이것은 그들의 말과 공상하는 모든 것이—그들에게는 남의 일이며, 빌린 것임을 의미한다. 그들의 마음 속 깊은 곳에는 같은 공상, 같은 이상이 뿌리내리고 있다—즉 가능한 한 흔들리지 않는 안정, 정적주의, 오블로모프 주의이다. 많은 이들은 인간이 기꺼이 열중해서 일하는 것이 가능하다는 것을 어느 새 상상조차 할 수 게 되었다. 혹시라도 부의 평등한 분배가 자본을 획득하기 위해 노력하려는 자극을 개개의 인간으로부터 빼앗아 버릴 경우에는 모든 인간은 무위 때문에 굶어 죽을 것이다…… 이에 대해서는 '경제안내'지에 실린 논문들을 통독하면 된다.

확실히 모든 오블로모프 주의자들은 머릿속에 주입된 모든 원칙이자신의 피와 살이 되도록 하는 일은 절대 하지 않았다. 결코 그것을 최종적인 결론까지 이끌어가려 하지 않았다. 또 말이 행위가 되고, 원칙이 영혼의 요구에 녹아들어 영혼 속에 소화되고, 인간을 움직이는 단 하나의 힘이 되는 한계까지 다다르는 일은 없었다. 그런 까닭에 그들은 끊임없이 거짓말을 한다. 그리고 자기 행위에 대한 개개의 사실에 대해 이처럼 무력한 것이다. 또한 그런 까닭에 그들에게는 추상적 견해가 살아있는 사실보다 소중하고, 일반적 원리가 생활 상의 단순한 진실보다 중요하다. 그들이 유익한 책을 읽는 것은 거기에 무엇이 쓰여 있는가를 알기 위해서이며, 고상한 문장을 쓰는 것은 자신이 하는 말의 논리적 구성을 즐기기 위해서이다. 또한 대담한 말을 입에 올리는 것은 자신의 미사여구 중 듣기 좋은 부분을 들려주어 상대로부터 칭찬받기 위해서이다.

그러나 그 이상의 것, 즉 이 모든 독서, 저술, 변론의 목적은 무엇인가에 대해서—그들은 완벽하게 알고 싶어하지 않거나, 또는 그다지 신경쓰지 않는다. 그들은 끊임없이 당신에게 이야기해 왔다—이것이 우리가 알고 있는 것입니다, 이것이 우리의 생각입니다, 그러나 사람들이 무엇을 원하는가, 그것은 우리가 알 바 아닙니다…… 라고.

일에 대해 생각하고 있지 않을 때는 이로 인해 대중을 속여넘길 수도 있었다. '우리는 그래도 이처럼 걱정하고, 돌아다니며, 말하고, 얘기하지 않는가' 하고 자랑스러워할 수도 있다. 루딘과 같은 사람들이 사회에서 쟁취한 성공은 여기에 기반을 둔 것이다. 그 뿐만이 아니다—술, 연애, 사치, 과장된 행위에 관해—'우리는 더 큰 행동의 자유가 없으므로 이러한 일을 하는 것이다' 라고 단정적으로 말할 수도 있었다. 그 때는 페초린도, 또 오네긴만 저도, 태어나면서부터 한없는 영혼의 힘을 가진 인간으로 보였을 것임에 틀림없다. 그러나 지금 이 모든 주인공들은 뒤로 물러나 지금까지의 의의를 잃고, 더 이상 그 불가해함으로, 또 그들과 사회의, 그들의 커다란 힘과 행위의 신비한 부조화로 우리를 혼란에 빠뜨리지는 않는다…….

이제 수수께끼는 풀렸다.
거기에 딱 들어맞는 말을 발견했다.

그 말은 바로—오블로모프 주의이다.
만일 오늘 내가 인류의 권리와 개성 발달의 필요에 대해 토론하는 지주를 본다면—나는 그가 처음 뱉은 몇 마디 말로 그가 오블로모프임을 알 수 있다.
혹시 사무의 혼란이나 과중한 부담에 대해 괴로움을 토로하는 관리가 있다면, 그는—오블로모프이다.
또 내가 사관 한 사람으로부터 지루한 열병식에 대한 괴로움이나 조용한 보조의 무의미함에 대한 대담한 발언을 듣는다면, 나는 그가 오블로모프임을 의심치 않을 것이다.
내가 잡지 속에서 권리의 남용에 대한 자유주의적인 반대론이나, 우리가 오랫동안 기대하고 희망해 왔던 일이 드디어 실행된 것에 대한 기쁨을 쓴 글을 읽었을 경우—나는 이 모든 것이 오블로모프카 마을에서 쓴 것이라고 생각할 것이다.
인류의 곤궁에 진심으로 동정하고, 뇌물수수자나 압박과 모든 종류의 불법행위에 대해 언제나 똑같은(그러나 때로는 새로운) 여담을 오랫동안, 한결같은 열의를 가지고 계속 이야기하는 교양있는 사람의 그룹 속에 내가 놓여 있다면—나는 자신이 오래된 오블로모프카 마을에 끌려온 것이라고 나도 모르게 느낄 것이다.

이런 사람들의 시끄러운 수다를 틀어막고, '당신들은 이러이러한 일들이 좋지 않다고 말하는데, 그렇다면 대체 무엇을 해야 하는가?'라고 묻는다면, 그들은 모를 것이다……. 그들에게 가장 간단한 방법을 제안하면—그들은 '어째서 갑자기 일이 이렇게 된 거지?'라고 말할 것이다. 그들은 반드시 그렇게 말한다. 왜냐하면 오블로모프들에게는 그 외에 다른 대답이 불가능하기 때문이다. 그들과 대화를 이어가며 '당신들은 원래 무엇을 할 생각이었나?' 하고 물어보면—그들은 루딘이 나탈리아에게 한 것과 똑같은 대답을 할 것이다. 즉 '무엇을 해야 하느냐고? 물론 운명에 복종하는 것입니다. 무엇을 해야 하는가? 이것이 얼마나 힘들고, 괴롭고, 참기 힘든 것인지 나는 너무나도 잘 알고 있습니다. 그러나 스스로 판단하십시오.' 따위의 대답이다. 그들로부터 그 이상의 대답은 아무 것도 기대할 수 없다. 왜냐하면 그들 모두에게는 오블로모프 주의의 각인이 새겨져 있기 때문이다.

고골리가 그렇게도 몽상하던, 또 러시아가 그토록 오래 기다려 왔던 이 전능한 한 마디, 곧 '앞으로!'란 이 한 마디에 의해 마침내 그 사람들을 그 장소에서 움직이게 할 수 있는 사람은 누구일까? 지금까지 이 질문에 대한 대답은 사회 속에서도 문학 속에서도 찾아볼 수 없었다. 곤차로프는 우리의 오블로모프 주의를 이해하고, 그것을 우리에게 보여줄 수는 있었지만, 지금까지 이 나라의 사회에 이토록 뿌리깊게 널리 퍼진 일반적인 미혹으로부터 완전히 벗어나 있었던 것은 아니었다. 그는 오블로모프 주의를 무덤으로 보내고, 이를 찬양하는 애도사를 늘어놓고자 마음먹었다. '안녕, 오래된 오블로모프카 마을이여, 너의 시대는 이미 지나 버렸다' 그는 슈톨츠의 입을 빌려 그렇게 말하며 거짓을 고한 것이다.

오블로모프를 통독했거나, 지금 통독하고 있는 모든 러시아 사람들은 이에 동의하지 않을 것이다. 아니, 오블로모프카 마을은 우리의 직접적인 고향이며, 그 지주들은—우리의 양육자이고, 그곳에 있는 삼백 명의 자하르는 항상 우리에게 봉사하기 위해 기다리고 있다. 우리 모두의 안에는 오블로모프적 요소가 다분히 숨겨져 있다. 우리를 위해 애도사를 쓰기는 아직 빠르다. 일리야 일리이치를 포함한 우리에 대해, 다음과 같은 말을 할 까닭이 전혀 없기 때문이다.

'그의 안에는 모든 지력보다도 고귀한 것, 즉, 더럽혀지지 않은 성실한 마음이 있었다. 이는 말하자면 그가 태어나면서부터 지닌 황금이었다. 그는 평생 동안 이를 망가뜨리지 않고 지녀 왔다. 그는 충격으로 쓰러지고, 무감각해졌으며, 살아갈 힘을 잃고, 마침내 죽은 듯이 변해 환멸하고 잠들어 버렸지만, 청렴결백함과 성실함은 잃지 않았다. 그의 마음에는 거짓의 징조라곤 하나도 없었다. 진창이 들러붙는 일도 없었다. 아무리 화려한 거짓도 그를 유혹할 수 없고, 그 무엇도 그를 그릇된 길로 인도할 수 없다. 오물이나 사악의 깊고 넓은 바다가 그의 주변에서 파도쳐도, 전 세계가 미친 듯 거꾸로 돌아가도—오블로모프는 결코 거짓 우상 앞에 무릎 꿇지 않을 것이다. 그의 영혼은 항상 맑고, 밝으며, 또한 성실할 것이다……. 이는 투명한, 티끌 없는 영혼이다. 그러한 사람은 많지 않다. 이는 군중 속의 진주이다! 그의 마음은 무엇에도 매수되지 않는다. 어떤 경우에도 그는 신뢰할 수 있다.'

우리는 이 부분을 너무 크게 확장시킬 생각은 없다. 그러나 독자들은 거기에 커다란 거짓이 내포되어 있음을 깨달을 것이다. 오블로모프 안에는 단 한 가지 실제적인 장점이 있다. 그가 타인을 속이기 위해 노력하지 않았다는 것이다. 그러나 이 또한 성격적으로—게으르기 때문이다. 그러나 어떠한 점에서 그를 신뢰할 수 있다고 말하는 것인가? 아무것도 할 필요가 없는 점에서인가? 이 부분에서 그는 확실히 누구에게도 지지 않는다. 그러나 아무것도 하지 않는 것은 그가 없어도 가능한 일이다. 그는 사악한 우상 앞에 무릎을 꿇지 않는다! 그렇다면 이는 어째서인가? 왜냐하면 그에게는 긴의자에서 일어나는 일이 귀찮기 때문이다.

만약 그를 끌어내려 이 우상 앞에 무릎 꿇린다면, 그는 이번에는 일어나지 못할 것이다. 무엇으로도 그를 매수하는 것은 불가능하다. 그러나 무엇을 위해 그를 매수하는가? 그를 그 장소에서 움직이게 하기 위해서인가? 그렇다면, 그것은 확실히 어려운 일이다. 진창이 그에게 들러붙는 일은 없다! 실로 그가 혼자 드러누워 있는 동안에는 아무 일도 일어날 리 없다. 그러나 타란체프나 자초르투이, 이반 마토비치가 찾아오면—곤란해진다! 오블로모프를 둘러싸고 얼마나 가증스럽고 꼴보기 싫은 장면이 펼쳐질 것인가. 그들은 그의 집에 빌붙어 살거나, 그의 돈으로 실컷 술을 마시거나, 또 그를 취하게 하기도 하고, 그에게서 가짜 어음을 받아내거나 한다(그러나 이 경우에는 슈톨츠가 어느 정도 무례하게, 러시아식 습관에 따라, 재판도 심리도 없이 그를 구해 준다). 그들은 또한 농부들을 구실삼아 그를 몰락시키고, 정당한 이유 하나 없이 그에게서 거금을 뜯어낸다. 그는 이 모든 일을 묵묵히 참아 내고 있다. 그런 이유로 또 물론 거짓말은 한 마디도 하지 않았다.

아니, 살아 있는 모든 자에게 이와 같은 칭찬의 애도사를 늘어놓아서는 안 된다. 그러나 우리는 아직 살아 있으며, 우리는 여전히 오블로모프다. 오 블로모프 주의는 결코 우리를 버린 적이 없었고, 지금도—현재 이 순간에도 우리를 버리지 않는다. 이 나라의 문학자, 평론가, 교양있는 사람들, 사회적 활동가 가운데 곤차로프가 일리야 일리이치에 대해 다음과 같은 말을 한 것 을 읽고, 이것은 분명 나를 염두에 두고 한 말이라고 생각하지 않는 사람은 없을 것이다.

'그 또한 높은 사고의 행복을 이해할 수 있었다. 그는 전인류적인 슬픔에 서 자유로울 수 없다. 그도 때로는 인류의 불행을 슬퍼하며 마음속 깊이 씁 쓸한 눈물을 흘렸다. 뚜렷하지 않은, 말 못할 고통과 애수, 그리고 또 어딘 가 멀리, 아마 일찍이 슈톨츠가 그를 데려가려 했던 세계에 대한 동경을 느 낄 때가 있었다. 달콤한 눈물이 그의 두 뺨에 흘러내렸다. 그는 또한 인간의 악덕, 거짓, 비난, 세계를 떠도는 죄악 등에 대한 멸시의 생각에 마음을 만 족시키거나, 남에게 그 사람의 흉한 모습을 보여 주고자 하는 희망에 불타오 르는 일도 있었다. 그리고 불현듯 그의 마음에 사상이 불타올라, 바다의 파 도처럼 머릿속에 떠돌아다닌 끝에, 갖가지 의지로까지 성장하여, 그의 온몸 을 피 끓게 하는 것이었다. 지금 그의 근육이 움직이기 시작하여, 혈관은 팽 팽해지고, 의지는 갈망으로 바뀌려 하고 있다. 그는 정신적인 힘에 움직여져 서, 잠시 동안 급히 두세 번 자세를 바꾸고, 눈을 빛내며 침대 위에서 반쯤 몸을 일으켜 한 손을 내밀고 감동한 듯이 주변을 돌아본다. 이에 갈망은 실 현되어, 위대한 행동으로 변할 것이다…… 그때, 오! 그 고상한 노력으로부 터 어떤 기적과 어떤 좋은 결과를 기대할 수 있을까? 그러나 어느 새 밝은 아침이 사라지고, 점심은 이미 저녁으로 기울어진다. 오블로모프의 힘도 약 해져, 저녁 노을과 함께 잔잔하게 스러진다. 태풍이나 파도는 마음속에서 가 라앉고, 머리는 사고의 흥분으로부터 깨어나며, 피는 점차 천천히 혈관 속을 흘러간다. 오블로모프는 조용히, 깊은 생각에 잠긴 듯 누워, 슬픈 눈길을 창 너머의 하늘에 향해, 누군가의 4층짜리 집 너머로 엄숙히 저물어 가는 태양을 애수를 띠고 배웅하는 것이다. 그는 몇 번이나 이런 식으로 일몰을 배웅한 것일까.'

교양 있고 고상한 사색을 하는 독자여, 이것이 당신의 좋은 지향과 유익한 행위에 대한 정확한 묘사가 아닌가? 다른 점이 있다면, 이는 그저 당신의 발달 정도가 어떠한 단계까지 다다라 있는가 하는 것뿐이다. 일리야 일리이치는 침대에서 반쯤 몸을 일으켜 한 손을 내밀고 주변을 돌아보는 정도까지 와 있었다. 어떤 사람은 아무리 해도 그 정도 수준까지 다다르지 못한다. 그들에게는 그저 사상이 파도처럼 머릿속을 떠돌 뿐이다(그런 사람들이 대부분이다). 다른 사람의 경우 사상은 의향으로까지 성장하지만, 욕구의 단계에는 이르지 못한다(이런 사람은 비교적 적다). 또 다른 사람에게는 욕구가 나타나는 일도 있다(이런 사람들은 극소수이다)…….

그래서 모든 문학이, 베네딕토프의 표현에 의하면,

……우리 육체의 시련
산문과 시로 쓰여진 고민—

이것을 대표하고 있는 현대의 경향에 따라, 우리는 곤차로프가 앞에서 오블로모프에 대해 칭찬한 말이 우리의 자존심에 아무리 기분 좋은 것일지라도, 이러한 칭찬의 말을 공정한 것으로 간주할 수 없다는 것을 어른스럽게 스스로 인정하는 것이다. 오블로모프는 페초린과 루딘만큼 생기 있고, 젊고, 활동적인 인간을 화나게 하지는 않지만, 역시 그 무가치함에 있어서 미워할 만한 존재이다.

시대의 요구에 부응하기 위해, 곤차로프는 또한 오블로모프의 해독제라고도 할 수 있는 슈톨츠를 등장시켰다. 그러나 이 인물과 관련해서, 우리는 문학이 생활로부터 너무 멀리 앞서나갈 수는 없다는 우리의 지론을 여기서 다시 한 번 되풀이하지 않으면 안 된다. 모든 사상이 즉시 욕구가 되고 행위로 이행되는, 완전하고 활동적인 성격을 가진 슈톨츠와 같은 사람은 이 나라의 사회 생활 속에는 아직 존재하지 않는다. (우리는 여기서는 높은 욕구를 이해할 수 있는, 교양있는 사회에 대해 말하고 있다. 대중 속에서는 사고와 욕구가 극히 근접한 관계를 가지고 몇몇 대상에 한정되어 있으므로, 그런 사람들은 곳곳에서 볼 수 있다.) 작가 자신도 이것을 의식하고, 이 나라 사회에 대해 다음과 같이 쓰고 있다.

'눈은 겉잠에서 깨어나고, 힘차게 성큼성큼 걷는 발소리와 활기찬 목소리가 들려온다……. 러시아식 이름을 가진 수많은 슈톨츠가 나타날 것이 틀림없다!'

그들은 수없이 나타날 것이 분명하다. 그것은 의심할 여지가 없다. 그러나 지금 상황에서는 그들이 출현할 가능성은 없다. 그러므로 우리가 곤차로프의 소설에서 알 수 있는 것은 그저 슈톨츠가—활동적인 인간이며, 언제나 무언가에 대해 배려하며 뛰어다니고, 무언가를 획득하고, 그리고 살아간다는 것은—일하는 것이라고 말하는 인간이라는 것 뿐이다. 그래도 그가 무엇을 하고 있는지, 또 다른 사람들은 아무 것도 이룰 수 없는 상황에서, 어떻게 그가 뭔가 훌륭한 일을 하는 것을 생각해 낼지—이것은 우리에게 비밀로 남겨져 있다. 그는 일리야 일리이치를 위해 오블로모프카 마을의 경영을 눈 깜짝할 새에 되살려놓는다—하지만 어떻게 해서? 우리는 그것을 알지 못한다. 그는 일리야 일리이치의 가짜 어음을 금방 파기해 준다—어떻게 해서? 이것은 우리도 알고 있다. 그는 오블로모프에게서 어음을 받은 이반 마토비치의 상관을 찾아가서, 그와 마음을 터놓고 이야기한다—이반 마토비치는 그 자리에 불려가 어음을 돌려주도록 명령받을 뿐만 아니라, 해임을 통보받기까지 했다.

이는 물론 그에게는 당연한 일이었다. 그러나 이 사건에서 판단하건대, 슈톨츠는 아직 러시아의 사회적 활동가로서의 이상에는 도달해 있지 않다. 확실히 아직 거기까지 도달하기는 어렵다. 아직 그럴 시기가 아니다. 지금 상황에서 사람은, 아무리 현명하더라도 무언가 제대로 된 사회적 사업을 하려고 할 경우, 천만 루블의 재산으로 수많은 선행을 베푸는 선행가인 전매인 무라조프, 또는 고결한 지주 코스탄조그로에게 배울 수 있을 정도로—그들보다 앞서 나가는 것은 불가능하다……. 그리고 우리는 슈톨츠가 자신의 행위 위에서, 오블로모프마저 사로잡은 모든 지향과 요구 앞에서 어떻게 평정을 유지하고 있을 수 있었는지, 왜 자신의 입장에 만족할 수 있었는지, 또 고독하고 격리된 자신만의 행복 위에서 어떻게 마음을 안정시킬 수 있었는지 이해하지 않는다……. 그의 발치에는 늪이 있는 것, 그의 가까이에는 오래된 오블로모프카 마을이 있는 것, 넓은 길에 나가 오블로모프 주의에서 벗어나기 위해서는, 아직 숲을 개간할 필요가 있음을 잊어서는 안 된다. 이를 위해 슈톨츠가 무엇을 했는지, 어떤 식으로 했는지―우리는 알지 못한다. 그러나 그것 없이 우리는 이 인물에 대해 만족할 수 없다. 우리는 이 말만을 할 수 있다. 즉 '러시아인이 본능적으로 이해할 수 있는 말로, 우리에게 '앞으로!' 란 이 전능한 한 마디를 할 수 있는' 인간은 그가 아니라고.

올가 이리인스카야는 이 위대한 행위를 하는 데 있어서 슈톨츠보다 더 유능하고, 우리의 젊은 생활에 슈톨츠보다도 더 가까이 있는지도 모른다. 우리는 곤차로프가 창조한 여성들에 대해서는―올가에 대해서도, 아가피아 마토베브나, 프셰니치나에 대해서도, (더욱이 또한 독특한 성격을 가진 아니시아나 아크리나에 대해서마저) 아무 것도 이야기하지 않았다. 이는 우리가, 그녀들에 대해서 무언가 재치 있는 말을 하기에는 너무나 무력하다는 것을 의식하고 있기 때문이다. 곤차로프가 창조한 여성 유형에 대해 고찰하는 것은 여성의 마음에 대한 위대한 전문가라는 자부심을 표명한다는 의미이다. 이러한 소질이 없는 경우에는, 곤차로프가 그린 여성들에게 그저 매혹당하기만 할 가능성이 있다.

여자들의 이야기에 따르면 곤차로프의 심리 분석이 정확하고, 자잘한 것은 놀랄 만하다고 한다. 이 경우 여자들의 이야기를 믿지 않을 수가 없다……. 우리는 굳이 이 여자들의 비평에 무언가를 더하려고는 생각하지 않는다. 우리에게 있어 완전한 미지의 세계에 발을 들여놓는 것을 두려워하기 때문이다. 그러나 우리는 이 글의 맺음말로서 올가에 대해, 또 오블로모프 주의에 대한 그녀의 태도에 대해 감히 몇 마디 하고자 한다.

올가는 그 정신적 발달 정도에 있어서 러시아 예술가가 지금의 러시아 생활에서 이끌어낼 수 있는 최고의 이상을 나타내고 있다. 그런 이유로 그녀는 논리가 가지는 예사롭지 않은 명료함과 솔직함으로, 또한 마음과 의지의 놀라운 조화로, 우리의 마음을 강하게 감동시킨다. 마침내 우리는 그 시적 진실을 의심하고 싶어져, '이러한 여성은 존재하지 않는다'고 말하고 싶어진다. 그러나 이 소설 전권을 통해 그녀의 뒤를 따라가다 보면, 우리는 그녀가 언제나 자신과 자신의 발달에 충실한 것, 그녀가 작가의 교훈적 견해를 대표하고 있는 것이 아니라 다만 우리가 아직 만난 적 없는, 살아 있는 인물을 대표하고 있다는 사실을 발견한다. 그녀 안에는 슈톨츠 안에 존재하는 것보다 더 많은, 새로운 러시아 생활에 대한 암시를 볼 수 있다. 그녀로부터 오블로모프 주의를 모조리 불태워, 그 재를 불어 날려 버리는 말을 기대할 수 있다.

그녀는 우선 오블로모프를 향한 애정에서, 또 그의 정신적 개조에 대한 신뢰에서 활동을 시작한다. 그녀는 오랫동안 한결같은 애정과 따뜻한 배려로 이 남자의 내면에 생활을 눈뜨게 하고 행위를 불러일으키기 위해 노력한다. 그녀는 그가 선행에 대해서 이렇게도 무력하다는 사실을 믿고 싶어하지 않는다. 그에게 건 자신의 희망을, 자신의 미래의 창조물이 완성되길 기대하면서 그녀는 그를 위해 모든 것을 한다. 외면적인 예의의 제약마저 무시하고, 누구에게도 알리지 않은 채 혼자서 그가 있는 곳으로 달려간다. 그리고 그와 마찬가지로 자신의 평판이 땅에 떨어지는 일도 두려워하지 않는다. 그러나 그녀는 놀랄 만한 분별력을 가지고, 그의 천성 속에 나타나 있던 모든 거짓을 즉시 꿰뚫어본다. 그리고, 끝없는 솔직함으로 그것이 어떻게, 또 왜 거짓이고 진실이 아닌가를 그에게 설명한다. 예를 들어, 그는 앞에 말한 대로 그녀에게 편지를 쓴다. 그 뒤에, 그것이 오로지 그녀에 대한 배려에서, 자신을 완전히 잊고, 자신을 희생하면서 쓴 편지라고 그녀에게 단언한다 ─

'아니오─그녀는 대답한다─거짓말이에요. 만일 당신이 오직 나의 행복만을 생각해서, 나의 행복을 위해 헤어져야 한다고 생각했다면, 당신은 미리 편지 따위 쓰지 않고 가 버렸을 거예요.'

그는 혹시 그녀가 나중에 그에 대한 사랑이 착각이었다는 사실을 깨닫고 그를 싫어하고, 다른 남자를 사랑하게 되었을 때 그녀가 불행해지는 것이 두렵다고 말한다. 여기에 대해 그녀는 대답한다.

'지금 당신은 어디에 나의 불행이 있다고 말하는 건가요? 지금 나는 당신을 사랑하고 있어요. 그걸로 난 행복해요. 그러나 언젠가 다른 사람을 사랑하게 된다면 그때는 그때 나름대로, 나는 그 사람과 함께 행복할 거예요. 당신은 나에 대해 쓸데없는 걱정을 하고 있군요!'

사고의 이런 솔직함과 명료함 속에는 현대 사회를 키운 생활과는 다른 새로운 생활이 움트고 있다……. 그리고 또—놀랍게도 올가의 의지는 그녀의 마음에 얼마나 순종하는 것인지! 그녀는 그가 결정적으로 쓸모없는 사람임을 확신할 때까지는, 주변의 모든 유쾌하지 못한 일들과 비웃음에도 불구하고 오블로모프에 대한 자신의 관계 및 애정을 이어나간다. 그가 쓸모없다는 사실을 확신하기에 이르렀을 때 그녀는 그에 대한 사랑이 잘못되었음을, 그리고 이제는 자신의 운명을 그와 함께할 결심을 할 수 없음을 그에게 솔직하게 말한다. 그녀는 이 거절의 순간에도, 또 그 이후에도, 그를 칭찬하고 그에게 호의를 가진다. 그러나 그녀는 이와 같은 자신의 행위로 그를 말살하였다. 다른 오블로모프 주의자들은 누구도 여자에 의해 이렇게까지 말살당하지는 않았다. 타티아나도 이 작품의 마지막 부분에서 오네긴에게 다음과 같이 말했다.

나는 당신을 사랑하고 있어요(거짓말할 필요가 무어 있겠어요?)
하지만 나는 다른 남자와 결혼한 몸인걸요
마지막까지 지조를 지킬 생각입니다…….

그리하여 그저 외면적인 도덕상의 의무가 타티아나를 이 공허한 멋쟁이로부터 구해냈을 뿐이다. 만약 그녀가 자유로웠다면 그녀는 그의 품에 안겼을지도 모른다.

또한 나탈리아가 루딘을 버린 것은 그가 처음에 자기 의견을 굽히지 않았기 때문이다. 그리고 그가 가 버린 뒤, 그녀는 그가 자신을 사랑하지 않는다는 사실에만 마음을 빼앗겨, 그것을 몹시 슬퍼했다. 페초린에 대해서는 아무것도 말할 것이 없다. 그는 공작의 딸 메리의 증오만을 바랐고, 거기에 성공했기 때문이다.

그러나 올가는 오블로모프에게 이런 식으로 행동하지 않았다. 그녀는 가식 없이, 그리고 상냥하게 그를 향해 다음과 같이 말했다.

'나도 겨우 최근 들어서야 알아차리게 되었지만, 내가 사랑하고 있었던 것은 당신이 마음속에 가지고 있어 주길 내가 바라고 있던 거였어요. 그건 슈톨츠 씨가 나에게 보여 준 거예요. 그건 내가 슈톨츠 씨와 함께 생각해 낸 거죠. 나는 미래의 오블로모프를 사랑하고 있었던 거로군요. 당신은 어른스럽고 정직해요, 일리야 씨. 당신은 친절해요⋯⋯. 마치 비둘기 같아요. 당신은 날개 속에 머리를 숨기고 있는 거예요—그리고 그 이상 아무것도 바라지 않지요. 당신은 평생을 지붕 밑에서 울고 있을 생각이겠죠⋯⋯. 하지만 난 달라요. 나는 이걸로는 부족해요. 나에게는 더욱 큰 무언가가 필요해요, 그게 무엇인지—난 모르지만요!'

그리고 그녀는 오블로모프를 버린다. 그리고 스스로도 잘 모르고 있는 그 무언가를 추구한다. 결국 그녀는 그것을 슈톨츠에게서 발견하고, 그와 맺어져 행복해진다. 그러나 그녀는 거기서도 머무르려 하지 않는다. 활동을 멈추려 하지 않는다. 어떤 확실치 않은 문제와 의혹이 그녀를 불안케 한다. 그녀는 무언가를 구명(究明)하려 하고 있다. 작자는 우리 앞에 그녀의 마음속 파도를 완전히 보여주지는 않는다. 그리고 우리는 그녀의 마음속에 일렁이는 파도의 특질에 대해 잘못된 예상을 하게 될지도 모른다. 그러나 그것은 그녀의 마음과 머릿속에서 새로운 생활의 숨결이 되어, 그녀는 슈톨츠보다는, 비교할 수 없을 만큼, 이 새로운 생활에 가까워져 있었다고 우리는 생각한다. 우리가 이렇게 생각하는 것은 다음 대화 속에서 몇 가지 암시를 발견했기 때문이다.

— 그러면 어떻게 하면 좋을까요? 항복하고 슬퍼하나요? —그녀가 물었다.

— 아니—그는 말했다—확실한 기분과 차분한 마음으로 무장하는 거야. 나도 당신도 거인이 아니야—그는 그녀를 끌어안으며 계속했다 — 우리는 맨프레드나 파우스트와 함께 마음을 어지럽히는 문제와 대담한 전투를 향해 나아가는 일은 하지 않아. 그들의 부름에는 응하지 않을 거야. 머리를 숙이

고, 얌전하게 곤란한 시간을 넘기자. 그렇게 하면 언젠가 다시 생활이 미소 짓게 될 거고, 행복도 그때부터……

— 하지만 그게 언제까지나 우리를 떠나지 않는다고 하면, 슬픔은 점점 심각하게 우리를 괴롭히지 않을까요? —그녀는 다시 질문했다.

— 어쩔 수 없잖아! 생활의 새로운 요소로서 그 슬픔을 받아들이자……. 아니, 그게 아니지. 그런 건 존재하지 않아. 우리에게 그런 일이 있을 리 없 어. 그건 당신만의 슬픔이 아니야. 그건 인류 공통의 병마인 거야. 당신에게 도 그 한 방울이 떨어진 거지……. 인간이 생활에서 분리되어 있을 때, 의 지할 수 있는 것이 없을 때, 그것은 모두 무서운 일이야, 하지만 우리에게는 …….

그는 우리에게는…… 어떠한 것인지 끝까지 말하지 않았다. 그러나 다음 내용은 명백하다. 즉, 그는 '마음을 어지럽히는 문제와의 전투에 나서기'를 바라지 않았다. 그는 '얌전하게 머리를 숙이자'고 결정했다……. 그러나 그 녀는 그 싸움에 대비하고, 이를 애타게 기다리고 있다. 그리고 슈톨츠와의 조용한 생활이 오블로모프적인 무관심과 유사한 무언가로 변화하는 것을 견 딜 수 없을 만큼 두려워하고 있다. 명백하게 그녀는 머리를 숙이고, 언젠가 다시 한 번 생활이 미소지을 거라고 기대하며, 괴로운 시간을 어른스럽게 참 아 넘기는 것을 바라지 않는다. 그녀는 오블로모프를 믿기를 그만두었을 때 오블로모프를 버렸다. 그녀는 혹 슈톨츠를 믿을 수 없게 된다면, 그 역시 버 릴 것이다. 여러 가지 문제와 의혹이 그녀를 끊임없이 괴롭히고, 또 슈톨츠 가 그녀에게—그것들을 생활의 새로운 요소로서 받아들이고 머리를 숙이도 록 자꾸 충고한다면, 이 일은 반드시 일어날 것이다. 그녀는 오블로모프 주 의를 잘 알고 있다. 그녀는 그것이 어떤 형태를 하고 있더라도, 어떤 가면을 쓰고 있더라도, 그것을 구분해 낼 수 있다. 그리고 거기에 가차없는 판결을 내릴 힘을 언제나 자신 안에서 발견할 것이다……

오블로모프
차례

제1부

제1장

　어느 아침 가로호바야 거리[*1], 웬만한 지방 소도시 인구와 맞먹을 듯한 거대한 건물이 밀집한 마을 한 집에 일리야 일리이치 오블로모프[*2]라는 사나이가 침대에 누워 있었다.

　나이는 서른두셋쯤 되어 보이고 보통 키에 짙은 잿빛 눈, 호감이 가는 외모를 지녔다. 그러나 안타깝게도, 그의 표정에서 확고한 무언가는 전혀 찾아볼 수 없고 깊이 생각하는 기색도 느껴지지 않았다. 그의 생각은 마치 하늘을 나는 새처럼 얼굴 위에서 맴돌다 잠시 눈 속에서 팔락이기도 하고, 살짝 벌어진 입술에 내려앉는가 하면, 어느새 이마 주름 사이로 숨어들더니 곧 자취를 감추어 버린다. 그러고는 다시 온 얼굴에 아무런 번뇌도 없는 한결같은 빛이 조용히 반짝이기 시작한다. 그 편안하기 그지없는 기분은 얼굴에서 몸 전체로 퍼져 심지어 잠옷 주름에까지 감돌았다.

　이따금 그의 눈빛은 어두워진다. 피곤함 때문이 아니라면 분명 따분함 탓이리라. 그러나 피곤함이든 따분함이든 그의 얼굴에서 온화한 빛을 내몰지는 못한다. 그 온화함은 얼굴뿐만 아니라 영혼 전체에서 우러나오는 근원적인 표정이다. 그 영혼은 또 그의 눈과 미소, 고갯짓과 손짓 하나에서도 환하게 빛을 발한다. 겉모습만 보고 판단하는 냉정한 사람이라면 지나가다 오블로모프를 흘끗 보고 이렇게 말할 것이다. "좋은 사람인 것 같기는 한데, 좀 어수룩해 보여!" 좀 더 깊이가 있고 동정심이 있는 사람이 그를 한참 바라보면 틀림없이 기분이 좋아져서 미소 띤 얼굴로 자리를 뜨게 되리라.

　일리야 일리치의 얼굴색은 붉지도 검지도 않았으며, 그렇다고 창백하다고도 할 수 없는, 뭐라 말하기 힘든 색이었다. 어쩌면 그냥 그렇게 보일지도

　[*1] 상트페테르부르크의 중심가 중 하나로서 주로 중류층 사람들이 거주했음.
　[*2] 러시아 이름은 이름과 부칭(父稱) 그리고 성으로 이루어져 있다. 보통 편한 관계에서는 이름만, 공식적 관계에서는 이름과 성을 함께 부른다.

모른다. 오블로모프가 나이에 걸맞지 않게 통통하게 살이 찐 탓인지도 모르겠지만, 아마 운동 부족이거나 바깥바람을 충분히 쐬지 못했기 때문이리라. 아니면 두 가지 다 원인인지도 모른다. 그의 몸은 목덜미하며 작고 오동통한 손, 그리고 지나치게 하얗고 부드러운 어깨의 피부 때문에 남자치고는 너무 여성스러워 보였다.

평정심을 잃었을 때조차 부드러움과 우아함을 잃지 않았기에 화를 참을 수 있었다. 만약 우울한 감정들이 조금이라도 내면에서 얼굴로 흘러나오면 그 눈빛에 먹구름이 끼고, 이마에는 주름이 잡히며, 의심과 슬픔과 불안이 서로 교차되기 시작한다. 하지만 이런 불안한 상태가 하나의 뚜렷한 사고(思考)로 응축되거나 확고한 의지로 발전하는 일은 더욱 드물었다. 모든 불안은 한숨 한 번으로 해결되고 나른한 무관심이나 졸음 속으로 사라진다.

오블로모프의 실내복은 그의 차분한 얼굴과 화사한 체형에 기막히게 잘 어울렸다. 그가 입고 있는 페르시아산 직물로 만든 가운은 진정한 동양식 실내복으로, 유럽은 손톱만큼도 느껴지지 않았다. 술이나 비로드 장식도 하나 없이 허리끈도 없는 펑퍼짐한 옷인데, 오블로모프가 둘이나 들어가고도 남게 헐렁했다. 소매도 어김없이 동양식으로 어깨에서 손끝으로 내려갈수록 폭이 점점 넓어지는 모양새였다. 비록 새 옷 같은 신선함은 사라지고, 군데군데 손때가 묻어 있긴 하지만, 동양식 선명한 염색과 튼튼한 천의 촉감은 여전했다.

오블로모프는 실내복이 돈과 바꿀 수 없는 많은 장점을 지니고 있다고 생각했다. 어쩌나 부드럽고 하늘거리는지 입고 있다는 느낌이 들지 않을 정도였다. 순종적인 하인처럼 아무리 작은 움직임에도 잘 따라온다.

편안하고 자유로운 것을 좋아하는 오블로모프는 집에 있을 때 넥타이를 매지 않고 조끼도 입지 않았다. 그가 신고 있는 실내화는 길고 부드러운데다 볼이 넓어서 침대에서 발만 내리면 안 보고도 한 번에 발에 꿸 수 있었다.

일리야 일리이치가 침대에 눕는 것은, 환자나 졸린 사람들처럼 필연적인 것도, 그렇다고 피곤한 사람들처럼 우연한 것도 아니다. 또 게으름뱅이들의 향락과도 달랐다. 오히려 그것은 하나의 정상적인 상태였다. 그는 날마다 집에 틀어박혀 있었는데, 집에 있을 때는 늘 드러누워 있다. 그것도 우리가 그를 발견한 침실이자 서재, 또 거실이기도 한 바로 그 방에서 말이다. 그가 사는 집에는 방이 세 개나 더 있지만 거의 들여다보는 일조차 없다. 어쩌다 한 번 하인이 아침에 서재를 청소할 때나 잠깐 들어가곤 한다. 청소라고 해 봐야 날마다 하는 것도 아니어서 그 방들의 가구는 천으로 덮여 있고 창문에 는 블라인드가 내려져 있다.

일리야 일리이치 오블로모프가 누워 있는 방은 언뜻 보면 잘 꾸며져 있어 보였다. 방 안에는 마호가니 책상이 놓여 있고 비단을 씌운 소파 두 개에, 세상에 없을 것 같은 환상의 새와 과일을 수놓은 아름다운 가림막이 배치되 어 있다. 비단 커튼과 양탄자, 그림, 구리 세공품에 도자기 그리고 아기자기 한 장식품들도 여기저기 놓여 있었다.

그러나 안목 좋은 사람이 익숙한 눈으로 방 안을 쓱 훑어본다면 그저 남들 처럼 하려고 흉내만 내려 했다 생각할 것이다. 오블로모프가 서재를 꾸밀 때 그 점에만 신경 썼음은 물론이다. 세련된 취향의 소유자라면 투박하고 조잡 한 마호가니 의자와 기우뚱대는 책꽂이가 불만스러웠을 것이다. 소파 하나 는 등받이가 푹 꺼졌고, 버팀목들이 군데군데 떨어져 나갔다. 그림과 화병, 자잘한 소품들도 마찬가지다.

정작 방주인은 자신의 가구들에 대해 도대체 누가 이런 잡동사니들을 여 기에 갖다 버렸는지 알 길이 없다는 듯 완전한 무관심으로 일관할 뿐이다. 자기 소유물에 대한 오블로모프의 무관심과, 하인 자하르의 그보다도 더 무 심한 태도야말로 그의 방이 더럽게 방치된 원인이라 할 수 있다.

벽 위의 그림 주변은 거미줄로 뒤덮여 있다. 거울은 글씨도 쓸 수 있을 것 같은 자욱한 먼지 때문에 무언가를 비추기보다는 메모장으로나 쓰는 게 나 을 것 같다. 양탄자는 얼룩투성이에 소파에는 언제 썼는지도 모를 수건이 걸 쳐져 있고, 아침마다 식탁에는 전날 먹고 치우지 않은 저녁상이 소금통과 함 께 널려 있으며, 뜯어 먹다 남은 뼈다귀들과 빵부스러기들이 여기저기 나뒹 굴고 있지 않은 날이 없다.

접시들과 침대에 놓여 있는 갓 피운 담뱃대, 또는 침대에 누워 있는 방 주 인만 없다면, 아무도 살지 않는 빈집이라고 오해할 만큼, 모든 게 먼지로 뒤 덮이고 색이 바래 있어서 도무지 사람이 살고 있다는 흔적을 찾아볼 수 없 다. 물론 테이블에는 펼쳐진 책이 두세 권 나뒹굴고, 신문들은 흩어져 있으 며, 책상 위에는 펜과 잉크병이 놓여 있다. 그러나 책이 펼쳐진 페이지에 쌓인 뽀얀 먼지, 누렇게 바랜 종이 상태로 보아 내팽개쳐진 지 이미 오래되었음을 한눈에 알 수 있다. 신문은 작년 것이고 잉크병은 펜을 담그면 파리가 놀라 윙윙거리며 튀어 나올 것만 같았다.

이 특별한 날, 일리야 일리이치 오블로모프는 보기 드물게 일찍 아침 8시에 눈을 떴다. 그의 얼굴엔 공포도 아니고 번뇌나 분노도 아닌 무언가가 번갈아 나타났다. 내면에서 격렬한 싸움이 일어나 자신을 괴롭혔지만 이성은 오블로모프를 도와주지 않았다.

무슨 일이었을까. 오블로모프는 어제 시골 촌장에게서 불쾌한 편지 한 통을 받았다. 알다시피 촌장이 알려주는 불쾌한 일이라 해봤자, 흉년이나 수입 감소 따위이다. 작년과 재작년에도 촌장은 자기 주인에게 똑같은 편지를 보내왔다. 이번 편지도 마찬가지로 그의 마음에 아주 강력한 파장을 몰고 왔다.

이 모든 것은 대단히 성가신 일이었다. 수입을 늘릴 방법과 몇 가지 절차를 마련해야만 한다. 오블로모프라고 해서 전혀 대책이 없는 것은 아니었다. 처음 편지를 받았을 때부터 영지 관리 개혁과 혁신 방안을 다각적으로 구상하고 있었다.

그 방안은 경제적으로나 행정적으로 여러 정책을 새로 도입해야 했다. 그런데 아직 충분히 구상되지 않은데다 해마다 되풀이 되는 촌장의 편지는 그에게 뭔가를 하도록 끊임없이 강요하며 마음의 평화를 깨고 있었다. 오블로모프는 특단의 조치가 필요하다고 생각했다.

잠에서 깨어나자 그는 침대에서 일어나 목욕을 하고 차를 마신 뒤 생각한 것들을 문서로 작성하여 먼저 이 문제를 반드시 해결해야겠다고 결심했다.

이 결심의 중요성을 느끼면서도 오블로모프는 30분 동안 누워 있기만 했다. 결국 그런 건 차를 마신 뒤에 해도 되고, 차는 평소처럼 침대에서 마실 수도 있으니 누워서 생각해도 된다는 결론을 내렸다.

그래서 그는 결정한 대로 행동했다. 차를 마신 뒤에 곧 팔꿈치로 몸을 일으켜 침대 밖으로 나가려 했다. 이어 신발을 보며 침대에서 한쪽 발을 내뻗는가 싶더니, 도로 집어넣어 버렸다.

9시 반이 되자, 일리야 일리이치 오블로모프는 다시 몸부림을 쳤다.

"어떻게 된 일이지?" 화가 나 소리내어 중얼거렸다. "양심이 있다면 뭔가 하고 있어야 할 시간이 아닌가! 결심을 해 놓고는 이렇게……"

"자하르!" 그가 소리쳤다.

자하르의 방과 일리야 일리이치의 방 사이에는 좁은 복도가 있을 뿐이다. 자하르의 방에서 개 짖는 비슷한 소리가 들리는가 싶더니 어디선가 쿵! 뛰어내리는 소리가 들렸다. 다름 아니라 자하르가 늘 앉아서 졸며 많은 시간을 보내는 침상에서 뛰어내리는 소리다.

겨드랑이가 해져서 속에 입은 셔츠가 쑥 삐져나온 헐렁한 겉옷을 입은 나이 든 남자가 방으로 들어왔다. 구리단추가 달린 회색 조끼를 걸치고 있었는데, 당구공처럼 머리가 벗겨져 있고, 희끗희끗한 구레나룻은 덥수룩해서 세 갈래로 땋을 수도 있을 것 같았다.

자하르는 희미한 옛 삶의 기억을 소중히 하려고, 시골에서 입던 옷을 굳이 바꾸려 하지 않았다. 새 옷도 시골에서 가져온 옷 모양 그대로 지어 입었으며, 특히 회색 겉옷과 조끼를 좋아했다. 제복처럼 보이는 이 옷들은, 고인이 된 옛 주인어른을 모시고 교회에 갈 때나 여기저기 외출할 때 입었던 제복에 대한 희미한 향수를 불러일으켰기 때문이다. 그가 기억하기로 제복은 오블로모프 집안의 유일한 자랑거리였다.

이것만이 노인에게 옛 시골 주인댁에서의 느긋하고 평화로웠던 생활을 떠오르게 했다. 옛 주인 부부는 오래 전에 돌아가시고 대대로 내려오는 초상화만 남아 있는데, 아마 다락방 어딘가에 굴러다니고 있을 것이다. 옛 생활 풍습과 가문의 긍지를 지닌 역사들은 점점 사라져, 시골에 남아 있는 겨우 몇 분 어른들 기억 속에만 있었다. 때문에 자하르는 회색 겉옷을 매우 소중히 여겼다. 이 옷에서 그는 지난 영광의 그림자를 좇고 있었다. 돌아가신 그의 부모님을 생각나게 하는 주인의 생김새나 태도 또한 그에게 그런 기억들을 떠올리게 했다. 주인의 변덕을 불만스럽게 생각하거나 소리내어 불평을 늘어놓으면서도 그는 그 변덕을 주인으로서의 마땅한 권리와 의지의 표현으로 존중했다.

이 변덕이 없었다면, 자하르는 주인이 자신 위에 군림한다는 느낌은 갖지 못했을 것이다. 이 변덕은 그의 젊은 시절과 오래 전에 떠나온 시골, 나이든 하인들, 유모들의 기억 속에 이어져 내려오는 옛 저택의 전설들을 생각나게 했다.

한때 부자로 명성이 자자했던 오블로모프 가문은 알게 모르게 가세가 기울더니, 결국 귀족들 사이에서 잊히고 말았다. 머리가 흰 하인들만이 지난날을 간직한 채, 무언가 신성한 것을 숭배하듯 그 기억을 전할 따름이었다.

이것이 바로 자하르가 자신의 회색 겉옷을 그렇게도 좋아하는 이유였다. 그가 구레나룻을 소중히 여기는 것도 아마 어린 시절부터 이런 귀족적 양식을 따른 나이 지긋한 시골 하인들을 보고 자랐기 때문이리라.

무언가 골똘히 생각하고 있던 일리야 일리이치는 자하르가 나타난 것도 전혀 깨닫지 못했다. 마침내 조용히 서 있던 자하르가 헛기침을 했다.

"뭐야?"

일리야 일리이치가 물었다.

"부르셨나유?"

"내가? 내가 왜 널 불러, 그런 적 없어!" 기지개를 켜면서 오블로모프가 말했다. "나가 있으란 말이야, 생각나면 부를 테니까."

자하르는 나가고, 일리야 일리이치는 누운 채로 짜증나는 편지에 대해서 계속 생각을 이어갔다.

15분이 흘렀다.

"너무 누워 있었나! 슬슬 일어나 볼까…… 아, 그 전에 촌장의 편지를 다시 꼼꼼히 읽어 봐야지. 일어나는 건 그 다음에 하지 뭐. 자하르!"

발소리와 뛰어내리는 소리가 더 크게 들려왔다.

자하르가 들어왔지만, 오블로모프는 또 생각에 잠겨 있었다. 자하르는 기분이 나쁜 듯 곁눈질로 주인을 바라보며 서 있다가 2분쯤 지나 도로 나가려 했다.

"어디 가는 거야?"

오블로모프가 불쑥 물었다.

"말씀도 하지 않는데 뭐 하러 그냥 서 있어유?"

자하르는 쉰 목소리로 대답했다. 그의 말로는, 옛 주인어른을 모시고 개와 함께 사냥을 나갔을 때 목구멍에 너무 세찬 바람을 맞아 목소리가 그렇게 되었다고 했다.

방 한가운데 어정쩡하게 서 있던 자하르는 반쯤 돌아서서, 오블로모프를 바라보았다.

"다리에 무슨 문제 있어? 왜 참을성 있게 서 있질 못해? 생각 중이잖아.

좀 기다리지 않고, 맨날 뒹굴거리는 주제에 뭐가 그리 급해서 안달이야? 어제 온 촌장 편지나 좀 찾아와 봐. 어디다 뒀어?"

"무슨 편지유? 편지는 구경도 못해 봤는데유."

"네가 어제 우체부한테서 직접 받아 왔잖아. 그 망할 편지 말이야!"

"도련님이 따로 챙겨두신 걸 제가 무슨 재주로 알겠슈?"

책상에 놓여 있는 종이뭉치며 너절한 물건들을 뒤적이면서 자하르가 말했다.

"너는 뭐 하나 아는 게 없어. 거기 휴지통 속을 좀 봐! 소파 뒤로 떨어졌는지도 모르지. 그런데 등받이가 망가졌는데도 여태 손도 안 보았잖아. 목수라도 불러. 네가 망가뜨려 놓고도 생각이 안 난단 말이야?"

"난 망가뜨리지 않았슈. 어차피 망가질 때가 됐지유. 소파가 백 년을 가나유? 때가 되면 망가지는 게 당연하지유."

굳이 대꾸할 필요가 없다는 생각에 일리야 일리이치는 짧게 되물었다.

"찾았어?"

"여기 편지 비슷한 게 있긴 한데."

"그거 말고."

"그럼 다른 건 더 없슈."

자하르의 대답이었다.

"알았어, 됐으니까 이제 가봐!" 일리야 일리이치가 더는 참을 수 없다는 듯 말했다. "일어날 거야. 내가 직접 찾아보지."

자하르가 방으로 돌아가 침상에 뛰어오르려는 순간, 다시 위압적으로 부르는 소리가 들렸다.

"자하르, 자하르!"

"원, 세상에!" 자하르는 주인 방으로 가는 내내 투덜댔다. "이게 웬 생고생이야? 차라리 죽어 버리는 게 낫지!"

"뭐예유?"

서재 문에 한 손만 걸친 채 자하르는 불만스러운 얼굴로 옆으로 돌아서서 삐딱하게 오블로모프를 쳐다보았다. 주인 쪽에서는 당장이라도 작은 새 두세 마리가 날아오를 것만 같은 덥수룩한 구레나룻밖에 보이지 않았다.

"손수건, 얼른! 보면 모르겠어? 안 보이냐고!"

일리야 일리이치가 화난 목소리로 외쳤다. 자하르는 주인의 이런 명령이나 비난에 놀라거나 불쾌감을 나타내지 않았다. 자기 입장에서는 아주 마땅한 일로 받아들이는 듯싶었다.

"손수건이 어디 있는지 누가 알어유?"

자하르는 방 안 여기저기를 어슬렁거렸다. 그리고는 아무것도 없는 것이 뻔한데도, 의자 하나하나를 모조리 들추어 보며 중얼거렸다.

"너는 뭐든지 잃어버려!"

"혹시 거실에 있는 게 아닐까?" 문을 열며 일리야 일리이치가 한 마디 덧붙였다.

"어디 가? 여기를 찾아봐야 해. 1년 전까지 다른 방들에는 들어가보지도 않았어. 빨리 찾기나 해!"

일리야 일리이치가 재촉했다.

"손수건이 없는데유?"

자하르가 두 팔을 펼쳐 보이고는 구석구석 둘러보며 말했다.

"거기 있네유!" 갑자기 그가 꺽꺽거렸다. "바로 주인님 엉덩이 밑에유! 거기 끝이 삐져나와 있잖아유! 내내 손수건을 깔고 앉아 있으면서 무슨 수로 찾으란 말예유!"

자하르는 대답도 기다리지 않고 절름거리며 나갔다. 오블로모프는 잠시 동안 뒤로 물러나 있었다. 그리고는 곧 꾸짖을 만한 구실을 생각해 냈다.

"집구석 한번 깨끗하다. 먼지에 쓰레기까지, 보나마나지! 저기, 저 구석 좀 보란 말이야. 도대체 알아서 제대로 하는 일이 없어."

"제대로는 아니라두," 자하르가 울컥해서 말했다. "최소한 성의를 다하고 있다구유, 몸을 아끼지 않어유! 먼지두 훔치구, 청소도 거의 날마다 해유."

그는 마루 한가운데와 오블로모프가 식사하는 테이블을 가리켰다.

"보세유." 그가 투덜거렸다. "결혼식을 올려도 될 만큼 깨끗하게 반짝하네유."

"그럼 이건 뭐야, 뭔데?"

일리야 일리이치가 벽과 천장을 가리키면서 하인의 말을 가로막았다.

"이건? 그리고 이건 뭐야?"

그는 어제부터 널브러져 있는 수건과 책상 위에 잊힌 채 놓여 있는 빵 부스러기가 담긴 접시를 가리켰다.

"거야 치우면 그만이쥬."

자하르가 얼른 접시를 집으면서 퉁명스레 대꾸했다.

"치우면 그만이라고? 벽에 가득한 먼지며 거미줄은?"

오블로모프가 벽을 가리키며 반박했다.

"그거야 부활절까지는 할 거예유. 성상도 닦고 거미줄두 걷어낼 거예유……."

"책하고 액자에 쌓인 먼지는?"

"책하고 액자는 성탄절 전에 하면 되구유. 때가 되면 아니시야하고 책장 청소를 다 할 거예유. 지금 청소할 시간이나 있슈? 도련님이 집에 온종일 계시는데유."

"가끔 극장에도 가고, 외출도 하잖아……"

"한밤중에 청소하는 놈 보셨슈?"

오블로모프는 그를 쏘아보다가 고개를 저으며, 한숨을 내쉬었다. 자하르도 그저 창 밖만 내다보면서 한숨을 쉬었다. 주인은 이런 생각을 하고 있지 않을까. '그래 나보다 네가 더 오블로모프답다.' 한편 자하르는 이렇게 생각하고 있을 것이다. '적당히 좀 하슈! 할 줄 아는 거라곤 억지 부리기랑 청승 떠는 것밖에 없다는 걸 누가 모를 줄 아는감! 먼지나 거미줄 따위야 어떻게 되든 관심도 없으면서!'

"먼지를 쌓아두면 좀이 생긴다는 건 알아?" 일리야 일리이치가 말했다. "가끔 빈대까지 보인단 말이야! 벽을 기어다니고 있었어!"

"빈대는 내 방에도 있슈!"

자하르가 태평하게 대꾸했다.

"그래서, 그게 좋다는 거야 뭐야? 지저분하잖아!"

자하르는 억지로 웃어 보였다. 희미한 웃음은 눈썹과 구레나룻에까지 번져서 텁수룩한 수염을 좌우로 넓어 보이게 하고, 붉은 기가 머리카락 언저리까지 퍼져나갔다.

"빈대가 있는 게 어째서 내 탓이에유?" 그가 소박한 의문을 내비치며 되물었다. "내가 빈대를 만들어 내기라도 했단 말예유?"

"불결하니까 그런 게 생기잖아!" 오블로모프가 말을 낚아챘다. "멍청한 소리만 골라 하고 있어!"

"불결한 것도 내가 만들어 낸 게 아닌데유."

"네 방에 밤마다 쥐가 뛰어다니더라, 다 들려."

"쥐도 내가 만든 게 아네유. 쥐도 고양이도 빈대도 없는 곳이 세상에 어딨어유?"

"다른 집에 무슨 빈대, 벼룩이 있어?"

자하르는 믿기지 않는다는 듯, 아니 오히려 그런 일은 있을 수 없다는 듯 태연했다.

"내 방에는 수없이 많지만." 그는 막무가내였다. "빈대 같은 걸 어떻게 일일이 감시해유, 그 틈새마다 쫓아 기어들어갈 수도 없잖아유."

이렇게 속으로 생각하는 듯싶었다. '아니, 빈대 없는 침실이 그래 진짜 침실이랄 수 있어?'

"청소를 하라고, 구석구석 쓰레기도 치우고. 그럼 빈대들도 없어질 거야." 오블로모프가 명령했다.

"치워 봐야 또 쌓일 텐데유, 뭐."

자하르가 대꾸했다.

"쌓일 리가 있나, 절대 안 쌓여."

"쌓일 텐데, 나도 그쯤은 알고 있슈."

자하르가 힘주어 대답했다.

"쌓이면 다시 치우면 되지."

"뭐라구유? 그럼 날마다 구석구석 쓸고 닦으란 말예유, 지금? 그게 어떻게 사람 사는 거예유? 그럴 바에는 차라리 콱 죽어 버리는 게 낫겠슈!"

"그럼 다른 집은 어떻게 깨끗하지?" 오블로모프도 양보하지 않았다. "앞집 조율사네를 봐. 보기만 해도 기분이 좋지않아. 게다가 어린 여자애가 혼자 다 하고 있어⋯⋯."

"그 독일 사람 집에서야 쓰레기가 나올 수 없지유." 자하르가 불쑥 반박하고 나섰다.

"그 사람들이 어떻게 살고 있는지 못 봐서 그러는 거예유. 온 식구가 일주일 내내 뼈다귀만 핥고 살어유. 아버지가 아들한테 옷을 물려줬다 싶으면 다시 아버지가 입고 있고, 마누라도 딸도 거위처럼 다리를 걷어올려 짧아진 옷만 입는다구유. 그런데 어디 먼지가 쌓일 수나 있겠슈? 여기처럼 낡은 옷들이 몇 년이나 옷장에 쌓여 있는 것도 아니고, 겨울 내내 부엌 구석에 빵껍질을 쌓아 놓지도 않아유. 빵껍질이라고 절대 그냥 내팽개치지 않아유. 잘 말려서 맥주 안주로 먹는다니까유!"

자하르는 침이 튈 만큼 흥분해서, 앞집의 검소한 생활을 내뱉었다.

"됐으니까 입 다물어!" 일리야 일리이치가 내뱉었다. "어서 치우기나 해."

"치우기는 해야겠지만 도련님이 치우게 해 주질 않잖아유, 지금."

"뭔 말이 그렇게 많아! 너는 날마다 내가 방해된다는 말만 하구 있잖아?"

"두말하면 잔소리지유. 종일 집안에 처박혀 계시는데, 그럼 사람 있는 데서 청소를 하란 말씀이세유? 하루 종일 집을 비워 주세유, 그럼 당장 치울 테니까."

"또 말도 안 되는 생각을 했군 그래. 뭐, 집을 비워 달라고? 꼴도 보기 싫으니까, 네 방으로 가 버려."

"정말이라니까유!" 자하르가 덧붙였다. "오늘이라도 외출만 하신다면 아니시야하고 싹 치울 텐데. 둘이서 이 일을 다 하기는 벅차서 그러는데, 부릴 만한 여편네 하나라도 불러 주시면 정말 감쪽같이 깨끗하게 해치울 수 있을 거예유."

"뭐? 이게 지금 무슨 생각을 하는 거야. 여자를 데려오라고? 당장 사라지지 못해?"

일리야 일리이치가 말했다.

그는 자하르에게 청소 이야기를 꺼낸 것을 후회하고 있었다. 이 문제를 끄집어 내면 결국 손쓸 수 없을 정도로 귀찮은 일이 일어난다는 사실을 늘 잊어버렸다.

오블로모프도 방이 깨끗한 편이 좋기는 했지만, 아무런 귀찮은 일 없이 저절로 알아서 그렇게되길 바랐다. 그런데 자하르에게 방청소나 바닥을 닦으라고 시키면 항상 요란스런 소동이 일어났다. 그게 얼마나 번거롭고 수고를 들여야 하는 일인지 아느냐며 법석을 떨었다. 주인이 그런 일을 상상하는 것조차 싫어한다는 것을 자하르는 잘 알고 있었다.

자하르가 물러가자, 오블로모프는 생각에 잠겼다. 30분이 지났음을 알려 주는 시계 소리가 들렸다.

"이게 뭐야?" 일리야 일리이치가 화가 나서 중얼거렸다.

"벌써 11시가 다 되어 가는데, 나는 누워서 아직 세수도 안한 꼴이라니!"

"자하르, 자하르!"

"아이구, 맙소사!"

한탄하는 듯한 한숨소리와 함께 그가 또 뛰어내리는 소리가 들려왔다.

"세수 준비는 됐어?"

오블로모프가 물었다.

"준비야 오래 전에 됐지유!" 자하르가 대답했다. "그런데 왜 안 일어나는 거예유?"

"준비가 됐으면 말을 해줬어야지? 난 벌써 일어나 있었어. 가 있어, 바로 따라갈 테니. 좀 적어둘 게 있어서 그것만 끝내 놓고 갈 거야."

방을 나갔다 싶었던 자하르는 곧 뭔가 잔뜩 적힌, 기름에 찌든 공책과 종잇조각들을 들고 돌아왔다.

"저, 뭔가 쓰려거든 이참에 계산부터 해주시겠슈? 지불해야 할 게 쌓여 있슈."

"계산이라니? 무슨?"

일리야 일리이치가 퉁명스럽게 물었다.

"푸줏간하고 야채 가게, 세탁소, 빵 가게에서 다들 돈 달라고 난리를 치는데유?"

"그저 돈이 문제군!" 일리야 일리이치가 투덜댔다. "넌 그때마다 하나하나 보여 줄 일이지, 이렇게 한꺼번에 불쑥 내밀면 어쩌자는 거야?"

"도련님이 날마다 내일 내일 하면서 나를 내쫓았잖어유……."

"그럼 또 내일 계산하면 안 될까?"

"그럴 순 없지유! 다들 다시는 외상 안 준다면서 물러설 생각들을 안 해유. 오늘이 벌써 1일이잖어유."

"아아!" 오블로모프가 걱정스레 한숨을 내쉬었다. "또 귀찮은 일이 생겼군! 그래 얼마나 되는데? 책상에다 올려놔 봐. 지금 일어나서 세수하고 볼 테니까."

일리야 일리이치가 말했다.

"준비는 다 됐어?"

"다 됐슈."

"그럼, 우선 씻고……"

그는 침대에서 일어나려고 끙끙대며 몸을 일으키려 했다.

"참, 말씀드린다는 걸 깜박했는데유," 자하르가 뜸을 들이다가 입을 열었다.

"도련님이 주무시는 동안, 관리인이 정원사를 보냈슈. 그 사람 말이, 빨리 이 집에서 나가달라고 하더라구유. 따로 쓸 데가 있다나유 이 집이 필요하다고 하면서 말이지유."

"흠. 그래서 그게 뭐? 그렇다면 당연히 나가 줘야지. 그렇게까지 끈질기게 나오는데. 네가 그 이야기한 게 벌써 세 번째라고. 그냥 나가면 될 텐데, 넌 왜 자꾸 같은 이야기를 하지?"

"끈질기게 군 건 나한테도 마찬가지지유."

"나갈 거라고 전해."

"그 사람들 하는 말이, 주인이 말만 나가겠다고 해놓고 전혀 나갈 낌새가 없다고 하던데유. 차라리 경찰에 부탁하겠다고 했슈."

"마음대로 하라고 해!" 오블로모프가 딱 잘라 말했다. "날이 풀리면 내 발로 걸어 나가 줄 테니까, 한 3주 뒤에나."

"3주라니 뭔 말이래유! 관리인 말로는 2주 후면 일꾼들이 와서 다 부순다던데…… 내일이나 모레까지는 나가 달라고 했단 말예유."

"아아니! 뭐가 그리 급해! 내일이라고? 차라리 지금 당장이라고 명령하지 그래? 너도 마찬가지야, 한 번만 더 내 앞에서 집 이야길 꺼내면 가만 안 두겠어, 알았어? 전에도 한 번 얘기했잖아. 그럼 하지 말았어야지, 왜 그렇게 말귀를 못 알아들어?"

"그럼 나보고 어쩌란 말예유?"

자하르가 볼멘소리를 냈다.

"어쩌란 말이냐고? 또 그렇게 대충 넘어가려고!" 일리야 일리이치가 말했다. "지금 나한테 묻는 거야? 그걸 나한테 물어서 어쩌려고? 그런 귀찮은 문제 나한테까지 가져오지 말고 알아서 잘 좀 처리 못 해? 이사는 안 가게 해 봐야 할 거 아냐, 주인을 위해 그 정도 노력도 못 해?"

"일리야 일리이치 도련님, 아니 내가 뭘 어떻게 처리할 수 있단 말씀이예유?" 자하르가 쉰 목소리지만 한층 누그러진 말투로 말했다.

"자기 집도 아니고, 나가라면 나가야지, 남의 집에서 어째서 이사를 안 하고 버티지유? 자기 집이라면야, 제멋대로 아무튼 괜찮겠지만……"

"어떻게든지 구슬려 볼 수 없어? '우리가 여기 산 지도 오래 됐고 집세도 꼬박꼬박 잘 내고 있지 않느냐', 뭐 이유야 많이 댈 수 있잖아."

"얘기야 해 봤지유."

자하르가 대답했다.

"그랬더니 뭐래?"

"뭐라긴유, 계속 똑같은 말만 해유. '나가 주세요, 집을 수리해야 합니다' 이러는데 뭔 말이 더 필요하겠슈? 저기 의사 선상님네랑 이 집을 합쳐서 주인 아들 결혼식 준비를 한다나 봐유."

"원, 세상에!" 오블로모프가 몹시 화난 목소리로 말했다. "결혼을 하다니! 세상에 그런 멍청이들이 있기는 있군 그래!"

그러고는 돌아누웠다.

"도련님이 집주인한테 편지라도 몇 자 적어 보내 봐유, 혹시 알어유? 여기는 그냥 두고 저쪽 집부터 공사를 시작할지도 모르지유."

자하르는 타이르듯이 말을 하면서 넌지시 오른쪽을 가리켰다.

"알았어, 일어나서 몇 자 적어 보지…… 네 방에 가 있어, 생각 좀 해 볼 테니까. 뭐 하나 제대로 할 줄 아는 일이 없군. 이런 사소한 일에 나까지 나서게 하고."

자하르가 나가자, 오블로모프는 혼자 궁리하기 시작했다. 그러나 무슨 생각을 해도 앞뒤가 꽉 막힌 느낌이 들었다. 촌장 편지에 대해서도, 외상값이나 이사에 대해서도. 그는 밀려드는 생각의 파도 속에 망연자실한 채 누워 뒤척이기만 했다. 간헐적으로 그의 탄식 소리가 들려왔다.

'제기랄! 살아간다는 게 정말이지 귀찮은 일투성이로군. 사람을 가만히 놔두질 않아.'

아무 결정도 내리지 못한 채 얼마나 더 그렇게 있을지 아무도 알 수 없었다. 그때 현관에서 초인종 소리가 들려왔다.

'누가 왔나?' 오블로모프는 잠옷 매무새를 정돈하며 중얼거렸다. '아직 일어나지도 않았는데, 이게 웬 망신이지! 이렇게 이른 시간에 누구야?'

짜증스런 눈으로 문 쪽을 바라보았지만, 그는 여전히 누운 채였다.

제2장

  스물다섯쯤 되어 보이는 한 청년이 들어왔다. 건강미가 넘치고, 말쑥한 린넨 옷과 아름다운 보석 장식들은 눈이 부셨다. 타인의 부러움을 사도록 계산된 멋진 차림새였다.

  "좋은 아침이오, 볼코프, 잘 지냈소?"

  오블로모프가 인사했다.

  "안녕하신가요, 오블로모프?"

  환하게 빛이 나는 듯한 신사가 침대로 다가가 그의 옆에 중절모자를 놓을 자리를 찾으며 인사했다.

  볼코프는 이리저리 둘러보았지만 집안이 온통 먼지투성이라 모자를 올려놓을 만한 곳이 없었다. 그는 의자에 앉기 위해 연미복 자락을 제치고는 서둘러 가까운 의자를 살펴보더니, 그대로 서 있는 게 낫다고 판단했다.

  "아직도 안 일어나신 겁니까? 그 잠옷 가운은 또 뭐고요? 요즘에 그런 옷은 보통 입지 않는데요."

  "이건 가운이 아니라 잠옷입니다."

  사랑스럽다는 듯 잠옷자락으로 몸을 감싸며 오블로모프가 대꾸했다.

  "어디 다녀오시는 길인가요?"

  오블로모프가 물었다.

  "아, 재단사한테 다녀오는 길입니다. 어떻습니까? 괜찮지 않나요?"

  오블로모프 앞에서 돌아보이며 그가 말했다.

  "멋있어요! 맵시 있게 잘 만들어진 옷이에요! 그런데 뒷부분이 왜 그리 넓지요?"

  "이건 승마용으로 특별히 만들어진 옷이랍니다."

  "아, 그렇군요. 그럼 승마도 하시는 겁니까?"

  "당연하지요! 이 옷도 오늘을 위해 주문한 겁니다. 오늘이 5월 1일 아닙니까? 가류노프와 에카체린고프*¹에 가기로 했거든요. 가류노프 미샤가 승진을 해서 축하도 해야 하고요."

"그 친구 말은 밤색인데, 거기 있는 말들이 다 밤색이더랍니다. 내 말은 검정색이지만요. 어떻게 가시겠습니까, 걸어서? 아니면 마차로?"

"어떤 방법으로든 나는 별로 생각이……"

"5월 1일에 에카체린고프에 가지 않는다고요? 무슨 말씀이십니까, 일리야 일리이치! 다들 거기에 갈 텐데!"

"모두 갈 리가 있겠습니까!"

오블로모프가 게으르게 대꾸했다.

"그렇지만 가도록 합시다. 일리야 일리이치! 소피야 니콜라에브나와 리지야 두 사람이 마차를 타고 간다는데, 그 맞은편 자리가 빌 겁니다. 그 앞에 앉아 가면 어떻습니까? 우리와 함께 갑시다."

"아니요, 빈 자리에 앉을 생각도 없습니다. 내가 거기 가서 뭘 하겠습니까?"

"아, 그렇다면, 가류노프 미샤한테 다른 말을 준비하라고 할까요?"

'저 사람 대체 무슨 생각을 하고 있는 거지?' 오블로모프가 혼잣말로 중얼거렸다. "어떻게 그렇게 당신과 가류노프 집안이 서로 친하지요?"

"제가 설명할게요. 내가 한 말을 아무한테도 말하면 안 됩니다."

"약속합니다."

"좋습니다. 리지야를 사랑하고 있습니다."

"멋지군요! 언제부터죠? 아주 귀여운 아가씨이기는 했죠."

"3주 전부터요!" 볼코프가 깊은 한숨을 내쉬며 말했다. "미샤는 두센카한테 홀딱 빠졌고요."

"두센카라뇨, 누구죠?"

"어디 다른 곳에서 오셨습니까, 오블로모프? 두센카를 모르시다니! 그녀의 춤에 온 마을 사람들이 흠뻑 취해 있다고요! 우리도 오늘 그녀의 발레 공연을 보러 가는 길입니다. 미샤는 꽃다발을 던지겠다고 난리죠. 그런데 워낙 소심한 풋내기 녀석이라 내가 같이 가 줘야 하거든요, 아! 그렇지, 동백

---

*1 소설의 배경인 페테르부르크의 네바 강변에 위치한 근린공원.

꽃 사러 가야 하는데……."

"돌아오시면 점심식사라도 함께 하죠? 이야기나 나누자고요. 귀찮은 일이
두 가지나 생겨 버려서……."

"아, 정말 안 됐네요. 쥬메네프 공작과 점심식사 선약이 있거든요. 가류노
프 댁 분들도 모두 오신답니다. 더구나 그 아가씨…… 리진카*² 아가씨도 온
다는군요." 그가 귓속말로 덧붙였다. "왜 공작댁과 교류를 끊은 겁니까? 정
말 즐거운 곳인데 말이죠. 그뿐입니까? 화려하긴 또 얼마나 화려한지! 게다
가 그 별장! 꽃 속에 파묻힌 것만 같은 착각마저 듭니다! 복도는 고딕풍으
로 꾸며져 있고 여름이면 무도회가 열려 '살아 있는 그림(Tableau vivant)'*³
행위 예술을 보여 준다고 하더군요. 앞으로 손님으로 다시 오시는 게 어떨는
지요?

"아뇨, 갈 일은 없을 것 같습니다."

"정말이지 화려한 집입니다! 지난겨울만 해도 수요일이면 50명은 족히 넘
는 손님들이 몰려들었죠. 100명 가까이 몰리는 날도 있었다고요."

"맙소사! 끔찍하군요, 지루해서 지옥같았겠어요!"

"무슨 말씀이십니까! 지루하다니요! 사람들이 그렇게 많으니 즐거움 하
나는 확실하게 보장된답니다. 리지야도 자주 참석하는 것 같더군요. 처음엔
전혀 몰랐습니다. 그런데 어느 순간 갑자기……."

그녀를 잊으려 쓸데없이 애쓴다네
이성으로 열정을 억누르고 싶어한다네…….

노래를 부르다가 깜빡하고 의자에 앉았던 신사는, 갑자기 생각난 듯 벌떡
일어나 옷을 털기 시작했다.

"여긴 온통 먼지투성이군요!"

그가 말했다.

---

*² 리지야의 애칭. 가까운 사이에 친숙함을 표현하기 위해 애칭을 즐겨 사용함.

*³ 놀이의 일종으로 어떤 한 주제를 정지된 동작으로 표현하면 관객들이 알아맞힌다. 배우가 된 사
람은 절대 말을 해서는 안 된다. Tableau vivant : 살아 있는 그림. 분장한 사람들이 명화나 역사
적 장면을 연출하는 것.

"자하르의 잘못이지 제 잘못이 아닙니다."

오블로모프가 대답했다.

"자, 저는 이만 가봐야겠습니다! 미샤의 꽃다발에 쓸 동백꽃을 찾아봐야 하거든요. 안녕, 다음에 봐요."

"저녁때 발레 공연 끝나면 잠깐 들러서 차 한 잔 하며 제게 이야기해 주세요."

오블로모프는 불쑥 그를 초대했다.

"그건 좀 어려울 것 같습니다. 오늘은 무신스키스 댁에 찾아뵙기로 약속한 날이거든요. 나와 함께 가시는 건 어떻습니까? 원하시면 소개시켜 드리겠습니다."

"괜찮습니다, 제가 거기서 뭘 하겠어요?"

"무신스키스 댁에서요? 무슨 말씀이십니까? 거긴 페테르부르크 사람들이 모두 모이는 곳이라고요. 그러면 거기서 만나뵈요, 당신을 초대할게요."

"무신스키스 댁에선 화젯거리가 뭐죠?"

"무슨 이야기를 하냐고요? 그 댁은 모든 소식을 다 들을 수 있는 곳이에요."

"다른 모든 이야기들처럼 그 이야기도 지루해요."

오블로모프가 말했다.

"그럼, 가서 메즈드로프 댁을 방문하시지요." 볼코프가 끼어들었다. "거기선 한 가지 주제만 갖고 이야기를 나누거든요. 오로지 예술에 대해서만. 베네치아 학파, 베토벤이나 바흐, 레오나르도 다빈치, 등등……."

"모두가 지루하긴 마찬가지입니다!" 오블로모프가 하품을 하며 말했다. "메즈드로프는 지나칠 정도로 규칙을 중시하는 사람이라고들 하잖아요! 찾아갈 집이 그렇게 많은데도 피곤하지 않습니까?

"피곤하다니! 피곤할 리가 있겠습니까? 즐겁기만 합니다!"

그가 쾌활하게 대답했다.

"아침마다 나는 밖에 나가서 소식 듣기를 좋아하지요. 새로운 것을 알아두지 않으면 안 되죠. 운 좋게도 나는 구청에 날마다 출근할 필요는 없습니다. 일주일에 두 번 장군 댁에서 식사만 하면 되죠. 그리고 나서 오랫동안 찾아뵙지 않았던 분들께 인사를 가는 거죠. 그 뒤에는 뭐……러시아 극장이나 프랑스 극장에 나오는 신인 여배우들을 보러 갑니다. 오페라 기간이 곧 시작될 테니까, 좌석예약을 서둘러야겠군요. 게다가 저는 이제 사랑에 빠지지 않았습니까! 여름이 오면, 미샤가 한 달 정도 휴가를 받아 기분전환겸 함께 그의 시골 영지에 다녀올 겁니다. 사냥도 하고, 또 근처에 아주 훌륭한 분들이 있어서 말이죠. Bals Champêtre(시골 무도회)도 열린다고 하더군요. 리지야와 둘이서 숲에서 산책도 하고 뱃놀이도 하고 꽃도 딸 거예요. 오!" 그가 환희에 차 뱅글뱅글 돌아보였다. "이제 가봐야겠군요…… 그럼 이만 실례하겠습니다."

일어서면서, 뽀얗게 먼지가 앉은 거울을 보느라 애를 쓰며 그가 인사했다.

"잠깐만요," 오블로모프가 그를 붙잡았다. "상의하고 싶은 일이 있습니다만."

"Pardon,*4 지금은 시간이 없군요, 다음에 하도록 하죠! 아, 아니면 지금 함께 굴을 먹으러 가면 어떻겠습니까? 먹으면서 이야기해도 괜찮을 겁니다. 가시죠, 미샤가 낸다고 하기도 했고요."

"아뇨, 저는 됐습니다!"

"이거 보셨습니까?"

그가 놀라울 만큼 잘 맞는 장갑을 낀 손을 보여 주며 물었다.

"이게 뭡니까?"

오블로모프가 의아한 얼굴로 반문했다.

"새로 산 lacets*5입니다! 정말 훌륭하게 조여진답니다. 단추 채운다고 두 시간씩 씨름할 필요가 없어졌죠. 끈을 잡아당기기만 하면 되거든요. 파리에서 막 들여온 겁니다. 원하시면 하나 가져다 드릴 테니 시험해 보시겠습니까?"

"그래요, 어디 가져와 보세요."

"아, 이것도 한 번 봐주시겠습니까. 정말 멋지지 않나요?"

그는 몸에 걸친 많은 장신구 중 하나를 보여 주었다. "가장자리가 접힌 명함입니다."

"뭐라고 써 있는지 모르겠습니다."

---

*4 프랑스어 : 죄송합니다.

*5 프랑스어 : 장갑에 달린 끈.

"Pr. prince M. Michel. 쥬메네프의 성은 다 들어가지가 않았지요. 공작님께서 부활절에 달걀 대신 선물해 주셨답니다. 그럼 이만, au revoir. [*6] 아직도 열 군데는 더 들러야 돼요. 오! 삶이란 어쩌나 즐거운지!"

그리고 볼코프는 사라졌다.

'하루에 열 군데나 다닌다니, 불쌍한 사람!' 오블로모프가 생각했다. '그것도 삶인가!' 그는 어깨를 으쓱거렸다. '그런 삶에 의미가 있을까? 몸이 몇개나 있어도 모자랄 텐데? 물론 공연을 보거나, 리지야라 했던가? 여자와 사랑에 빠지는 것도 나쁘지는 않겠지만…… 그 여자는 상당히 예뻤으니까! 그런 여자와 시골에서 꽃을 따며 살아도 괜찮겠지. 하지만 하루에 열군데 넘게 돌아다녀야 하다니……아무리 생각해도 불쌍한 사람이야!'

일리야 일리이치 오블로모프는 다시 몸을 뒤척였다. 자신에게는 그런 쓸데없는 바람이 없으니 그렇게 악착같이 애쓰지 않아도 된다. 이렇게 누워서 인간적 품위를 지키며 평안을 누릴 수 있다는 사실에 더없는 만족을 느꼈다.

생각에 잠겨 있다가 그는 또 다른 초인종 소리를 듣고 깨어났다.

새로운 손님이 들어왔다.

이번에는 진초록 연미복에 러시아 황실 문장 단추를 단 신사였다. 깔끔하게 면도한 얼굴에 까만 구레나룻이 테를 두른 것처럼 나 있었다. 눈은 피곤해 보였지만, 매사 이해가 빠를 것 같은 그의 얼굴에는 침착함과 여유가 묻어나는 깊은 미소가 떠올라 있었다.

"안녕하시오, 수지빈스키!" 오블로모프가 즐겁게 인사를 건넸다. "옛 직장 동료 한번 찾아와 주는 게 그리 어렵단 말인가? 아, 가까이 오지는 말게, 악수도 됐네! 밖에 있다 왔으니 손이 차가울 것 아닌가."

"오랜만이오, 일리야 일리이치. 진작부터 한번 들러야 하면서도, 자네도 잘 알 거 아닌가, 우리 일이라는 게 얼마나 지독한지! 저기 보게. 서류가 아주 가방 한 가득일세. 지금도 구청에서 날 찾으면 바로 사람을 보내라고 일러놓고 오는 길이라네. 내겐 조금도 시간이 없다니까."

"지금 출근하는 건가? 이렇게 늦게, 웬일인가?" 오블로모프가 물었다. "9시 출근 아니었나?"

[*6] 프랑스어 : 또 만납시다, 안녕.

"전에는 9시였지. 맞아. 그렇지만 이제는 12시쯤 가면 돼."

"아! 알겠네! 자네 부장이 되었군. 언제부터?"

수지빈스키가 의미 있게 고개를 끄덕였다.

"부활절 무렵부터라네, 그런데 일이 얼마나 많은지, 말도 못 해! 8시부터 12시까지는 집에서, 12시부터 5시까지는 구청에서, 게다가 밤늦게까지 일이 끊이질 않는다네! 세상에서 아주 잊힌 느낌이야!"

"흠, 부장이라니!" 오블로모프가 맞장구를 쳤다. "축하하네! 대단하군! 함께 일했던 내 생각으로는 내년이면 5등관도 될 수 있지 않을까 싶네."

"무슨! 그게 어디 말처럼 쉬운 줄 아는가! 올해 안에 훈장을 받아야 하네. 근무성적이 뛰어나다고 표창이라도 받나 싶었더니만 지금은 다른 일을 하고 있지 않은가. 2년 연속으로 받는 건 무리라네……."

"나와 식사라도 하고 가게. 승진을 축하해야지!"

오블로모프가 말했다.

"아니, 오늘은 부국장님과 선약이 있는데다가, 목요일 보고 준비도 해야 해. 정말이지 수감자가 된 기분이라네! 현에서 올라온 충고문들은 믿을 수가 없어. 보고하기 전에 하나하나 다시 확인해야 한다네. 포마 포미치라는 사람은 주변 사람들을 못 믿는 건지, 뭐든 꼭 자기 눈으로 다 확인하려 들지 …… 아무튼 오늘 저녁에도 식사 뒤에 같이 만나기로 했지 뭔가."

"저녁 식사 뒤에도 일을 하는 건가?"

오블로모프가 이마를 찡그리며 물었다.

"아니면 뭐겠나. 그뿐인가. 조금이라도 일찍 끝나서 에카체린고프에 달려갈 수 있다면 그나마 나은 편이라네……참, 그리고 보니 자네한테 물어 볼게 있어서 왔는데, 자네 에카체린고프에 놀러 가지 않겠나?"

"컨디션이 안 좋아서 못 갈 것 같아!" 얼굴을 잔뜩 찌푸린 채 오블로모프가 대답했다. "게다가 자네처럼 할 일도 많고."

"아쉽군!" 수지빈스키가 말했다. "날씨도 좋고 해서, 나도 오늘 하루쯤은 좀 쉬어 볼까 생각할 수도 있는 날이야."

"그건 그렇고 뭐 새로운 소식은 없나?"

오블로모프가 물었다.

"있다 뿐인가. 이제 편지 쓸 때, '당신의 충성스런……'*7 대신 '깊은 존경심을 받아주십시오'라 쓰게 됐네. 서류를 베껴 써서 두 통씩 내던 것도 폐지되고, 우리 구청에는 책상이 세 개나 늘어서 정보기밀 관리원 두 명이 특별 부임해 왔지. 최근에 우리 위원회는 폐쇄됐고…… 한두 가지가 아냐!"

"그럼, 우리 옛 동료들은?"

"아직까진 별일 없네. 스빈킨이 서류 가방을 잃어버린 것 말고는!"

"정말인가? 국장님은 뭐라시던가?"

오블로모프가 떨리는 목소리로 물었다. 옛날 일을 떠올리자 갑자기 두려움이 엄습했다.

"서류를 찾을 때까지 승진 연기하라는 명령을 내렸네. 중요한 서류라서. 국장님은 처벌해야 한다고 하시더군." 수지빈스키가 거의 귓속말로 덧붙였다.

"일부러 잃어버렸다고 생각하시는 모양이야."

"그럴 리가 없잖아!"

"물론이지, 누명이네."

수지빈스키는 스빈킨의 보호자라도 되는 냥 위엄 있고 단호하게 말했다.

"스빈킨은 경솔하지. 가끔 터무니없는 계산을 하거나 조사를 헷갈리게 만들 때도 있어. 나도 그 녀석 때문에 애먹은 적이 있지만, 그런 의심받을 만한 일은 결코 없었어……그 녀석이 그런 짓을 할 것 같은가? 절대로! 분명 서류 가방은 어딘가 섞여 들어가 있을 게 틀림없어. 금방 어딘가에서 튀어나올 거야."

"여전히 힘들어 보여." 오블로모프가 말했다.

"다들 바쁘게 일하고 있고."

"오, 끔찍이 바쁘지. 하지만 우리 부국장님 덕분에 참을 만하네. 양심적으로 성실히 일하는 부하 직원에게는 반드시 포상을 내리거든. 꾀부리는 사람은 누구든 절대 잊지 않아. 나이 제한 때문에 승진을 못하거나 연금을 못 받는 사람이 있으면 위에 알리고, 아직 제한에 걸리지 않은 사람한테는 표창이나 수당을 받을 수 있도록 기회를 돌려주고는 하지……."

"자네는 얼마나 받지?"

---

*7 편지 첫머리나 끝에 상대에게 경의를 표하기 위해 쓰는 말.

"뭐 별로 대단치는 않아. 연봉 1천 2백 루블에, 식비가 750루블, 아파트 임대료 600루블, 특별수당 900루블, 접대비 500루블, 그리고 포상금이 1천 루블 정도 되지."

"세상에! 엄청나구먼!" 오블로모프가 침대에서 벌떡 일어나며 소리쳤다. "자네 업무가 설마 노래 부르는 일은 아니겠지? 이탈리아 오페라 가수보다도 더 많이 버는군!"

"이 정도 갖고 뭘 그러나. 펠레스베토프는 상여금까지 받네. 일은 나보다 적게 하면서 말이지. 앞뒤가 안 맞는 일 뿐이야. 그러니 그 친구 평이 안 좋지. 난 사람들한테 인정받고 있거든." 그가 눈을 내리깔면서 겸손을 떨며 덧붙였다. "얼마 전에는 글쎄 장관이 나보고 '관청의 자랑'이라 하질 않겠나."

"대단하군! 8시부터 12시까지, 또 12시부터 5시까지, 게다가 집에서까지 일을 한 덕이 아닌가."

"내가 관청 근무를 안 하면 뭘 할 수 있겠나?"

수지빈스키가 반문했다.

"할 일이야 얼마든지 있지 않은가! 책을 읽든지, 글을 쓰든지……."

오블로모프가 대답했다.

"지금 내가 하는 일이 읽고 쓰는 일이네."

"그게 아니라, 작가가 돼서……."

"작가는 뭐 아무나 되겠나? 그러는 자네도 글을 쓰지 않나?"

"대신 영지관리 같은 귀찮은 일을 하고 있지." 오블로모프가 한숨을 쉬며 말했다. "난 지금 새로운 계획을 구상 중이네. 여러 모로 개혁을 해 볼까 해서 말이지. 아주 힘들어…… 그런데 자네는 자기 일이 아니라 남의 일을 하고 있는 것 아닌가."

"뭐 어쩌겠나! 돈을 벌려면 일하는 수밖에. 그래도 여름에는 좀 쉴 수 있네. 포마 포미치 씨가 나를 위해 일부러 시골로 출장을 생각해 주셨거든……. 그렇게만 되면, 말 다섯 필이 끄는 마차가 나오고 경비로 하루에 3루블씩은 나온다는군. 이렇게 가다보면 표창도 받게 되겠지……."

"돈을 긁어모으는군!"

오블로모프는 부러워하며 한 마디 내뱉고는, 크게 한숨을 쉬며 생각에 잠겼다.

"가을에 결혼하거든."

수지빈스키가 덧붙였다.

"정말! 누구하고?"

오블로모프가 관심을 보이며 물었다.

"무라쉬나 양하고. 기억나지, 시골 별장, 우리 옆집에 살던? 자네도 그때 우리집에서 함께 차를 마시며 만난 적이 있지 않나?"

"아니, 기억이 안 나! 예쁜 아가씨인가?"

"응, 대단히 멋져. 괜찮으면 함께 가서 그녀와 식사라도 하면 어떨까."

오블로모프가 망설였다.

"괜찮긴 한데 단지……."

"다음 주쯤 어떤가."

수지빈스키가 말했다.

"좋아, 다음 주 말이지." 오블로모프가 안도한 듯 대답했다. "아직 옷이 다 준비가 안 됐거든, 그래 집안은 괜찮은 사람인가?"

"응, 그 아가씨 아버지는 5등급 관리인데 지참금으로 1만 루블 정도 줄 생각이고, 관사도 그 반을 우리가 쓰게 해 주기로 했네. 방은 한 12개쯤 되고 가구도 다 갖춰져 있으니까……난방에다 전기는 기본이고. 뭐 살 만하지 않을까 싶네."

"살 만하고말고! 당연하지 않은가? 대단하군! 수지빈스키."

오블로모프가 부러움에 어쩔 줄 몰라 하며 한 마디 덧붙였다.

"일리야 일리이치, 내 결혼식 때 자네가 신랑 들러리가 되어 주게."

"물론이지! 그런데 쿠즈네초프와 바실리에프, 그리고 마호프는 어떻게 지내고 있나?"

"쿠즈네초프는 오래 전에 결혼했어. 마호프는 내 후임으로 왔고, 바실리는 폴란드로 전근을 갔네. 이반 페트로비치는 블라디미르 훈장을 받았고, 알레쉬킨은 각하가 되었지."

"아, 그랬군. 그는 정말 훌륭한 사람이니까!"

오블로모프가 말했다.

"훌륭하고말고! 그는 뭐가 되도 될 줄 알았어."

"맞아, 멋진 남자라네. 온화하고 비뚤어진 곳이라고는 없지."

오블로모프가 덧붙였다.

"사람이 출세에 눈이 멀어 다른 사람을 헐뜯거나 음모를 꾸미거나 하지 않아. 수단방법 가리지 않고 남보다 앞서가려는 사람들과는 다르지."

"정말 훌륭한 사람이야! 예전에 내가 서류에 실수를 자주 하고 엉뚱한 의견을 내놓기도 했는데, 아무 말 없이 다른 사람한테 고치게 할 뿐이었네. 굉장한 사람이야!"

오블로모프가 말을 마쳤다.

"하지만 세묜 세묘느이치는 여전히 구제불능이야. 할 줄 아는 거라곤 남들을 곤경에 빠뜨리는 일 뿐이라고. 얼마 전에 그가 무슨 짓을 저질렀는지 아나? 관청재산 보호를 위해 현청 건물에 개집을 설치하고 싶다는 요청이 들어왔네. 본청 건축기술자는 솜씨가 좋고 밝고 정직한 사람이지. 예산도 아주 적절하게 잘 짰어. 그런데 그 예산이 터무니없어 보였는지, 갑자기 개집을 짓는데 얼마나 들어가는지 조사를 시작했다네. 결국 30코페이카 정도 싸게 할 수 있는 부분을 찾아냈어. 그래서 지금 빨리 보고서를……."

다시 초인종 소리가 들렸다.

"잘 있게나." 관리가 작별 인사를 했다. "내가 이곳에 있어 봤자 방해나 될 걸……."

"그런 생각 말고 더 앉아 있다 가게." 오블로모프가 그를 붙잡았다. "자네에게 상의하고 싶은 일이 있어. 내게 불행이 두 가지나 닥쳤거든."

"아, 이런, 미안하네. 다음에 다시 들르도록 하지."

수지빈스키는 떠났다.

'일에 귀밑까지 빠졌군, 좋은 친군데!' 눈으로 그를 배웅하며 오블로모프가 생각했다. "세상일에는 문외한이 되어 버렸어! 그래도 출세는 하는 모양이지? 조만간 국정을 쥐고 흔드는 고위고관이 되겠지, 세상에서는 그런 걸 출세라고 하니까. 출세에는 인간성은 필요 없겠지. 지성이나 의지, 감정 따위 그에게 도움이 안 돼. 그런 건 지나친 사치일 뿐이지. 한 인간이 짧은 생애 동안 한 가지 일에만 매달려 평생 살아야 하다니, 언급할 가치도 없어. 그런 상태로 8시부터 12시까지 집에서, 12시부터 5시까지 관청에서 일을 하다니, 정말 가엾은 사람이야!"

그는 9시부터 3시까지, 8시부터 9시까지, 얼마든지 자신의 방 침대에서 빈둥거릴 수 있다는 사실에 조금 은밀한 만족감을 느꼈다. 보고서를 제출할 필요도, 서류를 작성할 필요도 없이 자유롭게 상상하고 느낄 수 있어 자랑스러웠다.

오블로모프는 이런 철학적 명상에 잠겨, 침대 옆에 옷차림이 아주 수수한 남자가 서 있음을 전혀 깨닫지 못했다. 매우 마른 체격을 한 남자는 구레나룻과 콧수염, 그리고 황제풍의 뾰족한 턱수염으로 얼굴이 까맣게 뒤덮여 있었다.

"안녕하십니까, 일리야 일리이치?"

"안녕하십니까, 펜킨? 아, 가까이 오지 말아 주십시오. 악수도 됐습니다. 밖에 있었으니 몸이 차겠지요!"

오블로모프가 말했다.

"당신은 참 특이한 사람이오! 변함없이 태평한 귀족에, 게으름뱅이에요!"

"태평하다고 하셨습니까?" 오블로모프가 반문했다. "촌장에게서 온 편지를 보여드리죠. 머리를 싸매고 고민하고 있는 사람에게 태평하다니요? 그런데 어디서 오시는 길입니까?"

"책방에 잡지가 나왔나 보고 오는 길입니다. 내 기사를 읽어 보셨나요?"

"아뇨."

"아, 그럼 보내드릴 테니 한 번 읽어 보시죠."

"무슨 내용인데요?"

오블로모프가 나른하게 하품을 하며 물었다.

"상거래와 여성해방 문제, 그리고 아름다운 5월과 새로 발명된 소방기구에 대한 내용입니다. 어째서 신문을 읽지 않으시죠? 우리 주변에서 일어나는 일들이 나오는데, 어쨌든 요즘 저는 사실주의 문학에 푹 빠져있죠."

"일이 많은가 보군요?" 오블로모프가 물었다.

"꽤 많은 편이에요. 일주일에 두 편씩 신문에 논문도 내고, 서평도 하고 있습니다. 이번에 단편소설도 하나 썼고요."

"무슨 내용이죠?"

"어떤 마을에서 시장이 마을 주민을 때려 광대뼈를 다치게 한 일이 있었습니다. 한 여행객이 그 폭력사태를 목격하고 현 지사(縣知事)[8]를 만나 그 사건을 고소하게 되지요. 지사는 다른 일로 그 마을에 가는 관리를 불러, 사건과 함께 시장의 인격이나 품행을 조사하라고 명령합니다. 관리는 마을사람들을 소집하여 상거래 정보를 모은다는 구실로 사건을 조사하기 시작합니다. 마을사람들은 어떠했겠습니까? 비위나 맞춘답시고 웃으며 굽실대고 시장을 떠받들기만 하는 겁니다. 은밀히 사건을 조사하던 관리는 마을사람들이 순사기꾼들이라는 사실을 알게 됩니다. 상한 음식을 팔고 무게를 속이고 횡령까지 서슴지 않는, 정직과는 거리가 먼 작자들이었던 거죠. 보고를 받은 지사는 폭력사태가 오히려 그 사람들에게 마땅한 징벌이었다고 생각하며 이야기가 끝이 납니다."

"소설 속 시장의 폭력 사태가 고대 비극에서의 fatum(운명)과 같은 역할을 했다는 겁니까?"

오블로모프가 물었다.

"바로 그겁니다. 이해력이 대단히 빨라서 소설을 써도 되겠군요! 네, 나는 시장의 독재나 대중의 도덕적 타락, 부하 관리들 사이에 존재하는 비능률적이고 잘못된 조직체계에 대한 생각을 잘 드러냈다고 생각합니다. 또 이런 죄악들에 대처해서 극단적이지만 합법적인 수단을 강구할 필요가 있다는 점도 그렇지 않습니까? 어떻습니까, 저의 아이디어가 매우…… 뭐랄까, 참신하지 않습니까?"

"그렇군요, 특히 나 같은 사람에게는요, 전 책을 거의 읽지를 않으니까요……."

"정말 방에 책이 몇 권 없군요! 다른 건 됐으니 이거 하나만은 꼭 읽어보시라고 부탁드리고 싶습니다. 아주 위대한 서사시라 할 만한 작품이 며칠 안에 출간될 예정인데, 제목은 《창녀를 향한 부패한 관리의 사랑》입니다. 작가가 누구인지 말씀드릴 수는 없습니다. 아직 비밀이에요."

"어떤 내용이기에 그러십니까?"

"우리 사회를 움직이는 모든 메커니즘이 드러나 있습니다. 그것도 아주 서정적인 색채로 말입니다. 사회라는 유기적 장치를 구성하는 부품 하나하나 세밀하게 묘사되고 있습니다. 의지가 약하고 악랄한 고위 정치인과 그를 부셔먹으려는 부패 관료들이 마치 법정에 소환되듯 차례차례 작가에게 불려나옵니

---

*8 행정사무를 총괄하는 광역자치단체장.

다. 그리고 온갖 매춘부들……프랑스 여자, 독일 여자, 핀란드 여자 할 것 없이 낱낱이 파헤쳐지죠. 모든 게 너무나 놀라울 만치 실제 같아서 소름이 다 끼칩니다! 저는 그저 일부분만 들어 보았는데도 작가가 엄청난 사람인걸 알았죠. 마치 단테 같기도 하고 셰익스피어 같기도 하면서……"

"세상에 맙소사! 너무 지나치신 것 아닙니까?"

오블로모프가 놀라서 몸을 일으켜 세우며 말했다.

펜킨도 과장이 지나쳤나 싶어 입을 다물었다.

"직접 읽어 보시면 압니다."

기운 빠진 목소리로 그가 덧붙였다.

"아뇨, 펜킨. 난 됐습니다."

"왜요? 호기심에라도 한 번 읽어 보시죠."

"궁금할 게 뭐가 있습니까! 애초에 글이란 걸 쓰는 이유도 모르겠습니다. 다 자기만족 아닙니까?"

"자기만족이라뇨? 얼마나 공감가는 이야긴데요. 감탄에 겨워 웃음이 터질 정도죠. 살아 있는 초상화나 다름없습니다. 장사치와 관리, 장교, 경찰 모두 실제와 똑같이 묘사되어 있거든요."

"그렇다면 더더욱이나, 왜 그런 수고를 합니까? 그저 인물 하나를 골라서 실제처럼 묘사하는 재미를 위해서입니까? 실상은 그자들이 쓰는 글 속에 삶을 닮은 것은 아무것도 없습니다. 진정한 이해나 진심어린 연민이나, 진짜 인간미라고 부를 수 있을 만한 게 하나도 없단 말입니다. 오로지 허상뿐입니다. 그게 다예요. 도둑과 창녀를 묘사한다지만 실제로 길에서 맞닥뜨리면 붙잡아 감옥에나 처넣을 마음이란 말입니다. 그런 이야기에서 느껴지는 것은 '감춰진 눈물'이 아니라 역겹게 드러난 사악한 비웃음과 악의뿐입니다."

"그럼 뭐가 더 필요하다는 겁니까? 말씀 한 번 잘 꺼내셨습니다. 들끓는 증오, 불쾌할 정도로 악을 쫓는 욕망, 타락한 인간을 향한 경멸 섞인 비웃음…… 모든 것이 다 갖추어졌지 않습니까."

"아뇨, 그게 다가 아닙니다!" 갑자기 흥분한 오블로모프가 말했다.

"도둑이나 창녀, 구제할 길 없는 바보를 그릴 때에도 그들도 사람임을 잊으면 안 돼요. 인간성은 어디에 있는 겁니까? 당신들은 머리로만 글을 쓰려 하고 있어요!"

오블로모프가 거의 울부짖으며 열변을 토했다.

"사상을 나타내는데 따뜻한 마음은 필요 없다는 말입니까? 나는 그렇게 생각하지 않습니다. 사상은 사랑을 통해 그 결실을 맺는 겁니다. 타락한 인간에게는 손을 내밀어 일으켜 줘야죠. 그 사람이 죽어 가고 있다면 진심으로 울어 주어야지, 그를 조롱해서는 안 됩니다. 타락한 인간을 사랑하고 그가 당신과 하나도 다를 바 없는 인간이라는 것을 기억해야만 합니다. 자기 자신에게 하듯 그에게 대해주란 말입니다—그럼 당신의 글을 읽고 당신 앞에 기꺼이 고개를 숙이겠습니다."

그는 다시 평정심을 되찾고 소파에 몸을 누이며 말했다.

"그들은 도둑이나 창녀를 묘사하며 인간이란 무엇인지 잊고 있습니다. 그게 아니라면 제대로 묘사할 줄을 모르는 거겠죠. 거기에 대체 무슨 예술이, 어떤 시적 아름다움이 있단 말입니까? 타락한 세상의 더러움을 폭로하는 것도 좋죠. 하지만 제발 그게 시라고 착각하지는 마세요."

"그럼 당신은 그저 장미꽃이니, 꾀꼬리니, 아침 서리니 그런 자연의 아름다움에 대해서만 쓰라는 말씀입니까? 우리 주변 모든 게 끊임없이 소용돌이치며 격동하고 있는데! 우리는 이 사회의 부조리를 적나라하게 고발할 필요가 있습니다. 노래나 흥얼대고 앉아 있을 때가 아니라고요."

"인간을, 제 말은 인간을 그려 달라는 겁니다……. 인간을 사랑하라는 거라고요!"

"고리대금업자, 위선자, 도둑질이나 하는 얼간이 관리 나부랭이들을 사랑하라고요? 정말이지 기가 막히는군요? 무슨 말씀입니까? 아무리 문학을 등지고 있었다고 해도 이 정도일 줄은 몰랐습니다!"

펜킨도 흥분했다.

"말도 안 됩니다. 그런 인간들은 처벌받아 마땅해요. 문명에서, 사회라는 울타리에서 추방해 버려야 합니다……."

"사회에서 추방하다니요?" 흥분한 오블로모프가 자리에서 벌떡 일어서며 말했다. "그건 쓸모없는 그 육체의 껍데기 속에도 고귀한 영혼이 살고 있음을 잊은 거나 같습니다. 타락한 사람일지언정 당신과 똑같은 사람이란 말입니다. 그런데 추방이라니요! 당신들이 뭐라고 인류 사회에서, 자연의 품에서, 하느님의 축복에서 그를 추방하려는 겁니까?"

오블로모프는 화가 나서 눈에 불을 켜고 절규하다시피 소리쳤다.

"이것 참, 너무 지나치신 것 아닙니까?"

이번에는 펜킨이 놀라서 말했다.

오블로모프까지도 자기가 지나치게 흥분했음을 깨달았다. 잠시 가만히 뜸을 들이고 있다가 하품을 하고는 다시 꾸물꾸물 소파에 기대 누웠다.

두 사람 다 아무 말이 없었다.

"평소 어떤 책을 읽으십니까?"

펜킨이 물었다.

"여행에 관한 책을 읽습니다……." 오블로모프가 대답했다.

다시 침묵이 이어졌다.

"그럼 그 서사시가 나오면 읽어 보시겠습니까? 제가 다음에 사본을 가져다 드리겠습니다……."

오블로모프가 고개를 내저었다.

"그럼 제 단편소설이라도 보내드릴까요?"

오블로모프가 그러라며 고개를 끄덕였다.

"이젠 그만 인쇄소에 가봐야겠습니다! 내가 오늘 왜 여기까지 찾아 왔는지 아십니까? 에카체린고프에 가자고 권해 볼까 해서 왔습니다. 제 개인 마차로 가면 됩니다. 내일 기사를 써야 하니 저와 함께 다니면서 제가 생각하지 못한 부분들을 이야기해 주시면 더 즐거울 것 같은데. 함께 가시죠……."

"아니, 그런 곳에 갈 체력이 아니군요." 오블로모프가 얼굴을 찡그리고 이불을 끌어다 덮으며 대답했다. "습기라면 아주 질색이거든요. 땅바닥도 아직 눅눅하지 않습니까. 아, 그보다 저녁 식사라도 함께 하지 않으시겠습니까? 이야기도 좀 나누고…… 요즘 저에게 불행한 일이 두 가지나 닥쳤거든요……."

"그건 좀 어렵겠습니다. 저녁에는 편집부 사람들이 모두 생 조르주에 모여서 함께 에카체린고프에 가기로 되어 있거든요. 밤에는 원고를 써서 날이 밝는대로 인쇄소에 보내야 하고요. 자, 그럼 이만 실례하겠습니다."

"조심해 가십시오, 펜킨."

'밤에는 원고를 쓰다니! 그러면 잠은 언제 자지? 그래 봤자 1년에 5천 루블이나 버나, 밥벌이는 하는군. 원고에다가 자기 신념이고 영혼이고 우겨넣고는 돈 몇 푼과 바꿔 먹는 건가. 지혜와 상상력을 팔아 자기 본성을 억누르고 늘 안달복달하며 흥분해서, 평화라고는 모르는 사람처럼 계속 저렇게 쫓기듯 살아가야 하다니…… 저 사람은 끊임없이 쓰기만 하는 걸까. 톱니바퀴처럼 계속 글쓰기만 하는 건가. 내일도 모레도 축제가 있어도 여름이 찾아와도 계속 글쓰기만 하는 삶이라니! 펜을 내려놓고 쉴 틈도 없는 걸까? 가엾은 사람 같으니!'

책상 위를 쳐다보았다. 깨끗하게 정리된 책상에는 말라붙은 잉크병만 놓여 있을 뿐, 펜은 흔적조차 보이지 않았다. 오블로모프는 갓난아기처럼 느긋하게 누워, 무어라도 팔고 다녀야 할 신세가 아닌 자신의 삶에 커다란 기쁨을 느꼈다.

'아, 그런데 촌장 편지와 집 문제는 어떻게 하지?'

갑자기 생각이 여기에 미치자, 그는 다시 걱정에 휩싸였다.

그때 다시 초인종이 울렸다.

"오늘 우리 집에 무슨 파티라도 열리나?" 오블로모프는 혼잣말을 중얼거리며 손님이 들어오기를 기다렸다.

어쩐지 나이도 얼굴 생김새도 불분명한 남자가 들어왔다. 젊은 것 같기도 하고 나이 든 것 같기도 해서 겉보기만으로는 판단하기가 어려웠다. 잘생겼다고 하기도 어렵고 그렇다고 못생긴 것도 아니었으며, 키는 크지도 작지도 않았다. 머리카락 또한 옅은 갈색도 아니고 검은색도 아닌 어중간한 색이었다. 좋은 점이든 나쁜 점이든 하늘은 이 남자에게 눈에 띄는 특징을 주지 않은 듯했다. 사람들은 그를 이반 이바느이치라 불렀고, 어떤 사람들은 이반 바실리이치라 부르기도 했다. 또 이반 미하일르이치라 부르는 사람들도 있었다.

성을 부르는 방법도 여러 가지였다. 누구는 이바노프라고 하고, 누구는 바실리에프 또는 안드레에프라 불렀으며, 알렉세예프라 생각하는 사람들도 있었다. 처음 만난 사람에게 그의 이름을 말해 줘 봤자 이름은 고사하고 얼굴마저 금방 잊을 게 뻔했다. 그와 나누었던 이야기도 아마 기억조차 나지 않을 것이다. 그는 아무런 인상을 주지 못하는 존재로, 만일 눈에 띄지 않는다 해도 허전함을 느끼는 사람도 없다. 신체적 특징이 없는 것처럼 그의 머릿속에는 번뜩이는 기지나 지혜, 독창성은 엿볼 수 없었다.

어쩌면, 적어도 보고 들은 것을 화제삼아 사람 상대 정도는 할 수 있었겠지만, 그는 어떤 자리에도 가본 적이 없었다. 페테르부르크에서 태어나 그 안에서 벗어나 본 적이 없어서 보고 들은 것이라고 해 봐야 남들도 다 아는 것들뿐이었다.

이런 사람이 매력적일 수 있을까? 그도 남을 사랑하고 미워하고 괴로워할 수 있을까? 분명 사랑도 하고 미워도 하고 괴로움도 느낄 것이다. 세상 누구도 이런 감정에서 자유로울 수는 없기 때문이다. 하지만 그는 어떤 방법을 쓰는지 모든 사람을 똑같이 사랑했다. 세상에는 아무리 애를 써도 미움이나 복수심을 갖게 할 수 없는 사람도 있다. 어떤 꼴을 당하던 상대에게 공손하게 대한다. 그렇지만 만약 사랑의 온도를 가늠할 수 있다면, 이들의 사랑은 절대로 달아올라 끓어넘치는 일이 없다. 모든 사람을 사랑하는 이들에 대해 세상은 선량하다고들 말하지만 사실 그들은 악하지 않을 뿐 누구도 사랑하지 않는다.

그런 사람 앞에서 누군가 거지에게 얼마라도 베풀려 하면, 그도 2코페이카를 던져 줄 것이다. 하지만 욕하고 비웃으며 쫓아내려 한다면, 그도 덩달아 욕하고 비웃을 것이다. 그를 부자라 할 수도 없다! 왜냐하면 부자가 아니라 오히려 가난뱅이에 가깝기 때문이다. 그렇다고 그를 가난뱅이라고 부를 수도 없다. 그보다 가난한 사람도 많을 테니까.

그에게는 1년에 300루블쯤 되는 수입원이 있다. 그걸 대단하다고 할 수는 없지만 관청에 출근하고, 많진 않아도 월급도 받는다. 궁핍한 생활을 하지도, 빚을 지고 있지도 않으며, 그에게 돈을 빌리려는 사람도 없다.

직장에서는 딱히 정해진 업무도 없다. 동료나 상사도 그가 잘하는 일이 무엇이고 못하는 일이 무엇인지, 아니 그에게 맞는 업무가 무엇인지조차 알 수 없었다. 무언가 일을 시키면 결과가 나쁘지 않아 평가를 내리기 어려운 사람이었기 때문에 상사들은 여러 가지 일을 시켜보고, 보고서를 이리저리 훑어보다가 마지못해 말하곤 했다.

"거기 두고 가게. 나중에 볼 테니까…… 뭐, 필요한대로 잘되어 있기는 하지만."

지금까지 단 한 번도 그의 얼굴에 근심이나 감정이 드러난 적이 없었기 때문에, 그 순간 그가 무슨 생각을 하고 있는지 알 수 있는 사람은 아무도 없었다. 또, 그가 무엇에든 특별히 호기심이나 흥미를 느끼는 모습을 본 사람도 없다.

길을 가다 마주친 아는 사람이 어디 가냐고 물으면 이용원이나 가게에 간다고 대답한다. 그 때 상대가 그보다는 자신과 우체국이나 재단사에게나 아니면 그저 산책이라도 가자고 권한다면, 그는 가던 길을 되돌아서 상대를 잠자코 따라가고 만다.

그가 세상에 태어난 것을 아는 사람이 어머니 말고 누가 있을까. 살아가는 동안 그의 존재를 알아차린 사람도 몇 안 될 테지만, 그가 사라진 뒤에는 아쉬워할 사람도 분명 없으리라. 누구 하나 물어 보는 이도 없을 것이고, 안타까워하거나 기뻐하는 이도 물론 없을 것이다. 그에게는 친구도 적도 없었지만, 아는 사람은 많았다. 아마 그가 지나가는 사람들의 주의를 끌 수 있을 유일한 순간은 그의 장례행렬 때가 아닐까. 머리색조차 분명치 않은 이 남자는 그때서야 처음으로 사람들의 예우를 받을 수 있으리라. 그것도 정중하게 머리를 숙인 인사를. 어쩌면 고인의 이름을 묻는 호기심 많은 사람이 있을지도 모르지만, 분명 그 자리에서 바로 잊어버리고 말 것이다.

알렉세예프나 바실리에프, 안드레예프, 이렇게 사람들이 저마다 마음대로 불러대는 이 남자는 사람들에게서 미미한 대답이나 사소한 반응도 받아내지 못하는 응답없는 메아리 같았다. 그의 이름은 불완전하고 개성 없는 존재를 암시했다.

친구들에게 자기 주인을 찾아오는 손님들에 대해 온갖 별명을 붙여가며 흉보고 헐뜯는 자하르조차 그……에, 그러니까 이름은 그냥 알렉세예프라 치고—에 대해서는 뭐라 말하기를 난감해했다.

자하르는 한참 생각에 잠겨, 그의 외모에서든 행동에서든 무언가 꼬투리 잡을 구실이 없는지 찾아보려 하지만 혀를 차며 이렇게 말하고 말았다. "이 사람은 뭐야! 뿔이고 손톱이고 뭐 하나 걸리는 게 없군!"

"아!" 오블로모프가 그를 맞았다. "당신이었군요, 알렉세예프. 잘 지내셨나요? 어디서 오시는 길입니까? 아, 가까이 오지 말아 주십시오. 악수도 됐습니다. 밖에 계셨잖아요. 손이 차가울 것 아닙니까!"

"무슨 말씀이십니까, 차갑다니요! 오늘 이렇게 갑자기 찾아올 생각은 아니었는데 말이죠, 압치닌을 만나는 바람에 그 집에 들렀다 오는 길입니다.

함께 갑시다."

"어디를 말입니까?"

"압치닌 댁으로요. 벌써 마트베이 안드레이치 알리 아노프, 카지미르 알베르트이치 프하일로, 바실리 세바스치야느이치 칼르이먀긴까지 거기에 와 있습니다."

"왜 모두 거기 모여 있지요? 나한테는 무슨 볼일이 있나요?"

"압치닌이 함께 식사나 하자는 군요. 식사 뒤에 다 함께 에카체린고프에 가자고 합니다. 당신한테 전세 마차를 빌려 타고 오라고 하더군요. 자, 일어나요! 서둘러 옷을 입어야 해요."

"거기서 뭘 하는 겁니까?"

"뭐라니요! 오늘 거기서 축제가 있지 않습니까! 설마 모르셨고 있진 않겠지요? 오늘이 5월 1일 아닙니까?"

"좀 앉으시오. 생각 좀 해 봅시다……"

"일어나세요! 옷 입으셔야 할 테니."

"좀 기다려 보세요. 아직 이르지 않습니까."

"이르다니요! 12시까지 오라 했단 말입니다. 늦어도 두 시까지는 식사를 마치고 축제에 가기로 했습니다. 자, 서두릅시다! 자하르에게 외출 준비를 하라고 할까요?"

"옷을 어떻게 입지? 아직 세수도 하지 않았습니다."

"그럼 빨리 씻으세요."

그러고서 알렉세예프는 방 안을 서성거렸다. 결국 예전에 천 번은 본 것 같은 그림 앞에 멈춰 서서 창밖을 힐끔 보더니, 서가에서 무언가 집어들어 이리 보고 저리 보고는 다시 내려놓았다. 이번에는 휘파람을 불며 다시 걸어 다니기 시작했다. 오블로모프가 씻는 동안 방해하지 않으려는 배려였다. 10분이 지났다.

"도대체 뭐 하시는 겁니까?"

알렉세예프가 추궁하듯 물었다.

"뭐가요?"

"왜 아직도 누워 계시냐 이 말입니다."

"왜 일어나야 하지요?"

"맙소사! 당연한 일이지요! 모두 우리를 기다리고 있어요! 가겠다고 하지 않았습니까?"

"제가 말입니까? 전 어디를 가겠다는 말은 하지 않았는데요……."

"에, 오블로모프. 조금 전 분명히 압치닌 댁에서 식사를 하고 에카체린고프에 가기로 하지 않았습니까……?"

"이렇게 습기 찬 날씨에 제가 밖에를 나간다고요? 보세요, 당장이라도 비가 내릴 것 같다고요. 밖이 온통 어두컴컴하지 않습니까!"

오블로모프가 귀찮은 듯 말했다.

"하늘에 구름 한 점 안 보이는데 무슨 비타령입니까? 창문을 하도 안 닦으니까 어두컴컴하죠. 저 먼지 쌓인 것 좀 보십시오! 하늘은커녕 코앞에 있는 것도 안 보이겠습니다. 게다가 커튼도 다 열지 않고 있으니 그렇죠."

"그런 말은 좀 참았다가 자하르한테나 해 주시죠. 자하르 녀석, 요즘 아주 가관이랍니다. 일하는 여자를 쓰자고 하기도 하고, 하루 온종일 나를 집 밖으로 내쫓을 궁리까지 하고!"

오블로모프는 생각에 잠겼다. 알렉세예프는 앉아서 옆에 있는 테이블을 손가락으로 두들기며 멍하니 벽과 천장을 둘러보고 있었다.

"그럼 어떻게 하시겠습니까? 옷 갈아입고 준비를 하시겠습니까, 아니면 그냥 집에 계시겠습니까?"

몇 분이 지나 그가 다시 물었다.

"예? 뭐라고요?"

"에카체린고프는 어떻게 하시겠냐고요."

"당신들은 아는 말이 에카체린고프밖에 없는 겁니까, 정말!"

오블로모프가 짜증을 내며 한마디 했다.

"왜들 그렇게 집에 가만히 있지를 못하지요? 방이 춥습니까? 아니면 무슨 이상한 냄새라도 나요? 왜 그렇게 밖으로 나갈 궁리만 하는 겁니까?"

"아뇨, 이곳은 언제나 기분이 좋습니다. 불만은 없어요."

알렉세예프가 대답했다.

"그런데 왜 그렇게 다른 데로 가려는 겁니까? 계속 있다가 여기서 식사도 하시고, 저녁에는…… 이런 세상에! …… 까맣게 잊고 있었군. 내가 외출이나 할 때가 아니었어! 타란치에프가 식사하러 온다 했던가. 오늘이 벌써 토요일이었군."

"그러시다면야…… 어쩔 수 없군요, 그럼……"

"나한테 무슨 일이 있었는지 얘기했던가요?"

오블로모프가 활기를 띠며 물었다.

"무슨 일인데요? 모르겠습니다."

알렉세예프가 그의 눈을 바라보며 말했다.

"그 일 때문에 내가 이렇게 못 일어나고 있지 않습니까? 마냥 누워서 어떻게 하면 그 귀찮은 일을 해결할 수 있을까, 생각하고 있었던 거지요."

"무슨 일인데 그러시지요?"

애써 놀란 척하며 알렉세예프가 물었다.

"불운한 일이 두 가지나 생겼답니다! 어떻게 해야 할지 나도 모르겠어요."

"무슨 일인데요?"

"이 집에서 나가라는 이야기를 들었어요. 생각해 보세요. 이사를 해야 하는 겁니다. 여기저기 다니면서 처리할 일도 많을 테고, 아주 난리가 나겠죠…… 생각만 해도 끔찍합니다! 이 집에서 8년을 살았다 이 말입니다. 그런데 집주인은 되도록 빨리 나가라고만 하는 거예요."

"빨리 나가라고 했습니까? 재촉하는 걸 보니 급하긴 급한 모양이군요. 힘드시겠습니다. 이사한다는 게 어디 쉬운 일입니까. 여간 번거롭지가 않죠. 잃어버리는 물건도 있고, 깨지는 물건도 있고, 하여간 분명히 귀찮은 일이에요! 정말 훌륭한 집이었는데…… 집세는 얼마나 냅니까?"

"이런 괜찮은 집은 또 어디서 구하나, 그것도 이렇게 갑자기? 넓고 따뜻하고 조용해서 좋았는데. 딱 한 번 도둑이 들었던 일은 있었지만! 천장이 좀 부실해 보이기는 해요. 회반죽이 거의 떨어져 버렸죠. 아마 미장이가 시원찮았던 모양입니다. 그래도 무너지진 않았습니다."

"아, 그렇군요!"

알렉세예프가 고개를 저으면서 말했다.

"어떻게 하면 될까요? 그러니까 이사를 안 하려면요?"

오블로모프가 생각에 잠긴 채 혼잣말처럼 머뭇거리며 말했다.

"계약서는 쓰고 집을 빌렸습니까?"

천장에서 마루까지 방을 두루 훑어보며 알렉세예프가 물었다.

"계약 기간이 지났지만, 집세는 다달이 내고 있지요……언제부터였는지는 기억이 안 나는군요."

두 사람 모두 생각에 잠겼다.

"어떻게 하실 생각입니까?" 잠시 침묵이 흘렀다. 알렉세예프가 물었다. "이사를 가실 건가요 안 가실 건가요?"

"어떻게 해야 할지 모르겠어요. 생각도 하기 싫습니다. 자하르에게 어떻게든 방법을 생각해 보라고 해야죠."

"이사 다니기 좋아하는 사람들도 있습니다. 집을 옮겨 다니면서 즐거움을 얻는 사람들이라고나 할까요……"

"그럼, 그 사람들이나 이사 다니면 될 거 아닙니까. 난 변화가 가장 싫은 사람입니다. 게다가 하필 집이라뇨! 그 뿐인 줄 아십니까. 이것 좀 보세요. 촌장이 보내온 건데 뭐라고 썼는지 아실지 모르겠어요. 어디 뒀었지? 자하르, 자하르!"

'아이고, 이게 뭐하는 짓이야!' 벽난로에서 뛰어내리며 자하르가 툴툴댔다. '차라리 콱 죽어 버리는 게 났겠군!'

그가 들어와 주인을 멍하니 쳐다보았다.

"편지 안 찾아놨어?"

"편지를 어떻게 찾아요?" 무슨 편지를 찾는지 내가 어떻게 알겠어요? 난 까막눈이잖아요."

"어쨌든 찾아봐."

"도련님이 어젯저녁에 편지 비슷한 걸 읽었어요. 그 뒤부터는 본 적이 없어요."

"그럼 그게 어디로 갔다는 거야?" 일리야 일리이치가 화가 나서 소리쳤다. "내가 먹어 버린 것도 아니고. 확실히 기억해. 네가 어제 나한테서 편지를 받아서 어디에 뒀잖아. 아, 여기 있었군!"

그가 이불을 털자 편지가 마룻바닥으로 떨어졌다.

"맙소사!" 이것 봐유! 이래 놓고 맨날 나한테만 뭐라고 하잖아유!

"아, 좀 비켜 봐! 저리 가 있으라고!"

오블로모프와 자하르가 동시에 소리쳤다.

자하르가 나가고 나서, 오블로모프는 갈색 밀랍으로 봉인된 편지를 읽기 시작했다. 회색 종이에 크바스*⁹로 씌어진 것처럼, 잉크가 번진 글자들이 서로 닿지 않게 열을 맞추어 반듯하게 이어져 있었다. 군데군데 흐릿한 잉크 얼룩 때문에 문장이 끊긴 곳도 있었다.

오블로모프가 읽기 시작했다.

"우리의 주인이자 부양자이신 오블로모프……"

그는 여기서 잠시 멈추고 몇 줄에 걸쳐 안부와 건강을 비는 인사치레들을 건너뛰고 중간부터 다시 읽기 시작했다.

"먼저 영지에는 아무 일도 없음을 알려드립니다, 주인어른, 벌써 다섯 주째 비가 내리지 않습니다. 하느님이 노하셔서 비를 내려주지 않는 것 같습니다. 이런 가뭄은 노인들도 처음 본답니다. 봄 농작물들이 불에 그슬린 것처럼 다 타죽고 있습니다. 가을 작물들은 벌레들이 갉아먹은 것도 모자라서, 때 이른 동장군에 다 얼어죽어 버렸습니다. 봄 농작물을 다시 심는다해도 수확을 할 수 있을지는 모르겠습니다. 자비로우신 하느님께서 저희를 불쌍히 여기시어 은혜를 내려주십사 기도를 올리고 있을 뿐, 저희는 이미 죽은 목숨이나 다름없습니다. 성 요하네 전날*¹⁰, 또 세 사람이 영지를 떠났습니다. 라프체프, 발라초프, 대장장이 아들놈 바시카도 말입니다. 남편을 찾아오라고 여자들을 보냈는데, 돌아오지 않았습니다. 들리는 말로는 지금 첼키에 살고 있다고들 하더군요. 집사가 베르홀료보에 사는 제 대부(代父)를 또 첼키로 보냈다고 합니다. 사람들이 다 망가진 나무 쟁기를 갖고 나오니까, 집사가 대부를 첼키로 보내며 다른 쟁기를 가져오라 했다고 합니다. 도망간 사람들을 만났으니 처벌하라고 제가 시골 경찰한테 가서 말했습니다. 그랬더니 그 경찰 나리가 이렇게 말하더군요. '서면으로 제출해. 그럼 호소한대로 될테니까. 당장 원거류지에 붙잡아 놓지.' 저는 그분 다리를 붙들고 눈물로 호소했습니다. 그분은 욕을 하며 고함을 쳤습니다. '꺼져, 꺼지라고! 말했잖아. 서면으로 제출하란 말이야!' 서면 제출은 하지 않았습니다. 일꾼을 구할 수도 없어요. 모두 일자리를 구한다며 배를 타겠다고 볼가 강으로 떠났답니다. 요즘 사람들이 모두 바보가 되어 버린 것 같습니다, 주인어른, 일리야 일리이치! 올해는 시장에서도 삼베를 안 받아줄 게 틀림없습니다. 삼베 말

---

*9 러시아 전통 음료수. 엷은 갈색을 띤다.
*10 음력으로 6월 24일

린 것과 도료를 광에 넣어 자물쇠를 채우고, 스이추크에게 밤낮으로 지키라고 단단히 일러두었습니다. 아주 줏대 있는 사람이고 저도 함께 지키고 있으니 걱정하지 않으셔도 됩니다. 다른 사람들은 술만 마셔대며 땅 한 구석이라도 얻어보려고 난리랍니다. 자작농들은 소작료를 안 내니까요. 자비로우신 주인어른, 이런 사정으로 올해는 작년보다 2천이 부족한 액수밖에 보내드릴 수 없을 것 같습니다. 가뭄 때문에 작물이 더 이상 말라 죽지 않기만을 기도할 뿐입니다. 너그러운 마음으로 받아 주시기를 바랍니다."

편지의 마지막은 충성심을 나타낸 글과 서명으로 마무리되어 있었다. '주인어른의 충복이자 촌장, 프로코피 브이차구쉬킨 봉함.' 글 쓰는 법을 잘 몰라서, 서명 대신 그려넣은 십자가가 있었다. '촌장이 부르는 대로 그의 처남, 젬카 크리 보이가 대필함.'

오블로모프는 편지 마지막을 살펴보았다.

"언제 썼는지 날짜도 없군. 분명 작년부터 촌장네 집에서 굴러다녔던 거겠지. 성 요하네 전날이란 말이나, 가뭄 어쩌고 하는 걸 보면 뻔하지! 절대로 급하게 보낸 편지는 아니군."

그는 다시 생각에 잠겼다.

"어떻게 생각하십니까? '2천이 부족하다'고 했습니다! 그럼 얼마가 남는 거야? 제가 작년에 얼마를 받았습니까?" 그가 알렉세예프를 보면서 물었다. "내가 얘기를 안 했던가요?"

알렉세예프는 천장을 바라보며 생각에 잠겼다.

"슈톨츠가 오면 물어 봐야겠군. 모르긴 해도, 7천, 8천은 받았던 것 같은데…… 이래서 뭐든 적어 놓아야 한다니까! 그러니까 나한테 6천을 갖고 생활하라 이건가! 굶어 죽으라는 거야! 고것 가지고 어떻게 살라고!"

"뭘 그렇게 심각하게 고민하십니까, 일리야 일리이치 오블로모프? 무슨 일이든 너무 실망할 필요가 없어요. 전화위복이란 말도 있지 않습니까?"

"편지 내용을 다 듣고도 그런 말씀을 하십니까? 어떻게든 돈을 보내 주인을 기쁘게 할 생각은 않고, 촌장이 주인을 비웃으며 기분 나쁜 말만 잔뜩 써 놨다고요! 매년 이 모양입니다! 덕분에 내 기분만 엉망진창이고! '2천 루블 정도가 부족합니다만 너그러운 마음으로 받아주시기 바랍니다'라고?"

"이런, 큰 손해를 보셨군요. 2천이라면 정말 웃을 일이 아닙니다! 알렉세이 라기느이치도, 1만 7천 루블 받아야 할 것을 올해는 1만 2천 루블밖에 못 받는다고 합니다."

"하지만 그래도 1만 2천 루블이지 않습니까. 저는 6천 루블입니다. 촌장은 나를 정말 화나게 했습니다. 흉작이어고, 가뭄이어고, 그게 사실이라도 미리부터 사람을 비관적으로 만들 필요는 없지 않습니까?"

"그렇군요, 그럴 필요는 없죠. 하지만 영주민들한테 무슨 그런 섬세함까지 바라십니까? 그 사람들이 뭘 알겠어요."

"그럼 당신이라면 어떻게 하겠습니까?"

오블로모프는 혹시라도 그가 마음이 놓일 만한 무슨 방법을 생각해 주지 않을까 생각하며 알렉세예프에게 물었다.

"생각을 해 봐야지요, 일리야 일리이치. 그렇게 급하게 결정하면 안 됩니다."

알렉세예프가 대답했다.

"현 지사한테 편지라도 보내 볼까요?"

일리야 일리이치가 심각하게 물었다.

"여기 현 지사는 누굽니까?"

오블로모프는 대답 대신 다시 생각에 잠겼다. 알렉세예프도 입을 다물고 무언가 곰곰이 생각하기 시작했다.

오블로모프는 손으로 편지를 꾸깃거리다가 두 손으로 머리를 받치고 팔꿈치를 무릎에 댄 채 몇 분 동안 가만히 앉아 있었다. 밀려오는 고민거리들이 그를 불안하게 했다.

"슈톨츠라도 빨리 와 준다면 좋을 텐데! 편지에는 곧 돌아온다고 해놓고서는 어디를 그렇게 쏘다니는지! 그가 돌아오면 다 해결해 줄 거야. 틀림없어."

오블로모프는 또 얼빠진 얼굴을 하고 있었다. 한참 동안 둘 다 말이 없었다. 오블로모프가 먼저 정신을 차렸다.

"그래! 먼저 어떻게든 해결을 해야 해!" 그가 결의에 차서 말했다. 침대에서 거의 일어날 것만 같아 보였다. "되도록 빨리 해결해야 해. 꾸물거릴 때가 아니야…… 먼저……"

그때 현관에서 초인종 소리가 맹렬하게 울려왔다. 오블로모프와 알렉세예프는 깜짝 놀랐고, 자하르도 단숨에 뛰어나왔다.

제3장

"집에 계신가?"

누군가 현관에서 크고 거친 목소리로 물었다.

"이 시간에 어딜 가겠어요?"

자하르가 더 크고 거칠게 대꾸했다.

마흔 살쯤 되어 보이는 남자가 들어왔다. 건장한 체격에 키가 크고, 떡 벌어진 어깨가 당당해 보였다. 큰 머리에 뚜렷한 얼굴 윤곽, 튼튼하고 짧은 목에 튀어나올 듯한 큰 눈, 그리고 두툼한 입술을 가졌다. 언뜻 보면 거칠고 단정치 못하다는 느낌이 들었다. 깨끗이 면도한 그를 보는 날은 아주 드물었다. 그에겐 아무렇게나 보여도 그만이었다. 그는 세련된 옷차림 같은 것이 있다고 믿지 않았고, 자신을 부끄럽게 여기지도 않았다.

이 남자는 오블로모프의 고향 친구 미헤이 안드레이비치 타란치에프였다.

타란치에프는 모든 일들을 거칠고 음울한 표정을 하고, 고압적인 태도로, 적의를 품은 채 바라보았다. 마치 불공평한 세상에서 모욕이라도 당한 사람처럼, 주어진 운명에 괴로워하며 굴복한 강한 성격의 소유자처럼, 늘 모든 사람들에 대해 무례한 충고를 퍼부을 기세였다.

그의 행동은 언제나 배짱이 넘치고 거침이 없었다. 말도 어찌나 큰 소리로 퍼부어대는지 늘 화난 사람처럼 느껴졌다. 조금 떨어져서 들으면 마차 세 대가 요란하게 다리를 건너기라도 하는 것처럼 들렸다. 누구 앞에서도 주저하거나, 말문이 막혀 쩔쩔 매는 적이 없었다. 아무리 친한 사람이라도 무례하게 구는 데 예외는 없었다. 이야기를 나눌 때, 심지어는 점심이나 저녁을 얻어먹을 때에도, 초대한 사람에게 커다란 영광이라도 베풀고 있는 것처럼 행동했다.

타란치에프는 머리가 좋고 교활한 남자였다. 사회 문제나 까다로운 법률 문제에서 어느 누구보다도 뛰어난 판단을 내렸다. 그는 언제나 어떤 경우나 적절한 자세로 매우 정교하고 치밀한 논리를 펼쳐나가다가, 마지막에는 상담을 부탁한 사람에게 욕을 퍼부으며 결론을 내리고는 했다.

그렇지만 타란치예프 자신은 25년 전에, 어느 관청에 서기로 들어가 머리가 하얗게 세도록 그곳에서만 근무했다. 자신은 물론이고 아무도 그가 더 높은 직책에 오르리라고는 생각지 않았다.

그는 말만 앞세우는 달변가에 지나지 않았기 때문이다. 말로는 모든 일을 명확하고 쉽게 해결했다. 특히 다른 사람 일에서는 더욱 그랬다. 하지만, 손끝이라도 까딱해야할 일이 생기거나 자리에서 엉덩이라도 떼야할 일이 생기면—말하자면, 이제껏 구상한 이론을 실천에 옮기고 일을 진행시켜 박차를 가할 때가 되면—그는 전혀 딴사람으로 돌변하는 것이다.

처음에 보였던 태도는 어디로 갔는지, 급작스럽게 풀이 죽어서는 몸이 좋지 않다고도 하고, 또 어떤 때는 다른 일이 생겼다고 핑계를 대었다. 그러면서 다른 일은 하지도 않고, 하더라도 뭔가 엄청난 일을 벌이지 않을까, 사람들을 걱정하게 했다. 마치 어린아이처럼 이걸 시키면 빠진 부분이 있다고 하고, 저걸 시키면 사소한 것도 모르겠다고 잡아 떼었다. 아니면 기회를 놓쳐서 결국 도중에 일을 포기하기도 했다. 일을 어찌할 수도 없게 엉망으로 만들어 놓고는, 타란치예프 자신은 욕지거리나 해댔다.

고지식한 시골 변호사였던 그의 아버지는 의뢰받은 일을 처리하는 기술과 경험, 그리고 그동안 쌓아놓은 실세를 아들에게 고스란히 물려주려 했다. 하지만 운명은 그렇게 쉽게 그를 허락하지 않았다. 젊었을 때 돈을 벌기 위해 러시아어를 공부했던 아버지는, 아들이 시대에 뒤처지기를 원치 않았고, 남의 뒤처리나 해 주는 까다로운 법률직 외에도 뭔가 다른 것을 공부하기를 바랐다. 그는 3년 정도 라틴어를 배우도록 아들을 사제에게 보냈다.

천성이 똑똑한 소년이 3년 동안 라틴어 문법과 문장론을 다 배우고 코넬리우스 네포스[1]의 시를 읽으려 할 즈음, 아버지는 아들이 이미 많이 배웠고, 이 정도면 구세대보다 훨씬 훌륭한 사람이 될 것이며 결정적으로 더 공부를 하면 사무실에서 근무하는 데 오히려 해로울지도 모른다는 결론을 내렸다.

---

[1] Cornelius Nepos(기원전 99? ~기원전 24?) : 고대 로마의 전기작가이자 웅변가.

열여섯 살이 된 미헤이는 공부한 라틴어를 써먹을 데가 없었고, 부모님과 지내면서 조차도 거의 잊어버렸다. 그 대신 아버지가 지방법원에서 재판이 있는 날이면 열리는 작은 연회에 함께 다녔다. 바로 이 실전 학교에서, 사람들이 나누는 이야기를 들으며 청년의 지성은 섬세하게 발달했다.

그는 젊은이다운 감수성으로, 고지식한 변호사들 손에서 진행되었던 민사 및 형사소송 사건과 여러 흥미로운 판례에 대한 이야기를 아버지와 그 친구들에게서 듣고 기억해 두었다.

하지만 모든 것이 헛수고가 되어 버렸다. 미헤이는 법률중개사도 되지 못했고, 엉터리 변호사도 되지 못했다. 그의 아버지가 갖은 노력을 기울였기 때문에, 만일 운명이 노인의 구상을 망쳐놓지만 않았다면 성공했을지도 모른다. 미헤이는 아버지가 나누는 대화의 모든 이론을 완전히 습득했고, 그에게는 그것을 실전에 적용시키는 일만 남았다. 그러나 아버지의 갑작스런 죽음으로 그는 법정에 들어가지 못했다. 미헤이는 어떤 독지가의 도움으로 페테르부르크로 갔다. 그 독지가는 미헤이에게 어느 관청에 서기 자리를 알선해 주고는 그를 까맣게 잊었다.

이렇게 타란치에프의 일생은 이론가로만 남게 되었다. 페테르부르크 관청에서는 배워 둔 라틴어도 쓸모가 없고, 여러 사건을 그의 뜻대로 움직이게할 섬세한 이론도 필요 없었다. 그럼에도 그는 잠들어 있는 그 힘을 자기 안에 숨겨놓고 언제나 의식하고 있었다. 옛날이야기에서 마법에 걸린 악령이 좁은 벽 사이에 갇혀 사람에게 해를 입힐 힘을 잃은 것처럼, 심술궂은 환경때문에 그의 힘은 내부에 갇혀 실력을 발휘할 수 있다는 희망을 잃어버렸다. 어쩌면 이 쓸모없는 힘 때문에 타란치에프는 사람들에게 좋은 감정을 갖지 못하고 난폭하게 행동하며 화가 나서 욕을 해댔는지도 모른다.

그는 서류를 베껴 쓰거나 신문을 철하는 등 자신이 하고 있는 일을 씁쓸한 경멸의 눈으로 바라보았다. 오로지 저 멀리 마지막 남은 희망인, 주류 전매청으로 이직하는 일만이 그에게 위안을 주었다. 그는 그 길만이 아버지가 물려준 지식을 활용할 수 있는 유일한 방법이라고 생각했다. 이런 기대감과 함께 아버지에게 물려받은 잘 다듬어진 행동이론, 생활이론, 뇌물수수, 간교에 대한 이론은 활용하기 좋은 시골을 떠나와 페테르부르크에서 별 볼일 없는 생활을 하는 가운데 지겨운 업무들 대신 사소한 개인적 일들에만 써먹고 있었다.

타고났는지, 아버지에게 배운 이론 때문인지, 대단한 뇌물받이 사건이나 의뢰인도 없자, 동료와 친구들을 이용해 이득을 얻어 내려고 교활하게 행동했다. 그 방법은 상상 이상이었다. 기회만 되면 어떤 때는 교활하게, 어떤 때는 뻔뻔하게 맛있는 식사를 얻어먹고, 사람들에게 과도한 존중을 요구하는 등 모든 사람들의 약점을 쥐고 흔들었다. 그는 낡은 옷에는 부끄러움을 느끼지 못했지만 포도주와 보드카가 충분한 훌륭한 정찬을 대접받지 못하면 불안했다.

이 때문에 그는 친구들 모임에서 집 지키는 개의 역할을 맡았다. 모두에게 컹컹거리고 누구도 꼼짝 못 하게 하면서 어딘가로 고깃덩어리가 날아가면 껑충 뛰어서 덥석! 물어 낚아채는 것이다.

오블로모프의 집을 가장 바쁘게 드나드는 사람은 알렉세예프와 타란치에 프였다.

왜 이 두 러시아 노동자계급이 그를 찾아올까? 그 이유는 그들 자신이 잘 알고 있었다. 먹고 마시고 좋은 시가를 피우기 위해서였다. 그들은 따뜻하고 편안한 피난처에서 변함없이, 환대까지는 아니어도 무관심 속에 자신들이 원하는 것을 얻을 수 있었다.

그렇다면 오블로모프는 왜 이들을 집에 들일까? 그 이유에 대해서는 그도 잘 모른다. 아마도 촌구석인 오블로모프카에서는 지금도 부유한 생활을 하고 있는 집이라면, 어디든 이런 부류의 남녀가 무리지어 모여들기 때문이리라. 날마다 먹을 빵도 없고 직업도 없고 일에 필요한 재능도 없는 주제에 그저 식욕과 벼슬, 직함만 가진 사람들이었다.

이런 잉여 인력들 없이는 좀이 쑤셔하는 응석받이 귀족들은 어디에나 있기 마련이다. 이들은 쓸데없는 일을 하지 않으면 좀이 쑤신다. 이들이 없다면 어디론가 사라진 담뱃갑을 누가 찾아올 것이며 바닥에 떨어진 손수건은 누가 주울까? 누구에게 두통을 하소연하고 동정을 요구할 수 있겠는가? 누구에게 악몽을 털어놓고 해몽을 부탁하겠는가? 누가 책을 읽어 주고 곤히 잠들게 해 주겠는가? 그리고 가끔 이런 노동자계급에게 가까운 마을로 장을 보러 다녀오게 하면 집안일을 돕게 하고, 주인이 고생하는 일은 아무것도 없지 않은가!

타란치에프는 크게 소란을 떨며 지루함과 게으름에서 오블로모프를 끌어내기도 했다. 그는 소리치고 논쟁하고 연기까지 하면서 게으른 주인이 스스로 입을 열고 움직이도록 만들었다. 졸음과 평온으로 가득 찬 방에 타란치에프는 생동감과 활력을 불어넣고 때로는 외부 소식도 전해 왔다. 오블로모프는 손끝 하나 까딱하지 않은 채 그가 활발히 움직이고 이야기하는 모습을 보고 들었다. 게다가 그는 타란치에프가 이치에 맞는 조언을 해 줄 능력이 있다고 순진하게 믿고 있었다.

오블로모프가 알렉세예프의 방문을 묵인해 온 데에도 꽤 중요한 이유가 있다. 그가 지금까지 하던 대로, 이를테면 조용히 누워 있거나 꾸벅꾸벅 졸거나 방 안에서 한가로이 서성이며 지내고 싶을 때면, 알렉세예프는 그 방에 있지만 없는 듯이 있었다. 그도 같이 입을 다물고 졸거나 책을 뒤적이며, 눈물이 날 정도로 늘어지게 하품을 참고서 그림이나 책을 찬찬히 들여다보곤 했다. 그는 그렇게 하루 밤낮을 보낼 수 있었다. 그러다 오블로모프가 심심해져서 이야기하고 책을 읽고 비판하고 흥분하고 싶어질 때면, 언제나 알맞은 청중이 되어 그의 침묵과 대화, 흥분, 어떤 의견이나 생각에도 늘 동의해 주었다.

다른 손님들은 앞의 세 손님처럼 아주 잠깐 들르는 것이 고작이었다. 그들과 이어진 끈은 점점 끊어져 갔다. 오블로모프는 때로 어떤 새로운 소식에 관심을 갖고 5분쯤 이야기를 나누다가도, 호기심이 채워지면 금세 입을 다물어 버렸다. 그들과는 언제나 같은 이야기를 반복해서 주고받아야 하는 상호 관계가 작용했다. 반드시 그들의 흥밋거리에 고개를 끄덕여 주어야만 했다. 그들은 사람들 무리 속에 스며들어 각자 자기들만의 방식으로 삶을 해석하고 있었다. 오블로모프와 같은 생각을 하는 사람은 한 명도 없었다. 이런 오블로모프를 자신의 생활 속으로 끌어들이려는 사람들이 오블로모프는 마음에 들지 않았기에 함께 어울릴 수 없었다. 이런 것들이 그들의 반발심을 일으켰다.

그의 마음을 이끄는 친구는 단 한 사람이었다. 그 사람 또한 오블로모프를 가만 내버려 두지 않았다. 그는 새로운 소식과 과학, 삶 전반에 걸쳐 관심을 가졌는데 남달리 깊이가 있었다. 오블로모프는 모든 사람들에게 다정하게 대하기는 했지만 그 친구만을 마음속 깊이 사랑하고 신뢰했다. 어쩌면 함께 자라고 배우며 생활했기 때문일지도 모른다. 그는 안드레이 이바노비치 슈톨츠였다.

그는 지금 수도를 떠나 여행 중이어서 오블로모프는 매순간 그가 돌아오기만을 기다리고 있었다.

제4장

"잘 지냈나, 친구." 타란치에프가 털북숭이 손을 오블로모프에게 내밀며 무뚝뚝하게 말했다. "자네는 이제껏 통나무처럼 누워만 있었나?"

"가까이 오지 말게, 악수는 안해도 괜찮아, 자네에게서 바깥 냉기가 옮아!"

오블로모프가 이불로 몸을 둘둘 말면서 말했다.

"아, 겨우 궁리를 하나 해낸 것이, 냉기가 어떻다고요?" 타란치에프가 빈정거렸다. "그래, 좋아. 사람이 손을 내미는데 거절한단 말이지! 곧 정오인데 아직 침대에서 뒹굴기나 하고!"

그는 직접 오블로모프를 침대에서 일으켜 세우려 했다. 그러자 오블로모프는 재빨리 손을 뿌리치고, 발을 바닥으로 내려 실내화에 쑤욱 집어넣었다.

"그렇지 않아도 일어나려던 참이야."

오블로모프가 하품을 하며 말했다.

"일어나려던 참인 줄은 나도 다 알아. 그러다 저녁 식사때까지 뒹굴고 있는 것도 말이지. 자하르! 어디 있소, 늙은 멍청이!"

"당신의 자하르나 껴안고서 얼마든지 말하시오!"

자하르가 방 안으로 들어오며 중얼거리고는 타란치에프를 험상궂게 쳐다보았다. "수사관이라도 되는 것처럼 온 방을 다 어질러 놓았군!"

"흥, 꼬박꼬박 말대꾸야. 늙은이가!"

타란치에프가 말을 하고는 지나가는 자하르를 발로 차려는 듯 다리를 들었다. 자하르가 걸음을 멈추고 그에게로 돌아서서 으르렁댔다.

"털끝 하나라도 건드려 봐! 뭐 하는 짓이유? 나가겠슈……."

문 쪽으로 가면서 자하르가 쉰 목소리로 투덜거렸다.

"그만하게, 미헤이 안드레이치.*¹ 자넨 왜 그리 잔소리가 심한가! 저 사람을 건드려서 뭐하려고? 자하르, 이리 와서 자, 할 일이나 해!"

오블로모프가 끼어들었다.

자하르는 홱 돌아서서 타란치에프를 째려보며 잽싸게 옆을 지나쳤다.

오블로모프는 자하르에게 기대어 아주 피곤한 사람처럼 마지못해 침대에서 일어났다. 그리고 겨우 큰 소파로 가서 털썩 주저앉더니 꿈쩍도 하지 않았다.

자하르는 화장대에서 기름과 빗, 솔을 집어 주인의 머리에 기름을 바르고 가르마를 타고 빗질을 했다.

"지금 세수할 거지유?"

"조금 있다가. 나가 있어." 오블로모프가 말했다.

"아, 자네도 여기 있었군!"

자하르가 오블로모프의 머리를 빗기고 있을 때, 타란치에프가 알렉세예프를 발견하고 불쑥 말을 건넸다.

"있는 줄 몰랐어. 여긴 무슨 일로? 자네 친척이라는 그 사람, 어쩜 그렇게 끈덕지던지! 당신한테 이야기를 해 주려고 했었는데……."

"친척이라니요? 내게 친척이라곤 한 사람도 없어요."

알렉세예프는 놀란 듯 휘둥그레진 눈으로 타란치에프를 보면서 머뭇거리며 말했다.

"그러니까, 거기서 근무하는 사람인데, 이름이 뭐더라? …… 아타나시에프였지. 왜 친척이 아니라지? 친척일 텐데."

"내 성은 아타나시에프가 아니라 알렉세예프입니다. 내겐 친척이 한 사람도 없다니까요."

"하지만 그 사람은 꼭 당신처럼 못나 보이고, 이름이 바실리 니콜라이치라던데."

"그 사람은 절대로 내 친척이 아니에요. 내 이름은 이반 알렉세이치라고요."

"글쎄, 그 사람은 당신하고 닮은데다가 끈질긴 자식이야. 다음 번에 그 사람을 만나거든 그렇게 전해."

"모르는 사람이에요. 본 적도 없어요."

＊1 안드레이비치를 대화 중에는 보통 안드레이치로 부른다.

알렉세예프가 담뱃갑을 열며 말했다.

"담배 하나 주게! 프랑스제가 아니라 보통 걸 피우는구먼? 흠, 그렇구먼."

담배 냄새를 맡으며 타란치에프가 말했다. 그리고는 "왜 프랑스제를 안 피우지?" 심드렁하게 덧붙였다.

"당신 친척 같은 자식은 여태껏 본 적이 없어." 타란치에프가 말을 이었다. "내가 언젠가, 벌써 2년쯤 됐나, 그에게서 50루블을 빌렸소. 50루블이 큰돈이나 되나? 그에게는 잊어버려도 될 만한 돈이 아니오? 그런데 사실 그는 기억하고 있더구먼. 한 달이 지나기도 전에, 그는 어디서든 만나면 '빌려간 거 어떻게 됐습니까?' 물었어. 그는 정말이지 지긋지긋해! 더군다나 어제는 관청까지 찾아와서 '봉급도 받으신 것 같은데 이제 빌린 돈 갚으시죠' 이러는 거요. 내 봉급이라니, 하 참! 내가 사람들 앞에서 면박을 좀 주었더니, 허둥지둥 도망가더구먼! '저는 가난합니다, 그 돈이 필요하다고요!' 이렇게 말하더군. 그럼 나는! 달란다고 50루블을 턱 하니 꺼내줄 만큼 돈이 남아도는 줄 아나. 오블로모프, 시가 하나 주게."

"시가는 저기 상자에 있네."

오블로모프는 책상에 있는 상자를 가리키며 대답했다. 그는 주위에서 일어나는 일에 신경을 쓰지도, 이야기에 귀를 기울이지도 않고, 느긋하고 나태한 자세로 소파에 앉아 생각에 잠겨 있었다. 그는 자신의 작고 하얀 손을 사랑스럽게 쳐다보며 만지작거렸다.

"이게 다야?"

시가를 꺼내면서 오블로모프를 쳐다보고 말했다.

"그게 다야."

오블로모프가 무심코 대꾸했다.

"자네한테 얘기했잖아. 꼭 외제로 사 놓으라고. 꼭 기억하라고 기껏 얘기해도 소용없으니, 원. 아, 이건 정말 독하군."

시가를 피워 물고 연기를 한 모금 마셨다가 길게 내뱉으며 또 한 마디했다. "이 담배 못 피우겠네."

"자네 오늘은 일찍 왔구먼, 미헤이 안드레이치."

오블로모프가 하품을 하며 말했다.

"벌써 내가 지겹다 이거지?"

"아니, 그냥 해본 소리네. 자넨 언제나 식사할 때 왔는데, 오늘은 이제 겨우 12시가 지나지 않았나."

"그렇지 않아도 오늘 저녁 식사에는 뭐가 나오나 알아보려고 일부러 일찍 왔지. 자네는 시골 음식만 차려내니 말일세. 오늘은 뭘 준비하라고 일렀는지 알아야겠네."

"부엌에 가서 물어 보게나." 오블로모프가 말했다.

타란치에프가 방에서 나갔다가 되돌아오며 말했다. "소고기와 송아지고기라니! 이보게, 친구, 오블로모프, 자넨 삶을 즐길 줄도 모르면서도 지주라니! 자네가 무슨 귀족이란 거야? 상인들과 똑같군! 자네의 살림살이는 상인 수준이지! 마데이라 포도주는 사놓았나?"

"나는 몰라, 자하르에게 물어 보게." 그의 말을 듣는 둥 마는 둥 하며 오블로모프가 대꾸했다. "아무튼, 저기, 분명 포도주 같은 게 있을 거야."

"이거 예전에 독일 상인한테 산 거잖아? 그러지 말고, 영국 가게에서 와인을 사오면 좋겠네."

"그냥 마시게. 또 심부름을 보내야 하잖나."

"내게 돈을 내놓게. 어차피 아직 볼 일이 남았으니 지나는 길에 사오겠네."

오블로모프가 상자를 뒤져서 붉은빛이 나는 10루블짜리 지폐를 꺼냈다.

"마데이라 포도주는 7루블인데 10루블짜리 지폐밖에 없어." "그냥 다 내놓게. 거슬러 주겠지."

그는 오블로모프의 손에서 지폐를 낚아채고는 잽싸게 호주머니에 찔러 넣었다.

"그럼, 난 가보겠네." 타란치에프가 모자를 쓰며 말했다. "5시쯤에 다시 오겠네. 두세 군데 들를 데가 좀 있어서. 주류전매청 사무소에 자리를 봐 준다는 사람이 있으니 만나 보라더군…… 아, 그래, 일리야 일리이치, 자네 마차 한 대 빌려서 에카체린고프에 가지 않겠나? 나도 좀 타겠네."

오블로모프가 싫다는 뜻으로 고개를 가로저었다.

"뭐야, 귀찮은 거야 아니면 돈이 아까운 거야? 맘대로 하게나, 정말 인정도 없구먼! 그럼, 다녀오겠네……."

"잠깐만, 미헤이 안드레이치." 오블로모프가 소리쳤다. "자네 조언을 구하고 싶은 일이 좀 있네."

"또 무슨 일이야? 얼른 이야기해 보게, 시간이 없어."

"불운한 일이 두 가지나 생겨서 말이지. 이 집에서 쫓겨날 판이야……."

"그러게 집세를 꼬박꼬박 냈어야지, 쌤통이구먼!"

타란치에프가 이렇게 대답하고는 다시 나가려 했다.

"아니야, 난 항상 집세는 선불로 내는 걸. 집수리를 한다지 뭔가. 기다려 봐, 어디 가는 건가? 어떻게 해야 할지 좀 알려 주게. 자꾸 나를 재촉한다네. 일주일 내로 이사하래."

"나한테서 무슨 대답을 바라나? 자네 생각에는……."

"내 생각은 묻지 말게, 소리치지 말고 내가 어쩌면 좋을지 생각해 보게. 자네는 현실적이니까……."

그러나 타란치에프는 이미 귀 기울이지 않고 생각에 빠져 있었다.

"좋아, 저녁때 샴페인으로 보답하게. 나에게 다 방법이 있으니."

타란치에프가 모자를 벗고 자리에 앉으며 말했다.

"무슨 방법인가?" 오블로모프가 물었다.

"샴페인 사줄 건가?"

"그야 뭐, 자네 조언이 쓸 만하면……."

"나 참, 자네 태도야말로 글러먹었군. 내가 받는 것도 없이 조언을 해줄 것 같나, 응? 차라리 저기 저 사람한테 물어 봐. 아니면 그의 친척한테 묻든가 말야."

"아니, 아니, 내가 어떻게 해야 좋을지 자네가 말해 보게!"

오블로모프가 다그쳤다.

"이렇게 하지, 내일 당장 다른 집으로 이사를 하는 거야……."

"에이! 무슨 말을 하나 했더니! 그런 건 자네에게 묻지 않아도 알고 있다네……."

"기다려 봐, 끼어들지 말고!" 타란치에프가 소리쳤다. "내일 내가 아는 부인 집으로 이사를 하게, 브이보르그 마을*²로 말이지……."

---

*2 여기서는 핀란드와의 국경 도시 브이보르그가 아니라 페테르부르크의 북쪽에 위치한 인근 지역을 일컬음. 당시에는 아직 거주자들이 많지 않은 외진 곳이었음.

"또 이상한 소리를 하는군! 브이보르그 마을이라니! 거긴 겨울에 늑대들이 돌아다녀."

"맞아, 가끔 그렇지. 네바 섬 쪽에서 그리로 넘어오는 거야."

"하지만 내 친구의 집은 늑대가 타넘지 못 할 만큼 담장이 높아. 그 여자와 가족, 그녀의 독신 오빠는 좋은 사람이야, 저기 있는 사람하곤 다르다니까." 알렉세예프를 가리키며 그가 말했다. "우리 둘이 합쳐도 그 사람은 못 당해!"

"그게 모두 나하고 무슨 상관이야?" 오블로모프가 더 이상 참지 못하고 말했다. "난 거기로 이사 안 가."

"그럼 이사할지 말지 한 번 보겠네. 조언을 부탁했으면 그 사람이 하는 말을 들어야지."

"난 이사 안 가." 오블로모프가 단호하게 말했다.

"맘대로 하게나!"

모자를 푹 눌러쓰고 문 쪽으로 나가며 타란치에프가 대답했다.

"자네 참 이상한 사람이군!" 돌아서며 타란치에프가 말했다. "자넨 여기가 뭐가 그리 좋은가?"

"생각을 해보게! 무엇 때문에 내가 그 촌구석으로 이사를 해야 한단 말인가? 여기서는 뭐 집을 구할 수 없을까 봐서? 비록 일이 이 꼴이 되고 말았지만……."

"뭐가 좋긴? 다 가깝잖아. 가게, 극장, 아는 사람들도 있고……. 시내 중심가잖아. 모두 다……."

"뭐라고? 자네가 집 밖으로 나간 게 언제였지? 극장에 가본 적은 또 언제고? 아는 사람들 집에 무슨 방문을 다닌다고 하는 소린가? 한번 물어 보겠네. 왜 시내 중심가를 고집하는지." 타란치에프가 말을 막았다.

"왜냐고? 이리저리 볼일이 있으니까!"

"그거 봐, 자네 자신도 제대로 모르는군! 생각해 보게, 나와 친한데다가 마음씨까지 좋은 그 여자네 집으로 가면 자네는 조용히 아무 걱정 없이 살 수 있단 말야. 귀찮게 하는 사람 하나 없고, 누가 떠들지도 않고 시끄럽지도 않아, 게다가 쾌적하고 청결하지. 자네도 눈이 있으면 좀 보게. 이게 여관에서 사는 거지 어디…… 이러고 무슨 귀족이며, 지주인가! 그 건물은 깨끗하고 조용하지. 심심해지면 잠시 이야기 상대까지 있다니까! 애들이 둘이니 그 애들하고 놀고 싶으면 얼마든지 놀 수도 있지! 더 이상 뭐가 더 필요한가? 돈도 절약할 수 있을 텐데. 어디 보자, 얼마나 아낄 수 있을지. 여기서 자네의 집세가 얼마인가?"

"천 5백 루블."

"거긴 천 루블이면 그 집 전체를 다 세낼 수 있다네! 거기다 방들은 또 얼마나 다 밝고 좋은데! 그 부인이 오래 전부터 조용하고 믿을 수 있는 사람을 찾고 있었다네. 그래 내가 자네가 좋겠다 싶어서⋯⋯."

오블로모프가 싫다는 뜻으로 고개를 내저었다.

"아니야. 자넨 이사하게 될 거야! 잘 따져 보라고, 이사 가면 생활비가 반으로 줄어들걸세. 집세만 해도 5백 루블이 남는다구. 식사는 배로 좋아지고 깨끗하고, 하녀도 자하르도 뭘 훔쳐가지 못할 거야⋯⋯."

현관에서 투덜거리는 소리가 들렸다.

"정돈도 훨씬 잘되어 있어. 여기는 더러운 식탁에 앉아야 되고, 후추병도 비어 있고, 식초병도 비어 있고, 칼들도 더럽고 식탁보도 너덜너덜하잖아. 여기저기 먼지투성이에 정말 끔찍해!" 타란치에프가 말을 이었다.

현관에서 투덜거리는 소리가 더 커졌다.

"저 늙어빠진 개는⋯⋯ 더 이상 생각이고 뭐고 할 필요도 없지. 자넨 대접이나 받으면서 살면 돼. 거기서 더 생각할 게 뭐가 있나? 이사만 하게, 그럼 문제도 해결되네⋯⋯."

"별안간 브이보르그 마을이라, 대체 왜⋯⋯."

"자네도 참!" 타란치에프가 얼굴의 땀을 훔치며 말했다.

"지금이 여름이니까 별장에 가 있는 셈치면 돼. 무엇 때문에 푹푹 찌는 가로호바야에 있겠다는 건지⋯⋯ 거기엔 베즈바로트코 공원도 있어, 또 오호타는 엎어지면 코 닿을 데 있고, 네바 강은 한 발짝 앞에 있어. 집에 딸린 텃밭도 있고, 먼지가 있나, 숨막힐 일이 있나! 생각할 것도 없네. 내가 식사 전까지 다녀올 테니, 자넨 마차삯이나 내놓게. 그리고 내일 당장 이사하게⋯⋯."

"그만, 그만! 갑작스러워서 이거야 원. 그게 브이보르그라니⋯⋯ 생각만 하는 거라면 아무래도 좋아. 여기 계속 살 수 있는 방법을 알려 달라고. 여기서 8년이나 살았네. 옮기고 싶지 않아⋯⋯." 오블로모프가 말했다.

"그 이야기는 이미 끝났어. 지금 그 부인 집에 다녀오겠네. 주류 관청 자리 알아보려던 건 다음에 가고⋯⋯."

그가 방을 나서려 했다.

"기다려, 잠깐 기다리게! 자네 어디 가는 거야?" 오블로모프가 그를 불러 세웠다. "아직 더 중요한 일이 남아 있네. 보게나, 내가 촌장한테서 편지를 받았다네. 그리고 어떻게 해야 할지 자네가 충고해 주었으면 좋겠군."

"자넨 도대체 누구를 닮은 거야?" 타란치에프가 드디어 꾸짖는 투로 말했다. "뭐 하나 혼자 할 줄 모르니. 뭐든 하나부터 열까지 다 내가 나서야 하지! 이런, 자네는 대체 무슨 일을 할 수 있나? 자네는 사람이 아니라 짚으로 만든 인형같아!"

"편지가 어디 있더라? 자하르, 자하르! 편지를 또 어떻게 한 거야?" 오블로모프가 투덜거렸다.

"촌장에게서 온 편지는 여기 있어요."

구겨진 편지를 집어들며 알렉세예프가 말했다.

"아, 여기 있군."

편지를 받아든 오블로모프가 다시 한 번 소리내서 읽기 시작했다.

"자네 생각은 어떤가? 뭐가 어떻게 된 건지!" 편지를 다 읽은 일리야 일리이치가 물었다. 가뭄이니 세금이니⋯⋯."

"자넨 정말 쓸모 없는 사람이야! 어째서 촌장 말을 믿어 주나? 가뭄이니, 농작물 실패니!" 타란치에프가 말했다.

"쓸모가 없다면 그걸로 좋으니 어서 어떻게 하면 좋을지 얘기나 해주게."

"말해 주면 자넨 나한테 뭘 해줄 텐가?"

"샴페인을 내놓기로 하지 않았나, 뭐가 더 필요해?"

"샴페인이 집 알아봐 준 대가고, 기껏 자네에게 온정을 베풀어 주면 뭘 하나? 고맙다는 인사는 고사하고 되레 싸우려고 덤비니, 정말 배은망덕해! 그럼 자네가 알아서 집을 구해 보게! 단순히 집 문제가 아니라네. 중요한 건 안정이지, 안정. 그 부인이 자네를 얼마나 편안하게 해줄지 자네는 몰라. 거의 친누이 집에서 지내는 기분일걸? 게다가 얼마나 단란하고 사람 사는 냄새가 나겠는가. 아이들 둘에다 결혼도 안 한 오빠 하나, 나도 날마다 자네를 보러 갈 테고…….”

“그만. 됐네, 됐어.” 오블로모프가 말을 끊었다. “얼른 촌장 편지 건을 어떻게 해야 할지나 얘기해 보게.”

“이대로는 안 되지. 저녁에 흑맥주도 내주면 그때 얘기해 주겠네.”

“아니, 이번에는 또 흑맥주인가? 자넨 대체…….”

“흠. 그럼, 이만 가보겠네.”

다시 모자를 쓰며 타란치에프가 말했다.

“아휴, 맙소사! 촌장이 편지에다 작년보다 ‘2천 루블이 모자란 액수’를 보낸다고 하는 판에 저 친구는 흑맥주를 내놓으라니, 참! 그래, 좋아 그까짓 흑맥주, 사오게.”

“돈을 더 주게!” 타란치에프가 말했다.

“자네한테 준 10루블에서 거스름돈이 남잖아?”

“브이보르그까지 다녀오는 데 드는 마차삯은 어쩌고?”

오블로모프는 1루블짜리 은화 한 닢을 꺼내어 마지못해 그에게 내밀었다.

“자네 영지 촌장이란 자는 완전히 거짓말쟁이야. 도둑에다 사기꾼이란 말야.” 타란치에프가 은화를 주머니에 숨기듯 넣으면서 입을 떼었다. “그런데 그런 자를 믿다니, 자네 정말 어떻게 된 거 아닌가? 보라구, 뭐라고 노래를 불러대는지! 가뭄에다 흉작, 조세가 밀렸고 어쩌고, 거기다 농부들이 도망간다고? 거짓말이야, 새빨간 거짓말이라고! 내가 듣기로, 우리 슈밀로프 영지에서는 작년 수확이 잘 되서 빚 청산까지 했다 하던데, 왜 갑자기 자네 영지에선 가뭄에다 흉작이라고 하느냐 말야? 슈밀로프라고 해봐야 자네 영지에서 50베르스타*³밖에 떨어져 있지 않아. 그런데 왜 거기서는 곡식들이 하나도 안 말랐겠어? 체납 건만 해도 그래, 그것도 지어낸 말이야! 그 자는 일이 그렇게 되도록 손 놓고 멍청히 보기만 했단 말이야? 체납이라니, 대체 어디서 튀어나온 소리냐고! 우리는 뭐, 일도 없고 농작물 판로도 없다는 거야? 그 자는 도둑놈이야! 나 같으면 가만두지 않았을 텐데! 농노들이 도망가는 것도 혹시 그놈이 갈취하고 쫓아냈기 때문일지 몰라. 그러니까 당연히 경찰에 신고할 생각도 절대 안 했겠지.”

---

*3 미터법 시행 전 러시아의 거리 단위. 1베르스타는 1.067킬로미터에 해당.

"그럴 리가" 오블로모프가 말했다. "경찰이 한 얘기도 편지에 써 보냈지 않은가. 지어냈다기에는 너무 자연스럽던데……."

"아이고, 이보게! 세상 물정 모르는구면. 그런 사기꾼들은 다 그렇게 누가 봐도 자연스러운 편지를 쓴다니까. 내 말을 믿게! 예를 들어서," 그는 알렉세예프를 가리키며 말을 이었다. "저기 정직한 사람, 순한 양 한 마리가 앉아 있네. 저 사람이 편지를 그렇게 자연스러운 투로 아귀가 딱딱 맞아떨어지게 쓸 수 있을 것 같은가? 전혀 아닐세. 하지만 저 사람 친척이라면 다르지. 그 교활한 짐승 같은 자는 마지못해 쓰는 편지도 아주 그럴 듯하게 써낼 수가 있네. 자네도 그런 자연스러운 편지를 쓸 만한 위인은 못 된단 말이지! 그러니, 자네 영지의 촌장도 교활한 사기꾼이기 때문에 아주 교묘하고 자연스럽게 편지를 쓴 거라네. 자네도 봐, 그저 말뿐이지, '원거주지에 붙잡아 놓아야 한다' 면서."

"그럼 이 일을 어쩌지?"

"지금 당장 다른 사람으로 바꾸게."

"누구로? 내가 농부들을 알 리가 없잖아. 바꾸어 놓을 자가 더 나쁜 사람이면 어쩌고. 12년 동안이나 거기에는 가보지도 않았는데."

"자네가 시골로 가게. 그것 말고는 방법이 없어. 여름을 거기서 지내고 가을에는 새 집으로 이사를 하게나. 그때까지 자네가 들어올 수 있도록 준비하라고 내가 다 일러놓을 테니까."

"새 집으로 이사를 가라, 시골에 내려가라! 자네는 정말 턱없는 제안만 해대고 있어!" 오블로모프가 불만스레 투덜거렸다. "그런 극단적인 방법 말고 뭔가 절충안은 없을까?"

"이보게, 일리야 일리이치. 자네 정말 망가지기로 작정을 했나 보군. 내가 자네라면 벌써 오래 전에 영지를 담보로 다른 영지를 사들이거나 아니면 여기 괜찮은 곳에 집을 한 채 장만했을 텐데. 여기 집 한 채가 시가로 자네의 그 시골 영지에 맞먹으니까 말이야. 그렇게 산 집을 다시 담보로 잡아서 다른 집을 한 채 더 사고…… 자네 영지를 나한테 줘보면, 사람들이 내 수완 얘기로 꽃을 피울 거야."

"자기 자랑은 집어치우고 생각을 해보게. 어떻게 하면 이사도 안 하고, 시골에도 안 내려가고 일이 원만하게 처리될 수 있을지……." 오블로모프가 말을 자르고 끼어들었다.

"그럼 자네는 언제쯤 그 자리에 딱 들러붙은 엉덩이를 떼고 움직일 생각인가? 자신을 한번 돌아보게. 자네가 도대체 어디에 쓸모가 있을지? 자네 같은 사람이 나라를 위해 할 수 있는 일이 뭐지? 고작 시골에 다녀오는 일에도 정색을 하니!"

"아직 시골에 가기는 일러." 일리야 일리이치가 대꾸했다. "그전에 영지에 실시하려고 생각해 둔 개혁안을 마무리해야 하거든…… 아아, 그래. 이건 어떤가, 미헤이 안드레이치!" 갑자기 오블로모프가 제안했다. "자네가 한 번 다녀오게. 해야 할 일도 잘 아는 데다 자네에게 익숙한 곳이니까. 내가 여비는 넉넉하게 마련해 주겠네."

"내가 자네 뒷바라지를 해주는 사람이라도 되나?" 타란치에프가 거드름을 피웠다. "나도 농부들을 어떻게 다뤄야 하는지 잊은 지 오래라서……"

"그럼 어떻게 하면 좋을까?" 오블로모프가 신중한 투로 말했다.

"난 전혀 모르겠어."

"그럼 그 경찰한테 편지를 쓰게. 정말 촌장이 도망친 농노들에 대해서 이야기를 했는지 편지로 물어 보는 거야." 타란치에프가 조언했다. "자네 영지에 좀 들러봐 달라고 부탁도 해보고. 그 다음엔 주지사에게 편지를 한 통 써서, 촌장의 행실에 대해 보고하도록 경찰에게 지시를 내려달라고 하는 거야. 이를테면 '존경해 마지않는 주지사 나리, 공무에 바쁘시겠지만 부디 촌장의 만행 때문에 벌어진 무시무시한 저의 불행을 살펴 주십시오. 저는 이제 파산이랍니다. 제 불쌍한 아내와 빵 한 조각도 제대로 먹지 못해 울고 있는 열두 명의 어린 자식들도……' 이렇게 말일세."

오블로모프가 웃음을 터뜨렸다.

"만약 애들을 보여 달라고 하면 어디서 그 많은 애들을 데려다 놓아?" 그가 물었다.

"무슨 소리, 그냥 그렇게 쓰는 거야. 자식이 열둘이라고 써도 한 귀로 듣고 흘릴 거고, 조사는 더구나 하지도 않을 테니 '자연스럽게' 모든 일이…… 주지사는 편지를 비서에게 넘길 게 뻔하니까, 그 비서에게도 따로 편지를 써두어야 해. 물론 돈을 좀 넣어서 말야. 그러면 그 사람이 알아서 적당히 조치를 취해 줄 거야. 그리고 이웃 지주들에게도 부탁해 놓아야지. 자네 이웃이 누구지?”

“다브르이닌이 가장 가깝다네. 이쪽에서 자주 만났지만, 지금은 거기에 가 있어.”

“그 사람한테도 정중하게 편지를 쓰게. ‘저의 청을 들어 주신다면 그리스 도교인으로서, 좋은 이웃으로서 베풀어 주신 은혜를 잊지 않고 꼭 보답하겠습니다.’ 거기에다 페테르부르크 특산물을 아무거나 넣어서, 이를테면 시가 따위를 넣어서 보내. 자네는 전혀 다른 의도가 없는 것처럼 그렇게 행동하면 돼. 정말이지 변변치 못한 친구 같으니라고! 나라면 촌장을 완전히 구워삶아서 손가락 하나만 까딱해도 덩실덩실 춤추게 해 놓을 텐데! 우체부가 언제 거기로 떠나지?”

“모레.” 오블로모프가 대답했다.

“자, 얼른 책상에 앉아서 편지를 쓰도록 하게.”

“모레나 되어야 우체부가 떠나는데, 꼭 지금 써야 할 이유라도 있나?” 오블로모프가 말했다. “내일 써도 되잖아. 들어 보게, 미헤이 안드레이치.” 그가 덧붙였다. “이왕에 베풀기로 한 그 ‘은혜’를 마무리짓게나. 그러면 내가 점심에 생선이든 닭요리든 한 상 차려 줄 테니.”

“뭘 더 바라지?” 타란치에프가 물었다.

“먼저 여기 앉아서 내 대신 편지를 쓰게. 편지 세 통쯤이야 자네는 거뜬히 쓸 수 있잖아? 자네는 그야말로 ‘자연스럽게’ 이야기를 할 줄 아는 사람이니까…….” 미소를 감추려 애쓰면서 그가 말했다. “저기 이반 알렉세이치가 깨끗하게 받아 적으면 될 것 같아…….”

“얼씨구! 생각해 낸다는 게 겨우!” 타란치에프가 역정을 냈다. “나보고 편지를 쓰라고! 관청에 가서도 벌써 3일째 아무것도 못 쓰고 있는데. 책상 앞에 앉기만 하면 왼쪽 눈에서 눈물이 줄줄 흘러서 멈출 줄을 몰라. 아무래도 바람을 쐰 탓인가 봐. 게다가 고개를 숙이기만 하면 머리가 찌르르 저려와서……. 게으름뱅이, 자네는 정말 천하의 게으름뱅이야! 이러다 큰일 나겠네. 일리야 일리이치, 자네 재산 다 날리겠어.”

“아휴, 이럴 때 슈톨츠라도 빨리 와주면 좋겠군! 그 친구라면 뭐든 다 잘 처리해 줄 텐데…….”

“대단한 구세주가 왕림하시겠구먼!” 타란치에프가 말허리를 자르며 비아

냉거렸다. "그 가증스런 독일놈, 속에 능구렁이가 든 엉큼한 놈!"

타란치에프는 외국인에 대해서 본능적인 혐오감을 갖고 있었다. 그에게는 프랑스인과 독일인, 영국인이 모두 사기꾼, 모리배, 협잡꾼, 강도였다. 심지어 그는 나라별 구분조차 두지 않았다. 어느 나라 사람이든 그의 눈에는 모두 같아 보였다.

"이봐, 미혜이 안드레이치." 오블로모프가 의미심장하게 말문을 열었다. "그전에도 자네에게 말을 가리라고 부탁한 적이 있었지, 더구나 나와 가까운 사람에 대해서는 특히……"

"가까운 사람이라니!" 타란치에프가 비아냥거리며 대꾸했다. "그 사람이 자네에게 무슨 먼 친척이라도 되나? 독일인이라는 거 다 알려진 사실이잖아."

"친척보다 더 가까워. 그 친구와 함께 자랐고, 같이 배웠어. 함부로 말하면 그냥 두고 볼 수는 없네……."

타란치에프는 약이 바짝 오른 나머지 얼굴이 붉으락푸르락했다.

"아, 그러신가! 자네가 정 날 버리고 그 독일인만 두둔하겠다면 이제 다시는 자네 집에 얼씬도 하지 않겠네."

그가 모자를 쓰고 문 쪽으로 걸어나갔다. 오블로모프는 얼른 표정을 누그러뜨렸다.

"그가 내 친구니까, 그런 점에서 좀 존중해 주었으면 하는 거야. 그리고 그 친구에 대해 말할 때도 조심해 주는 게 마땅하고. 내 요구는 그뿐이라네! 그렇게 어려운 일도 아니지."

"독일인을 존중하라고?" 타란치에프가 경멸하듯 되물었다. "왜 그래야 하지?"

"이미 말했잖아. 그 친구는 나와 함께 자랐고, 같은 학교에 다녔어. 그걸로는 부족하겠나?"

"정말 대단하군! 그런 친구가 하나도 없는 사람이 어디 있나?"

"만약 그 친구가 지금 여기 있었다면 벌써 내 고민거리들을 말끔히 해결해 주었을 거야. 흑맥주니 샴페인을 내놓으라고 하지도 않았을 것이고……."

"오호라! 자네, 나를 비난하는 거지? 정말 쩨쩨하게 왜 그러나, 겨우 흑맥주나 샴페인 정도로! 좋아, 자네 돈 여기 있네…… 어디다 넣었더라? 그

놈의 치사한 돈을 어디다 넣었는지 생각이 안 나네, 제기랄!"

그는 기름때가 묻고 뭔가가 잔뜩 적혀 있는 종잇조각을 끄집어냈다.

"아냐, 이것도 아니고! …… 도대체 어디다 넣은 거야?"

그는 호주머니를 마구 뒤졌다.

"그렇게 화내고 찾을 필요 없네!" 오블로모프가 말했다. "자네를 비난하는 게 아니야. 다만 나와 가까운 사람, 나를 위해 여러 가지로 많은 도움을 준 사람이니까 더 좋게 말해 주었으면, 부탁하는 거야……."

"많은 도움?" 타란치에프가 악에 받친 목소리로 대꾸했다. "그럼 기다리게나, 그 친구가 자네를 대단히 훌륭하게 도와 줄 테니. 그 친구 말이나 듣게!"

"왜 그렇게 말하지?"

"내가 하고 싶은 말은 다른 게 아니라, 그 독일 친구가 자네의 재산을 날릴 테고, 그제야 자네는 러시아 사람을, 게다가 고향 친구를 버리고 근본도 모르는 부랑자를 곁에 둔 결과가 어떤지 뼈저리게 느끼게 될 거란 말이지……."

"내 말 들어 봐, 미헤이 안드레이치……."

"더 이상 들을 필요도 없어. 벌써 진저리나게 들었고, 참을 만큼 참았네! 내가 얼마나 모욕당했는지 신만이 아시지, 작센*⁴에서는 빵 조각도 제대로 구경 못해 본 그 친구 아버지가 여기 와서는 거드름을 피운다는 말이군."

"자네 왜 돌아가신 분까지 들먹이고 그래? 그의 아버지가 무슨 죄가 있다고?"

"둘 다 죄가 있어. 아버지도, 아들도." 타란치에프는 손을 내저으며 음울하게 말했다. "우리 아버지가 독일인들을 조심하라고 충고하셨던 데에는 다 이유가 있었어. 사시는 동안 얼마나 많은 사람들을 보아왔는지 헤아리기가 힘들 정도야!"

"좋아, 내 친구 아버지의 어떤 점이 맘에 안 드는지, 어디 한 번 말해 보게!"

일리야 일리이치가 따져 물었다.

---

*4 독일 북부 지방의 도시.

"왜냐하면 그의 아버지는 프록코트에 단화 하나 달랑 신고서 우리 주(州)로 굴러들어온 주제에 죽을 때에는 갑자기 자식에게 유산까지 물려주었잖아. 이건 무얼 의미하지?"

"아들에게 물려준 유산이라야 4만 루블 정도야. 그 중 얼마는 결혼할 때 그분 부인이 지참금으로 가져온 것이고, 나머지는 아이들을 가르치거나 영지를 관리해서 마련한 돈이라네. 봉급도 꽤 많이 받았고. 이보게, 그분에겐 잘못이 없어. 그럼 이제 아들에 대해 말해 보게. 그 친구는 무슨 죄가 있지?"

"억세게 운 좋은 애송이였어! 아버지로부터 물려받은 4만 루블로 별안간 30만 자산을 만들더니, 관청에서도 7급 관직까지 올랐지. 게다가 학자…… 지금은 세월 좋게 여행이나 다니고! 제기랄, 여기저기 기웃거리지 않은 데가 없어! 과연 러시아 사람이, 진짜 러시아 사람이, 그렇게 할 수 있으리라 생각해? 러시아 사람은 뭐든지 하나를 선택해서 결코 서두르는 법 없이 조용하게 꾸준히 제 일을 해나가지. 그런데 그녀석은 어떤가! 주류전매청 관리인이라도 되었다면 어떻게 그만한 돈을 모을 수 있었는지 얼추 짐작이 가지만, 그자는 이렇다 할 연줄도 없는 놈이라…… 냄새가 나! 의심스럽단 말이야, 틀림없어! 나 같았으면 그 녀석을 재판에 부쳐서 콩밥을 먹게 했을 텐데! 지금도 그래, 어디서 무엇을 하고 돌아다니는지 알 게 뭐야?"

타란치에프는 말을 이었다. "무슨 볼일이 있다고 남의 나라에서 어슬렁거리며 돌아다니냐고!"

"공부하려는 게지. 뭐든 직접 눈으로 보고, 알고 싶어서."

"공부를 한다고! 아직 덜 배우기라도 했다는 건가? 뭘 배우는데? 거짓말이야. 그가 하는 말을 곧이들으면 안 돼. 자네를 아무것도 모르는 어린애 취급하면서 뻔뻔스레 속여 넘기는 거라고. 다 큰 어른이 또 배운다니 세상 어느 나라에서 그런 소릴 들어봤나? 7급 관리 나리께서 공부를 하신다고? 자네도 학교에서 교육을 받았지. 그럼 지금도 공부를 하나? 그럼 저 사람도 (그는 알렉세예프를 가리켰다) 공부 중인가? 저 사람 사촌도 공부하고 있나? 제대로 된 어른이 누가 공부를 하나? 그…… 뭐야, 녀석이 거기 독일 학교에서 공부를 하고 있다고? 숙제를 하면서? 말도 안 되는 사기야! 내가 듣기로, 그 친구는 어떤 기계를 보고 계약하려고 떠났다더군. 위조지폐 찍는 기계일 게 뻔해! 감옥에 처넣을까 보다…… 그놈의 주식이…… 아, 그 주식 소리 듣기만 해도 가슴이 쓰려와!"

오블로모프가 큰 소리로 껄껄 웃었다.

"왜 웃지? 내가 하는 말이 틀리다는 건가?"

"나중에 이야기하는 게 좋겠네!" 일리야 일리이치는 상황을 정리했다. "자네는 가려고 했던 데나 다녀오게. 난 이반 알렉세에비치와 둘이서 이 편지들을 다 쓰고 되도록 빨리 나의 개혁안 초고를 만들어야겠네. 한꺼번에 해치우는 수밖에……."

타란치에프가 현관으로 나가려다 갑자기 다시 돌아왔다.

"까맣게 잊고 있었어! 다른 용건이 있어서 아침부터 자네에게 들른 건데." 타란치에프가 무례했던 말투를 완전히 거두고 말했다. "내일 결혼식에 초대를 받았어. 로카토프가 장가가거든. 이보게 친구, 자네 연미복 좀 빌려주게. 보다시피 내 옷은 좀 해져서……."

"어떻게 옷을 빌려 줘?" 새로운 요구사항에 눈살을 찌푸리며 오블로모프가 말했다. "내 옷은 자네에게 안 맞을 텐데……."

"아니, 맞아! 기억 안 나나? 언젠가 자네 프록코트를 입어 봤을 때 꼭 내 치수에 맞춘 것 같았지! 자하르, 자하르! 이리와 봐!"

타란치에프가 소리를 질러댔다.

자하르는 곰처럼 으르렁거리기만 할 뿐 오지 않았다.

"일리야 일리이치, 자네가 좀 불러 주게. 자네 하인은 왜 저렇지?" 타란치에프가 투덜거렸다.

"자하르."

오블로모프가 그를 불렀다.

"도대체 왜들 그러지유?"

침상에서 뛰어내리는 소리가 들렸다.

"무슨 일이유?"

자하르가 타란치에프를 보며 물었다.

"내 검정색 연미복을 가져와!" 일리야 일리이치가 지시했다. "여기 미헤이 안드레이치한테 맞는지 보게. 내일 결혼식에 가야 한다니까……."

"연미복은 못 쥐유."

자하르가 단호하게 말했다.

"가져오라는데, 그게 무슨 말이야?" 타란치에프가 호통을 쳤다. "일리야 일리이치, 이런 사람은 감방에 보내서 교화시켜야 되는 거 아냐?"

"또 그런 식으로 말하지 말게, 노인네를 감방에 보내다니! 자하르, 얼른 연미복을 가져와, 고집 피우지 말고!"

"못 줘유!" 자하르가 사납게 대꾸했다. "그럼 먼저 빌려간 우리 조끼하고 셔츠부터 가져오라 하슈. 벌써 다섯 달째 그 집구석에 가 있으니까. 명명일(命名日)*5에 입는다고 가져가서는 여태 소식이 없으니. 연미복은 더욱더 줄 수 없지유!"

"좋아, 맘대로 해! 난 가네! 잘들 있으라고, 제기랄!" 화가 난 타란치에프가 호통을 치고 나가면서 자하르에게 주먹을 휘둘러 보였다. "그건 그렇고, 일리야 일리이치. 내가 자네 집은 빌려 놓겠네, 듣고 있어?"

"그래, 알았어. 좋을 대로 하게!"

한시라도 빨리 그의 성화에서 벗어나고 싶은 마음에, 오블로모프는 서둘러 대꾸했다.

"내가 얘기한 대로 편지 쓰게." 타란치에프가 말을 계속했다. "주지사한테 보내는 편지에 자네에게 아이들이 열둘이나 있다고 쓰는 거 절대 잊어서는 안 돼. '다들 아직 너무 어린 아이들이라' 뭐 이런 식으로 말이야. 그리고 5시에는 식탁에 수프가 준비되어 있어야 하네! 왜 아직 피로그*6를 만들어 놓으라고 일러놓지 않았나?"

그러나 오블로모프는 입을 꾹 다물고 있었다. 그는 아까부터 타란치에프의 말은 듣지도 않고 눈을 감은 채 뭔가 다른 생각에 몰두해 있었다.

타란치에프가 떠나고 방 안에는 10여 분 동안 정적이 감돌았다. 오블로모프는 촌장의 편지와 곧 닥칠지 모를 이사 문제로 기분이 매우 날카로워진데다, 한편으로는 타란치에프의 부질없는 지껄임에 지쳐 있었다. 마침내 한숨을 내뱉었다.

"왜 앉아서 편지를 안 쓰세요?" 알렉세예프가 물었다. "제가 펜대라도 닦

---

*5 가톨릭 국가에서 사람들 이름을 성인들에게서 따오는 경우가 많은데, 이름을 따 온 성인의 생일을 명명일(命名日)이라 하여 기념한다.
*6 러시아식 만두.

_____

아드릴까요?"

"닦아 주세요, 그리고 나가서 일보세요!" 오블로모프가 한숨을 쉬었다. "내가 혼자 알아서 쓸 테니까. 점심 먹고 나서 깨끗하게 옮겨 써주세요."

"좋습니다. 하지만 나는 지금 출발하지 않으면 에카체린고프 파티에 늦게 됩니다. 그럼 이만!"

그러나 오블로모프는 그의 말을 귀 기울여 듣고 있지 않았다. 그는 두 다리를 오므려 소파에 거의 드러눕듯이 앉아, 생각에 잠긴 채 무기력 상태에 빠져들었다.

제5장

오블로모프는 귀족 신분이고, 10급 관리로서 벌써 12년째 10등 문관으로 페테르부르크에서 한 발짝도 다른 데로 나가지 않은 채 살고 있다.

초기에 부모님이 살아 있을 때는 방 두 개가 딸린 비좁은 집에서 시골을 떠날 때 데려온 몸종 자하르에게만 의지한 채 그럭저럭 만족하며 살았다. 그러나 아버지와 어머니가 돌아가고 나서는 350명의 농노를 거느리게 되었다. 도심에서 외떨어져 아시아에 가까운 주(州)의 한 마을을 유산으로 물려받았기 때문이다.

그때까지 5천 루블로 생활하던 오블로모프는 단숨에 7천에서 1만 루블에 이르는 소득을 올리게 되었다. 아울러 생활 수준도 사뭇 달라져 규모가 몹시 커졌다. 매우 큰 집을 세 얻어 개인 정원에 요리사까지 두었으며, 쌍두마차까지 마련해 둔 적이 있었다.

그때 오블로모프는 아직 어렸다. 결코 혈기왕성한 젊은이였다고 큰소리 칠 수는 없지만, 적어도 지금보다는 활기가 있었다. 그때만 해도 여러 부분에 의욕을 보이며 끊임없이 무언가를 꿈꾸고, 운명이라든지 자기 자신에게도 많은 것을 기대하고 있었다. 줄곧 출세를 꿈꾸며 자신이 해나가야 할 사회적 역할에 대해 준비했다. 그는 먼저—페테르부르크로 올라온 목적이기도 한—관청에서 공무원으로서 갖추어야 할 소양을 키운 뒤, 사교계에서도 제 몫을 발휘하리라 생각했다. 가정의 행복이 저 멀리서 나풀나풀 손을 흔들며, 그의 황홀한 상상에 미소를 보내기도 했다.

그러나 날이 가고 해가 바뀜에 따라 보송보송했던 솜털이 까끌까끌한 턱수염이 되고, 반짝이던 눈망울은 그저 흐리멍덩한 두 개의 점으로 바뀌었다. 허리에는 잔뜩 군살이 붙고 머리카락은 사정없이 벗겨지기 시작하여, 어느덧 서른을 바라보게 되었다. 지금껏 그는 어떤 활동 무대에도 단 한 발짝 내딛지 못한 채, 12년 전처럼 여전히 사회의 문턱에 우두커니 서 있었다.

그럼에도 불구하고 오블로모프는 지금도 사회생활을 시작하려 준비하고 계획하며, 머릿속에 미래에 대한 청사진을 그려 나갔다. 해가 하나씩 지날 때마다 자신이 그리던 미래의 어떤 부분을 바꾸거나 지우거나 해야 할 일은 있었다.

그의 눈에 비친 삶은 둘로 나뉜 반쪽짜리 조각들의 만남으로 이루어졌다. 하나는 노동과 권태로 이루어져 있는데, 오블로모프는 이 두 단어를 같은 뜻으로 받아들였다. 다른 하나는 안정과 평온한 기쁨으로 이루어져 있었기에, 중요한 사회적 활동 무대인 공무원 생활은 처음부터 그에게 기분 나쁘고 당혹스러웠다.

외진 시골, 정감 있고 따뜻한 인심 속에서 20년 동안이나 가족과 친구, 친지들의 품에서 품으로 옮겨가며 자라난 그는 뼛속까지 가족적인 분위기가 스며들어 있었기 때문에, 공무원 생활조차도 뭔가 가정적인 일이라고 기대할 수밖에 없었다. 예컨대, 아버지가 했던 대로 수입과 지출을 쉬엄쉬엄 수첩에 적어넣는 따위의 일을 상상하곤 했었다.

그는, 같은 부서에서 근무하는 관리들끼리는 가족처럼 화목하고 친밀한 관계를 이루며, 자나 깨나 서로의 안정과 만족만을 생각한다고 여겼다. 따라서 출근도 날마다 꼭 지켜야 하는 의무가 아니라, 땅이 질거나 날이 덥거나 기분이 내키지 않는다는 구실로도 충분히 정당한 결근 사유가 된다고 생각했다.

그런데 어찌 생각이나 했으랴. 건강한 관리가 어쩔 수 없이 자신의 업무를 소홀히 할 수밖에 없을 때는, 적어도 지진 같은 천재지변이 일어나야 된다는 사실을 알게 되고서 오블로모프의 낙담은 이만저만이 아니었다. 게다가 이런 그를 비웃기라도 하듯, 페테르부르크는 지진조차 피해 갔다. 물론 홍수라도 난다면 출근길에 그런 일도 일어날 수 있겠지만 그런 일도 아주 드물게 일어날 뿐이다.

눈앞에서 '급함'이나 '매우 급함'이라 씌어 있는 서류 봉투가 아른거릴 때, 그리고 여러 가지를 조사하고 베껴 쓰면서 산더미 같은 서류들에 파묻혀 마치 사람을 우롱하듯 '보고서'라 불리는 손가락 두 개만 한 두께의 장부에 뭔가를 옮겨 적으라는 지시를 받았을 때, 오블로모프는 더욱 깊은 시름에 잠겼다. 게다가 모두들 빨리빨리 하라고 사람을 다그쳐대고, 모두들 어디론가 급히 가야 하는 것처럼 서두르며 잠시도 가만 있지 않았다. 일을 하나 끝내면 숨 돌릴 틈도 없이, 생사를 좌우하는 일인 양 다른 일거리를 가지고 달려왔다. 두 번째 일이 정리되면 또 까맣게 잊어버리고 세 번째 일로 다그칠 게 뻔했다. 아무리 해도 끝은 없다!

한밤중에도 두 번인가 불려나가 '보고서'를 써야 했으며, 심지어 다른 곳을 방문하고 있을 때에도 거기까지 사람을 보내어 불러내기를 한두 번이 아니었다. 모든 게 그 보고서 때문이었다. 그런 일들이 거듭 쌓이고 쌓이자 그는 어쩐지 무서워졌으며, 견딜 수 없이 싫증이 나 자포자기하는 심정이 되었다.

'내 생활은? 내 생활은 언제 즐기지?' 착잡한 심정으로 같은 말을 되풀이할 뿐이었다.

집에서 지낼 때부터, 장관은 '부하 직원들의 아버지'라는 말을 귀에 못이 박히도록 들어왔던 오블로모프는 장관에 대해 더할 나위 없이 쾌활하고 가정적인 이미지를 갖고 있었다. 그의 생각으로는, 장관은 공적인 일이든 사적인 일이든 잘한 일이 있으면 부하 직원들에게 상을 내리고, 그들의 힘든 점이나 부족한 점뿐만 아니라 오락과 여가에 대해서까지 늘 배려하여 숨통을 트이게 해주는 아버지와도 같은 사람이었다.

일리야 일리이치의 상상 속에서 장관은 어디까지나 부하들을 살뜰하게 챙기는 사람으로, 으레 밤에는 잘 잤는지, 왜 눈이 퀭한지, 혹시 머리가 아프지는 않은지에 대해서도 부하 직원들에게 걱정스럽게 물어볼 수 있어야 했다.

그러나 그는 출근 첫날부터 몹시 실망하지 않을 수 없었다. 장관이 출근하기 무섭게 북새통이 시작되었다. 동동거리며 뛰어다니고, 허둥지둥 정신없이 돌아다니며 모두들 당황한 모습이었다. 서로 부딪쳐서 발에 밟히고, 어떤 이들은 장관에게 비춰지는 모습이 실제 일하는 것보다 못해 보이지나 않는지 전전긍긍하며 옷매무세를 가다듬곤 했다!

이러는 까닭은, 오블로모프가 나중에서야 알게 된 일이지만, 어떤 장관들은 부산을 떨며 자신을 맞으러 달려오는 부하 직원의 멍청할 정도로 놀란 얼굴에서, 단지 자신에 대한 존경심뿐 아니라 업무에 대한 성실성이나 능력까지도 간파해 내기 때문이었다.

일리야 일리이치로서는 인간적으로 틀림없이 훌륭하고 호방해야 할 장관을 그토록 벌벌 떨며 무서워할 이유가 없었다. 누구도 언짢게 하지 않고, 부하 직원들에게는 더할 나위 없는 만족을 주며, 말 그대로 최고의 사람이 바로 장관이어야만 했다. 누구 하나 그가 싫은 소리를 하거나, 화를 내거나, 시끄럽게 떠드는 일을 본 적이 없다. 장관은 늘 요구가 아닌 부탁을 했다. 일을 시킬 때에도 부탁하고, 집으로 부를 때에도 부탁하고, 감금을 명령할 때에도 요구가 아닌 부탁이었다. 누구에게도 '너'라는 반말을 써 본 적이 없고, 모두가 그에겐 '○○ 씨' 또는 '여러분'일 뿐이다. 한 명을 상대할 때도 모두 함께 있을 때와 마찬가지로 정중하다.

그럼에도 불구하고 부하 직원들은 장관 앞에만 서면 모두 겁에 질려 머뭇거렸다. 그들은 장관의 부드러운 질문에도 자기 목소리가 아닌 소리로, 다른 사람들과 이야기할 때와는 전혀 다른 목소리로 대답하곤 했다.

일리야 일리이치도 스스로 왜인지 모르게 장관이 사무실에 들어오면 겁을 집어먹었다. 그리고 장관이 말을 꺼내기 무섭게 자기 목소리는 어디론가 사라지고 무언가 다른, 가늘고 혐오스러운 목소리가 나왔다.

일리야 일리이치 오블로모프는 어질고 너그러운 장관 밑에서 일하면서도 늘 두려움과 걱정에 시달려야만 했다. 이런 그가 엄격하고 까다로운 장관을 만난다면 어떻게 될까?

그는 그럭저럭 2년쯤 관청에서 근무했다. 3년째까지 버티면 한 등급 승진을 했을지도 모른다. 그러나 어떤 특별한 사건으로 인해 하는 수 없이 생각보다 빨리 공무원을 때려치워야 했다.

일리야 일리이치 오블로모프는 언젠가 아스트라한으로 보내야 할 중요한 공문서를 아스트라한겔스크로 보내고 말았다. 이 일의 자초지종이 발각되자 책임 소재를 가려내기 시작했다.

모든 관청 직원들은, 장관이 오블로모프를 불러 세워놓고 차갑고도 차분한 말투로 '서류를 아스트라한겔스크로 보낸' 이유에 대해 추궁할지 안할지 호기심을 품은 채 기다렸다. 과연 일리야 일리이치가 장관에게 어떤 목소리로 대답할는지에도 귀를 곤두세우고 있었다.

어떤 이들은 그가 대답을 하지 않을 것이며, 할 수 있을 리가 없다고 생각했다.

일리야 일리이치는 스스로도 놀라지 않을 수 없었다. 그와 다른 동료들은 장관이 주의를 주는 수준에서 끝내리라는 것을 알고 있었다. 하지만 양심은 상관의 질책보다 훨씬 가혹했다.

오블로모프는 마땅히 받아야 할 징계를 기다리지 않고 곧바로 집으로 돌아와 진단서를 보냈다.

진단서에는 다음의 내용이 적혀 있었다.

'아래에 서명·날인한 본인은 다음의 진단 사항에 대해 증명함. 10급 관리 일리야 일리이치 오블로모프의 병명은 좌심실 확장에서 오는 심장비대와 간경화로, 이 병이 깊어질 시, 환자의 건강을 해침은 물론 생명에 치명적인 위협을 줄 수 있음. 날마다 지속되는 출근 때문에 발작이 유발될 수도 있다고 사료됨. 그래서 발작의 재발과 악화를 예방하기 위해 잠시 오블로모프의 출근을 금하고 정신적 노동과 모든 대외적 활동을 자제할 것을 권고함.'

그러나 이는 일시적 도움밖에는 안 되었다. 시간이 어느 정도 지나면 결국 건강을 회복해야만 했고, 그의 앞날에는 여전히 관청과 집을 왔다 갔다 하며 아등바등하는 생활이 남아 있을 뿐이었다. 오블로모프는 그런 생활을 거부하고 사표를 내버렸다. 그의 공직 활동은 그렇게 끝을 맺은 뒤 다시는 재개되지 않았다.

사교계에서의 역할은 좀 더 성공적으로 진행되는 듯 보였다. 페테르부르크로 올라온 뒤 처음 몇 해, 오블로모프의 파릇파릇했던 젊은 시절에는 차분하게 가라앉은 그의 얼굴도 지금보다는 훨씬 자주 활기를 띠었다. 두 눈은 생기로 반짝였고 빛과 희망과 에너지가 흘러넘쳤다. 그 역시 다른 사람들처럼 흥분하고 기대에 부풀었다. 아주 사소한 일에도 뛸 듯이 기뻐하고, 그 사소한 일 때문에 고통스러워했다.

그것도 벌써 오래 전의 일이다. 사실 그 나이 때에는 모두들 그렇다. 누구를 만나도 진실한 친구라 믿어 버리고, 거의 모든 여자들에게 반하고, 어떤 여자에게든 청혼을 할 법한 감수성 풍부한 시절이었다. 그 중에는 청춘의 바람 같은 감정이 결실을 맺어 그 뒤 평생을 후회로 몸부림치며 살아가는 사람도 드물지 않다.

이 행복한 시절에는 일리야 일리이치도 많은 미인들로부터 벨벳처럼 부드럽고 열정적이기까지 한 시선들을 적잖이 받았다. 많은 약속을 담은 듯한 미소 세례와 두세 번의 도둑 키스, 그리고 눈물이 나올 만큼 아프고 우정 이상의 의미가 담긴 악수를 청해 받은 적도 많았다.

그렇지만 일리야 일리이치 오블로모프는 미인의 포로가 되어 열정적인 사랑에 빠져 본 적이 없었다. 왜냐하면 여자들과 가까이 지내는 일은 그에겐 여간 성가신 일이 아니었기 때문이다. 오블로모프는 먼발치에서, 실례가 되지 않을 만큼의 거리를 두고 조용히 흠모하는 데에 만족했다.

사교계에서 며칠씩 열정에 사로잡히는 운명의 여인을 만나거나, 내가 이제 드디어 사랑을 하는구나 생각할 만큼 일이 진척된 적은 거의 없었다. 그렇다 보니 그의 애정 관계가 제대로 된 로맨스로 발전할 수 없었던 것은 당연하다. 싹도 트기 전 단계에 머무르기 일쑤였기에 그 천진난만함과 순수함, 깨끗함으로 따지자면 꽃다운 나이의 여학생이 마음 속으로 그려 볼 만한 판에 박은 연애소설에 버금갈 만했다.

그는 누구보다도 그 옛날의 창백하고 슬픔이 묻어나는 얼굴의 처녀들을 피했다. 그녀들은 대부분 까만 눈동자를 지닌 여성들로 그 눈동자 속에는 '괴로운 나날과 무정한 밤들'이 반짝이고 있었다. 남모르는 탄식과 기쁨을 간직한 여자. 털어놓아야 할 비밀을 품고 있는 주제에 마침내 그 비밀을 이야기해야 하는 때가 오면 부들부들 떨며 급기야는 아이처럼 울음을 터뜨린다. 갑자기 상대의 목을 두 팔로 끌어안고는 한참 눈을 뚫어져라 쳐다보다가 문득 하늘을 본다. 제 운명은 저주받았다고 말하며 때로는 정신을 잃고 쓰러지기도 했다. 그는 어쩐지 오싹하여 그런 여자들을 멀찍이 피해 다녔다. 그의 영혼은 아직 깨끗하고 순결했다. 아마도 자신의 마음이 이끌리고 감동적인 열정으로 가득한 사랑을 기대하는 듯싶었다. 그러나 해가 가면서 그러한 사랑을 더 이상은 기다리지 않게 되고 절망에 빠져버렸다.

일리야 일리이치는 더 냉정하게 많은 친구들에게 작별을 고했다. 촌장에게서 처음으로 체납과 흉작에 대한 편지를 받자마자, 가장 가까운 친구였던 요리사를 내보내고 하녀에게 그 일을 대신하게 했고 다음에는 마차를 팔았으며, 결국에는 다른 '친구들'도 멀리했다.

그를 집 밖으로 나오게 할 만한 일은 전혀 없었다. 이리하여 그는 하루가 다르게 굳건히, 그리고 더욱 깊이 자신의 집 안에 틀어박혔다.

처음에는 하루 종일 옷을 제대로 갖춰 입고 생활하기가 힘들었다. 그러다가 곧 식사에 초대받아 외출하는 데에도 미적거리게 되었다. 다만 매우 절친한 친구, 주로 결혼 안 한 친구들의 집만은 별개였다. 그런 곳이라면 그래도 넥타이와 조끼단추를 풀어 젖히고 뒹굴뒹굴하며 소파에 누워 한두 시간 눈도 붙일 수 있었다.

이윽고 이런 저녁 모임조차 싫증이 나버렸다. 연미복을 입어야 하는 데다 날마다 면도를 해야만 했기 때문이다.

아침 습기가 몸에 좋고 저녁 습기는 몸에 해롭다는 기사를 어디선가 읽은 뒤로, 그는 습기를 두려워하기 시작했다.

이러한 변덕에도 불구하고 친구 슈톨츠는 일리야 일리이치 오블로모프를 세상으로 끌어내는 데 성공했다. 하지만 슈톨츠는 자주 페테르부르크를 떠나 모스크바로, 니즈니*¹로, 크림으로 나가더니 마침내는 외국을 돌아다니게 되었다. 그래서 그가 없어지면 오블로모프는 다시 자신의 고독과 은둔생활에 깊숙이 빠져들었다. 그 은둔생활에서 그를 빼낼 수 있는 일이란 단지 무언가 평범하지 않은 삶의 일상성에서 벗어난 일탈뿐일 테지만, 그러한 일은 있어 본 적도 없고 앞으로도 있을 것 같지 않아 보였다.

해가 갈수록 어린애 같은 소심함이 되살아났다. 이는 일상생활에서 결코 맞닥뜨린 적이 없던 위험이나 악재를 은근히 기대하는 심리이기도 했다. 다양한 외적 활동이나 습관에서 벗어나려고 하다가 생겨나는 결과였다.

이를테면 침실 천장에 금이 가도 그는 전혀 놀라지 않는다. 그런 일에 익숙해져 버린 것이다. 일 년 내내 꽉 닫혀 있어 숨이 막힐 듯 텁텁한 방 안 공기와 꼼짝 않고 방 안에 틀어 박혀 있는 생활이 밤의 습기보다 더 건강에 해롭지는 않을까, 매일같이 위장을 잔뜩 늘려 놓는 일은 일종의 자살행위가 아닐까, 그런 생각은 그의 머릿속에 단 한 순간도 떠오르지 않았다. 그런 것들도 모두 습관이 되어 버려서 조금도 놀라거나 두려워하는 기색이 없었다.

움직임, 삶, 들끓는 사람, 북새통에 그는 적응을 전혀 못했다.

북적거리는 군중 속에 들어가면 숨을 쉴 수가 없었다. 배에 탈 때면 그저

---

*1 한때 고리키 시로 불렸던 니즈니-노브고로드를 일컬음.

아무 탈 없이 맞은편 해안에 닿아야 할 텐데 못 미더워하게 되고, 마차를 탈 때면 말이 갑자기 날뛰어 마차를 산산이 부수어 버리면 어쩌나, 걱정했다.

그런데 이와는 정반대로 신경성 공포가 그를 덮칠 때도 있었다. 오블로모프는 자신을 둘러싼 정적에 섬뜩해져서, 자기 스스로도 그 이유를 구체적으로 알지 못했으나 무서움에 소름이 끼쳤다. 때로는 그의 상상이 고약한 장난을 쳐서 어떤 초자연적인 현상을 일으킬 것만 같은 기분에 겁에 질려 어두운 구석을 곁눈질하기도 했다.

이런 연유로 일리야 일리이치 오블로모프는 사회생활에 종지부를 찍었다. 그는 자신을 속인, 아니면 스스로 속아 넘어간 청년 시절의 모든 희망들을 향해, 부드럽고 우수에 젖은 듯한 해맑은 추억들을 향해 나른하게 손을 내저으며 작별을 고했다. 사람에 따라서는 노년이 되어서도 가슴 설레게 해주는 추억이었다.

제6장

그렇다면 그는 집에서 무엇을 할까? 독서? 글쓰기? 아니면 공부를?

그렇다, 만약에 책이나 신문이 저절로 손에 잡히면 한번 훑어 볼 것이다.

훌륭하다는 소리를 듣는 작품에 대해 들어 본 적이 있다면 모름지기 그에게도 그런 작품을 읽고 싶은 열정이 생길지도 모르겠다. 실제로 책을 찾아보거나 빌려 달라고 부탁하는 경우도 없지는 않았다. 뜸을 들이지 않고 바로 책을 대령하면 금방 몰입해서 읽기 시작하면서 그 내용에 대해 어떤 생각이 모양새를 갖추어 간다. 고지가 바로 저긴데, 조금만 더 읽으면 그 책을 완전히 제 것으로 만들 수 있는데…… 잠시 뒤 쳐다보면 그는 벌써 태연히 천장을 바라보며 누워 있고, 책은 그 옆에 널브러져 있기 일쑤다. 읽다만 채로 있기도 하고 전혀 이해되지 않은 채로 있기도 하다.

뜨거워지기보다는 식는 게 훨씬 빨랐다. 일단 내팽개친 책으로 다시 돌아가는 일은 없었다.

하지만 사실은 그도 다른 사람들과 똑같이 기숙학교에서 열다섯 살까지 학업에 열중했다. 그 뒤 오블로모프의 부모는 오랜 입씨름 끝에 일류샤*1를 모스크바로 보내기로 결정했고, 그는 거기서 좋든 싫든 대학 과정을 마쳤다.

그는 성격이 활발하지 못하고 소심해서, 다른 사람들 가운데서나 학교에서 자신의 게으름과 변덕을 맘껏 펼쳐 보이지 못했다. 응석받이 도련님들에게 특별히 예외를 허용해 주는 곳이 아니었기 때문이다. 그는 교실에 꼿꼿이 앉아서 선생님이 하는 이야기를 들어야만 했다. 그렇게 하지 않을 별다른 수가 없었기 때문이다. 그는 땀을 뻘뻘 흘리고 한숨을 내쉬면서 주어진 과제를 익히지 않으면 안 되었다.

그는 이러한 것들을 하늘이 인간의 죄에 대해 내린 벌이라고 생각했다.

---

*1 일리야, 즉 오블로모프의 애칭.

그는 선생님이 수업을 하면서 밑줄을 그은 문장 이외에는 더 이상 들여다보지도 않고, 어떠한 질문도 삼갔으며, 설명을 요구하는 적도 없었다. 노트에 써 있는 것만 보았고, 심지어 듣고 배운 사실들 중에서 모르는 부분이 있는 경우에도 애써 성가신 호기심을 내보이려 하지 않았다.

어쩌다가 통계학이나 역사, 정치경제학이라 불리는 책들을 끝까지 다 읽게 되면 읽은 사실 하나만으로 완전히 만족했다.

슈톨츠가 이미 한 번 배운 분야라도 그보다 더 읽어야 한다면서 책을 가져다주면, 오블로모프는 오랫동안 아무 말 없이 그를 쳐다보기만 하다가,

"브루투스, *2 너마저……."

책을 받아들면서 한숨 섞인 넋두리를 해댔다. 그러한 지나친 독서는 그에겐 부자연스럽고 힘든 일로만 여겨졌다.

이런 공책들이 다 무슨 소용이지? 종이와 시간, 잉크 낭비가 아니고 도대체 뭐란 말야? 교과서 따위가 무슨 필요가 있지? 게다가 결정적으로 5, 6년이나 학교에 갇혀서 엄격한 교칙을 지키고, 징계를 받고, 꼼짝 않고 앉아서 과제와 씨름해야 하는데. 다 끝나기 전에는 나가서 뛰어놀 수도, 장난을 칠 수도, 신나게 수다를 떨 수도 없게 하는 제약들이 다 무슨 소용이란 말인가?

'언제가 되어야 생활다운 생활을 누릴까?' 그는 다시 자문해 보았다 '결국 이 많고 많은 지식이 필요한 때는 언제란 말인가? 지식의 대부분이 살아가는 데에는 쓸모도 없는데. 예를 들어 정치경제학과 대수학, 기하학을 가지고, 오블로모프카*3에서 내가 과연 무얼 할 수 있지?'

게다가, 인간의 역사 그 자체가 일리야 일리이치 오블로모프를 우울하게 했다. 역사는, 불행의 시대가 도래했다느니, 인간이 불행에 빠졌다느니 하는 것들만 책을 통해 가르친다. 그러고는 죽어라 일하게 만들고 아등바등 살게 한다. 무지막지하게 구차한 생활을 참아내고 가혹한 노동을 견뎌 냄으로써 밝은 내일을 준비하도록 한다. 그런 날이 왔다고 치자. 그럼 역사는 잠시나

---

*2 Brutus Marcus Junius(기원전 85~기원전 42) : 줄리어스 시저에 대항해 반란을 꾀했던 음모단의 우두머리로 로마의 정치가. 시저는 친구로 여겼던 브루투스를 암살자들 사이에서 발견하고는 이런 말을 했다 함.

*3 오블로모프가 태어나 어린 시절을 보냈던 오블로모프 가문의 세습 영지를 일컬음.

마 앉아서 쉴 수 있을까? 아니다. 또다시 먹구름이 덮쳐오고, 가혹한 노동 끝에 쌓아올린 성과들은 무너져 내린다. 그러면 사람들은 다시 일에 매달려 아등바등 살아야 한다…… 밝은 내일은 잠시도 머무르지 않고 빠르게 지나 간다. 삶이란 그렇게 흐르고 또 흘러 끊임없이 부서지고 또 부서진다.

진지한 책들은 어깨가 결려 올 정도로 오블로모프를 지치게 만들었다. 대 사상가들도 그에게 추상적인 진리에 대한 갈망을 불러일으키지 못했다.

그 대신 시인들은 그의 마음을 울렸다. 시인들 앞에서만은 누구나 그렇듯 이 오블로모프 역시 청년이 되었다. 그에게도 행복한 순간이 찾아왔다. 누구 에게도 등을 돌리지 않고 모두에게 미소를 보내는 그런 삶의 순간이었다. 그 것은 힘의 용솟음과 자기존재에 대한 희망, 행복과 용기, 사회 활동에 대한 열망이 넘치는 순간이었다. 강한 심장 박동과 전율, 냇물 같은 설렘이 있고 환희의 눈물이 흐르는 순간이었다. 머리와 마음이 맑아졌다. 졸음은 달아나 고, 영혼은 활동을 갈구했다.

슈톨츠는 친구의 천성이 허락하는 범위 안에서 그 순간이 지속될 수 있게 도왔다. 슈톨츠는 시인들을 이용해 1년 반 동안이나 오블로모프가 사상과 과학에 몰두하게 했다.

슈톨츠는 젊은이의 이상이나 환희에 찬 비상을 적절히 이용하면서 시를 읽는 즐거움 이외의 다른 목적을 이끌어내어 더 멀리, 두 사람의 삶이 나아 갈 길을 제시했으며, 친구를 미래로 이끌어 갔다. 둘은 흥분했다. 눈물을 흘 리며 서로 환희에 찬 언약을 하기도 했다.

슈톨츠의 청년다운 열정은 오블로모프에게도 전해졌다. 오블로모프도 일 을 하고픈 열망이 생겼다. 갈 길이 멀고 험할지라도 매혹적인 목표에 도달하 기 위해 노력하겠다는 열망에 타올랐다.

그러나 삶의 꽃은 피었으되 열매는 맺지 못했다. 오블로모프는 도취에서 깨어났다. 그저 슈톨츠가 하라는 대로 이 책 저 책을 읽어 볼 뿐이었다. 서 둘러 단숨에 읽어 내려가는 것이 아니라 귀찮은 듯 눈으로 건성건성 훑어 볼 따름이었다.

어쩌다 눈을 떼지 못하게 흥미로운 부분이 있더라도, 아침 식사나 취침 시 간만 되면 그는 금세 책을 덮어 버리고 식사하러 가거나 촛불을 끄고 잠자리 에 들곤 했다.

책의 첫째 권을 가져다주면 결코 두 번째 권도 읽어 보겠다고 하는 적이 없고, 혹시 가져다주더라도 마지못해 천천히 읽었다.

이윽고 그는 첫 권마저 애써 끝까지 읽으려 하지 않게 되었다. 한가로운 시간은 대부분 책상에 팔꿈치를 얹고 머리를 괸 채 흘려 보냈다. 가끔 슈톨츠가 읽으라고 강요한 책들을 팔꿈치 대신 사용하기도 했다.

그렇게 오블로모프는 학업을 마쳤다. 그가 마지막 강의를 듣던 날이야말로 학문의 궁극을 가리키는 헤라클레스의 기둥*4이었다. 대학교 총장은 예전에 선생님이 교과서에 손톱으로 줄을 그어 주었듯이, 졸업장에 서명함으로써 한계선을 그어 주었다. 우리 주인공은, 그 선을 넘어 학업에 대한 더 이상의 열망을 펼치는 일은 무의미하다고 생각했다.

그의 머리는 죽은 사건들과 인물들, 시대, 숫자, 종교, 전혀 연관이 없는 정치경제학, 수학의 진리, 문제, 법칙 등을 보관하고 있는 복잡한 고문서 관리소나 다름없었다.

공교롭게도 짝이 맞지 않는 전집류만을 소장하고 있는 도서관이라 하는 편이 옳을지도 모르겠다.

학문은 일리야 일리이치에게 이상한 영향을 미쳤다. 그에게는 학문과 실생활 사이에 그가 건너려고 시도조차 해보지 않은 온전한 심연이 자리잡고 있었다.

그가 볼 때 생활과 학문은 전혀 별개의 것이었다.

그는 현행법은 물론이고 이미 오래 전에 폐기된 법률까지 배웠고, 실제 법률 소송에 대한 모든 과정을 마쳤다. 그러나 집에 도둑이라도 들어서 경찰에 신고서를 내야 할 경우에는 종이와 펜을 꺼내 놓고 오랫동안 머리를 굴리다가 결국 대필해 줄 사람을 불러야 했다.

영지에서의 회계 서류도 촌장이 처리했다. 이래서야 '학문으로 할 수 있는 게 하나도 없지 않은가?' 그저 생각만 할 뿐이었다.

이렇게 그는 머릿속을 제멋대로 돌아다니며 실없이 졸고 있는 사상에 어떤 방향을 제시해야 하는 지식의 무거운 짐을 벗어버리고, 자신의 은신처로 돌아가 버렸다.

---

*4 지브롤터 해협 동단 양쪽에 서 있는 두 개의 바위. 고대인들은 여기가 세상의 끝이라고 믿었다. 여기서는 오블로모프가 결코 넘어본 적이 없는 마지막 한계점이라는 의미로 쓰임.

그는 대체 무엇을 하고 있었나? 사실 그는 자신의 삶에 무늬를 그리는 일을 계속해 왔다. 자신의 삶 속에서 책과 학문의 힘을 빌리지 않고는 결코 미치지 못할 수없이 많은 현명함과 시정을 발견해 왔다. 그리고 그것에는 나름의 근거가 있었다.

직장 생활과 사교계에 등을 돌린 뒤로, 일리야 일리이치 오블로모프는 자신의 존재 이유를 다른 방법으로 찾기 시작했다. 그는 자신의 사명에 대해 골똘히 생각한 끝에 마침내 사회 활동과 생존의 지표가 자신 안에 있음을 깨달았다. 그는 자기에게 주어진 운명이 가정의 행복과 영지 관리에 있음을 이해할 수 있었다. 여태껏 그는 자기 집의 재정상태를 제대로 알지 못했다. 가끔 그를 대신하여 슈톨츠가 돌봐 주었던 것이다. 그는 얼마가 들어오고 얼마가 나가는지에 대해서도 전혀 관심이 없었고 예산을 짜본 적도 없었다. 그는 아무 일도 하지 않았다.

오블로모프의 아버지는 자신의 아버지로부터 받은 영지를 그대로 아들에게도 물려주었다. 아버지는 평생 시골에서 살았으면서도 요즘 지주들이 그러듯이 지혜를 짜내 볼 생각을 하지 않았다. 이를테면, 토지 생산성의 근거를 파헤친다든가, 옛것을 널리 퍼뜨리고 더욱 강화하는 계획 따위를 세우느라 골머리를 썩이지 않았다. 파종 방식이나 농작물의 판매도 할아버지가 하던 그대로 답습했다.

그러나 풍작이 들거나 시가가 올라 지난해보다 수익이 나아지게 되면, 노인네도 매우 만족스러워하곤 했다. 그는 이를 하느님의 축복으로 돌렸다. 그는 다만 돈을 벌기 위해 안달하거나 새로운 방법을 생각해 내거나 하기를 좋아하지 않았다.

"우리 아버지도 할아버지도 나보다 머리가 나빴던 게 아니야." 언젠가 뭐라고 충고를 듣게 되었을 때 일리야 일리이치는 이렇게 답했다.

"평생 행복하게 사셨으니 우리도 어떻게든 잘 살아나가게 될 게다. 신의 은총으로, 배곯지 않고."

극성스레 번거로운 일을 벌이지는 않아도, 가족을 비롯해 여러 손님들과 함께 아침부터 밤까지 질리도록 먹고 또 먹을 수 있는 만큼의 수익을 자신의 영지에서 올릴 수 있었기 때문에, 그는 언제나 신에게 감사하고 이보다 더한 욕심을 부린다면 죄악이라고 생각했다.

마름이 1천 루블을 주머니에 숨기고 2천 루블을 주인에게 들고 와서는 가뭄과, 서리, 흉작 등의 그럭저럭 핑계들을 대며 눈물로 호소하면, 아버지는 성호를 긋고는 마찬가지로 눈물을 글썽이며 이렇게 말했다. "모든 것은 하느님의 뜻이네. 하느님께 시비를 걸 수도 없지 않은가! 이 만큼 수확을 올린 것만으로도 우리 주께 감사드려야 하네."

부모가 죽고 나서 영지의 재정은 좋아지기는커녕, 촌장의 편지에서도 살필 수 있듯이 점점 나빠지기만 했다. 일리야 일리이치가 영지로 내려가 수익이 자꾸 줄어드는 원인을 현장에서 조사해야 한다는 것이 정확한 해결책이었다.

그는 그것을 실행에 옮길 작정이었으나 늘 다음에 다음에, 하며 미루고 있었다. 그로서는 여행이 거의 처음 겪는 고행이어서 앞으로 어떻게 될지 알 수 없는 두려운 기분이 들었기 때문이다.

그는 평생 단 한번 여행을 했다. 마차 차체에 자신의 말을 붙여 오리털 이불과 상자, 트렁크, 크고 동그란 햄, 프랑스빵, 그밖에 굽거나 삶은 고기 등을 사이사이 채워 넣어 하인 몇 명을 데리고 떠난 여행이었다.

이런 식으로 자신의 영지에서 모스크바까지 오는 경험을 처음이자 마지막으로 한 것이다. 그는 이 경험을 모든 여행의 기준으로 삼았다. 그러나 들은 얘기로는 이제 그런 식으로 여행하는 사람은 없다고 한다. 쏜살같이 질주해야만 하리라!

일리야 일리이치가 여행을 자꾸만 미루는 이유가 하나 더 있다. 지금 집을 정리하기 위한 준비가 아직 충분히 되어 있지 않기 때문이다.

일리야 일리이치는 이미 아버지나 할아버지와는 전혀 다른 사람이었다. 그는 학문을 배웠고, 세상사를 겪을 만큼 겪었다. 이러한 점이 그를 분수에도 맞지 않는 생각들을 하게 만들었다. 돈을 버는 일이 죄가 아닐 뿐 아니라, 정직한 노동으로 사회의 복지에 기여하는 일이 모든 시민의 의무임을 그는 잘 알고 있었다.

이 때문에 그가 운둔 생활 속에서 그어 놓은 삶의 도안이란 대부분 새롭고 신선한 계획이었다. 시대가 요구하는 영지의 경영과 농민의 관리에 관한 개혁안이었다.

계획의 기본 생각과 구상, 즉 기본 줄기는 이미 그의 머릿속에서 준비된

지 오래였다. 오로지 세부적인 사항과 견적을 내는 일만 남아 있을 뿐이었다.

그는 몇 년 간에 걸쳐 계획을 완성시키기 위해 노력했다. 걸을 때에나, 누워 있을 때에도, 사람들과 함께 있을 때에도 오로지 그 하나만을 생각했다. 때로는 내용을 추가하거나 수정하기도 하고, 때로는 어제 생각했다가 하룻밤 사이에 잊고 있던 기억을 끄집어 내기도 했다. 그러다 이따금씩 마치 번개처럼 새롭고 예기치 않았던 생각이 머리를 스치거나 떠오르면, 열정적으로 일을 하기 시작했다.

일리야 일리이치 오블로모프는 이미 만들어져 있는 사상이나 다른 사람의 안을 실행하는 그런 변변치 못한 사람이 아니었다. 그 자신이 창조자이자, 자신의 사상을 실천해 내는 사람이었다.

그는 아침에 일어나서 차를 마시고, 긴의자에 누워 한 손으로 머리를 받치고, 녹초가 될 때까지 사색에 잠기기 시작한다. 그러나 곧 그의 두뇌는 힘든 노동으로 피곤함을 느끼고 '복지를 위한 일도 오늘은 이 정도로 충분하다'고 말한다. 양심의 목소리에 일에서 손을 떼고, 긴장한 자세에서 벗어나 조금 더 공상을 할 수 있게 편안한 자세를 취한다.

오블로모프는 사무적인 일을 마치고 마음의 긴장에서 벗어나 자신만의 세계에 빠져 들기를 좋아했다.

그는 고차원적 사색의 쾌락이 무엇인지 알고 있었다. 전인류가 겪는 슬픔 또한 그에게는 남의 일이 아니었다. 어느 때는 인간의 불행을 생각하며 마음 깊은 곳에서 비통한 눈물을 흘리기도 하고, 형언할 수 없는 기이한 슬픔을 맛보기도 하며, 저 멀리 어딘가에 존재할 것 같은 세계를 동경하기도 했다. 그것은 아마도 바로 슈톨츠가 잡아끌던 세계로 마음이 끌렸던 것인지 모른다.

달콤한 눈물이 그의 뺨을 타고 흘러내렸다…….

간혹 인간적 악행, 허위, 중상모략, 그리고 온 세상에 만연한 악에 대한 모멸감으로 가득 차서 인류에게 그 해악에 대해 알리고픈 열정에 휩싸이는 경우도 있었다. 그러다가도 느닷없이 바다에 이는 파도처럼 뇌리를 스치고 지나는 생각에 계획안을 구상하며 의욕에 불탔다. 변화무쌍한 마음 상태를 지닌 오블로모프에게는, 순식간에 두어 가지 태도를 갑자기 바꾸거나 두 눈을 반짝이며 침대에서 슬며시 일어나 손을 뻗어 영감에 찬 눈길로 주위를 보는 일도 예사였다……. 지금 당장이라도 이 의지가 실현된다면 하나의 공로가 될 게 분명하다. 정말 그런 날이 온다면, 한껏 고양된 노력의 결과로서 기대해 볼만한 기적이 아닐 수 없다.

그러나 아침이 오는가 싶으면 벌써 날은 저녁으로 기울고, 저녁과 더불어 오블로모프도 다시 평안을 찾게 된다. 폭풍우와 격정이 마음속에서 잦아들면 머리는 사상의 도취에서 깨어나 평안해진다. 오블로모프는 조용히 생각에 잠겨 등을 돌리고는 슬픔에 잠긴 시선으로 어느 4층집 너머 황홀하게 기우는 해를 배웅했다.

얼마나 많은 순간을 그는 이렇게 저무는 해를 떠나보내야 했던가!

아침이면 어김없이 찾아오는 삶, 그리고 흥분과 공상! 그는 가끔 나폴레옹뿐 아니라 에루슬란 라자레비치[5], 혹은 백전백승 무적의 사령관이 된 자신을 즐겨 꿈꾸고는 했다. 전쟁과 그 전쟁의 이유를 생각해 본다. 이를테면 아프리카의 민중들을 유럽으로 내쫓기도 하고 새로운 십자군 원정을 도모하기도 했다. 전쟁을 일으키기도 하며, 민중들의 운명을 결정하여 마음대로 마을을 황폐하게 만들고, 자비를 베풀거나 처형을 하기도 하면서 선과 관용의 공적을 세우기도 한다.

또는 사상가나 위대한 예술가의 꿈을 꾼다. 사람들 모두가 그에게 머리를 조아리는 가운데 그는 월계관을 쓴다. 군중이 그의 뒤를 따르며 이렇게 외친다. '저기 봐, 저기 보라구. 오블로모프가 간다. 우리의 그 유명하신 일리야 일리이치다!

시련의 순간은 고민거리에 고통스러워하며 누운 채로 이리저리 뒤척이기도 하고, 이따금씩 아예 엎어져 눕기도 하면서 심지어 어떻게 해야 좋을지 몰라 했다. 그럴 때면 침대에서 일어나 무릎을 꿇고 어떻게든 위협적인 폭풍우를 비켜가게 해 달라고 하늘에 간청하면서 진심으로 간절한 기도를 하기 시작했다.

---

*5 유명한 동화의 주인공. 19세기 러시아의 시인 미하일 레르몬토프는 "에루슬란 라자레비치는 20년 동안을 잠들어 있었지만 21년째 되던 해에 깊은 잠에서 깨어나 길을 나서 37명의 왕과 70명의 거인을 만나 그들에게 이제부터 자신이 통치를 하겠노라고 선포하기에 이르니―러시아가 바로 그와 같다"라고 쓴 바 있다.

그런 뒤에야, 자신의 운명을 하늘의 보호 아래 내맡기고는 안정을 되찾아 모든 세상사에 초연해졌다. 그러면 폭풍우는 이제 사라지고 세상에 대해 일체 무관심하게 된다.

이렇게 그는 자주 자신의 정신력에 긴장감을 부여하고는 이따금 하루 온종일 흥분 상태에 빠져 있는 경우도 있었다. 그러다 날이 저물어 해가 커다란 공처럼 4층집 너머로 기우는 바로 그 순간이 되면 그는 깊은 한숨과 더불어 황홀한 공상이나 고통스럽게 긴장된 마음으로부터 깨어나곤 했다.

그는 다시금 생각에 잠긴 시선과 슬픈 미소로 저무는 해를 보내고는 흥분에서 벗어나 휴식을 취한다.

일리야 일리이치의 이런 정신적 삶에 대해서는 아무도 알고 있는 사람이 없었다. 누워만 지내면서 밥만 먹고 더 이상 아무런 기대도 할 만한 게 없는 사람으로 오블로모프를 치부하는 사람이 대부분이었다. 그는 도무지 제대로 된 생각을 할 리가 없다고 그들은 생각했다. 그를 아는 모든 이들은 어디서나 그런 식으로 이야기하고 있었다.

그의 재능이나 번뜩이는 머리, 가장 인간적인 정서에 대해서라면 슈톨츠만이 자세히 알고 있고 증명을 해 보일 수 있을 테지만, 슈톨츠는 페테르부르크에는 거의 머무르지 않았다.

또 한 명, 오로지 주인 곁에서 한평생 수발을 들어온 자하르만이 그의 내적인 삶을 상세히 알고 있었다. 그러나 자하르는 주인이 사람들에게 손가락질을 받지 않고 별 탈 없이 살고 있기 때문에, 다른 삶의 방식은 있을 수도 없다고 확신하고 있었다.

제7장

자하르의 나이는 쉰 남짓이었다. 그는 주인을 위해서라면 자신의 이익도 저버리고 원한을 사는 일도 두려워하지 않고, 오로지 충성만을 바치며, 모든 미덕을 갖춘, 악덕과는 인연이 없는 집안에서 태어났다. 하지만 선조 대대로 기사 집안이었던 자하르는 러시아 칼레브*¹의 직계 후손이라고는 더 이상 말할 수 없었다. 자하르는 원한도 있고 두려움도 있는 하인일 뿐이었다.

그는 두 세대에 걸쳐 살았고 이 두 세대는 그에게 흔적을 남겼다. 앞선 세대로부터 그는 오블로모프 가문에 대한 한없는 충성심을 상속받았지만 뒷세대로부터는 타산성과 퇴폐성을 물려받았다.

주인에게 충성심이 강한 그였지만 하루도 주인에게 거짓말을 하지 않는 날이 없었다. 구시대의 하인들은 주인을 낭비벽과 무절제로부터 지켜 주었다고 하는데, 자하르는 친구들과 어울려 주인집 돈으로 술 마시기를 즐기는 위인이었다. 옛날의 하인들은 내시(內侍)처럼 순진했다고 한다면, 이 인물은 행실 평판이 좋지 못한 여편네의 처소에 출입하는 사람이었다.

옛날의 하인이 주인의 돈을 어떤 금고보다도 견고하게 지켜 주었다고 한다면, 자하르는 10코페이카 정도는 숨겨서 자신의 호주머니에 채우는 일에만 신경 썼으며 책상 위에 굴러다니는 5코페이카나 10코페이카 정도의 동전은 있기만 하면 슬쩍하곤 하였다. 또한 일리야 일리이치가 거스름돈을 자하르에게 요구하는 일을 잊어버리기라도 하면, 그 돈은 자하르의 주머니에서 결코 나오지 않았다.

자하르가 그보다 더 큰 액수의 돈에 손을 대지 않은 까닭은 확실치는 않지만, 그가 아는 셈 단위가 고작해야 10코페이카나 5코페이카 동전 수준에 머물렀기 때문이거나 주인이 눈치를 챌까 봐 조심했기 때문이지, 정직성이 지

---

*¹ 미국의 작가 월터 스콧(Walter Scott, 1771~1832)의 소설 주인공으로 충성스런 하인을 일컬음.

나쳐서 그런 것은 결코 아니었다.

옛 하인들은 어떻게 하면 주인을 배불리 먹일까 고민하고 행여 끼니를 거르기라도 하면 속이 상했다. 그러나 자하르는 주인이 접시에 담긴 음식을 하나도 남김없이 고스란히 먹어치우면 실망하는 것이었다.

게다가 자하르는 말이 많은 남자로서 부엌이나 상가, 대문 옆에서 날마다 사는 게 말이 아니라거나, 저런 이상한 주인은 본 적도 없다 라고 하면서 불평을 늘어놓기 일쑤였다. 변덕이 심하다고 하고, 구두쇠라고 하거나, 화를 잘낸다고 하고, 아니면 마음에 드는 구석이 하나도 없다면서 한 마디로 말해 그 밑에서 사느니 죽는 게 낫다고 말할 정도였다.

그렇다고 자하르가 특별히 원한이 있어서 주인이 잘못되기를 바라는 마음으로 그런 것은 아니고, 단지 할아버지와 아버지에게서 물려받은 틈만 나면 주인을 욕하는 습관 때문이었다.

그는 이따금 심심하다고도 하고, 이야기 밑천이 떨어졌다 싶으면 자기를 둘러싼 청중들에게 재미를 선사하기 위해서 아무런 근거도 없이 주인에 대한 유언비어를 지어내기도 했다.

"우리 주인어른은 저 과부네 집에 드나들어." 쉰 목소리로 그가 의미심장하게 속삭였다. "어제는 연애 편지까지 쓰시더라니까."

혹은 주인이 백 년에 한 번 나올까 말까한 노름꾼이자 술주정뱅이이며, 밤새도록 카드를 치고 독한 술을 마신다고 떠벌리기도 했다.

그렇지만 전혀 근거없는 이야기였다. 일리야 일리이치는 과부를 찾아간 적이 없고, 밤마다 자신의 집에서 평화로이 잠을 즐겼으며, 카드는 손에 쥐어 본 적도 없었다.

자하르는 청결과는 거리가 멀었다. 면도도 어쩌다 한 번 할 뿐이고 손과 얼굴을 씻어도 고양이 세수가 전부였다. 하기야 비누로 씻길 만한 때가 아니라서, 목욕탕에 가서도 한두 시간은 있어야 시커먼 손이 겨우 벌겋게 바뀌었다. 하지만 그 뒤에는 곧 원상태로 돌아왔다.

자하르는 재주라고는 없는 사람이었다. 문이나 창문을 열 때에도 마찬가지여서, 한쪽 문을 열면 곧 다른 쪽 문이 닫히고, 열린 쪽으로 쫓아가면 앞서 열어놓은 문이 도로 닫히는 식이었다.

그는 손수건이나 그밖에 다른 어떤 물건도 바닥에서 단번에 주워든 적이 없었다. 그는 결국 반드시 서너 번은 허리를 굽혀야 했고, 간신히 잡았다 하더라도 다시 떨어뜨리기 일쑤였다.

그가 방을 가로질러 그릇 같은 물건을 옮길 때면, 내딛는 첫 발부터 맨 위 물건들은 바닥으로 떨어질 듯 위태했다. 처음 하나가 허공을 가로지르면, 그는 바닥에 떨어지지 않도록 막기 위해 뒤늦게 허둥대며 전혀 불필요한 움직임을 했고 그러다보면 두 번째 물건이 이어서 떨어져 버렸다. 자하르는 놀라서 얼간이처럼 입을 헤벌리고, 손에 들린 물건들이 아니라 떨어지는 물건들에 시선을 돌렸다. 그래서 들고 있던 쟁반이 비스듬하게 기울어 결국 나머지 물건들까지 연이어 바닥으로 떨어졌다. 그러다보니 방 맞은편에 이르렀을 때는 잔 하나 접시 하나만 남는 일이 허다했다. 가끔은 저주와 욕설을 퍼부으며 그나마 손에 있던 것들까지 내팽개칠 때도 있었다.

방을 질러가면서, 때로는 발, 때로는 옆구리가 의자나 책장에 걸리기 일쑤였고, 한쪽 문이 열려 있다고 해서 늘 무사히 지나가지도 못했다. 닫힌 쪽 문에 어깨가 부딪치면 문짝에다 대고 욕을 퍼부었다. 또는 집주인에게나, 그 문을 만든 목수에게 욕설을 퍼붓기도 했다.

오블로모프의 서재에 있는 물건들은 거의 이가 빠지거나 부서져 있었는데, 특히나 조심스럽게 다루어야 하는 작은 물건들이 그랬다. 이 모든 게 자하르 때문이었다. 그는 물건을 다루는 자신의 방법을 모든 물건에 동일하게 적용했다. 실제로 그는 서로 다른 물건이어도 전혀 차이를 두지 않고 똑같이 다루었다.

이를테면 촛불 심지를 잡으라는 주문이나, 잔에 물을 따르라는 주문이 내려지면 그는 문을 열 때 필요한 만큼의 힘을 썼다.

자하르가 주인을 기쁘게 해준다면서 난데없이 열의에 차서 쓸고 닦고, 단숨에 정돈을 하겠노라 결심한다면 그야말로 재난이다! 끝없는 재난과 손해, 집에 들이닥친 적군이라도 그만큼의 해는 끼치지 않을 정도라서, 이런저런 물건이 사방으로 곤두박질치고, 그릇들이 깨지고, 의자가 뒤집히는 난장판으로 시작해 마침내 그가 방에서 쫓겨나거나 자하르 스스로 욕설과 저주를 퍼붓고 나서야 겨우 진정이 되었다.

다행히도 그렇게 의지가 불타오르는 일은 매우 드물었다.

그가 많은 습관들을 한적한 시골의 자유로운 분위기에서 익힌 탓일 것이다. 그곳은 무엇이 너저분하게 놓여 있는지도 모르는 어두운 곳도 아니고, 풍취 있고 사치스럽게 꾸민 서재나 여자방처럼 숨 막히게 좁은 희미한 어둠 속도 아니었기 때문이다.

시골에 있을 때는 튼튼하고 커다란 도구들 주위에서 몸을 쓰는 일을 주저하지 않았다. 그가 주로 다루던 것은 튼튼해서 부서질 위험이 없는 도구들뿐이었다. 삽이나 지렛대, 철제 손잡이, 아니면 옆으로 조금 옮기기도 벅찬 의자 같은…….

촛대와 램프, 받침대, 문진 같은 물건들은 삼사 년씩 그 자리에 있어서 다행히 무사했지만, 한번 그의 손이 닿으면 어느새 망가지고 말 것이다.

자하르는 그럴 때면 얼빠진 표정으로 오블로모프에게 말했다. "어라, 도련님도 보셨지유? 살짝 손만 댔을 뿐인데 이렇게 박살이 났다니까요."

아무 말 없이 몰래 있던 장소에 가져다 두고, 나중에 주인에게 자신이 깨뜨렸다고 말하는 적도 있었다. 때로는 물건에도 수명이 있다고 말하고, 쇠라 해서 언제까지 영원히 쓸 수 있는 것은 아니라고 처음부터 변명을 늘어놓았다.

처음 두 경우는 그나마 주인과 의논할 여지가 있었지만, 그가 다급해 마지막 논거로 무장을 하면 그때는 이미 어떠한 반박도 소용이 없어져서 자신의 정당함을 내세우지 못했다.

자하르는 나름대로 자신의 활동 영역을 정해 놓고 그 영역을 절대 위반해 본 적이 없다.

그는 아침마다 사모바르*²에 차를 끓이고, 신발을 닦고, 주인이 말한 옷에 솔질을 했다. 이렇게 시키지 않으면 그 옷이 비록 10년 동안 같은 곳에 걸려 있다 해도 절대 손을 대는 법이 없다.

방청소를 할 때도 구석은 그대로 두고 가운데만 했다. 탁자는 그 위에 아무것도 없이 치울 필요가 없는 곳만 골라 먼지를 닦았다. 이 일을 매일하지 않는 것은 당연했다.

어느 정도 일을 마치면 침상에 올라가 눕거나 또는 부엌에서 아니시야와, 대문 옆에서 다른 하인들과 아무 걱정 없이 잡담을 나눌 자격이 자신에게 주

---

*2 러시아 고유의 차 끓이는 주전자.

어진다고 생각했다.

만일 다른 일을 시키면, 그는 쓸데없는 일이라고 비꼬거나 도저히 할 수 없는 일이라면서 투덜대다가 마지못해서 하고는 했다.

자하르가 스스로 정해 놓은 활동 영역에 새로운 일을 추가시킨다는 것은 상상도 못 할 일이었다.

만일 무엇을 닦으라든가 또는 씻으라든가, 이것저것을 가져오고 가져가라고 하는 분부가 떨어지면, 거의 투덜대면서도 그 명령을 따른다. 하지만 다음에도 주인이 같은 일을 계속 시키려들면 그건 불가능하다고 봐야 한다.

다음날도 그 다음날도, 그 다음날도 똑같은 명령을 되풀이하면서 그때마다 불쾌한 결투를 벌여야 했다.

이 모든 점에도 불구하고, 다시 말해, 자하르가 술 마시고 유언비어를 퍼트리는 일을 즐기고, 오블로모프에게서 5코페이카짜리와 10코페이카짜리 은화들을 훔치고, 온갖 물건들을 부수고 게으르기 짝이 없으면서도 그는 주인에게는 진정 충성스런 하인이었다.

그는 주인을 위하는 일에는 물불을 가리지 않았다. 이런 일이 어떤 경이로움을 자아내거나 어떤 상을 받아 마땅한 영웅적 행위라고는 생각지 않았다. 오히려 당연하게 여겼다. 사실 달리 생각할 아무런 이유가 없었다. 차라리 생각 없이, 어떤 번민도 없이, 그저 행동에 옮길 따름이라고 말하는 편이 나을지도 모르겠다. 이런 문제에 있어서는 어떤 논리도 갖고 있지 않았던 것이다.

일리야 일리이치에 대한 자신의 감정과 관계를 분석하고 해부해 보려는 따위의 생각은 꿈에서조차 하지 못했다. 그런 것들은 생각할 만한 문제가 아니었다. 그의 아버지와 할아버지, 형제, 하인들은 물론 모두 그가 태어나서 성장한 환경으로부터 물려받아 이미 피가 되고 살이 되었다.

자하르는 주인 대신이라는 사실을 피할 수 없는 자신의 운명으로 알고 죽어 가겠지. 아니 오히려 아무것도 모른 채, 그저 죽음으로 돌진할 게 틀림없다. 마치 개가 숲에서 짐승을 만났을 때 처신하기를, 주인이 뛰어들면 될 것을 왜 자신이 뛰어들어야 하는지 따지지 않고 달려드는 거나 마찬가지로 말이다.

하지만 반대로, 병상에 누워 있는 주인 옆에서 밤새 뜬눈으로 지새워야 하는 처지라면, 예컨대 주인의 건강이나 심지어 목숨이 걸린 경우라 해도 자하르는 반드시 잠에 빠져들게 뻔하다.

겉으로 보기에도 그는 주인에게 공손하게 대하지 않을 뿐 아니라, 심지어 버릇없다고 할 만큼 허물없이 굴었고, 아주 사소한 일에도 농담이 아니라 진짜 화를 내기 일쑤였으며, 앞서 말한 대로 대문 옆에서 험담을 늘어놓기도 했다. 하지만 이 또한 잠깐 그랬을 뿐이지 그렇다고 대대로 피와 살을 나눈 형제 같은 진실한 충성심이 줄어든 건 결코 아니다. 그 충성심은 일리야 일리이치 한 사람에 한정되었다기보다 오블로모프 성을 가진 사람들은 물론이고 가깝고 소중하고 존경스러운 모든 이들에 대한 감정이었다.

어쩌면 이런 감정은 오블로모프를 바라보는 자하르의 개인적 견해와는 모순될 수도 있고, 주인 성격에 대한 꼼꼼한 분석에서 연유한 자기만의 어떤 확신이라 할 수도 있다. 하지만 만일 누가 그에게 일리야 일리이치에게 너무 지나친 헌신을 하는 게 아니냐는 식으로 말한다면, 십중팔구 자하르는 이에 반박하고 나설 것이다.

고양이가 다락방을, 말이 마구간을, 개가 개집을, 저마다 자기가 태어나고 자란 곳을 사랑하듯, 자하르도 그렇게 오블로모프를 아끼고 사랑했다. 이렇게도 헌신적인 분위기에서 그만의 개성이 길러졌다.

이를테면 그는 오블로모프의 집안에서 마부를 요리사보다 더 좋아했고, 가축지기 바르바라를 그 둘보다 더 좋아했다. 그 정도가 가장 낮은 사람이 바로 일리야 일리이치였다. 하지만 그에게는 오블로모프 집안의 요리사가 세상에서 가장 뛰어난 요리사였으며, 일리야 일리이치 또한 그 어떤 지주와도 비할 수 없는 으뜸가는 지주였다.

식당 주인 타라스카만 보면 그는 진저리를 쳤다. 하지만 세상에서 제일 좋은 사람을 데려다 준다해도 그 누구든 타라스카를 대신할 수는 없었다. 이유는 오로지 하나, 타라스카가 오블로모프 집안 사람인 까닭이다.

샤먼교 주술사*³가 자신의 우상을 거칠고 난폭하게 대하듯, 오블로모프를 대하는 자하르의 태도도 거칠고 난폭했다. 샤먼교 주술사는 자신의 우상을

---

*3 고대 원시인들 가운데 신과 영혼을 달래고 미래를 예언하기 위해 마술을 부렸던 사제.

닦다가 걸레로 치거나 걸레를 놓쳐 떨어뜨리기도 하고, 가끔은 화가 치밀어 주먹을 휘두르기도 하지만, 그의 마음 깊숙이에는 우상이 자신보다 우월하리라는 믿음이 늘 잠재하고 있기 마련이다.

자하르의 경우도 마찬가지였다. 그의 마음 깊숙이 이런 감정을 불러일으키고, 주인을 공경하게 만들고, 심지어 감동의 눈물바다를 만드는 이유도 아주 사소했다. 누군가 다른 주인을 더 높거나 같게 보는 일은 꿈에서조차 생각할 수 없다! 감히 누가 그런 생각이라도 한다면 그야말로 큰일이다!

자하르는 오블로모프를 찾아오는 다른 지주들이나 손님들을 깔보듯이 쳐다보았다. 시중을 들고 차를 대접하면서도 아주 냉소적이어서, 마침 주인집이고 하니 그들 체면이나 차려주자고 선심을 쓰는 듯했다. 한 마디로 막무가내였다. "도련님은 주무셔유." 찾아온 사람을 불손하게 머리끝에서 발끝까지 훑어 보며 이렇게 대꾸하고는 했다.

어쩌다 가게 앞이나 대문 옆에서 쑥덕공론이 벌어지면, 그는 유언비어와 험담 대신에 일리야 일리이치를 침이 마르도록 칭찬했다. 그럴 때면 감탄사를 연발했다. 똑똑하다고도 하고, 온순하다고도 하고, 대범하다거나 착한 분이라고도 하며 끝도 없이 주인의 장점들을 늘어놓기 시작한다. 게다가 주인이 지닌 장점만으로도 부족해 다른 주인의 가문이나 부귀 또는 평범하지 않은 권위까지 가져다 붙였다.

만일 집을 관리하는 문지기나, 때로는 그 집주인까지 협박을 해야 한다면 자하르는 항상 자기 주인을 들이댔다. "두고 봐, 도련님한테 이를 테니." 언제나 협박하듯이 말했다. "정말 혼쭐이 날 테니 두고 봐!" 이보다 더한 권위는 세상에 없을 거라 확신했다.

그러나 오블로모프와 자하르의 관계는 겉으로는 언제나 적의가 있어 보였다. 그들은 늘 붙어지내다 보니 서로를 꼴도 보기 싫어했다.

매일같이 보는 사이라 해서 그 친분이 그냥 얻어지지는 않는다. 장점만 즐기고, 단점을 들추어내어 서로에게 상처 주고 상처 받는 관계가 되지 않으려면 적잖은 경험과 논리, 진심에서 우러나오는 따뜻함이 필요한 법이다.

일리야 일리이치는 자하르의 대단한 장점 하나를 이미 잘 알고 있었다. 바로 자신에 대한 충성심 말이다. 하지만 이에 너무나 익숙해져서 다른 생각을 할 수도 없고, 해서도 안 된다는 결론을 내렸다. 일단 그 장점에 익숙해지자 어느새 그걸 즐기지 못하게 되었다. 게다가 매사에 무관심한 자신의 성격에도 불구하고, 자하르의 많은 사소한 단점들을 그냥 넘기지 못했다.

자하르의 마음 깊숙이에는 옛 하인들이 지닌 주인에 대한 충성심과 세대 차이에 따른 단점들이 함께 자리잡고 있었다. 일리야 일리이치도 역시 그의 충성심을 값지게 여기는 동시에 옛 주인들이 하인들에게 품었던, 피를 나눈 혈육 같은 끈끈함은 거의 갖고 있지 않았다. 때로는 고래고래 소리치며 자하르를 야단치기도 했다.

자하르 역시 그를 너무도 싫어하기는 마찬가지였다. 자하르는 젊은 시절에 지주 귀족 저택에서 몸종 교육을 마치고 일리야 일리이치의 시중드는 일을 맡게 되었다. 그 뒤로 자신을 한낱 사치품, 즉 옛 가문의 품위나 영광을 유지시키는 데 필요한 지주 귀족계급의 사적인 소유물쯤으로 생각할 뿐, 필수품이라고는 생각지 않았다. 이 때문에 그는 아침이면 어린 주인의 옷을 입혀 주고, 저녁이면 잠옷으로 갈아 입혀주거나 할 뿐, 그 밖의 일은 아무것도 하지 않았다.

천성이 게으른 그는 더더욱 게을러졌다. 따로 몸종 교육까지 받았으니 오죽하랴. 그는 하인들 사이에서 거드름을 피웠고, 사모바르를 끓이고 마루를 쓸고 닦는 노동과는 담을 쌓았다. 현관에서 졸지 않으면, 하인들의 방이나 부엌으로 가서 수다를 떨며 시간을 보냈다. 아니면 팔짱을 끼고 문에 기대어서서 몇 시간이고 비몽사몽간에 주위를 두리번거렸다.

그렇게 살다가 난데없이 온 집안일을 책임지는 무거운 짐을 두 어깨에 짊어지게 된 것이다! 주인 시중들랴, 청소하랴, 걸레질하랴, 게다가 이리저리 뛰어다니며 심부름을 하는 신세라니! 이렇게 저렇게 그의 마음 속에 괴팍함이 자리를 잡아가면서 반항적이고 사나운 성격으로 변해 갔다. 주인의 목소리가 그를 침상에서 불러낼 때마다 매번 불평을 늘어놓는 이유가 여기에 있었다.

비록 겉으로는 자하르가 괴팍하고 사납게 보일지 모르지만, 심성은 매우 온화하고 착했다. 그는 어린아이들과 자주 시간을 보냈다. 대문 주위에서 아이들 무리에 섞여 있는 그를 곧잘 볼 수 있었다. 싸움을 말리기도 하고, 약을 올리기도 하고 어울려 놀아주기도 했다. 때로는 우두커니 함께 앉아 있기도 했다. 아이 하나는 한쪽 무릎에 앉히고 또 한 아이를 다른 쪽 무릎에 앉히면, 어떤 개구쟁이는 뒤에서 자하르의 목에 두 팔을 감고서 구레나룻을 잡아당기기도 했다.

생각해 보면 오래 전부터 그들은 서로를 너무나 잘 알고 있었다. 자하르는 어린 오블로모프를 두 팔에 안고서 얼렀고, 오블로모프는 그를 젊고 민첩하며 능청맞은 대식가 젊은이로 기억했다.

둘 사이의 오랜 인연은 끊으려야 끊을 수가 없었다. 일리야 일리이치가 자하르의 도움 없이는 두 발로 서지도, 잠자리에 눕지도, 머리를 빗지도, 신발을 신지도, 식사를 하지도 못하는 것과 마찬가지로, 자하르도 일리야 일리이치 말고는 다른 어떤 주인도 생각해 본 적이 없었다. 옷을 입히고, 식사를 가져오고, 험담을 하고, 능청을 떨고, 거짓말을 하면서도 속으로는 오블로모프를 시중드는 일을 유일한 자신의 삶으로 여겼다.

제8장

타란치에프와 알렉세예프가 돌아가자, 문단속을 한 자하르는 침상에 들지 않고 주인이 부르기만을 기다렸다. 왜냐하면 주인이 편지 쓸 준비를 하고 있는 줄 알고 있기 때문이다. 그러나 오블로모프의 방은 무덤처럼 조용하기만 했다.

자하르는 문틈으로 훔쳐보았다. 과연 어떨지? 일리야 일리이치가 손바닥으로 머리를 괴고서 태평하게 소파에 기대어 누워 있지 않은가! 그의 앞에는 책 한 권이 놓여 있다. 자하르는 문을 열었다.

"아휴, 또 자는 거예유?"

"방해하지 마, 책을 읽고 있잖아!"

"얼른 세수하고 편지 써야지유."

자하르가 끈덕지게 물고 늘어졌다.

"알았으니 그만해." 일리야 일리이치는 퍼뜩 정신이 들었다 "저리 가라고. 생각 좀 해 보려고 그래."

"또 누워 버리려고……." 페치카로 다가가며 자하르가 투덜댔다. "못말린다니까!"

아무튼 오블로모프에게는 이미 한 달 전에 읽다 만, 너무 오래돼서 낡고 누렇게 변해 버린 한 페이지를 다 읽을 만큼의 시간이 있었다. 그는 책을 제자리에 내려놓고 하품을 늘어지게 한 다음 '두 가지 불행한 일'에 대한 생각에 잠겨들었다. 정말 성가신 일이다.

"참으로 답답하군!"

다리를 구부렸다 폈다 하면서 중얼거렸다.

그는 달콤한 상상 속으로 빠져들었다. 시선을 위로 향해 자신이 좋아하는 별자리를 찾았다. 하지만 해가 하늘 한가운데 솟아 나와, 저녁마다 오블로모프의 그림자를 그려놓는 석회 담벼락에 눈부시게 빛을 한가득 쏟아붓고 있

을 뿐이었다. '이러면 안 돼지, 일이 먼저야.' 마음을 굳게 다져 먹는다. '그 다음엔……'

시골의 아침은 이미 지나가 버린 지 오래였다. 수도*1의 아침도 지나갔다. 마당에서 사람 목소리와 이런저런 소리들이 뒤엉킨 요란스런 괴성들이 오블로모프 귀에까지 들려왔다. 개 짖는 소리와 뒤섞여서 구경할 만한 바다짐승이라도 가져왔나 싶었는데, 보따리장수가 목소리를 바꿔 가며 온갖 상품 이름들을 외쳐댔다.

그는 팔베개를 하고 반듯이 누웠다. 일리야 일리이치 머릿속에는 영지에 대한 계획 문제가 자리를 잡았다. 그는 소작료와 경작에 대한 중대하고 원론적인 몇 가지 항목들을 빠르게 한 번 훑고 나서, 농부들의 태만과 잦은 떠돌이 생활을 근절시킬 좀 더 혁신적인 방법이 없을지 고민해 보기도 하고, 자신만의 전원생활을 꿈꾸기도 했다.

시골집에 대한 관심도 많았다. 방 배치 문제를 생각하는 데 흔쾌히 몇 분을 썼다. 식당과 당구장의 가로세로 길이를 정하고, 자기 방 창문을 어느 쪽으로 낼지도 생각해 보았다. 심지어 가구와 양탄자도 떠올려 보았다.

그 다음에는 손님맞이를 할 사람 수도 어림잡아 보고 마구간과 헛간, 하인 방과 이런저런 다른 건물들의 자리도 생각해 보았다.

마지막으로 안마당을 떠올렸다. 오래된 모든 활엽수와 침엽수는 있던 그대로 놓아두고, 사과나무와 배나무 대신 그 자리에 아카시아 나무를 심어야겠다고 결심했다. 정원에 대해서도 생각했지만 이를 위해서는 막대한 비용이 들어간다고 깨닫고 다음에 다시 생각하기로 하고, 꽃밭과 온실 쪽으로 생각을 돌렸다.

미래의 결실을 생각하자, 문득 많은 것들이 머릿속을 스쳤다. 2, 3년 뒤면 시골로 이사를 할 테고 영지도 계획대로 운영될 테니 시골에 푹 박혀서 살게 되겠지, 생각하며 마냥 꿈에 부풀었다.

'여름날 저녁이면 나무그늘이 드리워진 테라스에서 테이블 앞에 앉아 긴 담뱃대를 물고서 연기를 빨아들이며, 나무 너머 펼쳐 보이는 풍경과 시원함, 고요를 한껏 즐기는 자신을 상상했다. 저 멀리에는 노랗게 물든 밭이 보인

---

*1 여기서는 당시 러시아의 수도였던 페테르부르크를 일컬음.

다. 햇살은 낯익은 자작나무 너머로 기울며 거울처럼 매끈한 호수 표면을 발그레 물들인다. 들판에는 모락모락 안개가 피어오르고 차가운 밤 기운이 흘러든다. 땅거미가 내려앉는다. 농부들은 몇 명씩 무리를 지어 집으로 발길을 돌린다.

하인들이 한가로이 대문 옆에 앉아 있다. 거기서는 유쾌한 이야기소리와 웃음소리, 발랄라이카*² 소리가 들려온다. 어린 소녀들이 술래잡기에 열을 올리고 있다. 그의 어린아이들이 자신을 둘러싸고 떠들며 장난치고, 무릎을 타고 올라가기도 하고, 목에 매달리기도 한다. 사모바르 차 테이블 앞에는 오블로모프를 둘러싼 모든 아이들의 여왕이, 바로 그의 여신이…… 한 여인이 앉아 있다! 바로 아내! 한편에는 깔끔하면서도 우아하게 꾸며진 식당 안에 축하의 불꽃이 선명하게 반짝거리기 시작한다. 커다란 원탁에는 음식들이 하나 둘 놓인다. 궁정 대신으로 총애 받는, 볼수염이 하얗게 쉰 자하르가 음식을 나른다. 듣기 좋은 크리스털 유리 부딪치는 소리와 함께 잔이 놓인다. 때로는 컵, 때로는 포크, 끊임없이 바닥에 무언가를 떨어뜨리면서 은식기들을 내려놓는다. 드디어 푸짐하게 차려진 식탁 앞에 앉는다. 옆자리에는 영원한 그의 죽마고우 슈톨츠가 앉아 있고 다른 사람들도 모두 낯이 익다. 그러고는 침실로 들어간다……'

오블로모프의 얼굴에는 행복한 빛이 가득했다. 꿈은 너무도 선명하고 생생했으며 시적이었다. 갑자기 몸을 홱 돌려 쿠션에 얼굴을 묻은 그는 사랑과 잔잔한 행복을 막연히 기대했다. 고향마을의 들판과 언덕, 집, 아내와 아이들에 대한 갈망이 용솟음쳤다.

5분쯤 그렇게 꼼짝 않고 엎드려 있다가, 다시 천천히 돌아누웠다. 얼굴에는 짧지만 눈물겨운 감동의 기운이 감돌았다. 행복했다.

그는 만족스러운 듯 천천히 두 발을 쭉 뻗어 보았다. 그러자 바지가 조금 위로 추켜올라갔다. 하지만 그에게 이런 자질구레한 무질서는 안중에도 없었다. 유쾌한 상상이 어느새 그를 아주 먼 미래로 이끌었다.

어느덧 그는 자기가 좋아하는 생각에 사로잡혔다. 고향 마을에서 15베르스타에서 20베르스타쯤 떨어진 작은 마을과 농장에 거주하는 친구들의 소규

---

*2 러시아의 전통 현악기로 보통 3현으로 이루어져 있음.

모 모임에 대해 생각한다. 매일 다 같이 모여 있는 상상 속에서 그가 만나는 사람들은 근심이 없고 표정은 늘 밝았다. 하나같이 걱정거리가 없으니 얼굴에는 주름 하나 없었으며 생글생글 웃는 모습이다. 그 모양은 살이 쪄서 둥그스름했고, 볼에는 선명한 붉은 기가 감돌았으며, 이중턱을 가진 왕성한 식욕의 소유자들이었다. 영원한 여름, 영원한 기쁨, 맛있는 음식과 달콤한 권태…….

"아, 참으로 멋져!"

일리야 일리이치 오블로모프는 행복에 젖어서 자신도 모르게 터져 나온 탄성에 정신이 번쩍 들었다.

그때 마당에서 다섯 사람이 소란스럽게 외치는 소리가 들려왔다.

"감자요! 설탕이요, 설탕 사가세요, 목탄이요! 목탄! …… 자비로우신 나리님들, 하느님의 사원 건립에 쓸 돈을 모금합니다!"

게다가 새로 공사 중인 옆집에서는 망치 두드리는 소리와 목수들의 고함 소리가 들려왔다.

"아휴, 맙소사!"

일리야 일리이치가 한숨을 내쉬었다.

'인생이란 뭘까? 도시의 소음이 얼마나 추악한지 몰라! 바라는 낙원의 삶은 언제쯤 올까? 넓디넓은 들녘으로, 고향의 숲으로 돌아갈 수 있으려나? 지금이라도 당장 나무 아래 풀밭에 누워 나뭇가지 사이로 햇살을 보며, 얼마나 많은 새들이 나뭇가지에 앉아 있는지 세어보고 싶구나. 그러고 있으면 동그랗고 보드라운 팔꿈치를 드러내고 햇볕에 그을린 목을 가진 어떤 아리따운 하녀가 점심으로 먹을 도시락도 가져다주겠지. 그녀가 앙증맞게 눈을 살그머니 내려뜨고 미소를 보낸다면…… 아, 언젠가 그날이 오겠지?'

'그렇다면 영지에 대한 계획은! 촌장은, 집 문제는?'

문득 이런저런 생각들이 떠올랐다.

'그래, 그렇게 하는 거야! 지금이야, 바로 지금 당장!'

오블로모프는 황급히 자리에서 일어나 소파에 앉았다. 그러고 나서 두 발을 바닥에 내려 한 번에 슬리퍼 안으로 쑥 밀어 넣고는 잠시 그렇게 앉아 있었다. 너무 깊이 생각에 빠져서 자리를 털고 일어나서도 잠시 그대로 서 있었다.

"자하르, 자하르!"

그가 책상 위의 잉크병을 쳐다보면서 크게 외쳤다.

"또 뭐유?" 자하르의 목소리와 쿵쿵거리며 뛰어내리는 소리가 함께 들려왔다. "두 발이 쉴 날이 없다니까." 자하르가 잠긴 목소리로 덧붙였다.

"자하르!" 일리야 일리이치가 책상에서 눈을 떼지 않고 신경질적으로 거듭 불러댔다. "그게 뭐냐 하면, 너……" 잉크병을 가리키며 입을 떼는가 싶더니 말을 다 끝맺지도 않고 다시 생각에 잠겼다.

바로 그때 그의 두 팔이 하늘로 치솟으면서 두 무릎이 휘청거렸다. 그러고는 기지개를 켜고 하품을 늘어지게 하기 시작했다.

"저기 어딘가에 틀림없이 남아 있을 텐데." 기지개 때문에 말이 중간중간 끊겼다. "치즈하고, 뭐더라…… 마데이라 포도주 좀 내와 봐. 점심까지는 아직 멀었고, 그걸로 대충 아침을 때울 테니."

"그게 아직도 남아 있나유?" 자하르가 대꾸했다. "남은 건 아무것도 없슈……"

"남은 게 없다니?" 일리야 일리이치가 말을 자른다. "분명히 기억하는데. 이만한 치즈가 하나 있을 걸……"

"없어요, 없어! 한 조각도 없슈!"

자하르가 딱 잘라 말했다.

"있었대도!"

일리야 일리이치도 물러서지 않았다.

"없대도 그러시네."

자하르가 대꾸했다.

"그럼 사오면 되지."

"돈을 줘야 할 거 아네유."

"저기 잔돈 있을 거 아냐, 가져가."

"어디유? 저긴 1루블하고 40코페이카밖에 없는데, 치즈 사려면 1루블 60코페이카는 있어야 한다구유."

"거기 동전도 좀 있었는데."

"나는 본 적 없슈!" 발을 바꾸어 디디면서 자하르가 말했다. "은화는 저기 있었구, 봤어요. 그런데 동전은 없었슈!"

"있었다니까 그러네. 어제 배달부한테 내가 직접 받았잖아."

"나두 거기 있었지유. 잔돈을 주는 거 보기는 했는데, 동전은 못 봤슈……"

"타란치에프가 가져가지는 않았을 텐데?" 일리야 일리이치는 포기하지 않았다. "그럴 리 없지, 그 사람이 잔돈에 손댈 리가 없어."

"그럼 거기 또 뭐 있어?"

그가 물었다.

"아무것도 없슈. 아차! 어저께 먹다 남은 베이컨이 있는지 아니시야에게 물어 봐야겠슈. 가져와유?"

"뭐라도 있으면 가져와 봐. 그런데 왜 그건 없을까?"

"그렇대두 그러시네, 없다구유!"

내뱉듯이 말하고 자하르는 자리를 떴다. 일리야 일리이치는 생각에 잠겨 방 안을 천천히 서성거렸다.

"뭐가 이렇게 성가신 일들 뿐인지. 영지에 대한 계획은 고사하고 도무지 무슨 일을 할 수가 있어야지! 그건 그렇고 틀림없이 치즈가 남았을 텐데." 문득 다시 그 생각이 들었다. "자하르, 이놈이 먹어치운 게야. 그러고서 없다고 딴 소리라니! 그런데 동전은 어디로 사라졌지?" 손바닥으로 책상 위를 더듬으며 그가 중얼거렸다.

15분쯤 지나서 자하르가 두 손에 들린 쟁반으로 문을 열어젖혔다. 방 안으로 들어서면서 한쪽 발로 문을 닫으려 했다.

하지만 그만 허공을 차는 바람에 술잔 하나가 기우뚱하더니 술병마개 채로 흰 빵과 함께 바닥으로 떨어지고 말았다.

"그렇게 떨어뜨리지 않고는 한 발자국도 내딛지를 못하지!" 일리야 일리이치가 핀잔을 주었다. "떨어뜨렸으면 주울 생각을 해야지. 서서 멍하니 보고만 있으면 어쩌자는 거야!"

손에 쟁반을 든 채 자하르는 빵을 주워들기 위해 몸을 구부렸지만, 쪼그려 앉고 나서야 쟁반 때문에 더 이상 주울 손이 없다는 걸 깨달았다.

"어디 한번 주워 보시지!" 일리야 일리이치가 비웃듯이 말했다. "뭐하고 있어? 왜 그러고 있는 거야?"

"에이, 이런 젠장, 망할놈의!" 자하르가 떨어진 물건들을 보며 분통을 터뜨렸다. "점심때가 다 되어서 아침을 찾는 사람이 세상에 어디 있담?"

그러고 나서 쟁반을 내려놓고 떨어진 물건들을 바닥에서 주워들었다. 빵을 주워서 후! 불고는 탁자에 올려놓았다.

일리야 일리이치는 아침식사를 들기 시작했다. 자하르는 조금 떨어져서 그를 힐끔거렸다. 보아하니 할 말이 있는 눈치였다.

그러나 오블로모프는 눈길조차 주지 않고 식사에만 열중했다.

자하르가 두어 번 헛기침을 했다.

오블로모프는 여전히 콧방귀도 뀌지 않았다.

"집 관리인이 사람을 또 보냈다구유." 마침내 자하르가 주뼛거리면서 입을 열었다. "심부름꾼이 와서는 집을 한 번 볼 수 없겠냐구 하던데유. 집 수리 문제로……"

일리야 일리이치는 한 마디도 하지 않고 먹기만 했다.

"도련님!"

자하르가 기어들어가는 소리로 불렀다.

일리야 일리이치는 못 들은 척했다.

"다음 주에는 방을 꼭 비워 달래유."

자하르가 씩씩거렸다.

오블로모프는 포도주 한 잔을 들이켜고 다시 입을 다물었다.

"어쩌면 좋아유, 도련님?"

자하르가 속삭이듯 물었다.

"그 얘기라면 다시는 입 밖에 내지 말랬잖아." 일리야 일리이치가 단호하게 잘라 말하고 일어나 자하르에게 다가갔다.

자하르는 뒷걸음질쳤다.

"독을 품은 자가 바로 너야, 자하르!"

오블로모프가 의미심장한 말을 덧붙였다.

자하르는 모욕감을 느꼈다.

"그러니까, 내가 독을 품었다는 거지유? 그런데 무슨 근거로 내가 독을 품었다는 거예유? 누구를 죽여 본 적도 없는데."

"독을 품지 않았다고 우기시겠다?" 일리야 일리이치가 맞장구를 쳤다. "너는 내 인생을 엉망으로 만들었어."

"나는 독이 없슈!"

자하르가 못을 박았다.

"집 문제로 날 들볶고 있잖아?"

"나보구 그럼 어쩌란 말예유?"

"그럼 나는 어쩌고?"

"지난번에 집주인한테 편지를 써보겠다구 했잖어유?"

"누가 안 쓴다고 했어? 기다려, 편지는 그렇게 불끈 화가 나서 쓰는 게
아냐!"

"당장 써야만 한다니까유."

"지금 당장이라고? 처리해야 할 더 중요한 일이 있어. 너는 이게 무슨 장
작 패는 일 따위나 되는 줄 아나 본데? 이것 봐." 말라 버린 깃털펜으로 잉
크병 안을 긁으며 소리쳤다. "잉크도 다 떨어졌어! 뭐로 쓰지?"

"내가 크바스로 녹여 보지유."

자하르는 대답과 동시에 잉크병을 들고 현관으로 잽싸게 빠져 나갔다. 오
블로모프는 종이를 찾기 시작했다.

"나 참, 종이도 없어!" 서랍 안을 더듬고, 책상 위를 살피면서 중얼거렸
다. "없어! 아휴, 자하르, 저 놈은 내 인생에 아무 도움이 안 돼!"

"봐, 이래도 네가 독을 품고 있지 않단 말야?" 일리야 일리이치는 막 들
어서는 자하르를 보며 호되게 꾸짖었다. "무엇 하나 제대로 하는 게 없어!
어떻게 집에 종이 한 장 없지?"

"일리야 도련님, 이게 웬 날벼락이래유! 나는 엄연히 기독교 신자인데,
나한테 독을 품은 놈이라며 욕하는 이유가 뭐지유? 그렇게 욕을 하니 속이
후련하세유? 돌아가신 주인어른 생전에 태어나 자랐지만, 어른께서는 그저
여우라고 농담처럼 욕을 할 뿐이었고, 귀를 잡아당기긴 했어도, 그런 욕은
첨 들어봐유. 정말 지어낸 말이 아녜유! 벼락이라도 맞을려구 그런답니까?
종이 여기 있슈."

그러고는 구석 선반에서 누런 종이 반쪽을 집어들어 내밀었다.

"여기에다 어떻게 편지를 쓰라는 거야?" 종이를 집어던지면서 오블로모프
가 나무랐다. "이건 내가 밤새 컵을 덮었던 종이잖아, 안에 뭐라도 들어갈까
봐…… 독 같은 거."

자하르는 돌아서서 벽을 보았다.

"아냐, 상관없겠어. 이리 줘 봐. 일단 쓰고 알렉세예프에게 다시 베껴 쓰라고 하지."

일리야 일리이치는 책상에 앉아 거침없이 썼다.

'친애하는 집주인! ……'

"잉크 한번 지독하군!" 오블로모프가 투덜댔다. "다음번에는 한눈팔지 말라고, 자하르. 일을 제대로 좀 하란 말야!"

그는 잠시 생각에 잠겼다가 다시 편지를 쓰기 시작했다.

'제가 빌려 쓰고 있는 2층 방을 이번에 당신이 수리를 하겠다고 말씀하셨다 들었습니다. 그런데 오른쪽 방은 제가 생활하기에 참으로 잘 맞을 뿐 아니라, 오른쪽 방은 오랜 동안 지내다 보니 자연스레 내 집처럼 편안해졌답니다. 나의 하인 자하르 트로모피모프를 통해 그 통고에 따르면, 당신이 전하라 하셨다던데, 내가 빌려 쓰는 이 집을……'

오블로모프는 잠시 펜을 멈추고 내용을 읽어 보았다.

"좀 어색하군. 통한 통고에 따르면? 같은 글자가 두 번이나 반복되고 앞쪽에는 '오른쪽 방'이 또 연달아 들어갔잖아."

그는 이렇게 중얼거리며 단어 배열을 바꾸려 했다. 하지만 자세히 살펴보니 '방'은 그 앞에도 하나가 더 있었다—이것도 재미없어졌다. 이렇게 저렇게 수정을 하고 나서 '통'의 반복을 피하려고 궁리하기 시작했다.

지워보기도 하고, 다시 써보기도 했다. 세 번이나 다른 글자로 바꿔 넣었다. 하지만 '통고'를 '보고'로 고치자 우스운 꼴로 바뀌었다. '통해'를 '통하여'로 고치자 마찬가지로 같은 글자를 쓰는 꼴이었다.

"아, 이 '통'자가 꽤 골치야!"

그가 초조해하며 말했다.

'아이쿠! 완전 엉망이야, 편지도 안 써지고! 이 따위 일 때문에 머리가 깨지는구나! 공적인 편지를 써본 지가 너무 오래됐어. 벌써 세 시간째 이러고 있다니.'

"자하르, 와서 봐."

오블로모프는 편지를 네 조각으로 찢어 바닥에 내던졌다.

"봤지?"

그가 물었다.

"봤슈."

떨어진 종잇조각을 주워 모으며 자하르가 대꾸했다.

"그러니 더 이상 집 문제는 입 밖에 내지 마. 손에 들고 있는 건 뭐야!"

"집세 계산서예유."

"아휴, 맙소사! 나를 못 살게 굴려고 환장했군! 그래 얼른 얘기해 봐, 얼마지?"

"월세 86루블 54코페이카예유."

일리야 일리이치가 자신도 모르게 손뼉을 쳤다.

"제정신이야? 한 달치 집세가 그렇게 많아?"

"석 달을 연체해서 이렇게 불어난 거예유! 봐유, 다 서류에 적혀 있으니까, 누가 훔치는 게 아니라구유!"

"이래도 네가 독을 품은 놈이 아냐? 그 돈이면 소고기 수백 근은 거뜬히 사겠다! 무슨 꿍꿍이속이 있지? 네가 제대로 하는 일이 뭐야?"

오블로모프가 추궁했다.

"내가 먹어 치우기라도 했다는 거예유?"

자하르가 얼버무렸다.

"안 먹었다는 거야?"

"아니, 먹지도 않았는데 나를 야단치겠다는 거예유? 자, 직접 보세유!"

그러고는 계산서를 불쑥 그에게 다시 내밀었다.

"그럼, 너 말고 또 누가 있겠어?"

잔뜩 화가 난 일리야 일리이치는 기름때가 묻은 장부를 밀쳐내며 말했다.

"게다가 빵하고 야채를 사는 데 121루블 18코페이카가 들었구유."

"영락없이 파산이군! 이럴 수는 없어!" 오블로모프가 넋이 나간 목소리로 외쳤다. "네가 소야? 풀만 씹고 있게……"

"아니! 나는 독을 품은 놈이라면서유!" 자하르가 주인 쪽으로 몸을 홱 돌리고서 처량한 목소리로 날카롭게 말했다. "미헤이 안드레이치만 집 안에 들이지 않았어도 이렇게 돈이 헤프지는 않았을 거예유!" 그가 덧붙였다.

"그럼 합계가 얼마라는 얘기야, 계산해 봐!"

일리야 일리이치는 이렇게 이르고 나서 자신도 셈을 하기 시작했다.

자하르는 손가락으로 셈을 했다.

"무슨 계산이 이 따위야. 할 때마다 달라!" 오블로모프가 투덜댔다. "자, 넌 얼마로 나왔어? 200루블?"

"잠깐만 기다리세유. 조금만 더 시간을 달라구유!" 게슴츠레한 눈알을 이리저리 굴리면서 자하르가 대꾸했다. "8이 열 개에다가 10이 열 개니까, 100하고 80에, 다시 10이 둘……."

"그러다가는 평생을 계산해도 끝이 안 나겠다. 네 방으로 가, 계산서는 내일 보여 줘. 종이하고 잉크도 잊지 마…… 돈 쓸 데가 한두 군데가 아니군! 조금씩 틈틈이 계산해 두라고 그렇게 일러도, 나 몰라라 버티다가 이렇게 일이 커지게 하다니…… 정말 한심하기 짝이 없는 인간이야!"

"205루블하고도 72코페이카네." 자하르가 셈을 끝내고 말했다. "돈을 주세유."

"당장 무슨 돈을 내놓으라는 거야! 좀 기다려. 내일 다시 한 번 보고……."

"맘대로 하세유, 일리야 도련님. 허지만 재촉하는 사람이 있다니까유……."

"알았어, 알았으니까 적당히 좀 해! 내일이라고 했으면 그냥 내일 받겠거니 하면 돼. 나가서 일을 해, 나도 할 일이 있으니까. 더 중요한 고민거리가 있단 말이야."

일리야 일리이치는 의자에 무릎을 꿇고 앉았다. 이제 막 생각에 잠기려는데 밖에서 초인종 소리가 울렸다.

적당히 배가 나오고 허여스름한 얼굴에 볼에는 홍조를 띤 작은 사내가 들어왔다. 검은 머리카락이 마치 술장식처럼 뒤통수에만 무성히 나 있는 대머리였다. 머리털 없는 부분이 둥글고 깨끗해서 마치 상아로 갈아 만든 듯 윤기가 흘렀다. 그 얼굴은 어느 구석이든 특이하게도, 지나치게 남의 일에 간섭을 잘할 것처럼 생겨 보였다. 뭔가를 표현하려는 듯한 소극적인 시선, 어렴풋한 미소, 겸손해 보이면서도 형식적인 예의범절도 특이했다.

그는 단번에 활짝 열어젖힌 대문처럼 시원하고 편안한 프록코트 차림이었다. 안에 입은 와이셔츠는 흰색으로, 어찌나 눈이 부시던지 대머리하고도 잘 어울렸다. 오른손 검지에는 검정색 보석이 박힌 크고 묵직한 반지가 끼워져 있었다.

"의사 선생님! 이게 어쩐 일이십니까?"

한 손은 손님에게 내밀고 다른 한 손으로는 의자에 앉으라고 권하며 오블로모프가 소리쳤다.

"보고는 싶은데, 건강하셔서 불러주질 않으니 이렇게 제 발로 찾아올 수밖에 딴 도리가 있겠습니까?" 의사가 농담조로 대꾸했다. 그러고는 금세 진지한 목소리로 덧붙였다. "사실은 같은 층의 당신 이웃에게 볼일이 있어 왔다가 얼굴이나 볼까 해서 들렀지요."

"고맙습니다. 그런데 그 사람은 왜……?"

"그게 말씀이죠, 한 3주나 4주, 아마도 가을까지는 살 수도 있고…… 다음엔…… 가슴에 수종이, 사실 결과는 뻔하지요. 그건 그렇고 당신은 어떠세요?"

오블로모프가 슬픈 표정으로 한 번 머리를 저었다.

"좋지 않아요, 의사 선생님. 선생님과 상담을 해야겠다고 저도 생각하던 차랍니다. 어떻게 해야 좋을지 모르겠어요. 소화도 잘 안 되고, 명치 아래가 묵직하고, 가슴이 답답하면서 호흡도 곤란합니다……."

애써 불쌍한 표정을 지으며 오블로모프가 말했다.

"손을 줘 보세요." 의사가 맥을 짚고 잠시 눈을 감았다. "기침도 해요?" 그가 물었다.

"밤마다, 특히 저녁을 먹을 때면 그래요."

"음! 심장 박동은요? 두통은 없나요?"

그러고 나서 몇 가지 질문을 더 하고는 그 벗겨진 머리를 갸우뚱하며 깊은 생각에 잠겼다. 2분쯤 지나서 갑자기 고개를 들더니 의미심장한 목소리로 말했다.

"만일 2, 3년 더 이런 공기를 맡으며 살면서 그저 누워만 있고, 기름지고 소화가 잘 안 되는 음식만 먹으면 당신은 뇌졸중 발작으로 쓰러져 죽을지도 몰라요."

오블로모프가 별안간 몸을 부르르 떨었다.

"그럼 어쩌란 말씀이죠? 제발 가르쳐 주세요!"

그가 애원하다시피 말했다.

"남들처럼 해야죠. 외국에 다녀오세요."

"외국이라뇨!"

오블로모프가 깜짝 놀라 거푸 말했다. "왜요?"

"당치도 않습니다, 의사 선생님. 외국이라니! 그게 될 법이나 한 말씀이세요?"

"왜 안 돼요?"

오블로모프가 말없이 자신을 훑어 본 뒤 자기 방을 둘러보고는 기계적으로 되풀이했다.

"외국이라니!"

"왜 못 가지요?"

"왜 못 가다니요? 그 모두가 다……."

"모두가 다? 돈 때문인가요?"

"네, 사실 돈이 없어요." 머리부터 발끝까지 완전히 숨을 수 있는 아주 자연스런 장애물이 있다는 사실에 흐뭇해하며, 오블로모프가 말을 시작했다. "이것 좀 보세요, 촌장이 뭐라고 써보냈는지…… 편지가 어디 있더라. 내가 어디다 뒀지? 자하르!"

"됐어요, 됐어." 의사가 말을 잘랐다. "그건 제가 관여할 바 아니고요, 제가 하고 싶은 말은, 당신의 생활방식과 장소, 공기, 하는 일을 몽땅 바꾸어야 한다는 겁니다."

"그렇다면 생각해 보죠. 어디로 떠나란 말씀이요? 거기서 또 나는 뭘 하고요?"

"우선 독일 키싱겐으로 떠나세요. 거기서 유월과 칠월을 보내세요. 광천수도 많이 마시고. 다음엔 스위스나 오스트리아의 티롤로 떠나세요. 포도 요법을 하는 거죠. 거기서 구월과 시월을 보내는 겁니다……."

"어딘지도 모르는 티롤엘 가다니!"

거의 들릴락 말락 한 목소리로 일리야 일리이치가 중얼거렸다.

"다음에는 어디든 좋으니까 건조한 곳으로 가세요. 이집트도 좋고……."

'설상가상이라더니!'

오블로모프가 마음속으로 생각했다.

"걱정이나 슬픔은 멀리 해야 해요……."

"자신의 일이 아니라 말씀은 잘하시는군요. 촌장한테서 이런 편지를 안 받아보셔서 하는 말씀입니다."

"그러니 걱정거리에서 벗어나야 합니다."

"신경쓰는 일 말입니까?"

"네, 정신적 긴장이요."

"영지 개혁에 대한 계획은 어쩌고요? 나보고 사시나무 토막처럼 되라고 요?"

"생각하기 나름이지요. 제가 할 수 있는 건 당신 건강을 위해 조언해 주는 일뿐입니다. 욕구도 조심해야 되고요. 그런 것들이 치료에 나쁜 영향을 끼칠 수 있으니까. 승마와 춤을 즐기고, 깨끗한 공기를 마시며 적당한 운동을 하고, 기분 좋은 대화, 특히 부인들과 수다를 즐기려는 노력이 필요해요. 그것도 심장이 경쾌하게 뛸 수 있을 만큼 말이죠. 한 마디로 기분전환을 위해 노력해야 해요."

오블로모프는 고개를 숙이고 그의 말을 경청했다.

"다음에는요?"

"다음에는 책을 읽는다든가 글을 쓰는 일은 피해야 합니다! 만일의 경우에 대비하는 게 좋으니까요! 창이 남쪽으로 나 있고, 꽃이 많은 빌라를 빌려서 주위에 늘 음악과 여자들을 가까이 두세요……."

"그럼 음식은 어떤 걸 먹어야 하나요?"

"고기류나, 아무튼 동물성 식품은 피하세요. 밀가루 음식이나 아교질 성분이 들어 있는 음식도 마찬가지고요. 가벼운 수프나 야채가 좋아요. 지금은 어디나 콜레라가 극성이니 특별히 조심해야 합니다…… 하루에 여덟 시간은 걷는 게 좋죠. 총도 하나 준비해 두셔야……."

"하느님 맙소사!"

오블로모프가 신음 소리를 냈다.

"마지막으로, 겨울이 시작될 무렵 파리로 가요. 거기서 격동적인 삶을 즐겨요, 딴 생각들은 접어두고 그냥 즐기세요. 극장에서 무도회로, 가장무도회로, 그리고 교외로 가끔 사람들도 만나러 다니고, 아무튼 주위에 친구들과 웃음이 끊이지 않게 하세요."

"그것만 필요합니까?"

자기도 모르게 떨떠름한 표정을 지어 보이며 오블로모프가 물었다.

의사는 생각에 잠겼다.

"바닷바람도 좀 쐬면 어떨까요? 영국에서 배를 타고 미국도 다녀오고 말이죠⋯⋯."

그가 자리를 털고 일어나며 떠날 채비를 했다.

"만약 당신이 제 말대로만 잘 따라 하면⋯⋯."

그가 덧붙였다.

"좋아요, 좋아, 꼭 그렇게 하죠."

배웅을 하면서 오블로모프가 빈정거리는 투로 말했다.

의사가 떠나자, 오블로모프는 왠지 서글퍼졌다. 그는 눈을 감고 두 손으로 머리를 감싸고 의자에 웅크리고 앉아 꼼짝도 하지 않았다. 아무것도 눈에 들어오지 않고 아무 느낌도 없었다.

그의 뒤편에서 겁에 질린 목소리가 들려왔다.

"일리야 도련님!"

"왜?"

"집 관리인한테는 뭐라 말할까유?"

"무슨 얘기야?"

"이사 문제 말예유."

"또 그 소리?"

오블로모프는 어이가 없었다.

"아이구, 도련님, 내가 뭘 하겠어유? 알아서 궁리 좀 해 보셔유. 나야 천하게 살아왔구, 죽을 날두 머지않았는데⋯⋯."

"아니, 내가 집 문제로 죽는 꼴을 보고 싶어서 그래? 의사가 뭐라 했는지 들었어야 했어!"

자하르는 뭐라 말해야 할지 몰라 한숨만 크게 내쉬었다. 그 바람에 목도리 끄트머리가 가슴에서 바르르 떨렸다.

"아주 나를 닦달해서 죽이기로 작정한 거야? 내가 이제 지겨워졌다는 거야, 응? 어서 말해 봐!"

"하느님의 가호가 함께 하시기를! 만수무강하시길! 어느 누가 제 주인이 잘못되기를 바란단 말예유?"

대화가 뜻하지 않은 방향으로 흘러가자 당혹스러워하며 자하르가 볼멘소리를 했다.

"지금 생각이 있는 거야? 내가 이사 문제에 대해서는 더 이상 이야기하지 말라고 했는데, 너는 그 일을 하루에 다섯 번 상기시키지 않으면 직성이 안 풀리냐고? 이러니 내가 어떻게 기분이 안 상할까? 그 얘기가 내 수명을 단축시키는 줄 몰라서 그래? 보다시피 이렇게 건강도 안 좋은데 말야."

"일리야 도련님, 아무리 생각해 봐도…… 왜 이사를 하지 않으려 하는지 도무지 이해할 수가 없슈."

속으로 겁을 집어먹고 자하르가 떨리는 목소리로 말했다.

"왜 이사를 안 하냐고? 아주 쉽게 말하는군!" 의자를 자하르 쪽으로 돌려 앉으며 오블로모프가 말했다. "이사하는 게 어떤 건지 생각이나 해 봤어? 아마, 생각해 본 적도 없겠지."

"그래요, 나는 꿈도 꿔 본 적 없슈!"

자하르가 기가 죽어 대답했다. 이야기가 점점 처량하게 흘러가면서 몸을 에는 듯한 아픔보다 더 고통스러웠기에, 주인이 하는 말은 무엇이든 거스르지 말아야 할 것만 같았다.

"생각해 본 적이 없다면 자, 내 말을 좀 듣고 나서 생각해 봐, 우리가 지금 이사를 할 때인지 아닌지. 이사한다는 게 뭐지? 그건 바로, 주인이 하루 종일 밖에서 찬바람을 맞아야 한다는 의미야. 아침부터 옷을 차려입고 서성 거려야 하고……"

"그야, 잠시 집에서 나갈 뿐 아녜유? 하루 종일 집을 비우지 못할 이유가 뭐지유? 집 안에만 있는 게 건강에 더 해롭겠지유? 보셔유, 얼마나 핼쑥해 졌는지! 전에는 잘 담가진 오이 같더니 지금은, 그렇게 방에만 있어서 몰골이 말이 아니란 말예유. 길에 나가서 지나가는 사람들, 다른 사람들을 좀 봤으면 좋으련만……"

"쓸데없는 소리 그만두고 내 말 좀 들어 봐! 나보고 지금 거리를 헤매고 다니라는 말이야?"

오블로모프가 말을 가로챘다.

"맞어유, 꼭 그래야 해유." 자하르가 발끈해서 말을 이었다. "사람들 말로 는 처음 보는 볼거리를 누가 가져왔다나 봐유. 구경 간다구 야단법석이더라구유. 도련님이 극장이나 가면무도회라도 가면 그때 이사할 수 있을 테니 말예유."

"쓸데없는 소리는 그만 지껄여! 주인한테나 폐 끼치지 않게 조심해, 그 방법이나 괜찮다고 하구! 네 말대로 하루 온종일 거리를 헤매기만 하면 돼? 내가 어디서 어떻게 끼니를 때우든, 그리고 식사를 하고 나서 낮잠을 자든 안 자든, 안중에도 없다는 거야? 나 없이 이사를 하겠다고? 안 봐도 어떻게 이사를 할지 눈에 선해. 항아리는 어떻게 나르려고? 물건이라는 물건은 죄다 산산조각낼 게 불을 보듯이 뻔한데."

점점 더 확신에 찬 목소리로 오블로모프가 말했다.

"이사가 뭐겠어! 부수고 소란을 떠는 거야. 온갖 물건을 바닥에 산더미처럼 쌓아놓고 말이야. 한쪽에는 가방이 나뒹굴고, 소파 등받이, 그림, 담뱃대, 책, 이런저런 유리병들…… 다른 때에는 눈에 띄지도 않던 것들이 어디서 그렇게 꾸역꾸역 나오는지! 그 집기들을 잃어버리지 않도록, 깨뜨리지 않도록 하려면 잠시도 한눈을 팔아서는 안 되는데…… 도구들도 한 짝은 저기에, 다른 짝은 짐마차에 있지 않으면 이사갈 집에 벌써 가 있을 거고. 담배나 한 대 물어 볼까 싶어서 담뱃대라도 집어들면 담배는 벌써 실어 나른 지 오래고…… 앉고 싶어도 앉을 데도 없고, 뭘 살짝만 건드려도 바로 새까매지고 어디든 먼지투성이겠지. 손을 씻으려도 대야가 없으니, 네 손처럼 지저분한 채로 어슬렁거려야 할 게 뻔하잖아……."

"내 손이유? 깨끗해유."

이렇게 말하며 자하르가 내민 손은 차라리 발바닥이라고 해야 옳을 성싶었다.

"알았어, 보여 줄 필요까지 없잖아!" 일리야 일리이치가 고개를 돌리며 말했다. "목이 말라서 물을 마시고 싶은데 물병만 있고 컵이 없으니……."

"병나발을 불면 되겠군유!"

자하르가 멋쩍게 덧붙였다.

"너희들이 하는 일이 다 그렇지. 빗자루질을 안 하고 걸레질을 안 해도, 양탄자를 안 털어도, 아무렇지도 않다고 하고 말야. 이사한 새집은—" 일리야 일리이치가 머릿속에 이사 장면들을 떠올리며 말을 이었다. "사나흘 동안은 전혀 정돈이 안 되어 있을 테고, 뭐 하나 제자리에 있지 않겠지. 그림도 어떤 것은 벽에, 어떤 것은 바닥에 내팽개쳐 있고, 덧신은 침대 위에 올라가 있고, 장화는 분명히 차와 포마드와 한 보따리에 싸겠지. 쭉 훑어 보면 의자다리는 부러지고, 액자 유리는 깨져 있을 테고. 소파는 얼룩투성이에, 뭘 좀 가져오라 해도 없다고 하면 그뿐이고 말야. 만일 그게 어딘가 있다 해도 누가 알겠어. 북새통에 잃어버린 게 아니라 전에 살던 집에 두고 왔다면, 거기로 다시 가지러 간다고 뛰어나가겠지……."

"어쩌면 거기에 열 번 정도는 뛰어갔다 와야 하겠지유."

자하르가 말참견을 하고 나섰다.

"내 말을 잘 들어 봐! 아침에 눈을 떴는데 낯선 새집에서 얼마나 처량할까! 물도 석탄도 없이 추운 겨울에 떨고 있다고 생각해 보란 말야. 방 안은 냉기로 가득한데 장작 하나 없지, 그럼 어디 뛰어가서 빌려올까……."

"이웃이 어떨지는 모르지만, 장작다발이나 물 한 동이를 부탁하는 게 그리 만만한 일은 아니겠지유."

"그래, 바로 그거야! 이사를 하고, 바로 그날 저녁이면 귀찮은 일이 다 끝난 듯 보이지만 그렇지 않아. 2주일은 더 그렇게 보내야 해. 겉보기에는 모두 제자리를 찾은 것 같아도 잘 보면 아직도 할 일이 남아 있다는 걸 알게 될 거야. 커튼도 달아야지, 그림도 못 박아 걸어야지, 아주 진저리가 나서 살맛이 안 나게 돼…… 게다가 그 비용, 비용은 또 어떻고……."

"지난 8년 전에 이사할 때는 200루블이 들었어지유. 아직도 기억나네."

자하르가 맞장구를 쳤다.

"그때는 엄청 들었어! 새집에 이사 가서 처음 며칠이 정말 끔찍하지? 곧 적응을 할 수 있을 거 같아? 나는 잠자리가 바뀌면 닷새가 넘게 잠을 설칠 거란 말야. 자고 일어나서 선반공 간판이 아니라 다른 뭔가가 눈에 들어오면 허전해서 미쳐버릴 거야. 그리고 식사하기 전에 그 집 창문으로 짧은 머리 노파가 얼굴 내미는 걸 봐야 제대로 아침을 시작하는 기분이 들거든……이제 알겠지? 네가 주인을 어떤 지경으로 내몰고 있는지 말이야, 응?"

일리야 일리이치가 책망의 눈빛으로 물었다.

"왜 몰러지유?"

자하르가 고분고분해졌다.

"알면서도 나보고 이사를 하라고 해? 그런 상황을 어떻게 인간의 힘으로 감당하겠어?"

"다른 사람들은 우리보다 상황이 훨씬 안 좋은 경우에도 이사를 하는데 우리라구 왜 이사를 못하지유? ……"

자하르가 대꾸했다.

"뭐? 뭐라고?" 일리야 일리이치는 어처구니가 없어 의자에서 벌떡 일어서며 물었다. "지금 뭐라고 했어?"

자하르는 주인이 왜 흥분해서 소리를 지르며 자리에서 일어났는지 영문을 몰라 갑자기 당황했다. 그는 입을 다물었다.

"다른 사람들이 우리보다 낫다고?" 일리야 일리이치가 몹시 놀라며 반복해서 말했다. "넌 지금 무슨 소릴 하는 거야? 이제야 알만 해. 나란 존재가 '남들'이나 다를 바가 없다는 거지?"

오블로모프는 비꼬듯이 자하르에게 꾸벅 인사를 하고서 참지 못할 모욕을 당한 표정을 지어 보였다.

"이러지 마셔유, 일리야 도련님. 내가 감히 주인을 다른 누구와 비교할 수 있겠슈?"

"눈앞에서 썩 꺼져!" 손으로 문을 가리키며 오블로모프가 명령조로 말했다. "더 보고 싶지 않아. 아! '남들'이라고! 그래 좋아!"

자하르는 길게 한숨을 내쉬며 자기 방으로 사라졌다.

"사는 게 뭔지, 생각해 보라고!"

침상에 걸터앉으며 그가 중얼거렸다.

"하느님 맙소사!"

오블로모프의 입에서 신음 소리가 저절로 나왔다.

"오늘은 일을 좀 할까 했더니, 기분을 엉망으로 만들어서 하루를 몽땅 날려 버렸어! 그 사람이 누구냐고? 누구긴. 바로 충직하고, 서로 볼 거 안 볼 거 다 본 몸종이지. 말하는 꼴 좀 봐! 어떻게 그런 말을 할 수가 있담?"

오블로모프는 아주 오랫동안 마음의 평정을 찾지 못했다. 자리에 누웠다가는 일어서고, 방 안을 서성이다가는 다시 눕기를 되풀이했다. 자하르의 못마땅한 행동, 즉 남들 수준으로 그를 깎아내린 엄청난 짓을 보면서, 여태껏 특별하다고만 생각해 왔던 자신에 대한 자하르의 존경심이 그저 흔히 찾아볼 수 있는 수준에 불과하다는 사실을 깨닫게 되었다.

오블로모프는 이 비교에 대해 깊이 생각했다. '남들'은 무엇이고 자신은 또 무엇인가. 그리고 이런 비교가 어느 정도 가능하고 공평한 것인지, 자하르가 그에게 가져다 준 이 수모가 얼마나 견디기 힘든지 차근차근 따져 보았다. 마지막으로, 자하르가 과연 그를 고의적으로 모욕을 했는지, 다시 말해, 나라는 사람이 '남들'과 마찬가지인 사람이라고 확신하고 있지나 않은지, 아니면 그저 생각 없이 내뱉은 말인지를 골똘히 생각했다. 이 모든 궁금증 때문에 자존심이 잔뜩 상한 오블로모프는, 자하르가 '남들'이라는 의미로 사용한 사람들과 자신의 차이점을 자하르에게 보여 주고 그 비교 행위의 모순을 확실히 일깨워 줘야겠다고 결심하기에 이르렀다.

"자하르!"

또박또박 준엄하게 소리쳤다.

자하르는 부르는 소리를 듣고도 무슨 일인지, 여느 때와 달리 발길질을 하며 침상에서 뛰어내리지도 않고, 궁시렁거리지도 않았다. 천천히 벽난로에서 기어내려와 손과 옆구리를 여기저기 부딪치면서 조용히, 마지못해 걸음을 옮겼다. 마치 주인의 목소리만 듣고도 자신이 저지른 잘못이 발각되어 곧 치르게 될 벌을 금세 직감한 듯한 태도였다.

자하르는 문을 반쯤 열어젖히고는, 들어갈 엄두도 내지 못했다.

"들어와!"

일리야 일리이치가 말했다. 자유롭게 여닫는 문인데도 자하르는 지나가지 못할 만큼 아주 조금만 열었다. 그래서 사이에 걸려 안으로 들어가지 못했다.

오블로모프는 침대 끄트머리에 앉아 있었다.

"이리 와!"

그가 고압적인 어투로 불렀다.

자하르는 열린 문 사이로 겨우 빠져 나왔지만, 곧바로 손을 뒤로 돌려 문을 닫고는 문에 등을 바짝 대고 섰다.

"이쪽으로 오라니까!"

자기 바로 앞자리를 손가락으로 가리키며 일리야 일리이치가 소리쳤다. 자하르는 반 발자국만 내딛고, 서라는 자리에서 2사젠*[3]이나 떨어져서 멈춰 섰다.

"더 가까이!"

오블로모프가 말했다.

자하르는 발소리를 내면서 내딛는 시늉만 할 뿐 제자리에서 꼼짝도 하지 않았다.

일리야 일리이치는 이번에는 무슨 수를 써도 자하르를 가까이 불러 세울 수 없으리라고 깨닫고, 그 자리에 그를 세워놓고 얼마동안 말없이 질책의 시선을 보냈다.

자하르는 이런 주인의 행동에서 불길함을 감지하고는, 그 어느 때보다 더 주인을 의식하지 않는 듯한 표정을 지어 보였다. 주인 쪽을 보고 서 있으면서도 이때만큼은 일리야 일리이치에게 시선조차 주지 않았다.

그는 끈덕지게 반대편, 왼쪽을 응시했다. 바로 그때 거기서 오래 전부터 아주 낯익은 물체, 그림 주변에 축 늘어져 있는 거미줄을 발견했다. 거미줄에는 다름 아닌 자신의 태만에 대한 생생한 질책이 숨쉬고 있었다.

"자하르!"

일리야 일리이치가 낮지만 위엄 있는 목소리로 그를 불렀다.

자하르는 대꾸가 없었다. '대답 않고 너 뭐하고 있지? 자하르가 어디 또 있지? 여기 서 있는 내가 자하르다' 이렇게 생각하고 있는 듯했다. 그러면서 주인을 피해 왼쪽에서 오른쪽으로 시선을 옮겼다. 거기서도 거울이 마치 옥양목처럼 뿌연 먼지로 덮인 채 자신의 존재를 일깨워 주었다. 짙은 안개 사이로 보이는 듯한 자신의 모습, 이 험악하고 못생긴 자신의 낯짝이 짓궂은 표정으로 눈을 치켜뜨고 그를 힐끔거리고 있었다.

자하르는 이런 서글프고도 지나치게 낯익은 대상이 불쾌해서 바로 외면해 버렸다. 그 순간 일리야 일리이치에게 시선이 멈추었다. 둘의 눈이 마주쳤다.

자하르는 주인이 눈빛으로 보내는 질책을 견디기 어려워서 고개를 떨구고 구두코만 쳐다보았다. 거기 깔린 먼지와 얼룩투성이 양탄자에서 주인나리를 모시는 일에 열의를 다하지 못했다는 애달픈 자신의 성적표를 다시 읽을 수 있었다.

＊3 미터법 채용 이전의 길이 단위로 1사젠은 약 2.134미터에 해당.

"자하르!"

일리야 일리이치가 감정을 실어 거듭 불러댔다.

"무슨 일이예유?"

거의 기어들어가는 목소리로 자하르가 반문했다. 전에 들었던 정나미 떨어지는 이야기를 또 들어야 한다는 생각에 몸이 사시나무처럼 떨렸다.

"크바스를 가져와!"

일리야 일리이치가 말했다.

그제야 자하르는 가슴을 쓸어 내렸다. 어린아이처럼 기뻐서 어쩔 줄 몰라 하며 재빠르게 부엌으로 몸을 날려 크바스를 가져왔다.

"그래, 어때?" 크바스 한 모금으로 목을 축이고 잔을 그대로 들고서 일리야 일리이치가 짧게 물었다. "너도 불편하지?"

자하르 얼굴에 나타난 험악한 표정이 잠시나마 참회의 빛을 띠며 부드러워졌다. 자하르는 주인에 대한 경건함이 몸 곳곳에서 깨어나 가슴 깊숙한 곳에서 치밀어 오름을 느꼈다. 그는 갑자기 오블로모프의 눈을 똑바로 보았다.

"네가 네 죄를 알겠지?"

일리야 일리이치가 물었다.

'죄라니 무슨 소리?' 자하르는 분한 생각이 들었다. '말 한번 밀살스럽게 하네. 주인이 그런 식으로 말하니까 눈물이 절로 쏟아져 내릴 판이구먼.'

"왜 그러시는 거예유, 일리야 도련님." 자하르는 최대한 낮은 음성으로 입을 열었다. "내가 무슨 말을 했다고 그래유? 나는 그러니까 그게……."

"아니, 잠깐만!" 오블로모프가 말을 자르고 끼어들었다. "네가 무슨 짓을 했는지 알기나 해? 저기, 탁자에다 잔을 내려놓고 말해 보란 말야!"

자하르는 아무 말도 하지 못했다. 결정적으로 무슨 잘못을 저질렀는지 전혀 이해할 수가 없었다. 하지만 그게 사실이라 해도 존경의 눈빛으로 주인을 바라보는 데는 아무런 방해가 되지 않았다. 그는 자신의 잘못을 의식해서 고개를 숙였다.

"그런데도 네놈이 독을 품은 놈이 아니라고?"

오블로모프가 따져 물었다.

자하르는 여전히 입을 꾹 다물고, 그저 서너 번 두 눈을 크게 깜빡일 뿐이었다.

"너는 주인을 불쾌하게 만들었어!"

일리야 일리이치는 한마디 한마디 뚝뚝 끊어 힘주어 내뱉고는, 그가 당황한 모습을 즐기기라도 하듯 노려보았다.

자하르는 당혹감에 어찌해야 좋을지를 몰랐다.

"네가 나를 불쾌하게 만들지 않았단 말이지?"

일리야 일리이치가 소리쳤다.

"그렇다니까유!" 또다시 튀어나온 이 '밉살스러운' 말에 망연자실한 자하르가 중얼거렸다. 그는 자신을 구제해 줄 무언가를 찾아 여기저기 쉴 새 없이 시선을 움직였다. 그때 다시 거미줄과 먼지, 거울에 비친 자신의 엉성한 모습과 주인의 얼굴이 눈앞에 어른거렸다.

'쥐구멍이라도 있으면 들어가겠는데! 어휴, 차라리 죽는 게 나아!' 그는 아무리 꽁무니를 빼려 해도 이 상황에서 빠져나갈 수 없다는 사실을 깨달았다. 눈의 깜빡임이 점점 더 심해지면서 하마터면 눈물이 왈칵 쏟아질 뻔했다.

갑자기 생각난 듯 그는 유명한 노래 한 구절을 따서 산문 형식으로 주인에게 대답했다.

"내가 뭘 그렇게 도련님을 불쾌하게 해드렸나유, 일리야 도련님?"

거의 울먹이는 목소리였다.

"뭘?" 오블로모프가 말꼬리를 잡고 늘어졌다. "'남들'이 뭔지 생각이나 해 봤어?"

그는 내내 자하르를 노려 보다 잠시 말을 멈추었다.

"그게 뭔지 말해 줄까?"

자하르는 마치 굴 속에 갇힌 곰처럼 돌아서서 온 방이 꺼져라 크게 한숨을 내쉬었다.

"'남들'이라니, 누굴 두고 하는 소린지 알기나 해? 무례하기 그지없는 거렁뱅이인데다, 난폭하고 교양머리라고는 조금도 없고, 지저분한 다락방에서 찢어지게 가난하게 살고 있는 작자들이야. 마당 어느 한 귀퉁이에서 거적 하나 달랑 덮고 잠이나 자는 그런 인간들. 그런 자들한테 무엇을 기대할 게 있겠어? 아무것도 없어. 감자나 청어를 게걸스럽게 먹어 치울 줄이나 알겠지. 먹거리를 찾아 여기저기 뒤지고 다니고, 하루 온종일 이리저리 뛰어다니고 말이지. 아마 그런 자들에게는 새로 이사하는 일이 너무도 쉬울 수도 있겠지. 저기 저, 랴가에프만 해도 그래. 그 사람이야 겨드랑이에 눈금자를 하나 끼고 손수건으로 옷가지 두어 벌만 싸서 가면 다야…… '이봐, 자네 어디 가나?' 물으면 '이사 가.' 이렇게 답하면 그걸로 끝이라고. 바로 이런 사람들이 '남들'이야! 그런데 네가 보기에 내가 그런 '남들'과 같다고?"

자하르는 주인을 쳐다보며 발바꾸기를 하고 서 있을 뿐 아무 말이 없었다.

"'남들'이란 뭔가? 별 것 아니라, 구두도 자기 손으로 닦고 옷도 혼자서 갈아입는 작자란 말야. 어쩌다가 주인이랍시고 행세는 하지만 모두가 허풍이고 심부름꾼이 무엇을 하는 사람인지조차 모른다는 거야. 일이 생겨도 부릴 사람이 없어서 직접 그곳으로 달려가지. 스스로 페치카 장작도 넣고 가끔씩 먼지까지 훔치는 게 그 작자들이라고……."

"독일 사람들 중에는 그런 사람이 많아유."

자하르가 무뚝뚝하게 말했다.

"그럼 난? 네 생각에, 내가 '남들'이라는 거야?"

"도련님이야 전혀 다른 사람이지유!"

자하르가 억울하다는 투로 말했다. 하지만 여전히 그는 주인이 무엇을 말하고 싶어하는지 도무지 감이 잡히지 않았다.

"내가 남들과 전혀 다른 사람이라고? 잠깐, 지금 무슨 말인지 내가 가르쳐 주지! '남들'이 어떻게 살고 있는지 좀 생각해 보란 말야. '남들'은 쉴 새 없이 일을 하느라고 이리저리 악착같이 뛰어다니지. 일을 안 하면 입에 풀칠도 못 할 판국이니까. '남들'은 절이나 하며 굽실거리고 애걸복걸하고, 그러니 비굴해질 수밖에……. 그런데 나는 어때? 어디 한 번 판단해 보라구. 어때, 그래도 내가 '남들'이야, 응?"

"이제 그만 해유, 도련님. 그런 밉살스럽고 되지도 않을 말로 날 들볶지 마세유, 충분히 알아들었으니까!" 자하르가 애걸했다. "오, 도련님, 제발!"

"네가 '남들'이라고 했지? 내가 얼굴색을 바꿔가며 뛰어다니기나 하더냐, 아님 일을 하더냐? 비쩍 말라 불쌍해 보이기를 해? 하고 싶은 것을 못해? 시중들고 심부름해 줄 사람도 있잖아? 내 손으로 직접 양말을 신느라 애써 본 적도 없다고! 걱정 따위를 할 것 같아? 무엇 때문에 내가 그래야 해? 지금 내가 이런 소릴 하는 게 누구 들으라고 하는 거지? 어렸을 때부터 내

시중드느라 따라다닌 네가 아니냐고? 내가 얼마나 애지중지 커 왔는지, 또 크면서 단 한 번도 추위나 배고픔에 떨어 본 적 없다는 거, 부족한 거 하나 없었고 먹고살자고 돈 벌 궁리 해 본 적도 없고, 더우기 나쁜 짓은 꿈도 꿔 본 적 없다는 걸 네가 두 눈으로 똑똑히 봤으니 잘 알 거 아니야? 그런데 어떻게 나를 남과 비교해? 정말로 내가 '남들'처럼 몸이 튼튼하다고 봐? 내가 그런 일을 하고 견뎌낼 수 있을 거라 생각하냐고?"

결국 자하르는 오블로모프가 하는 말을 점점 더 이해할 수 없게 되었다. 그러나 마음속으로는 어찌나 흥분이 되던지 입술이 부풀어오르기까지 했다. 도망칠 수 없는 상황 속에서 소나기를 잔뜩 머금은 먹구름 같은 주인의 목소리가 울려왔다. 그는 입을 꾹 다물었다.

"자하르!"

일리야 일리이치가 다시 그를 불렀다.

"내리실 분부라도 있슈?"

자하르가 겨우 들릴락 말락 한 소리로 중얼거렸다.

"크바스 한 잔만 더!"

자하르는 크바스를 대령했다. 일리야 일리이치가 단숨에 들이켜고 잔을 내주자 그는 얼른 자기 방으로 줄행랑치려 했다.

"아냐, 아직 안 끝났어, 기다려! 내가 지금 묻고 있잖아, 주인을 어떻게 그토록 가슴 아프게 모욕할 수 있지? 그것도 갓난아이 때부터 네 두 팔로 안고 다니고 오랫동안 돌보고, 그래서 너에게 은혜를 베풀어 준 바로 그런 주인을 말야!"

자하르는 더 참을 수가 없었다. '은혜를 베풀어 준'이라는 말을 듣자 죽을 것만 같았다! 그는 더 빠르게 두 눈을 껌벅거렸다. 가슴을 에는 듯 고통스러운 주인의 말을 점점 더 이해할 수 없게 되어 슬픔은 더 커져 갔다.

"잘못했슈, 일리야 도련님." 그가 반성하고 있다는 듯 쉰 목소리를 냈다. "내가 못난 탓이예유, 내가 무식해서……"

자신이 무슨 잘못을 했는지 이해조차 못 하는 자하르는 말끄트머리에 무슨 동사를 써야 할지 도무지 알 수가 없었다.

"나로 말하면," 자신의 가치를 인정받지 못해서 모욕감을 느낀 목소리로 오블로모프가 말을 계속했다. "그럼에도 밤낮으로 고민하고 있어. 때로 머리가 깨질 만큼, 심장이 저릴 만큼 고심하고 잠자리에 들어서도 이리저리 뒤척이면서 더 나은 방법이 없을까 늘 생각하는 사람이……누구라고 생각해? 또 그게 누구를 위해선지 알아? 모두가 당신들, 농부들을 위해서란 말야. 그러니 결국 너를 위해서지. 너는 아마도, 때로 머리까지 이불을 뒤집어쓰고 있는 나를 보고, 그저 '통나무처럼 누워서 잠이나 잘 거'라 생각할지 모르겠지만 아니야, 그렇지 않아. 난 잠을 자기보다, 농부들이 어떻게 하면 부족함 없이 살 수 있을까, 어떻게 하면 남부럽지 않게 살 수 있을까, 어떻게 하면 그들이 마지막 심판 날에 하느님께 나를 용서해 달라고 애원하고, 눈물을 흘리지 않고 날 위해 기도하고, 좋은 주인으로 기억하게 할 수 있을까 노심초사하지. 그러니 네 놈이 얼마나 은혜도 모르고 날뛰고 있는지 아느냐 말이야."

오블로모프는 자신의 비통한 심정을 질책에 담아 훈계를 끝맺었다.

자하르는 가슴을 도려내는 듯한 결정적인 마지막 말에 큰 감동을 받고는 천천히 흐느껴 울기 시작했다.

이때 목구멍을 울리며 나온 걸걸한 목소리를 악기에 비유하자면, 중국의 징이나 인도의 탐탐이라 하겠다.

"일리야 도련님!" 그가 울먹였다. "이제 그만하셔유! 어떻게 얼토당토않은 말만 하셔유. 아이쿠, 순결하신 성모 마리아시여! 이게 웬 날벼락이예유……."

"이제야," 그의 말은 듣지도 않고 오블로모프가 말을 이었다. "네가 한 말이 얼마나 야단맞아 마땅한지 알겠지? 그 독을 품은 뱀 같은 혓바닥이 이 가슴을 후벼 놓았어!"

"뱀이라!" 자하르가 말을 내뱉고는 두 손을 모아 쥐고 울음을 터뜨렸다. 마치 방 안에 수십 마리의 딱정벌레가 한꺼번에 날아올라 앵앵거리는 듯했다. "내가 언제 뱀처럼 독한 말을 했슈?" 그가 통곡하며 말했다. "뱀이라니, 행여 꿈에라두 볼까 겁나유, 징그러워라!"

두 사람은 서로의 말을 이해하지 못했고, 결국에는 자신이 하는 말조차 이해할 수 없게 되었다.

"그러고도 할 말이 더 있다는 거야? 계획안에는 너에게 단독 집 한 채와 채소밭, 배급식량, 봉급까지 주기로 돼 있어! 너는 관리인, 그러니까 집사

겸 대리인이 되는 거지! 농부들이 네게 굽실거리면서 인사를 할거야. 자하르 트로프므이치님, 자하르 트로프므이치님, 하면서! 그래도 넌 만족하지 못하고 나를 '남들'과 한통속으로 취급했잖아! 그게 은혜를 베푼 나에 대한 보답이야? 최선을 다해 주인을 모셨다고 할 수 있느냐 말야!

여전히 자하르가 흐느껴 울어서, 일리야 일리이치도 덩달아 감격에 겨워 울컥했다. 자하르를 훈계하면서, 그는 순간 농부들을 위해 좋은 일을 해내고야 말았다는 생각으로 가득했다. 심지어 마지막 말을 할 때는 목소리도 떨리고, 두 눈에는 눈물이 고였다.

"이제 내말 다 끝났으니 나가도 돼!" 그는 화해의 어조로 자하르에게 말했다. "아니, 잠깐 기다려, 크바스 한 잔 더 가져와! 목구멍이 바싹바싹 타들어가는군. 이 정도는 알아차려야지, 내 목이 쉰 거 들리지? 알아서 해야지!"

"너도 자신이 무슨 잘못을 저질렀는지 알아야 해." 자하르가 크바스를 가져다주자 일리야 일리이치가 말했다. "다음부터는 절대 주인을 남들과 비교하지 말란 말이야. 잘못을 인정한다면 어떻게든 집주인을 구워삶아서 이사하지 않는 방향으로 일을 꾸며 봐. 그게 바로 주인을 편히 모시는 방법이야. 주인의 기분을 망쳐서 뭔가 새롭고 유익한 생각을 할 기회를 빼앗아야 되겠어? 그러면 누가 손해 보는 줄이나 알아? 바로 너 자신이야. 바로 너희들을 위해 내 한 몸 온전히 바치고 있고, 바로 너희들을 위해 관직도 그만두고 내가 이렇게 틀어박혀 있다고…… 아니, 이제 그만하자! 벌써 3시를 치고 있군! 식사 시간까지는 두 시간밖에 안 남았는데, 두 시간으로 뭘 할 수 있겠어? 할 일이 태산이란 말야. 어쩔 수 없이 편지는 다음 우체부가 올 때까지 준비해 놓고, 계획은 내일 마무리하는 걸로 해야겠군. 그럼, 이제 잠이나 좀 잘까. 완전 녹초가 됐어. 커튼 좀 내리고 문을 꼭 닫아 줘, 수면에 방해가 되지 않도록. 한 시간쯤 눈을 붙일 테니까 4시 반에 깨워 줘."

자하르는 주인을 방에 겹겹이 가두기 시작했다. 먼저 그 몸을 둘둘 감싸서 이불 끝을 몸 아래로 밀어넣은 다음, 커튼을 내리고, 모든 문을 꼭 잠그고, 자기 방으로 물러났다.

"죽어 버려라, 이런 망할!"

눈물 자국을 훔치고 침상으로 기어 올라가면서 중얼거렸다.

"정말! 나의 단독 집 한 채, 야채밭, 봉급이라!"

거의 마지막에 한 말만 알아들은 터라 자하르는 이렇게 중얼거렸다.

"정 떨어지는 말만 하고선 어떻게 대단한 사람이라는 거야. 심장을 칼루다 도려내는 것 같았어⋯⋯ 그래 이게 내 집이고 내 채소밭이라는 거지. 어디 한번 두 다리 쭉 뻗고 누워 볼까!"

애꿎은 침상머리에 발길질을 하면서 그가 말했다.

"흥, 봉급이라! 은화나 5코페이카짜리 동전 하나라도 수중에 있어야지 담배라도 사 피우고, 여편네들 대접이라도 하지! 참으로 분하군! ⋯⋯ 저승사자는 저런 거 안 잡아가구 뭐 해!"

일리야 일리이치는 벌렁 누웠지만 잠이 오지 않았다. 그는 생각에 생각을 거듭했고, 그러면 그럴수록 분해서 견딜 수가 없었다⋯⋯.

"난데없이 안 좋은 일이 두 가지나 생기다니!" 이불을 머리끝까지 둘둘 말면서 중얼거렸다. "참는다고 해결될 문제가 아니지!"

그러나 정작 이 두 불행, 다시 말해서 뭔가 속셈이 있어 보이는 촌장의 편지와 새 집으로 이사 가는 문제는 더 이상 오블로모프를 자극하지 않았고, 오로지 걱정스러운 여러 기억들 가운데 하나로 여겨질 뿐이었다.

"촌장이 으름장을 놓고 있는 그 날벼락까지는 아직 멀었어. 그전에 이런저런 상황들이 달라질지도 몰라. 어쩌면 비가 내려 흉작을 모면할 수 있을지도 모르지? 그렇게 된다면야 체납금도 촌장이 메워 줄 테고, 도망간 농부들도 그가 쓴 대로, '정착지로 이주시킬 수도 있는 문제'지."

'농부들이 가봐야 어디로 가겠어?'

그는 시간이 지날수록 이 일에 대해서 좋은 쪽으로 포장하여 생각하게 되었다. '한밤중에 공기도 찬데 먹을 것 하나 없이 떠났겠지. 잠은 또 어디서 자고? 숲속에서 잔다고? 아마 제대로 앉지도 못할걸? 역겨운 냄새 나는 집이라도 자기 집이 따뜻하니까 낫지⋯⋯.'

'그런데 뭐가 걱정이지?' 생각이 꼬리를 물었다. '계획이 성사될 날도 멀지 않았어. 미리부터 겁낼 필요 없잖아. 에휴, 나야⋯⋯.'

그러자 이사에 대한 문제가 그를 더 신경 쓰이게 했다. 이는 아직도 골치 아프게 하는 최근의 '불행'이었다. 그러나 이미 평정을 되찾은 오블로모프에게 드디어 이 일을 해결해야 할 역사적 순간이 오고야 말았다. 이사의 필연성을 어렴풋이 예감하고 있었고, 더군다나 이 일에 타란치에프라는 인물이 개입이 되어 있긴 했지만, 삶에서 이 골치 아픈 사건을 적어도 일주일 뒤로 계획적으로 미뤄 놓고 싶었다. 그리고 마침내 온전한 일 주일 간의 평화를 벌어 놓은 것이다!

'자하르가 집주인한테 잘 말해서 아마 이사하지 않아도 될지 몰라. 어쩌면 밀린 집세도 전혀 내지 않아도 될지도, 내년 여름까지 시간을 벌 수 있을지도, 아니면 아예 집을 고칠 생각을 버리게 될지도 모르는 일이고. 뭐 어떻게든 되겠지! 사실…… 지금 이사를 한다는 게 어디 될 법한 소리야?'

이렇게 오블로모프는 흥분하다가는 안심하기를 되풀이했다. 그러다가 이번에도 어김없이 우리의 먼 조상이 언약궤에서 발견한 그 희망과 안식의 방주를 찾아냈다. 이를테면 아마도 타협적이고 마음을 달래 줄 수 있는 말들 속에서였다. 때마침 찾아낸 방법 덕택에 그는 두 가지 불행으로부터 자신을 보호하는 데 성공할 수 있었다.

어느새 가볍고 상쾌한 마비의 기운이 사지를 감싸와, 수줍은 첫 동장군이 수면을 흐릿하게 만들 듯 졸음이 조금씩 그의 감각들을 몽롱하게 만들기 시작했다. 단숨에 의식은 미지의 시골마을로 날아갔다. 하지만 일리야 일리이치는 정신을 차리며 두 눈을 떴다.

"아직 세수도 안 하고 뭐하고 있어! 어쩌자는 거야? 게다가 무엇 하나 해놓은 일이 없잖아. 계획을 서면으로 작성하려 했는데, 아직 손도 안 대고 있어. 촌장한테 편지도 쓰지 않았고, 현지사한테도 마찬가지야. 집주인한테도 편지를 쓰다 말고, 영수증 확인도 안 했고, 돈도 내주지 않았어. 아침이 그냥 후딱 지나 버렸네!"

그는 가만히 생각에 잠겼다……

'이게 뭐야? 어쨌든 남이라면 벌써 다 했을 일을!' 이런 생각이 다시 머릿속을 맴돌았다. '남이라, 남…… 남이 뭘까?'

그는 자신과 '남들'에 대해 골똘히 비교해 보았다. 생각에 생각을 거듭하기 시작했다. 이제는 자하르에게 이야기해 주었던 남들과는 전혀 상반되는 또 하나의 생각이 머릿속에 자리를 잡았다.

그는 다른 사람이라면 편지를 다 썼을 테고, '방'이나 '통'의 글자 중복을 피해 매끄러운 문장으로 다듬었을 뿐 아니라, 새집으로 이사도 가고, 계획도 완성하고, 더욱이 시골에도 벌써 다녀왔으리라고 인정하지 않을 수 없었다.

'나라고 이 따위 일들을 못 할 이유가 어디 있담…… 사실 편지를 쓸 만한 능력도 충분하지. 편지보다도 훨씬 골치 아픈 것도 다 써 왔잖아! 그런데 그런 능력이 다 어디로 가버린 거야? 좋아, 이사한다는 게 뭐지? 마음먹기에 달린 거지! '남'들은 절대 잠옷 한 번 걸치는 적이 없어.' 다시 남들에 대한 새로운 내용들을 덧붙였다. ''남'들은……' 이때 하품이 나왔다…… '거의 잠도 못 자고…… 남들은 삶을 즐겨. 그런 사람은 어디 안 가는 데가 없고, 뭐 하나 안 보는 게 없고, 사사건건 다 참견을 하려 들지만서도…… 그럼 난! 나는…… '남'들이 아니지!' 그는 곧 우울해져서 혼잣말을 하며 깊은 생각에 빠져들었다. 그는 이불에서 머리를 쑥 내밀었다.

오블로모프 삶에서 또렷한 의식적인 한순간이 찾아들었다.

그의 마음에 공허함이 불쑥 찾아들기도 했다. 즉 인간의 운명과 사명에 대한 생생하고도 분명한 생각이 떠올랐을 때, 그 사명과 개인적인 삶이 대비되어 스쳐 지나갔을 때, 또는 곤히 잠든 듯한 황폐함 속에서 갑자기 비쳐든 한 줄기 빛에 놀란 새처럼, 삶의 여러 문제들이 그의 뇌리를 잇달아 깨우고는 뿔뿔이 흩어지면서 소심하게 날아오를 때가 그러했다.

지금까지 오블로모프는 자신의 낮은 지적 수준, 성장이 멈춰 버린 정신력, 모든 것들을 막아 주는 둔감함을 한탄하거나 창피해하지 않았다. 하지만 여러 면에서 충실하게 살아가는 다른 사람들의 삶이 부럽다는 생각이 들자, 자신의 처지가 좁고 초라한 샛길에 내버려진 크고 무거운 돌덩이 같아 한심하기만 했다.

소심한 그의 마음속에는 괴로움이 점점 뚜렷한 형태로 자리하면서 다른 여러 가지 기질들이 전혀 잠에서 깨어나지 못했고, 그 싹을 틔웠다 하더라도 어느 하나 온전히 자라나는 법이 없었다.

또한 자신 안에는 어떤 밝고 좋은 기질들이 묻혀 있을지 모른다고 가히 병적이라 할 만큼 느끼고 있었다. 그런 기질들은 이미 죽어 버렸을 수도 있고, 금덩이처럼 깊은 산 속에 숨겨져 살아 있는 화폐로 밝은 세상에 유통되기를 일찍부터 기다리고 있을 수도 있다.

하지만 이 금은 보석은 다른 데서 가져온 쓰레기나 오물 아래 깊숙이 묻혀 있어서 쉽게 찾아낼 수가 없다. 마치 세상을 살아가며 받은 보물들을 누군가가 훔쳐서 자신의 머릿속에 파묻어 버린 듯했다. 인생행로를 향해 돌진해 가려는 그를, 지성과 의지라는 돛을 단 돛단배의 힘찬 항해를, 무엇인가가 방해하고 있었다. 어떤 비밀스런 적이 출발점에서부터 사악한 손을 내밀어, 곧게 뻗은 인간의 사명이라는 길에서 멀찌감치 그를 밀쳐 냈다…….

인적 드문 산골짜기에서 곧게 뻗은 오솔길로 빠져나오기에는 이미 늦은 듯했다. 숲이 그를 에워쌌고, 마음은 점점 무성해지고 어두워져갔다. 오솔길은 마침내 잡초로 무성해졌다. 맑은 의식은 드물게 잠에서 깨어났다. 이성과 의지는 마비되어 버린 지 오래여서, 돌이키기에는 너무나 막막해 보였다.

생활 속 사건들은 현미경으로나 보일 만큼 작아졌지만, 그에게는 이 사건들조차 처리할 만한 여력이 남아 있지 않았다. 그는 어떤 일을 끝내고 다른 일로 넘어가지 못하고 거듭 밀려오는 파도에 떠밀리듯 일들에 눌려 살았다. 그에게는 의지의 탄력을 이용해서 어떤 일에 저항하거나, 그 일에 대해 이성적 판단을 내리는 것은 꿈으로만 여겨졌다.

스스로에게 이런 남모를 고백을 해야 하는 그의 심정은 착잡하기만 했다. 지난 일에 대한 헛된 안타까움과 신랄한 양심의 가책이 바늘처럼 콕콕 그를 찔러댔다. 그는 온 힘을 다해 이 가책의 짐을 벗어버리고, 자기 밖에서 죄인을 찾아 그를 향해 회한의 침을 꽂으려고 무던히 애를 썼다. 하지만 그 누구에게 침을 꽂는단 말인가?

"이게 다…… 자하르라는 놈 탓이야!"

그가 중얼거렸다. 아까 자하르와 말다툼하던 세세한 장면들을 기억해 냈다. 그러자 그의 얼굴은 창피해서 화끈 달아올랐다.

'누가 엿듣기라도 했으면 어떻게 하지?' 여기에 생각이 미치자 온몸이 뻣뻣하게 굳었다. '천만다행이야, 자하르가 남한테 얘기를 할 만한 위인이나 되나. 해 봤자 믿을 사람도 없겠지만. 다행이야!'

그는 안도의 한숨을 내쉬며 자신에게 저주 섞인 말을 퍼붓고는, 몸을 뒤척이며 탓할 사람을 물색해 보았다. 하지만 딱히 떠오르는 인물이 없었다. 비탄의 한숨 소리가 자하르의 귀에까지 들려왔다.

"크바스를 너무 많이 먹어 배가 불러 그러시나!"

자하르가 화가 나서 중얼거렸다.

'어째서 나는 이 모양이지?' 거의 울먹이는 목소리로 오블로모프는 자신에게 물어 보았다. "한심해!" 그러고는 다시 이불 속으로 머리를 숨겼다.

보통 사람들처럼 살지 못하는 이유, 이를테면 남들이 사는 대로 살게 놓아 두지 않는 옳지 못한 이유를 찾느라 헛되이 시간만 보낸 다음, 한숨을 쉬며 두 눈을 감아 버렸다. 얼마 지나지 않아 다시 졸음이 오기 시작했다.

"나 또한…… 하고는 싶지만……" 겨우 눈을 깜빡이며 그가 말했다. "뭐라도 말이야…… 타고난 천성이 나를 이렇게 만드는 것일까…… 아니, 그럴 리는 없어, 다행히도…… 불평해 봐야 무슨 소용이 있겠어……."

그러고 나서 안도의 한숨 소리가 들렸다. 그는 흥분을 가라앉히고 정상적인 자신의 상태, 안정과 평화를 되찾고 있었다.

"보다시피, 팔자려니 해야지…… 내가 어떻게 하겠어?"

잠을 이기지 못하고 겨우 중얼거렸다.

'수입이 2천 루블이나 적게 들어온다면……' 정신이 몽롱한 상태로 갑자기 큰 소리를 냈다. '지금 상황을 봐. 기다릴 수밖에……' 반은 정신이 들었다.

"그런데 무슨 수를 써서 알아낼 방법이 없을까…… 나라는 인간이 왜…… 이 모양이 되어 버렸는지! ……" 그가 다시 속삭였다. 두 눈이 완전히 감겼다. "그래. 왜? 마땅히……그건…… 그 때문에……." 더 말하려 했지만 더 이상 말이 나오지 않았다.

끝내 오블로모프는 그 이유에 대한 결론을 내리지 못했다. 어느 순간, 혀와 입술이 얼어붙었다. 언제나 그렇듯 입은 반쯤 벌어진 채였다. 말 대신 다시 한 번 한숨 소리가 들리고, 뒤이어 평화롭게 잠든 사람의 코고는 소리가 나지막이 들렸다.

꿈은 완만하게 흐르는 울적한 생각의 흐름을 멈추게 하고는, 어느새 이전 세대 사람들이 살던 다른 세상으로 그를 데려갔다. 그는 지금 꿈 같은 과거로 시간 여행을 하고 있다.

제9장

오블로모프의 꿈

이곳은 과연 어디일까? 오블로모프의 꿈에 이끌려 우리가 도착한 이 은혜로운 땅은 어디란 말인가? 얼마나 아름다운 곳인가!

정말 이곳에는 바다도 없고, 험한 산, 절벽, 벼랑, 울창한 숲도 보이지 않는다. 웅장하다거나 거창하다거나 무시무시한 경관은 하나도 없다.

그러한 거창하고 웅장한 것들이 왜 필요하단 말인가? 이를테면 바다는 그저 바다일 뿐! 인간에게 슬픔만 가져다 줄 뿐이다. 바다를 보고 있노라면 울고 싶어진다. 끝없이 펼쳐진 물의 장막 앞에 서면 위축되어 마음은 혼란스러워지고, 끝이 보이지 않는 경관의 단조로움에 지친 시선은 쉴 자리가 없다.

거센 파도는 으르렁거리면서 연약한 귀에 쉴 여유를 주지 않는다. 태초부터 지금까지 음울하고 뜻 모를 노래를 그저 끊임없이 되풀이할 따름이다. 그럴 때면 늘 똑같은 통곡 소리, 마치 고통스런 운명을 하소연하는 괴물의 애원처럼 가슴을 찌르는 누군가의 섬뜩한 목소리가 내내 들려온다. 주위에는 새들의 지저귐도 들리지 않는다. 오로지 말없는 갈매기들만 죄수처럼 해변을 날며 물 위를 선회할 뿐이다.

자연의 외침 앞에서는 짐승의 으르렁거림도 전혀 힘을 쓰지 못하고, 인간의 목소리도 보잘것없다. 인간의 몸은 너무 작고 연약해서 웅장한 자연의 아주 작은 부분으로서, 쉽게 눈앞에서 사라져 버린다! 아마 바다를 바라보기가 그토록 힘 겨운 이유가 바로 여기에 있지 않나 싶다.

아니, 바다, 저 하고픈 대로 내버려두라고 하자! 바다의 고요와 불변이 마음에 위안을 주지는 못한다. 망망대해에서, 인간은 보일 듯 말 듯한 흔들림에도 무한한 힘을 본다. 그저 잠들어 있는 것에 불과한 힘 말이다. 그 힘은 때때로 인간의 콧대 높은 의지를 독살스럽게 조롱하기도 하고, 대담한 계획을 삼켜 버림은 물론, 모든 수고로움과 노력까지 깊숙이 묻어 버리기도 한다.

산과 벼랑도 역시 인간에게 즐거움을 주기 위해 창조된 자연물은 아니다. 그것들은 인간을 덮치려고 높이 쳐든 야수의 발톱과 이빨처럼 위협적이고 무시무시하다. 너무나도 생생히 우리의 연약함을, 생명을 위협하는 공포와 삶에 대한 두려움을 다시금 일깨워 준다. 절벽과 벼랑 위에서 하늘은 다다르지 못할 만큼 너무나 멀어서 마치 사람들과는 관련이 없어 보이기도 한다.

그러나 일리야 일리이치 오블로모프가 갑자기 오게 된 평화로운 이곳은 전혀 그렇지가 않다.

오히려 그곳 하늘은 땅에 아주 바싹 다가와 있다. 하지만 더 강하게 화살을 날리기 위해서가 아니라 오직 땅을 사랑으로 더욱 힘차게 포옹하기 위해서일 것이다. 하늘은 머리 위에 나지막이 펼쳐져 마치 믿음직한 고향집 지붕처럼, 선택받은 이곳을 모든 재난으로부터 보호하고 있는 듯하다.

태양은 거의 반 년을 밝고 뜨겁게 비치다가 점점 멀어진다. 한두 번 다시 그리운 고향을 바라보듯, 가을 장마 중에 화창하고 따뜻한 가을날을 선사하기 위해 돌아보는 것만 같다.

산들은 상상력을 위협하듯 무섭게 솟아오르지 않았다. 기분좋게 누워 장난치고 떠들면서 산둔덕을 미끄러져 내려오거나, 아니면 꼭대기에 앉아서 넘어가는 해를 바라보며 명상에 잠기기에 좋은 완만한 산들이다.

강은 소란스럽게 장난치면서 유쾌하게 달린다. 때로 연못처럼 넓은 곳으로 흘러들었다가는 빨리 달리는 여울이 되어 솟구치고, 생각에 잠긴 듯 온순해지더니 다시 장난꾸러기처럼 작게 두 갈래로 갈라져 졸졸 소리내며 돌멩이 위를 간지럽히며 기어간다. 조금도 쉬지 않는 물 소리를 들으면서 달콤한 졸음에 빠져든다.

반경 15 내지 20베르스타의 외딴 시골은 유쾌한 듯 미소를 한껏 머금은 한 폭의 풍경화라 하겠다. 반짝거리는 냇물과 완만한 모래사장, 언덕에서 둔치로 쭉 내리뻗은 작은 관목 숲, 실개천이 굽이굽이 흐르는 골짜기, 자작나무 숲, 이 모든 게 하나하나 한데 모여 장인의 손에 의해 그려진 것만 같다.

소란스러움에 지쳤거나, 모두에게 잊혀 버린 자연에 대한 막연한 그리움을 안고, 아무도 모르는 곳에서 행복하게 살고 싶은 마음이었다. 도시에서 멀리 떨어진 이 곳은 그 모두에게 백발이 될 때까지 편안한 삶과, 잠자듯 평온한 죽음을 약속한다.

1년 주기가 흐트러지지 않고 규칙적이어서 절기에 따로 관심을 갖는 이가 없다. 달력에 표시되어 있는 대로 3월이면 봄이 온다. 뒷산에서는 흙탕물이 바삐 흘러내리고 언 땅이 녹아 따뜻한 아지랑이가 모락모락 피어오른다. 농부가 털가죽 외투를 벗어던지고 달랑 셔츠만 입고 밖에 나가, 두 눈을 손으로 가리고 오랫동안 햇빛을 즐기면서 만족스럽게 어깨를 들썩거린다. 다음엔 거꾸로 뒤집어진 수레 채를 하나씩 번갈아 가며 들어올리거나, 처마 밑에 놓인 쟁기를 살펴보고 괜히 발로 차보기도 하면서 해마다 하던 대로 바깥일을 준비한다.

갑작스런 눈보라가 다시 몰려와 들판을 덮어 버린다든가 나뭇가지를 부러뜨리는 광경은 적어도 봄에는 볼 수가 없다. 쉽게 물러나지 않는 매서운 추위의 겨울 여왕은 따뜻해질 때까지만 지조를 지킨다. 때 아닌 해빙으로 약을 올리지도 않을 뿐더러 듣도 보도 못한 한파로 부담을 주지도 않는다. 모든 것들이 예정대로 자연법칙에 따라 진행된다.

11월이면 점점 눈과 동장군이 찾아와서는 1월 세례절*1 때쯤 기승을 부리는데, 이 때문에 집 밖을 나선 농부는 1분도 못 견디고 턱수염에 고드름을 주렁주렁 달고는 다시 집으로 발길을 돌린다. 2월이면 대기 안에 이미 다가온 봄의 산들바람 냄새를 민감한 코가 맡는다.

그러나 이곳 여름은 감미로운 계절이다. 그때에는 구태여 레몬이나 월계수 향이 아니라 쑥과 소나무, 벚꽃 냄새로 가득한 신선하고 산뜻한 공기를 마실 수 있다. 게다가 맑은 날들과 좀 뜨겁기는 해도 너무 강렬하지 않은 햇빛, 거의 석 달이나 구름 한 점 없는 하늘을 만날 수 있다.

청명한 날이 서너 주일은 계속된다. 초저녁은 따뜻하고 밤에는 후덥지근하다. 별들이 상냥하고 다정하게 넓은 하늘에서 반짝인다.

비라도 내린다면 얼마나 은혜로운 여름비인가! 억수같이 쏟아져 내리며 즐겁게 흩날린다. 뜻밖의 기쁨에 어쩔 줄 몰라서 쏟아내는 굵고 따뜻한 눈물처럼, 비가 그치기 무섭게 태양은 벌써 환한 사랑의 미소를 머금고 들판과

---

*1 음력으로는 1월 6일로 동방박사 세 사람이 베들레헴의 예수 앞에 나타난 날을 기념한 날.

산기슭을 둘러보며 물기를 말려 준다. 온 세상이 행복에 겨워 다시 웃음짓는다.

농부들은 기쁜 마음으로 비를 맞이한다. "가랑비가 촉촉이 땅을 적셔 주면 햇볕이 이를 말려 준다네!" 따뜻한 소나기를 얼굴에, 어깨에, 등에 기꺼이 맞으며 그들은 이렇게 말한다.

이곳에서는 뇌우도 무섭지가 않고 은혜로울 뿐이다. 언제나 똑같은 시기에 찾아오기 때문에 그때마다 성 일리야 날*2은 잊은 적이 없다. 마치 이곳 사람들의 전통을 유지시켜 주려는 듯이 말이다. 내리는 비의 양이나 그 강렬함도 해마다 똑같다. 정말 하늘 창고에서 해마다 일정량을 이 지방에 쏟아 주는 것만 같다.

어떤 무서운 폭풍도, 일찍이 본 적이 없던 재앙도 이곳에서는 들어본 적이 없다.

신에게 은총받은 이곳은 신문기사에서는 찾아볼 수가 없다. 스물여덟 살난 과부 마리나 쿨리코바가 네쌍둥이를 낳지 않았더라면 이 지방에 대한 신문 기사가 날 일도 없거니와, 세상 사람들 귀에 들어갈 일도 결코 없었으리라. 하지만 이런 경우는 어쩔 수가 없지 않은가.

하느님은 이 땅에 불가피한 역병으로도, 단순한 재난으로도 벌을 내린 적이 없다. 주민들 가운데 그 누구도 둥근 모양의 불벼락이나 느닷없는 어둠 따위의 무시무시한 하늘나라 징후를 본 적이 없었다. 독충이 있어본 적도 없고 큰 메뚜기 떼가 날아든 적도 없다. 포효하는 사자도, 으르렁거리는 호랑이도, 심지어 곰이나 늑대조차도 찾아볼 수가 없다. 이 모든 게 숲이 없기 때문이다. 엄청난 무리를 이루어 들판과 마을을 헤매고 다니며 내내 되새김질을 하는 소와 매에 울어대는 양, 꼬꼬댁거리며 소란을 피우는 닭뿐이다.

시인과 몽상가가 평화스러운 이 시골의 자연에 만족할지에 대해선 뭐라고 말하기가 어렵다. 알다시피 이들은 넋 놓고 달을 바라보거나, 꾀꼬리의 지저귐을 듣는 것을 좋아한다. 크림색 구름 옷을 차려입고 나뭇가지 틈새로 몰래 엿보거나, 은빛 광선을 추종자들 눈 속에 흩뿌리는 달의 부드러움을 사랑한다.

---

*2 음력으로 7월 20일.

그러나 이곳에서는 그런 달을 아는 이가 하나도 없고, 모두들 그냥 달이라고 불렀다. 달이 인자하게 두 눈을 크게 뜨고 시골 들녘을 내려다보는 모양은 잘 닦여진 구리대야와 똑같이 보였다.

시인이 환희에 찬 눈으로 달을 바라보는 것도 괜한 짓이다. 달은, 둥근 얼굴의 시골 미인이 열정적이고 언변 좋은 도시 난봉꾼의 시선에 화답하듯 소박한 눈길로 시인을 바라보리라.

이곳 산골짜기에서는 꾀꼬리 울음소리도 들리지 않는다. 아마도 그늘진 보금자리나 장미가 이곳에는 없는 탓일지도 모른다. 하지만 대신 메추라기는 어찌나 많은지! 여름에 보리를 수확할 때면 아이들이 손으로 잡을 수 있을 정도이다.

그렇다고 이 메추라기가 식도락가의 사치품이 되겠거니 생각해서는 곤란하다. 왜냐하면 이 산골 주민들의 도덕 관념에는 그런 방탕함이 끼어들 틈이 없기 때문이다. 메추라기는 그저 새일 뿐, 식생활과는 무관하다. 꾀꼬리는 노래로 사람들의 귀를 즐겁게 해준다. 그래서 집집마다 처마 밑에는 실로 얽은 새장이 꾀꼬리를 위해 매달려 있다.

시인과 몽상가는, 소박하고 단조로운 이곳이 보여 주는 일반적인 모습에 만족하지 못할 것이다. 모든 자연, 이를테면 숲과 물, 초가집 담벼락, 모래둔덕 등이 모두 붉은 노을로 타오를 때, 스위스나 스코틀랜드 분위기가 나는 저녁 풍경은 이곳에서는 좀처럼 볼 수 없으리라. 이런 노을을 뒤로 하고, 구불구불한 모랫길을 지나가는 말 탄 기사들이 선명하게 나타난다. 그들은 음침한 폐허로 산책을 나온 부인들을 호위하거나 요새의 견고한 성으로 서둘러 가는 남자들이다. 그들을 기다리는 것은 할아버지가 들려준 장미전쟁*³에 대한 이야기, 산양 고기로 준비한 저녁식사, 게다가 비파 소리에 맞춰 젊은 처녀가 부르는 발라드였다—이 장면들로 월터 스콧은 우리의 상상력을 풍부하게 해주었다지만—이런 것들을 기대하면 곤란하다.

그렇다. 이곳 우리 지방에서는 조금도 볼 수 없는 것들이다.

이 지역을 이루는 서너 개의 시골 마을은 고요한 꿈결 그 자체다! 마을들이 서로 멀리 떨어져 있지 않았는데, 마치 누군가 거대한 손으로 마을들을

---

*3 1455~85년에 걸쳐 벌어졌던 랭커스터 가문과 요크 가문 간의 왕위 쟁탈전.

마구 던져서 사방으로 흩트려 놓은 그대로 이제까지 이어져 온 것만 같았다.

초가집 한 채가 계곡 낭떠러지에 걸려 있다. 반쪽은 허공에 떠 있고 세 기둥으로만 지탱하면서 옛적부터 그렇게 매달려 있다. 그 집에서는 사람들이 증조할아버지나 할아버지 때부터 평온하고 행복하게 살고 있다.

얼핏 보면 닭조차 무서워서 들어가기를 꺼릴 법한 집이지만, 실은 그 안에서 똑바로 서지도 못할 만큼 키가 크고 건장한 체구의 사내 아니심 수슬로프가 아내와 함께 살고 있다.

아니심 집에는 아무나 쉽게 들어갈 수 있는 건 아니다. 손님이면 누구나 등을 숲 쪽으로 하고 그를 향해 서라고 요구할 수밖에.

현관 계단이 낭떠러지 위에 걸려 있어서, 제대로 현관에 발을 들여놓으려면 한 손으로는 풀을 움켜쥐고 다른 손으로는 처마를 붙잡은 다음, 현관으로 곧게 발을 내디뎌야 했다.

또 다른 초가집은 마치 제비둥지처럼 언덕바지에 꼭 붙어 있었다. 눈을 떠보니 세 집이 공교롭게도 이웃하고 있었으며, 두 집은 계곡 아래쪽에 자리잡고 있었다.

시골 마을에서는 모든 게 고요하고 꿈만 같다. 인기척이 없는 초가집들은 모든 문이 활짝 열린 채로 쥐새끼 하나 보이지 않는다. 파리 떼 한 무리가 구름처럼 날아올라 무더위 속에서 윙윙거린다.

집 안으로 들어가서 큰소리로 불러봐도 아무 소용이 없다. 죽은 자의 침묵만이 화답할 것이다. 이따금씩 어느 집에서 병자의 신음 소리가 들리거나, 난로 곁에서 자신의 마지막 생을 보내고 있는 노파의 마른기침 소리가 들려오기도 한다. 아니면 칸막이 뒤에서 머리가 긴 세 살배기 어린아이가 맨 발에 내복만 걸친 채로 나타나, 들어온 사람을 아무 말없이 그냥 뚫어져라 쳐다보고는 잽싸게 다시 숨어 버리는 일도 있을 것이다.

그런 극도의 정적과 평화는 들녘에서도 마찬가지다. 다만 곳곳에 점점이, 농부들이 기름진 토지에서 찌는 듯한 더위를 참고 땀범벅이 되어 쟁기질하며 개미처럼 부지런히 움직이고 있을 뿐이다. 하나도 흐트러짐 없는 고요와 평화가 이 지방 사람들의 정신세계에는 만연해 있다. 도둑질이나 살인 같은 그 어떤 무시무시한 돌발 사건도 여기서는 찾아볼 수가 없다. 강한 열정이나 담대한 계획이 그들을 자극한 적도 없다.

어떤 열정, 어떤 의도가 그들을 흥분시킬 수 있단 말인가! 그곳에서는 누구나 자신을 잘 알고 있다. 이곳 사람들은 다른 사람들과 멀리 떨어져서 살아왔다. 가장 가까운 마을과 읍내라 해도 20 내지 30베르스타 거리에 있다.

농부들은 일정한 시기가 되면 그들에게 풍요의 땅이자 헤라클레스의 기둥이었던, 가장 가까운 볼가 강 나루터로 곡식을 실어 날랐다. 1년에 단 한 번 그 중 몇몇이 장터에 다녀왔을 뿐 어느 누구와도 더 이상 오고가지는 않았다.

관심은 오로지 그들 자신에게만 집중되어 있어서, 세례도 받지 않았을 뿐만 아니라 다른 누구와도 접촉하지 않았다.

그들은 80베르스타 떨어진 곳에 '현(縣)청 소재지가 있다는 사실을 알고 있었지만, 그곳에 다녀오는 사람은 아주 드물었다. 거기에서 더 가면 사라토프나 니즈니*4가 있다는 사실도 알고 있었다. 모스크바와 페테르*5가 있고 페테르 너머에는 프랑스인과 독일인이 산다는 정도는 들어서 알고 있었다. 하지만 거기서 더 가면, 옛날 사람들이나 생각했을 어두운 세상에 머리 둘 달린 사람이나 거인 괴물들이 살면서 알려지지 않은 나라들이 존재할 거라 믿고 있었다. 암흑을 따라가다 보면 결국 땅덩어리를 떠받치고 있는 큰 물고기를 만나게 된다고 했다.

이 지방은 지나가는 사람 하나 없었기에, 이 넓은 세상에서 무슨 일이 벌어지고 있는지에 대한 새로운 소식을 아무 데서도 들어 볼 엄두조차 낼 수 없었다. 나무 그릇을 운반하는 병참부대 마부들이 불과 20베르스타 떨어진 곳에 살고 있었지만, 이곳 주민들보다 더 알 거라고 단정할 수도 없는 형편이다. 잘살고 있는지 그렇지 않은지, 부자인지 가난뱅이인지, 하물며 무엇을 기대해야 할지, 다른 사람들은 무엇을 가지고 있고 무엇이 없는지, 자신들의 사는 형편과 비교해 볼 만한 대상이 아무것도 없다.

이곳 사람들은 다른 방식의 삶은 있지도 않을 뿐더러 또 있을 리가 없다고 생각하며 살아왔다. 게다가 다른 사람이라고 해도 마찬가지로 똑같은 삶일 테고 다르게 산다는 건 죄악이라고 굳게 믿었기에 그들은 행복하게 살았다.

다른 사람들은 다른 방법으로 밭을 갈고 씨를 뿌리고 수확을 하고, 다른

*4 니즈니 노브고로드를 일컬음.
*5 상트페테르부르크를 줄여 일컬음.

방법으로 내다 판다고 이야기를 해주어도 그걸 믿을 사람은 하나도 없다. 그러니 도대체 어떤 열정과 흥분이 그들에게 있을 수 있었겠는가!

그들에게도 다른 사람들과 마찬가지로 세금을 내거나 공물을 바치거나 게으름이나 잠 따위의 고민도 있고 약점도 있지만, 이 모든 게 아주 싼 희생을 치르면서 누구의 피를 보는 일도 없이 순조롭게 해결되었다.

최근 5년 동안 수백 명의 주민 가운데 누구 하나 죽지 않았다. 자살은 물론이고 자연적으로 운명을 달리한 경우조차 없다.

만약에 누군가 나이가 너무 들거나, 어떤 병으로 영원히 잠들기라도 하면, 그 일이 있고 난 뒤 그런 평범하지 않은 일로 놀랄 일이란 아주 오랫동안 경험하기 힘들 것이다.

하지만 예를 들어, 대장장이 타라스가 움막 불 앞에서 일을 하느라 녹초가 되어 거의 죽기 일보 직전에 이르렀을 때, 그에게 물을 퍼부어야 할 정도가 되어도 사람들은 놀라지도 않겠지.

범죄 가운데 하나를 소개하자면 텃밭의 콩과 당근, 순무를 서리하는 짓이 유행처럼 번진 적이 있었고, 언젠가는 닭 한 마리와 새끼돼지 두 마리가 감쪽같이 사라진 일이 있었다. 이때 온 마을이 격분해서 결국에는 그 전날, 나무 그릇을 싣고 마을을 지나간 병참부대 행렬의 소행이라는 결론을 내렸다. 그 사건을 감안하더라도 사건이란 참으로 드문 일이었다.

언젠가, 동구 밖 다리 옆 도랑에서 한 남자가 쓰러진 채 발견되었다. 시내로 가던 조합원들 가운데 한 사람이 분명했다.

사내아이들이 처음 그를 발견하고는 두려움에 떨면서 마을로 달려왔다. 아이들은 도랑에 쓰러져 있는 무시무시한 뱀이나 나무귀신에 대한 소식을 전하며 덧붙이기를, 그 자가 자기들을 뒤쫓아 와서 하마터면 구지카를 삼킬 뻔하였다고 했다.

건장한 남자들이 갈퀴와 도끼로 무장하고서 도랑으로 떼를 지어 우르르 몰려갔다.

"무슨 일이라도 났느냐?" 노인들이 사람들을 진정시키려고 하였다. "목덜미가 크다더냐? 어떻게 하겠다는 거야? 절대 건드리지 마. 그럼 쫓아오지 않을 테니까."

그러나 남자들은 괴물이 있는 장소에서 50사젠 거리까지 몰려가서는 온갖 목소리로 고함을 쳐대기 시작했다. 대답이 없다. 그들은 멈춰 섰다가 다시 움직였다.

도랑에는 건강한 남자 하나가, 머리를 텃밭에 기댄 채 누워 있었고, 주변에는 자루 하나와, 짚신 두 짝이 매달린 지팡이가 뒹굴고 있었다.

남자들은 더 가까이 다가가거나 건드려 볼 엄두도 내지 못했다.

"어이! 이봐요!"

어떤 사람은 뒤통수를 쓰다듬으면서, 어떤 사람은 등을 만지면서 번갈아 가며 고함을 쳤다.

"어이, 자네 괜찮아? 누구야, 자네? 어이, 여보시오! 어떻게 된 거요?"

행인은 머리를 들려고 애썼지만 쉽지 않았다. 그는 분명 건강이 아주 안 좋거나 아니면 매우 지쳐 있었다.

한 사내가 갈퀴로 그를 건드리려 했다.

"건드리지 마! 건드리지 말란 말이야!" 여럿이 소리지르기 시작했다. "누군지 알아서 뭐해, 말할 필요도 없어. 그저 그런 사람이려니 하면 되지…… 건드리지 맙시다, 여러분!"

"돌아갑시다." 몇몇은 이렇게 말했다. "돌아가는 게 상책이오. 저 사람이 우리 아저씨라도 된답니까? 건드려 봐야 좋은 일 없어요!"

그렇게 사람들은 마을로 돌아가서 노인들에게 말하기를, 저기 쓰러져 있는 사람은 외지에서 온 사람으로, 말도 한 마디 못 하며 저기 왜 저러고 있는지는 아무도 모른다고 말했다.

"외지 사람이라면, 건드리지 말아야지!" 노인들이 두 팔꿈치를 무릎에 괸 채로 토담에 걸터앉아서 말했다. "알아서 하라고 그래! 거기까지 몰려갔다 올 일이 뭐 있어!"

오블로모프가 꿈 속에서 갑자기 옮겨간 곳은 바로 이런 외진 시골이었다. 서로 흩어져 있는 서너 개의 마을 가운데 소스노프카라는 마을이 있고, 거기서 1베르스타도 떨어지지 않은 곳에 바빌로프카라는 마을이 있다.

소스노프카도 바빌로프카도 오블로모프 집안의 세습 영지였기 때문에 오블로모프카란 이름으로 통용된다.

소스노프카에는 영주의 대저택과 그 부속 건물들이 있다. 소스노프카에서 5베르스타쯤 떨어진 곳에는 베르흘료보라는 작은 마을이 있는데, 이 마을도 한때는 오블로모프 집안 소유였으나 오래 전에 남의 손으로 넘어갔고, 본래 있던 네다섯 가구만이 여기저기 흩어져 마을을 이루고 있었다.

마을은, 자신의 영지에 코빼기도 내밀지 않는 돈 많은 지주의 소유였다. 마을의 관리는 독일 출신이 맡아보고 있었다.

여기까지가 이 지방 지형에 대한 설명이다.

일리야 일리이치는 아침에 작은 침대에서 눈을 떴다. 겨우 일곱 살이었다. 민첩하고 명랑하며, 통통한 볼에 붉은 기가 도는, 얼마나 귀여운 아이란 말인가! 어찌나 볼이 동글동글한지, 개구쟁이들이 아무리 그렇게 지어보려고 해도 그만큼 동그랗게 되지는 않았다.

아이가 깨어나기만을 기다리던 유모가 그의 양말을 잡아당겨 신기기 시작하면 아이도 지지 않고 장난을 치며 다리를 흔들어 댔다. 유모가 아이 발을 붙잡으려 하는 와중에 둘은 소리내어 크게 깔깔거렸다.

간신히 유모는 아이를 똑바로 일으켜 세우는 데 성공한다. 그녀는 그의 얼굴을 씻기고, 머리를 빗어주고, 아이의 어머니에게 데려간다.

오래 전에 돌아가신 어머니를 만난 오블로모프는 꿈속에서나마 기쁨과, 그녀에 대한 열렬한 사랑으로 가슴이 두근거린다. 꿈을 꾸고 있는 그의 속눈썹 사이로 따뜻한 눈물 두 방울이 스며나와 그대로 맺혔다.

어머니는 아들에게 열정적인 입맞춤을 퍼붓고, 걱정스러운 눈빛으로 아들 눈이 탁하지는 않은지 찬찬히 살펴본 다음, 어디 아픈 데는 없는지 물어보고, 아들이 잠은 편안히 잤는지, 한밤에 깨어나지는 않는지, 잠을 설치지는 않았는지, 열은 없었는지, 유모에게 꼼꼼히 따져 물었다. 그런 다음에 아이의 손을 잡고 성상 앞으로 데려갔다.

바닥에 무릎을 꿇고 한 손으로 아이를 안고서 기도문 암송을 따라 하게 했다. 아이는 창 밖을 내다보느라 딴전을 피우면서 어머니를 따라 기도문을 외웠다. 시원한 바깥 공기와 풀 냄새가 창턱을 넘어 흘러들었다.

"엄마, 우리 오늘 놀러가는 거지?"

기도문을 외우다 말고 느닷없이 물었다.

"가고말고, 귀여운 내 아들."

성상에서 눈을 떼지 않고 기도문 암송을 서둘러 끝내고서, 그녀가 빠른 어조로 속삭였다. 아이가 건성으로 따라함에도 불구하고, 엄마는 기도문 암송에 정성을 다했다.

그러고 나서 둘은 함께 차를 마시러 아버지에게 건너갔다.

차를 마시는 자리에서 오블로모프는, 자신의 하인 할멈에게 쉴 새 없이 수다를 떠는 여든 넘은 고령의 숙모를 보았다. 할멈도 나이가 많아 제대로 고개를 가누지도 못하면서 시중을 드느라 의자 뒤에 서 있다. 거기에는 아버지의 먼 친척뻘 되는 세 중년 여인과 정신이 오락가락하는 큰삼촌, 그리고 손님으로 와있으면서 일곱 명의 농노를 데리고 있는 지주 체크메네프, 몇몇 노부인과 노인들이 있다.

오블로모프 집안 사람들은 모두가 일리야 일리이치를 손에 받아들고 쓰다듬으며 칭찬을 늘어놓기 시작했다. 달갑지 않은 입맞춤 세례를 퍼붓고는 그 흔적을 부지런히 닦아내야 하는 형편이었다. 그제야 아이에게 빵이니 과자니 크림이니 이것저것 먹일 수가 있었다.

그러고 나서도 어머니는 다시 한 번 그를 안고 입맞춤을 한 뒤에야 정원이나 뒷마당과 풀밭에서 놀도록 허락했다. 그것도 유모에게, 아이를 절대 혼자 놔두지 말고, 말이나 개, 염소 따위에 가까이 가게 하지 말고, 집에서 멀리 가도록 내버려두지 말고, 무엇보다도 중요한 것은, 무섭기로 악명 높은 계곡으로 아이를 못 가게 하도록 이런저런 신신당부를 한 다음이다.

언젠가 한 번은 미친 것으로 소문난 개 한 마리가 나타난 적이 있었다. 그 소문은 이렇다. 사람들이 그 미친개를 잡겠다고 갈퀴와 도끼를 들고 달려들자 그 개가 사람들을 멀찍이 피하더니 결국에는 어딘가 산 너머로 사라졌다는 것이다. 계곡에 짐승의 사체가 버려져 있다는 말도 했다. 사람들은 산적들과 늑대, 이 지방에는 없는, 또는 이 세상에 없을 듯한 여러 생명체들이 계곡에 있다고 생각했다.

아이는 어머니의 당부를 끝까지 듣지 않았다. 그는 벌써 뒷마당에 나와 있다가, 처음 보는 것처럼 기뻐서 어쩔 줄을 몰라 하며 집 밖을 두리번거리고 주위를 뱅뱅 돌았다. 삐뚜름하게 휘어진 대문, 오목한 중간 부분에 부드러운 초록 이끼가 긴 목조 지붕, 흔들거리는 난간, 여러 별채들과 증축 건물들, 손질하지 않은 정원 등이 있었다.

집 전체를 빙 둘러서 드리워진 회랑에 뛰어 올라가는 것을 아이는 무척 좋아했다. 거기서는 강이 한눈에 들어오기 때문이다. 하지만 회랑은 너무 낡아서 간신히 매달려 있던 터라 '하인들'이나 조심조심 걸어다닐 뿐이고 주인나리들은 얼씬도 하지 않았다.

아이는 어머니가 하지 말라는 것들을 아랑곳하지 않고 어느새 매혹적인 계단으로 오르려했다. 그러나 난간에 나타난 유모가 간신히 그를 붙잡았다. 아이는 경사가 가파른 사다리를 이용해서 올라가려고 유모에게서 빠져나와 곳간으로 달려갔다. 거의 곳간 바로 앞까지 쫓아갔다. 비둘기 둥지로 올라가 외양간에 몰래 들어가다니, 맙소사! 계곡으로 달려가려는 그의 속셈을 서둘러 막지 않으면 안 되었다.

"어휴, 도련님. 무슨 팽이도 아니고 이런 도련님이 세상에 어디 있어요? 좀 얌전히 앉아 있을 순 없나요, 도련님? 창피한 줄을 아셔야지!"

유모가 말했다.

이런 소동이 하루 종일 이어진다. 밤낮 없이 유모는 소란스럽고 분주하지 않을 수 없었다. 어떤 때는 아이 때문에 힘들기도 하고, 어떤 때는 말할 수 없이 기쁘기도 했다. 또 어떤 때는 아이가 넘어져 코라도 깨지지 않을까 걱정하기도 했고, 꾸밈없는 아이의 짓궂은 장난에 감탄하는가 하면, 아이의 먼 미래를 생각하며 뜻 모를 슬픔에 잠기기도 했다. 이토록 아이로 인해 그녀의 심장은 뛸 수 있었고, 이러한 흥분 덕분에 노파의 피는 따뜻해졌으며, 그녀의 꿈같은 삶이 이렇게 이어져가고 있었다. 사실 그렇지 않다면 그녀의 삶은 이미 오래 전에 사라져 버렸을 것이다.

하지만 아이는 장난만 심한 게 아니라 이따금 갑자기 얌전해져서는 유모 옆에 앉아서 주위를 유심히 바라보기도 한다. 그의 어린 지성이 자신 앞에 벌어지는 모든 현상을 빠짐없이 관찰하고 있다. 그리고 그의 영혼 깊숙이 파고들어 그와 함께 성장한다.

상쾌한 아침. 공기는 신선하고 태양은 아직 높지 않았다. 집과 나무, 비둘기 둥지, 회랑, 이 모든 것 위로 기다란 그림자가 멀리까지 내달린다. 정원과 뒤뜰에는 명상과 졸음을 부르는 서늘한 작은 그늘이 만들어진다. 저 멀리 호밀밭이 붉게 타오르고 강물은 햇살에 눈부시게 반짝인다.

"왜 저래, 유모, 저기는 컴컴하고 저기는 밝고, 그럼 이제 저기도 밝아?"

아이가 묻는다.

"그건, 도련님, 태양이 달을 맞으러 갔는데, 달이 보이지 않아서 얼굴을 찡그린 거랍니다. 멀리서 그림자가 보이면 곧 밝아지죠."

아이는 깊은 생각에 잠겨서 내내 주위를 살핀다. 그는 안치프가 마차를 타고 강을 건너 길을 가고 있고, 그와 나란히 실물보다 열 배는 더 큰 다른 안치프가 땅바닥을 기어서 가는 모습을 본다. 나무통이 집채만큼 커 보이고 말 그림자가 초원을 덮어 버렸다. 그림자는 초원을 따라 두 걸음만을 내디뎠을 뿐인데도 산 너머로 가버렸다. 그러나 정작 안치프는 아직도 동구 밖을 빠져나가지 못했다.

아이도 한 발짝, 두 발짝 내디뎌 보았다. 한 발짝만 더 가면 아이도 산을 넘게 되리라.

산으로 달려가 말이 어디로 사라지는지 보고 싶었다. 문 밖을 나서려는 순간, 창문으로 어머니 목소리가 들려왔다.

"유모! 아이가 햇볕으로 나가는 게 보이지 않아요? 그늘로 데려가요. 머리에 햇볕을 너무 쬐면 어지러워 구역질이 나서 밥을 못 먹잖아요. 그러다가 계곡에라도 가면 어쩌려고!"

"어유! 장난꾸러기 도련님!"

유모가 아이를 현관으로 끌어당기며 속삭였다.

아이는 예리하고 또랑또랑한 눈으로 어른들이 무엇을 어떻게 하고, 아침을 어떻게 보내는지 관찰했다. 어떤 사소한 일도, 아무리 작은 현상도 아이의 호기심어린 시선을 피해갈 수는 없었다. 집안 풍경이 마음속 깊이 잊을 수 없는 추억으로 생생하게 아로새겨졌다. 천진난만한 아이의 이성은 어른들을 본보기로 삼아, 자신을 둘러싼 삶을 통해 무의식적으로 자신만의 인생 설계도를 구상한다.

오블로모프 가의 아침이 그저 무익하게 지나갔노라고 감히 말할 수는 없다. 부엌에서 고깃덩이와 야채 써는 소리가 인근 마을에까지 들렸다.

하인 방에서는 물레 돌아가는 소리와 할멈의 조용하면서도 카랑카랑한 목소리가 들려왔다. 하지만 울고 있는지, 아니면 가사 없는 침울한 노래를 자기 마음대로 흥얼거리고 있는지 알 수는 없다.

안치프가 물통을 끌고 뒷마당으로 들어서자, 아낙네들과 마부들이 양동이와 통, 주전자를 들고 여기저기서 모여들었다.

한쪽에서는 노파가 밀가루 한 대접과, 달걀을 한 아름 안고 창고에서 부엌으로 나르고 있다. 마침 거기 있던 요리사가, 아침 내내 창문에서 눈을 떼지 않고 기특하게 꼬리를 흔들며 핥고 있는 아라프카에게 느닷없이 창문 너머로 물벼락을 씌웠다.

노인 오블로모프도 할 일 없이 빈둥거리는 게 아니다. 그는 아침 내내 창가에 앉아 뒷마당에서 벌어지는 일들을 하나도 빠짐없이 관찰한다.

"어이, 이그나쉬카! 뭘 가져가는 거야? 멍청이!"

안마당을 지나가는 사내에게 말을 건다.

"바깥채에 칼을 갈아 주려고 그래요."

주인을 쳐다보지도 않고 대답한다.

"그래, 알았으니 가져가, 가져가라고. 조심해서 잘 갈아야지!"

다음에는 아낙네를 불러 세운다.

"어이, 이봐, 자네! 어디 다녀오는가?"

"음료 창고에요, 주인어른." 그녀가 멈추어 서서 한손으로 얼굴을 가리고 창문을 올려다보며 말한다. "아침에 먹을 우유 가져오는 데요?"

"응, 그럼, 어서 가봐!" 주인이 대꾸한다. "우유 흘리지 않게 조심해. 이 보게 망나니, 자하르카,*⁶ 어디로 또 뛰어가지?" 고함을 친다. "그래 뛰어가라고! 벌써 세 번째나 뛰는군. 현관에나 나가봐!"

자하르카는 다시 졸기 위해 현관으로 갔다.

소들이 들에서 돌아오면 노인은 누구보다도 마음을 졸인다. 이게 모두 소들에게 물을 먹이기 위해서다. 개가 닭의 꽁무니를 쫓고 있지나 않은지 창문 너머로 지켜보다가, 만약 그러기라도 하는 날에는 질서를 바로잡기 위해 과 감한 방법도 마다하지 않는다.

그의 아내도 매우 바쁘다. 그녀는 남편이 입던 따뜻한 속옷을 일류샤의 윗도리로 어떻게 수선해 입힐지 재단사 아베르카와 벌써 세 시간째 씨름 중이다. 직접 분필로 밑그림을 그려보기도 하고, 아베르카가 옷감을 빼돌리지나 않는지 감시를 한 다음에는, 하녀들 방으로 가서 하루에 얼마만큼 레이스를 짜라고 일일이 지시한다. 그러고 나서 나스타시야 이바노브나와 스체파니다 아가포브나, 자기보다 지위가 낮은 하인 중 누군가를 불러 함께 정원을 산책

---

*6 오블로모프의 하인 자하르의 애칭.

한다. 사과가 영글었는지, 익은 사과가 밤새 떨어지지는 않았는지, 또 여기는 접목을, 저기는 가지치기를 해야 할지, 이것저것 살피기 위해서이다. 이게 첫째가는 목적이기도 했다.

하지만 무엇보다도 중요한 그녀의 관심거리는 부엌의 식사 준비다. 식사 준비는 가족 모두가 발벗고 나선다. 나이가 많은 큰어머니도 조언을 위해 불려온다. 저마다 메뉴를 내놓는다. 어떤 사람은 간(肝)을 넣은 수프를, 어떤 사람은 국수나 위(胃)요리를, 어떤 사람은 소내장 요리를, 또 어떤 사람은 붉은 소스를, 어떤 사람은 흰 소스를.

모든 조언이 다 고려 대상이 된다. 상황에 따라 검토하고 나서 안주인의 최종 결정에 따라 선정되기도 하고 퇴짜를 맞기도 한다.

나스타시야 페트로브나와 스체파니다 이바노브나는 부엌에 수시로 불려갔다. 더 넣을 것은 넣고 덜어낼 게 있으면 덜어내고, 설탕과 꿀 또는 맛술용 포도주를 요리사가 음식에 제대로 넣고 있는지 보기 위해서였다.

음식에 대한 걱정은 오블로모프카에서는 가장 중요한 집안일 중 하나였다. 일 년에 몇 번 있는 제삿날을 위해 어떻게 송아지를 살찌웠을까! 어떤 조류가 특별하게 사육되었을까! 그러기 위해 얼마나 세심한 주의를 기울이고, 얼마나 분주히 움직였으며, 또 얼마나 많은 고충이 따랐을까! 이름짓는 날이나 다른 특별한 날에 쓰일 칠면조와 병아리는 호도를 먹여 길렀다. 거위는 지방이 많게 하려고 축제날 며칠 전부터 옴짝달싹 못하도록 자루에 넣어서 매달아 놓았다. 그밖에도 얼마나 많은 잼과 소금절임, 그리고 빵과 과자가 비축되어 있는가! 꿀은 또 어떻고, 숙성된 크바스하며 오블로모프카에서 구워지는 피로그는 또 어떠한가!

정오까지 온통 바쁘게 돌아가며 안절부절못했고, 그렇게 내내 부지런한 개미처럼 분주한 반나절을 보냈다.

휴일과 축제날에도 일개미들처럼 쉬지 않고 일했다. 부엌에서 들리는 도마질 소리는 더 잦아지고 더 세게 울려퍼졌다. 부엌대기 노파는 늘 두 배나 되는 양의 밀가루와 달걀을 들고 몇 번에 걸쳐 창고에서 부엌으로 나르는 여행을 해야 했다. 새장에서는 언제나 더 요란한 새 울음 소리가 들렸고 피가 흘렀다. 그 다음날까지 주인나리님들이 드실 수 있는 큼지막한 러시아 만두를 구워냈다. 셋째 날과 넷째 날에 남은 만두는 아낙네들 차지였다. 금요일까지 남게 되는 만두도 있었다. 고물 없이 바짝 마른 마지막 만두는 주인의 총애를 받는 안치프 차지였다. 그는 성호를 긋고 나서, 돌처럼 굳어 버린 그 만두를 힘껏 내리쳐 부서뜨렸다. 만두보다는 주인에게 드리기 위한 의식 자체에 더 흥미를 느꼈다. 마치 고고학자가 어떤 천 년 묵은 질그릇 파편에 기꺼이 술을 따라 마시듯이.

한편 아이는 무엇 하나 빠뜨리지 않는 어린아이다운 지성으로, 모든 것을 보고 관찰했다. 유익하고 분주했던 아침이 지나고 어떻게 정오가 찾아오고 점심 식사 때가 돌아오는지 아이는 보았다.

무더운 정오. 하늘에는 구름 한 점 없다. 태양이 머리 위에 멈춰 서서 풀을 태운다. 공기가 흐름을 멈추고 꼼짝하지 않는다. 나무도 물도 침묵한다. 마을과 들녘에는 우울한 정적이 내려앉았다. 마치 모든 것들이 죽은 듯하다. 허공 저 멀리서 카랑카랑한 누군가의 목소리가 들려온다. 20사젠 떨어진 거리에서 딱정벌레가 날아다니며 찌찌거리는 소리가 들린다. 무성한 풀밭에서는 누군가 연신 코를 곤다. 마치 누가 벌렁 누워 달콤한 꿈이라도 꾸면서 자고 있는 것만 같다. 소리들이 손에 잡힐 듯 선명하다.

집안에는 죽음의 정적이 감돈다. 모두가 식사를 마치고 낮잠을 즐길 시간이 찾아왔다.

아이는, 아버지와 어머니, 나이가 가장 많은 큰할머니, 아랫사람들 모두 자신만의 공간을 찾아 흩어지는 것을 보았다. 자기 공간이 없는 사람은 헛간으로, 혹은 정원으로 갔다. 어떤 이는 서늘한 그늘을 찾아 현관 쪽으로 갔고, 어떤 이는 수건으로 파리가 달려들지 못하도록 얼굴을 덮고서, 땡볕이 내리쪼이는 곳에서 육중한 배를 땅바닥에 대고 그대로 잠을 청했다. 정원사는 정원 그루터기 아래서 쇠지렛대를 팽개치고 뻗어 버렸고, 마부는 마구간에서 잠을 잤다.

일리야 일리이치는 하인들이 사는 바깥채도 들여다보았다. 바깥채에도 사람들이 긴 나무 의자와 맨바닥 혹은, 현관에 누워 있었다. 아무도 돌봐 주지 않는 어린아이들은 뒤뜰로 기어 나와 모래를 헤쳐 놓는다. 개들은 짖을 필요도 없는 한적한 거리에서 만족스러운 듯, 개집 위에 얌전히 기어 올라가 있다.

집안 이쪽 끝에서 저쪽 끝까지 걸어가 봐도 어느 누구와도 마주치지 않는다. 주위 물건들을 몽땅 훔쳐 수레에 싣고 뒷문으로 달아나기도 식은 죽 먹기였다. 이 지방에 도둑이 있다면 아마 아무런 방해도 받지 않으리라.

이것은 모든 것을 삼켜버린, 도저히 이겨낼 수 없는 잠마귀가 벌인 소행으로, 그야말로 죽음과도 같다. 구석 여기저기에서 코고는 소리가 화음을 이루며 들려올 뿐이다.

이따금 누군가는 갑자기 꿈결에 고개를 들고 어리둥절해서 아무 의미없는 눈길로 이리저리 두리번거리고는 다시 돌아눕고, 아니면 눈을 뜨지도 않은 채 잠결에 침을 뱉기도 하고, 입을 쩝쩝대면서 중얼중얼거리고는 다시 잠들기도 한다.

그러는 한편 어떤 사람은 마치 소중한 시간을 허비하는 게 두려운 듯 아무런 준비 동작도 없이 잠자리에서 벌떡 일어나 맥주 잔을 움켜쥐고는 안에서 헤엄치는 파리를 한쪽 끝으로 몰기 위해 후후 불고 있다. 그때까지 꼼짝도 않던 파리는 궁지로부터 벗어나려고 덧없이 맹렬히 몸부림치기 시작한다. 남자는 이렇게 목을 축이고서 총을 맞은 사람처럼 다시 침대에 쓰러진다.

아이는 이런 모습을 관찰하고 또 관찰했다.

아이는 점심을 먹고 유모를 따라 다시 밖으로 나왔다. 그러나 유모도 주인 마님의 신신당부와, 아이에게서 눈을 떼지 않겠다는 자신의 굳은 의지에도 불구하고 잠의 유혹을 뿌리치지 못했다. 그녀도 오블로모프카에 만연하는 잠마귀라는 전염병에 감염되어 있었다.

처음에는 눈을 크게 뜨고 아이를 지켜보며 한시도 곁을 못 떠나게 왜 그렇게 짓궂게 구느냐며 잔소리를 하기도 했지만, 결국 점점 다가오는 잠마귀를 느끼면서 문 밖으로 나가지 마세요, 염소를 건드리지 마세요, 비둘기 둥지나 회랑에는 올라가지 마세요, 그저 말만 앞세운다.

그녀 자신도 서늘한 곳이면 어디든 자리를 잡았다. 현관 계단도 좋고 지하 창고 문턱도 좋고 아니면 그냥 풀밭도 좋았다. 양말이라도 뜨면서 아이를 볼 생각인 듯싶었지만 이내 그녀는 귀찮은 듯 고개만 저으면서 아이의 장난을 말렸다.

'저기 올라가네. 이를 어쩌지? 이제 그만 졸고 일어나야 할 텐데. 천방지축 도련님이 회랑에 올라가요!' 거의 꿈속을 헤매면서 그녀가 생각했다. '큰일 나요…… 저러다 계곡에라도 가면…….'

바로 그때 노파는 무릎 위로 고개를 수그리고는 뜨개질하던 양말을 손에서 떨어뜨렸다. 아이는 그녀 시야에서 사라지고 말았다. 입을 헤벌리고 아주 작게 코를 골기 시작했다.

한편 아이는 이때만을 고대해 왔다. 이렇게 혼자만의 삶을 누릴 수 있는 순간 말이다.

아이는 넓은 세상에 혼자 남은 듯 까치발을 하고, 몰래 유모 곁을 벗어나서 누가 어디에서 자고 있는지 빠짐없이 살펴본다. 누군가 눈을 뜨면 침을 퉤 뱉고, 잠꼬대를 하면 멈춰 서서 물끄러미 바라본다. 그러고 나서 심장이 멎을 듯한 짜릿함을 느끼며 회랑에 기어 올라가 삐거덕거리는 난간을 빙 돌아본다. 정원 깊숙이 기어들어가 딱정벌레 우는 소리도 듣고, 딱정벌레가 공중으로 날아오를 때 눈으로 쫓기도 한다. 누군가 풀밭에서 연신 잠꼬대하는 소리에도 귀를 기울이면서, 이 정적을 깨는 사람이 누구인지 알아맞혀 본다. 잠자리를 잡아 날개를 떼어내고서 그 잠자리가 어떻게 하는지 지켜보기도 하고, 몸통에 지푸라기를 찔러넣고 잠자리가 어떻게 날아오르는지 관찰하기도 한다. 또는 거미가, 줄에 걸린 파리의 피를 어떻게 빨아먹는지, 그리고 그 희생물이 거미 손아귀에서 어떻게 기를 쓰고 어떻게 윙윙거리는지 흥미롭게 관찰하기도 한다. 아이는 희생물과 해친 쪽이 둘 다 죽고 나서야 관찰을 끝낸다.

그런 다음에 아이는 도랑으로 내려간다. 땅 속을 파헤치고 풀뿌리를 찾아내어 껍질을 벗긴 다음 실컷 먹는다. 엄마가 주는 사과나 잼보다 그게 훨씬 맛있었다.

아이는 문 밖으로 달려나가 저기 자작나무에까지 한 번 가보고 싶었다. 얼핏 보기에 자작나무는 매우 가깝게 느껴졌다. 도로 가장자리로 돌아가지 않고 도랑과 울타리, 웅덩이를 건너 곧장 가면 5분이면 충분할 듯했다. 하지만 약간 겁이 났다. 거기에는 나무귀신도 있고 산적도 있고 무시무시한 짐승도 있다고 들었다.

계곡에도 가보고 싶었다. 정원에서 기껏해야 50사젠 거리에 계곡이 있었다. 아이는 뛰어서 어느새 마을 가장자리에 이르렀고, 거기서 눈을 감았다. 마치 화산 분화구라도 들여다보듯 내려다보려 했지만……갑자기 이 계곡에 관련된 숱한 소문과 전설들이 한꺼번에 머릿속에 떠올랐다. 소름이 끼쳤다.

뒤돌아서서 죽기살기로 달렸다. 겁에 질려 온몸을 오들오들 떨면서 유모의 품으로 달려가 노파를 흔들어 깨웠다.

그녀는 눈을 번쩍 뜨고 머릿수건을 바로잡으며 흘러내린 흰 머리카락을 수건 안으로 밀어넣는다. 그리고 전혀 졸지 않은 척하며 일류사를 쳐다보고는, 주인 방 창문을 걱정스런 눈길로 쳐다본다. 그러고는 무릎에 떨어져 있는 뜨개바늘을 주워들고, 태연히 한 땀 한 땀 뜨개질을 다시 시작한다.

그러는 사이에 더위는 점점 식고 자연은 활기를 되찾아갔다. 태양도 이미 숲으로 바짝 기울었다.

집 안은 서서히 정적이 깨어지고 있었다. 어딘가 구석에서 문소리가 삐걱거리고, 안마당에서도 사람 발소리가 들려왔다. 헛간에서는 누군가 재채기를 했다.

잠시 뒤 부엌에서 하인이 터무니없이 큰 주전자를 들고나와, 무거운 듯 허리를 구부리고 분주히 날랐다. 차 마실 준비를 하는 것이다. 어떤 사람의 얼굴은 고단해 보였고, 눈에는 아직 눈물이 그렁그렁했다. 어떤 이의 뺨과 관자놀이에는 붉은 반점이 새겨져 있다. 또 어떤 이는 꿈결에 전혀 다른 목소리로 이야기한다. 모두들 씩씩거리며 한숨을 쉬고, 하품을 하며 머리를 쓸어내리고 기지개를 펴면서 겨우 정신을 차린다.

점심식사와 낮잠은 참을 수 없는 갈증을 낳았다. 모두 갈증에 목이 탔다. 차를 열두 잔이나 연거푸 들이켜봤지만 아무런 효과가 없다. 한숨과 탄식 소리가 들려온다. 어떤 이들은 딸기와 배로 만든 음료수로, 크바스 맥주로 갈증을 달래는가 하면, 또 어떤 이들은 목이 타는 것만 해결해 볼 생각에 술부터 찾고 본다.

어쨌거나 모두 주인이 내릴 벌을 피하면서 갈증에서 벗어날 방법을 애타게 찾고 있었다. 고통스러워하며 몸부림 치는 꼴이 오아시스를 찾지 못해 안달하는 아라비아 사막의 대상 행렬을 떠올리게 한다.

아이는 그때 엄마 곁에 있었다. 아이는 자기를 둘러싼 이상한 표정들을 쳐다보고, 아직도 잠에서 덜 깨어 축 늘어진 그들 대화에 귀를 기울였다. 그들 얼굴을 바라보기도 즐거웠고, 그들이 하는 황당무계한 이야기도 아이에게는 아주 흥미로웠다.

차를 마신 뒤에는 저마다 무언가를 한다. 어떤 이는 강가로 나가 발로 자갈을 물 속에 차 넣으면서 강변을 따라 거닐기도 하고, 어떤 이는 창턱에 기대앉아 매 순간 벌어지는 작은 일까지 지켜본다. 이를테면 안마당을 고양이가 가로질러 뛰는지, 까마귀가 날아가고 있는지, 고개를 좌우로 돌리며 벌어지는 모든 일들을 관찰한다. 이것은 어쩌면 개가 창턱에 앉아 온종일 머리를 햇볕에 내밀고, 지나가는 사람들을 한 명씩 유심히 바라보는 취미와도 같다.

어머니는 두 손으로 일류샤 머리를 자기 무릎에 올려놓고 천천히 아이의 머리카락을 쓰다듬으면서 부드러움을 음미한다. 게다가 나스타시야 이바노브나와 스체파니다 치호노브나에게도 한번 만져보라고 권하면서 일류샤의 장래에 대해 이야기한다. 아이는 어느새 어머니가 지어낸 훌륭한 서사시 주인공이 되어 버린다. 그러면 그 두 사람도 입을 모아 '도련님은 곳간에 황금을 산더미처럼 쌓게 되실 걸요' 맞장구를 쳤다.

이러는 사이 어둠이 깔린다. 부엌에서는 다시 장작 타는 소리와 도마질 소리가 들려오기 시작한다. 저녁 먹을 준비를 하는 것이다.

하인들이 문 앞으로 속속 모여들었다. 민속악기인 발랄라이카 소리와 떠들썩한 웃음소리가 들려온다. 사람들은 술래잡기놀이를 시작했다.

그러는 동안 태양은 이미 숲 저 너머로 기울었다. 햇살은 어슴푸레 불꽃띠를 이루며 숲을 관통하고, 소나무 꼭대기를 강렬한 황금빛으로 물들인다. 하지만 오래지 않아 그 빛은 하나둘씩 사라지고, 마지막 햇살 한 줄기가 잠깐 더 머물렀다가 마침내 가느다란 바늘처럼 무성한 가지들 속으로 꽂힌다. 하지만 이 또한 끝내 사라졌다.

사물들도 그 형체를 잃어버렸다. 처음에는 회색빛 무리 속에 희미해져 가다가, 나중에는 검정색 무리 속으로 녹아들어갔다. 새들의 노랫소리는 점점 약해지는가 싶더니 이내 그치고 말았다. 오직 한 마리가 심술을 부리는 건지, 아니면 모두에게 고집이라도 피우는 건지, 잦아든 정적 속에서 여전히 단조로운 음조로 가끔씩 지저귄다. 하지만 그 소리도 점점 가끔씩만 들리다가, 어느새 울림도 사라지고 약하게 지저귀는 듯하더니, 날갯짓하며 주위 나뭇잎을 살짝 건드리고는…… 그냥 잠이 들곤 했다.

주위가 잠잠해지고, 귀뚜라미만 앞다투어 큰소리로 울어댔다. 땅속에서 하얀 수증기가 모락모락 피어올라 초원과 강으로 퍼져나갔다. 강도 덩달아 온순해진다. 하지만 얼마쯤 지나 갑자기 물고기가 다시 한 번 펄쩍 뛰어올랐다가 들어가고는 강은 그대로 정적에 휩싸였다.

주위에 축축한 냄새가 풍겼다. 어둠은 점점 짙어졌다. 그러면 나무들이 서로 어울려 괴물처럼 모습을 바꾸어 간다. 숲속은 무시무시해지면서 갑자기 사각거리는 소리가 들려온다. 마치 괴물 하나가 자리를 옮기면서 마른 나뭇가지를 밟아 부러뜨리는 소리 같았다.

하늘에 샛별이 살아 있는 눈처럼 반짝이고, 집집마다 창문에 불빛이 어른거린다.

이렇게 구석구석까지 정적의 시간이 찾아들었다. 이때가 되면, 창조의 힘이 맹렬히 꿈틀거리고, 시적 감성이 뜨겁게 달아오르며, 가슴에 욕망이 타오르고, 슬픔은 가슴을 더욱 깊숙이 파고든다. 또한 잔인한 사람의 마음속에는 죄의 싹을 틔우는…… 오블로모프카에서는 모두가 평화로이 깊은 잠에 빠져드는, 바로 그런 시간이다.

"산책 나가자, 엄마!"

일류샤가 말한다.

"무슨 소리니? 지금 산책을 가자니. 습기가 많아서 발이 젖을 거야. 또 얼마나 무섭다고. 지금은 숲에서 나무귀신이 돌아다닐 시간이야. 그놈은 아이들을 잡아간단다."

"어디로 잡아가는데? 어떻게 생겼는데? 어디에서 살아?"

아이가 질문을 퍼붓는다.

엄마도 자유분방한 상상의 나래를 한껏 편다.

아이는 억지로 잠을 이기느라 눈을 감았다 떴다 하면서 귀를 기울인다. 그때 유모가 다가와 엄마 무릎에서 꿈속을 헤매는 아이를 받아 안고는 침대로 옮긴다. 일류샤는 유모의 어깨에 고개를 숙인 채 정신없이 자고 있다.

"어휴, 이렇게 하루가 갔네, 다행이야!" 오블로모프 집안 사람들은 침대에 누우면서 신음소리와 함께 성호를 긋고 이렇게 중얼거렸다. "그럭저럭 오늘도 무사히 잘 보냈어. 제발 내일도 이랬으면 좋으련만! 하느님, 감사합니다! 하느님, 감사합니다!"

오블로모프 꿈은 또 다른 시간으로 날아간다. 그는 끝도 없이 긴 겨울 저녁, 유모의 품에 폭 안겨 있다. 유모는 그에게 어떤 이상한 나라에 대해 속삭인다. 거기에는 밤도 없고 추위도 없으며 많은 기적들이 일어난다. 게다가 꿀과 우유가 흐르는 강이 있고, 사람들은 일 년 내내 아무 일도 하지 않는다. 그리고 일류샤처럼 착한 어린아이들과 아름다운 아가씨들이 하루 종일 놀기만 하는 그런 즐거움은, 말로도 글로도 이루 표현할 수 없었다.

거기에는 마음씨 좋은 마귀할멈도 있는데, 가끔 물고기 모습으로 인간세계에 나타난다. 그녀는 얌전하고 착하고 선량하고, 다른 말로 표현하자면, 모든 사람에게 괴롭힘을 당하는 건달 하나를 골라서, 별다른 이유도 없이 극진한 대접을 했다. 그래서 그 남자는 차려진 음식을 배불리 먹고, 준비된 옷을 근사하게 차려입고서 이제까지 본 적이 없는 미인 밀리트리사 키르비치에브나*⁷와 결혼을 했다.

아이는 귀를 쫑긋 세우고 눈을 반짝이며 한 마디라도 놓칠 새라 유모의 이야기에 온 정신을 쏟았다.

전설은 이런 이야기 속에서 실제로 존재하는 모든 것을 교묘하게 피해 갔기에 아이의 사고력과 상상력도 조작된 그 세계에 빠져, 나이 들어서까지 그 속박에서 벗어나지 못했다. 유모가 들려주는 바보 에밀라에 대한 동화, 즉 사악하고 간교한 풍자는 우리 선조들뿐만 아니라 어쩌면 우리 자신에 대한 이야기일지도 모른다.

성인이 된 일리야 일리이치가, 만일 나중에 꿀과 우유가 흐르는 강이나 마음씨 좋은 마귀할멈이 존재하지 않는다는 사실을 알게 되어 유모의 이야기에 대해 웃으면서 농담을 한다 해도, 사실 그 웃음은 진심이 아니며 반드시 남모르는 탄식과 함께할 게 분명하다. 그에게 있어 동화는 삶과 뒤엉켜 있었다. 어쩌다 왜 동화가 현실이 아니고, 현실이 왜 동화가 아닌지를 생각하면 왠지 모르게 씁쓸해졌다.

그는 자신도 모르게 밀리트리사 키르비치에브나를 만나는 꿈을 꾼다. 그저 노는 것밖에 모르고 고민도 슬픔도 없는 그런 나라로 끊임없이 마음이 이끌렸다. 페치카 위에 누워, 전혀 노동의 대가로 준비하지 않은 옷을 차려입고, 마음씨 착한 마귀할멈이 대접하는 음식을 먹으려는 생각은 앞으로도 영원히 그에게서 떠나지 않으리라.

---

*7 러시아 동화에 등장하는 아름다운 여주인공.

오블로모프의 아버지와 할아버지도 어린 시절에 정형화된 틀 속에서 유모와 아저씨들의 입을 통해 세대에 세대를 거듭해 내려온 이런 동화들을 들으며 자랐다.

유모는 그러는 사이 벌써 아이의 상상력에 또 다른 그림을 그려 주었다.

그녀는 오블로모프에게 아킬레우스*8와 율리시스*9의 영웅적인 업적에 대해서, 일리야 무로메츠와 도브이리나 니키치치와 알료샤 포포비치*10의 용기에 대해서, 영웅 폴칸*11에 대해서, 나그네 칼레치쉐에 대해서, 그리고 그들이 고대 루시*12를 어떻게 여행하였고, 벌떼처럼 몰려든 회교도 대군을 어떻게 물리쳤는지, 푸른 포도주 한 대접을 단숨에 들이켜고 꺽꺽거리지 않는 사람이 이기는 경기에서 어떻게 승리를 다투었는지에 대해 이야기를 했다. 이어서 못된 산적들에 대해서, 그리고 잠자는 미녀와 돌이 되어 버린 도시와 사람들에 대해서 이야기하고 마지막으로 우리의 귀신숭배 사상으로, 즉 죽은 사람과 괴물, 도깨비로 화제를 돌렸다.

그녀는 러시아적 삶의 일리아드를, 호메로스에 버금가는 소박함과 단순 명쾌함으로 듣는 이의 심금을 울릴 만큼 정확하고도 자세하게 장면 하나하나를 눈앞에 생생하게 그리며 아이의 기억과 상상 깊숙이 새겨 넣었다. 이를테면 자연과 삶이 가져다주는 위험성이나 신비로움에 아직 인간이 화합의 길을 찾지 못해 도깨비나 나무귀신 앞에서 부들부들 떨며 자신을 둘러싼 재앙을 떨쳐버리기 위해 알료샤 포포비치의 보살핌을 구하던 시절, 대기와 물속, 숲속, 들판에 기적이 넘치던 그 먼 과거에 우리의 옛 음유시인들이 만들어 낸 이야기이다.

그때의 삶은 두렵고 덧없었다. 집 문턱을 한 발짝만 내딛어도 무수한 위험들이 도사리고 있었다. 자칫하면 짐승에게 잡아먹히거나 악당 칼에 난도질당하기 일쑤였고, 사악한 타타르인*13에게 가진 것을 몽땅 빼앗기지 않으면

---

*8 호머의 《일리아드》에 나오는 등장인물.

*9 《오디세이》의 주인공 '오디세우스' 의 라틴어 이름.

*10 러시아 영웅서사시에 등장하는 대표적인 세 영웅.

*11 칼레치쉐와 마찬가지로 러시아 영웅서사시의 주인공.

*12 고대 러시아.

*13 터키계 모든 민족의 총칭으로, 이들의 종교는 이슬람교였기에 역사적으로 러시아와는 적대관계를 유지했다.

쥐도 새도 모르게 어디론가 사라지기도 했다.

그러다가 갑자기 천재지변이 일어나서 불기둥이 솟고 불이 공모양으로 타올랐다. 새로 사람을 매장한 무덤 위에서 푸른 불꽃이 번뜩이거나 아니면 숲속에서 누군가가 손전등을 들고 돌아다니고, 무시무시한 웃음소리가 들려오고, 어둠 속에서 눈이 희번덕거리기도 한다.

그동안 인간에게도 얼마나 많은 이해 못 할 일들이 벌어졌는지 모른다. 아주 먼 옛날부터 인간은 오랫동안 아무 일 없이 잘살아왔다. 그러다 갑자기 말도 안 되는 소리를 주절거리기 시작하고, 무언가에 홀린 듯한 목소리로 소리치기도, 꿈꾸는 듯 걸어다니기도 했다. 또 어떤 사람은 별다른 이유 없이 갑자기 몸을 버둥거리다가 쓰러졌다. 그 일에 앞서 암탉이 때를 알리고 까마귀가 지붕에서 까악까악 울어댔다.

두려움에 떨며 삶을 둘러보던 연약한 인간은 주위 자연과 자신의 본성 안에 있는 신비의 열쇠를 급기야 상상 속에서 찾아 헤맨다.

하지만 어쩌면 삶은 꿈처럼 나른하고 늘 평온무사하게 흘러가서, 움직이지 않으면 현실 속 두려움도 없고 이변이 없는 한 위험한 일도 일어나지 않는데 인간이 굳이 자연 속에 또 다른 황당무계한 세계를 만들어 내어 한가한 상상을 하고 마음을 쓰려 했는지도 모르겠다. 아니면 평범한 사건이 미궁 속으로 빠져드는 신비와 현상의 외적 요인을 무익한 상상력에서 찾기를 강요했겠지.

우리의 시시한 선조들은 대충 어림짐작으로 판단하며 살아왔다. 의지를 고무시키지도 못했고 억누르지도 못했다. 그들은 많은 불편과 악을 보며 순진하게 놀라서 치를 떨면서도, 이해하기 어려운 자연에서 얻어 낸 상형문자에서 묵묵히 그 원인을 찾았다.

그들은, 죽음은 그 전에, 죽은 사람을 집 밖으로 옮길 때 다리가 아닌 머리부터 문턱을 넘어가야만 비로소 성립된다고 믿었다. 그들은 개가 새벽 3시에 창문 아래에서 짖으면 불이 난다고 했다. 그들은 죽은 사람을 들어 다리부터 문턱을 넘게 하려 애썼다. 하지만 먹는 음식만큼은 여전히 같았고, 먹는 양도 전과 다르지 않았을 뿐더러 잠도 이전처럼 풀밭에서 잤다. 짖어대는 개를 때려서 내쫓느라 부산 떨었고, 여전히 장작 불씨는 썩은 마룻바닥 틈새로 쓸어 내렸다.

이렇게 해서 오늘에 이르게 된 러시아 사람이 자신들을 둘러싼 엄격하면서도 창의력 없는 현실 속에서 매혹적인 옛 전설을 믿고 싶어하는 것은 당연하다. 아주 오랫동안 아마도 이런 믿음을 버리지 못하리라.

유모에게서 우리의 황금 양털—불새*14와, 마법의 성에 있는 장애물, 은신처에 대한 동화를 들으면서, 아이는 자신이 영웅적 행동의 주인공이 되는 상상을 하며 용기를 얻기도 했다. 그럴 때면 무사라도 된 듯 등에 쭈뼛쭈뼛 한기를 느끼기도 하고 용사의 실패를 내 일처럼 마음 아파하기도 했다.

옛날이야기는 꼬리에 꼬리를 물고 계속되었다. 유모는 어떤 대목에서 열띤 목소리로 눈으로 보듯 생생하게, 또 어떤 대목에서는 함께 있다는 것조차 잊어버릴 정도로 감격에 겨워 이야기를 이어갔다. 왜냐하면 그녀도 이야기의 반을 실제로 믿고 있었기 때문이다. 노파의 두 눈은 불꽃처럼 이글거렸고, 흥분한 나머지 머리를 흔들기도 했다. 목소리 또한 여느 때와 달리 높이 올라가곤 했다.

알 수 없는 두려움에 사로잡힌 아이는 눈물을 글썽이며 유모의 품에 바짝 파고들었다.

자정에 무덤에서 나온 죽은 자, 아니면 어쩔 수 없이 괴물에게 핍박을 당한 희생자, 또는 잘려나간 진짜 발을 찾아 이 마을 저 마을 헤매고 다니는 나무다리 곰 이야기에 이르면, 아이는 머리카락이 쭈뼛쭈뼛 서도록 두려워했다. 어린 상상력은 어느 때는 꽁꽁 얼어붙는가 싶다가도, 곧 다시 끓어올랐다. 아이는 고통스러우면서도 감미롭고 병적인 마음의 동요를 경험했다. 신경의 긴장 정도가 마치 현악기의 현과 같다고나 할까.

유모가 곰의 마지막 말, "나무다리가 삐걱거리네, 삐걱거려. 이 마을 저 마을 돌아다녀 보니 아낙네들이 모두 잠들어 있네. 한 아낙네만 깨어 내 가죽을 깔고 앉아 내 살을 삶고 내 털로 실을 뽑고 있네" 등등 실감나게 되풀이해서 읊었다. 곰이 집 안으로 들어가 자기 다리를 잘라간 놈을 낚아채려는 대목에서 아이는 더 참을 수가 없었다. 온몸을 벌벌 떨면서 비명을 지르며 유모의 팔에 덥석 안겼다. 놀라 눈물을 쏟으면서도 자기가 지금 짐승 발톱에 잡혀 있는 게 아니라, 난로 곁에서 유모와 함께 있다는 안도감에 크게 소리

---

*14 러시아 동화에 등장하는 새로 사람들에게 행복의 꿈을 가져다준다고 믿었음.

내어 웃는 것이었다.

아이의 상상력은 괴상한 환영들로 넘쳤다. 무서움과 슬픔이 오래도록, 아마도 영원히 그의 마음속에 남으리라. 그는 슬픔에 젖어 주위를 둘러본다. 여전히 보이는 거라고는 재앙과 불행뿐이다. 아이는 악과 골칫거리, 슬픈 일도 없이 오로지 맛있는 음식을 배불리 먹게 해주고 좋은 옷을 입게 해주는 밀리트리사 키르비치에브나가 살고 있는 마법의 나라를 언제나 꿈꾸었다……

오블로모프카에서 동화는 어린이들뿐만 아니라 어른들에게도 삶이 다하는 날까지 그 권위를 지켰다. 캄캄한 밤이면 집 안에서든 마을에서든, 주인 부부는 물론 건장한 대장장이 타라스에 이르기까지 모두가 두려움에 떨었다. 그때는 나무 하나하나가 거인으로 변했고, 모든 관목 숲은 악당 소굴로 바뀌었다.

미늘창 덜컹거리는 소리, 굴뚝에서 나는 바람 소리에도 남녀노소 모두 소스라치게 놀랐다. 세례절 밤 10시가 넘으면 아무도 문 밖에 나서지 않았다. 부활절 전날 밤이면 마구간에 가는 일로 큰 싸움을 벌이곤 했다. 어쩌다가 집귀신을 보게 될까 무서웠기 때문이다.

오블로모프카에서는 도깨비도 유령도 실제 있으리라고 믿었다. 마른 풀더미가 한밤에 들판을 돌아다닌다고 이야기해 주면, 그들은 조금도 의심치 않고 믿어 버릴 것이다. 또 누군가가 눈앞에 있는 물체가 양(羊)이 아니라 다른 어떤 물체, 이를테면 마녀 '마르파'나 '스테파니다'라는 소문이라도 흘리는 날에는 양이고 마르파고 무서워할 것이다. 양이 왜 양이 아닌지, 마르파는 왜 마녀가 되었는지, 그 이유를 물어보려는 생각은 아무도 하지 못했다. 혹시 그런 의심을 하는 사람이 있으면 오히려 잡아먹을 기세로 그에게 달려들 정도였다. 그만큼 오블로모프 사람들은 초자연에 대한 믿음이 확고하다는 뜻인가!

일리야 일리이치는, 세상은 단순하게 만들어져서 죽은 자가 무덤에서 나오는 일도 없고, 거인이 있어 만약 나타난다 하더라도 곧바로 광대놀음판에 끌려갈 테고, 산적들도 감옥에 가게 되리라는 사실을 뒷날 알게 되었으리라. 하지만 환상에 대한 믿음이 사라지면 두려움과, 영문을 알 수 없는 우수의 잔재만이 남게 되리라.

일리야 일리이치는 요괴 때문에 불행할 일도 없고, 가령 무슨 일이 있다 해도 자신은 도저히 알아챌 수 없으리라는 것도 잘 알고 있다. 하지만 의연하게 걸어가다가도 걸음걸음마다 무서운 무엇인가를 기대하고는 당황했다. 아직도 여전히 캄캄한 방에 혼자 남거나 죽은 사람을 보게 되면 어릴 때 싹튼 불길한 상상 때문에 몸을 떨었다. 날이 밝아오면 그 공포에서 벗어나 너털웃음을 지으면서도 저녁이면 다시 얼굴빛이 창백해졌다.

그러고 나서 일리야 일리이치는 열서너 살 소년이 되었다.

그는 어느새 오블로모프카로부터 5베르스타 가량 떨어진 베르흘료보에서 그 마을 관리인인 독일인 슈톨츠 밑에서 공부를 하게 되었다. 그는 지역 귀족 자제들을 위한 기숙학교를 운영하고 있다.

슈톨츠에게는 오블로모프와 거의 같은 또래의 아들 안드레이가 있었다. 또 다른 아들은 이 학교에 입학시켰지만 일 년 내내 공부 따위는 해 본 적도 없고 림프샘 종양을 앓고 있어 언제나 눈을 안대로 가리고, 귀 덮개를 한 채 눈물겨운 어린 시절을 보내야 했다. 이 아이는 할머니를 떠나 낯선 집에 맡겨져 성질이 고약한 사람들과 함께 살았는데, 아무도 그를 귀여워해 주지 않았고 그토록 좋아하는 만두도 구워 주지 않았다.

학생이라고는 이렇게 셋뿐이었다.

아버지와 어머니는 궁리 끝에 장난꾸러기 일류사를 공부시키려고 했다. 그러나 떼를 쓰며 울고불고 한바탕 난리를 피우다 결국 이 학교에 가게 되었다.

그 독일인은 대부분의 독일인이 그렇듯 분별력 있고 엄격한 사람이다. 만약에 오블로모프카가 베르흘료보에서 500베르스타 정도만 떨어져 있었어도 아마 그 사람 밑에서 일류샤는 나름대로 뭔가를 배웠을는지 모른다. 하지만 그렇다고 배움이 가능했을까? 오블로모프 집안의 분위기, 생활양식, 습관의 매력은 이미 베르흘료보에도 널리 퍼져 있다. 사실 그곳도 한때는 오블로모프카였다. 슈톨츠 집만 빼고 모든 집들이 옛날 옛적의 게으름, 소박한 풍습, 정적과 부동성으로 호흡을 하고 있다.

아이의 머리와 가슴은 그가 처음 책을 펴들기도 전에 이미 이 생활과 풍습에 대한 여러 가지 광경과 장면들로 가득 차 있었다. 아이 머릿속에 그토록 일찍 지혜의 싹이 돋아날 줄이야 과연 누가 상상이나 했겠는가? 어린 마음

속에 자리잡은 첫 개념과 감명의 생성 과정을 어떻게 빠짐없이 관찰할 수 있 단 말인가?

어쩌면 아이는 아직 말을 잘 못할 때라, 아니 입도 제대로 못 벌리고 걸음 마도 못해서, 어른이 물으면 말없이 눈만 말똥말똥 뜨고서 모든 사물을 쳐다 보기만 하는 시절부터 이미 자신을 둘러싼 현상을 의식하고 그 맥락을 파악 하고 관찰하면서도 다만 타인에게는 말하지 않았을 뿐인지 모르겠다.

아마 일류사는 오래 전부터 주위에서 하는 말이나 행동을 다 보고 듣고 이 해했는지도 모른다. 벨벳 바지와 갈색 나사지(羅紗紙) 솜 재킷 차림으로 뒷 짐을 지고서는 방 구석구석을 돌아다니고, 담배를 피우고, 코 푸는 일이 하 루 종일 아버지가 하는 일의 전부라고 이해했고, 어머니는 커피를 마시고 다 시 차를 마시고, 또 차를 마시고 점심을 먹는 일을 되풀이할 뿐 하는 일이 없다는 사실을 이해했다. 또 마른풀과 밀짚 더미가 얼마나 쌓였는지 알아보 거나, 농장 사람들의 부주의를 야단치려는 생각은 꿈에도 하지 않으면서 어 쩌다 손수건을 늦게 준비시키면 위계질서가 엉망이라며 집 안이 떠나갈 듯 불호령을 내리는 사람이 바로 자기 아버지라는 사실도 이해했다.

아마도, 주변 어른들의 삶과 다른 삶이란 세상에 존재하지 않을 거라고 아 이의 천진난만한 이성은 이미 그렇게 믿고 있었을는지도 모른다. 이런 형편 에 어떻게 다른 결론을 강요할 수 있겠는가? 오블로모프카 어른들은 과연 그동안 어떻게 살아왔던가?

삶이 왜 주어졌는지 그들은 과연 자기 자신에게 질문을 던져 보기나 했을 까? 하느님만 아실 테지만, 이 질문에 대한 대답은 어떠했을까? 십중팔구 그들에겐 대답이 필요 없는 아주 단순하고 분명한 일로 여겨졌음이 틀림없 다.

이른바 고달픈 인생에 대한 괴로운 걱정거리를 가슴에 품고, 세상 여기저 기를 배회하거나 자신의 삶을 끝도 보이지 않는 영원한 노동에 던져 버리는 그런 사람들에 대해서 이제까지 그들은 들어 본 적도 없다.

오블로모프 사람들은 정신적 고통이나 불안이라는 존재에 대해서도 그다 지 깊게 믿지 않았다. 성공을 꿈꾸며 목표를 향해 끊임없이 기울이는 노력 자체가 삶이라는 사실을 받아들이지 않았다. 열정적인 욕망을 불처럼 두려 워했다. 어떤 이들의 육체가 내면의 활화산 같은 활동으로 인해 잿더미처럼 변했듯이, 오블로모프 사람들의 영혼은 아무런 장애 없이 평온하게 부드러운 육체 속으로 빠져들었다.

삶은 그들 얼굴에 다른 사람들처럼 주름살을 새겨 넣지도 못했을 뿐 아니라, 무서운 파괴력으로 정신적 타격이나 불행을 안겨 주지도 못했다.

착한 사람들은 평안과 무위로 삶을 받아들였다. 사실 그 평안과 무위는 어디까지나 달갑지 않은 여러 사건들, 이를테면 질병, 손해, 불화 그리고 노동으로 인해 자연스레 깨어지기 마련이다.

그들은 노동을 선조 대대로 물려받은 벌이거니 여기며 견뎌왔기에, 도저히 좋아할 수가 없어서 기회만 있으면 늘 피하려 애썼다. 사실 그렇게 해도 별다른 지장이 없었기에 마땅히 그래야 한다고 생각했다.

그들은 뜬구름 잡는 지적이나 도덕적인 질문으로 우리는 물론 자신을 힘들게 한 경우는 한 번도 없었다. 그래서 그들은 늘 건강미가 넘쳤고 쾌활했다. 또 그곳은 장수 마을이었다. 나이가 마흔 살인 남자조차도 청년이라는 소리를 들었고, 노인들은 힘들고 고통스러운 죽음과 싸우기는커녕 도저히 믿지 못할 나이까지 살다가 조용히 눈을 감고 조용히 손발이 굳어 갔으며, 아무도 모르게 마지막 숨을 거두었다. 이 때문에 말하기를, 오히려 옛날 사람들이 훨씬 강건했다고들 한다.

그렇다. 실제로 더 강건했다. 예전에는 아이에게 인생의 의미에 대해 설명하고, 지혜롭고 뭔가 진지한 어떤 것으로 미리 인생공부를 시키느라 서두를 필요가 없었다. 게다가 머릿속에 무수한 질문들만 생기게 하는 책으로 아이를 괴롭히지도 않았다. 사실 그 질문들은 머리와 가슴을 갉아먹고 생명을 단축시킬 뿐이다.

삶의 규범은 이미 완성된 상태로 부모들에게서 물려받는다. 부모들 또한 할아버지에게서, 할아버지는 그 위 증조할아버지에게서 마치 베스타의 꺼지지 않는 불꽃*15 같은, 삶을 침범당하지 않도록 자신의 권리를 보전하라는 유언과 함께 그 준비된 규범을 이어받았다. 할아버지 대에 있던 똑같은 일들이 일리야 일리이치의 아버지 대에도 있었고, 어쩌면 아직까지도 오블로모프카에서 똑같이 반복되고 있으리라.

---

*15 고대 로마에서 베스타(Vesta)는 난로와 집의 신이었음.

그렇다면 고민할 일은 무엇이고 흥분할 일은 또 무엇인가? 알아야 하고 찾아내야 할 게 있기나 한가?

필요한 건 아무것도 없다. 인생은 마치 평온한 강물처럼 그들 곁에서 흘러간다. 부르지 않아도 저마다 차례로 나타나는 피할 수 없는 현상들을 오로지 이 강변에 앉아 지켜보는 일만 남았다.

잠든 일리야 일리이치는 상상 속에서 그의 가정과 친척 집에서 변함없이 일어나는, 인생에서 가장 중요한 세 장면을 살아 있는 그림처럼 순서대로 보았다. 이는 바로 태어남과 결혼과 장례였다.

이어서 기쁜 축하와 슬픈 의식의 다채로운 행렬이 꼬리에 꼬리를 물고 오래도록 이어진다. 세례식과 명명식, 가족 경사, 금욕주간, 부활주간, 떠들썩한 정찬, 친척들의 모임, 눈물과 웃음이 끊이지 않는다.

이 모든 것이 엄숙하고 장중한 분위기 속에서 정확하게 치러진다.

갖가지 의식을 치르는 중에도 낯익은 얼굴과 표정, 그들의 고뇌와 불안함조차 눈에 들어왔다. 원한다면 그들에게 번거로운 혼담이나 어떤 장중한 결혼식, 명명식을 치르게 해 보자. 아마도 정해진 규칙대로 눈곱만큼의 실수도 없이 멋지게 해내리라. 누구를 어디에 앉힐지, 어떻게 음식을 내놓을지, 의식에 누구와 누구를 함께 내보낼까에 주의를 기울이고 있는지, 어떤지…… 오블로모프카에서는 누구나 아주 조그만 실수도 결코 용납하지 않는다.

과연 이곳 어머니들은 아이 양육법을 알고나 있을까? 장밋빛 볼에, 무거운 큐피드들을 안고 다니는 것만 봐도 그 답을 한눈에 알 수 있었다. 어머니들은 피부가 뽀얗고 포동포동 살이 쪄야만 아이가 건강하다고 여겼다.

만일 봄에 새 모양 빵을 굽지 않는다면, 그들은 봄맞이 의식에서 물러나 봄이 왔음을 인정하지 않는 격이 되리라. 봄을 맞이하기 위해서는 그 의식을 치러야만 하겠지.

이것만이 그들의 삶이고 학문의 전부이다. 그리고 슬픔이며 기쁨이다. 따라서 그밖의 배려나 슬픔은 모두 뿌리치고 다른 기쁨도 전혀 알지 못한다. 이유는 다름 아니라, 그 삶 속에는 그들 머리와 가슴에 무궁한 영양분을 주는 이런 뿌리 깊은 필연적 사건들이 가득하기 때문이다.

그들은 흥분한 마음을 달래며 의식과 연회, 예식을 기다리다가도 세례를 지켜보거나 결혼시키거나 장례식을 치러주고는 곧 그 사람과 그 운명에 대해서는 까맣게 잊어버리고 일상의 권태로 빠져들었다. 하지만 유일하게 명명식이나 결혼식 따위의 새로운 사건들이 그들을 그 권태로부터 구해 주었다.

아이가 태어나기 무섭게, 어떻게 하면 정확하게 한 치의 오차도 없이, 세상이 요구하는 의식을 지킬 수 있을까, 이게 바로 부모의 으뜸가는 고민거리였다. 즉, 세례식 뒤의 피로연을 어떻게 치르느냐가 문제였다. 그런 다음에야 비로소 아이에 대한 이런저런 정성어린 보살핌이 시작되었다.

어머니가 자신과 유모에게 제시하는 첫 번째 과제는 아이를 건강하게 키워서 감기나 저주, 다른 모든 나쁜 상황으로부터 아이를 보호하는 것이다. 아기가 늘 기분좋게 무엇이든 많이 먹게 하는 데에만 온 지극정성을 쏟는다.

아이가 걸음마를 배우자마자, 그러니까 더 이상 유모가 필요 없게 되자마자 어머니의 가슴 속에는 벌써 아이에게 당연히 더 건강하고 더 앳된 신붓감을 찾아줘야겠다는 은밀한 바람이 생겨나기 시작한다.

다시 의식과 잔치 시기가 찾아오고 마침내 결혼식을 한다. 삶의 희비는 모두 잔치에 집중된다.

이어서 이내 똑같은 일들이 되풀이된다. 장례식이 그 무대 배경을 바꿔 놓지 않는 한 출산과 의식, 잔치가 잇따른다. 그러나 얼마 안 있어 부모들은 자식에게 자리를 양보하고, 아이들은 청년이 되어 곧 약혼을 하고, 결혼해서 자기를 닮은 아이를 낳는다. 다시 그로부터 모든 일이 반복된다. 그렇게 삶은 계획표에 따라 끊임없이 단조로운 직물처럼 엮어진다. 자신의 주위에 무덤의 행렬이 이어지는 것이다.

간혹 다른 걱정거리들이 그들을 귀찮게 하기도 한다. 그러나 오블로모프 사람들은 대개 변함없는 단호함으로 이런 일에 대처했다. 그들의 마음을 흩뜨려 놓는 걱정거리들은 살짝 비껴갔다. 마치 벽에 부딪힌 새들이 쉴 곳을 찾지 못하고 단단한 돌 주위에서 날개를 푸드득거리다가 다시 날아가는 것과 같다.

예를 들어, 언젠가 집 한쪽에 붙어 있던 회랑 일부가 갑자기 와르르 무너져서 그 아래에 있던 병아리와, 그 병아리를 품고 있던 어미닭을 생매장시킨 적이 있다. 회랑 바로 아래에서 물레를 돌리던 안치프의 아내 악시니야도 변을 당할 뻔했다. 그러나 다행히도 그녀는 마침 실다발을 가져오기 위해 자리를 비우고 없었다.

집안이 발칵 뒤집혔다. 어른과 아이 할 것 없이 모두가 달려 나와 끔찍스런 장면을 목격하고는, 병아리와 어미닭 대신 주인마님이 일리야 일리이치를 데리고 거기를 지나갔더라면…… 상상만으로도 가슴이 철렁 내려앉았다.

모두가 경악을 금치 못하면서도 왜 진작 수리할 생각을 못했는지에 대해 서로 탓하기 시작했다. 어떤 이가 주의를 주면, 어떤 이는 지시를 내리고, 또 어떤 이는 수리를 하면 그만인 것을.

회랑이 무너져 내렸을 때 모두 큰 충격을 받았다. 하지만 어제만 해도 참으로 회랑이 오랫동안 잘 견뎌낸다면서 감탄을 아끼지 않던 참이었다.

어떻게 고칠지 여러 가지를 의논하기 시작했다. 사람들은 병아리를 품고 있던 어미닭을 가여워했다. 그리고 일리야 일리이치를 회랑에 데려가지 못하게 단단히 일러두고는 느릿느릿 자기 자리로 돌아갔다.

그 일이 있고 나서 3주가 지나 안드류쉬카와 페트루쉬카, 바시카에게 무너져 내린 널빤지와 난간을 헛간으로 치워 길 한가운데 널브러져 있지 않게 하라는 지시가 떨어졌다. 하지만 그것들은 거기서 봄까지 굴러다녔다.

오블로모프 노인은 창문으로 회랑을 볼 때마다 보수를 해야 할 텐데, 하며 늘 걱정이 이만저만 아니었다. 목수를 불러서는 새 회랑을 지을지, 그나마 남은 것까지 다 부수는 게 나을지를 상담하기 시작했다. 하지만 결국에는 "이제 가 보게. 생각을 더 해봐야겠어" 하며 그를 집으로 돌려 보낼 게 뻔하다.

이 일은 몇 차례나 되풀이되었다. 바시카와 모치카가 찾아와서, 이날 아침 회랑에 올라가 봤더니 귀퉁이들이 벽에서 완전히 떨어져 나가 언제라도 무너져 내릴 듯하더라는 말을 하지 않았더라면, 이는 계속되었을 것이다.

그제야 마지막으로 상의한답시고 다시 목수를 불렀고, 폐허에서 건진 자재로 그나마 붕괴를 면한 회랑 나머지 부분을 그냥 떠받치기로 결정했다. 하지만 이 결정을 시행하기까지는 다시 또 달포가 걸렸다.

"여보! 회랑이 새로 다닐 수 있게 됐어!" 노인이 아내에게 말했다. "잘 봐, 표도르가 얼마나 멋지게 통나무를 얹었는지. 꼭 귀족위원회 위원장의 집 기둥 같다니까! 이제 됐어, 다시 오래 쓸 수 있겠지!"

누군가가, 이 기회에 대문짝도 손 보고 현관도 고칠 데가 있노라고, 그대로 놔두면 고양이뿐만 아니라 돼지도 계단 틈새를 통해 지하로 들어갈 위험이 있다고 말을 건넸었다.

"그래, 맞아, 그럴 수 있겠어."

일리야 이바노비치는 수심에 찬 목소리로 대답하고는 현관을 살피러 가보았다.

"아니, 이건 처음 만들 때부터 흔들거렸어."

요람을 흔들 듯 현관 난간을 발로 툭툭 차보면서 말한다.

"흔들거리게 놔두면 어떻다는 거지?" 노인 오블로모프가 대꾸했다. "이렇게 아직 쓸 만한데, 16년을 한 번도 수리를 안 하고 잘 버티고 있고 말야. 그때 루카가 정말 잘 만들었지! …… 그 사람이야말로 진정한 목수였어, 그렇고말고…… 애석하게도 이 세상 사람이 아니지만. 요즘 사람들은 제멋대로라서 통사정을 해야 하니, 이런 일은 할 턱이 없지."

이렇게 말하고, 그는 다른 쪽 현관 난간으로 시선을 돌렸다. 현관 난간은 흔들리기는 해도 아직 무너져 내린 적은 한 번도 없다고들 말했다. 목수 루카는 아주 훌륭한 목수였음이 분명했다.

사실 주인나리의 입장도 생각해 줄 필요가 있다. 무슨 재난이 있거나 안 좋은 일이라도 생기면 그들은 초조하고 당황해서 화를 버럭 내기도 한다.

우습게보고 그냥 넘길 일은 아니지 않은가? 방법을 찾아내야 한다. 그들은 어쩌면 도랑의 조그만 다리를 보수해야 한다고 말하거나 소와 돼지, 양들이 나무를 망가뜨리지 못하게 담장을 둘러야 한다고 논의하지 않았을까. 왜냐하면 울타리 한쪽이 완전히 땅바닥에 쓰러졌기 때문이다.

일리야 이바노비치는 몹시 걱정이 되었다. 어느 날 정원을 산책하다가 넘어진 울타리를 직접 자기가 끙끙거리면서 일으켜 세우고는 정원사에게 버팀목 두 개를 받치라고 지시했다. 이러한 오블로모프의 신속한 조치 덕분에 울타리는 여름 내내 버티다가, 겨울에 들어서야 눈밭에 다시 쓰러졌다.

결국 안치프가 말과 나무통 채로 다리에서 도랑으로 떨어지는 사고가 발생하고 나서야 새 널빤지 세 개를 다리 위에 깔았다. 그들이 걱정했던 일이 벌어진 것이다. 안치프는 아직 타박상에서 완전히 회복된 상태가 아니었지만, 다리는 어느새 새로 보수되었다.

소와 염소는 울타리를 두 번 만에 쓰러뜨리고 정원으로 들어왔다. 그놈들이 까치밥나무를 먹어 치우고, 열 번째 보리수나무 껍질을 벗겨 먹기는 했지만, 사과나무에까지는 이르지 못했다. 결국 필요한대로 울타리를 세우고, 심지어는 그 주위로 도랑까지 파라는 지시를 내리기에 이르렀다.

그때 소 두 마리와 염소 한 마리가 붙잡혀서 벌을 받고 호되게 매를 맞았지!

일리야 일리이치 꿈은 아직 고향집 큰 거실에 머물러 있다. 어둑어둑한 거실 안에는 덮개를 덮어서 오래된 물푸레나무 의자, 낡고 빛바랜 얼룩투성이 하늘색 담요를 덮어서 모양새가 꼴사나운 딱딱한 소파, 가죽 커버로 된 커다란 안락의자 하나가 놓여 있었다.

겨울날 기나긴 밤이 찾아온다.

어머니가 소파에 쪼그리고 앉아 피곤한 듯 이따금 하품도 하고, 뜨개바늘로 머리를 긁적이기도 하면서 어린아이에게 신길 목이 긴 양말을 뜨고 있었다.

그녀 옆에는 나스타시야 이바노브나와 펠라게야 이그나치에브나가 일류샤의 것인지, 그 아버지의 것인지, 아니면 자신들의 것인지는 모르겠지만 축제날 입어야 할 옷을 짓느라 정신이 없다.

아버지는 뒷짐 진 채 아주 만족해하면서 방 안을 왔다 갔다 하거나, 의자에 잠깐 앉았다가 다시 일어나서 자신의 발자국 소리에 귀 기울이며 방 안을 서성거린다. 그러고 나서 담배 냄새를 맡고 코를 푼 다음, 다시 담배 냄새를 맡곤 했다.

방 안에는 기름양초 하나가 희미하게 타오른다. 겨울과 가을 저녁에만 볼 수 있는 광경이다. 여름철 몇 달 동안은 모두들 양초를 쓰지 않으려고 일찍 잠자리에 들고 일찍 일어나려 애썼다. 습관에 따라서 그렇게 했고 한편으로는 절약을 위한 일이기도 했다. 집에서 만들지 않고 구입을 해야 하는 물건들에 대해서는 오블로모프 사람들은 극도로 인색했다.

놀러 온 손님을 위해 칠면조나 병아리 열두 마리도 마다 않고 기꺼이 잡으면서도, 남는 건포도 한 알조차 식탁에 올리려 하지 않았다. 어쩌다 손님이 마음대로 잔에 술을 부어 마시는 날에는 모두들 얼굴이 백지장처럼 하얘졌다.

하지만 그 같은 불손함은 거의 없는 일이었다. 누구나 인정하는 파렴치한

이라면 또 모를까. 처음부터 그런 손님은 집 안에 발도 못 들이게 했었으리라.

왜? 풍습 때문이다. 세 번씩이나 권해야만 음식에 손을 대었다. 한 번 권하면, 대부분 맛보라는 뜻이 아니라 내놓은 음식과 술을 거절해 달라는 의미가 담겨 있다는 사실을 손님 모두가 잘 알고 있었다.

양초 두 개를 한꺼번에 켜놓는 일도 없었다. 양초는 시내에서 돈을 주고 사와야 하기 때문에, 다른 물품들과 마찬가지로 안주인이 따로 자물쇠를 채워서 보관했다. 타다 남은 양초는 하나하나 개수를 헤아려서 감추었다.

그들은 돈 쓰기를 달가워하지 않았다. 꼭 필요한 물건이라도 늘 돈을 낼 때는 무척 아까워했다. 아무리 별 볼일 없는 싸구려 물건이라도 마찬가지였다. 큰 지출을 할 때는 늘 신음과 통곡, 욕설이 따라 다녔다.

오블로모프 집안 사람들은 돈을 쓰기보다는 어떤 불편이든 기꺼이 감수하는 쪽이었고, 심지어는 불편해도 불편하게 여기지 않았다.

이런 까닭에 거실의 소파는 오래 전부터 얼룩투성이였으며, 이런 까닭에 일리야 이바노비치의 가죽 의자는 말만 가죽 의자이지 사실은 나무껍질 의자라고도, 새끼줄로 얼기설기 엮은 의자라고도 할 수 없을 정도였다. 가죽이라고 해 봤자 등판에 한 바닥 남은 게 고작으로, 나머지는 5년 전에 이미 너덜너덜해져 벗겨진 채였다. 문짝이 뒤틀렸고 계단이 삐걱거리는 이유도 마찬가지가 아닐까 싶다. 참고 쓰다가 어쩔 수 없이 새로 사야 하는 물건이라도 갑작스럽게 200, 300, 500루블을 쓴다면 그들로서는 거의 자살행위나 다름없었다.

이웃 마을 한 젊은 지주가 모스크바에 다녀왔는데, 결혼식에 입을 셔츠 열두 장을 사느라 300루블을, 부츠를 사느라 25루블을, 조끼를 사는 데 40루블을 썼다는 말을 들었다. 노인 오블로모프는 성호를 긋고, 생각해 볼 가치도 없다는 듯 "그런 풋내기 지주 놈은 감방에 처넣어야 해!" 이렇게 불편한 심기를 드러낸 적도 있다.

활발한 자본회전과 생산성 증대, 물자교환의 필요성을 설명하는 경제학적 진실에, 그들 모두는 귀머거리나 마찬가지였다. 그들은 아주 순수한 마음으로 이를 단순하게 이해하고 한 가지 방법으로만 자본을 운용한다. 다름 아니라 돈을 궤짝에 보관한다는 말이다.

가족들이나 평소 방문객들은 저마다 다른 자세로 거실 팔걸이의자에 앉아 색색 숨소리를 내면서 잠을 잤다.

주인과 손님들 사이에는 주로 깊은 침묵이 흐른다. 모두들 하루도 거르지 않고 만났다. 지혜의 보물들을 서로 나누어 갖지만, 다른 지역에서 들어오는 새로운 소식은 그리 많지 않았다.

적막하다. 집안일로 분주한 일리야 이바노비치의 무거운 장화 소리만 뚜벅뚜벅 들려올 뿐이다. 게다가 벽시계에서 나는 무거운 시계추 소리와, 이따금 펠라게야 이그나치에브나 또는 나스타시야 이바노브나가 손과 이빨로 실 끊는 소리가 깊은 정적을 깰 뿐이었다.

누군가 소리내어 하품을 하거나, 입에 성호를 그으며 "주여, 굽어 살피소서!" 말을 덧붙이는 일 말고는 이런 정적이 30분 넘게 계속될 때도 가끔 있었다.

그러면 옆 사람이 하품을 따라하고, 그 다음 사람도 천천히, 마치 누군가의 명령대로 하듯 입을 열고 또 다음 사람도 마찬가지로…… 공기의 장난이 전염병처럼 모든 이들의 폐를 한 바퀴 돌고 어떤 이에게는 눈물까지 글썽이게 한다.

아니면 일리야 이바노비치는 창가로 다가가 밖을 내다보고 당황하여 말한다.

"5시밖에 안 됐는데 벌써 밖이 캄캄하다니!"

"네," 누군가가 대답한다. "이맘때면 늘 어둡죠. 밤이 길어지나 봅니다."

사람들은 봄에는 낮이 길어졌다고 놀라며 기뻐한다. 하지만 낮이 길어지면 왜 기쁘냐는 물음에 그들도 그 이유를 알지 못한다!

다시 입을 다물어 버린다.

그리고 누군가 양초 심지를 떼어 내려고 갑자기 불을 꺼버린다. 모든 이들의 가슴이 설렌다. "뜻하지 않은 손님!" 틀림없이 누군가 말을 뱉는다.

어쩌면 이때부터 대화가 시작되기도 한다.

"손님이라뇨, 누구 말씀이죠?" 안주인이 묻는다. "나스타시야 파제에브나는 아닐 테죠? 오, 주여! 아니겠죠. 그녀는 명절이 지나야 올 텐데. 그래도 오면 기쁘련만! 와락 껴안고 둘이서 실컷 울어 봤으면! 아침도 같이 먹고 점심도 같이 먹고 교회에도 함께 가고…… 하지만 나는 그녀처럼은 못해!

내가 나이는 아래지만 교회에서 그렇게 오래 서 있을 기력이 없어!"

"음, 우리 집을 떠난 때가 언제지?"

일리야 이바노비치가 물었다. "일리야 명명일 이후 아냐?"

"무슨 말씀이세요, 일리야 이바노비치! 늘 헷갈리시는군! 그녀는 부활절 축제도 못 기다렸어요."

아내가 바로잡아 주었다.

"성 표트르날*16에도 여기에 있었던 것 같은데."

일리야 이바노비치가 반박했다.

"당신은 매번 그런 식이죠!" 아내가 책망조로 말한다. "그럼 물어서 확인해 보세요. 괜히 창피만 당하실 게 뻔해요……."

"성 표트르날에 없었다니, 말이 되오? 그때 버섯을 넣은 만두를 구웠더니 얼마나 좋아했는데……."

"버섯 만두를 좋아한 사람은 마리야 아니시모브나죠. 정말 기억을 못 하시네! 마리야 아니시모브나도 일리야 명명일 전이 아니라 성 프로흐르와 니카노르날*17 전에 손님으로 왔었잖아요."

그들은 명절과 계절, 온갖 가족 행사일들의 날짜를 따졌을 뿐, 달이나 날짜를 정확하게 들먹여 본 적은 한 번도 없었다. 어쩌면 이런 일이 벌어지는 가장 큰 이유가, 오블로모프 말고는 다른 모든 이들이 달의 이름도, 날짜 순서도 잊고 지낸다는 게 아닐까 싶다.

말다툼에서 진 일리야 이바노비치는 다시 침묵할 테고, 그럼 다시 집안은 졸음 속에 빠지게 된다. 일류샤 또한 어머니 등에 바싹 기대어 꾸벅꾸벅 졸았고, 가끔 깊은 잠에 빠져들었다.

"맞아요," 마침내 손님 중에 누가 깊은 한숨과 함께 한 마디 거들었다. "아! 마리야 아니시모브나 남편 말야. 돌아가신 바실리 포미치. 그분은 정말 정정했었는데 돌아가셨죠! 예순 살도 못 돼서. 백 살까지는 거뜬히 사실 줄 알았는데!"

"누구나 죽습니다. 누가, 언제 죽느냐는 하느님의 뜻이지요!" 펠라게야 이그나치에브나가 한숨 쉬며 반박했다. "죽어가는 사람이 있는가 하면, 저

---

*16 음력으로 7월 29일.
*17 음력으로 7월 28일.

홀로포프 내외는 아이에게 세례 줄 시간이 없다더군요. 안나 안드레브나가 또 아기를 낳았다나 봐요. 벌써 여섯 번째라던가."

"어디 그런 사람이 안나 안드레브나 하나랍니까!" 안주인이 말했다. "그 여편네의 오빠들도 장가를 가서 아이가 생기는 대로 다 낳는대요. 아이들 못된 짓을 어떻게 다 감당하려는지! 동생들도 크면 마찬가지로 신랑감 후보가 되겠죠. 그리고 다른 집 딸들을 시집보내고 싶어도 신랑감이 없다고 합디다. 알다시피 요즘 남자들은 모두 여자가 시집올 때 돈만 한 보따리 싸들고 오기를 원한다고들 하지 않습니까. 그것도 죄다 현금으로 말이죠……."

"당신 무슨 소릴 하는 거요?"

아내에게 다가가며 일리야 이바노비치가 물었다.

"그러니까, 무슨 말인고 하니……."

다시 한 번 그에게 같은 이야기를 반복한다.

"그게 다 인생이라오!" 일리야 이바노비치가 한 마디 했다. "하나가 죽으면 다른 하나는 태어나고, 또 다른 하나는 결혼을 하고. 우리는 조금씩 늙어 가지. 해마다 다르고 나날이 같지 않은 게 당연해! 왜냐고? 만약 하루하루가 어제와 같고, 어제도 내일과 다를 게 없다면 그게 더 큰일 아니겠소! …… 생각만 해도 슬픈 일이지……."

"노인은 늙어 가고, 젊은이들은 그들 나름대로 커가지!" 구석에서 누군가가 졸린 목소리로 한 마디 거들었다. "생각할 게 뭐 있담. 그저 하느님께 기도하는 게 상책이지!" 안주인이 매섭게 쏘아붙였다.

"맞아, 백 번 옳은 소리요."

뭔가 철학적인 이야기를 해 볼까 생각했던 일리야 이바노비치는 한 풀 꺾인 목소리로 말했다. 그러고는 또 이리저리 왔다 갔다 한다.

다시 오랫동안 침묵이 흐른다. 앞뒤로 오가는 뜨개바늘 소리만 희미하게 들린다. 이따금 안주인이 침묵을 깨뜨린다.

"정말, 밖이 어두워졌네. 성탄절 주간까지 어떻게 기다려. 손님들이 몰려올 생각을 하니 벌써 마음이 들뜨는군요. 그 저녁 시간을 어떻게 보내야 좋을지 모르겠어요. 말라니야 페트로브나가 오면 정말 재미있을 텐데! 아무튼 못 해내는 생각이 없다니까! 모두들 납으로 주형을 뜨고, 밀랍을 녹이고, 대문 밖으로 달려나갔지. 여자애들은 어디로 가야 할지 몰라 허둥댔어. 무슨

놀이를 그리 많이 알고 있는지…… 아무튼 재미있는 사람이야, 정말!"

"놀이에 일가견이 있는 부인이지요!" 누구 하나가 거들었다. "재작년인가 그 부인이 산에서 눈썰매를 타자는 얘기를 꺼냈을 때, 루카 사비치가 얼굴을 잔뜩 찌푸렸죠……."

루카 사비치를 바라보고 크게 웃어 대느라 여기저기서 몸을 들썩거렸다.

"자네는 그때 어땠어, 루카 사비치? 자, 어서 말 좀 해보라니까!"

일리야 이바노비치는 그렇게 말하면서도 웃어 대느라 정신이 없다.

모인 사람들은 웃음을 그치지 않고, 일류샤도 잠에서 깨어나 덩달아 큰소리로 웃는다.

"아니, 말할 게 뭐가 있다고 그러세요!" 당혹감을 감추지 못하고 루카 사비치가 말한다. "모두가 알렉세이 나우므이치가 꾸며댄 이야기지 뭐예요. 아무 일도 없었어요."

"에ー!" 합창하듯 모두 말꼬리를 잡았다. "아무 일도 없었다니, 무슨 말이죠? 웃겨서 죽는 줄 알았는데. 이마를 봐, 이마, 아직 상처가 남아 있어……."

사람들은 다시 크게 소리내어 웃는다.

"뭘 그렇게 웃으십니까?" 루카 사비치가 웃음소리 사이사이에 사람들을 설득하려 애쓴다. "저는…… 그때 뭐더라…… 아니 그것 때문이 아니라…… 전부 바시카, 그 악당이 오래된 썰매를 들이미는 바람에…… 그 녀석이 깨뜨렸다고요…… 저는 그때……."

사람들 웃음소리로 그의 목소리가 묻혀 버렸다. 자기가 넘어지게 된 그때 일을 끝까지 설명하려 애써 봤지만 모두 헛수고였다. 방 안은 웃음으로 가득했다. 그 소리는 현관에서부터 안쪽 하녀들 방까지 퍼져 나갔고, 급기야 온 집안을 들썩거려 놓았다. 모두를 재미있는 추억 속으로 빠져들게 했다. 마치 올림픽 신전의 신들처럼 이루 표현할 수 없을 정도로 유쾌하게 오래도록 웃었다. 좀 진정되는가 싶더니, 누군가 다시 말꼬리를 잡자 곧 까르르 웃음바다로 변한다.

마침내 가까스로 사람들은 마음을 가라앉혔다.

"자네 이번 성탄절 주간에도 썰매 탈 건가, 루카 사비치?"

입을 다물고 있던 일리야 이바노비치가 묻는다.

또 다시 웃음보가 터지고 이번에는 10여 분 넘게 계속된다.

"안치프카*18에게 지시해서 산에 보초라도 서게 하면 될 게 아닌가?"

노인 오블로모프가 난데없이 한 마디를 더 덧붙인다. "루카 사비치, 이 사람 썰매를 그렇게 좋아하다니 아마 못 참을 걸……."

사람들의 웃음소리가 방 안에 가득 차서 끝내 말을 마치지 못한다.

"온전한가……그……썰매는?"

어떤 사람이 웃음을 간신히 참으며 말한다.

다시 한바탕 웃음바다를 이루었다.

오랫동안 실컷 웃고 나서 결국 조금씩 잦아들었다. 어떤 이는 눈물을 훔치고 어떤 이는 코를 풀고, 또 어떤 이는 심하게 기침을 하고 침을 뱉으며 겨우 입을 연다.

"아, 주여! 콧물범벅이 되어서는…… 그때 어찌나 웃었는지, 정말! 이 무슨 꼴이람! 발랑 나자빠져서, 윗옷은 다 열어젖히고……."

그러자 드디어 마지막 웃음이 터져나왔고, 잠시 뒤에 잠잠해졌다. 어떤 이는 한숨을 내쉬고 어떤 이는 소리내어 웅얼거리며 하품을 했다. 그리고 다시 모두가 침묵 속으로 빠져들었다.

여전히 시계추 소리와 오블로모프의 장화굽 소리, 뚝 하고 실 끊어지는 가벼운 소리만이 들려왔다.

일리야 이바노비치가 갑자기 방 한가운데 멈추어 서서 근심스러운 낯빛으로 코끝을 만졌다.

"이거 큰일인데! 요것 보게! 누군가 죽으려나봐—코끝이 이렇게 가려우니……?"

"아휴, 맙소사! 뭐라고요?" 손을 내저으며 아내가 말한다. "코끝이 가려운데 죽는다고요? 콧등이 가려울 때나 그런 말을 쓰는 거예요. 당신은 왜 그렇게도 건망증이 심하시우! 사람들이 있는 데서나 손님들이 보는 데서 그런 말 했다가는 창피당하기 쉽지."

"그럼, 코끝이 가려운 건 무슨 의미였지?"

당황한 일리야 이바노비치가 물었다.

---

*18 안치프의 애칭.

"술 생각이 간절하신가 봐. 그걸 갖고 무슨 그런 망측스런 말을, 죽다니!"

"헷갈리지 않는 게 없군!" 일리야 이바노비치가 말했다. "기억이 날 듯 말 듯하네. 코 옆이 간지러우면, 끝부터 간지러우면, 아니면 눈썹이⋯⋯."

"코 옆이면," 펠라게야 이바노브나가 거든다. "행운이 온다는 뜻이고, 눈썹이 간지러우면 눈물을, 이마는 인사를 의미하지요. 오른쪽에서부터 간지러우면 남자에게, 왼쪽부터면 여자에게 그럴 일이 생긴다는 거죠. 귀가 간지러우면 비가 온다는 뜻이고, 입술이 간지러우면 키스를 한다, 콧수염이면 손님이 찾아온다, 팔꿈치면 새 집에서 잠을 잔다, 발바닥이면 길을 떠날 일이 생긴다⋯⋯."

"어허, 펠라게야 이바노브나, 정말 대단하구만!" 일리야 이바노비치가 말했다. "혹시 뒤통수가 가려우면 버터를 싸게 얻는다는 뜻은 아닌가⋯⋯."

부인네들이 웃음을 터뜨리고 소곤거리기 시작한다. 남자들 가운데 몇몇도 얼굴에 미소가 가득했다. 다시 한 번 웃음보가 터지려는 찰나에, 방 안에서 개 짖는 소리와 고양이 울음 소리가 뒤섞인 듯한 소리가 들려왔다. 서로 한 바탕 붙으려는 듯했다. 다름 아니라 시간을 알리는 시계의 둔탁한 소리였다.

"아이구! 벌써 9시네!" 일리야 이바노비치가 놀람 반 기쁨 반으로 말했다. "시간이 벌써 이렇게 됐을 줄이야. 이보게, 바시카! 반카, 모치카!"

졸린 듯한 표정으로 세 사내가 나타났다.

"왜 여태껏 상을 차리지 않는 거야?" 오블로모프가 어이없다는 듯 화난 목소리로 물었다. "여기 이분들 생각도 좀 해야지! 뭘 그렇게 서 있어? 어서, 보드카를 가져오란 말이야!"

"코끝이 간지러운 이유가 있었군요!" 말이 끝나기가 무섭게 펠라게야 이바노브나가 끼어들었다. "보드카를 드시려면 술잔을 좀 보세요."

술상을 물리고, 입맛을 쩝쩝 다시고, 서로 성호를 그어주며 인사를 나누고, 저마다 침대로 뿔뿔이 흩어진다. 무사태평한 머리들 위로 꿈이 깃든다.

이런 저녁 광경이 일리야 일리이치 꿈에 나온 것은 한두 번이 아니다. 똑같은 하루가 꿈 속에서 몇 주일이나 몇 달, 몇 년으로 끝나지 않고 계속되었다.

삶의 단조로움을 깨뜨릴 아무것도 없었으며, 오블로모프네 사람들도 그런 삶에 괴로워하지 않았다. 왜냐하면 다른 방식의 삶은 상상조차 할 수 없었기 때문이다. 혹시 상상한다 하더라도 소스라치게 놀라며 외면해 버릴 게 틀림없다.

어쩌면 다른 삶은 바라지도 좋아하지도 않을지 모른다. 만일 상황이 그들의 삶에 변화를 가져온다면, 어떤 변화든 상관없이 분명 무척 안타까워하리라. 내일이 오늘과 같지 않고, 모레가 내일과 같지 않다면, 그들은 너무나 상심하겠지.

여러 가지 변화들, 남들이 그토록 매달리는 이변, 그들에게 무엇 때문에 필요하겠나? 남들이야 인생의 쓴맛을 보든 말든, 마음대로 해도 그만이지. 오블로모프 사람들과는 아무 상관도 없는 남의 일일 뿐이다. 남들이야 좋을 대로 살라지.

변화는 사람에게 득이 되는 상황이라 해도 틀림없이 마음에 혼란을 일으킨다. 변화가 일어나면 걱정과 근심, 분주함, 여기저기 돌아다니는 일이 필요하다. 잠시도 자리에 가만히 앉아 있을 시간이 없고, 장사를 하거나 편지를 써야만 한다. 한 마디로 말해서, 눈코 뜰 새 없이 바빠야 한다, 이 말이다. 농담이라고?

그들은 수십 년 동안 씩씩 숨소리를 내며 잠을 자고, 졸며 하품을 하고, 또는 촌스러운 농담에 넉살 좋게 와자지껄 웃으며 살아왔다. 아니면 조그만 모임을 만들어 간밤에 무슨 꿈을 꿨는지 이야기들을 했다.

어쩌다 무서운 꿈이라도 꾼 날에는, 모두 깊은 생각에 잠겨 농담은커녕 함께 겁을 먹었다. 꿈이 예언적인 때에는, 슬픔을 주었는지 위안을 주었는지에 따라서 기뻐하기도 하고 풀이 죽기도 했다. 어떤 법칙 같은 걸 지켜야 하는 꿈일 때는 곧바로 행동으로 옮길 방법을 찾아내려 했다.

'원카드' 같은 아주 단순한 카드놀이를 하는 게 아니라, 축제 때마다 손님들과 함께 바스톤*19 카드놀이를 하거나, 그랑—파시양*20 패를 돌리면서 결혼 점괘를 치기도 하고, 마리아쥐*21 놀이도 했다.

때때로 나탈리야 파제에브나인지 누구인지는 모르겠지만, 한두 주일 묵을

---

*19 오랜 역사를 갖고 있는 카드놀이. 넷이 한 조를 이루어 할 수 있음.
*20 두 패의 카드를 가지고, 대개는 혼자서 하는 카드놀이. 보통 카드점을 본다.
*21 카드놀이에서 하트 킹과 클럽 퀸이 만나는 순간을 일컬음.

예정으로 찾아오기도 한다. 처음에는 노파들이 누가 어떻게 살고 있고, 누가 무엇을 하며 지내는지, 시골 구석구석에서 벌어지는 일들을 다 이야기했다. 그녀들은 남의 가정 생활이나 그 속사정뿐만 아니라 저마다의 생각과 의도를 파고들어 타인의 은밀한 부분까지 샅샅이 캐내며, 무엇보다도 행실이 바르지 못한 괘씸한 남편들을 나무라는 험담을 늘어놓는다. 이어서 명명일 행사, 세례, 출산 얘기를 들먹이고, 그때 누가 대접을 어떻게 했는지, 누구를 초대하고 누구를 초대하지 않았는지, 하며 여러 가지 말이 풍성했다.

그러다 지치면 새로 산 물건과 옷, 외투, 심지어 치마와 양말까지도 보여주기 시작한다. 안주인은 손수 짠 옷감이며 손수 뽑은 실, 손수 짠 레이스를 꺼내 보이며 우쭐해한다.

자랑거리도 어느새 동이 나고 만다. 그러면 커피와 차, 잼들을 맛볼 차례가 온다. 그리고는 결국 침묵이 찾아든다.

서로 얼굴만 멀뚱멀뚱 쳐다보며 한참을 앉아 있다가 가끔 누군가 한숨을 크게 내쉰다. 어쩌다 둘 중 하나가 훌쩍훌쩍 울기도 한다.

"왜 그래, 무슨 일이야?"

다른 이가 걱정스레 묻는다.

"아휴, 슬퍼서 그래." 무거운 숨을 내쉬며 손님이 대답한다. "죄 많은 우리가 주님을 화나게 했어. 착한 마음을 먹지 못하니."

"아이고, 놀래키지 말아요. 겁나게 하지 말라고요, 아시겠어요?"

안주인이 끼어든다.

"알았어, 알았다고요." 손님이 말을 잇는다. "마지막 그날도 머지않았어. 민족이 민족을, 나라가 나라를 대적하여 일어나겠고…… 세상의 종말이 도래할지니!"

기어코 나탈리야 파제에브나가 입을 열었고, 둘은 하염없이 울기 시작한다.

나탈리야 파제에브나가 보기에는 이런 결론을 내릴 만한 아무런 이유가 없었다. 어딘가에서 나라와 나라 사이에 전쟁이 벌어진 것도 아니었고, 심지어 그해에는 혜성조차 본 적이 없다. 그럼에도 노파들은 종종 이런 불길한 예감에 휩싸였다.

드물기는 하지만, 이런 단조로운 일상이 어떤 뜻밖의 사건 때문에 깨지기도 한다. 이를테면 어른과 아이가 함께 온 가족이 석탄가스에 중독되는 이변이 일어난다.

집에서든 마을에서든 다른 종류의 질병에 대해서는 이제껏 들어본 적이 없다. 누가 어둠 속에서 말뚝에 걸려 다쳤다거나, 축사 다락에서 떨어졌다거나, 지붕에서 널빤지가 미끄러져 내려 머리를 다치는 따위의 일을 빼고 말이다.

하지만 이변들도 아주 드문 경우였다. 그리고 뜻밖의 재난에 대처하기 위해서는 민간요법이 이용되었다. 타박상에는 제비꽃즙이나 치자나무즙을 발라 주고 성수를 한 잔 들이켜게 하고는 주문을 외웠다. 그러면 곧 씻은 듯이 낫는다.

그러나 가스중독 사건은 비교적 자주 일어났다. 그럴 때면 모두들 장기짝처럼 나란히 침대에 누워 있었다. 그리고 끙끙대는 신음소리만 들려왔다. 어떤 사람은 머리에 오이를 빙 두른 뒤에 수건으로 동여매기도 하고, 어떤 사람은 월귤나무 열매를 귀에다 대고 고추냉이 냄새를 맡기도 하고, 어떤 사람은 셔츠 하나만 입고 영하의 추운 바깥으로 나가고, 어떤 사람은 그냥 아무 생각 없이 침대 위를 나뒹군다.

이런 일은 한 달에 한두 번씩 거의 정기적으로 일어났다. 왜냐하면 열기가 쓸데없이 굴뚝으로 빠져나가는 게 싫어서, 아직도 벽난로에 불길이 〈악마 로버트〉[22]처럼 한창 타오르는데도 그 굴뚝을 닫아 버리기 때문이었다. 또한 벽난로와 침상 난로에 손을 대면 안 된다. 그랬다가는 바로 물집이 생기기 쉽다.

언젠가는 그들의 단조로운 일상에 뜻밖의 변화가 일어난 적도 있었다.

배고픔을 달래는 식사를 마치고 다함께 차를 마시려던 순간, 시내에서 막 돌아온 오블로모프 가의 농부 하나가 갑자기 뛰어들어왔다. 한참을 머뭇거리다가 품 속에서 꺼내놓은 것은, 일리야 이바노비치 오블로모프 앞으로 온 구겨진 편지 한 통이었다.

모두들 어안이 벙벙했다. 안주인을 비롯해 몇몇은 표정까지 일그러졌다. 모두의 눈과 코마저도 편지 쪽으로 일제히 쏠렸다.

＊22 독일 작곡가 마이어베어 Giacomo Meyerbeer(1791∼1864)의 오페라. 페테르부르크에는 1843년 무대에 올려져 대단한 호평을 받은 바 있다.

"이런 희한한 일이 있나! 누가 보냈을까?"

간신히 정신을 가다듬고 주인 마님이 말했다.

노인 오블로모프는 편지를 받아들고, 어찌해야 할지 몰라 편지를 만지작거렸다.

"어디서 편지를 받았지? 누가 네게 편지를 주었어?" 그가 농부에게 물었다.

"제가 묵던 시내 여관에서요. 우체국에서 군인 복장을 한 사람이 찾아와서 오블로모프 댁에 농부가 있느냐고 두 번이나 묻더군요. 주인어른 앞으로 편지가 왔다면서요."

"그래서?"

"그래서, 처음에는 숨었죠. 그랬더니 편지를 가지고 그냥 가더라고요. 그런데 저를 본 어느 베르흘료보 수도사가 우체국 사람에게 말한 겁니다. 그래서 다시 찾아왔더군요. 두 번째 왔을 때는 욕설을 한바탕 늘어놓더니, 편지를 주고 5코페이카를 빼앗아 갔어요. 제가 편지를 어떻게 해야 하느냐, 어디로 가져가야 하느냐고 물었죠. 그랬더니 주인님께 갖다드리라고 했습니다."

"받아오지 말았어야지!"

안주인이 호되게 꾸짖었다.

"아, 그래서 저도 받지 않으려 했지요. 편지가 무슨 소용이란 말입니까. 아무 쓸모도 없는데. 예전부터 편지는 받지 말라고 저희들에게 그렇게 신신당부하셨는데—받았으니 얼른 주인에게 돌아가라, 그 편지를 갖고! 이러면서 그 군인이 얼마나 윽박지르던지 마님은 아마 모를 겁니다. 어쩔 수 없이 받아왔다고요."

"멍청한 것!"

안주인이 말했다.

"누구한테서 왔지?" 주소를 살피면서 오블로모프가 생각에 잠겨 말했다. "필체가 눈에 익은 듯도 하군!"

이렇게 편지는 이 손에서 저 손으로 옮겨졌다. 온갖 추측이 난무했다. 누가 보낸 편지며 무어라고 쓰여 있을지? 하지만 추측만으로는 무엇도 알 수 없었다.

일리야 이바노비치는 안경을 찾아오라고 지시했다. 한 시간 반이나 지나서 안경을 찾았다. 그는 안경을 썼다. 자칫 편지봉투를 열 뻔했다.

"열어 보지 맙시다, 일리야 이바노비치." 아내가 겁을 집어먹고 그를 말렸다. "이 편지에 뭐라고 쓰여 있을지도 모르면서! 그러다가 무서운 일이나 재난이라도 생기면 어쩌려고요. 요즘 사람들이 어떤 사람들인지 아시잖아요! 내일이든 모레든 천천히 열어 봐도 늦진 않아요. 편지가 어디로 가버리지는 않으니까."

편지는 안경과 함께 넣어져 자물쇠가 채워진 채 숨겨졌다. 모두 차를 마셨다. 보통 때는 편지가 안경과 함께 그대로 몇 년이고 방치되었지만, 이번만은 이상하게도 오블로모프 사람들의 머리를 혼란스럽게 했다. 그 다음 날에도, 차를 마시는 자리에서도 내내 편지에 대한 대화뿐이었다.

마침내 4일째 되던 날, 더 참지 못하고 모두 한 자리에 모여 조심스레 편지봉투를 열었다. 오블로모프는 서명을 들여다보았다.

"'라지셰프'에게! 필리프 마트베이치가 보낸 편지군!"

"네에? 정말요?" 이구동성으로 물었다. "아니, 그분이 여태 살아 계신단 말예요? 아직도 안 돌아가셨다니 놀랍군요! 참 다행이네요! 뭐라고 쓰셨나요?"

오블로모프가 소리내어 읽기 시작했다. 필리프 마트베이치가, 오블로모프카 특산품 맥주의 제조 방법을 알려달라고 부탁하는 내용이었다.

"알려 줘야지, 알려 주고말고!" 다같이 입을 모아 말했다. "답장을 보내야겠어."

그렇게 2주일이 지났다.

"답장을 써야겠어, 답장을!" 일리야 이바노비치는 아내에게 거듭해서 말했다. "메모해 두었던 제조법이 어디 있지?"

"글쎄요, 어디 있더라? 또 찾아봐야겠네요. 잠깐만요, 서두를 필요 없잖아요? 이제 곧 축제날이니 천천히 써도 되잖아요. 편지가 달아나진 않을 테고……."

"그래, 천천히 축제 때 쓰는 게 낫겠다."

일리야 이바노비치가 말했다.

축제가 되자 다시 편지에 대한 이야기가 오갔다. 일리야 이바노비치는 마침내 펜을 들기로 결심했다. 자기 서재에 틀어박혀 안경을 쓰고 책상 앞에 앉는다.

집 안에는 깊은 정적이 드리워졌다. 하인들에게는 크게 소리내어 걷지도 소란을 피우지도 말라는 지시가 떨어진다. "주인님이 편지를 쓰고 계신다!" 집안에 상을 당한 것처럼 조심스럽게 소곤댔다.

'삼가 아룁니다.' 그는 편지 첫머리를 썼다. 무슨 위험한 일이라도 하는 듯 손가락을 떨며, 신중을 기해 천천히, 삐뚤삐뚤하게 여섯 글자를 쓰자 아내가 서재로 들어왔다.

"아무리 찾아봐도 제조 방법 메모가 없네요. 침실과 찬장 속도 뒤져 봐야 겠어요. 그런데 편지는 어떻게 보내죠?"

"우체국에서 보내야지."

일리야 이바노비치가 말한다.

"얼마나 들어요?"

오블로모프가 옛 달력을 꺼냈다.

"40코페이카."

"편지 한 장 보내는 데 40코페이카나 들다니! 차라리? 기다리는 게 낫겠 어요. 시내에 갔을 때 전할 수도 있잖아요. 사람들을 시켜서 알아보라고 하 든가요."

"하긴 겸사겸사해서 보내는 게 낫겠군."

이렇게 말한 일리야 이바노비치가 펜을 책상에다 톡톡 두드리고는 잉크병 에 다시 꽂고 안경을 벗었다.

"정말 그게 좋겠어. 어디 도망가는 것도 아니니. 아직 여유가 있으니 천천 히 써도 되겠어."

결국 필리프 마트베이치가 제조법 설명서를 받았는지는 아무도 모른다.

일리야 이바노비치는 이따금 책을 손에 잡기도 했는데, 그때마다 어떤 책 인지는 중요하지 않았다. 독서가 근본적으로 필요한 일이라는 것을 꿈에서 조차 생각지 못했다. 그에게 독서는 사치이며 하지 않아도 살아가는 데는 아 무 지장이 없었다. 이를테면 벽에 그림이 있든 없든, 산책을 나가든 말든 상 관없지 않은가. 그 때문에 어떤 책이든 마찬가지이다. 지루하고 할 일이 없 어서 기분전환으로 하는 게 독서였다.

"책을 읽은 지도 오래 됐군." 아니면 가끔씩 "읽을 만한 책이 없을까?" 이렇게 말만 바꿔가며 중얼거렸다. 아니면 그냥 지나는 길에 형이 죽으면서 남긴 많지 않은 책을 발견하고 아무거나 손에 잡히는 대로 꺼내든다. 골리코프[23]든 아니면 꿈에 관한 최신판 책이든 헤라스코프[24]의 《로시야다》[25]든, 그것도 아니면 수마로코프[26]의 비극이든, 그리고 마지막으로 2년 지난 신문 나부랭이든, 그는 한결같이 만족스러워하며 기뻐했고 때때로 중얼거린다.

"아니, 뭐라고 지어낸 거야! 나쁜 놈들 같으니! 망할 놈들!"

이런 고함 소리는 작가에게 하는 소리인데, 작가가 누가 되었든 그에 대한 존경심이라고는 조금도 찾아볼 수 없었다. 오히려 옛 사람들이 작가에 대해 품었던 반쯤 경멸하는 태도가 그에게도 있었다. 많은 사람들의 생각이 그러했듯 그도 작가들이란 한낱 우스갯소리나 하는 사람이며 도락가, 술꾼, 광대와 비슷한 익살꾼에 불과했다.

이따금 그는 재작년 신문에 난 기사 하나를 골라 모두가 들어보라고 소리내어 읽어 주거나 소식거리를 하나씩 일러 주기도 한다.

"헤이그에서 온 소식에 따르면, 폐하께서 짧은 여행 일정을 마치고 무사히 궁궐로 돌아오셨다는군."

그러면서 안경 너머로 청중들의 반응을 살핀다. 아니면,

"빈에선 어떤 나라 대사가 신임장을 받았다는군."

"여기엔 이렇게 나와 있어, 장리[27]는 여류작가의 작품을 러시아어로 옮겼다고 하고."

"번역이란 번역은 다 우리 지주들의 돈을 갉아먹으려는 수작이야."

어느 소지주가 한 마디 거들었다.

한편 가여운 일류샤는 슈톨츠 집안에 속해 있는 학교를 다녔다. 월요일 아침잠에서 깨자마자 그는 왠지 슬픈 기분이었다. 현관에서 안치프카를 부르는 바시카의 커다란 목소리가 들린다.

"안치프카! 얼룩말을 수레에 매도록 해. 도련님을 독일인 댁에 모셔다 드

---

* 23 I.I. Golikov(1735~1801) : 러시아의 역사가.

* 24 M.M. Heraskov(1733~1807) : 러시아의 시인.

* 25 《로시야다 Rossiyada》(1779) : 시베리아 왕국에 관한 장편 서사시.

* 26 A.P. Sumarokov(1717~77) : 러시아의 희곡 작가.

* 27 Stephanie-Felicite, Madame de Genlis(1746~1830) : 프랑스 감상주의 소설 작가.

려야 하니까!"

심장이 콩닥콩닥 뛰었다. 슬픈 표정으로 어머니에게 갔다. 아들 마음을 잘 알고 있던 어머니는 위로의 말을 건네고는 일주일이나 생이별할 생각에 몰래 한숨지었다.

아침으로 무엇을 먹일지 궁리하다가 프랑스빵과 동그란 빵을 굽고, 소금 절임과 비스킷, 잼, 갖가지 과자, 온갖 종류의 견과자, 생과자들을 심지어 먹거리가 될 만한 건 죄다 내놓느라 부산을 떤다. 이건 모두 기름진 음식을 싫어하는 독일사람 집에서는 보기 힘든 것들이다.

"거기선 실컷 먹지 못할 거야." 오블로모프 사람들이 수군거렸다. "기껏해 야 수프나 탕 요리, 감자가 나올 텐데. 게다가 차와 함께 먹는 버터가 점심 의 전부일 테고, 저녁이라고 해봐야 휘파람이나 불고 말겠지."

언제나 일리야 일리이치는, 바시카가 얼룩말을 매라고 지시하지 않아도 되는 월요일을 꿈꿔 본다. 그럴 때면 어머니는 차를 마시는 테이블에서 얼굴 가득 미소를 머금고 반가운 소식으로 그를 맞는다.

"오늘은 가지 않아도 돼. 성대한 명절이 목요일에 있거든. 사흘 있다가 다 시 와야 하는데 번거롭게 왔다 갔다 할 필요는 없지?"

아니면 뜻하지 않게, 오늘은 만성절*28이니 공부하지 않아도 된단다. 푸딩 이라도 줄 테니 먹으렴, 이런 말을 듣고 싶었다.

또 어느 때는 어머니가 월요일 아침에 그의 얼굴을 지그시 바라보고는 이 렇게 말할지도 모른다.

"오늘은 네 눈빛이 안 좋구나. 괜찮은 거야?"

그러고는 고개를 설레설레 흔들면, 눈치 빠른 아이는 멀쩡하면서도 그저 침묵으로 일관한다.

"그럼 이번 주에는 집에 있으렴. 부디 하느님의 은총이 함께하기를."

집안에는 학업과 만성절이 절대 겹치지 말아야 한다는, 목요일 명절은 공 부를 하기 위해 일주일 동안 넘어야 할 장애물이라는 믿음이 확고했다.

가끔 도련님 때문에 잔소리를 들은 남녀 하인들이 이렇게 불평했다.

"에이, 개구쟁이 도련님이 빨리 그 독일인 있는 데로 사라져 버렸으면 좋

---

*28 모든 성인의 날 대축일(11월 1일).

겠어!"

때로는 주일 중반이나 초반에, 갑자기 안치프카가 낯익은 얼룩말을 타고 일리야 일리이치를 데려가기 위해 독일인 댁으로 찾아왔다.

"마리야 사비쉬나 씨와 나탈리야 파제에브나 씨, 쿠조프코프 내외분이 아이들을 데리고 와서 머물기로 했으니 어서 집으로 가시죠!"

서너 주 동안 그렇게 일류샤는 집에서 놀면서 보낸다. 다만 부활절 주간까지는 얼마 남지 않았고, 또 명절이고, 그러다 보면 가족 가운데 누군가는 부활절 다음 주에도 공부를 하지 않기로 결정해 버렸다.

여름까지는 두어 주일 남았으니 다시 갈 필요는 없었다. 사실 독일 사람도 여름에는 휴식을 갖기 때문이다. 그러니 차라리 가을까지 미루는 게 낫겠다는 말이었다.

일리야 일리이치가 이렇게 놀면서 보낸 지도 어느덧 반년이나 되었다. 그동안 키가 부쩍 자랐다! 얼마나 뚱뚱보가 되었는지! 잠은 또 얼마나 달게 자던지! 모두들 넋을 놓고 쳐다보았다. 이와 반대로 아이가 토요일에 독일인 댁에서 돌아오면 안색이 수척하고 어두워진 느낌을 받았다.

"이런 식으로 하다가는 큰 일이 벌어질지 몰라." 아버지와 어머니가 말한다. "공부야 천천히 해도 되지만 건강은 돈으로도 못 사잖아요. 인생에서 건강이 으뜸이에요. 봐요, 공부하고 돌아오는 그 꼴이 마치 병원에서 막 퇴원한 것 같죠? 살은 다 어디로 가고 저렇게 수척해졌는지…… 아직 철부지예요. 한창 뛰어놀 때라고요!"

"맞소," 아버지가 거든다. "공부할 사람은 따로 있지. 해봤자 겁쟁이만 돼!"

마음 약한 부모는 아이를 집에 머무르게 할 구실을 찾느라 여념이 없다. 핑계거리는 명절 말고도 얼마든지 있다. 겨울에는 너무 춥다고 가지 못하게 하고, 여름에는 너무 덥다고 가지 못하게 말렸다. 비가 내리면 비 때문에 못 가고, 가을이면 진눈깨비가 걸림돌이 되었다. 이따금 안치프카가 미덥지 않아 보였다. 술을 마시지는 않았지만 왠지 모를 섬뜩한 눈초리 때문에, 마차를 진창에 빠뜨리거나 아니면 절벽에서 굴러 떨어지지 말라는 보장이 없어 보였다.

오블로모프 부부는 가능하면 이런 핑계들이 그저 핑계가 아님을 증명하려 애썼으며, 특히 슈톨츠가 보는 앞에서는 더 했다. 슈톨츠라는 선생은 제멋대로인 사람을 보면 주위 시선에도 아랑곳 않고 호되게 야단을 치는 사람이었다.

프라스타코프와 스카치닌*29 시대는 이미 지나간 지 오래였다. 그때는 아는 게 약이고 모르는 게 병이라는 속담이 마을 곳곳에 퍼져 있었다. 행상인들이 그 책을 갖고 다니며 팔았기 때문이었다.

계몽주의의 장점을 노부부도 이해는 하고 있었지만, 오로지 외적인 면에 한해서였다. 사람들이 세상 밖으로 나가려면, 바꿔 말해 관직을 얻거나 훈장을 받거나 돈 버는 일들은, 배움을 통해서만 가능하다는 걸 잘 알고 있었다. 상황이 점점 나빠지는 것도 직접 보아왔다. 케케묵은 관습이나 속임수로 관직의 길을 걸어 온 옛 공직자와, 근무기간에 따라 직급이 올라가는 사무원들의 상황이 종종 그러하다.

단순히 읽고 쓰는 일에서 벗어나, 이제껏 들어본 적 없는 학문이 필요해졌다는 흉흉한 소문들이 나돌기 시작했다. 9등문관과 8등문관의 차이도 너무나 커져, 그 다리를 건너기 위해서는 어쨌든 학위증이 필요했다.

습관의 부산물이면서 뇌물 챙기기의 으뜸인 옛 관리들은 점점 모습을 감추기 시작했다.

아직까지 죽지 않고 살아 있는 사람들은 요주의 인물이라는 그럴듯한 구실로 쫓겨났고, 그렇지 않은 사람들은 재판에 넘겨졌다. 가장 불행한 사람은 새로운 질서를 처음부터 거부하고, 위험에 처하기 전에 미리 도망갈 구멍을 찾아 달아난 자들이다.

오블로모프 부부는 이를 깨닫고 교육의 필요성도 알고 있었다. 하지만 교육도 겉으로만 이해했을 뿐, 내적 필요성에 대해서는 그저 남의 일처럼 막연하게 생각했다. 그래서 얼마간 일류샤에게 특별한 것만 가르치면 되겠거니 안심하고 있었다.

그들은 자식이 제복을 입게 될 날을 꿈꾸며 참의원이 된 아들을, 특히 어머니는 시장이 된 아들을 상상해 보고는 했다. 하지만 이 모든 것들을 갖가지 권모술수를 동원해서 어떻게든 값싸게 얻고자 애썼다. 그때 만연하던 계

---

*29 러시아의 희곡 작가 폰비진(D.I. Fonvizin, 1745~92)의 작품 《미성년》의 등장인물.

몽사상과 정직이라는 장애물을 아무 어려움 없이 은근슬쩍 피해 가려 했다. 이를테면 같은 공부를 하더라도 괜히 몸과 마음을 지치게 해서 아이의 행복을 깨고 싶지는 않았다. 최소한의 규정만 지키며 적당히 공부해서 어쨌거나 일류샤가 모든 학습과정을 무사히 마쳤다는 졸업장만 받으면 그뿐이었다.

이런 오블로모프식 교육 방침은 슈톨츠 쪽과 격렬하게 맞부딪쳤다. 그 싸움은 서로 한 치의 양보도 없이 완강했다. 슈톨츠는 당당히 정면에서 상대를 집요하게 공격했고, 오블로모프 부부는 앞서 말한 권모술수는 물론이고 다른 방법까지 총동원하여 그 공격을 교묘하게 피해 갔다.

누구의 승리도 장담할 수 없었다. 어쩌면 독일인다운 완강함이 오블로모프 부부의 고집과 완고함을 이길 수 있을지 모르겠지만, 독일인도 나름의 난관에 부딪혔다. 그러다 보니 누가 이겼다고 쉽게 결론 내릴 수 없었다. 문제는 슈톨츠의 아들이 오블로모프에게 공부도 가르쳐 주고, 대신 번역도 해줘 가며 모든 응석을 받아 주고 있다는 데에 있었다.

일리야 일리이치는 자기 집안 가풍은 물론이거니와 슈톨츠 집안의 생활방식도 훤히 꿰뚫고 있었다.

집에서 그는, 눈 뜨기가 무섭게 침대 옆에 서 있는 자하르카를 본다. 뒤에 이름을 떨칠 몸종 자하르 트로피므이치가 바로 그였다.

자하르는 예전에 유모가 그랬듯이 양말과 신발을 신겨 주었다. 벌써 어엿한 열네 살 소년이지만, 일류샤가 할 줄 아는 일이라고는 그저 누운 채로 그에게 왼발 오른발을 내미는 일뿐이다. 조금이라도 맘에 들지 않으면 곧바로 발이 자하르 코로 날아간다.

행여 자하르가 불만이라도 표시하는 날이면 어른들로부터 매를 맞기 일쑤였다.

그리고 나서 자하르카는 머리를 빗겨 주고 일리야 일리이치의 두 팔을 조심스레 소매에 꿰어 주면서 겉옷을 입힌다. 그리고 아침에 일어나면, 일리야 일리이치에게 해야 할 것들을 조목조목 다시 한 번 상기시켜 주는 일도 그의 몫이다. 이를테면 '세수를 해야 합니다' 같은 일.

일리야 일리이치가 원하는 것은, 그게 무엇이든 눈짓 하나로 충분했다. 어느새 하인 서넛이 달려들어 그가 아는 바를 들어 주려고 부산을 떤다. 무엇을 잃어버렸거나 너무 높은 데 있어서 손이 닿지 않을 때, 물건을 가지러 가거나 아니면 볼일이 있어 달려가야 할 때도…… 가끔 다른 아이들처럼 직접 달려들어 일을 처리하고픈 때가 있다. 그럴 때면 아버지와 어머니, 세 할머니들이 마치 다섯 파트로 합창이라도 하듯 소리쳤다.

"뭐 하러 가려고? 어디 가니? 바시카와 반카, 자하르카는 뭐하고? 이봐! 바시카! 반카! 자하르카! 네놈들은 멍하니 서서 뭘 보고 있는 거야? 말이 말 같지 않아!"

이런 상황이라 일리야 일리이치가 제 손으로 할 수 있는 일은 아무것도 없었다.

이 일이 있고난 뒤, 마침내 그 방법이 훨씬 낫다는 사실을 깨달은 일리이치는 스스로 호통치는 법을 배웠다.

"어이, 바시카! 반카! 그것 줘봐, 다른 것 가져와! 이것 말고 다른 것 말이야! 달려가서 얼른 가져와!"

그는 이제 부모를 걱정시키는 일에도 싫증이 났다.

계단을 뛰어내려가거나, 뒤뜰을 뛰어다니기라도 하면 이어서 열 개의 불안스런 목소리들이 그의 뒤통수를 때린다. "아휴, 저기를 좀 봐! 누가 잡아줘, 뛰지 않게 해! 넘어지면 다쳐…… 서, 서라고!"

한겨울에는 그늘에 가거나 환기창 열려는 마음을 먹기가 무섭게 모두들 고함을 질러 댔다. "아니, 어딜 가려고? 왜 그러니? 그만 하렴, 나가지 마라, 열지 마라, 넘어지면 다친단다, 감기 들겠다……"

일류샤는 온실에 갇힌 이국풍의 화초처럼 그렇게 슬프게 집 안에 남아 있었다. 유리 안의 마지막 화초처럼 그는 서서히, 창백하게 자라났다. 무언가를 찾아 갈구하는 힘은 안으로 숨어들어 점점 시들고 말았다.

이따금 활기차게, 새롭고 산뜻한 기분으로 잠에서 깰 때도 있었다. 자기안에 산뜻한 기분으로 작은 악마가 들어앉아 있는 듯, 무언가가 꿈틀거렸다. 그 작은 악마는 자꾸만 그를 꼬드겨 못된 생각들을 품게 했다. 예를 들면 지붕에 기어오르게 하거나, 적색 말을 덥석 타고서 건초베기가 한창인 초원을 내달리게 만들기도 하고, 그것도 아니면 담장 위에 올라타게 하거나 동네 개들을 약 올리게 하곤 했다. 또는 갑자기 마을 밖에 있는 들판과 협곡으로, 자작나무 숲으로 내달렸다. 거기에서 계곡 아래로 성큼 뛰어내리고픈 충동이 일거나, 동네 아이들과 눈싸움으로 자신의 힘을 가늠해 보고픈 충동이 일고는 했다.

작은 악마는 그를 충동질 못 해서 안달이었다. 그는 참고 참다가 결국 더 이상 견디지 못하고, 추위에 모자도 안 쓴 채 느닷없이 현관 계단에서 마당으로, 다시 대문 밖으로 날쌔게 뛰어나간다.

두 손으로 눈덩이를 만들어 들고서 아이들이 모여 있는 곳을 향해 돌진하고는 했다.

찬 공기가 얼굴을 때리고, 귀는 얼얼했으며, 입에서 목구멍까지 한기가 스며들긴 했지만 마음만은 뿌듯했다. 있는 힘을 다해 달리며 떠나갈 듯 깔깔대며 웃는다.

아, 이를 어째! 어느새 아이들이 바짝 다가왔다. 재빨리 눈덩이를 던져 보지만 빗나간다. 눈을 다시 뭉치려는 그때 커다란 눈덩이 하나가 얼굴에 적중한다. 푹 넘어진다. 맞아본 적이 없어서 좀 아프기는 해도 즐겁다. 깔깔대고 웃느라 눈가에는 눈물이 글썽하다…….

그 순간 집에서는 난리가 났다. "일류샤가 안 보여!" 고함소리와 분주하게 찾아다니는 소리가 났다. 자하르카가 마당으로 뛰어나가고, 그 뒤를 바시카와 미치카, 반카가 따랐다. 모두들 안마당을 이리저리 뛰어다니느라 정신이 없었다.

뒤꿈치를 물려고 개 두 마리가 아이들에게 달려들었다. 개들이 뛰어가는 사람을 태연하게 쳐다보지 못하는 성질을 지닌 건 세상 사람들 모두가 다 아는 사실이다.

사람들은 고함을 치며 울부짖고, 개들은 멍멍 짖어대며 온 마을을 뛰어다녔다.

결국 아이들을 찾아내서 재판을 하기 시작하면, 누군가는 머리채가, 누군가는 귀가, 누군가는 뒷덜미가 잡혀 들어왔다. 아이들의 아버지들에게도 호통이 떨어졌다.

그들은 도련님을 모피 외투로, 다음에는 아버지 모피 외투로, 다음에는 이불 두 장으로 꽁꽁 싸서 의기양양하게 안고 집으로 향한다.

이불에 싸여 들어오는 그를 보자, 죽은 줄 잘못 알고 집 안은 울고불고 난리였다. 그러나 다친 데 없이 말짱한 모습을 보고 노인 내외의 기쁨은 이루 헤아릴 수가 없었다. 하느님의 은혜에 감사드리고, 아이에게 박하와 넓은 잎

딱총나무로 달인 탕제를 마시게 한다.

저녁 무렵에는 다시 산딸기로 만든 탕제를 마시게 하고, 사흘 내내 침대에서 꼼짝 못하게 한다. 하지만 아이에게는 오로지 하나, 다시 눈싸움을 하며 놀게 하는 일만이 보약이 아니었을까……。

제10장

일리야 일리이치의 코고는 소리가 들리기 무섭게, 자하르는 조심스레 침상에서 뛰어내려 까치발로 현관을 나와 자물쇠를 채우고 대문으로 걸어갔다.

"아, 자하르 트로피므이치, 어서 오게! 오래간만이구려!"

대문 앞에 모여 있던 마부와 하인, 여편네들과 아이들이 하나같이 한 마디씩 건넸다.

"도련님은 어떠셔? 어디 또 몰래 나가시지는 않았고?"

문지기가 물었다.

"자고 있슈."

자하르가 침울한 목소리로 말했다.

"무슨 말이야? 좀 이른 감이 없지 않군…… 몸이 안 좋으신가?" 마부가 물었다.

"에이, 몸이 안 좋기는! 술이 취했지!" 자하르는 확신에 찬 목소리로 말했다. "안 믿어져? 혼자서 마데이라 포도주 한 병 반 허구 크바스 두 통을 마시고 지금 뻗어 있다니까."

"정말!"

부러움이 담긴 마부의 목소리다.

"요즘 왜 그렇게 진탕 마신대요?"

여인네들 가운데 하나가 물었다.

"아니야, 타치야나 이바노브나." 자하르가 쏘아보며 말했다. "요즘만 그런게 아니라 완전히 망가지셨다니까. 말하기두 망측스러워!"

"어떻게 우리 주인마님이랑 똑같아!"

그녀가 한숨을 내쉬며 말했다.

"그건 그렇고 타치야나 이바노브나, 그 여편네가 오늘 어디 간댔잖아?"

마부가 물었다. "나도 그 근처에 갈 일이 있는데."

"저 놈이 가면 어딜 가! 좋아하는 사람과 나란히 앉아서 시간 가는 줄도 모를 텐데."

타치야나가 말했다.

"저 사람이 자네한테 자주 찾아가나 보군." 문지기가 끼어들었다. "밤마다 지겨워 죽겠어, 젠장! 이미 갈 사람은 다 가고 올 사람은 다 왔을 시간에 저 작자만 맨 꼴찌로 와서는 정문 현관이 닫혔다고 매일 욕설을 퍼부으니 말야…… 내가 저 인간 때문에 매일같이 현관에서 보초를 서야 할 판이야!"

"멍청이들 같으니." 타치야나가 말했다. "저런 사람 보기 쉽지 않지! 무엇이든 여편네한테 갖다 바치는 꼴이라니! 그러니까 여편네는 자기가 무슨 공작새라도 되는 듯이 거들먹거리면서 꼬리를 치지. 지나치게 화려한 치마에 양말을 신은 모양새 때문에 보는 사람이 다 민망해! 2주일씩이나 씻지도 않은 얼굴에 무언가를 덕지덕지 바르고…… 자기 잘못은 모르고, '아, 내 처지가 가련하다! 머리에 수건이라도 두르고 수도원에 들어가거나 순례길에 오르는 게 낫겠어…….'"

자하르만 빼고 모두가 한바탕 웃음을 터뜨렸다.

"아이구, 타치야나 이바노브나, 아픈 데를 콕콕 찌르는군!"

목소리에서 동의의 뜻이 느껴졌다.

"어떻게 사람이 그런 여자와 부부가 됐을까?" 타치야나가 말을 이었다.

"자네는 어디로 행차할 생각인가?" 누군가가 물었다. "손에 든 보따리는 뭐고?"

"바느질집에 맡기려고요. 우리 집 멋쟁이가 가보라는군요. 아직도 너무 커! 그분 허리를 코르셋으로 두나샤와 함께 힘껏 조여 주고 나서 삼일은 손을 못 쓰겠더라고요, 팔이 부러졌나 했다니까요! 이제 난 가봐야겠어요. 모두 잘 있어요."

"잘 다녀오시구려, 잘 가!"

몇몇이 인사를 주고받았다.

"잘 가요, 타치야나 이바노브나." 마부가 인사를 건넸다. "저녁에 놀러오고."

"잘 모르겠어요. 어쩌면 올 수도 있고, 나중에…… 그럼 잘 있어요!"

"잘 가요."

모두들 다시 인사를 나누었다.

"잘 있어요…… 잘들 지내시고!"

나가면서 그녀가 말했다.

"잘 가시오, 타치야나 이바노브나!"

마부가 다시 한 번 크게 소리를 질렀다.

"잘 있어요!"

멀리서 그녀의 카랑카랑한 목소리가 들려왔다.

타치야나가 떠나자, 자하르는 마치 제 차례가 오기를 기다렸다는 듯 입을 열었다. 그는 대문 옆 쇠말뚝에 걸터앉아서 오가는 사람들과 차들을 뚱한 표정으로 바라보며 발을 이리저리 흔들어 댔다.

"자네 주인어른은 오늘 어떤가, 자하르 트로피므이치?"

문지기가 물었다.

"늘 그렇지 뭐. 너무 편해서 정신이 돌았다니까." 자하르가 말했다. "다 자네 때문이야. 자네 덕택에 괴로운 일이 한둘이 아니야. 집 문제로 난리야! 한바탕 소란스러웠네. 죽어도 이사는 싫다고 해서……."

"그게 어찌 내 탓인가?" 문지기가 말했다. "내 생각에는, 자기 분수껏 살 수밖에. 내가 무슨 주인이라도 되나? 난 그저 분부대로 따를 뿐인데…… 누가 나한테 주인어른 역할을 하라고 해도 사양하겠네……."

"아니 주인어른이 욕이라도 하던가?"

마부가 물었다.

"욕은 참을 만해!"

"아니, 그럴 리가? 욕을 입에 달고 살기는 해도 좋은 주인이야!"

이렇게 말하며 하인 하나가 삐걱 소리와 함께 둥근 담뱃갑을 천천히 열었다. 그러자 자하르만 빼고, 모인 사람 모두 담배 쪽으로 손을 내밀었다. 일제히 담배를 피우고, 기침을 하고, 가래침을 뱉기 시작했다.

"욕을 하면 그나마 낫지." 하인이 말을 이었다. "욕은 상스럽게 할수록 나은 법이야. 욕을 하면 아무래도 덜 때리게 되거든. 어떤 사람을 모신 적이 있었는데 왜인지는 몰라도 걸핏하면 머리채를 잡는 거야."

자하르는 그 하인의 이야기가 끝날 때까지 멍하니 기다렸다가, 마부를 돌아보며 말했다.

"아무 이유도 없이 사람을 묵사발을 만드는 거야. 게다가 그 정도는 일도 아니야!"

"꽤 깐깐한 사람이구먼?"

문지기가 물었다.

"그래!" 자하르가 눈을 가늘게 뜨고 의미심장하게 쉰 목소리로 말했다. "까다로워서 비위 맞추기가 힘들어! 이러나저러나 맘에 안 들어 하니까. 네가 걷는 방법을 아느냐고도 하고, 주민 모시는 법을 알기나 하느냐, 있는 건 다 깨부쉈다고도 하고, 청소는 제대로 할 줄 아느냐, 돈을 훔쳤다, 남은 음식을 먹어 치웠다고도 하고, 정말이지…… 제기랄! …… 공격을 너무 당해서 듣기에도 민망해! 뭣 때문이냐고? 지난 주에 먹던 치즈 한 조각이 남았거든. 개한테 던져 주기에도 창피할 만큼 말야. 개도 마다할 치즈를 사람이, 생각할 것도 없이, 먹어 치운다고 생각해 보라고! 묻기에 '없슈' 하고서 그냥 나와 버렸지. 그랬더니 '네 목을 매달아 버려야 해, 뜨거운 타르에다 삶아 버려야 해, 달궈진 불집게로 사지를 찢어 놓아야 해, 사시나무 꼬챙이로 너를 찔러야 해!' 참 난리도 아니었어. 그러고는 침대로 기어 올라갔어, 침대로…… 이보시게들, 그래 어떻게 생각해? 다음날인가 내가 뜨거운 물을 붓다가, 누가 알았겠어, 그만 주인어른 발에다 부을 줄이야. 얼마나 빽빽거리던지! 내가 한 발짝 물러나지 않았으면 주먹으로 가슴팍을 얻어맞았을 거야…… 잠시도 방심할 수 없다니까! 정말 맞을 뻔했단 말야……."

마부는 고개를 가로저었고 문지기는 이렇게 말했다.

"자네 대단한 주인을 모시고 있군. 용서라곤 조금도 모르는 사람 같아!"

"욕만 하는 주인은 그래도 낫지!" 그 하인이 느릿한 말투로 끼어들었다.

"차라리 욕하는 사람이 더 나아. 요렇게 빤히 쳐다보나가 갑자기 머리채를 휘어잡는다고 생각해 봐. 당하는 사람은 이유도 모르는 채 말이지!"

"다 이유가 있겠지." 말 중간에 끼어든 하인에게는 관심도 보이지 않고 자하르가 말했다. "이제껏 그렇게 연고를 바르는 데도 다리에 난 상처가 아물지 않은 까닭 말이야. 될 대로 되라지!"

"주인어른 성격이 괴팍하구먼!"

문지기가 말했다.

"누가 아니래!" 자하르가 계속했다. "그러다가는 언젠가 누군가를 망쳐 놓고 말 거야. 틀림없이 폭력을 쓸 걸? 빈둥댄다고 이 대머리한테 욕할 기회만 노리고 있다니까…… 이제는 말도 하기 싫어. 글쎄, 오늘은 들어 본 적도 없는 새로운 욕을 생각해 냈더라고. '독을 품은 놈'이라나!' 말이면 다 인 줄 아나 봐!"

"겨우 그만한 일로 뭘 그러나?" 다시 하인이 말한다. "욕이라면 그저 고맙게 듣겠네. 그런 주인은 오래 살라고 빌어 드리고 싶다니까……그런데 평소에 말 한마디 없으면서 누가 옆을 지나가면 가만히 쳐다보다가 별안간 낚아채는 거야, 내가 모시는 그분은 말이지. 욕하는 것쯤은 아무것도 아냐……."

"그야 자업자득이지." 자꾸 거듭되는 반대에 자하르가 독하게 한 마디 내뱉었다. 그 정도가 아냐, 더 호되게 당했단 말야."

"그분이 왜 '대머리'라고 욕하던가요, 자하르 트로피므이치?" 열댓 살 먹은 카자크 청년이 물었다. "대머리가 무슨 마귀라도 된답니까?"

자하르는 천천히 고개를 돌려 성난 눈초리로 그를 쏘아 보았다.

"조심해!" 자하르가 빈정거리듯 말했다. "아직 풋내기 주제에! 네 주제에 왜 끼어들어? 머리채를 잡아당기기 전에 네 자리로 썩 꺼져 버려!"

카자크 청년이 두어 걸음 물러나서 히죽히죽 웃으며 자하르를 쳐다보았다.

"왜 이빨을 드러내지?" 자하르가 화가 잔뜩 나서 쉰 소리를 냈다. "조심해, 내 손에 안 걸리게 하란 말이야. 내 앞에서 다시 이빨을 보였다가는 두 귀를 비틀어 버릴 테다!"

바로 이때 현관에서 거대한 몸집의 하인이 뛰어나왔다. 견장이 달린 제복 차림에, 발목까지 올라오는 구두를 신고 있었다. 그는 윗옷 앞단추를 다 풀어젖힌 채로 카자크 청년에게 다가가, 먼저 따귀를 한 대 올려붙이더니 '멍청이'라면서 호통 쳤다.

"왜 이러세요, 마트베이 모세이치. 왜 때리죠?"

카자크 청년은 어리둥절해서 뺨을 감싸고 불안스레 눈을 껌뻑이며 말했다.

"못된 녀석! 왜 그렇게 말이 많아?" 하인이 대꾸했다. "너를 찾느라 온 집 안을 다 뒤지고 다녔는데, 여기 있었군!"

그는 한 손으로 청년의 머리채를 움켜잡고 고개를 힘껏 아래로 당겨 주먹을 쥔 다른 손으로 아주 천천히 세 번 정확하게 목덜미를 후려쳤다.

"주인님이 다섯 번이나 종을 울리셨어." 훈계하듯 덧붙였다. "너 때문에 내가 욕을 먹었어, 멍청아! 어서 가!"

그는 이렇게 명령하며 계단을 가리켰다. 청년은 도대체 이유를 모르겠다는 표정으로 잠시 서서 두어 번 눈을 껌뻑이며 하인을 쳐다보았다. 기다려 봤자 또 맞을 게 뻔하다는 생각이 들자, 머리채를 흔들며 천연덕스럽게 계단으로 걸어갔다.

자하르로서는 얼마나 통쾌한 일인지!

"아주 잘했어, 마트베이 모세이치! 한 대 더 때려!" 기쁨을 감추지 못하고 자하르가 부추겼다. "아이쿠, 한참 더 때려야지! 이런 마트베이 모세이치! 고맙수! 아직 어린 녀석이…… 그게 다 '대머리 마귀'가 붙어서 그래! 앞으로 억지 부리면 이렇게 될 줄 알아!"

하인들은 웃음을 참지 못했다. 카자크 청년을 때린 하인과 그걸 보고 매우 즐거워하는 자하르가 모두 한통속인 걸 어쩌겠는가.

"그러니까…… 우리 주인어른도 하나도 다를 게 없다네, 똑같아." 자하르의 말을 막으면서 그 하인이 다시 입을 열었다. "우리가 기분이 좋아 보이기라도 하면 용케도 그 냄새를 맡고 나타나서는 은근슬쩍 옆을 지나며 낚아채는 거야. 마트베이 모세이치가 안드레이를 낚아채듯 말이지. 욕만 한다면야 그게 무슨 대수겠어! '대머리 마귀'라고 욕을 하든 말든!"

"자네 저 사람 주인한테 한번 혼쭐이 나봐야 정신차리겠군." 마부가 자하르를 가리키며 그에게 말했다. "머리채를 잡히면 꼴 좋겠구먼! 자하르 트로피므이치 머리에 어디 잡힐 머리채나 있나? 머리라고 해봐야 호박통 같은데…… 굳이 잡겠다면 볼에 난 수염밖에 없지. 잘도 잡히겠구먼!"

모두가 즐거워하며 활짝 웃었다. 자하르는 이제까지 유일하게 자기편을 들어주던 마부의 돌발적인 행동에 어안이 벙벙했다.

"흥, 그럼 나도 주인어른한테 다 말할 거야." 마부에게 볼멘소리를 했다.

"그러면 주인어른이 자네를 잡아다가 혼내 줄 걸. 틀림없이 자네의 그 볼수염을 깨끗하게 손봐 줄 거라고. 아마 고드름이 주렁주렁 달릴 게야!"

"남의 집 마부의 볼수염까지 말끔히 손봐주실 정도면 자네 주인도 대단한 분이군! 아니, 그럴 시간이 있으면 제 하인들이나 잘 간수하지, 손을 봐주든 말든 재주가 넘치는구먼!"

"누가 너 같은 도둑놈을 마부로 부리기나 하겠어?" 자하르가 쇳소리를 냈다. "너는 주인어른 마차에 맬 말만도 못해!"

"주인어른 좋아하시네!" 마부가 독살스럽게 말했다. "어디서 그런 분을 찾아내셨나?"

이렇게 말한 그 자신과 문지기, 이발사, 하인, 욕설의 대변인이 모두 배꼽을 잡고 웃기 시작했다.

"그래 웃어라, 웃어. 주인한테 다 일러바칠 테니까!" 자하르가 쇳소리를 냈다.

"자네," 문지기를 돌아보며 말했다. "이런 악당들을 입 다물게 해야 좋을 걸. 웃지 못하게 말야. 자네는 여기서 뭐 하는 사람이야? 질서를 잡아야 할 게 아니냐고. 도대체 뭐하는 거야? 내 주인한테 모두 일러바치고야 말겠어. 각오해, 자네 차례가 올 테니!"

"자, 됐어, 이제 그만둬, 자하르 트로피므이치!" 문지기가 그를 진정시키려고 애를 썼다. "저 사람이 자네한테 무슨 잘못을 했어?"

"저 자가 감히 우리 주인을 들먹일 수 있냐고?" 마부를 가리키며 자하르가 분에 못 이겨 씨근거렸다. "우리 주인님이 어떤 분인지 저 자가 알기나 해?" 주인에 대한 존경심이 느껴지는 말투로 물었다. "넌 죽었다 깨어나도 우리 주인 같은 사람은 못 만날 게다. 마음씨 좋고 똑똑하지, 잘생겼지! 네 주인은 죽도 못 얻어먹은 말라깽이 아닌가 말야! 밤색 암말을 타구 마당을 떠나는 꼴을 민망해서 도저히 보아 줄 수가 없어. 거지가 따로 있겠나! 크바스에 무나 먹고 말이지. 자네가 걸친 외투 꼴을 봐, 그 많은 구멍들을 다 어쩔 셈인가!"

사실 마부가 걸친 외투에는 눈을 씻고 찾아봐도 구멍이 하나도 없었다.

"아무리 그래도 요런 건 찾아내지 못할 걸." 마부가 자하르의 말을 가로채며 자하르의 겨드랑이 밖으로 삐져나온 옷자락을 재빨리 잡아당겼다.

"이제 됐으니 그만둬, 둘 다!"

그들 사이로 손을 내밀면서 문지기가 다시 중재에 나섰다.

"아하! 네가 내 옷을 찢었어!" 자하르가 옷자락을 더 잡아빼며 소리쳤다.

"두고 봐, 이것도 주인한테 보여 줄 테니! 자, 모두들 봐, 저 자가 무슨 짓을 했는지. 내 옷을 형편없이 찢어 놓았어!"

"그래, 내가 그랬지!" 겁먹은 얼굴로 마부가 말했다. "어차피 주인이 저 꼴로 만들어 줄 텐데······."

"주인이 저 꼴로 만들어 줄 텐데!" 자하르가 되풀이해서 말했다. "주인어른은 아주 착해. 정말 보물단지셔. 하느님 은총으로 부디 오래오래 사셔야 할 텐데! 그분이 집에 있으면 천국에 들어선 기분이라니까. 없는 게 없고, 천성적으로 바보 취급과는 거리가 멀지. 아무 걱정 없이 편안하게 살고, 식사도 주인님 식탁에서 하고, 가고 싶은 데가 있으면 마음대로 가고! 시골엔 내 집과 채소밭, 내 곡식도 있어, 왜 이래. 농부들이 다 내 앞에선 굽실거린다고! 내가 관리인이자 집사야! 자네들 주인은 어떤데······."

자하르는 너무 흥분한 나머지 말문이 막혀서 상대에게 결정적인 한 마디를 못하고 말았다. 다시 한 번 공격할 독설을 궁리해 내느라 잠시 입을 다물고 있었지만, 그 사이에 짜증이 쌓일 대로 쌓여 아무 생각도 해내지 못했다.

"좋아, 어쨌든, 내가 네 옷을 그냥 둘 것 같아? 온통 찢어 놓을 테다!"

가까스로 이렇게 말을 맺었다.

주인어른을 욕하는 건 자하르의 신경을 건드린 셈이었다. 그의 공명심과 자존심을 자극하고 충성심을 일깨웠다. 자신의 적뿐 아니라 상대방의 주인에게도, 만일 있다면 그 친척들에게도, 아는 사람들에게까지도 독극물을 들이부을 기세였다. 아까 마부와 이야기하면서 오고 간 상대방 주인의 험담과 욕설을 놀라울 정도로 정확하게 되풀이했다.

"네 주인은 빌어먹을 거렁뱅이인데다, 독일놈보다도 못한 인간 쓰레기들이다! 주인어른의 할아버지가 어떤 사람이었는지 알아. 누구겠어, 고물상 점원이지. 어제 너희들 집에서 손님들이 저녁 무렵에 나가는 모습을 보고서는 웬 사기꾼들이 저렇게 드나드냐고 생각했어. 얼마나 딱해 보였는지 몰라! 어머니라고 다르겠어? 고물상에서 훔친 물건들이나 다 낡아빠진 옷들을 팔아먹었겠지."

"됐어, 이제 그만둬!"

문지기가 만류했다.

"알았어! 나는 얼마나 다행인지 몰라! 우리 주인어른은 뼈대 있는 가문의 귀족이니까, 친하게 지내는 사람들도 모두 장군이나 백작, 공작들뿐이야. 게다가 백작이라고 다 곁에 두는 줄 알아? 오면 현관에서 기다려야 하는 사람도 있다고…… 작가들도 연신 드나들지…….”

“여보게, 작가들은 뭐하는 사람들인데?” 싸움을 말리려고 문지기가 물었다. “관리들인가?”

“아니야, 뭐든 자유롭게 생각해내는 자들이지.”

자하르가 설명했다.

“그 사람들이 자네들과 어디서 뭘 한다는 건가?”

문지기가 묻는다.

“뭘 하다니, 어떤 이는 파이프 담배를 피우고, 아니면 어떤 이는 스페인산 백포도주를 시켜 마시지…….”

거의 모두가 비웃고 있다고 눈치채고 자하르는 미처 말을 다 마치지 못했다.

“너희들은 몽땅 파렴치한들이야, 누가 뭐래도!” 말을 얼른 내뱉고서 휘둘러보았다. “적어도 우리에게 남의 옷을 찢게 하진 않지! 가서 주인어른께 이를 테다!” 마지막 말을 덧붙이고서 잽싸게 집으로 향했다.

“그만하면 됐어! 기다려, 기다리라니까!” 문지기가 고함을 쳤다. “자하르 트로피모이치! 선술집이나 갑시다, 가자고…….”

자하르는 걸음을 멈추고 갑자기 돌아보는가 싶더니, 마부와 하인들에게는 눈길조차 주지 않고 다시 거리 쪽으로 발걸음을 옮겼다. 그는 돌아보지도 않고 맞은편 선술집 앞에 이르렀다. 다시 뒤돌아서서 모두를 측은한 눈길로 바라보았다. 그리고 더없이 가엾다는 듯이, 따라오라는 손짓을 하고는 문 안으로 사라졌다.

다른 모든 이들도 뿔뿔이 흩어졌다. 어떤 사람은 선술집으로, 어떤 사람은 집으로, 이제 그 하인만 남았다.

‘주인님에게 고해바치기라도 하면 웬 낭패야?’ 생각에 잠겨 있다가 천천히 담뱃갑을 열면서 중얼거렸다. ‘모든 정황으로 판단하건대 주인어른은 좋은 분이셔. 욕을 좀 해서 그렇지! 욕 좀 하면 또 어때! 뚫어져라 쳐다보다가 냅다 머리채를 잡아 채는 사람도 있다잖아…….’

제11장

4시가 좀 지났을 무렵, 자하르는 소리가 나지 않게 조심해서 현관 자물쇠를 열고 발뒤꿈치를 들고서 자기 방으로 향했다. 가다가 그는 주인의 방문 가까이에 귀를 바짝 대보았다. 그리고 나서 몸을 굽혀 열쇠구멍에 한쪽 눈을 가져다 댔다.

방 안에서는 코 고는 소리가 일정한 박자에 맞춰 들려왔다.

"주무시는군, 깨워야겠어. 곧 4시 반이 될 텐데."

그는 기침을 한 번 하고 안으로 들어갔다.

"일리야 도련님! 아, 일리야 도련님!"

오블로모프의 머리맡에 서서 자하르가 조용히 깨우기 시작했다. 코 고는 소리가 그치지를 않았다.

"아직도 곤히 주무시는군! 한 번 잠이 들면 누가 업어 가도 모른다니까! 도련님!"

자하르가 살며시 오블로모프의 옷소매를 건드렸다.

"일어나세유, 4시 반이에유."

일리야 일리이치는 대답 대신 잠꼬대와 비슷한 소리를 낼 뿐, 눈은 여전히 감고 있었다.

"일어나라니까유, 도련님! 이게 무슨 추태예유!"

자하르가 목소리를 높였다. 여전히 대답이 없다.

"도련님!"

자하르가 주인의 옷소매를 잡고 흔들며 되풀이해서 불렀다.

오블로모프는 고개를 조금 돌려 간신히 한쪽 눈을 떴다. 풍이라도 맞은 눈빛이었다.

"누구냐?"

그가 잠긴 목소리로 물었다.

"누구긴 누구, 나예유 일어나세유."

"저리 꺼져!"

일리야 일리이치는 이렇게 중얼거리고는 다시 깊은 잠에 빠져들었다. 코고는 소리 대신에 씩씩거리는 콧소리를 내기 시작했다. 자하르가 주인의 소매를 잡아당겼다.

"너, 왜 그래?"

갑자기 두 눈을 부릅뜨고서 오블로모프가 화를 내며 물었다.

"도련님이 깨워 달랬잖아유."

"나도 알아. 네 할 일은 다 끝났으니까 얼른 꺼져 버려! 이제부터는 내가 알아서 할 테니……."

"안 가실 거예유?"

다시 그의 소매를 치면서 자하르가 말했다.

"알았으니 이거 놔!"

부드러운 목소리로 짧게 한 마디를 던지고서 일리야 일리이치는 머리를 베개에 파묻었다. 코를 드르렁드르렁 골기 시작했다.

"안 돼유, 일리야 도련님. 나는 지금 날아갈 듯 기분이 좋아유, 최고라고유!"

그러고는 또 주인의 소매를 잡아당겼다.

"제발 부탁이니까, 방해 좀 하지 말아 줘."

눈을 뜨면서 오블로모프가 애원하듯 말했다.

"부탁은 내가 해야지유. 안 깨웠다고 나중에 화낼 게 뻔하면서……."

"아휴, 정말 환장하겠군! 뭐 이런 인간이 다 있담! 글쎄 일 분만 더 잔다고 하잖아. 더도 말고 일 분, 알겠지? 내가 알아서 한다니까……."

일리야 일리이치는 갑자기 잠이 들어 버렸다.

"잠귀신이 붙었나!" 주인이 듣지 못한다고 생각하며 자하르가 중얼거렸다. "잠이 많은 통나무로군! 세상에 왜 태어났을꼬!"

"자네, 어서 일어나게! 일어나, 내 말 안 들려?……."

자하르가 큰소리로 외쳤다.

"뭐? 뭐라고 말했어?"

오블로모프가 고개를 치켜들면서 화난 표정으로 말했다.

"도련님 일어나세유, 라고 했구먼유!"

자하르가 부드럽게 말을 바꾸었다.

"그거 말고, 네가 방금 뭐라고 했잖아, 응? 감히 건방지게 막말이라니, 응?"

"내가 무슨 말을 했다고 그래유?"

"무례하게 막말을 했잖아?"

"꿈꾸시나 보네, 그럴 리가 있겠슈…… 분명 꿈이예유."

"내가 자고 있었을 줄 알아? 안 자고 다 들었어……."

말은 이렇게 했지만, 어느새 다시 곯아떨어졌다.

"아이고 정말." 자하르가 포기한 듯 말했다. "어쩔 도리가 없는 양반이구만! 통나무가 누워 있는 꼴이지 뭐야? 보고만 있어도 속이 터져. 모두 와서 구경들 하시구려! 제기랄!"

"일어나유, 일어나!" 갑자기 놀란 목소리로 자하르가 외쳤다.

"도련님! 좀 보라니까유, 밖엔 지금 뭔 일이 일어났는지……."

오블로모프가 재빨리 고개를 들어 주위를 둘러보더니 깊은 한숨을 내쉬고 다시 누웠다.

"날 좀 내버려둬!" 그가 위엄 있게 말했다. "내가 깨우라고 명령한 말 이젠 취소할게, 알아들었어? 일어나고 싶으면 내가 알아서 일어날 테니."

때로 자하르는 이렇게 말하면 잠시 물러나기도 했다. "그래, 맘대로 푹 자, 제기랄!" 때로는 의지를 굽히지 않았다. 그리고 아직까지도 물러서지 않았다.

"일어나유, 일어나!"

목청껏 소리를 지르고서 그는 오블로모프의 옷소매를 두 손으로 움켜쥐었다. 오블로모프는 갑자기 벌떡 일어나서 자하르에게 달려들었다.

"못된 멍청이, 기다려. 자겠다는 주인을 방해하면 어떻게 되는지 내가 본때를 보여 주마!"

자하르는 재빨리 자리를 피했다. 그러는 동안 오블로모프는 세 걸음 만에 완전히 잠에서 깨어나 하품을 하며 기지개를 켜기 시작했다.

"크바스…… 가져와……."

하품을 하느라 띄엄띄엄 말했다.

그때 자하르의 등 뒤에서 누군가 호탕하게 웃는 소리가 들렸다. 둘은 동시에 고개를 돌렸다.

"슈톨츠! 슈톨츠!"

오블로모프가 기뻐서 크게 소리치며 그 반가운 손님 쪽으로 몸을 날렸다.

"안드레이 이바느이치!"

자하르가 억지로 웃음을 지어 보이며 말했다.

슈톨츠는 배를 움켜잡고 웃어 댔다. 슈톨츠는 지금까지 벌어진 모든 광경을 지켜보고 있었던 것이다.

제2부

제1장

슈톨츠는 혼혈인데 아버지가 독일인이었다. 하지만 러시아인 어머니의 영향을 받아 러시아정교를 믿었고, 러시아어를 모국어로 사용했다. 어머니처럼 그는 책과 대학 강의실을 스승 삼아 마을 청년들과 어울리고, 마을 어른들과 교류하며 모스크바 시장을 오갔고, 자연스레 러시아어를 몸에 익힐 수 있었다. 러시아어뿐만 아니라 아버지와 책을 통해 독일어도 꾸준히 익혀 나갔다.

슈톨츠가 나서 자란 곳은 아버지가 관리인으로 있던 베르흘료보 마을이었다. 여덟 살 때부터 아버지에게서 지도 보는 법을 배웠고, 헤르더와 빌란트, 성서를 더듬더듬 읽기 시작하면서 글을 모르는 마을 사람들이 감정서를 계산해 달라고 부탁하는 일도 있었다. 또 어머니께 크르일로프의 풍자시를 배워서, 미흡하게나마 〈텔레마크〉를 읽을 수 있었다.

슈톨츠는 공부가 끝나자마자 아이들과 함께 달려가서 새집을 망가뜨리기도 했다. 그러다 보니 수업이나 기도 중에 주머니에서 새끼까마귀 울음소리가 들리곤 했다.

점심을 먹고 나서 아버지가 정원의 나무 그늘에 앉아 담배를 피우고, 어머니가 스웨터를 뜨거나 자수를 놓고 있을 때면, 갑자기 길거리가 소란스러워지며 비명 소리가 들려오고 사람들이 집으로 들이닥치곤 했다.

"무슨 일이죠?"

깜짝 놀란 어머니가 물었다.

"또 안드레이를 데려왔나 보군."

아버지가 아무렇지도 않다는 듯 말했다.

문이 활짝 열리자 마을 사람들과 부인, 아이들이 안드레이를 데리고 정원으로 몰려들었다. 그런데 데려온 모양새가 어찌나 가관인지 넝마 같은 옷에 신발은 어디 갔는지 보이지도 않았고, 안드레이와 다른 아이들은 모두 코에서 상처가 나 있었다.

안드레이는 일단 밖에 나가면 반나절이나 모습을 보이지 않았기 때문에 어머니는 언제나 불안해했다. 아이의 자유를 막으면 안 된다며 아버지가 말리지 않았다면, 그녀는 절대 아이를 옆에서 떼어 놓으려 하지 않았으리라.

어머니는 아들을 깨끗이 씻기고 속옷까지 갈아입힌다. 안드레이는 반나절은 말쑥한 도련님으로 지낼 수 있지만, 저녁 무렵이 되면 다시 흙투성이 얼굴과 헝클어진 머리를 하고 알아보기도 힘든 모습이 되어 누군가의 손에 이끌려 돌아온다. 때로는 새벽이 다 되어서 돌아오는 적도 있었다. 건초 실은 마차를 타고 돌아오기도 했으며, 어망 위에서 잠든 채로 어부들과 함께 작은 배를 타고 돌아온 적도 있었다.

아들의 그런 모습에 어머니는 눈물을 글썽이지만, 아버지는 아무렇지도 않은 듯 그저 미소만 지을 뿐이었다.

"멋진 청년이 될 거요, 아주 멋진 청년이."

이렇게 말할 때도 있었다.

"말도 안 되는 소리는 그만두세요, 이반 보그다느이치." 어머니는 불평을 했다. "하루도 몸에 멍이 가실 날이 없다고요. 요전에는 코피까지 흘리며 돌아왔어요."

"자기 코든 남의 코든 한 번도 코피를 흘려 보지 않는다면 그게 멀쩡한 사내아이라고 할 수 있겠소?"

아버지가 웃으며 말했다.

그러면 울다 지친 어머니는 피아노 앞에 앉아 헤르츠[1]의 곡을 연주하며 근심을 잊으려 했다. 건반 위로 눈물이 한 방울 두 방울 떨어진다. 그 때 안드레이가 돌아오곤 했는데, 어른들 손에 이끌려 오거나 혼자서 돌아올 때도 있었다. 씩씩하고 기운차게 이런저런 이야기를 늘어놓는 소년의 모습에 어느새 어머니도 웃어 버리고 마는 것이었다. 소년은 아주 총명한 아이였다. 안드레이는 얼마 지나지 않아 〈텔레마크〉를 능숙하게 읽고, 어머니와 함께 피아노 연주를 할 수 있게 되었다.

한 번은 안드레이가 일주일 동안 사라진 적이 있었다. 어머니는 얼마나 울

---

*1 Henri Herz(1803~88) : 프랑스의 피아노 연주자이자 작곡가.

었던지 눈이 퉁퉁 부어 있었지만, 아버지는 아무렇지 않다는 듯 정원을 거닐며 담배만 피웠다.

"들어 봐요, 만약 오블로모프의 아들이 없어졌다면," 안드레이를 찾으러 가자는 아내에게 아버지는 이렇게 말했다. "당장 마을 구석구석을 뒤지고 경찰서에도 가봐야겠지만, 안드레이는 괜찮아요. 무사히 돌아올 거예요. 그 애는 멋진 아이라오!"

다음날 안드레이는 침대에서 편안하게 잠들어 있었다. 침대 밑에는 누구 것인지 모를 총과 1푼트의 화약, 산탄이 놓여 있었다.

"어디 있었던 거니? 이 총은 웬 거고?" 어머니는 질문을 퍼부었다. "왜 대답이 없니?"

"아무 일도 아녜요!"

안드레이는 이 말로 모든 대답을 대신했다. 아버지는 코넬리우스 네포스 독일어 번역이 끝났는지 물었다.

"아직요."

안드레이의 대답을 듣자 아버지는 한 손으로 아들의 옷깃을 움켜쥐고 문 밖으로 끌고 나갔다. 그리고 챙이 달린 모자를 머리에 덮어씌우더니 비틀거리며 쓰러질 만큼 세게 엉덩이를 걷어찼다.

"있던 곳으로 돌아가거라. 번역이 끝나면 돌아와. 이번에는 한 장이 아니라 두 장이다. 네 어머니가 내준 프랑스극 대사도 완벽하게 외워 오너라. 다 하기 전까지는 돌아올 생각도 하지 말고!"

일주일 뒤에 안드레이가 돌아올 때는 번역과 대사 암기가 모두 완벽하게 되어 있었다.

안드레이가 조금 자라자, 아버지는 그를 함께 짐마차에 태우고 고삐를 쥐어 주며 공장까지 마차를 몰게 했다. 함께 밭을 둘러보고 마을 상인들을 만나거나 관청에 데리고 가기도 했다. 점토를 보는 법도 가르쳐 주었다. 아버지는 손가락으로 찍어 냄새를 맡고 혀로 맛을 본 뒤 아들에게도 맡아보게 하며, 그것이 어떤 흙이고 어디에 쓰이는지 설명해 주었다. 또 탄산칼륨과 타르 공장, 수지 정제장 등에 참관을 다니기도 했다.

열네댓 살이 되자 안드레이는 짐마차를 몰거나, 말안장에 짐꾸러미를 매달고 혼자 다녔지만 중요한 일을 빠뜨리지도 않았고, 실수를 하는 일도 한 번도 없었다.

"Recht gut, mein lieber Junge!"*2 아버지는 큰 손으로 그의 어깨를 두드리며 늘 이렇게 말했고, 그날 한 일에 따라 2루블이나 3루블을 쥐어 주었다.

그러고 나면 어머니는 안드레이의 몸에 묻은 그을음이나 진흙, 점토, 기름을 한참 동안 씻어 주었다.

그녀는 몸소 실천하는 교육 방법이 못마땅했다. 무엇보다 아들이 아버지 같은 독일시민이 되지 않을까 매우 걱정이 되었다. 독일인은 속물로밖에 보이지 않았고, 그들의 조잡한 면이 마음에 들지 않았다. 천년의 역사가 만들어 낸 시민의 권리를 내세워 아무데서나 억지를 부리고, 때와 장소에 따라 감추거나 자제하는 법은 전혀 모르는 것 같았다. 독립적이고 도덕에 얽매이지 않는 정도라면 괜찮지만, 독일인의 오만함만큼은 참기 어려웠다.

그녀가 아는 한 독일인은 신사가 아니었고, 신사일 수도 없었다. 독일인에게는 부드러움도 섬세함도 없었으며, 겸손한 태도도 찾아볼 수가 없었다. 때로 규정을 어기거나, 사회적 풍습을 모른 척거나 하여 생활을 조금 즐겁게 해주는 일은 결코 있을 수 없었다. 한 마디로 그런 일들을 허락하는 어떤 인간적인 면이, 독일인에게는 결여되어 있었다.

이 교양머리 없는 사람들은 습관으로 굳어진 일이나 자신이 정한 것은 절대로 굽히지 않았다. 무슨 일이 있어도 원칙대로 해야만 하는 사람들이었다.

부유한 귀족 가문의 가정교사로 있던 안드레이의 어머니는 외국으로 나갈 기회가 생기자, 독일 곳곳을 돌아다녔다. 짧은 파이프 담배를 피우고 잇새로 침을 뱉는 지배인이나 장인들, 상인들, 몸에 막대기라도 댄 듯 뻣뻣하게 으스대는 장교들, 지독히도 재미없어 보이는 얼굴을 하고 있는 관리들을 보았다. 독일인의 얼굴을 구분할 수 없었던 그녀는 이 모든 이들이 다 똑같아 보였다.

그들의 능력이란 다 똑같았다. 끊임없이 열정적으로 일에 파고들고, 뼈를 깎아내듯 필사적으로 저축을 하며, 속물적인 질서와 답답한 규율로 얽매어 생활하고, 학문을 뽐내는 게 일상이었다. 말쑥한 얼굴과 투박한 손을 가진 그들은 사람을 대하는 게 서툴러 말을 막 해대는 사람들이었다.

---

*2 독일어 : 아주 잘했다, 자랑스런 우리 청년(아들)!

'독일인이 잘 차려 입어 봤자지. 세련된 하얀 셔츠를 입어도 그렇고, 에나멜 구두를 신어도 그렇고, 노란 장갑을 끼어도 어차피 독일인은 긴 가죽 장화를 신은 걸로밖에 안 보여. 하얀 소매 아래 붉고 거친 손이 나와 있겠지. 우아한 정장 아래에선 제빵사 아니면 기껏 식당 주인이 고개를 내밀고 있을 테고. 이 투박한 손이 구둣바늘이든 뭐든 갖고 싶어서 난리가 났나 보네, 조금 품위 있게는 바이올린 줄을 잡는 데에나 필요할 것 같은 손인데.'

그녀는 아들에게서 이상적인 신사의 모습을 보았다. 아버지가 한 사람의 시민에 지나지 않으니, 어차피 비천한 신분에서 출세한 벼락부자임에는 틀림없다. 하지만 누가 뭐라고 해도 러시아 귀족을 어머니로 둔 소년은 가냘픈 팔다리에 하얀 피부, 단정한 얼굴과 시원한 눈매를 갖고 있었다. 이는 그녀가 부유한 러시아 가정에서, 그리고 독일은 아니지만 외국에서 질릴 만큼 보아왔던 전형적인 귀족 소년의 모습이었다!

그런 기대에 부풀어 있던 어느 날 안드레이가 방앗간에서 맷돌을 돌리다가 제 아버지처럼 기름과 거름투성이가 되어 검붉고 거칠어진 손으로 돌아올 줄이야 누가 알았을까? 공장과 들판을 쏘다니다 굶주린 배를 움켜쥐고 돌아올 줄이야 누가 알았을까?

그녀는 서둘러 안드레이의 손톱을 깎아 주고 곱슬머리를 손질해 주었다. 또 우아한 옷깃과 가슴 부분을 고쳐 주었으며, 마을에서 재킷을 주문하기도 했다. 헤르츠 음악에 귀를 기울이게 했고, 꽃과 삶의 정취를 담은 노래를 들려주었으며, 때로는 군인과 작가의 빛나는 사명에 대해 속삭여 주기도 했다. 그녀는 아이와 만나게 될 사람들에게 주어진 고매한 역할을 상상해 보곤 했다…….

이런 아름다운 미래 계획이 주판알 소리나 손자국투성이 영수증 용지, 직공들을 상대하는 일로 무참하게 깨어져야만 하다니!

그녀는 안드레이가 마을까지 타고 다니는 짐마차와 아버지에게서 물려받은 가죽망토, 녹색 가죽장갑까지 모두 마음에 들지 않았다. 거칠고 투박한 노동자들의 부속물처럼 보였기 때문이다.

안드레이는 공부도 잘했는데 아깝게도 아버지는 그를 자신이 세운 작은 학교의 선생님으로 만들었다.

거기까진 어쩔 수 없다 치자. 하지만 아버지는 독일인 기질을 그대로 드러냈다. 그에게 직권을 행사하여 한 달에 10루블씩 봉급을 주고는, 장부에 서명까지 하도록 하는 게 아닌가.

선량한 어머니여, 안심하시기를. 당신 아들은 이렇게 속물근성을 드러낸 사람들이 맷돌을 돌리고 있는 살풍경한 곳이 아닌 러시아 땅에서 자라났다. 오블로모프카가 가까이에 있다는 사실도 한몫했다. 그곳은 일 년 내내 축제 분위기였다! 귀찮은 일은 될 수 있는 한 빨리 끝내 버리기 때문에 노동에 구속되는 일도 없었다. 그곳의 지주는 동트기 전에 잠에서 깨어난 적이 없으며, 기름투성이 바퀴와 용수철 사이를 걸으며 공장들을 전전하는 일도 없었다.

실제로 베르흘료보에는 거의 1년 내내 문이 굳게 잠긴 채 비어 있는 집이 있었다. 꾸러기 소년은 자주 숨어 들어가서 넓은 거실과 회랑 벽에 걸려 있는 어두운 초상화를 바라보곤 했다. 천박하게 빛나는 얼굴색도 아니고 손이 투박하지도 않다. 우울한 듯한 푸른 눈, 분을 뿌린 머리카락, 가냘프고 하얀 얼굴, 풍만한 가슴, 하늘거리는 레이스 소매 안에서 빠져나온 손은 푸른 혈관이 비칠 만큼 보드랍지만, 자랑스럽고 당당하게 칼집에 올려져 있다. 금색 비단과 벨벳, 레이스에 감싸여 품위와 안일함 속에서 허무하게 지나가 버린 시대를 소년은 가만히 바라보고 있었다.

안드레이는 초상화에서 화려했던 과거의 전쟁사를 보았다. 아버지가 입에 담뱃대를 물고 침을 튀겨 가며 백 번도 넘게 들려주던 작센에서의 삶과는 달랐다. 순무와 감자, 하루에도 몇 번씩 시장과 텃밭 사이를 오가는 그런 삶이 아니다.

3년에 한 번씩, 이 성채는 축제가 열리면 사람 사는 기분을 느낄 수 있게 된다. 넓은 회랑엔 밤마다 불꽃이 반짝였다.

공작 부부가 가족과 함께 찾아오기도 한다. 공작은 얼굴에 주름이 지고 멍하니 튀어나온 눈에 앞머리가 훤하게 벗겨진 백발노인으로, 가슴에는 훈장을 세 개나 달고, 황금 담뱃갑과 사파이어 손잡이가 달린 지팡이를 지니고, 빌로드 장화를 신고 다녔다. 공작부인은 미모는 물론이고 키나 체구가 너무도 당당한 귀부인이었기에 누군가가 다가가 포옹을 하거나 키스를 할 엄두도 내지 못할 것 같았다. 그녀에게서 다섯 아이들을 낳은 공작조차도 마찬가지였으리라.

3년에 한 번씩 이 마을에 강림해 주시는 공작부인은 저 높이 구름 위에 존재하는 것 같았다. 누구와도 말하지 않고 아무데도 나가지 않은 채 노부인 셋과 늘 구석에 있는 녹색 방에 틀어박혀 있었다. 교회에 갈 때도 울타리가 있는 정원 복도로 다니곤 했다. 공작부인은 교회에 도착해서도 병풍 그림자로 가려진 자리에만 앉았다.

공작부인만 빼면 방 안은 활기차고 즐거운 다른 세계였다. 안드레이는 푸른 어린아이 눈으로 서너 개의 다른 세계를 한 번에 바라볼 수 있었다. 발랄하고 재기 넘치는 머리로 가면무도회 같은 저마다 이런저런 차림을 한 사람들을 바라보며, 서로 다른 취미를 가진 여러 사람을 무의식적으로 관찰하곤 했다.

거기에는 젊은 두 공작 피에르나 미쉘도 있었다. 피에르 공작은 그때 처음으로 안드레이에게 가르침을 준 사람이었다. 기병대나 보병에서는 기상북을 어떻게 치는지, 경기병과 용기병의 칼은 어디가 다른지, 연대에 있는 말들 색깔은 어떤지, 졸업 뒤 어디에 취직해야 부끄럽지 않을지, 여러 가지로 조언해 주었다.

미쉘 공작은 안드레이와 인사를 나누기가 무섭게 그를 세워놓고, 코와 배에 차례로 주먹을 명중시켰다. 놀랄 만큼 재빠른 솜씨를 선보인 뒤에 그는 이게 바로 영국식 싸움이라며 덧붙였다.

사흘 뒤, 안드레이는 시골 생활로 발달된 근육질과 완력으로, 영국식이든 러시아식이든 방법이나 규칙 따위는 무시한 채 그의 코를 사정없이 부러뜨렸다. 소년은 이렇게 두 젊은 공작에게서 권위를 얻어 냈다.

이밖에 열한 살과 열두 살이 된 공작의 어린 딸들이 있었다. 훤칠한 키와 균형 잡힌 몸매, 세련된 옷차림의 소녀들은 아무하고도 대화를 나누지 않는 것은 물론이고 인사도 한 번 주고받은 적이 없으며, 아직도 사람들 대하기를 꺼려하고 있었다.

마드무아젤 어네스틴이라는 가정교사는 때때로 안드레이의 어머니와 커피를 마시며, 안드레이에게 머리카락을 곱실거리게 하는 방법을 가르쳐 주었다. 그녀는 때때로 안드레이를 무릎에 앉혀 놓고 종이로 머리를 아프게 말아 올리고는 하얀 손으로 두 볼을 잡아 다정하게 입을 맞추곤 했다!

작업대에서 담뱃갑과 단추를 만드는 독일인도 있었고, 일요일부터 다음

주 일요일까지 내내 술을 퍼마시는 음악 선생님, 하녀들, 강아지들, 어미개들이 있었다.

이 모든 것이 고함과 발 소리, 음악 소리와 어우러져 온 집안과 마을이 떠들썩했다.

안드레이는 오블로모프카 마을에서 지내는 한편, 공작의 성에서 화려하고 유유자적한 귀족생활을 하며 독일 지지자들에 대항했기 때문에 좋은 청년이 될 수 없었으며 그렇다고 속물도 되지 못했다.

안드레이의 아버지는, 농부이자 기술자 그리고 교사였다. 농장주였던 자신의 아버지에게서 농장을 경영하는 실무 교육을 받고 작센 공장에서 기술을 익혔으며, 40명의 교수가 재직하고 있던 가까이 있는 대학에서 교육이 어떤 것인지 배울 수 있었다. 사실 배웠다기보다 교수 40명이 힘을 합쳐 그의 머릿속에 지식을 들어부은 것이나 다름없었다.

하지만 일을 해야겠다고 굳게 결심하고 안드레이는 학업을 중단한 채 아버지가 있는 곳으로 돌아왔다. 아버지는 100탈레르와 새 가방을 아들에게 주고는 어디든 가고 싶은 곳으로 떠나라며 그를 보냈다.

그때부터 이반 보그다느비치는 고향도 아버지도 찾지 않았다. 6년 동안 스위스와 오스트리아를 여행하고, 20년 동안은 러시아에 살면서 자신의 운명에 감사했다.

대학에서 공부를 하는 동안 그는 아들도 대학에 보내겠다고 결심했었다. 독일 대학이 아니라 해도 할 수 없다. 마음속에 그려두었던 아들의 길에서 분명 멀기는 하지만 러시아 대학은 아들에게 삶의 전환이 되어 줄 거라고 생각했다. 슈톨츠 아버지의 생각은 매우 단순했다. 아직 태어나지도 않은 손자까지도 자신의 아버지와 할아버지가 걸어온 길을 거울삼아 나아가기를 바랐던 것이다.

헤르츠 변주곡과 어머니가 들려주는 동화 같은 이야기, 공작 저택의 회랑과 부인의 방은 어린 안드레이가 꿈을 꾸게 하는 계기가 되었다. 러시아 대학이 독일에서의 아주 작았던 미래를 크고 넓게 바꾸어 버리리라고는 생각지도 않았다.

할아버지와 아버지는 물론, 그 자신조차 꿈도 꾸어 본 적 없었기에, 슈톨츠는 오히려 태연할 수 있었다.

아버지는 본디 자신이 아는 바를 과시하는 사람이 아니었고, 아들에게 자기 생각을 강요하려 들지 않았다. 오로지 아들을 위해 다른 길을 생각해 줄 수 있을 만큼의 능력이 없었을 뿐이다. 하지만 아버지도 걱정하지 않았다. 대학을 졸업한 슈톨츠는 집에 돌아와 3개월 정도 쉬고 있었다. 아버지는 베르홀료보에는 더 이상 할 일이 없고, 오블로모프조차 이미 페테르부르크에 갔으니, 너도 이제 집을 나갈 때가 되었구나, 그렇게 말했다.

왜 아들을 페테르부르크에 보내야 하는지, 베르홀료보에 남아 영지 관리를 도와서는 안 되는 이유가 무엇인지에 대해 아버지는 생각해 보려고도 하지 않았다. 그저 자신이 학업을 마쳤을 때 그의 아버지가 자신을 떠나보냈다는 사실만 기억하고 있었다.

이렇게 아버지는 자식을 떠나보냈다. 그것이 독일인들의 관례이기도 했다. 어머니는 예전에 이미 돌아가셨기 때문에, 이에 반대할 수 있는 사람은 아무도 없었다.

아들이 떠나던 날, 이반 보그다노비치는 아들에게 100루블짜리 지폐를 손에 쥐어 주었다.

"말을 타고 관청으로 가거라. 거기에 칼린니코프라는 사람이 있을 거야. 그에게 350루블을 받고 말을 넘겨. 만약에 그가 없더라도 곧 장이 열릴 테니 거기서 팔면 되고 400루블쯤 받을 수 있을 거야. 모스크바까지 40루블 들 테고 페테르부르크까지 70루블쯤 들 테니까 돈은 충분할 게다. 그 다음은 네가 하고 싶은 대로 하고 살아라. 너는 나하고 함께 일을 해왔으니 집에 어느 정도 돈이 있다는 걸 알고 있겠지. 하지만 내가 죽기 전엔 절대 그 돈에 기댈 생각은 마라. 머리에 돌이라도 떨어지면 모를까. 난 앞으로 20년은 더 살 것이다. 한 마디로 등불이 밝게 타고 있고 기름도 충분하다는 말이야. 넌 공부도 많이 했으니까 출셋길은 열려 있어. 관청에 취직할 수도 있고, 상사를 하거나 글을 쓸 수도 있을 거야. 무얼 선택하든, 네가 하고 싶은 일을 하면 돼……."

"예, 다녀오겠습니다. 제가 할 수 있는 일이 있는지 찾아볼게요."

안드레이가 말했다. 아버지는 큰 소리로 껄껄 웃으며 말을 잡고 있기 힘들 만큼 아들의 어깨를 세게 두드렸다. 안드레이는 아무 말도 하지 않았다.

"네 능력이 안 되거나 어떻게 해야 할지 모를 때도 있겠지. 상담이나 조언이 필요해지거든 라인홀츠를 찾아가. 그 사람이라면 좋은 방법을 일러 줄 거야."

아버지는 손가락을 세우고 머리를 끄덕이며 덧붙였다.

"그는 뭐랄까(칭찬을 하고 싶었지만 좋은 말이 생각나지 않았다), 우리와 같은 작센 출신이지만 4층집을 갖고 있는 사람이야. 아무튼 주소를 일러주마."

"괜찮아요. 알려 줄 필요 없어요." 안드레이가 말을 막았다. "제가 4층집을 갖게 되거든 그분을 찾아뵙죠. 지금은 제가 알아서 해보겠어요."

아버지는 다시 아들의 어깨를 두드렸다.

안드레이는 말에 올라탔다. 안장에는 자루 두 개가 매어져 있고, 한쪽에는 우비와 뒤창에 못이 박힌 두꺼운 장화, 베르흘료보에서 만든 옷 몇 벌, 그리고 아버지의 권유로 마지못해 산 몇 가지 물건들이 챙겨졌다. 다른 자루에는 옷감으로 지은 우아한 프록코트와 털이 북슬북슬한 외투, 아버지의 끈질긴 권유로 모스크바에서 주문한 열댓 벌의 얇은 셔츠와 신발들이 들어 있었다.

"자! 그럼,"

아버지가 말했다.

"예!"

안드레이의 거침없는 대답이었다.

"떠날 준비 됐니?"

아버지가 물었다.

"다 됐어요."

두 사람은 서로 말없이 바라보았다.

그때, 호기심 많은 이웃 사람들이 몰려왔다. 관리인이 아들을 떠나보내는 광경을 보자 다들 어이없다는 듯 멍하니 입을 벌리고 있었다.

아버지와 아들은 악수를 했다. 안드레이는 말에 올라타고서 느릿느릿 나아가기 시작했다.

"어쩜 저럴 수가, 눈물 한 방울 흘리지 않네요!" 이웃 사람들이 수군거렸다. "저기 좀 보세요, 까마귀 두 마리가 울타리 위에 앉아 울어대는데, 분명 안 좋은 일이 일어날 징조라고요. 좀더 기다렸다 떠나는 게 좋을 텐데."

"무슨 소리요, 저 애는 저런 까마귀 따위는 아예 무시해 버리는 녀석이야.

요하네의 밤에도 혼자 숲속을 어슬렁댔다니까. 독일인들은 그런 건 무시해 버리지. 러시아인은 절대 그러지 못하지만!"

"저 노인도 참 대단한 사람이에요!" 어느 아이의 어머니가 한 마디 거들었다. "사실 고양이를 길거리에 내다버리는 것과 똑같지 뭐예요. 끌어안지도 않고, 울지도 않으니!"

"잠깐! 기다려, 안드레이!"

아버지가 소리를 지르자 안드레이가 말을 멈춰 세웠다.

"아! 아버지로서 가슴이 아팠나 보네!"

사람들은 그럴 줄 알았다는 듯 자기들끼리 수근거렸다.

"예?"

안드레이가 물었다.

"말의 안장 끈이 느슨해, 다시 묶어야겠어."

"샴쉐프카까지 간 뒤에 제가 고칠게요. 해가 지기 전에 도착하려면 서둘러야 해요."

"그래, 잘 다녀와라!"

아버지가 손을 흔들며 말했다.

"다녀오겠습니다!"

고개를 끄덕이며 아들이 따라서 답했다. 조금 허리를 굽히고서 말에 박차를 가하려는 순간이었다.

"세상에, 너무 심하군! 짐승들도 부모와 자식이 서로 알아본다는데! 어떻게 저렇게 아무렇지도 않은지!"

이웃 사람들이 입을 모아 수군댔다. 갑자기 누군가가 크게 흐느끼는 소리가 들려왔다. 더 이상 참을 수가 없어 터뜨린 여인의 울음소리였다.

"가엾게도!" 머릿수건 끝자락으로 눈물을 훔치며 그녀가 말했다. "이래서야 고아나 다름없잖아! 어머니가 안 계시니 축복해 주는 사람도 없고…… 괜찮다면 내가 기도해 줄게요. 정말 훌륭한 청년이 되었네!"

안드레이는 그녀 옆으로 말을 몰아 풀쩍 뛰어내리더니 노파를 와락 끌어안았다. 그리고 다시 출발하려 했지만 갑자기 눈물이 흘러내렸다. 그녀는 성호를 긋고 입맞춤해 주었다. 노파의 마음이 담긴 한 마디가 문득 어머니의 목소리처럼 들려와 잠시 어머니의 다정함을 기억에서 떠올릴 수 있었다.

안드레이는 다시 한 번 노파를 부드럽게 껴안았다. 그러고는 급히 눈물을 닦고 말에 올라탔다. 안드레이가 말 옆구리를 차며 먼지구름 속으로 사라지는 모습을 보고 개 세 마리가 양 옆으로 미친 듯이 짖어대며 뒤쫓아 갔다.

제2장

슈톨츠는 오블로모프와 동갑내기, 서른이 넘은 나이이다. 그는 한 때 공무원 생활을 했었지만 곧 그만두고 사업을 시작해서, 아버지에게 호언장담했던 대로 자기 집도 마련하고 돈도 꽤 벌었다. 지금은 외국에 상품을 수출하는 회사에서 일하고 있다.

그는 지치지 않고 움직였다. 벨기에나 영국에 대리인을 보내야 할 일이 생기면 언제나 슈톨츠의 몫이 되었다. 새로운 계획안을 작성할 일이 있다든가 사업에 새로운 아이디어를 실행해 나갈 때, 또는 그럴 필요가 있을 때에는 반드시 그가 뽑혔다. 그러는 가운데에도 슈톨츠는 사교계에까지 얼굴을 내밀었고, 책도 멀리 하지 않았다. 언제 그럴 틈이 있었는지, 모두 신기해하는 눈치였다.

그는 마치 혈통 좋은 영국의 종마처럼 온몸이 뼈와 근육, 신경으로 이루어진 것만 같았다. 앙상할 정도로 말라서, 뺨에는 살집이 거의 없어 보였다. 피부 아래는 뼈와 근육뿐이었으며, 살이 오를 조짐조차 보이지 않았다. 매끄럽고 거무스름한 얼굴은 얼룩도 홍조도 띠고 있지 않았다. 초록빛을 띤 눈동자만이 풍부한 표정을 담은 채 빛나고 있었다.

그의 움직임에는 군더더기가 없었다. 자리에 앉아 있을 때는 조용하고 점잖아 보였지만, 한 번 움직이기 시작하면 필요에 따라 온갖 표정을 만들어 냈다.

슈톨츠는 군살 하나 없는 몸처럼 정신적으로도 현실과의 미묘한 균형을 바랐다. 이 두 가지 면이 나란히 나아가며 교차하는 일은 있어도 결코 매듭이 엉키고 꼬이는 일은 없었다.

그는 확실하게 한 걸음씩 당당하게 나아갔다. 정해진 예산에 따라 생활하고, 하루하루를 귀히 여기며 시간과 노력, 정신력이나 감정을 소모할 때마다 한순간도 긴장을 늦추지 않았다.

그는 손발을 움직이듯 기쁨과 슬픔을 자신의 생각대로 조절하는 것처럼 보였다. 이는 그에게 날씨를 살피는 정도에 지나지 않는 것이 아닐까, 생각될 정도였다.

비가 내리면 우산을 폈다. 슬픔이 계속되면 고통을 받는다. 하지만 두려워하며 고통에 굴복하지는 않는다. 분노를 마음에 새기되 긍지를 잃지 않았으며, 모든 고통의 원인을 자신의 탓으로 돌렸다. 그는 다른 집에 박아놓은 못에 외투를 걸어 놓을 수 있는 사람이 아니었기에, 참을성 있게 그 고통을 견뎌냈다.

길가에 핀 꽃을 꺾어 시들어 버릴 때까지 즐기며 기쁨을 음미하기는 했지만, 그렇다고 그 감미로운 한 잔의 마지막 한 방울까지 다 마셔 버리지는 않았다. 모든 환락의 끝에는 비애가 기다리고 있음을 잘 알고 있기 때문이다.

삶을 바라보는 솔직하고 바른 시선—이것이 그가 끌어안고 있는 과제였다. 이를 위해 끊임없이 노력하면서도 그것이 얼마나 어려운 일인지를 깨닫고 있었다. 때문에 자신이 나아가는 길에서 무언가 잘못되거나 어긋난 점을 깨닫고 올바른 길을 찾아 나아갈 때면, 언제나 행복과 긍지를 느끼곤 했다. '바르게 산다는 것은 정말 어려운 일이구나!' 그는 때때로 혼잣말로 중얼거렸다. 어딘가 잘못된 점은 없는지, 어디서 삶의 여정이 뒤얽혔는지, 복잡하게 얽힌 자신의 길을 살펴보고 또 살펴보았다.

슈톨츠는 무엇보다도 두 얼굴을 가진 '상상'이라는 친구를 가장 두려워했다. 겉으로는 친한 친구의 얼굴을 하고, 속으로는 원수의 얼굴을 감추고 있는 동행 말이다. 많이 믿지 않을수록 더 가까운 친구가 될 수 있고, 달콤한 울림에 귀 기울이며 잠드는 순간 그는 원수가 된다.

그는 모든 '상상'을 두려워했다. Ma solitude, mon ermitage, mon repos.[*1] '상상'의 영역으로 들어가려고 할 때는 마치 이런 안내문이 적힌 동굴에라도 들어가는 기분이었고, 또한 그곳에서 나와야 할 시간을 정확하게 알고 있었다.

'상상'뿐만 아니라 모든 수수께끼, 신화적인 것은 그의 마음속에 깃들 곳이 없었다. 그에게는 '경험'이라는 실천적 진리로 분석되지 않은 것은 그저

---

*1 프랑스어 : 나의 은둔처, 나의 사원, 나의 휴식.

눈속임과 망막에 비친 광선, 색채의 반사에 지나지 않았다. 그것은 앞으로 체험하고 시도해 보아야 할, 하나의 사실에 불과했다.

슈톨츠는 신기함을 즐기지 못하는 사람이었다. 또 천년을 앞서 나아가는 예지와 발견의 너른 들판에서, 돈키호테처럼 무작정 자신의 학식을 뽐내는 그런 취미도 없었다. 그는 완고하게 신화의 문턱에서 멈춰선 채, 어린아이의 믿음도 잘난 척하는 사람들 특유의 의심도 없이, 오로지 법칙을 끌어내어 신화의 문을 열기 위한 열쇠의 발견을 기다렸다.

상상과 마찬가지로, 그는 '감정'에 있어서도 섬세하고 조심스럽게 경계를 게을리하지 않았다. 자주 발을 헛디뎠기에, '감정'이란 그에게 있어 아직 미지의 영역(terra in incognita)이라는 사실을 인정해야 했다.

이 미지의 영역에서 화장으로 꾸며진 거짓과 창백한 얼굴 뒤편의 진실을 누구보다 빠르게 구분할 수 있을 때면, 슈톨츠는 하늘에 열렬히 감사의 기도를 올렸다. 꽃으로 교묘하게 치장된 거짓에 발을 헛디뎠을 때에도, 다행히 넘어지지는 않았다고 스스로 위로하며 끙끙 앓거나 하지도 않았다. 열병에라도 걸린 듯 심장이 뜨겁게 뛰어도, 피투성이가 될 정도로 다치지만 않았다면 그는 괜찮았다. 평생 사라지지 않을 그림자가 삶에 드리워진 것만 아니라면, 이마에 식은땀이 맺히는 것쯤 기쁘게 받아들일 수 있었다.

그는 자신이 언제나 변함없는 자세로 처신할 수 있다는 사실 하나만으로도 행복한 사람이라 생각했다. '감정'의 말을 타고 질주하면서도, 거짓과 감상의 세계에서 진실한 감정의 세계를, 그리고 진실의 세계에서 우스꽝스러운 세계를 가르는 미묘한 경계를 벗어나지 않을 자신감이 있었기 때문이다. 또 왔던 길을 서두르며 잔인함과 거만함, 불신, 옹졸함, 냉혹함 같은 메마른 모래바닥에 발을 들여 놓지도 않았다.

무언가에 열중하고 있을 때에도 그는, 자유로워질 수 있는 힘과 두 발로 땅 위에 서 있는 자신을 확인하고 또 느끼고 있었다. 아름다움에 현혹된 적이 없었던 그는, 남성으로서의 위엄에 상처를 입히거나 스스로를 잊어버리는 일이 없었기 때문이다. 무엇인가의 노예가 된 적도 없었고, 미녀의 '발아래 엎드려 본 적'도 없었다. 그런 만큼 온몸이 불타오르는 환희를 느껴 본 적도 없었다.

우상이 없는 대신 그에게는 영혼의 힘과 육체의 강건함, 순결에 대한 자존심이 있었다. 순수함이 살아 숨쉬고 있어서, 그 힘 앞에서는 뻔뻔한 여자들조차도 쩔쩔맬 수밖에 없었다.

자신이 흔하지 않은 재능을 갖고 있음을 알고 있었기에 슈톨츠는, 그 가치도 잘 알고 있었기에 자신의 재능을 함부로 드러내려 하지 않았다. 그래서 사람들은 그를 이기주의자라고 하거나 피도 눈물도 없는 사람이라고 불렀다. 그는 격정을 억제할 수 있었고, 한계를 벗어나지 않는 자연스럽고 자유로운 정신상태를 유지할 수 있었는데, 사람들은 슈톨츠의 그런 능력을 비난하며 수군거렸다.

하지만 슈톨츠는 그런 말들로 자신은 물론, 다른 사람까지 무너뜨리는 사람들을 때로 감탄을 섞어 변호해 주곤 했다.

"정열, 정열이야말로 모든 것을 정당화해 주기는 한다." 주위 사람들은 이렇게 말하곤 했다. "당신은 이기적입니다. 오로지 자신만을 지키려고 하죠. 지켜보겠습니다. 결국 그게 누굴 위한 일이 될지."

"누구를 위한 일이든 무언가를 위한다는 사실 자체가 중요한 것 아닙니까."

먼 곳을 바라보는 듯 그는 생각에 잠겨 대답했다. 열정의 시를 믿지 않고, 그 폭풍 같은 파괴적인 흔적에 마음을 빼앗기지도 않겠다는 기색이 역력했다. 앞으로도 삶을 엄격하게 이해하고 실천하며, 인간의 존재를 확인하고 이상적으로 노력하겠다는 마음이었다.

자신과 다른 의견을 들으면 들을수록 점점 더 완고해지는 그의 고질병 때문에, 다른 이의 말에는 귀를 닫게 되었고, 또한 그는 청교도적인 환상에 빠져들었다. 그는 말했다. "정상적인 인간이라면 아무런 도약 없이 사계절을 살아가야 해. 마지막 날까지 삶의 잔에서 물 한 방울조차 쓸데없이 흘려버려서는 안 돼. 천천히 조용하게 타오르는 불이 광폭한 불길보다 강한 법이야. 사람도 마찬가지지. 그 사람이 어떤 시적 취미를 갖고 있든 똑같아." 그리고 결론을 내리듯 한 마디 덧붙였다. "모든 일을 확실히 증명할 수 있다면 얼마나 행복할까, 하겠지만 그건 불가능하다고 봐. 결코 쉬운 일이 아니거든."

그는 오로지 자신이 선택한 길을 따라 나아갔다. 어떤 문제든 그가 한 가지 생각에만 빠져 병적으로 고민하는 일은 없었다. 그는 정신적으로 지치거나 양심의 가책을 받는 일도 없고, 마음의 병을 앓거나 처음 맞닥뜨리는 상황이나 복잡한 일로 어떻게 해야 할지 몰라 고민한 적도 없었다. 그는 그저 우연히 아는 사람을 만나거나 친숙한 장소를 지나가는 태도로 모든 문제에 직면했다.

어떤 어려운 문제에 부딪히든, 슈톨츠는 그 문제에 꼭 필요한 태도를 취할 수 있었다. 열쇠공이 허리에 걸려 있는 수많은 열쇠들 중에서 문에 맞는 열쇠를 바로 찾아낼 수 있듯이 말이다.

그는 목표 달성을 위한 첫 번째 덕목으로 불굴의 의지를 꼽았다. 이는 그의 두 눈에서 엿보이는 성격을 보여 준다. 그는 불굴의 의지를 가진 사람에게는 목표와 관계없이 존경심을 아끼지 않았다.

"사람이라면 그래야지!"

그는 자주 이런 말을 하곤 했다.

그는 용기 있게 모든 장해물을 뛰어넘으며, 목적을 향해 나아가는 사람이었다. 이는 말할 필요도 없는 사실이었다. 그가 목적을 방치하는 때는, 그 목적 앞에 장해물이 있을 때나 도저히 뛰어 넘을 수 없는 거대한 벽이 버티고 서 있을 때뿐이었다.

하지만 그는 눈을 감고 의혹의 어림짐작으로 벽을 뛰어넘을 수 있는 사람은 아니었다. 거대한 벽을 눈앞에 두고, 그 벽을 극복할 확실한 수단이 없으면, 누가 뭐래도 바로 물러나 버렸다.

그의 이런 성격 형성에는 지금의 슈톨츠를 만든 여러 요소들이 필요했는지도 모른다. 나라의 권력자들은 예부터 대여섯 가지 유형으로 나뉘는데, 그들은 짐짓 대단한 척 반쯤 내리뜬 눈으로, 느릿하게 주위를 둘러보며 사회구조에 손을 대고 선조들의 발자취를 좇았다. 반쯤 졸면서 사람들의 궤도를 따라가며 그 궤도를 움직여 나갔다. 잠기운을 떨쳐낸 이들이 큰 폭으로 기운차게 걸어가는 발소리와 이야기하는 목소리가 생생하게 울려퍼졌다. 이렇게 되려면 얼마나 많은 슈톨츠가 나타나야 한단 말인가!

그런 사람이 어떻게 오블로모프와 가까워질 수 있었을까? 성격과 발자국 하나하나까지, 다시 말해 오블로모프의 존재 그 자체는, 슈톨츠가 외치는 인생에 대한 저항이나 다름없었다. 문제는 이미 결론이 나 있었다. 예전에는 상극이라는 것이, 절대 호감의 동기가 될 수 없다는 생각이 지배적이었다. 하지만 그 말은 곧 호감을 저해하는 일도 역시 없다는 의미도 된다.

슈톨츠와 오블로모프가 함께한 어린 시절과 학교는, 둘을 묶어주는 강력한 원동력이 되었다. 오블로모프 집안 사람들은 독일 소년에게 아낌없는 사랑을 베풀었다. 때로는 러시아인답기도 했다. 지극히 선량했으며, 풍부한 사랑도 이에 한몫 했지만 슈톨츠가 육체적, 정신적으로 우위에 있었다는 사실이 그들 관계에 매우 크게 작용했다. 하지만 가장 중요한 것은 오블로모프의 타고난 성격이었다. 오블로모프는 단순하고 사람을 쉽게 믿었기에, 마음이 가는 모든 것에 깊은 호감을 보였다.

우연이든 고의든, 그에게서 이렇게 어린아이 같이 해맑은 영혼을 엿보게 된 사람은, 제 아무리 음침하고 못된 사람이라도 그 호의에 답하지 않을 수 없을 것이다. 사정이 있어서 가까운 친구가 되지 못했다 하더라도 오랫동안 좋은 기억으로 남게 될 것이다. 안드레이는 기회를 틈타 일에서 손을 놓을 때가 있었다. 그럴 때면 종종 저녁모임이나 무도회를 피하여 사교계를 빠져나와 오블로모프를 찾아가곤 했다. 느긋하게 소파에 기대 앉아 나른한 대화를 하다보면, 지친 마음이 가라앉고 위로받는 기분이 들었다. 그때마다 슈톨츠는 화려한 홀을 뒤로 하고 검소한 자기 집 지붕 아래 몸을 누인 듯한, 또는 아름다운 남국의 자연을 빠져나와 어린 시절 정처 없이 걸어다녔던 자작나무 숲으로 돌아온 듯한 느긋한 기분을 느끼곤 했다.

제3장

"잘 지냈나, 일리야. 정말 오랜만이군! 반갑네! 그동안 별일은 없었나? 건강은 괜찮고?"

슈톨츠가 물었다.

"아니, 전혀, 안 좋아, 안드레이." 오블로모프는 한숨을 내쉬며 말했다. "건강은 무슨 건강!"

"무슨 소리야, 어디가 아프기라도 한가?"

슈톨츠가 걱정스런 말투로 물었다.

"눈에 다래끼가 났다네. 지난 주에 오른쪽에 생겼던 게 나아가니까, 이번에는 왼쪽에 생겨 버렸지 뭔가."

슈톨츠가 웃음을 터뜨렸다.

"그게 아픈 거였나? 그거야 자네가 잠을 너무 많이 자니까 그렇지."

"'그거'라니, 내가 지금 얼마나 가슴이 아픈 줄 알아? 지난 번에 의사가 한 말을 자네가 들었어야 하는데. '외국에 나가 보는 게 좋을 것 같습니다. 잘못하면 중풍에 걸릴지도 모릅니다,' 하고 말했단 말이야."

"그래서 어떻게 할 생각인데?"

"내가 갈 것 같은가?"

"왜 안 가겠다는 거야?"

"말도 안 돼! 그 사람이 뭐라고 했는지 알면, 자네도 그렇게 묻지는 못할 텐데. 나보고 어디든 산 속에 들어가서 지내거나, 아니면 이집트나 미국으로 가라고 했어."

"그 말이 어떻단 말인가?" 슈톨츠가 정색을 하며 대꾸했다. "이집트야 2주면 도착할 테고, 미국도 3주면 갈 수 있잖아."

"무슨 소리야, 안드레이? 자네도 한통속이 됐나? 자네만큼은 제대로 된 사람이라고 생각했었는데, 머리가 어떻게 되기라도 한 거야? 미국이나 이집

트로 가는 사람이 세상에 어디 있어? 아, 영국인이라면 갈지도 모르겠군. 그 사람들이야 하느님께서 그렇게 만드셨으니 어쩔 수 없고, 워낙 좁은 나라라서 살 곳도 마땅치 않지. 하지만 러시아에서 그런 나라엘 왜 가겠냐는 말이야. 뭐, 목숨 따위야 어찌되든 상관 없다고 생각하는 자들이라면 갈 수도 있겠지만……."

"무슨 소리야? 무슨 엄청난 시련이라도 되는 것처럼 말하는데, 사실 그냥 마차나 배에 타기만 하면 되지 않나? 깨끗한 공기도 마시고 다른 나라와 마을에 가보는 거지. 색다른 습관을 겪어 보고, 진귀한 구경도 할 수 있어 좋은 기회 아닌가? 아, 정말 자네! 그건 그렇다 치고, 자네 집에는 별일 없지, 오블로모프카는?"

"아아!"

손을 내저으며 오블로모프가 한숨을 내쉬었다.

"무슨 일이 다 뭔가, 삶이 날 그냥 내버려두질 않아."

"사는 게 다 그렇고 그렇지, 뭐가 어렵다는 건가?"

"그렇다면 다행이지!"

"그게 뭐 어떠냐고! 세상이 머리라도 쓰다듬어 줄줄 알아? 삶이 어찌나 시끄럽게 들러붙는지, 마치 학교 다닐 때 골목대장이 얌전한 애들을 괴롭히는 모양새라니까. 옆구리를 꼬집였다 싶으면 코앞에 모래를 뿌려대고……정말 더는 못해 먹겠네!"

"자네가 너무 착한 것도 문제야. 무슨 일이 있었지?"

"재앙이 내렸다네, 그것도 두 가지나!"

"재앙이라니?"

"완전히 망했어."

"왜?"

"촌장이 보낸 편지 내용을 보면 알 거야…… 편지가 어디 갔더라? 자하르, 자하르!"

자하르가 편지를 가져왔다. 내용을 훑어 본 슈톨츠는 웃음을 터뜨렸다. 문장이 이상했기 때문인 것 같았다.

"촌장이란 자는 순전히 사기꾼이야! 영지 사람들 단속도 제대로 못하는 주제에 이런 하소연이라니! 차라리 신분증명서라도 주어서 어디고 가 버리라는 게 어때?"

"그랬다가 모두 다 가 버리겠다고 하면?"

오블로모프가 반박했다.

"그럼 그러라고 하지!" 슈톨츠가 태평스럽게 말했다. "이득이 된다고 생각하는 사람은 안 떠날 테고, 이득이 안된다고 생각하는 사람이야 자네한테도 전혀 득이 안 될 테니까 말야. 그런 자들을 붙잡아 놓아 봤자 좋을 게 없잖나?"

"엄청난 사고방식이군? 오블로모프카의 그 얌전하고 소극적인 사람들을 모두 거리에서 헤매게 만들라는 소린가?"

"자네는 모르는 모양인데, 베르흘료보에 부두가 들어설 예정이라네. 포장도로를 만들자는 얘기도 있고. 그렇게 되면 오블로모프카 가까이에 큰길이 생길 테니 마을에는 정기적으로 시장이 열리겠지……."

"이럴 수가! 말도 안 되는 일이야! 오블로모프카 같이 조용한 시골에 무슨 정기 시장하고 포장도로야! 이제 너나 할 것 없이 시장에 몰려가고 장사치들이 마을로 마구 몰려들겠지! 완전히 엉망진창이야! 끝이라고!"

슈톨츠가 웃음을 터뜨렸다.

"이게 끝장이 아니면 뭔가? 사람들 모두 별 다른 일 없이 잘살고 있었는데. 좋은 일이든 나쁜 일이든 크게 소문날 일 없이 자기 일에만 충실하고 골치 아픈 일 없이 살아왔단 말이야. 그런데 그들의 순박함이 사라지게 생겼어! 무슨무슨 차에 커피, 어디서 만든 벨벳 바지, 아코디언에 번쩍번쩍한 부츠……영지가 제대로 돌아갈리 없지!"

"정말 그렇게 되면 좋은 일은 아니겠지. 그럼 자네, 마을에 학교를 세워 보면 어떨까……."

"그 얘기는 너무 이르지? 학교가 오히려 독이 될 지도 모르니까. 읽고 쓸 줄 알게 되면 사람들이 더 이상 농사일을 하지 않으려 들지도 몰라……."

"무슨 소리! 농사 기술에 관한 책을 읽게 되는데! 아무튼 자네도 참 특이한 사람이야! 농담은 이쯤하고, 올해 안에 시골에 한 번 다녀와야 하네."

"자네 말이 맞아. 하지만 아직은 계획도 없고……."

오블로모프가 당황스러운 듯 말했다.

"계획을 세울 필요도 없네! 자네는 그냥 다녀오기만 하면 돼. 가보면 뭘 해야 할지 다 알게 마련이야. 자네는 그 계획이라는 걸 오래 전부터 붙잡고 있었잖아? 그런데 아직도 준비가 안 됐단 말야? 이제껏 뭘 한 건가?"

"이봐, 안드레이! 영지 관리가 아니면 내게 할 일이 아무것도 없다는 듯이 말하는데, 지금 문제는 그것뿐이 아니라고!"

"또 무슨 일이 있어?"

"이 집에서 쫓겨날 판이야."

"쫓겨나다니, 어쩌다가?"

"별 다른 이유도 없이 무턱대고 나가라는데 별 수 있나."

"그래서, 그게 뭐가 문제가 돼?"

"뭐가 문제냐니? 이 문제 때문에, 매일같이 불안에 떨면서 등하고 옆구리가 문드러질 만큼 고생하고 있단 말이야. 나는 혼자 사니까 무조건 하나부터 열까지 다 내 손으로 해결해야 해. 영수증도 맞춰 봐야 하고, 돈 내야 할 데도 얼마나 많은지 아나? 이 상황에 이사라니, 이런 난리가 어디 있겠나! 돈이 빠져나가는 게 정말 무서울 정도라네. 다 어디로 빠져나가는 지도 모르겠어! 넋 놓고 있다가는 빈털터리가 되게 생겼다고!"

"나 참. 이젠 응석쟁이 도련님이 다 되어 버렸구먼. 이사 한 번 하는 데 그렇게 요란을 떨다니!"

슈톨츠가 질렸다는 듯 혀를 차며 말했다.

"부탁 좀 하겠네. 자네, 모아둔 돈 좀 있나? 있으면 500루블 정도만 빌려 줘. 지금 바로 송금해야 할 곳이 있어서 말이지. 내일 회사에서 받으면 바로 돌려주겠네."

"기다려봐! 생각 좀 해 봐야 하니까…… 얼마 전 시골에서 천 루블을 보내왔는데, 지금…… 그러니까 남은 게, 잠깐만……."

오블로모프가 여기저기 서랍을 뒤지기 시작했다.

"그래…… 10루블, 20루블…… 이걸로 200루블…… 아, 여기 20루블이 더 있군. 여기 어딘가 동전이 더 있었는데…… 자하르, 자하르!"

늘 하던 대로 침상에서 뛰어내린 자하르가 방으로 들어왔다.

"책상 위에 놓여 있던 20코페이카가 어디 갔지? 어제 내가 여기에 뒀었는데……."

"도련님, 20코페이카 받으신 분은 도련님이잖아요! 말한 대로 책상엔 한 푼도 없었어유……."

"한 푼도 없었다니! 오렌지를 사고 거스름돈 받은 건……."

"남한테 주구서 잊으신 모양이네."

몸을 돌려 문 앞으로 걸어가며 자하르가 대꾸했다. 슈톨츠가 웃음을 터뜨렸다.

"나 참, 둘 다 누가 오블로모프 사람들 아니랄까봐 그러네!" 그가 핀잔을 주었다. "자기 주머니에 얼마가 들어 있는지도 모른단 말이야?"

"아까 미헤이 안드레이치에게 얼마를 주시지 않았나유?"

자하르가 기억을 더듬었다.

"아하, 맞아, 타란치에프가 10루블 가져갔지." 오블로모프는 기세 좋게 슈톨츠를 돌아보았다. "까맣게 잊고 있었군."

"자넨 왜 그런 짐승들이 드나들게 놔두는 건가?"

슈톨츠가 말했다.

"들락거리게 놔두다니유!" 자하르가 끼어들었다. "자기 집이 아니면 선술집인 줄 아는지, 들이닥치는 데 무슨 수로 막아유. 도련님의 셔츠나 조끼까지 빌려서는 그냥 사라져 버린다구유! 좀 전에도 연미복 내놓으라구 난리를 쳤구먼. '입게 내놔!' 그러면서 말이유. 안드레이 도련님께서 그러지 못하게 확실히 말해 주……."

"상관 말아, 자하르, 네 일이나 잘해!"

오블로모프가 엄하게 나무랐다.

"편지지 한 장만 주게." 슈톨츠가 말했다. "편지를 써야겠어."

"자하르, 종이 가져와. 안드레이 이바느이치가 편지지가 필요하대……."

오블로모프가 말했다.

"그런 게 어디 있대유! 아까도 한참 찾아봤지만 없었구만."

자하르가 거실에서 대꾸하며 방엔 들어오지도 않았다.

"종잇조각이라도 괜찮으니 찾아봐 주지 않겠나!"

슈톨츠가 다시 한 번 부탁했다. 오블로모프도 책상을 뒤져 봤지만 종잇조각 하나 나오지 않았다.

"그럼, 명함이라도 없을까?"

"명함은 구경해본 지도 오래야."

오블로모프가 대꾸했다.

"자네 웬일이야?" 슈톨츠가 어이 없다는 듯 되물었다. "제대로 일 하고 있어? 계획은 세우고 있나? 솔직히 대답해 보게, 외출한 적이 있기나 하냐고? 다른 집에 찾아가 본 적은 있나? 만나는 사람은 있어?"

"다른 집에 찾아가진 않아도, 거의 집에 틀어 박혀 있으면서 그 계획안 때문에 신경쓰고 있다네. 게다가 요즘은 집 문제까지 터져서…… 그래도 타란치에프가 집을 알아봐 준다고 했으니까……."

"자넬 찾아오는 사람은 있는가?"

"있지…… 타란치에프도 오고, 알렉세예프도. 좀 전에 의사 선생도 다녀갔지…… 펜킨도 왔었고, 수지빈스키와 볼코프도……."

"책 한 권도 눈에 띄지 않는군."

"이건 책이 아니고 뭔가?"

책상 위에 놓여 있는 책을 가리키며 오블로모프가 볼멘 소리를 했다.

"무슨 책인가?" 책을 들여다보며 슈톨츠가 물었다.

"《아프리카 여행》이라, 자네가 펴놓은 책장에 곰팡이가 다 피었어. 신문도 안 보이고. 신문을 읽긴 하나?"

"아니, 글자가 작아서 눈만 나빠질 것 같고…… 필요도 없어서. 무언가 새로운 게 있다 싶으면, 하루 종일 사람들이 그 소리만 한다니까."

"당치도 않아, 일리야!" 오블로모프에게 놀란 시선을 던지며 슈톨츠가 말했다. "자네는 대체 하는 일이 뭔가? 뭉쳐 놓은 반죽도 아니고, 침대에만 누워서."

"자네 말이 맞네, 안드레이, 살아 있는 반죽덩어리나 다름없어."

오블로모프가 한심한 목소리로 대꾸했다.

"스스로 알고 있다고 해서 그게 변명이 된다고 생각하나?"

"그저 자네 말에 대답했을 뿐이네. 변명할 생각은 없었어."

오블로모프가 한숨을 내쉬며 말했다.

"평생 잠만 잘 텐가? 이제 그만 눈 좀 떠."

"나도 그 생각을 안 한 건 아니네. 시도도 해 봤고. 하지만 잘 안 되더구면. 게다가 지금은 상황도 그렇고……그렇게까지 해야 할 필요도 없지 않은가! 뭔가 권해오는 사람도 없는데다가 꼭 무엇을 해야겠다는 생각도 안 드네. 내 머릿속은 조용히 잠들어 있어!"

그의 말에는 있는지 없는지 모를 미묘한 고통이 느껴졌다.

"이런 이야기는 정말이지 지긋지긋하군……그보다 자네, 이번에는 어딜 다녀오는 길인가?"

"키예프에서 오는 길이네. 2주 뒤에 외국에 나가 볼 생각인데 자네도 가지 않겠나?"

"좋아, 그러지 뭐……."

오블로모프가 대답했다.

"자, 그럼 이 서류를 작성하게, 내일 제출해야 하니까……."

"내일이라니!" 정신이 번쩍 들어 오블로모프가 입을 열었다. "다들 왜 그렇게 성미가 급하지? 누가 쫓아오는 것도 아닌데. 좀 더 생각해 보고, 잘 이야기해 보는 게 좋지 않겠나? 모든 일은 신의 뜻에 맡겨 둬. 나는 먼저 시골에 다녀오고, 외국은 나중에나……."

"나중은 무슨 나중? 의사 말도 안 들을 생각인가? 그리고 자네는 먼저 살부터 빼게, 몸이 무겁지도 않은가? 그래야 그 나태함도 날아가 버릴 거야. 자네한테는 육체적으로도, 정신적으로도 운동이 필요해."

"그건 무리야, 안드레이. 그런 것들은 내게 고통일 뿐이야. 요즘 건강도 그리 좋지 않고 말이지. 날 내버려두게. 자네 혼자 떠나는 게 낫겠어……."

슈톨츠는 누워 있는 오블로모프를 훑어보았다. 오블로모프도 힘없이 친구를 바라보았다.

"살기도 귀찮다는 말투로 들리는군?"

슈톨츠가 물었다.

"그 말도 틀린 말은 아니지, 모든 게 다 귀찮아, 안드레이."

안드레이의 머릿속에는 어떻게 하면 그에게 삶의 활력을 불어넣을 수 있을까, 어디에 그 활력이 숨어 있을까, 하는 의문만이 맴돌았다. 생각에 잠겨 오블로모프를 찬찬히 살펴보던 그는 느닷없이 웃음을 터뜨렸다.

"자네 양말 좀 보게, 한쪽은 털양말, 다른 쪽은 면양말 아닌가?" 그가 오블로모프의 발을 가리키며 말했다. "셔츠도 뒤집어 입지 않았나?"

오블로모프가 발과 셔츠를 차례로 보았다.

"정말이군." 그가 겸연쩍어하며 말했다. "자하르는 하느님께서 나를 벌하려고 보낸 자가 틀림없네! 이 자가 날 얼마나 애먹이는지, 자네는 상상도 못할 거야! 툭하면 대들지, 무례하기 이루 말할 수 없지, 일은 차라리 시키지 않는 게 나을 정도라네!"

"아, 일리야! 안 되겠네. 난 절대 자넬 이대로 방치할 수 없어. 일주일 뒤에는 자네가 스스로를 못 알아볼 정도로 만들어 주겠네. 밤에는 앞으로 어떻게 하려는지 자세한 계획을 이야기해야겠지만, 지금은 먼저 옷부터 갈아입어야겠군. 기다려 봐, 내가 자네의 눈을 뜨게 해 주겠어. 자하르!"

그가 소리쳤다.

"도련님 옷을 갈아입혀 드리게!"

"어디로 가려는 건가? 곧 타란치에프와 알렉세예프가 식사하러 올 텐데. 식사 뒤에 가도……."

"자하르," 그의 말은 듣지도 않고 슈톨츠가 말했다. "어서 옷을 입혀 드리게."

"알겠슈, 안드레이 도련님. 곧 구두를 닦아서 준비해 놓겠슈."

자하르가 신이 나서 말했다.

"뭐? 벌써 5시인데 자넨 지금까지 구두도 안 닦아 놨단 말인가?"

"닦아 놓기야 다 닦아 놓았슈. 지난 주에도, 이번 주에도, 도련님이 아직 외출을 하신 적이 없어서인지 광택이 사라져 버렸네유……."

"그럼, 그냥 그대로도 상관없네. 내 가방을 거실에 갖다 놓게나. 여기서 묵을 테니. 내가 옷 갈아입고 올 때까지 준비하게, 일리야. 가는 길에 식사를 하고 두세 군데 들러야 하니까……."

"아니, 자네, 이게 무슨…… 그렇게 갑작스레…… 기다려 보게…… 생각할 시간은 줘야 하지 않겠나…… 아직 면도도 안 했는데……."

"생각할 것도 없고, 머릴 긁적일 필요도 없네…… 면도야 가면서 하면 되고. 내가 안내하겠네."

"어디를 들르겠다는 거야?" 오블로모프가 한심한 목소리로 소리쳤다. "모르는 사람들인가? 무슨 꿍꿍이속인지, 원! 나는 이반 게라시모비치한테나 가보겠네. 사흘이나 가보지 않았거든."

"이반 게라시모비치가 누군데?"

"예전에 나하고 함께 일했던 동료라네……."

"아! 머리가 하얗게 센 회계검사관! 거기 뭐 재밋거리라도 있나? 그런 멍청이와 시간을 죽이면서 뭘 하겠다는 거야!"

"자네는 가끔 다른 사람들에 대해 말을 너무 심하게 하는 것 같네. 나는 이해가 안 가는데, 어떻게 생각해? 좋은 사람이야. 네덜란드산 아마포 셔츠를 입지 않는 게 유감이긴 하지만……."

"그 남자는 집에서 뭘 하지? 무슨 얘기를 하고?"

"내 집처럼 마음이 편해서 좋아. 방들도 작고 소파가 아주 깊고 푹신해서 푹 파묻히는 느낌이라네. 내가 어디 있는지도 잊어버릴 것 같다니까. 창문도 담쟁이와 선인장으로 완전히 차단되어 있고, 한 다스는 될 것 같은 카나리아에다 개도 세 마리나 되고, 개들도 굉장히 훌륭하다네! 식탁에 안줏거리가 떨어질 날이 없어. 판화들은 모두 가족의 장면들을 묘사하고 있지. 한 번 들어가면 나오기가 싫단 말야. 고민할 것도 없고, 옆에 누가 있는지 없는지 신경쓸 필요도 없이 그저 앉아 있으면 돼…… 물론 그는 총명한 사람은 아니네. 서로의 생각을 들려주거나 하는 일은 없지만, 그 사람은 교활하지도 않고 착하고 친절하다네. 불평을 늘어놓는 일도 없고, 남에게 해를 끼치는 사람이 아니라 좋아!"

"둘이서 하는 일이 뭔데?"

"뭐하냐고? 둘이서 발을 뻗고 그냥 소파에 마주 앉아 있어. 그 사람은 담배를 피우고……."

"그럼 자네는?"

"나도 뭐…… 담배를 피우거나 카나리아가 지저귀는 소리를 듣지. 그러다 보면 마르파가 사모바르를 내와."

"타란치에프, 이반 게라시모비치라!" 이해가 가지 않는 듯 어깨를 들썩여 보이고는 슈톨츠가 말했다. "자, 어서 옷을 갈아입게." 그가 서둘렀다. "타란치에프가 오면 이렇게 일러둬." 자하르를 보며 덧붙였다. "오늘은 집에서 식사를 하지 않을 거다. 그리고 일리야 일리이치는 올 여름은 계속 밖에서만 식사를 할 생각이고 가을이 돼도 할 일이 너무 많으니 만날 수 없을 거라고 말야……."

"그렇게 이르지유, 안 잊고 그대로 전하겠슈. 식사는 어쩔까유?"

"자네는 누구든 불러서 함께 먹게나."

"알아서 먹겠슈, 도련님."

10여 분 뒤, 말끔하게 면도를 하고 머리를 빗은 슈톨츠가 정장을 입고 나왔다. 하지만 오블로모프는 시무룩한 얼굴로 침대에 앉아 잘 들어가지 않는 단추를 단춧구멍에 우겨넣으면서 느릿하게 셔츠를 입고, 앞에는 도련님이 셔츠 단추를 모두 채우기만을 기다리며 한쪽 무릎을 꿇은 자하르가 구두 신길 준비를 하고 있었다. 손에는 채 닦이지 않은 구두와 무언가 음식 접시를 들고 있었다.

"아직도 구두를 안 신었나!" 슈톨츠가 질렸다는 듯이 외쳤다. "자, 일리야, 좀 서두르게, 어서!"

"어디로 가자는 거야? 뭣 때문에 이러지?" 오블로모프가 우울해진 얼굴로 말했다. "내가 가봐야 별 수 있겠어? 난 어차피 뒤처진 사람이니까, 내키지도 않고……."

"그냥 좀 서두르게!"

슈톨츠는 그를 계속 재촉했다.

제4장

　그다지 이른 시각은 아니었지만, 그들은 두세 군데를 돌며 볼일을 보았다.
슈톨츠는 한 금광업자를 만나 함께 식사도 하고 차도 한 잔할 겸해서 그의
별장으로 향했다. 그 금광업자의 별장에는 꽤 많은 사람들이 모여 있었고,
어느 순간 오블로모프는 완벽한 고립에서 빠져나와 별안간 사람들 무리 속
에 섞여 있었다. 밤이 깊어서야 그들은 집으로 돌아왔다.

　다음날도, 그 다음날도 역시 마찬가지로, 눈 깜짝할 사이에 일 주일이 지
나갔다. 오블로모프는 반항도 해 보고, 불평도 해 보고, 말다툼도 해 보았지
만, 정신을 차리고 보면 자신은 어느새 여기저기 끌려다니고 있었다.

　참다못한 오블로모프는 어느 날 반발심을 드러냈다. 여느 때처럼 밤늦게
돌아오던 중, 슈톨츠에게 이런 정신없는 생활은 싫다며 불만을 터뜨렸다.

　"날마다," 실내복을 갈아입으면서 오블로모프가 투덜거렸다. "구두도 벗
지 못했네. 발이 저려서 미칠 지경이야! 이런 페테르부르크 생활은 전혀 마
음에 안 들어!" 소파에 몸을 누이며 그가 말을 이었다.

　"자네 마음에 드는 생활이란 게 뭐지?"

　슈톨츠가 물었다.

　"지금 같은 생활을 뺀 것."

　"이 생활의 뭐가 마음이 안 드냐니까?"

　"뭐든지. 다른 사람을 제치고 달려나갈 생각밖에 안하는 사람들도 싫고,
쓸데없는 욕심만 가득한 사람들도 싫어. 그런 사람들은 탐욕에 사로잡혀서,
같은 길을 걷는 사람들을 방해할 생각이나 하지. 자기가 제일 괴로운 척하
고, 다른 사람을 상처 입혀도 아무렇지 않게 생각하는 사람들이야. 툭하면
상대방의 말꼬리를 잡거나, 아니면 머리끝부터 발끝까지 훑어보기나 하지.
그들 얘기를 들어 보면 머리가 어질어질해서 정신이 멍해진다네. 현명하고
기품 있어 보이는 얼굴을 한 사람들이 낮이고 밤이고 입만 열면, 누가 뭘 샀

다는 둥 어떻게 해서 누가 조차권을 손에 넣었다는 둥의 얘기만 한다네. 그 말을 들은 사람들은 말도 안 된다고 응수하며, 어떻게 그럴 수 있냐고 소리치고 말이야. 잠시 뒤에는 누군가가 어제 클럽에서 얼마를 땄다, 누가 30만 루블을 벌었다, 는 이야기들이 나오지. 지루하고 하품 나는 얘기들! 인간이란 어느 수준에 와 있는 거지? 인간의 순수함은 어디 있냐고? 진짜 인간은 어디로 숨어 버린 걸까? 푼돈에 인간의 가치를 환전시켜 버리다니!"

"사교계든 사회든 무료함을 달랠 수 있는 무언가가 필요한 법이니까. 저마다 다른 취미를 갖고 있는 건 당연해. 삶이란……."

"사교계! 사회! 안드레이, 자네는 일부러 나를 사교계에 데려간 거겠지? 하지만 자네의 그런 행동은 내가 그곳을 더 혐오하게 만들 뿐이야. 삶이라, 아주 멋진 삶이로군! 그런 곳에서 대체 무엇을 추구할 수 있단 말인가? 지성과 흥미? 두고 보게, 그 삶을 움직이고 있는 중심은 어디에 있지? 아무데도 없네. 생명과 이어질 듯 깊이 있는 것은 아무것도 없네. 그런 사교계에나 돌아다니는 무리들은 이미 죽은 사람들이네. 잠들어 버린 사람들, 나보다 못난 사람들이라고! 그들의 삶을 움직이는 것은 뭐지? 그렇군. 그들은 자고 있는 게 아니야. 매일같이 파리처럼 어지럽게 움직이고 있지만 사실 거기에 무슨 의미가 있나? 홀에 들어서면, 사려 깊은 얼굴을 한 손님들이 보기 좋게 정해진 자리에 점잖게 앉아서 카드놀이를 하고 있지. 실로 멋지지 않은가!

그럴 듯한 인생목표 따위도 없네! 지성을 바라는 사람들에게 정말이지 나무랄 데 없는 모범이 되어 주겠지! 이래도 그들이 죽은 사람이 아니라고 생각하나? 평생 앉은 채 잠만 자는 거와 뭐가 다른가? 나는 집에 가만히 누워 있을 뿐 카드게임 같은 걸로 골머리를 썩이지도 않아. 그런 나의 어디가 그들보다 못하다는 건가?"

"고리타분해, 벌써 수천 번도 더 했던 말이잖아. 뭔가 좀 새로운 말은 없나?"

"그럼 청년들에 대해 말해 볼까? 그들은 대체 뭘 하고 있지? 차를 타고 넵스키 거리를 돌아다니거나 춤을 추면서 결국은 잠들어 있는 거 아닌가? 카드패처럼 날마다 그저 의미 없이 바뀌고 뒤섞이고 있을 뿐이야! 같은 옷차림이 아니라는 이유로, 신분이 다르다는 이유로, 또는 직함이 다르다는 이유로 그들이 얼마나 오만하게 구는지 아는가? 뭔지도 모를 품위를 자랑스레 내보이며 씹어 뱉는 듯한 눈빛으로 사람들을 내려다보는 그들의 모습을 보는 게 좋을 거야. 자신들이 어느 누구보다 훨씬 우월한 인간인 것처럼 자만에 빠져 있는 모습을 말야. 가엾은 사람들 같으니. '우리는 우리 말고 아무도 근무할 수 없는 곳에서 일하고 있어. 극장에 가면 객석의 제일 앞에 앉지. 아무나 들어갈 수 없는 N공작의 무도회에도 초대받아……' 뭐 이런 거지. 그러면서도 또 동료들끼리 함께 있을 때에는 야만인처럼 퍼마시고 싸움만 해댄다니까! 이래도 살아 있는 인간이라 할 수 있나? 청년들뿐만이 아니야. 웬만큼 나이를 먹었다는 사람들은 또 어떤지 아는가? 기회만 있으면 서로 대접하겠다고 난리지만, 진심으로 환영하는 사람도 없을뿐더러 좋은 마음으로 호감을 갖고 대하는 사람들도 없네! 즐거울 리가 있겠나? 그런데도 일하러 가는 듯 비정한 기분으로 저녁식사 모임이나 연회를 열지. 어차피 자기 집 요리사와 살롱을 자랑하고 싶은 마음으로, 나중에 뒤에서 서로 비웃거나 허를 찌르기 위한 자리인 거야.

그저께 연회에서 나는 어디에 눈을 둬야 할지 알 수가 없었다네. 테이블 밑에 기어들어가고 싶을 정도였어. 자리에 없는 사람들에 대해 험담을 시작하는 거 아닌가. 누구는 바보이고, 누구는 상스럽고, 누구는 도둑이고, 누구는 우스꽝스럽다면서 말야. 몰이사냥이 따로 없었네! 이런 말들을 하면서 서로를 바라보는데, 그 눈빛은 딱 이렇게 말하고 있더군. '너도 당장 나가는 게 좋아. 아니면 똑같은 꼴이 되게 해 주겠어.' 그럴 거면 대체 뭘 위해서 모이는 거지? 딱딱하게 뭣하러 악수 따위를 하냐고? 진심으로 웃지도 않고 서로에 대한 호감 따위는 잠깐 반짝이고 꺼지는 불꽃놀이만큼도 없어! 고위 관직자들과 연줄 하나 만들겠다고, 이름 있는 사람을 발판삼아 보겠다고, 오로지 그것만을 위해 최선을 다하지. '우리집에 누가 왔다, 누구네 집에 초대받았다' 이런 걸 자랑하고 있단 말일세…… 이런 걸 삶이라고 할 수 있나? 난 사절이네. 그런 곳에 가서 뭘 배울 수 있겠어. 뭘 얻을 수 있겠냐고!"

"이봐, 일리야." 슈톨츠가 말했다.

"자네의 생각은 고대 사람 같군. 옛날 책에 적혀 있는 말 같아. 뭐 그런 식도 나쁘진 않겠지. 적어도 생각하고 있을 때만큼은 잠들지 않을 테니까. 그래서, 뭐 또 할 말이 있나? 계속해 보게."

세속하라는 건가? 자네가 직접 보아서 알겠지만, 거기 어느 누구도 | 있고 건강한 얼굴을 한 사람을 발견할 수가 없었단 말이네."

"그야 날씨 탓이니 어쩔 수 없지. 그러는 자네는 얼굴에 기름기가 좔좔 흐르는군. 몸을 움직일 생각은 않고 늘 누워 있기만 하니 그렇지 않나."

"밝고 온화한 표정을 한 사람이 아무도 없었어." 오블로모프가 말을 이었다.

"서로 걱정거리와 우울함을 옮기며 병적으로 무언가를 찾고 있지. 뭐 누군가의 행복을 바라거나 진리를 위한 거라면 낫겠지만—그것도 아니지. 동료의 성공을 보면 다들 얼굴색이 싹 바뀌니까 말야. 다음 날 재판소에 가야 하는 사람이 있다고 해 보세. 5년이 넘게 질질 끌고 있는 소송이야. 그런데 상대가 이길 것 같으니까 아무 생각도 안 나는 거야. 오로지 그것만 신경 쓰고 거기에만 매달리게 되는 거지. 희망이라고는 하나밖에 없어. 허를 찔러서 상대를 추락시키고 자신의 영화를 쌓아 올리는 것, 그것뿐이지. 5년 동안 재판소를 다니고 대기실에서 한숨을 쉬며 기다렸던 그 사람에게는 그것이 인생의 목표이자 이상이었던 거야! 관청에서 일하는 사람 중에는, 매일 5시까지 발이 묶여 있어야 한다며 괴로워하는 사람도 있네. 하지만 자신에게는 그런 행복을 내려주지 않는다며, 그런 사람을 부러워하고 끙끙대는 사람들도 있지……."

"철학자가 따로 없군, 일리야! 자네는 분주히 살아가는 사람들 속에서 아무것도 필요 없다 이건가!"

"안경 쓴 누런 얼굴의 신사는 말이야." 오블로모프는 말을 이었다.

"틈만 나면 쫓아와서는 무슨 의원의 연설문을 읽어 봤는지 물어 본다네. 내가 신문을 안 읽는다고 하니까, 눈을 휘둥그레져서 얼굴을 빤히 쳐다보는 거야. 루이 필립의 이야기를 하기 시작하는데, 자기 아버지라도 되는 듯한 기세더군. 그리고 프랑스 대사가 왜 로마를 떠났는지, 내 생각을 말해 보라며 끈질기게 구는 게 아닌가. 온세상 뉴스를 머릿속에 다 집어넣으려는 건지. 날마다 지쳐 쓰러질 때까지 눈코 뜰 새 없이 바쁜 그런 생활을 계속하다니, 나로서는 전혀 이해할 수가 없네. 오늘 모하메드 알리가 콘스탄티노플로 군함을 보냈다는 이야기를 하면서 머리를 싸매다가는, 또 돈 카를로스의 계획이 실패하면 어쩌나 불안해하고, 뭐 그런 식이니까 말야. 그쪽에서는 운하

를 만들고 이쪽에서는 동쪽에 군대가 파견되었다는 말을 듣고 안절부절인데
…… 갑자기 안색이 변해서 뛰쳐나가더니만 자기한테 군대가 파견되기라도
한 것처럼 난리를 치지 뭔가. 이도 저도 아닌 억측과 의론 따위나 해대면서
도 자신은 지루한 거야. 그런 억측과 의론에도 진심으로 흥미를 가질 수 없
으니까 요란하게 호들갑을 떨면서도 속으로는 졸려서 정신이 없는 거지! 앞
뒤가 맞지 않는 사람들이야. 빌린 옷을 입고 걷고 있는 거나 다름없어. 자기
일이라는 게 없는 사람들이니까 뭐 하나 정해진 거 없이 얼쩡대며 돌아다니
기만 할 뿐이라네. 모든 것을 포용하는 관대함 속에는 공허함이 숨겨져 있
고, 동정심이라곤 찾아볼 수가 없어! 평범한 근로자의 길을 택해서 깊게 바
퀴 자국을 내며 나아가는 것은 눈에 띄지 않는 짜증나는 일이라는 거지. 여
기서는 아무리 다양하고 해박한 지식을 갖고 있어 봤자 허풍 떨며 속일 수
있는 사람도 없고, 뭐하나도 도움이 되지 않으니 말야."

"하지만, 나나 자네는 얼쩡대며 돌아다닌 적 없잖아, 일리야? 그 평범한
근로자의 길은 대체 어디에 있는 거지?"

오블로모프는 갑자기 입을 다물었다.

"글쎄, 그건 내가 계획을 다 짜면…… 그 사람들은 어찌 되던 관심 없네.
난 그 사람들과 아무런 상관도 없고, 바라는 것도 없으니까. 삶에서 기준을
찾을 수 없다면 말이지, 그런 건 삶이 아니라 왜곡이네. 자연이 인간에게 제
시해 준 이상을 왜곡하는 것이라고……."

"그 이상과 기준이란 게 대체 뭔가?"

오블로모프는 대답을 하지 않았다.

"질문을 바꾸지. 자네는 어떤 삶을 바라?"

"바라는 건 있지."

"그게 뭐지? 부탁이니 말 좀 해 보게, 어떤 삶을 바라는 건가?"

"어떤 삶이냐고?" 벌렁 누워 천장을 바라보며 오블로모프가 말했다. "어
떻게 바라고 말고 할 게 있나 그냥! 시골로 내려갈 생각이네."

"그 일에 방해되는 거라도 있나?"

"아직 계획을 다 짜지 못했어. 내가 집에 틀어박혀 있다고는 하지만 혼자
갈 생각은 없고, 나중에 아내하고 함께 갈 생각이야……."

"아! 그렇군! 그래, 그렇게 된다면야 좋지. 그런데 뭘 망설이고 있는 건

가? 서너 살만 더 먹어 보게. 자네한테 시집올 여자가 있을 것 같은가?"

"그럼 뭐 별 수 있나, 내 운명이 그런 가보다 하는 거지!" 한숨 쉬며 오블로모프가 말했다. "지금 당장은 여건이 안 되는데 어쩌겠나!"

"말도 안 되는 소리는 그만두게, 오블로모프카는 어쩌고? 영주민이 무려 3백 명이네!"

"그게 뭐? 어떻게든 살 수 있지 않겠어?"

"아내하고 단둘이서 어떻게든 살 수 있을 거라고?"

"애들도 생길 거 아닌가?"

"애들은 키워만 놓으면 다 알아서 먹고 살 길을 찾아가게 돼 있네. 자네는 이끌어 주기만 하면 돼……"

"그럴 수는 없네. 귀족 아이들을 장인으로 키우란 말인가?"

오블로모프가 무뚝뚝하게 말을 잘랐다.

"아이들은 그렇다 치고 단둘이라니, 그렇게 간단한 문제가 아니라고. 그야말로 부부 단둘이라는 말뿐이지, 실상은 그렇지가 않아. 결혼하자마자 온갖 여자들이 모여들게 되어 있어. 그건 친척들은 물론이고 어느 집이든 마찬가지라네. 집안일 하나 제대로 못하는 여자들이 함께 살고 있거나, 그게 아니라도 매일같이 커피나 식사 핑계를 대고 집안을 드나든다네…… 영주민이 300명밖에 없는 자네가 어떻게 그런 기숙사 같은 살림을 꾸려나갈 수 있겠나?"

"그래, 좋아. 그럼 만약 누군가 자네에게 30만 루블을 준다면 어떻게 할 건가?"

슈톨츠가 잔뜩 호기심어린 말투로 물었다.

"바로 은행에 맡겨지지. 이자로 먹고 살 수 있을 테고."

"은행 이자가 얼마나 적은지 아나? 왜 어디든 회사에 투자할 생각은 하지 않지? 예를 들면 우리 회사도 있는데 말야."

"그만두게, 안드레이. 그 수에는 안 넘어가."

"무슨 소리, 자네는 날 못 믿는 건가?"

"자네를 못 믿어서가 아니라, 무슨 일인들 안 일어난다고 장담할 수는 없지 않나. 혹시라도 일이 잘못되는 날엔 나는 알거지가 될 테고. 그런 점에서 은행은 안심이 된다 이거지."

"그렇군. 그래서 자넨 뭘 할 생각인가?"

"그러니까, 한적한 곳에 새집을 짓고…… 주위에 마음씨 좋은 이웃이 살면 더 좋겠지, 자네 같은 이웃…… 아, 그건 힘들겠군, 자네가 한 곳에 정착할 수 있는 사람도 아니고……"

"그럼 자네는 정말로 영원히 한 곳에 정착해 살겠단 말인가? 여행도 아무 데도 안 가고?"

"절대로! 하고 싶지도 않네!"

"삶의 이상이 한 곳에 정착하는 거라면, 사람들은 왜 그렇게 열심히 철도를 깔고 선박을 만들지? 어떤가, 일리야, 그런 일을 그만두도록 건의서라도 제출해 볼까? 우린 어차피 여행 따위는 하지 않을 테고 말야."

"우리 말고도 사람은 많아. 관리인에 집사, 상인, 관료, 집도 없이 돌아다니는 변덕스런 자들까지 얼마든지 있다고!"

"자네는 대체 뭐하는 사람이야?"

오블로모프가 입을 다물었다.

"자넨 사회의 어딘가에 속해 있다고 생각하나?"

"자하르한테 물어 보게."

슈톨츠는 오블로모프의 바람대로 행동에 옮겼다.

"자하르!"

자하르가 들어왔다. 두 눈에는 잠이 가득했다.

"여기 누워 있는 사람이 누군가?"

자하르는 갑자기 잠이 확 달아났다. 의심스런 눈으로 슈톨츠와 오블로모프를 차례로 쳐다보았다.

"누구라니, 무슨 말씀이세유? 도련님두 보구 있잖어유?"

"안 보이니까 하는 소리야."

"별 희한한 일두 다 있지유? 도련님, 일리야 일리이치예유."

그는 웃음을 터뜨렸다.

"좋아, 가봐."

"도련님이라고!"

슈톨츠가 되풀이해서 말하며 배꼽을 잡고 웃었다

"아니, 난 신사네."

오블로모프가 불쾌한 목소리로 정정했다.

"아냐, 아냐, 자넨 도련님이야!"

슈톨츠가 연신 웃으며 말을 이었다.

"뭐가 다르다는 건가? 신사가 도련님이지."

"신사란, 스스로 양말을 신고 구두를 벗을 수 있는 사람을 말하는 거니까."

"영국 사람들이야 스스로 하겠지. 그렇게 많은 하인을 두고 있지 않으니까. 하지만 우리 러시아 사람들은……"

"자네가 생각하는 이상적인 삶에 대해서나 더 이야기해 보도록 하지. 속편(뒷얘기)을 들려주지 않겠나. 그러니까…… 사이좋은 친구들이 주위에 살고 있다고 했던가, 그 다음은 뭐지? 하루하루 어떻게 살아가고 있나?"

"아침에 눈을 뜨면," 뒤통수에 손을 가져가며 오블로모프가 이야기를 시작했다.

"화창한 날씨와 구름 한 점 없는 짙푸른 하늘이 보이지. 내 계획으로는 동쪽에 발코니와 정원이 있는 집은 바로 들판으로 이어져 있네. 한쪽으로는 마을 농가가 보이지. 아내가 눈을 뜰 때까지 나는 실내복을 걸치고서 아침 공기를 마시러 정원으로 나가는 거야. 이미 일하러 나와 있는 정원사와 함께 꽃에 물을 주고 관목이나 과일나무를 다듬으면서 아내에게 줄 꽃다발을 만들곤 하겠지. 목욕을 하거나 강에 나가 미역을 감다가 돌아와 보면, 열려 있는 발코니 문 사이로 아내의 모습이 보여. 편안한 옷차림에 당장이라도 바람에 날아갈 것처럼 살포시 얹혀 있는 가벼운 실내용 모자…… 내가 돌아오는 걸 미처 기다릴 수 없었다는 듯, 나를 발견한 아내는 이렇게 말하는 거야. '차 준비해 놨어요' 그리고 입맞춤! 멋진 대화! 말로 다 표현할 수 없을 만큼 편안한 안락의자! 테이블에는 러스크*¹와 크림, 그리고 버터……"

"다음엔?"

"헐렁한 프록코트와 재킷을 입고 아내를 살포시 끌어안지. 끝없이 이어진 어슴푸레한 가로수길 안쪽 깊은 곳으로 걸어가는 거야. 조용히, 깊은 생각에 잠긴 듯 말없이 걸으며 그때마다 생각나는 이야기를 하고, 공상에 잠기거나

---

*1 rusk [명사] 빵이나 카스텔라 따위를 얇게 썰어 버터나 설탕을 발라 구운 음식.

행복한 순간을 손꼽아 보거나 심장고동 소리에 귀기울이며 자연에 녹아들 거야…… 그러다 보면, 어느새 강과 들판으로 나가 있겠지. 어렴풋이 강물 소리가 들려오고, 산들바람에 파도치는 보리이삭이 보이네. 아주 더운 날씨야. 우리는 작은 배에 오르고. 그리고 노를 들어 올리는 게 고작인 아내가, 키를 잡는 거야……."

"자네, 시인이 다 됐군, 일리야!"

"맞아, 인생의 시인이지. 인생이 곧 시니까. 사람들은 멋대로 그 시를 일 그러뜨리고 있어! 온실에나 들어가 볼까." 오블로모프는 자신이 그리는 행복한 삶에 도취되어 말을 이었다.

상상 속에 이미 그려져 있던 화면을 끄집어내며 이어지는 그의 이야기는 활기에 넘쳐 있었다.

"복숭아와 포도 중 어떤 것을 식탁에 올릴지 이야기하고, 집에 돌아가서 가볍게 점심식사를 마친 뒤에 손님들을 기다리는 거야……. 마리야 페트로브나라는 친구가 아내에게 편지와 함께 책과 악보를 보내지. 누군가는 선물이라며 파인애플을 보내기도 할 걸세. 나는 온실에서 먹음직스럽게 익어 있는 커다란 수박을 친한 친구들한테 선물할 거야. 다음날 기뻐하는 친구들과 함께 식사를 하고, 디저트로 그 수박을 먹지. 부엌은 상당히 소란스러워. 눈같이 하얀 앞치마를 두르고 하얀 모자를 쓴 요리사가 냄비에 불을 붙였다가는 또 화덕에서 냄비를 내리고 있어. 무엇인가 휘젓다가도 다른 쪽에서 반죽을 하고, 물을 붓고, 야단법석이지. 채소를 써는지 경쾌한 부엌칼 소리가 울리고, 또 한쪽에서는 아이스크림을 만들고 있는 거야. 나는 식사 전에 살그머니 부엌을 들여다보겠지. 냄비를 열어 냄새를 맡아 보거나 피로그*² 껍질과 크림을 바라보며 기분 좋게 미소를 지을 거야. 그리고 소파에 누워 아내에게 뭔가 새로운 책을 읽어 달라고 조르는 거지. 책을 읽다가 때때로 이런 저런 논쟁도 벌이다 보면 손님들이 도착하지. 자네가 아내를 데리고 오기도 하고 말야."

"와, 자네가 날 장가보낸단 말이지?"

"물론이지! 두세 명 더 손님이 오겠지만 모두가 늘 보던 얼굴들이라네.

---

*2 Pirog : 밀가루 속에 고기·생선·야채 등 다양한 재료를 넣고 구워 낸 러시아 전통요리.

그들과 난 어제 못 다 한 이야기를 계속하겠지. 농담이 오가고, 의미심장한 침묵과 사색의 시간이 다가오기도 하지. 그건 일에서 벗어났다는 걱정 때문도 아니고, 원로원 사건이 신경 쓰이기 때문도 아니네. 바라는 것이 이루어졌다는 충족감에서 오는 거야. 만족스러움에서 오는 즐거움이라고나 할까. 자리에 없는 사람에게 침 튀기며 쏘아대는 험담이나 빈정거림도 없고, 방을 나가자마자 너도 그렇게 될 거라는 듯 쏘아보는 매서운 눈빛도 없어. 좋아하지도 않는 사람, 마음에 들지 않는 사람과 한솥밥을 먹을 필요는 없으니까 말야. 누구의 눈을 보아도 호의가 넘쳐나고, 입담이나 농담 속에는 독이 아닌 순수한 웃음이 울려 퍼지고 있지. 하나부터 열까지 진심에서 우러나온 모습들뿐이네! 말과 표정에서 드러나는 모든 것이 그 모습 그대로 그 사람의 마음인 거야! 그리고 나는 식사 뒤에 테라스에서 모카커피를 마시며 하바나 담배를 피울 걸세……"

"자네는 우리 아버지나 할아버지 시대에나 있었을 법한 일들을 늘어놓고 있군 그래."

"그렇지 않네, 전혀 달라." 모욕을 받았다고 느꼈는지 오블로모프가 그의 말을 막으며 반박했다. "이유가 뭔가? 뭐가 그렇다는 거지? 내 아내가 잼을 만든다, 버섯을 딴다 하며 일을 하기라도 했나? 아니면 실다발을 세고 시골 처녀들이 만든 마포를 정리하기라도 했나? 아니면 처녀의 뺨을 때린단 말인가? 악보나 책, 피아노와 우아한 가구 이야기를 하지 않았나?"

"흠, 그럼, 자네는?"

"나도 마찬가지네. 때 지난 신문을 읽거나 구식 짐마차를 타고 다니지도 않아. 국수나 오리고기는 절대 먹지 않을 테고, 요리사를 영국 클럽이나 공사에게 보내 요리를 배우게 할 거야."

"흠, 그리고?"

"더위가 한풀 꺾이면 사모바르와 디저트를 마차에 싣고 자작나무 숲이나 수확이 끝난 풀숲에 가는 거야. 건초더미에 융단을 깔고, 입맛을 다시며 빵과 비프스테이크를 마지막 한 조각까지 먹어치울 때쯤이면 어깨에 낫을 멘 영주민들이 들판에서 돌아와. 건초더미를 너무 높이 쌓아서 짐도 안보이고 말조차 보이지 않는 짐마차가 느릿하게 다가오고. 건초더미 뒤로 꽃을 꽂은 영주민 모자와 아이들 머리가 보여. 그때 낫을 든 맨발의 부인들이 왁자지껄 떠들어 대며 옆을 지나가는 거야. 하지만 갑자기 주인의 모습이 보이면 입을 다물고 허리를 굽히지. 겁을 먹은 듯 엎드려 있는 한 여자가 있어. 목덜미가 그을리고 두 팔을 팔꿈치까지 드러낸 여자는 교활한 눈빛으로 주인의 상냥한 미소를 외면하지만 사실 기뻐 보이지. 아니! 그런 걸 아내가 보면 안 돼!"

말이 끝나기 무섭게 오블로모프 자신은 물론이고 슈톨츠도 배를 잡고 웃음을 터뜨렸다.

"그 사이에 눅눅해진 들판 주위는 어두워지고, 바다를 뒤집어 놓은 듯한 안개가 보리밭 위로 길게 펼쳐진다네. 말은 어깨를 떨고 말발굽질을 하기 시작해. 집으로 돌아갈 시간이지. 집에는 불이 켜져 있고, 부엌에서 부엌칼 5개가 박자에 맞춰 칼질하는 소리가 들려와. 프라이팬 속에는 버섯이 지글지글 익어 가고, 커틀릿과 딸기가 준비된 접시나 나오지. 그리고 건너편에서 들려오는 음악 소리…… Casta diva!"*3

오블로모프가 노래하기 시작했다.

"Casta diva(순결한 여신)를 떠올리기만 해도 나는 가만히 있을 수가 없네."

아리아 첫 부분을 노래하며 오블로모프가 말했다.

"눈물을 흘리며 소리 높여 자신의 마음을 오롯이 노래하는 거야! 얼마나 깊은 고민이 이 울림에 담겨 있는지! …… 하지만 주위 사람들은 누구 하나, 눈치채지 못해…… 그녀는 혼자니까…… 비밀은 마음의 짐이 되어 끊임없이 쌓여 갈 뿐…… 그녀는 달을 향해 그 비밀을 털어 놓지……."

"자네 그 아리아를 좋아하나? 그거 참 기쁜 일이군. 그 아리아는 올가 세르게브나가 부르는 게 최고야. 내가 자네에게 소개시켜 주지. 목소리도 목소리지만 노래 솜씨가 아주 기가 막히거든! 게다가 얼마나 매혹적인 아가씨인지 몰라! 내가 편파적인 생각을 하고 있는지도 모르겠지만, 그녀한테는 왠지 약해진다니까…… 아, 이야기나 마저 하게."

"무슨 이야기를 더 말인가? …… 더 이야기할 것도 없네! …… 손님들은

---

*3 이탈리아의 음악가 벨리니 Vicenzo Bellini(1801~35)의 동명 오페라에 등장하는 여주인공 노마의 아리아 첫 부분. 이탈리아어로 '순결한 여신'의 의미. 달의 여신 다이아나의 드루이드교적 추종자인 노마는 순결의 서약을 하지만, 뜻하지 않게 사랑에 빠지게 됨. 오페라는 상트 페트르부르크에서는 1837년 처음으로 무대에 올려졌다.

별채나 정자로 흩어지고, 다음날엔 저마다 하고 싶은 걸 하는 거야. 낚시를 하기도 하고 사냥을 하기도 하고. 뭐, 아무것도 하고 싶지 않은 사람은 그냥 가만히 집에만 있을 수도 있겠지……."

"그냥, 집에만 가만히 있는다고? 뭐, 들고 있는 것도 없이?"

"자넨 뭐가 필요한데? 그럼, 손수건이나 하나 들고 있던가. 자네는 이렇게 살고 싶지 않나? 이런 건 삶이 아니라고 생각하는 건가?"

"평생을 그렇게 살겠다는 거야?"

"검은 머리가 파뿌리가 될 때까지, 눈에 흙이 들어갈 때까지. 이거야말로 진정한 삶이 아니겠나!"

"아니, 그런 건 삶이라 할 수 없네!"

"삶이 아니라니? 뭐 부족한 거라도 있나? 생각을 해 보라니까. 파리한 얼굴로 고통받고 있는 사람은 찾아보려야 찾아볼 수도 없네. 원로원이나 증권거래소니 주식 같은 걸 걱정하는 사람이나, 보고 연설이나 접대, 관리, 특별수당 얘기를 하는 사람들은 아무도 없지. 모두 마음을 열고 가슴에서 우러난 이야기를 하고 있으니까 말야! 이사 다닐 필요도 없네. 그것 하나만으로도 상당히 감사한 일이라 생각지 않나? 그래도 자네는 삶이 아니라 말하고 싶은 건가?

"그런 건 삶이 아니네!"

슈톨츠는 고집스럽게 반복해서 말했다.

"삶이 아니라면 뭐라는 거야?"

"그건…… (슈톨츠는 생각에 잠겨 자신이 생각하는 삶이란 무엇인지 적당한 말을 찾아보았다). ……오블로모프 기질이라고나 할까."

그는 간신히 적당한 말을 찾아냈다.

"오-블로-모프 기질이라!" 일리야 일리이치는 이 괴상한 단어에 어안이 벙벙해져서 철자 하나하나를 천천히 그리고 또박또박 발음했다.

"오-블로-모프-기질!"

그는 이상하다는 듯 슈톨츠를 뚫어지게 쳐다보았다.

"자네는 삶의 목표가 어디에 있다고 생각하는 거지? 오블로모프 기질이 아닌 것은 뭔가?" 흥분한 것도 아니고 어쩐지 우물쭈물하는 목소리로 오블로모프가 물었다. "모든 사람이 자네의 이상과 같은 것을 바라며 살아가고 있지 않은가? 그게 말이 된다고 생각하나? 그는 조금 더 대담하게 덧붙였다. "자네들이 분주하게 살아가는 거나, 전쟁을 하고 거래를 하는, 자네들의 그 정열은 결국 안정을 찾기 위해서가 아닌가. 잃어버린 낙원을 향한 동경이 아니냔 말일세?"

"그래 봤자 자네의 유토피아도 결국 오블로모프에서 벗어나지 못하고 있네."

슈톨츠가 반박을 했다.

"누구나 평화와 안정을 바라고 있어."

오블로모프도 질세라 대꾸했다.

"모두가 그렇다고는 할 수 없지. 그리고 10년 전, 자네가 바라던 삶은 그런 게 아니었네."

"내가 바라던 삶이라니…… 그럼 어떤 거였나?"

하나 둘 지난날을 떠올리던 오블로모프가 이해가 안 된다는 얼굴로 물었다.

"기억을 되살려 보게나, 생각해 보라고. 자네의 책이며, 번역 원고들은 다 어떻게 했나?"

"자하르가 어딘가에 잘 뒀겠지. 저기 구석 어딘가에 놓여 있을 거야."

"구석이라니!" 슈톨츠가 나무라듯 말했다. "그 구석에 자네의 의욕도 처박힌 거나 다름없네. '힘이 남아 있는 한 일을 해야 해. 러시아의 그 무한한 자연을 개척하려면 일손도 머리도 필요하니까 말야. 일이 끝난 뒤에 감미로운 휴식을 즐기기 위해 일을 하는 거라네. 휴식은 삶의 다른 면이지. 예술적이고 미적인 삶의 또 다른 모습. 예술가의 삶이자 시인의 삶인 거야.' 자네가 한 말이잖아? 자네의 이런 의지도 자하르가 구석에 치워 버렸다는 건가? 기억하나? 책을 읽으면 자네는 나라를 더 많이 알고, 사랑하기 위해 외국 여행을 하며 돌아다니고 싶다고 했었네. '삶이란 일과 생각이다.' 그때 입버릇처럼 이 말을 하곤 했었지. '사람들이 모르는 일이라도 그것은 끊임없이 계속된다. 자신이 해야 할 일을 한다는 의식을 갖고 잠드는 것이다.' 이런 생각은 대체 어디다 팽개쳐 버린 건가, 응?"

"그랬지…… 그렇군……" 오블로모프는 안절부절못하며 슈톨츠의 한 마디 한 마디를 주의 깊게 들었다. "기억하고 있네, 분명…… 아무래도…… 아니

······ 그랬지." 지난 일들을 갑작스레 기억해 내고는 오블로모프가 말했다.

"우리 말야, 안드레이, 처음에는 유럽을 가로질러 갈 생각이었지. 스위스 끝에서 끝까지 걸어, 베수비오 화산*4에서 발을 다 지지고 헤르클라네움*5으로 내려온다는 여정으로. 제정신이 아니었던 거야! 바보 같은 짓만 해댔지!"

"바보 같은 짓이라고!" 슈톨츠가 나무라듯 반복했다. "라파엘로의 성모상, 코레조*6의 밤, 벨베데레*7의 아폴로. 복제품을 본 자네가 말하지 않았나? '이 작품들의 진품을 어떻게 평생 안 보고 살 수 있지? 나는 지금 미켈란젤로와 티치아노 앞에 서 있네. 로마 땅을 밟고 있어. 어떻게 이런 가슴 저리는 감동을 느껴 보지도 않고 살아갈 수 있지? 도금양*8이니 사이프러스*9니 등자나무*10니 떠들어 대면서 어떻게 산지가 아니라 평생 온실에서만 볼 생각을 할 수 있을까? 이탈리아 공기도 마셔 보지 않고, 푸른 하늘에 취해 보는 일도 없이 삶을 마감해 버릴 수가 있냐고!' 눈물까지 흘려 가며 이렇게 말했던 건 자네가 아니었나? 그 무렵 불꽃 같은 생각을 가지며 살아가던 자네가 얼마나 멋져 보였는지 아는가? 그런데 그걸 바보 같은 일이라고!"

"맞아, 생각나네!" 지난날을 떠올리며 오블로모프가 말했다. "자네는 내 손을 부여잡고 이렇게 말하기까지 했어. '이것들을 하나도 남김없이 다 보기

---

*4 이탈리아 나폴리 지방의 활화산.

*5 서기 79년 베수비오 화산 폭발 때 화산재에 묻혀버린 나폴리 인근의 고대 도시.

*6 Antonio Allegri da Correggio : 이탈리아 종교 화가, 신화 화가. 에로틱한 화풍으로 유명하나 작품 수는 많지 않다.

*7 Belvedere : 비엔나 도심의 제3구에 있는 바로크 스타일의 궁전(Schloss Belvedere). 오이겐 공자의 여름 궁전이다. 오이겐 공자는 18세기에 레오폴드 1세-요셉 1세-카를 6세를 거치면서 오스트리아를 위해 헌신한 위대한 장군이다. 벨베데레라는 단어는 이탈리아어로서 '아름다운 경치'(Beautiful View)라는 뜻이다. 일반적으로 건축물에 사용하는 단어이므로 반드시 비엔나 벨베데레 궁전만을 의미하지는 않는다. 다만 본문에서 아폴로를 언급한 것으로 보아 여기서는 비엔나 벨베데레 궁전을 가리킨 것으로 보인다. 오늘날 운테레스라 불리는 하 벨베데레 궁전 중앙 대리석 홀에는 천정화가 그려져 있는데 위대한 오이겐 공자를 뮤즈들의 리더인 아폴로 신으로 묘사했다.

*8 도금양(桃金孃) : 쌍떡잎식물 도금양목 도금양과의 상록관목. [본문] 도금랑나무·도금양나무라고도 한다.

*9 Cypress : 겉씨식물 구과목 측백나무과의 교목.

*10 등자나무 : 운향과의 상록 활엽 교목.

전까지는 절대 죽지 않기로 맹세하자'고 말이지……."

"그뿐인 줄 아나." 슈톨츠가 말했다.

"언제던가, 자네가 내 명명일 선물이라며 세*11의 러시아어판을 가져온 적이 있었지. 나는 아직도 그 책을 갖고 있네. 그리고 말야, 왜 원이니 사각형이니 하는 것들을 배워야 하는지 이유를 알아야겠다고 한동안 수학 교수하고 함께 집에 틀어박힌 적도 있지 않았나. 도중에 내팽개쳐 버리고 밝혀내지는 못했지만. 영어 공부를 했어도 결국 제대로 배우지는 못했지? 내가 외국 여행을 계획하고 독일 대학을 둘러보자고 했을 때, 자네는 뛸 듯이 기뻐하며 나를 끌어안더니 손을 내밀었네. 그때 내게 뭐라 했는지 기억하나? '안드레이, 나는 자네 사람이네. 어디든지 함께 가겠어!' 자네가 한 말이야. 자네는 좀 연기자 같은 면이 있었으니까 말야. 그랬던 자네가 어떻게 된 건가? 나는 벌써 두 번이나 외국에 다녀오고, 본과 비엔나, 에를랑겐 대학에서 강의도 들었네. 유럽을 내 영지처럼 훤히 알 수 있을 때까지 공부도 했고. 이런 여행이 사치고 누구에게나 기회가 주어지지는 않는다는 것 정도는 알고 있네. 그럴 의무도 없지. 그렇다면 러시아는? 난 러시아 구석구석을 손바닥 보듯이 잘 알고 있다네. 그만큼 나는 열심히 살아가려고 노력하고 있단 말일세."

"그래 봤자 언젠가는 일도 그만두게 되겠지."

"나는 절대 그만둘 생각이 없네. 왜 내가 그만둘 거라 생각하지?"

"자네 재산이 두 배쯤 늘어나면."

"네 배가 되어도 그만둘 생각은 없네."

잠시 뒤에 오블로모프가 다시 입을 열었다. "삶이 부유해진 뒤에 편안히 은거하며 쉬는 게 자네 목적이 아니라면 왜 그렇게 악착같이 사는 건가?"

"존스러운 오블로모프 기질이네!"

"아니면, 사회에서 지위와 명성을 얻고, 영광스런 삶 속에서 당연한 듯 휴식을 즐길 때가 온다면……."

"페테르부르크식의 오블로모프 기질일세!"

슈톨츠가 또 반박했다.

---

*11 세(Jean Baptist, 1767~1832) : 프랑스 경제학자. '공급은 스스로 수요를 창출한다'는 세의 법칙으로 유명하다.

"그럼 언제 삶을 즐길 수 있다는 거지?" 슈톨츠의 말에 불만을 표시하며 오블로모프가 물었다. "뭘 위해서 그렇게 평생 동안 자신을 괴롭혀야 하냔 말일세."

"일 그 자체를 위해서지. 다른 이유가 있겠는가? 일은 삶의 형태이기도 하고 내용이자, 자연현상이며 또 목표랄 수도 있다네. 적어도 내 삶에서는 그래. 그런데 자네는 어떠한가? 삶에서 일을 완전히 내몰아 버렸어. 지금 자네 삶이 어떤지 아는가? 내가 자네를 일으켜 주려는 기회가 이번이 아마 마지막이 될 걸세. 그래도 자네가 타란치에프나 알렉세예프 같은 자를 상대하며 계속 여기 머물 생각이라면 그땐 정말 끝장이네. 스스로를 짐으로 여기게 될 거라고. 지금이 아니라면 이제 영원히 기회는 없어!"

슈톨츠가 결론을 내리듯 말했다. 오블로모프는 불안한 눈빛으로 친구를 바라보며 잠자코 듣고 있기만 했다. 누군가 갑자기 그를 거울 앞에 세워 놓기라도 한 것처럼, 자신의 정체를 발견하고는 오블로모프는 깜짝 놀랐다.

"너무 그렇게 몰아붙이지 말아 주게, 안드레이, 그보다 날 좀 도와 줘!" 한숨을 내쉬며 입을 열었다. "나도 괴롭네. 내가 자신을 무덤에 파묻고 스스로 애도하는 꼴을 오늘만이라도 잘 보고 알아준다면, 자네 입에서 그런 비난의 말은 나오지 않을 걸세. 나도 다 이해하고 있네. 하지만 그럴 힘도 의지도 없는 걸 어쩌겠나? 내게 조금이라도 자네의 의지와 머리를 나눠 주고 어디든 데려가 줄 수는 없나? 자네와 함께라면 나는 나갈 수 있을 거야. 하지만 이제 나 혼자서는 일어설 수 없네. 자네가 말한 대로야. '지금이 아니면 영원히 기회는 없어.' 일 년이 더 지나면 늦고 말 거야!"

"자네 맞아, 일리야? 호리호리한 몸이었지만, 씩씩했던 소년을 나는 기억하고 있네. 그 무렵 자네는 날마다 프레치스첸카에서 쿠드리노까지 걸어다니곤 했지. 거기 있던 정원과 자매를 잊어버린 건 아니겠지? 루소와 실러, 괴테, 그리고 바이런, 기억하나? 그 애들이 갖고 있던 코탱*¹²과 장리의 책을 빼앗아 달아나기도 했고, 그 애들 앞에서는 괜히 으스대면서 책 취향까지 간섭하고 바꾸려 들었지."

오블로모프는 침대에서 벌떡 일어났다.

---

*12 코탱(Marie Risteala Cottin, 1770~1807) : 프랑스 작가. 《마틸다》의 작가로 유명하다.

"그런 것까지 기억하고 있는가, 안드레이? 그렇군. 나는 그 두 사람과 함께 이런저런 상상도 하고, 미래에 대한 이야기를 나누면서 여러 가지 생각과 감정을 나누었지. 자네한테는 비밀로, 자네가 날 비웃지 못하도록 자네와는 거리를 두었었네. 하지만 다 지난 이야기로군. 다 죽어 버렸으니까. 그 뒤로 한 번도 떠올려 본 적 없네! 아, 모두 다 어디로 사라져 버린 걸까. 왜 사라져 버린 걸까. 난 아직도 모르겠네! 나한테는 아무런 폭풍도 지진도 일어나지 않았으니까 말야. 나는 무엇 하나 잃어버리지 않았어. 내 양심을 억누르는 그 어떤 멍에도 없었지. 내 양심은 수정처럼 깨끗하네. 내 자존심은 어떤 타격에도 꺾이지 않았어. 그런데 왜 뭐든지 사라져 버리는 거야!"

그는 한숨을 크게 내쉬면서 말을 이었다.

"이봐, 안드레이. 그것이 구원의 힘이든 파괴의 힘이든, 내 삶은 어떤 불로도 타오른 적이 없었네. 평범한 사람들이 맞이하는 새벽과는 조금도 닮은 곳이 없었어. 새벽 빛이 밝아오면서 점심때까지는 태워 버릴 듯 활활 타올랐다가, 자연의 빛이 사그라지면서 그들의 삶도 서서히 저녁 빛을 띠고 사라져 가지. 그런데 나는 그렇지가 않아. 내 삶은 소멸에서 시작되었네. 이상하게 들리겠지만 정말 말 그대로라네. 내가 자신을 의식하기 시작했던 때부터 이미 나는 사라져 가고 있구나, 느꼈네. 처음 나 자신이 사라지기 시작한 것은 관청에서 서류를 작성하고 있을 때였어. 살아가는 모든 순간마다 나는 진리를 추구하고자 했지만, 그때마다 나는 사라져 갔네. 삶에서 그 진리를 어떻게 하면 좋을지 알 수 없었거든. 친구들 틈에 끼어 소문과 모략, 비웃음, 차가운 수다, 공허한 이야기들을 들으면서 아무런 목적도 호감도 없는 모임으로 간신히 이어지고 있는 우정을 바라보며 나는 또 사라져 갔네. 그리고 미나(창부)를 만나면서도 그랬지. 수입의 반 이상을 갖다 바치면서 나는 사랑을 하고 있다는 망상에 빠져 있었네. 미국너구리 털코트와 비버 가죽 목도리에 둘러싸여 아무 감흥도 없이 울적한 기분으로 넵스키 대로를 어슬렁대면서 또 나를 잃었어. 이만하면 괜찮다며 신랑 후보로 추켜세우던 저녁모임에서도, 마을에서 별장으로, 별장에서 가로호바야 거리로 오가는 사람들, 식당에 굴과 왕새우가 넘쳐나는 봄, 초대와 약속으로 가득한 가을과 겨울, 산책과 외출로 바쁜 여름, 저마다 계절을 채워 가는 나날 속에서 생명도 지성도 하찮은 것으로 추락해 버렸지. 다른 사람들과 마찬가지로 평생을 게으름과 편안한 잠으로 낭비해 버린 거야. 그뿐인가. 자존심까지 다 써 버렸네. 무엇 때문인지 아는가? 일류 양장점에 옷을 주문하기 위해서라네! 이름 높은 집에 드나들기 위해서라고! P공작과 악수를 하기 위해서란 말일세! 자존심은 삶의 소금이 아니었나? 그 소금이 그런 일에 쓰이다니! 내가 그런 삶을 이해하지 못한 것뿐인지도 모르지. 그런 삶이 어떤 일에 도움이 되지 않는 것인지도 알 수 없지만, 나는 보다 나은 것이 무엇이 있는지 알지 못했어. 무엇 하나 보지 못했네. 누구도 알려 주지 않았지. 때로 자네가 찾아와 주기는 했지만, 밝게 빛을 발하며 순식간에 사라져 버리는 혜성처럼 자네는 늘 빨리 돌아가 버렸으니까. 하나씩 하나씩 모든 걸 잊어버려서 '나'도 사라져 버렸네……."

슈톨츠는 오블로모프의 말을 더 이상 안일하게 비웃을 수 없었다. 그는 귀 기울였고 암담한 기분에 입을 꾹 다물고 있었다.

"좀 전에 자네, 내가 안색은 형편없고 잔뜩 찌푸린 얼굴에다 기분도 좋아 보이지 않는다고 했지? 맞네, 일 때문도 아니지. 12년 동안 내 안에 빛이 갇혀 있던 결과라네. 출구를 찾고 또 찾았지만 감옥만 태워 버렸을 뿐 자유를 찾지 못한 채 사라져 버린 빛. 안드레이, 그렇게 12년이 흘렀네. 나는 이제 잠에서 깨지 않아."

"왜 자넨 벗어나지 못한 건가? 왜 어디로든 도망치려 하지도 못하고, 말 없이 죽어 가고 있었던 거야?"

슈톨츠가 더 이상은 못 참겠다는 듯 물었다.

"어디로 도망을 친다는 거지?"

"어디로냐고? 영지 주민들을 데리고 볼가 강으로라도 가면 되지 않나. 할 일도 많고 재미있는 것도 많았을 거 아닌가. 목적도, 일거리도 생겼을 텐데. 나라면 시베리아나 알래스카의 시트하로라도 떠났을 걸세."

"자네답게 정말 강력한 처방을 내리는군!" 오블로모프가 풀이 죽어 말했다. "나만이라 생각하나? 미하일로프와 페트로프, 세묘노프에, 스테파노프까지…… 하나하나 셀 수도 없네. 이름이란 수없이 불려야 하는 법이라고!"

슈톨츠는 아직 그의 후회에서 벗어날 수 없어 잠자코 듣고 있기만 했다. 그저 한숨만 나왔다.

"그래, 벌써 많은 시간이 흘렀네! 나는 자네를 이렇게 두지는 않을 거야.

먼저 밖으로 나오게 해야겠어. 그리고 외국으로, 다음에는 시골로 데려갈 생각이야. 그럼 살도 좀 빠지고 우울해하는 일도 줄어들겠지. 그런 다음에 함께 일도 찾아보자고……"

"그래, 이제 정말 여기를 나가야겠지!"

오블로모프가 자신도 모르게 소리쳤다.

"당장 내일이라도 여권을 만들어. 바로 준비를 해야 하네…… 난 자네 옆에서 떨어지지 않을 거야, 알겠나, 일리야?"

"자네는 늘, 내일이라고만 하는군!" 구름에서 내려오기라도 한 듯, 오블로모프가 못마땅한 얼굴로 말했다.

"'오늘 할 일을 내일로 미루지 말자' 이 말을 하고 싶은 건가? 아쉽지만 오늘은 이미 늦었네. 그래도 2주 뒤면 우린 멀리 떠나 있을 거야……"

"무슨 소린가, 친구. 2주 뒤라니, 말도 안 되는 소리 그만해. 마른하늘에 날벼락도 아니고! …… 좀 생각하고 준비할 시간을 줘야지…… 사륜마차 같은 것도 필요할 테고…… 석 달쯤 뒤에 출발하는 게."

"기껏 생각해 낸 게 그래 사륜마차인가? 국경까지는 역마차, 아니면 뤼벡 항까지 배를 타고 가자고. 도착하면 철도가 있을 테니까."

"집하고 자하르는? 오블로모프카는 어쩌고? 조치를 취해야지."

오블로모프가 계속 고집을 부렸다.

"오블로모프카 기질, 오블로모프카 기질이야!" 슈톨츠는 웃으며 말한 뒤 촛불을 집어들었다. 잘 자라는 인사와 함께 침실로 가려다가 한 마디 덧붙이고는 문을 닫았다. "지금이 아니면 영원히 불가능하다는 말, 명심해!"

제5장

'지금이 아니면 영원히 불가능해!'

아침에 눈을 뜨자마자 오블로모프는 이 무서운 말이 눈앞에 떠올랐다.

침대에서 몸을 일으킨 그는 방 안을 세 번 왔다 갔다 하더니 응접실을 들여다보았다. 슈톨츠가 맞은편에 앉아 무언가 끼적이고 있었다.

"자하르!"

그가 소리쳤다. 난로에서 뛰어내리는 소리가 들리지 않고 자하르도 보이지 않았다. 슈톨츠가 그를 우체국에 보냈기 때문이다.

오블로모프는 먼지가 쌓인 테이블에 다가앉아, 펜을 들고 잉크병에 집어넣었다. 그러나 잉크병은 비어 있었고 종이도 보이지 않았다.

그는 생각에 잠겨 있다가 기계적인 손짓으로 먼지 위에 무언가를 끼적여 놓고서는 물끄러미 바라보았다. '오블로모프 기질'이라는 글자들이었다.

옷소매로 글자들을 재빨리 지웠다. 이 말은 연회에서 벨사자르*1의 눈에 비친 것처럼, 벽에 불꽃으로 새겨져 밤새 그의 꿈 속을 어지럽혔다.

자하르가 돌아왔다. 침대에서 나와 있는 오블로모프를 보고, 자하르는 왜 주인이 일어나 있는지 알 수 없다는 표정으로 멍하니 그를 바라보았다. 놀란 하인의 멍한 눈에도 '오블로모프 기질!'이라는 말이 씌어 있었다.

'단 한 마디 말이…… 이렇게 끔찍할 수가! ……'

자하르는 늘 하던 대로 주인의 몸단장을 거들기 위해 빗과 칫솔, 수건을 들고 다가왔다.

"저리 꺼져!"

오블로모프는 화를 내며 자하르가 들고 있던 칫솔을 쳐서 떨어뜨렸다. 그

---

*1 Belshazzar : 기원전 6세기, 바빌론의 마지막 황제의 아들로 궁궐에서 주연을 베풀던 벨사자르는 벽에서 해독할 수 없는 난해한 글귀를 발견했는데, 나중에 그것이 적에게 포로가 되는 자신의 앞날에 대한 예언이었음이 밝혀졌다.

바람에 자하르는 빗마저도 바닥에 떨어뜨리고 말았다.

"다시 드러눕지 않으실 거예유? 그럼 침대를 정리할까 하는데."

"잉크하고 종이나 가져와."

'지금이 아니면 영원히 불가능해.' 오블로모프는 이 말을 계속 되풀이했다. 이성의 필사적인 호소에 귀기울이며, 그는 자기 안에 의지가 얼마만큼 남아 있는지 생각해 보았다. 머리가 아플 정도로 생각한 끝에, 그는 펜을 쥐고 구석에서 책을 빼어 들었다. 10년 동안이나 읽지도 쓰지도 생각하지도 못했던 것들을 한 시간 안에 읽고 쓰고 생각해 보려 했다.

자신은 지금 무얼 어떻게 하면 좋은 걸까? 앞으로 나아갈 것인가 멈춰 설 것인가? 오블로모프다운 이 의문은 그에게 햄릿의 고뇌 이상으로 심각했다. 앞으로 나아간다는 것은 갑자기 헐렁한 실내복을 벗어 버리라는 뜻이었다. 단순히 몸에 걸친 옷가지만을 뜻하는 것이 아니라, 영혼과 이성을 가리고 있던 옷가지를 벗어 던진다는 의미였다. 벽에 쌓인 먼지와 거미집을 치워 버리고 시력을 회복하는 것이다! 이를 위해 어떤 첫발을 내디뎌야 할지? 무엇부터 해야 할지? 모르겠다─못하겠다─안 되겠다─얼버무리려 하는 것이 틀림없어, 알아. 하지만 슈톨츠가 코앞에 있는데, 뭐. 알아서 잘 말해 줄 것이다.

그는 분명 이렇게 말하겠지.

"일주일 안에 대리인한테 자세한 내용을 알려 주고 영지로 보내야 해. 오블로모프카를 저당 잡히고 다른 땅을 사게. 건축 계획안을 보내고 집도 빨리 비워 줘. 여권 신청을 하고, 반년 정도 외국 여행을 하다 보면 쓸데없는 살들이 빠지면서 체중도 줄 걸세. 언젠가 자네의 둘도 없는 친구와 함께 상상했던 새로운 대기 속에서 영혼에 새 바람을 불어넣어 주는 거지. 그 낡은 실내복은 좀 버리고, 자하르와 타란치에프 없이 생활하는 거야. 혼자 구두를 신고, 잠은 밤에만 자도록 해. 철도와 배를 타고 많은 사람들이 가는 곳을 여행하는 거야. 그리고……그리고……오블로모프카에 정착하게. 파종과 수확이 어떤 것인지, 가난한 영주민이나 잘 사는 영주민이 생기는 이유가 무엇인지, 그런 여러 문제를 잘 파악해 봐. 영지를 한 바퀴 돌고, 선거에도 나가 보고, 공장과 제분소, 그리고 부두에도 가보는 거야. 그러면서 신문과 책을 읽으며 왜 영국이 동양에 군함을 파견시켰는지에 대해서도 관심을 가져보고

……."

그래, 그는 이렇게 말할 게 틀림없어! 이게 앞으로 나아간다는 거야……
평생을 이렇게 살아나가는 거야! 시적인 생활이나 이상은 잊어야 한다! 이
건 대장간이지 삶이 아냐. 일년 내내 불꽃과 폭음, 연기, 번잡함이 들끓는데
언제 삶을 즐기라는 거야? 차라리 단념해 버리는 게 더 낫지 않을까?

'단념해 버린다.' 그건 셔츠를 뒤집어 입고, 침상에서 뛰어내리는 자하르의
발소리를 듣고, 타란치에프와 식사를 하는 모든 일에 대해 생각하기를 포기
한다는 말이다. 읽다가 만 '아프리카 기행'이 옆에 굴러다니고, 타란치에프
의 여자 친구들 집에서 태평하게 살아간다는 의미였다.

'지금이 아니면 기회는 없어!' '죽느냐 사느냐인 건가!'

오블로모프는 소파에서 일어나려 했지만, 발이 슬리퍼에 들어가지 않아
다시 주저앉고 말았다.

슈톨츠는 2주 뒤에 오블로모프에게서 파리로 가겠다는 약속을 받아내고는
먼저 영국으로 떠났다. 일리야 일리이치는 여권이 준비되자, 여행용 외투를
주문하고 모자도 샀다. 일은 착착 진행되었다.

자하르까지도 자못 생각이 깊은 듯한 모습으로, 구두는 한 켤레만 주문하
면 충분하다, 한 켤레는 밑창만 새로 달면 된다며 떠들어 댔다. 오블로모프
는 모포와 털재킷, 여행용 화장도구들을 샀다. 식료품을 넣어 갈 주머니도
사려 했지만 외국에서 음식거리를 들고 다니는 사람이 어디 있느냐며 무려
열 명이 넘는 주위 사람들이 반대하는 바람에 그만두기로 했다.

땀투성이가 된 자하르는 온종일 가게와 일터로 뛰어다녔다. 가게에서 거
스름돈으로 받은 10코페이카 동전과 5코페이카 동전을 품에 잔뜩 챙겨 넣고
서도, 그는 안드레이 이바노비치는 물론 여행을 하려는 모든 사람들에게 저
주를 퍼부었다.

"그런 데를 혼자 가서 뭘 어쩌겠다는 거여?" 그는 가게에서 자주 이런 말
을 하곤 했다. "거기선, 여자들이 주인님 시중을 모두 들어 준다던데. 여자
들이 장화를 잡아벗기는 게 말이나 되는 소린감? 양말까지 신겨드리고 말
야?"

그는 볼수염이 옆으로 쏠릴 만큼 씁쓸하게 웃더니 고개를 가로저었다. 오
블로모프는 게으름 피우지 않고 가져갈 것과 두고 갈 것을 부지런히 적었다.

가구 말고 다른 물건은 브이보르그 구(區) 미망인 집으로 옮겨 세 방에 나누어 넣어 두고 걸어 잠갔다. 그는 타란치에프에게 자신이 돌아올 때까지 그 짐들을 보관해 달라고 부탁했다.

오블로모프를 아는 사람들은 이런 소식을 믿지 못하는 듯했다. 어떤 사람은 비웃고, 어떤 사람은 놀란 얼굴로 수군댔다.

"밖으로 나간대요, 세상에, 오블로모프가 자리에서 일어났대요!"

그러나 오블로모프는 한 달이 지나고 석 달이 지나도 떠나지 않았다.

출발하기 전날 밤, 오블로모프는 입술이 부어올랐다.

"뭔가 불길해. 이런 입술로 외국에 갈 수는 없어!" 그는 다음 배를 기다리기로 했다. 벌써 8월이었다. 이미 파리에 도착한 슈톨츠는 그에게 여러 차례 편지를 보냈지만 답장을 못 받았다.

무슨 이유 때문일까? 잉크병에 잉크가 없었다거나, 종이가 없었던 것은 아닐까? 아니면 오블로모프가 편지를 쓸 때마다 자꾸 같은 말들이 되풀이되어 충돌하기 때문인지도 모른다. 그것도 아니면, '지금이 아니면 영원히 기회는 없다'는 무서운 목소리를 계속 떠올리던 오블로모프가 망설임 끝에 영원히 기회를 놓치기로 결심하고 손을 놓아 버렸는지도 모른다. 어쩌면 자하르가 그를 깨우려 애써 보았지만 그는 눈을 뜨지 못했을지도.

아니다. 전부 틀렸다. 잉크병에는 잉크가 가득하고 테이블에는 종이, 인장이 찍힌 종이가 놓여 있었다. 그가 직접 무언가 가득 적어 놓은 종이였다.

글을 쓰며 한 번도 같은 말을 두 번 이상 쓴 적이 없었다. 문장은 수려하고 자유로웠으며, '그 때'의 오블로모프를 떠오르게 할 만큼 풍부하고 아름다운 표정을 담고 있었다. 슈톨츠와 함께, 여행과 일로 넘치는 삶을 상상하던 '그때' 그의 모습이 고스란히 느껴졌다.

그는 아침 7시에 일어나 책을 읽다가 읽던 책을 들고 어딘가로 나갔다. 졸리거나 피곤해하거나 귀찮아하는 기색도 없었다. 오히려 생기 있어 보였고 눈은 빛나고 있었다. 대담함이라 할 수 있을 것 같은 그 무엇은 스스로에 대한 확신으로 가득했다.

미망인 집으로 물건들을 옮길 때에 타란치에프가 그를 함께 데리고 갔다. 그때부터 실내복 차림의 오블로모프는 볼 수 없게 되었다.

오블로모프는 책을 읽거나 글을 쓸 때 집에서 입는 웃옷을 입고 있었다.

목에는 가벼운 머플러를 두르고 있었으며 넥타이 위로 드러난 셔츠 깃은 눈처럼 하얗게 빛나고 있었다. 말쑥한 프록코트 차림에 세련된 모자를 쓰고 외출하는 그는 자못 즐거운 듯 노래를 흥얼거린다. 어찌된 일일까?

지금도 그는 별장 창가에 앉아 있다. 별장은 시내에서 멀리 떨어진 곳에 있었다. 창가에는 꽃다발이 놓여 있다. 그는 빠른 손놀림으로 무언가 써내려 가면서도 정원 나무 너머 골목길을 쳐다보는 것을 잊지 않는다. 힐끔대며 골목길에 눈길을 주다가도 다시 무언가를 써내려 간다.

문득 누군가의 가벼운 발걸음에 길가 모래들이 자박자박 소리 내며 울리기 시작했다. 오블로모프는 펜을 집어던지고 꽃다발을 들더니 창가로 달려갔다.

"당신이요, 올가 세르게브나? 잠깐만 기다리시오, 곧 나가겠소!"

그는 모자와 지팡이를 집어들고 쪽문으로 달려가, 아름다운 여인에게 손을 내밀고는 함께 숲속으로 사라졌다. 커다란 전나무 그림자가 드리운 숲속으로.

자하르는 한쪽 구석에서 나와 그 뒷모습을 지켜보다가 방문을 잠그고 부엌으로 걸어갔다.

"나가셨구먼!"

그가 아니시야에게 말했다.

"식사는 하신다던가요?"

"그걸 내가 어떻게 알아?"

자하르의 목소리는 잠에 취해 있었다. 자하르는 여전했다. 거대한 볼수염, 면도하지 않은 구레나룻, 전과 다름없는 잿빛 조끼와 구멍 난 외투. 다른 점은 아니시야와 혼인을 했다는 것뿐이었다. 인간이라면, 이혼을 하더라도 결혼을 해야 한다는 확신 때문인지 확실하진 않지만, 어쨌든 그는 결혼을 했다. 하지만 옛말이라고 무조건 옳은 것은 아니었는지 그는 조금도 변하지 않았다.

슈톨츠는 오블로모프를 올가와 그녀의 숙모에게 소개시켜 주었다. 슈톨츠가 그를 처음 올가 숙모 집으로 데리고 갔을 때, 집에는 마침 손님들이 와 있었다. 오블로모프는 마음이 무거웠고, 언제나처럼 어색해서 어쩔 줄 몰라

했다.

'장갑은 벗는 게 낫겠지, 방 안은 따뜻하니까. 난 왜 이렇게 모든 일에 습관이 안 되어 있을까!'

슈톨츠는 올가 옆에 앉았다. 티테이블에서 조금 떨어진 등불 아래, 주변에는 아무 관심 없는 듯한 표정으로 올가가 소파에 기대 앉아 있었다.

그녀는 슈톨츠를 매우 반갑게 맞아 주었다. 갑자기 그녀의 눈이 빛나거나 볼이 붉게 물든 것도 아니었다. 다만 그늘 한 점 없는 부드러운 빛이 감돌며 얼굴에는 미소가 감돌았다.

올가는 그를 친구라 불렀다. 그녀는 늘 웃게 만들어 주고 잠시도 지루할 틈을 주지 않는 슈톨츠가 좋았다. 그러나 조금은 두렵기도 했다. 그 앞에만 서면 왠지 자신이 어린애가 되어 버리는 것 같았기 때문이다.

마음속에 무언가 의문이나 의심이 생겨도 그에게만은 털어놓고 싶지 않았다. 그는 자신보다 훨씬 앞서 나아가 우뚝 서 있는 존재였고, 그에 반해 자신은 아직 성장하지 못한 사람 같았기 때문이다. 자신과 슈톨츠 사이에는 지적인 면은 물론이고 나이만 봐도 커다란 차이가 있다는 생각에, 올가는 자존심에 상처를 받곤 했다.

슈톨츠 역시 향기로울 만치 신선한 지성과 감성을 지닌 아름다운 한 여성으로서 그녀에게 빠져 있었다. 그의 눈에 비친 그녀는 앞날이 기대되는 멋진 여성일 뿐이었다.

슈톨츠는 다른 여자보다는 올가와 이야기하는 일이 많았는데, 늘 그녀와 이야기를 나누고 싶어했다. 그녀는 태어나면서부터 단순하고 소박한 삶을 살아왔을 뿐 아니라, 보기 드물게 선한 마음을 타고 났으며, 교양이 있어 자신을 지나치게 드러내 보이거나 자랑하려 들지 않았다. 때로 무의식적이라고는 해도 생각이나 감정, 의욕을 자연스럽게 표현하는 데 주저함이 없었는데, 그녀의 이런 성향은 눈과 입술, 손의 작은 움직임에서도 드러났다.

그녀가 이렇게까지 확신에 찬 삶을 살아올 수 있었던 것은, 늘 옆에서 자신을 신뢰해 마지않는 '친한 친구'의 존재 덕분이 아니었을까. 언제나 자신보다 더 확신에 찬 삶을 살아가고 있는 그의 존재에 보조를 맞춰 왔기 때문인지도 모른다.

어쨌든 그토록 단순하고 자유로운 시각과 말과 행동을 보여 주는 젊은 아가씨는 찾아보기 힘들다. '이제 입술을 조금 오므리고서, 생각에 잠긴 표정을 지어야지. 그러면 아주 예쁘게 보이겠지.' '저쪽을 보고 깜짝 놀란 듯이 가볍게 비명을 질러 볼까. 그러면 모두 달려와 주겠지.' '피아노를 향해 앉아 약간만 발끝을 내보여야겠어.' 그녀의 눈에서는 한 번도 이런 표정을 읽어 낼 수 없었다.

내숭을 떨거나 교태를 부리려 하지도 않았으며, 허위나 가식은 물론, 무언가를 꾸미려는 구석도 찾아볼 수 없었다. 그녀의 진가를 인정하고 있는 사람은 오직 슈톨츠 한 명뿐, 마주르카를 추지도 않았고 지루함을 감추려 하지도 않은 채 혼자 멍하니 앉아 있는 날도 많았다. 눈치 빠르고 붙임성 좋은 청년들조차, 그녀를 바라보며 무슨 이야기를 해야 할지 알 수 없어 입을 다물게 되는 일도 종종 있었다.

어떤 사람은 올가가 평범하고 머리도 나쁘고 깊이 없는 사람이라 생각했다. 그녀가 인생과 사랑에 대해 의미심장한 말을 하거나 정곡을 찌르며 대담하게 비판하는 모습도, 책을 통해서든 대화를 통해서든 음악이나 문학에 대해 이야기하는 모습도 본 적이 없었기 때문이다. 그녀는 말수가 적었고, 가끔 나오는 말이라고 해 봐야 자신에 대한 대수롭지 않은 이야기뿐이었다. 머리 좋고 눈치 빠른 '젊은 신사'들은 그녀를 무시했으며, 영리하지 못한 무리는 그녀를 독특한 여자라 치부하고 무서워하거나 가볍게 무시해 버렸다. 오로지 슈톨츠만이 그녀를 붙잡아두고, 쉴 새 없이 떠들어 대며 웃게 해 주었다. 그녀는 음악을 사랑했지만, 슈톨츠나 여자 기숙사 친구들에게만 살짝 비밀스럽게 불러주는 때가 많았다. 슈톨츠의 말을 빌리자면, 그 노래 솜씨는 어떤 가수도 당해 내지 못할 정도였다.

슈톨츠가 옆에 앉자마자, 방 안은 그녀의 웃음소리로 가득하다. 어찌나 즐겁게 들리는지, 그 웃음소리를 들은 사람은 누구든 이유도 알지 못한 채 함께 웃을 수밖에 없었다.

하지만 슈톨츠는 그녀를 내내 웃기지는 못했다. 30분이 지났을 무렵, 그녀는 호기심에 반짝이는 눈으로 그의 말에 귀 기울이고 있었다. 그리고 더욱 호기심어린 표정으로 오블로모프에게 눈길을 돌렸다. 그 시선과 마주친 오블로모프는 쥐구멍이라도 있으면 들어가고 싶은 심정이었다.

'날 갖고 무슨 애기들을 저렇게 하고 있는 거야?'

그는 불안한 듯 두 사람을 곁눈질하며 생각했다. 그는 벌써 돌아가고 싶었다. 그렇지만 올가의 숙모가 그를 불러 옆자리에 앉게 해서 사람들의 시선을 받으며 구경거리가 되고 말았다.

몸을 돌려 슈톨츠를 찾아보았지만 이미 어디론가 가고 없었다. 올가를 쳐다보자 호기심으로 가득한 그녀의 시선이 여전히 그에게 쏠려 있었다.

'나를 계속 쳐다보고 있어!'

오블로모프는 난처함에 어쩔 줄을 몰라 자기 옷만 쳐다보며 생각했다. 심지어 혹시라도 코에 뭐가 묻었나 손수건으로 닦아 보기도 하고, 매듭이 풀어졌나 넥타이를 만져보기도 했다. 가끔 일어나는 일이었다. 그런데 별다른 이상은 없는 듯하다. 그런데도 그녀는 여전히 그만 바라보고 있었다!

오블로모프는 당혹감을 감추려고 아무렇지 않은 듯 거리낌 없는 태도를 취하려 했다. 하지만 그의 행동은 너무 지나쳤다. 러스크와 비스킷, 프레즐을 잔뜩 집어 들자, 옆자리 여성은 큰 소리로 웃음을 터뜨렸다. 다른 사람들도 그 엄청난 비스킷 더미를 재미있다는 듯 힐끔힐끔 쳐다보았다.

'맙소사, 아직도 나를 보고 있어! 이 과자들을 다 어떻게 처치한담?'

그는 안 보는 척하며 자리에서 일어난 올가가 다른 구석으로 가는 모습을 지켜보았다. 그는 한시름 놓으며 가슴을 쓸어내렸다.

옆 좌석에 앉은 여자들은 저 산 같은 과자들을 어떻게 할지 궁금하다는 듯 줄곧 그를 지켜보았다.

'얼른 먹어치워야겠군.'

이렇게 생각하고는 부지런히 비스킷을 먹기 시작했다. 다행히도 과자들은 입 안에서 살살 녹았다.

러스크 두 개만이 남았다. 안도의 한숨을 내쉰 그는 올가가 옮겨간 자리에 시선을 주었다. 맙소사! 그녀는 반신상 옆에서 받침대에 기대어 그를 살펴보고 있지 않은가! 그녀는, 아무래도 좀더 마음 편히 그를 지켜보기 위해 자리를 옮긴 듯했다. 그녀는 끙끙대며 러스크를 들고 있는 오블로모프를 안쓰럽게 쳐다보았다.

저녁식사 시간에 올가는 테이블 맞은편 끝에 앉아 담소를 나누고 음식을 먹었다. 오블로모프는 안중에도 없다는 듯한 태도였다. 하지만 설마 자기를 보고 있지는 않을 거라는 생각에 오블로모프가 우물쭈물 몸을 돌려 앉으면,

그녀는 어김없이 호기심 가득한 눈으로, 상냥한 시선을 그에게 보내왔다.

저녁식사가 끝나고, 오블로모프는 서둘러 숙모와 작별 인사를 나누었다. 그녀는 이튿날 식사에 그를 초대하며, 슈톨츠에게도 말을 전해 달라고 부탁했다. 일리야 일리이치는 깍듯하게 인사를 하고서 시선을 딴군 채 홀을 가로질러 갔다. 피아노 바로 앞에는 칸막이와 문이 있었다. 고개를 들자 피아노 쪽으로 올가가 앉아 있는 것이 보였다. 그녀는 여전히 호기심어린 눈빛으로 그를 보고 있었고, 왠지 생긋 웃고 있는 것 같았다.

'안드레이가 얘기한 게 틀림없어! 내가 어제 짝짝이 양말을 신고, 셔츠를 뒤집어 입었다는 것을 말야!'

이렇게 결론을 내리고 오블로모프는 혼란스러워 집으로 향했다. 물론 그의 마음이 불편한 이유는 이런저런 생각 때문이 아니라, 내일 또 식사 초대를 받았기 때문이었다. 초대를 받고서 그는 목례로 인사를 했는데 그것은 곧 승낙을 의미했다.

이때부터 올가의 집요한 시선은, 오블로모프의 머리에서 떠날 줄을 몰랐다. 다리를 쭉 뻗고 똑바로 누워 봐도, 가장 편하고 게으른 자세를 취해 봐도, 아무런 효과가 없었다. 그는 잠을 잘 수가 없었다. 실내복도 입기 싫었고, 자하르도 짜증날 만큼 바보 같이 느껴졌으며, 집에 쌓인 먼지와 거미집도 더는 참을 수가 없었다.

그는 가난한 화가들의 후원자가 그에게 떠안긴 지저분한 그림 몇 장을 치우게 했다. 오래 전부터 용수철이 고장 나 있던 블라인드를 스스로 고치고, 아니시야를 불러 창문을 닦게 했으며 거미줄도 걷어 냈다. 그리고 잠시 몸을 누이고 한 시간 정도 올가를 떠올렸다.

그녀의 외모를 음미하던 오블로모프는, 기억을 더듬으며 머릿속에 그녀의 초상화를 그려 나갔다.

올가는, 엄밀히 말해 미인은 아니었다. 그녀에게는 투명한 흰 피부나 붉은 입술, 뺨, 타오르는 듯한 반짝이는 눈동자도 없었다. 산호 같은 입술도 없었고, 이가 진주 같이 곱지도 않았다. 그렇다고 대여섯 살짜리 어린아이처럼 손이 작고 귀엽다거나, 알렉산드리아 포도송이처럼 올망졸망한 손가락을 갖고 있는 것도 아니었다.

하지만 그녀를 조각상으로 만든다면, 분명 훌륭한 미와 조화의 여신상으로 완성되었을 것이다. 제법 큰 키가 적당한 길이의 머리카락과 조화를 이루고, 여기에 계란형 얼굴이 잘 어우러져 있었다. 이는 모두 그녀의 어깨선과 절묘하게 균형을 이루었으며, 어깨는 그녀 몸의 실루엣과 조화를 이루고 있었다.

그녀를 만나는 사람이라면 누구든, 아무리 넋을 놓고 있는 사람이라 해도 이토록 엄격하게 숙고를 거쳐 귀족적인 품격을 쌓아올린 여성 앞에서 잠시라도 걸음을 멈추지 않을 수 없으리라.

코는 아주 눈에 띄지는 않을 만큼 오뚝 솟아 우아한 선을 그리고 있었다. 얇고 꼭 다문 입술은 무언가를 향한 끝없는 생각을 상징하는 것 같았다. 입을 빌려 생각을 이야기할 때면 총명하고 거침없었다. 어느 것 하나 놓치지 않는, 어두우면서도 청회색을 띤 두 눈은 더욱 빛을 발하고 있었다. 그 눈을 더욱 아름답게 물들이는 것은 눈썹이었다. 활모양도 아니고 족집게로 잘 정돈해 둥글게 만들려는 세공도 보이지 않는다. 그보다는 아마빛을 띤 보송보송한 두 직선이라 해야 할 것 같다. 하지만 그렇다고 좌우가 대칭을 이루고 있지는 않고 한 선이 다른 선보다 위에 있어 눈썹 위에 작은 주름이 나 있다. 그 주름을 보고 있노라면 뭔가를 이야기하고 있는 듯한, 그 안에 어떤 생각이 잠들어 있는 듯한 느낌에 사로잡히게 되었다.

올가는 고개를 조금 숙이고 걷는 버릇이 있었는데, 가늘고 꼿꼿한 목덜미는 그녀의 걸음걸이까지도 고상하고 침착하게 보이게 했다. 따라잡을 수 없을 만큼 가벼우면서도 부드러운 움직임이었다.

'어제 그녀는 왜 나를 그렇게 뚫어져라 쳐다보았을까? 안드레이는 양말과 셔츠에 대해서는 한 마디도 하지 않았다고 했는데 말이야. 우리가 얼마나 친한 친구인지 어떻게 자라고 공부했는지 그런 좋은 이야기밖에 하지 않았다고 했어. 오블로모프라는 남자가 얼마나 불행한 사람인지도 이야기한 것 같지만…… 내 좋은 점들은 다 죽어 가고, 생명의 불이 불안하게 깜빡깜빡 흔들리는 꼴이군…….'

'그렇다면 뭣 때문에 웃은 거지? 그녀가 심장이 있는 여자라면, 가슴이 얼어붙고, 연민으로 피눈물을 흘려야 하는 거 아냐? 그런데 어떻게…… 그래, 아무럼 어때! 생각 따윈 집어치우자! 오늘 가서 식사만 하고 발을 끊는 거야'

며칠이 흘렀다. 그는 발을 끊기는커녕 시간만 나면 그녀 집에 드나들었다.

어느 날 아침 타란치에프는 오블로모프의 짐을 모두 브이보르그에 있는 프쉐니치나 부인 집으로 옮겨놓았다. 오블로모프는 사흘을 침대도, 소파도 없이 지내야 했고, 올가의 숙모 집에서 식사를 하게 되었다. 그런 시간을 보낸 것은 참 오랜만이었다.

올가네 별장 맞은편에 빈 별장이 있다는 소식이 들려왔다. 오블로모프는 보지도 않고 그 집을 빌려 살기 시작했다. 그는 아침부터 저녁까지 올가와 시간을 보냈다. 함께 독서를 하기도 하고, 꽃다발을 선물하기도 했으며, 호수와 산길을 따라 함께 산책을 하기도 했다. 다른 누구도 아닌 오블로모프가 말이다.

세상에 있을 수 없는 일이란 없는가 보다! 어떻게 이런 일이 일어날 수 있었을까? 대답은 간단하다.

슈톨츠와 함께 올가의 숙모 집에서 식사했을 때, 오블로모프는 식사 시간 내내 전날 저녁과 같은 고통을 느꼈다. 올가의 시선 아래 음식을 씹어야 했다. 그 시선은 태양처럼 머리 위로 빛나며 오블로모프의 몸을 태웠다. 시선은 그의 신경마저 들끓게 해서 그녀와 이야기를 나누면서 피가 끓어오르는 것을 견뎌야 했다. 한숨 돌리고자 시가를 피우러 간다는 핑계로 그는 발코니로 나와 연기를 방패삼아 그 집요한 침묵과 시선으로부터 한 순간이나마 몸을 숨길 수 있었다.

"도대체 이게 뭐야?" 몸부림치며 그가 혼자 중얼거렸다. "고문이 따로 없군! 내가 무슨 그녀의 웃음거리나 되자고 바쳐진 제물인가? 다른 사람은 그렇게 빤히 쳐다보지 않던데 말이야…… 체면 차리겠다는 건가? 그런데 나는 좀 점잖아 보인다 이거지? 아무래도 한 번 얘기를 해봐야겠군! 그래, 제대로 말해 두는 게 나을 거야. 그런 눈으로 쳐다볼 때마다 내가 얼마나 심장이 터질 것 같은지. 내가 먼저 말해 주겠다고."

느닷없이 그녀가 발코니 문 앞에 모습을 나타냈다. 그가 의자를 권하자 다가와 옆에 앉았다.

"당신이 아주 따분해하신다고 하던데, 그런가요?"

올가가 물었다.

"뭐, 그렇죠. 하지만 꼭 따분하다기보다는…… 그냥 좀 할 일이 있어서요.”

“안드레이 이바느이치가 그러던데, 뭔가 구상하고 있는 계획이 있으시다면서요?”

“네, 시골로 내려가 살고 싶어서 조금씩 그 준비를 하고 있습니다.”

“외국 여행을 하실 생각은 없으신가요?”

“해야죠. 슈톨츠가 준비만 끝나면 바로 떠날 겁니다.”

“정말 떠날 마음은 있으신 건가요?”

“그럼요, 당연한 말씀을…….”

그가 슬쩍 올가를 쳐다보았다. 미소를 머금은 얼굴은 언제나처럼 입술만 굳게 다물어져 있을 뿐 눈은 반짝였으며 두 볼에도 미소가 번져 있었다. 아무렇지 않다는 듯 거짓말을 하기에는 왠지 꺼림칙했다.

“저는 조금…… 게으른 편이라…… 하지만…….”

동시에 화가 치밀었다. 아주 손쉽게, 별 말 하지도 않고 게으르다는 자백을 하게 만들었다는 것이 화가 났다.

‘그녀는 나에게 어떤 존재인가? 그녀를 두려워하고 있는 건가?’

“게으름뱅이라뇨!” 그녀가 능청스럽게 반박했다.

“그래도 되나요? 남자 분이 게으르다니, 전 잘 모르겠네요.”

‘뭘 모르겠다는 거야? 간단한 걸 갖고.’

“전 거의 집에서 시간을 보내거든요. 그래서 안드레이는 저를…….”

“아, 글 쓰는 일을 하나 보네요? 그럼 책도……. 책은 많이 읽으시는 편이세요?”

그녀가 오블로모프를 뚫어지게 쳐다보았다.

“아뇨, 책은 안 읽습니다.”

혹시라도 그녀가 자신을 시험하면 큰일이란 생각에 당황해서 두서없이 아무 말이나 내뱉고 말았다.

“뭐라고요?”

한바탕 웃다가 가볍게 되묻더니, 그녀는 다시 웃기 시작했다…….

“당신이 뭔가 소설에 대해 질문을 하면 어쩌나 해서요. 전 소설은 읽지 않거든요.”

“잘못 짚으셨네요. 전 여행에 대해 여쭤 볼까 했었는데…….”

오블로모프는 그녀를 주의 깊게 쳐다보았다. 웃음을 머금고 있지만, 여전히 입술만큼은 웃고 있지 않았다…….

'아, 아무래도 이 사람은…… 좀 더 조심해야겠어…….'

"그럼 무슨 책을 읽으시나요?"

올가의 호기심이 발동했다.

"말씀하신대로 전, 여행 서적을 좋아합니다……."

"아프리카 여행이라던가요?"

그녀가 작은 목소리로 앙큼하게 물었다. 왠지 그녀는 자신이 읽은 책뿐만 아니라 어떤 식으로 읽는지까지 이미 다 알고 있다는 생각이 들었다. 아무 근거 없는 상상은 아니었다. 그는 어쩐지 얼굴이 화끈거렸다.

"음악을 하신다면서요?"

당황해하고 있는 그를 도와주기 위한 질문이었다. 그때 슈톨츠가 다가왔다.

"일리야! 그건 내가 전에 올가 세르게브나한테 이야기했어, 자네가 아주 열정적으로 음악을 사랑한다고 말이지. 뭐든 좀 불러달라고 부탁드려 보게…… 오페라 Casta diva라든가."

"자넨 무슨 그런 말을 하는 거야? 언제부터 내가 음악을 열정적으로 사랑했다는 건가?"

"나 참, 또 화가 난 모양이군! 아주 괜찮은 친구라고 띄워 줘도 이런다니까. 바로 실망시키기나 하고 말야! 자기 손해라는 걸 알기나 하는 건지, 원!"

"난 단지 음악 애호가란 역할에서 벗어나고 싶을 뿐이네. 그 역할이라는 게 좀 수상쩍기도 하고 뭣보다 힘든 자리 아닌가!"

"어떤 음악을 좋아하시나요?"

올가가 물었다.

"어려운 질문이로군요! 웬만한 음악은 다 좋아합니다! 때론 찢어지는 듯한 오르간 소리가 기분 좋게 들릴 때도 있고, 저도 모르게 기억에 남아 있던 멜로디를 흥얼거릴 때도 있지요. 어느 땐 오페라를 보던 중에 나가버릴 때도 있고, 문득 마이어베어의 음악에 감동받을 때도 있습니다. 화물선에서 들려오는 노랫소리에 취할 때도 있고요. 그때그때 기분에 따라 다른 것 아니겠습니까? 모차르트를 듣다가 귀를 틀어막고 싶었던 적도 있었으니까요."

"정말 음악을 사랑하시는군요."

"뭐든 괜찮으니까, 노래 한 곡 부탁드리겠습니다, 올가 세르게브나."

슈톨츠가 청했다.

"만약 지금 오블로모프 씨 기분이 안 좋아 귀를 틀어막고 싶어지시면 어쩌죠?"

고개를 돌려 그를 보면서 올가가 말했다.

"이럴 때 뭔가 좋은 말을 해드려야겠지만, 제가 그런 걸 잘 못하는데다 잘한다고 해도 그런 말을 해드리는 게 썩 내키지는 않는군요."

오블로모프가 겸연쩍어하며 말했다.

"어째서요?"

"만약에 당신 노래가 엉터리면!" 그가 천진하게 말했다. "제가 난처해질 것 같다 말입니다……."

"어젯밤에는 과자더미와 씨름을 하시더니……." 자기도 모르게 튀어나온 말에 그녀는 얼굴이 빨개졌다. 이 말을 주워 담을 수만 있다면 그녀는 아무리 비싼 대가라도 치렀으리라. "죄송합니다. 제가 그만 실수를 했어요!"

그녀가 사과했다. 오블로모프는 생각지도 못했던 상황에 당황해서 어쩔 줄 몰라 했다.

"이건 또 아주 고약한 배신이군요!"

그가 작게 중얼거렸다.

"그런 건 아니에요. 다른 꿍꿍이가 있었던 것도 아니고요. 제게 좋은 말 한 마디 해 주시지 못한 데 대한 작은 복수라 생각해 주세요."

"또 모르죠. 들어 보면, 생각이 날지도."

"제가 노래를 불러드렸으면 좋겠다는 말씀이신가요?"

"아뇨, 원하는 사람은 따로 있는 것 같습니다."

슈톨츠를 가리키며 오블로모프가 대꾸했다.

"당신은요?"

오블로모프는 고개를 가로저었다.

"잘 알지도 못하는 것을 원할 수는 없습니다."

"어떻게 그런 무례한 말을 할 수 있나, 일리야! 이러니까 자네가 자꾸 집에서 뒹굴거리기나 하고 양말을……"

"무슨 말도 안 되는 소리야, 안드레이." 오블로모프는 그의 말을 재빨리 가로채며 슈톨츠가 더는 말을 잇지 못하게 막았다.

"'아, 멋지군요! 이런 노래를 들을 수 있다니 정말 기쁘고 행복합니다. 훌륭한 노래였어요.' 이런 말을 하는 건 저한테도 아주 쉬운 일입니다." 오블로모프는 올가를 바라보며 말을 이었다.

"하지만 그런 말이 필요한가요?"

"그럼 제가 노래를 불렀으면 좋겠다는 말씀쯤은 해 주셔야 하는 거 아닌가요…… 호기심에서라도 말이죠."

"그런 실례를 저지를 수는 없습니다. 당신이 배우도 아니고 어떻게……."

"좋아요, 당신을 위해 노래하겠어요."

그녀가 슈톨츠에게 말했다.

"일리야, 인사말 정도는 준비해 두게."

그러는 사이 날이 저물고 있었다. 댕댕이덩굴로 휘감긴 의자 사이로 불이 들어온 램프가 달처럼 빛났다. 어슴푸레한 어둠은 올가의 얼굴 윤곽과 실루엣을 감추어 주었고, 그녀는 비단 베일에 감싸여 있는 듯했다. 그녀의 얼굴은 그림자가 되었다. 부드럽지만 분명히 느껴지는, 감성적인 떨림을 띤 목소리만이 들려왔다.

그녀는 슈톨츠의 청에 따라 수많은 아리아와 로망스를 불러 주었다. 은은한 행복의 예감에 고뇌가 맞닿아 있거나, 기쁨으로 흘러넘치는 울림 속에 근심이 묻어나는 곡도 있었다.

노랫말과 선율, 그리고 맑은 힘이 느껴지는 이 소녀 같은 목소리로 인해 심장은 고동치고 있었다. 신경은 떨려 오고, 눈은 불꽃처럼 빛나며 눈물이 흘러넘쳤다. 노랫소리에 심취해 있던 그는, 차라리 죽어 버리고 싶었고 이대로 눈을 뜨고 싶지 않았다. 하지만 거기까지 생각이 미치자, 마음은 또 삶을 갈망하고 있었다.

오블로모프는 불처럼 뜨겁게 타오르다가도 갑자기 온몸에 힘이 빠졌다. 그는 간신히 눈물을 참았다. 하지만 영혼의 밑바닥에서 끓어오르는 환희의 외침을 억누르는 것이 더 힘들었다. 그는 이렇게 용솟음치는 힘을 느껴보는 게 얼마 만인지 기억조차 나지 않았다. 내면 깊은 곳에서 솟아오른 힘은 무언가 공적을 바라는 듯했다.

이 순간 배나 차를 타고 출발할 수 있다면, 그는 외국에 나가 버렸을지도 모른다. 그녀가 마지막으로 부른 노래는 Casta diva였다. 그는 환희로 가득 찼다. 번개같이 머리를 스치는 생각과 온몸을 흐르는 전류는 오블로모프를 안에서부터 깨뜨리고 부수어 버렸다. 그를 부스러뜨렸다. 그는 맥이 빠지는 기분을 맛보았다.

"오늘 제 노래는 마음에 드셨나요?"

노래를 마치고 올가가 슈톨츠에게 물었다.

"오블로모프에게 물어보시는 게 더 좋을 것 같군요. 저 남자가 뭐라고 할지 궁금하지 않으신가요?"

"아아!"

오블로모프의 입에서 절로 탄성이 새어 나왔다. 오블로모프는 느닷없이 올가의 손을 잡더니 바로 놓아주고는, 아주 당혹스러워했다.

"죄송합니다……."

그가 중얼거렸다.

"들으셨습니까?"

슈톨츠가 그녀에게 말했다.

"솔직히 말해 봐, 일리야. 자네 이런 느낌 정말 오랜만 아닌가?"

"또 모르죠. 아침에 창문 옆으로 수동 오르간 연주자라도 지나갔다면 이미 그런 느낌을 받으셨을지도……."

올가가 한 마디하며 끼어들었지만 말투가 어찌나 부드럽던지, 비꼬는 말임에도 가시가 빠져 있음을 알 수 있었다.

오블로모프는 나무라듯 그녀를 보았다.

"아, 이 친구 집에는 이중창이 달려 있어서 말이죠. 바깥소리는 아무것도 안 들린답니다."

슈톨츠가 한 마디 덧붙이자 오블로모프는 슈톨츠를 원망스러운 표정으로 바라보았다. 슈톨츠는 올가의 손을 잡았다.

"어찌된 일인지는 모르겠지만, 오늘 당신 노래는 정말이지 최고였습니다. 올가 세르게브나. 적어도 저는 이런 노래를 들어본 적이 없군요! 이게 제가 당신께 드리는 찬사입니다!"

그녀의 손가락 하나하나에 입을 맞추며 슈톨츠가 말했다.

슈톨츠가 돌아갈 채비를 하자, 오블로모프도 돌아가려는 듯 준비를 서둘렀다. 하지만 슈톨츠와 올가가 그를 만류했다.

"나야 할 일이 있지만, 자넨 돌아가 봤자 잠자는 것밖에 더하겠나? 집에 가기엔 아직 너무 이르네……."

"안드레이! 안드레이!" 오블로모프가 애원하는 듯한 목소리로 말했다. "안 됐지만 오늘은 이제 돌아가야겠네. 이만 실례하지!" 그는 그렇게 말하며 자리를 떴다.

오블로모프는 밤새 잠을 이루지 못했다. 슬픔에 빠져 이 생각 저 생각 떠올리다 내내 방 안을 왔다 갔다 하기만 했다. 먼동이 틀 무렵 집에서 나와 네바 강가와 거리를 걸어다녔다. 그가 무엇을 느끼고 무슨 생각을 하는지 아무도 알 수 없었다.

사흘 뒤 그가 또 올가의 숙모 집을 방문했을 때, 손님들은 테이블을 둘러싸고 카드놀이에 열중하고 있었고, 숙모는 두통이 심해 자기 방에 틀어박혀 내내 술냄새만 맡고 있었다. 그는 자연히 피아노 옆에 올가와 단둘이 남게 되었다.

"원하신다면, 슈톨츠 씨가 오데사에서 가져다 준 그림들을 보여드릴까요?" 올가가 물었다. "그분이 당신께는 보여드린 적이 없나요?"

"당신은 아무래도 집주인의 의무감으로 절 상대하려 애쓰시는 것 같군요, 아닙니까? 그렇다면 헛수고하시는 거라고 말씀드려야겠군요!"

"뭐가 헛수고라는 거죠? 전 단지 당신이 지루하지 않게, 여기를 집처럼 여기고 편하고 자유롭게 지내셨으면, 하는 마음뿐이에요. 집에 돌아가서 잠이나 자는 게 낫겠다 여기는 일이 없도록 말이죠."

'사람 놀리는 걸 좋아하는 고약한 여자로군!'

자기 생각과는 달리 오블로모프는 그녀의 몸짓 하나하나에서 눈을 떼지 못했다.

"제가 여기서 편하고 자유롭게 지내기를, 따분해 하지 않기를 바라십니까?"

오블로모프가 그녀의 말을 되풀이했다.

"그럼요."

그녀는 어제와 똑같은 눈빛으로 그리고 호기심과 다정함으로 가득한 얼굴로 그를 바라보았다.

"정말 그걸 원하신다면 첫째, 어젯밤 같은 그런 눈빛으로 저를 쳐다보지 말아 주셨으면 합니다만……."

그녀의 두 눈은 더 짙은 호기심으로 빛나기 시작했다.

"당신의 그런 눈빛이 전 매우 불편합니다…… 제 모자는 어디 있습니까?"

"뭐가 불편하다는 건가요?"

상냥하게 묻고 있는 그녀의 시선에서 호기심은 이미 찾아볼 수 없었다. 친절과 호감만이 남아 있었다.

"모르겠습니다. 다만 당신은 왠지 눈빛으로 다른 사람 특히 당신에게 알리고 싶지 않은 것들을 파헤치는 것 같아서……."

"그게 무슨 말씀이세요? 당신은 슈톨츠 씨의 친구분이시죠. 하지만 저도 슈톨츠 씨의 친구예요. 그러니……."

"하지만, 안드레이가 저에 대해 알고 있는 것들을 당신이 다 알아야 할 이유는 없죠."

"이유야 없지만, 가능성은 있는 것 아닌가요……."

"제 친구의 솔직함 덕분에, 저한테야 뭐, 전혀 고맙지 않은 참견이지만요!"

"무슨 비밀이라도 갖고 계신가요? 혹시 무슨 범죄라든가?"

뒤로 물러서며 그녀는 웃음 섞인 목소리로 덧붙였다.

"그럴 수도 있겠죠."

그가 숨을 내쉬듯 대꾸했다.

"맞아요, 그건 엄청난 범죄죠." 그녀가 수줍어하며 조용히 말했다. "짝이 맞지 않는 양말을 신는 건 말예요."

오블로모프가 모자를 집어 들었다.

"못 말리겠군! 그런 말씀을 하시면서 제가 즐거운 마음으로 있기를 바란다는 겁니까? 안드레이가 싫어질 것 같군요. 그 친구 그런 얘기까지 했단 말이죠?"

"오늘 그 얘기로 저를 얼마나 웃게 만들었다고요. 언제나 저를 웃게 해 주는 분이세요. 정말 죄송해요. 더 이상은 하지 않을게요. 그리고 당신을 볼 때도 주의하겠어요……."

그녀는 눈치 빠르면서도 진지하게 말했다.

"어쨌든 제가 어젯밤 같은 눈빛으로 쳐다보지 않으면 되는 건가요? 그러면 당신도 편한 마음으로 자유롭고 즐겁게 계실 수 있는 거고요. 아까 첫째라 말씀하셨는데 그럼, 두 번째는 뭐죠? 당신이 지루하지 않으려면 또 뭐가 필요한가요?"

그는 그녀의 사랑스런 청잿빛 두 눈을 똑바로 쳐다보았다.

"이젠 당신이 저를 이상한 눈으로 바라보시는군요……."

그는 실제로 눈이 아닌 생각으로, 자신의 모든 의지를 다해 그녀를 바라보았다. 하지만 그것은 그의 의지가 아니었다. 그는 최면에 걸린 듯 자기도 모르게 무의식중에 그녀를 바라보고 있었다. 아니, 바라보지 않을 수 없는 본능적인 눈길이었다.

'아아, 이 얼마나 아름다운 여인인가! 이렇게 아름다운 여자가 세상에 존재할 수 있다니!'

거의 놀란 눈으로 그녀를 쳐다보면서 생각했다.

'눈이 부시다. 하얀 피부, 그리고 저 눈, 심연처럼 검고, 그러면서도 어딘지 빛나고 있다. 영혼의 빛인 걸까! 책을 읽듯 읽어 낼 수 있을 것 같은 저 미소, 미소지을 때마다 드러나 보이는 하얀 이. 부드럽게 어깨 위로 흘러내리는 목선은 또 어떻고. 꽃처럼 가볍게 흔들리며 향기를 내뿜는구나……'

'그래. 나는 이 사람에게서 무언가를 얻고 있다. 이 사람 안에 있는 무언가가 내게 옮겨 오고 있어. 여기, 내 심장 언저리에서 무언가 끓어오르기 시작한다. 고동치기 시작한다. 지금까지 없었던 무언가가 느껴져. 아, 이 사람을, 이 사람을 바라보는 건 얼마나 행복한 일인가! 숨쉬는 것조차 괴로울 정도다.'

이런 생각들이 거센 바람이 되어 그를 휘감아 버렸다. 그는 여전히 끝도 없이 저 멀리, 또는 바닥조차 보이지 않는 심연을 엿보는 듯한 눈빛으로 황홀한 무아의 경지를 헤매며 그녀를 바라보고 있었다.

"이제 됐어요, 오블로모프 씨. 이젠 당신이 저를 그렇게 보시는군요!"

수줍은 듯 고개를 돌리면서 올가가 말했다. 그러나 호기심은 수그러들지 않았고 그녀는 오블로모프의 얼굴에서 눈을 떼지 못했다.

그는 아무 소리도 들리지 않았다.

그는 오로지 그녀를 바라보기만 할 뿐, 그녀의 말은 하나도 귀에 들어오지 않았다. 그저 말없이 자기 안에서 일어나고 있는 일들을 음미하고 있을 뿐이었다. 머릿속에서 거센 파도가 일며 빠르게 소용돌이쳤다. 그는 자신의 생각을 좇아갈 수 없었다. 마치 작은 새무리가 날아오르는 것처럼. 그리고 왼쪽 옆구리 부근, 심장 언저리에 통증을 느꼈다.

"그런 이상한 눈으로 보지 마세요. 그런 눈빛으로 보실 때마다 저도 어떻게 해야 할지 모르겠어요…… 당신도 제 마음에서 무언가를 얻고 싶으신가 보네요……."

"당신에게서 제가 무얼 얻어갈 수 있겠습니까?"

그가 기계적으로 물었다.

"제게도 계획은 있답니다. 아직 끝을 보지 못한 계획들이지만."

그는 아직 진행 중인 자신의 계획을 꼬집는 그녀의 말에 정신이 번쩍 들었다.

"이상하군요! 당신은 굉장히 심술궂은 사람인데, 눈빛은 아주 선량하니 말입니다. 여자는 믿어선 안 된다더니 그 말이 사실이군요. 여자는 거짓말만 하죠. 뭔가 속셈이 있을 때는 말로, 속셈이 없다 해도 눈이나 미소로 거짓말을 하죠. 때론 뺨에 홍조를 띠면서까지 말입니다. 심지어 기절도 한 가지 방법으로 이용하는 사람도 있다고 들었습니다."

올가는 나쁜 인상을 더 주지 않으려고 그에게서 모자를 받아들고는 조용히 의자에 앉았다.

"죄송해요. 더 이상 아무 말도 하지 않겠어요. 정말 아무 말도 하지 않을게요." 그녀가 서둘러 그의 말을 막았다. "아! 미안해요, 제 입이 말썽이네요! 하지만, 맹세코 지금 이 말은 비웃는 게 아니에요!" 그녀는 거의 노래를 부르다시피 한 마디 한 마디 마음을 담아 사과했다.

오블로모프도 마음을 가라앉혔다.

"안드레이 짓이로군!"

그가 나무라듯 말했다.

"두 번째 문제가 남아 있네요. 당신을 지루하지 않게 하려면 어떻게 해야 하나요? 말해 주세요."

"노래를 불러 주십시오!"

"어머나, 그랬군요. 제가 기대했던 답이 나왔어요! 전 그런 사탕발림 같은 칭찬을 원했답니다."

그녀는 오블로모프의 말을 막으며 자못 기쁘다는 듯 얼굴을 붉혔다.

"사실은 말이죠." 그녀는 기세 좋게 말을 이었다.

"그저께 제가 노래 부른 뒤, '아아!' 한 마디 감탄도 하지 않으셨다면 저는 밤새 잠을 이루지 못했을 거예요. 그뿐인가요, 울어 버렸을지도 몰라요."

"왜죠?"

오블로모프가 놀란 듯 묻자 그녀는 잠시 생각에 잠겼다.

"저도 모르겠어요." 잠시 뒤 오블로모프가 말했다. "당신은 자존심이 강한 여자예요. 그 때문 아닐까요?"

"그래요, 물론 그 이유도 있겠죠." 생각에 잠겨 한 손으로 건반을 문지르며 올가가 말했다. "하지만 자존심은 누구한테나 있는 거 아닌가요? 누구나 자존심은 있어요. 슈톨츠 씨는 그게 인간의 의지를 좌우하는 유일한 힘이라고 말씀하셨죠. 어쩌면 당신에게는 없는지도 모르겠네요. 그래서 당신이 늘 ······."

그녀는 할 말을 다하지 못했다.

"뭐라고요?"

"전 슈톨츠 씨를 사랑해요. 저를 웃게 해 주기 때문이 아니에요. 때때로 그분의 이야기를 듣다보면 눈물이 나오기도 하는 걸요. 그렇다고 그분이 저를 사랑하기 때문도 아니에요. 그분이 저를 누구보다도, 가장 사랑해 주기 때문일 거예요. 보세요. 자존심이 어디까지 퍼져 나갈 수 있는지!"

"당신은 안드레이를 사랑하십니까?"

오블로모프가 탐색하는 듯한 긴장된 눈빛으로 그녀를 바라보며 물었다.

"그럼요, 그분이 저를 가장 사랑해 주는데, 제가 그분을 사랑하는 건 당연한 것 아닌가요?"

올가가 진지하게 대답했다. 오블로모프는 말없이 그녀를 바라보았다. 그녀는 말없이 솔직한 시선으로 그에 화답해 주었다.

"그는 안나 바실리에브나도, 지나이다 미하일로브나도 사랑하지만, 그 사랑에는 차이가 있어요. 그 여자들과는 2시간도 채 함께 앉아 있지 못하고,

재미있게 해 주려 애쓰지도 않지요. 속마음을 이야기하지도 않으리라 생각
해요. 일이나 연기, 새로운 소식에 대한 이야기밖에 하지 않죠. 그런데 저에
게는 마치 여동생 대하듯이 말을 걸어 주는 걸요. 아니, 여동생이 아니라 딸
처럼 말예요." 그녀는 서둘러 말을 덧붙였다.

"때론 꾸짖는 것 같을 때도 있어요. 제가 이해를 못하거나, 말을 듣지 않
거나, 아니면 제가 그의 말에 동의하지 않을 때 말예요. 하지만 다른 여자들
은 꾸짖지 않아요. 저는 그래서 그분을 더 사랑하는지도 모르겠어요. 자존
심이죠!" 그녀는 강조하듯 되풀이했다.

"하지만 저도 잘 모르겠네요. 제 이런 생각이 노래에까지 나타났다니. 노
래로 칭찬받은 일이야 많았지만, 당신은 심지어 제 노래를 들으려고조차 하
지 않았잖아요. 거의 억지로 들려 드린 거나 다름없는 걸요. 만약 당신이 제
노래를 듣고 한 말씀도 하지 않고 돌아가셨다면, 당신 얼굴에 아무런 변화도
없었다면, 전 병들어 드러누웠을 거예요. 맞아요, 이것도 분명 제 자존심이
에요!"

의미심장하게 그녀가 말을 끝냈다.

"제 얼굴에서 뭔가 알아차린 거라도 있나요?"

"예, 눈물이요. 당신은 숨길 생각이었겠지만요. 이건 남자들의 안 좋은 점
이에요. 자기 감정을 부끄러워하다니, 그것도 자존심이라면 자존심이지만
잘못된 자존심이에요. 차라리 자기 이성을 부끄러워하는 게 낫죠. 이성은 종
종 실수를 저지르니까요. 슈톨츠 씨도 자기 감정을 부끄러워할 때가 있어요.
제가 그 말씀을 드렸더니 그분도 제 말이 맞다고 하더군요. 당신은 어떠신가
요?"

"당신 얼굴을 보면 동의하지 않을 수 없군요!"

"또 칭찬을 해 주셨네요! 그것도 아주……."

그녀는 무어라 말을 해야 할지 잠시 고민하는 듯했다.

"저속한 아첨이죠!"

그녀에게서 눈을 떼지 않고 오블로모프가 말했다. 그녀는 미소지으며 그
말의 의미에 수긍했다.

"두려웠기 때문입니다. 당신에게 노래를 청하고 싶지 않았던 것은……당
신 노래를 처음 들었을 때, 무슨 말을 해야 할까? 무언가 말을 하긴 해야

하는데 센스 있고 성실한 말을 한다는 건 어려운 일입니다. 특히 감정 문제라면 더더욱 말이죠. 감정은 영향을 받기 쉬우니까요. 그때처럼……"

"그때에는 정말 오랜만에 아니, 처음으로 만족스럽게 노래했다는 느낌이 었어요. 그러니 이제 제게 노래를 청하지 말아 주세요. 그때처럼은 노래할 수 없을 거예요. 하지만 잠시만요. 딱 한 번만 더 노래할게요……."

그 순간 그녀의 두 눈은 타오르는 것 같았고, 얼굴은 붉게 물들었다. 그녀는 의자에 앉아 2, 3 옥타브를 오가며 피아노를 치더니 노래하기 시작했다.

아, 이 노래 속에서 들려오는 것은 무언인가! 희망. 폭풍. 그리고 폭풍을 기대하는 정체 모를 두려움. 넘치는 행복—이 모든 것이 노래가 아닌 그녀의 음성 속에서 울려 퍼지고 있었다.

그녀는 오랫동안 노래했다. '이제 지루하신가요? 이거 한 곡만 더 부를게요.' 그녀는 가끔 오블로모프 쪽을 바라보며 이렇게 묻는 듯 어린아이 같은 미소를 띠고 또 다시 노래하기 시작했다.

그녀의 뺨과 귀는 흥분으로 붉게 물들어 있었다. 풋풋한 그 얼굴을 바라보면 때로 그녀 안에 번개가 치고, 먼 미래를 체험하는 듯 성숙한 열정이 타오르고 있음을 알 수 있었다. 작은 불꽃이 폭발했다 싶으면 어느 순간 불꽃은 사라지고 옥구슬처럼 맑은 목소리가 상큼하게 울려 퍼졌다.

오블로모프 안에서도 이처럼 생명이 살아 숨쉬고 있었다. 그는 이 모든 것을 느끼며 살아가고 있음을 깨달았다. 한두 시간이 아니라 몇 년 동안이나 계속……

두 사람 다 겉으로는 꼼짝도 하지 않았지만, 안으로는 불꽃이 활활 타오르며 마음은 갈가리 찢기는 것 같은 전율을 느끼고 있었다. 서로 같은 느낌에 이끌리어 바라보는 둘의 눈가에는 눈물이 맺혔다. 이는 젊은 영혼이라면, 누구나 그 안에 타오르게 될 정열의 전조였다. 하지만 암시하듯 잠든 생명력이 한순간 흩트러뜨리고 사라지는 불꽃에 지나지 않았다.

그녀는 오블로모프와 화음을 이루며 노래를 마쳤다. 올가의 목소리는 화음 속에 사라졌다. 감동에 휩싸인 그녀는 피아노를 치던 손을 무릎 위에 올려놓고 상기된 얼굴로 오블로모프를 바라보았다. '당신은 어떤가요?' 그렇게 묻고 싶은 듯했다.

그 또한 영혼 깊숙한 곳에서 눈을 뜨고는 아침햇살처럼 행복하게 빛나고 있었다. 눈물어린 눈은 조용히 올가에게 쏟아져 내렸다.

그녀 역시 오블로모프처럼 자신도 모르게 그의 손을 잡았다.

"어디 편찮으세요? 얼굴색이 안 좋아요! 왜 그러세요?"

하지만 그녀는 왜 그런지 알고 있었다. 자신의 힘에 스스로도 놀라워하며 속으로 조심스레 승리감에 도취되어 있었다.

"거울 한 번 보세요." 미소지으며 그녀가 거울에 비친 오블로모프의 얼굴을 가리켰다. "눈이 반짝거리고 있어요, 어머나, 눈물까지! 이렇게 음악을 마음 깊이 느끼실 수 있다니!"

"아뇨, 제가 느끼고 있는 건…… 음악이 아니라…… 사랑입니다!"

오블로모프가 조용히 말했다. 순간 올가는 그의 손을 놓아 버렸다. 그녀의 얼굴빛이 변했다. 그녀의 눈이 자신을 향해 타오르고 있는 그의 눈과 마주쳤다. 흔들림 없는 그 눈빛은, 광기마저 느껴졌다. 그녀의 눈빛은 오블로모프가 아닌 열정을 향해 있었다.

올가는 이해할 수 있었다. 그 한 마디는 오블로모프의 입에서 무심코 흘러나온 말이었다. 그가 통제할 수 있는 말이 아니었고, 이는 곧 그 말이 진실임을 의미했다.

정신을 차리고서 오블로모프는 모자를 집어 들더니 뒤도 돌아보지 않고 밖으로 뛰어나갔다. 그녀는 이제 호기심어린 눈으로 그를 배웅하려 하지 않았다. 오랜 시간, 조각처럼 꼼짝 않고 피아노 옆에 서서 집요하게 발치만 바라보았을 뿐. 다만 가슴이 세차게 뛰며 한껏 고조되고 허물어지기를 되풀이할 뿐이었다.

제6장

　몸이 나른해서 누워 있을 때에도, 졸음이 오는 비몽사몽간에도, 어느 순간 감동에 젖었을 때에도, 오블로모프의 상상 속 그녀는 늘 아내로서 또는 연인으로서 그 모습을 드러냈다.

　꿈에 어른거리는 그 여인은 큰 키에 균형 잡힌 몸매, 가슴 위로 살며시 엇갈려 올린 두 팔, 조용하지만 자신감에 가득 찬 눈빛의 소유자로, 때로는 댕댕이덩굴로 덮인 작은 뜰 벤치에 편히 앉아 있었고, 양탄자 위를 사뿐사뿐 걷거나 아니면 오솔길을 따라 한가로이 거닐었다. 하늘거리는 허리, 어깨에 우아하게 흘러내린 머리카락, 그리고 언제나 생각에 잠긴 듯한 표정을 지니고 있었다. 그 여인은 안락함과 기쁨으로 충만한 삶의 궁극적인 목적이자 구현이며, 또 행복 그 자체였다.

　처음 그 여인은 결혼식장에서 온몸을 꽃으로 두르고 머리에 면사포를 길게 늘어뜨린 신부의 모습으로, 다음에는 신혼방 베갯머리에서 수줍은 듯 눈을 살포시 내리깔고 있는 아내로, 그리고 마지막으로는 아이들에 둘러싸인 어머니의 모습으로 나타났다.

　또 그녀는 열정적인 입가의 미소도, 욕망의 울먹임이 느껴지는 눈빛도 갖고 있지 않았다. 하지만 다른 사람들에게는 냉소적이더라도 그에게는, 즉 남편에게만은 사랑스런 웃음을 지었다. 시선 또한 그에게만 호의적일 뿐 다른 사람에게는 수줍어하면서도 냉랭한 편이었다.

　그는 그녀가 놀라 전율하는 모습을 결코 보고 싶지 않았고, 사나운 꿈 이야기도 듣고 싶지 않았으리라. 예기치 않은 눈물, 근심, 쇠약, 그리고 뒤에 찾아올 기쁨 같은 마음의 변화들 또한 원치 않았다. 불길함도 슬픔도 전혀 필요 없다. 그녀에게는 갑자기 얼굴이 백짓장처럼 하얗게 변하는 일도, 실신을 하는 일도, 정신을 혼미하게 할 만큼 강렬한 충동을 경험하는 일도 없어야 한다…….

"그런 여자라면 마땅히 애인이 있을 테지. 그럼, 얼마나 사람들이 집적대겠어. 박사 나리들, 골빈 놈들, 수도 없이 많은 변태들 하며, 잠 한숨 편히 못 잘걸!'

도도한 듯하면서도 수줍음을 타고, 말수가 적은 여자 친구 옆에서 그는 아무 근심 없이 단잠을 즐긴다. 눈을 뜨면 상냥하고 매혹적인 시선을 만날 수 있으리라. 20년이 지나고 30년이 지나도 자신의 따뜻한 시선을 맞아 줄 상냥하고, 조용히 반짝이는 애정의 한 줄기 빛을 그녀의 눈에 언제나 기대할 수 있으리라. 그렇게, 인생이 다하는 그날까지 영원히!

'자신의 반려자에게서 결코 변치 않는 평정의 진면목을, 영원불변의 감정을 발견해 내는 것, 이게 바로 모든 남자와 모든 여자의 비밀스런 목적이 아닐까? 과연 이것이 사랑의 표준이다 보니, 하찮은 일로도 멀어지게 되고 변심을 하고 애정이 식어서, 결국엔 우리 모두가 고통을 받는 건지도 모르겠다. 그렇다면, 내가 꿈꾸는 이상이 보편적 이상이란 말인가? 그렇다면, 이것이 남녀 사이의 상호관계를 구축하고 해명하는 결혼관이 될 수는 없을까?'

온전한 천국의 행복을 위해서 욕망에 합당한 결말을 제공하고, 마치 물길을 바로잡듯 운행 질서를 제시하는 것, 바로 이것이 인류 보편의 과제이자 모든 진보주의들이 길을 잃고 헤매면서도 그토록 오르기를 갈망하는 진보의 정상이다. 그것만 해결된다면 배신도 무관심도 없어질 테고, 평온하고 행복한 심장의 영원토록 변함없는 박동만이 남게 되어 마땅히, 충만된 삶, 영원한 생명수(生命水), 영원한 정신적 평화가 그 뒤를 따르게 되리라.

이런 행복의 예는 있지만, 드물다. 그래서 실제로는 아주 보기 드문 현상이라 하겠다. 예로부터 누구든지 자기 복은 타고 태어난다는 말이 있다. 하지만 후천적인 노력에 의해 얻어질 수 있는 것이 행복이고, 끊임없이 추구할 수 있는 것 또한 행복이라 말할 수 있지 않을까?

열정! 시(詩)에서나, 그리고 배우들이 망토를 뒤집어쓰고 손에 칼을 들고는 서성거리다가, 잠시 뒤면 살해당한 사람이나 살인을 저지른 사람이나 할 것 없이 모두 함께 식사하러 가는 연극무대에서는 문제될 일이 없다.

열정도 연극이라는 무대에 선 배우들처럼 그런 식으로 끝나 버린다면 나쁠 건 없겠지만, 연기와 악취만이 남아 진동할 뿐 정작 행복은 기대할 수 없으리라! 추억이란 머리털을 쥐어뜯고 싶을 만큼 욕되고 수치스럽기 짝이 없다.

그런 불행, 즉 열정이 들이닥쳤다는 건 이미 울퉁불퉁 험난한 산길로 접어들었다는 것을 의미한다. 말은 달리다가 넘어지고 그 말에 올라탄 사람은 기진맥진한다. 하지만 저 앞에 고향 마을이 보인다. 한눈팔지 말고 서둘러 그 위험한 곳에서 벗어나야 한다……

그렇다. 열정에 울타리를 두르고 결혼 속으로 밀어 넣어야 한다…….

만일 그녀가 갑자기 뜨거운 시선으로 그를 질투하거나, 아니면 신음 소리를 내면서 두 눈을 지그시 감고 그의 어깨에 기대고는, 잠시 뒤에 정신이 들었을 때 숨막힐 정도로 그의 목을 꼭 감싸안으면, 그는 몸서리치며 그 여자에게서 달아날 게 틀림없다…… 이건 불꽃놀이이자 화약 폭발이다. 그렇다면 그 다음은? 귀와 눈이 멀고 머리털이 몽땅 타 버리는 거지!

그렇다면 올가는 어떤 여자인가?

그의 갑작스런 고백이 있고 난 뒤 한참 동안 그 둘은 만나지 못했다. 올가를 만날까 두려워 초등학생처럼 숨어 버렸다. 그녀의 태도 또한 달라졌다. 하지만 그렇다고 도망을 치거나 냉랭한 태도를 보이지는 않았다. 그저 골똘히 생각에 잠기는 시간이 많아졌다.

어쨌든 무슨 일이 벌어졌고, 그로 인해 호기심어린 눈길로 오블로모프에게 더 이상의 괴로움을 줄 수가 없고, 왜 누워만 있느냐, 왜 게으름을 피우느냐, 왜 늘 눈치가 없느냐며 농담 섞인 말로 그의 마음에 상처를 주지 못하게 된 게 그녀로서는 사뭇 안타까울 따름이다.

그녀 안에는 웃음이 가득했는데, 이는 아들의 우스꽝스러운 모습을 보고 웃지 않고는 견딜 수 없는 어머니의 그런 웃음이었다. 슈톨츠가 여행을 떠나서 더 이상 노래를 불러 줄 사람이 없게 되자 그녀는 지루했다. 그녀의 피아노는 덮개가 씌워져 있었다. 다시 말해, 그들에게는 억지와 속박이 가로놓여 있었고, 둘은 어색하기만 했다.

그 일만 일어나지 않았더라면, 모든 게 순조롭게 흘러갔으련만! 둘은 얼마나 자연스레 친해졌을 것이며 또 얼마나 자유롭게 어울렸겠는가! 오블로모프는 슈톨츠보다 단순했고 또 너그러웠다. 비록 슈톨츠만큼 그녀를 재미있게 해 주지는 못했어도, 스스로가 웃음거리가 되긴 했어도 얼마나 쉽게 그 놀림을 용서했던가.

슈톨츠는 떠나면서 그녀에게 오블로모프를 떠맡겼다. 그를 자주 들여다보면서 집 안에 틀어박히지 못하도록 해달라는 부탁을 한 것이다. 지혜로운 그녀의 머릿속에는 이미 구체적인 계획들이 세워져 있었다. 즉 어떻게 하면 식사 뒤에 잠자는 오블로모프의 버릇을 고쳐 줄 것인가, 잠을 못 자게 하는 데서 그치는 게 아니라, 대낮에 어떻게 하면 소파에 드러눕지 못하게 할 것인가, 어떻게 그 약속을 받아 낼 것인가.

그녀는 나름대로 작정을 하고 있었다. 이를테면 슈톨츠가 읽다만 '책을 읽으라고 명령'해야 했으며, 매일 신문을 읽힌 다음 새로운 소식을 그녀에게 이야기하도록 해야 했다. 그리고 시골에 편지를 쓰고 영지 개혁에 대한 계획을 마무리한 다음, 외국으로 떠날 채비를 하도록 하는 것도 한 마디로 말해, 감시하면서 그가 졸고 있을 틈을 주지 않겠다는 의도였다. 그에게 확실한 목적을 제시하고 그동안 무관심해진 모든 것들에 다시 애정을 갖도록 만들어서 슈톨츠가 여행에서 돌아오면 깜짝 놀라게 할 생각이었다.

이런 엄청난 기적을 이뤄 보겠다는 사람이 다름 아닌 그녀이다. 이제껏 어느 누구도 말로 순종시켜 본 적 없는, 아직 인생을 시작조차 하지 않은 그녀가! 그녀가 바로 그 변화의 주범인 것이다!

변화는 이미 시작되었다. 그녀가 노래를 부르기 시작하는 순간, 오블로모프는 더 이상 예전의 그가 아니었다…….

그는 새로운 삶을 개척하고 행동에 옮기며 삶 자체와 그녀를 또한 축복하리라. 한 인간에게 생명을 돌려준다는 것, 예컨대 의사가 전혀 가망 없는 환자를 구한다면 이는 그에게 얼마나 큰 영광이랴! 하물며 정신적으로 죽어가는 이성과 영혼을 구원한다면?

심지어 그녀는 자부심과 기쁨에 전율마저 느낄 지경이었다. 이를 하느님이 자신에게 내린 사명이라 여겼다. 이미 그녀의 마음속에서 그는 자신의 비서이자 사서(司書)였다.

그런데 갑자기 이 모든 계획들이 수포로 돌아갈 운명에 처했다! 그녀는 어디서부터 시작해야 할지 몰라 오블로모프를 만나면 침묵으로 일관했다.

오블로모프는 그녀를 놀라게 하고 모욕을 주었다는 사실에 괴로워했다. 그리고 번개처럼 빠른 눈길과 차디찬 위엄을 기다렸지만, 결국은 그녀를 멀리서 바라보며 몸을 떨고는 그녀를 아예 피해 버렸다.

이렇게 지내는 동안 그는 별장으로 이사를 했다. 사나흘 혼자서 둔덕을 따라 내려가 습지를 지나 숲 속을 헤매기도 하고, 시골로 내려가 농가의 대문 옆에 태평하게 앉아 아이들과 송아지가 뛰어노는 모습과 거위들이 못에서 물장구치며 노는 모습을 감상하기도 했다.

별장 주변에는 호수와 큰 공원이 있었다. 그는 어쩌면 올가와 마주치지나 않을까 겁이 나서 그쪽으로는 얼씬도 하지 않았다.

'왜 마음에도 없는 말을 했담!' 그가 생각했다. 하지만 정작 진심에서 우러나온 말인지, 아니면 단순히 음악이 신경에 작용하듯 무심코 내뱉은 말인지에 대해서는 깊이 생각하지 않았다.

어색함, 부끄러움, 또는 그의 표현을 빌리자면 '망신'을 당했다는 수치심에 사로잡혀 본래 그 충동이 무엇이었는지, 올가가 자신에게 무슨 의미인지 전혀 가늠할 수 없었다. 마음 한편에 자리잡은 불필요한 것, 전에는 없던 이 응어리가 과연 무엇인지에 대해서 그는 생각하지 않기로 했다. 그의 내면에서 모든 감정들이 하나의 응어리, 즉 부끄러움으로 변해 버렸다.

가끔 올가가 그의 상상 속을 스쳐 지나갈 때면 바로 그 형상, 바로 그 구체화된 평안, 즉 행복의 완전체가 보였다. 그 완전체가 다름 아닌 올가였다! 두 형상이 결합해 하나로 융화되었다.

"아, 내가 무슨 짓을 한 거야? 다 망쳐 놓았어! 그나마 슈톨츠가 여행 가서 없으니 망정이지. 아직 슈톨츠에겐 알리지 않았겠지. 그게 아니라면 쥐구멍에라도 들어가고 싶다! 사랑, 눈물, 이 따위 것들이 내게 어울리기나 해? 날 부르러 올가의 숙모가 사람을 보내지 않는 걸 보면, 틀림없이 그녀가 말한 거야…… 맙소사!'

그는 생각에 잠겨서 공원 더 깊숙이, 옆쪽 오솔길로 들어갔다.

올가는 그와 우연히 마주치기라도 하면 어찌 해야 할지, 이 난국을 어찌 헤쳐나가야 할지 몰라 전전긍긍했다. 아무 일도 없었던 것처럼 침묵으로 일관해야 하나, 아니면 그에게 무슨 말이든 해야만 한단 말인가?

말을 한다면 무슨 말을 해야 하지? 화난 표정으로 그를 거만하게 쳐다보거나 아니면 완전히 모른 척하고, 쌀쌀맞게 한 마디 해버려? '당신이 그렇게 나오실 줄은 정말 몰랐어요. 절 뭘로 보고 그런 파렴치한 짓을 한 거죠?'

마주르카 춤을 출 때, 친구인 소네치카가 어떤 기병 소위의 환심을 사려고, 푹 빠져서 정신을 못 차리는 사람은 정작 자신임에도 불구하고 그에게 이렇게 말했었다.

'파렴치하게 굴었다 해서 얼마나 파렴치하겠어?' 그녀는 반문해 보았다. '만일 그가 정말로 그렇게 느꼈다면 말 못할 이유가 뭐겠어? 이제 막 가까워지려는데 이게 무슨 일이람……아무리 그래도 두세 번 만난 여자에게 그런 말을 하는 사람은 없을 거야. 그렇게 빨리 사랑을 느끼는 사람도 아마 없을 거고. 오블로모프 그 사람만이 할 수 있는 일이야……'

그러나 그녀는 어디선가 듣고 읽은 적이 있는, '사랑은 이따금 갑작스레 찾아오기도 한다'는 말을 떠올렸다.

'그에게도 충동과 집착이 있던 때가 있었어. 지금은 얼씬도 하지 않지만 틀림없이 부끄러워하고 있을 거야. 따지고 보면 결코 그 일은 파렴치하지 않아. 그렇다면 과연 누구의 잘못일까? 그야 물론 슈톨츠지. 왜냐하면 억지로 내게 노래를 시켰으니까.' 그녀의 생각은 꼬리에 꼬리를 물었다.

그러나 처음에 오블로모프는 노래를 듣지 않겠다 했고, 그래서 그녀는 화가 났다. '그럼에도…… 애를 썼고……' 그녀는 어느새 얼굴이 상기되었다. '그의 마음을 움직여 보려고 최선을 다했단 말야.'

슈톨츠가 그에 대해 말하길, 권태증에 걸려 그 무엇에도 흥미를 못 느끼며 그의 내부에서 모든 게 죽어 버렸다고 했다. 그녀는 정말 모든 게 죽었는지 직접 확인해 보고 싶었다. 그래서 노래를 불렀다…… 처음으로 정성을 다해서 말이다…….

'맙소사! 그래, 내 잘못이야. 그에게 용서를 빌어야 해…… 그런데 뭐라며 사과하지? 어떻게 말한담? 오블로모프 씨, 제가 잘못했어요. 제가 못된 짓을 했어요…… 이런 부끄러운 노릇이 있나! 이건 진실이 아닐 거야!' 얼굴이 달아오른 그녀는 발을 동동 굴렀다. '어떻게 이런 바보같은 생각을 할 수 있담?…… 나라고 이렇게 될 줄을 알았나? 그 일이 없었다면, 그가 그런 말만 입 밖에 내지 않았다면…… 그땐 어떻게 됐을까?…… 정말 모르겠어…….'

그날 뒤로 그녀는 마음이 복잡했다…… 심한 수모를 당한 것만 같았…… 몸에 열이 오르고 두 볼에는 진홍빛 반점이 불거졌다…….

"신경쇠약에다…… 가벼운 오한입니다."

의사가 말했다.

'오블로모프가 이럴 수 있나! 오, 앞으로 다시는 이런 일이 없도록 알려 줘야 해! 숙모에게 그를 집에 들이지 말라 해야겠어. 그가 모든 걸 다 잊어선 안 돼……어떻게 그가 그럴 수 있어!'

공원을 따라 걸으며 그녀는 생각했다. 두 눈이 반짝였다…….

문득 누군가 걸어오는 소리가 들렸다.

'누군가 오고 있어…….'

오블로모프는 생각했다. 둘이 딱 마주쳤다.

"올가 세르게브나!"

사시나무 이파리처럼 몸을 부르르 떨며 그가 소리쳤다.

"일리야 일리이치!"

그녀 또한 겁먹은 듯 말했고 둘은 멈추어 섰다.

"안녕하세요?"

"안녕하세요?"

"어디 가는 길이세요?"

그가 물었다.

"그냥……."

눈을 들지 못하고 그녀가 말했다.

"제가 방해가 되었나요?"

"오, 천만에요……."

그를 호기심어린 눈으로 힐끔 쳐다보고는 그녀가 대꾸했다.

"함께 걸어도 될까요?"

눈치를 보면서 그가 갑자기 물었다. 그들은 말없이 길을 따라 걸었다. 이제껏 살면서 오블로모프 심장이 지금처럼 쿵당쿵당 뛰어 본 적은 없었다. 선생님이 대나무 자를 휘둘러 댔을 때도, 교장 선생님이 화가 나 눈썹을 치켜올렸을 때도 이 정도는 아니었다. 그는 말을 하려고 마음을 가다듬고 또 가다듬었지만 입이 떨어지지 않았다. 심장이 재앙을 만난 듯 무섭게 뛸 뿐이다.

"슈톨츠가 보낸 편지 받았나요?"

그녀가 물었다.

"네."

"뭐라 썼던가요?"

"파리로 오랍니다."

"어쩌실 건데요?"

"가야죠."

"언제요?"

"벌써…… 아니, 짐이 꾸려지는 대로…… 내일이라도……."

"그렇게나 빨리요?"

그녀가 다시 물었다.

그는 아무 말도 하지 않았다.

"별장이 마음에 안 드나요? 아니면…… 말해 보세요, 왜 떠나려는지."

'파렴치한! 게다가 떠나겠다고!'

그녀가 생각했다.

"왜 그런지 몸도 아프고, 마음도 편치 않고, 초조하기만 해요."

그녀에게는 눈길조차 주지 않고 오블로모프가 중얼거렸다.

그녀는 아무 말도 하지 않고 라일락 가지를 꺾었다. 냄새를 맡으려고 코에 바짝 갖다 대자, 가지가 거의 얼굴을 덮었다.

"한번 맡아 보세요, 향기가 무척 좋아요!"

그러고는 그의 코에 갖다 댔다.

"저기 은방울꽃이 있군요! 잠깐만요, 제가 꺾어오죠." 풀밭으로 몸을 숙이며 그가 말했다. "이 향기가 더 좋을걸요. 들판과 숲 향기가 나거든요. 자연의 향기를 더 느낄 수 있죠. 라일락은 집 가까이에 있어서 가지들이 창가로 기어오르잖아요. 향기가 참으로 달콤하죠. 저기 은방울꽃에 이슬이 아직 마르지 않았네요."

그는 은방울꽃 몇 송이를 그녀에게 내밀었다.

"혹시 물푸레나무 좋아하세요?"

그녀가 물었다.

"아뇨, 향기가 너무 강해서요. 물푸레나무도 장미도 좋아하지 않아요. 그러고 보니 저는 꽃을 별로 좋아하지 않네요. 들판에 핀 꽃은 좋은데, 방에 두면 아무래도 손이 가야 하니 번거로워서…… 쓰레기가 될 뿐이죠……"

"방이 깨끗한 게 좋은가 보죠?" 수줍은 듯 그를 힐끔거리면서 그녀가 물었다. "지저분한 걸 끔찍이도 싫어하나 보군요?"

"네. 하지만 우리집 하인이 그렇지를 못해서……." 그가 얼버무렸다. '오, 나쁜 여자 같으니라고!' 마음속으로 이렇게 덧붙였다.

"파리로 곧장 갈 건가요?"

그녀가 물었다.

"네, 거기에서 슈톨츠가 오래 전부터 기다리고 있어요."

"편지 좀 전해 주세요. 제가 쓸 테니까."

"그럼 오늘 주세요. 내일 아마 시내로 갈 듯해서요."

"내일이라뇨? 그렇게나 빨리요? 쫓아오는 사람이라도 있는 것 같군요."

"네, 쫓기고 있어요……."

"어머, 누군데요?"

"부끄러움이……."

그가 중얼거렸다.

"부끄러움이라뇨!" 그녀는 반사적으로 따라 말했다. '자, 이제 말해야지. 오블로모프 씨, 저는 생각지도 못했어요. 당신이 그렇게…….'

"그래요, 올가 세르게브나." 드디어 그는 마음을 굳게 먹었다. "많이 놀라고…… 화도 났겠지만……."

'그래, 지금이야…… 드디어 때가 온 거라고.' 그녀의 심장이 걷잡을 수 없이 뛰었다. '못하겠어, 맙소사!'

그는 그녀의 얼굴을 힐끔 쳐다보며 눈치를 살폈다. 그러나 그녀는 은방울꽃과 라일락 향기를 맡고 있을 뿐, 그녀 자신도 무슨 말을 해야 할지, 어떻게 해야 할지 몰랐다.

'아휴, 소네치카라면 무슨 말이든 빨리 궁리해 냈을 텐데, 난 왜 이리 멍청하담! 아무것도 모르겠어…….' 그녀는 몹시 괴로웠다.

"전 다 잊었어요……."

그녀가 말했다.

"믿어 주세요. 정말 고의가 아니었어요…… 참을 수 없었어요……." 용기백배해서 그가 입을 열었다. "그때 벼락을 맞고 돌을 맞는다 해도 저는 그렇게 말했을 거예요. 그건 어떤 힘으로도 막지 못했을 게 분명해요…… 제게 그럴 마음이 있었으리라고는 생각지 말아 주세요…… 겨우 그 순간이 지나서야 생각 없이 내뱉은 말을 주워 담고 싶어졌으니까요……."

그녀는 고개를 숙여 꽃냄새를 맡으며 계속 걸어갔다.

"그 일은 잊으세요. 잊어버리세요. 더구나 그 말은 거짓이에요……."

"거짓이라뇨?"

이렇게 말하면서 그녀는 갑자기 몸을 홱 돌려 그만 손에서 꽃을 놓치고 말았다. 순간 그녀의 두 눈이 휘둥그레졌다……

"뭐가 거짓이라는 거죠?"

그녀는 거듭 물었다.

"네, 제발, 화내지 말고 잊어버리세요. 실토하건대, 순간적 충동이랄까…… 음악 때문에."

"순전히 음악 때문이었다고요?"

그녀의 안색이 확 달라졌다. 두 볼의 진홍빛 반점도 사라지고 눈앞이 캄캄해졌다.

'아무것도 아냐! 그가 경망스레 내뱉은 말을 주워 담느라 그런 거야. 화낼 필요 없어! 그래, 됐어…… 이제 마음을 가다듬고…… 이제껏 해온 대로 이야기도 하고, 농담도 하는 거야……'

그녀는 지나는 길에 나뭇가지를 힘껏 잡아당겨 꺾어서 잎 하나를 입술로 물어뜯고는, 곧바로 가지와 잎을 모두 길바닥에 내던졌다.

"화나지 않은 거죠? 다 잊은 거죠?"

그녀에게 몸을 굽히며 오블로모프가 말했다.

"어, 뭐가요? 무슨 말씀을 하는 거죠?" 화가 머리끝까지 난 그녀가 그를 돌아보며 말했다. "저는 다 잊었어요…… 무척 기억력이 안 좋은 여자거든요!"

그는 입을 꾹 다물었고 어찌할 바를 몰랐다. 갑자기 화를 내는 그녀를 보고도 그 원인은 도무지 알 수 없었다.

'맙소사! 이제 정리가 되는군. 그 일을 없던 걸로 하자 이거지, 나야 고맙지! 그래서 어쩌자는 이야기지…… 참 나, 맙소사! 뭐 이런 일이 다 있담? 아휴, 소네치카, 소네치카! 넌 얼마나 행복하니!'

"이제 집에 가야겠어요."

걸음을 재촉해 다른 쪽 오솔길로 접어들며 갑자기 그녀가 말했다. 그녀는 설움이 북받쳐 목이 메었다. 순간 눈물이 왈칵 쏟아질까 두려웠다.

"그쪽 말고, 이쪽이 지름길인데……."

오블로모프가 말했다. 그러고는 맥이 풀려 속으로 생각했다. '나도 참 바보군! 쓸데없이 변명만 늘어놓다니! 그때보다 더 화나게 만들었잖아. 그 이야길 다시 꺼내지 말아야 했어. 시간이 지나면 저절로 해결되어 결국엔 다 잊힐 것을. 이제라도 용서를 빌어야지, 달리 뾰족한 방법이 없어.'

'내가 화가 난 건 어쩌면, 오블로모프 씨, 당신이 그렇게 나오실 줄은 꿈에도 몰랐어요, 이 말을 할 기회가 없어서 그만…… 선수를 빼앗겼기 때문이라고…… 거짓말이라니! 뭐, 어쩌자는 거야, 이 사람은 게다가 거짓말까지 했어! 어떻게 그럴 수 있지?' 그녀는 나름대로 이렇게 생각했다.

"정말 다 잊으셨나요?"

그가 조용히 물었다.

"잊었어요, 모두 다 잊었다고요!"

집으로 발걸음을 재촉하며 그녀가 얼른 쏘아붙였다.

"화나지 않았다는 징표로 제게 손 좀 줘 봐요."

그녀는 눈길조차 주지도 않고 손끝을 그에게 내밀었다. 그의 손이 닿기 무섭게 그녀는 재빨리 손을 도로 뺐다.

"아니군요, 당신은 지금 화나 있어요!" 한숨을 쉬며 그가 말했다. "그게 순간적인 충동이었고 앞으로 그런 무례한 짓을 절대 하지 않겠다는 걸, 어떻게 하면 당신이 믿어 주겠어요?…… 아니 물론, 다시는 당신 노래를 듣지 않을 테지만……."

"이제 그런 변명은 그만두세요. 전 당신의 변명 따위는 듣고 싶지 않으니까요……." 그녀가 신경질적으로 말했다. "노래라면 제가 두 번 다시 부르지 않을 거예요!"

"좋습니다, 제가 입을 다물죠. 하지만 제발 이렇게 떠나지는 마세요. 제게 그토록 커다란 마음의 짐을 안기신 채로 떠나면……."

그녀는 걸음을 늦추고 긴장한 표정으로 그의 말에 귀 기울이기 시작했다.

"당신은, 제가 그 노래를 듣고 감탄하지 않았으면 울음을 터뜨렸을 거라 말했죠. 만일 그게 사실이라면 저 또한……지금 당신이 그렇게 웃지도 않고 우정의 손길도 내밀어 주지 않고서 이대로 가버린다면 저야말로……올가 세르게브나! 부디 절 가엾게 여겨 주세요! 전 병이 걸렸어요, 무릎이 후들거려 서 있기조차 힘에 부칩니다……."

"왜죠?"

그를 쳐다보며 그녀가 불쑥 물었다.

"저도 잘 모르겠어요. 수치심이 다 사라져 버렸어요. 제가 한 말이 이제 부끄럽지가 않아요…… 제 생각엔, 말 속에……"

다시 가슴이 찡하게 저려왔다. 다시 무언가 불필요한 것이 나타난 모양이었다. 그녀의 다정하고 호기심 가득한 시선이 그를 머릿속에 새겨넣기 시작했다. 그녀는 우아하게 그에게로 몸을 돌리고 불안한 눈빛으로 그의 대답을 기다렸다.

"말 속에 뭐가 있다는 거죠?"

그녀가 보채듯 물었다.

"아뇨, 말하기 두렵군요. 당신이 또 화낼 것만 같아서."

"말씀해 보세요!"

윽박지르듯이 그녀가 말했다.

그는 아무 말도 하지 않았다.

"어서요!"

"당신을 보고 있자니, 또 눈물이 나려 하네요…… 제겐 자존심도 없다는 걸 이제는 아셨을 거예요. 하지만 저는 이제 부끄럽지가 않아요……."

"왜 눈물이 난다는 거죠?"

그녀가 부드럽게 물었다. 두 볼에는 다시 진홍빛 반점이 불거졌다.

"당신 목소리가 늘 귓가에 맴돌아요…… 또다시……."

"무슨 의미죠?" 그녀가 말했다. 가슴이 메어 눈물은 어디론가 달아나 버렸다. 애타게 그 다음 말을 기다렸다.

그들은 현관 계단으로 들어섰다.

"마음으로 느끼죠……."

오블로모프는 서둘러 이야기를 끝내려 했으나 말이 뚝 끊기고 말았다.

그녀는 힘에 부친 듯 느릿느릿 계단을 올랐다.

"그때 그 음악을…… 그 흥분을…… 그 감정…… 미안, 미안해요, 참 저도 어쩔 도리가 없군요……."

"오블로모프 씨……." 엄숙한 목소리로 그녀가 입을 열었다. 하지만 얼굴에는 갑자기 미소가 번졌다. "화나지 않았어요, 용서할게요. 하지만 절대 앞으로는……." 그녀가 부드럽게 덧붙였다.

그녀는 돌아보지 않고 그에게 다시 손을 내밀었다. 그는 그 손을 잡고 손바닥에 입을 맞추었다. 그녀는 살짝 그의 입술을 잡는가 싶더니 순간 유리문 안으로 숨어 버렸다. 하지만 그는 장승처럼 서 있을 뿐이었다.

제7장

오블로모프는 당황해서 멍하니, 그녀가 사라진 곳을 물끄러미 바라보았다. 그 주위의 관목숲들도 한참 동안 바라보았다…….

낯선 사람들이 지나갔다. 새들도 몇 마리 날아갔다. 지나는 길에 시골 아낙이 딸기를 사지 않겠느냐고 물어 왔다. 하지만 그는 꿈쩍도 하지 않았다.

천천히 그는 오던 곳으로 다시 발길을 돌렸다. 터덜터덜 걸어 중간쯤 이르렀을 때였다. 올가가 떨어뜨린 은방울꽃과 또 그녀가 홧김에 꺾어서 내던져 버린 라일락 가지가 문득 눈에 띄었다.

"그녀가 왜 이걸 집어던진 거지?"

그는 이리저리 기억을 더듬었다.

"바보, 멍청이!" 그는 은방울꽃과 라일락 가지를 주우며 느닷없이 이렇게 외치고 뛰다시피 걸음을 재촉했다. "내가 용서를 빌자 그녀가…… 아, 어떻게 그런 일이! …… 어쩌자고 이제야 생각이 난 거야!"

그는 집에 돌아왔다. 유모의 표현을 빌리자면 '나 행복해! 이마에 써 붙인 듯이' 얼굴에 행복이 가득했다. 그리고 소파 한 구석에 앉아서 탁자에 쌓인 먼지 위에 다음과 같이 커다랗게 썼다.

'올가.'

"아휴, 이게 웬 먼지야!" 환희에서 깨어난 그가 말했다. "자하르! 자하르!" 한참 동안 그는 소리쳤다. 왜냐하면 자하르는 그때 골목길로 난 대문 옆에서 마부들과 잡담을 나누고 있었기 때문이다.

"이봐요, 어서 가봐요!" 자하르의 옷소매를 잡아당기며 아니시야가 다급하게 귓속말로 속삭였다. "주인님이 아까부터 찾고 계셔요."

"네 눈으로 좀 봐, 자하르, 이게 뭐야?" 일리야 일리이치가 나무랐다. 하지만 말투만큼은 부드럽고 다정했다. 지금 그로서는 화낼 이유가 전혀 없었다. "넌 여기에서도 방을 엉망진창으로 만들 작정인 거야? 먼지와 거미줄로? 안 돼, 미안하지만, 그건 내가 허락 못해! 올가 세르게브나가 얼마나 집요하게 나를 물고 늘어지는지. 나보고 '쓰레기를 좋아하냐' 묻더라니까."

"하기야, 그 사람들은 그렇게 말할 수 있겠죠. 거긴 일하는 사람들이 다섯이나 되잖아유."

문 쪽으로 몸을 돌리며 자하르가 대꾸했다.

"어디 가? 어서 쓸고 닦기나 해. 어디 엉덩이 붙일 만한 곳도 마땅치 않고…… 말이 된다고 생각해! …… 이게 바로 오블로모프 기질이지!"

자하르는 뾰로통한 표정으로 주인을 바라보았다.

'얼씨구! 어디서 몹쓸 말은 하나 주워듣고 와서는! 어째 낯설지가 않은 말 같긴 한데!'

"어서 청소 안 하고 멀뚱멀뚱 왜 서 있기만 해?"

오블로모프가 재촉했다.

"뭘 청소하란 말예유? 오늘 다 쓸고 닦았는데유!"

자하르가 꿋꿋하게 버텼다.

"쓸고 닦았는데, 이 먼지는 뭐란 말야? 네 눈으로 봐, 여기, 여기! 이 꼴인데도 청소를 했다는 거야! 당장 치우지 못해!"

"나는 청소했어유." 자하르 고집도 만만치 않았다. "대체 하루에 몇 번을 청소하라는 거예유! 먼지야 오가면서 계속 날아오는데…… 여기가 들판을 끼고 있는 별장이라 밖엔 또 먼지가 오죽이나 많아야지유."

"이봐요, 자하르 트로피모이치." 방문으로 빼꼼 얼굴을 내밀고 아니시야가 불쑥 끼어들었다. "먼저 바닥을 쓸고 그 다음에 걸레로 탁자를 훔쳐야 할 거 아녜유. 안 그러면 먼지가 도로 죄다 앉아 버려서…… 먼저…… 뭘를 하냐면……"

"당신이 왜 명령하는 게야?" 자하르가 펄쩍 뛰며 쇳소리를 냈다. "자기 일이나 잘하라구!"

"걸레루 탁자를 훔치고 나중에 바닥 쓰는 사람이 세상에 어딨대? 바로 그 때문에 주인님이 성내고 그러시는 거 아니냐고……."

"아, 됐어, 됐다구!"

그녀의 가슴을 팔꿈치로 확 밀치며 자하르가 소리쳤다.

그녀는 히죽 웃고서는 어디론가 사라졌다. 오블로모프는 그에게도 나가라며 손짓했다. 그는 자수가 놓인 쿠션을 베고 누워 손을 가슴에 대고는 그 박동소리에 귀 기울였다.

'이거 안 좋은데, 어쩌지? 의사한테 말하면, 십중팔구 에티오피아로 가라고 할 텐데!'

결혼 전에 자하르와 아니시야는 각자 자신의 일만 했을 뿐 서로의 일에는 참견하지 않았다. 즉 아니시야는 장보기와 부엌살림을 맡았고, 방청소는 1년에 한 번, 그것도 바닥 물청소를 할 때 거들어 주는 정도였다.

그러나 결혼하고부터는 주인 방을 비교적 자유롭게 드나들게 되었다. 그녀의 도움으로 예전보다 방들이 한결 깨끗해졌다. 뿐만 아니라 남편의 일 몇 가지를 더 떠맡았다. 물론 자신이 원해서 한 것도 있지만 자하르가 강제로 떠넘긴 일도 있었다.

"이제부터, 양탄자 먼지 털어." 그는 명령하는 투로 말했다. 또는 이렇게 말하기도 했다. "저기 좀 싹 정리하구. 저 구석에 뭐가 그리 많이 쌓여 있는지, 쓸모없는 건 죄다 부엌에 옮겨 놓구."

그렇게 한 달 남짓 자하르는 더할 나위 없이 만족스럽게 보냈다. 방은 깨끗해졌고, 더 이상 주인의 잔소리와 '정나미 떨어지는 말'을 듣지 않아도 되었다. 자하르는 아무 일도 하지 않았다. 그러나 이 축복도 그리 오래가지 못했다. 그 이유는 이러했다.

아니시야와 함께 주인 방 청소를 하기 시작한 뒤로 자하르는 자신이 하는 모든 일들이 바보짓처럼 느껴졌다. 어디서 어떻게 잘못됐는지 가늠조차 할 수 없었다. 그는 55년간 한결같은 자부심으로 세상을 활보하고 다녔다. 예컨대, 무엇이든 그의 손을 거친 건 어느 누가 만든 것보다 월등하리라는 자부심이었다.

그러나 뜻밖에도 단 2주 만에 아니시야가, 그가 얼마나 쓸모 없는 인간인지를 입증시켜 주었다. 게다가 그를 더욱 화나게 하는 건 남편으로 존경하는 태도를 보이면서도 마치 어린애나 천치바보를 대하는 말투로 대한다는 것이다. 더군다나 그를 보면서 히죽히죽 웃어 대는 게 아닌가.

"이봐요, 자하르 트로피므이치." 그녀가 다정하게 불렀다. "먼저 굴뚝을 닫는 건 아무 짝에도 쓸모 없는 거예요. 어차피 나중에 환기구를 열어야 할 텐데. 애써 따뜻하게 데운 방이 식어 버린다고요."

"그럼 어쩌라구?" 남편으로서 위엄 있게 그가 물었다. "언제 열라구?"

"난로에 불을 지필 때 열라는 거죠. 환기가 잘될 테고, 그러면 잠시 뒤 방이 따뜻해질 테니까요."

그녀가 조용히 대답했다.

"이런 천치를 봤나! 20년 동안 내내 그렇게 해 온 걸. 임자 말 한 마디에 바꾸란 말야……."

그의 찬장 선반에는 차와 설탕, 레몬, 은그릇뿐만 아니라 구두약, 구둣솔과 비누가 한데 뒤엉켜 있었다.

언제는 집에 돌아왔더니 비누가 세면대 위에, 구둣솔과 구두약이 부엌 창문턱에, 그리고 차와 설탕이 찬장 서랍에 들어가 있었다.

"내 물건을 왜 당신 맘대루 뒤죽박죽 만들어 놓은 거야, 엉?" 화가 나서 물었다. "손만 뻗으면 닿으라구 일부러 한 구석에 죄다 모아놓은 건데, 이렇게 여기저기 마구 갖다 놓으면 어쩐란 말이야?"

"그렇게 다 몰아 놓으면 차에서 비누냄새가 나잖수."

그녀가 상냥하게 대꾸했다.

한 번은 좀이 슬어서 구멍이 두세 군데가 난 주인 옷을 그에게 보여 주며, 일주일에 한 번은 먼지를 털어내고서 솔질을 해야 한다고 일러 주었다.

"내가 털이개로 먼지를 털게요."

그녀가 정겹게 말했다. 자하르는 그녀가 들고 있던 털이개와 연미복을 낚아채고는 제자리에 다시 갖다 놓았다.

그리고 또 한 번은 여느 때처럼 주인의 뒷공론을 한 적이 있다. 이야기는, 즉 바퀴벌레가 많다며 오블로모프가 그에게 잔소리를 했다는 것이었다. '그걸 내가 만들어 내기라도 했냐구' 자하르는 푸념을 늘어놓으며 그건 억지라고 했다. 보다 못한 아니시야는 언제부터 선반에서 굴러다녔는지 알 수 없는 그 흑빵 부스러기들을 아무 말 없이 치우고 찬장에서 그릇들을 모두 꺼내 깨끗이 닦았다. 그러자 바퀴벌레들이 오간 데 없이 사라졌다.

자하르는 일의 앞뒤 사정을 제대로 이해하지 못하고, 그저 무슨 일이든 그녀의 쓸데없는 부지런함 탓으로 돌려버리기 일쑤였다. 언젠가 그가 찻잔과 유리컵을 쟁반에 담아 나르다가 유리컵 두 개를 박살내고는, 늘 그랬듯이 욕을 하면서 쟁반째로 바닥에 집어던지려 했을 때였다. 그녀는 재빨리 그의 손에서 쟁반을 낚아채고, 다른 유리컵과 설탕 그릇과 빵을 다시 올리고서 찻잔 하나도 흔들리지 않게 차려 놓았다. 그리고 한 손으로는 쟁반을 잡고, 다른 손으로는 흔들리지 않도록 지탱하는 법을 가르치면서, 직접 쟁반을 이리저리 흔들며 방 안을 왔다 갔다 하는 시범을 두 번이나 보여 주었다. 정말 숟가락 하나 꼼짝 하지 않았다. 자하르는 아니시야가 자기보다 더 똑똑하다는 사실을 인정해야 했다.

그는 아내의 손에서 쟁반을 빼앗아 유리컵을 바닥에 내동댕이쳐 버렸다. 이 일이 있고 나서는 그녀가 자신보다 낫다는 걸 절실히 느꼈다.

"어떻게 해야 하는지 이제 좀 아시겠수?"

그녀는 조용히 덧붙였다. 그는 거만하게 그녀를 노려보았다. 하지만 그녀는 배시시 웃었다.

"아휴, 이봐, 아줌씨, 인물 나셨구먼. 그래 잘난 척이라두 해보시겠다! 오블로모프카에 있을 때 집이 이만했는지 알아? 이것저것 다 내 책임이었다구, 애들 포함해서 열다섯이나 되는 몸종들을 다 내가 거느렸단 말야! 당신네 아줌씨들 이름은 일일이 다 외우지도 못했다구……그런데 당신은 고작 여기에서…… 아휴, 이보라구!"

"잘해 보자구, 좋은 맘으로 하는 거잖수."

"그래, 그래서, 어쩌자고?" 팔꿈치로 그녀를 을러대면서 그가 쇳소리를 냈다. "여긴 주인님 방이니까 당장 부엌으로 꺼져버려…… 아줌씨는 아줌씨 일이나 하란 말이야!"

그녀는 피식 웃으며 방을 나갔다. 그는 언짢은 기분으로 그녀의 뒷덜미에 눈을 흘겼다.

자하르는 자존심에 큰 상처를 입었다. 그 뒤로 아내를 시큰둥하게 대했다. 그러면서도 자하르는 집안에 무슨 부주의한 일이 생겨 머리 위에 '정나미 떨어지는 말'이 잔뜩 담긴 먹구름이 드리워질 때면 어김없이 아니시야에게 쪼르르 달려갔다. 일리야 일리이치가 어떤 물건을 가져오라고 했는데 아무리 찾아도 보이지 않거나, 애써 찾았는데도 깨져 있을 때면 부인 아니시야에게 고갯짓과 엄지손가락으로 주인 방을 가리키며 들어가 보라는 눈짓을 했다. 그러면서 고압적인 목소리로 이렇게 속삭였다. '당신, 주인님한테 좀 가봐, 대체 무슨 일 때문인지 알 수가 있어야지!'

이렇게 아니시야가 방에 들어가면, 그 많던 먹구름들이 대화 몇 마디로 말끔히 걷히곤 했다. 오블로모프의 말 속에서 '정나미 떨어지는 말'이 조금이라도 새어나올 낌새가 보이면 이제는 자하르가 먼저 나서서 아니시야를 부르는 게 어떻겠냐며 은근히 주인 의향을 떠보기까지 했다.

이런 상황이라 아니시야가 아니었더라면 오블로모프의 방은 또다시 엉망이 되어 버렸을 것이다. 그녀는 자신을 이미 오블로모프 집안의 한 사람으로 생각했고, 마침내 자기도 모르는 사이 오블로모프 나리님의 인생과 남편, 그 가문과 남편의 떼어놓을 수 없는 관계를 공유했다. 여자로서의 눈길과 오지랖 넓은 손길은 황폐한 평온 속에서 잠시도 쉴 날이 없었다.

자하르가 잠깐이라도 자리를 비우면 아니시야는 탁자와 소파의 먼지를 떨어내고, 환기구를 열고, 커튼을 바로 잡았으며, 방 한가운데 널브러져 있는 신발들을 정리하고는 손님용 의자에 놓인 바지를 제자리에 걸고 여기저기 굴러다니는 옷가지를 비롯해 탁자 위의 종이와 연필, 칼, 펜까지도 몽땅 정리해 놓았다. 침구 시트와 베개도 깨끗이 정돈했다. 이 일들은 모두 재빨리 이루어졌다. 다음엔 방 안을 휘이 둘러보고는 의자를 바로 놓고, 반쯤 나와 있는 장롱 서랍도 밀어넣고, 테이블 위에 버린 휴지를 치웠다. 그러다가 자하르의 장화 끄는 소리가 들리면 잽싸게 부엌으로 돌아갔다.

마흔일고여덟쯤 되는 그녀는 빠릿빠릿하고 야무졌다. 미소에는 어머니 같은 자상함이 있었고, 쉴 새 없이 이리저리 살피는 눈에는 생기가 넘쳤다. 튼튼한 목과 가슴 그리고 한 번 일거리를 잡았다 하면 절대 그냥 놓는 법이 없는 벌건 손은 결코 지치는 일이 없었다.

그녀의 미모는 특별히 남들에게 내세울 만한 건 아니었다. 크지는 않지만 코가 유독 눈에 띄었다. 마치 얼굴에서 따로 떨어져 나와 있거나 아니면 어색하게 그냥 붙어 있는 것 같았다. 게다가 코끝이 위를 향하고 있는 터라 그 코에 가려 얼굴이 눈에 잘 들어오지 않았다. 코에 대해서는 할 말이 많았지만, 피부가 탄력을 잃고 안색 또한 안 좋아서 누구 하나 얼굴에 대해 더는 신경쓰는 이가 없었다.

세상에는 자하르 같은 남편들이 헤아릴 수 없을 만큼 많다. 아내의 조언이라면 콧방귀도 뀌지 않고 어깨만 씰룩이는 외교관조차 알고 보면 아내의 조언에 따라 서류를 작성하는 경우가 있다.

때로는 중요 사안에 대한 아내의 잔소리에 휘파람을 불며 마지못해 들어주는 듯 찡그린 얼굴로 대꾸하지만, 이튿날이면 그 잔소리를 장관에게 정식 보고하는 관리 또한 있다.

이러한 나리님들도 자하르처럼 자신의 아내에게는 무뚝뚝하다. 건네는 말에서 다정함이라고는 눈을 씻고 찾아도 찾아볼 수가 없다. 자하르 역시 아내를 그냥 부엌일이나 하는 여편네, 심각하고 기계적인 생활에서 벗어나 위안을 삼는 화초쯤으로 여길 뿐이었다…….

어느덧 정오의 햇살이 공원 오솔길을 태워 버릴 기세로 내리쬔다. 사람들이 아마포 차양 아래 드리워진 그늘에 앉아 있다. 아이들을 데리고 나온 유모들만이 그 뙤약볕 아래를 무리지어 활보하거나 풀밭에 앉아 있다.

오블로모프는 내내 소파에 누워서 오늘 아침 올가와 나눈 대화의 의미를 되새겨 본다.

"그녀는 날 사랑하고 있어. 그녀 안에서 나에 대한 감정이 끊임없이 변하고 있단 말이지. 이게 과연 꿈인가 생시인가! 그녀가 나를 그리워하고 있다니. 그녀가 그토록 열정적으로 노래를 부른 게 나를 위해서였다니. 음악이 우리 둘에게 사랑을 전염했어."

샘솟는 자신감을 느꼈다. 인생의 서광이 비친 것이다. 불과 얼마 전까지 그림자도 형태도 없던 모든 것들이 순간 아름다운 색채와 광선을 내뿜으며 빛나기 시작했다. 그는 어느새 스위스의 호수며, 이탈리아며, 외국에서 그녀와 함께 있는 자신의 모습을 그려 본다. 로마의 폐허를 산책하고, 곤돌라를 타고, 다음에는 파리와 런던의 군중들 사이에서 어찌할 바를 모르는 두 사람. 그리고 나서…… 마지막으로 자신의 고향 오블로모프카에 살고 있는 모습들까지.

그녀는 여신이다. 사랑스런 속삭임과 아름답고 눈처럼 하얀 얼굴, 그리고 가늘고 긴 목…….

농부들 중엔 아무리 찾아보아도 이와 비슷한 사람이 없다. 그들은 이 천사 앞에서 넙죽 엎드린다. 그녀는 조용히 풀밭으로 걸음을 옮겨 그와 함께 자작나무 그늘을 거닌다. 그리고 그에게 노래를 불러 준다…….

그는 삶 자체를 느낀다. 그 흐름이 달콤하고도 잔잔하다…… 희망과 행복으로 가득 차서 어느덧 깊은 생각에 잠긴다…….

갑자기 오블로모프의 얼굴에 먹구름이 드리워졌다.

"아냐, 절대 그럴 리가 없어!" 소파에서 벌떡 일어나 방 안을 서성이며 중얼거렸다. "날 사랑한다고? 눈엔 잠이 덕지덕지 붙어 있고, 볼살이 축 늘어진 이 우스꽝스러운 나를? …… 그녀는 아직도 날 비웃고 있는 거야……."

그는 거울 앞에 멈춰 서서 한참 동안 자신의 모습을 들여다보았다. 처음에는 눈이 아무래도 마음에 들지 않았지만, 잠시 지나자 다시 표정이 밝아졌다. 그리고 미소까지 지어 보였다.

"시내에서 지낼 때보다 훨씬 나아진 것 같은데, 더 깔끔해 뵈기도 하고, 눈도 그리 퀭하지 않군…… 다래끼도 이제 없어졌어…… 틀림없이 여기 공기가 좋아서 그럴 거야. 산책도 많이 하지, 술은 입에도 대지 않지, 눕지도 않아…… 이 정도면 이집트까지 갈 필요가 없겠어."

올가의 숙모인 마리야 미하일로브나로부터 식사하러 오라는 전갈이 왔다.

"그럼, 가야지!" 오블로모프가 말했다.

심부름꾼이 막 떠나려 했다.

"잠깐만! 받아 둬."

그에게 돈을 주었다.

오블로모프는 날아갈 듯 기뻤다. 자연의 모든 것들이 더없이 밝게 보였다. 사람들이 모두 착하고 즐겁게 사는 듯 보였다. 얼굴들마다 행복이 묻어났다. 자하르만 어두운 표정으로 주인을 힐끔거린다. 아니시야는 선량한 미소를 짓는다. '개라도 한 마리 길러야겠어, 아니면 고양이로 할까? ……고양이가 낫겠다. 순하고 울음소리도 야옹야옹 하니까.'

그는 올가의 집으로 달려갔다.

'그런데, 아무래도…… 올가가 나를 사랑하고 있어!' 길을 가면서도 그는 생각했다. '그녀는 정말 젊고 풋풋한 미인이야! 지금 그녀의 마음에는 인생의 가장 시(詩)적 장면이 펼쳐지고 있겠지. 검은 곱슬머리에 키가 훤칠하고 균형 잡힌 몸매를 자랑하는, 그리고 생각이 깊고 내면의 힘이 넘치는 청년을 그녀는 꿈꾸고 있을 게 틀림없어. 늠름한 얼굴, 자신만만한 미소를 머금은 입매, 예리한 빛이 반짝였다. 사라지는 눈. 그 눈으로 금세 상대의 마음을 녹이겠지. 그리고 목소리는 부드럽고 맑아 금속 현처럼 울릴 테고. 하지만 여자라 해서 다 이런 청년만 좋아하진 않을 거야. 얼굴에 비치는 늠름함, 마주르카를 추는 능숙한 발놀림, 말을 타고 질주하는 용감무쌍함만으로 사랑을 얻는 건 아닐 거야. 올가는 평범한 아가씨가 아니라서 다른 사람들처럼 잘 다듬어진 수염이나 검 휘두르는 소리에 마음이 설레지 않을지도 몰라. 그렇다면 그땐 뭔가 다른 게 필요하겠지. 이를 테면 지적인 힘 같은 거 말이야. 지성을 갖춘 남자 앞에서 그녀가 비로소 고집을 굽혀 고개를 숙이고 세상 또한 무릎을 꿇겠지…… 평판이 좋은 예술가라면 또 모르지……그럼, 난 뭐지? 오블로모프라는 것 말고는 쥐뿔도 없군. 요컨대 슈톨츠 같은 사람과는 차원이 달라. 슈톨츠는 머리도 좋을 뿐 아니라 힘도 있고 자신은 물론 타인을 다스릴 줄도 알아. 운명을 마음대로 주무르는 능력 또한 있지. 어디를 가든, 누구와 어울리든, 순식간에 상대를 압도하고 악기를 다루듯이 갖고 놀아…… 그런데 나는? 자하르란 놈 하나도 제대로 다루지 못해. 하기야 제 자신도 뜻대로 못하는데 뭘…… 자신은 물론이고…… 어쩔 수 없이 난 오블로모프야! 슈톨츠라! 아, 맙소사! ……그녀가 혹 그를 사랑하고 있는 건 아닐까.' 그는 화들짝 놀랐다. '그녀도 말한 적이 있어. 물론 우정이라 했지만. 그래 그건 아마 거짓말일 거야. 그럴 수밖에 없겠지…! 남녀 사이에 우정은 있을 수 없어……'

이런저런 생각에 사로잡혀 그의 걸음이 점점 느려졌다.

'만약 그녀가 내게 그냥 아양을 떤 거라면, 어쩌지? 오로지 그뿐이라면……'

그는 완전히 멈추어 섰다. 잠시 망연자실했다.

'거기에 교활한 의도가, 음모가 숨어 있다면 어쩐담…… 그녀가 나를 사랑하고 있다는 걸 어떻게 확신했던 거지? 그녀가 그런 말을 한 적도 없는데. 이건 자존심이라는 악마의 속삭임이야! 안드레이! 설마, 그럴 리가 없어. 그녀는 절대 그럴 리가, 그럴 리가…… 아, 그래 바로 저 여자야!' 멀리 자기 쪽으로 걸어오는 올가를 발견하고, 갑자기 그는 기쁨에 탄성을 질렀다.

올가는 즐거운 듯 입가에 미소를 띠며 그에게 손을 내밀었다.

'아냐, 그녀는 그런 여자가 아니야, 거짓말쟁이가 아냐.' 그는 이렇게 단정해 버렸다. '저렇게 다정한 눈으로 쳐다보는 거짓말쟁이가 세상천지에 어디 있어. 거짓말쟁이라면 진실한 미소도 지을 줄 모르고, 불평이나 늘어놓기 일쑤지…… 하지만…… 그녀는 아직 사랑한다는 말을 하지 않았어!' 다시 깜짝 놀라며 생각했다. 그는 열심히 자기에게 해명을 했다…… '그런데 화가 나는 이유가 뭐지? 오, 하느님! 왜 이리 혼란스러울까!'

"들고 있는 건 뭐죠?"

"나뭇가지입니다."

"무슨 나뭇가지요?"

"보시다시피, 라일락이죠."

"어디서 났어요? 여기는 라일락이 없는데. 어디 산책이라도 다녀오셨나요?"

"일전에 당신이 꺾었다가 버린 적 있잖아요."

"그걸 왜 주워 왔어요?"

"그냥 마음에 들어서요. 당신이…… 화가 나서 버렸으니까, 왠지."

"화낸 게 마음에 드신다니. 참, 이상한 말을 다 들어 보네요! 그런데 왜죠?"

"말 안 할래요."

"말씀해 보세요, 제가 이렇게 부탁할게요……"

"천만에요, 무슨 일이 있어도 안 돼요!"

"이렇게 애원해도요?"

오블로모프는 거절의 의미로 고개를 가로저었다.

"그럼 제가 노래를 불러드리면요?"

"그렇다면…… 생각해 볼 수도……."

"당신을 움직이는 건 음악밖에 없군요?" 그녀가 얼굴을 찡그리며 말했다.

"정말이죠?"

"네, 당신이 부르는 노래라면……."

"그럼, 노래할게요…… Casta diva, Casta di……."

노마의 호소가 울려 퍼지는가 싶더니 바로 노래를 멈춰 버렸다.

"자, 이제 말씀해 주세요!"

그는 잠깐 주저했다.

"아, 아뇨!" 결국 그는 조금 전보다 더 단호하게 거절하고 말았다. "무슨 일이 있어도 말 못 해요…… 절대로! 말했다가 그게 아니면 어떡해요. 만일 제가 착각한 거면 어쩌죠? …… 맹세코, 절대로 말해 줄 수 없어요!"

"뭔데 그러세요? 무슨 끔찍한 일이라도."

궁금해 못 견디겠다는 투로 그녀가 말했다. 그를 향한 시선에는 호기심이 가득했다.

이어서 어떤 생각이 그녀의 얼굴 위로 밀물처럼 떠오르는 듯했다. 상상의 빛, 추측의 빛, 그 하나하나가 퍼지더니 어느새 얼굴 전체가 하나의 생각으로 반짝였다……그건 마치 태양이 구름들 사이로 들여다보며 가끔 하나의 관목에서 다음 관목으로 빛을 던지다가 마침내 지붕을 비추는가 싶더니 갑자기 그 모두에게 빛의 홍수를 쏟아내는 느낌이었다. 그녀는 이미 오블로모프의 마음을 안 것이다.

"아, 아뇨, 혀가 말을 듣지 않네요…… 묻지 말아 주세요."

"묻지 않아요."

그녀가 관심 없다는 듯 말했다.

"묻지 않겠다고요? 지금 당신이……."

"그만 집으로 가죠." 그의 말은 아랑곳하지 않고 그녀가 태연한 척하며 말했다. "숙모가 기다리세요."

그녀가 성큼성큼 앞장서 갔다. 그를 숙모 곁에 남겨놓은 채 곧장 자기 방으로 들어가 버렸다.

제8장

　오블로모프에게 그날은 내내 환멸의 연속이었다. 온종일 그는 올가의 숙모와 함께 보냈다. 그녀는 매우 지혜롭고 품위가 있었다. 언제나 옷을 멋지게 차려입었다. 몸에 꼭 맞는 명주옷에다 새 레이스 깃을 달았다. 두건은 멋스러웠고 리본은 요염한 게, 이제 곧 쉰 살이라는 나이가 무색할 정도로 생기 넘치는 얼굴에 잘 어울렸다. 목에는 손잡이가 달린 접이식 금테 안경을 걸고 있다.

　그녀의 자세와 몸짓은 기품이 넘쳤다. 화려한 숄을 아주 절묘하게 두르고, 자수무늬 쿠션에 팔꿈치를 걸치고는 위풍당당한 풍채로 소파에 앉아 있는 모습이 그러했다. 그녀가 일하는 모습은 본 적이 없었다. 허리를 굽힌다거나 뜨개질을 한다거나 자질구레한 일에 신경 쓴다는 건 그녀의 얼굴, 위엄 있는 자태와는 전혀 어울리지 않았다. 하인들에게 지시를 내릴 때의 말투는 대수롭지 않은 듯 짧게 끊어서 다소 차갑게 느껴졌다.

　그녀는 어쩌다 한 번 책을 읽는 경우는 있어도 결코 글을 쓰는 법은 없었다. 말솜씨가 좋았는데 특히 프랑스어로 이야기할 때가 그러했다. 하지만 그녀는 오블로모프가 프랑스어를 자유롭게 구사하지 못한다는 사실을 눈치채고는 그 다음날부터는 곧바로 러시아어로 바꿔서 대화를 하는 아량도 보였다.

　대화에서 그녀는 공상이나 철학 같은 어려운 이야기를 입 밖에 내는 법이 없었다. 그녀의 머릿속에는 엄격한 선이 있어 그 너머로 절대 고개를 내밀어서는 안 되는 듯했다. 모든 상황으로 보아 그녀의 감정, 사랑을 포함한 온갖 마음이 다른 요소들과 마찬가지로 삶 속으로 들어오고 있거나 또는 이미 들어와 버린 듯했다. 다른 여자들의 경우에는 사랑이, 비록 진심이 아닌 말로 끝난다 할지라도 삶의 모든 문제에 관여를 했다. 그리고 다른 모든 것들은 그 사랑이 차지하는 공간에 여유가 생겼을 때 비로소 그 틈을 타서 들어갈 수 있었다.

이 여인의 경우는 삶에서 자신을 통제하고, 생각과 의지, 의지와 실천의 균형을 유지하는 것이 무엇보다도 중요했다. 이런 여인은 상대에게 한시도 눈을 떼지 않는 용의주도한 적군처럼, 절대 기습을 허용치 않았다.

그녀는 사교계 출신답게 절도와 신중함이 말과 행동보다 앞서 있었다.

그녀는 감정을 드러내지 않을 뿐더러 절대 누구에게도 속마음을 털어 놓지 않았다. 그녀 주변에서는 커피 한 잔을 마시며 도란도란 이야기를 나눌 마음 착한 친구나 노파 한 사람도 찾아볼 수가 없었다. 그녀와 단둘이 시간을 보낼 만한 사람은 독일 귀족 출신인 랑바겐 남작뿐이었다. 저녁이면, 그는 대개는 올가와 함께 있었는데, 이따금 자정까지 머물기도 했다. 하지만 그들은 거의 침묵으로 일관했다. 그 침묵에는 어떤 비장함과 영민함이 깃들어 있는 듯한, 남들이 모르는 무언가를 알고 있는 듯한 착각을 불러일으켰다. 하지만 그게 다였다.

겉으로 그들은 함께 있기를 좋아하는 것처럼 보였다. 바로 이게 그들을 보면서 느낄 수 있는 마지막 결론이다. 그녀는 남작을 다른 사람과 똑같이 대했다. 호의적이고 친절하면서 어느 정도는 편안하게.

입이 험한 사람들은 이를 이용해 오랜 우정이니, 함께 외국 여행을 간다느니 빈정댈 지도 모른다. 하지만 그녀와 남작의 관계에서는 감춰진 특별한 애정 따위는 조금도 엿볼 수 없었다. 만일 그런 게 있다면 금방 겉으로 드러났으리라.

사실 그는 얼떨결에 청부계약으로 저당이 잡혀 버린 올가의 작은 영지를 관리해 주고 있었다. 그리고 아직까지 그 임무는 유효하다.

남작은 지금도 일을 진행하고 있었다. 그는 어떤 관리에게 문서를 작성하도록 지시하고, 돋보기안경 너머로 문서를 검토하고, 필요하면 결재도 하며, 문서와 함께 관리를 관청으로 보내기도 했다. 그리고 자신은 일이 원활하게 진행되도록 사교계의 연줄을 이용했다. 그의 행동으로는 신속하게 일이 마무리될 것만 같아 보였다. 이런 태도가 험한 소문들을 잠재웠고 모두들 남작을 친척처럼 익숙하게 받아들이게끔 만들었다.

쉰 남짓 되는 나이에도 여전히 그는 생기가 넘쳤다. 수염을 염색했고 한쪽 다리를 조금 절 뿐이었다. 그는 세련되고 매우 친절해 부인들 앞에서는 절대

담배를 피우지 않았으며, 다리를 꼬고 앉지도 않았다. 때문에 모임에서 멋대로 의자에 푹 퍼져 앉아 무릎과 장화를 코 높이까지 올리는 버릇없는 젊은이들을 엄하게 꾸짖었다. 그는 방 안에서도 장갑을 끼고 있었으며 식사를 할 때만 벗었다.

그는 최신 유행하는 연미복을 입었으며, 그 단춧구멍에는 많은 외국 훈장을 줄줄이 매달았다. 거기에 사륜마차를 타고 다녔는데, 끔찍이도 말을 아꼈다. 마차에 올라탈 때도 그는 한 바퀴 빙 돌면서 마구(馬具)와 말발굽을 살펴보았다. 이따금 흰 손수건을 꺼내 들고 말들이 제대로 씻겨졌는지를 살피기 위해 말의 어깨와 등을 닦아보기도 했다.

안면이 있는 사람을 만났을 때는 호의적이고 친절한 미소로 인사를 하되, 모르는 사람에게는 처음엔 냉정했다. 그러나 한번 소개를 마치고 나면 냉정함은 어느새 미소로 바뀌었으며, 다음부터는 계속 그 미소를 기대해도 좋았다.

어떤 분야에 대해서도 남작은 논쟁할 수 있었다. 이를테면 선행이든 경제든 아니면 과학이든 사교계든 화제와 상관없이 당당하게 나서서 자신의 견해를 말했다. 확실하게 정해진 틀 안에서 자신의 의견을 밝혀, 마치 수업을 위해 미리 준비한 내용을 사교계에 들고 나와서는 다 만들어진 말들을 그냥 늘어놓는 느낌이었다.

이제까지 올가와 숙모의 관계는 매우 단순하면서도 좋았다. 호의적인 관계 속에서 그들은 결코 중용의 선을 넘지 않았고, 둘 사이에 결코 불만의 그늘이 드리워진 적이 없다.

그럴 수밖에 없었던 데에는 올가의 숙모인 마리야 미하일로브나의 성격도 한몫을 했고, 두 사람 모두 달리 처신할 아무런 이유를 찾지 못했다는 사실 또한 큰 역할을 했다. 숙모는 올가가 마다하는 일을 강요하지 않았다. 올가는 올가대로 숙모의 바람을 저버리고 충고를 듣지 않겠다는 생각은 꿈에도 해 본 적이 없었다.

그렇다면 숙모의 바람이란 어떤 것들일까? 다름 아니라 옷을 고르고 머리모양을 결정하는 일이나 프랑스식 극장*¹을 갈까 아니면 오페라를 보러 갈까

---

*1 상트 페테르부르크에 있는 미하일로프스키 극장을 일컬음.

그런 따위의 선택이다.

올가는 숙모가 바라는 만큼만, 충고하는 만큼만 따를 뿐 그 이상은 생각해 본 적이 없다. 사실 숙모도 숙모로서 내세울 수 있는 권리 안에서 충고를 했다. 너무 매정할 만큼 지나치게 중립을 지키기는 했지만 어쨌든 그 선을 넘는 법이 없었다.

이 관계라는 것이 너무도 무미건조해서 숙모가 올가에게 순종과 상냥함을 강요한다거나, 그 반대로 올가가 숙모에게 순종적이지 않다거나 하며 이러쿵저러쿵 하는 건 전혀 무의미했다.

그들이 함께 있는 것을 처음 보는 사람이라면 둘의 관계를 숙모와 조카가 아니라 어머니와 딸 사이로 느낄 수도 있었다.

"상점에 다녀오려고 하는데, 혹시 뭐 필요한 거라도 있니?"

숙모가 묻는다.

"네, 숙모님, 보라색 옷을 바꿔야 해요." 올가가 대답한다. 그러고는 함께 나간다. 아니면 이렇게 말한다. "아뇨, 숙모님, 벌써 다녀왔어요."

숙모가 두 손가락으로 그녀의 두 볼을 잡고 이마에 입을 맞추면, 올가 또한 숙모의 손에 입을 맞춘다. 한 사람이 외출을 하면 다른 한 사람은 집에 남는다.

"올해도 그 별장을 빌려야 하나?"

숙모가 질문도 권유도 아닌, 혼자 결정하기 어렵다는 투로 입을 열었다.

"그러게요, 거기가 참 좋긴 하죠." 올가가 말한다.

그리고 별장을 빌린다.

그런데 올가가 이렇게 말한 적도 있다.

"아휴, 숙모님은 그 숲과 모래사장이 싫증도 안 나세요? 다른 데로 가 보는 게 좋지 않을까요?"

"생각해 보자꾸나. 올렌카,*² 극장에 갈래? 그 연극 인기가 좋기로 소문이 떠들썩하던데."

"당연히 가야죠."

대답은 이렇게 하지만 애써 상대의 비위를 맞출 생각도 없을 뿐더러 순종

---

*2 올가의 애칭.

하며 따르는 기색도 전혀 없다.

가끔 대수롭지 않은 일로 옥신각신하기도 한다.

"미안한데, 우리 아가, 초록색 리본이 네 얼굴에 어울리는 것 같니? 크림색을 하지 그러니."

"아휴, 숙모님! 크림색 리본은 벌써 여섯 번이나 했어요, 이젠 싫증이 났다고요."

"그랬니, 그럼 팬지색으로 하든가."

"크림색이 마음에 드세요?"

숙모가 물끄러미 조카를 쳐다보며 천천히 고개를 흔든다.

"마음대로 하렴, 우리 아가, 내가 너라면 크림색이나 팬지색을 했을 거라는 말이지."

"하지만, 숙모님, 그래도 전 이걸로 할래요."

올가는 상냥하게 말하면서 끝내 자신이 원하는 리본을 집는다.

올가는 판결이 자신에게 법적 효력을 가지는 권위자로서가 아니라 보다 경험이 풍부한 다른 여자에게 묻듯 가벼운 마음으로 숙모에게 충고를 구한다.

"숙모님, 이 책 읽으셨어요? 어떤 내용이에요?"

"아휴, 너무 졸작이야!"

숙모가 책을 한쪽으로 밀어내며 말한다. 그렇다고 책을 숨기는 것도, 올가가 읽지 못하게 다른 방법을 쓰는 것도 물론 아니다.

올가 또한 그 책을 거들떠보지 않는다. 만일 둘이 결정하기 어려우면 랑바겐 남작이나, 만약 슈톨츠가 있으면 슈톨츠에게 내민다. 따라서 책을 읽고 안 읽고 하는 결정은 모두 그들 몫이었다.

"우리 올가! 자바스키 댁에서 자주 널 찾아오던 그 젊은이 말야, 어젯밤 그 사람에 대한 터무니없는 소문을 들었단다."

그게 전부다. 앞으로 그 청년과 이야기를 할지 말지는 올가가 알아서 판단할 문제이다.

오블로모프가 그들 집에 모습을 보이는 일이, 숙모나 남작에게 심지어 슈톨츠에게도 아무런 문제가 되지 않았으며, 또 특별한 흥미를 불러일으키지도 못했다. 슈톨츠는 친구를 조금은 격식 갖춘 집에 소개해 주고 싶었다. 이 집에선 식사 뒤에 잠을 자게 놔두지 않았으며 다리를 꼬고 앉기도 겸연쩍었다. 늘 말쑥한 옷차림에다 내뱉는 말 하나하나에도 주의를 기울어야 한다. 한마디로 여기에선 활기 넘치는 새로운 대화가 끊임없이 오가기 때문에 잠을 잘 수도, 자세를 흘뜨릴 수도 없다.

슈톨츠는 이런 생각도 했다. 오블로모프가 꿈꾸던 삶에, 젊고 매력적이며 총명하고 생기발랄한, 그리고 조금은 냉소적인 여성을 끌어들이면 어떨까 하고 말이다. 그러자 어두컴컴한 방 안으로 등불을 가져와 방 구석구석에 은은한 빛을 퍼뜨리고 온기까지 더한 그런 방이 머릿속에 떠올랐다.

이게 바로 그가 자기 친구와 올가를 만나게 하여 얻고자 했던 결과였다. 이 일이 사랑의 불씨를 옮기게 되리라고는 그 자신도 미처 생각지 못 했다. 그렇다면 올가와 오블로모프 둘은 어떠했을까.

일리야 일리이치는 두어 시간 숙모 곁에 예의바르게 앉아 다리를 한 번도 꼬지 않고 점잖게 담소를 나누었다. 그는 두 번이나 그녀의 발 아래에 발판을 놓아 주기도 했다.

남작이 와서는 친절하게 미소지어 보이고 다정하게 그의 손을 잡았다.

오블로모프는 더욱 예의바르게 행동했다. 다른 세 사람도 더할 나위 없이 서로에게 만족스러워했다.

숙모는 오블로모프와 올가가 구석에서 이야기를 나누거나 단둘이 산책하러 가는 걸 보고……아니, 차라리 아무 생각도 하지 않았다고 표현하는 게 나을 듯싶다.

다른 젊은 멋쟁이와 산책을 한다면 이야기는 달라진다. 그때도 아무 말 하지 않겠지만 자기만의 고집스런 방식으로 은밀하게 그 관계를 깨뜨려 버릴 것이 뻔하다. 처음 한두 번은 직접 그들과 함께 산책을 나가다가 나중에는 다른 누군가를 딸려 보내고, 그러다 보면 자연히 산책은 그냥 그렇게 끝이 나게 마련이었다.

그러나 올가와 산책을 하고 거실 구석이나 발코니에 나란히 앉아 있는 사람이 '오블로모프'라면…… 이건 어떤 의미로 받아들여야 한단 말인가? 이제 그도 서른 살이 넘었으니 그녀에게 시시콜콜한 이야기를 한다거나 이상한 책을 건네지는 않을 것이다…… 하기야 누군들 그런 생각을 하겠는가.

게다가 슈톨츠가 떠나기 전에 올가에게 하는 말을 숙모는 우연히 엿들었다. 오블로모프가 혼자 졸거나 잠을 자게 내버려 두지 말고, 되도록 그를 못 살게 굴면서 이런저런 일거리를 주라는 것이었다. 한 마디로, 그를 자신이 말한 대로 관리해 달라는 당부였다. 그리고 만일 오블로모프가 외국으로 떠나지 않으면 어떻게 해서든 자주 집으로 초대하고, 산책과 소풍에 함께 데려가는 등 온갖 방법을 동원하여 잠시도 그를 가만 놔두지 말라고 했다.

그가 숙모와 함께 있는 동안 올가는 모습을 보이지 않았다. 시간이 지루하게 흘렀다. 오블로모프는 다시 온몸이 화끈 달았다가 식었다. 그제야 올가의 태도가 갑자기 달라진 원인을 짐작할 수 있었다. 왠지 이 변화가 그에게는 이전보다 더 버겁게 느껴졌다.

얼마 전 그녀가 화났다고 생각했을 때는 두렵고 창피하기만 했다. 그런데 지금은 쑥스럽고 거북하기만 하다. 마치 비가 오는 습한 날처럼, 마음은 춥고 암울하다. 오블로모프는 자신에 대한 그녀의 사랑을 이미 눈치챘다는 암시를 그녀에게 주었다. 게다가 자신이 부린 호기가 어쩌면 당치도 않은 착각일지 모른다는 것이다. 그야말로 치욕스럽다. 용서를 빌 수도 없을 만큼 말이다. 예컨대 정곡을 찔렀다 한들 이 얼마나 어설픈 처사란 말인가! 또 얼마나 얼토당토않은 독선적이고 꼴사나운 행동인가!

그는 젊은 아가씨의 마음에 수줍게 뛰기 시작한 감정을 물리칠 수도 있었다. 마치 조그만 새가 나뭇가지에 조심스레 내려앉듯, 살며시 마음속에 깃들려던 감정이 자칫 잘못하여 아주 달아나버리는 건 아닌지.

그는 심장이 멎는 듯한 전율을 느끼며 올가가 식사하러 나오기만을 애타게 기다렸다. 그녀가 무슨 말을 어떻게 할지, 어떤 시선으로 자신을 쳐다볼지…….

드디어 올가가 나왔다. 그녀를 보는 순간 오블로모프는 꼼짝도 할 수 없었다. 그녀는 다른 사람 같았다. 얼굴 생김새며 심지어 목소리까지 완전히 달라져 있었다.

그녀의 입가에서는 아이 같은 천진난만한 미소가 사라졌다. 의문이나 단순한 호기심에서 눈을 크게 뜨고 바라보던 예전의 시선 또한 찾아보기 힘들었다. 마치 이젠 더 이상 물어볼 말도 없고 더 알고 싶은 것도 없으니 놀랄 일도 없다는 듯 말이다!

그녀의 눈길이 예전처럼 그를 좇지도 않았다. 그녀는 오블로모프를 마치 더는 알 필요가 없는 오랜 친구처럼 자신에게는 그저 그런, 즉 남작과 다를 바가 없다는 표정으로 바라보고 있었다. 1년 만에 다시 만나기라도 한 듯 그녀는 몰라볼 만큼 훌쩍 성숙해 버린 것 같았다.

이미 표정에서는 냉랭함도 사라지고, 어제와 같은 분노의 그림자도 없었다. 그녀는 농담까지 하면서 심지어는, 소리내어 웃기까지 했다. 예전 같으면 아무 대꾸도 하지 않았을 질문에 대해서도 진지하게 대답했다. 그녀는 누구나 하는 것들을 자신도 한 번 해 봐야겠다고 애써 노력하는 모습이었다. 하지만 전에는 볼 수 없던 행동들이다. 마음속 생각들을 거리낌 없이 그대로 내뱉어 버리는 자유와 여유는 더 이상 보이지 않았다. 모두 어디로 사라져 버린 걸까?

식사를 마치자, 그는 올가에게 다가가 산책을 하지 않겠느냐고 물었다. 그녀는 아무런 대꾸도 없이 숙모에게 이렇게 말했다.

"우리 산책 나갈까요?"

"멀리 가지만 않는다면. 양산 좀 가져오라고 해 주렴."

그렇게 다 함께 산책을 나갔다. 모두 터덜터덜 힘없이 걸었다. 멀리 페테르부르크 시내를 바라보며 숲까지 갔다가 다시 발코니로 돌아왔다.

"오늘은 노래 부를 만한 기분이 아닌 것 같군요. 청하기도 두렵습니다."

어쩌면 이런 어색함이 끝나고 그녀에게 쾌활함이 다시 돌아오지는 않을까, 진실함을 담은 순진한 신뢰의 빛이 그녀의 말 한 마디에, 미소에, 노래 속에 반짝이지는 않을까, 이런 생각에서 오블로모프는 넌지시 말을 건넸다.

"무덥구나!"

숙모가 말했다.

"상관없어요, 한번 불러 보죠."

그리고 올가는 로망스를 불렀다.

그는 노래를 들으면서도 귀를 의심하지 않을 수 없었다.

여기 이 사람은 그때의 그녀가 아니다. 예전의 열정적인 음성은 어디로 사라진 걸까? 그녀는 요청을 받고 많은 청중들 앞에 나가서 부르는 다른 처녀들처럼 고운 목소리로 가능한 정확하게…… 그렇게 노래를 불렀다. 열정은 찾아볼 수 없다. 그녀는 노래에 혼을 담지 않았고, 청중은 아무 감흥을 느끼지 못했다.

교활하게도 시치미를 떼고 있는 걸까, 아니면 화를 내고 있는 걸까? 도저히 가늠을 할 수 없다. 그녀는 다정다감하게 바라보며 시키지도 않은 말을 종알거린다. 하지만 앞서 노래할 때와 마찬가지로 타인과 다를 바 없이 그렇게 말을 하고 있다…… 이게 무슨 조화란 말인가?

오블로모프는 차를 내오기도 전에 모자를 집어들고 모두에게 인사했다.

"자주 놀러 와요. 평일엔 늘 우리뿐이라 지루하겠지만 일요일엔 모두 모일 테니 즐겁고 유익할 거예요."

숙모가 말했다.

남작이 점잖게 자리에서 일어나 조금 허리를 굽혀 그에게 인사를 했다.

올가는 친한 사람들 대하듯 가볍게 고개인사를 건넸다. 그가 나가자 올가는 창가로 다가가 점점 멀어져 가는 오블로모프를 보면서 그 발소리에 귀를 기울였다.

이 두 시간과 다음 며칠간, 그리고 또 일주일 정도의 짧은 시간이 그녀에게 큰 영향을 미쳤다. 자신을 저만치 떠밀어낸 것이다. 이처럼 빠르게 정신적으로 성장하면서 내면의 모든 것들이 변화하는 현상은 오로지 여자에게서만 볼 수 있다.

여자란 날마다, 아니 시시때때로 자신의 인생수업에 귀를 기울이고 있는 듯하다. 그건 너무나도 사소하고 알아채기 힘든 내적 경험이라서 날아가는 새의 그림자처럼 잠시 스쳤다가 사라진다. 남자라면 바로 눈앞을 지나가도 결코 몰랐을 일을 여자는 눈 깜짝할 사이에 파악해 버린다. 그녀는 저 멀리 날아가는 그 그림자를 물끄러미 좇는다. 사라지며 그려진 곡선이 그녀의 머릿속에 씻기 어려운 기호로, 삶의 지표와 교훈으로 남는다.

남자라면 이정표 없이는 절대 찾지 못할 길도 여자에게는 가볍게 부는 산들바람이나 미세한 공기의 진동만으로 충분하다.

어째서, 지난주까지만 해도 그토록 근심 걱정이 없던, 절로 웃음이 나올 만큼 순박하게만 보이던 아가씨 얼굴에 난데없이 엄숙함이 자리잡게 된 걸까? 어떤 생각일까? 무슨 생각을 하고 있는 걸까? 모르긴 해도 그 생각 속에는, 예컨대 모든 논리, 남자들의 현명한 경험철학, 모든 삶의 방식을 총망라하는 그 어떤 것이 담겨 있으리라!

지난날, 소녀였을 때 떠났던 사촌이 드디어 학업을 마쳐 번쩍이는 견장을 달고 돌아왔다. 그녀를 보자마자, 들뜬 마음에 곁으로 달려가 예전처럼 어깨를 툭 치고는 두 손을 맞잡고 빙글빙글 돌며 의자나 소파 위를 뛰어보려는데 …… 문득 그녀의 얼굴을 뚫어지게 보더니 당황하고 겁에 질린 얼굴로 뒷걸음질친다. 그리고 깨닫는다. 자신은 아직 소년인데 그녀는 이미 여인이라는 사실을!

어찌된 일일까? 무슨 일이 있었을까? 심각한 연극? 무슨 큰일이라도? 온 도시가 알고 있는 무슨 새 소식이라도?

아니, 아무 일도 없었다. 어머니, 숙부, 숙모, 유모, 하녀고 할 것 없이 그 누구도 아는 바가 없다. 사건이 일어날 틈도 없었다. 혹시 마주르카 두 곡과 카드릴 몇 곡을 연이어 추고는, 두통으로 머리가 깨지는 것처럼 아파서 밤잠을 설쳤던 것일까……

그러고 나서 아무런 변화 없이 지나갔다. 오로지 그녀 얼굴에 새로운 표정들이 더해졌을 뿐이다. 바라보는 눈빛이 달라지고 큰소리로 웃지도 않았으며 단번에 배 하나를 통째로 먹어치우는 일도 그만두었다. 그리고 '학교 기숙사에서 있었던 일'도 더는 이야기하지 않았다. 그녀 또한 학업을 마쳤기 때문이다.

오블로모프는 다음 날에도 그 다음 날에도 사촌이 그러했 듯, 겨우 그녀를 알아보고는 겁먹은 눈초리로 바라보았다. 하지만 그를 바라보는 그녀의 눈길에 서렸던 호기심과 애정은 사라져 버리고 다른 사람들과 마찬가지로 평범함만이 남아 있다.

'그녀에게 무슨 일이 있었던 것일까? 지금 무슨 생각을 하고, 무엇을 느끼고 있을까?' 그는 이런저런 궁금함으로 괴로웠다. '도무지 이해할 수가 없어!'

죽었다 깨어나도 그로서는 이해 못 하는 게 마땅하리라! 남자라면 기껏해야 스물다섯 살이 되어, 스물다섯 명의 교수들과 도서관의 도움을 받으며 세상살이의 숱한 방황들을 겪고 나서야, 어쩌면 향기로운 영혼과 신선한 사상을 고민하며 얼마큼의 머리카락을 잃어버리고 나서야 비로소 얻을 수 있는 일이 일찌감치 그녀의 마음속에서는 일어난 것이다.

다시 말해, 이는 그녀가 자각의 세계로 진입했음을 의미한다. 별다른 대가를 치르지 않고 그녀는 이 변화를 겪었다.

"이래서는 안 돼, 정말 힘들고 답답한 노릇이야! 브이보르그 쪽으로 이사해서 일도 하고 책도 읽고, 오블로모프카로 가야겠어…… 혼자서!" 깊은 고민에 빠져 그가 말했다. "그녀 없이, 그래! 잘 있어라, 내 낙원이여, 내 밝고 평화로운 삶의 이상이여 안녕!"

넷째 날도 다섯째 날도 떠나지 않았다. 책을 읽지도, 글을 쓰지도 않았다. 산책을 하려면 먼지가 풀풀 이는 길거리를 지나 산으로 가야 했다.

"이 더위에 산책이라니, 고생을 사서 하는 꼴이군!"

혼잣말을 하고 하품을 늘어지게 한 다음 다시 집으로 발길을 돌렸다. 소파에 눕자마자 깊은 잠에 빠졌다. 마치 가로호바야 거리의 먼지투성이 방 안에서 블라인드를 내리고 잠에 빠져들었을 때와 마찬가지로.

오블로모프는 불길한 꿈을 꾸었다. 잠에서 깨어나자, 야채 냉국과 다진 고기가 차려진 식탁이 눈에 들어왔다. 하인 자하르는 졸린 눈으로 창밖을 내다보며 서 있었다. 다른 방에서는 아니시야가 접시를 딸그락거리고 있었다.

오블로모프는 식사를 하고 창턱에 앉았다. 답답하고 어리석기 짝이 없다. 역시 혼자다! 또다시 외출하고 싶지도, 손가락 하나 까딱 하고 싶지도 않다!

"한번 보세요, 나리. 이웃에서 새끼고양이 한 마리를 가져왔어요. 어제 키우고 싶다고 하셨잖아요."

주인의 기분을 달래 줄 생각으로 아니시야가 새끼고양이를 그의 무릎에 올려놓으며 말했다.

그는 고양이를 쓰다듬기 시작했다. 고양이와 있어도 여전히 지루하기만 했다!

"자하르!" 그가 불렀다.

"무슨 일예유?"

자하르가 힘없이 대꾸했다.

"아무래도 시내로 이사를 해야겠어."

오블로모프가 말했다.

"시내 어디로요? 집도 없는데."

"브이보르그 쪽으로."

"웬일이래유. 별장에서 또 다른 별장으로 옮긴다는 건가유? 거기에 무슨 보물이라도 있나유? 누구 만날 사람이라도 있슈? 미혜이 안드레이치, 맞지유?"

"여긴 아무래도 편치가 않단 말야……"

"그럼, 또 물건들을 죄다 옮기나유? 맙소사! 이곳으로 이사하느라 기진맥진이 되었구면. 아직 찻잔 둘 하고 바닥용 솔도 못 찾았는데. 미혜이 안드레이치가 그곳으로 안 가져갔으면 찾기는 이미 글렀구면."

오블로모프는 아무 말도 하지 않았다. 어느새 자하르가 트렁크와 여행용 배낭을 가지고 돌아왔다.

"어디다 놓을까요? 행여 팔아먹으려는 건 아니지유?"

발로 트렁크를 툭툭 차면서 그가 말했다.

"무슨 말이야. 너, 정신 나갔어? 이제부터 슬슬 외국에 다녀오려는 건데."

오블로모프는 치밀어 오르는 화를 속으로 억눌렀다.

"외국이라 하셨슈?" 갑자기 자하르가 비아냥거리는 투로 말하기 시작했다.

"그냥 한 번 해 본 말일 텐데, 정말 외국에 가려구유?"

"뭘 그렇게 의심이 많아? 간다면 가는 거지. ……여권도 벌써 준비됐잖아." 오블로모프가 말했다.

"거기선 주인님 신발은 누가 벗겨드리나유?" 자하르가 비꼬듯이 말했다. "여자들이 할 것 같아유? 나 없이는 아무 일두 못하잖어유!"

그는 다시 이죽거렸다. 그러자 볼수염과 눈썹이 양옆으로 퍼졌다.

"하는 말마다 멍청하긴! 이거 치우고 썩 꺼져 버려!"

오블로모프가 버럭 화를 내며 대꾸했다.

다음날 오블로모프가 아침 10시에 눈을 뜨자마자, 자하르는 그에게 차를 내오며 빵가게에 갔다가 아가씨를 만났다고 말했다.

"아가씨라니 누구?"

오블로모프가 물었다.

"누구겠어요? 주인님의 아가씨, 올가 세르게브나 말이죠."

"응, 그래서?"

오블로모프가 답답하다는 듯 물었다.

"그러니까, 나보고 안부 전해 달라 하시고서 주인님 건강이 어떠신지 요즘엔 무얼 하시는지 묻더라구유."

"그래서 뭐라고 했어?"

"건강하시다, 그런데 뭐 하실 일이 있겠나, 했죠."

"왜 시키지도 않은 바보 같은 소리를 해? '할 일이 있겠냐니!' 내가 뭘 하는지 네가 어떻게 알아? 또 다른 말은 없었어?"

"어제 저녁식사를 어디서 하셨냐고 물으셨어요."

"그래서?"

"집에서 드셨고, 밤참도 드셨다고, 말씀드렸더니 '어머, 밤참도 드세요?' 아가씨가 묻기에 조그만 닭 두 마리를 드셨다구 했지유……."

"멍―청―이!"

오블로모프가 큰소리로 꾸짖었다.

"거기서 왜 멍청이가 나온대유? 거짓말이라두 했는가유?" 자하르가 툴툴거렸다. "원하시면 저기 닭 뼈도 보여드릴 수 있는데……."

"정말 멍청이가 따로 없어!"

"아가씨는 뭐래?"

"싱긋 웃으시대유. 나중에는 '그렇게 적게 드세요?' 하시던데유?"

"멍청이도 상멍청이야! 네가 내게 셔츠도 뒤집어 입혀 준다는 말도 하지 그랬어."

"묻지도 않은 말을 뭐하러 해유?"

"뭘 더 물어 보던?"

"요즘 뭘 하셨는지 물으셨지유."

"그래서, 또 뭐라 대답하고?"

"아무 일도 안하고 내내 누워만 있다고 했지유."

"에이그!" 오블로모프는 두 주먹을 관자놀이까지 번쩍 치켜들고는, 머리 끝까지 화가 나서 이렇게 말했다. "저리 썩 꺼져 버려!" 그가 윽박지르듯이 덧붙였다. "내 이야길 한 번만 더 그런 식으로 멍청하게 했다간 그땐 네놈을 가만두지 않을 테다! 정말 대책 없는 인간이라니까, 제기랄!"

"왜유, 그럼 나보구 이 나이 먹어서까지 거짓말이라도 하란 말예유?"

자하르는 자신의 행동을 합리화하려고 애썼다.

"꺼지라고 했잖아!"

일리야 일리이치가 또다시 고함을 쳤다.

자하르는 욕설 따위에는 전혀 개의치 않았다. 주인이 '정나미 떨어지는 말'만 하지 않기를 간절히 바랄 뿐이었다.

"주인님이 브이보르그 쪽으루 이사할 예정이라는 말도 했지유."

마지막으로 자하르가 이렇게 말했다.

"나가라면 썩 나가 버려!"

오블로모프가 더 큰소리로 명령했다.

자하르는 방을 나와서 온 거실이 무너져라 한숨을 내쉬었다. 오블로모프는 차를 마시기 시작했다.

그는 찻잔을 비우고 수북이 쌓여 있는 프랑스빵과 프레첼 과자에서 프랑스빵 하나를 집어먹었다. 또다시 자하르가 버릇없이 마구 떠들어 대지 않을까 걱정이 되었다. 곧바로 시가에 불을 붙이고 책상 앞에 앉아서 아무 책이나 손에 잡히는 대로 펼쳐서 읽어 내려갔다. 한 페이지를 읽고 다음 페이지로 넘기려 하자 두 쪽이 서로 붙어 있었다.

오블로모프는 그 사이로 손가락을 집어넣어 붙은 책장을 분리했다. 그랬더니 책장 가장자리가 깨끗하게 잘리지 않았다. 하필이면 이 책 주인은 슈톨츠였다. 그는 모든 것들에, 감히 누구도 넘보지 못할 만큼 엄격한 규칙들을 적용하고 있었다. 특히 책에 대해서는 더 까다로웠고 애착이 심했다! 종이든 연필이든 어떤 자잘한 것들도 제자리에 없는 꼴을 절대 용납하지 않았다.

뼈로 만든 종이 자르는 칼이 필요했으나 공교롭게도 그런 건 없다. 물론 식칼을 가져오라 해도 될 일이었지만 오블로모프는 그보다 먼저 책을 제자리에 가져다 놓고 소파에 눕기로 마음먹었다. 자리를 잡고서 누우려고 자수 쿠션에 한쪽 팔꿈치를 댄 순간 자하르가 방으로 들어왔다.

"그러고 보니, 아가씨가 주인님보고 거기…… 뭐라구 하더라, 하여튼 거기로 오시라고 했던 것 같은데유!" 그가 보고를 했다.

"아까, 두 시간 전에는 왜 그 말을 안 했어?"

조바심을 내며 오블로모프가 물었다.

"나가라고 꾸지람만 하셨잖어유. 끝까지 말할 기회나 주고서 그런 소리하면……" 자하르가 대들 듯 말했다.

"내가 너 때문에 못살아, 자하르!" 오블로모프가 흥분해서 말했다.

'아무튼, 내가 말하는 꼴을 못 본다니까!' 왼쪽 볼수염이 주인을 향하게 벽을 바라보면서 자하르는 마음속으로 생각했다.

'요즘은…… 왜 그렇게 남의 말을 톡톡 가로채는지!'

"어디로 오래?" 오블로모프가 물었다.

"저기 그러니께, 뭐라더라? 그래 정원이라던가……."

"공원 아냐?" 오블로모프가 퉁명스럽게 말했다.

"공원, 공원 맞아요. '괜찮으면 산책이 어떠시냐고 물어봐 줘요. 나도 갈 테니' 그러시던대유……."

"옷 준비해!"

화단이란 화단, 정자란 정자를 다 뒤지며 공원을 온통 헤집고 뛰어 다녔지만 올가는 그 어디에도 없었다. 그는 지난번에 그녀와 이야기를 나누던 그 오솔길로 가보았다. 그녀가 거기 벤치에 앉아 있었다. 예전에 그녀가 라일락 나뭇가지를 꺾었다가 도로 던져 버린 장소에서 그리 멀지 않지 않은 곳이었다.

"나오지 않는 줄 알았어요."

그녀가 다정하게 말했다.

"당신을 찾느라 공원 전체를 한참 헤매고 다녔어요." 그가 말했다.

"저를 찾으실 줄 알고 일부러 이 오솔길 벤치에 앉아 있었죠. 분명 이 길을 지나갈 거라 생각했거든요."

그는 '왜 그렇게 생각했죠?' 묻고 싶었다. 하지만 그녀를 보는 순간 입이 떨어지지 않았다.

그녀의 얼굴은 완전히 다른 사람 같았다. 함께 여기서 산책을 하던 때의 얼굴이 아니라 그가 마지막으로 그녀를 남기고 떠났을 때의 얼굴, 또한 그에게 불안감을 안겨 주었던 바로 그 얼굴이었다. 그녀의 친절함에는 절제가, 깊은 생각에 빠진 듯한 표정에서는 단호함까지 느껴졌다.

그는 깨달았다. 이제 그녀를 상대로 수수께끼놀이, 낱말이나 퍼즐맞추기, 순진한 질문과 답을 주고받는 유희를 즐길 수 없으며, 그렇게 어린애처럼 지내던 때는 이미 지나가 버렸다는 사실을.

아직 확실하게 다 말하지는 못했지만 눈치 빠른 질문을 몇 번이나 넌지시 건넸던 터라, 어느새 두 사람 사이의 어색한 관계는 어떠한 말이나 설명도 필요없이 해결되어 버렸다. 다시 그때로 돌아가기란 이미 불가능해 보였다.

"꽤 오랜만에 뵙는군요, 무슨 일이라도 있었나요?"

그는 아무 말도 하지 못했다. 이제 두 사람 사이에는 그동안의 은밀하고도 특별한 매력이 사라졌다. 하지만 그녀의 존재가 마치 구름으로 휘어감 듯 자신을 아직도 놓아주지 않고 감싸고 있다는 압박감이 지금 그에게는 참을 수 없는 고통이었다. 그녀가 자신 안에 갇혀 버렸기 때문에 그는 어떻게 해야 할지, 또 그녀에게 어떤 태도를 취해야 할지 도무지 알 수 없었다. 하지만 이런 마음에 대해 작은 암시라도 보냈다가는 그녀가 어이없다는 시선을 건네며 그 뒤로 더 냉담해지리라는 걸 느낄 수 있었다. 그가 애초에 부주의한 말들로 꺼버린 관심의 불꽃이 완전히 흔적도 없이 사라져 버릴지 모를 일이었다. 그 불꽃을 다시 한 번 살살 조심스레 불어서 살려내야 한다. 하지만 어떤 식으로 해야 할지 생각이 떠오르지를 않았다.

갑자기 그녀는 정신적으로 훌쩍 성장해 버린 것 같았다. 오블로모프 또한 그녀의 키가 자신보다 크다고 느낄 정도로 어렴풋이나마 느끼고 있었다. 이제 더 이상 어린애처럼 서로를 믿었던 관계로는 돌아갈 수가 없다. 두 사람 앞에는 루비콘 강이 가로지르고 있으며 행복은 이미 건너편 강가로 흘러갔다. 잃어버린 행복을 찾으려면 그 강을 건너야 한다.

하지만 그러기 위해서는 어떻게 해야 할까? 그가 혼자 강을 건너게 된다면?

지금 그의 마음속에 벌어지고 있는 일들이 무엇인지 차라리 그보다도 그녀가 더 훤하게 내다보고 있었기 때문에 승리의 여신은 그녀쪽에 있었다. 그녀는 그의 마음을 꿰뚫어 보고 있었다. 그의 마음 밑바닥에서 어떤 감정이 생겨나고 있는지, 어떻게 드러나는지 그 과정을 다 지켜보고 있었다. 그를 다룸에 있어 여성만의 간교, 교활, 교태 같은 소네치카의 무기는 아무 쓸모가 없다는 사실도 잘 알았다. 당장 앞에 놓인 문제는 싸워서 해결될 일이 아니었다.

비록 나이는 어리지만 이런 둘의 애정 관계에서 주연은 바로 올가 자신이었다. 그에게는 깊은 감동과 열정은 있어도, 그 사람은 매우 나태하고 순종적이기만 하리라. 또한 그에게서는 그녀의 맥박 하나하나와의 영원한 조화는 기대할 수 있어도, 어떠한 의지의 실천도, 어떠한 진취적인 생각도 결코 기대할 수 없으리라.

그녀는 순간적으로 그에게 자신은 어떤 존재가 되면 좋을지 상상해 보았다. 그랬더니 길잡이별이라 부를 만한 자신의 역할이 무척 마음에 들었다. 자신의 존재는 고여 있는 골짜기 물에 한 줄기 빛을 쏟아내고 거기에 비친 빛은 다시 반사되어 선명한 빛을 던졌다. 이 일 대 일 싸움에서 자신이 보다 우세한 위치에 있다는 것을 여러 면에서 확인하고 그녀는 쾌재를 불렀다.

희극이라 해야 할지, 아니면 상황에 따라 비극이라고도 할 수 있는 이 연극 속에서는, 등장인물이 둘이었으며, 그들은 늘 거의 같은 성격으로 등장했다. 즉 두 사람은 저마다 심문자도 되었다가 언제는 그 희생자가 되기도 했다.

물론 올가가 모든 여성들을 대표하는 주인공, 즉 심문자 역할을 하기에는 너무 부적합했다. 비록 연기이고 무의식적이기는 하지만, 고양이가 쥐를 장난감처럼 다루듯 그를 가지고 놀려고 하는 유혹을 쉽게 뿌리칠 수는 없었다. 때로 번개처럼, 예기치 않은 변덕처럼 감정의 섬광이 번쩍이는 경우가 있었다. 하지만 결국에는 그녀가 서둘러 나서서 자기 자신 속에 가두어 버렸다. 더 애써 노력한 건 그를 저만치 밀어내는 일이었다. 만일 자신이 밀쳤을 때 그가 한 발도 앞으로 나가지 않고 그 자리에서 꼼짝하지 않으리란 사실을 누구보다 잘 알고 있기 때문이다.

"바쁘셨나 봐요?"

헝겊 조각에 수를 놓으며 올가가 물었다.

'바빴다고 말하고 싶지만, 아무래도 그 자하르 녀석 때문에!' 가슴에서 이런 생각이 신음하듯 울렸다.

"네, 읽을 게 좀 있어서요."

오블로모프가 태연하게 대답했다.

"무슨 책인데요, 소설인가요?"

그녀는 되묻고는 시선을 들어 그가 어떤 표정으로 거짓말을 하는지 쳐다보았다.

"아뇨, 소설은 거의 읽지 않아요." 그가 아주 침착하게 대답했다. "저는 《발견과 발명의 역사》를 읽고 있어요."

'오늘 책을 한 쪽이라도 훑어보길 정말 잘했군!' 그가 생각했다.

"러시아어로 말인가요?" 그녀가 물었다.

"아뇨, 영어로요."

"영어도 읽을 줄 아세요?"

"겨우 읽을 정도죠. 그런데 어디 시내라도 갔었나요?" 그는 화제를 돌리려는 마음에 이렇게 물었다.

"아뇨, 계속 집에만 있었어요. 저는 여기, 이 오솔길에서 계속 수를 놓았어요."

"내내 여기서요?"

"네, 여기 이 오솔길이 무척 마음에 들거든요. 이곳을 알려 주셔서 정말 감사드려요. 여기는 거의 사람들이 다니지 않아서……."

"제가 알려드린 것도 아닌데." 그가 말을 잘랐다. "우리, 기억하세요? 둘이 우연히 여기서 만났던 거."

"네, 정말 그러네요."

둘 다 잠시 침묵을 지켰다.

"참, 다래끼는 다 없어졌나요?"

그녀가 그의 오른쪽 눈을 똑바로 쳐다보면서 물었다. 그의 얼굴이 새빨개졌다.

"다행히도 다 나았어요."

"눈이 가렵다 싶을 땐 보드카를 취하도록 드셔 보세요. 그러면 다래끼가 나지 않아요. 유모가 가르쳐 준 거예요."

'왜 자꾸 다래끼 이야기만 하는 거야?' 오블로모프가 속으로 생각했다.

"그리고 밤참도 먹지 않는 게 좋대요."

그녀가 진지하게 덧붙였다.

'자하르 녀석!' 자하르에 대한 분노가 목구멍까지 차올랐다.

"밤참을 배부르게 먹고," 그녀가 수놓는 일에서 눈을 떼지 않고 말을 이어나갔다. "그것도 똑같은 자세로 누워서 3일 내내 잠만 잔다면, 반드시 다래끼가 나는 법이죠."

'멍─청─이!' 오블로모프의 마음속에서 자하르에 대한 분노가 들끓었다.

"무엇을 그렇게 열심히 하시나요?"

화제를 돌리기 위해서 그가 물었다.

"실내종에 달 리본이에요." 그녀가 헝겊 두루마리를 펼쳐서 무늬를 보여주며 말했다. "남작님께 드릴 건데, 괜찮아 보이나요?"

"네, 아주 좋아요. 무늬가 참 아름답군요. 이건 라일락 가지던가요?"

"아마도…… 네." 그녀가 무관심한 듯 대꾸했다. "그냥 손에 잡히는 대로 집어 들었더니……."

이렇게 말하고 부끄러움에 얼굴을 붉히면서 다시 재빨리 그 헝겊을 돌돌 말았다.

'정말 답답한 일이군. 계속 이런 식으로 대화를 하다가 그녀의 마음을 알 수 있는 그 어떤 실마리도 얻을 수 없다면.' 그가 생각했다. '다른 사람이었다면, 슈톨츠라면 분명 뭔가를 얻어내고도 남았을 텐데, 난 그런 재주가 없어.'

그는 얼굴을 찌푸리고 졸린 듯한 눈으로 주위를 둘러보았다. 올가는 그를 힐끔 쳐다보고 자수를 놓던 천조각과 바늘을 손바구니에 집어넣었다.

"우리 숲에 가요."

그에게 바구니를 건네면서 말했다. 그녀는 양산을 펴고 옷매무새를 고치고 나서 걸음을 뗐다. "왜 그렇게 우울한 표정을 하고 있죠?"

"모르겠어요, 올가 세르게브나. 제가 우울할 일이 뭐가 있겠어요? 우울한들 또 어쩌겠어요?"

"일을 하세요, 그러면 많은 사람들과도 함께 어울릴 수 있어요."

"일을 하라뇨! 목적이 있을 땐 일을 할 수도 있죠. 제게 무슨 목적이 있겠어요? 그런 거 없어요."

"사는 게 목적이죠."

"왜 사는지도 모르고 날마다 그냥 시간만 보낼 뿐이죠. 하루를 마치고 밤이 되면 이제야 한숨 돌렸구나 싶은데, 잠든 꿈속에서조차 오늘은 왜 살았고, 또 내일은 왜 살게 될 것인가, 이런 우울한 질문을 한다는 말입니다."

그녀는 아무 말 없이 그저 진지한 표정으로 그의 말을 듣고 있었다. 찌푸린 눈살엔 예리함이 숨어 있었고 입술선에는 불신도, 경멸도 아닌 표정이 뱀처럼 기어다녔다……

"이제껏 살아온 목적이 뭐예요! 존재 자체가 불필요한 사람이 있다고 생각하나요?"

"그럴 수도 있죠, 예를 들면 저 같은."

"지금까지도 당신 삶의 목적이 뭔지를 모른다는 말씀이세요?" 걸음을 멈추며 그녀가 물었다. "전 믿을 수가 없어요. 당신은 스스로를 비하하고 있어요. 마치 그렇지 않고는 도저히 살 가치를 못 느끼는 사람처럼……"

"전 벌써 삶이 그래야만 하는 바로 그곳을 지나쳤어요. 앞엔 더 이상 아무것도 없단 말입니다."

그는 한숨을 토해 냈다. 그녀는 웃음밖에 나오지 않았다. "아무것도 없다고요?"

그녀가 의아하다는 듯이 물었다. 하지만 말투에는 생기발랄함과 쾌활함이 있었고 심지어 웃음소리까지 섞여 있었다. 그 말이 진실일 거라 믿지 않아요, 당신 앞길에는 뭔가가 있을 거예요, 예견하는 듯했다.

"그래도 웃으려고 애써 보세요, 사실이 그런 걸 어쩌겠어요!"

그녀는 조용히 앞서 나가며 고개를 숙였다.

"뭘 위해서, 누굴 위해서 제가 살아가겠어요?" 그녀의 뒤를 따르며 그가 말했다. "무엇을 찾고 또 무슨 생각을 하며 의욕을 갖고 살겠어요? 인생의 꽃은 떨어졌고 가시만이 남았어요."

그들은 조용히 걸었다. 그녀는 듣는 둥 마는 둥 했다. 그러고는 그는 바라보지도 않고 라일락 가지 하나를 꺾어 그에게 내밀었다.

"이게 뭐예요?"

그가 흠칫 놀라며 물었다.

"보시다시피, 나뭇가지예요."

"무슨 나뭇가진데요?"

동그래진 눈으로 그녀를 쳐다보며 오블로모프가 물었다.

"라일락이요."

"그야 저도 알죠…… 하지만 이게 무슨 뜻이죠?"

"인생의 꽃이에요. 그리고……"

그가 걸음을 멈추었다. 그녀는 그에게 다가갔다.

"그리고 또?"

그가 궁금하다는 듯 말꼬리를 올렸다.

"제 분노."

뚫어져라 그를 응시하며 그녀가 말했다. '난 아무 의미 없이 한 행동이 아니라고요.' 그녀의 미소가 이렇게 말해 주는 듯했다.

타인의 시선을 절대 용납하지 않는 짙은 먹구름이 그녀의 마음에서 말끔히 걷히어 버렸다. 그녀의 눈길은 말을 하고 있었고 모든 걸 이해하고 있는 듯했다. 그녀는 마치 일부러 사연이 있는 책의 한 쪽을 펼쳐서 중요한 부분을 읽으라고 권하는 것만 같았다.

"그렇다면, 제가 희망을 가져도 될까요?"

갑자기 기쁨에 겨워 얼굴을 붉히며 그가 말했다.

"무엇이든요! 하지만……"

그녀는 입을 다물었다. 그는 갑자기 기운을 되찾았다. 이번에는 그녀의 눈에 오블로모프가 다른 사람처럼 비추어졌다. 졸린 듯 흐리멍덩하기만 하던 얼굴이 어느새 바뀌어 눈은 동그랗게 커지고, 뺨에는 생기가 감돌기 시작했다. 생각이 활동을 시작하고 눈 속에는 희망과 의지가 빛나기 시작했다. 그녀 또한 이 소리 없는 얼굴의 움직임에서 오블로모프 안에 그 순간 삶의 목표가 나타났음을 읽을 수 있었다.

"삶이, 삶이 다시 내 눈 속으로 들어왔어요." 그가 꿈이라도 꾸듯 말했다. "봐요, 당신 눈에, 미소에, 이 나뭇가지에, Casta diva에도…… 모두 다 여기에 있어요……."

그녀가 작게 고개를 저었다.

"아뇨, 모두가 아니라…… 절반이죠."

"좋은 쪽 절반이겠죠."

"물론이에요." 그녀가 말했다.

"나머지 절반은 어디에 있죠? 다음엔 또 뭐가 필요할까요?"

"찾아보세요."

"왜 찾아야 하죠?"

"처음에 얻은 절반을 잃지 않기 위해서죠."

그에게 마지막 한 마디를 건네며 그녀가 손을 내밀었다. 그리고 그들은 집으로 향했다.

그는 기쁨에 넋을 잃고서 그녀의 목, 머리카락 그리고 아름다운 자태를 훔쳐보며 손에 들린 나뭇가지를 꽉 움켜쥐었다.

"이 모든 것이 다 내 것이라니! 내 것!"

오블로모프는 확신했다. 도저히 믿기지가 않았다.

"브이보르그 쪽으로 이사는 안 하실 거죠?"

그가 집으로 돌아가려 할 때 올가가 물었다. 그는 그저 미소만 지어 보였다. 심지어 자하르를 멍청이라 부르지도 않았다.

제9장

그 일이 있고 난 뒤 올가에게 갑작스런 변화는 없었다. 그녀의 삶은 숙모나 다른 사람들 사이에서도 순조롭고 평화로웠다. 하지만 그녀가 살아 있음을 느낄 수 있는 건 오직 오블로모프와 함께하는 순간뿐이었다. 그녀는 이제 무엇을 해야 하고 어떻게 행동해야 할지 누구에게도 묻지 않았다. 소네치카에 의식적으로 기대는 일도 그만두었다.

자신 앞에 이런저런 삶, 곧 감정들이 하나둘씩 펼쳐짐에 따라 그녀는 현상들을 주의 깊게 관찰하고, 자신의 본능의 목소리에 귀 기울이며, 마침 희미하게 남아 있는 그 어떤 여운과 조금이나마 비교하였다. 그리고 발 디딜 곳을 몇 번이나 확인하면서 한 발 한 발 조심스레 앞으로 나아갔다.

올가에겐 제대로 의논할 사람조차 없었다. 숙모에게? 그녀는 그런 질문에 대해 요령 좋은 겉핥기식의 대답을 할 뿐으로, 올가는 그런 대답을 뭉뚱그려 하나의 격언으로 만들어 기억 속에 각인시키는 것은 도무지 할 수 없었다. 슈톨츠는 지금 여기 없다. 그렇다면 오블로모프는? 그러나 그는 갈라테아이며, 오히려 그녀 자신이 피그말리온이 되어야만 했던 것이다. [1]

그녀의 삶은 충실하기 그지없었다. 그녀의 내면은 너무나도 은밀하고 조용해서 아무도 알아차리지 못했다. 그녀는 누구의 주의도 끌지 않고, 얼핏 보아 어떠한 행동이나 발작, 불안도 없이 자신의 세계에 안주할 수 있었다. 즉 모두를 위해 똑같은 일을 해 왔지만, 그 방식은 지금까지 와는 사뭇 달랐다.

그녀는 프랑스 연극 공연을 보러 다니기도 했는데, 각본 내용이 어딘가 자신의 삶과 관련있는 듯 느껴졌다. 책을 읽다 보면 거기에는 꼭 그녀의 머릿

---

[1] 그리스 신화에 따르면, 조각가 피그말리온은 자신의 손으로 만든 여인상을 사랑하게 되어 갈라테아라 이름 붙이고, 사랑의 여신 아프로디테에게 동상에 영혼을 불어 넣어 달라고 청하였는데 아프로디테는 그의 청을 들어주었다고 함.

속에 불꽃을 튀게 하는 대목이 있어 어느 부분에서는 그녀의 감정이 불타올랐으며, 어제 혼자 중얼거린 말이 씌어 있기도 했다. 마치 작가가 지금 그녀의 심장이 뛰는 소리를 엿듣고 있는 것만 같았다.

숲에 가 보면 나무들은 그대로인데, 나무들의 속삭임에는 특별한 의미가 배어 있었다. 나무들과 그녀 사이에 조화로움이 자리잡았다. 새들도 그저 시끄럽게 지저귀는 게 아니라, 서로 끊임없이 대화를 나누고 있다. 모든 것이 주위에서 이야기를 속삭이며 그녀의 기분에 응답하고 있다. 꽃이 한 송이 피는 것만으로도 그녀는 그 숨소리를 느끼는 기분이 들었다.

꿈속에서도 하나의 생명이 탄생하는 것만 같았다. 꿈속은 무언가의 환상이나 형체로 가득 차, 그녀는 때로 그것들과 소리내어 대화를 나누기도 했다 …… 그들은 그녀에게 무언가를 끊임없이 이야기하고 있었다. 하지만 그 목소리는 희미하고 분명치 않아 그녀로서는 이해할 수가 없었다. 있는 힘껏 그들에게 이야기를 하고 물어 보려 애썼지만, 그녀가 전혀 알아들을 수 없는 말을 속삭일 뿐이다. 아침이면 어김없이 하녀 카챠는 밤새 그녀가 잠꼬대를 했다고 한다.

그녀는 슈톨츠의 예언을 떠올렸다. 그는 자주 그녀를 붙잡고 당신은 아직 인생의 참맛을 모른다고 말하곤 했다. 그녀는 나도 이미 스무 살이 되었는데 왜 사람을 어린아이 취급하느냐며 때로는 화를 내곤 했다. 이제야 그녀는 그가 옳았으며 자신이 인생의 참맛을 이제 알기 시작했음을 깨달았다.

"지금 당신의 몸 속에서 모든 힘이 움직이기 시작하면 당신 주변의 생명들도 활동을 시작하게 되죠. 그때야말로 무언가에 가려져 지금까지 보지 못했던 것이 보이게 되고 듣지 못했던 것이 들리게 된답니다. 온몸의 신경이 음악을 연주하기 시작하면 당신은 온 우주의 울림을 듣고 들풀의 성장에도 귀를 기울일 것입니다. 잠깐만요, 서두르지 말아요. 자연스레 그런 날이 찾아옵니다!"

마치 놀리기라도 하듯 슈톨츠는 그렇게 말했다.

바로 그날이 오고야 만 것이다. '힘이 제 역할을 하고 있는 거야. 내 몸이 깨어났어……' 그녀가 슈톨츠의 말을 빌려 말했다. 그녀는 처음 느끼는 심장의 전율에 민감하게 귀기울이고, 막 잠에서 깨어난 새로운 힘의 출현을 두려워하면서도 예리한 눈으로 쳐다보았다.

그녀는 몽상의 세계에 빠져들지 않았다. 갑작스런 나뭇잎새의 떨림 소리, 밤의 환영이나 은밀한 속삭임, 예를 들면 누군가가 한밤 그녀의 귓가에 고개를 숙이고 무언가 의미를 알 수 없는 말을 속삭이는 듯한 환각에 굴복하지 않았다.

"신경이 너무 날카로워졌어!"

겨우 공포를 이겨내고 아직 여물지 않은 신경과 이제 막 눈을 뜬 열정과의 싸움을 간신히 버텨내었다. 그녀는 때로 눈물이 잠시 마른 사이에 미소지으며 그 말을 되풀이했다. 그녀는 침대에서 벌떡 일어나 물을 한 잔 마시고 창문을 활짝 열고서 손수건으로 얼굴에 부채질을 했다. 그리고 꿈에서도 현실에서도 따라다니는 환상을 내쫓았다.

한편 아침에 눈을 뜨자마자 오블로모프의 머릿속에 처음 떠오르는 형상은 라일락 가지를 손에 들고 있는 올가의 모습이었다. 그녀를 생각하며 잠들고 산책하고 책을 읽었다. 여기저기 그녀가 없는 곳이 없었다.

그는 마음속에서 그녀와 밤낮없이 끝없는 대화를 나누었다. 그는 끊임없이 올가의 외모와 성격에서 새로운 점을 발견하고, 이를 《발견과 발명의 역사》에 보탰다. 그리고 우연히 그녀와 만나거나 책을 보내거나 깜짝 선물을 하는 새로운 방법들을 생각해 냈다.

그녀와 만나 이야기를 나누고 난 뒤에는 집에 돌아와서도 대화가 이어졌다. 자하르가 들어왔을 때 그는 아직 올가와 이야기를 계속 나누기라도 하는 듯한 매우 부드럽고 상냥한 말투로 이렇게 말하고는 했다. "이 늙은 여우야, 방금 전에도 내게 더러운 장화를 내 왔지. 지금이라도 혼쭐을 내 줄 테니 정신 차리란 말야……."

하지만 그녀가 처음 그에게 노래를 불러 주었던 바로 그 순간부터 이런 느긋함은 그를 떠났다. 그는 더 이상 전과 같은 생활을 할 수 없었다. 예전의 그는 벌렁 드러누워 벽을 멍하니 보고 있었다. 알렉세예프가 놀러오거나 자신이 이반 게라시모비치의 집에 놀러 가더라도 늘 변함없는 모습이었다. 그는 낮이건 밤이건, 그 누구에게도, 무엇 하나 기대하지 않았다.

그러나 이제는 밤낮 가리지 않고, 아침저녁으로 아니 모든 순간마다, 올가를 생각하느냐 아니면 그녀에 대한 생각 없이 무기력하고 지루한 시간을 보내느냐에 따라 그의 마음속엔 무지갯빛이 가득하기도 하고 무채색의 어둠이 내려 깔리기도 했다.

이 모든 것은 그의 존재에 영향을 미쳤다. 그의 머릿속엔 날마다, 순간순간마다 그만둘 수 없는 상상, 추측, 예견, 미지(未知)의 것에 대한 불안이 거미줄처럼 드리워져 있었다. 그 모든 일은 그녀를 만날 수 있는가, 그녀가 무어라 말 하고 무슨 일을 하는가의 문제에 달려 있었다. 그녀가 어떤 표정을 짓고 어떤 부탁을 할까, 어떤 질문을 하고 과연 기분은 좋을까 등등. 이러한 질문이 모든 것의 밑바탕을 이루었다.

'아아, 사랑의 온기만을 경험할 수 있다면! 그 불안을 느끼지 않을 수만 있다면!' 그는 공상에 잠겼다. '아냐, 삶은 반드시 인간을 재촉하는 법! 어디로 도망가도 삶의 낙인이 찍히게 마련이지. 얼마나 많은 새로운 움직임들이 느닷없이 삶 속에 파고들었던가. 일이 늘어날 뿐이야! 연애란 가장 어려운 인생의 학교다!'

오블로모프는 이미 몇 권의 책을 읽은 상태였다. 올가는 그 내용을 이야기해 달라고 그에게 부탁하고는, 믿기 어려울 정도의 인내심으로 그의 이야기를 들어 주었다. 그는 이미 몇 통의 편지를 써서 시골영지로 보냈고 촌장을 교체했으며 슈톨츠의 중개로 이웃 지주 한 사람과 서신 교환을 시작했다. 올가의 곁을 떠날 수 있었다면 아마 시골에도 다녀왔을 것이다.

그는 밤참을 끊었다. 게다가 벌써 2주 동안이나 낮잠을 자지 않아, 그 맛을 잊어버릴 정도였다.

2, 3주일 동안 그들은 페테르부르크 교외 구석구석을 돌아다녔다. 숙모와 올가, 남작과 그는 교외의 음악회나 성대한 축제에 자주 모습을 나타냈다. 핀란드의 이마트라에 다녀오자는 말도 나왔다.

오블로모프의 경우, 공원보다 먼 곳이라면 절대 꼼짝도 하지 않으려 한다. 올가는 끊임없이 여러 가지 계획을 생각해냈다. 어딘가 가자는 말에 그가 대답을 망설이는 사이, 올가는 벌써 떠날 준비를 해 버렸다. 그럴 때 올가의 얼굴에선 미소가 끊이지 않았다. 별장 주변 5베르스타 내에는 그가 몇 번이고 오르지 않은 언덕이 하나도 없을 정도였다.

그 사이, 둘의 애정은 점점 커져 갔다. 그 불변의 법칙을 따라 발전하고 널리 퍼져 나갔다. 올가는 내면적인 감정과 함께 외형적인 모습도 활짝 피어났다. 두 눈에는 빛이 어리고 동작은 우아함을 더해 갔다. 한껏 부풀어오른 가슴은 규칙적으로 뛰고 있었다.

"별장에 온 뒤로 아주 예뻐졌구나, 올가."

숙모가 말하곤 했다. 남작의 미소에서도 같은 찬사를 읽을 수 있었다.

올가는 얼굴이 빨개져서 숙모의 어깨에 고개를 기댔다. 숙모가 다정하게 그녀의 뺨을 어루만졌다. "올가, 올가!"

어느 날 한 번 오블로모프는 작은 언덕 아래에서 거의 속삭이는 듯한 조심스런 목소리로 올가를 불렀다. 두 사람은 이곳에서 만나 산책을 하기로 약속했다.

대답이 없었다. 시계를 보았다.

"올가 세르게브나!"

이번에는 조금 더 큰 소리로 불렀다. 하지만 아무 소리도 들리지 않았다.

올가는 언덕 위에 앉아 그가 부르는 소리를 듣고 있으면서도 웃음을 참으며 입을 꾹 다물고 있었다. 그가 산꼭대기까지 올라오게 할 참이었다.

"올가 세르게브나!"

오블로모프는 관목 숲을 헤치고 산 중턱에 다다라 위를 쳐다보며 소리쳤다. '5시 반에 만나자고 했는데.' 그는 속으로 말했다.

그녀는 더 이상 참지 못하고 웃음을 터뜨렸다.

"올가, 올가! 아니, 그런 곳에 있었어요?"

그가 산을 오르며 말했다.

"이런 이런! 산꼭대기에 숨다니, 취미가 독특하군요!" 그는 그녀 옆에 앉았다. "절 골탕 먹이려고 사서 고생을 하다니요."

"어디서 오는 길이세요? 집에서 곧장 오는 건가요?"

"아뇨, 당신 집에 들렀더니 벌써 나갔다더군요."

올가가 물었다.

"오늘은 뭘 하셨어요?"

"오늘은······"

"자하르하고 말다툼을 한 거죠?"

올가가 이어받아 말했다.

그는 무슨 터무니없는 말을 듣기라도 한 듯이 웃음을 터뜨렸다.

"아뇨, 오늘은 잡지 〈리뷰〉를 읽었어요. 그런데 그건 그렇고, 올가······."

그러나 그는 아무 말도 하지 않고 그녀 곁에 자리를 잡고 앉아 그녀의 옆얼굴, 머리, 손동작을 보는 것에 집중하기 시작했다. 그녀는 천에 바늘을 꽂았다가 다시 뒤에서부터 반대로 찔러올리며, 이쪽저쪽 손을 움직였다. 그는 마치 돋보기라도 들이댄 듯 그녀에게 시선을 고정시킨 채, 슬쩍 곁눈질조차 하지 못했다.

그는 꼼짝하지 않고 그녀의 손이 움직이는 대로 좌우상하로 눈동자를 이리저리 굴렸다. 그의 몸속에서도 활발한 움직임이 일어나고 있었다. 왕성한 혈액순환과 평소의 배가 된 맥박, 가슴 언저리가 끓는 듯한 느낌까지. 이 모든 것이 강력하게 작용하여 그는 마치 사형을 앞둔 사람처럼, 또는 정신력 쾌감의 절정에 달한 것처럼, 느릿하고 무겁게 숨을 쉬고 있었다.

그는 꼼짝도 할 수 없었다. 단지 감격에 젖은 두 눈만이 마치 빨아들일 듯 그녀를 뚫어져라 바라볼 뿐이었다.

올가는 때때로 그에게 깊은 눈길을 보내면서 그의 얼굴에 나타난 단순하고도 소박한 의미를 읽고 마음속으로 생각했다. '세상에나! 정말 나를 사랑하고 있구나! 얼마나 상냥한 사람인지, 정말 상냥해!' 그리하여 자신의 힘으로 자신의 발아래 무릎 꿇게 한 이 남자에게 올가는 점점 마음을 빼앗기고, 자랑스럽게 여기게까지 되었다!

상징적 암시, 의미심장한 미소, 라일락 나뭇가지 등의 순간은 흔적도 없이 지나가 버렸다! 사랑은 더욱 준엄해지고 더 많은 것을 요구했으며 어느새 어떤 의무로 변하기 시작했다. 서로에 대한 권리와 의무로 나타났다. 서로 점점 마음을 열게 되어 오해와 불신은 사라졌으며 한층 확실한 실질적 문제에 자리를 양보했다.

그녀는 내내 가벼운 풍자의 바늘로 몇 년이나 허송세월하며 살아 온 오블로모프를 쿡쿡 쑤셔대거나 중형을 언도했으며, 슈톨츠 이상으로 심각하고 실질적인 방법으로 그의 게으름을 벌하곤 했다. 그와 가까워질수록 그녀는 게으르고 축 처진 오블로모프라는 존재를 풍자하는 방법에서, 전제군주와 같은 의지 표현으로 방법을 바꾸었다. 그녀는 당당하게 그를 향해 삶의 목적과 인간의 의무를 상기시키고 엄격한 태도로 움직이길 요구했다. 끊임없이 그의 지성을 표면으로 이끌어 내려 노력하면서, 때로는 스스로 납득하고 있는 미묘한 생활상의 문제 속으로 그를 끌어들이기도 하고, 때로는 자신의 힘이 미치지 않는 의문에 대해 그에게 설명을 요구하기도 했다.

그녀 앞에서 크게 창피당하지 않기 위해 문제의 매듭을 보기 좋게 단칼에 베어 내지는 못하더라도, 어떻게든 설명하기 위해 끊임없이 고민하고 지혜를 짜냈다.

그녀의 모든 여성스런 전술에는 상냥한 애정이 배어 있었고, 그녀의 두뇌가 움직이는 것을 따라가려는 그의 모든 노력은 열정으로 숨쉬고 있었다.

그러나 그것보다도 오블로모프는 느긋하게 그녀의 발치에 드러누워 손을 가슴에 포개 얹고서, 심장 박동 소리에 귀 기울이며 경탄과 찬미에 가득 찬 시선으로 지그시 그녀를 바라보고 있는 때가 많았다.

'이 사람은 정말 나를 사랑하고 있구나!'

그녀는 그에게 빠져들면서 몇 번이고 같은 생각을 되풀이했다. 혹시 오블로모프의 마음속에 숨겨져 있는 이전의 모습들, 예컨대 아주 작은 피로감, 겨우 알아차릴 수 있을 정도의 정신적 졸음(그녀는 그의 영혼 깊은 곳을 꿰뚫어 보는 눈을 가졌다) 등이 그녀의 눈에 띄기라도 하는 날이면 곧 그의 머리 위로 비난의 빗줄기가 쏟아져 내렸다. 게다가 때로 거기에는 쓰디쓴 후회와 자신의 착각을 두려워하는 기분이 뒤섞이곤 했다.

하품을 하려고 입을 벌리자마자 그녀의 질린 듯한 시선을 보고 깜짝 놀란 적도 많았다. 급히 입을 다무느라 이가 딱 소리를 내며 부딪치기도 했다. 얼굴에 나타난 아주 작은 졸음의 그림자조차 그녀의 눈을 피할 수는 없었다. 그녀는 그가 지금 무엇을 하고 있는지에 대해서뿐 아니라 지금부터 무엇을 할 것인지에 대해서도 묻곤 했다.

정작 그가 기운이 솟는 때는 그녀의 비난을 받는 때가 아니라 자신의 피곤한 모습에 그녀가 힘들어하다 결국엔 무관심해지고 또 냉랭해졌음을 눈치채는 때였다. 그 순간 그에게선 삶과 힘, 그리고 행동하고자 하는 의욕이 열병처럼 나타나고 나른한 그림자는 사라지며 사랑이 다시금 강렬하고 또렷하게 샘솟았다.

그러나 이 모든 고민들은 아직 사랑이라는 마법 속에서 한 발짝은 빠져나오지 못했다. 그의 활동은 부정적인 것에 지나지 않았다. 잠도 자지 않고 책을 읽고, 간혹 계획안을 작성하기 위해 여기저기 들락날락 수도 없이 돌아다니기만 했다. 하지만 그 뒤의 향방, 인생의 의미 자체, 일에 대한 것은 그저 생각 속에 존재할 뿐이었다.

"안드레이는 도대체 어떤 인생과 행동을 더 원하는 걸까?" 오블로모프가 식사 후에 잠을 쫓기 위해 힘껏 눈을 부릅뜨면서 혼잣말을 했다. "이건 그럼 인생이 아니고 뭐람? 그래도 이 봉사가 사랑이 아니란 말인가? 저도 해 보라지! 매일 10베르스타씩 걸어다녀 보라고! 어제는 시내의 싸구려 여관에서 겨우 장화만 벗고 옷을 다 입은 채로 하룻밤을 보냈어. 자하르도 없이 말이지. 이것도 저것도 다 그녀가 내준 과제 덕이지!"

올가가 무언가 특수한 문제를 내주면서 마치 대학 교수가 하듯 그에게 만족스러운 설명을 요구하는 것이, 그에게는 무엇보다도 괴로웠다. 이런 일이 빈번히 있었다고는 하지만, 절대 박식한 티를 내고자 그저 지식욕에서 나온 것이었다. 그녀는 심지어 오블로모프에 관한 최초의 목적도 잊고, 질문 그 자체에만 심하게 집착하는 일마저 자주 있었다.

"왜 우리들한텐 이걸 안 가르쳐 주는 거지?"

보통 여자에겐 불필요한 것이라고 받아들여지고 있는 것들에 대한 대화에 열중하면서 그녀는 자주 자기도 모르게 화를 내며 말하곤 했다.

어느 날 그녀는 불쑥 이중성(二重星)에 대한 질문을 가지고 다짜고짜 그를 찾아왔다. 경솔하게도 허셜*2을 예로 든 탓에, 그는 결국 시내로 쫓기듯 나와 참고서적을 읽고 그녀가 만족할 때까지 그 내용을 설명해야만 했던 적도 있었다.

또 한 번은 남작과 대화를 나누는 중에 다시 경솔하게 회화(繪畵)의 유파에 대해 한두 마디 입 밖에 내었다가 일주일 동안이나 책을 읽고 그녀에게 내용을 이야기하느라 고생한 적도 있었다. 그리고 에르미타주 박물관에 가서는 책에서 읽은 지식을 그녀에게 실제로 확신시켜 주어야만 했다.

만약 무언가 허튼소리 한 마디라도 하면 그녀는 곧 눈치채고 그를 가만 놓아두지 않았다.

또한 그는 일주일 동안 이곳저곳 가게를 돌아다니며 명화의 복제품을 찾아내야만 했다.

불쌍한 오블로모프는 때로는 이전 내용을 복습하기도, 때로는 신간 서적

＊2 William Hershel 경(1738~1822) : 독일 태생의 영국인 천문학자.

을 찾아 책방으로 뛰어다녀야만 했다. 때론 밤새 자지 않고 서재를 휘젓고 다니거나 책을 읽으며 보내기도 했다. 그리고 다음날 아침, 어제의 질문에 대답하기 위해 기억 속에서 우연히 오래된 지식을 끄집어 내기라도 한 듯 행동했다.

그녀는 여성 특유의 산만함이나 이것저것 알고 싶어하는 변덕이 아니라 끈기 있는 태도로, 빈틈없이 질문을 던졌다. 그 때 오블로모프가 입을 다물고 대답하지 못하기라도 하면 그녀는 그 벌로 언제까지나 시험하는 듯한 눈길을 그에게 쏟곤 했다. 그 눈빛에 그가 얼마나 겁에 질려 전율했는지!

"왜 아무 말도 하지 않고 잠자코 있는 거죠? 이래서야 지루해하고 있다고 밖에 생각할 수 없잖아요."

"아하!" 마취상태에서 깨어난 듯 그가 탄식을 내뱉었다. "제가 당신을 얼마나 사랑하는지!"

"정말요? 하지만 제가 묻지 않았다면 누구도 그렇게 보지 않았을 걸요."

"정녕코 못 느끼겠어요? 제 마음 속에서 지금 무슨 일이 벌어지고 있는지. 전 말하는 것조차 힘들 지경이라고요. 그러니까 여기 어딘가…… 잠깐 손 좀 빌려 줘 보세요. 뭔가 꽉 막힌 기분이에요. 마치 뭔가 무거운 것이 짓누르고 있는 듯한 기분, 깊은 슬픔이 덮쳐왔을 때 같은 느낌이. 그런데 참 신기한 것은 슬플 때도 행복할 때도 몸속에 똑같은 현상이 일어난다는 사실입니다. 숨쉬는 것조차 어찌나 힘이 드는지 아프다고요. 울고만 싶어요! 혹시 울 수만 있다면 슬플 때 그렇듯 눈물로 한결 마음이 가벼워질 텐데……."

그녀는 그를 말없이 쳐다보기만 했다. 마치 그의 말을 의심해서 그의 얼굴에 씌어져 있는 것과 비교하는 것 같았다. 그리고는 미소지어 보였다. 결과는 만족할 만한 수준이었다. 그녀의 얼굴엔 그 무엇으로도 깨뜨릴 수 없는 평화와 행복의 숨결이 넘쳐흘렀다. 보아하니 그녀의 마음속은 답답하기는커녕 마치 고요한 자연의 아침과 같이 쾌적해 보인다.

"도대체 나에게 무슨 일이 일어난 거지?"

오블로모프는 생각에 잠겨 스스로에게 물었다.

"어찌된 일인지 말씀드릴까요?"

"말해 주세요."

"당신은…… 사랑에 빠진 거예요."

"네, 물론이죠." 그는 맞장구치며 그녀의 손을 수틀에서 떼어냈다. 입을 맞추지는 않고 단지 그녀의 손가락을 꼭 쥐어 입술에 가져다 댈 뿐이었다. 그렇게 언제까지나 가만히 있으려는 듯했다.

그녀는 살그머니 손을 빼려 했지만 그가 잡고 있는 손에 더욱 힘을 주었다.

"놓아 주세요, 그만하면 됐어요."

"당신은요? 당신은…… 사랑에 빠지지 않았나요?"

"사랑에 빠지지 않았느냐고요? 아뇨…… 전 이러시면 싫어요. 저는 당신을 사랑해요!"

올가는 이렇게 말하고 그를 오랫동안 쳐다보았다. 마치 정말 자신이 사랑을 하고 있는지 스스로 확인하는 것만 같았다.

"사랑……합니다! 하지만 어머니, 아버지, 유모, 심지어 강아지까지도 사랑한다 말할 수 있을 테죠. 이 모든 것이 보편적이고 집단적인 '사랑한다'라는 개념으로 결론지어지죠. 마치 오래된…….."

"실내복을 입히는 것처럼요?" 그녀가 웃음을 터뜨리며 말했다. "그런데 당신 실내복은 어디에 있죠?"

"실내복이라니, 무슨 말이죠? 우리집에 실내복 따위 있을 리 없는데."

그녀는 비난이 담긴 미소를 띠고 그를 바라보았다.

"당신은 그 낡은 실내복 이야기만 꺼내는군요!" 오블로모프가 말했다. 당신의 가슴에서 어떤 감정이 흘러나올지 기대하고 있는데. 또 그 감정을 어떤 이름으로 부를지 듣고 싶은 마음에 내 영혼은 불타다 못해 마비될 지경인데. 당신은…… 아니, 마음대로 하세요, 올가! 맞아요, 저는 당신을 사랑하게 되었죠. 그래서 말인데, 이것 없이는 참다운 사랑마저 없을 지경이랍니다. 아버지나 어머니, 유모와 연애를 하는 사람은 없죠. 그들은 그저 사랑할 뿐이에요."

"모르겠어요." 자신의 내면에 메스를 들이대서 마치 그곳에서 벌어지고 있는 일을 파악하려 노력하는 것처럼, 그녀는 깊은 생각에 잠겨 말했다. "저는 당신을 사랑하고 있는지 정말 모르겠어요. 만약 사랑하고 있지 않다면 아마도 아직 그 시기가 오지 않아서겠죠. 한 가지 알고 있는 건, 지금까지 아버지에게도, 어머니에게도, 유모에게도, 이런 감정을 느낀 적은 없었어요…

…."

"무슨 차이점이 있죠? 뭔가 특별한 걸 느끼고 있나요?"

"알고 싶으세요?"

그녀가 능청스럽게 물었다.

"네, 물론이고요! 당연하고말고요! 좀 자세히 말해 줄 수 없을까요?"

"왜 알고 싶으신데요?"

"순간순간 그것을 이유로 살아가기 위해서죠. 오늘, 밤새도록, 내일 다시 만날 때까지…… 저는 오직 그것만으로 살아가고 있는 걸요."

"그것 보세요, 당신은 당신의 애정을 비축했다가 날마다 새롭게 하려는 거예요! 여기에 바로 사랑에 빠진 사람과 사랑하는 사람의 차이점이 있는 거예요. 저는……."

"당신은요?"

그는 안타까운 듯 그녀의 말을 되풀이했다.

"제 사랑은 좀 달라요." 벤치에 등을 털썩 기대고 하늘에 떠다니는 구름을 멍하니 바라보면서 그녀가 말했다. "당신이 없으면 제 마음은 너무도 갑갑해져요. 당신과 잠시라도 떨어져 있으면 안타깝고 그 시간이 길어지면 아파서 견딜 수가 없어요. 언젠가 당신이 저를 사랑한다는 사실을 이 눈으로 확인하고, 그것이 진심임을 믿게 된 뒤부터요. 저는 행복해요. 저를 사랑한다는 말을 해 주지 않더라도 말이죠. 저는 이 이상의 사랑을 할 만한 재주가 없어요."

'이것은…… 코델리아*³의 말 같구나!' 올가를 열정적인 시선으로 보면서 오블로모프가 생각했다.

"혹여 당신이…… 죽기라도 한다면." 그녀가 더듬거리며 말을 이었다. "전 평생 당신을 위해 상복을 입고, 두 번 다시 웃지 않겠어요. 혹 다른 여인을 사랑하시게 되더라도 불평도, 원망도 하지 않겠어요. 그저 마음속으로 당신의 행복만을 기원하렵니다…… 저에게 있어 사랑이란, 생명과도 같은 거랍니다. 그리고 생명은……."

그녀는 적절한 표현을 찾는 듯했다.

---

*3 Cordelia : 셰익스피어 비극 《리어 왕》의 등장인물로, 리어 왕의 막내딸.

"당신이 생각하기에 삶이란 도대체 무엇인가요?"

오블로모프가 물었다.

"삶은 의무이고 사랑 역시 의무입니다. 저는 신이 사랑을 보내 주었다고 생각해요." 눈을 들어 하늘을 보면서 그녀가 말을 맺었다. "사랑하라, 명령을 내리신거죠."

"코델리아!" 오블로모프가 소리쳤다. "그녀의 나이 또한 스물한 살! 당신의 사랑이 바로 이거로군요!"

"맞아요, 평생 동안 사랑할 힘이 제게 주어졌다고 생각해요……."

'누가 그녀에게 이런 생각을 불어넣었을까!' 경외의 감정으로 그녀를 바라보며 오블로모프는 생각했다. '그녀가 이 단순명료한 삶과 사랑의 해석에 도달한 것은 경험의 산물도 아니고, 고민이나 온갖 시련의 결과도 아니다.'

"하지만 살아 숨쉬는 기쁨과 열정도 있지 않나요?"

"모르겠어요, 전 경험해 본 적이 없어서 그게 무엇인지 모르겠네요."

"오, 이제야 겨우 이해했어요!"

"저 역시 시간이 지남에 따라서 곧 경험할 수 있고, 당신과 같은 격정을 품게 될지도 모르죠. 당신과 만나는 순간에도 내 앞에 있는 당신이 정말 당신인지 믿지 못하는 눈으로 바라보는 때 말이에요…… 그렇게 된다면 분명 우스꽝스러울 거예요!" 그녀가 쾌활하게 덧붙였다. "가끔 당신은 무척이나 묘한 눈빛을 띠는 걸요. ma tante도 눈치채셨을 거예요."

"당신의 사랑에서 행복은 어디에 있나요? 만약 당신에게 제가 경험할 생생한 삶의 기쁨이 없다면……."

"어디에 있냐고요? 바로 여기에 있지요!" 그와 자신을, 그들을 둘러싼 주변 모든 것을 가리키며 그녀가 말했다. "정녕 이것이 행복이 아닌가요? 지금까지 제가 언제 또 이런 삶을 살았을까요? 예전의 저는 여기에 혼자 앉아 있었을 거예요. 책도, 음악도 없이 여기 이 나무 사이에서 50분씩이나 말이죠. 슈톨츠를 제외한 다른 남자들과의 대화는 그 내용이 뭐가 되었든 지루했어요. 게다가 할 말도 없고요. 저는 늘 어떻게 해서든 혼자 있고 싶다는 생각만 했죠…… 하지만 지금은…… 둘이서 가만히 있는 것마저 즐거워요!"

그녀는 주위를, 나무와 풀 하나하나를 둘러보았다. 다음엔 그에게 시선을 고정시키고 미소지어 보이고는 손을 내밀었다.

"당신이 돌아가겠다고 할 때, 제 가슴이 아프지 않을 거라 생각하세요? 제가 조금이라도 빨리 잠들어 지루한 밤을 견디지 않기 위해 서둘러 잠자리에 드는 건 알고 있나요? 그리고 아침이 되자마자 제가 당신의 집에 시종을 보내는 건 알고 계세요? 제가……."

'제가'란 단어가 반복될 때마다 오블로모프의 얼굴은 점점 활짝 피었고 두 눈은 반짝반짝 빛났다.

"그래, 그래요. 저 역시도 아침이 오기만을 고대하고 있어요. 밤은 지루해서 견딜 수가 없지요. 저도 다음날 아침 당신의 집에 하인을 보낼 거예요. 일이 있어서가 아니라 그저 당신의 이름을 한 번 더 불러보고 그 울림이 듣고 싶어서, 그리고 그 어떤 작은 일이라도 당신에 관한 자세한 이야기를 하인을 통해 듣고, 나보다 먼저 당신을 본 그들을 부러워하기 위해서 말이죠…… 우리는 똑같이 생각하고 기대하고 살고 또 희망하고 있어요. 올가, 저의 의심을 용서해 주세요. 전 점점 더 확신합니다. 당신이 저를 사랑하고 있음을. 그리고 이 사랑은 아버지와 숙모에 대한 사랑과는 전혀 다른 사랑이라는 사실을."

"강아지에 대한 사랑과도 달라요." 그녀가 말을 하고는 환하게 웃었다. "저를 믿어 주세요." 그녀가 다시 말을 이었다. "제가 당신을 믿듯이. 그리고 의심도 품지 마시고 쓸데없는 의심으로 이 행복을 엉망진창으로 만들지도 마세요. 그렇게 하지 않으면 행복은 날아가 버려요. 저는 한 번 내 것이라고 말한 건 절대로 다시 내놓지 않아요. 강제로 빼앗아 가지 않는 이상. 제가 알아요. 제가 어리다는 게 대체 무슨 관계가 있나요. 하지만…… 혹시 알고 계실는지 모르겠는데." 그녀가 목소리에 확신을 담아서 말했다. "제가 당신을 알고 지낸 한 달 동안 저는 마치 두꺼운 책을 읽은 듯 많은 생각을 하고 경험을 했어요. 그리고 마음속에서 조금씩…… 어찌됐건 의심하지 말아 주세요……."

"의심하지 않을 수가 없군요. 그는 그녀의 말을 가로막았다. 그런 말일랑 하지 마세요. 당신과 함께 있는 지금 저는 무엇이든 다 확신할 수 있어요. 당신의 시선, 목소리, 모든 것이 제게 맹세하고 있답니다. 당신이 지그시 절 바라보면, 마치 뭔가 말하고 있는 듯한 기분이 들어요. 그럴 때 말 따위는 필요 없어요. 저는 당신의 눈빛을 읽을 수 있답니다. 그러나 당신이 제 눈앞에서 사라지면 그러한 의문과 의혹의 악순환이 시작됩니다. 그럼 또 당신에게로 달려가 다시 한 번 당신을 보아야만 합니다. 그러지 않을 수 없어요. 도대체 이게 뭐죠?"

"저도 당신을 믿어요. 어찌 된 일이죠?"

"당신이 믿지 않으면 어떡하라고요! 당신 앞에 있는 건 열병에 전염된 미치광이라고요! 내 두 눈에서 당신은 거울을 보듯 당신 자신을 보고 있겠죠? 게다가 당신은 스무 살이란 좋은 나이죠. 자신이 어떤 모습인지 한 번 보세요. 당신을 만나서 경탄의 찬사를 당신께 바치지 않을 남자가 과연 있을까요? 적어도 눈길만이라도요. 그런데 당신과 친하게 지내고, 목소리를 듣고, 얼굴을 한참 동안 바라보고, 사랑을 느끼게 되다니. 오, 정말 미칠 노릇 아니겠어요! 그런데도 당신은 평온하고 침착할 뿐이라니. 만약 하루고 이틀이고 당신의 입에서 '사랑합니다'라는 말을 듣지 못한 채 보낸다면, 여기서 곧 불안이 시작되곤 한답니다……."

그는 자신의 심장 언저리를 가리켰다.

"사랑해요, 사랑해요, 사랑한다고요. 자, 이렇게 3일 분량이면 되겠죠?"

그녀가 벤치에서 일어서며 말했다.

"자꾸 그렇게 농담만 하는데, 제 입장이 돼 보시라고요!"

그녀와 산을 내려오면서 그는 한숨을 쉬며 이렇게 말했다.

이런 식으로 그들 사이에서는 늘 똑같은 멜로디가 가끔은 다양한 변주곡이 되어 흘러나왔다. 만남, 대화, 이 모든 것들은 하나의 노래, 하나의 소리이자 활활 타오르는 하나의 빛이었다. 그 빛은 밝게 타오르고는 있지만, 빛줄기는 굴절되어 장밋빛이 되고, 초록빛이 되고, 주황빛이 되어, 자신을 둘러싼 대기 속에서 흔들리고 있었다. 날마다 그리고 순간순간 새로운 울림과 빛을 가져다주었지만, 타오르는 빛은 동일하고, 울리는 멜로디 역시 한 가지였다.

그도, 그녀도 이 울림에 귀기울이고 그 소리를 포착했으며 각자 자신이 들은 것을 상대에게 들려주기 위해 서둘렀다. 내일이면 다른 소리가 울려 퍼지고 다른 빛줄기가 나타나리라는 사실을 꿈에도 생각지 못하고 그 다음날엔 어제 부른 노래가 다른 노래였다는 사실을 까맣게 잊었다.

그녀는 자신의 감정에 순간마다 타오르는 상상의 색채를 입히고, 그것이 자연스러운 것이라 믿었다. 무의식적이고 사심없는 본능적 애교를 보이며 그녀는 아름다운 모습으로 사랑하는 사람의 눈앞에 서기 위해 애태우고 있었다. 그 역시 이러한 미혹의 울림과 빛을 믿고 있었으므로, 머리부터 발끝까지 정열로 무장한 채 그녀 앞에 서서, 자신의 영혼을 태우는 불꽃의 광채와 힘을 남김없이 보여 주려 애썼다.

그들은 상대방에게도, 자신에게도 절대 거짓말을 하지 않았다. 두 사람 모두 심장이 하는 말을 그대로 입에 올릴 뿐이지만, 그 소리는 상상을 통해 나온 것이었다.

올가가 코델리아의 모습으로 나타나건, 혹은 어디까지나 올가 자신의 모습에 충실하건, 새로운 길을 택해 전혀 다른 모습으로 나타나건, 그저 그녀가 그의 가슴 속에 인상을 남긴 바로 그 색채와 빛에 둘러싸여 있다면 그걸로 충분했다. 그저 달콤한 기분을 느낄 수만 있다면 아무런 상관이 없었다.

올가 또한 그녀가 장갑을 벗어서 사자의 입 속에 집어던졌을 때 열정에 불타는 친구가 그 장갑을 주워 올까, 자신을 위해서 심연에라도 뛰어들까, 깊이 생각하지 않았다. 단지 이러한 열정의 징후만이라도 볼 수 있다면, 그가 남자의 이상에 충실한 사람이라면, 그것으로 충분했다. 그 남자란 그녀를 통해 삶에 눈뜨고, 그녀의 시선과 미소에 의해 내면에 용기의 불꽃을 태우는, 오로지 그녀 안에서 삶의 목적을 찾는 사람이다.

그러므로 아름다움으로 빛나는 코델리아의 모습에 반사되고, 오블로모프의 열정의 불꽃 속에 비추어진 것은 사랑의 한 순간, 덧없는 숨결 하나, 그 새벽의 풍경에 지나지 않으며, 변덕스런 무늬의 한 조각일 뿐이다. 하지만 내일, 내일이 오면 또 다른 새벽이 밝아 온다. 그것은 여전히 아름다울지는 모르지만, 이전과 다른 것임에 틀림없다……

제10장

　오블로모프는 지금 막 서쪽으로 지는 여름 해를 바라보며 붉게 타오르는 그 여운을 즐기는 이들과 같은 심정이 되었다. 그는 노을에서 눈을 떼지 못한 채 어둠이 닥쳐올 때는 생각해 보려 하지 않았다. 그저 맑게 빛나는 내일이 오기만을 기대하고 있었다.

　그는 하늘을 보고 누워서 어제 만남의 마지막 여운을 즐겼다. '사랑해요, 사랑해요, 사랑한다고요.' 어떤 노래보다도 아름다운 올가의 세 마디 말이 아직까지 그의 귓전에 감미롭게 울려퍼지고 있었다. 아직도 그녀의 마지막 깊은 눈빛을 떨쳐 버릴 수가 없었다. 그는 올가의 눈빛 속에서 특별한 의미를 찾아내고 사랑의 무게를 가늠하며, 자신도 모르는 사이 꾸벅꾸벅 졸며 무아지경의 세계로 빠져들었다.

　다음날 아침 눈을 뜬 오블로모프는 창백하고 우울한 표정으로 자리에서 일어났다. 얼굴엔 불면증의 흔적이 역력했고 이마엔 주름살이 가득했다. 눈에선 희망의 불꽃이 사라져 있었다. 일에 바쁜 사람의 자신감, 즐겁고 용감한 시선, 의식적이며 절도 있는 예민하고 활기찬 동작, 이러한 모습은 도무지 찾아볼 수 없었다.

　그는 축 늘어져서 차 한 잔을 다 마시고, 책 한 권 거들떠보지도 않고 책상에 앉지도 않은 채, 그저 생각에 잠겨 시가를 피우고는 소파에 앉았다. 이전 같으면 누워 버렸겠지만 지금은 그런 습관이 모두 없어져서 베개를 보아도 그다지 손이 가지 않았다. 그러나 팔꿈치 아래에 베개를 깔고 있었는데, 이는 과거의 습관을 암시하는 징표이기도 했다.

　그는 무거운 얼굴로 이따금 한숨을 내쉬는가 하면 갑자기 어깨를 으쓱이고는 상심에 젖어 고개를 좌우로 설레설레 흔들었다.

　그의 내부에서 무언가 격렬한 움직임이 일어나고 있는데, 이는 사랑은 분명 아니었다. 그의 눈앞에 보이는 올가의 그림자는 저 멀리 안개 속을 둥둥 떠다니는 듯한 느낌으로, 친근감이라고는 전혀 없었다. 그는 병적인 시선으로 그것을 바라보며 한숨 쉬었다.

'삶을 멋대로 살지 말고, 신께서 명하는 대로 살아야 하는데. 이것이 진리임에 틀림없지만, 그러나, 그러나⋯⋯.' 그는 생각에 잠겼다.

'맞아, 자기 하고 싶은 대로만 하며 살아선 안 돼, 이건 분명해.' 내부의 어떤 음울하고 고집 센 목소리가 이런 말을 하기 시작했다. '아무리 대단한 지혜를 가지고 있어도 한 인간의 이성으로는 절대 풀 수 없는 모순과 혼돈에 빠져버린 거야. 어제는 몸도 마음도 시들어 버릴 만큼 열렬히 바랐고, 오늘은 그대로 손에 넣게 되지. 하지만 모레가 되면 그런 것을 바란 자신을 수치스러워하며, 마침내 왜 그런 바람이 이루어졌는지 삶을 저주하게 돼. 삶을 제멋대로 살거나 자신의 욕망만을 주장하면 이런 결과를 낳고 마는 거야. 조심조심 앞으로 나아가고 많은 것들에 대해 눈을 감아야 해. 행복하다는 헛된 말을 해서도, 행복이 달아난다고 감히 불평을 해서도 안 되지. 이게 바로 삶이야! 삶은 행복이며 기쁨이라 말한 사람이 누구야? 미친놈들! 올가가 말했지. '삶은 삶 자체이며 의무이자 본분이고, 본분은 힘든 것이다. 우리는 그런 의무를 다해야 한다⋯⋯.' 오블로모프는 길게 한숨을 내쉬었다.

"올가와 더 이상 만날 일은 없겠지⋯⋯ 아아, 신이시여! 당신이 내 눈을 뜨게 하고 의무를 알게 해주셨군요." 그가 하늘을 보면서 중얼거렸다. "그럼 어디서 힘을 얻으란 말인가? 그녀와 헤어져야만 하다니! 비록 고통이 따르겠지만 그나마 지금 할 수 있을 때 헤어지는 거야. 또 그래야 나중에 왜 헤어졌을까, 하며 자신을 저주하는 일 따위는 없을 테니⋯⋯ 곧 그녀의 하인이 올 시간이다. 하인을 보낸다고 했으니까⋯⋯. 생각지도 못했던 말에 깜짝 놀라겠지⋯⋯."

그 이유가 뭘까? 별안간 오블로모프에게 불어닥친 바람은 어떤 바람일까? 무슨 구름을 몰고 온 것일까? 어째서 그는 그토록 슬픈 굴레를 제 어깨에 짊어지려는 것일까? 올가의 마음을 들여다보고 그 안에 있는 밝은 세계와 밝은 운명을 기대하며 두 사람의 별점을 쳐 본 것이 바로 어제 일이 아닌가? 도대체 무슨 일이 일어난 것일까?

아마 그는 밤참을 먹었거나 아니면 침대에 벌렁 드러누웠던 것 같다. 그때 시적 기분이 무언가 두려운 감정으로 바뀌어 버린 것이다.

구름 한 점 없는 고요한 여름 저녁, 깜빡거리는 별들을 친구삼아 잠자리에 들며 내일 아침은 밝은 햇빛을 받아 들녘이 참으로 아름답게 보이리라는 상상을 하는 것은 아주 흔한 일 아닌가! 우거진 숲속 깊숙이 들어가 더위를 피하는 것은 얼마나 기분 좋은 일인가! 이런 생각을 한다. 그러다가 문득 빗소리에 눈을 뜨면 쓸쓸한 잿빛 구름이 퍼져 간다. 싸늘하고 습기찬……

오블로모프는 해 왔던 대로 초저녁부터 자신의 심장 박동 소리에 귀를 기울였다. 응어리가 더 커진 건 아닌지 손으로 가만히 가슴 쪽을 눌러 보았다. 그런 다음 자신의 행복을 분석하는 데 몰두하기 시작했으나, 갑자기 혀 끝에 번진 쓴맛에 기분을 망쳐 버렸다.

쓴맛은 아주 강하고 빠르게 번졌다. 지난 세월이 머릿속에 주마등처럼 스쳐 지나갔다. 끝없는 회한과 다시 오지 않을 지난 시간에 대한 안타까운 마음으로 가슴이 가득 차 올랐다. 과감하게 앞으로 나아갔더라면 지금의 나는 어떻게 되었을까. 좀 더 적극적인 성격이었다면 훨씬 더 충실한 다양한 삶을 살 수 있었을 텐데, 하는 상상에서 시작하여 현재의 자신은 어떤 사람이란 말인지, 어떻게 올가가 자신을 사랑할 수 있었는지, 그리고 지금도 사랑하고 있는지, 그렇다면 자신을 사랑하는 이유는 무엇인지 이런저런 의문으로 옮겨 갔다.

'이건 착각이 아닐까?' 문득 이런 생각이 그의 머릿속을 번개처럼 스치고 지나갔다. 이 번개는 그의 심장에 적중하여 오블로모프를 엉망진창으로 만들어 버렸다. 그는 울기 시작했다. '착각이야! 그래…… 바로 그거야!' 이런 생각이 머릿속에서 사라지지 않았다.

'사랑해요, 사랑해요, 사랑한다고요.' 갑자기 올가의 말이 기억 속에서 울려 퍼지며 가슴이 또다시 뜨거워지기 시작했다. 그러다 다시 갑자기 차가워졌다. 사랑한다는 올가의 이 세 마디 말은 도대체 무어란 말인가? 그녀의 눈속임이자 여유로운 감정이 발한 간사한 속삭임. 사랑이 아닌 오로지 사랑의 예감일 뿐!

이 목소리는 언젠가 울려 퍼질 것이다. 고고하게, 온 세계가 진동할 만큼 큰 화음을 낼 것이다! 숙모도 남작도 이 울림을 듣고, 그 여운은 저 먼 곳까지 다다르니! 이 사랑이란 감정은, 시냇물이 풀숲에 몸을 숨긴 채 겨우 들릴락 말락 졸졸 소리를 내며 흐르듯, 그렇게 고요히 찾아들지는 않는 법이다.

그녀는 지금 천에 수를 놓는 듯한 사랑을 하고 있다. 조용히 그리고 느릿느릿 밑그림이 완성되면 그녀는 더욱 천천히 그것을 펼쳐 한참을 바라보다가 한쪽 내려놓고는 까맣게 잊고 만다. 그렇다, 이것은 그저 사랑의 준비이자 경험에 지나지 않는다. 마침 그곳에서 만난 한 사람이며, 경험을 위해 그런대로 상황에 들어맞는 사람일 뿐이다……

아주 작은 우연이 두 사람을 끌어당겨 만나게 한 것이다. 그녀는 사실 그를 알아차리지 못했을지도 모른다. 하지만 슈톨츠가 그녀의 젊고 민감한 가슴을 자신에 대한 동정으로 물들여 놓았다. 그의 상태에 대한 연민으로 게으른 영혼에게서 잠을 쫓아내야겠다는 자존심에 근거한 염원이 생겼지만, 그 바람이 이루어진다면 그녀로서는 더는 그와 얽힐 이유가 없게 된다.

"일이 그렇게 된 거군!" 침대에서 일어나 떨리는 손으로 양초에 불을 붙이면서 그가 놀라 말했다. "더 이상 아무 일도 없을 테고 지금까지 아무 일도 없었어! 그녀는 사랑을 받아들일 준비가 되어 있었던 것이고 여린 마음은 그 사랑이 오기를 고대했던 거야. 그러던 중 마침 나를 만나 착각을 하게 된 거지……. 다른 사람이 나타나기 무섭게 틀림없이 그녀는 깜짝 놀라 자신의 실수를 깨달을 거야! 그때 그녀가 날 외면하는 걸 상상하기만 해도 끔찍하군! 나는 다른 사람의 것을 훔친 거야! 난 도둑놈이야! 내가 지금 무슨 짓을 하고 있담, 내가 지금 무슨 짓을 하고 있냐고? 내가 눈이 멀었지! 하느님, 맙소사!"

그는 거울을 쳐다보았다. 핏기가 하나도 없고 누렇게 떠 있으며 두 눈은 퀭하다. 생각에 잠긴 듯하면서도 힘과 깊이가 있는, 그녀처럼 생기 있는 눈빛을 가진 젊은 행운아들을 떠올렸다. 두 눈에 불꽃이 타오르고 미소에는 승리에 대한 확신이 있으며 위풍당당한 걸음걸이에 청명한 목소리의 소유자들. 그들 가운데 하나가 나타나기만을 고대하고 있어야 하는가? 그녀가 갑자기 얼굴을 붉히면서 그를, 오블로모프를 바라보고 있었다. 그러고는 큰 소리로 웃음을 터뜨렸다!

다시 거울을 들여다보았다. "누가 이런 얼굴을 사랑하겠어!" 그가 중얼거렸다.

그리고는 드러누워 베개에 얼굴을 묻었다. '안녕, 올가, 부디 행복하길.'

"자하르!"

아침이 밝자 그가 소리쳤다.

"일리인스키 댁에서 날 찾는 사람이 오거든 난 집에 없고 시내에 나갔다고 말해 줘."

"그러죠."

"그래…… 아니, 그것보다 차라리 내가 직접 편지를 쓰지." 그가 마음속으로 중얼거렸다. '내가 갑자기 사라지면 날 이상하게 생각하겠지. 그래, 자세한 설명이 필요해.'

오블로모프는 책상에 앉아 서둘러 편지를 쓰기 시작했다. 5월 초에 집주인에게 편지를 쓸 때와는 전혀 판판으로, 열의에 가득하고 감흥에 젖은 글을 슬슬 써내려갔다. 같은 단어를 여러 번 겹쳐 쓰거나 하는 일도 없었다.

'올가 세르게브나, 서로 이렇게 자주 만나고 있는 시점에서 이 편지를 받게 되어 이상하게 생각하실는지도 모르겠습니다. 끝까지 읽고 나면 제가 달리 방법이 없었음을 이해하게 될 겁니다. 우리 두 사람의 관계가 이 편지에서 시작되었더라면 우리 둘 다 양심의 가책에서 벗어날 수 있겠죠. 하지만 지금도 늦지 않았습니다. 우리는 너무도 갑자기, 또 뜻하지 않게 사랑에 빠져서 마치 둘 다 갑작스레 병에 걸린 듯한 상태였습니다. 바로 이 때문에 좀 더 빨리 정신을 차릴 수 없었던 거죠. 더군다나 몇 시간이나 당신을 바라보고 당신의 목소리를 들으면 그 매력에서 헤어나올 사람이 누가 있겠습니까? 인생의 비탈길을 만날 때마다 미끄러지지 않기 위해 일일이 멈춰 서서 경계하는 의지력을 가진 사람 또한 어디에 있겠습니까? 저 또한 날마다 생각을 하곤 했습니다. '더 이상은 빠져들면 안 된다. 이젠 멈추어 서겠다. 다 나 하기 나름이다.' 그러면서도 휘말려 버렸습니다. 싸움의 시간이 왔습니다. 당신의 도움이 필요합니다. 저는 겨우 오늘 아니, 어젯밤에서야 제 발이 얼마나 빠른 속도로 미끄러졌는지 깨달았습니다. 어제 처음으로 제가 굴러떨어졌던 심연을 보다 깊이 들여다볼 수가 있었습니다. 그래서 저는 이제 그만 멈추기로 했습니다.

그것은 제가 이기적이기 때문이 아닙니다. 제가 이 심연의 밑바닥에 몸을 누이고 있을 때 당신은 티없이 깨끗한 천사와도 같이 드높은 하늘로 날갯짓해 날아오를 테죠. 과연 그때 저 아래 바닥으로 눈길을 주고 싶은 마음이 드실는지요. 그것마저도 잘 모르겠습니다. 잘 들어 보세요. 애매하게 돌려 말하지 않고 그냥 직접적으로 말씀드리겠습니다. 당신은 저를 사랑하지 않을 뿐 아니라 사랑할 리도 없습니다. 제 경험을 따르고, 무조건 믿어 주십시오. 아시다시피 가슴이 뛰기 시작한 지는 오래되었습니다. 그것이 거짓이고 잘못된 예측이었을지도 모르지만, 그러나 이 사실은 제게 가슴이 올바르게 뛰는 것과 우연히 뛰는 것을 구분하는 법을 가르쳐 주었습니다. 당신은 모르겠지만 저는 어디에 진실이 있는지, 어디에 거짓이 있는지 알 수 있고 또 알아야만 합니다. 이를 아직 파악하지 못한 사람에게 미리 경고하는 것이 바로 제 의무이기도 합니다. 그래서 당신에게 감히 경고하건대, 당신은 미혹에 빠져 있습니다. 주위를 둘러보세요!

우리의 사랑이 아직 미소짓는 환영의 모습으로 나타나 오페라 '노르마'*1의 아리아 '정결한 여인' 속에서 울려 퍼지고 라일락 향기와 말로 다 표현하지 못하고 수줍은 시선 속에 감추어져 있을 때에는 사랑을 상상의 장난이나 자존심의 속삭임으로만 여겼지 절대 믿지 않았습니다. 하지만 어린애 같은 장난은 금방 지나가 버렸습니다. 저는 상사병 환자가 되고 열정의 징후를 느꼈습니다. 당신은 깊은 생각에 잠긴 듯 진지해졌고, 제게 시간도 내주셨죠. 당신은 신경질적이 되고, 흥분하기 시작했습니다. 저는 이제야 깜짝 놀라 가던 발길을 멈추고 사건의 진상에 대해 말할 의무가 있음을 느끼게 되었습니다.

저는 당신을 사랑한다고 말씀드렸습니다. 당신 또한 같은 대답을 제게 해 주었습니다만, 어떤 불협화음이 울리고 있는지 들으셨나요? 들리지 않으세요? 그렇다면 더 나중에 제가 저 나락의 끝에 떨어져 있을 때 들을 수 있을 겁니다. 저를 한 번 보시고 제 존재에 대해 곰곰이 생각해 보세요. 당신이 과연 저를 사랑할 수 있는지, 지금도 사랑하고 계신지. '사랑해요, 사랑해요, 사랑한다고요!' 어제 당신이 말씀하셨죠. 아니죠, 아닙니다, 아니라고요!' 저는 분명히 말씀드리겠습니다.

당신은 저를 사랑하지 않습니다. 하지만 그렇다고 해서 당신이 거짓을 말

---

*1 Casta Diva : '정결한 여신'. 이탈리아 작곡가 빈첸초 벨리니의 오페라 'Norma'의 1막에 포함된 여주인공의 아리아.

한 건 아닙니다. 덧붙이자면, 당신은 절 속이지 않았습니다. 당신 내면의 소리가 아니죠, 이렇게 말할 때 맞아요, 라고 대답할 수 없는 분이란 말입니다. 제가 당신께 증명하고자 하는 것은 당신이 지금 사랑한다고 말하는 건 현재의 사랑이 아니라 미래의 사랑이라는 사실입니다. 이는 오로지 사랑에 대한 무의식적인 요구로서, 진정한 양식과 불꽃이 없는 거짓된 빛을 발하고 있답니다. 이를테면 여자들이 어린아이나 다른 여자를 대할 때 흔히 나타나기도 하고 때로는 눈물의 히스테리 발작 속에 나타나기도 하면서 말이죠. 처음부터 당신에게 단호하게 말씀을 드렸어야 했습니다. '당신은 착각하고 있는 겁니다. 당신 앞에 있는 사람은 당신이 그토록 고대하고 꿈꾸던 사람이 아니랍니다. 좀 더 기다리세요. 곧 그 사람이 나타나면 당신은 잠에서 깨어날 것입니다. 당신은 자신의 실수에 화가 나고 수치심을 느낄 게 뻔합니다. 이 분노와 수치심은 저에게 고통이 될 거랍니다.' 제가 조금만 더 통찰력 있고 용감하며 진지한 사람이었더라면 당신에게 제대로 말했을 텐데……. 당신이 기억할지는 모르지만, 사실 저는 최선을 다했습니다. 이렇게 얘기하면 어떨까요? 두려움에 떨며 당신이 저를 신뢰하지 않도록, 실제로 이런 일이 생기지 않도록 하기 위해 여러 말씀을 드려 왔지요. 뒤에 다른 사람이 할 만한 모든 말을 저는 미리 다 했습니다. 다른 사람의 말을 듣지 않아도 그런 일이 벌어지지 않도록, 당신이 마음의 준비를 할 수 있게요. 그래서 당신과의 만남을 서두르며 생각했습니다. '언젠가 다른 사람이 나타나겠지만 그 동안 나는 행운아다.' 바로 이것이 집착과 열정의 논리입니다.

지금은 저는 다르게 생각하고 있습니다. 제가 당신에게 집착하게 되고, 당신을 만나는 것이 사치가 아니라 생활의 일부가 되어 버린다면, 사랑이 심장 속에 파고들어 버리면 대체 어떻게 해야 할까요(제가 심장이 굳어가는 걸 느끼는 건 이 탓일지도 모릅니다)? 그땐 어떻게 서로 떨어질 수 있겠습니까? 이 아픔을 과연 견딜 수 있을까요? 결국 쉽진 않겠죠. 지금 이 사실을 생각하면서 공포심을 떨쳐 버릴 수가 없습니다. 혹시 당신이 경험도 많고 나이도 먹었다면 저는 아마도 자신의 행복에 감사를 드리고 당신에게 영원히 손을 내밀었을 겁니다. 하지만 그것은……

제가 편지를 쓰는 이유는 무엇일까요? 당신과 만나고픈 바람은 매일 커져만 가는데, 그래서는 안 된다고 왜 제 입으로 확실히 말하지 않는 걸까요?

당신 얼굴을 보면서 이 말을 할 용기가 나지 않습니다. 아무쪼록 이해해 주세요! 이따금 비슷한 말을 하려 하지만 정작 말을 하면 전혀 다른 뜻이 됩니다. 아마도 당신 얼굴엔 슬픈 기색이 나타날는지도 모르겠고(만약 저와 함께 있는 시간이 지루하지 않다는 말이 사실이라면) 혹은 당신께서는 저의 선한 의도를 이해하지 못 하고 화를 낼 것이 틀림없습니다. 저는 견디지 못 하고 다시 엉뚱한 소리나 하겠죠. 결백한 의도는 나뭇잎처럼 우수수 떨어지고, 결국 다음에 다시 만나자는 약속을 해 버리겠지요. 지금 당신과 떨어져 있는 이 순간, 상황은 전혀 다르답니다. 당신의 다소곳한 눈도, 상냥하고 어여쁜 얼굴도 제 눈앞에 없으니까요. 종이는 말없이 잘도 참아내고 있고, 저도 침착하게 편지를 쓰고 있습니다(이건 거짓말입니다). 우리는 더 이상 만날 수 없을 것입니다(이건 거짓이 아닙니다).

다른 사람이라면 이렇게 덧붙였을지도 모르겠군요. 눈물에 젖어 편지를 쓰고 있습니다, 라고요. 하지만 당신 앞에서 허세부리며 자신의 슬픔을 가장해 연기하고픈 생각은 없습니다. 왜냐하면 스스로 고통을 늘려 슬픔과 고통을 상기하고 싶지 않기 때문입니다. 이런 가장은 감정 깊숙이 뿌리내리고자 하는 의도를 대체로 감추지만 저는 당신은 물론 저의 안에서도 그 싹을 뽑아내고 싶습니다. 운다는 것은 텅 빈 말로 여인의 부주의한 자존심을 낚으려 노리는 자나 혹은 나른한 몽상가에게는 어울릴지 모르나, 제겐 어울리지 않습니다. 먼 여행길에 오르는 친한 친구를 배웅하며 작별을 고하는 마음으로 이 글을 쓰고 있습니다. 서너 주, 한 달 뒤가 되면 때가 이미 늦어 더 어려워질 테죠. 사랑은 상상하기 힘들 만큼 커가겠지만, 이는 곧 마음의 상처를 말해주겠지요. 저는 정말 구제불능입니다. 시간도 헤아리지 못하고 일출과 일몰도 알지 못하니 말입니다. 제가 시간을 헤아리는 방법은, 만났다, 만나지 않았다, 만날 수 있다, 만날 수 없다, 왔다, 오지 않았다, 올 것이다……이것입니다. 이 모든 것은 유쾌하건 그렇지 않건 모든 흥분을 손쉽게 견뎌내는 젊은이들에게나 어울리는 방법입니다. 저에게 어울리는 것은 평안입니다. 잠이 올 만큼 지루하긴 하지만 제게 익숙하니까요. 비바람은 도저히 견딜 수 없습니다.

많은 이들이 제 행동을 보고 왜 도망가는지 놀라겠죠. 비웃는 사람도 있을 것입니다. 저는 이 모든 것에 대해 각오하고 있습니다. 다 스스로 저지른 일인걸요. 당신과 만나지 않기로 결정한 이상, 모든 각오는 끝났다는 것을 의미하니까요.

깊은 슬픔에 잠기면서도 우리 삶의 이 짧은 이야기가 영원히 은은한 향을 풍기는 추억으로 제 마음 속에 남았다는 사실에 조금은 위안이 됩니다. 이것만 있다면 제 영혼이 이전처럼 나태한 잠 속에 빠져들지 않을 것이고, 당신에게 어떠한 해악도 끼치지 않고 미래의 정상적 사랑의 지침이 될 것입니다. 안녕, 나의 천사. 어서 빨리 날아가세요. 작은 새가 실수로 앉은 나뭇가지에서 놀라 날아가듯. 아무 생각 없이 날개를 쉬던 가지를 떠나 날아가는 작은 새처럼, 가볍고 힘차게, 즐겁게 떠나세요!'

오블로모프는 감격스런 기분으로 편지를 써 내려갔다. 펜이 종이 위를 춤추듯 날아다녔다. 눈은 반짝였고 볼은 뜨겁게 타올랐다. 마치 연애편지처럼 장문의 편지가 되었다. 연인들이란 쓸데없이 수다스런 법이다.

'거 참 이상하네! 지루하지도 힘들지도 않아! 행복하다고 해야 할 정도인걸…… 도대체 어찌된 일이지? 틀림없이 마음의 짐을 편지에 다 쏟아 부었기 때문일 거야.'

그는 편지를 다시 한 번 읽어 보고는 봉투에 집어 넣고 인장을 찍었다.

"자하르! 하인이 오거들랑 이 편지를 건네주고 아가씨께 전하라고 해."

"그러지유!"

오블로모프는 유쾌하다고 할 만큼 기분이 나아졌다. 그는 소파에 책상다리를 하고 앉아서 심지어 무언가 요깃거리가 없는지 묻기까지 했다. 계란 두 개를 먹고 시가를 피웠다. 가슴도 머리도 뭔가로 충만해서, 살아 있다는 느낌을 주었다. 그는 올가가 편지를 받고 읽어 내려가며 놀라서 어떤 표정을 지을까 상상해 보았다. 그 다음엔 어떻게 되는 걸까?

그는 앞으로 일어난 일들에 대해 상상하며 사태가 새로운 국면에 접어드는 것을 즐기고 있었다…… 문이 탕 소리를 내고 닫힐 때마다 뛰는 가슴을 진정시키며 귀를 기울였다. 하인이 찾아온 건 아닌지, 올가가 이미 편지를 읽은 건 아닌지…… 그러나 현관은 조용하기만 하다.

'이건 또 무슨 뜻일까?' 그가 불안에 떨며 생각했다. '찾아오는 사람이 아무도 없어. 어떻게 된 거지?'

내면의 소리가 그에게 속삭였다. '넌 왜 불안에 떨고 있지? 하인이 찾아오지 않기를, 관계를 끊고 싶다는 것이 너의 바람 아니었어? 하지만 그는 이 목소리를 무시해 버렸다.

30분 정도 지난 뒤 그는 마부와 뒤뜰에서 수다를 떨고 있는 자하르를 불렀다.

"아무도 찾아온 사람 없었어? 하인은 안 왔었냐고?"

"아니유, 찾아왔었지유."

"그래서 뭐라고 했어?"

"주인님이 집에 안 계신다, 시내에 출타 중이시다 그랬지유."

오블로모프의 두 눈이 휘둥그레졌다.

"왜 그 따위 소릴 했어? 하인이 오거든. 내가 어떻게 하라고 했지?"

"하인이 아니라 하녀가 왔었지유."

자하르가 능청스럽게 대꾸했다.

"그럼 편지는 전했고?"

"아니유. 아직 제가 갖고 있지유. 주인님께서 첨엔 집에 안 계신다고 말하라하고, 나중에서야 편지를 전하라 하지 않으셨슈? 그래서 하인이 오면 전할 참이었죠."

"멍청이! 네 놈은 아무 짝에도 쓸모가 없어, 웬수 같은 자식아! 편지는 어디 있어? 이리 내!"

자하르가 이미 꾸깃꾸깃 더럽혀진 편지를 갖고 나왔다.

그 더러운 손 하고는……. 손 좀 씻지 못해? 보라구!"

얼룩을 가리키며 오블로모프가 매몰차게 말했다.

"제 손은 깨끗해유."

자하르가 짐짓 외면하며 대꾸했다.

"아니시야, 아니시야!"

오블로모프가 소리쳤다. 응접실에 있던 아니시야가 반쯤 몸을 내밀었다.

"좀 봐, 자하르가 무슨 짓을 해놨는지." 오블로모프는 그녀에게 불평을 늘어놓았다. "일리인스키 댁에서 사람이든 하녀든 누구라도 오거들랑 이 편지를 건네주고 아가씨께 전하라 해, 알겠지?"

"알았어요, 주인님. 틀림없이 전해 드릴 테니 이리 주셔요."

그러나 그녀가 응접실로 돌아가자마자 자하르가 그녀에게서 편지를 낚아챘다.

"저리 꺼져. 여잔 여자가 할 일만 하면 돼!"

곧 두 번째 하녀가 달려왔다. 자하르가 문의 빗장을 열기 시작했다. 아니시야가 문 쪽으로 다가가려 하자, 자하르가 그녀를 무섭게 노려보았다.

"거기 뭐 볼일이라도 있는가?"

그가 쇳소리를 내며 물었다.

"그냥 당신이 어떻게 말하는지 들어보려고 왔는데……"

"쉬이, 쉬! 저리 꺼져! 팔을 휘둘러 그녀를 쫓아내며 그가 호통을 쳤다. 서방님 일에 주제넘게 끼어들려구!

그녀는 샐쭉 웃으며 물러났다. 하지만 그녀는 어느새 옆방 문 틈새로 자하르가 주인님이 일러 준 대로 실수 없이 제대로 말을 전하는지 훔쳐보고 있었다.

일리야 일리이치도 시끄러운 소리를 듣고 자리를 박차고 나왔다.

"어쩐 일이야, 카차?"

그가 물었다.

"아가씨께서 도련님이 어디로 출타하셨는지 알아보라고 말씀하셨어요. 그런데 어딜 나가신 게 아니라 집에 계시네요! 얼른 돌아가서 말씀드려야겠어요."

그녀는 이렇게 말하며 막 뛰어갈 채비를 했다.

"난 집에 있었어. 이 녀석이 거짓말을 한 거지. 자, 편지다. 아가씨께 꼭 전해 드려!"

"알겠습니다, 전해 드릴게요!"

"지금 아가씨는 어디 계시지?"

"마을 쪽으로 외출하셨어요. 만약 도련님이 책을 다 읽으셨으면 1시 좀 지나서 정원으로 나와 주십사 전해 달라 하셨어요."

하녀는 돌아갔다.

'아냐, 가서는 안 돼…… 모든 걸 끝내야만 하는 시점에서 감정을 흐트러뜨릴 이유가 없지……' 마을 쪽으로 발걸음을 향하면서 오블로모프는 마음속으로 생각했다.

먼발치에서 바라보고 있자니, 올가가 산을 오르는 모습이 보였다. 카차가 그녀를 따라가 편지를 건넸다. 올가는 잠시 발걸음을 멈추고 편지를 흘끗 보며 생각에 잠긴 듯하더니, 곧 카차에게 고개를 끄덕여 보이고는 공원 오솔길로 들어갔다.

오블로모프는 둔덕을 빙 도는 옆길을 택해 올가가 걸어들어간 오솔길 반대편으로 들어갔다. 오솔길 한가운데 관목 틈 풀밭에 주저앉아 올가를 기다리기 시작했다.

'올가는 여기를 지나갈 거야. 그녀가 어떤 모습인지 들키지 않게 살짝 훔쳐보고서 영원히 사라지는 거야.'

그는 가슴이 저리는 것을 느끼며 그녀의 발자국 소리를 기다렸다. 아무 소리도 없다. 고요하기만 하다. 자연은 활기찬 삶으로 가득 차 있다. 주변은 눈에 보이지 않는 미세한 움직임으로 들끓고 있지만, 흘끗 보기엔 모든 것이 평화 속에 고요히 잠겨 있는 것만 같았다.

그 사이에도 풀밭의 모든 것은 와글와글 움직이고 기어다니며 어수선하게 우왕좌왕하고 있었다. 조금 떨어진 곳에서 개미들이 짐짓 바쁜 듯 사방팔방으로 돌아다니며, 서로 엉키고 흩어지며 황망히 움직이는 모습은 마치 어딘가 아주 높은 곳에서 인간 세상의 시장 바닥을 내려다보는 듯했다. 꼭닮은 군중들과 꼭 닮은 복잡한, 그리고 꼭 닮은 와자지껄함까지.

땅벌 한 마리가 꽃 주위를 붕붕 날아다니다 술잔 모양을 한 꽃 속으로 숨어들려 하고 있다. 파리 떼가 보리수나무의 갈라진 틈 사이로 배어나온 수액 주변에 꼬여들고 있다. 수풀 속 어딘가에선 새 한 마리가 오래도록 단조로운 소리로 몇 번이고 지저귀고 있다. 아마도 짝을 찾는 소리인 듯하다.

저기 나비 두 마리가 공중에서 서로 어울려 왈츠라도 추는 것처럼 황급히 나뭇가지를 스쳐 날아간다. 풀냄새가 코를 찌르고, 그 속에서 풀벌레 소리가 그칠 줄 모르고 울려퍼진다……

'이게 웬 소란이야!' 이 악착같은 움직임을 지그시 들여다보고 자연의 부드러운 속삭임에 귀 기울이며 오블로모프는 생각했다. '그냥 쳐다볼 때는 모든 것이 고요하고 평온한 듯이 보이기만 하는데!'

발자국 소리는 여전히 들리지 않았다. 그리고 서서히, 올 것이 오는구나…… '오호!' 오블로모프는 살며시 가지를 젖히며 숨을 죽였다. '그녀다, 그녀야…… 어라, 뭐하는 거야? 울고 있잖아! 이거 큰일인데!'

그녀는 타박타박 발걸음을 옮기면서 손수건으로 눈물을 훔치고 있었다. 하지만 닦아내자마자 또 새로운 눈물방울이 샘솟아 올랐다. 그녀는 부끄러운지 억지로 눈물을 삼키고 있었다. 나무에게마저 우는 모습을 감추고 싶은 듯했지만, 가능할 리 없다. 오블로모프는 여태껏 한 번도 올가의 눈물을 본 적이 없었다. 이런 모습을 기대한 것이 아니었기에 마치 무엇엔가 데이기라도 한 듯한 기분이었다. 이는 뜨거움이라기보다는 아련한 따스함 같은 것이었다.

그는 성큼성큼 그녀의 뒤를 쫓았다.

"올가, 올가!"

오블로모프는 그녀의 뒤를 따르며 부드럽게 말을 걸었다. 그녀는 흠칫 몸을 떨고 뒤를 돌아보더니 놀란 듯이 그를 보았다. 하지만 곧 횅하니 몸을 돌려 재빨리 발걸음을 옮기기 시작했다.

그는 그녀와 나란히 걸었다.

"울고 있는가요?"

그가 말했다. 그녀의 눈에 또 눈물이 고였다. 이제 어떻게 해서도 참을 수 없다는 듯 그녀는 손수건을 얼굴에 갖다 대자마자 울음을 터뜨리며 길목에 있는 벤치에 앉았다.

"내가 도대체 무슨 짓을 한 거야!"

그녀의 손을 잡고 얼굴에서 떼어 내려 애쓰면서 그는 공포에 질려 속삭였다.

"절 내버려 두세요! 가세요! 왜 여기 계시는 거죠? 저도 잘 알아요, 절대 울어선 안 된다는 것을. 울 일이 뭐가 있나요? 당신이 말한 대로예요. 어떤 일이든 일어날 수 있음을 언제나 각오하지 않으면 안 되죠."

"어쩌면 좋을까요, 이 눈물을 마르게 하려면?" 그는 그녀 앞에 무릎을 꿇고 물었다. "말씀해 주세요, 명령을 내려 달라고요. 저는 무슨 일이든지……."

"제게 눈물을 흘리게 했지만 그치게 할 힘은 당신에겐 없어요…… 당신은 그렇게 강한 분이 아니죠! 절 놓아 주세요!"

손수건으로 얼굴에 부채질을 하며 그녀가 말했다. 오블로모프는 그녀를 쳐다보면서 마음속으로 자기 자신을 저주했다.

"편지로 불행을 자초했어!"

그의 말엔 후회의 빛이 역력했다. 그녀는 바느질거리가 담긴 바구니를 열어 편지를 꺼내고는 그에게 건넸다.

"받으세요. 제발 가져가 주세요. 저는 이 편지를 보면서 언제까지나 울고 싶지 않아요."

그는 말없이 편지를 주머니에 숨기고 고개를 숙인 채 그녀 옆에 바짝 다가앉았다.

"적어도 이걸로 제 의도는 명료해졌군요. 올가, 이거야말로 당신의 행복이 제게 얼마나 중요한지 알 수 있는 증거랍니다."

"네, 중요하겠죠!" 그녀가 한숨을 쉬고는 말했다. "아뇨, 일리야 일리이치, 당신은 제가 이 조용한 행복을 즐기는 걸 보고 부러워한 나머지, 그 행복을 엉망으로 망쳐 버리려고 서둘러……."

"망쳐 버리다니요! 제 편지를 읽어 보지 않은 거군요! 다시 한 번 말하지만……."

"끝까지 읽을 수가 없었어요, 눈물이 앞을 가려서. 제가 바보예요! 하지만 나머지 부분도 다 짐작할 수 있어요. 다시 말하실 필요 없어요. 더 이상 울고 싶지 않으니까……."

눈물이 다시 뚝뚝 흘러내렸다.

"제가 당신을 잊으려 하는 것은 당신 앞날의 행복을 내다보고 있기 때문이 아니던가요? 그걸 위해 제 자신을 희생하고 있지 않습니까? 제가 아무렇지도 않아 보이나요? 제 안의 복받치는 이 설움을 모르겠나요? 제가 왜 이러겠어요?"

"왜냐고요?" 갑자기 울음을 그치고 그에게로 몸을 돌리면서 그녀가 앵무새처럼 되뇌었다. "그건 당신이 지금 나무그늘에 몸을 숨긴 것과 같은 이유죠. 제가 울지 안 울지, 또 울면 어떻게 울까, 그걸 몰래 훔쳐보고 싶기 때문이에요! 그렇고말고요! 그게 바로 이유죠! 당신이 만약 편지에 씌어 있는 대로의 마음이었다면, 만약 어떻게 하더라도 헤어질 수밖에 없는 거라면, 당신은 저와 만나지 말고 외국에라도 나가야 하지 않나요?"

"어떻게 그런 생각을!"

비난을 담아 말했지만, 그는 차마 말끝을 맺을 수가 없었다. 이 추측이 그의 아픈 곳을 찔렀다. 오블로모프는 그녀의 말을 통해 진실을 깨달았다.

"그렇군요." 그녀가 다시 한 번 못을 박았다. "어제는 제 사랑을 필요로 하셨고, 오늘은 눈물을 원하니 내일은 아마 제가 어떻게 죽는지 보기를 원하겠군요."

"올가, 그렇게 저를 모욕해도 되는 건가요! 당신이 눈물을 그치고 미소를 보이기 위해 제 목숨의 절반이 필요하다면 지금 당장이라도 기꺼이 바치고 싶건만, 당신은 저를 믿어 주지 않는군요……."

"네, 이미 여자가 당신을 위해 눈물 흘리는 모습을 보셨으니까, 지금은 당신 말이 맞을지도 모르죠……. 아뇨, 당신에겐 진심이란 게 없어요. 진정제 눈물 따위 보고 싶지 않았다면, 그런 식으로 행동하지 않았을 거예요……."

"하지만 설마 이런 일이 벌어질 줄 제가 알았겠어요?"

그는 두 손을 가슴에 얹으며 의문과 감탄이 담긴 목소리로 말했다. 그녀가 되받아쳤다.

"사랑에 빠져 있을 때 마음이란 그 나름의 지혜를 가지고 있어요. 자신이 바라는 것을 알고, 앞으로 어떻게 될지도 다 알아차리는 걸요. 어젠 여기에 올 수 없었어요. 생각지도 못했던 손님들이 찾아왔었거든요. 저는 당신이 저를 기다리며 괴로운 생각을 하거나, 혹시 밤에도 잠을 설쳤을지 모른다는 걸 알고 있었기 때문에, 당신을 괴롭히고 싶지 않았기 때문에 이렇게 온 거예요…… 그런데 당신은…… 제가 우는 것을 보고 즐거워하다니. 보세요, 실컷 보시고 맘껏 즐기세요!"

그녀는 다시 흐느끼기 시작했다.

"굳이 그 일 때문이 아니더라도 푹 잘 수 없었어요, 올가. 밤새 얼마나 괴롭던지……."

"그래서 당신은 제가 괴로워하지 않고 푹 잔 것이 아쉬운 거로군요. 그렇죠? 제가 지금 이렇게 울지 않았더라면 당신은 오늘 밤도 편히 못 주무실 뻔 했군요."

"지금 제가 어떻게 해야 할까요? 용서를 구해야 하나요?"

그가 부드럽고 애정어린 목소리로 말했다.

"용서를 구하는 건 어린애들뿐이에요. 혹은 사람 많은 데서 누군가의 발을 밟았을 때 정도죠. 지금 같은 때 사과 따위 해 봤자 아무 도움도 되지 않아요.”

손수건으로 다시 얼굴에 부채질을 하며 그녀가 말했다.

“그러나 올가, 내 말이 사실이라면요? 내 생각이 정당하고 당신의 사랑이 착각이라면요? 당신이 다른 누군가를 사랑하게 된다면? 그때는 저를 보고 얼굴을 붉히겠죠……”

“그게 대체 무슨 말이죠?”

올가는 그를 지그시 바라보며 되물었다. 비웃음을 담은 찌르는 듯 날카로운 눈빛에 그는 허둥대기 시작했다.

‘뭔가 내게서 캐내려는 거야! 정신 차려, 일리야 일리이치!’

“‘그게 대체 무슨 말이냐’라는 건, 무슨 의미죠?”

불안한 눈빛으로 그녀의 얼굴을 바라보면서 오블로모프는 기계적으로 되풀이했다. 그녀의 머릿속에 어떤 생각이 들어 있는지, 그는 도저히 짐작할 수 없었다. 혹시라도 이 사랑이 실수라면 그 결과를 절대 인정할 수 없는 것이 확실함에도 불구하고, 그녀는 무슨 생각으로 자신이 입 밖에 낸 ‘그게 대체 무슨 말이냐’는 말을 인정하려는 것일까.

그녀는 자신에 넘치는 냉정한 눈길로 그를 바라보았다. 자신의 생각을 확실히 파악하고 있는 것이 틀림없었다.

“당신은 ‘나락의 바닥으로’ 떨어지는 게 두려운 거예요.” “혹시 제 사랑이 식으면 어쩌나 하는 생각에 아직 당하지도 않은 굴욕을 두려워하고 있군요! ‘저 따위 아무것도 아니겠죠’ 편지에 이렇게 쓰셨죠……”

그는 아직도 그녀의 말을 제대로 이해할 수 없었다.

“그래요. 제가 다른 사람을 사랑하게 된다면 그때 저에게 당신은 더 이상 쓸모없는 존재일 테니. 그러니까 제가 행복해진다는 건가요? 하지만 당신은 ‘당신의 행복을 내다보고, 당신을 위해서라면 그 어떤 희생이라도, 목숨까지도 아끼지 않을 겁니다’라고 하시지 않았나요?”

그는 그녀를 뚫어져라 쳐다본 채 그저 이따금 크게 눈을 껌뻑일 뿐이었다.

“과연, 그런 논리인 거군요! 솔직히 말해, 정말 의외로군요……”

그녀는 화가 난 눈길로 머리끝에서 발끝까지 그를 훑어 내렸다. 그리고 말을 이었다.

"당신을 그토록 미치게 만들었던 행복은요? 우리가 함께 보낸 아침과 저녁, 이 공원, 저의 '사랑해요'라는 고백, 이 모든 게 소중하지도 않고 어떤 희생이나 고통의 가치도 하나 없는 쓸데없는 것이란 말씀이군요?"

'아휴, 쥐구멍이라도 있으면 숨고 싶군!'

올가의 생각이 점점 명백해짐에 따라 그는 마음속에 점점 고민을 쌓아 가며 생각에 잠겼다.

"만약에." 그녀가 매섭게 질문 공세를 퍼붓기 시작했다. "책과 관직, 사교계에 질린 것처럼 이 사랑에도 질려 버린다면요? 이대로 시간이 흐름에 따라, 경쟁자도 없고 다른 사랑도 없는 채, 그저 당신 집 긴의자에서 잠에 빠지는 것과 마찬가지로 제 옆에서 문득 잠이 들어 버린다면요? 그리고 제 목소리로 당신을 눈뜨게 할 수 없다면? 심장에 있던 병이 다 낫고, 다른 여자가 아니라 당신의 낡은 실내복이 당신에게 더욱 간절해진다면요?"

"올가, 그건 일어날 리 없는 이야기에요!"

오블로모프가 그녀에게서 슬금슬금 멀어지면서 불만스레 그녀의 말을 가로챘다.

"어째서 일어날 리 없는 거죠? 당신은 제게 이렇게 말하셨죠. '그건 착각이다. 곧 다른 남자를 사랑하게 될 거다.' 저야 말로 이따금 당신의 사랑이 마치 당신에게 제가 아무것도 아니었던 것처럼 식어 버릴 듯한 기분이 들어요. 그럴 땐 어떻게 해야 되죠? 지금 제가 하고 있는 행동에 대해서 뭐라고 말하며 저 자신을 변호해야 할까요? 다른 사람이나 세상은 신경쓰지 않는다 해도, 저 자신에겐 뭐라 말해야 하냐고요? 저 또한 이 때문에 가끔 밤잠을 이루지 못하지만, 미래에 대한 상상으로 당신을 괴롭히진 않아요. 왜냐하면 좋은 일만을 상상하고 또 그것을 믿기 때문입니다. 제 마음 속에서는 행복이 두려움을 극복해 내고 있어요. 당신의 두 눈이 제 힘으로 반짝반짝 빛나고 당신이 저를 찾아 언덕을 오르고 저를 위해 게으름을 잊고 꽃다발과 책을 사려고 시내로 바쁜 걸음을 재촉할 때, 제가 당신을 미소짓게 하고 삶의 희망에 눈뜨게 했음을 알게 되었을 때, 그럴 때 저는 조금이나마 보람을 느껴요 …… 제가 고대하고 찾는 것은 단 하나, 행복뿐입니다. 그리고 이미 찾았노라고 믿고 있어요. 가령 제가 착각을 하고 있고 스스로의 착각으로 인해 눈물을 흘리게 된다 해도 적어도 저는 이 안에서(그녀는 심장 위로 손바닥을 갖다댔다) 제 탓이 아니라는 것을 느낄 수 있어요. 운명이 원치 않았고 신의 뜻이 아니었을 뿐이죠. 하지만 제가 앞으로 울게 되지 않을까 하는 걱정 같은 건 하지 않아요. 쓸데없는 눈물을 흘리지는 않을 테니까요. 그 눈물로 무언가를 얻게 되겠죠…… 전 참…… 행복했어요!"

"다시 그렇게 되도록 합시다!"

오블로모프가 애원하듯 말했다.

올가가 이어서 말했다.

"당신은 앞으로 어둠만을 보게 될 거예요. 당신에게 행복은 아무것도 아닐 거예요…… 은혜를 모르는 짓이죠. 이건 사랑도 아니고 이……."

"이기주의죠!"

오블로모프가 대신해서 말했다. 그는 올가를 바라볼 용기도, 말할 용기도, 그렇다고 용서를 구할 힘도 없었다.

올가는 나지막한 목소리로 말했다.

"가세요, 당신이 가고 싶었던 곳으로."

그는 올가를 쳐다보았다. 그녀의 눈은 말라 있었다. 그녀는 생각에 잠겨 아래를 내려다보면서 양산 끝으로 모래에 무언가를 쓰고 있었다. 그리고 한참 후에 이렇게 덧붙였다.

"다시 가서 편히 누워 쉬세요. 그렇다면 착각할 일도 없고, '나락의 끝으로 떨어질' 일도 없을 테니까요."

"전 그저 행복해지려 했을 뿐인데, 그 대신 저 자신은 물론 당신까지도 슬픔에 빠뜨려 버렸군요……."

그가 후회의 빛을 띠며 중얼거렸다.

"크바스를 마시세요. 그걸 마신다고 술독에 빠지지는 않을 테니까요."

그녀가 비웃듯이 말했다.

"올가! 너무하지 않나요? 저는 스스로 자신을 벌주고 있는데, 게다가……."

"네, 말로만요. 과연 당신은 자신을 벌주고 있군요. 나락의 끝으로 뛰어내리기도 하고, 남은 반평생을 내놓기도 하셨죠. 하지만 의혹이 밀려오고 잠 못 이루는 밤이 이어지면 당신은 자기 자신에게 관대해질 거예요. 지독히도 신중을 기하고 모든 일에 조심스러워지겠죠. 먼 미래의 일도 훤히 내다볼 거구요!"

'틀린 말이 하나도 없어. 게다가 얼마나 단순한가!'

오블로모프는 부끄러운 마음에 차마 소리내어 말하지는 못하고 이렇게 생각만 할 뿐이었다. 도대체 왜 그는 그것을 스스로 설명하지 못하고, 이제 막 삶의 출발점에 서 있을 뿐인 여자에게 지적받은 것일까? 게다가 그녀는 이렇게나 빨리 그것을 이해했다! 바로 얼마 전까지만 해도 마치 어린아이 같던 그녀가!

"우리에겐 더 이상 할 말이 없을 것 같군요." 그녀가 일어서며 말했다.

"그럼 안녕히, 일리야 일리이치, 부디…… 안심하세요. 지금의 안정이 바로 당신의 행복이겠죠."

"올가! 안 돼요, 제발 부탁이니 그런 말은 하지 말아요! 지금 모든 것이 처음처럼 확실해진 이상 저를 쫓아내지 마세요……."

그녀의 팔을 붙들며 그가 말했다.

"제게 더 이상 무슨 볼일이 있죠? 당신에 대한 제 사랑이 착각이 아닌가 두려워하고 있잖아요. 하지만 전 당신의 의심을 없애 드릴 수가 없어요. 어쩌면 정말 착각하고 있는 건지도 모를 일이죠……."

그가 그녀의 팔을 놓았다. 다시 한 번 정신이 아찔해졌다.

"왜 모르는 거죠? 당신은 느낄 수 없단 말인가요?" 그가 다시 의혹을 드러내며 물었다. "올가, 당신 설마 하고 생각하는 건……?"

"설마고 뭐고 없어요. 전 어제 당신에게 제가 느끼고 있는 모든 것을 말씀 드렸고, 일 년 후엔 어떻게 될지 알 수 없으니까요. 하지만 하나의 행복 뒤에 두 번째, 세 번째 행복이란 게 있는 건가요?" 그녀가 눈을 크게 뜨며 물었다. "가르쳐 주세요, 당신은 저보다 경험이 풍부하잖아요."

하지만 오블로모프는 그녀의 생각을 긍정하고 싶지 않았으므로, 한 손으로 아카시아 나뭇가지를 흔들기만 할 뿐 아무 말도 하지 않았다.

"아뇨, 인간이란 단 한 번의 사랑을 하는 존재니까요!"

어린아이가 외운 문장을 앵무새처럼 되풀이하듯 그가 말했다.

"그것 보세요. 저도 그렇게 믿는다니까요. 만약 그런 것이 아니라면 당신을 향한 제 사랑은 식어 버릴 거예요. 그리고 스스로의 잘못으로 괴로워하겠죠. 당신도 마찬가지일 거예요. 혹시 우리 두 사람은 헤어질지도 모르죠!

두 번, 세 번 사랑을 한다니…… 아니요, 그럴 리 없어요…… 저는 그런 말, 믿고 싶지 않아요!"

그는 한숨을 쉬었다. 올가의 말이 그의 영혼을 뒤흔들었다. 오블로모프는 생각에 잠긴 채 그녀의 뒤를 따라 터벅터벅 걸었다. 그러나 한 걸음씩 걸을 때마다 그의 마음은 가벼워졌다. 그가 어젯밤 생각해 낸 실수는 아주 먼 미래의 일이었다…… '하지만 사랑뿐만 아니라, 삶이란 게 다 그렇지 않은가…….' 문득 이런 생각이 그의 머릿속에 떠올랐다. 모든 일은 실수로 간주해 버리면 대체 언제 실수가 아닌 일을 하는 거지? 난 뭘 하고 있는 거야? 꼭 눈이라도 멀어 버린 듯하군…….'

"올가." 두 손가락을 그녀의 가느다란 허리에 살며시 스치며 그가 입을 열었다(그녀가 멈추어 섰다). "당신이 저보다 훨씬 더 현명하군요."

그녀가 고개를 가로저었다.

"아뇨, 훨씬 단순하고 용감할 뿐이죠. 뭘 그리 두려워하죠? 당신은 사랑이 식어 버릴지도 모른다고 심각하게 생각하세요?"

그녀는 확신에 가득 차 자신있게 물었다.

"이제 제겐 두려울 게 없어요!" 그는 단호하게 말했다. "당신과 함께라면 그 어떤 운명도 두렵지 않아요!"

"최근 어디선가 이 문장을 읽은 것 같은데…… 아마 외젠 쉬[2]의 책이었던 것 같군요." 그녀가 갑자기 그를 향해 돌아서며 비웃음 섞인 말투로 말했다. "책 속에서는 여자가 남자에게 말하고 있지만요……."

오블로모프의 얼굴이 새빨개졌다.

"올가! 모든 일을 어제대로 돌려놓읍시다." 그가 애원했다. "더 이상 잘못을 두려워하지 않을 테니."

그녀는 말이 없었다.

"괜찮겠죠?"

그가 겁먹은 목소리로 물었다. 그녀는 여전히 아무 대답이 없다.

"말하고 싶지 않으면 무슨 징표라도…… 라일락 나뭇가지라도 제게 주세요……."

---

*2 Eugene Sue(1804~57) : 프랑스의 소설가.

"라일락이라…… 지나 버렸어요, 다 사라졌다고요! 자, 보세요. 남아 있는 꽃의 모습을. 전부 다 시들어 버렸다고요!"

"다 지나고, 시들어 버렸다고요!" 그가 라일락을 보면서 되풀이했다.

"편지도 지나가 버렸겠군요!"

그녀는 고개를 가로저었다. 그는 올가의 뒤를 따르면서 마음속으로 편지에 대해서, 어제의 행복에 대해서, 색 바랜 라일락에 대해서 곰곰이 생각에 잠겼다.

'정말 라일락이 다 시들어 버렸군! 편지는 왜 필요했을까? 왜 밤새 잠 들지 못하고 아침에 그걸 썼을까? 하지만 지금은 마음이 원래대로 돌아온 듯 가벼워졌어…… (그가 하품을 했다)…… 깜짝 놀랄 만큼 잠이 쏟아진다. 그런 편지를 쓰지 않고 지금과 같은 실랑이가 전혀 없었다면. 그녀가 눈물을 흘리지도 않았을 테고 모든 게 다 어제와 같았겠지. 두 사람은 조용히 오솔길에 앉아 서로의 얼굴을 바라보며 행복에 대해 이야기를 나누었을 텐데. 오늘도 마찬가지고, 내일도…….'

그가 입이 찢어져라 크게 하품을 했다. 갑자기 이런 생각이 그의 머릿속에 떠올랐다. 편지가 목적을 달성했더라면, 어떻게 되었을까. 올가가 그의 생각에 동의하여 실수를 두려워하고 먼 미래의 막연한 불행에 깜짝 놀랐더라면, 만약 그녀가 그의 수상한 경험과 판단에 따라 단숨에 헤어지자, 서로를 잊자고 동의했더라면 어떻게 되었을까?

말도 안 돼! 깨끗하게 이별을 고하고 페테르부르크로 돌아와 새 집으로 이사했겠지! 그리고 그 뒤에도 긴 밤과 지루한 내일, 참을 수 없을 만큼 짜증스런 모래가 이어지겠지. 끝없이 되풀이되는 하루하루는 점점 생기를 잃어 갈 거야…….

어떻게 이런 일을 참을 수 있지? 죽음이나 마찬가지인데! 게다가 위험하게도 이 모든 게 현실이 될 뻔 했잖아! 그런 일이 벌어졌다면 자신은 몸져누웠으리라. 그는 이별을 원치 않았다. 그는 이별을 이겨내지 못하고 한 번만 만나 달라고 원하리라.

'내가 왜 그런 편지를 쓴 거지?' 그는 스스로에게 물었다.

"올가 세르게브나!"

"왜 그러세요?"

"제 모든 고백에 덧붙여서 이 한 마디만은 꼭 해야겠어요……."

"또 무슨 말씀이시죠?"

"그 편지는 원래 필요 없었는데……."

"아뇨, 편지는 반드시 필요했어요."

그녀가 단호하게 말했다. 그녀는 뒤돌아섰지만, 그의 표정이 순식간에 바뀌는 것을 보고 웃기 시작했다. 졸음은 갑작스레 사라지고, 두 눈은 깜짝 놀라 휘둥그레졌다.

"반드시 필요했다고요?"

놀란 시선을 그녀의 등 뒤에 쏟으며 그가 천천히 되물었다. 하지만 그의 눈에 들어오는 건 그녀의 망토에 달린 장식용 술 두 개 뿐이었다. 이 눈물과 비난의 의미는 무엇인가? 거짓말이었을까? 하지만 올가는 그런 교활한 여자가 아니다. 이는 그 또한 똑똑히 알고 있다.

거짓말을 하거나 교활한 방법으로 상대를 속이는 건 생각이 짧은 여자들 뿐이다. 그런 여자들은 참다운 지성이 없는 탓에 교활한 수를 써서 천박한 일상생활의 계기를 조종하고, 레이스를 짜듯이 좁디좁은 가정 안의 움직임을 조작하려 한다. 하지만 자신을 둘러싸고 있는 삶의 중요한 실이 어떤 식으로 놓여, 어느 방향을 향하고, 어디에서 합쳐지는지에 대해서는 조금도 알아차리지 못한다.

교활함이란 잔돈과 같아 많은 것을 살 수는 없다. 동전으로 한두 시간 정도를 때울 수 있는 것처럼, 교활한 수단은 지금 당장 무언가를 감추거나 속일 수는 있겠지만, 그것으로 저 멀리 수평선을 바라보며 중요하고 커다란 사건의 결말을 내기에는 턱없이 부족하다.

교활함은 근시안적이다. 자기 코앞만 잘 보일 뿐 멀리는 보지 못한다. 그런 이유로 남을 속이기 위해 파 놓은 함정에 스스로 걸려들기 일쑤다.

올가는 솔직하고 총명하다. 오늘의 문제만 해도 그렇게 수월하고 분명하게 해결하지 않았는가. 오늘뿐만이 아니라 그 어떤 문제라도 마찬가지이다! 그녀는 단숨에 사건의 참된 의미를 꿰뚫어 보고 곧장 그 문제에 접근한다.

그러나 교활함이란 새앙쥐와도 같아, 주위를 빙글빙글 맴돌다 쪼르르 숨어 버리는 것이다…… 올가의 성격은 그렇지 않다. 그럼 그것은 과연 무엇인가? 또 어떤 이상한 말을 듣게 되는 것일까?

"왜 편지가 반드시 필요하죠?"

"왜냐고요?" 그녀는 앵무새처럼 되풀이했다. 한 걸음 한 걸음 떼어 놓을 때마다 그를 막다른 골목으로 몰아가는 즐거움을 누리며, 들뜬 얼굴로 그를 향해 몸을 돌렸다. "왜냐하면." 잠시 머뭇거리다가 다시 입을 열었다. "당신이 밤잠을 설치며 저를 위해 편지를 썼기 때문이죠. 저도 이기주의자니까요! 이게 첫 번째 이유고……."

"당신이 이제 와서 제가 한 일에 동의하신다면 방금 전에 왜 저를 비난하신 거죠?"

"그건 당신이 일부러 고통을 자초하셨기 때문이죠. 저는 그런 걸 바라지 않았어요. 고통이 제 멋대로 찾아왔을 뿐이고, 저는 그것이 이미 지난 일이 된 것을 기쁘게 생각하고 있어요! 하지만 당신은 고통에 대한 준비를 하고 그것을 앞장서서 즐긴 것뿐이고요. 당신은 심술쟁이에요! 그래서 당신을 비난한 거예요. 그리고…… 당신의 편지엔 생각과 감정이 춤추고 있어요…… 당신은 어젯밤부터 오늘 아침까지 당신 자신의 방식이 아닌, 친구 슈톨츠와 제가 바라는 삶의 방식을 취하고 있었어요. 이게 두 번째 이유고요 마지막으로 세 번째는……."

그녀가 곁에 바싹 다가오자, 그의 심장과 머리에 피가 몰렸다. 그의 숨결은 흥분으로 느릿해졌다. 그녀는 그의 눈을 똑바로 쳐다보았다.

"세 번째는, 당신의 편지 속에 마치 거울을 보는 것처럼 당신의 다정함과 조심성, 저에 대한 배려, 제 행복을 걱정하는 친절, 당신의 순수한 양심이 보이더라는 거죠…… 슈톨츠 씨에게 들었던 당신의 아름다운 모습이 남김없이 비춰져 있었기 때문이에요. 당신의 이런 점 때문에 전 당신을 사랑하게 되었고, 당신의 게으름도 나태함도 잊어버렸어요……. 당신은 편지 내용을 일부러 꾸미지 않고 자신의 모습을 있는 그대로 드러내 보여 주었죠. 당신은 이기주의자가 아니에요, 일리야 일리이치. 당신이 편지를 쓴 이유는 결코 헤어지기 위해서가 아니었어요. 그런 걸 바란 게 아니었다구요. 단지 저를 속이게 된 일이 두려웠던 거죠…… 당신의 결백함이 그 증거랍니다. 그렇지 않다면 전 그 편지에 모욕을 느꼈을 테고, 자존심 때문에 울지도 않았을 거예요, 이제 아시겠죠? 전 제가 당신을 사랑하고 있다는 걸 알아요. 실수 따위는 두려워하거나 하지 않아요. 왜냐하면 전 당신을 잘못 보지 않았으니까요⋯⋯."

이렇게 말하는 그녀는 후광에 둘러싸인 듯 빛나 보였다. 그 두 눈은 사랑의 승리, 자신의 힘에 대한 자각으로 반짝이고 있었다. 두 뺨은 장밋빛으로 발그레 물들어 있다. 게다가 그가, 바로 그가 이 모든 것의 이유였다! 자신의 결백한 마음으로 이 불꽃과 홍조, 빛을 그녀의 가슴 속에 던져 넣은 것이다.

"올가! 당신은 그 어떤 여자보다 훌륭해요! 당신이야말로 이 세상에서 으뜸가는 여자라고요!"

그는 기쁨에 어찌 할 줄 모른 채 자기도 모르게 두 손을 뻗어 그녀에게 몸을 숙였다.

"제발⋯⋯ 한 번만 키스해 주세요, 말로는 다 할 수 없는 행복의 징표로."

그가 꿈꾸듯 속삭였다. 그녀는 순간 한 발짝 뒤로 물러났다. 승리의 광채도 두 뺨의 홍조도 그녀의 얼굴에서 사라졌다. 부드러운 두 눈이 위협적으로 빛났다.

"안 돼요, 절대로 안 돼요! 가까이 오지 마세요!"

거의 까무러칠 듯 놀라며 그녀가 말했다. 두 팔과 양산으로 그와의 사이를 막아선 채였다. 그러고는 몸을 비스듬히 돌려 위협하는 듯한 자세와 눈빛으로, 숨조차 쉬지 않고 마치 화석처럼 그 자리에 못박힌 듯 서 있었다.

그는 갑자기 고분고분해졌다. 그의 앞에 서 있는 건 얌전한 올가가 아니라 입술을 한 일자로 앙다물고 두 눈에서 번개가 번쩍이는 오만과 분노의 여신이었다.

"용서하세요!"

조금 움츠러든 그가 입 안에서 우물우물거리며 말했다. 그녀는 천천히 몸을 돌리고는, 그가 어떻게 하고 있는지 어깨 너머로 살금살금 훔쳐 보면서 걷기 시작했다. 오블로모프는 주인에게 혼이 난 강아지가 꼬리 감추는 듯한 모습으로 그녀의 뒤를 졸졸 따라갔다.

그녀는 걸음을 재촉했지만, 그의 얼굴을 보고는 번져나오는 미소를 참으며 더욱 침착하게 발걸음을 옮겼다. 그저 때때로 희미하게 몸을 떨 뿐이었다. 두 뺨이 번갈아 가며 장밋빛으로 물들었다.

그녀가 걸음을 옮길수록 얼굴은 점점 빛을 내기 시작했고 숨결은 서서히 부드럽고 안정적으로 변했다. 그녀의 발걸음은 다시 원래대로 규칙적인 모습을 찾았다. 그녀는 자신의 '안 돼요'라는 한 마디 말이 오블로모프에게 얼마나 신성한 것인지를 보았다. 분노의 감정도 조금씩 가라앉고 연민의 감정이 그 자리를 대신 차지했다. 그녀의 발걸음은 점점 더 조용해져 갔다……

그녀는 너무나도 벌컥 화를 낸 탓에, 자신의 감정을 조금이라도 입을 열 구실을 생각하고 있었다.

'모든 게 엉망진창이 돼 버렸어! 이거야말로 잘못이군! 안 돼요!'라니 큰일인걸! 라일락은 몽땅 시들어 버렸어.' 축 처진 라일락 가지를 보며 그가 생각했다. '어제란 시간도 시들고 편지도 시들어 버렸지. 그리고 그 한순간도! 처음으로 하늘에서 울려퍼지는 목소리처럼 내 안에 좋은 점이 있다고 말해 준, 내 생애 두 번 다시 오지 않을 이 순간도 시들어 버린 거야!'

그는 올가를 바라보았다. 그녀는 눈을 내리뜬 채 그 자리에 멈춰 서서 기다리고 있었다.

"편지를 이리 주세요!"

그녀가 나지막이 말했다.

"이것 역시 시들어 버렸어요!"

편지를 건네며 그가 힘없이 말했다. 그녀는 그에게로 가까이 다가와 고개를 낮게 숙였다. 그녀의 눈은 완전히 감긴 채였다……. 그녀는 거의 몸을 떨고 있었다. 그가 편지를 건넸지만 그녀는 고개를 들지도, 옆으로 물러서지도 않았다.

"당신 때문에 전 정말 깜짝 놀랐어요."

그녀가 부드럽게 덧붙였다.

"용서하세요, 올가."

그가 중얼거렸다. 그녀는 말이 없었다.

"그 무시무시한 '안돼요!'는……."

그가 슬픈 듯 말하며 한숨을 내쉬었다.

"그 또한 시들어 버릴 텐데요!" 얼굴이 새빨개진 그녀가 들릴락 말락 한 목소리로 속삭였다. 그녀는 수줍은 듯하면서도 다정한 눈길을 그에게로 살짝 던지고 그의 두 손을 꼭 쥐고는 자신의 심장 위에 얹었다.

"심장 뛰는 소리가 들리세요? 당신이 저를 놀라게 한 탓이에요! 그러니 저를 놓아 주세요!"

그러고는 그의 얼굴에 눈길조차 주지 않고 홱 몸을 돌려서, 드레스 앞자락을 살짝 들어올린 채 좁은 길을 뛰어갔다.

"어딜 그리 급히 가시는 건가요? 저는 이제 지쳐서 당신을 쫓아갈 수가 없어요⋯⋯."

"저를 내버려 두세요. 빨리 돌아가서 노래를 할 거예요, 노래, 노래를!" 화끈거리는 얼굴로 그녀가 말했다. "가슴이 저미는 게, 아플 지경이에요!"

오블로모프는 그 자리에 서 있었다. 날아가는 천사를 보듯 그렇게 오랫동안 그녀의 뒷모습을 바라보았다.

'정말 이 순간도 시들어 버리는 것인가?' 슬픔과 닮은 감정을 가슴 가득 담은 채 그는 생각했다.

'라일락이 졌어. 어제도 멀어졌고 악몽에 시달리며 숨쉬기조차 버거워하던 밤도 지나가 버렸어⋯⋯ 그리고 이 순간도 라일락처럼 져 버리고 말겠지! 하지만 오늘밤이 지나면 또 다시 내일이 밝아올 거야⋯⋯.'

"이게 도대체 무슨 일인가?" 그는 생각에 잠긴 채 소리내어 말했다.

"그리고⋯⋯ 사랑 또한 그런가? 사랑이란 뜨거운 열기로 가득한 한낮처럼 사랑하는 두 사람의 머리 위를 뒤덮어, 그 속에서 옴짝달싹할 수도 숨조차 쉴 수도 없게 할 거라고 생각했지. 사랑 속에도 평안이란 없으며, 사랑 역시 계속해서 앞으로 나아간다고⋯⋯ 슈톨츠의 입버릇대로 말하자면, '인생이 다 그런 거지.' 그리고 사랑을 향해 '멈춰라, 움직이지 마' 이렇게 명령할 수 있는 여호수아*3는 아직 태어나지조차 않았어. 내일은 또 어떤 일이 일어날까?"

그가 불안한 듯 스스로에게 묻고는, 이윽고 깊은 생각에 잠긴 듯 피곤한 발걸음을 집으로 옮겼다.

올가의 방 창문 아래를 지날 때 오블로모프는 그녀의 꽉 막힌 가슴이 슈베르트의 음악 속에서 편안해지는 소리를 들을 수 있었다. 마치 행복에 겨워 흐느끼는 듯했다.

아아, 이 세상에 산다는 건 얼마나 즐거운 일인지!

---

*3 Joshua : 《구약성서》에 나오는 모세의 후계자. 자신의 백성에게 약속했던 전쟁을 끝내 승리로 이끌기 위해 태양을 멈춰 세워서 하루를 길게 늘였다고 함.

제11장

집으로 돌아오자, 슈톨츠의 편지가 그를 기다리고 있었다. 편지는 '지금 아니면 영원히 기회는 없어!' 이렇게 시작해서 똑같은 말로 끝을 맺고 있었다. 꼼짝도 하지 않으려는 오블로모프에 대한 비난으로 가득한 편지에는 반드시 스위스에 와서 조만간 그곳에 도착할 자신과 함께 이탈리아에 가자는 권유의 말도 있었다.

그렇게 하지 않을 거라면, 시골 영지로 가서 경제 상황을 재정비하고 농부들의 황폐해진 삶에 활기를 불어넣어 주라고 했다. 자신의 수입이 어느 정도인지 확실히 파악해서 새집 공사를 다시 한 번 감독하라고 오블로모프에게 충고하고 있었다.

'우리가 약속했던 말을 기억해? 지금 아니면 영원히 기회는 없어!' 그렇게 편지는 끝을 맺고 있었다.

"지금, 지금, 지금이라! 지금 내 인생에 어떤 서사시가 펼쳐지고 있는지 안드레이가 알 턱이 없지. 이것 말고 또 무슨 일이 필요하다는 거지? 언젠가 나도 이 일 말고 다른 일로 정신없이 바빠지는 걸까? 직접 한 번 해 보라지! 지금 책에서 프랑스인이나 영국인에 대한 얘기를 읽어 보면, 그들은 온종일 일만 하고 머릿속엔 일에 대한 생각밖에 없는 것처럼 쓰여 있잖아! 온 유럽을 돌아다니고 그 중에는 아시아나 아프리카까지 간 사람도 있지만, 웬걸! 일 따위는 전혀 없던걸. 어떤 사람은 화첩에 스케치를 하고 고대 유물을 발굴한다고 하는가 하면, 또 다른 사람은 사자를 사냥하고 뱀을 산 채로 잡기도 하더군. 그게 아니면 그저 고상하고 느긋하게 집 안에 가만히 머물며 친구나 여자들과 함께 점심식사를 하거나 만찬을 즐기지. 이게 일의 전부야! 내가 무슨 죄수라도 되는 줄 아나? 안드레이가 생각하는 건 뻔하지. '일해라 일해, 말처럼 일하라고!' 무엇을 위해 일하라는 거지? 먹을 것도 입을 것도 모자람이라곤 없는데. 하지만 올가가 내게 오블로모프카 마을로 갈 생각이냐고 물어 봤었지…….”

　오블로모프는 급히 계획을 세우고 생각을 정리하기 시작했다. 심지어 건축가를 만나고 오기까지 했다. 곧 그의 작은 책상엔 집과 정원 설계도가 펼쳐졌다. 가족 중심의 발코니가 둘 딸린 넓은 집이었다.

　‘여기는 내 방, 저기는 올가 방, 또 저기는 침실이고, 여기가 아이들 방…….’

　그가 미소지으며 생각했다. ‘하지만 농부들은, 농부들은……’ 곧 그의 얼굴에서 미소가 사라지고 이마에 불안의 빛이 드리워졌다. ‘이웃 마을 지주가 편지를 보내서 자잘한 일까지 간섭하며 상담을 청하고 있는데, 쓰여 있는 건 경작에 관한 내용이라거나 보리값이 올랐다는 것뿐……. 지루한 일이군! 거기다 비용을 공동으로 부담해서 상거래 중심지인 큰 마을로 도로를 내자거나 중간에 있는 작은 개울에 다리를 놓자는 말을 하며 내게 3천 루블을 내놓으라고 했지. 얼마 안 있으면 오블로모프카를 저당잡히라고 말할지도 몰라……. 그럴 필요가 있는지 없는지 내가 알 게 뭐야? 그런 일을 해서 무슨 이득이 생긴다는 거지? 날 속이려 하는 건 아닐까? 뭐, 그는 슈톨츠도 아는 사람이니까 정직한 사람이겠지. 하지만 슈톨츠가 사람을 잘못 봤을 수도 있잖아? 그럼 난 돈만 모조리 날리게 되는 거지! 3천 루블이면 큰 돈인데! 그 돈을 어디서 만들어 오란 거야? 안 돼, 무섭구면! 거기다 농부들 중 몇몇을 황무지에 이주시키자면서 얼른 답변을 달라고 재촉하고 있어. 이것저것 다 빨리 해 달라는군. 이 남자는 영지를 담보로 하려면 필요한 서류를 귀족농업회에 보내는 일까지 참견하고 있어. ‘위임장을 보내라. 관청에 가서 증명을 받으라.’ 말도 안 되는 소리를 하고 있군! 관청이 어디 있는지도, 거기에 들어가려면 어떻게 문을 여는지도, 난 아무것도 모른다고!’

　오블로모프는 한 주가 지나고도 이웃 마을 지주에게 답장을 보내지 않았다. 올가 또한 그 사이에 그가 관청에 다녀왔는지에 대해서 물어 올 정도였다. 얼마 전 슈톨츠도 그와 그녀 앞으로 편지를 각각 보내 ‘오블로모프가 지금 무엇을 하고 있는지’ 캐물었다.

　무엇보다 올가는 오블로모프 활동에 대해 그녀의 시선이 닿는 영역에 한해서 표면적으로만 관찰할 수 있었다. 예를 들어 그가 즐거워 보이는지, 여기저기 나서서 돌아다니고 있는지, 약속된 시간에 숲에 나타나는지, 시내의 소식과 세상 사는 이야기가 그의 관심을 얼마나 끌고 있는지 따위 말이다. 그러나 그녀가 무엇보다도 열심히 주의를 기울이는 것은, 그가 삶의 중요한 목적을 놓치고 있지는 않은가 하는 부분이다. 그녀가 관청의 일에 대해 그에게 물었다면 그 이유는 오블로모프의 사무적인 부분에 대해서 슈톨츠에게 무언가 답변을 주어야만 했기 때문이다.

여름 무더위가 절정에 달했다. 7월도 곧 지나려 하고 있다. 쾌청한 날씨가 찾아왔다. 오블로모프는 올가와 한시도 떨어지지 않았다. 맑게 갠 날이면 공원에 나가고, 한창 더운 정오에는 함께 숲 속에 들어가 소나무 아래 몸을 숨기고 그녀의 발치에 붙어 앉아 무언가 읽어 주곤 했다. 그녀는 벌써 다른 자수를 놓고 있다. 그를 위한 것이다. 그들의 마음을 지배하는 건 뜨거운 여름이었다. 이따금 구름이 드리워지긴 했지만 곧 지나가 버렸다.

그의 마음에 고통스런 꿈이 찾아들고, 의혹이 가슴의 문을 두드릴 때도, 올가는 천사처럼 그를 굳건히 지켜 주었다. 그녀는 자신의 밝은 눈으로 그의 얼굴을 바라보며 그의 가슴에 드리워진 불안을 걷어 주었다. 그러면 모든 것은 다시 평화로워지고 감정은 강물이 바뀌어 가는 하늘의 무늬를 수면에 비추듯 그렇게 막힘없이 흐르기 시작한다.

삶과 사랑, 그 밖의 다른 모든 것을 바라보는 올가의 시선은 더욱 밝고 또렷해졌다. 그녀는 예전보다 더 큰 확신을 가지고 주위를 둘러보며 미래를 두려워하지도 않는다. 그녀 안에서는 새로운 지성과 감성이 싹을 틔우고 성장해갔다. 때로는 시적 다양성과 깊이를 띠고, 때로는 정확하고 또렷하게, 점점 자연스럽게 나타났다.

그녀에겐 어떤 집착과도 같은 것이 있어, 운명의 온갖 위협뿐만 아니라 오블로모프의 게으름과 나태함마저 정복할 수 있었다. 그녀는 머릿속에 무언가 이런 식으로 하겠다는 계획이 세워지면, 곧 열정적으로 실행에 옮긴다. 당분간은 그에 대한 이야기만 한다. 만약 그 이야기를 하지 않는다 해도 그녀의 머릿속엔 끊임없이 한 가지 생각만 맴돌고 있다는 걸 알 수 있다. 그 생각을 잊거나 헤어나오려 하지도, 한눈을 팔지도 않고 끊임없이 한 가지 생각에만 집중해서 원하는 것을 손에 넣고야 만다.

어디에서 그런 힘이 나타나는 건지, 오블로모프는 도무지 이해할 수가 없었다. 어떤 사건이 느닷없이 발생하더라도 무슨 일을 어떻게 처리해야 할지 속속들이 다 꿰뚫어 보고 처리해 나가는 탁월한 능력이 있었다.

'아마도 그건, 그녀의 눈썹이 가지런히 있는 때가 없고 항상 한쪽만 위로 치켜올라가 있기 때문일 거야. 그리고 그 위에 아주 가느다란, 있는지 없는지도 눈에 띄지 않는 주름이 있고…… 바로 거기에 그녀의 고집이 숨어 있지.'

그녀의 얼굴에 아무리 온화하고 밝은 표정이 나타나도 이 주름은 사라지지 않고 눈썹도 가지런해지지 않았다. 하지만 외면적인 힘이나 가시돋친 태도와 성격을 그녀에게선 찾아볼 수 없다. 굳은 의지와 집요한 성격조차 그녀의 여성스러움에 조금도 상처를 내지 못했다.

그녀는 사교계의 암사자가 되어 가식 없고 솔직한 말로 어리석은 숭배자를 가차없이 무찌르거나, 번뜩이는 지혜로 응접실에 모인 사람들을 놀라게 하고, 구석에 있는 누군가로부터 '브라보! 브라보!' 외침을 듣기를 바라지 않았다.

그녀는 다른 많은 여자들처럼 겁이 많다. 물론 새앙쥐를 보고 떨거나 의자가 넘어졌다고 해서 기절하지는 않는다. 하지만 그녀는 집에서 멀리 떨어지는 것을 두려워하고, 수상쩍은 생각이 드는 농부를 보면 길을 비키고 밤에 잘 때에는 도둑이 기어 올라오지 못 하도록 창문을 걸어 잠근다. 모든 게 여성적이다.

더욱이 그녀는 동정과 연민에 쉽게 마음이 흔들렸다! 그녀의 눈물을 보는 것은 어렵지 않다. 그녀의 마음을 움직이는 것 또한 간단하다. 사랑에 있어서 그녀는 상냥하고 세심한 마음을 갖고 있다. 사람을 대하는 그녀의 태도는 모두에게 부드러우며 붙임성 있고 주의깊었다! 한 마디로 그녀는 천생 여자였다!

구체적으로 말하자면, 이따금 그녀의 말 속에 풍자의 불꽃이 타오르더라도 그 속에는 뭐라 말할 수 없는 아름다움과 섬세하며 사랑스러운 지혜가 빛나고 있었으므로 사람들은 모두 기꺼이 그 풍자 속으로 고개를 들이미는 것이다!

그녀는 바깥 바람을 두려워하지 않았다. 저녁 무렵 가벼운 옷차림으로 아무렇지 않게 밖으로 나가 걷곤 했다! 또한 그녀는 건강했다. 먹는 것을 즐기며, 자신이 좋아하는 음식의 조리법을 알아 스스로 요리할 수도 있었다.

음식을 만드는 방법을 알고 있는 여자는 많겠지만, 그 중에는 각 순서에 어떤 방식으로 손을 써야 하는지 모르는 사람도 많다. 혹 그 방법을 알고 있다고는 해도 그저 쓰여 있는 것을 보고 외웠거나 귀동냥으로 알고 있을 뿐, 왜 그렇게 해야 하는지 모르는 탓에 다시 한 번 만드는 방법을 물어 보면 숙모나 사촌언니를 대신 내세우곤 한다…….

많은 여자들은 스스로 무엇을 요구해야 하는지도 모른다. '이거'라고 정하고도 그 결정은 미지근하고 앞으로 어느 방향으로 굴러간다 한들 큰 문제가 없는 듯하다. 이는 분명 그녀들의 눈썹이 활처럼 둥글고 가지런하며 이마엔 주름이 없기 때문이리라.

오블로모프와 올가 사이에는 다른 사람들이 눈치챌 수 없는 비밀스러운 관계가 맺어져 있었다. 시선 하나가, 그들에게는 특별한 의미를 가지고 있었다. 그들은 모든 것 속에서 사랑의 암시를 보았다.

식사 자리에서 그녀의 경우와 비슷한 사랑 이야기가 화제에 오르면 올가는 스스로에게 확신이 있음에도 불구하고 때로는 얼굴에 불이 붙은 듯한 기분을 느끼기도 했다. 사실 사랑 이야기라는 것이 다 엇비슷하기 때문에 그녀도 얼굴을 붉힐 때가 적지 않았다.

오블로모프도 다과 시간에 이런 암시가 있을 때면 당황해서 저도 모르게 과자를 한 무더기 집어들곤 했기 때문에 보는 이의 웃음을 자아내기도 했다.

둘은 예민해지고 조심스러워졌다. 때로 올가는 숙모에게 오블로모프와 만난 것을 말하지 않을 때도 있었고, 오블로모프도 집에는 시내에 간다고 말해 놓고 공원으로 나갈 때도 있었다.

올가의 생각은 확고해졌다. 하지만 그녀가 원래 생기 넘치고 건강하며 주위를 의식적으로 바라보고 있었다고는 해도, 무언가 새로운 병적 징후가 나타나게 되었다. 때로 그녀는 불안감에 사로잡혀 그것을 어떻게 이해해야 할지 모른 채 생각에 잠겼다.

예를 들어 무더운 한낮에 오블로모프의 팔짱을 끼고 걸으면서도, 그녀는 나른한 듯 그의 어깨에 몸을 기대고는 축 처진 듯한 모습으로 기계적으로 걸음을 옮기며 고집스레 침묵을 지켰다. 이럴 때 그녀는 힘없는 모습으로, 생기없이 지친 눈동자는 꼼짝도 않고 어딘가 한 곳을 바라보고 있었다. 시선을 다른 곳으로 돌리는 것마저 귀찮은 기색이었다.

올가는 점점 괴로워했다. 뭔가가 가슴을 짓누르는 듯 불안하기 그지없었다. 그녀는 망토와 스카프를 어깨에서 벗어 보지만 이것도 도움이 되기는커녕 가슴은 더욱 답답해졌다. 그녀는 나무 아래 누워 몇 시간이고 그렇게 있고만 싶었다.

오블로모프는 어찌 할 줄 모른 채 나뭇가지로 그녀의 얼굴에 부채질을 해댔다. 그녀는 그의 배려를 거절하고는 참기 어려운 듯 이리저리 몸을 뒤척였다.

그러다 갑자기 한숨을 몰아쉬고는 이제야 정신이 든 것처럼 주위를 둘러보고 그를 올려다보았다. 손을 꼭 쥐고서 생긋 미소지어 보였다. 그러자 다시 용기와 웃음이 나타났다. 그녀가 자신의 모습을 되찾은 것이다.

그러던 중 어느 날 저녁, 그녀는 사랑의 몽유병이라 불러도 좋을 불안 상태에 빠졌다. 또, 오블로모프의 눈에는 새로운 빛에 둘러싸인 그녀가 비추어졌다.

무더운 날이었다. 숲에서 후덥지근한 바람이 무거운 소리를 내며 불어왔다. 하늘은 두터운 구름으로 온통 가려져 있었다.

"곧 비가 오겠군."

남작은 이렇게 말하고 돌아가 버렸다. 올가는 거실에 틀어박혔고 오랫동안 생각에 잠겨 피아노를 연주했지만, 곧 그만두었다.

"손가락이 떨려서 더 이상 칠 수가 없어요. 왠지 숨이 막히네요." 그녀가 오블로모프에게 말했다. "잠깐 정원에서 산책이라도 할까요?"

둘은 한참 동안 아무 말도 하지 않은 채 손을 꼭 잡고 오솔길을 따라 걸었다. 그녀의 두 손은 촉촉하고 부드러웠다. 두 사람은 공원에 들어섰다.

나무들과 관목들이 뒤엉켜 어두운 군락을 이루고 있었다. 두어 발자국 앞도 전혀 분간할 수 없었다. 단지 좁은 모랫길만이 하얀 띠처럼 구불구불 나 있을 뿐이다.

어둠 속을 뚫어져라 바라보고 있던 올가는 오블로모프에게 꼭 달라붙었다. 그렇게 그들은 말없이 걸었다.

"무서워요!"

빈틈없는 두 개의 시커먼 벽처럼 빽빽한 숲 사이로 좁은 오솔길을 더듬더듬 나아가고 있을 때, 갑자기 파르르 몸을 떨며 그녀가 말했다.

"뭐가요? 무서워할 것 없어요, 올가. 내가 있잖아요."

"당신도 무서워요! 하지만 무서우면서도 기분은 좋아요! 심장이 조여드는 것 같아요. 손 이리 주세요. 제 심장이 뛰는 걸 한번 느껴 보세요."

이렇게 말하고 그녀는 몸을 떨며 주위를 둘러보았다.

"자, 보이죠?" 두 손으로 그의 어깨를 꽉 붙들며 그녀가 떨리는 목소리로 속삭였다. "보이지 않나요? 저기 어둠 속에서 무언가 흘끔 보였어요……."

그녀는 더욱 가까이 그에게 몸을 기댔다.

"아무도 없어요."

그렇게 말은 했지만 그 역시 등줄기가 오싹해지는 느낌이었다.

"제 눈을 무엇으로라도 얼른 가려 주세요…… 좀 더 확실히! 자, 이걸로 …… 더 이상 무섭지 않아요…… 신경과민인가 봐요." 그녀가 흥분한 듯 덧붙였다. "저기 또! 보세요, 저거 누구죠? 어딘가 벤치에라도 좀 앉아요……."

그는 더듬거리며 벤치를 찾아 그녀를 앉혔다.

"올가, 집으로 갑시다. 몸이 안 좋은가 봐요."

올가는 그의 어깨에 얼굴을 묻었다.

"아뇨, 여기 공기가 더 신선해요. 꼭 심장 부근이 조여 오는 것만 같아요."

그녀는 오블로모프의 뺨에 뜨거운 숨을 토했다. 그가 그녀의 머리에 손을 대 보았다. 열이 있었다. 가슴이 힘겹게 오르락내리락 하다 때때로 한숨을 쉬며 고통을 가라앉히고 있었다.

"집에 가는 게 더 낫지 않겠어요?" 오블로모프가 걱정스레 다시 물었다. "좀 누워야 할 것 같은데, 올가……."

"아뇨, 아뇨, 절 그냥 내버려 두세요. 건드리지 말아요……." 그녀는 괴로운 듯 들릴락 말락 한 목소리로 속삭였다. "여기가 지금 타는 것만 같아요 ……." 그녀가 자기 가슴을 가리켰다.

"정말 돌아가는 게 나을 것 같아요. 집에 갑시다……."

오블로모프가 재촉했다.

"아뇨, 기다려 주세요. 금방 나아질 거예요……."

그녀는 오블로모프의 손을 꼭 잡고 아주 가까이서 그의 눈을 들여다보았다. 그리고 한참 말이 없는 듯하더니, 이번에는 흐느끼기 시작했다. 작게 들리던 울음소리는 마침내 통곡으로 변했다. 그는 어찌 할 줄 모른 채 올가를 바라보았다.

"제발, 올가, 얼른 집에 갑시다!"

그가 불안감에 휩싸여 말했다.

"괜찮아요." 여전히 흐느끼면서 그녀가 대꾸했다. "방해하지 말고 울게 내버려 두세요…… 가슴 속 불길이 눈물이 되어 사라지고 나면 편해질 거예요. 신경이 너무 예민해져서 그런가 봐요……."

그는 어둠 속에서 올가의 무거운 숨소리를 들었다. 뜨거운 눈물이 자신의 손 위로 방울져 흐르는 것을 느낄 수 있었다. 그녀가 경련하듯 자신의 손을 꼭 잡는 것도 느껴졌다.

그는 손가락 하나 까딱하지 않고 숨조차 쉬지 않았다. 그녀의 머리는 그의 어깨 위에 올려져, 그의 뺨에 뜨거운 숨결을 토해 내고 있었다……. 그 또한 떨고 있으면서도 감히 그녀의 뺨에 입술을 댈 용기는 없었다.

곧 그녀는 조금씩 안정을 되찾았고 숨소리 또한 점점 부드러워졌다……. 그녀는 입을 다물어 버렸다. 혹시나 잠들어 버린 건 아닌가 싶어서 그는 꼼짝도 할 수 없었다.

"올가!"

그가 속삭이는 목소리로 불렀다.

"뭐예요?"

그녀도 속삭이는 목소리로 대꾸를 하고는 한숨을 크게 몰아쉬었다. "이제…… 괜찮아졌어요……." 그녀가 괴로운 듯 말했다. "거의 다 나았어요, 이제 마음대로 숨을 쉴 수 있게 됐으니."

"갑시다."

"가요!" 그녀가 마지못해 대답했다. "오, 내 사랑!" 정겨운 목소리로 그렇게 속삭이고는 그의 손을 꼭 잡고 어깨에 기댄 채로 그녀는 휘청대는 발걸음으로 집을 향해 걸었다.

올가의 집에 돌아왔다. 오블로모프는 그녀를 얼굴을 살펴보았다. 힘은 없어 보였지만 야릇하고 무의식적인 미소를 띠고 있었다. 마치 환상 속에서 아직 빠져나오지 못한 듯이.

오블로모프는 그녀를 긴의자에 앉히고 그 옆에 무릎 꿇고 앉아 깊은 감격에 휩싸여 몇 번이고 그녀의 손에 입을 맞추었다.

그녀는 아무렇지 않은 듯 미소를 지으며 두 손을 그에게 맡긴 채 그를 바라보았다. 그리고 그가 문 밖으로 나갈 때까지 눈을 떼지 않았다.

그는 문 앞에서 뒤를 돌아보았다. 그를 쳐다보는 그녀의 얼굴엔 지친 기색과 변함없는 미소가 떠다니고 있었다. 마치 자신도 어쩔 수 없다는 듯 했다…….

그는 생각에 잠겨 올가의 집을 나섰다. 어디선가 본 듯한 미소다. 그는 그런 미소를 띠고 있는 여자를 그린 그림을 떠올려 보았다. 물론 코델리아는 제외하고…….

다음날 오블로모프는 그녀의 상태를 확인하고자 사람을 보냈다. '몸은 좀 어떠십니까, 오늘도 식사 초대를 하고자 연락드립니다. 저녁 때는 모두 함께 5베르스타쯤 떨어진 곳으로 불꽃놀이를 보러 갑시다.' 이렇게 말할 참이었다.

하지만 그는 좀처럼 믿을 수가 없어서 자신이 직접 그리로 향했다. 올가는 꽃처럼 싱싱했다. 눈에는 건강한 빛이 춤추고 두 뺨은 장밋빛으로 물들어 있었다. 목소리 또한 낭랑하기 그지없었다! 그러나 오블로모프가 곁에 다가왔을 때, 그녀는 갑자기 당황해선 거의 비명을 지를 뻔했다. 그가 "어제 그 일 뒤로 기분은 어떤지?" 묻자 그녀는 얼굴을 붉혔다.

"신경이 조금 예민해져 있을 뿐이에요. 숙모님께서 그러시는데, 일찍 잠자리에 들래요. 그냥 얼마 전부터 좀…….."

그녀는 말을 끝내지 못하고 용서를 바라는 듯 얼굴을 돌렸다. 왜 이렇게 당황하는 건지 그녀 자신도 그 이유를 알 수가 없었다. 어제 저녁의 기억, 그 신경질적인 기억이 왜 그녀의 마음을 헤집고 머릿속을 복잡하게 하는 것일까?

그녀는 무언가가 부끄러웠고 누군가가 신경에 거슬렸는데, 그 이유는 자기 자신이기도 했고 오블로모프이기도 했다. 게다가 예전에 비해 오블로모프가 더욱 애틋하게 느껴졌다. 마치 어젯밤부터 그와 신체 한 부분이 하나로 맺어진 듯한 신비한 기분에 눈물이라도 날 듯 그가 사랑스럽게 느껴졌다…….

그녀는 꽤 오랫동안 잠을 이루지 못했다. 오늘 아침에도 한참 동안 가슴

두근거리며 집과 공원 사이의 오솔길을 왔다 갔다 하며 끊임없이 생각에 잠겼다. 눈썹을 찌푸리거나 느닷없이 얼굴을 붉히거나 갑자기 미소짓기도 했지만, 결국 무엇 하나 해결할 수 없었다. '아, 소네치카!' 화가 잔뜩 나서 중얼거렸다. '당신은 얼마나 행복한 사람인지! 당신이라면 그 자리에서 바로 결정해 버렸겠죠!'

한편 오블로모프는? 왜 그는 어제 벙어리처럼 아무 말도 하지 못하고 움직이지조차 않는 것일까? 그녀의 뜨거운 입김이 뺨에 와닿고 따뜻한 눈물이 손을 적시고 거의 끌어 안다시피 해서 그녀를 집에 데려다 주었다. 그녀의 가슴이 숨김없이 속삭이는 소리를 들었는데도 아무런 감동이 없었다는 것일까? 혹시 다른 남자라면? 다른 남자들은 무척이나 뻔뻔스런 눈길로……

오블로모프는 무엇이든 꿰뚫어 보고 인생의 모든 문제를 오래 전에 다 해결한, 지성적이고 논리적이며 냉정하게 분석하는 청년들 사이에서 젊은 시절을 보냈다. 그러나 그의 영혼은 우정과 사랑, 그리고 청렴결백함에 대한 자그마한 믿음이 타오르고 있었다. 아무리 믿었던 사람에게 배신당하고, 앞으로 같은 일을 몇 번이나 반복한다 해도, 아무리 마음에 상처를 입더라도, 단 한 번도 선(善)이란 것에 대한 기반이나 신앙이 흔들리지 않았다. 그는 마음속 깊은 곳에서 여성의 깨끗함을 우러르고 그 힘과 권위를 인정했으며 여기에 모든 것을 바쳤다.

하지만 그에게는 선의 가르침과 순결에 대한 존경의 가르침을 전적으로 인정하는 강한 성격이 결여되어 있었다. 마음속으로 순결의 향기에 도취되어감을 느끼면서, 겉으로는 동정(童貞) 그 자체뿐 아니라 동정을 존경하는 징후가 보인 것만으로 놀림감으로 삼아 버리는 뻔뻔한 녀석들을 따라, 그들의 난폭한 합창에 그 자신의 경박한 말을 덧붙이기까지 했다.

그는 세상 사람들의 도도한 설교의 흐름 속에 던져진 선하고 참되고 바른 말 한 마디가 얼마나 무게를 가지며 얼마나 깊은 상처를 남기는지 제대로 이해하지를 못했다. 거짓된 부끄러움으로 얼굴을 붉히지 않고, 남자답고 용감하게, 당당하게 외친 선한 말 한 마디는, 사교계의 빈정대기 좋아하는 무리들의 추악한 외침 속에 휘말리지 않았고, 사회생활에서 깊은 바닷속 진주처럼 가라앉아, 반드시 스스로를 지키기 위한 조개껍데기를 발견해 낸다. 그는 이것을 생각하지 않았다.

많은 이들은 선한 말을 할 때 수치심으로 얼굴을 붉히고 말을 더듬으면서도, 경박한 소리를 내뱉을 때는 대담하게 목소리를 높인다. 심지어 그런 말이 불행히도 허무하게 사라지는 일이란 없으며, 때로는 없애기 힘든 악(惡)의 흔적을 오래도록 남긴다는 것을 의심조차 하지 않는다.

그에 반해서 오블로모프는 실행이라는 면에서는 결백하다. 젊음의 과실이란 변명도 하지 않고 열광도 투쟁도 없는 냉담한, 인간이 아닌 자나 할 법한 뻔뻔스러운 짓을 감히 했다는 비난받을 만한 오점은 그의 양심에 한 점도 없었다. 어떤 이는 말과 가구를 들이고, 또 어떤 이는 여자를 바꾸었다…… . 여기에 돈이 어느 정도 들었다…… . 이런 그야말로 흔한 이야기를 그는 끊임없이 들어야 했다.

남자에게 품위와 명예를 잃은 여자를 위해 가슴 아파하고 아무 인연도 없는 여자의 추악한 타락에 눈물 흘리는 일도 한두 번이 아니었다. 하지만 그는 세상의 눈이 두려워 잠자코 입을 다물었다.

그런 점을 짐작해 내야만 했다. 올가가 바로 그랬다.

남자들은 그런 괴짜들을 비웃지만 여자들은 한눈에 그들을 구분해 낸다. 티없이 깨끗한 여자들은 자신과 같은 것을 느끼는 그들과 사랑에 빠지고, 타락한 여자들은 그들과의 접촉을 원한다. 한때의 기분전환을 위해서.

더위가 한풀 꺾이더니 어느새 여름이 지나가고 있다. 아침과 저녁엔 어두컴컴해지고 습기가 많아졌다. 라일락뿐만 아니라 보리수 꽃도 지고 딸기의 계절도 지났다. 오블로모프와 올가는 날마다 만났다.

그는 삶의 속도를 따라잡았다. 다시 말해 예전부터 늦어지고 있던 것을 모두 익히게 된 것이다. 왜 프랑스 공사가 로마를 떠났는지, 왜 영국인들이 군인을 가득 태운 군함을 동방(東方)으로 보냈는지, 이런 것들에 대해 알아갔다. 독일이나 프랑스에 놓인 새로운 철도에 대해서도 흥미를 느꼈다. 그러나 오블로모프카에서 큰 도시로 통하는 도로에 대해서는 생각조차 하지 않았고 관청에 위임장을 보내지도 않았으며 슈톨츠의 편지에 답장을 쓰지도 않았다.

오블로모프가 배운 모든 것들은 올가의 집에서 날마다 입에 올린 화제나 그 집에서 읽는 신문 기사 등에서 비롯되었다. 올가의 집요한 요구 덕택에 때때로 외국 문학에도 꽤 열심히 주의를 기울였다. 그러나 그 밖의 일은 모두가 순수한 사랑의 세계 속에 묻혀 버렸다.

이러한 장밋빛 세계에서는, 겉보기로는 자주 변화함에도 불구하고 그 주된 속성을 이루고 있는 것은 구름 한 점 없는 저 먼 곳에 대한 예측이었다. 올가는 때로 오블로모프의 일이나 그를 향한 자신의 사랑 따위에 대한 생각을 감추곤 했다. 그리고 혹시라도 그 사랑 속에 텅 빈 시간이 있거나 가슴속에 텅 빈 자리가 생길 때, 그의 머릿속에 그녀의 질문에 대한 완벽한 대답이 준비되지 못했을 때, 그의 의지가 그녀의 의지의 부름에 침묵을 지킬 때, 그녀의 긴장된 기분이나 생명의 전율에 대한 그의 대답이 그저 착 가라앉은 정열적인 눈길에 지나지 않으면, 그녀는 괴로운 생각에 잠겨 버렸다. 무언가 뱀처럼 차디찬 것이 마음속에 숨어들어 그녀의 공상에 물을 끼얹고, 동화와 같은 따뜻한 사랑의 세계가 모든 것을 잿빛으로 변하게 하는 구름 낀 가을날과 같은 것으로 변해 버리는 것이다.

이 모자라고 부족한 행복의 느낌은 어디에서 오는 것일까, 그녀는 그 원인을 찾았다. 원래 자신에게 무언가 부족한 부분이 있었나? 무엇이 아직 더 필요한가? 하지만 이것은 운명이 아닌가. 오블로모프를 사랑하는 것은 자신의 사명이다. 이 사랑은 그의 온순함, 선에 대한 신앙, 아니, 그 무엇보다도 상냥한 마음으로 설명할 수 있다. 그녀는 그 어떤 남자의 눈에서도 이런 상냥함을 본 적이 없었다.

이것을 뭐라고 해야 할까. 그녀의 시선 하나하나에 대해 그는 이해할 수 없다는 시선으로 답하는 일, 또 가끔 그의 목소리 속에 짐작조차 하지 못했던 소리가 울려퍼지는 일을? 딱 한 번, 꿈인지 현실인지 모를 상황에서 그녀의 귓가에 이런 소리가 울린 적이 있었다……. 이는 상상 혹은 신경과민이 불러일으킨 장난이다. 그런데 신경 쓰며 이것저것 생각한다고 뭐가 되겠는가?

게다가 무엇보다도 그녀가 이 사랑과 헤어지고 싶다 한들 어떻게 헤어질 수 있으랴? 이미 엎질러진 물이다. 그녀는 사랑을 하고 있다. 사랑이란 옷을 벗듯 그렇게 맘대로 벗어던질 수는 없다. 한평생을 살면서 두 번 사랑하는 사람도 없다고 그녀는 생각했다. '그건 비도덕적인 거지…….'

그렇게 그녀는 사랑을 배웠고 여러 가지를 경험했다. 새로운 한 걸음을 뗄 때마다 눈물 혹은 미소로 맞이하며 그 의미를 깊이 생각했다. 그 뒤에는 한

가지 생각에 골몰한 듯한, 눈물도 미소도 감추어진 표정이 나타난다. 그거야 말로 오블로모프를 깜짝 놀라게 하는 표정이었다.

하지만 올가는 이런 생각과 마음속의 투쟁을 오블로모프에게 내색하려 하지 않았다.

오블로모프는 사랑에 관한 연구 따위는 하지 않았다. 그는 언젠가 슈톨츠 앞에서 공상했던 달콤한 반(半)수명상태를 즐기고 있었다. 때때로 그는 구름 한 점 없이 맑은 인생을 믿는 듯했다. 또한 선량하고 친근한, 그리고 아무 걱정도 없는 사람들이 오블로모프카에 살고 있는 일이나, 모두가 발코니에 앉아 있던 일, 행복에 가득 차 생각에 잠겨 있는 모습이 공상 속에서 떠오르는 것이다.

그는 지금도 이따금 이런 생각에 빠져, 올가에게는 비밀로 해 두었는데, 두 번 가량 무슨 일로 늦은 그녀를 기다리다가 숲 속에서 깜빡 잠이 든 적도 두어 번 있다……. 그러자 느닷없이 뜻하지 않았던 먹구름이 몰려왔다.

어느 날 둘이서 느긋하게 아무런 말도 하지 않고 어디선가 돌아오는 길이었다. 도로를 막 건너려 했을 때 반대편에서 먼지구름이 그들을 향해 달려들었다. 먼지구름 속에선 포장마차가 내달리고 있었고, 그 속에는 소네치카 부부가 어떤 신사, 귀부인과 함께 타고 있었다…….

"올가! 올가! 올가 세르게브나!"

외침 소리가 들리고 사륜마차가 멈추어 섰다. 귀족 나리들이 모두 마차에서 내려 올가를 빙 둘러싸고는 인사를 나누고 입을 맞추기 시작했다. 그들은 서로 이야기를 나누며 한참 동안이나 오블로모프의 존재를 알아채지 못했다. 그러다 느닷없이 모두 그를 쳐다보았다. 한 신사는 손잡이 달린 안경을 쓰고 그를 뚫어져라 바라보았다.

"이분은 누구시죠?"

소네치카가 나지막이 물었다.

"일리야 일리이치 오블로모프예요!"

올가가 소개를 했다. 모두 걸어서 집에까지 당도했다. 오블로모프는 괜히 불편했다. 그는 사람들에게서 멀찍이 떨어져서 보리밭을 가로질러 몰래 집으로 돌아갈 생각으로 울타리를 넘으려 한쪽 다리를 들어올렸다. 그러나 올가가 눈으로 그를 가로막았다.

그는 꾹 눌러 참았지만, 이 신사숙녀들은 묘한 눈으로 뚫어져라 그를 바라보았다. 물론 이것도 별로 상관없는 일이다. 과거의 그였다면 졸린 듯하면서도 지루해하는 눈빛, 대충 입은 듯한 차림새 덕분에 누구에게나 이상하다는 시선을 받았다.

그들은 이상한 시선을 이번에는 그로부터 올가에게로 돌렸다. 못마땅한 시선이 그녀에게 쏟아진 순간 그의 가슴 깊은 곳이 섬뜩해졌다. 무언가가 그의 심장을 콕콕 찌르기 시작했다. 참을 수 없을 만큼 아프고 괴로워서 그는 집으로 향했다. 마음이 착잡해지고 짜증이 났다.

다음날 올가의 순진한 수다와 애교넘치는 농담도 그의 기분을 달랠 수 없었다. 그녀의 집요한 질문에 그는 머리가 아프다고만 대답했다. 그 때문에 향수를 75코페이카어치나 머리에 뒤집어쓰는 일도 감내해야만 했다.

셋째 날, 그들이 느지막이 집으로 돌아왔을 때 숙모는 두 사람을 뚫어지게 쳐다보았다. 특히 그를 쳐다보고는 그 커다랗고 두툼한 눈꺼풀을 내리깔았지만, 마치 두 눈은 눈꺼풀 너머로 계속 그를 지켜보고 있는 듯했다. 그리고 그녀는 한동안 생각에 잠겨 알코올 냄새를 맡았다.

오블로모프는 괴로웠지만 입을 꾹 다물었다. 올가에게 자신의 의혹을 밝히자니, 그녀에게 걱정을 끼치거나 놀라게 하지는 않을까 하는 두려움에 도무지 결단을 내릴 수 없었다. 그리고 솔직히 말해 자기 자신의 일도 걱정이었다. 구름 한 점 없는 맑은 세계를 그런 험하고 무거운 질문으로 어지럽히는 것이 두려웠다.

이것은 이미 그녀가 그를 사랑하게 된 것이 실수냐 아니냐, 하는 문제가 아니라 그들의 사랑 그 자체, 숲 속에서 둘만의 밀회라거나 어쩌다가 밤늦게 만나는 것이 실수는 아닌가 하는 문제이다.

'입을 맞추려 했을 뿐인데.' 그가 부들부들 떨며 생각했다. '이건 도덕법상으로 확실한 범죄 아닌가. 게다가 낮은 등급에 속하는 자질구레한 죄도 아니다. 여기까지 오기엔 여러 단계가 있었어. 악수, 사랑 고백, 편지 등······ 이 모든 것을 거쳐 왔지.' 고개를 곧추세우며 그가 생각을 이어나갔다. '내 의도는 결백하다, 나는······'

그러자 갑자기 먹구름이 걷혔다. 그의 눈앞에는 축제날처럼 활기찬 오블로모프카가 펼쳐졌다. 푸른 언덕과 은빛 물결 위로 햇살이 내려 반짝인다.

그는 올가의 허리에 손을 얹고 생각에 잠겨 긴 오솔길을 걷다가 정자 혹은 발코니에 앉는다……

주위에서는 모두가 올가를 숭배하며 고개를 숙인다. 이 모든 것은 그가 슈톨츠에게 말했던 대로이다.

'그래, 맞아. 하지만 과연 이것이 시작이어야만 했다는 말인가!' 다시 두려움에 떨며 그가 생각했다. '세 번 반복된 사랑한다는 말도, 라일락 가지도, 사랑의 고백도 모두 평생의 행복을 보증하는 것이고, 결백한 여성에게 두 번 다시 일어나서는 안 돼. 하지만 나는? 나는 대체 뭐지?' 이런 생각에 마치 쇠망치로 머리를 한 대 얻어맞은 듯 했다.

'난 욕망에 가득 찬 존재다! 느물느물한 눈빛에 시뻘건 코를 한 기분 나쁜 영감탱이처럼, 여인에게서 훔친 장미꽃을 단춧구멍에 끼우고 친구들에게 귓속말로 자신의 승리를 속삭이는 짓을 하지 않을 뿐, 그것뿐이다…… 진정 그것뿐이야……. 아아, 이것 참 굉장한 미로 속에 발을 들이밀었군! 이런 곳에 이런 심연이 있을 줄이야! 게다가 올가는 저 위 높은 곳에서 날갯짓하는 게 아니라 저 바닥에 쓰러져 있으니…… 어째서지, 왜 그런 거야…….

그는 기진맥진해서 울기 시작했다. 갑자기 그의 주변에서 무지갯빛 인생이 사라지고, 이 모든 것이 올가 한 사람의 희생으로 만들어졌다는 생각에 어린애처럼 울었다. 그의 모든 사랑은 범죄이고, 양심의 오점이었다.

그러나 이 궁리를 벗어날 수 있는 합법적인 구원의 길이 있었다. 즉 약혼반지를 올가의 손에 끼워 주는 것이다……. 막 이런 생각을 했을 때 혼란스럽던 그의 머리가 단숨에 맑아졌다…….

"그래, 그거야." 이윽고 기쁨에 겨워 몸을 떨며 그가 중얼거렸다. "그렇게 하면 대답으로, 부끄러운 듯한 승낙의 눈길을 보내겠지……. 그녀는 아무 말도 하지 않고 얼굴만 붉히고는 마음속으로 웃을 테고, 두 눈엔 눈물이 고이겠지……."

눈물과 미소, 묵묵히 내민 손, 그리고 생기발랄하게 춤추는 기쁨, 넘치는 행복에 바쁘게 움직이는 몸짓, 긴 대화, 둘만의 속삭임, 신뢰에 가득 찬 영혼과 영혼의 속삭임, 두 인생을 하나로 결합시키는 비밀스런 서약!

별 것 아닌 일상 속의 대화에서는 두 사람 말고는 그 누구에게도 사랑이란 것이 비쳐 보이지 않겠지. 그렇게 되면 누구 하나 이상한 눈길로 두 사람을 모욕하지 못하리라…….

느닷없이 그의 얼굴이 매우 엄숙하고 진지한 표정으로 변했다.

'그래, 그는 스스로에게 말했다. 바로 여기에 참다우면서 고상하고 견고한 행복이 있어! 이 행복의 꽃을 여태껏 숨기고 마치 풋내기 소년처럼 사랑의 향기 속을 헤매고 돌아다니며 운명적 이끌림을 찾고 달빛 속을 배회하고 처녀의 심장 소리를 엿듣고 그 공상의 전율을 잡으려 하다니, 이 얼마나 창피한 일인가……. 아아!'

그의 얼굴이 귀 언저리까지 새빨갛게 달아올랐다.

'오늘 저녁이면 올가도 알게 되겠지, 사랑이 인간에게 얼마나 엄숙한 의무를 부과하는지, 오늘이 우리의 마지막 밤이 될 거야. 오늘이……'

그는 가슴에 손을 얹었다. 결백한 사람이라면 누구나 그러듯이 심장은 힘차고 규칙적으로 뛰고 있다. 그는 더 이상 만날 수 없다고 말하는 순간 올가가 얼마나 괴로워할지 생각하며 흥분을 느꼈다. 그는 머뭇거리며 자신의 생각을 밝히겠지만, 그 전에 그녀의 생각을 먼저 알아내고 그녀의 당혹에 찬 모습을 한껏 맛보는 것이다. 그리고 나서…….

그리고 그의 공상 속에서, 그녀의 부끄러운 듯한 동의의 말, 미소, 눈물, 말없이 내민 손, 은밀한 긴 속삭임, 그리고 세상 모든 사람들이 보는 앞에서의 입맞춤…… 이런 것들이 끊임없이 떠올랐다.

제12장

그는 올가를 찾기 위해 돌아다녔다. 집에서 말하기를 그녀는 외출 중이라 했다. 마을에 내려가 보았지만 거기에도 그녀는 없다. 고개를 돌리자 그녀가 저 멀리에서 마치 하늘로 오르는 천사처럼 산을 오르는 것이 눈에 들어왔다. 발걸음은 경쾌해 보이고 그녀의 몸은 사뭇 떨려 보인다.

그는 그 뒤를 쫓았지만 그녀의 발끝은 마치 허공을 나는 듯 풀밭에 닿을락 말락 움직이고 있었다. 그는 산중턱쯤에 올라 그녀를 부르기 시작했다.

그녀는 발을 멈추고 기다리다가 그가 2간(3.64m) 정도의 거리까지 다가오면 다시 걸음을 재촉한다. 두 사람 사이에 어느 정도 거리가 벌어졌다 싶을 때 비로소 그녀는 걸음을 멈추고 웃음을 터뜨린다.

결국 그는 올가가 사라지지 않을 것이란 확신을 얻은 후 발걸음을 멈추었다. 그녀도 몇 걸음인가 그에게로 다가와 한쪽 손을 내밀어 웃으면서 그를 잡아당긴다.

그들은 숲 속으로 들어갔다. 그가 모자를 벗어들자 그녀는 손수건으로 그의 얼굴을 닦아 주고는 양산으로 부채질을 하기 시작했다.

올가는 보통 때보다 훨씬 생기발랄했다. 소란스럽게 수다를 떠는가 싶다가도 갑작스레 부드러운 감정의 발작에 휩싸이더니, 이제는 무언가 깊은 생각에 잠겼다.

"내가 어제 뭘 했는지 맞혀 보세요!"

나무 그늘에 자리를 잡고 앉았을 때 그녀가 물었다.

"책을 읽었나요?"

그녀가 고개를 저었다.

"편지 썼어요?"

"아뇨."

"노래를 불렀군요?"

"아뇨, 점괘를 봤어요! 백작부인의 가정부가 어제 놀러 왔었어요. 카드점을 잘 본다고 하기에 내 점괘도 봐 달라고 부탁했죠."

"그래서 어떤 점괘가 나왔나요?"

"별 건 없어요. 제일 먼저 길이 나오고 다음엔 누군지 모를 사람들이 잔뜩 모여 있고, 눈 닿는 데까지 쭉 옅은 금발의 남자가 튀어나오는 거예요……. 카차가 옆에 있는데도 느닷없이 그 가정부가 다이아몬드 킹이 제 생각을 하고 있노라고 말했을 때는 정말, 얼굴이 새빨갛게 달아올랐어요. 거기다 제가 마음에 두고 있는 사람이 누군지 물어 보려는 것 같아서 카드를 확 섞어 버리고는 도망쳐 버렸죠. 당신, 정말 제 생각을 하고 있나요?"

그녀가 느닷없이 질문을 던졌다.

"아휴, 조금만 더 아무 생각 없이 있을 수 있다면!"

"그럼 저는요? 그녀가 생각에 잠긴 채 말했다. "저는 이것 말고 또 어떤 삶이 있는지 잊어버렸을 정도예요. 지난주 당신이 골을 내고 이틀 동안 나타나지 않았었죠. 화가 나선! 아무튼 그때 난 갑자기 사람이 변해서 아주 못된 여자가 되어 버렸어요. 당신이 자하르와 투덕대듯이 카차를 막 혼냈다니까요. 그 애가 숨어서 몰래 눈물을 찔끔거리는 걸 보는데 조금도 불쌍한 생각이 안 드는 거 있죠. 숙모에게 대꾸도 안 하고 뭐라 말씀해도 아예 들리지도 않아요. 아무것도 하지 않고 어디 나가고 싶은 생각도 안 나더군요. 그런데 당신이 오자마자 갑자기 싹 달라진 거예요. 카차에게는 보라색 옷을 한 벌 선물했고요……."

"그게 사랑이 아닐까요!"

그가 애절하게 말했다.

"뭐가요? 보라색 옷 말예요?"

"몽땅 다요! 당신 말을 듣고 있노라면 그게 꼭 내 이야기인 것만 같은 생각이 들어요. 저 또한 당신이 없으면 한낮도 암흑처럼 느껴지고 삶의 의미도 사라지죠. 밤엔 꿈속에서 무언가 꽃이 만발한 계곡만 보여요. 당신을 만나면 저는 선량하고 활기찬 사람이 되지만, 당신과 만나지 못할 땐 모든 일이 지루하고 귀찮고 그저 드러누워 아무 생각도 하고 싶지 않아요…… 많이 사랑하라, 그리고 자신의 사랑을 부끄러워 말라……."

갑자기 그가 입을 꾹 다물었다. '내가 지금 무슨 말을 하고 있는 거야? 이런 말 하려고 온 게 아니잖아!' 그는 이렇게 생각하며 헛기침을 했다. 미간에 살짝 주름이 졌다.

"혹시라도 내가 갑자기 죽어 버리면요?"

"무슨 생각을 하는 겁니까!"

그가 무심히 말했다.

"이를테면, 감기로 인해 열병이 걸렸다고 해요. 당신은 여기로 왔다가 내가 없는 걸 알고 집으로 가겠죠. 그리고 내가 병이 걸렸다는 걸 듣는 거예요. 다음날도 마찬가지로 내 방 창문엔 덧문이 닫히겠죠. 의사는 고개를 가로젓고요. 카차는 두 눈에 눈물이 고여선 종종걸음으로 당신을 찾아가, 아가씨가 병으로 위독하다며 작은 목소리로 말할 거예요……."

"아!"

갑자기 오블로모프가 탄식을 흘렸다. 그녀는 웃음을 터뜨렸다.

"그럼 어떻게 하실 거죠?"

그의 눈을 들여다보며 그녀가 물었다.

"어떻게 할 거냐고요? 미치든지 아니면 총으로 자살하는 수밖에 없겠죠. 하지만 당신은 꼭 나을 겁니다!"

"아뇨, 싫어요, 그만두세요!" 그녀가 겁에 질려 말했다. "이야기가 점점 이상한 쪽으로 흘러가고 있군요! 당신이 유령이 되어 버리면 싫어요. 난 죽은 사람은 무섭거든요……."

그는 웃음을 터뜨렸다. 그녀 또한 오블로모프를 따라 웃었다.

"맙소사, 우리들 정말 어린애도 아니면서!"

이런 말도 안 되는 소리에서 갑자기 정신을 차리고서 그녀가 말했다. 그는 다시 헛기침을 했다.

"실은 저, 할 말이 있어요……."

"뭔데요?"

그녀가 쾌활하게 그에게로 몸을 돌리며 물었다. 그는 주저하며 입을 다물었다.

"자, 얼른 말해 보세요."

그녀는 오블로모프의 소매를 가볍게 잡아당기며 재촉했다.

"아무것도 아녜요, 그냥……."

그가 겁에 질려 말꼬리를 흐렸다.

"아뇨, 당신 분명히 나한테 무언가 숨기고 있는 거죠?"

그는 아무런 말도 하지 않았다.

"뭔가 무서운 이야기라면 차라리 하지 말아 주세요. 아녜요, 말해 보세요!"

그녀는 갑자기 말을 바꾸었다.

"정말 아무것도 아니라니까요. 별 거 아닌 이야기예요."

"아니에요, 그럴 리 없어요. 뭔가가 있어요, 얼른 얘기해 보세요!"

올가는 그의 옷깃을 세게 잡아당기며 졸랐다. 어찌나 가깝게 끌어당기던지 그는 입맞춤의 유혹을 피하기 위해 얼굴은 좌우로 흔들어 댔다. 그는 그다지 고개를 돌리고 싶지 않았지만 언젠가 그녀가 차갑게 내뱉던 '안 돼요'이 한 마디가 그의 귓가에 울려퍼졌다.

"말하라니까요!"

그녀가 다시 재촉했다.

"말할 수 없어요, 말할 필요도 없고……."

그가 도망칠 궁리를 했다.

"'신뢰가 서로간의 행복의 기반이다', '상대의 눈이 읽지 못할 그림자가 마음속에 하나라도 있어서는 안 된다' 이런 설교는 왜 하신 거죠? 이건 누가 한 말인가요?"

"내가 하고 싶었던 이야기는, 나는 당신을 사랑하니까, 너무나 사랑해서 혹시라도……."

그가 말꼬리를 흐렸다.

"그래서요?"

그녀가 조급하게 물었다.

"혹시라도 당신이 다른 사람을 사랑하게 되고, 그 사람 또한 당신을 누구보다 행복하게 해 줄 힘을 가지고 있다면, 난…… 묵묵히 내 슬픔을 삼키고 그에게 내 자리를 양보할 수도 있다, 뭐 이런 이야기죠."

올가는 갑자기 그의 옷자락을 놓았다.

"왜죠?" 그녀가 깜짝 놀라며 물었다.

"난 도저히 이해할 수 없어요. 난 당신이 다른 여자와 행복해지는 게 싫어요. 뭔가 이상한 이야기네요. 난 이해할 수 없어요."

그녀의 시선은 생각에 잠기어 나무 사이를 헤매다녔다.

"그러니까 당신은 날 사랑하지 않는다는 뜻인가요?"

잠시 뒤 그녀가 물었다.

"그럴 리가요. 난 내 목숨을 내놓아야 할 일이 생긴다면 기꺼이 그렇게 할
만큼 당신을 사랑해요."

"그럼 왜죠? 누가 당신한테 그런 부탁이라도 했나요?"

"내 말은, 당신이 다른 사람을 사랑하게 될 경우를 말하는 겁니다."

"다른 사람이라니! 당신 제정신 맞나요? 왜죠? 내가 당신을 사랑하지 않
는다고요? 당신이야말로 마음에 드는 다른 여자라도 생긴 건가요?"

"왜 내 말을 좀 더 침착하게 듣지 않는 거죠? 난 그저 가정을 했을 뿐인
데 그걸 진심으로 받아들이다니! 내가 하고자 하는 말은 전혀 다른 말인 것
을……."

"하고 싶은 말이 뭐죠?"

"내가 하고 싶은 말은 당신에게 미안한 일을 하고 있다. 오래 전부터 미안
한 일을 해 왔다……."

"뭐죠, 그게? 왜요? 날 사랑하지 않나요? 지금까지의 일은 다 농담이었
나요? 어서 말해 보세요!"

"아뇨, 그럴 리가, 전혀 그런 뜻이 아닙니다!" 오블로모프가 난감한 듯
말했다. "다른 건 아니지만……" 그는 좋지 않은 표정으로 말을 이었다.

"우린 날마다 이렇게 비밀리에 만남을 가지고 있고……."

"비밀리에 만나다뇨? 왜요? 난 당신과 만난 것을 모두 숙모에게 말하는
걸요……."

"모두 말한다고요?"

그가 불안스레 되물었다.

"뭐 잘못됐나요?"

"내 탓이에요. 오래 전에 이미 그런 말을 해서는 안 된다고…… 당신에게
확실히 말해 두었어야 했는데……."

"벌써 말했어요."

"말했어요? 아! 정말로 내가…… 그런 암시를 했었단 말이군요. 그럼 난

내 할 일을 했다는 뜻이군요."

오블로모프는 기운을 되찾았다. 올가가 너무나도 쉽게 자신이 지고 있는 책임감이란 무거운 짐을 내려준 것 같아 기쁘기까지 했다.

"그리고 그 다음은요?"

"그 다음이라니…… 이게 전부예요."

"거짓말." 올가는 단호히 부정했다. "아직 뭔가 더 있어요. 당신, 다 털어놓지 않으려 하는군요."

"사실, 좀 생각해 봤는데……." 짐짓 아무렇지 않은 척하며 그가 입을 열었다. "그러니까……."

그가 말을 멈추었다. 그녀는 기다리고 있었다.

"우리들 너무 자주 만나지 않는 게……."

그가 올가의 눈치를 보았다. 그녀는 아무 말도 하지 않았다.

"어째서죠?"

한참 생각에 잠기더니 그녀가 물었다.

"저는 뱀에라도 물린 것 같아요. 아마 양심일 겁니다…… 우린 너무 오랫동안 마주보고 있었어요. 난 흥분으로 심장이 저리는 듯한 느낌이 들어요. 당신 또한 평정심을 잃었고…… 제가 지금 두려워하는 건……."

그는 겨우 여기까지 말을 이었다.

"뭐죠?"

"당신은 아직 젊어서 온갖 위험을 다 알고 있지는 않아요, 올가. 이따금 사람은 자신을 억누를 힘을 잃기도 하죠. 무언가 지옥같은 힘이 숨어들어 어둠이 마음을 덮치고 두 눈에 번개가 번쩍이기도 합니다. 머리는 판단력을 잃은 채 흐릿해지고 순결하고 무구한 것에 대한 존경심은 갑자기 몰아친 회오리바람에 날아가 버리죠. 그렇게 되면 앞뒤 분간하지 못하고 욕망의 숨결에 휘말려 자제력을 잃게 됩니다. 그때 발밑에 나락이 입을 벌리는 거죠."

심지어 그는 몸을 부르르 떨기까지 했다.

"그게 어쨌다는 거죠? 까짓 거 입을 벌릴 테면 벌리라죠!"

두 눈을 크게 뜨고 그를 바라보며 올가가 말했다. 그는 입을 다물었다. 더 이상 말할 것도 없고, 말할 필요 또한 없었다.

그녀는 마치 글을 읽기라도 하듯 오블로모프의 이마 주름에 시선을 쏟았다. 언제까지나 그렇게 그를 바라보았다. 그녀는 그가 했던 말 한마디 한마디와 그 눈빛 하나하나를 떠올려 보았다. 그리고 마음속으로 이 사람이 지나온 길을 되돌아보았다. 어둑어둑했던 저녁 무렵 공원에서 있던 일까지 떠올리며 올가는 갑자기 얼굴을 붉혔다.

"당신 참 쓸데없는 이야기만 하고 있군요!" 그녀는 고개를 돌리며 빠르게 쏘아붙였다. "당신의 눈 속에서 번개 따위는 한 번도 본 적이 없어요……당신이 날 보는 그 눈길은…… 내 유모 쿠즈미니치나 같은 걸요!"

그녀가 미소지어 보였다.

"올가, 당신은 농담만 하고 있지만 난 진지하게 말하고 있는 거요…… 그리고 아직 말하지 않았어요."

"또 무슨 이야기가 있다는 거죠? 이번엔 또 어떤 나락의 이야기를 해 주시려고요?"

오블로모프가 한숨을 토해 냈다.

"그러니까 우린 더 이상 만나선 안 된다는 겁니다…… 단둘이서는…….'"

"왜죠?"

"좋지 않으니까…….'"

그녀가 생각에 잠겼다.

"그래요, 좋지 않다는 거죠." 그녀가 생각에 잠겨 말했다. "그런데 왜죠?"

"이 사실을 모두가 알게 되고 소문이 퍼진다면 뭐라고들 수군거릴는지……."

"누가 수군거린단 말예요? 내겐 어머니가 안 계세요. 내가 당신을 무슨 이유로 만나는지에 대해 물어 볼 수 있는 사람은 어머니 한 사람뿐인걸요. 어머니 앞이라면 전 그 대답으로 엉엉 눈물 흘리면서 제게나 당신에게 있어 전혀 나쁜 짓을 하지 않았다고, 그렇게 말했을 거예요. 어머니도 제 말을 믿어 주셨을 게 틀림없고요. 그 외에 누가 또 있겠어요?"

"숙모가 있잖아요."

"숙모요?"

올가는 슬픈 듯 고개를 가로저었다.

"숙모는 절대 그런 질문을 할 사람이 아니에요. 내가 만약 집을 완전히 나가 버린다 해도 찾지도 않거니와 누군가에게 내 행방을 묻지도 않을 거라고요. 나 또한 끝까지 어디서 무얼 했는지에 대해 말하려 하지 않을 거고요. 또 누가 있죠?"

"주위 사람들, 모두…… 바로 얼마 전에도 소네치카가 우리 둘의 얼굴을 번갈아 보며 웃었잖아요. 같이 있던 신사, 숙녀들도 마찬가지고요."

그는 감추고 있던 모든 불안감을 남김없이 그녀에게 털어 놓았다.

"그녀가 나만 쳐다보고 있는 동안은 괜찮았어요. 하지만 그 눈길이 당신에게 향하는 순간, 손과 발이 꽁꽁 얼어붙는 기분 이었어요……."

"그래서요?"

그녀가 쌀쌀맞게 물었다.

"그래서 난 그 뒤로 밤낮없이 괴로워했죠. 어떻게 하면 이 사실이 세간에 알려지는 걸 막을 수 있을까 고민하며 당신이 걱정하지 않게 신경 쓰기도 하고…… 오래 전부터 당신과 상담하고 싶었죠……."

"괜한 걱정을 하고 있네요! 당신이 말하기 전부터 난 다 알고 있었어요……."

"어떻게 알았죠?"

그가 놀라 물었다.

"그냥요. 소네치카와 이야기하는 동안, 그녀는 내 속을 떠 보면서 빈정대고, 당신과 둘이 있을 때 어떻게 처신해야 하는지 그 방법까지 가르치려 들더군요……."

"왜 내겐 그런 말을 한 마디도 하지 않은 거죠, 올가?"

그가 따지듯 말했다.

"당신도 여태껏 자신의 걱정에 대해 무엇 하나 제게 말해 주지 않았잖아요!"

"그래서 당신은 뭐라고 대답했어요?"

"아무것도요! 거기에 무슨 대답을 하겠어요? 그냥 얼굴만 붉혔죠, 뭐."

"맙소사! 무슨 일이 벌어진 거지! 당신이 얼굴을 붉혔다니!" 오블로모프가 겁에 질려 말했다. "우리가 너무 부주의했군! 이젠 어쩐다지?"

그가 대답을 구하는 듯한 표정으로 그녀를 바라보았다.

"모르겠어요?"

그녀가 조심스레 대답했다. 오블로모프는 자신의 불안을 올가와 함께 나누어 가짐으로써, 그녀의 눈빛과 밝은 말 속에서 의지를 얻고 마음을 안정시키려 했지만, 생기 넘치는 확실한 대답을 듣지 못하자, 갑자기 온몸의 힘이 쭉 빠져 버렸다.

오블로모프의 얼굴엔 체념의 빛이 드리워지고, 시선은 생기를 잃고 사방을 떠돌아다녔다. 그의 몸 속에선 가벼운 오한 같은 것이 느껴졌다. 그는 올가에 대해 거의 잊고 있었다. 그의 눈앞에 소네치카 부부와 그 일행인 손님들이 우글우글댔다. 귓가에는 그들이 이러쿵저러쿵 떠드는 소리와 웃음소리가 들렸다.

올가는 언제나 보여 주던 재치 있는 모습 대신 가만히 입을 다물고 차가운 시선으로 그를 바라보았다. 그러고는 더욱 차가운 태도로 아까 말했던 '모르겠어요.' 이 한 마디를 입에 담을 뿐이었다. 그럼에도 그는 올가의 말이 가진 미묘한 의미를 파악하려 하지 않았다. 아니, 어쩌면 파악할 수 없었던 것일지도 모른다.

그 또한 침묵했다. 남의 도움이 없이는 그의 사상과 의도는 결실을 맺지 못한다. 결코 잘 익은 사과처럼 저절로 떨어지는 법 없이 누군가 따야만 하는 것이다.

올가는 한참 동안 그를 바라보다가, 이윽고 망토를 두르고 나뭇가지에 걸어둔 스카프를 집어 천천히 머리에 쓴 다음 양산을 집어 들었다.

"어디 가는 거죠? 이렇게 빨리!"

갑자기 정신을 차리고서 오블로모프가 물었다.

"아뇨, 늦었어요. 당신 말이 다 옳아요." 그녀가 생각에 잠긴 듯 침울한 목소리로 말했다. "우리는 너무 깊은 곳까지 들어와 버렸어요. 더 이상 도망갈 길은 없어요. 하루라도 빨리 헤어져서 지난날의 흔적을 깨끗이 지워 버려야만 해요. 안녕!" 그녀는 슬픔을 띤 쌀쌀맞은 목소리로 덧붙여 말하고는, 고개를 푹 숙인 채 오솔길을 따라 걷기 시작했다.

"올가, 무슨 소리를 하는 거예요! 어떻게 만나지 않을 수 있죠? 게다가 난…… 올가!"

그녀는 들은 척도 하지 않고 걸음을 재촉했다. 발 아래로 모래가 사박사박 소리를 냈다.

"올가 세르게브나!"

그가 소리쳤다. 그녀는 아무 소리도 들리지 않는 듯 꼿꼿하게 고개를 쳐들고 계속 걸어가고만 있다.

"제발, 돌아와 줘요!" 목소리라기보다 눈물로 그가 소리친다. "아무리 죄인이라 해도 할 말이 있다 하면 들어 주는 것을……. 아! 마음이란 게 있기나 한 거야? 그래, 저런 게 바로 여자란 거지!"

자리에 털썩 주저앉아 두 손으로 눈을 가렸다. 발자국 소리는 더 이상 들리지 않았다.

"가 버렸어!"

공포에 질린 목소리로 이 한 마디를 토해 내고는 고개를 들었다. 올가가 눈앞에 서 있다.

오블로모프는 기쁨에 어쩔 줄을 모르며 그녀의 손을 덥석 잡았다.

"돌아가지 않았군요. 가지 않을 거죠? 가지 말아요. 당신이 가 버린다면 난 죽은 사람이나 마찬가지라는 걸 알아줘요!"

"하지만 떠나지 않으면 난 죄인이 되는걸요. 당신도 마찬가지예요. 이걸 잊어선 안 돼요, 일리야."

"아아, 그렇지 않아요……."

"뭐가 그렇지 않다는 거죠? 소네치카 부부가 우리가 함께 있는 걸 다시 본다면 전 그 길로 파멸이에요."

그가 파르르 몸을 떨었다.

"내 말 좀 들어 봐요." 그가 서둘러 더듬거리며 말했다. "난 아직 다 말한 게 아니라고요. 이야기가 도중에 끊겨 버렸으니……." 그러더니 다시 말을 잇지 못했다.

집에서만 해도 그렇게도 단순하고 자연스러워, 그것 말고 다른 방법은 없다고까지 생각했던 일이, 너무나도 즐거운 상상으로 그의 행복이 되었던 일이, 갑자기 깊은 함정과 같은 것이 되어 버렸다. 이것을 뛰어넘으려면 엄청나게 큰 각오가 필요하다. 그는 단호하고 용감하게 그 한 발을 내딛어야만 한다.

"누가 오고 있어요!"

올가가 말했다. 옆길에서 발자국 소리가 들렸다.

"소네치카 아냐?"

오블로모프가 공포에 질린 시선을 던지며 물었다. 두 남자와 한 여자가 지나쳐 갔다. 모르는 사람들이다. 오블로모프가 안도의 한숨을 내쉬었다.

"올가." 그가 서둘러 입을 떼며 그녀의 손을 잡았다. "저리로 갑시다. 아무도 없는 곳으로, 자, 여기 좀 앉아요."

그녀를 벤치에 앉히고, 자신은 그녀 옆 풀밭 위에 앉았다.

"말이 다 끝나기도 전에 그렇게 화를 내며 가 버리면 어떻게 해요, 올가."

"당신이 또 날 장난감 취급하면 다시 가 버릴 거예요. 그리고 이번에는 돌아오지 않을 거라고요. 한 번 보였던 내 눈물을 마음에 들어 하더니 이번엔 내가 당신의 발아래 무릎 꿇고 있는 게 보고 싶어진 거로군요. 그렇게 조금씩 날 노예로 만들어 변덕을 부리거나 설교하고, 그 다음엔 눈물을 흘리고 깜짝 놀라는 당신의 모습을 보여 주는 것으로 날 협박하다 못해, 우리 둘 다 어떻게 된 거냐고 물어 볼 속셈인 거죠. 잘 기억해 두세요, 일리야 일리이치." 갑자기 벤치에서 일어선 그녀는 당당한 어조로 덧붙여 말했다. "저는 당신이란 사람을 꿰뚫어 보고 있어요. 당신의 잔재주에 놀아나는 꼭두각시가 어떤 것인지 알고 나서, 전보다 훨씬 성숙해졌으니까요……. 하지만 내 눈물만은 더 이상 볼 수 없을 거예요."

"말도 안 돼요, 난, 잔재주 따윈 쓰지 않았다고요!"

그가 강하게 반박했다.

"그렇다면 당신에겐 더 안 된 일이군요." 그녀가 매정하게 쏘아붙였다. "당신의 주의와 알쏭달쏭한 말에 대해 이 한 마디만 말씀드리죠. 오늘 이 만남까지 난 당신을 사랑했고, 그렇기 때문에 어찌해야 할지 몰랐어요. 하지만 지금은 알아요. 그녀가 떠날 채비를 하며 단호하게 말을 맺었다. "당신과 더 이상 상담 따윈 하지 않겠어요."

"나도 알아요." 오블로모프가 팔을 잡아끌어 그녀를 다시 벤치에 앉혔다. 그는 마음을 가라앉히기 위해 잠시 입을 다물었다.

"딱 한 가지만 알아 줘요. 내 마음도 단 하나의 바람으로 가득 차 있고, 머리는 한 가지 생각에만 점령당해 있어요. 하지만 왜 나의 혀와 의지는 주인의 말을 듣지 않는지. 말하고 싶다고 생각해도 입이 떨어지지 않아요. 사실 너무나도 간단한 말인데, 마치…… 올가, 날 좀 도와 줄 수 없나요?"

"당신이 무슨 생각을 하고 계신지 모르겠는걸요……."

"오, 제발 그 '당신'이란 말만은 하지 말아 줘요. 그 자신감 넘치는 눈길이 내겐 죽을 만큼 괴롭고, 서릿발 같은 당신의 말 한마디 한마디가 내 마음을 얼어붙게 만들고 있어서……."

그녀가 웃음지어 보였다.

"당신은 미쳤어요!"

그녀가 오블로모프의 머리에 손을 얹고 말했다.

"이제 됐어요. 이걸로 난 생각할 수도 말할 수도 있게 됐으니! 올가." 그가 그녀 앞에 무릎을 꿇고 말했다. "내 아내가 되어 줘요!"

그녀는 대답하지 않고 그의 반대쪽으로 몸을 돌렸다.

"올가, 허락해 줘요. 자, 손을 이리 줘요!"

그녀는 손을 내밀지 않았다. 오블로모프는 그녀의 손을 끌어당겨 손등에 입을 맞추었다. 올가는 손을 빼지 않았다. 그녀의 손은 조금 촉촉하고 따뜻하고 부드러웠다. 오블로모프는 얼굴을 들여다보려 했지만, 올가는 계속해서 고개를 돌리고 있었다.

"침묵인가요?"

그녀의 손에 입맞추면서 그는 불안스레 떨며 대답해 달라는 듯이 말했다.

"동의의 표시에요!"

여전히 그를 바라보지 않은 채 그녀가 나지막하게 대답했다.

"지금 기분이 어때요? 무슨 생각을 하고 있죠?"

공상 속에서 그리던 그녀의 부끄러운 듯한 허락의 말과 눈물을 떠올리며 오블로모프가 물었다.

"당신과 같겠죠."

아무렇지 않은 듯 숲속 어딘가를 바라보며 그녀가 대답했다. 그저 파도치는 가슴만이 그녀가 애써 자제하려 하고 있음을 말하고 있다.

'눈에 눈물이 고여 있는 건가?' 오블로모프는 이런 생각을 하며 그녀를 바라보았지만 그녀는 고집스레 아래만 내려다보고 있다.

"당신은 아무렇지 않나요? 침착하시네요?"

그녀의 손을 자기 쪽으로 끌어당기려 애를 쓰면서 오블로모프가 말했다.

"아무렇지 않은 건 아녜요. 하지만 침착한 건 사실이네요."

"왜죠?"

"아주 오래 전부터 이렇게 될 거라고 예측하고 있었으니까, 이제는 익숙해진 걸요."

"오래 전부터!"

그는 놀라 앵무새처럼 되풀이해 말했다.

"그래요, 당신에게 라일락 가지를 건네주었던 그 순간부터…… 내 마음속으로 이미 당신이 내 사람이길 바랐는걸요……."

그녀는 말꼬리를 흐렸다.

"그 순간부터라!"

그가 두 팔을 크게 벌려 그녀를 껴안으려 했다.

"나락이 입을 벌리고 번개가 번쩍일 거예요…… 조심하세요!"

자연스레 그의 포옹을 빠져나가, 양산으로 그의 손을 가볍게 치며 그녀가 능청맞게 말했다. '절대 안 돼요' 딱 부러지던 그녀의 이 말을 떠올리자 한결 침착해졌다.

"하지만 그런 말을 한 번도 한 적 없고, 심지어 그런 티조차 내지 않았잖아요……."

"우리는 결혼하는 게 아니라, 타의로 시집을 가거나 혹은 신부를 맞이하는 것뿐이에요."

"그 순간부터라…… 설마……?"

그가 생각에 잠겨 같은 말을 되풀이했다.

"당신은 내가 당신이란 사람을 이해도 하지 않은 채 당신과 둘이서 이런 곳에 오고, 밤마다 정자에 앉아서 당신 애기를 듣고, 마음에 있는 말을 전부다 털어 놓았다, 그렇게 생각하고 계셨나요?"

그녀가 의기양양해서 말했다.

"그게 그러니까……."

오블로모프는 얼굴 표정을 바꾸며 그녀의 손을 놓았다. 그의 머릿속에서 이상한 생각이 떠올랐다. 그녀는 차분하고 자신 있는 표정을 짓고 의연한 태도로 기다려 왔다. 하지만 지금 이 순간 그가 바랐던 것은, 자신 있고 의연한 태도가 아닌, 눈물이고 열정이며 마음을 취하게 하는 행복이었다. 아주 짧은 시간이라도 좋으니, 그렇게만 된다면 그 뒤에 평생 그 무엇에도 흔들리지 않을 평안이 이어진다 한들 상관없었다!

그러나 생각과는 다르게, 뜻하지 않던 행복에 겨워 샘솟는 눈물도 없고, 수줍은 승낙의 말도 없지 않은가! 이걸 어떻게 해석하면 좋으랴!

그의 마음속에서 의혹이라는 이름의 뱀이 잠에서 깨어 몸부림치기 시작했다……. 그녀는 과연 사랑을 하는 걸까, 그게 아니면 그저 시집을 오는 것뿐인 걸까?

"하지만 행복의 길은 이것 말고도 또 있죠."

"어떤 길요?"

"때로 사랑은 기다리고, 참고, 배려할 수 없을 때가 있는데…… 사랑에 빠진 여자는, 온몸이 불꽃으로 타오르고 전율에 휩싸여 고통과 희열을 동시에 경험하기도 하죠……."

"그게 무슨 길이라는 건지 난 도무지 모르겠어요."

"여자가 모든 걸 희생하는 길이죠. 마음의 평안도, 세상의 모든 소문도, 존경도 모두 버리고, 사랑 속에서 보답을 발견하는…… 모든 것을 사랑과 바꾸는 길 말입니다."

"그런 길이 우리에게 필요한가요?"

"아뇨."

"당신은 그 길에서 행복을 찾고 싶은 건가요? 내 마음의 평안과 명예를 제물 삼아서?"

"오, 아뇨, 그렇지 않아요! 절대 그런 게 아니라고요."

오블로모프가 열을 올렸다.

"그럼 왜 그런 이야기를 꺼내는 거죠?"

"왜 그런 말을 한 건지 나도 정말 모르겠어요……."

"난 알아요. 당신은 알고 싶은 거예요. 내가 당신을 위해 자신을 버리고, 당신과 더불어 이 길을 갈 것인지, 그게 알고 싶었던 거예요. 내 말이 틀렸나요?"

"맞아요, 아무래도 당신 말이 맞는 것 같아요…… 어때요?"

"싫어요! 절대로 그럴 수 없어요, 천만의 말씀이로군요!"

그녀가 딱 잘라 말했다. 그가 생각에 잠기다가 이윽고 한숨을 내쉬었다.

"그래요, 참 무서운 길이죠. 여자가 남자의 뒤를 따라 걸어가려면 엄청난 사랑의 힘이 필요하니까요. 끊임없이 사랑하고 또 사랑하지 않고서는 불가능한 일이죠."

오블로모프는 시험하듯 그녀의 얼굴빛을 살폈다. 그녀는 아무렇지 않은 모습이었다. 눈썹 위 주름만이 희미하게 움직일 뿐 얼굴 표정은 침착하기 그지없었다.

"상상해 보세요. 당신의 발밑에도 미치지 못할 소네치카가, 어느 날 갑자기 180도 달라진 모습으로 당신 앞에 나타나 깜짝 놀라는 당신의 모습을!"

올가는 살짝 미소지었다. 그 눈빛은 의연하고도 맑았다. 오블로모프의 자존심은 올가의 마음에 희생을 강요하고 거기에 도취되고 싶은 마음에 어찌할 바를 몰랐다.

"남자들이 당신 곁에 모여들었을 때, 존경심을 가지고 주저하며 눈을 내리깔기는커녕 대담하고 능글맞은 미소를 띠고, 당신의 얼굴을 빤히 쳐다보는 광경을 한 번 상상해 봐요……."

그는 올가를 쳐다보았다. 그녀는 양산 끝으로 열심히 모래 속 작은 돌을 이리저리 굴리고 있었다.

"또 당신이 살롱에 들어갔더니, 몇몇 귀부인들이 화를 참지 못하겠다는 듯 수군거리고 어느새 그 중 한 명은 당신 곁에서 떨어져, 일부러 보란 듯이 자리를 옮겼다면…… 그래도 당신은 자존심 가득한 태도를 무너뜨리지 않고, 당신 자신이 그 모든 사람보다 고결하고 뛰어나다고 생각하겠죠."

"제게 그런 끔찍한 말씀을 하시는 이유가 도대체 뭐죠?" 그녀가 냉정하게 말했다. "난 절대로 그런 길을 걷지 않을 거예요."

"절대로요?"

오블로모프가 의기소침해서 되물었다.

"절대로!"

그녀가 앵무새처럼 되풀이했다.

"그래요. 그런 치욕을 똑바로 바라볼 힘이 당신에겐 없을걸요. 당신은 죽음 따위 두려워하지 않을지도 몰라요. 사형도 무섭다 생각하지 않겠죠. 하지만 그 준비, 시시각각 반복되는 고문은 당신조차 참아낼 수 없을 거예요. 그리고 조금씩 시들어 가겠죠. 안 그래요?"

오블로모프는 내내 그녀의 눈을 들여다보며 반응을 살폈다. 그녀는 여전히 생기 넘치는 모습이었다. 오블로모프가 묘사한 공포스런 장면도 그녀의 마음을 혼란스럽게 할 수 없었다. 입술에는 가벼운 미소마저 머금고 있다.

"난 시들어 가는 것도, 죽는 것도 원하지 않아요! 전혀 그렇지 않아요. 그런 길을 걷지 않더라도, 더욱 뜨겁게 사랑할 수 있다고요……."

"왜 이 길을 가고 싶지 않다는 거죠?" 그는 거의 화를 내는 듯 집요하게 물었다. "만약 두렵지 않다면……"

"왜냐하면, 그 길을 걷게 되면…… 결국 어떻게든…… 헤어지게 되니까요. 하지만 전…… 당신과 헤어지는 건 싫어요!"

그녀는 거기서 말을 멈추고, 오블로모프의 어깨에 한 손을 올린 채 한참 동안 그의 얼굴을 쳐다보았다. 그러다 갑자기 양산을 옆으로 내던지고 두 팔로 그의 몸을 감싸안자마자 뜨겁게 입을 맞추었다. 그리고는 새빨개진 얼굴을 그의 가슴에 묻고 작은 목소리로 덧붙였다.

"절대로!"

그는 환희의 소리를 지르며, 그녀의 발 아래 풀밭 위로 몸을 던졌다.

제3부

제1장

집으로 향하는 오블로모프의 얼굴은 미소로 빛나고 있었다. 피가 끓어오르고 두 눈은 반짝였으며, 머리카락이 불타는 듯한 기분마저 들었다. 하지만 방으로 들어선 순간 빛나던 미소는 사라지고, 불쾌함과 놀라움으로 가득 찬 눈은 못박힌 듯 한 곳만을 뚫어지게 바라보았다. 소파에 타란치에프가 앉아 있는 것이 아닌가!

"사람을 언제까지 기다리게 할 셈인가? 어딜 그렇게 쏘다니는 거야?" 털이 무성한 손을 내밀며, 타란치에프가 언짢은 듯 물었다. "게다가 자네 그 늙어빠진 하인 놈은 이젠 아주 사람 말을 들은 척도 않더구먼? 요기할 것 좀 있나 물어도 '없다' 하고, 보드카 좀 내오랬더니 그것도 '없다' 하고 말이지."

"가까운 숲에 산책 다녀오는 길이네."

오블로모프가 퉁명스레 말했다. 하필 이런 때 이 친구가 나타나다니, 어찌나 짜증이 났는지 그는 아무 생각도 할 수 없었다.

그는 오랜 시간 자신을 감싸고 있던 그 음침한 분위기를 털어내고, 그 숨막히는 공기에서 완전히 벗어나 있었다. 그런데 타란치에프가 한순간에 그를 천국에서 지옥으로 끌어내린 것이다. 타란치에프는 대체 왜 온 거지? 오래 있으려나? 신경이 쓰인 오블로모프는 끊임없이 의문이 솟아올랐다. '그가 식사까지 하고 간다면, 일리인스카야 댁에 갈 수 없게 된다.' 여기까지 생각이 미치자, 그는 괴로워 견딜 수가 없었다. 그 순간 오블로모프의 머릿속을 지배한 유일한 생각은 무슨 수를 써서라도, 돈을 써서라도 그를 쫓아내야겠다는 것뿐이었다. 그는 말없이 타란치에프가 입을 열기만을 참담한 마음으로 기다렸다.

"어떻게 된 거야? 자네 이사할 집 한번 안 들여다볼 생각인가?"

타란치에프가 물었다.

"이제 필요 없게 됐네." 타란치에프를 바라보지 않으려고 애쓰면서 오블로모프가 말했다. "난…… 그 집으로 이사하지 않을 거라고."

"뭐라고? 이사를 안 하다니?" 타란치에프가 버럭 화를 내며 소리쳤다.

"집은 빌려놓고 이사를 안 하겠다니? 그럼 계약은, 계약은 어쩔 셈인가?"

"무슨 계약?"

"자네 벌써 잊었나? 일 년 계약으로 계약서에 서명까지 하지 않았나. 8백 루블이나 내놓고. 자네 가고 싶은 곳으로 가든지 맘대로 하게. 집을 보고 빌리겠다는 사람이 넷이나 있었는데, 다 거절했단 말일세. 3년이나 계약하자던 사람도 있었다는데."

오블로모프는 이제야 별장으로 가던 날 정신 없어 제대로 읽어 보지도 않은 채 타란치에프가 내민 서류에 서명했던 것을 기억해냈다.

'세상에, 내가 무슨 짓을 한 거야?'

"하지만 내겐 이제 집이 필요 없네. 난 외국에 나갈 테니까 말야……."

"외국! 그 독일놈하고 같이? 어림도 없는 소리, 자네가 갈 수 있을 것 같나?"

"못 갈 이유가 어딨나? 여권도 있는데. 내 보여 주지. 여행 가방도 다 사 놓았네."

"자넨 못 가!" 타란치에프가 콧방귀를 뀌며 되풀이했다. "반 년치 방값이나 미리 내놓는 게 좋을 거야."

"돈 없어."

"돈이야 어디서 구하든 자네 마음이고. 그 오빠라는 작자, 이반 마트베이치는 그런 시답지 않은 농담을 아주 질색하지. 당장 시청에 고소라도 하려 들지 모르겠군. 조용히 마무리하긴 힘들 거란 말야. 뭐 내 돈으로 지불해 놓았으니까 나한테 주게나."

"그런 큰 돈을 어디서 구했나?"

"그야 자네가 알 바 아니지 않은가? 오래 전에 빌려 주었던 돈을 받았을 뿐이네. 돈이나 내놔! 그 때문에 온 거야."

"알았네, 집은 2, 3일 안에 다른 사람에게 넘기지. 지금은 내가 좀 바빠서 ……."

그가 외투를 여미기 시작했다.

"어떤 집을 원하기에 그러나? 시내를 다 뒤져 봐도 그보다 더 나은 집은 못 구할걸…… 맞아, 본 적 없지?"

"보고 싶지도 않아. 내가 왜 거기로 이사를 가야 하지? 나한텐 너무 멀다고……."

"어디서 멀다는 거야?"

타란치에프가 통명스럽게 말했다. 하지만 오블로모프는 어디서 멀다는 것인지 말하지 않았다. "시내에서."

그가 잠시 뒤 덧붙였다.

"시내에서 멀다니 무슨 말이야? 시내가 자네한테 왜 필요한가? 늘 누워 있으면서?"

"아니, 이젠 누워서 지내지 않네."

"무슨 뜻이지?"

"무슨 뜻이냐니. 난…… 오늘……."

"뭐라고?"

"밖에서 저녁을 먹을 생각이네……."

"돈이나 내놓고 멋대로 하든지 하게!"

"무슨 돈?" 속이 타는 듯 오블로모프가 말을 덧붙였다.

"2, 3일 뒤에 그 집에 들러 주인하고 내가 이야기하지."

"주인이라니 누구 말인가? 그 아주머니라는 사람? 그 여자가 뭘 알겠나? 시골 여편네 주제에! 자넨 그 여자 오빠하고 이야기를 해야 하네. 조만간 만나게 될 거야!"

"그렇게 하지. 한번 들러서 이야기해 보겠네."

"흥, 자네 말을 믿을 수 있어야지! 됐고, 돈이나 주고 나가든지 말든지 하게."

"지금은 돈 없네. 빌려야 해."

"쳇, 그럼 마차삯이라도 주게." 타란치에프는 끈질기게 요구했다. "3루블."

"마차가 어디 있는데? 그리고 무슨 마차삯이 3루블이나 하나?"

"마차야 돌려보냈지. 마차삯이 뭐, 문제라도 있나? 처음엔 오려고 하지도 않았네. '모래땅은 싫다' 나 어쨌다나 하면서 말야. 돌아갈 때는 3루블이 더

든다더군!"

"여기선 승합마차도 50코페이카밖에 안 받아!"

그가 4루블을 꺼내 주자. 타란치에프는 얼른 호주머니 속에 감추어 버렸다.

"그럼 7루블은 빚으로 달아두지. 그리고 저녁값을 받아야겠는걸!"

"저녁값이라니?"

"지금 시내로 가기엔 시간이 안 맞으니 중간에 선술집에라도 들러야 만할 거 아닌가. 거긴 비싸지 않은 게 없으니 5루블은 족히 있어야 할 걸."

오블로모프는 다시 1루블을 꺼내 던져 주었다. 더 이상 참을 수가 없어서 앉지도 못하고 그대로 서 있었다. 그저 타란치에프가 빨리 사라지기만을 바랄 뿐이었다. 그러나 그는 돌아갈 마음이 없어 보였다.

"요기할 만한 게 있으면 좀 내오라 하게나."

"선술집에서 먹는다고 하지 않았나?"

"그거야 저녁이지! 아직 2시도 채 안 됐는데."

오블로모프는 자하르에게 아무거나 내오라고 지시했다.

"아무것두 없는데유, 준비가 안 됐다구유." 타란치에프를 못마땅한 눈으로 쳐다보며 자하르가 투덜댔다. "미헤이 안드레이치, 우리 주인님 셔츠하구 조끼는 언제 가져올 건가유?"

"셔츠하고 조끼라니 무슨 소리야? 돌려준 지 한참 됐는데."

"언제유?"

"저번에 이사할 때 돌려줬잖아. 자네가 무슨 보따리에 쑤셔넣지 않았어? 뭘 또 내놓으라는 건지, 원……."

말도 안 되는 소리에 할 말을 잃은 자하르는, 그 자리에 못박힌 듯 서 있었다.

"아이구, 세상에 이게 무슨 경우래유! 도련님, 저는 태어나서 저런 철면피는 처음 보는구먼유!"

자하르가 오블로모프를 보며 소리를 질렀다.

"아주 노래를 불러라, 노래를 불러!" 타란치에프가 빈정댔다. "이런 경우 자기가 슬쩍 팔아 버리고 술이나 퍼마시는 놈들이 대부분이지. 그걸 나한테 내놓으라고 큰소리를 치다니……."

"무슨 소리, 저는 머리털 나고 지금까지 주인님 물건엔 한 번두 손 대본 적 없는 사람이에유!" 자하르가 씩씩거렸다. "떼먹으려구 아주……."

"그만둬, 자하르!"

오블로모프가 엄한 목소리로 말을 가로막았다.

"이 사람이 틀림없어유. 마루 닦는 솔 하나랑 찻잔 두 개두 가져가지 않던가유?"

자하르가 다시 물었다.

"솔이라니 무슨 솔?" 타란치에프도 덩달아 소리쳤다. "이 늙어빠진 사기꾼이! 얼른 요깃거리나 가져와!"

"들으셨지유, 도련님, 뭐라구 짖어대는지 원, 요깃거리는 고사하구 집엔 빵 조각 하나 없어유. 아니시야가 집에 없거든유."

자하르는 그 말만 내뱉고는 방을 나가 버렸다.

"자넨 식사를 어디서 하는 거야? 정말 요상한 일이로군. 오블로모프가 숲을 산책하고 밖에서 식사를 한다…… 새집엔 언제 가 볼 거야? 벌써 가을이 코앞이라고. 가서 보라니까."

"알았네, 2, 3일 뒤에……."

"돈 가져오는 거 잊지 말고!"

"아아, 알았네, 알았어……."

오블로모프가 귀찮다는 듯 말했다.

"참, 새집에 뭐 더 필요한 건 없나? 자네를 위해서 마루하고 천장, 창, 문, 모두 칠을 다시 했는데 100루블이 넘게 들었다고."

"그래, 알았네…… 아, 자네한테 부탁할 게 있었는데." 문득 할 말이 생각났다는 듯 오블로모프가 말했다. "내 대신 의회에 좀 다녀와 줄 수 있겠나? 위임장에 증명을 해야 하네."

"나보고 자네 심부름이나 하란 말인가?"

"저녁식사 값은 넉넉히 얹어 줄게."

"그거 몇 푼 더 받아봐야 구두 닳는 게 더 아까울 것 같은데."

"마차를 타면 될 거 아닌가. 마차삯도 다 내주겠네."

"그래도 관청에는 갈 수 없네."

타란치에프가 기죽은 소리로 말했다.

"왜?"

"적이 있네. 날 적대시하는 무리들, 어떻게든 날 해치우려고 궁리 중인 작자들이지."

"할 수 없군, 내가 다녀오는 수밖에."

오블로모프는 챙 달린 모자를 집어들었다.

"마침 잘됐군. 새집에도 들르게. 그럼 이반 마트베이치가 뭐든 알아서 해 줄 거야. 정말 훌륭한 사람이지. 건방진 독일놈하고는 비교도 되지 않는다고나 할까! 러시아 토박인데, 관청에서 벌써 30년이나 자리를 지킨 만물박사라고. 관청일이라면 한 손에 꿰고 있지. 그런데 돈푼깨나 있으면서 마차도 타 본 적이 없다는군. 옷도 내 것이랑 별 차이가 없고. 정말 점잖고 조용한 분이야. 목소리도 잘 들리지 않을 정도로 조용한 분이라 외국을 돌아다닌다는 건 상상도 못하지. 자네의 그 친구랑……."

"타란치에프!" 책상을 주먹으로 내리치며 오블로모프가 소리쳤다. "모르면 입 닥치고 있어!"

처음 보는 오블로모프의 반응에 타란치에프는 두 눈이 휘둥그레졌다. 슈톨츠보다 못한 취급을 받았다는 사실조차 잊어버렸다.

"자네 오늘 머리가 어떻게 된 거 아닌가……?"

모자를 집어들며 그가 중얼거렸다. "아주 살벌하군 그래!"

그는 소매로 모자를 한번 닦고는 장식장에 놓여 있는 오블로모프의 모자와 자기 모자를 번갈아 보았다.

"자네, 이 모자는 잘 안 쓰지? 챙 달린 모자도 있고 말야……." 오블로모프의 모자를 써보면서 그가 말했다. "여름 동안 이것 좀 빌려 주지 않겠나?"

오블로모프는 말없이 그의 머리에서 모자를 벗겨 제자리에 되돌려놓고 팔짱을 낀 채 그가 돌아가기를 기다렸다.

"쳇! 맘대로 해!" 마지못해 문을 나서며 타란치에프가 말했다. "자네, 오늘 어떻게 된 거 아냐…… 하여튼 이반 마트베이치와 이야기해 보게. 돈을 안 주고는 못 배길걸?"

제2장

타란치에프가 돌아가자, 오블로모프는 소파에 앉아 불쾌한 기분을 떨쳐내고자 한참이나 애썼다. 마침내 오늘 아침의 일을 떠올리고서야 타란치에프 때문에 불쾌해졌던 마음을 지워버릴 수 있었다. 그의 얼굴엔 다시 미소가 나타났다.

그는 거울 앞에 서서 한참 동안 넥타이를 고치고 올가의 뜨거운 키스가 남아 있지는 않은지 볼을 유심히 살펴보았다.

"'절대로'란 말을 두 번이나 했었지." 흥분을 감추지 못하고 나지막한 목소리로 중얼거렸다. "얼마나 큰 차이가 있는데. 이미 시들어 버린 것과 한창 피어올라 향긋한 향기를 내는 것……." 그는 깊은 생각에 빠져들었다. 한쪽은 밝고 구름 한 점 보이지 않는다. 축제는 이미 끝났다. 사랑은 의무가 되고 생활과 섞여, 삶의 조직 안에 스며들었다. 빛이 바래가며 무지개 같은 빛을 잃기 시작했다. 오블로모프는 그것을 느끼고 있었다.

어쩌면 오늘 아침 비친 장밋빛 광선이 마지막이었는지도 모른다. 이제 그처럼 화려하게 빛나는 일은 없겠지. 눈에 띄지 않는 따뜻한 생활을 해나가게 될 것이다. 사랑은 생활에 흡수되어 삶의 숨겨진 강력한 원동력이 되는 것일까. 앞으로 사랑은 매우 단순하고 평범하게 나타날지도 모른다.

시(詩)는 지나가고 엄숙한 역사가 시작된다. 관청의 일, 오블로모프카로의 여행, 집짓기, 귀족후원회에 영지 담보 넣기, 도로 개설, 영주민과의 끝없는 교섭, 일처리, 수확, 보리찧기, 주판, 지배인의 사연 있어 뵈는 얼굴, 귀족회 선거, 배심원으로서 재판소 출두.

때때로 올가의 눈동자가 빛나고 Casta diva가 울리며, 성급한 입맞춤 소리가 들려온다. 하지만 그것도 잠시, 다시 일하러 가야 하고 마을로 나가야 한다. 그리고 지배인이 나타나 딸각딸각 주판알 소리가 울린다.

손님들이 찾아와도 전혀 즐겁지 않다. 어디 공장에서 술을 얼마만큼 만들었다든가, 누구는 국고에 나사*¹를 얼마만큼 보관했다든가, 그런 이야기를 시작한다. 그게 뭐 어쨌단 말인가? 자신이 바라고 있던 것은 이런 운명이었을까? 이것을 삶이라 할 수 있을까? 사람들은 그것이 삶의 전부라는 듯 살아가고 있다. 안드레이도 이런 삶을 원하는 것이다!

하지만 약혼과 결혼 — 이는 어쨌든 인생의 시(詩)이자 한창 피어난 꽃이다. 그는 자신이 올가를 제단으로 이끄는 모습을 상상했다. 등자나무 꽃을 머리에 장식한 그녀가 긴 베일을 쓰고 있다. 군중들 틈에서 감탄하며 수군거리는 소리가 들려온다. 그녀는 설레는 가슴으로 조용히, 언제나처럼 당당하고 우아하게 살짝 고개를 기울이며 수줍게 손을 내민다. 눈을 어디다 두어야 할지 몰라 난감해하면서도 환하게 미소짓는다. 그러다 어느 순간 눈에 눈물이 차오르고, 한쪽 눈썹 위의 주름이 무언가를 상상하며 춤을 춘다.

손님들이 떠나 버린 뒤, 그녀는 화려한 장식을 한 모습으로, 오늘처럼 그의 가슴에 몸을 던진다.

'안 돼, 올가에게 달려가 봐야겠어. 혼자 생각하고 혼자만 느끼고 있을 수는 없어.' 그는 끝없이 상상의 나래를 펼쳤다.

'모두에게, 온세상 사람들에게 말해 버려야지. 아니, 먼저 숙모에게. 그리고 남작에게도 말씀드리는 거야. 아아, 슈톨츠에게도 편지를 써야겠군. 깜짝 놀라겠지! 그리고 자하르에게도 이야기해 줘야지. 그 녀석 아주 머리가 땅에 닿게 인사하면서 기쁘다고 난리치겠지. 녀석에게도 축의금으로 25루블 정도 줄까. 아니시야도 와서 내 손에 입맞춤할 텐데, 그럼 10루블 정도 주자. 그리고…… 그리고 온세상에 들릴 만큼 큰 소리로 환호성을 지르는 거야. 오블로모프는 행복하다, 오블로모프가 결혼한다! 어서 올가한테 다녀오자. 긴 속삭임이 나를 기다리고 있을 거야. 두 생명을 하나로 이어주는 비밀스런 맹세가……'

오블로모프는 올가에게 달려갔다. 그녀는 미소를 머금고 그의 공상을 들어 주었다. 하지만, 그가 숙모에게 털어놓기 위해 벌떡 일어났을 때, 그녀는 분명 눈썹을 찌푸렸다. 오블로모프는 무심코 주춤거렸다.

"아무한테도 말하면 안 돼요!" 그녀는 입술에 손가락을 갖다 대며 옆방에

---

*1 raxa[羅絲] : 양털 또는 거기에 무명·명주·인조견사 등을 섞어서 짠 모직물. 양복감으로 쓰인다.

있는 숙모한테 들릴지 모르니 작게 말하라고 했다. "아직 때가 아녜요!"

"우리 둘 사이에 이야기가 끝났는데 아직 때가 아니라뇨?" 그가 답답하다는 듯 물었다. "이제 뭘 해야 합니까? 무엇부터 시작해야 하죠? 멍하니 팔짱만 끼고 있을 수는 없지 않습니까. 이제 의무를 다해야 할 때가 왔습니다. 진지한 삶이 시작되는 거예요."

"그래요, 시작이에요."

그녀가 오블로모프를 뚫어져라 쳐다보며 되풀이했다.

"그러니 그 첫발을 내딛는 의미로 숙모님께 가서……."

"그건 마지막 단계죠."

"그럼 뭐가 첫 단계입니까?"

"첫 단계는…… 관청에 가는 거죠. 서류를 작성해야 하지 않나요?"

"그렇군요. ……그럼 내일……."

"왜 오늘 가시지 않는 거죠?"

"오늘은…… 이런 특별한 날 당신 곁을 떠날 수는 없소, 올가!"

"그렇담 좋아요, 내일 가도록 하죠. 그 다음은요?"

"다음엔 숙모님께 말씀드리고 슈톨츠한테 편지를 쓸 겁니다."

"아뇨, 오블로모프카에 다녀오세요…… 안드레이는 편지에 당신이 시골 영지에 가서 해야 할 일이 있다고 했어요. 무슨 일인지는 잘 모르겠지만."

오블로모프의 얼굴을 보며 그녀가 물었다.

"이런! 슈톨츠 말대로 하다간 숙모님께 말도 꺼내보지 못할 겁니다! 그가 뭐라고 했는지 아십니까? 먼저 집을 짓고 도로를 만든 다음 학교를 세우라고 했습니다……. 다 하려면 백 년도 모자라요. 올가, 그럼 우리 함께 갑시다, 그런 다음에……."

"어디를 가자는 건가요? 그 쪽에도 집이 있나요?"

"있긴 한데 너무 오래되고 낡았어요. 현관 계단도, 완전히 무너졌을 겁니다."

"그럼 우린 어디서 머물죠?"

"여기서 집을 찾아보면 되죠."

"그러려면 역시 시내에 나가야겠네요. 이게 두 번째 걸음이에요……."

"다음엔……."

"먼저 두 걸음만 내디뎌 봐요……."

'이게 뭐야?' 오블로모프는 생각했다.

'긴 속삭임도 없고, 두 생명을 하나로 이어주는 비밀스런 맹세도 없다니! 정말 뭐든지 제멋대로인 여자야. 내 생각과는 정반대로 가고 있잖아. 정말 이상한 여자라니까! 시적이고 달콤한 찰나의 명상에 가만히 빠져드는 일도 없지, 상상 따윈 하지도 않는 것 같군. 생각하고 싶은 욕구가 전혀 없는 것 같아! 당장 관청에 다녀와라, 집을 찾아봐라. 이래서야 안드레이하고 똑같잖아! 왜들 그렇게 서두르는 걸까. 서로 짜기라고 했나!'

다음날 그는 서류 한 장을 들고 시내로 갔다. 먼저 관청에 갈 생각이었지만, 왠지 내키지가 않아 계속 하품만 해대며 주위를 두리번거렸다. 관청이 어디에 있는지 잘 모르는 그는, 이반 게라시모프를 찾아가 어디에서 어떤 수속을 밟아야 하는지 물어 보기로 했다.

게라시모프는 오블로모프를 반가이 맞으며, 함께 점심식사를 하지 않으면 절대 돌려보내지 않겠다고 했다. 그는 일에서 손을 뗀 지 오래되었기 때문에 어떤 절차가 필요한지 잘 모르니, 친구에게 물어 보겠다며 사람을 보냈다.

점심을 먹고 이야기를 하다 보니 벌써 3시, 관청에 가기에는 늦었다. 내일은 토요일이니 수속은 월요일까지 미루는 수밖에 없었다.

브이보르그에 있는 새집으로 걸음을 옮긴 오블로모프는 길게 이어진 울타리 틈을 빠져나와 골목길을 달렸다. 간신히 교통경찰을 발견해 물어 보자, 그는 이 마을이 아니라, 이 길을 가다 보면 나오는 옆 마을이라고 했다. 경찰이 가리키는 쪽으로 집은 보이지 않았다. 풀만 무성하게 나 있고, 길가에는 울타리만 세워져 있었고, 진흙 속에 말라붙은 바퀴자국만 보였다.

오블로모프는 울타리를 따라 무성하게 돋아 있는 쐐기풀과 그 울타리 사이로 얼굴을 내밀고 있는 마가목을 바라보며 다시 마차를 달렸다. 드디어 경찰이 어느 부지 안에 있는 오래된 저택을 가리키며 덧붙였다. "저기 저 집입니다."

'10등관 프쉐니친 미망인의 집'. 이 글귀를 읽고서 오블로모프는 부지 안으로 마차를 몰라고 지시했다.

안뜰은 겨우 방 하나 정도의 넓이였기 때문에 마차가 들어가자 수레의 채가 부딪혔다. 닭 떼가 놀라 꼬꼬댁거리며 이리저리 도망다니고, 몇 마리는 날아오르기까지 했다. 커다란 검은 개가 목줄에 메인 채 뛰어다니며 기를 쓰고 짖어대더니, 말 주둥이를 노리고 덤벼들려 했다.

창문 바로 옆에 마차를 세우는 바람에 오블로모프는 마차에서 내리느라 고생해야 했다. 물푸레나무와 메리골드, 금잔화 등이 가득한 창문으로 몇 명인가 머리가 움직이는 모습이 비쳤다. 간신히 마차에서 내린 오블로모프를 보자, 개는 더 사납게 짖어댔다.

그는 현관 계단을 오르다 허리춤에 옷자락을 밀어넣은 사라판*² 차림의 주름투성이 노파와 부딪쳤다.

"누굴 찾아오셨수?"

"집주인, 프쉐니치나 부인을 만나 뵈러 왔습니다."

노파가 이유를 모르겠다는 듯 고개를 기울였다.

"이반 마트베이치가 아니고? 집에 없어요. 아직 관청에서 돌아오지 않았는데."

"저는 부인을 뵈러 왔습니다."

그러는 중에도 집안은 소란스러웠다. 창문마다 불쑥불쑥 머리들이 비쳐 보였고, 노파 뒤의 살짝 열렸다 닫힌 문틈으로도 여러 얼굴들이 고개를 내밀었다.

오블로모프가 뒤를 돌아보았다. 정원에는 아이들이 두 명, 남자아이와 여자아이가 신기하다는 듯 그를 바라보고 있었다.

어디선가 가죽옷을 입은 남자가 나타났다. 아직 잠에 취한 듯한 모습의 그는 한 손으로 햇빛을 가리며 귀찮은 듯 오블로모프와 마차를 바라보았다.

개는 여전히 크고 날카롭게 짖어대고 있었다. 오블로모프가 조금이라도 몸을 움직이거나, 말발굽이 땅을 차면, 바로 사슬을 끌고 뛰어다니며 끊임없이 짖어댔다.

울타리 너머 오른쪽 채소밭에는 셀 수 없을 만큼 많은 양배추가, 왼쪽으로는 몇 그루의 나무와 녹색칠을 한 나무 정자가 보였다.

"아가피야 마트베이브나에게 볼일이 있수? 무슨 볼일로?"

노파가 물었다.

---

*2 러시아 농부들이 입는 팔 없는 겉옷.

"부인께 내가 좀 만나고 싶어한다고 전해 주십시오. 난 이 집을 빌린 사람이오……."

"당신이 새로 이사 올, 그러니까 미헤이 안드레이치와 친분이 있다던 그분이군요? 잠깐만 기다려요, 내 말씀 전하리다."

노파가 문을 열자 문 옆에서 머리들이 불쑥 나타나 이 방 저 방으로 도망쳤다. 그 중에서 시선을 끄는 한 여인이 있었다. 모자도 쓰지 않고 목과 팔뚝을 그대로 드러내놓고 있었는데, 살결이 희면서도 꽤 통통한 여인이었다. 그녀는 외부인이 쳐다보는 것이 부끄러운 듯 미소지으며 재빠르게 도망쳤다.

"방으로 들어오시우." 노파는 작은 현관을 지나 꽤 널찍한 방으로 오블로모프를 안내한 뒤 기다리라고 했다. "여주인은 곧 나올 겁니다."

'저놈의 개는 지치지도 않고 짖어대는군.'

방 안을 둘러보며 오블로모프는 생각했다. 갑자기 눈에 익은 물건들에 그의 시선이 멈췄다. 방은 그의 물건들로 가득했다. 먼지투성이 테이블, 침대 위에 쌓여 있는 의자와 방석, 엉망으로 놓여 있는 식기와 선반.

"어떻게 된 거지? 정리도 안 되어 있고, 청소도 전혀 안 되어 있잖아? 정말 눈 뜨고 못 보겠군!"

불현듯 뒤에서 문소리가 들리더니 조금 전에 만났던 목덜미와 팔뚝을 드러낸 여인이 방으로 들어왔다.

서른쯤 되었을까. 비쳐 보일 것 같은 새하얀 피부, 피가 통하지 못할 것 같이 통통한 얼굴. 눈썹이 있던 자리에 눈썹은 거의 보이지 않고 매끄러운 두 줄기 눈썹선과 새로 돋아나려는 옅은 색 눈썹 몇 가닥만이 남아 있었다. 회색빛이 도는 눈과 얼굴은 소박해 보이지만 손은 매우 거칠어 보인다. 하얀 손에 푸른 혈관이 울퉁불퉁한 그물처럼 튀어나와 있었다.

옷은 답답해 보일 정도로 꽉 낀다. 허리를 넉넉하게 만든 옷은 날씬하게 보이려는 꾸밈이 전혀 없다. 특별한 치마를 장만하려고도 하지 않은 것 같다. 옷으로 가려진 가슴은 건강한 아름다움이 넘쳐흐른다. 솔만 걸치지 않았다면 그녀가 수치심을 느끼는 일 없이 화가나 조각가 앞에 가슴 모델로 설 수 있을 것 같았다. 하지만 그녀의 옷은 세련된 솔과 나들이 모자에 비하면 상당히 낡고 해진 것이었다.

그녀는 손님이 오리라고는 미처 생각도 못 하고 있었기에, 오블로모프가 만나기를 청하자, 평상복에 축제용 숄을 걸치고 실내 모자만 쓴 채 나와야 했다. 그녀는 머뭇거리며 들어오더니 조심스럽게 오블로모프를 바라보며 멈춰 섰다.

그는 슬며시 일어서서 인사를 했다.

"처음 뵙겠습니다. 프쉐니치나 부인이십니까?"

"그렇습니다만, 무슨 일이신가요? 혹시 제 오라버니한테 용건이 있으신 건 아니신가요?" 그녀는 굉장히 불안해 보였다. "보통 이 시간엔 관청에 있고, 5시나 돼야 돌아옵니다만."

"아뇨, 저는 부인을 뵈러 왔습니다."

그녀는 되도록 그에게서 멀리 떨어진 소파에 앉아, 바닥까지 끌리는 숄 끝자락을 바라보고 있었다.

"저는 이 집을 빌린 사람입니다만, 다른 집을 찾아보아야 할 사정이 생겼습니다. 그래서 이 문제로 상의를 드러러 왔습니다."

그녀는 멍하니 이야기만 듣다가 생각에 잠겼다.

"지금은 오라버니가 출타 중이어서요."

잠시 뒤 그녀는 또 같은 대답을 했다.

"그렇습니까. 하지만 이 집은 부인 집 아닙니까?"

"예, 맞아요."

"그래서 저는 당신이 결정을 내려주실 수 있으리라 생각했습니다만……."

"하지만 오라버니가 출타 중이어서요. 우리집 일은 다 오라버니가 맡아서 해 주거든요."

처음으로 오블로모프를 똑바로 바라본 그녀는, 바로 시선을 숄로 떨구며 변함없이 그 말만 되풀이했다.

'소박하지만 인상이 꽤 좋군.' 후한 점수를 주며 오블로모프가 생각했다. '마음씨 좋은 여자일 거야!' 그 순간 문틈으로 여자아이의 머리가 튀어나왔다. 아가피야 마트베이브나가 꾸짖듯 슬쩍 고갯짓을 하자, 머리는 곧 사라졌다.

"오라버니께서 일하는 곳이 어디지요?"

"관청입니다."

"관청 어떤 부서에서?"

"영주민들 서류를 처리하는 곳이라고 하던데…… 부서 이름이 무엇인지는 모르겠어요."

그녀는 잠깐 순박한 미소를 지어 보였다. 하지만 언제 그랬냐는 듯 곧 본래 표정으로 돌아갔다.

"오라버니와 두 분만 여기 살고 계시는 것은 아니죠?"

"예, 죽은 남편에게서 낳은 두 아이가 있습니다. 여덟 살 난 사내아이와 여섯 살 난 계집아이요." 여주인은 말수가 많아지더니, 얼굴에도 활기가 돌기 시작했다. "몸이 불편하신 할머니도 계시지만 다리가 불편하셔서 교회만 간신히 다니고 계시죠. 전에는 아클리나랑 시장에도 다녀오시곤 했는데, 성(聖) 니콜라이의 날*3 뒤로는 다리가 저린다며 그것도 그만두셨어요. 요새는 교회에서도 계단에 앉아 있기만 하세요. 가끔 시누이나 미헤이 안드레이치가 찾아오기도 하고요."

"미헤이 안드레이치는 자주 찾아옵니까?"

"한 달에 한 번 정도요. 오라버니와 사이가 좋아서 거의 함께……."

그러고는 더 이상 생각도 안 나고 할 말도 없는지 한동안 입을 다물었다.

"여긴 정말 조용하군요!" 오블로모프가 침묵을 깼다. "개 짖는 소리가 들리지 않았다면, 이 집에 사는 사람이 아무도 없는 줄 알았을 겁니다."

그녀는 대답 대신 미소를 다시 지어 보였다.

"외출은 자주 하시는 편인가요?"

"여름에는 그런 편이죠. 얼마 전 성 일리야의 금요일*4에는 화약 공장에 있는 교회에 다녀왔고요."

"그러시군요, 어떠셨습니까, 거긴 사람이 많던가요?"

벌어진 솔 사이로 소파에 놓여 있는 베개처럼 봉긋하고 건강한 가슴이 보였다. 한 번도 가슴을 보고 흥분했던 적이 없는 오블로모프가 그녀의 가슴을 바라보며 물었다.

---

*3 1년에 두 차례 찾아오는 축제일. 12월 6일은 겨울 니콜라이의 날, 3월 9일은 봄 니콜라이의 날로 통상 부름.

*4 성 일리야의 날은 음력으로 7월 20일. 이 날이 속한 그 주 금요일에 사람들은 그의 이름이 붙은 교회에 예배를 보러 가고는 했음.

"아뇨, 올해는 그렇게 사람이 많지는 않았어요. 아침부터 비가 내렸거든요. 곧 개긴 했지만. 날씨만 좋았다면 더 많이 왔겠죠."

"또 어디를 주로 다니시나요?"

"그렇게 여기저기 다니는 편은 아니라서요. 오라버니는 미헤이 안드레이치와 함께 투망을 던져 잡은 물고기로 그 자리에서 생선 수프를 끓여먹곤 해요. 하지만 우린 거의 집에만 있어요."

"집에만 계신다고요?"

"예, 정말이에요. 작년에 콜피노*5에 다녀왔고, 가끔 숲속을 산책하는 정도죠. 6월 24일은 오라버니의 명명일이라, 사람들을 초대해서 식사를 하죠. 관청분들도 와 주신답니다."

"어디 초대받아 다녀오는 데는 있으십니까?"

"오라버니는 종종 초대를 받기도 하지만, 저는 그저 부활절과 성탄절에 아이들을 데리고 남편 고향에 다녀오곤 합니다."

이야깃거리가 다 떨어져 버렸다.

"보니까 댁에 꽃이 많던데, 꽃을 좋아하십니까?"

그녀는 웃음을 터뜨렸다.

"아뇨, 우리가 꽃을 즐길 여유나 있나요? 이건 아이들이 아클리나와 함께 백작 댁 정원에 놀러갔다가 정원지기한테 얻어온 거예요. 제라늄과 백합은 남편이 살아 있을 때부터 죽 거기 있던 거랍니다."

그때 갑자기 아클리나가 방으로 들어왔다. 그녀의 손에는 쉬임 없이 날갯짓을 하며 필사적으로 꼬꼬댁거리는 커다란 수탉 한 마리가 들려 있었다.

"아가피야 마트베이브나, 이놈의 닭을 어떻게 하죠? 가게 주인에게 줄까요?"

"무례하게 이게 뭐하는 짓이야! 얼른 나가지 못해!" 안주인이 부끄러운 듯 말했다. "손님이 계신 것도 안 보여?"

"그냥 여쭤 보려고 그랬죠." 아클리나가 수탉 머리가 아래로 가도록 다리를 잡고 말했다. "가게 주인이 70코페이카를 쳐준다는데요."

"나가 있으라니까! 부엌에 가 있어! 그리고 그놈이 아니라, 반점이 있는

---

*5 페테르부르크 근교의 도시로, 당시에는 성 니콜라이의 날에 시민들이 그곳에서 열리는 큰 장을 보기 위해 찾고는 했다.

회색빛 닭이야."

서둘러 말을 보탠 그녀는, 스스로도 창피한지 두 손을 숄 밑으로 감추고 땅바닥만을 쳐다보았다.

"집안 살림이 다 그런 거죠!"

"맞아요, 닭이 많아서 달걀과 병아리를 팔고 있어요. 여기 이 거리에선, 별장에서고 백작 댁에서고, 다들 우리 걸 사 먹는답니다."

그녀가 아까보다 훨씬 대담해진 모습으로 오블로모프를 보았다. 그녀의 표정마저 사무적이고 점잖아졌다. 자신이 잘 알고 있는 이야기를 하자, 그동안의 멍한 모습은 사라져 버렸다. 하지만 여전히 목적을 알 수 없는 질문에는 미소와 침묵으로 대답을 대신했다.

"이런 짐을 풀어서 정리해 났어야 합니다만."

산처럼 쌓여 있는 짐을 가리키며 오블로모프가 말했다.

"우리도 그리고 싶었지만, 오라버니가 하지 말라고 해요."

기세 좋게 그의 말을 가로챈 그녀는 대담하게 오블로모프를 보았다. "'책상이며 선반에 뭐가 들었는지 알 게 뭐냐. 하나라도 없어지는 날에는 이쪽이 욕먹는다고……' 오라버니가 그랬거든요."

말을 마친 그녀는 싱긋 미소지었다.

"오라버님은 정말 조심스런 분이군요!"

그녀는 또 살짝 미소짓더니 예의 그 표정으로 돌아왔다. 그 작은 미소는, 무슨 말을 하거나 어떤 행동을 해야 할지 알 수 없을 때, 그것을 감추기 위한 형식적인 행동이었다.

"오라버니가 오시려면 오래 기다려야 할 것 같은데, 괜찮다면 좀 전해 주시겠습니까? 사정이 생겨서 이 집이 필요 없게 되었으니 다른 분께 빌려 주라고 말입니다. 아, 그야 물론 저도 원하는 분을 찾아보겠습니다."

그녀는 눈을 깜빡이며 멍하니 듣고만 있었다.

"번거로우시겠지만 계약 건에 관해서는 그렇게 전해 주시기 바랍니다."

"지금은 오라버니가 집에 없으니, 내일 다시 와 주시면 안 될까요. 내일은 토요일이라 출근하지 않을 테니까요……."

"저는 지금 너무 바빠서 일 분도 시간을 내기 힘듭니다. 정 그러시다면 이것만 전해 주십시오. 선금은 당신들 권리이고, 다음 세입자도 제 쪽에서 찾아보겠다고. 그러니…….”

“오라버니가 안 계신다니까요.” 그녀는 같은 말만 되풀이했다. “왜 안 오지…….” 그리고 바깥을 내다보았다. “보통 창문 옆으로 지나다니거든요. 그래서 오는 게 다 보이는데, 지금은 안 보이네요!”

“그럼, 저는 이만 가보겠습니다…….”

“오라버니가 오면 뭐라고 하지요? 언제 오신다고 전해 드리면 되나요?”

소파에서 일어서며 그녀가 물었다.

“제가 부탁드린 대로만 전해 주십시오. 사정이 생겨서…….”

“내일 오셔서 직접 사정 이야기를 하시는 게 낫지 않을까요……?”

그녀가 반복했다.

“내일은 시간이 없습니다.”

“그럼, 모레 일요일은요? 식사 뒤에 보드카와 안주도 나올 텐데. 미헤이 안드레이치도 올 거예요.”

“타란치에프가 온다고요?”

“네, 그렇다니까요.”

“하지만 모레도 시간이 없습니다.”

오블로모프가 안타깝다는 듯 거절했다.

“그렇다면 다음주에라도…… 이사는 언제 하실 생각이세요? 마룻바닥을 쓸고 먼지도 털어야 하는데.”

“이사는 안 합니다.”

“무슨 말씀이세요? 이 물건들은 다 어쩌라구요?”

“번거롭더라도 오라버님께는 그렇게 전해 주세요.” 그녀의 가슴을 똑바로 응시하며 오블로모프는 한 마디 한 마디 힘을 주어 말했다.

“사정이 생겨서…….”

“왜 이렇게 안 오지, 아직도 안 보이네.” 바깥과 마당 사이에 둘러진 울타리를 쳐다보며, 그녀는 계속 같은 말을 되풀이하고 있었다. “발소리만 들어도 알 수 있거든요. 나무로 만든 길이라 사람이 지나가면 발소리가 들려요. 여긴 지나다니는 사람도 적으니까…….”

“제가 부탁드린 이야기만 전해 주세요.”

인사를 하고 돌아갈 준비를 하며 오블로모프가 말했다.

"30분만 있으면 올 텐데……."

그녀는 어울리지도 않는 불안한 목소리로 말했다. 어떻게 목소리로라도 오블로모프를 잡아 보겠다는 의도 같아 보였다.

"저는 더 이상 기다릴 수 없습니다."

문을 열며 그가 단호하게 말했다.

현관 계단에 그의 모습이 보이자, 개가 또 짖어대며 쇠사슬을 끊으려 안간힘을 썼다. 팔꿈치를 괴고 단잠을 즐기던 마부는 밖으로 말을 몰기 시작했다. 당황한 닭들이 사방으로 뛰어다녔고, 창문에는 몇몇 사람의 머리가 보였다.

"다녀가셨다고 오라버니에게 전하겠습니다."

오블로모프가 마차에 오르자, 여주인이 어쩔 줄 모르며 덧붙였다.

"예, 사정이 생겨 이사를 못하게 되어 다른 사람에게 양도하겠다고, 혹시 그게 안 되면…… 다른 사람을 찾아보셨으면 한다고…… 전해 주십시오."

"올 때가 됐는데……." 그의 말은 듣는 둥 마는 둥 하며 그녀가 말했다.

"다시 들르신다고 전할게요."

"네, 조만간 다시 들르죠."

그의 뒤로 개 짖는 소리가 요란하게 울려 퍼졌다. 마당을 빠져나온 마차가 진흙이 말라붙어 울퉁불퉁한 비포장 골목을 따라 덜컹대며 나아갔다.

골목 끝에 다다르자, 낡은 외투 차림의 중년 남자가 보였다. 건조하고 무더운 날씨에도 불구하고 고무장화를 신은 그는 겨드랑이에 커다란 서류 봉투를 끼고 굵은 지팡이를 들고 있었다.

그는 잰걸음으로 걷고 있었고, 사방을 주시하며 마치 나무로 만든 인도를 부수기라도 하겠다는 듯이 쿵쾅거렸다. 오블로모프는 그의 뒤를 주시했다. 그가 미망인 집의 문 쪽으로 몸을 돌리는 것을 보았다.

'아하, 오라버니라는 사람이 돌아온 모양이군! 아, 몰라! 내버려두자! 슬슬 배도 고프고 너무 더워! 게다가 올가가 기다리고 있을 거야…… 다음에 보지 뭐!'

"속력 좀 내봐!"

마부에게 소리쳤다.

'새집이나 알아보러 갈까?' 주위 울타리들을 쳐다보던 그는, 문득 이런 생

각을 했다. '아, 그러려면 마르스카야 거리나 카뉴 쉔나야 거리*⁶로 돌아가
야 하는데…… 다음에 가야겠다!'
　"좀 서둘러!"

---

*6 시내 중심가의 거리 이름.

제3장

8월 끝 무렵, 비가 내리기 시작했다. 벽난로가 있는 별장의 굴뚝에선 연기가 모락모락 피어오르고, 벽난로가 없는 집 사람들은 두 볼을 칭칭 동여매고 다니게 되었다. 그러는 사이 점점 주인 없는 별장들이 늘어만 갔다.

오블로모프가 시내에 발길을 끊으리라 결심을 굳힌 어느 날 아침, 그의 별장 창문 옆으로 일리인스카야 댁 가구들이 옮겨졌다. 이사를 가고, 어딘가 가는 길에 식사를 하기도 하며, 하루 종일 뒹굴거리지도 않는다. 이제는 이런 일들을 크게 대단한 일로 여기지 않게 되었지만, 비를 피할 곳도 없는 지금 처지를 생각하면 말문이 막히는 느낌이었다.

공원도 숲도 적막하기만 하고, 올가의 창에도 덧문이 내려진 지금, 홀로 별장에 남아 있을 수는 없었다.

텅 빈 올가의 집을 왔다 갔다 해 보기도 하고, 공원도 한 바퀴 둘러보고, 언덕에도 올라가 보았지만, 슬픔으로 가슴이 답답하기는 마찬가지였다.

그는 새집을 구할 때까지 브이보르그에 머무르기로 했다. 자하르와 아니시야를 그쪽으로 보낸 오블로모프는, 페테르브루크 식당에서 가볍게 식사를 하고 밤에는 올가의 집에서 지냈다.

하지만 도시의 가을 밤은, 평화롭고 밝은 공원이나 숲과는 달랐다. 여기서는 이미 하루에 세 번 그녀를 볼 수가 없다. 카차가 그에게 달려올 수도, 자하르에게 쪽지를 주고 5베르스타 거리에 다녀오라 할 수도 없었다. 그 여름 빛나던 사랑의 시가 멈추어 버린 것만 같고, 느려진 흐름에 그는 부족함을 느끼고 있었다.

두 사람은 30분이 넘게 말 한 마디 나누지 않는 일도 종종 있었다. 올가는 자기 일에만 푹 빠져 바늘로 격자무늬 수를 세고, 오블로모프는 생각에 잠겨 그의 머릿속은 지금이 아닌 먼 미래를 헤매곤 했다.

때로 올가를 가만히 바라보며 정열에 휩싸이다가 무심코 몸을 움찔대는 일도 있었고, 그와 눈길이 스치면 그녀는 미소를 지어 보였다. 상냥한 눈빛은 순종과 무언의 행복이 가득 담겨 있는 듯했다.

집 정리가 안 되었다, 이번 주에 이사를 해야 하지만, 새 집은 아직 내 집 같지가 않다는 등 이런저런 핑계를 대가며 그는 사흘 내내 올가의 집에 와서 식사를 했다.

하지만 나흘째가 되자, 또 간다는 것이 거북해서 일리인스카야 집 주위만 맴돌다 한숨을 쉬며 돌아오고 말았다.

닷새째 되던 날에는 둘은 집에서 식사를 하지 않았다.

엿새째 되던 날 올가는 그에게, 상점에 갈 일이 있으니 그 상점에서 만나는 것이 어떻겠냐고 권했다. 마차는 뒤에 따라오게 하고 집까지 함께 걸어가자는 것이었다.

이 또한 내키지 않는 일이었다. 이는 사람들을 만나 인사를 나누어야 했고, 몇몇 사람은 가던 길도 멈추고 말을 건네왔기 때문이다.

"아, 이게 웬 고생이람!"

두려움과 난처한 상황으로 온몸이 땀에 젖은 그가 중얼거렸다.

숙모 역시 커다란 눈으로 그를 귀찮다는 듯 흘끔거리더니, 그 때문에 골치가 아프다는 듯 생각에 잠겨 계속해서 알코올 냄새만 맡아 댔다. 멀기는 또 얼마나 먼가! 브이보르그에서 달려 밤에 다시 돌아오려면 자그마치 3시간이나 걸린다.

"숙모님께 말씀드립시다."

오블로모프가 고집을 부렸다.

"그럼 아침까지 있어도 될 거 아닙니까. 뭐라 할 사람도 없을 테고……."

"관청엔 갔었나요?"

올가가 물었다. '가서 다 처리하고 왔습니다' 오블로모프는 이렇게 말하고 싶었다. 하지만 그는 올가가 얼굴을 보는 것만으로 거짓말을 읽어 낼 수 있음을 잘 알고 있었다. 오블로모프는 한숨으로 대답을 대신했다.

"아, 그게 얼마나 어려운 일인지 당신은 상상도 못하겠죠!"

"여주인의 오라버니라는 사람과는 이야기해 봤어요? 집은 구했고요?"

고개도 안 들고 그녀가 물었다.

"오전에는 그 남자가 집에 없고, 저녁엔 내가 늘 여기 와 있지 않습니까."

오블로모프는 좋은 변명거리가 있음이 매우 만족스러웠다. 올가는 한숨을 내쉴 뿐 아무 말도 하지 않는다.

"내일은 무슨 일이 있어도 이야기를 끝내도록 하죠." 오블로모프가 그녀를 안심시켰다.

"이 일이 해결되지 않으면 숙모님께 아무 말도 할 수 없어요. 되도록 마주치지 않게 조심하는 수밖에……."

"그래요, …… 당신 말이 맞아요."

오블로모프는 기가 죽어 그녀의 말에 수긍했다.

"일요일에는 손님들이 오시니까 함께 식사를 하도록 하죠. 하지만 수요일에는 혼자 식사를 하는 게 좋겠어요. 나중에 극장에서도 만날 수 있을 거예요. 우리가 가는 날을 알려드릴 테니 그때 만나요."

"그래요, 당신 말이 맞습니다."

오블로모프는 그녀가 자신들이 만남에 신경 쓰고 있다는 사실이 내심 기뻤다.

"날씨가 좋으면 마차를 타고 여름 정원*¹에 산책하러 갈 테니까 거기서 만나요. 그럼 우린 앞으로 그 공원, 그 공원을 떠올리겠죠!"

감상에 빠진 올가는 그 말을 되풀이했다. 그는 말없이 그녀의 손에 입 맞추고 일요일을 기약하며 작별을 고했다. 생기 없는 눈빛으로 오블로모프를 배웅한 그녀는 피아노 앞에 앉아 음악 속으로 빠져들었다. 가슴은 눈물을 흘리고 있었고 피아노 소리 역시 흐느끼고 있었다. 노래를 부르고 싶었지만 입이 떨어지지 않았다!

다음날 오블로모프는 잠자리에서 일어나 별장에서 입고 다니던 웃옷을 걸쳤다. 실내복과는 이미 진작 작별을 고했고 옷장에 넣어두라고 지시한 지 오래였다.

자하르는 여전히 쟁반을 들고 뒤뚱거렸고 불안한 모습으로 커피와 프레첼을 테이블로 날랐다. 자하르의 뒤에는 언제나처럼 문 밖으로 몸을 반쯤 내민 아니시야가 식탁까지 찻잔을 제대로 나르는지 자하르를 지켜보고 있었다. 무사히 쟁반을 내려놓으면 소리 없이 사라졌지만 뭐 하나라도 떨어뜨리면

---

*1 페테르부르크의 가장 오래된 공원으로 1704년 네바 강 왼편에 조성되었음.

남은 것을 잡기 위해 쏜살같이 달려오곤 했다. 그럼 자하르는 물건에 화풀이를 하다가 아내에게 고함을 지르고 팔꿈치를 휘두르며 가슴을 떠밀었다.

"커피 맛이 정말 일품이군! 누가 끓인 거지?"

오블로모프가 물었다.

"주인집 여자지 누구겠슈. 벌써 엿새째 그 여자가 끓이고 있구먼유. '치커리를 너무 많이 넣었잖아요. 제대로 끓지도 않았네요. 이리 줘요, 내가 할테니까' 시끄럽게 잔소리까지 해대문서."

"훌륭하군." 오블로모프가 한 잔을 더 따르며 말했다. "감사하다고 전해."

"주인집 여자, 저기 있어유." 자하르가 반쯤 열린 옆방 문을 가리키며 말했다. "저기가 뭔 식당인줄 아는지. 날마다 저기서 일하구 있구먼유. 차에 설탕, 커피, 접시까지 죄다 저기 갖다놨다니께유."

오블로모프에게는 그녀의 등과 뒤통수 그리고, 하얀 목덜미가 살짝 보였고 드러난 팔꿈치가 눈에 들어왔을 뿐이다.

"저렇게 팔꿈치를 움직이면서 지금 뭘 하는 거지?"

"누가 아남유! 레이스라도 다리나 보쥬."

오블로모프는 두 팔꿈치가 움직이며 허리를 굽혔다 펴는 모습을 가만히 바라보았다. 그녀가 몸을 굽히자 깔끔한 치마와 깨끗한 양말, 통통하고 둥글둥글한 발이 보였다.

말단 공무원 집안인 주제에 팔꿈치는 백작부인이라도 되고 싶어 하는 것 같군 그래. 귀여운 보조개까지 있잖아! 오블로모프가 생각했다.

정오에 자하르가 방에 들어와서는 피로그 맛을 보시겠냐고 물었다. 주인집 여자가 은근히 밀어 붙였다고 했다.

"오늘이 일요일이라구 피로그를 굽는다네유!"

"그래, 분명 맛있는 피로그가 완성될 것 같군!" 오블로모프가 입맛을 다시며 말했다. "양파와 당근이 들어 있는……."

"오블로모프카에서 만든 피로그보담 못허지 않은 것 같어유. 어린 닭고기에 신선한 버섯까지 넣는 걸 보니께."

"아, 듣기만 해도 맛있을 것 같군. 가져와 봐! 그런데 누가 만들고 있는 거지? 그 지저분한 할멈인가?"

"말로 안 돼쥬!" 자하르가 경멸스럽다는 듯 말했다. "그 할멈은 반죽도 지대루 못 해유. 집주인 여자가 하루 죙일 부엌에 진을 치구 있었구면유. 피로그도 아니시야랑 둘이서 만들었슈."

5분이 지나자 옆방 문에서 불쑥 손이 나타났다. 낯익은 숄로 살짝 감싸인 손은 오블로모프에게 불쑥 접시를 내밀었다. 접시 위에는 뜨거운 김을 모락모락 내뿜는 커다란 피로그 조각이 담겨 있었다.

"감사합니다."

오블로모프는 피로그 접시를 받아들며 정중하게 인사를 건넸다. 문틈으로 봉긋 솟은 가슴과 맨살이 드러난 어깨를 집어삼킬 듯 바라보았다. 문이 요란하게 닫혔다.

"보드카 한 잔 안 하시겠어요?"

술을 권하는 목소리만 들려왔다.

"저는 술을 하지 않습니다. 어쨌든 감사합니다." 조금 전보다 더 정중하게 인사하며 오블로모프가 물었다. "그런데 무슨 술입니까?"

"집에서 담근 술이에요. 구스베리 잎을 넣어서 향을 살렸죠."

그 목소리가 대답했다.

"구스베리로 담근 술은 마셔본 적이 없는데 조금 맛만 볼 수 있을까요?"

조금 전 그 손이 보드카 한 잔을 쟁반에 담아 내왔다. 한 모금 마셔보니 그 맛이 정말 일품이었다.

"감사합니다."

감사 인사를 하고 문틈을 들여다보려고. 애를 써보았지만 쾅 소리와 함께 문은 닫혀 버렸다.

"얼굴 좀 보여 주시지 않겠습니까? 아침 인사라도 나누고 싶습니다만."

오블로모프가 따지듯이 말했다. 문 너머로 주인 여자의 웃음소리가 들렸다.

"지금은 옷 입은 꼴이 말이 아니라서요. 내내 부엌에만 있었거든요. 바로 갈아입고 오겠습니다. 슬슬 예배가 끝날 시간이니 오라버니도 곧 돌아올 거예요."

"아, 마침 잘됐네요. 그렇지 않아도 오라버님께 상의드릴 일이 있었는데. 제가 뵈었으면 한다고 말씀 좀 전해 주시겠습니까?"

"알겠어요, 돌아오는 대로 전해 드리겠습니다."

"그런데 지금 기침하는 분은 누구십니까? 누가 이렇게 마른기침을 하는 거죠?"

"할머니예요. 벌써 기침하신 지가 8년째랍니다."

다시 문 닫히는 소리가 들렸다.

'정말 순진한 여자군. 저 여자한테는 뭔가 있어. 몸가짐도 단정하고!'

여태껏 그는 여주인의 '오빠'와 인사조차 나누어 보지 못했다. 다만 아주 가끔 침대에서 울타리 너머로 어른거리는 그의 모습을 본 적은 있다. 겨드랑이에 커다란 서류봉투를 낀 남자는 옆골목으로 사라졌다가 5시쯤 되면 그 서류봉투를 끌어안은 채 돌아와 창문 앞을 지나가곤 했다. 하지만 현관 계단으로 모습을 감추고 나면 집 안에서는 인기척도 느껴지지 않았다.

어쨌든 안에 사람이 살고 있는 것만은 확실했다. 특히 아침 무렵에는 이를 더 분명하게 느낄 수 있었다. 부엌에서 도마소리가 울리고, 창 너머 한쪽 구석에서는 노파가 무언가를 씻는지 물소리가 들려온다. 정원지기가 장작을 패고 손수레에 물통을 옮기는 소리가 들린다 싶으면 벽 너머 아이들 울음소리와 노파의 마른기침 소리가 쉬지 않고 들린다.

오블로모프는 객실이라 할 수 있는 입구 쪽 방 네 개를 빌려 살고 있었다. 여주인 가족은 안쪽에 있는 두 방을 쓰고 있었는데 여주인 오빠는 창고나 다름없는 2층 작은방에 살고 있었다.

오블로모프의 방과 침실 창문으로는 안뜰이 바로 보인다. 빛바랜 사라사 커튼이 드리워져 있는 응접실은 정원 채소밭과, 거실은 양배추와 감자가 심어져 있는 채소밭과 마주해 있었다.

호두나무로 만든 것 같은 조잡한 의자가 벽에 늘어서 있었고 전신거울 아래 카드놀이용 탁자가 놓여 있다. 말로우와 프렌치메리골드 화분이 답답하게 들어찬 창문 위로는 피리새와 카나리아 새장이 네 개 매달려 있었다.

발끝으로 조심스레 들어온 여주인 오빠는 오블로모프의 인사에 고개만 세 번 까딱이며 인사를 대신했다. 남김없이 단추를 채워 입어 제복 아래 셔츠를 입었는지 아닌지 알 수 없었고 평범하게 매듭을 하나로 한 넥타이는 끝이 제복에 가려 보이지 않았다.

40대쯤 되어 보이는 그는 이마에는 앞머리와 귀밑머리를 닭벼슬처럼 아무렇게나 올려서인지 중간 크기 개의 귀를 생각나게 했다. 회색빛 눈은 무언가를 한 번에 보는 법 없이 먼저 훔쳐보듯 살짝 본 뒤에 겨우 침착하게 바라보곤 했다.

그는 자신의 손이 부끄러운 것 같았다. 이야기를 하다가도 두 손을 등 뒤로 가져가거나 한 손을 주머니에 넣고 다른 손을 등 뒤로 가져가며 어떻게든 감추려 안간힘을 썼다. 상사에게 서류를 보여 주며 무언가 설명을 할 때에도 그는 한 손은 뒤로 감추고 다른 손 가운데 손가락을 손톱이 아래로 오게 해 조심스레 문장이나 단어를 가리키게 했다. 그리고 설명이 끝나면 바로 손을 뒤로 감춰 버렸다. 굵고 붉은 손가락이 떨리고 있기 때문인지도 모른다. 무례할 만큼 노골적으로 사람들 앞에서 손을 보이기를 꺼려했지만 이유 없는 행동은 아닌 듯했다.

"듣자 하니," 언제나처럼 두 번에 걸쳐 오블로모프를 바라본 뒤 그가 입을 열었다. "저를 보자고 하셨다고요?"

"네, 집 문제로 상의드릴 게 있어서 부탁드렸습니다. 좀 앉으시죠!"

오블로모프가 정중하게 대답했다. 이반 마트베이치는 다시 앉기를 권하고서야 몸을 굽히고 두 손을 소매 안에 넣으며 마지못해 앉으려는 듯 머뭇거렸다.

"제가 사정이 생겨서 다른 집을 찾아보아야 할 것 같습니다. 그래서 이 집은 다른 사람에게 빌려주셨으면 하는데요."

"이제 와서 다른 사람에게 빌려주기는 어렵습니다. 손으로 입을 막고 기침을 하던 이반 마트베이치가 재빨리 손을 소매 안으로 감추며 대답했다. "여름이 다 가기 전에만 말씀하셨다면 보러 오는 사람이 많았겠지만."

"그때도 왔었습니다만, 당신이 안 계시더군요."

오블로모프가 말을 가로챘다.

"동생한테 들었습니다. 집 문제라면 걱정하지 마십시오. 살다 보면 아시겠지만 편리하고 좋은 곳입니다. 혹시 새들이 시끄러워서 그러시는 겁니까?"

"새라니 무슨 말씀이신지?"

"닭 말입니다만."

이른 아침 창문 아래서 울려대는 암탉 소리와 병아리 소리가 지금 오블로모프에게 무슨 상관이란 말인가? 눈앞에는 올가의 모습만이 아른거렸을 뿐,

주위 어떤 일에도 그는 전혀 신경을 쓸 수가 없었다.

"아닙니다, 그런 건 아무렇지도 않습니다. 카나리아 이야기를 하시는 줄 알았습니다. 아침부터 노랫소리가 엄청나더군요."

"다른 곳으로 옮겨 달도록 하겠습니다."

"괜찮습니다. 저는 사정이 생겨서 여기 살 수 없게 되었으니까요."

"정 그러시다면 할 수 없군요. 하지만 다른 사람을 못 찾으시면 계약은 어떻게 되지요? 위약금은 물어주실 건가요? …… 손해를 보실 겁니다."

"얼마나 됩니까?"

"계산해놓은 게 있으니 가져오겠습니다."

그는 계산서와 주판을 가져왔다.

"그러니까, 집세 8백 루블에 계약금 1백 루블을 받았으니까 잔금 7백 루블이 남아 있군요."

"아니, 지금 1년치 집세를 내라는 말씀이십니까? 2주도 안 살았는데요?"

오블로모프가 그의 말을 막았다.

"그거야 그렇죠, 하지만 말입니다?" 이반 마트베이치가 점잖게 가엽다는 듯 말을 받았다. "안 그러면 제 동생이 부당하게 손해를 볼 거 아닙니까. 가난한 과부에, 집세만 받아 근근이 살아가고 있는데 말이죠. 뭐, 닭과 달걀을 팔아봤자 애들 옷값이나 댈까 말까란 말입니다."

"말도 안됩니다. 그렇겐 못 해요. 생각해 보십시오. 전 2주도 채 살지 않았습니다. 그런데 이게 무슨 말씀이십니까. 왜 제가 그런 돈을 지불해야 한다는 거죠?"

"보시죠, 계약서에 써 있지 않습니까?" 이반 마트베이치가 가운데 손가락으로 두 번째 문장을 가리키며 말했다. 그러고는 바로 손가락을 소매 안으로 숨겼다. "읽어보십시오."

'오블로모프는 계약 기간 내에 다른 곳으로 이사를 할 경우, 같은 조건으로 다른 이에게 양도하거나 내년 6월 1일까지 1년치 집세를 프쉐니치나 부인에게 보상해 주어야 한다.'

오블로모프가 계약서를 읽었다.

"이게 말이 됩니까? 이건 부당 계약입니다."

"법대로 말씀드린 것뿐입니다. 직접 서명하시지 않았습니까. 여기 서명

보이시죠?"

서명 아래 손가락이 보인다 싶더니 또 사라져 버렸다.

"얼마라고요?"

"7백 루블입니다." 이반 마트베이치는 손가락으로 주판알을 튕기고는 재빨리 손가락을 구부려 주먹 안에 감춰 버렸다. "마구간과 창고 사용료 150루블도 내셔야 합니다."

그는 다시 주판알을 튕겼다.

"무슨 말씀 하시는 겁니까. 말도 없고 물건을 맡긴 적도 없는데 왜 제가 마구간과 창고 사용료를 내야 하는 겁니까?"

오블로모프가 기를 쓰며 반박했다.

"계약서에 써 있습니다." 손가락으로 그 조항을 가리키며 이반 마트베이치가 말했다. "미헤이 안드레이치는 당신이 곧 말을 살 거라 하던데요."

"미헤이 안드레이치가 엉터리도 지어낸 말입니다!" 오블로모프가 버럭 화를 내며 말했다. "계약서 이리 줘 보세요!"

"여기, 복사본입니다. 계약서는 엄연히 동생 거라 말이죠." 계약서를 손에 쥔 이반 마트베이치가 점잖게 말했다. "그리고 채소밭 사용료와 양배추, 무 등 채소값까지 계산하면 대충 250루블쯤 되겠군요……."

그는 또 주판알을 튕기려 했다.

"채소밭이라뇨? 양배추는 또 뭡니까? 그런 이야기는 들어본 적도 없는데 무슨 말씀을 하시는 겁니까?"

오블로모프는 거의 위협하듯 으르렁댔다.

"계약서에 써 있다니까요. 미헤이 안드레이치는 분명, 당신이 이 계약서대로 집을 빌린다고……."

"이 무슨 말도 안 되는 짓입니까? 당사자인 나한테 말 한 마디 없이 부엌 살림까지 결정해 버리다니요? 나는 양배추고 파고 필요 없습니다."

오블로모프가 자리에서 벌떡 일어서자 이반 마트베이치도 의자를 박차고 일어섰다.

"무슨 말씀이십니까. 말 한 마디 안 하다니요. 여기 당신 서명이 있지 않습니까!"

그가 반박했다. 서명 위에서 통통한 손가락이 또 부르르 떨렸고 서류가 그의 손 안에서 부스럭댔다.

"그래, 다해서 얼마란 말입니까?"

더 이상은 참을 수 없다는 듯이 오블로모프가 물었다.

"천장과 문칠 값과 부엌 창문 수리비, 그리고 문에 새로 단 걸쇠 값까지 154루블 28코페이카입니다."

"아니, 그 돈을 왜 내가 부담해야 합니까?" 오블로모프는 어이가 없었다. "그런 건 당연히 집주인이 내야 하는 것 아닙니까? 수리도 안 된 집을 빌리려는 사람이 세상에 어디 있겠습니까?"

"하지만 계약서에는 당신이 부담하기로 되어 있지 않습니까?" 이반 마트베이치가 멀리 떨어져서 그 조항을 손가락으로 가리켰다. "다 합하면 1천 354루블 28코페이카군요!" 서류와 함께 두 손을 뒤에 숨긴 그가 조용히 말했다.

"그런 돈이 어디 있습니까? 난 돈 없습니다!" 오블로모프가 방 안을 서성이며 소리쳤다. "무니 배추니 그걸 내가 어디다 쓰느냐 말입니다!"

"마음대로 하십시오!" 이반 마트베이치가 작은 목소리로 덧붙였다. "너무 걱정할 것 없습니다. 여기도 곧 편안해질 테니까요. 돈은 동생이 기다려줄 겁니다."

"안 된다고 하지 않았습니까. 사정이 생겨서 이사를 할 수 없다고요! 듣고 있는 겁니까?"

"알겠습니다. 정 그러시다면."

이반 마트베이치가 한 걸음 뒤로 물러서며 순순히 대답했다.

"그래요. 잘 생각해보고 어떻게든 다른 사람을 찾아보도록 합시다."

관리에게 고개를 끄덕여 보인 오블로모프가 말했다.

"힘들겠지만 뭐, 어쩌겠습니까. 마음대로 하십시오!"

체념한 듯 말을 마친 이반 마트베이치는 세 번 머리 숙여 인사를 한 뒤 밖으로 나가버렸다.

오블로모프는 지갑을 꺼내 돈을 세어 보았다. 다 해봐야 고작 305루블이었다. 그는 머리가 아득해지는 기분이었다.

'돈이 다 어디 갔지?' 오블로모프는 놀라움보다 두려움에 휩싸여 스스로에게 물었다. '여름이 시작될 무렵, 영지에서 보내온 돈이 1천 2백 루블이었는

데 3백 루블도 남아 있지 않다니!'

그는 기억을 되살려 지금까지 나간 돈을 계산해보았지만 250루블 밖에 떠오르지 않았다.

"돈이 다 어디 간 거지? 자하르, 자하르!"

"뭔 일이시래유?"

"내가 돈을 다 어디에 썼지? 집에 돈이 하나도 없잖아?"

자하르는 주머니를 뒤적이더니 50코페이카와 20코페이카 동전을 차례로 꺼내 탁자에 내려놓았다.

"깜빡하고 있었네유. 이사할 때 짐마차 부르고 남은 돈인디."

"이런 푼돈으로 뭘 어쩌라는 거야? 8백 루블은 다 어디 갔냐고?"

"지가 워찌 안대유? 주인님이 돈을 워디 쓰시는지 지가 뭔 재주로 알겠슈? 마차삯은 지불하셨슈?"

"아, 맞아. 마차삯만 해도 많이 나갔겠군." 자하르를 바라보며 오블로모프는 다시 기억을 더듬어 보았다. "혹시 기억 안 나? 별장에서 마부한테 얼마 줬었지?"

"그런 걸 어떻게 기억해유? 한 번 30루블 주라구 하셨던 적은 있었구먼유. 그건 기억나지만서두."

"넌 왜 그런 것도 안 적어둔 거야?" 오블로모프는 그를 나무랐다. "글자도 모르는 놈을 데리고 일을 하려니, 원!"

"여태 글자 같은 거 모르구두 잘만 살았구먼유, 남보다 못한 거 없이!" 자하르가 딴전을 피우며 대꾸했다.

'시골에도 학교를 세워야 한다더니, 슈톨츠 말이 맞았어!' 오블로모프가 생각했다.

"듣자 하니, 일리인스카야 댁에 글줄깨나 아는 하인들이 있는디, 하는 짓이라곤 찬장에서 은식기 훔치는 일이라 그러대유."

'그런 건 절대 안 돼!' 소심한 오블로모프는 지레 겁을 먹었다. '사실 글깨나 안다는 하인 치고 깨끗한 놈은 없었지. 아코디언을 들고 선술집이나 돌아다니고 말야…… 그래, 학교를 세우기에는 아직 일러!'

"그럼 돈은 다 어디 간 거야?" "지가 워찌 안대유? 별장에서 미헤이 안드레이치한테두 돈 주시지 않으셨슈……."

"아, 맞다." 오블로모프는 돈이 나간 곳을 하나 기억해냈다는 사실에 기뻐했다. "그러니까 마차삯으로 30루블, 타란치에프한테도 분명 25루블을 준 것 같은데…… 또 어디다 썼지?"

그는 생각에 잠겨 또 생각나는 곳 없냐고 물어보는 듯한 눈빛으로 자하르를 쳐다보았다. 자하르는 얼굴을 찌푸리고 그를 마주 바라보았다.

"아니시야는 기억하고 있지 않을까?"

오블로모프가 물었다.

"그 바보 같은 여자가 기억하는 게 있겠슈? 여편네가 알긴 뭘 알아유?"

말도 안 된다는 듯이 자하르가 일축했다.

"기억이 안 나!" 오블로모프가 시름에 잠겨 말했다.

"도둑이 들었던 건 아닐까?"

"도둑이 들었다면야 싹 쓸어갔겠쥬."

자하르가 방을 나서며 말했다.

오블로모프는 의자에 앉아 생각에 잠겼다. '돈을 어디서 구한담?' 식은땀까지 흐르기 시작했다. '영지에서는 언제, 얼마나 돈을 부치려나?'

시계를 들여다보았다. 2시, 올가에게 갈 시간이다. 오늘은 손님들과 저녁 식사를 하는 날이다. 조금씩 기분이 나아진 그는 마차를 부르라 이르고 마르스카야 거리로 나섰다.

제4장

그는 올가에게 여주인 오빠를 만났다고 이야기하며 이번 주 안에 다른 사람을 찾아 집을 넘겨줄 수 있을 거라고 얼버무렸다.

숙모와 함께 외출한 올가는 식사 때쯤 돌아올 예정이었다. 그때까지 그는 집을 알아보기 위해 혼자 주변 집들을 돌아보았다. 두 집을 들렀다. 한 집은 4천 루블에 방 네 칸, 다른 집은 방 다섯 칸에 6천 루블이었다.

"무섭군, 무서워!"

기가 막힌다는 표정으로 그는 귀를 막고 있었다. 정원지기 곁을 지나쳐 도망치듯 집을 나온 오블로모프는 무섭다는 말만 되풀이해 중얼거렸다. 프쉐니치나 부인에게 내야 할 돈도 1천 루블이 넘는다. 그 사실을 떠올리자 엄청난 두려움에 휩싸여 그는 앞으로 얼마가 들어갈지 계산도 해보지 못한 채 걸음을 빨리하며 올가에게로 내달렸다.

사람들이 모여 있는 모습이 보였다. 올가는 즐겁게 노래하고 이야기하며 사람들을 열광케 하고 있었다.

오블로모프만이 멍하니 듣고 있을 뿐이었다. 그녀의 이야기나 노래는 모두 그 한 사람만을 위한 것이었다. 그가 마음속으로나마 춤추고 노래할 수 있도록 그것만을 바라며 그녀는 이야기를 하고 노래를 불렀다.

"내일 극장에 오세요, 지정석이 있거든요."

그녀가 말했다.

'밤에 그 먼 진창길을 달려오라고?' 그는 이런 생각을 하면서도 미소짓고 있는 그녀를 슬쩍 보고는 그렇게 하겠다는 듯 대답하고 말았다.

"다른 좌석을 예약해 놓으세요. 다음주에 마에프스키 가족분들이 공연을 보러 오시거든요. 숙모님께서 그분들을 지정석에 초대하셨다네요."

그녀는 자신이 얼마나 기뻐하고 있는지 가늠하듯 그의 눈을 바라보았다.

'큰일 났다!' 그는 오싹 소름이 끼치는 것 같았다. '있는 돈 없는 돈 긁어

모아 봐야 3백 루블밖에 없는데.'

"남작님께 부탁드리세요. 극장 사람들과는 친분이 있으시거든요. 내일이라도 바로 사람을 보내 주실 거예요."

그녀는 다시 미소를 지었고 그도 그녀를 바라보며 미소 띤 얼굴로 남작에게 부탁했다. 남작은 부드럽게 웃으며 그의 청을 흔쾌히 받아 주었다.

"지금은 일반석으로 참아 주세요. 남아 있는 일들이 정리되면 당신도 떳떳하게 우리 자리에 앉을 수 있는 자격이 생길 거예요."

그녀는 자신이 진심으로 행복했던 때에 보여 주었던 미소를 지으며 그를 바라보았다.

올가가 살짝 장막을 들어올렸다. 꽃과도 같은 미소로 뒤덮인 매혹적인 저기 먼 곳의 풍경을 보여 주었을 때, 아아, 그는 얼마나 행복에 도취하여 숨이 막혔던가!

오블로모프는 돈 문제도 까맣게 잊어버렸다. 이튿날 아침, 창문으로 서류 봉투를 든 여주인 오빠가 보이자 그는 위임장이 생각났다. 관청에서 인증을 받고 싶다고 이반 마트베이치에게 부탁하자 그는 위임장을 쭉 읽어본 뒤, 한 군데 내용이 분명치 않은 곳이 있다며 그걸 고쳐주겠다고 했다.

서류 수정이 끝나자 그는 완전히 마음을 놓았다.

답변을 받을 때까지는 집을 찾을 필요도 없었고 돈도 조금씩 모을 수 있을 것 같았다. 그는 기뻐서 어쩔 줄을 몰랐다.

'뭐 여기라고 사람이 못 살 곳은 아니지. 어딜 가든 너무 멀다는 게 문제지만. 웬만한 건 다 갖춰져 있고 살림도 잘 꾸려나가는 것 같고.'

그의 말대로 살림은 완벽했다. 오블로모프는 식사를 따로 했지만 여주인은 그의 부엌도 소홀히 하는 법 없이 눈을 반짝이며 그의 살림을 돌보곤 했다.

언젠가 한 번은 일리야 일리이치가 부엌에 들어가자 아가피야 마트베이브나와 아니시야가 거의 끌어안다시피 하고 있었다.

서로가 마음에 들었다거나, 두 마음이 멀리 떨어진 곳에서도 서로를 느낄 수 있는 거라면, 아가피야 마트베이브나와 아니시야만큼 분명하게 이를 증명할 수 있는 사람은 없을 것이다. 한 번 본 것만으로, 한 마디 나눈 것만으로, 몸짓 하나만으로 두 사람은 서로를 이해하고 존경할 수 있었다.

부지깽이와 걸레를 든 아니시야는 두 팔을 걷어붙이고 5분 만에 반년이나 쓰지 않았던 부엌을 싹 정리해 버렸고, 먼지떨이를 한 번 휘두른 것만으로 찬장과 벽, 테이블 먼지를 깨끗이 털어냈으며, 빗자루를 휘둘러 바닥과 의자를 치우고는 순식간에 난로의 재를 긁어냈다.

아니시야의 일솜씨를 본 것만으로 아가피야 마트베이브나는 그녀가 집안 살림에 막강한 오른팔이 되어 줄 여자라는 사실을 꿰뚫어 보았다. 아니시야에게 푹 빠진 아가피야는 자신의 마음 한쪽을 그녀에게 내어주었다.

아니시야는 또 아니시야대로 아가피야 마트베이브나가 눈썹 없는 매 같은 눈빛으로 아쿨리나의 굼뜬 움직임을 감시하며 부엌에 군림하고 있는 모습을 보았다. '아궁이에서 항아리를 꺼내라, 냄비를 걸어라, 요리를 데워라, 야채를 절여라.' 그녀의 지시는 깔끔하고 정확했다. 또 그녀는 시장에서 한 번 쳐다보거나 손가락으로 만져보는 것만으로 몇 개월 된 닭인지 죽은 지 얼마나 된 생선인지, 파슬리나 양상추가 언제 수확한 것인지를 정확히 맞추는 눈썰미도 갖고 있었다.

자기도 모르게 놀라움과 두려움 그리고 존경이 담긴 눈빛으로 그녀를 바라본 아니시야는, '이젠 내 할 일도 여기서는 끝이구나. 이 집 부엌에는 더는 내가 설 자리가 없구나' 깨달았다. 그녀는 언제나 여기저기 뛰어다녔고 활발하고 민첩했지만 그런 움직임은 자하르가 떨어뜨린 접시나 컵을 받아낼 때에만 필요할 뿐이었다. 그녀의 여러 경험이나 예리함도 음침한 남편의 질투와 난폭한 압제에 억눌려 있었다. 두 여자는 서로를 이해했고 어느덧 둘도 없는 사이가 되었다.

오블로모프가 집에서 식사를 하지 않을 때면 아니시야는 여주인의 부엌을 찾았다. 일하는 즐거움을 만끽하고자 여기저기 나서서 뛰어다니며 아궁이에 질냄비를 넣었다 빼기도 하고, 찬장을 열어 필요한 물건을 꺼내 아쿨리나가 무슨 일인가 파악하기도 전에 소리나게 문을 닫기도 했다.

포상으로 아니시야에게는 식사가 나오고 아침저녁으로 커피를 여섯 잔씩 제공받았다. 뿐만 아니라 여주인을 상대로 오랫동안 숨김없는 대화를 나누게 되었고 때로는 마음 속 깊은 곳에 감춰두었던 비밀 이야기까지 나누는 영광마저 누리게 되었다.

오블로모프가 집에서 식사를 할 때에는 여주인이 아니시야에게 손을 빌려

주었다. 고기를 내가기에는 아직 이르다, 이제 적당하다, 소스에 적포도주나 발효유(요구르트)를 조금 더 넣는 게 좋겠다, 생선을 조릴 때에는 이렇게 해야 한다, 그렇게 하면 안된다, 그녀는 말로만 설명하는 것이 아니라 손가락으로 이것저것 가리키고 보여주며 가르쳐 주었다.

두 여자는 살림으로 수많은 지식을 교환했다. 그 영역은 요리뿐만 아니라 삼베, 실, 재봉, 시트나 옷 세탁, 비단 레이스, 장갑 수선, 여러 옷감의 얼룩빼기, 잡다한 가정약이나 약초 사용법에 이르기까지, 오래 전부터 쌓아온 경험과 관찰력이 생활에 가져다 준 모든 것에 걸쳐 있었다.

일리야 일리이치는 매일 아침 9시 무렵 일어났다. 이따금 울타리 너머로 서류봉투를 겨드랑이에 끼고 관청에 출근하는 여주인 오빠의 모습을 보게 될 때가 있다. 변함없이 훌륭한 맛을 뽐내는 커피를 마신다. 크림은 진하고 빵에도 맛이 잘 배어 있었다.

가벼운 식사가 끝나면 시가에 불을 붙인다. 암탉이 꼬꼬댁거리고 병아리는 삐악거리기 시작하며 카나리아와 피리새가 지저귀는 소리도 들려온다. 그는 새장을 치우라고 하지 않았다.

'우리의 영지, 오블로모프카를 떠오르게 하는군.'

그는 테이블에 앉아 별장에서 읽다가 중단했던 책을 읽기 시작한다. 때로는 소파에 아무렇게나 누워 읽기도 한다.

조용한 것은 더할 나위 없이 좋은 일이었다. 다만 어디선가 군대가 오가거나 허리에 도끼를 찬 사람들이 오지만 않는다면 말이다. 아주 가끔 행상인이 와서는 울타리 앞에서 30분이나 아우성을 쳐대기도 했다. "사과요, 사과. 아스트라한에서 난 수박은 어떻습니까?" 그럴 때면 싫어도 무언가 살 수밖에 없었다.

가끔 여주인 딸 마샤가 들어와 버섯을 팔러 왔는데 한 바구니 사지 않겠느냐고, 어머께 들은 말을 전하기도 했다. 그런가 하면 그가 아들 바냐를 불러 오늘 학교에서 배운 것을 물어보며 읽고 쓰기를 잘하는지 검사하는 일도 있다.

방에서 나오는 아이들이 문을 제대로 닫지 않을 때면 그는 여주인의 맨 목덜미와 쉼없이 움직이는 팔꿈치와 등을 훔쳐본다.

그녀는 언제나 일을 하고 있다. 다림질을 하거나 무언가를 빨고 문지르고 있다. 반쯤 열린 문 너머로 그가 보고 있다는 것을 알아채고도 이젠 새삼스레 숄을 걸치려고도 하지 않는다. 그저 살짝 웃어 보이고는 다시 부지런히 커다란 테이블에서 다림질을 하고 무언가를 빨고 문지른다.

그는 가끔 책을 들고 문에 다가가 부엌을 들여다보며 여주인에게 말을 걸기도 했다.

"무슨 일이 그렇게 많으십니까!"

언젠가 한번은 그가 이렇게 말을 건넸다. 그녀는 미소짓고는 다시 커피 분쇄기 손잡이를 부지런히 돌리기 시작했다. 그녀의 팔꿈치가 어찌나 빨리 원을 그리며 돌던지 오블로모프는 눈이 핑핑 돌 지경이었다.

"피곤하지 않으십니까?"

그가 계속 말을 건넸다.

"아뇨, 늘 하는 일인걸요."

분쇄기를 돌리며 그녀가 대답했다.

"일이 없을 땐 주로 뭘 하십니까?"

"일이 없을 때라뇨? 일은 항상 있어요. 아침이면 식사 준비를 해야죠, 식사 뒤엔 바느질을 해야 하고 밤에는 야식 준비도 해야 하는 걸요."

"야식도 드십니까?"

"야식을 안 먹고 어떻게 살아요? 우린 늘 야식을 먹어요. 축제일에 저녁 기도에도 빠지지 않는걸요."

"그건 참 좋은 일이군요." 오블로모프가 칭찬의 말을 했다. "교회는 어디로 가십니까?"

"로줴스트보*¹ 교회요. 우리 교구거든요."

"책은 좀 읽으십니까?"

그녀는 바느질을 하며 그를 바라볼 뿐 아무런 대답도 하지 않았다.

"책은 있으신가요?"

"오라버니에게 있긴 하지만 읽지는 않아요. 가끔 오라버니가 주변 식당에서 가져온 신문을 읽어줄 때도 있고요…… 아, 바네치카는 책을 많이 갖고 있어요."

---

*1 성탄의 의미.

"그럼 부인은 쉴 시간이 전혀 없으신 겁니까?"

"네, 그래요!"

"극장에도 안 가시고요?"

"성탄 주간에 오라버니는 가끔 가기도 해요."

"그럼 부인은요?"

"제가 그럴 시간이 어디 있겠어요? 야식은 어쩌고요?"

그를 힐끗 쳐다보면서 그녀가 물었다.

"부인이 없으면 가정부가 하지 않겠습니까……?"

"아클리나 말씀이시군요!" 그녀가 놀라며 반박을 했다. "그게 될까요? 제가 없으면 할 줄 아는 게 하나도 없는 걸요. 날이 샐 때까지도 야식 준비가 안 될 거예요. 집 열쇠를 제가 다 가지고 있거든요."

침묵이 이어졌다. 오블로모프는 그녀의 통통하고 동글동글한 팔꿈치에 시선을 빼앗겼다.

"손이 아주 예쁘시군요." 오블로모프가 느닷없이 말했다. "할 수만 있다면 지금 당장 그림으로 그리고 싶을 정도입니다."

그녀는 웃고 있었지만 약간 수줍어하는 듯했다.

"소매가 길면 불편해서요. 요즘 나오는 옷 왜 다 그 모양인지, 그래서야 소매가 더러워질 수밖에 없는데 말예요."

그녀는 다시 입을 다물었다. 오블로모프 역시 아무 말도 하지 않았다.

"커피를 다 갈면 설탕을 으깨야겠네." 여주인은 혼잣말로 중얼거렸다.

"아, 계피도 사러 가야지. 까먹을 뻔 했네."

"빨리 결혼하셔야겠습니다. 부인만큼 훌륭한 주부도 없을 것 같군요."

그녀는 미소를 지으며 커피를 커다란 유리병에 옮겨 담기 시작했다.

"정말 훌륭하십니다." 오블로모프가 덧붙여 말했다.

"아이가 둘이나 딸린 저를 누가 데려가겠어요?"

대꾸를 하고서 그녀는 머릿속으로 뭔가를 세기 시작했다.

"스무 개……" 그녀는 깊이 생각에 잠긴 듯했다. "그걸 다 넣어버린 건가?" 그녀는 찬장에 병을 올려놓고 부엌으로 달려갔다. 방으로 돌아온 오블로모프는 책을 읽기 시작했다…….

"정말 생기 있고 건강한 여자야! 살림도 잘하고! 저런 여자랑 결혼한다면 좋을 텐데……."

그는 혼잣말로 중얼거리더니 곧 올가 생각에 빠져들었다.

화창한 날이면 오블로모프는 모자를 쓰고 주변을 산책한다. 하지만 얼마 가지도 못 해 진흙탕을 맞닥뜨리고 개가 짖어대는 바람에 바로 집으로 돌아와버렸다.

식탁에는 이미 식사가 준비되어 있었다. 음식은 하나같이 맛이 기막히고 정갈하다. 이따금 접시를 든 맨손이 문을 들락거린다. 손수 만든 피로그를 드셔보시라는 여주인의 권유다.

"조용해서 좋군. 좀 지루하긴 하지만!"

오페라를 보러 집을 나서며 오블로모프는 말했다. 한번은 극장에서 늦게 돌아온 적이 있는데, 그날 그는 마부와 함께 거의 한 시간 동안 문을 두드려야 했다. 사슬에 묶인 채 뛰어다니던 개가 어찌나 짖어댔는지 나중에는 소리가 나오지 않았을 정도였다. 온몸이 꽁꽁 얼어붙은 그는 머리끝까지 화가 나서 내일 당장 이사를 가겠노라 큰소리를 쳤다. 그러나 내일이 모레가 되고 일주일이 지나도록 그는 이사를 가지 못했다.

약속한 날이 아니면 올가를 만나지 못하는 나날이 계속되었다. 언제나 한결같은 상냥함과 행복의 빛을 느낄 수 없다는 사실은 그를 참을 수 없을 만큼 쓸쓸하게 했다.

그 대신 약속한 날에는 지난 여름처럼 즐거운 시간을 보낼 수 있었다. 그는 홀린 듯 그녀의 노래를 듣거나 가만히 눈을 바라보곤 했다. 사람들 앞에서는 그녀가 슬쩍 눈길만 주어도 좋았다. 아무런 의미가 없어 보일지 몰라도 그에게는 많은 의미가 담겨 있는 것이었다.

하지만 겨울이 다가옴에 따라 두 사람의 만남은 줄어만 갔다. 일리인스카야 댁을 찾는 손님들이 늘어나다 보니 오블로모프와 올가는 날이 갈수록 말한마디조차 나누기 힘들어졌다. 그들은 눈빛만을 주고받았다. 때로 그녀의 눈동자는 고단함과 초조함을 내비치기도 했다.

그녀는 눈썹을 잔뜩 찌푸린 채 손님들을 바라보았다. 오블로모프는 이 지루함을 한두 번도 채 견디지 못했다. 식사를 마치자마자 모자를 집어들었다.

"어디 가시나요?" 어느새 그의 곁에 다가온 올가가 모자를 살짝 내리눌렀다.

"이만 돌아가 보겠습니다."

"왜요?" 그녀가 물었다. 한쪽 눈썹이 치켜 올라가 있었다.

"무슨 볼일이라도 있으신가요?"

"볼일이 있다기보단……"

그가 졸린 눈을 간신히 크게 뜨며 말했다.

"가셔도 된다고 누가 그래요? 설마 벌써 주무시려는 것은 아니겠죠?"

그녀가 화난 얼굴로 그의 눈을 번갈아 보며 물었다.

"무슨 말씀이십니까!" 오블로모프가 말도 안 된다는 듯이 대꾸했다.

"이런 대낮부터 잠이라니요! 그냥 좀 답답할 뿐입니다."

그는 다시 모자를 건네주었다.

"오늘은 극장에 가야죠."

그녀가 말했다.

"지정석에서 함께 볼 수 있는 것도 아니지 않습니까?"

한숨을 내쉬며 그가 말했다.

"얼굴을 마주할 수 있는 게 중요한 거예요. 휴식시간에 당신이 우리 자리로 오고 끝난 뒤에 저를 마차까지 바래다주시는 게 당신은 전혀 기쁘지 않다는 건가요? 꼭 와주셔야 해요!"

그녀가 거의 명령조로 말했다.

"괜히 안 하던 짓을 하고 그러세요!"

하는 수 없이 그는 극장에 가야 했다.

하지만 그는 무대를 집어삼킬 기세로 하품을 해댔고 뒷머리를 긁으며 발을 이리 꼬았다 저리 꼬았다 했다.

'아아, 하루라도 빨리 이 상황을 해결해 버리고 그녀와 함께 지낼 수 있으면 좋을 텐데! 이런 먼 곳까지 끌려 다녀야 하다니! 그런 행복한 여름을 보낸 뒤에 이렇게 찔끔찔끔 몰래 만나는 꼴이라니……사랑에 빠진 소년도 아니고! 내가 지금 그녀랑 결혼만 했으면 솔직히 오늘 극장에 오지도 않았을 텐데. 이 오페라 듣는 것도 벌써 여섯 번째고 말야.'

휴식시간이 되자 그는 올가의 자리로 다가갔다. 멋쟁이 두 남자 사이를 비집고 들어가 겨우 그녀 곁으로 갈 수 있었다. 하지만 고작 5분 뒤에 그는 다시 그곳을 빠져나와 좌석 입구에 몰려선 사람들 틈에 멈춰서야 했다. 막이 열리고 사람들은 자리를 찾아가느라 분주했다. 올가 옆에는 두 멋쟁이가 앉아있었지만 그들은 오블로모프를 보지 못한 듯했다.

"방금 일리인스카야 씨 댁 자리에 왔던 작자는 누구지?"

한 멋쟁이가 다른 이에게 물었다.

"오블로모프라던가 하는 남자라네."

다른 이가 대수롭지 않게 대답했다.

"오블로모프? 뭐 하는 사람인가?"

"음…… 지주라던데, 슈톨츠의 친구라는군."

"아!" 다른 이가 의미심장하게 맞장구를 쳤다. "슈톨츠의 친구라. 그런데 그 남자가 저기서 뭐하는 거지?"

"Dieu sait!"*2

그의 대답을 끝으로 모두 제자리로 돌아갔다. 하지만 오블로모프는 이 시답잖은 대화에 큰 충격을 받았다.

'뭐하는 사람인가? …… 오블로모프라던가 하는 남자라네…… 그 남자가 저기서 뭐하는 거야…… 알 게 뭐야!' 이 모든 말들이 그의 뇌리에 박혔다. '뭐하는 사람이냐니! 내가 거기서 뭘 하냐고? 아무것도 안 해! 난 그저 올가를 사랑할 뿐. 나는 그녀를 사랑한다…… 그렇다고는 해도 세상 사람들은 내가 거기서 뭘 했는지만 문제삼고 있겠지. 이제 알 것 같다. 아아! 이게 대체 무슨 일인가! 어떻게든 해야 할 텐데…….

그는 이미 무대를 보고 있지 않았다. 기사들과 여자들이 나와도 눈에 들어오지 않았으며 오케스트라 연주가 울려 퍼져도 전혀 귀에 들어오지 않았다. 그는 주위를 둘러보며 극장 안에 아는 사람이 얼마나 있는지 세어보았다. 여기에도, 저기에도. ─눈 닿는 곳마다 아는 사람들이 앉아 대화를 나누고 있다. '저기 올가 자리에 있던 사람은 뭐하는 남자지?' '오블로모프라던가 하는 남자라는군!'

'그래, 나는 어쩌구저쩌구하는 남자다!' 그는 잔뜩 기가 죽어 울적한 마음으로 생각했다. '저 사람들은 내가 슈톨츠 친구니까 나를 알고 있을 뿐이야. ─난 뭣하러 올가 자리까지 갔을까? 알게 뭐람! 나 참, 저 멋쟁이들이 나

---

*2 프랑스어: 알 게 뭐야.

랑 올가를 번갈아 쳐다보는군 그래.'

그는 올가를 쳐다보았다. 올가의 오페라글라스가 그를 향하고 있다.

'세상에! 나한테서 눈을 떼지 못하고 있어! 내 어디가 좋다는 거지? 저런 복덩어리를 이제야 발견하다니! 아, 무대를 가리키고 있다. 무대를 보라는 건가? …… 멋쟁이들이 나를 보며 비웃는 것 같군……. 어떻게 하지!'

흥분에 휩싸인 그는 거칠게 뒤통수를 긁어대더니 다시 다리를 꼬았다.

올가는 오페라가 끝난 뒤 극장에 왔던 멋쟁이들을 자기 집에 초대하기로 했다. 차를 대접하고 멋진 노래를 들려주겠노라 약속했다. 그리고 오블로모프에게도 꼭 함께 오라고 했다.

'아니, 오늘은 가지 말자. 급한 일들도 있고 다음에 가지 뭐…… 아, 그런데 영지 관리인은 왜 이렇게 답장을 안 보내는 거지? 지금쯤이면 올가와 결혼하고 진작에 영지로 출발했어야 하는데 말야……. 아, 아직도 나를 보고 있네! 못 말리겠군, 정말!'

그는 오페라가 끝나기도 전에 집에 와 버렸다.

시간이 지남에 따라 그날 밤의 불쾌함도 사라졌다. 다시 행복한 전율에 휩싸인 오블로모프는 올가와 둘만의 밀회를 가졌고 사람들 앞에서는 감격의 눈물을 억누르며 그녀의 노래에 귀를 기울였다. 집에 돌아와 올가의 허락도 받지 않고 소파에 몸을 뉘었지만 이는 잠을 자기 위해서도 썩은 나무처럼 쓰러져 있기 위해서도 아니었다. 그녀를 상상하며 행복한 꿈에 잠겨 평화로운 미래의 삶을 떠올리고 고동치는 가슴을 느껴보기 위함이었다. 미래의 꿈에서 올가는—그녀를 둘러싼 모든 것이 찬란하게 빛나고 있었다. 이렇게 미래를 떠올리면서도 그는 때로 자신도 모르게 반쯤 열린 문 너머로 어른거리는 여주인의 팔꿈치를 훔쳐보곤 했다.

언젠가 자연에도 집안에도 더할 나위 없는 고요함이 가득한 날이 있었다. 마차 소리는 물론 문소리조차 들리지 않고 응접실에서 규칙적인 시계 소리만이 울리고 있었다. 카나리아가 지저귀는 소리가 들려왔지만 이는 집을 둘러싼 고요함을 깨뜨리지 못했고 그저 약간의 생명력을 더하는 데 지나지 않았다.

일리야 일리이치는 소파 위에 아무렇게나 누워 뒹굴거리며 슬리퍼를 갖고 놀고 있었다. 마루에 떨어뜨리거나 발로 차올리기도 하고 빙글빙글 돌려보다가 바닥에 떨어지면 발가락으로 주워 올리기도 했다. 그때 자하르가 들어와 문 앞에 섰다.

"무슨 일이야?"

오블로모프가 심드렁하게 물었다. 입을 꾹 다문 채 자하르가 다른 곳은 보지도 않고 주인 얼굴만 똑바로 쳐다보고 있었다.

"뭐냐니까?" 오블로모프가 당혹스런 눈길로 그를 보며 다시 한 번 물었다. "피로그라도 준비된 거야?"

"이사할 집은 찾으셨슈?"

이번엔 자하르가 물었다.

"아직, 그건 왜 물어?"

"짐 정리를 못 하잖유, 그릇에 옷이며 가방꺼정 죄다 헛간에 산처럼 쌓여 있단 말유. 정리를 해유, 말아유?"

"기다려봐." 오블로모프가 멍하니 말했다. "아직 영지에서 답장이 안 왔다고."

"그라믄 결혼식은 성탄절 뒤에나 올리겠구먼유?"

"결혼이라니 무슨 결혼?"

오블로모프가 벌떡 일어서며 되물었다.

"뭔 결혼식이래뉴, 지두 다 알고 있구먼유, 주인님 결혼식 말유!" 자하르는 이미 오래 전에 결정된 일이 아니냐는 듯 대꾸했다. "주인님 결혼하시는 거 아니었슈?"

"내가 결혼한다고? 누구하고?"

휘둥그레진 눈으로 자하르를 보며 오블로모프가 물었다.

다.

"일리인스카야 댁 아가씨하구유……."

자하르는 말을 끝내지도 못했다. 말을 채 끝내기도 전에 오블로모프가 그의 코앞에 와 있었던 것이다.

"이런, 머저리 같으니라고. 어디서 그런 소리를 주워들은 거야?"

자하르에게 다가가며 오블로모프가 비통한 목소리를 억누르고 말했다.

"지가 왜 머저리래유? 지 할 일 하구 남들 만큼 살고 있구먼유!"

뒷걸음질치며 자하르가 말했다.

"어디서 주워들었냐구유? 일리인스카야 댁 하인들이 벌써 여름부터 죄다 떠들어대고 있었슈."

"쉿!" 손가락을 세우고 오블로모프는 자하르에게 으름장을 놓았다. "한 마디라도 더 하기만 해봐!"

"시방 지가 없는 말 꾸며내기라도 했다는 거유?"

"입 안 다물어?"

무서운 눈으로 그를 노려보더니 오블로모프가 문을 가리켰다. 자하르가 나가면서 집이 떠내려가게 한숨을 내쉬었다.

오블로모프는 정신을 차릴 수가 없었다. 그는 한참 동안 꼼짝도 않고 자하르가 서 있던 자리만을 쳐다보았다. 그러고는 절망적으로 두 손으로 머리를 감싸쥐고 의자에 털썩 주저앉았다.

하인들이 다 알고 있었다니!' 머리에서 이 생각이 떠나지 않았다. '하인들 방에서 부엌까지 모두 수군대고 있을 거야! 이런 말도 안 되는 일이 벌어지다니! 자하르까지 결혼식이 언제냐고 묻질 않나. 숙모님께서는 꿈에도 생각 못하고 계실 텐데. 만약 무언가 짐작하고 있다 해도 그건 아마 다른 생각일 거야. 좋지 않은 무언가…… 아, 숙모님은 무슨 생각을 하고 계시는 걸까? 나는? 올가는?'

"내가 왜 이런 머저리 같은 짓을 저질렀담!" 그는 소파에 몸을 던지고 베개에 머리를 묻으며 말했다. "결혼! 사랑하는 사람들에게는 인생에서 가장 시적인 순간이지. ─그런데 이걸 하인들과 마부들이 소문거리로 삼다니. 아직 아무것도 정해지지 않았는데. 영지에서 답장도 못 받았고 지갑은 텅 비어 있는 데다가 집도 구하지 못했는데."

그는 삶의 이 시적인 순간을 분석해 보려 했다. 하지만 자하르가 말을 꺼냄과 동시에, 그 순간 빛을 잃어버렸다. 방패의 다른 면이 보이기 시작했다. 그는 고민에 휩싸여 이리저리 뒤척이며 잠을 이루지 못했다. 천장을 바라보다가도 벌떡 일어나 두세 걸음 방 안을 서성이고는 또 벌렁 드러누웠다.

'내 참, 뭐 좋은 일이 없구먼!' 조금 두려워진 자하르가 문간방에서 생각했다. '마가 낀 거여! 마가!'

'저 녀석들이 대체 어디서 냄새를 맡은 거지?' 오블로모프는 곰곰이 생각을 해 보았다. "올가가 말했을 리도 없고, 나는 그런 생각조차 해 본 적이 없는데 하인들 사이에서는 벌써 이야기가 다 퍼져 버리다니! 우리 둘만의 만남이나 아침저녁으로 보이는 노을의 정취, 열정으로 타오르는 눈동자, 매혹적인 노래가 그런 것이 되고 마는 건가! 사랑의 시는 행복하게 끝나는 법이 없군! 먼저 결혼을 해야겠지. 그러면 장밋빛 분위기에 취해 있다 해도 괜찮을 거야. 아아! 이게 뭔 일이람! 숙모님께 달려가 올가 손을 잡고 당당하게 말하자. '제 아내 될 사람입니다!' 마음은 굴뚝같지만 아직 뭐 하나 준비된 것도 없는데. 영지에서는 아직도 답장을 안 보내고 있고, 돈도 없고, 집도 못 찾은 내 꼴이라니! 아니, 그보다 먼저 자하르가 더 이상 이상한 생각을 하지 않게 해야 해. 불길이 더 치솟거나 번지지 않게 소문을 먼저 잠재워야 해. 결혼! 처음부터 결혼이 뭐냔 말이야……?"

그는 자신이 생각해 오던 이상적인 결혼을 떠올리며 싱긋 웃었다. 긴 베일, 등자나무 꽃, 하객들의 속삭임…….

하지만 그 빛깔은 이미 예전 같지 않았다. 하객에는 무례하고 껄렁한 자하르와 일리인스카야 댁의 하인들이 섞여 있고 마차들이 늘어서 있다. 아무 관계도 없는데 호기심에 가득찬 사람들의 싸늘한 얼굴과 지루하기 짝이 없는 온갖 불쾌한 일들이 머리를 스친다.

'자하르 머리에서 그 생각을 싹 지워버려야 해. 녀석이 그건 다 엉터리 소문이라 생각하게 해야 하는데.' 흥분을 감추지 못하고 그는 온몸을 떨었다. 괴로움으로 머리를 쥐어뜯으며 생각에 잠겨 있다가 이런 결론을 내렸다.

한 시간 뒤 그는 다시 자하르를 불렀다.

자하르는 못 들은 척 슬그머니 부엌으로 빠져나가려 했다. 그는 소리가 나지 않게 살짝 한쪽 문을 열었다. 하지만 옆구리가 부딪치고 어깨가 걸리는 바람에 요란한 소리가 나며 문이 활짝 열리고 말았다.

"자하르!"

오블로모프가 명령조로 소리쳤다.

"왜 그러셔유?"

문간방에서 자하르가 대꾸했다.

"이리 와봐!"

"뭐 필요한 거라두 있으셔유? 말씀만 하셔유, 바로 갖다 드리겠슈!"

"이리 와보라니까!"

오블로모프가 한마디 한마디 힘을 주며 말했다.

"내 팔자야! 빨랑 죽어버리든가 해야지. 이렇게는 못 살겠구먼!" 들어오며 자하르가 갈라진 목소리로 중얼거렸다. "왜 그러시냐니께유?" 그가 문에 달라붙은 채 물었다.

"이리 가까이 와봐!"

자하르가 설 곳을 가리키며 오블로모프는 엄하면서도 뭔가 비밀스런 목소리로 말했다. 오블로모프가 가리킨 자리가 어찌나 가깝던지 자하르는 그의 무릎에 걸터앉아야 할 정도였다.

"워딜 더 가까이 오라는 거여유? 더 갔다간 답답혀서 숨도 못 쉬겠구먼. 여기서도 잘만 들리는구먼유."

문에 딱 달라붙은 자하르가 궁시렁거렸다.

"가까이 오라잖아!"

간신히 한 발짝 앞으로 나아간 자하르는 솔 같은 구레나룻을 주인에게 들이밀며 동상처럼 서 있었다. 창문 너머 바삐 돌아다니고 있는 닭들이 보였다.

일리야 일리이치는 흥분한 나머지 고작 한 시간 만에 뺨이 홀쭉해져 있었고 눈은 불안한 듯 쉬지 않고 여기저기 두리번대고 있었다.

'이제 죽었구먼!' 자하르는 얼굴이 점점 더 어두워졌다.

"어떻게 주인한테 그런 생각 없는 말을 할 수가 있어?"

'또 시작이여!' 자하르는 눈을 껌뻑이며 곧 이어질 '궁상맞은 말'을 각오해야 했다.

"어떻게 그런 바보같은 생각을 하게 됐는지 묻고 있잖아?"

자하르는 침묵으로 일관했다.

"듣고 있는 거야, 자하르? 분수도 모르고 왜 그런 생각을 하고 그런 말을 지껄였냐고?"

"죄송허지만서두, 주인님 아무래두 아니시야를 부르는 게 나을 것 같은디유……."

대답을 하고는 문 쪽으로 걸음을 떼려고 했다.

"난 아니시야가 아니라 너한테 물어보고 있어. 어쩌다 그런 바보 같은 생각을 하게 된 거지?"

"지가 꾸며낸 이야기가 아니라니께유. 일리인스카야 댁 사람들이 말해 줬구먼유……."

"그자들한테는 누가 이야기했지?"

"지가 워떻게 안대유! 카챠가 세몬한테 이야기혔구, 세몬은 니키타한테, 니키타는 바실리사한테, 바실리사가 아니시야한테, 말해 줬구먼유. 그리구 아니시야가 지한테……."

"세상에! 그럼 다 알고 있단 말이잖아!" 오블로모프가 경악했다. "그건 다 엉터리야! 말도 안되는 소문이지. 거짓말, 중상모략이라고! 듣고 있는 거야?" 오블로모프가 주먹으로 테이블을 내리치며 말했다.

"있을 수 없다뉴, 왜유?" 자하르가 아무렇지도 않게 끼어들었다. "결혼은 뭐 누구나 하는 일 아닌감유? 주인님만 하는 게 아니라 다른 사람들도 다 결혼은 하는구먼유."

"다른 사람들이라! 넌 나를 남들과 비교하는 데 선수구나! 절대 있을 수 없는 일이야! 있을 수 없는 일이고 있어서도 안 돼! 결혼이 누구나 하는 일 이라고? 결혼이 뭔데?"

자하르는 오블로모프를 보려고 했지만 자신을 노려보고 있는 눈을 발견하고는 오른쪽 구석으로 시선을 피해 버렸다.

"잘 들어, 내가 '결혼'이 어떤 것인지 알려주지. '결혼, 결혼' 한가한 소리나 지껄여 대는 무리나 여자들은 하인방이나 가게, 시장 등에서 수군거리지. 그러면 이제 일리야 일리이치나 표트르 페트로비치 같은 이름이 아니라 '신랑'으로 불리게 돼. 바로 어제까지도 누구 하나 거들떠보는 이가 없었는데 다음날이면 이마에 낙인이라도 찍혀 있는 것처럼 누구나 돌아보지. 극장에 가도 밖에 나가도 편하게 걸어다닐 수조차 없어. '저기, 저기 새신랑이다!' 모두가 수군거리는 거야. 하루 사이에 사람들이 얼마나 몰려드는지 상상할 수도 없어. 너나 할 것 없이 어떻게 하면 더 멍청한 얼굴을 할 수 있을까 노리는 것 같아. 딱 지금 너처럼 말야. (자하르는 황망히 시선을 정원으로 돌려 버렸다) 그리고 뭔가 바보 같은 말을 하려고 궁리를 하지. 뭐, 이런 거야. 이게 시작이지! 신랑은 무슨 죄인도 아니고, 아침마다 부지런히 신부한테 가봐야 해. 크림색 장갑을 끼고 옷도 새로 맞춰 입어야 한다고. 지루한 얼굴 같은 걸 했다간 큰일 나. 다른 사람들처럼 먹고 마시는 건 상상도 할 수 없어. 바람이나 쐬고 꽃다발 향기나 맡으면서 살아가라는 거나 다름없다고! 그게 석 달이고 넉 달이고 계속된다고 생각해 봐! 무슨 말인지 알아들은 거야? 내가 그걸 할 수 있다고 생각하냐고?"

오블로모프는 말을 멈추고 결혼이 얼마나 성가신 것인지를 낱낱이 알려준 자신의 설명이 자하르에게 어떤 영향을 미쳤는지를 살펴보려 했다.

"이제 가봐두 되겠슈?"

문으로 걸어가며 자하르가 물었다.

"아니, 안 돼! 넌 거짓 소문을 퍼뜨리는 선수니까 왜 그 소문들이 거짓인지 알아야 해."

"지가 뭘 더 알아야 한다는 건가유?"

자하르는 방 벽을 가만히 바라보았다.

"신랑 신부가 얼마나 정신없고 바쁜지 넌 죽었다 깨어나도 모를 거다. 누가 나대신 옷집, 구둣방, 가구점을 돌아다닐 수 있겠어? 네가 대신 하기라도 할 거야? 발이 부르트도록 다녀봤자 혼자 다 다닐 수는 없다고. 마을 사람들이 낌새를 채고 떠들어 대겠지. '들었어요? 오블로모프가 결혼한대요.' '호오? 누구랑? 대체 어떤 여자지? 식은 언제야?'"

오블로모프는 여러 목소리를 내며 말했다.

그는 자하르를 뚫어지게 쳐다보았다.

"뭐하시믄 아니시야를 부를까유?"

자하르가 물었다.

"아니시야를 왜 불러? 이런 경솔한 짓을 한 놈은 너지 아니시야가 아냐."

"아아, 그럼 오늘 지는 벌을 받고 있는 거구먼유?"

자하르는 작게 중얼거리고는 어깨가 들썩일 정도로 크게 한숨을 쉬었다.

"돈은 또 얼마나 많이 드는지 알아? 그런 돈이 어디에 있어? 내가 갖고 있는 돈이 어느 정도인지는 네가 제일 잘 알 텐데?" 오블로모프가 거의 위협하듯 물었다. "집은 또 어떻게 하고? 여기도 1천 루블이나 내야 하고 다른 집을 빌리려면 3천 루블이나 필요하다고. 집 구하는 게 보통 일인 줄 알아? 그뿐인가? 마차도 있어야 요리사도 있어야지, 생활비가 엄청날 거야! 내게 그런 돈이 어디 있어?"

"다른 사람들은 영주민 3백 명밖에 없어두 잘만 결혼하더구만유?"

자하르는 무심코 내뱉은 말에 아차 싶었지만, 이미 잔뜩 성이 난 그는 거의 의자에서 뛰어오를 기세였다.

"또! 한 번만 더 '다른 사람'이니 뭐니 지껄이면 정말 가만두지 않을 거다! 알았어?" 그는 손가락을 하나 세워 보이고는 거의 협박하듯 말했다.

"다른 사람들은 방이 두세 개쯤 되는 집에서 살고 있어. 식당이랑 손님방도 구분되어 있지 않은 집이라고. 침실까지 같이 쓰는 사람도 있지. 애들은 바로 옆에서 떠들어 대고 하녀 한 명이 온 집안일을 도맡아 해야 해. 부인이 시장까지 직접 가야 할 때도 있다고! 올가 세르게브나가 시장에 갈 수 있으리라 생각해?"

"시장이라면 지가 가야쥬."

"너 오블로모프카에서 나오는 수입이 얼마인지 알기나 해? 2천 루블도 안 돼! 그 돈으로 길도 새로 내야지, 학교도 세워야지, 오블로모프카에도 다녀와야 한다고. 거긴 아직 집도 없는데……. 결혼은 무슨 놈의 결혼이야? 무슨 생각이냐고?"

오블로모프는 잠시 말을 그쳤다. 무섭고 절망적인 미래에 오블로모프는 저도 모르게 공포에 휩싸였다. 장미, 등자나무꽃, 화려한 축제, 군중의 감탄 섞인 속삭임, 모든 것이 한순간에 사라져 버렸다.

얼굴색까지 변한 그는 생각에 잠겼다가 다시 정신을 차리고 주위를 살펴보았다. 자하르가 아직 그대로 서 있었다.

"넌 뭐야?"

그가 무뚝뚝하게 물었다.

"주인님이 여기 서 있으라구 하셨잖유!"

자하르가 대꾸했다.

"가봐!"

오블로모프가 더 이상 꼴 보기 싫다는 듯 손을 내젓자, 자하르는 서둘러 문 쪽으로 걸음을 옮기려고 했다.

"아니, 거기 서봐!"

오블로모프가 갑자기 그를 세웠다.

"가라는 겨, 말라는 겨!"

한 손으로 문을 잡은 자하르가 구시렁거렸다.

"뭣 때문에 그런 얼토당토않은 소문을 퍼뜨린 거야?"

오블로모프가 불안한 목소리로 작게 물었다.

"지가 언제 그런 입방정을 떨었다구 그러신대유? 지가 아니라 일리인스카야 댁 하인들이 이야기해 준거구면유, 주인님이 아가씨랑 결혼하신다구……."

"쯧쯧……." 오블로모프가 혀를 차며 위협적으로 손을 휘둘렀다. "입 함부로 놀리지 마, 절대로!"

"알겠슈."

자하르가 움찔거리며 대꾸했다.

"다시는 그런 바보 같은 소리 지껄일 생각하지 마. 알겠어?"

"안 그런다잖유."

기어들어가는 소리로 대답했지만 자하르는 주인의 말을 반도 알아듣지 못했다. 다만 지금 이 말이 '궁상맞은' 말이라는 것만 이해했을 뿐이었다.

"혹시라도 누가 이런 말을 꺼내거든 엉터리 소문이라고 해. 있을 수도 없고 있어서도 안 되는 일이라고!"

오블로모프가 귓속말로 덧붙였다.

"알겠슈."

자하르도 들릴락 말락 한 소리로 대답했다.

오블로모프는 주위를 둘러보고 자하르를 손가락으로 위협했다. 자하르는 놀란 눈을 깜빡이며 까치발을 한 채 문으로 내빼려 했다.

"처음 그 말을 한 게 누구야?"

황급히 그의 뒤를 쫓으며 오블로모프가 물었다.

"카차가 세묜한테, 세묜은 니키타한테 말했쥬." 자하르가 속삭였다. "니키타는 또 바실리사한테……."

"여기저기 떠들어 대고 다닌 건 너잖아! 네놈을 그냥!" 오블로모프가 씩씩거렸다. "주인을 두고 말도 안 되는 소문이나 퍼뜨리고 다니다니! 젠장!"

"왜 자꾸 그런 궁상맞은 말을 하면서 지를 괴롭혀 대구 난리래유? 아니시야를 불러야겠슈, 그 여편네는 아마 뭐든 알고 있을거구면유……."

"뭘 안다는 거야? 말해 봐, 당장! 말해!"

자하르는 꽁지 빠지게 문으로 달아나더니 예전에 없던 민첩함을 보이며 부엌으로 줄달음쳤다.

"냄비는 거기 두고 주인님한테 가봐!"

엄지로 문을 가리키면서 그가 아니시야에게 말했다. 프라이팬을 아쿨리나에게 건넨 아니시야는 걷어올린 소매를 내리고는 주먹으로 팔을 두드렸다. 그녀는 검지로 코를 문지르며 주인님 방으로 걸어갔다. 그녀는 5분 만에 일리야 일리이치를 구워삶았다. 결혼 이야기 따위 아무도, 한 마디도 안 할 것이다. 하느님께 맹세할 수 있다.

벽에 걸린 성모상을 떼어내고 맹세할 수도 있고 그런 이야기는 처음 들어본다며 호들갑을 떨었다. 자기가 들은 건 정반대로 남작님께서 아가씨와 결혼하려 한다는 이야기였다고 했다.

"남작이라니!"

일리야 일리이치는 저도 모르게 펄쩍 뛰어올랐다. 심장만이 아니라 손발이 다 차게 식는 것 같았다.

"그것도 다 헛소문이죠!" 호랑이를 피하려다 이리를 만난 격임을 깨달은 아니시야가 황급히 둘러댔다. "카차는 세몬한테만 말했는데 세몬이 마르파한테, 마르파가 니키타한테 죄다 떠들어 댔다고 합니다. 그랬더니 니키타가 이런 말을 하는 바람에……. '당신들 주인님, 일리야 일리이치께서 아가씨랑 결혼하시면 좋을 텐데……' "

"니키타, 그런 멍청한 것이 있나!"

오블로모프가 말했다.

"멍청하긴 멍청해요. 같이 마차 뒤에 탈 때에도 꼭 졸고 있는 것 같아요. 바실리사는 믿지도 않았고요." 그녀는 빠르게 말을 이었다.

"성모승천일에 유모가 바실리사한테 말을 해줬다는 것 같아요. —아가씨는 시집갈 생각이 전혀 없으시다, 무엇보다 격이 안 맞지 않느냐, 당신네 주인님이 결혼할 생각이 있으셨다면 진작 신부를 맞이하지 않았겠느냐, 요전에도 사모일라를 만나서 그 이야기를 했을 때에도 사모일라는 코웃음만 쳤다고, 결혼이라니 당치도 않다며 집 꼴이 결혼은커녕 장례를 치러야 할 판이라고 했다고 하더라고요. 숙모님께선 계속 머리가 아프다고 하시고 아가씨는 울기만 하면서 아무 말씀도 안 하신다지 뭐예요.

심지어 아가씨는 결혼준비가 전혀 안되어 있다고 했어요. 아가씨 양말은 수선하지 않은 것이 산처럼 쌓여 있고 또 수선할 생각도 없고, 지난주에는 은그릇을 전당포에 맡겼다는 것 같더라고요…….

'은그릇을 전당포에 맡겼다고? 그 집안도 돈이 없나 보군!'

오블로모프는 몸서리를 치더니 잠시 생각에 잠겨 벽을 바라보았다. 눈길을 어디에 두어야 할지 알 수 없던 그는 곧 아니시야의 콧잔등에 시선을 주었다. 그녀는 입이 아닌 코로 이야기를 하고 있는 것 같았다.

"쓸데없는 말 집어치워!"

오블로모프가 손가락으로 그녀를 위협하며 말했다.

"쓸데없는 말이라니 무슨 말씀이세요! 그런 생각은 꿈에도 해본 적 없어요." 아니시야는 불에 기름을 끼얹은 듯 엄청난 기세로 떠들어 댔다. "그런 말은 오늘 처음 들었어요. 정말이에요. 하느님께 맹세할 수 있어요. 거짓말이라면 전 벼락을 맞을 거예요! 주인님께서 그런 말씀을 하시다니, 너무 놀라서 가슴이 다 벌렁거리고 온몸이 떨릴 지경이에요! 결혼이라니 상상도 못 해봤어요. 그런 이야기는 아무하고도 하지 않았고요. 일 년 내내 부엌에만 있는데 누구랑 그런 이야기를 하겠어요? 일리인스카야 댁 하녀들도 못 만난 지 한 달이 다 돼가다보니 이제는 이름도 기억이 안 나요. 여기라고 말상대가 있겠어요? 주인마님하고는 부엌일 말고는 이야깃거리도 없고 할머니하고는 대화라는 걸 할 수도 없잖아요. 날마다 기침만 해대는데다 귀도 안 좋더라고요. 아쿨리나는 너무 멍청해서 말이 안 통하죠, 문지기는 늘 술에 취해 있는 걸요. 남는 건 애들밖에 없는데 애들 상대로 무슨 이야기를 하겠어요? 전 이제 아가씨 얼굴도 가물가물하네요……."

"알았어! 알았으니 가봐!"

오블로모프는 더 이상 꼴도 보기 싫다는 듯 나가라고 손짓했다.

"어떻게 없는 말을 지어낼 수 있겠어요?" 아니시야가 방을 나서며 덧붙였다. "니키타가 그랬어요. 바보한테는 약도 없다고. 행여라도 제가 그런 바보 같은 생각을 할 리가 없잖아요. 하루 종일 일하기도 바쁜데 그럴 틈이 어디 있겠어요. 그뿐인가요? 벽에 있는 저 성모상만 해도……."

이어지는 말과 함께 코는 문 뒤로 자취를 감췄지만 문 너머로 말소리는 잠시 동안 계속되었다.

"그렇군! 이제 좀 알겠어! 아니시야도 말도 안 되는 소리라고 했으니,

뭐!”

두 손을 맞잡으며 오블로모프가 중얼거렸다.

“행복, 행복이라!” 잠시 뒤 빈정거리듯 말했다. “행복이란 얼마나 허약하고 덧없는 것이란 말인가! 면사포, 화관, 사랑, 사랑! 그래, 그건 다 좋다 이거야. 돈은 어떻게 하고? 어떻게 먹고 살아? 깨끗하고 올바른 행복을 가져다주는 사랑, 사랑까지 돈으로 사야 하는 건가!”

이때부터 상상과 안정은 오블로모프를 버렸다. 그는 밤에 잠도 잘 수 없었고 밥도 먹을 수 없었으며, 넋이 나간 듯한 복잡한 표정으로 모든 것을 바라보았다.

자하르를 위협하려 했던 그는 결혼이란 문제의 실체를 이해하는 순간, 오히려 자신이 더 섬뜩한 기분을 느껴야 했다. 시적이기는 해도 진지하고 본질적인 현실과 엄숙한 여러 의무가 따라온다. 그는 지금 그 실제적이고 공식적인 의무를 갖는 첫걸음을 내딛게 되었음을 깨달았다.

자하르와 이런 식으로 대화를 나누게 되리라고는 상상도 해보지 않았다. 그는 자하르에게 위엄 있는 태도로 자신의 뜻을 설명하고 싶었다. 기쁨에 겨워 울고 소리치며 자신의 발밑에 쓰러지는 자하르를 상상했었다. 그러면 그에게 25루블을, 아니시야에게 10루블을 줄 생각이었다. 그런데⋯⋯

모든 게 생각났다. 행복에 떨던 올가의 손도, 열정으로 불타오르던 그녀의 입맞춤도⋯⋯. 그는 정신이 아득해졌다.

‘시들어 버렸어요. 모두 다 끝나 버렸다고요!’ 그녀의 목소리가 그의 안에 울려 퍼졌다.

“이제 어떻게 하지?”

제5장

오블로모프는 어떤 얼굴을 하고 올가를 만나야 할지, 그녀와 무슨 말을 해야 할지 알 수가 없었다. 수요일에는 나가지 않기로 하고, 일요일까지 만남을 미루었다. 그날은 손님이 많을 테니 마주보고 단둘이 이야기할 수는 없을 것이다.

그는 이 바보같은 소문이 올가의 귀에 들어가게 하고 싶지 않았다. 그녀를 걱정시키고 돌이킬 수 없는 문제가 일어나면 큰일이다. 하지만 그렇다고 말을 하지 않는 것도 이상했다. 그는 시치미를 떼는 대담한 행동은 할 수 없었다. 또 가슴 깊은 곳에 잘 숨긴다 해도 그녀는 분명 알아낼 것이다.

결심이 서자 어느 정도 안심이 된 그는 영지의 이웃이자 그의 대리인을 맡고 있는 사람에게 두 번째 편지를 써 바람직한 답변을 주었으면 좋겠다고 부탁했다.

그는 남은 이틀이 견딜 수 없을 만큼 길게 느껴졌다. 그 긴 시간을 어떻게 보내야 할지도 고민이었다. 원래대로라면 곁에 올가가 있고 보이지 않는 영혼의 대화와 그녀의 노랫소리로 가득해져 있을 텐데. 그때 자하르가 나타나 주인의 평정을 흐트러뜨렸다.

그는 이반 게라시모비치한테 가서 함께 식사를 하며 이 지긋지긋한 하루를 조금이나마 달래보고자 했다. 그러다보면 일요일까지 어느 정도 마음의 준비도 될 테고 영지에서 답변이 올 지도 모른다.

이틀이 지났다.

갑자기 개가 짖어대기 시작했다. 요란하게 짖는 소리와 사슬을 끌며 뛰어다니는 소리가 그의 잠을 깨웠다. 정원지기가 자하르를 불렀다. 자하르가 시내 우편으로 온 편지 한 통을 가져왔다.

"일리인스카야 아가씨한테서 편지가 왔슈."

자하르가 말했다.

"네가 그걸 어떻게 알아?" 오블로모프가 버럭 화를 내며 물었다. "거짓말 하지 마!"

"별장에 있을 때도 허구한 날 아가씨한테서 편지가 왔었잖유."

자하르가 또박또박 대꾸했다.

'건강하게 지내고 있을까? 이건 무슨 뜻이지?' 편지를 뜯으면서 오블로모프는 생각했다.

'수요일까지 기다릴 수가 없어요. 이렇게 오랫동안 당신을 만나지 못한다니 너무 쓸쓸해요. 내일 3시에 여름 정원에서 기다릴게요.'

다른 말은 없었다.

마음 저 깊은 곳에서 불안함이 솟아올랐다. 그는 침착함을 잃고 허둥대기 시작했다. 올가에게 무슨 말을 하고 어떤 얼굴로 그녀를 봐야 한단 말인가.

"안 돼, 아무것도 모르겠어. 슈톨츠한테 물어봐야지."

하지만 올가는 숙모님이나 다른 여자들, 예를 들면 올가를 깨물어 주고 싶을 만큼 귀여워하는 마리야 세묘노브나와 함께 올 것이 틀림없다. 그들이 있어 준다면 어떻게든 이 당황스러운 마음을 감출 수 있으리란 생각에 그는 기분 좋게 대화를 나누자고 다짐했다.

'딱 식사 시간이잖아. 다른 시간도 있을 것 같은데!' 그는 조금 귀찮아하며 여름 정원으로 향했다.

긴 오솔길로 접어들자 벤치에서 일어나 그에게 다가오는, 베일을 쓴 여인이 보였다.

그는 그녀가 올가라고는 생각할 수 없었다. 혼자라니! 그럴 리가 없다. 아무리 그녀라도 그런 무모한 짓은 할 수 없을 테고 집을 빠져나올 구실도 없다.

그렇다고는 해도 …… 걷는 모습은 아무리 봐도 그녀 같다. 사뿐사뿐 가볍게 움직이는 발걸음은 번갈아 땅을 내딛는다고 하기보단 미끄러지는 듯하다. 살짝 숙인 목덜미와 고개는 발밑에서 무언가 찾고 있는 것 같다.

다른 사람이라면 모자나 옷으로 구분할 수 있었겠지만 그는 아침 내내 올가와 함께 있어도 그녀가 어떤 옷을 입고 어떤 모자를 쓰고 있었는지 알 수 없는 사람이었다.

공원에는 사람이 거의 없었다. 주름이 보이기 시작한 신사가 건강을 위해 운동이라도 하는 듯 빠르게 걷고 있었고, 두 여인과 얼굴이 퍼렇게 언 두 아이를 데리고 나온 유모가 보였을 뿐이다.

낙엽이 지고 여기저기 눈 닿는 곳 모두가 훤히 보인다. 나무 위에서는 까마귀가 쉴새없이 음산하게 울고 있지만 하늘은 청명하게 개어 있다. 외투로 몸을 감싸자 제법 따뜻하다.

베일을 쓴 여인이 점점 가까이 다가왔다…….

"그녀다!"

오블로모프는 외마디 탄성을 지르고 눈으로 보고도 믿지 못하겠다는 듯 발걸음을 멈췄다.

"이건 대체? 어떻게 된 겁니까?"

그녀의 손을 잡으며 그가 물었다.

"와주셨네요. 너무 기뻐요." 그녀는 그의 말에 대꾸도 하지 않고 말했다.

"오시지 않을지도 모른다는 생각이 들어서 걱정하던 참이었어요!"

"어떻게 오신 겁니까? 어떻게요?"

그는 당황해서 물었다.

"놔주세요. 그게 무슨 상관이에요? 왜 그런 걸 꼬치꼬치 캐묻는 건데요? 너무해요! 만나고 싶어서 온 거예요. 그것뿐이라고요!"

그녀는 그의 손을 꼭 잡고 아무 근심도 없다는 듯 들뜬 얼굴로 그를 바라보았다. 맑은 하늘 아래, 운명에게서 빼앗은 한 순간을 즐기고 있는 모습은 그녀의 설레는 마음을 함께 나눌 수 없는 오블로모프가 시샘을 느끼기에 충분했다. 하지만 그가 어떤 근심을 갖고 있다 한들, 그늘 한점 없는 그녀의 얼굴을 보면 잠시나마 황홀해지지 않을 수 없었다. 지금 눈앞에 있는 올가는 종종 그를 당황하게 했던 묘한 성숙함이 사라져 있었다.

이 순간 그녀의 얼굴은 운명과 행복, 그리고 그에 대한 어린아이 같은 신뢰로 숨 쉬고 있었다……. 그녀는 실로 사랑스러웠다.

"아, 기뻐요! 정말 기뻐요!" 그녀가 미소를 머금고 그를 바라보며 말했다. "오늘은 당신을 못 만나는 줄 알았어요. 어제 갑자기 우울해지는데 그 이유를 모르겠더라고요. 그래서 편지를 썼어요. 당신도 기쁘시죠?"

그녀는 오블로모프의 얼굴을 빤히 들여다보았다.

"오늘 왜 그렇게 인상을 쓰고 있어요? 왜 아무 말씀도 없으신가요? 기쁘지 않으세요? 너무 기뻐서 미쳐버리시는 게 아닐까 했는데 잠들어 계시네요. 눈을 뜨세요, 당신 앞에 올가가 있어요!"

그녀는 언짢은 목소리로 말하며 살며시 그를 밀쳐냈다.

"어디 안 좋으세요? 무슨 일이라도 있으세요?"

그녀가 추궁하듯 물었다.

"아뇨, 저는 건강합니다. 지금 아주 행복하고요." 마음 깊은 곳에 숨겨놓은 비밀을 들키지 않으려고 그는 서둘러 말했다. "저는 그저 당신이 혼자 온 것이 걱정됐을 뿐입니다……."

"별 걱정을 다 하시네요." 그녀가 답답하다는 듯 말했다. "제가 숙모님과 함께 왔으면 좋았겠다는 말씀이세요?"

"그럼요, 올가……."

"그런 줄 알았더라면 숙모님께 부탁드릴 걸 그랬네요." 그의 손을 놓은 올가는 화가 났는지 그의 말을 잘랐다. "저와 함께 있는 게 당신의 가장 큰 행복이라 생각했어요."

"그야 물론입니다. 그것 말고 또 뭐가 있겠습니까?" 오블로모프가 과장스럽게 동의했다. "하지만 어떻게 숙녀분이 혼자서……."

"이런 이야기 오래할 필요가 뭐 있어요? 우리 다른 이야기해요."

그녀가 크게 신경 쓰지 않는 것 같았다.

"내 말 좀 들어봐요…… 어머나, 하고 싶은 말이 있었는데, 잊어버렸네요……."

"어떻게 여기에 혼자 오셨는지, 그 이야기가 아닙니까?"

그는 불안한 듯 주위를 둘러보았다.

"아니에요! 아직도 그 이야기를 하시는 거예요? 지겹지도 않으세요? 아, 정말 내가 무슨 이야기를 하려고 했었지? 뭐, 아무려면 어때요. 나중에 생각나겠죠. 아, 여기 정말 좋네요. 낙엽이 다 져버렸어요. *feuilles d'automne* (가을잎)—위고를 기억하시나요? 거기서는 네바 강에 태양이…… 우리 네바에 가서 뱃놀이하는 게 어때요?"

"무슨 말씀이십니까? 말도 안 됩니다! 날이 이렇게 추운데. 저는 지금 솜외투 하나밖에 안 입었다고요."

"저도 솜옷 하나밖에 안 입었어요. 신경 쓸 거 뭐 있나요. 가요. 네? 가요."

그녀는 그를 잡아끌고 달려갔다. 그는 찌푸린 얼굴로 불평했지만 결국 배에 올라타야 했다.

"어떻게 여기 혼자 오실 생각을 하셨습니까?"

오블로모프가 걱정스런 표정으로 물었다.

"말씀드릴까요?" 강 한가운데 다다르자 그녀가 놀리듯 되물었다. "이제는 말씀드려도 상관 없겠네요. 여기서 돌아가실 수 있는 것도 아니고, 계속 저쪽에 있었다면 도망가셨을지도 모르잖아요?"

"그래서 어떻게 오신 겁니까?"

그는 조금 두려웠다.

"내일 우리집에 오실 거죠?"

그녀는 대답 대신 물었다.

'맙소사! 가고 싶지 않은 내 마음을 훤히 다 꿰뚫어본 것 같잖아.'

"갈게요."

그가 소리 내어 대답했다.

"아침에 오셔서 하루 종일 같이 보내요."

그는 어떻게 대답해야 좋을지 몰라 우물쭈물했다.

"그러면, 나 말 안 해드릴 거예요."

"가겠습니다. 하루 종일 있도록 하죠."

"사실은 말이죠……." 그녀가 진지하게 말을 하기 시작했다. "말씀드리고 싶은 게 있어서 여기까지 와주십사 부탁드린 거예요."

"하고 싶은 이야기라뇨?"

그가 깜짝 놀라며 물었다.

"그러니까…… 내일 우리집에 와주셨으면 하고……."

"맙소사!" 그가 안달하며 그녀의 말을 가로챘다. "여기까지 어떻게 오셨습니까?"

"여기까지요?" 그녀는 멍하니 앵무새처럼 그의 말을 반복했다. "여기까지 어떻게 왔냐고요? 그냥 왔죠…… 잠깐만요…… 왜 이런 이야기를 해야 하죠?"

그녀가 물을 조금 떠서 그의 얼굴에 끼얹었다. 그가 눈을 감고 몸서리치자 그녀는 웃음을 터뜨렸다.

"물이 어찌나 찬지 손이 다 얼어버릴 것 같아요! 아아! 너무 즐겁네요! 기분이 너무 좋아요!" 그녀는 주위를 둘러보며 말을 이었다. "우리 내일 또 와요. 내일은 집에서 바로……."

"오늘은 집에서 오지 않았습니까? 어디서 온 거죠?"

그가 대답을 재촉했다.

"가게에서요."

"어떤 가게요?"

"어떤 가게라뇨? 정원에서 이미 말씀드렸잖아요……."

"아뇨, 그런 말씀 안 하셨습니다."

그가 답답하다는 듯 말했다.

"제가 말씀드리지 않았나요? 이상하네! 잊어버렸나봐요! 하인을 데리고 보석상에 갔었는데요……."

"그래서요?"

"그래서…… 어머나, 저건 어디 교회죠?"

그녀는 갑자기 먼 곳을 가리키며 뱃사공에게 물었다.

"어떤 교회 말씀이십니까? 저거요?"

뱃사공이 되물었다.

"스몰느이 수도원입니다!" 오블로모프가 초조하게 대꾸했다. "그래서, 보석상에 가고 그 다음은요?"

"가보니까…… 좋은 물건들이 많았어요. 아, 정말 예쁜 팔찌가 있었어요!"

"저는 지금 팔찌 이야기를 하자는 게 아닙니다! 그래서요?"

"그게 다예요."

그녀는 능청을 떨며 주위를 둘러보았다.

"그 하인은 어디 갔습니까?"

오블로모프가 추궁하듯 물었다.

"집에 갔죠."

강 건너편 건물을 바라보며 그녀가 건성으로 대꾸했다.

"당신은요?"

"저기 정말 좋네요! 저쪽으로 가면 안 되나요?" 파라솔로 건너편을 가리키며 그녀가 물었다. "당신도 저쪽에 살고 계시지 않나요!"

"맞습니다."

"어떤 곳인가요? 가르쳐 주세요."

"그 하인은 어떻게 됐습니까?"

"그냥 뭐." 그녀는 대수롭지 않게 대답했다. "팔찌를 가져오라고 집에 보냈어요. 전 여기로 왔고요."

"그게 무슨 말씀이십니까?"

눈이 휘둥그레진 오블로모프가 물었다. 그가 기가 막힌다는 얼굴을 하자 그녀는 그 얼굴을 따라했다.

"올가, 농담은 그쯤하고 진지하게 말해 주십시오."

"농담하는 거 아녜요, 정말인걸요!" 그녀가 태연하게 말했다. "마침 숙모님께서 가게에 다녀오라고 하시기에 일부러 집에 팔찌를 놓고 온 거예요. 당신은 절대 이런 기막힌 생각은 못 하실걸요?" 그녀는 마치 훌륭한 공이라도 세웠다는 듯 의기양양하게 자랑했다.

"하인이 집에 돌아가면요?"

"기다리라고 말해 뒀어요. 다른 가게에도 들러야 한다고. 그리고 저는 여기로 온 거예요……."

"마리야 미하일로브나가 다른 가게 어디를 들렀냐고 물으면요?"

"옷가게에 갔었다고 하죠……."

"옷가게에 물으면요?"

"네바 강이 갑자기 바다로 흘러버리면요? 이 배가 뒤집히면요? 마르스카야도 우리집도 대지의 틈새로 떨어져 버리면요? 당신의 사랑이 갑자기 식어버리면요?"

말을 하며 그녀는 또 그의 얼굴에 물을 뿌렸다.

"그 하인은 벌써 돌아와서 당신을 기다리고 있겠죠……." 그가 얼굴을 닦으며 말했다. "이봐요, 뱃사공 양반, 강가로 배를 대요!"

"아뇨, 괜찮아요, 안 그래도 돼요!"

그녀가 뱃사공에게 명령했다.

"강가로 대요! 그 하인, 벌써 돌아와 있을 겁니다."

오블로모프가 힘주어 말했다.

"기다리라고 하면 되잖아요! 상관없어요!"

하지만 오블로모프는 자기 생각을 고집하며 서둘러 정원을 걸어 내려가기 시작했다. 그녀는 그에 팔에 기대어 천천히 걸음을 옮겼다.

"왜 그렇게 서둘러요? 잠깐만요, 난 당신과 더 있고 싶어요."

올가는 그의 어깨에 찰싹 붙어 얼굴을 빤히 들여다보며 더욱 천천히 걸었다. 그는 답답하고 지루한 말투로 의리와 의무 같은 것에 대해 설명하기 시작했다. 그녀는 고개를 숙이고 발치를 보거나 남자의 얼굴을 바라보기도 했다. 울적한 미소를 떠올린 그녀는 멍하니 그의 말을 들으면서도 속으로는 딴 생각을 하고 있었다.

"내 말 좀 들어봐요, 올가." 결국 그가 심각하게 말을 시작했다.

"당신을 화나게 하고 당신의 비난을 받는 게 무서워도, 그래도 저는 말해야 합니다. 우리는 너무 멀리 와버렸습니다. 당신에게 말을 하는 것이 제 책임이자 의무입니다."

"무슨 말씀이세요?"

그녀는 답답하다는 듯 물었다.

"우리가 하고 있는 짓, 이렇게 몰래 만나는 건 아주 안 좋은 일입니다."

"그건 별장에서 이미 끝낸 이야기 아닌가요."

그녀가 생각에 잠겨 말했다.

"그렇죠, 하지만 그때 저는 제정신이 아니었습니다. 한 손으로는 밀치면서도 다른 손으로는 붙잡고 있는 꼴이었죠. 당신은 사람을 잘 믿으니까…… 저는…… 왠지…… 당신을 기만했다는 생각이 듭니다. 그땐 이 마음이 너무 새롭고 놀라워서……."

"지금은 새롭지도 놀랍지도 않다는 거네요. 지겨워졌나요?"

"아니에요, 올가! 그런 말이 아닙니다. "새로웠다는 말은 제가 분별이 없었다는 겁니다. 그럴 여유도 없었고 그런 건 처음부터 불가능했으니까요. 저는 지금 양심의 가책을 받고 있습니다. 당신은 아직 젊고 세상이란 무언지, 사람들이 어떤지 잘 모르죠. 너무 순결하고 깨끗한 사랑을 하죠. 우리가 —제가 지금 하고 있는 일로 얼마나 혹독한 비난에 내던져지게 될지, 당신은 꿈에도 모를 겁니다."

"우리가 무슨 짓을 했는데요?"

그녀가 걸음을 멈추고 물었다.

"무슨 짓이라뇨? 당신은 숙모님을 속이고 몰래 집에서 나와 남자와 만나고 있지 않습니까…… 일요일에 사람들 앞에서 이런 이야기를 해보십시오……."

"못 할 건 뭐 있나요?" 그녀가 침착하게 되물었다. "말해도 상관없는데요."

"숙모님께서는 까무러치실 테고 부인들은 도망치겠죠. 남자들은 교활하고 뻔뻔스러운 눈빛으로 당신을 빤히 쳐다볼 겁니다."

올가는 생각에 잠겼다.

"하지만 우린 결혼을 약속한 사이잖아요!"

그녀가 반박을 했다.

"그렇죠, 맞습니다, 사랑스런 올가." 그가 그녀의 두 손을 꼭 잡으며 말했다. "그렇기 때문에 우린 더 엄격하게 처신하지 않으면 안 됩니다. 한 걸음 한 걸음 신중한 태도를 취해야 해요. 당신과 남몰래 비밀로 만나고 싶지 않습니다. 팔짱을 끼고 이 가로수길을 당당하게 자랑하며 걷고 싶어요. 사람들이 당신을 존경하며 눈을 내리뜨기를 바랍니다. 교활하고 뻔뻔한 눈빛으로 당신을 빤히 쳐다보아서는 안 돼요. 긍지 높은 여성인 당신이 무턱대고 사랑에 빠져서는 수치심도 교양도 잊어버렸다거나 의무를 등졌다는, 그런 생각을 누구도 떠올리지 못하게 하고 싶단 말입니다……."

"난 수치심도, 교양도, 의무도 잊지 않았어요."

그녀는 팔짱을 풀고는 오만하게 말했다.

"알고 있습니다, 알고 있어요. 당신은 순수한 천사죠. 하지만 이건 내가 아니라 다른 사람들이 하는 말, 세상이 하는 말입니다. 세상은 결코 당신을 용서해 주지 않을 테니까요. 부탁이니 내 말뜻을 알아주십시오. 나는 당신이 세상 사람들 눈에 부끄러울 것 하나 없는 순결한 여성으로 보이길 바랍니다. 당신의 있는 모습 그대로……."

그녀는 깊은 생각에 잠겨 걸음을 옮기고 있었다.

"왜 내가 이런 말을 하는지 생각해 봐요. 이런 일을 계속하다 보면 당신은 불행해질 겁니다. 그 책임은 나 혼자 지게 되겠죠. 오블로모프가 유혹한 거다, 일부러 어두운 지옥 밑바닥을 숨기고 보이지 않게 한 거다, 이런 말을 들을 게 틀림없습니다. 순진한 당신은 나와 함께 있으면 편안하다고 하겠지만 그걸 어떻게 다른 사람에게 증명할 수 있겠습니까? 누가 그걸 믿어주겠어요?"

"그건 그렇네요." 그녀가 몸서리를 치며 말했다. "저기, 일리야." 그녀가 무언가 생각났다는 듯 덧붙였다. "숙모님께 모두 말씀드리고, 내일이라도 축복을 받도록 해요……."

오블로모프는 새파랗게 질리고 말았다.

"왜 그래요?"

그녀가 물었다.

"잠깐만요, 올가. 왜 그렇게 서두르는 겁니까?"

다급하게 말하는 그의 입술은 떨리고 있었다.

"2주 전만 해도 당신이 절 재촉하지 않았나요?"

매정하면서도 의미심장한 눈빛으로 그를 바라보며 그녀가 물었다.

"맞아요, 그땐 저도 준비할 게 많다는 것을 생각하지 못했습니다. 이렇게 힘든 일인 줄 몰랐어요!" 그가 한숨을 쉬며 말했다. "영지에서 편지가 올 때까지만이라도 기다립시다."

"왜 편지를 기다려야 하나요? 편지 내용에 따라 당신 생각이 바뀔 수도 있다는 말인가요?"

더욱 유심히 그를 바라보며 그녀가 물었다.

"무슨 말씀이십니까! 그게 아닙니다. 여러 가지를 생각해 봐야 한다는 것뿐입니다. 숙모님께 말씀드리려면 식은 언제 올릴지 말씀드려야 하지 않습니까. 숙모님께 우리 사랑이야기 같은 걸 말씀드릴 수도 없고 여러 현실적인 문제를 상의해야 하는데, 나는 지금 그런 준비가 전혀 되어 있지 않아요."

"그럼 편지가 오면 말씀드리도록 해요. 그러는 사이에 모두 우리 약혼을 알게 되겠죠. 그러면 날마다 만날 수 있을 테고요. 저는 지금은 전혀 즐겁지 않아요." 그녀는 말을 이었다.

"요새 하루가 너무 길어서 우울해졌어요. 다들 눈치를 챘는지 귀찮게 따라다니면서 떠들어 대는걸요. 교활하게 에둘러서 당신 이야기를 하질 않나……이젠 정말이지 짜증이 나요!"

"내 이야기를 한다고요?"

오블로모프가 간신히 입을 열었다.

"네, 소네치카 덕분이에요."

"거봐요, 이제 알겠습니까? 아시겠냐고요? 내 말을 듣지 않고 화 같은 거나 내니까 이렇게 되지 않았습니까!"

"알다뇨? 무얼요? 무슨 말씀이신지 모르겠어요. 제가 아는 건 다만 당신이 겁쟁이라는 것뿐이에요…… 저는 그런 빈정거림 따위 무섭지 않아요."

"겁쟁이가 아닙니다, 신중한 거죠…… 부탁이니 이제 여기를 떠납시다, 올가. 봐요, 저기 마차가 오고 있지 않습니까. 아는 사람 같기도 하군요. 아아! 식은땀이 다 나네요…… 갑시다, 어서요……."

그가 벌벌 떨며 말했다. 그의 공포가 그녀에게 고스란히 전해졌다.

"네, 어서 가요."

두 사람은 가로수길을 따라 정원을 벗어날 때까지 거의 뛰다시피 걷기만 했다. 한 마디 말도 없었다. 오블로모프는 불안하게 주위를 두리번거렸고, 그녀는 베일로 얼굴을 가린 채 고개를 숙였다.

"그럼 내일 만나요!"

하인이 기다리고 있는 가게 옆에 도착하자 그녀가 말했다.

"아뇨, 모레가 낫겠어요…… 아니면, 금요일이나 토요일로 합시다."

"왜요?"

"그러니까…… 사실은 말입니다, 올가…… 그때까지는 편지가 올 것 같습니다."

"올지도 모른다는 거네요. 아무리 그래도 내일 식사 시간에는 맞춰서 와줘요, 알았죠?"

"아, 네, 알겠습니다. 그럴게요!"

그가 서둘러 대답하자 그녀는 가게로 들어가 버렸다.

'세상에, 일이 어떻게 되어 가는 거야! 거대한 바위 밑에 깔린 것 같아! 이제 어쩌지? 소네치카! 자하르! 멋쟁이 신사 양반들…….'

제6장

자하르가 완전히 식어 버린 차가운 식사를 내온 것도 오블로모프는 전혀 알아차리지 못했다. 식사를 끝낸 뒤에 언제 침대로 가서 돌처럼 깊은 잠에 빠졌는지 전혀 기억에 없었다.

이튿날 그는 올가에게 갈 생각에 몸서리를 쳤다. 어떻게 갈 수 있단 말인 가! 자신을 바라보는 의미심장한 눈길들이 눈에 선했다.

문지기가 여느 때와는 달리 그를 상냥하게 맞아줄 게 뻔하다. 그가 물이라 도 한 잔 청하면 세묜은 즉각 쏜살같이 달려오겠지. 카차와 유모도 애정이 듬뿍 담긴 미소로 그를 배웅하리라.

'신랑이야, 신랑!' 모든 이의 얼굴에 이런 글귀가 씌어 있다지만 정작 그 는 아직 숙모의 승낙을 받지 않았을 뿐더러 더군다나 지금 땡전 한 푼도 수 중에 없다. 돈이 언제 생길지도 모를 일이다. 심지어 올해 시골에서 얼마의 수입을 보내올지 전혀 아는 바가 없다. 시골 영지에는 집도 절도 없는 이런 때에, 신랑이라니 꼴좋다!

그는 결심을 했다. 시골에서 긍정적인 답장이 오기 전까지는 일요일에 남 들이 있는 데서만 올가와 만나기로 말이다. 그래서 약속한 이튿날이 되어서 도 그는 아침부터 올가에게 갈 준비를 해야 할 필요성을 느끼지 못했다.

면도도 하지 않고 옷도 갈아입지 않았으며, 그저 느긋하게 지난 주 일리인 스카야 댁에서 가져온 프랑스 신문을 뒤적거렸다. 쉴 새 없이 시계를 매섭게 쳐다보지도 않았고 시곗바늘이 너무 더디게 간다고 인상을 쓰지도 않았다.

자하르와 아니시야는, 그가 여느 때처럼 밖에서 식사를 하겠거니 생각하 고 식탁을 차려야 하는지에 대해서도 묻지 않았다.

오블로모프는 그들을 꾸짖고는 이렇게 말했다. 요컨대, 일리인스카야 댁 에서 매주 수요일에 식사를 했던 것은 아니고 이반 게라시모비치 집에서 식 사를 했으며 앞으로 일요일을 빼고는, 비록 주일마다는 아니더라도, 집에서 반드시 식사를 하겠다고 말이다.

아니시야는 황급히 국거리를 사러 시장으로 달려갔다. 오블로모프가 내장 수프를 가장 좋아했기 때문이다.

주인집 아이들이 그에게 찾아오고는 했다. 그는 바냐의 덧셈과 뺄셈을 봐주고 틀린 것 두 개를 찾아냈다. 마샤에게는 공책에 선을 긋고서 크게 A를 몇 번 써주었다. 그런 다음에는 카나리아가 지저귀는 소리를 듣고 반쯤 열린 문틈으로 안을 들여다보았다. 여주인의 팔꿈치 움직임이 눈앞에 어른거렸다.

1시가 지나자 문 저편에서 뭘 좀 먹지 않겠냐고 묻는 여주인의 목소리가 들렸다. 치즈케이크를 구워 냈던 것이다. 마침내 그 치즈케이크와 구스베리 보드카 한 잔이 나왔다.

일리야 일리이치의 흥분이 조금 가라앉았다. 오로지 어렴풋한 상념 하나가 떠날 줄을 몰랐다. 거의 식사 전까지 그랬다.

식사를 마치고 그는 소파에 누워 졸음을 이기지 못하고 고개를 숙이기 시작했다. 여주인의 방문이 반쯤 열려 있었다. 열린 문 사이로 두 손에 양말을 한 움큼 들고서 아가피야 마트베이브나가 나타났다.

그녀는 의자 두 개에 그 양말을 나누어서 내려놓았다. 오블로모프는 벌떡 일어나 세 번이나 의자에 앉기를 청했지만 그녀는 앉지 않았다. 그런 것에 익숙지 않았던 것이다. 그녀는 늘 걱정거리를 안고 서 있거나 끊임없이 움직이는 게 습관이 되어 있었다.

"제가 오늘 양말을 정리했어요. 쉰다섯 짝인데, 거의 낡았더군요……." 그녀가 말했다.

"참 친절한 분이군요!"

오블로모프는 그녀에게 다가가 장난삼아 살짝 그녀의 팔꿈치를 건드리며 말했다. 그녀는 살짝 미소를 지었다.

"이렇게 신경을 써주니 제가 몸 둘 바를 모르겠습니다."

"한 일도 없어요. 집안일이 다 우리네 할 일이죠. 신경 쓰실 필요 없어요. 제가 좋아서 하는 일인 걸요. 여기 스무 짝은 전혀 못 쓰겠어요. 이젠 기우지도 못할 만큼 헐었어요."

"그런 건 필요 없으니 모두 내다 버리세요! 왜 그런 쓰레기에 괜히 시간을 낭비하세요. 새 걸로 사면 되는데……."

"버리다뇨, 왜요? 조금 헝겊만 대서 기우면 되는 걸요."

그녀는 재빨리 양말을 세기 시작했다.

"좀 앉으세요. 왜 서 계세요?"

그가 다시 앉기를 권했다.

"아뇨, 고맙지만 그렇게 일손 놓고 앉아 있을 만한 짬이 없어요." 의자에서 물러나며 그녀가 말했다. "오늘 세탁하는 날인걸요. 빨랫감을 죄다 모아놓아야 해요."

"당신에겐 가정주부라는 말보다 초인이라는 말이 더 잘 어울리는 듯하군요!"

그녀의 목덜미와 가슴에 시선을 고정시키면서 그가 말했다. 그녀는 웃기만 했다.

"그럼, 어떻게 할까요? 이 양말들을 기워 볼까요? 그러려면 목면과 실을 주문해야죠. 시골에서 그딴 걸 가져다주는 한 노파가 있어요. 여기서는 살 만한 게 못 되요. 몹쓸 것들뿐이라니까요."

"그리 친절하게 말씀해 주시니 어디 한 번 부탁드리겠습니다. 그렇게 배려를 해주시니 전 그저 몸 둘 바를 모르겠군요."

"천만에요. 무슨 하는 일이 있다고 그러세요? 여기 이건 제가 덧대도록 하고 이쪽 건 할머니한테 주면 돼요. 내일 시누이가 오기로 했어요. 저녁에는 할 일이 없으니까 다 같이 기우면 돼요. 우리 마샤가 벌써 조금씩 뜨개질도 하게 됐어요. 아직은 뜨개바늘이 늘 빠지긴 하지만요. 바늘이 너무 커서 아직 손에 익지 않나봐요."

"마샤가 벌써 그런 것도 할 줄 알아요?"

오블로모프가 물었다.

"네, 그럼요. 정말이에요."

"어떻게 감사의 말씀을 드려야 할지 모르겠습니다." 오블로모프는 아침에 치즈케이크를 봤을 때와 마찬가지로 만족감에 도취되어 그녀를 쳐다보았다. "정말, 정말 감사합니다. 절대 이 신세는 잊지 않겠습니다. 특히 마샤에게, 마샤에게는 비단옷을 많이 사 입혀 인형처럼 꾸며줘야겠어요."

"무슨 말씀이세요? 감사받을 만한 일을 한 건 없어요. 아이한테 무슨 비단 옷이 필요해요? 사라사로 지은 옷만 입혀도 과분하죠. 뭘 입혀놔봐야 금세 엉망이 되어 버려요. 특히 신발이 그래요. 시장에서 사기가 무섭다니까요."

그녀는 일어나 양말을 집어들었다.

"왜 그렇게 서두르시죠? 더 앉아 계세요. 전 하나도 바쁘지 않거든요."

"다음에 또 들를게요. 휴일에라도. 누추합니다만 저희 쪽으로 한 번 놀러 오세요, 커피라도 대접할 테니. 이젠 세탁을 해야겠어요. 가서 아클리나가 벌써 시작을 했는지 봐야겠네요……."

"그럼, 더 이상 제가 감히 잡지는 못하겠군요."

그녀의 등과 팔꿈치를 눈으로 좇으며 오블로모프가 말했다.

"헛간에서 당신 실내복을 찾아냈거든요. 수선을 해서 깨끗이 빨아야겠어요. 옷감이 어찌나 좋던지! 한참은 더 입겠어요."

"괜한 일을 하셨군요! 입지 않는 옷이라 제가 오래 전에 필요 없어서 버린 겁니다."

"그래도 어쨌든 빨아 두겠어요. 어쩌면 나중에 입게 되는지 모르는 일이 잖아요…… 결혼하기 전까지만이라도!"

자기 말만 하고서 그녀는 방긋 웃으며 문을 소리나게 닫고 나가 버렸다.

오블로모프는 순간 잠이 확 달아나고 귀가 번쩍 뜨였으며 눈이 휘둥그레 졌다.

"그녀마저도 알고 있어, 모든 걸!" 아가피야에게 건넸던 의자에 털썩 주 저앉으며 탄식어린 말을 읊조렸다. "오, 자하르, 자하르!"

다시 자하르에게 '정나미 떨어지는' 말이 쏟아졌고, 또 아니시야는 먼저 이렇게 말을 하지 않으면 안 되었다. 요컨대 '여주인에게서 결혼 이야기를 듣는 것은 지금이 처음이며 이제까지 그녀와 여러 이야기를 나누었지만 그 와 비슷한 이야기도 없었고 특히 결혼에 대한 이야기는 한 번도 들어본 적이 없는데, 이게 어찌 된 노릇이냐? 이건 어떤 인간의 탈을 쓴 악마의 소행이 분명하며 만일 이 말이 거짓이라면 당장 지옥에 떨어져도 상관없다. 여주인 은 벽에서 성상을 떼어내고 맹세할 게 틀림없으며, 또 일리인스카야 아가씨 에 대해서는 듣도 보도 못한 그녀로서는 아마 다른 신부를 염두에 두고 오해 를 한 것 같다……' 등등.

그러고도 아니시야의 수다는 끝날 줄을 몰랐다. 결국 일리야 일리이치가 손을 내저으며 쫓아냈다. 이튿날 가로호바야 거리 친구 집에 다녀오는 일도 자하르는 다음으로 미룰 수밖에 없었다. 오블로모프에게 말했다가 호되게 야단을 맞고 쫓겨났기 때문이다.

"거긴 아직 모르고들 있을 텐데 괜히 가서 또 헛소문을 퍼뜨리려고? 집에 얌전히 처박혀 있기나 해!"

오블로모프가 화를 잔뜩 내며 덧붙였다.

수요일이 지나갔다. 목요일에 오블로모프는 다시 올가에게서 온 시내 우체국 소인의 편지를 받았다. 편지에는 어제 나오지 않은 이유가 무엇인지, 무슨 일이 있었던 건 아닌지를 묻고 있었다. 밤새 우느라 한잠도 못 잤다는 내용도 쓰여 있었다.

"천사 같은 그녀가 눈물을 흘리며 잠을 못 이룬다니!" 오블로모프는 탄식을 했다. "아! 대체 나를 왜 사랑하는 걸까? 나는 또 그녀를 왜 사랑하는 걸까? 우리는 왜 만났던가? 이게 다 안드레이 때문이야. 그 남자가 우리 둘에게 사랑의 바이러스를 퍼뜨린 거야, 마치 전염병처럼. 그런데 이건 무슨 삶이란 말인가, 늘 혼란과 불안이 끊이지 않으니! 평화로운 행복과 편안함은 언제쯤 찾아온단 말인가?"

그는 큰소리로 탄식하면서 자리에 누웠다가 일어나기를 되풀이했다. 그러고는 밖으로 나가 그 삶의 모습들을 찾아보았다. 말없이 자연을 바라보면서 평온하면서도 분주한 삶의 현상 속에서 거의 눈에 띄지 않을 만큼 조금씩 변화하며, 물방울 하나하나처럼 나날을 착실하게 보내는, 내적으로 충실한 생활이야말로 그가 갈망하던 삶이다. 슈톨츠가 그림으로 보여 주는 듯한, 요란하게 용솟음치고 한없이 광활하기만 한 강과 같은 삶 따위는 상상조차 하고 싶지 않았다.

"이건 병이야. 열병이자 급류에 휩싸여 날뛰는 것이고 둑이 터지고 홍수가 밀려드는 거야." 오블로모프가 중얼거렸다.

그는, 여름 정원에서 좀 감기가 들어 탕약을 먹고 한 이틀 집에서 쉬어야 했는데, 이제는 감기도 떨어졌으니 일요일에 만나기를 희망한다는 편지를 올가에게 써보냈다.

그녀는 답장을 보냈다. 건강을 회복하기 위해 그가 취한 조치가 옳았음을 칭찬하면서 필요하면 일요일에도 집에 있으라고 권하는 내용이었다. 몸만 낫는다면 보고 싶어도 한 주일쯤 더 참을 수 있노라는 말도 덧붙였다.

그 답장을 가져온 사람은 니키타였다. 아니시야의 말대로라면 그는 지난 번 그 헛소문을 퍼뜨린 주범이다. 그는 아가씨의 새 책도 한두 권 가져왔는데, 읽을 만한 책인지 어떤지를 다음에 만났을 때 이야기해 줬으면 좋겠다는 올가의 말도 함께 전했다.

그녀는 건강에 대한 회신을 요구하고 있었다. 오블로모프는 답장을 써서 자신이 직접 니키타의 손에 건넸다. 거실에서 곧장 마당으로 내보내고는 그가 문을 빠져 나갈 때까지 배웅을 했다. 괜히 부엌같은 데라도 들어가 '터무니없는 말'을 두 번 다시 떠벌리지 못하게 하고 자하르가 그를 배웅하러 나오지 못하게 하려는 의도였다.

몸조심하고 일요일에도 오지 말라는 올가의 제의에 그는 기쁨을 감출 수 없었다. 그래서 올가에게 완전히 건강을 회복하려면 사나흘은 더 집에서 쉬어야 한다고 편지를 써서 보냈다.

일요일에 그는 여주인을 방문했다. 커피를 마시고 군만두를 먹었다. 저녁 식사 즈음에는 강 건너로 자하르를 보내 아이들에게 줄 아이스크림과 과자를 사오게 했다.

자하르는 간신히 강을 건너 되돌아올 수 있었다. 다리가 이미 제거되었다고 했다. 네바 강이 막 얼어붙기 시작한 것이다. 오블로모프로서는 수요일이 되어서도 올가에게 가는 것을 포기해야만 했다.

물론, 지금이라도 곧장 강 건너로 내달리면 이반 게라시모비치의 집에서 사나흘 묵으면서 올가의 집을 드나들고 심지어 식사까지 할 수도 있었다.

핑계치고는 그럴싸하지 않은가! 강 건너편에 있는 동안 네바 강이 꽁꽁 얼어붙어서 그녀 집에 못갔다고 하면 그만이다.

오블로모프는 늘 이렇게 생각만 앞섰다. 느닷없이 그가 두 발을 마루로 내렸다. 잠시 생각에 잠기고는 수심이 가득한 얼굴로 한숨을 한번 내쉬었다. 그러고는 다시 천천히 제자리로 돌아가 이내 몸을 눕히고 만다.

'아냐, 소문이 가라앉게 그냥 놔두자. 올가의 집을 드나드는 사람들이 소문을 잊게 만드는 거야. 그러다가 그들이 날마다 보게 될 때쯤이면 이미 우린 신랑, 신부가 된 다음이겠지.'

"기다리는 것도 이젠 지긋지긋해. 그렇다고 뾰족한 다른 수가 있는 것도 아니고."

올가가 보내준 책을 펴들면서 그가 탄식과 함께 중얼거렸다. 그는 열다섯 쪽을 읽었다. 마샤가 그를 부르러 왔다. 네바 강에 나가고 싶은 마음이 있는지 물었다. 모두들 강이 꽁꽁 얼어붙는 걸 보러 간다고 했다. 나갔다가 그는 차를 마실 때가 되어서야 돌아왔다.

그렇게 며칠이 지났다. 일리야 일리이치는 따분해져서 책을 읽고 거리를 산책했다. 그리고 집에 있을 때는 여주인의 열린 방문 틈새로 안을 들여다보았다. 심심풀이 삼아 말이라도 건네보고 싶었다. 한번은 그녀에게 3푼트*1의 커피를 갈아주기도 했다. 얼마나 열심히 했던지 이마가 땀으로 흥건하게 젖을 정도였다.

그는 아가피야에게 책을 빌려 주고 싶었다. 그녀는 느릿느릿 입술을 씰룩여 웅얼거리며 제목만 읽고는 돌려주었다. 그리고 성탄 주간이 오면 다시 책을 빌려 바냐에게 소리내서 읽게 하겠다는 말을 덧붙였다. 그러면 할머니도 들을 수가 있을 텐데 지금은 그럴 시간이 없다고 했다.

그러는 사이 네바 강에 임시 널빤지가 깔렸다. 어느 날 쇠사슬을 끌며 요란스레 짖어대는 개 소동으로 니키타의 두 번째 방문을 알렸다. 그의 손에는 건강을 묻는 편지와 책 한 권이 들려 있었다.

오블로모프는 두려웠다. 그래서 널빤지를 따라 강을 건너는 일은 어떻게든 피해 보려고 니키타를 애써 외면했다. 그 대신 건넨 편지에는 목에 종기가 나서 아직 바깥 출입은 삼가야겠으며 '가혹한 운명이 내 사랑하는 올가와 만나는 행복을 어느덧 사오 일이나 앗아가 버렸다'고 썼다.

그는 자하르에게 니키타와 수다를 떨지 못하도록 단단히 일러두고 다시 쪽문까지 그를 눈으로 배웅했다. 아니시야가 부엌에서 코를 내밀고 뭔가를 니키타에게 물어보려 하자, 그녀에게 손가락을 추켜세우며 겁을 주었다.

---

*1 옛날 러시아의 중량 단위로 1푼트는 0.41킬로그램에 해당.

제7장

한 주일이 지나갔다. 오블로모프는 아침마다 눈을 뜨자마자 먼저 다리가 놓였는지를 걱정스럽게 물었다.

"아뇨, 아직인데요." 이 대답을 들은 그는 회중시계가 째깍거리는 소리와 커피 분쇄기의 탁탁 튀는 소리, 카나리아의 노랫소리를 들으면서 하루를 평화로이 보냈다.

병아리가 삐악삐악 하는 소리도 더 이상 들리지 않았다. 오래 전에 이미 닭이 되어서 양계장으로 자취를 감춘 것이다. 올가가 보내준 책은 아직 다 읽지 못했다. 105쪽이 펼쳐진 책은 표지가 보이게 엎어놓은 채로 던져져 있었다. 벌써 그런 상태로 며칠을 보냈다.

그리고 오블로모프는 여주인네 아이들과 노는 일로 대부분의 시간을 보내고 있다. 바냐는 어찌나 이해가 빠른 소년이던지 세 번만에 유럽의 주요 도시들을 다 외웠다. 그래서 일리야 일리이치는 강 건너에 가는 대로 작은 지구의를 사와 선물하겠노라고 약속했다. 마쉔카는 그의 손수건 세 장에 테두리를 달아주었다. 물론 볼품없는 솜씨이긴 했지만 앙증맞은 손으로 작업을 하는 모습은 우습기 짝이 없다. 그리고 테가 조금씩 완성될 때마다 총총 달려와 그에게 보여 주었다.

여주인 아가피야와는, 반쯤 열린 문틈으로 팔꿈치가 보이기 무섭게 바로 이야기를 시작했다. 한번 시작된 대화는 끊일 줄을 몰랐다. 이제는 그 팔꿈치의 움직임만으로도 여주인이 지금 무엇을 하고 있는지 바로 알 정도이다. 체를 치는지, 커피를 타는지, 아니면 다림질을 하는지…….

심지어 할머니에게도 말을 걸어본 적이 있다. 하지만 할머니는 이야기를 끝까지 마무리짓는 법이 없다. 말을 하다말고 주먹으로 벽을 짚고 허리를 굽히고서, 마치 뼈라도 부러진 듯 콜록콜록 기침을 하기 시작한다. 그리고 잠시 뒤에 아아, 신음소리를 낸다. 이렇게 대화는 끝이 나고 만다.

다만 오빠라는 사람은 만날 길이 없었다. 어쩌다 창문 옆을 스쳐 지나는 커다란 서류 봉투만이 보일 뿐이었다. 집 안에서도 그의 인기척은 들리지 않았다. 심지어 서로 찰싹 붙어 앉아 식사를 하고 있는 방 안으로 오블로모프가 불쑥 들어갔을 때에도 오빠는 황급히 손가락으로 입술을 훔치고는 자기 방으로 숨어 버렸다.

어느 날 아침, 오블로모프는 아무 걱정 없는 얼굴로 눈을 뜨고는 커피를 마시려 했다. 그때 자하르가 들어와, 드디어 다리가 놓였다는 소식을 전했다. 심장이 철렁 내려앉았다.

"내일은 일요일이야. 올가에게로 가서 온종일 여러 사람들의 의미심장하면서도 호기심어린 눈길을 용감하게 견뎌내야만 한다. 그리고 올가에게는 언제 숙모와 이야기를 할 작정인지 확실히 말해야겠지."

그가 혼잣말을 했다. 하지만 마구 밀어붙이기에는 아직 시기상조라는 생각은 여전했다.

그는 자신이 신랑으로 공표되었을 때 어떤 일이 벌어질지 한번 이것저것 상상해 보았다. 다음날이나 그 다음날에 곧바로 여러 부인과 남자들이 찾아들고, 자신이 갑자기 호기심의 대상이 되고, 자신을 공식적인 만찬에 초대하고는 서로 앞을 다투어 그의 건강을 위해 잔을 드는 모습이 눈앞에 선했다. 그 다음에는…… 다음엔 신랑의 권리이자 의무대로 신부에게 선물을 바친다……

"선물이라!"

그는 경악을 하며 혼잣말로 중얼거리고는 쓰디쓴 너털웃음을 크게 소리내어 웃었다.

선물! 하지만 호주머니에는 달랑 2백 루블이 전부가 아닌가! 돈을 보내온다 한들 성탄절이나, 아니면 그보다 더 늦어질지도 모른다. 결국 곡물을 팔아야 알 수 있는 일이었다. 하지만 언제 팔리고, 그 양이 얼마나 되며, 또 얼마에 팔려 자기 손에 얼마가 들어올지, 즉 이런 것들을 모두 확실하게 설명해 줄 건 편지뿐이었다. 헌데 편지는 아무리 기다려도 오지 않는다. 어떻게 된 일인가? 2주일의 평안이여, 이젠 안녕!

이런저런 걱정에 사로잡혀 있는 사이에도 그의 머릿속에는 올가의 아름다운 얼굴이 떠올랐다. 무언가를 말하는 듯한 짙은 눈썹, 초롱초롱 바라보는 짙푸른 눈, 머리에서 목덜미 아래까지 길게 땋아 내린 머리채가 그에게서 떠나지 않는다. 땋아 내린 머리 때문에 머리에서 어깨를 지나 허리에 이르는 그녀의 자태는 더욱 우아하게 보인다.

하지만 사랑의 용솟음으로 전율에 휩싸이기가 무섭게 가슴을 짓누르는 상념이 돌처럼 갑자기 그를 덮쳤다. 어떻게, 무엇을 해야 하지? 결혼 문제를 어떻게 대처해야 할까? 어디서 돈을 구하고 그 뒤에는 또 무엇으로 살림을 꾸려 나간단 말인가?

'조금만 더 기다려보자. 설마하니 내일 아니면 모레라도 편지가 오겠지.'

그러고는 자신이 보낸 편지가 언제쯤 시골에 도착했을지 날짜를 따져 보기 시작했다. 이웃 지주가 어느 정도 능장을 부릴 수도 있고, 답장이 오는 데도 어느 정도의 시일이 걸리기 마련이다.

'앞으로 사흘, 아니면 기껏해야 나흘 안에는 편지가 도착할 테니 올가에게 가는 것은 조금만 미루자' 이렇게 결론을 내렸다. 게다가 다리가 다시 놓였다는 사실도 올가는 모르고 있을 게 아닌가……

"카챠, 다리를 놓았다던?"

아침에 눈을 뜨자마자 올가는 하인에게 물었다. 게다가 이 질문은 날마다 되풀이되었다. 하지만 오블로모프는 이 사실을 까맣게 모르고 있었다.

"모르겠어요, 아가씨. 요즘 마부도 문지기도 본 적이 없거든요. 니키타도 모른다던대요."

"넌 내가 알고 싶은 건 언제나 모르는구나!"

올가는 침대에 누워 자신의 목에서 반짝이는 목걸이를 바라보며 불만스럽게 말했다.

"지금 알아보고 올게요, 아가씨. 언제 잠을 깨실지 몰라서 아가씨 곁을 떠날 엄두를 못 냈어요. 안 그랬으면 벌써 뛰어갔다 왔을 텐데."

그 말과 함께 카챠는 방에서 사라졌다. 올가는 책상서랍을 열어 오블로모프의 마지막 편지를 집어들었다.

'몸이 아프다니, 가엾기도 해라. 거기 혼자서 얼마나 답답할까…… 아, 맙소사, 얼른 다리가 놓여야…….'

올가는 그가 걱정되었다. 하지만 생각을 마저 다 마치지는 못했다. 얼굴이 시뻘겋게 달아오른 카챠가 방 안으로 뛰어 들어왔던 것이다.

"놓였대요, 지난밤에 다리가 놓였대요!"

카차가 뛸 듯이 기뻐하며 말했다. 그러고는 침대에서 황급히 뛰어내리는 아가씨를 두 손으로 얼른 잡아 주었다. 그녀에게 블라우스를 입히고 조그마한 구두를 놓아 주었다. 올가는 재빠르게 서랍을 열어 무언가를 꺼냈는데 그것은 다시 카차의 손으로 들어갔다. 카차가 그녀의 손에 입을 맞추었다. 이모든 것, 즉 올가가 침대에서 폴짝 뛰어내리고 카차의 손에 동전이 쥐어지고 카차가 아가씨의 손에 입을 맞추는 일은 한순간에 벌어졌다.

'아, 내일은 일요일이야. 공교롭게도 그렇게 되었군. 오블로모프가 오겠지!' 올가는 이런 생각을 하면서 허둥지둥 옷을 챙겨 입고 서둘러 차를 후루룩 마신 다음, 숙모와 함께 가게로 갔다.

"숙모님, 우리 내일 스몰느이 사원에 가요. 아침 예배 드리러."

그녀가 운을 띄웠다. 숙모는 인상을 좀 찌푸리면서 잠시 생각을 하고는 입을 열었다.

"그러자꾸나. 그런데 너무 멀지 싶구나, 아가야! 이 엄동설한에 그러고 싶니?"

올가는 그러고 싶었다. 그 이유는 오로지 오블로모프가 강에서 그 사원을 가리킨 적이 있기 때문이다. 그녀는 거기서…… 그를 위해 기도를 하고 싶었다. 그가 건강하기를, 그의 사랑이 변치 않기를, 그가 자신으로 인해 행복해지기를, 그리고…… 쉽게 결정할 수 없는 이 애매모호한 상황이 하루빨리 끝나기를…… 가엾은 올가!

드디어 일요일이 찾아왔다. 올가는 아무도 눈치채지 못하도록 오블로모프의 입맛에 맞게 식단을 만들었다.

그녀는 흰색 옷을 입고 그가 선물해 준 팔찌를 레이스 밑으로 숨겼다. 그리고 그가 좋아하는 머리모양으로 묶었다. 엊저녁에 미리 피아노 조율을 해놓으라고 일러뒀었다. 아침에는 '정결한 여신'을 불러보았다. 목소리가 맑고 청아했다. 별장에서 부른 뒤로 그런 목소리가 나온 건 이번이 처음이었다. 오블로모프가 오기만을 은근히 기다렸다.

남작은 기다림에 들떠 있는 그녀에게 다가가서, 조금 수척해지긴 했어도 얼굴색이 여름에 그랬던 것처럼 좋아졌다고 말했다.

"시골 공기를 못 쐬고 여기 생활이 좀 질서가 없다 보니, 그게 눈에 띄게 당신에게 영향을 미친 것 같군요. 사랑스런 올가 세르게브나, 당신에겐 들판의 공기와 시골이 필요합니다."

그는 몇 번이나 그녀의 손에 입을 맞추었다. 그 때문에 염색한 콧수염이 그녀의 손가락에 작은 얼룩을 남길 정도였다.

"네, 시골요."

그녀는 수긍하듯 말했지만 마치 남작에게가 아닌 허공의 누군가에게 하는 것만 같았다.

"시골 영지 건에 대해 말씀드리자면," 그가 덧붙였다. "다음 달이면 마무리가 될 것 같습니다. 사월이면 영지로 출발할 수 있을 겁니다. 영지가 그리 넓진 않습니다만 입지 여건만큼은 정말 기가 막히죠! 만족하실 겁니다. 그 저택에 그 정원하며! 거기에는 정자도 하나 있죠. 작은 언덕 위에 말이에요. 마음에 드실 겁니다. 거기에선 강이 한눈에 들어와 전망이 좋으며……당신은 아마도 기억 못 하실 겁니다. 당신이 다섯 살 되던 해에 아버님께서 당신을 데리고 그곳을 떠나셨지요."

"아, 정말 기뻐요!"

그녀는 이내 다시 생각에 잠겼다.

'이제 다 해결이 됐어. 우린 그곳으로 가는 거야. 하지만 그가 이 사실을 알기 전에……'

"다음 달이라고 하셨나요, 남작님?" 그녀가 생기 넘치는 목소리로 물었다. "믿을 만한가요?"

"정말 당신은 아름답군요, 특히 오늘은 더욱."

그러고는 남작은 숙모에게로 갔다.

올가는 그대로 꼼짝하지 않았고 곧 다가올 미래의 행복을 꿈꾸었다. 하지만 그녀는 이 소식과, 자신의 미래에 대한 계획을 오블로모프에게는 입도 뻥긋하지 않기로 마음먹었다.

그녀는 오블로모프의 게으른 마음속에서 사랑이 어떤 변화를 보이는지, 어떤 식으로 마음의 부담을 완전히 털어버리는지, 하나하나 자세히 지켜보고 싶었다. 그리고 그가 다가온 행복 앞에서 자신의 고집을 꺾고 시골에서 보내온 좋은 소식을 손에 들고 얼굴 가득 환한 미소를 띠며 자신에게 달려와 그녀의 발치에 그 편지를 내려놓는 모습을 상상했다. 그런 다음 서로 앞을 다투어 숙모에게로 달려가고 그 다음에는…….

그 뒤에 갑자기 그에게 말을 꺼내는 것이다. 자신이 시골에 영지를 갖고 있으며 거기에는 정자도, 강이 내려다보이는 전망 좋은 정원도 있다. 그리고 당장 들어가서 살 수 있는 저택이 있으니 먼저 그곳에 들렀다가 오블로모프카로 가자고 말이다.

'아냐, 내 마음 같아선 차라리 그가 시골에서 좋지 않은 회답을 받았으면 좋겠어.' 그녀는 생각을 고쳐먹었다. '나에게 내 소유의 영지와 집, 정원이 있다는 사실을 알고는 그가 득의양양해하며 기뻐할 리가 없지……그래, 오블로모프카는 지금 영지 운영상태가 그리 좋은 편이 아니니까, 기왕이면 직접 마을을 다녀가라는 등의 안 좋은 소식을 듣고 풀이 죽어 여기로 오는 게 낫겠어. 그러면 부랴부랴 오블로모프카로 달려가서는 필요한 조치를 서둘러 취하려 하겠지. 하지만 무언가 깜박 잊은 것을 알고 어쩔 줄 모르고 있다가 다시 황급히 되돌아오고 말걸. 그러고는 생각지도 않은 사실을 알게 되는 거야. 그렇게 서둘러 갈 필요가 없었다는 사실을. 왜냐, 집도 정원도 전망이 좋은 정자도 다 있거든. 오블로모프카가 아니더라도 살 곳이야 있더란 말이지…… 그래, 그래, 말할 필요가 없어. 끝까지 모른 척하고 있는 거야. 가게 놔두자, 좀 활동해서 건강해지는 것도 나쁘지 않겠어. 이게 다 나를 위한 거고 미래의 행복을 위해서야! 아니, 그게 아니지. 그를 시골로 보내 구태여 헤어져 있을 필요가 있을까? 아냐, 그가 여행복 차림으로 얼굴이 백지장이 되어 찾아와서는 수심이 가득한 표정으로 한 달 동안의 이별을 알리려는 그 순간에 말을 하는 거야. 여름이 오기 전까지 갈 필요가 없다, 그때 함께 가자, 이렇게 말하는 거야……'

이런 공상에 취해 있던 올가는 남작에게로 달려가, 때가 올 때까지 이 소식을 어느 누구에게도 말하지 말라고 미리 방어막을 쳤다. 어느 누구에게도란 말을 힘주어 강조했다. 여기에서 어느 누구란 사실 오블로모프 한 사람을 염두에 둔 말이었다.

"네, 알았어요, 그런데 왜죠? 이야기가 나오게 되면 그래도 오블로모프 씨에게는……."

올가는 마음을 억누르며 아무렇지 않은 듯 말했다.

"아뇨, 그분에게도 말씀하지 마세요."

"알고 계시겠지만, 당신 말씀은 제겐 법이랍니다……."

남작이 아주 상냥하게 덧붙였다.

그녀는 여간내기가 아니었다. 사람들이 보는 앞에서 오블로모프를 쳐다보고 싶을 땐 먼저 다른 서너 명을 번갈아 보고 난 뒤에야 오블로모프에게 눈길을 주자는 생각까지 하고 있었다.

여러모로 신경을 썼으며 그 모든 게 오블로모프를 위한 것들이었다! 몇 번이나 그녀의 두 뺨이 다홍빛으로 달아올랐던가! 피아노가 너무 고음으로 조율된 건 아닌지 알아보려고 몇 번이나 이 건반 저 건반을 두드려 댔던가! 게다가 악보는 얼마나 많이 이리 옮기고 저리 옮겼던가! 하지만 뜻밖에도 오블로모프는 모습을 보이지 않았다! 이게 어찌 된 일이란 말인가?

3시, 4시가 지나도 여전히 그가 나타나지 않았다. 4시 반이 가까워지자 꽃처럼 환하던 그녀의 얼굴에서도 점점 빛이 사라지기 시작했다. 그녀는 눈에 띄게 기운을 잃고 낯빛이 백지장처럼 하얗게 변한 채로 식탁에 앉았다.

다른 사람들은 태연하기만 하다. 누구 하나 눈치를 채는 이도 없다. 그를 위해 준비한 음식을 잘들 먹어 치운다. 아랑곳하지 않고 유쾌하게 모두들 이야기에 열중이다.

식사가 끝나고 저녁이 되어도 그는 모습을 보이지 않았다. 10시 이전까지 그녀는 설렘과 두려움으로 잔뜩 긴장하고 있었다. 하지만 10시가 지났을 때는 자기 방에 틀어박혀 나오려 하지 않았다.

처음에 그녀는 가슴속에 치밀어오르는 짜증을 마음속으로 몰래 오블로모프에게 퍼부었다. 그녀는 자신의 어휘실력을 최대한 발휘하여 비난과 독한 말들을 마구 쏟아냈다. 이렇게 은근히 그를 벌하였던 것이다.

순간 그녀는 온몸이 뜨거운 화염에 휩싸였다가 다시 차가운 얼음으로 채워지는 것만 같았다.

'그는 지금 아프잖아. 혼자라서 편지를 보낼 수도 없고…….' 문득 이런 생각이 머리를 스쳤다.

틀림없이 그럴 것이라 믿자 온통 그 생각에 사로잡혀 그녀는 밤새 잠을 이룰 수가 없었다. 열병이 걸린 사람처럼 두 시간을 꾸벅꾸벅 졸더니 자면서도 헛소리만 해댔다. 하지만 아침에 눈을 떴을 때는 비록 얼굴이 좀 하얗게 변하긴 했어도 침착하고 단호한 모습 그대로였다.

월요일 아침에 여주인 아가피야는 오블로모프의 거실을 들여다보며 말했다.

"어떤 아가씨가 찾아왔는데요."

"나를요? 그럴 리가 없는데! 어디 있어요?" 오블로모프가 말했다.

"문 앞에요. 잘못 알고 우리집 현관으로 왔더라고요. 들여보낼까요?"

오블로모프가 결정을 못 내려 망설이고 있는 사이, 어느새 그의 앞에 카차가 나타났다. 여주인은 나가 버렸다.

"카차!" 오블로모프가 놀라 말했다. "어떻게 여길? 무슨 일이야?"

"아가씨가 여기 오셨어요." 그녀가 속삭이며 대답했다. "가서 계신지 여쭤어보라 하셔서……."

오블로모프는 재빨리 얼굴색을 바꾸었다.

"올가 세르게브나가!" 깜짝 놀란 그가 기어들어가는 목소리로 말했다.

"거짓말이지, 카차, 너 농담하는 거지? 날 당혹스럽게 하지 마!"

"아뇨, 정말이에요. 마차를 빌려 타시고 찻가게에 들르셨는데 곧 이리로 오신대요. 저를 보내면서 자하르를 어디든지 심부름 내보내라고 말씀드리랬어요. 30분 뒤면 보게 될 거예요."

"내가 가는 게 낫지. 어떻게 여길 오게 해?"

오블로모프가 말했다.

"그럴 시간이 없어요. 당장 들이닥치실 텐데요. 도련님이 편찮으시다고 생각하신 걸요. 그럼, 저는 이만 가봐야겠어요. 아가씨가 혼자 계시거든요. 저를 기다리고 계셔요……."

그리고 그녀는 떠났다.

오블로모프는 여느 때 볼 수 없는 빠른 손놀림으로 넥타이를 매고 조끼를 입고 구두를 신은 다음 자하르를 불렀다.

"자하르, 요전에 강 건너편 가로호바야 거리에 다녀오고 싶다고 했지? 어서 지금 다녀와!"

오블로모프가 극도로 흥분된 어조로 말했다.

"안 갈래유."

자하르가 단호하게 대꾸했다.

"안 돼, 가란 말야!"

오블로모프가 완강하게 다시 말했다.

"난데없이 평일에 무슨 마실을 가라시는 거유? 못 가유!"

자하르 또한 고집을 피웠다.

"주인이 호의를 베풀어 휴가를 준다는데 고집피울 일이 아니잖아. 보내줄 테니까 어서 친구들한테 가봐!"

"흥, 친구는 무슨 친구!"

"친구들 만나보고 싶지 않아?"

"죄다 치사한 놈들인걸유. 상판대기두 보구 싶지 않아유!"

"가라니까, 가라고!"

오블로모프가 완강하게 소리쳤다. 온몸의 피가 거꾸로 솟는 것만 같았다.

"됐어유. 오늘은 왼종일 집에 있을래유. 일요일이면 모를까!" 자하르가 태연하게 볼멘소리를 했다.

"지금 당장 가, 당장!" 오블로모프가 흥분해서 재촉했다. "어쨌거나 넌 가야만 해……."

"지가 왜 그런 헛짓거리를 해야 하냐구유?"

자하르는 계속해서 극구 사양하며 버텼다.

"그럼 어디 가서 두어 시간만 놀다 오든가. 네 꼴을 좀 봐, 아직 잠이 덜 깼잖아. 바람 좀 쐬고 오란 말야!"

"내 꼴이야 늘 이렇지. 우리 같은 놈들이 다 그렇쥬!"

자하르는 귀찮은 듯 창문을 쳐다보며 응수했다.

'아이구, 맙소사, 곧 들이닥칠 텐데!' 이마의 땀을 훔치며 오블로모프는 생각했다.

"제발 부탁이니까 나가서 좀 놀다 와, 이렇게 내가 부탁하잖아! 여기 10 코페이카짜리 은전 두 닢 줄 테니까 친구들하고 맥주라도 한 잔 걸치면 되잖아."

"차라리 현관 계단에 있을래유. 이런 엄동설한에 워딜 가유? 대문 옆에 앉아 있으라면 지가 그럴 수는 있겠지만……."

"안 돼, 대문에서 더 멀리 떨어져야 해." 오블로모프가 곧바로 되받아쳤다. "딴 동네로 가란 말야, 저기 왼쪽 공원 있는 곳 보이지……? 아니다, 차라리 강 건너편이 좋겠어."

'참 별 희한한 꼴을 다 보겠네. 놀다 오라구 내쫓을 때도 다 있군. 이제까지 그런 적이 없었는디.' 자하르가 생각했다.

"일요일에 나가 놀게유, 일리야 일리이치……."

"나갈 거야 안 나갈 거야?"

오블로모프는 자하르를 밀쳐내듯 다가서며 말했다. 그러자 자하르는 자취를 감췄다. 오블로모프는 아니시야를 불렀다.

"시장에 다녀와. 저녁거리를 좀 사와……."

"저녁거리라면 벌써 장만해 놓았는데요. 금방 준비되는데……."

그녀의 들창코가 입을 연 것만 같았다.

"입 닥치고 듣기나 해!"

아니시야가 겁에 질릴 만큼 오블로모프의 목소리는 컸다.

"아스파라거스라도 가서 사와……."

심부름을 보내려고 아무리 궁리해도 좋은 핑계거리가 떠오르지 않자 그는 이렇게 덧붙였다.

"나리, 아스파라거스라 하셨나요? 그거라면 여기서도 구할 수 있는데……."

"냉큼 나가지 못해!" 그가 고함을 치자, 그녀는 바로 줄행랑을 쳤다. "있는 힘껏 달려." 그녀의 뒤에 대고 그가 소리쳤다. "뒤도 돌아볼 것 없어! 그리고 돌아올 땐 되도록 걸어. 2시간도 안 돼서 얼굴을 보였다간 용서하지 않을 테다."

"별꼴이여 정말!" 대문 밖에서 아니시야와 마주친 자하르가 말을 건넸다.

"놀다 오라구 내쫓으면서 20코페이카까지 주더라구. 워디루 가지?"

"나리님들 일을 우리가 어찌 알겠어." 눈치 빠른 아니시야가 말했다. "백작님 댁 마부 아르체미에게나 가보구려. 맨날 얻어먹기만 했으니 이번에 차라도 한 잔 사주면 되겠네. 난 시장에 가봐야 해요."

"이유를 모르겠어, 아르체미!" 자하르는 그에게도 이렇게 말했다. "주인님이 놀다 오라구 내쫓으면서 맥주 값을 다 주더라구……."

"그래, 자넨 한잔 생각이 없고?" 아르체미는 그의 속마음을 훤히 꿰뚫고 있었다. "아쉬운 소리 하지 말라고 줬나 보지. 자 어서 가자구!"

그는 자하르에게 눈짓을 보내고 거리 쪽을 가리키며 한 번 고갯짓을 했다.

"가자구!"

자하르 또한 앵무새처럼 말을 따라 하면서 똑같이 고갯짓을 했다.

그들은 함께 나갔다. 아니시야는 첫째 네거리까지 뛰어가서 바자울 뒤쪽 도랑에 몸을 숨기고 과연 어떤 일이 벌어질지 기다리고 있었다.

오블로모프는 귀를 쫑긋 세우고 기다렸다. 그때 누군가가 쪽문 손잡이를 건드렸다. 순간 개가 미친 듯이 마구 짖어댔고 이어서 사슬을 끌면서 뛰어다니는 소리가 들리기 시작했다.

"저 망할놈의 개새끼!"

오블로모프는 이를 부드득 갈았다. 그리고 모자를 집어들기가 무섭게 쪽문으로 뛰어갔다. 문을 열었다. 하마터면 올가를 끌어안은 채로 현관 계단까지 갈 뻔했다.

그녀는 혼자였다. 카차가 대문으로부터 얼마 떨어지지 않은 마차에서 그녀를 기다리고 있었다.

"몸은 괜찮아요? 왜 누워 있지 않고요? 무슨 일이죠?"

그들이 거실 안으로 들어섰을 때 그녀는 외투도, 모자도 벗지 않고 그를 머리끝에서 발끝까지 유심히 살피며 걱정스레 물었다.

"이제 한결 나아졌어요. 아프던 목도 나았고…… 거의 다 나았어요."

그가 목에 살짝 손을 가져가며 이렇게 말했다. 그리고 가볍게 한 번 기침을 했다.

"어제는 왜 안 왔죠?"

뚫어져라 쳐다보며 그녀가 물었다. 하지만 그 심문하는 듯한 눈길을 보자 오블로모프는 아무 대꾸도 할 수 없었다.

"이게 무슨 해괴망측한 행동이오, 올가?" 그가 놀라며 물었다. "당신이 지금 뭘 하고 있는지 알기나 해요?"

"그런 얘길랑은 나중에 해요!" 그녀가 말을 급하게 가로막았다. "제가 지금 묻고 있잖아요, 잠깐이라도 당신이 다녀가지 않은 이유가 뭔지?"

그는 아무 말도 하지 않았다.

"눈에 다래끼라도 났었나요?"

그녀가 따지듯이 물었다. 그는 여전히 아무 말이 없었다.

"아팠던 게 아니군요. 목이 아팠단 말은 순 거짓말이에요."

눈썹을 찌푸리며 그녀가 말했다.

"맞아요, 아프지 않았어요."

오블로모프가 초등학생 같은 목소리로 대답했다.

"그럼, 날 속였단 말이군요!" 그녀는 눈이 휘둥그레져서 그를 쳐다보았다. "왜죠?"

"다 설명할게요, 올가." 오블로모프는 변명하듯 말했다. "실은 2주일 동안 나를 못 가게 한 중요한 이유가 있었어요…… 난 두려웠어요……."

"뭐가요?"

모자와 외투를 벗고 자리에 앉으며 그녀가 물었다. 그는 그녀에게서 모자와 외투를 받아 소파에 올려놓았다.

"소문과 억측……."

"내가 밤새 한잠도 못 잔 건 걱정되지 않나요? 이 궁리 저 궁리 하다가 아예 자리에 누울 뻔했다고요!"

한번 떠보는 듯한 시선으로 그를 쳐다보며 그녀가 말했다.

"당신은 몰라요, 올가, 내게 무슨 일이 벌어지고 있는지." 오블로모프가 자신의 가슴과 머리를 가리키며 말했다. "마치 불 속에라도 있는 것처럼 불안해요. 무슨 일이 있었는지 당신은 상상도 못할 거예요."

"또 무슨 일이 있었는데요?"

그녀가 냉랭하게 물었다.

"당신과 나에 대한 얼토당토않은 소문들이 쫙 퍼졌다고요! 당신을 걱정시키고 싶지 않았어요. 그래서 얼굴을 비치지 않은 건데."

그는 자하르와 아니시야로부터 들은 이야기를 하나하나 자세히 그녀에게 털어놓았다. 멋쟁이들의 대화도 상기시키면서 그 뒤로 잠을 이루지 못했고 만나는 사람마다 그 시선에서 의혹이나 비난, 또는 그들의 만남에 대한 교활한 비웃음을 읽을 수 있었다는 말로 결론을 맺었다.

"하지만 이번 주 안으로 숙모님께 공표하기로 하지 않았던가요?" 그녀는 되받아쳤다. "그러면 그런 소문도 자연히 다 잠잠해지겠죠……."

"그야 그렇죠. 하지만 이번 주까지는, 시골에서 편지가 오기 전까지는 숙모님에게 말씀드리고 싶지 않았어요. 숙모님은 내 사랑 따위는 안중에도 없고 영지에 대해서만 꼬치꼬치 물으실 게 틀림없다고요. 저는 누구보다 잘 알고 있죠. 그러나 대리인으로부터 편지를 받기 전에는 설명할 게 하나도 없어요."

그녀는 한숨을 내쉬었다.

"만일 내가 당신이란 사람을 속속들이 잘 알지 못했다면," 깊은 생각에 빠진 얼굴로 그녀가 말했다. "어떤 생각을 했는지 전혀 몰랐겠죠. 한낱 하인들의 소문에 내가 걱정할까봐 두려웠다면서 오히려 본인이 날 걱정시키는 건 아무렇지도 않다는 거로군요! 정말 당신을 이해할 수 없어요."

"난 그들의 쑥덕공론이 당신을 자극할 줄 알았어요. 카차, 마르파, 세묜, 그리고 멍청이 니키타가 정말 얼토당토않은 소문을 퍼뜨리기에……."

"그들이 무슨 말들을 하는지 난 진작 알고 있었어요."

그녀가 태연스레 말했다.

"네? 알고 있었다고요?"

"그래요. 카차와 유모가 훨씬 전에 그 말을 내게 해줬어요. 당신에 대해 이것저것 물으면서 축하도 해줬는걸요……."

"어, 축하까지 해줬다고요?" 그가 깜짝 놀라며 물었다. "그래서 당신은요?"

"아무렇지도 않아요. 고맙다고 했죠. 유모한테 숄을 선물했어요. 그러자 유모는 세르기 사원까지 걸어서 다녀오겠다는 약속을 했어요. 카차는 과자 상인에게 시집을 보내려고 우리가 나서서 돕고 있어요. 카차만의 로맨스가 있거든요……."

그는 놀란 눈으로 그녀를 바라보았다.

"날마다 당신은 우리집에 오잖아요. 사람들이 이러쿵저러쿵하는 게 너무도 당연할 정도로 말이죠." 그녀가 덧붙였다. "이제 겨우 이야기들을 시작하고 있는 건데. 소네치카의 경우도 마찬가지였어요. 그런데 당신은 뭐가 그리 두렵다는 거죠?"

"그러니까 그 소문이 어디서 나온 거냐고—"

그가 말꼬리를 늘어뜨리며 말했다.

"전혀 근거 없는 소문은 아니잖아요? 진실 아닌가요?"

"진실이라!" 오블로모프가 묻는 것도 그렇다고 부정하는 것도 아닌 어투로 따라 말했다. "그래요," 그가 뒤에 덧붙였다. "사실 당신 말이 다 옳아요, 난 그저 우리 만남이 남들에게 알려지는 걸 원치 않았어요. 그래서 가슴이 조마조마했던 건데……."

"당신은 마치 아이처럼 겁을 집어먹고 벌벌 떨고 있어요…… 이해를 할 수 없군요! 당신이 날 훔치기라도 했다는 건가요?"

그로서는 난처하기 그지없었다. 그녀가 유심히 그를 살펴보았다.

"내 말 좀 들어 보세요." 그녀가 말을 시작했다. "물론 그 중엔 거짓말도 있고 어떤 말은 전혀 터무니없기도 하고…… 이리 와서 마음속에 있는 모든 것을 털어놔보세요. 하루 이틀쯤은 못 올 수도 있어요. 조심하느라 일 주일 동안 모습을 보이지 않는 것 또한 어쩔 수 없었다고 치죠. 하지만 아무리 그래도 미리 내게 편지라도 보내 알려줬어야죠. 당신도 알다시피 난 이제 그 따위 소문에 괴로워하는 어린아이가 아니라고요. 자초지종을 말해 봐요."

오블로모프는 잠시 생각에 잠겼다가 그녀의 손에 입을 맞추고 한숨을 내쉬었다.

"사실은, 올가. 난 이렇게 생각해요." 그가 이야기하기 시작했다. "요즘 내 머릿속은 온통 당신 걱정으로 신경이 아주 예민해진 상태랍니다. 이것저것 마음을 쓰느라 머리가 깨지는 줄 알았다고요. 예견된 희망으로, 어떤 땐 사라진 희망으로, 또 다시 기대를 걸면서, 하루도 마음에서 고민이 떠날 날이 없었기 때문에 육체적으로도 큰 충격을 받았답니다! 온몸에 마비가 일어난 듯 말이죠. 그래서 안정을 취할 시간이 필요했어요……."

"나라고 왜 온몸에 고통이 오지 않겠어요? 또 나라고 왜 당신 곁에서만 안정을 얻을 수 있겠어요?"

"당신에겐 젊고 강인한 힘이 있어요. 또 당신은 밝고 안정된 사랑을 하는 반면, 나는…… 그래도 내가 얼마나 당신을 사랑하는지 당신도 잘 알잖아요!"

그가 마룻바닥으로 미끄러지듯 내려가 그녀의 손에 입을 맞추면서 말했다.

"아뇨, 아직 잘 모르겠어요. 당신이 너무 이상한 분이라 감을 잡기도 어렵군요. 내 판단력이 사라져 가고 희망 또한 사라지고 있어요…… 우린 곧 서로를 이해하지 못하게 될 거예요. 그땐 끝장이라고요!"

둘은 아무 말도 하지 않았다.

"요즘 무얼 하면서 시간을 보냈죠?" 처음으로 방 안을 둘러보며 그녀가 물었다. "여긴 마음에 들지 않는군요. 이렇게 천장이 낮을 수가! 창문은 작은 데다 벽지는 낡았고…… 다른 방은 또 어디 있죠?"

그는 서둘러 그녀에게 집을 보여 주기 시작했다. 자신의 근황을 묻는 물음에 그냥 얼버무릴 생각이었다. 다음 그녀는 소파에 앉았다. 그는 다시 그녀의 발 옆 양탄자에 자리를 잡았다.

"지난 2주일 동안 무얼 했나요?"

그녀의 추궁이 또 다시 시작되었다.

"책도 읽고 편지도 쓰고 당신 생각도 했죠."

"내 책 읽어봤어요? 어떤가요? 오늘 가져갈게요."

그녀는 책상에서 책 한 권을 집어들고는 펼쳐져 있는 페이지를 슬쩍 쳐다보았다. 뽀얗게 먼지가 앉아 있었다.

그녀가 말했다.

"네."

올가는 구김살이 지고 여기저기 기운 흔적이 있는 베개와 너저분하게 널려 있는 것들, 먼지가 뽀얗게 앉은 창문과 책상 등을 한 번 빙 둘러 보았다. 먼지를 뽀얗게 뒤집어쓴 종이들을 뒤적이고 바싹 마른 잉크병 속의 펜을 움직여 보았다. 그러고는 어이없다는 표정으로 그를 쳐다보았다.

"대체 뭘 했어요? 책도 안 읽고 편지도 쓰지 않고?"

"시간이 없었어요." 그가 말을 더듬었다. "아침에 일어나면 방청소를 한다고 방해를 하고 또 그게 끝나면 저녁 준비 의논이 시작되기 일쑤죠. 또 주인집 아이들이 숙제를 봐달라며 찾아오고. 그러다 보면 어느새 식사 시간이고 식사가 끝나면…… 언제 책을 읽겠어요?"

"저녁을 먹고는 자버렸군요."

안 봐도 뻔하다는 투로 그녀가 말했다. 잠시 머뭇거리다가 그는 어쩔 수 없이 기어들어가는 목소리로 겨우 대답했다.

"잤어요……."

"왜요?"

"시간이 참 빨리 흐르더군요. 당신도 곁에 없고, 올가. 당신이 없으니 하루하루가 쓸쓸하고 너무 견디기 힘들어서……."

그는 말을 멈추었다. 그녀가 무섭게 그를 노려보고 있었다.

"일리야!" 그녀가 진지하게 말을 시작했다. "공원에서 내게 했던 말 기억해요? 당신이 삶의 희망을 찾았다면서 내가 당신의 삶의 목적이자 이상이라고 했던 말. 그러고는 내 손을 잡고 내가 당신 것이라고 했던 말. 내가 당신의 청혼을 받아들였던 것도 기억해요?"

"그럼요, 그걸 어떻게 잊어요? 내 인생을 송두리째 뒤집어 놓았죠. 당신 눈엔 내가 얼마나 행복한지 안 보여요?"

"아뇨, 전혀 안 보여요. 당신은 날 속였어요. 그녀가 쌀쌀맞게 말했다. "당신은 다시 예전의 모습으로 돌아가고 있어요……."

"속였다고요? 그렇게 심한 말을 하다니. 맹세컨대, 당신을 위한 일이라면 지금 불구덩이라도 뛰어들 수 있다고요! ……"

"그래요? 불구덩이가 바로 당신 발 아래에 있었다면 그럴 수도 있겠네요." 그녀가 말을 잘랐다. "하지만 사흘만 더 시간을 주면 당신은 무서워 벌벌 떨다가 결국 생각을 고쳐먹겠죠. 만일 자하르와 아니시야가 쑥덕거리기 시작하면 당신은 또…… 이건 사랑이랄 수 없어요."

"내 사랑을 의심하는 건가요?" 그는 너무 당황스러웠다. "당신 때문이 아니라 나 때문에 두려워서 내가 꾸물거리기라도 한단 말인가요? 난 울타리가 되어서 당신을 지켜주고 싶었고 소문이 감히 당신을 어쩌지 못하도록 하려고 마치 엄마처럼 밤잠을 설쳐가며 애를 썼는데…… 아이구, 올가! 제가 증거를 대보죠! 다시 한 번 말하겠어요. 난 당신이 다른 사람과 결혼하는 게 더 행복하다면 군소리 없이 내 권리를 양보할 각오가 되어 있어요. 당신을 위해 죽어야만 한다면 난 기꺼이 죽을 수도 있어요!"

그가 눈물로 호소를 했다.

"그런 건 전혀 필요 없어요. 아무도 그걸 요구할 리도 없고요! 당신 목숨으로 제가 무얼 하겠어요? 당신은 당신이 할 일을 하면 되는 거죠. 터무니없이 남의 희생을 요구하는 행동은 교활한 자들이 부리는 잔꾀에 불과해요. 쓸데없는 희생 없이 해결할 수 있을 테니까요. 당신이 교활하지 않다는 건 누구보다도 내가 잘 알아요. 하지만……."

"당신은 아직 잘 몰라요. 이런 열정과 숱한 근심이 얼마나 내 건강을 해쳤는지." 그가 말을 이었다. "당신을 알게 된 뒤부터 난 딴생각을 할 겨를이 없었어요…… 그래요, 다시 말씀드리지만, 여전히 당신은 내 목적이고 오로지 당신뿐입니다. 당신이 내 곁을 떠난다면, 난 당장 죽어버리든가 아니면 미쳐버리고 말 겁니다! 난 지금 당신으로 인해 숨쉬고 바라보고 생각하고 느끼고 있어요. 당신을 보지 못한 며칠 동안, 내가 잠에 빠지고 풀이 죽은 게 뭐 그리 대단한가요? 모든 게 혐오스럽고 지긋지긋해요. 난 기계나 똑같아요. 돌아다니고 뭔가를 하고 있으면서 뭘 하는지는 정작 본인도 모르는걸요. 당신은 이 기계의 불꽃이자 원동력입니다."

그는 무릎을 꿇고 몸을 똑바로 세우며 이렇게 말했다. 공원에서 그랬던 것처럼 그의 눈이 빛나고 있었다. 다시 자부심과 의지력이 타오르기 시작한 것이다.

"난 지금 당신이 이끄는 대로 가고 당신이 원하는 대로 할 준비가 되어 있어요. 당신이 나를 쳐다보고 말을 하고 노래를 할 때 난 살아 있음을 느낍니다."

그녀는 생각에 잠기어 그의 말에 귀 기울였다.

"들어 봐요, 일리야. 난 당신의 사랑과 자제력을 믿어요. 그런데 왜 그런 망설임으로 날 걱정시키고 의심까지 하게 만드는 거죠? 내가 당신의 목적이라고 말하면서 왜 내게로 오는 발걸음은 그렇게 더디고 소심한 거죠? 아직 갈 길도 멀고 당신은 나를 앞서야만 해요. 난 그 순간만을 고대하고 있어요! 서로 사랑하는 이들의 행복을 그동안 많이 봐왔어요." 그녀가 한숨과 함께 덧붙였다. "그들도 모두 내적으로 마구 끓어오르는 상태였지만 평온함은 당신의 그것과는 달랐어요. 그들은 절대 고개를 숙이는 법이 없었어요. 눈을 크게 뜨고 졸린 기색은 전혀 찾아볼 수 없이 행동을 한다고요! 그런데 당신은…… 그렇지 않아요. 사랑하는 사람의 모습, 내가 당신의 목적이라고 말하는 사람의 모습이 아니에요……."

그녀는 의심스러운 듯 고개를 내저었다.

"올가, 당신이 내 목적입니다!" 그가 다시 그녀의 손에 입을 맞추고 발 옆에서 어쩔 줄을 몰라 하면서 말했다. "내겐 당신뿐입니다! 하느님 맙소사, 이렇게 행복할 수가!" 그가 잠꼬대를 하듯 횡설수설했다. "당신을 속인다는 것이, 또 감정의 격정 뒤에 다시 잠을 이룬다는 것이 가능하다고 생각하십니까? 당신 없이는 도저히 살아갈 수가 없습니다! 당신과 안드레이는 곧 알게 될 겁니다. 흥분에 찬 눈빛으로 주위를 둘러보며 그가 말을 이어나 갔다. "당신과 같은 여인의 사랑이 한 인간을 얼마나 높은 곳까지 끌어 올릴 수 있는지를 잘 알기 때문입니다! 날 보세요, 날 보라고요. 내가 혹 부활한 것은 아닙니까? 지금 이 순간 내가 정말 살아 있지 않습니까? 여기에서 나 갑시다! 어서! 밖으로! 단 1분도 나는 여기 머무를 수가 없습니다. 숨이 막히고 가슴이 답답합니다!" 그가 꾸밈없는 증오의 눈길로 주위를 둘러보며 소리쳤다. "오늘 하루만이라도 이런 감정으로 살게 해주세요…… 아, 지금 나를 태우고 있는 이 불길이 내일도, 아니 영원히 나를 완전히 집어삼킨다 면! 하지만 당신이 곁에 없다면 난 불타서 사라져 버릴 테고 깊은 수렁에 빠지고 말 겁니다. 이젠 다시 살아났어요, 부활한 겁니다. 내 생각에 나는… … 올가, 올가! 당신은 세상 그 무엇보다도 아름답고, 최고의 여인이며, 당 신은…… 당신은……."

오블로모프는 그녀의 손에 얼굴을 비벼대고는 그대로 실신이라도 한 듯했 다. 그의 입에서 더 이상 아무 말도 나오지 않았다. 흥분을 가라앉히려고 한 손을 가슴에 갖다 댔다. 그리고 열정적이고 촉촉한 시선을 올가에게로 던진 채로 꼼짝도 하지 않았다.

'다정다감해, 정말 다정다감하단 말야!'

올가는 속으로 생각했다. 하지만 지난 공원에서와는 달리 한숨을 내쉬고 는 깊은 생각에 빠졌다.

"이제 가봐야겠어요!"

정신을 차리고 다정하게 그녀가 말했다. 그의 정신이 갑자기 또렷해졌다.

"당신 여기 있었어요, 하느님 맙소사! 내 옆에?"

흥분에 찬 시선은 수줍게 두리번거렸다. 격렬한 말은 더 이상 나오지 않았 다. 그는 서둘러 모자와 외투를 집어들고 허겁지겁 외투를 그녀의 머리에 씌 우려 했다.

그녀가 웃음을 터뜨렸다.

"내 걱정은 하지 말아요." 그녀가 그를 진정시켰다. "숙모는 오늘 하루 종 일 일이 있다면서 나갔어요. 내가 집에 없는 줄 아는 사람은 유모와 카차뿐 이에요. 바래다주세요."

올가는 그에게 손을 내밀었다. 전혀 떨지도 않는다. 오히려 자신의 무죄를 자랑스러워하면서 기분 좋게 마당을 가로질렀다. 그리고 격렬한 쇠사슬 소리와 개 짖는 소리를 뒤로한 채 마차에 올라타고는 떠나 버렸다.

주인집 창문 여기저기에서 이쪽을 훔쳐보는 머리가 보였다. 바자울 너머 도랑에서는 아니시야의 머리가 보였다.

마차가 다음 길로 접어들자 아니시야가 달려와, 온 시장을 다 뒤졌는데 아스파라거스는 없더라는 말을 했다. 자하르는 세 시간이 지나 돌아와서는 하루 종일 잠만 잤다.

한참 동안 오블로모프는 방 안을 이리저리 돌아다녔다. 하지만 발바닥에 딛고 있는 감각이 없었고 발소리도 들리지 않았다. 마치 마루에서 30센티쯤 떠다니는 것만 같았다.

그의 삶이자 행복을 실은 마차가 떠났다. 눈 위를 달려서 덜거덕대는 마차의 바퀴소리가 잠잠해지자 그의 불안도 함께 진정되었다. 고개와 등이 곧추세워졌다. 흥분에 넘친 빛줄기가 얼굴에 감돌고 두 눈은 행복과 기쁨으로 촉촉해졌다. 온몸에 어떤 따스함과 상쾌함, 용기가 용솟음쳤다. 예전처럼 갑자기 어디든 멀리 떠나고 싶어졌다. 예컨대 슈톨츠가 있는 곳으로 올가와 함께 가거나 시골의 들판과 숲을 거닐고 싶었다. 또 자신의 서재에 틀어박혀 일에 몰두하거나, 르이빈스카야 부두로 직접 가서 길을 내거나, 모두의 화제가 되고 있는 새로 나온 책을 처음부터 끝까지 읽고 싶기도 했다. 오페라에도 가고 싶었다. 게다가 오늘밤 당장……

그래, 오늘 그녀가 그를 찾았으니 이번에 자신이 그녀를 찾아가 저녁에 오페라를 들으러 가는 것이다. 그야말로 충실한 하루다! 이런 인생이라면, 올가와 함께 하는 분위기라면, 그녀의 순결한 광채와 활기찬 힘, 그리고 젊지만 예리하고 속 깊으며 건강한 이성의 빛줄기 속에서라면 정말이지 얼마나 호흡이 가뿐하랴! 그는 마치 날듯이 걷고 있다. 누군가의 팔에 안겨 방 안을 누비고 다니는 것만 같다.

"앞으로, 앞으로 돌진!" 올가가 소리쳤다. "더욱 높이높이, 사랑과 아름다움의 힘이 그 권리를 잃고 남자의 왕국이 열리는 전선을 향해 달려라!"

인생을 바라보는 그녀의 눈은 얼마나 명료한가! 불가사의한 책 속에서 자신의 가야 할 바를 읽어내고는 본능적으로 그 길을 알아내는 그 재주! 두 인생이 마치 두 강이 그러하듯 결합해야만 한다. 그는 그녀의 인도자이자 사령관이다!

그녀는 오블로모프의 힘과 능력을 보고 그가 할 수 있는 일이 무한하다는 사실을 대번에 알아차리고는 순순히 그의 지배를 기다린다. 놀라운 올가! 침착하면서도 대담하고 솔직한, 그러나 결단력이 있는 여인! 자연스럽기가 삶 자체와도 같은 여인!

"여긴 너무 기분 나쁜 집이야!" 그가 주위를 둘러보며 혼자 중얼거렸다. "영락없이 천사가 그런 늪에 내려와 빛을 환하게 비추고 간 꼴이군!"

그는 애정 어린 눈길로 그녀가 앉았던 의자를 쳐다보았다. 갑자기 그의 두 눈이 반짝반짝 빛나기 시작했다. 의자 옆 마룻바닥에 떨어져 있는 작은 장갑이 눈에 띄었던 것이다.

"증표로군! 그녀의 손, 이건 길조야! 오!"

장갑을 입술에 대면서 그가 환희의 탄성을 질렀다. 여주인이 아마포를 들고 문 안쪽으로 얼굴을 내밀었다. 장사꾼이 왔는데 필요하면 잠깐 와서 구경하라고 권했다.

하지만 그는 고맙다는 인사만 할 뿐 그녀의 팔꿈치는 거들떠보지도 않는다. 매우 바쁘다며 양해를 구했다. 그러고 나서 이번 여름에 있었던 추억 속으로 빨려들어간다. 세세한 것까지 눈에 선하다. 나무 한 그루 한 그루, 관목, 벤치 하나 하나, 그리고 둘이 주고받은 말 한 마디까지 떠올린다. 그러자 모든 것들이 그때보다 더 사랑스럽게 느껴져 그리울 따름이다.

그는 감정을 자제하지 못하고, 노래를 부르고 아니시야에게 다정하게 말을 걸었다. 그녀에게 아직 아이가 없다며 농담을 하기도 하고 아기가 태어나면 그 즉시로 세례를 주겠노라 약속을 한다. 마샤와도 똑같은 소란을 피운다. 이를 지켜보던 여주인이 결국 고개를 내밀고, '일하는 것'을 방해하지 말라며 마샤를 집으로 불러들이고야 말았다.

그날 오후부터 밤까지 거의 정신이 아찔할 정도였다. 올가는 기분이 어찌나 좋은지 노래가 절로 나왔다. 오페라에도 갔다 왔다. 오블로모프는 올가 집에서 차를 마셨다. 그는 숙모와 남작과 올가와 더불어 진심어린 정다운 대화를 나누었다. 오블로모프는 자신이 정말 이 가족의 구성원이 된 것만 같았다. 그동안은 정말 고독한 삶이었다. 하지만 지금은 그에게도 의지할 곳이 생겼다. 이번에야말로 자신의 삶을 확고히 다진 것이다. 그에게도 빛과 따스함이 있다. 이런 삶을 살아간다는 게 얼마나 기쁜 일인가!

 그날 밤 오블로모프는 잠을 이룰 수 없었다. 올가가 보내준 책을 모조리 읽을 작정이었다. 한 권하고도 반을 읽었다.

 '내일은 틀림없이 시골에서 편지가 오겠지.'

 생각만 해도 가슴이 두근거렸다. 쿵쾅쿵쾅…… 드디어 인생 대단원의 막이 오른다!

제8장

이튿날 자하르는 방청소를 하다가 책상에서 작은 장갑 하나를 발견했다. 한참 찬찬히 들여다보고는 미소를 지으면서 오블로모프에게 내밀었다. "분명 일리인스카야 아가씨가 잊고 가신 거 맞쥬?"

"망할 자식!" 그의 손에서 장갑을 낚아채며 일리야 일리이치가 고함을 버럭 질렀다. "말도 안 되는 소릴 하고 있어! 무슨 일리인스카야 아가씨! 이건 여재단사가 가게에서 셔츠를 재보러 왔다가 놓고 간 거야. 무슨 엉뚱한 생각을 하는 거야!"

"망할 자식이라뉴? 그럼 지가 없는 말을 지어내기라두 했단 말인가유? 저기, 주인집에선 벌써 다들 쑥덕거리구 있던디……."

"쑥덕거린다니, 뭘?" 오블로모프가 물었다.

"들어보니, 일리인스카야 아가씨가 계집애 하나를 데리구 왔었다구……."

"하느님 맙소사!" 오블로모프가 깜짝 놀라 탄식을 쏟아냈다. "그들이 어떻게 일리인스카야 아가씨를 알지? 네놈 아니면 아니시야가 떠벌린 게 분명해……."

갑자기 아니시야가 현관문으로 몸을 반쯤 들이밀었다.

"당신, 자하르 트로피므이치. 그렇게 입에서 나오는 대로 막 떠들어 대고도 부끄럽지 않수? 이 사람 말 듣지 마세요, 주인님. 누구하나 입도 벙긋하지 않았으니 아무도 몰라요. 신을 걸고 맹세합니다……."

"어라, 어라, 얼씨구!" 팔꿈치를 아내의 가슴을 향해 추켜올리면서 자하르가 볼멘소리를 했다. "누가 물어봤어? 왜 끼어들구 난리여?"

아니시야가 모습을 감췄다. 오블로모프는 두 주먹으로 자하르에게 위협을 하고는 재빨리 주인집으로 통하는 문을 열어젖혔다. 아가피야 마트베이브나가 마루에 앉아서 낡은 여행 가방을 뒤집어 잡동사니들을 쏟아내고 있었다. 그녀 주위에는 걸레와 솜, 낡은 옷가지, 단추와 모피 조각이 산더미처럼 쌓였다.

"제 말 좀 들어 보세요." 오블로모프가 다정하지만 꽤 흥분된 어조로 입을 열었다. "내 집 사람들이 온갖 황당무계한 말들을 늘어놓고 있는데 제발, 곧이들어선 안 됩니다."

"전 아무 말도 듣지 못했어요. 뭐라고들 쑥덕거리는데요?" 여주인이 말했다.

"어제 찾아온 손님에 대한 거예요." 오블로모프가 말을 이어갔다. "글쎄 어떤 아가씨가 찾아왔대나 어쨌대나, 원 참……."

"세입자에게 누가 찾아오든 우리가 알 필요가 있나요?"

"지당하신 말씀이지만, 어쨌든. 저들을 믿어선 안 됩니다. 그건 터무니없는 거짓말이라고요! 어떤 아가씨도 다녀간 적이 없습니다. 셔츠를 짓는 재단사 여자가 왔다갔을 뿐이에요. 치수를 재러 왔었죠……."

"어디에다 셔츠를 주문했나요? 셔츠를 지어주는 사람이 누구죠?" 여주인이 적극적으로 물었다.

"프랑스 사람이 운영하는 가게에서……."

"다 만들어서 가져오거든 보여 주세요. 내가 아는 아가씨가 둘이 있는데, 바느질 솜씨가 얼마나 좋은지 프랑스 여자라도 감히 흉내내지 못할 걸요. 한 아가씨가 메틀린스키 백작이 주문한 옷을 지어 와서 보여 준 적이 있어요. 아무도 그 솜씨는 못 따라갈 겁니다. 지금 당신이 입고 있는 셔츠도 보아하니, 그 아가씨 솜씨에는 한참 모자란 듯하네요……."

"잘 알겠습니다. 기억해두죠. 다만 부탁이니 어떤 아가씨가 왔었을 거라고는 생각지 말아 주십시오……."

"누가 찾아오든 무슨 상관이에요? 그게 아가씨가 되었든……."

"아뇨, 아니라고요!" 오블로모프가 강하게 부정했다. "터무니없는 거짓말이에요. 자하르 입에 오르내리는 그 아가씨는 키도 아주 크고 목소리도 굵은 저음이에요. 그런데 여재단사의 목소리는, 들으셔서 아시겠지만, 아주 카랑카랑하거든요. 정말 좋은 목소리라고 할 수 있죠. 어쨌든 이상한 생각일랑 하지 마세요……."

"아무 상관 없대두요?" 방을 나가려는 그에게 여주인이 말했다. "셔츠를 지으실 일이 생기면 잊지 말고 제게 말하세요. 정말 촘촘하게 바느질을 잘

하는 사람들을 알고 있어요……. 이름은 리자베타 니콜라브나와 마리야 니콜라브나입니다."

"네, 알았어요. 잊지 않겠습니다. 제발 나리도 그런 이상한 생각일랑 조금도 하지 마세요."

그는 자신의 방으로 가자마자 옷부터 갈아입었다. 그리고 올가의 집으로 갔다.

저녁때 돌아와 보니, 시골에서 온 편지가 책상에 놓여 있었다. 그가 의뢰한 대리인이자 이웃 지주가 보낸 것이다. 등잔 아래로 달려가 빠르게 읽어 내려갔다. 그의 두 손이 힘없이 축 늘어졌다. 그 내용은 이러했다.

'삼가 부탁드리건대, 신임장을 다른 이에게 전해 주십시오. 처리해야 할 일이 산더미처럼 쌓여 있는 관계로 솔직히 말씀드려 당신의 영지를 관리할 수가 없습니다. 직접 와보시는 것이 가장 좋을 듯싶고, 영지에 내려와 사시게 된다면 더할 나위가 없으실 겁니다. 무엇보다도 부역 노동과 소작료 건은 좀더 신중을 기할 필요가 있습니다. 주인도 없이 이 일을 한다는 건 당치도 않습니다. 농부들은 버르장머리가 없어서 새 촌장의 말은 들으려고도 하지 않고, 옛 촌장은 교활하기 이를 데가 없는 작자입니다. 예의주시할 필요가 있습니다. 수입량을 산출할 수가 없습니다. 요즘 같은 이런 난장판에서는 3천 루블 이상을 기대하기 어려울 듯싶습니다. 당신의 감독 아래에서는 가능했겠지요. 이 금액은 곡물에서 나온 수입이고, 소작에는 기대할 게 거의 없습니다. 농부들을 엄격히 감시해야 하고 체납금도 처리를 해야 하는데 그러기 위해서는 석 달은 걸릴 겁니다. 보리 작황은 좋아서 가격이 괜찮은 편이라 만일 직접 판매를 맡아 관리하신다면 내년 3월이나 4월에 돈을 받으실 수 있을 겁니다. 현재 현금은 땡전 한 푼 없습니다. 베르홀료보를 지나는 도로와 다리에 대해 말씀드리자면, 오랫동안 당신의 회신이 없었기 때문에 아단초프, 그리고 벨로보도프와 상의를 해서 넬키의 제 영지에서부터 도로를 닦기로 결정을 했습니다. 따라서 오블로모프카는 멀리 비껴가게 되었습니다. 결론적으로 다시 한 번 말씀드리건대, 가능한 하루 빨리 제 부탁을 들으십시오. 석 달을 어떻게 보내느냐에 따라서 내년 기대할 바가 있을지, 없을지가 결정됩니다. 말이 나온 김에 덧붙이자면, 곧 선거입니다. 혹 지방법원 배심원에 출마할 의향은 없으십니까? 서두르십시오. 당신 저택은 지금 아주 안 좋은 상태입니다.' 그리고 끝으로 다음과 같이 덧붙였다. '가축지기와 나이 든 마부, 그리고 두 할멈에게 움막으로 옮기라고 일러두었습니다. 더 이상 그곳에 남아 있는 것은 위험천만일 테니까요.'

편지에는 보리 수확량과 탈곡량, 가게로 입하된 양과 예상되는 매출량 등등의 자세한 회계장부가 첨부되어 있었다.

'무일푼, 3개월, 오블로모프카에 가는 일, 농민 문제 처리, 수입 결정, 선거 운동.' 이 모든 것들이 마치 유령처럼 오블로모프를 에워쌌다. 그는 깊은 밤 숲 한가운데로 들어선 느낌이었다. 관목과 나무들 뒤에 강도나 죽은 사람, 아니면 짐승이 숨어 있을 것만 같았다.

"이건 치욕이다. 절대 항복할 수 없어!"

실눈을 가늘게 뜨고 유령을 쳐다보려 해도 마음만 졸이고 손발에는 힘이 모두 빠져버리는 겁쟁이처럼 그는 이 유령들을 살피려고 무던히 애를 썼다.

오블로모프가 기대했던 것은 무엇이란 말인가? 편지에는 그가 받게 될 돈의 액수가 정확히 써 있겠거니 생각했다. 물론 많을수록 좋겠지만 예를 들어 6, 7천은 되겠지 싶었다. 저택도 아직은 쓸 만해서 필요하다면 새 저택을 지을 때까지는 살 수 있으려니 생각했다. 마지막으로 대리인이 돈을 3, 4천 루블 보낼 거라는 기대도 있었다. 한마디로 말해, 편지에서 그는 올가의 편지를 읽었을 때와 같은 미소와 삶의 유희, 그리고 사랑을 읽을 수 있으리라 기대했었다.

오블로모프는 방안을 걸어도 더 이상 허공을 떠다니는 기분을 느낄 수 없었다. 아니시야와 농담을 주고받지도 않았으며 행복에 대한 희망으로 흥분하지도 않게 되었다. 행복을 석 달이나 미뤄야만 한단 말인가! 안 돼! 석 달이라고 해봐야 일에 착수하고 자신의 영지에 대해 파악하다 보면 어느새 지나고 말 텐데, 그럼 결혼식은……

"앞으로 일 년 동안 결혼식은 꿈도 못 꾸겠어." 그가 겁에 질려 말했다. "그래, 맞아, 일 년 뒤에나, 그 전엔 절대 안 돼! 계획도 마무리지어야 하고 건축가와 상담할 날을 잡아야 해. 그리고…… 그 다음엔……."

한숨이 절로 나왔다.

'일을 하자!' 번개처럼 머릿속을 스치는 생각이었다. 하지만 그는 이 생각을 애써 밀어냈다.

'어떻게 그런 일이 가능하단 말인가! 기한 내에 맞추지 못한다면? 일이 잘못되면 빚 독촉이 들어올 테고, 그러는 날엔 이제까지 오점 하나 없던 오블로모프라는 이름에……' 맙소사! 그땐 평온도 자존심도 끝이다……. 안 돼, 안 돼! 세상에는 그저 빚 때문에 일에만 매달려 사는 사람들도 있다. 귀신이 씌어도 단단히 씌인 듯 밤까지 안 자고 일을 한다. 그래 빚은 귀신이다, 돈 힘을 빌리지 않고는 절대 쫓아버릴 수도 없는 마귀라 하겠다!

평생을 남의 돈으로 사는 수완가들도 있게 마련이다. 그런 작자들은 여기저기에서 남김 없이 싹 쓸어가고도 아주 태연하다! 어떻게 그런 작자들이 편안히 잠을 자고 식사를 하는지 정말 알다가도 모를 일이다! 빚! 그 결과는 평생 헤어날 수 없는 노예와 같은 노동이거나 아니면 불명예이다.

시골을 저당잡힌다? 그 또한 빚이라는 사실에는 변함이 없고 절대 지불 기한이 연기될 수 없는 것 아닌가? 해마다 이자를 갚아야 하고 그러다 보면 생계를 꾸려나갈 돈조차 남지 않는 법이다.

행복을 1년 더 미루는 방법밖에는 도리가 없지 않은가! 오블로모프는 병적인 탄식을 토해내고는 침대에 몸을 던지려 했다. 하지만 마음을 고쳐먹고 얼른 일어났다. 올가가 뭐라 했던가? 남자로서의 그에게 마음이 끌렸고 그의 힘을 믿는다 하지 않았던가? 그가 앞으로 나아가 정신적으로 정상에 도달하기만을, 그래서 바로 거기에서 그녀에게 손을 내밀어 이끌어 줄 길잡이가 되어 주기만을 올가는 손꼽아 기다리고 있지 않은가! 그래, 그거야! 하지만 무엇부터 시작을 해야 할까?

생각에 생각을 거듭하다가 갑자기 그는 자신의 이마를 탁 치고는 주인집으로 걸음을 옮겼다.

"오라버님은 댁에 계십니까?"

그가 여주인에게 물었다.

"있긴 합니다만, 벌써 잠자리에 들었습니다."

"그렇다면 내일 제 방에 좀 들르라고 전해 주십시오. 꼭 만나뵙고 상의할 일이 있거든요."

제9장

오라버니라는 사람은 예의 그 행색으로 방 안으로 들어와 조심스럽게 의자에 앉고는 어깨를 움츠려 두 손을 소매 안으로 넣었다. 그리고 일리야 일리이치가 말을 꺼내기만을 기다렸다.

"요전에 보낸 신임장에 대한 회신으로 시골에서 매우 좋지 않은 편지를 받았습니다. 기억나시죠? 괜찮으시다면 읽어봐 주시겠습니까?"

이반 마트베이치는 편지를 받아들고 능숙한 솜씨로 한 줄 한 줄 빠르게 읽어 내려갔다. 그의 손 안에서 편지가 가늘게 떨렸다. 읽기를 마친 그는 편지를 책상에 내려놓고 두 손을 등 뒤로 감추었다.

"이제 어떻게 하면 좋겠습니까?"

"직접 와보라고 권하고 있군요. 어쩌겠습니까. 1천 200베르스타면 꽤 먼 거리지만 앞으로 일 주일 뒤엔 눈이 거의 녹아 다닐 수 있을 테니 한번 다녀오시는 게 나을 것 같군요."

"저는 그런 먼 여행은 질색입니다. 익숙지가 않거든요. 더구나 겨울엔, 솔직히 말씀드려서, 아무래도 직접 가긴 어려울 듯합니다. 그렇게까지 하고 싶은 마음도 없고요…… 게다가 답답해서 어떻게 시골에 혼자 있습니까?"

"소작을 많이 주고 있습니까?"

"글쎄요…… 잘 모르겠습니다. 시골에 다녀온 지가 한참 됐거든요."

"정확히 알고 있어야 합니다. 그걸 모르고서야 어떻게 하겠습니까? 수입이 얼마나 될지 알아볼 방법이 달리 없잖아요."

"네, 필요하기는 하지만." 오블로모프가 말했다. "내가 아는 이웃도 그렇게 편지에 썼더군요. 어쨌거나 이제 곧 겨울인데……."

"소작료는 얼마나 예상하십니까?" "소작료요? 그러니까…… 잠깐 기다려 보세요. 어딘가에 장부가 있을 겁니다……. 그때 슈톨츠가 작성해 줬는데 찾을 수 있을지 모르겠지만, 자하르가 분명 어딘가에 처박아 놓았을 겁니다.

제가 다음에 보여드리죠…… 아마, 한 집마다 30루블이던가?"

"농부들은 어떻습니까? 어떻게 살고 있죠? 넉넉하게 사는 편입니까, 아니면 쫄딱 망해서 가난합니까? 부역 노동은 어떻습니까?"

"제 말씀 좀 들어 보세요."

오블로모프가 그에게 다가가 제복 앞섶을 움켜쥐며 말했다. 이반 마트베이치는 재빨리 일어났다. 하지만 오블로모프가 그를 다시 앉혔다.

"제 말씀 좀 들어 보세요." 그가 잠시 말을 멈추었다가는 거의 속삭이듯 되풀이해서 말했다. "저는 말이죠, 부역 노동이 뭐고 마을 노동이 뭔지, 또 가난한 농부와 부자 농부를 어떻게 나누는지 알지 못합니다. 호밀이나 귀리 한 가마니가 어떻게 되는지, 가격은 얼마인지, 어느 달에 파종하고 수확을 하는지, 언제 어떻게 내다 파는지 전혀 몰라요. 무엇보다 내가 부자인지, 아니면 가난뱅이인지, 일 년 뒤엔 내가 배불리 먹고 살 수 있을지 아니면 깡통을 차게 될지, 전혀 아는 바가 없습니다!" 제복 앞섶을 놓고 이반 마트베이치에게서 한 발 물러나며 그가 풀이 죽은 목소리로 말을 맺었다. "그러니까 어린아이한테 이야기한다는 생각으로 말씀해 주시고 또 충고를 해주셨으면 합니다……."

"그런 걸 설명해 달라니 어이가 없군요. 마땅히 알고 있어야죠! 그것도 모르는데 생각하고 말고 할 게 뭐 있겠습니까?" 이반 마트베이치가 부드럽게 미소를 지으며 말했다. 그러고는 자리에서 일어나 한 손은 등 뒤로, 또 한 손은 품 속으로 집어넣었다. "지주라면 마땅히 자신의 영지를 잘 알아야만 합니다. 또 어떻게 관리해야 하는지도 말이죠……." 그가 타이르듯이 말했다.

"하지만 저는 아는 바가 전혀 없습니다. 가능하다면 가르쳐 주세요."

"저도 이 분야에 대해서는 그다지 아는 바가 없고 하니, 잘 아는 사람과 의논해 봐야 할 것 같습니다. 그리고 여기 편지에 씌어 있던데." 이반 마트베이치가 가운뎃손가락의 손톱을 아래로 편지 한 구절을 가리키며 말을 이었다. "선거에 나가시라는 내용 같은데, 정말 굉장한 일입니다! 얼마 동안 거기서 지내며 지방법원 일을 한다면 영지 살림에 대해 아는 것도 시간 문제이겠지요."

"저는 지방법원이 무언지 또 뭐하는 곳이고 어떤 일을 하는지, 모른답니다!"

오블로모프는 서로 코가 맞닿을 만큼 이반 마트베이치의 곁으로 바짝 다가갔다. 그러고는 잔뜩 찌푸린 얼굴로 아주 작은 목소리로 속삭였다.

"부딪치다 보면 적응하시겠죠. 여기 의회에서도 근무해 보신 적이 있잖습니까. 형식이 조금 달라서 그렇지 어디나 하는 일이야 거기서 거기죠. 어딜 가든 명령, 보고, 기록이 다 그렇잖아요……괜찮은 비서 한 명만 두면 당신은 머리를 쓸 일이 전혀 없을 겁니다. 서명만 하면 되죠. 의회 업무가 어떻게 돌아가는지는 잘 아실 테니……."

"저는 의회 업무가 어떻게 돌아가는지 모른답니다……."

오블로모프가 같은 목소리로 말했다. 이반 마트베이치는 자신의 이중 시선을 오블로모프에게 던졌다. 그리고 입을 다물었다.

"책은 읽으시겠죠?"

또다시 부드러운 미소를 띠며 그가 물었다.

"책은 무슨!"

오블로모프는 힘없이 대답하고는 입을 꾹 다물어 버렸다. 차마 관리 앞에서 영혼의 밑바닥까지 드러낼 용기가 나지 않았다. 게다가 그럴 필요도 없었다.

'난 책도 모릅니다'라는 말이 입 안에서만 맴돌 뿐 차마 입 밖으로 나오지 않았다. 구슬픈 탄식만이 새어나올 뿐이었다.

"그래도 무슨 일이라도 하는 게 낫지 않을까 싶습니다." 이반 마트베이치가 겸손하게 덧붙였다. 마치 오블로모프의 머릿속에서 책에 대한 대답을 모두 읽은 것만 같았다. "그래도 아무 일도 하지 않는 건 좀……."

"그럴 수도 있습니다, 이반 마트베이치. 여기 살아 있는 증거가 있지 않습니까! 바로 나! 내가 누굽니까? 나란 사람이 누구란 말이죠? 자하르에게 가서 한번 물어 보세요. '주인님이죠!' 이렇게 말할 겁니다. 맞아요, 나는 주인 나리, 할 줄 아는 거라고는 쥐뿔도 없는 지주올시다! 괜찮으시면 좀 해주세요. 가능하면 좀 도와달란 말입니다. 수고비는 원하는 만큼 드리지요. 그러기 위해 배우는 것 아니겠습니까?"

그는 방 안을 이리저리 거닐기 시작했다. 이반 마트베이치는 앉아서 오블로모프가 걷는 방향을 따라 조금 돌아보곤 했다.

"어디서 공부를 하셨습니까?"

다시 그의 앞에 멈춰서서 오블로모프가 물었다.

"중학교에 들어가긴 했는데 6학년 때 아버지가 자퇴를 시키고 지금의 관청에 넣었어요. 뭐 학문이랄 게 있습니까? 읽기, 쓰기, 문법과 셈이 다예요. 업무에 필요한 것만 머릿속에 넣고 그럭저럭 하루하루 살아가고 있는 거죠. 하지만 당신들이 하는 일은 전혀 다르죠. 진정한 학문을 배우셨지 않습니까……."

"그렇죠." 오블로모프가 한숨과 함께 맞장구를 쳤다. "내가 고급 대수학과 정치경제학, 그리고 법학 과정을 이수한 건 사실이지만 실제 업무에는 전혀 쓸모가 없습니다. 아시다시피 고급 대수학을 알면 뭘 합니까? 내 수입이 많은지, 적은지도 모르는데요. 시골에 내려가, 우리집과 영지, 그리고 우리 주변이 어떻게 돌아가고 있는지를 귀로 듣고 눈으로 보았지만 배운 법과는 전혀 상관없는 일들뿐이더군요. 여기로 떠나와서 어떻게든 경제학 지식을 이용하여 사회에서 성공해야겠다고 생각했었습니다…… 그런데 사람들이 그러더군요. 학문이란 건 뒤에, 그러니까 나이가 지긋해서나 쓸모가 있으니 먼저 관리가 되어야 한다고요. 그러기 위해서는 단 하나의 학문, 즉 서류 작성법이 필요하다고 하더군요. 하지만 난 업무에 적응을 하지 못해 그냥 주인으로만 남게 된 겁니다. 그래도 당신은 적응을 했잖습니까? 그러니 어떻게 난국을 헤쳐 나가면 좋을지 결정을 내려주세요."

"방법이 있긴 합니다. 크게 걱정할 일은 아니죠."

이반 마트베이치가 대뜸 말했다. 오블로모프는 그를 정면으로 보고 멈춰서서 그의 다음 말을 기다렸다.

"모든 걸 알고 있는 사람에게 이 일을 다 맡기고 그 사람 명의로 위임장을 쓰실 수가 있습니다."

이반 마트베이치가 덧붙였다.

"그런 사람을 어디서 찾죠?"

"동료 한 사람을 알고 있습니다. 이사이 파미치 자초르트이라는 사람입니다. 말을 약간 더듬긴 하지만 일에 대해선 모르는 게 없습니다. 3년 동안 큰 영지를 관리한 적이 있는데, 지주가 말을 더듬는다는 이유만으로 해고를 했답니다. 그래서 우리 관청에 들어오게 되었지요."

"모든 걸 믿고 맡겨도 될 만한 위인입니까?"

"정직한 걸로 따지면 그만한 사람이 없을 테니 걱정하실 필요는 전혀 없습니다! 위임자를 만족시키는 일이라면 최선을 다할 사람입니다. 12년째 우리 관청에서 일을 하고 있습니다."

"관청에서 일하고 있는데 어떻게 시골에 갈 수 있죠?"

"걱정 마세요. 넉 달쯤 휴가를 얻으면 됩니다. 당신만 결심이 선다면 제가 머잖아 한번 데리고 오겠습니다. 물론 대가 없이 가지는 않겠지만⋯⋯."

"물론이죠, 그래선 안 되죠."

"여비와, 일당으로 계산한 생활비를 지불하시고, 거기서 일이 끝나는 대로 그에 합당한 보상을 해주셔야 할 겁니다. 그럼 마다할 이유가 없겠죠!"

"정말 감사합니다. 그렇게만 해준다면 큰 고민거리 하나를 덜겠군요." 그에게 손을 내밀며 오블로모프가 말했다. "이름이 어떻게 된다고 하셨죠?"

"이사이 파미치 자초르트이입니다." 이반 마트베이치는 왼쪽 소맷부리에 오른손을 재빨리 닦으면서 말했다. 그리고 오블로모프의 손을 잠시 잡았다가 곧바로 손을 다시 소매 속으로 감췄다. "내일 이야기를 해보고 데려오도록 하겠습니다."

"네, 함께 식사라도 하면서 상의를 해봅시다. 정말, 대단히 감사합니다!"

이반 마트베이치를 문까지 배웅하면서 오블로모프가 말했다.

제10장

그날 저녁이었다. 건물 한쪽은 오블로모프가 사는 거리를, 반대쪽은 강변을 마주하고 있는 2층집에서 이반 마트베이치와 타란치에프가 위층 어느 방에 자리를 차지하고 있었다.

이른바 '선술집'이었다. 문 옆에는 언제나 빈 마차 3대가 손님을 기다리며 서 있고 마부들은 손에 작은 접시를 든 채로 아래층에 앉아 있었다. 위층은 브이보르그 방면의 '유지님들'을 위한 곳이었다.

이반 마트베이치와 타란치에프 앞에는 차와 럼주 병이 놓여 있었다.

"백 퍼센트 자마이카산(産)이야." 이반 마트베이치가 떨리는 손으로 자기 잔에 럼주를 따르면서 말했다. "이보게, 사양하지 말고 어서 들게."

"솔직히 고백해, 술을 사는 이유가 분명 따로 있는 거지?" 타란치에프가 말했다. "그런 세입자를 다시 찾으려면 집이 다 헐어서 무너지고 난 다음에나 가능할 거야."

"맞아, 맞는 말이야." 이반 마트베이치가 말을 가로막았다. "우리 일이 성사되어 자초르트이가 시골에만 가게 된다면, 내 그에 맞는 잔치라도 열겠네!"

"쩨쩨한 친구 같으니라고. 자네와는 그냥 말로는 안 된다니까." 타란치에프가 말했다. "좋은 세입자를 찾아준 답례로 50루블 정도는 받아야겠네."

"한편 걱정도 좀 되네. 이사하겠다고 큰소리칠까봐 말일세."

"이 친구를 보게나. 아직 전문가가 되려면 멀었어! 제까짓 게 어디로 이사하겠어? 이젠 쫓아내도 안 나갈 걸."

"그런데 결혼하면? 결혼을 할 거라는 소문이 있던데."

타란치에프가 낄낄 소리내어 웃었다.

"그 남자가 결혼을 한다! 내기할까? 난 하지 않는다에 걸겠네. 잠자는 것 하나조차 자하르의 시중 없이는 제대로 못 하는 위인이 결혼을 한다! 내가 이제까지 한 일이 다 그 작자를 돌봐주는 일이었어. 내가 아니었다면, 이보게나 친구, 그 양반, 굶어죽어도 벌써 굶어죽었고 그도 아니면 감옥에 들어갔을 거야. 경찰이 찾아오건 건물주가 뭘 청구하건 아는 게 있어야지 대응을 하지. 내가 다 대답을 해줬다니까! 참 이해할 수 없는 사람이야……."

"정말 아무것도 모르더군. 말하는 걸 들어보니까, 지방법원에서 무얼 하는지, 의회에서 무얼 하는지도 몰라. 자기 소유 농부들에 대해서도 아는 게 없대. 머리통이 어떻게 생겨먹은 거냔 말야! 듣고 있자니 나도 덩달아 이상해지는 거 같더라니까……."

"그럼 계약서는 어떻게 된 거야? 엄청난 일을 해낸 거잖아?" 타란치에프가 치켜세우며 말했다. "자넨 서류 꾸미는 데는 도가 튼 사람 아닌가, 이반 마트베이치. 전문가란 말일세! 돌아가신 아버지 생각나? 한때는 내 솜씨가 더 나은 적도 있었지만, 오랫동안 하지 않았더니 지금은 깡그리 잊어버렸지 뭔가. 잠깐 책상 앞에 앉기만 해도 왈칵 눈물이 쏟아지네, 거참. 읽어보지도 않고 휙 서명을 해버리고는 했지! 거기엔 텃밭도 마구간도 창고도 있었는데 말야."

"맞아, 읽지도 않고 서류에 서명을 하는 바보 천치가 러시아에서 사라지지 않아야 우리 같은 사람들도 좀 먹고살지 않겠나. 솔직히 세상이 살기 힘들어진 건 사실이야! 노인네들 얘기를 들어보니 예전엔 이 정도는 아니었다더군! 나처럼 25년 동안 관청에서 일하면 재산이 얼마나 될 거 같은가? 어디다 명함을 내밀 정도는 못 되지만 브이보르그 쪽이라면 평생 먹고살 순 있겠지. 먹고 싶은 걸 먹고살 만큼만 돼도 부족한 건 아니지. 하지만 리체이느이 번화가에 양탄자로 휘감긴 집을 마련해 부잣집 여자와 결혼해서 아이들 신분을 상승시키던 시대는 이제 지났다는 거야! 생김새도 그렇고, 손가락도 보다시피 벌겋잖아……. 보드카를 퍼마시는 이유가 다 있는 거라고. 어떻게 안 마실 수가 있어? 한번 시험해 보면 좋겠네! 하인도 이보다는 못하지 않을 거야. 요즘 이런 신발을 신고 다니는 하인은 없다고 하더라고. 셔츠도 날마다 갈아입는데. 교육 문제만 해도 그래. 이마에 피도 안 마른 것들이 늘 횡령이나 하고 별스레 새침을 떨면서 책을 읽고, 더군다나 프랑스어로 떠들어 댄다니……."

"지금 그게 중요한 것이 아니고."

타란치에프가 덧붙였다.

"아냐, 이보게나, 중요해. 요즘 일이라는 게 그렇지가 않아. 모두들 간단한 것만을 추구한단 말야. 그럴수록 우리한텐 유리하지. 구태여 서류를 꾸밀 필요가 없다, 다시 고쳐 쓰지 않아도 된다, 시간 낭비다, 더 빨리 해치워라, 이런 말들이야말로…… 우릴 편하게 일할 수 있도록 도와주지!

"이미 서약서에 서명을 받았으니 우리 계획이 잘못될 염려는 없잖아!"

타란치에프가 말했다.

"그야 물론이지. 이번 같은 경우는 매우 드물어.

이보게, 술이나 어서 들자고! 자초르트이를 오블로모프카에 보내서 좀 빨아먹게 한 다음, 재산 상속인들에게 접근을 시키는 거지……."

"그게 좋겠군!" 타란치에프가 말을 받았다. "재산 상속인들이래야 육촌들인데, 정말 까마득히 먼 친척뻘이잖아."

"그런데 결혼식이 마음에 걸려!"

"신경 쓸 것 없다 하잖아. 두고 봐, 내 말대로 다 잘될 테니까."

"그럴까?" 이반 마트베이치가 반문을 했다. "그런데 그 작자 내 누이를 보는 눈길이 심상치가 않던데……." 속삭이는 소리로 덧붙였다.

"정말?"

타란치에프가 놀라 물었다.

"절대 말하지 말게! 틀림없어……."

"어떻게 그 녀석이," 타란치에프는 간신히 마음을 가다듬고 어이없다는 투로 말했다. "정말 상상도 못 했네! 그런데 누이는 어때?"

"누이? 자네가 더 잘 알 거 아닌가, 어쨌거나 상황이 이러니!"

그는 탁자를 주먹으로 내리쳤다.

"그래서 덩굴째 굴러온 호박을 지킬 수 있을 거라 생각하나? 암소, 그래 딱 암소야. 기분만 좀 맞춰주고 살짝 안아만 줘도 눈웃음을 살살 치는 게, 마치 귀리먹이를 앞에 두고 있는 암말이라니까. 다른 여자라면…… 아, 아휴! 절대 한순간도 눈을 떼서는 안 돼. 이봐, 아무래도 수상한 냄새가 난단 말야!"

제11장

'넉 달! 앞으로 넉 달을 더 부자연스럽게 만나면서 어색한 표정을 지으며 히죽대는 모습을 사람들에게 보여 줘야 한단 말인가!' 일리인스카야 댁 현관 계단을 오르며 오블로모프는 생각했다. '하느님 맙소사! 언제쯤 이게 끝나려나? 올가가 재촉할 거야. 오늘도, 내일도. 그녀는 집요해서 한번 말을 꺼내면 물러나는 법이 없어! 그녀를 설득하기란 쉬운 일이 아니야……'

오블로모프는 올가의 방으로 가는 동안 누구와도 마주치지 않았다. 올가는 침실 바로 앞 작은 거실에서 독서삼매경에 빠져 있었다.

갑작스러운 그의 출현에 올가는 깜짝 놀랐다. 하지만 이내 다정스레 미소를 지으며 그에게 손을 내밀었다. 시선은 여전히 책에 머물러 있다. 얼이 빠진 것처럼 보였다.

"혼자예요?"

그가 물었다.

"네, 숙모는 차르스코여 셀로*1에 갔어요. 저보고도 가자고 했는데 따라가지 않았어요. 오늘은 우리 둘이 식사를 하게 되겠군요. 하긴 마리야 세묘노브나가 오겠네요. 안 그랬으면 당신을 못 볼 뻔했어요. 숙모에게 말씀드리는 건 오늘은 안 되겠어요. 아, 정말 싫다! 대신 내일……." 그녀는 웃으며 덧붙였다. "내가 오늘 차르스코여 셀로로 출발했다면 어쩔 뻔했어요?" 그녀가 농담삼아 물었다.

그는 대답을 하지 않았다.

"걱정이라도 있어요?"

그녀가 거듭 물었다.

"시골에서 편지가 왔어요."

---

*1 페테르부르크 근교 도시로, 그 뜻은 황제의 마을이며 지금은 푸시킨 시로 불림.

그가 풀죽은 목소리로 말했다.

"어디 있어요? 가져 왔나요?"

그는 편지를 내밀었다.

"난 뭐가 뭔지 하나도 모르겠어요."

편지를 슬쩍 보고 나서 그녀가 말했다. 그는 그녀의 손에서 다시 편지를 받아 들고 소리내어 읽었다. 그녀는 깊은 생각에 잠겼다.

"그럼, 이젠 어쩌죠?"

잠시 침묵이 흐른 뒤, 그녀가 이렇게 물었다.

"오늘 여주인의 오빠와 상의를 했어요. 대리인으로 이사이 포미치 자초르트라는 사람을 추천하더군요. 일처리를 그 사람에게 모두 맡길까 해요……."

"알지도 못하는 남한테요?" 올가가 깜짝 놀라며 말했다. "소작료를 걸고 농부들의 일을 처리하고 곡물 판매를 맡아서 관리하게 한다고요? ……"

"말을 들어보니 아주 성실한 사람으로 12년이나 함께 근무를 했다더군요 …… 약간 말을 더듬긴 하지만."

"여주인의 오빠라는 사람은 어떤 사람인데요? 잘 알아요?"

"아뇨. 하지만 실제로 보니까, 믿음직스러운 게 일처리에 대해 잘 아는 사람 같았어요. 더구나 내가 그 사람 집에 살고 있는데 속이기야 하겠어요?"

올가는 아무 말 없이, 시선을 아래로 한 채 가만히 있었다.

"안 그러면 직접 가야만 해요." 오블로모프가 말했다. "솔직히 말해, 그러고 싶지 않아요. 여행엔 이제 진력이 났어요. 더구나 특히 겨울엔…… 한 번도 여행을 해본 적이 없거든요."

그녀는 여전히 아래만 쳐다보고 있었다. 한쪽 발가락을 꼼지락거릴 뿐이었다.

"내가 직접 간다 해도" 오블로모프가 말을 이었다. "다른 뾰족한 수가 있는 것도 아니죠. 내가 다 이해를 할 수도 없을 뿐더러 농부들이 날 속일 겁니다. 촌장은 자기 마음대로 지껄일 테고 나야 믿어야 별 수 있겠어요. 자기가 생각한 액수의 돈 이상은 내놓지도 않을 거고요. 아휴, 하필 안드레이가 없을 때 이런 일이 생기다니! 그자만 있었다면 까짓것 문제도 아닌데!"

못내 아쉬운 듯 그가 덧붙였다. 올가는 엷은 미소를 지었다. 하지만 입술만 웃고 있을 뿐 마음은 그렇지 않았다. 속이 탔다. 그녀는 한쪽 눈을 가늘게 뜨고 창 밖으로 지나가는 마차 하나하나를 좇기 시작했다.

"게다가 이 대리인은 넓은 영지를 관리해 본 경험자이기도 해요." 그가 말을 이어갔다. "그런데 말을 더듬는다는 이유만으로 지주가 해고를 했다는군요. 그 사람한테 위임장을 써주고 계획도 모두 넘길 생각입니다. 그러면 저택 지을 자재들을 알아서 장만할 테고 소작료도 거두어들이고 곡물을 팔아 그 돈을 가져오겠죠. 그러면 그땐…… 아, 사랑스런 올가." 그녀의 손에 입을 맞추며 그가 말했다. "당신을 내버려두고 떠나지 않아도 되니 얼마나 기쁜지 모르겠습니다! 이별은 참을 수 없어요. 당신도 없는 시골에서 혼자…… 생각만 해도 끔찍합니다! 이젠 좀더 조심하는 일만 남은 셈이죠."

그녀는 눈을 동그랗게 뜨고 그를 쳐다보며 다음 말을 기다렸다. "그러니까," 그가 아주 천천히, 거의 말을 더듬다시피 하면서 다시 입을 열었다. "아주 가끔씩 만나야겠어요. 어제 주인집에서도 쑥덕거리더군요…… 난 그런 걸 원치 않아요…… 일이 말끔히 처리되어 대리인이 저택 수리를 지시하고 돈을 가져오면…… 일 년 안에는 끝날 테니, 하여튼 그때는 더는 이별은 없을 겁니다. 숙모님께 모든 걸 털어놓을 수도 있을 테고요. 그리고…… 그렇게 하면……."

그는 힐끗 올가를 쳐다보았다. 그런데 그녀가 기절한 게 아닌가! 고개를 한쪽으로 떨구고 핏기 하나 없는 입술 사이로는 이가 보였다. 그는 기뻐서 꿈에 잔뜩 부풀어 있던 터라 '일이 말끔히 처리되어 대리인이 저택 수리를 지시하고' 이 말을 했을 때, 올가가 새파랗게 질려 자신의 말을 끝까지 듣지 못했다는 사실을 전혀 모르고 있었다.

"올가! …… 하느님 맙소사, 기절했잖아!"

그는 종을 잡아당기며 말했다.

"아가씨가 기절했어." 뛰어들어온 카차에게 말했다. "얼른, 물! …… 약도……."

"이게 웬 난리야! 아침만 해도 기분이 좋아 보이시더니…… 무슨 일이람?"

숙모의 책상에서 약을 가져와서는 물컵을 들고 수선을 떨면서 카차가 중얼거렸다.

올가는 정신이 들자 카차와 오블로모프의 부축을 받으며 의자에서 일어나 비틀거리는 걸음으로 침실로 들어갔다.

"곧 괜찮아질 거예요." 그녀가 다 죽어가는 목소리로 말했다. "신경을 좀 썼더니 그래요. 어젯밤에 잠을 제대로 못 잤거든요. 카차, 문 좀 닫아줘. 당신은 거기에서 잠시만 기다려 주세요. 거울 좀 보고 곧 갈게요."

오블로모프는 혼자 남게 되자 문에 귀를 갖다 대보기도 하면서 열쇠구멍으로 방안을 들여다보았다. 아무 소리도 들리지 않고 아무것도 보이지 않았다.

30분쯤 지나 그는 복도를 따라 하인 방으로 가서 카차에게 물었다.

"아가씨는 어떠신가?"

"괜찮으세요." 카차가 말했다. "처음엔 자리에 누우시겠다며 저를 내보내셨는데, 다시 들어가보니까 의자에 앉아 계시더라고요."

오블로모프는 다시 작은 거실로 가서 문틈으로 안을 들여다보았다. 아무 소리도 나지 않는다. 손가락으로 살며시 노크를 해보았다. 대답이 없다.

그는 자리에 앉아 생각에 잠겼다. 한 시간 반 동안 많은 생각을 했다. 머릿속에서 이리저리 생각을 바꿔가면서 새로 결심한 게 많았다. 드디어 대리인과 함께 시골에 직접 가겠노라 다짐하기에 이르렀다. 하지만 그에 앞서 숙모에게서 결혼 승낙을 받아내고 올가와 약혼식을 올려야 하며 이반 게라시모비치에게 새집을 찾아봐 달라고 부탁을 해야 한다. 돈도 빌려야 한다. 많지는 않더라도 결혼식을 위한 약간의 돈이라도…….

빚이라면 곡물을 내다 판 돈으로 갚을 수가 있다. 그런데 그토록 낙담하는 이유가 뭐란 말인가? 아, 맙소사, 어떻게 이 모든 것이 한순간에 뒤바뀔 수가 있을까! 그곳, 시골에서 대리인과 둘이서 소작료를 거둬들일 수 있는 대책을 마련하고 그게 해결되면 슈톨츠에게 편지를 보낸다. 그러면 그가 돈을 대신 내주고 오블로모프카에 직접 가서 아주 멋지게 재정비를 해 주겠지. 곳곳에 길을 내고 다리를 놓고 학교도 세워주고 말이야. 그곳에서 올가와의 삶! …… 아! 바로 이것이 행복이 아닐까! …… 진작 이런 생각을 왜 못했단 말인가!

갑자기 날아갈 듯 기분이 좋아졌다. 그래서 거실 안을 왔다 갔다 하기 시작했다. 살며시 손가락까지 튕겨 보았다. 하마터면 너무도 기쁜 나머지 소릴

지를 뻔했다. 다시 올가의 방문으로 다가가 나지막하게, 그러나 신이 난 목소리로 그녀를 불렀다.

"올가, 올가! 할 말이 있어요!" 문에 입술을 대고서는 그가 말했다. "아마 당신은 상상도 못할 겁니다……."

심지어 그는 오늘만큼은 기다려서라도 숙모를 끝끝내 만나고 가리라 결심했다.

'오늘 숙모에게 공표를 하고 신랑으로서 이 집을 나서야지.'

문이 조용히 열리고 올가가 모습을 드러냈다. 하지만 그녀를 쳐다보는 순간 갑자기 기운이 쭉 빠지면서 이제까지의 기쁨 또한 어디론가 자취를 감추어 버렸다. 올가의 얼굴이 몰라보게 수척해 보였다. 얼굴은 창백했지만 두 눈은 반짝반짝 빛이 났다. 꼭 다문 입술에도 얼굴 윤곽에도 억지스러운 평온으로 꽁꽁 얼어붙은, 긴장한 내면을 숨기고 있음이 느껴졌다.

그녀의 시선에서 그는 어떤 결심을 읽었다. 하지만 어떤 결심인지는 구체적으로 알 수 없었다. 그저 가슴이 두근거렸다. 이제까지 한 번도 경험해 보지 못한 두근거림이다. 그런 순간은 난생처음이었다.

"내 말 좀 들어봐요, 올가. 그렇게 바라보지 말아요. 무서워요! 생각을 바꿨어요. 완전히 다른 방법으로 시골을 정리해야 할까봐요." 목소리가 점점 기어 들어갔다. 잠시 하던 말을 멈추고 그는 여느 때 볼 수 없었던 그녀의 눈과 입술, 그리고 무언가 말을 하는 듯한 눈썹에 담긴 새로운 의미를 알아내려고 애를 써보았다. "직접 시골에 다녀오기로 결심했어요, 대리인하고 함께…… 거기서……." 거의 들릴락 말락 한 목소리로 그가 말했다.

그녀는 마치 유령처럼 그를 물끄러미 쳐다볼 뿐 아무 말도 하지 않았다.

그는 어떤 판결이 자신을 기다리고 있는지 어렴풋이 알 것도 같았다. 그래서 모자를 집어들기는 했는데 먼저 묻지 못하고 쭈뼛거렸다. 운명적인 판결을 듣는 게 두려웠다. 어쩌면 애원을 해도 아무 소용없을지 모른다. 드디어 그가 용기를 내서 입을 열었다.

"내가 생각하고 있는 게 맞나요?"

그가 목소리를 바꾸어서 그녀에게 물었다. 그녀는 대답 대신 슬며시 고개를 숙였다. 그는 처음으로 이렇게나 빨리 상대의 마음을 눈치 채고도 얼굴색만 바꿨을 뿐 여전히 그 앞에 우두커니 서 있었다.

좀 피곤해 보이기는 해도 목석처럼 미동조차 하지 않는 그녀의 모습에서 평온함이 느껴졌다. 이는 한 가지 생각에 몰두했거나 충격적인 감정 변화를 겪었을 때처럼, 인간이 자신을 지탱하려고 비록 순간적이기는 하지만 온 힘을 쏟아냈을 경우에만 나타나는 그런 초자연적인 평온이었다. 그녀는 마치 죽음을 앞두고 마지막 한마디를 건네기 위해 상처를 부여잡고 있는 부상자 같았다.

"당신은 날 증오하는 건 아니죠?"

오블로모프가 물었다.

"무엇 때문에요?"

그녀가 힘없이 되물었다.

"내가 당신에게 한 모든 짓 때문에⋯⋯."

"당신이 내게 한 짓이 뭔데요?"

"당신을 사랑했어요. 그보다 더 큰 모욕은 있을 수 없습니다!"

그녀가 참 딱하다는 표정으로 미소를 지었다.

"그리고," 고개를 숙이며 그가 말을 이었다. "당신이 오해했기 때문입니다⋯⋯. 하지만 내가 그때 진작 알았더라면 좋았을 걸 이제야 알게 되다니 정말 부끄럽군요. 후회하게 될 거라는 당신 말만 잘 새겨들었어도 용서받을 수 있었을 텐데⋯⋯."

"난 후회하지 않아요. 그저 마음이 아플 뿐입니다, 마음이⋯⋯."

그녀가 숨을 고르느라 하던 말을 멈추었다.

"난 더 괴로워요." 오블로모프가 말했다. "이건 다 내 탓이려니 합니다만 당신은 무엇 때문에 괴로운 겁니까?"

"자만심 때문이죠. 난 죗값을 치르고 있는 거랍니다. 내 능력을 과대평가했어요. 그게 바로 내 실수입니다. 당신이 두려워하고 있는 것이 아니랍니다. 내가 꿈꾼 건 청춘도 아름다움도 아니었어요. 난 그저 당신 삶에 생기를 불어넣고 싶었어요. 당신이 나를 위해 살 수 있도록 말입니다. 하지만 당신은 죽은 지 이미 오래입니다. 진작 이 실수를 예견치 못하고 줄곧 기다리며 희망을 품고 있었던 거죠⋯⋯. 결국 이렇게 되고 말았어요!"

그녀가 숨을 몰아쉬며 힘겹게 말을 마쳤다.

그녀는 잠시 아무 말도 하지 않더니 자리에 앉았다.

"다리가 후들거려 더는 서 있지 못하겠어요. 내가 한 일이라곤 그게 다예요. 바위가 살아 움직이기를 바란 거죠." 그녀가 피곤한 기색이 역력한 목소리로 말을 이었다. "이제 아무 일도 하지 않을 작정입니다. 걸음조차 떼기가 싫군요. 여름 정원에도 가지 않으렵니다. 다 부질없는 짓이에요. 당신은 이미 죽었어요! 내 말이 맞다고 생각해요, 일리야? 잠깐 말을 멈추었다가 그녀는 이렇게 덧붙였다. "너무 자만에 빠져 제멋대로네요. 내 잘못으로 우리가 헤어지게 되더라도 절대 날 비난하지 않을 거죠?"

그가 고개를 끄덕였다.

"우리에겐 더 이상 아무것도 남은 게 없고 한 가닥의 희망도 없다고 확신해요?"

"네, 맞는 말입니다…… 하지만 어쩌면……." 잠시 말을 끊었다가 다시 이어가는 그의 목소리에서는 확신이라고는 찾아볼 수가 없었다. "일 년 뒤에라도……." 그는 자신의 행복에 결정타를 날릴 만한 마음의 준비가 되어 있지 않았다.

"정말 당신은 일 년 만에 영지 일을 다 처리하고 새롭게 인생 설계를 할 수 있으리라 생각해요?" 그녀가 되물었다. "어디 한 번 생각해 보세요!"

그는 한숨을 내쉬고 생각에 잠겼다. 자신과의 힘든 싸움이 시작되었다. 그녀는 그의 얼굴에서 이 싸움을 읽어냈다.

"내 말 좀 들어보세요." 그녀가 다시 입을 뗐다. "요즘 어머니의 초상화를 보면서 조언도 구하고 힘도 얻었어요. 만일 당신이 정말 정직한 사람이라면, 지금 이 순간…… 일리야, 우린 더 이상 우스갯소리나 할 어린아이들이 아니라는 사실을 알아야만 해요. 우리 인생이 걸린 문제란 말예요! 양심에 손을 얹고 말씀해 보세요. 난 당신을 믿고, 당신이라는 사람을 잘 알아요. 당신도 나를 평생 그렇게 생각하며 살 수 있나요? 내가 요구하는 사람이 되어 줄 수 있느냔 말이에요? 당신은 누구보다도 날 잘 아니까 내가 무슨 말을 하고 싶은지도 알 거예요. 당신이 심사숙고하고 나서 결단력 있게 '네' 말해 준다면 내 결심을 포기하고 이 손을 내밀겠어요. 당신이 원하는 곳은 어디라도 따라가겠어요. 외국이든, 시골이든, 심지어 브이보르그 쪽이든 난 아무 상관없어요!"

그는 아무 대답도 하지 않다가 이윽고 입을 열었다.

"내가 얼마나 당신을 사랑하는지 당신이 안다면……."

"내가 바라는 건 사랑의 확신이 아니라 짧은 대답이에요."

그녀가 매정하다 싶을 만큼 딱 잘라 말했다.

"날 힘들게 하지 말아요, 올가!"

그가 기어들어가는 목소리로 애원했다.

"일리야, 내 말이 옳다는 거예요, 그르다는 거예요?"

"옳아요." 그가 명료하면서도 결단력 있게 말했다. "당신 말이 모두 옳아요!"

"이제 그만 우리 헤어져요." 그녀가 결단을 내렸다. "사람들 눈에 띄기 전에, 또 내가 자제력을 잃기 전에요."

그는 여전히 꿈쩍도 하지 않았다.

"만일 결혼을 하면, 그 뒤에 당신은 어떻게 될까요?"

그녀가 물었다. 오블로모프는 아무런 대꾸도 하지 않았다.

"날마다 단꿈에 젖어 깊이 잠이 들겠죠, 그렇지 않은가요? 그럼 난 어떨까요? 내가 어떤 여자인지 잘 알잖아요? 늙을 새도 없이 바쁘게 살아가겠죠. 당신과 함께라면 날마다 행복하게 보내겠죠. 성탄절이 오면 그 다음은 사육제를 기다릴 테고 여기저기 놀러 다니고 춤을 추면서 아무 생각 없이 살겠죠. 밤이면 잠자리에 들 때 하루를 무사히 보내게 해주신 하느님께 감사하고, 아침에 눈을 뜨면 오늘도 어제만 같기를 기도하겠죠. 이게 우리의 미래예요. 맞죠? 이게 진정 인생일까요? 결국 난 시름시름 앓다가 죽고 말겠죠…… 왜 사는 건가요, 일리야? 당신은 행복할지 모르지만……."

그는 괴로운 듯 고개를 들어 천장을 살폈다. 얼른 자리를 뜨고 싶은 마음뿐이었지만 뛰어 나가려 해도 발이 떨어지지 않았다. 무슨 말을 하려 해도 입 안이 바싹 마르고 혀가 꿈쩍도 하지 않아 끝내 목구멍에서 소리가 나오지 않았다. 그녀에게 손을 내밀었다.

"그럼 결국은……."

낙심하여 그가 간신히 입을 열었지만 더 이상 말을 잇지 못했다. '용서해 줘요!' 이 말만 눈으로 전할 뿐이었다.

올가도 무슨 말을 하려고 했으나 역시 아무 말도 할 수 없었다. 그에게 손을 내밀었다. 하지만 그의 손에 채 닿기도 전에 그녀의 손이 아래로 툭 떨어졌다. 그녀 또한 '안녕!' 말하고 싶었지만 목소리는 온전히 말을 내뱉지 못하고 이상하게 변해 버렸다. 순간 경련이라도 일어난 듯 얼굴이 일그러졌다. 그녀는 그의 어깨에 손을 얹고 머리를 기대고는 흐느끼기 시작했다. 손에서 무기를 빼앗겨버린 사람 같았다. 당돌한 아가씨는 어디로 가고 슬픔에 저항할 힘조차 없는 여자만이 남았다.

"안녕, 안녕……."

흐느낌 속에서 몇 마디 말들이 간간이 새어 나왔다.

오블로모프는 아무 말도 하지 않고 두려움에 떨며 그녀의 흐느낌을 들었다. 방해할 엄두도 내지 못했다. 그녀에 대해서도, 자기 자신에 대해서도 그는 아무런 연민의 감정을 느끼지 않았다. 그 자신이 가련한 인간이었던 것이다. 그녀는 의자에 몸을 맡겼다. 머리를 손수건에 파묻고 책상에 엎드린 채로 무척이나 서럽게 울었다. 느닷없이 닥친 순간적인 고통이었기에 눈물은, 텃밭으로 세차게 쏟아지는 가을장마처럼 차갑고 처량하게 흘러내렸다. 예전 공원에서 울컥 솟구치던 뜨거운 눈물이 아니었다.

"올가." 이윽고 그가 입을 열었다. "그토록 자신을 괴롭히는 이유가 뭡니까? 당신은 날 사랑하고 있어요. 그리고 이별을 감당해내지도 못할 겁니다. 있는 그대로 나를 받아들여요. 내 안에 있는 장점만 사랑해 봐요."

그녀는 고개를 숙인 채 가로저을 뿐이었다.

"아뇨…… 아뇨……." 잠시 뒤에 그녀가 겨우 입을 열었다. "내 걱정을, 내가 감내할 고통에 대한 걱정은 할 필요 없어요. 내 자신은 내가 잘 알아요. 실컷 울고 나면 더 이상 눈물도 나오지 않을 거예요. 지금은 우는 걸 말리지 말아줘요…… 가세요…… 아, 아뇨, 잠깐 기다려봐요! …… 내가 천벌을 받고 있군요! …… 너무 아파요, 아, 마음이 아파요…… 여기, 가슴이……."

다시 흐느낌이 이어졌다.

"만일 아픔이 사라지지 않는다면?" 그가 말했다. "당신의 건강까지 나빠진다면? 그런 눈물은 너무나 해로워요. 올가, 내 천사, 울지 말아요…… 모두 잊어 버려요……."

"아뇨, 울게 그냥 놔두세요! 내가 우는 건 미래 때문이 아니라 과거 때문이라고요……." 그녀는 힘겹게 말을 이어갔다. "지난 과거는 '다 시들어 사라져 버렸어요'…… 내가 우는 게 아니라 추억이 울고 있는 거예요! …… 여름…… 공원…… 기억나요? 그 오솔길과 라일락이 안타까울 따름이라고요 …… 이것들이 내내 가슴속에서 자라고 있었는데 이제 떼어버리려니 너무나 아파요! ……."

절망에 잠긴 그녀가 고개를 저으며 흐느꼈다.

"아, 아파요, 너무 아파요!"

"만약 당신이 죽는다면?" 갑자기 놀란 목소리로 오블로모프가 말을 시작했다. "생각해 봐요, 올가……."

"아뇨." 다시 고개를 들어 눈물 사이로 그를 바라보려 애쓰면서 그녀가 말을 가로막았다. "이제까지 난 지금의 당신을 사랑했다고 하기보다는 내가 원했던 존재하지 않는 당신을 사랑했어요. 슈톨츠가 내게 말해 준, 즉 그와 둘이서 만들어 낸 허구의 인물을 사랑했다는 걸 얼마 전에야 깨닫게 됐어요. 결국 난 미래의 오블로모프를 사랑했던 거죠! 당신은 의젓하고 정직해요, 일리야. 정말 다정다감한 사람이에요…… 마치 비둘기처럼요. 그래서 당신은 날개 밑으로 머리를 감추고서 더 이상 아무것도 원하지 않죠. 평생 처마 밑에서 구구대며 울려고만 하고 있어요…… 하지만 난 달라요. 난 그것만으로는 만족 못 해요. 필요한 게 더 있다고요. 그게 뭔지는 잘 모르겠어요! 가르쳐 줄 수 있나요? 부족한 게 무엇인지 꼭 집어서 내게 줄 수 있어요? 그리고 당신을…… 친절한 애정 따위…… 그것만 가진 사람은 얼마든지 있다는 거죠!"

오블로모프는 다리가 후들거려서 더는 서 있을 수가 없었다. 의자에 털썩 주저앉아 손수건으로 두 손과 이마를 훔쳤다.

너무나 잔인한 말이었다. 오블로모프는 깊은 마음의 상처를 받았다. 올가의 말은 그의 마음에 뜨거운 불을 지폈으며 밖으로는 찬바람을 불러일으켰다. 그는 마치 헐벗음으로 비난을 받는 거지처럼 어딘가 가련하면서도 병적인 모욕감에 젖은 미소를 짓게 했다. 그는 씁쓸한 미소를 머금고 앉아 있었다. 흥분과 굴욕으로 그만 주눅이 들었다. 흐리멍덩해진 눈길로 그는 속말을 했다. '맞아, 난 보잘것없고 한심한 놈이지. 거지나 다름없어…… 차라리 날 쳐, 치라고! ……'

올가는 자신이 한 말이 얼마나 심했는지를 순간 깨닫고는 그의 품으로 안겨들었다.

"날 용서해 줘요, 일리야!" 그녀가 다정스레 말했다. 마치 눈물로 호소하는 듯했다. "내가 무슨 말을 하고 있는지 나도 잘 모르겠어요. 내가 미쳤나 봐요! 다 잊어버려요. 예전으로 돌아가요. 이제껏 해왔던 대로 그렇게 지내요……."

"아뇨!" 그가 벌떡 자리에서 일어나 단호한 몸짓으로 그녀를 밀쳐 내며 말했다. "예전처럼 지낼 순 없어요! 당신은 진실을 말했을 뿐인데 왜 놀라는 거죠? 나는 그런 말을 들어도 좋아요……." 그가 의기소침해져서 덧붙였다.

"난 꿈을 먹고사는 몽상가예요!" 그녀가 말했다. "불행한 성격을 타고났어요. 다른 사람들은 왜 그렇게 행복하고, 또 소네치카는 어찌 그리 행복한 걸까……."

그녀는 다시 흐느끼기 시작했다.

"가세요!" 그녀가 젖은 손수건을 만지작거리며 단호하게 말했다. "더는 감당하기 힘들군요. 내겐 아직도 과거가 소중하단 말예요……."

그녀는 손수건으로 다시 얼굴을 가리고 터져나오는 통곡 소리를 막으려 안간힘을 썼다.

"왜 모든 게 엉망이 되어버린 거죠?" 그녀가 갑자기 고개를 들고는 물었다. "당신을 저주한 이가 누구죠, 일리야? 당신이 무슨 짓을 한 거죠? 착하고 똑똑하고 다정하고 정직한 당신이…… 그런데…… 인생을 망쳐버리다니! 무엇이 당신을 파멸로 이끌었나요? 이런 재앙을 불러온 걸 무어라 말해야 하죠……."

그녀가 눈물이 가득 고인 눈으로 묻듯이 그를 쳐다보았다.

"오블로모프 기질!" 그가 거의 들릴락 말락 말했다.

그렇게 속삭이고는 이내 그녀의 손을 잡고 입을 맞추려 했다. 그러나 할 수 없었다. 그저 우악스럽게 입술에 갖다 댔다. 뜨거운 눈물이 그녀의 손가락 위로 주르르 떨어졌다. 고개도 들지 않고, 그녀에게 얼굴도 보이지 않고 그는 휘익 발길을 돌려 그곳을 나와 버렸다.

제12장

어디를 헤매고 돌아다녔는지, 하루 종일 무엇을 했는지 누가 알겠느냐마는 어쨌거나 오블로모프는 그날 밤늦게야 집에 돌아왔다. 문을 벌컥 열어젖히는 소리와 개 짖는 소리를 처음 들은 사람은 여주인이었다. 그녀가 주인님이 돌아왔다며, 정신없이 자는 아니시야와 자하르를 흔들어 깨웠다.

일리야 일리이치는, 자하르가 옷과 신발을 벗기고 머리를 끼워 잠옷을 입혀 준 사실도 깨닫지 못하고 있었다.

"이게 어떻게 된 거지?"

그는 얼핏 잠옷을 보고 나서 이렇게 물었을 뿐이다.

"여주인이 오늘 가져왔슈. 세탁두 하구 수선두 했다대유."

자하르가 알려 주었다.

오블로모프는 의자에 앉은 채 꼼짝도 하지 않았다.

그의 주위가 온통 꿈과 어둠 속으로 가라앉아 버렸다. 그러나 팔꿈치에 몸을 맡기고 앉은 그는 암흑도 알아채지 못했을 뿐더러 시계의 종소리도 듣지 못했다. 그의 이성은 막연하고도 애매한 생각 속에 묻히고 말았다. 생각들은 하늘을 떠다니는 구름처럼 아무런 목적 없이 제멋대로 흘러갔다. 하지만 어느 것 하나도 잡으려 하지 않았다.

그는 심장이 멎어버린 것만 같았다. 잠깐 숨이 멈추었기 때문이다. 점점 더해만 가는 삶의 압박으로 생명과 질서를 찾아 정상으로 다시 회복해 가는 과정이 너무도 더뎠다.

생명이 다시 차오르는 과정이 잔혹하기 그지없었기에 오블로모프는 사지의 감각은 물론 피곤함도, 어떤 욕구도 느낄 수가 없었다. 이대로라면 바위처럼 하루 종일 누워 있거나 아니면 종일 기계처럼 움직이고, 걷는 것도 가능하리라.

인간의 내면에 운명에 대한 복종심이 생기려면 조금씩 다가오는 고된 인생 과정을 모두 거쳐야 한다. 그제야 비로소 신체조직 하나하나가 서서히 저마다의 기능을 발휘하게 된다. 또는 고통이 인간을 쓰러뜨려 두 번 다시 일어나지 못하게 할 수도 있다. 물론 어떤 고통인가 그리고 그가 누구인가에 따라 다르겠지만.

오블로모프는 자신이 지금 어디에 앉아 있는지, 심지어는 앉아 있다는 사실조차 기억하지 못했다. 기계적으로 어딘가를 바라볼 뿐이었다. 날이 샜다는 사실도 전혀 깨닫지 못했다. 노파의 마른기침 소리, 뜰에서 문지기가 장작 패는 소리, 집 안에서 덜그럭덜그럭, 털커덩털커덩 하는 요란한 소리를 듣고 있으면서도 듣지 못했다. 시장에 가는 여주인과 아쿨리나, 담장 곁을 스치는 서류봉투를 보고도 보지 못했다.

닭 울음소리도, 개 짖는 소리도, 삐걱거리는 문소리도 멍한 상태의 그를 깨우지 못했다. 찻잔이 딸각딸각 소리를 내고 사모바르가 콧노래를 흥얼거리기 시작했다.

9시가 넘자 자하르가 쟁반을 들고 서재 문을 열었다. 언제나 그렇듯 문을 닫으려고 뒷발질을 해보지만 아니나 다를까 헛발질을 하고 말았다. 하지만 쟁반은 꼭 잡고 있었다. 오랜 경험으로 터득한 요령이기도 했고 게다가 뒤에서 아니시야가 보고 있음을 잘 알고 있는 터였다. 무엇 하나라도 떨어뜨리는 날에는 곧바로 그녀가 달려와 그를 꾸짖어 창피를 줄 거라는 사실을 누구보다 잘 알고 있었다.

그는 수염을 쟁반 아래에 밀어넣고 꽉 끌어안고서 무사히 침대맡까지 갔다. 침대 옆 탁자에 쟁반을 내려놓고 주인을 깨우려는 순간, 이게 어찌 된 일이란 말인가! 침대는 주름 하나 없이 그대로이고 주인님의 모습은 보이지 않았다!

그가 흠칫 놀랐다. 순간 찻잔 하나가 마룻바닥으로 굴러떨어지고 이어서 설탕통이 미끄러져 내렸다. 허공을 나는 물건을 잡으려고 쟁반을 흔드는 통에 다른 것들까지 와르르 떨어지고 말았다. 쟁반에 남은 거라곤 숟가락 하나뿐이었다.

"아, 이게 뭔 난리랴?" 설탕 조각과 찻잔 파편, 그리고 빵을 쓸어담는 아니시야를 힐끔거리며 자하르가 말했다. "주인님은 워디 간겨?"

그런데 주인님이 의자에 앉아 있는 게 아닌가. 그것도 파리하다 못해 좋잇

장 같은 안색으로, 자하르는 입을 떡 벌리고서 그를 쳐다보았다.

"뭔 일이 있는겨, 일리야 일리이치 도련님? 밤새 눕지두 않으시구 이렇게 앉아만 계셨단 말유?"

오블로모프는 천천히 고개를 돌려 넋 나간 시선으로 자하르와 엎질러진 커피, 그리고 양탄자 위에 흩어진 설탕을 쳐다보았다.

"넌 왜 찻잔을 깨먹었어?"

이렇게 묻고는 이내 창가로 걸음을 옮겼다. 하염없이 내린 눈이 대지에 수북이 쌓였다.

"눈이야, 눈, 눈이 내려!" 담장과 바자울, 그리고 밭두렁을 새하얗게 덮은 눈을 바라보면서 그가 의미 없이 되풀이했다. "모든 걸 덮어 버렸군!" 이렇게 중얼거렸다. 하지만 바로 멈추고 침대에 몸을 눕혔다. 납빛처럼 우울한 꿈속으로 빠져들었다. 삐걱거리는 여주인 집 문 소리에 눈을 떴을 때는 벌써 정오가 한참 지난 시각이었다. 접시를 든 맨 팔뚝이 문으로 쑥 들어왔다. 접시에는 김이 모락모락 나는 피로그가 담겨 있다.

"오늘은 일요일이에요." 다정스러운 목소리가 말했다. "그래서 피로그를 구웠어요. 좀 드셔봐요."

하지만 그는 아무 대꾸도 할 수 없었다. 온몸이 불덩이였다.

제4부

제1장

일리야 일리이치가 앓아누운 지도 1년이란 세월이 흘렀다. 이 1년 동안 세상 구석구석에는 많은 변화가 있었다. 이쪽에서는 큰 소동이 벌어지는가 하면 저쪽은 또 쥐죽은 듯 조용했다. 어디선가 세상의 큰 별이 지는가 싶더니 또 다른 곳에서 새로운 별이 태어났다. 세상 이곳저곳에서 삶의 새로운 비밀을 터득하는가 하면 또 어떤 곳에서는 수많은 집과 사람이 흔적도 없이 사라지기도 했다. 낡은 삶이 무너진 바로 그곳에서는 새로운 삶이 마치 새싹처럼 고개를 들었다…….

브이보르그의 미망인 프쉐니치나의 집 또한 마찬가지였다. 단조로운 생활에 급격하고 난폭한 변화는 없었고, 하루하루가 온화하게 흘러갔다. 계절은 지난해와 다름없이 오고감을 되풀이했고, 삶은 멈추는 일 없이 각각의 현상 속에서 변화해 갔다. 이러한 변화는 마치 지구의 지질학적 변화처럼 지극히 원만하면서도 순조롭게 진행되었다. 예를 들어 한쪽에서 산이 조금씩 무너지면 또 다른 쪽에서는 몇 세기에 걸쳐 바다가 진흙으로 메워지거나 해수면이 낮아지며 바닥이 드러나 육지를 만들어 낸다.

일리야 일리이치는 건강을 되찾았다. 대리인 자초르트이는 시골 영지로 내려가 곡물을 팔아 마련한 돈을 전액 보내왔다. 그는 이번 일에 대한 여비와 일당을 받았고, 그 돈에 크게 만족해하였다.

소작료에 대해 말해 보면, 자초르트이가 편지로 알리기를 그 돈을 거두어들인다는 것은 불가능하며, 일부 농민들은 극심한 빈곤 상태에 빠지고 또 일부는 각지로 떠나 현재 어디에 있는지 알 수 없는 상태로, 자신은 지금 현지에서 가능한 정보를 수집 중이라고 했다.

도로와 다리에 대해서도 조금 더 기다리는 편이 낫다, 농부들은 새 길을 닦고, 다리 놓는 공사를 하는 것보다 산등성이나 골짜기를 넘어 시장에 가는 쪽을 더 좋아한다고 썼다.

한마디로 말해 대리인이 보내온 정보와 돈, 모든 것이 만족스러웠다. 일리야 일리이치는 무엇보다도 직접 시골 영지에 다녀올 필요가 없다는 점에 있어서 내년까지 마음 놓을 수 있었다.

대리인은 저택을 짓는 일에 대해서 이것저것 알아보았다. 관청 건축가와 함께 필요한 재료의 양을 결정하고, 봄이 오면 바로 목재를 운반하도록 촌장에게 일러두었으며, 벽돌 창고도 지어 두도록 지시했다. 그 덕분에 오블로모프는 돌아오는 봄 시골 영지를 찾아 손수 성호를 긋고 상량식을 하기만 하면 되었다. 그때까지는 밀린 소작료도 들어올 예정이고, 영지를 저당 잡힐 계획도 있으므로, 비용 또한 충분했다.

병을 앓고 난 후 일리야 일리이치는 꽤 오랫동안 우울 증세를 보였다. 몇 시간씩이나 병적인 생각에 잠겼다. 그는 자하르가 물어보아도 대답하지 않았다. 자하르가 찻잔을 마룻바닥에 떨어뜨리는 것도, 테이블 위의 먼지를 훔치지 않는 것도 전혀 신경쓰지 않았다. 명절 때 여주인이 피로그를 들고 들어올 때도 눈물을 흘리고 있는 그런 상태였다.

그때부터 점점 생생한 슬픔 대신 말없는 무관심이 그 자리를 차지했다. 일리야 일리이치는 눈이 내려 안마당과 거리에 소복이 쌓이고 장작더미와 닭장, 그리고 개집, 정원과 밭이랑을 덮어 버리는 광경, 담장의 말뚝 위에 피라미드처럼 눈이 쌓이는 광경, 모든 것이 죽어버린 채 하얀 수의에 덮이는 모습을 몇 시간이고 가만히 바라보곤 했다.

또 커피 분쇄기가 달그락대는 소리, 개가 목줄을 끌거나 짖어대는 소리, 자하르가 장화를 닦는 기척과 리듬감 있는 괘종시계의 진자가 똑딱거리는 소리에 귀를 기울이기도 했다.

여전히 여주인은 무언가 살 생각이 있는지, 혹은 먹어 보지 않겠는지 물으며 그의 방을 들락날락거리고, 주인집 아이들 또한 시시때때로 그를 찾아왔다. 그는 여주인에겐 마음에도 없는 상냥한 태도로 말을 했고 아이들에게는 숙제를 내 주거나 읽는 것을 들어 주고, 천진난만한 대화에 질린 기색 없이 미소로 답해 주곤 했다.

하지만 산은 조금씩 무너져 내리고 바다는 때로는 육지에서 멀어지기도, 때로는 육지를 집어삼키기도 했다. 오블로모프도 조금씩 예전의 평범한 생활로 돌아가고 있었다.

여름과 가을, 그리고 겨울이 늑장을 부리며 따분하게 지나갔다. 그러나 오블로모프는 다시 봄을 기다렸고 시골 영지로 내려가는 꿈을 꾸기 시작했다.

3월에는 종달새 모양 과자를 굽고, 4월에는 그의 방 창문에서 이중 창틀을 떼어냈다. 얼었던 네바 강이 풀리면서 드디어 봄이 왔음을 모두들 느낄 수 있었다.

그는 정원을 거닐었다. 이윽고 그 동안 밭에 심어 둔 씨앗이 싹을 틔우고, 트로이차,*¹ 세먹,*² 5월 1일제*³ 등의 축제가 찾아왔다. 이 모든 것은 자작나무 가지와 그 화관을 보면 알 수 있다.

여름이 시작될 무렵부터 집안사람들은 코앞에 닥친 두 가지 큰 축제에 대해 이러쿵저러쿵 이야기하기 시작했다. 그녀 오빠의 명명일(命名日)인 성(聖) 요하네 축일(祝日)과 오블로모프의 명명일인 성 일리야 축일이 바로 그것이다. 이는 그야말로 가장 중요한 사건이었다. 여주인은 시장에서 훌륭한 송아지고기를 사거나 볼 때, 혹은 피로그가 여느 때보다 잘 구워질 때면 항상 이렇게 중얼거리곤 했다. "아휴, 요하네 축일이나 일리야 축일에 시장에서 이런 송아지고기를 팔고 이런 맛있는 피로그를 구워낼 수 있으면 좋으련만!"

성 일리야의 금요일과 해마다 벌이는 화약 공장까지의 소풍, 그리고 스몰렌스크 사원이나 콜피노에서의 축제에 대해서도 사람들은 수군거렸다.

창문 아래서는 둥지에 앉은 암탉들의 나지막한 꼬꼬댁 소리와 갓 태어난 병아리들의 삐악삐악 소리가 다시 들려왔다. 닭고기나 버섯으로 속을 채운 피로그, 갓 절인 오이가 상에 올랐고, 곧 여러 가지 나무열매들이 드러냈다.

"요즘 내장은 영 좋지 않아요. 여주인이 오블로모프에게 말했다. "어제는 작은 것 두 덩이에 70코페이카를 달라지 뭐예요. 그보다 싱싱한 연어가 있으니까 채소를 넣은 차가운 연어 수프라면 날마다 만들 수 있어요."

프쉐니치나 집안의 부엌은 화려하기 그지없었다. 아가피야 마트베이브나가 모범적인 주부로, 살림이 그녀의 천직이기 때문이기도 하지만 그에 덧붙여서 오빠인 이반 마트베이비치 무하야로프가 대단한 식도락가라는 사실 또

＊1 부활절 이후 50일째 되는 날의 종교적 축제. 성령강림일.

＊2 부활절 이후 제7주째의 목요일에 행해지는 민간 제사. 5월제.

＊3 봄에 자연의 소생을 기념하기 위한 오랜 민간 축제.

한 크게 한몫했다. 그는 입을 것, 즉 옷차림에 대해서는 이상하리만치 무관심했다. 수년을 옷 한 벌로 버텨냈다. 새 옷을 살 때에는 잔뜩 짜증이 난 듯한 험악한 표정으로 돈을 내고, 벗은 옷은 얌전히 걸어 놓는 게 아니라 구석에 산처럼 쌓아 놓는다. 노동자들이나 입을 법한 셔츠를 입고, 그것마저도 토요일에만 딱 한 번 갈아 입었다. 하지만 먹는 것에 대해서는 돈을 아끼지 않았다.

그의 이런 생활은 관직 생활을 하면서 스스로 생각해 낸 자신만의 이론에 기반을 두고 있다. '뱃속에 들어 있는 것은 남의 눈에 보이지 않기 때문에 이러쿵저러쿵 말들이 없다. 하지만 묵직한 시곗줄과 새 프록코트, 번쩍번쩍 빛나는 구두는 쓸데없는 소문의 씨앗이 된다.'

이 때문에 프쉐니치나 가족의 식탁에는 최고급 송아지고기와 보석처럼 빛나는 용상어고기, 흰 들꿩이 올라오곤 했다. 그는 이따금 직접 시장과 밀류친의 가게를 사냥개처럼 냄새를 맡으며 돌아다녔다. 외투 앞섶에 숨겨 토실토실 살찐 영계를 가져오기도 했다. 칠면조 한 마리에 4루블을 치르는 것 정도는 전혀 아까워하지 않았다.

포도주는 도매상에서 사 가지고 와서 직접 저장고에 넣고 직접 꺼냈다. 하지만 식사 중에 구스베리 잎으로 맛을 낸 보드카 외에 그가 술을 마시는 것을 본 사람은 누구도 없었다. 포도주는 개인실에서 혼자 마셨다.

타란치에프와 투망고기잡이를 갈 때면 그의 외투 아래에는 최고급 마데이라 포도주 병이 감춰져 있었다. 싸구려 술집에서 차를 마실 때도 자기가 마실 럼주를 가져오곤 했다.

원만한 침식 작용과 바다 밑바닥의 융기, 산의 붕괴와 같은 변화는 세상 모든 것 위에 발생했으며, 그 중에서도 특히 아니시야에게 큰 영향을 미쳤다. 아니시야와 여주인 사이의 친밀감은 끊을 수 없는 관계로 변해, 일심동체라 해도 될 만한 관계가 되었다.

오블로모프는 자신의 일에 이것저것 신경 써 주는 여주인을 보고서 농담 삼아 아예 식사와 관련한 모든 일을 도맡아서 이 이상 자신이 걱정하지 않게 해줄 수 있는지 물어보았다.

그녀의 얼굴에 기뻐하는 빛이 넘쳤다. 심지어 의식적으로 샐쭉 웃어 보이기까지 했다. 그녀의 활동 무대가 얼마나 넓어졌는지! 한 집 살림이 두 집으로 늘었다! 아니, 하나라고 할 수는 있지만 그 규모는 엄청나게 커졌다. 게다가 아니시야까지도 그녀의 사람이 되었지 않았는가.

여주인은 오빠와 상의를 했다. 그 이튿날 오블로모프네 부엌 살림 모두가 프쉐니치나의 부엌으로 옮겨졌다. 그의 식기와 도자기가 그녀의 찬장을 채웠다. 그리고 아쿨리나는 요리사에서 닭장지기 겸 채소밭지기로 좌천되었다.

모든 일이 이전보다 넉넉하게 진행되었다. 설탕과 차와 식료품의 구입, 오이를 소금에 절이는 일, 사과와 버찌의 저장, 잼 만드는 일, 모든 것이 대규모로 이루어졌다.

아가피야 마트베이브나는 더욱 분주해지고, 아니시야도 독수리가 날개를 펼치듯 사방으로 손을 벌렸다. 삶은 갑자기 활기를 더하여 넓은 강물처럼 흘러가기 시작했다.

오블로모프는 가족들과 3시에 식사를 했다. 그의 형만은 관청의 퇴근 시간이 매우 늦은 관계로 거의 날마다 혼자서 따로 느지막이 부엌에서 식사를 했다.

이제 차와 커피를 오블로모프에게 가져다주는 일도 자하르가 아닌 여주인의 몫이 되었다.

자하르는 마음이 내킬 때만 방의 먼지를 훔쳤고 그가 내켜하지 않을 때, 아니시야가 질풍처럼 달려와 때로는 앞치마로, 때로는 맨손으로, 아니 그보다는 거의 콧김으로 단숨에 먼지를 불어내고 쓸고 닦아 모두 정리해 놓고 사라져 버리는 것이다. 이도 저도 아니면 여주인이 직접 처리하곤 했다. 오블로모프가 산책하러 정원에 나가는 틈을 이용해 그의 방안을 살며시 들여다보고 조금이라도 정리정돈이 되어 있지 않은 곳이 보이면 곤란하다는 듯 고개를 저으며 무언가 중얼거리면서 깃털 베개를 산처럼 부풀려 놓는다. 그리고 베갯잇을 보곤 새 것으로 갈아야겠다고 혼잣말을 하며 그것을 벗겨낸 다음, 창문을 닦고, 긴의자 뒤편을 들여다보고 나서야 방을 나갔다.

바다 밑바닥이 완만하게 융기하면서 산이 붕괴된다. 쌓여가는 진흙에 때때로 화산 폭발이 더해지면서 진흙이 첨가된다. 이 모든 것은 그 무엇보다도 아가피야 마트베이브나의 운명 속에서 가장 현저히 일어났지만, 누구 하나 그 사실을 깨닫지 못했다. 심지어 당사자조차 꿈에도 몰랐던 것이다. 생각지도 못했던 결과가 끊임없이 꼬리를 물고 나타나 어느새 사람들의 눈에 띄게 된 것이다.

언젠가부터 그녀가 완전히 다른 사람으로 변해 버린 이유는 과연 무엇일까?

이전만 하더라도 비프스테이크를 태우거나 탕 속의 생선을 지나치게 끓이고 수프에 야채를 넣지 않았을 때, 엄하지만 차분하면서도 품위 있게 아쿨리나를 나무라고 바로 모든 일을 잊던 그녀였다. 그런데 이제는 그 비슷한 일이 일어나기라도 하면 앉은 자리를 박차고 일어나 부엌으로 달려가서는 아클리나를 큰소리로 꾸짖고, 아니시야에게마저 엄중한 태도를 보였다. 그리고 이튿날엔 수프에 야채가 들어갔는지, 생선이 너무 익지는 않았는지 직접 살펴보았다. 이건 또 대체 어떻게 된 일인가?

누군가는 이렇게 말한다. 그녀가 남들 눈에 자신이 다른 일도 아닌 집안 살림에 꼼꼼하지 못한 사람으로 비치는 것을 수치스럽게 여기기 때문이라고. 자신의 사명으로 생각하고 자랑스러워 하던 것이 바로 집안 살림이 아니던가!

그렇다고 해 두자. 원래 저녁 8시부터 그녀의 눈은 등잔만 해진다. 9시가 되자마자 아이들을 재우고, 부엌의 불은 다 꺼졌는지, 환기구는 닫혔는지, 모든 것이 제대로 정돈이 되었는지 일일이 살펴보고 나서 잠자리에 들었다. 그리고 그때부터 아침 6시까지는 대포 소리가 난다 하더라도 눈을 뜨지 않았다.

그러던 그녀가 지금은 오블로모프가 어쩌다 극장에 가거나 이반 게라시모비치의 집에 가서 늦도록 돌아오지 않으면 잠을 이루지 못했다. 이리저리 뒤척이고 성호를 긋고 한숨을 내쉬고 눈을 꼭 감아 보지만 그 무엇을 해도 잠들 수 없었다. 어째서일까?

밖에서 아주 작은 소리라도 들리면 그녀는 고개를 들고 때로는 침대에서 벌떡 일어나 환기창을 열고 그가 온 것은 아닌지 귀를 쫑긋 세웠다. 문을 두드리는 소리라도 들리면 치마를 걸치고 부엌으로 뛰어가 자하르나 아니시야를 흔들어 깨워서 문을 열어 준다. 그 이유가 무엇일까?

누군가는 이것이 그저 여주인의 성격 때문이라고 한다. 술주정뱅이 문지기가 인기척을 듣고 문을 열러 갈 동안 세 들어 사는 사람을 한밤중에 길바닥에 세워 두는 인정머리 없는 짓을 좋아하지 않는 데다, 무엇보다 문 두드리는 소리가 너무 오래 들리면 아이들이 잠에서 깨지나 않을까 하는 마음에서 나온 행동이라 할지도 모른다.

그럼 그렇다고 생각하자. 하지만 오블로모프가 아프기라도 하면 그녀는 누구 하나 그의 방에 들이지 않은 채, 마룻바닥에 온통 양탄자를 깔고 창문에는 꼼꼼히 커튼을 친다. 평소엔 너무나 상냥하고 얌전한 그녀의 모습과 정반대로, 바냐나 마샤가 큰 소리를 내거나 깔깔 대고 웃으면 정색을 하고 화를 내기도 한다. 이건 또 무슨 일일까?

거기다 밤마다 자하르와 아니시야는 도저히 믿을 수 없다며 아가피야는 오블로모프의 머리맡에서 꼼짝도 하지 않고 있다가, 새벽 예배가 시작할 때면 어깨에 외투를 걸치고 종이 위에 커다랗게 '일리야'라고 써서는 교회로 달려가 그의 병이 낫기를 기원하며 그 종잇조각을 제단에 바친다. 그러고는 조용히 한쪽 구석으로 물러나 무릎을 꿇고 이마를 바닥에 댄 채 한참을 엎드려 기도하는 것이다. 기도가 끝나면 서둘러 시장에 들렀다가 불안해하며 서둘러 집에 돌아온다. 문틈으로 상황을 살피며 아니시야에게 오블로모프의 상태가 어떤지 속삭이듯 묻는다. 이것은 무엇 때문이란 말인가?

어떤 이들은, 이것이 바로 여자라면 누구나 가지고 있는 연민이며 동정에 지나지 않는다고 말할 것이다.

그것도 그렇다 치자, 그러나 오블로모프는 점점 건강을 되찾아 가면서도 겨울 내내 침울한 모습으로 그녀와는 거의 말조차 나누지 않고 그녀의 방을 엿보지도 않았다. 그녀가 무엇을 하고 있는지에 대해서도 전혀 관심을 보이지 않고 농담도 하지 않을 뿐더러 그녀를 향해 웃지도 않았다. 그러자 갑자기 수척해지고 아무것도 하고 싶지 않아졌으며, 무기력한 상태에 빠져 버렸다. 커피를 갈면서도 자기가 무엇을 하고 있는지 깨닫지 못했고, 마실 수 없을 만큼 많은 양의 치커리를 넣고도 마치 혓바닥이 없어진 양 맛을 느끼지 못했다. 아클리나가 날것이나 다름없는 생선을 내오는 바람에 오라버니가 잔뜩 투덜대며 식탁을 떠나도 그녀는 돌로 만든 조각처럼 아무것도 느끼지 못하는 듯 보였다.

이제까지 생각에 잠겨 있는 아가피야를 본 사람이 누구도 없었다. 생각에 잠긴다는 것은 그녀와 조금도 어울리지 않았다. 내내 이리저리 뛰고 돌아다니며 무엇 하나 가벼이 보거나 빼먹지 않았다. 그런 그녀가 최근 들어 갑자기 어찌 된 일인지 무릎에 작은 절구를 올린 채 마치 졸고 있는 듯이 꼼짝도 않고 있을 때가 많아졌다. 그러다가 갑자기 쿵쿵 절구질을 시작하면 개마저 문을 두드리는 소린 줄 알고 짖어댈 정도였다.

하지만 기운을 차린 오블로모프의 얼굴에 상냥한 미소가 돌고, 예전과 같은 다정한 눈빛으로 그가 그녀를 쳐다보기 시작하고 그녀의 방문을 엿보면서 농담을 던지기 시작하자마자, 그녀는 다시 살이 오르고 집안일 또한 생기가 돌면서 다시 활기를 띠고 즐거워졌다. 물론 조금 변한 점도 있었다. 예전의 그녀는 잘 만들어진 기계처럼 원만하고 규칙적으로 하루 종일 움직였고, 공기처럼 사뿐히 걸음을 내디뎠으며, 너무 높지도 너무 낮지도 않은 목소리에, 커피를 갈고 설탕을 빻고 체를 치고, 앉아서 바느질을 할 때도 그 손은 시곗바늘처럼 규칙적이었다. 자리에서 일어설 때도 서투르거나 수선떨지 않았다. 부엌으로 가다 잠깐 발걸음을 멈추고 찬장을 열어 무엇인가를 꺼내어 옮겼다. 모든 것이 기계적이었다.

그러나 지금, 일리야 일리이치가 가족의 일원이 된 뒤로 절구질이고 체질이고 몽땅 바뀌었다. 짜고 있던 레이스 따위는 완전히 잊은 듯했다. 예를 들어 바느질을 시작해서 어느 정도 일에 속도가 붙을 때쯤 느닷없이 오블로모프가 자하르를 불러 커피를 내오라고 말하는 소리가 들리자마자, 그녀는 벌떡 일어나 부엌에 나타나서 마치 무언가 목표물을 조준하듯 두 눈을 크게 뜨고 숟가락을 집어들고는 서너 번 커피를 떠올려 빛에 비추어 보면서 온도는 뜨거운지, 맛있게 끓여졌는지, 찌꺼기가 들어가 있거나 크림에 거품이 섞여 있지는 않은지 주의해서 살펴보았다.

그가 좋아하는 음식을 만들 때면 그녀는 스튜 냄비를 노려보며 뚜껑을 열거나 냄새를 맡고 맛을 본 뒤, 일부러 직접 냄비를 들고 불조절을 했다. 그를 위해 아몬드 껍질을 깨거나 무언가를 빻을 때면 너무나도 열심인 나머지 온몸이 땀으로 흠뻑 젖을 정도였다.

절구질, 다림질, 체를 사용하는 일 등 그녀의 모든 가사노동은 지금에 와서 새로운 삶의 의미를 띠게 되었다. 즉 모든 것은 오블로모프의 안정과 편안함을 위해서이다. 처음에는 의무라 느끼고 하던 일들이 지금은 그녀의 낙(樂)이 되었다. 그녀는 자신만의 방식으로 충실하고 다양한 삶을 살기 시작한 것이다.

그러나 아가피야는 자신이 어떻게 변해 가고 있는지 알지 못했고 그에 대해 스스로 반성한 적 또한 단 한 번도 없었다. 그저 아무 불평불만 없이 이 달콤하고 즐거운 굴레에 몸을 맡겼다. 거기에는 저항이나 집착도 없고, 열정이나 막연한 예감도 없을 뿐더러 고민이나 불안마저 없었다.

이는, 마치 별안간 개종을 하고 이 종교가 어떤 종교인지, 또 교리는 무엇인지 등에 대한 그 어떤 탐색도 없이 맹목적으로 정해진 법칙을 따르며 믿는 것과도 같다.

이 모든 일은 자연히 일어난 것으로, 마치 먹구름을 보고도 뒷걸음질치지 않을 뿐더러 앞으로 달려 나가지도 않고 어느 순간 먹구름 바로 아래 서 버린 모양이었다. 그녀는 마치 독감에 걸려 열병을 앓듯, 그렇게 오블로모프를 사랑하게 된 것이다.

그녀 자신은 이를 꿈에도 생각지 못하고 있었다. 누군가가 만약 이야기해 준다면 이는 그녀에게 있어 처음 듣는 이야기로, 그녀는 방긋 웃으며 수줍어할 것임에 틀림없다.

그녀는 묵묵히 오블로모프에 대한 의무를 받아들였다. 그의 셔츠 한 장 한 장의 특징을 파악하고 뒤꿈치가 해진 양말을 정성들여 골라냈다. 그가 침대에서 일어날 때 어느 쪽 발을 먼저 디디는지도 알고 있을 뿐더러, 어느 쪽 눈에 다래끼가 생기려 하는지, 어떤 음식을 몇 그릇이나 먹는지 관찰했다. 그의 기분이 좋은지 나쁜지, 밤에 잠은 잘 잤는지에 대해서도 전부 파악하고 있었다. 마치 평생을 그렇게 해 왔던 것처럼 그녀는 오블로모프가 자신에게 있어 어떤 존재이며, 왜 자신이 이토록 마음 졸이는 것인지에 대해 반성조차 하지 않았다.

혹시 누군가가 그를 사랑하느냐고 물으면 그녀는 다시 미소를 짓고 그렇다고 대답할 것이다. 하지만 오블로모프가 이 집에 살게 된 지 일 주일이 지났을 무렵 같은 질문을 했다 해도 그녀의 대답은 마찬가지였을 것이 틀림없다.

왜, 무엇을 위해 그녀는 다른 사람도 아닌 그를 사랑하게 되었을까?

사랑도 없는 결혼을 했고 사랑이란 것을 모른 채 서른 살이 되기까지 살아왔으면서 왜 이제 와서 갑자기 사랑이란 감정에 사로잡힌 것인가?

비록 사랑이 변덕스럽고 논리의 범주를 벗어난, 그래서 마치 병처럼 찾아오는 감정이라고는 하지만 사랑도 다른 모든 것과 마찬가지로 자신만의 법칙과 원인을 갖고 있다. 오늘날까지 이 법칙에 대한 연구가 제대로 이루어지지 못했다 한다면, 그 이유는 사랑에 빠진 사람의 입장에서 볼 때 이 모든 것이 그 정도로 특이하고 비정상적인 일이 아니었기 때문이리라. 예컨대, 첫인상이 어떻게 마음속에 비집고 들어오는지, 어떤 식으로 꿈같은 감정에 속박당하는지, 언제 어느 순간부터 맥박이 강해지고, 그 뒤를 이어 심장 박동이 강렬해지는지. 이 사람을 위해서라면 목숨까지 바칠 수 있다는 맹목적인 자기희생의 욕망이 왜 갑자기 샘솟는지, 어떤 식으로 자아가 점점 사라지고 그 혹은 그녀만을 위해 살아가게 되는지. 어째서 이성이 마비되거나 과도하게 예민해지는지, 어떤 식으로 자신의 의지가 상대의 의지 앞에 무릎꿇게 되는지. 왜 고개가 수그려지고 무릎이 떨리며 눈물이 넘쳐나고 마치 열병에라도 걸린 듯한 상태가 되어 버리는지⋯⋯. 이런 문제를 학문적 시선으로 관찰할 여유가 없기 때문이다.

아가피야 마트베이브나는 지금까지 오블로모프와 같은 사람을 거의 본 적이 없었다. 보았다 해도 멀찍이 떨어져서 본 것이 전부였다. 혹시 그 중 마음에 든 남자가 있었을지 모르지만 그들은 그녀와 다른 세상에 살고 있는 사람들이다 보니 가까이할 기회조차 없었다.

일리야 일리이치는 걸음걸이부터가 그녀의 전남편, 10등관 프쉐니치나의 볼품없고 사무적인 종종걸음과는 전혀 달랐다. 끊임없이 서류만 쓰고 있지도 않고 지각하는 건 아닐까 두려움에 벌벌 떨지도 않았다. 그 누구를 보더라도 당장이라도 내 등에 안장을 얹고 타 달라는 듯한 말과 눈빛이 아니라, 복종을 요구하는 듯한 대담하면서도 자유분방한 눈빛을 띠고 있었다.

그는 푸석하고 벌건 얼굴이 아니라 하얗고 부드러운 얼굴을 하고 있다. 손도 오빠처럼 부들부들 떨리는 시뻘건 손이 아니라 하얗고 적당한 크기이다. 잠시 앉을 때에도 다리를 꼬고 턱을 받치는데, 이 모든 행동은 느긋하고 안정감 있으며 아름답기까지 했다. 말투도 오빠나 타란치에프는 물론, 죽은 남편과도 달랐다. 그녀도 이것저것 많이 알지는 못했지만 그가 하는 말이 얼마나 현명해 보이고 훌륭하며 평범하지 않다는 것을 느낄 수 있었다. 또 그녀가 이미 알고 있는 말도 오블로모프의 입을 통해 나오면 어딘가 다른 사람과는 달라 보였다.

얇고 부드러운 천으로 지은 고급 셔츠만을, 그것도 날마다 갈아입으며 향기로운 비누로 세수를 하고 손톱 손질도 했다. 그의 모든 것이 깨끗하고 정갈했다. 아무것도 하지 않을 수도 있고 실제로 아무것도 하지 않았다. 모든 일에 다른 사람의 수발을 받는다. 그에게는 자하르와 또 3백의 자하르가 있었다…….

그는 지주이다. 마치 후광이 비치는 듯하다! 게다가 그는 선량하다. 이에 더하여 부드러운 걸음걸이, 낭창한 몸놀림까지, 손이라도 살짝 닿을라 치면 마치 벨벳에 스치는 것 같다. 죽은 남편의 손길은 마치 때리는 것 같았다! 오블로모프의 눈길과 말투는 부드럽고 정말 친절하기 이를 데가 없다…….

아가피야는 이런 생각을 하지도 않을 뿐더러 의식조차 하지 않았다. 하지만 누군가 다른 사람이, 오블로모프가 나타난 것으로 그녀의 마음에 끼친 느낌을 연구하고 설명하려 했다면 이밖에 또 어떤 설명을 할 수 있겠는가.

일리야 일리이치는 자신이 이 자그마한 우연에, 그녀의 오빠를 비롯해 사슬에 묶인 개에 이르기까지 이 집안사람들에게 어떤 의미를 가져왔는지를 제대로 이해하고 있었다. 예를 들어 그가 오고 나서 개는 3배 이상 더 많은 뼈다귀를 뜯을 수 있게 되었다. 그러나 이 의미 있는 일이 얼마나 깊이 뿌리를 내렸고 그 자신이 여주인의 가슴 속에 생각지 못한 지배력을 갖게 되었는지에 대해서는 전혀 이해하지 못했다.

아가피야가 자신의 식사와 속옷 그리고 방에 대한 것에 온 정신을 쏟아 걱정하는 것을 보고도 그는 그저 아가피야의 성격이 원래 그럴 뿐이라고만 생각했다. 첫 번째 방문에서 아쿨리나가 느닷없이 푸드덕거리는 수탉을 들고 방으로 들어 왔을 때, 여주인은 요리사의 때와 장소를 가리지 않는 행동에 당황스러워 하면서도 그 수탉이 아닌 얼룩박이 수탉을 가게 주인에게 내 주라고 분명히 일렀었다. 그 때부터 오블로모프도 조금씩 눈치를 채기는 했으리라.

아가피야 마트베이브나는 오블로모프에게 아양을 떨거나 자신 안에서 일어나고 있는 어떤 징후를 그에게 보일 그런 용기 있는 여자는 아니었다. 이미 말한 것처럼 그녀는 이를 알아차리기는커녕 이해조차 하지 못할 뿐 아니라 바로 얼마 전까지만 해도 아무런 일도 없었다는 사실마저 까맣게 잊고 있을 정도였다. 그녀의 사랑은 죽을 때까지 변함없는 헌신으로 표현되는 것이었다.

오블로모프 역시 그에 대한 그녀의 감정의 본질을 꿰뚫어 볼 만큼 눈치가 빠르지 못했고 그저 이 모든 것을 여주인의 성격 탓으로 돌렸다. 너무나도 정상적이고 자연스러우며 사심 없는 프쉐니치나의 감정은 오블로모프와 주변 사람들, 그리고 그녀 자신에게도 여전히 비밀로 남게 되었다.

그 감정엔 실제로 전혀 사심이 없었다. 그녀는 오블로모프의 쾌유만을 바라며 교회에 가서 촛불을 켜고 그의 건강을 기원했지만 그는 이에 대해 조금도 알지 못했기 때문이다. 그녀는 밤새 그의 머리맡을 지키고 앉아 있다가 날이 밝아 올 때쯤에야 밖으로 나갔지만 나중에라도 그런 말은 입 밖에 내지 않았다.

그녀에 대한 오블로모프의 태도는 그보다 훨씬 더 단순했다. 아가피야 마트베이브나에게서, 끊임없이 움직이는 팔꿈치에서, 모든 것에 주의를 기울이는 그녀의 눈동자, 찬장에서 부엌으로, 부엌에서 헛간으로, 또 헛간에서 토굴로 쉴 새 없이 움직이는 바지런함에서, 집 안에서의 일이라면 무엇 하나 모르는 것 없는 박식함, 이 모든 것이 오블로모프에게 있어서 망망대해처럼 넓고도 절대 깨뜨릴 수 없는 삶의 평정 그 자체로서의 이상이었다. 이와 같은 삶의 평면도는 일찍이 어렸을 때 오블로모프카에서 살던 무렵부터 그의 마음속에 지울 수 없는 흔적으로 남아 있었다.

그곳에선 그의 아버지와 할아버지, 자식들과 손자들, 그리고 손님들 모두가 아주 느긋한 평온을 즐기며 앉거나 누워 있었다. 그들은 집 안을 끊임없이 돌아다니며 할 일을 찾는 눈과 쉬지 않는 손 들이 있다는 사실을 잘 알고 있었다. 이것이 그들의 옷을 짓고, 먹고 마실 수 있게 하고, 옷을 갈아입히고 구두를 신기며, 잠자리 시중은 물론이거니와 죽은 뒤 눈까지 감겨 준다는 모든 사실을 그들은 잘 알고 있었다. 마찬가지로 이곳에서 오블로모프는 긴 의자에 가만히 앉은 채로 활발하고 민첩한 그 무언가가 그를 위해 끊임없이 움직이고 있음을 보았다.

내일 태양이 떠오르지 않고 회오리바람이 하늘을 뒤덮어 우주의 한쪽 끝에서 반대편 끝까지 폭풍이 쓸고 지나간다 해도, 그의 식탁엔 수프와 고기가 올라오고 속옷은 새것처럼 깨끗할 것이며 벽의 거미줄은 모두 사라져 있을 것이 틀림없다. 그러면서도 오블로모프는 이 모든 일이 어떤 식으로 이루어지는지 알고 있지도 않았고, 자기가 무엇을 원하는지조차 귀찮은 마음에 생각하려 들지 않았다. 굳이 애쓰지 않아도 자신의 손발과 같은 사람이 그가 원하는 것을 모두 파악해서 코앞에 가져다 놓는다. 그것도 자하르의 예의없고 짜증 가득한 더러운 손에 의해서가 아니라, 건강하고 상냥한 눈길과 깊은 헌신의 미소, 팔꿈치를 드러낸 깨끗하고 하얀 손을 가진 여자에 의해서 말이다.

그는 하루하루 조금씩 여주인과 가까워져 갔다. 그러나 사랑이라거나 하는 감정 따위는 아예 염두에 두지 않았다. 여기서 사랑이란 그가 바로 얼마 전 겪은 천연두나 홍역, 혹은 마치 열병과도 같이 떠올리는 것만으로 몸서리치게 되는 그런 것이었다.

그는 아가피야 마트베이브나와 가까워졌다. 마치 불꽃에 슬금슬금 가까이 다가갔을 때처럼 몸이 서서히 따뜻해지기는 하지만, 불꽃과 사랑에 빠질 수는 없는 법이다.

식사가 끝난 뒤 그는 그녀의 방에 기꺼이 남아 담배 파이프를 피워 물었다. 그녀는 식기장에 은식기와 도자기 접시를 정리해 넣고, 찻잔을 꺼내 커피를 따랐다. 때로는 찻잔 중 하나를 정성들여 씻어내어 그 잔에 제일 먼저 커피를 따라 그에게 권하고, 마음에 들어하는지를 살피곤 했다. 그는 이런 모습을 멍하니 바라보고 있었다. 안방으로 통하는 문이 열리면 그는 그녀의 토실토실한 목덜미나 동그란 팔꿈치를 즐거운 마음으로 지그시 쳐다보았다. 그 문이 오래도록 열리지 않을 때는 슬쩍 발로 문을 밀어 열고 그녀에게 농담을 던지거나 아이들과 놀아 주었다.

하지만 아침나절 내내 그녀가 눈에 띄지 않는다 해도 그는 전혀 쓸쓸해하거나 하지 않았다. 식사가 끝나고 그녀와 함께 앉아 있는 대신 그는 자주 두어 시간 눈을 붙이기 위해 자기 방으로 돌아가버리곤 했다. 그러나 자신이 눈을 뜨는 것과 동시에 차가 준비되어 있다는 것, 아니 눈을 뜬 그 순간 갓 끓여낸 차가 나온다는 사실을 그는 이미 잘 알고 있었다.

그리고 무엇보다 중요한 것은, 이 모든 일이 매우 평온한 상태에서 일어났다는 사실이었다. 그는 지금 심장에 이상이 생긴 듯한 기분이라고는 전혀 들지 않았다. 여주인과 만날 수 있을까, 그녀가 무슨 생각을 할까, 그녀에게 무슨 말을 할까, 그녀의 질문에 뭐라고 대답할까 하는 걱정으로 마음을 졸인 일 또한 단 한 번도 없었다. 그야말로 오블로모프의 감정은 깔끔하기 그지없었다.

우울함도, 잠 못 드는 밤도, 달콤하거나 혹은 쓰디쓴 눈물, 그는 이 중 그 무엇 하나 경험해 본 적이 없었다. 그저 앉아서 담배를 태우며 그녀의 바느질하는 모습을 보고 때로 무언가 말을 건네지만, 아무 말도 하지 않을 때도 있다. 그의 마음은 평온하기만 했다. 그 무엇도 필요하지 않고 어디에도 가고 싶지 않다. 마치 필요한 것은 모두 그곳에 갖춰져 있는 느낌이었다.

아가피야 마트베이브나는 그를 재촉하지도, 그에게 무언가를 요구하지도 않았다. 그러니 당연히 그의 마음속에서도 야심에 가득한 바람이나 무언가 대단한 업적을 세워야만 한다는 초조함, 또는 시간이 점점 흐를수록 힘은 시들어만 가는데 자신은 선한 일도 악한 일도 무엇 하나 하지 않고 그저 시간만 보내는 식물과 같은 삶을 살고 있다고 하는 고민이나 양심의 가책이란 것이 생길 리 없었던 것이다.

진귀한 식물이라도 되는 듯 그는 보이지 않는 손에 의해 땡볕과 비를 피할 수 있는 지붕 아래 서늘한 곳으로 옮겨져, 소중하게 키워지고 있었다.

"정말 손이 빠르군요, 아가피야 마트베이브나. 바느질감을 코앞에 들이대고 눈에 바늘이 채 보이지 않을 만큼 빠르게 손을 놀리니 치마와 코를 꿰매 붙여 버리는 건 아닌가 하는 생각에 걱정이 다 됩니다."

그녀는 빙그레 웃었다.

"이 부분만 다 꿰매고 나면 곧 저녁 식사 준비를 할게요."

그녀가 혼잣말이라도 하듯 조그맣게 속삭였다.

"저녁 메뉴는 뭐죠?"

"연어를 곁들인 양배추 절임이랍니다. 용철갑상어를 구할 수가 있어야죠. 가게란 가게는 다 다녀보고 오빠도 알아봤는데 없다네요. 싱싱한 용철갑상어가 들어오면, 마차 거리 골목의 한 상인이 주문을 했다던데, 조만간 그때 조금 나누어 주기로 약속했어요. 그리고 송아지고기와 프라이팬에 데운 죽......"

"그거 참 대단하군요! 그런 걸 다 기억하고 계시다니, 정말 친절하세요, 아가피야 마트베이브나! 아니시야가 잊지 않으면 좋으련만."

"그녀가 그렇게 똑똑하다면 제가 당신 곁에 왜 붙어 있겠어요? 자, 들려요? 보글보글 하는 소리?" 부엌문을 살짝 열면서 그녀가 대꾸했다. "벌써 죽이 끓고 있어요."

바느질을 마친 아가피야는 실을 이빨로 끊어내고서 일감을 돌돌 말아 침실로 가져갔다.

그렇게 오블로모프는 따뜻한 불꽃에 다가가듯 슬금슬금 그녀에게 가까이 갔다. 언젠가 한번은 너무 가까이 다가간 나머지 불이 날 뻔하기도 했다. 적어도 불길이 확 일어나기는 했었다.

자기 방 안을 서성이던 그가 여주인의 방문 쪽을 돌아보자, 늘 보던 그녀의 팔꿈치가 언제나처럼 재빨리 움직이고 있는 모습이 그의 눈에 들어왔다.

"일 년 내내 정신없이 바쁘군요!" 여주인의 방으로 들어가며 그가 말을 걸었다. "이게 뭐죠?"

"계피 껍질을 빻고 있어요."

심연을 들여다보듯 절구 속을 들여다보면서 그녀가 말했다. 그녀는 힘주어 콩콩 절구질을 하고 있었다.

"그럼 제가 잠시 실례해도 될까요?"

그가 그녀의 팔꿈치를 잡아 움직이지 못하게 하고서 물었다.

"놓으세요! 설탕도 더 빻아야 하고 푸딩에 넣을 포도주도 꺼내 와야 해요."

그는 꿈쩍도 하지 않고 그녀의 팔꿈치를 잡고 있었다. 그의 얼굴이 그녀의 목덜미에 바짝 붙었다.

"자아, 어떨까요, 만약 제가 당신을…… 좋아하게 되었다면?"

그녀가 빙그레 웃었다.

"당신도 저를 좋아해 주시겠습니까?"

그가 다시 물었다.

"사랑하지 말란 법이 어디 있나요? 신께서도 모든 사람을 사랑하라 말씀하셨는데."

"자, 그럼 제가 당신께 입맞춤을 한다면?"

그는 자신의 숨결이 그녀의 뺨을 뜨겁게 달굴 만큼 가까이 몸을 숙이며 속삭였다.

"지금은 부활절 주간도 아닌 걸요."

그녀가 웃으며 말했다.

"그럼 대신 당신이 제게 입맞춤해 주시죠!"

"신의 은총으로 부활절까지 살아남는다면, 그때 서로에게 입맞춤하도록 해요."

그녀는 놀라지도 당황하지도 않고 그저 막 굴레가 씌워지려는 말처럼 똑바로 서 있을 뿐이었다. 그가 살짝 그녀의 목에 입을 맞추었다.

"조심하세요, 빻은 걸 엎질렀잖아요. 당신이 먹을 피로그에 아무것도 넣어 드리지 못하는 수가 있어요."

"상관없어요!"

"옷에 그 얼룩은 또 뭐죠?" 가운의 앞섶을 움켜쥐면서 그녀가 걱정스럽게 물었다. "아무래도 기름 같군요?" 그녀가 얼룩의 냄새를 맡았다. "어디서 얼룩을 묻히신 거죠? 등잔에서 떨어진 건 아닌가요?"

"어디서 묻은 건지 저도 모르겠군요."

"분명 방문에서 묻었을 거예요." 아가피야 마트베이브나가 갑자기 알겠다는 듯 말했다. "어제 경첩에다가 기름칠을 했어요. 하도 삐걱거려서. 얼른 벗어 주세요. 얼룩을 빼고 세탁해 올게요. 내일이면 말끔하게 없어질 겁니다."

"아가피야 마트베이브나, 당신은 정말 친절하군요!" 귀찮은 듯 느릿느릿 가운을 벗던지며 오블로모프가 말했다. "시골에 가서 살면 어때요? 그곳이야말로 진정한 가정을 느낄 수 있는 곳이죠! 없는 게 없어요. 버섯, 나무 열매, 잼, 새집과 외양간까지……"

"거절하겠어요, 왜 하필 시골이죠?" 그녀가 한숨을 쉬며 말을 맺었다. "이 곳에서 태어나 지금까지 살았는데, 죽는 것도 여기서 죽어야죠."

그녀를 쳐다보는 그의 눈길에선 가벼운 흥분이 느껴졌다. 하지만 그의 눈은 빛나지 않았고 눈물이 핑 돌지도 않았으며 한껏 마음이 부풀어올라 무슨 대단한 일을 꿈꾸지도 않았다. 그저 긴의자에 앉아 하염없이 그녀의 팔꿈치만을 바라보고 싶을 뿐이었다.

제2장

이반의 명명일은 성대하게 치러졌다. 이반 마트베이치는 전날 관청에 휴가를 내고 시내 곳곳을 미친 듯이 쏘다녔다. 집에 돌아올 때마다 손에 커다란 꾸러미나 바구니를 들고 있었다.

아가피야 마트베이브나는 커피만으로 3일을 살았다. 오로지 오블로모프를 위해 세 가지 음식을 준비했을 뿐, 다른 이들은 적당히 아무것으로나 끼니만 때웠다.

아니시야는 그 전날 한 숨도 자지 못했다. 그 대신 자하르가 두 사람 몫의 잠을 잤다. 그리고 모두가 바쁘게 준비하는 것을 아니시야는 다소 비웃는 듯 멍한 눈으로 바라보았다.

"우리 오블로모프카에서는 명절이란 명절은 몽땅 다 지내곤 했지."

백작 댁 부엌에서 불려온 두 요리사에게 자하르가 말했다. "피로그 같은 건 다섯 종류나 되구 소스는 셀 수조차 없을 정도로 많다구! 하루 종일 나리님들은 먹구 마시구, 그 다음 날두 여전했지. 그리고 남은 건 다 우리 차지였는데, 웬걸! 남은 것만 해도 닷새 동안 먹을 수 있었다구! 슬슬 다 정리했다 싶으면 손님들이 또 몰려와서 다시 또 같은 소동이 벌어졌지. 하지만 여긴 고작 일 년에 딱 한 번뿐이잖여!"

그날 저녁 만찬 자리에서 자하르는 목에 커다란 십자 훈장을 달고 있는 신사마저 제치고 제일 먼저 오블로모프에게 음식을 날라다 주었다.

"우리 주인님은 누가 뭐래도 어엿한 지주 나리라구." 그가 우쭐하며 말했다. "그런데 참, 이런 사람들도 손님이라구⋯⋯!"

끄트머리에 앉은 타란치에프에게는 아예 음식을 날라다 줄 생각조차 하지 않았다. 그저 잠깐 기분이 좋을 때면 접시에 대충 아무 음식이나 담아 가져다 주는 정도였다.

이반 마트베이치의 동료는 모두 서른 명 정도 되었다.

큼지막한 송어, 속을 채운 영계와 메추라기, 아이스크림과 고급 포도주. 이 모든 것은 1년에 단 한 번뿐인 명절을 기념하기에 충분했다.

연회가 한창 무르익을 때 손님들은 서로 얼싸안고 주인공의 취미를 하늘 높은 줄 모르고 칭송했다. 그 뒤 카드 게임이 시작되었다. 무하야로프는 모두에게 고개숙여 감사 인사를 하며, 귀한 손님들을 대접하는 행복을 위해서라면 1년 봉급의 3분의 1을 내놓아도 아깝지 않노라는 말을 늘어놓았다.

해 뜰 무렵이 되어서야 손님들은 겨우 위태로운 발걸음으로 마차에 오르거나 걸어서 각자 집으로 돌아갔다. 집안은 일리야의 날이 올 때까지 잠잠해졌다.

일리야의 명명일에 온 손님 중 오블로모프에게 초대받아 온 외지인은 이반 게라시모프와 알렉세예프—이야기의 앞부분에서 일리야 일리이치를 마요브카에 초대하러 온 말수 적고 어른스런 그 알렉세예프뿐이었다. 오블로모프는 이반 마트베이치에게 지고 싶지 않았다. 아니, 지고 싶지 않은 정도가 아니었다. 그래서 이 촌구석에서는 꿈도 꾸지 못할 세련되고 우아한 파티로 모두를 깜짝 놀라게 하고자 고민에 고민을 거듭한 터였다.

생선과 고기로 속을 채운 기름진 쿨레비아카 대신 부풀게 구운 피로그를 선보였다. 수프 전에 굴이 나왔고, 종이 장식을 달고 송로(松露)버섯을 곁들인 병아리구이, 입 안에서 살살 녹는 고기, 거기에 제철 채소와 영국식 수프가 뒤를 이었다.

식탁 중앙에 놓인 커다란 파인애플 주변을 복숭아와 버찌, 살구 등이 둘러싸고 있었다. 꽃병에는 갓 꺾은 꽃이 꽂혀 있다.

성대한 식사가 끝나고 마지막으로 수프가 나오자 타란치에프가 아무것도 넣지 않은 피로그를 헐뜯으며 쓸데없는 생각이었다고 요리장을 탓하기 시작했다. 그 때 갑자기 개가 묶여 있던 사슬을 끊기라도 할 듯 철컹거리며 큰 소리로 짖어대는 소리가 들렸다.

안뜰로 마차가 들어오고 누군가가 오블로모프를 찾았다. 모두가 깜짝 놀라 입이 다물어지지 않았다.

"옛 친구 중 누군가가 내 명명일을 기억하고 찾아왔나 보군. 집에 없다고 해, 난 집에 없는 거야!"

그가 자하르에게 나지막이 호통 쳤다.

그들은 정원 정자에서 식사를 하고 있었다. 자하르는 손님을 돌려보내기 위해 뛰어가던 도중, 오솔길에서 슈톨츠와 맞부딪쳤다.

"안드레이 이바느이치."

자하르가 기뻐 어쩔 줄 몰라 하며 쉰소리로 외쳤다.

"안드레이!"

오블로모프도 큰소리로 그를 부르며 달려가 얼싸안았다.

"내가 딱 좋을 때 왔군. 마침 식사 시간인 모양이지! 내 앞에도 한 상 차려 보게, 허기가 지는군. 겨우 자넬 찾아냈어!"

"자아, 자! 얼른 이리 와서 앉게나!"

자기 옆자리에 그를 앉히며 오블로모프가 수선을 피웠다. 슈톨츠가 나타나자마자 타란치에프가 제일 먼저 재빨리 바자울을 넘어 텃밭으로 훌쩍 도망쳤다. 그 뒤를 따라서 이반 마트베이치도 정자 그늘에 몸을 숨기고는 제방으로 사라져 버렸다. 여주인 역시 자리를 떠나려 했다.

"내가 방해를 한 모양이지."

슈톨츠가 벌떡 일어나며 말했다.

"다들 어딜 가는 거야, 왜 그래? 이반 마트베이치! 미헤이 안드레이치!"

오블로모프가 크게 소리쳤다. 여주인은 다시 제자리에 앉힐 수 있었지만, 이반 마트베이치와 타란치에프는 다시 불러올 수 없었다.

"어디서 오는 길이야? 어떻게 지냈어? 오래 머무를 생각인가?"

오블로모프가 질문을 퍼부었다. 슈톨츠는 일 때문에 2주 예정으로 돌아오는 길이며, 시골에 들렀다가 키예프로 갈 예정이라 했다. 키예프에 간 다음에도 아직 정해지지는 않았지만 어딘가로 갈 생각이라고 했다.

슈톨츠는 식탁 앞에서 별다른 말 없이 배불리 먹기만 했다. 보아하니 정말 배가 고픈 것 같았다. 다른 사람들도 말없이 식사를 끝낸 것은 말할 필요도 없다.

식사를 마치고 식탁이 깨끗이 치워졌을 때, 오블로모프는 정자에 샴페인과 탄산수를 가져다 놓으라고 이른 뒤 슈톨츠와 단둘이 마주 앉았다.

두 사람은 한동안 아무 말도 없었다. 슈톨츠는 한동안 그를 지그시 쳐다보았다.

"어때, 일리야?" 슈톨츠가 겨우 입을 열었다. 무척이나 엄하게 다그치는 듯한 소리에 오블로모프는 눈을 내리깐 채 아무 말도 하지 않았다. "그러고 보면, '영원히' 였었지?"

"'영원히'라니, 무슨 말이지?"

이유를 모르겠다는 듯 오블로모프가 물었다.

"자네 벌써 잊어버린 건가. '지금 아니면 기회는 영원히 없어!' 이 말을!"

"난 그때의 내가 아냐…… 안드레이. 다행히 집의 재정 상태도 정리했고, 나도 느긋하게 뒹굴기만 하지는 않는다고. 계획안도 거의 완성되어 가고, 잡지도 두 종류 구독하고 있어. 자네가 남겨 둔 책도 거의 다 읽었고 말이지……."

"왜 외국에 가지 않은 거지?"

"여행을 가려는 데 좀 신경쓰이는 게 있어서……."

오블로모프가 우물거리자, 그가 빙그레 웃었다.

"올가 때문에 그런 거지?"

의미심장한 눈길로 그를 보며 슈톨츠가 말했다. 오블로모프의 얼굴이 화끈 달아올랐다.

"자네 벌써 다 들은 건가……그런데 올가는 지금 어디 있지?"

그가 슈톨츠를 보며 성급히 물었다. 슈톨츠는 대답하지 않은 채 마음속 깊숙한 곳을 들여다보기라도 하는 듯 그를 계속해서 바라보았다.

"'그 일'이 있고 나서 곧 숙모와 함께 외국으로 떠났다고 듣긴 했는데……."

오블로모프가 말했다.

"'그녀가 자신의 실수를 깨닫고 나서' 곧이었겠지."

슈톨츠가 그의 말을 고쳐 주었다.

"자네 지금 어디까지 알고 있는 건가……."

오블로모프는 거북함에 몸 둘 바를 모르고 이렇게 중얼거렸다.

"전부 다! 라일락 가지에 대해서까지도 다 알고 있지. 부끄럽다거나 괴롭지도 않아, 일리야? 후회나 안타까움이란 감정에 마음이 괴롭지 않냐고?"

"이제 그만두게, 더 이상 말하지 말라고!" 오블로모프가 서둘러 그의 말을 막았다. "나 또한 우리 둘 사이에 얼마나 큰 심연이 가로막고 있는지를 알았을 때, 내가 그녀에게 너무나 모자란다는 확신을 했을 때, 심한 열병을 않았단 말일세……. 아, 안드레이! 진정 날 사랑한다면 더 이상 괴롭히지 말고, 그녀의 일도 말하지 말아 줘. 난 아주 오래 전부터 그녀가 저지른 실수를 그녀에게 말해 줬어. 하지만 그녀는 내 말을 믿지 않았지……. 사실, 나에게도 죄는 있지만…….”

"난 자네를 꾸짖는 게 아냐, 일리야." 다정하면서도 부드럽게 슈톨츠가 말을 이었다. "자네의 편지도 읽어 보았어. 누구보다 내 잘못이 가장 크고, 다음엔 올가, 그리고 자네 순이네만, 그나마도 자네의 잘못은 그리 대단한 게 아니야."

"올가는 지금 어때?"

오블로모프가 주저하며 물었다.

"어떠냐니? 우울하게 눈물 바다에 빠져서 자네를 원망하고 있지…….”

경악, 연민, 공포, 참회의 빛이 한 마디 한 마디마다 오블로모프의 얼굴에 나타났다.

"자네 무슨 말을 하는 거야, 안드레이!" 자리에서 벌떡 일어나며 그가 말했다. "가세, 부탁이니 지금 당장 출발하자고. 난 그녀의 발 아래 무릎 꿇고 용서를 빌어야만 해…….”

"제발 좀 가만히 앉아 있어 봐!" 슈톨츠가 웃으면서 그를 막았다. "그녀는 아주 명랑해. 오히려 행복하다고 할까. 자네에게도 안부를 전해 달라더군. 편지를 쓰겠다는 걸 내가 말렸어. 자넬 흥분시키면 안된다고 하면서.”

"아아, 이렇게 고마울 데가!" 오블로모프가 거의 울먹이며 말했다. "내가 얼마나 기쁜지 알지 못하겠지, 안드레이. 자네에게 입맞출 수 있도록 허락해 주게. 그리고 그녀의 건강을 위해 건배하세.”

그들은 샴페인 잔을 비웠다.

"그녀는 지금 어디 있지?"

"지금 스위스에 있어. 가을이 오면 숙모와 함께 자기 영지로 돌아간대. 내가 여기 온 것도 그 일 때문이야. 다시 한 번 관청에 가서 남아 있는 일을 마저 처리해야 하거든. 남작이 일을 다 끝내지 않았지 뭔가. 그 남작, 올가에게 청혼하려는 쓸데없는 마음이나 먹고는…….”

"뭐? 그게 정말이었단 말인가? 그래서, 그녀는?"

"'그래서'라니, 자네도 그녀에 대해 잘 알고 있지 않은가. 당연히 거절했지. 남작은 기가 죽어 어딘가로 사라져 버렸고, 그래서 지금 내가 그 일을 마무리지으러 온 거야! 다음 주쯤엔 다 끝나겠지. 그건 그렇고, 자넨 대체 무슨 일인가? 왜 이런 촌구석에 처박혀 있는 거야?"

"여긴 평온하고 조용해, 안드레이. 방해하는 사람도 없고……"

"뭘 방해하는데?"

"공부 말일세……."

"농담하는 건가? 여긴 오블로모프카 그 자체인걸. 게다가 더 지저분한." 슈톨츠가 주위를 둘러보며 말했다. "시골 영지로 가세, 일리야."

"시골 영지라…… 그것도 좋겠지. 그곳에서도 곧 건물이 올라가기 시작할 거야. 너무 서둘러서는 안 되네, 안드레이. 좀 더 깊이 생각한 뒤에……."

"또 무슨 생각인가! 자네 생각이라면 잘 알아. 2년 전에 외국으로 가는 일에 대해 생각했던 것과 똑같은 방식이잖아? 다음 주에 출발하기로 하세."

"그렇게 서두를 것까지야, 다음 주라니!" 오블로모프는 방어 태세를 취했다. "자네야 어차피 여행 중이지만, 난 이것저것, 준비도 해야 하고…… 난 이곳에도 가정을 꾸리고 있단 말일세. 어떻게 그들을 내버려 두고 떠날 수 있단 말인가? 난 아무 준비도 하지 못했어."

"아니, 아무것도 필요 없어. 뭐가 필요하다는 거지?"

오블로모프는 아무 말도 하지 않았다.

"몸이 안 좋아, 안드레이. 숨쉬기가 힘들고 다래끼도 났지. 한쪽이 나았다 싶으면 반대쪽 눈으로 옮겨 가며 나더군. 다리에도 부종이 생겼어. 때로 밤에 자고 있으면 느닷없이 마치 누군가가 머리나 등을 후려치는 것 같아 깜짝 놀라 깨기도 하고……."

"잘 들어, 일리야. 진지하게 말하네만, 자네는 이 생활 태도를 바꾸어야만 해. 그러지 않으면 부종이 오거나 중풍에 걸리고 말 걸세. 미래에 대한 희망과도 영영 안녕이겠지. 저 천사같은 올가마저도 자네를 이 진창 속에서 끌어내지 못했다면, 나 따위가 할 수 있는 일은 아무것도 없다고. 스스로 조그마한 활동 범위를 하나 선택하게. 작은 시골 마을 하나 정도는 직접 경영하면서 농부들 상대로 고충을 해결해 주고 건축을 하거나 나무를 심는 일, 이 정도는 자네가 직접 해야 하고, 또 할 수 있을 거야. 난 자네 곁에서 한시도 떨어지지 않겠어. 이제부터 난 나만의 바람이 아닌 올가의 의지를 존중할 거라네. 그녀가 그렇게 해 달라고 부탁했다고, 알겠나? 자네가 완전히 죽어 버리거나, 생매장되지 않도록 해 달라고 했단 말이야. 그리고 난 자네를 이 무덤에서 끄집어 내겠다고 약속했지……."

"아직 그녀가 날 잊진 않았군! 내게 그럴 만한 가치가 있단 말인가!"

오블로모프는 무한한 감격을 담아 말했다.

"그럼 안 잊었지. 그리고 평생 잊지 않을 거야. 그녀는 그런 여자가 아니니까. 자넨 그녀의 영지를 찾아가야만 해."

"하지만 지금은 안 되네, 제발, 지금은 안 돼, 안드레이! 잊을 수 있게 해줘. 아, 여기가 아직……."

그가 심장 부근을 가리켰다.

"거기가 뭐 어쨌다는 건가? 사랑인가?"

"아냐, 창피와 슬픔이지!"

오블로모프가 한숨을 내쉬며 대꾸했다.

"그래, 좋아! 그럼 자네 시골 영지로 가세. 처리할 일이 있지 않은가? 지금은 여름이야. 귀중한 시간이 지나가 버린다고……."

"아니, 내겐 대리인이 있어. 그 사람이 아직 시골 영지에 있으니 난 준비가 완전히 끝나고 충분히 생각을 한 후 출발하면 돼."

그는 슈톨츠에게 자랑을 늘어놓기 시작했다. 이곳에 가만히 앉아서도 모든 재정 문제를 훌륭하게 처리한 일, 대리인이 도망간 농부들에 대한 조사를 진행하고 곡물을 후한 값에 팔아 1천 5백 루블을 보내 온 일 등에 대해 말했다. 아마 올해 안에 소작료도 걷어서 보내 줄 것이라는 말도 빠뜨리지 않았다.

슈톨츠는 이 말을 듣고 저도 모르게 손뼉을 쳤다.

"주위 사람 모두가 자네를 등쳐먹지 못해 안달이 났구먼! 농노가 3백 명이나 있는데 고작 1천 5백 루블이라고! 그 대리인이란 놈이 누구야? 어떤 작자야?"

"1천 5백은 넘어." 오블로모프가 다시 말했다. "곡물 팔고 난 돈에서 그 사람에게 보수도 주었고……."

"얼마나?"

"기억이 나지 않는걸. 나중에 보여 주지. 어딘가에 적어놓은 계산서가 있을 거야."

"이봐, 일리야! 자네 정말 죽어 버렸군, 파멸해 버렸어! 자, 옷을 갈아입고 내 숙소로 가세!"

오블로모프가 무언가 되받아치려 했으나 슈톨츠는 거의 강제로 그를 자기의 숙소로 끌고 갔다. 그리고 자신 앞으로 된 위임장을 써서 오블로모프에게 서명하게 하고 오블로모프가 직접 시골에 내려가 영지 경영에 익숙해질 동안까지만 오블로모프카를 빌리겠노라고 선고했다.

"이제 자네 수입은 세 배가 될 거야. 하지만 난 오랫동안 자네의 영지를 대신 관리해 줄 수는 없네. 나도 할 일이 있으니까. 지금부터 나와 같이 시골 영지로 내려가세. 아니면 얼른 날 따라 내려오게나. 난 올가의 영지에 있을 테니까. 300베르스타 떨어진 곳이야. 내가 자네 영지도 가끔 들러 그 대리인을 내쫓고 해야 할 일을 처리해 두지. 자네도 얼른 와야 할 걸세. 난 자네 곁을 떠나지 않을 테니."

오블로모프가 긴 한숨을 쉬었다.

"아, 인생이란 이런 건가!"

"인생이 뭐 어쨌다는 건가?"

"인생은 어디까지나 뒤쫓아 오지. 편안히 쉴 틈 따위 손톱만큼도 없다고! 난 그저 편히 누워 잠들고 싶네…… 영원히……."

"그 말인즉 불꽃을 꺼 버리고 암흑 속에 있고 싶단 거로군! 사양하고픈 삶이네! 어이, 일리야! 자네 적어도 조금은 철학자 흉내라도 내 보면 어떤가, 정말! 삶은 찰나와 같이 스쳐 지나가는데 자네는 그저 드러누워 자고만 싶다니! 인생이란 쉼없이 타올라야만 한단 말일세! 아, 혹여 2백 년이나 3백 년쯤 살 수 있다면 또 말이 달라지겠지만! 그렇다면야 일이 어떻게 진행되는지 내 알 바 아니겠지!"

"자넨 달라, 안드레이. 자네한텐 날개가 있어. 자넨 살아간다고 하기보다 날아간다는 표현이 걸맞네. 자네에겐 하늘이 주신 재능도, 자존심도 있지. 자넨 뚱뚱하지도 않고 다래끼로 고생하지도 않고 뒷머리가 가렵지도 않을 거야. 자넨 뭔가 이렇게 좀 다른 존재라고……."

"아이고, 됐어! 인간이란 스스로 자신을 새롭게 만들 수 있게 창조되었어. 뿐만 아니라 자기의 천성마저 바꿀 수 있을 정도라고. 그런데도 자네는 뱃살만 두둑하게 찌워 놓고, 하늘이 이 짐을 억지로 지웠다고 생각하는 거야! 자네에게도 날개가 있었는데, 자네가 그 날개를 잡아 뜯어 버렸어."

"날개가 어디 있다고 그래?" 오블로모프가 의기소침해져서 말했다. "난 할 줄 아는 것도 하나 없고……"

"아니, 하려는 의욕이 없겠지. 아무것도 할 수 없는 인간이란 없어. 그렇고말고, 하나도 없어!"

"하지만 난 보는 바와 같이 아무것도 할 수 없지 않은가!"

"자네 이야기만 들으면 자네는 관청에 낼 서류도, 집주인에게 편지도 못 쓰는 사람 같구먼. 그런 주제에 올가에겐 어떻게 편지를 썼나? 편지를 읽어 보니 꽤나 그럴듯하게 썼던데? 게다가 종이도 상당히 고급이고 잉크는 영국제에, 글씨체도 수려하더군. 안 그런가?"

오블로모프의 얼굴이 빨갛게 달아올랐다.

"일단 필요해지면 생각도 나고 말도 나오는 거야. 어딘가 소설에서 나올 법한 대단한 문장이 말야. 하지만 필요성을 느끼지 못하면 아무것도 할 수 없어. 눈도 도통 보이지 않고 두 손에도 기력이라곤 없지! 자넨 자신의 재능을 어린 시절 오블로모프카에서 다 잃어버렸어. 숙모와 유모, 그리고 하인들에게 둘러싸여서. 혼자서 양말을 신지 못할 뿐 아니라, 결국 혼자서 생활할 수 없는 사람이 돼 버린 거야."

"그건 모두가 그렇지 않은가, 안드레이. 하지만 어쩔 수 없다고. 과거로 돌아갈 수도 없지 않은가!"

일리야가 체념한 듯 한숨을 내쉬면서 말했다.

"왜 되돌릴 수 없다는 건가!" 슈톨츠가 화가 난 듯 반박했다. "다 쓸데없는 짓이야. 내가 하는 말을 듣고 그대로만 행동하게. 그러면 어떻게든 될 테니!"

결국 슈톨츠는 혼자 시골 영지로 떠났다. 오블로모프는 가을까지는 돌아가겠다는 약속을 하고 그냥 남았다.

"올가에겐 뭐라 말하지?"

떠나기 전에 슈톨츠가 오블로모프에게 물었다. 오블로모프는 고개를 숙이고 슬픔에 잠겨 아무 말도 하지 못했다. 그러고는 작게 한숨을 내쉬었다.

"그녀에게 내 이야기는 하지 말아 줘!" 오블로모프가 당혹스러워하며 입을 열었다. "만나지도 못했을 뿐더러, 나에 대한 그 어떤 소문도 듣지 못했다고 해 줘……."

"믿지 않을 걸."

"그럼 내가 파멸해 버렸다고 해. 죽어 버렸다, 엉망진창이라고……."

"그 말을 들으면 그녀는 비탄에 잠겨 오랫동안 자네를 놓지 못하겠지. 어째서 그녀에게 그런 슬픔을 안겨주어야만 하지?"

오블로모프는 감정에 복받쳐 생각에 잠겼다. 두 눈은 촉촉하게 젖어 있었다.

결국 결론을 내린 것도 슈톨츠였다.

"그래, 알았어. 내가 거짓말을 하지, 자네가 그녀에 대한 추억으로 살고 있노라고 전하겠어. 그리고 엄중하면서도 진지하게 생의 목적을 찾고 있노라고. 자네도 잘 알겠지, 삶 그 자체와 노동이야말로 생의 목적이지, 여자가 생의 목적이 될 수는 없어. 이 점에서 자네와 올가 둘 다 실수한 거야. 그녀는 아마도 만족해하겠지만!"

그렇게 두 사람은 작별을 했다.

제3장

타란치에프와 이반 마트베이치는 일리야 축일 이튿날 자주 가던 그 선술집에서 다시 마주 앉았다.

"차 한 잔 주게!" 이반 마트베이치는 침울한 목소리로 주문을 했다. 웨이터가 차와 럼주를 내왔을 때 그는 화를 버럭 내며 럼주 병을 그에게 내밀었다. "이 따위 걸 럼주라고 내 오는 건가? 차라리 못을 한 움큼 삼키고 말지!"[1] 그리곤 외투 주머니에서 자신의 병을 꺼내서 마개를 따고 웨이터에게 그 냄새를 맡게 했다.

"자, 이게 진짜 럼주란 거다. 앞으로 이 집의 싸구려 술 따위 내게 팔 생각 말라고."

웨이터가 물러나자 그가 타란치에프에게 말했다.

"어떤가, 자네. 일이 곤란하게 돼 가고 있어!"

"응, 쓸데없는 놈이 끼어들어서는!" 노기가 등등해서 타란치에프가 맞장구를 쳤다. "그 재수 없는 독일 놈의 자식! 위임장을 무효화하고 영지마저 빼앗아 가 버리다니! 들어 본 적도 없는 이야기 아닌가? 그 자식, 우리 새끼양 가죽을 싹 벗겨 가 버릴 셈인가?"

"혹시라도 그 녀석이 그쪽 방면에 훤한 놈이라면 뭔가 귀찮은 일이 벌어지지는 않을까. 사실 난 그게 제일 겁이 난다고. 소작료는 이미 거두었는데, 그걸 우리가 모두 빼돌린 걸 알아채기라도 하면 큰 소동이 일어날지도 몰라……."

"그 방면에 훤하긴 무슨! 자네도 순 겁쟁이가 다 됐구먼! 이봐! 자초르트이가 지주의 돈에 손을 댄 것이 이번이 처음도 아니고, 알아서 장부를 잘 조작해 놨을 거야. 그자가 농부들에게 영수증이라도 내줬을 것 같은가? 그

---

[1] 럼주의 질이 나쁘다는 의미. 부드럽게 넘어가지 않는다는 것을 비유적으로 표현.

독일 놈이 열이 올라 한 차례 소리는 칠지 몰라도, 그걸로 끝이야. 겨우 그 정도로 '큰 소동'이라니, 자네도 참!"

"그래?" 무하야로프의 얼굴에 갑자기 화색이 돌았다. "그럼 한 잔 하세."

그는 자신과 타란치에프의 잔에 럼주를 따랐다.

"사실 더 이상 이 세상에서 큰소리치며 살 수 없을 것 같다가도, 술을 한 잔 하고 나면 이게 또 꽤 살 만하거든!"

이렇게 자기 위안을 하는 이반 마트베이치에게 타란치에프가 말했다.

"그 전에 자네, 이렇게 해두게. 청구서를 만들어 놔. 뭐라도 좋아, 장작 값도 좋고 양배추 값도 좋고, 뭐든 좋을 대로 해. 다행히도 오블로모프가 이쪽 집안 살림은 자네에게 다 맡긴 상태니까. 이만큼 돈이 들었다고 말하고 청구서를 보여 주면 끝이야. 자초르트이가 돌아오면 소작료로 돈이 얼마얼마 들어왔지만, 비용으로 다 나가 버렸다고 말하는 거야."

"하지만 오블로모프가 청구서를 달라고 해서 나중에 그 독일 놈에게 보여 주면? 그놈이 계산해 보고 잘못된 곳을 찾아내면 어쩌지……?"

"멍청하긴! 청구서 따위 어딘가 처박아 두고 끝까지 못 찾겠다고 발뺌하면 되지. 그리고 언제가 될지 모르지만 그 독일 놈이 돌아올 때쯤이면 싹 잊어버리고 말 거야……."

"그럴까? 이보게, 한 잔 하세." 이반 마트베이치가 잔을 채우며 말했다. "이 좋은 술을 차에 타서 마시다니 아까워 죽을 지경이야. 냄새 좀 맡아 보게. 3루블짜리 최고급 술이야. 채소 수프도 시킬까?"

"좋지."

"이봐, 웨이터!"

"그나저나, 그 악당 같은 놈! '내가 대신 관리하겠네'라고 했겠다." 타란치에프가 다시 약이 바짝 올라 말했다. "나나 자네 같은 러시아인은 죽었다 깨어나도 생각하지 못할 짓이야! 하는 짓에서부터 독일 놈 냄새가 나지 않나. 그놈들은 농장이건 임대건 하는 게 주특기라고. 두고 보라고. 그놈도 곧 주식이란 걸로 사람들을 구워삶을 테니까."

"그 주식이란 게 대체 뭔가? 난 전혀 감을 못 잡겠더라고." 이반 마트베이치가 물었다.

"독일 놈들이 생각해 낸 거야!" 타란치에프가 표독스럽게 말했다. "간단히 말해서, 어떤 사기꾼이 불에 전혀 타지 않는 집을 짓고 마을을 세우겠다고 생각했다 치자고. 그러기 위해선 돈이 필요하잖아. 그럼 그 사기꾼 놈은 임시로 5백 루블짜리 증권을 만들어 팔기 시작하지. 그럼 멍청한 놈들이 달라붙어서는 그걸 사서 서로 사고팔고 하는 거지. 그 사업이 잘 풀린다는 소문이 나면 증권 가격도 오르지만, 전혀 아니라고 하면 그야말로 쫄딱 망하는 거야. 손에 남는 건 종이 쪼가리뿐이고, 돈은 없지. 마을은 어디 있느냐고 물으면 다 타버렸다, 혹은 다 못 지었다고 하면 그만이야. 그리고 처음 그 이야기를 꺼낸 놈은 벌써 그 돈을 갖고 달아나 버렸고. 이런 게 바로 주식이라는 거지! 독일 놈이 분명 그를 주식에 끌어들이겠지! 여태껏 끌어들이지 않은 게 신기할 노릇이군! 내가 항상 방해를 하기도 했고, 오블로모프도 고향 사람이라고 늘 감싸 주기만 했으니!"

"맞아, 이 일도 결론이 난 거야. 사건은 다 끝났다고. 우린 오블로모프카의 소작료를 손에 넣기 위해 온갖 수단을 써서 노력했고, 곧 모든 건 우리 손에 떨어지겠지……."

슬슬 술기운이 돌기 시작한 무하야로프가 말했다.

"그 독일 놈의 자식, 꼴좋게 됐다! 자넨 이제 돈방석에 앉는 일만 남은 거야!" 타란치에프도 거나하게 취해서 말했다. "확실한 돈줄을 쥐고 있으니 말이야. 그저 열심히 퍼올리기만 하면 된다고. 자, 마시자고, 마셔!"

"돈줄이라니 무슨 소릴? 고작 1루블이나 3루블의 푼돈인데, 어느 천 년에……."

"하지만 벌써 20년이나 모으고 있잖아. 실수나 하지 마!"

"20년은 무슨!" 이반 마트베이치가 잔뜩 꼬인 혀로 말했다. "자넨 벌써 잊었군, 내가 십등관이 된 지 이제 겨우 10년이야. 그 전엔 호주머니에 10코페이카나 20코페이카짜리 동전 몇 닢 딸랑거리는 게 전부였어. 어느 정도였나 하면 말하긴 부끄럽지만, 날마다 동전을 박박 긁어모아야 했을 정도였다고. 인생이 뭐 이 따위야! 에이, 제기랄! 이 세상엔 정말 행복한 인간들도 있다고. 말 한 마디 다른 사람 귀에다 속삭이거나 글 한 줄 받아 적게 하거나, 아니면 그냥 제 이름을 서류에 적어넣는 것만으로도 금방 베개처럼 호주머니가 빵빵해지는 작자들 말이지. 주머니를 베개 대신 베고 자도 될 걸. 한 번만이라도 그렇게 벌어 봤으면." 점점 더 술에 취해 감에 따라 그의 주

정도 심해졌다. "의뢰인 따위 얼굴을 보이긴커녕 다가올 생각조차 하지 않는걸. 마차에 앉아서 '클럽으로 가자!' 소리치면 그만이야. 클럽에 가면 훈장을 주렁주렁 매단 나리님들이 서로 악수를 하러 오지. 카드 게임을 할 때도 5코페이카짜리 푼돈은 걸지 않아. 게다가 식사는 또 어떤지, 젠장! 채소 수프 따위 입에 올리기도 부끄러울 지경이라니까. 아마 인상을 찌푸리고 침을 뱉을 거다. 한겨울에 일부러 병아리고기를 주문하거나 사월에 딸기를 내놓는다고! 집에 돌아가면 아내는 비단 레이스를 온몸에 휘감은 모습이고 아이들에겐 가정교사가 딸려 있지. 아이들은 모두 머리를 곱게 빗기고 화려하게 몸치장을 시켜 놓았어. 이봐, 형제여! 이 세상에도 천국이란 게 있지만, 우린 지은 죄가 많아 들어가지 못하는 거라고. 자, 마시자고! 저기 채소 수프도 나오는군!"

"자네, 그런 불평일랑 하는 게 아냐. 벌 받는다고. 돈을 모으고 있잖나, 그것도 아무도 모르게……." 잔뜩 취한 타란치에프가 벌게진 눈을 한 채 말했다. "은화 3만 5천 루블…… 농담이 아니라고!"

"쉿, 조용히, 소리가 너무 커!" 이반 마트베이치가 말을 가로막았다. "하지만 언제까지나 3만 5천이어서야! 5만 루블을 모으려면 얼마나 걸릴까? 게다가 5만 루블이 있다고 해서 천국에 들어갈 수 있는 것도 아니고. 결혼을 하면 다시 눈치보며 사는 인생이 시작되겠지. 고작 1루블에 벌벌 떨며 자메이카산 럼주 같은 것은 꿈에도 상상할 수 없는 삶, 이런 게 인생이라 부를 만한 거란 말인가!"

"그 대신 마음은 편하겠지. 여기서 1루블, 저기서 2루블씩 받다 보면 어느 순간 하루에 7루블을 모을 날도 올 거야. 걸리적거릴 일도, 트집 잡힐 일도 없고, 다치거나 꼬리 밟힐 일도 없지. 일확천금을 노리고 괜히 아주 큰일에 이름 한 번 잘못 올렸다가는 나중에 평생 고생할 수도 있어. 알겠나, 자네, 분수에 맞지 않는 걸 바라면 천벌을 받는다니까!"

이반 마트베이치는 아까 전부터 다른 생각을 하느라 그의 말은 듣고 있지도 않았다.

"어이, 잠깐." 술이 확 깰 만큼 좋은 생각이라도 난 것처럼 그가 갑자기 눈을 부릅뜨고 말을 시작했다. "아냐, 말했다간 위험할지도 몰라. 이런 큰일은 머릿속에서 꺼내지 않는 게 낫지. 보물이 날아가 버릴지도 모르니…

…. 마시자고, 실컷 마셔 보자."

"말하기 전엔 더 이상 안 마실 거야."

타란치에프가 잔을 밀치며 말했다.

"이봐 자네, 아주 중요한 일이야."

문 쪽을 돌아보며 무하야로프가 속삭였다.

"그게 뭔데?"

타란치에프가 안달이 나서 재촉했다.

"기가 막힌 횡재를 만난 거야. 어때, 큰일 한 번 벌여 보는 거야. 틀림없이 큰 건수를 올릴 거라고!"

"무슨 얘길 하는 거야? 얼른 말하라고!"

"대단한 도박을 한번 해 보는 거지. 도박 말이야!"

"호오, 뭔데 그러나?"

타란치에프가 재촉했다.

"잠깐, 생각 좀 더 해 보고. 아니, 이걸 무효로 할 수는 없지. 법률이라는 게 있으니까. 자, 각오는 단단히 했으니 말해 주지. 게다가 자네 같은 사람이 꼭 필요하거든. 자네가 없으면 안 돼. 그렇지 않았다면 입도 뻥긋하지 않았을 걸세. 다른 사람에게 떠벌리거나 하면 절대로 안 될 일이거든."

"내가 자네에게 고작 그 정도밖에 안 되나, 내가 자네를 위해서 일한 게 한두 번도 아니고, 증인도 서 줬지, 사본도 만들어 줬지……. 기억 날 텐데? 이런 배은망덕한 인간 같으니!"

"이보게, 이봐! 혓바닥 함부로 놀리지 말라고, 거 참 사람 하고는. 그렇게 대포라도 쾅쾅 쏘는 것처럼 큰소리로 말을 하면 어쩌자는 건가!"

"젠장 여기 누구 엿듣는 사람이라도 있나? 내가 그런 앞뒤 분간 못 하는 놈이란 거야?" 타란치에프가 성을 내며 말했다. "왜 그리 사람을 애태우는 건데? 자, 어서 말이나 해 봐."

"잘 들어 봐. 일리야 일리이치는 겁쟁이에다가 세상 물정에 까막눈이라고. 그때만 해도 고작 계약서로 골치아파하다 위임장을 보내더라니까. 어디서부터 손을 대야 하는지 전혀 몰라. 소작료를 얼마나 받는지조차 기억을 못 할 정도니 원. 자기 입으로 그러더라고, '난 아는 게 하나도 없네…….'"

"그래서?"

타란치에프가 다시 한 번 재촉했다.

"그런데 그 오블로모프란 녀석이 최근 여동생네 집에 뻔질나게 들락거리거든. 얼마 전 새벽 1시까지 눌러앉아 있다가 응접실에서 나랑 마주쳤는데 말이지, 별로 신경쓰지 않는 것 같더라고. 조금 더 상황을 지켜보고 나서 말이야……. 자네가 넌지시 그 사람을 만나서 말을 하는 거야. 남의 집에서 부정을 저지르는 것은 좋지 않다, 그녀는 과부 아니냐, 벌써 이 사실을 모르는 사람이 없게 되어 이젠 시집도 못 갈 상황이다. 중매쟁이가 돈 많은 상인과의 혼담을 진행 중이었는데, 당신이 날마다 밤늦게까지 그녀의 집에 머무른다는 소문을 듣고 없던 일이 되어 버렸다. 뭐 이런 식으로 말이야."

"쳇, 그게 뭐라고! 그 인간 깜짝 놀라서 침대 위에 나자빠지겠지. 살찐 돼지처럼 침대 위에서 이리저리 뒤척이다 한숨을 내쉴 거야. 아마 그게 전부일걸. 뭐가 좋은 이야기란 거야? 무슨 도박을 한다는 건데?"

"이 사람 보게! 자네가 이렇게 말하면 된다고. 내가 고소하려 하고 있다고 말이야. 그 사람이 한 짓을 낱낱이 본 증인도 버젓이 있다고……."

"그래서?"

"혼비백산하거든 그때 협상의 여지가 있다. 돈을 좀 쥐어 주라고 얼러대면 되지."

"그 작자가 돈이 어디 있다고? 그야 상황이 상황이니만큼 1만 루블 정도라면 내놓을지도 모르지만……."

"자네는 그 순간에 나한테 신호만 보내. 당장 차용증을 가져올 테니…… 누이동생 이름으로 말이야. '본인 오블로모프는 1만 루블을 아래 과부에게서 얼마의 기한으로 빌리는 것으로 함. 이렇게 말일세'."

"그게 무슨 이득이 있다는 거야? 이해할 수 없군. 돈은 누이와 아이들 차지가 아닌가? 무슨 도박을 하는 거냐니까?"

"누이동생이 같은 액수와 차용증을 나한테 다시 써주는 거지. 내가 서명하도록 하면 돼."

"서명을 안 하면? 고집을 부리면 어쩔 텐가?"

"누이동생이 말인가!"

이반 마트베이치는 소리를 죽이며 교활한 미소를 흘렸다.

"서명할 거야, 서명할 거라고. 제 사형선고에라도 서명할 걸. 그게 뭔지 묻지도 않고 덮어놓고 서명하고선 웃고 말 거라고. '아가피야 프쉐니치나'라고 지렁이 기어가는 글씨로 써 놓고는 어디에 서명했는지조차 평생 모르고 살 거야. 알겠어? 우린 느긋하게 구경이나 하면 돼. 누이는 10등관 오블로모프에 대한 채권자가 되고, 우린 10등관 미망인 프쉐니치나에 대한 채권자가 되는 거지. 독일 놈이 아무리 화를 내도 안 될 걸. 합법적인 일이니까!" 떨리는 손을 위로 번쩍 들어올리며 그가 말했다. "자, 마시자고!"

"합법적인 일이라!" 타란치에프가 기뻐서 어쩔 줄 모르며 말했다. "자, 들게나!"

"잘만 되면 한 2년 지나서 다시 한 번 써먹어도 돼. 누가 뭐래든 '합법적'이니까!"

"합법적이고말고!" 다 잘 풀릴 거라는 듯 고개를 끄덕이며 타란치에프가 목소리를 높였다. "자, 우리도 한 잔 더 하세!"

"그래, 더 하세!"

그들은 다시 잔을 비웠다.

"혹시라도 오블로모프라는 작자가 고집을 부리며 준비성 철저하게 독일 놈에게 편지를 띄우거나 하는 일은 없겠지?" 무하야로프가 미심쩍은 듯 말했다. "그렇게 되면 곤란해! 공연히 문제를 일으킬 필요는 없거든. 무엇보다 누이동생은 처녀도 아니고 과부인데!"

"그야 쓰겠지! 어떻게 안 쓸 수 있겠나! 하지만 2년 이상 지난 뒤의 일이야. 고집을 부리거든 큰소리를 쳐 주지……."

"안 되네 자네, 그건 안 돼! 그러다 몽땅 망쳐 버린다고. 그런 짓을 했다간 차용증을 억지로 쓰게 한 이야기도 나올 거고, 폭력으로 고소라도 하면 형사문제가 돼 버려. 아니, 그래선 안 되지! 그것보다 이 방법은 어떤가? 우선 그와 함께 한 잔 하는 거야. 구스베리로 담근 보드카라면 아주 사족을 못 쓰거든. 슬슬 취하기 시작할 때쯤 자네가 내게 슬쩍 눈짓해 주지 않겠나? 그러면 내가 서류를 가지고 들어가도록 하지. 아마 금액 따위 쳐다보지도 않고 서명할 거야. 그때 그 계약서처럼 말이야. 그럼 우린 바로 공증인의 증명을 받을 거고. 나중에 뭐라 한들 아무 소용없지! 나름 점잖은 신사분께서 한 잔 하고 술기운에 서명했다고 자백하는 건 제 얼굴에 침 뱉는 일이니까. 합법적이지!"

"합법적이고말고!"

타란치에프가 되풀이했다.

"그때에는 이미 오블로모프카가 우리 두 사람 것이 된다 한들 아무도 손 쓸 수 없다고."

"손쓸 수 없고말고! 자, 마시자고!"

"그 멍청이의 건강을 위해서!"

이반 마트베이치의 말과 함께 두 사람은 잔을 비웠다.

제4장

잠시 여기서 이야기는 과거로 거슬러 올라가, 슈톨츠가 오블로모프의 명명 축일에 오기 전, 브이보르그에서 멀리 떨어진 장소로 옮겨 간다. 그곳에서 독자는 낯익은 얼굴을 만나게 될 것이다. 슈톨츠도 오블로모프에게 이것에 대해 모조리 이야기하지는 않았다. 이는 슈톨츠에게 무언가 특별한 생각이 있었기 때문일 수도 있고, 또는 오블로모프에게 무언가 특별한 사정이 있어 꼬치꼬치 캐묻지 않았기 때문일지도 모른다.

어느 날 슈톨츠는 파리의 가로수길을 따라 걸으며 지나가는 사람들과 상점 간판을 무심코 훑어보면서 이리저리 시선을 옮기고 있었지만 특별히 그 어디에도 눈길을 멈추지는 않았다. 그는 오랫동안 러시아에서, 그러니까 키예프에서도, 오데사에서도, 페테르부르크에서도 편지 한 통 받지 못하고 있었다. 그는 너무나도 쓸쓸한 마음에 우체국에서 편지를 세 통 부치고 집으로 돌아오는 길이었다.

갑자기 슈톨츠의 시선이 어느 한 곳에 멈춰 버렸다. 그는 잠시 놀란 표정을 지었지만, 곧 평소 모습대로 돌아왔다. 가로수길을 걷던 귀부인들이 상점으로 들어가고 있었다.

'아냐, 그럴 리 없어. 무슨 생각을 하고 있는 거야! 그 사람들이라면 알아보고도 남았지. 아닐 거야.'

하지만 그는 상점 창문으로 다가가 유리 너머로 두 사람을 살펴보기 시작했다. 도무지 알 수가 없군. 등을 돌리고 서 있으니.'

슈톨츠는 상점으로 들어가 물건을 뒤적이기 시작했다. 둘 중 한 여인이 빛이 드는 쪽으로 얼굴을 돌리는 순간, 그는 그녀가 올가 일리인스카야라는 사실을 확인할 수 있었다. 사실 처음에는 사람을 잘못 본 건 아닌가 생각했다! 그녀에게 달려가고 싶었지만 멈춰 서서 그녀를 주의 깊게 살피기 시작했다.

하느님 맙소사! 변해도 저렇게 변할 수가 있단 말인가! 그녀가 확실하건 만 그녀 같아 보이지 않았다. 희미한 흔적은 남아 있으나, 얼굴빛은 창백해 지고 눈은 좀 퀭해진 느낌이었다. 입술에선 천진난만한 미소나 순진하고 여유 있는 모습이 사라졌다. 눈썹 근처에는 위엄도 슬픔도 아닌 상념이 머물러 있고, 눈동자는 전에는 알지도 못했고 말한 적도 없는 수많은 것을 이야기하고 있었다. 사물을 바라보는 시선도 예전처럼 개방적이거나 명랑하고 침착한 것이 아니었다. 얼굴에는 서글픈 구름이 안개처럼 드리워져 있었다.

슈톨츠는 그녀의 곁으로 다가갔다. 그녀의 눈썹 끝이 살짝 팔자로 처졌다. 그녀는 잠시 동안 어찌 된 일인지 모르겠다는 듯이 그를 바라보았지만 이윽고 그가 누구인지 알아보았다. 눈썹이 좌우로 약간 벌어지더니 서로 대칭이 되고 눈은 격정적이지는 않지만 조용하고도 깊은 기쁨의 빛으로 반짝였다. 사랑하는 누이가 그렇게 반겨 맞이하면 그 어떤 오빠라도 행복을 느꼈으리라.

"하느님 맙소사! 정말 슈톨츠 당신인가요?"

올가가 그의 영혼 깊숙이까지 촉촉이 스며드는 기쁜 목소리로 말했다. 숙모가 휙 돌아섰다. 마주 선 세 사람은 동시에 입을 열었다. 그는 왜 편지를 보내지 않았느냐면서 그들에게 잔소리를 했다. 두 사람은 이런저런 이유를 말했다. 겨우 이틀 전 도착했을 뿐이며 지금까지 이리저리 그의 행방을 수소문했다고 했다. 한 여관에서 그가 리옹으로 떠났다는 말을 듣고 그들은 어찌해야 좋을지 모르고 난감해하던 참이었다.

"그건 그렇고 갑자기 왜 이런 결심을 한 거죠? 그것도 내게 알리지도 않고서!"

그가 나무라는 말을 했다.

"너무 서둘러 결정해 버렸는지라 일부러 당신에게 편지를 쓰지 않았어요." 숙모가 말했다. "올가가 당신을 깜짝 놀라게 해줄 거라고 했거든요."

그는 올가를 쳐다보았다. 하지만 그녀의 얼굴은 숙모의 말과는 전혀 달라 보였다. 그는 더욱 뚫어져라 그녀를 바라보았지만 그녀는 남에게 그리 쉽게 마음속을 열어 보여 주지 않는 사람으로, 그의 관찰력만으로는 그녀의 마음속을 꿰뚫어 볼 수 없었다.

'어떻게 된 거지?' 슈톨츠는 생각했다. '원래 단번에 이 사람의 기분을 짐

작하곤 했는데, 지금은 도무지…… 사람이 이렇게 변할 수가!'

"올가 세르게브나, 굉장히 많이 달라졌군요. 이젠 완전히 성숙한 여인인 걸요! 기껏해야 일 년 동안 만나지 못했을 뿐인데 알아보지 못할 뻔했어요. 그동안 어땠어요, 무슨 일이라도 있었나요? 말씀해 주세요, 어서!"

"아뇨…… 특별한 일은 아무것도 없었어요."

그녀가 옷감을 살피며 말했다.

"노래는 계속 하고 있나요?"

슈톨츠는, 그의 눈에 그저 새롭게만 보이는 올가를 계속 뜯어보며, 그녀의 얼굴 속에서 익숙지 않은 움직임을 읽어내려 노력하며 말했다. 하지만 그 움직임은 마치 번개처럼 나타났는가 싶더니 바로 자취를 감추어 버렸다.

"노래 안 부른 지 오래 됐어요, 벌써 두 달인걸요."

그녀가 태연하게 말했다.

"오블로모프는 어때요?" 그가 질문을 던졌다. "살아는 있나요? 편지는 안 쓰고요?"

이 질문에 올가는 하마터면 자신의 비밀을 모두 털어놓을 뻔했지만, 마침 숙모가 알맞은 때 도움의 손길을 보낸다.

"글쎄요, 어떨까요." 상점을 나오면서 숙모가 말했다. "날마다 우리 집에 오곤 했는데, 갑자기 모습을 보이지 않더군요. 우린 외국으로 떠날 계획이어서 그 사람 집에 사람을 보냈는데, 아프다면서 현관에서 쫓아내 버리더래요. 그 뒤로 한 번도 보지 못했죠."

"당신도 전혀 아는 바가 없고요?"

슈톨츠가 올가에게 걱정스런 말투로 물었다. 올가는 오페라글라스로 지나가는 포장마차를 주의 깊게 살폈다.

"그 사람 정말로 병이 났어요." 일부러 주의 깊게 오가는 마차를 살피는 척 하며 그녀가 말했다. "잘 보세요, 숙모. 지금 마차를 타고 지나간 사람들, 우리와 함께 여행하기로 한 분들이 아닌가요?"

"아니, 그보다 일리야에 대해 알아듣게 설명 좀 해 주세요." 슈톨츠가 고집스럽게 말했다. "그에게 무슨 일이 있었던 거죠? 왜 같이 오지 않았나요?"

"그 질문에 대해서는 숙모가 이미 답을 해 드렸을 텐데요."

"그 사람 지독한 게으름뱅이더군요." 숙모가 말했다. "더군다나 사교성도 엉망이어서 우리 집에 손님 서너 명만 와도 바로 돌아가 버려요. 좀 들어 봐요, 오페라를 예약해 놓고는 절반도 못 보고 가 버리다니."

"루비니*1의 노래도 듣지 못했죠."

올가가 덧붙였다. 슈톨츠는 고개를 가로저으며 한숨을 내쉬었다.

"어떻게 이런 결정을 하게 되셨나요? 오래 계실 건가요? 왜 이리 갑자기 떠날 마음을 먹은 거죠?"

슈톨츠는 끈질기게 물었다.

"의사의 권유에 따른 겁니다. 이 아이를 위해서요." 숙모가 올가를 가리키며 말했다. "페테르부르크의 기후가 올가의 건강에 좋지 않은 방향으로 눈에 띄게 변하더군요. 겨울을 날 생각으로 왔는데 아직 어디로 갈지 정하지 못했답니다. 니스로 갈지 스위스로 갈지 마음을 정하기 어렵군요."

"어쨌든, 정말 많이 변하셨군요."

올가를 뚫어져라 쳐다보며 슈톨츠가 생각에 잠겨 말했다. 아주 작은 구석 하나하나까지도 모두 꿰뚫어 보는 듯한 눈빛이었다.

일리인스카야 집안의 두 여자는 반 년 정도 파리에 머물렀다. 슈톨츠는 하루도 빠짐없이 그들의 대화 상대가 되어 주거나 안내역을 자처하는 유일한 한 사람이었다.

올가의 건강은 눈에 띄게 좋아졌다. 내면적인 부분은 어떨지 모르지만, 그녀는 점점 슈톨츠에게 예전 그가 알고 있던 친구와 같은 모습을 보여 주었다.

비록 슈톨츠가 재미있는 이야기를 할 때면 예전의 은방울이 울리는 듯한 천진난만한 목소리로 크게 웃는 것이 아니라 경계심을 담은 미소를 띨 뿐이었지만 말이다. 때로 웃지 않고 있으면 마치 잔뜩 화가 난 것처럼 보일 때마저 있었다.

그는 곧 올가를 더 이상 웃게 할 수 없음을 깨달았다. 그녀는 자주 한쪽 눈을 치켜뜨고 이마에 주름을 지은 채 상대를 바라보며, 우스갯소리를 듣고 나서도 조금도 웃지 않았다. 마치 상대의 경박함을 비난하는 것 같기도 했으

---

*1 Jean Baptiste Rubini(1794~1854) : 이탈리아의 유명한 오페라 가수.

며, 때로는 안타깝다는 듯이 보이기도 했다. 또 어느 때는 농담에 대한 대답 대신 느닷없이 심각한 질문을 하고는 집착이 담긴 시선으로 상대를 바라보는 탓에 슈톨츠도 생각 없이 공허한 이야기를 꺼낸 것에 대해 수치스러움을 느끼기도 했다.

올가는 사람들이 날마다 되풀이하는 쓸데없는 분주함과 수다에 내심 지친 듯한 표정을 보이기도 했다. 그럴 때면 슈톨츠는 지금까지 여자를 상대로 기꺼이 화제로 삼거나 발을 들이고 싶어하지 않던 세계 속으로 황급히 들어오곤 했다. 심각하게 무언가를 묻는 듯한 올가의 눈빛이 다시 맑게 개고 침착함이 되돌아왔다. 그의 곁을 지나쳐 더 먼 곳에 있는 무언가를 찾고자 하는 갈망의 시선을 거둘 수 있도록 슈톨츠는 온 힘을 다해 생각을 짜내고 지혜를 구했다.

그의 정당한 설명을 듣고 그녀의 눈초리가 무섭게 변하고 눈썹이 팔자로 모아지며, 아무 말도 하지 않은 채 얼굴에 불만의 그림자가 드리워질 때면 슈톨츠는 불안에 몸을 떨었다. 그는 2, 3일 동안 머리를 짜내고 때로는 얕은 꾀도 부려 가며 여자를 대하는 법을 익히고 열정을 토로했다. 그렇게 해서 겨우 올가의 가슴에서 얼굴로 맑게 갠 새벽빛이 번지고, 그 눈길과 미소에서 조심스런 체념의 빛을 겨우 사라지게 할 수 있었다.

그는 이런 식의 싸움에 기진맥진 지쳐서는 저녁 무렵에 겨우 집에 돌아오곤 했다. 싸움에 이긴 날은 심지어 행복하기까지 했다.

'그녀의 저 어른스런 모습이라니! 그 작은 소녀가 어느새 숙녀가 된 거지? 그녀에게 이 모든 걸 가르친 건 누구란 말인가? 어디서 그런 인생 공부를 했지? 남작의 영향인가? 하지만 그 사람은 너무 평범한 데다 그런 번지르르한 말에선 얻을 게 하나도 없었을 텐데! 그렇다고 해서 일리야에게 배운 건 또 아닐 테고!'

슈톨츠는 올가의 기분을 이해할 수 없었다. 그래서 이튿날 다시 그녀에게로 달려갔다. 이번에는 아주 조심스럽게, 불안에 떨며 그녀의 얼굴을 읽어 내려갔다. 때로 곤란해하면서도 자신이 알고 있는 것과 생활의 지혜를 모두 끌어모아 각종 의혹과 의심, 요구 등 올가의 얼굴에 떠오르는 모든 것을 극복해 갔다.

그는 경험이라는 등불을 손에 들고 그녀의 지성과 성품이라는 미로 속으로 파고들어갔다. 그리고 날마다 새로운 특징과 사실을 발견해 냈지만, 아무리 해도 그 바닥을 알 수는 없었다. 그저 그녀의 지성이 날마다 마음의 양식을 원하고 그녀의 영혼이 끊임없이 경험과 삶을 갈구하는 것을 보며, 경탄과 동시에 불안을 느낄 뿐이었다.

슈톨츠의 모든 활동과 모든 삶에 또 하나의 활동과 생활이 더해져 하나로 동화하는 듯했다. 올가의 주변을 꽃과 책, 악보와 앨범으로 가득 채워 놓고 나서야 슈톨츠는 당분간 그녀가 지루할 틈이 없을 거라는 생각에 안심하고는 자신의 일을 하러 가거나 탄광과 공장을 보러 떠나곤 했다. 또는 자주 만나기 어려운 사람을 만나거나 주목할 만한 인물과 친분을 쌓기 위해 사람들 사이에서 어울렸다. 그 뒤 지친 몸을 이끌고 집에 돌아온 그는 그녀의 피아노 옆에 앉아서 그녀의 목소리를 들으며 휴식을 취하려 했다. 하지만 그녀의 얼굴에서 재빨리 떠오른 새로운 질문과 집요하리만치 설명을 요구하는 빛나는 눈길을 마주할 거라고 과연 생각이라도 해 보았을까. 그는 그녀 앞에서 자신도 모르게 그날 무엇을 어떤 이유로 둘러보았는지 조금씩 털어놓게 되었다.

가끔 그녀는 그가 보고 들은 것을 자신이 직접 보고 듣고 싶어했다. 그럴 때마다 그는 다시 한 번 자신의 일을 되풀이해야만 했다. 그녀를 데리고 건물이나 어떤 장소, 기계를 보러 가거나 벽과 돌석에 새겨져 있는 예전 사건의 기록을 읽기도 했다. 조금씩 그는 올가 앞에서 자신이 생각하고 느낀 것을 입 밖으로 내어 말하는 데 익숙해져 갔다. 그러던 어느 날 갑자기 신중하게 자신의 마음을 되돌아본 슈톨츠는, 자신이 어느 순간 혼자가 아닌 두 사람이 함께하는 삶을 살고 있으며 이런 삶은 올가가 오고 나서부터 시작되었다는 사실을 깨닫게 되었다.

그는 마치 혼자 있는 때처럼 무의식적으로 그녀 앞에서 자신이 얻은 지식을 평가하고는 이러한 자신들의 변화에 스스로도 깜짝 놀라고 있었다. 그리고는 그녀의 눈동자에 의문점이 남아 있지는 않은지, 얼굴에 만족스런 기쁨의 빛이 흘러넘치는지, 그녀의 시선이 자신을 승리자로 보고 있는지에 대해 세심하게 주의를 기울여 살펴보았다.

확인이 끝나면 그는 우쭐해서 흥분을 억누르며 집으로 돌아와 밤새도록 마음속으로 몰래 내일을 위한 준비를 했다. 아무리 지루하고 쓸데없는 일이라도 그에겐 더 이상 무미건조한 것이 아니라 꼭 필요한 것이라고 생각되었다. 그것이 그의 삶의 근간이 되어 마음속 깊이 파고들었다. 생각과 관찰, 그리고 현상들은 아무 말 없는 사이 별다른 주의도 기울이지 않은 채 기억의 창고에 쌓이는 것이 아니라 날마다 삶에 선명한 색을 입혀 주었다.

올가가 무언가 묻고 싶은 듯한 갈망에 불타는 시선을 보내기도 전에, 그가 열정과 에너지에 넘치는 모습으로 새롭게 쌓은 지식과 재료를 성급히 그녀 앞에 늘어놓았을 때 창백하던 올가의 얼굴은 얼마나 뜨거워지고, 새벽하늘처럼 환한 빛이 흘러넘쳤는지!

슈톨츠 자신은 그녀의 지성이 깊은 주의와 상냥한 순종의 표정으로 그의 표정이나 말 한마디 속에서 새로운 진실을 찾아내려 하고 있을 때 그야말로 완벽한 행복을 느꼈다. 둘은 서로를 주의 깊게 쳐다보았다. 그는 올가의 눈빛에 무언가 의문의 빛이 남아 있지는 않은가 하고 그녀를 지켜보았다. 그녀는 슈톨츠가 무언가 다 말하지 못한 것이 있지 않을까, 자신으로서는 생각할 수 없는 모호한 경지에 대한 설명을 혹시라도 놓친 것은 아닐까(그런 일이 일어났다면 큰일이다!), 그 자신의 사상을 발전시키는 것을 깜빡 잊지는 않았을까 하고, 온 마음을 다해 그를 바라보았다.

문제가 중요하고 복잡할수록, 그가 주의를 기울여 그 문제를 풀어서 설명할수록 그녀의 감사의 눈길은 더욱 오랫동안, 더욱 열정적으로 슈톨츠의 얼굴 위에 머물렀다. 그녀의 눈길은 점점 따스하고 깊어졌으며 나날이 진심이 담겨 갔다.

'그 어린 소녀였던 올가가!' 그가 놀라움을 금치 못하며 마음속으로 생각했다. '그녀의 성장은 나를 앞지르고 있어!'

그는 지금껏 그 어떤 일에 대해서도 올가의 일을 생각할 때처럼 이렇게 골똘히 생각해 본 적이 없었다.

봄이 찾아오자 올가와 그녀의 숙모는 스위스로 떠났다. 슈톨츠는 그들이 파리에 있을 때 이미 더 이상 올가 없이는 살아갈 수 없음을 깨닫게 되었다. 문제 하나를 해결하자마자 그는 이번엔 올가가 과연 그 없이도 살 수 있을 것인가 하는 문제로 씨름하기 시작했다. 하지만 이 문제는 결코 쉽지 않았다.

그는 천천히, 모든 상황을 고려하며, 아주 조심스럽게 이 문제에 매달렸다. 때로는 일일이 손으로 더듬어가고, 때로는 과감하게 지나치기도 했다. 그리하여 드디어 목표에 다다랐다. 지금도 무언가 틀림없는 징조, 자그마한 눈짓이나 말 속에서 그녀가 지루한지 아니면 기쁨을 느끼고 있는지 알아차릴 수 있을 듯한 기분이 들었다. 이제 아주 작은 특징, 그녀 눈썹의 미세한 움직임과 한숨의 의미만을 파악한다면 당장 내일이라도 비밀의 문은 열리고, 올가가 자신을 사랑하고 있다는 것에 대한 확신도 생기리라! 이런 생각도 들었다.

그녀의 눈빛에서 슈톨츠는 어린아이와 같은 맹목적인 신뢰를 읽었다. 그녀는 가끔 다른 그 누구에게도 보이지 않는 표정으로 그를 바라보았다. 만약 어머니가 살아 계셨더라면 그런 표정은 어머니를 볼 때나 지었겠지!

그는 날마다 찾아와 시간을 보내면서 하루 종일 그녀의 기분을 맞추려 노력했지만, 올가는 그의 행동을 친절이나 가벼운 애정표현으로도, 가슴에서 우러나온 진실한 사랑으로도 생각하지 않았다. 그녀는 그가 그저 의무감에서 그 모든 행동을 하는 것이라 생각했다. 이미 슈톨츠는 그녀에게 오빠나 아버지, 아니, 남편과도 같은 존재였다. 그것으로 충분했고, 또 그것뿐이었다. 그렇기 때문에 그녀 자신도 그와 나누는 말 한 마디, 그와 함께하는 행동 하나하나에서 지극히 자유로우면서도 성실했다. 마치 슈톨츠가 그녀에 대해 말이 필요 없는 무게와 권위를 지닌 듯했다.

그 또한 자신이 이러한 권위를 가지고 있음을 잘 알고 있었다. 그녀는 끊임없이 이 사실을 주지시켰고, 이 세상에 믿을 수 있는 사람은 오직 그 한 사람뿐이며, 살면서 맹목적으로 신뢰한 사람도 그뿐으로, 그 외엔 세상 누구도 없다는 말을 입버릇처럼 했다.

그는 물론 이런 사실을 자랑으로 여겼다. 하지만 중년의, 그것도 똑똑하고 경험이 풍부한 아저씨라면, 누구라도 그런 일에 자부심을 느낄 것이다. 예를 들어 그 남작 또한 명석한 두뇌와 제대로 된 기질만 가지고 있었다면 그런 자부심을 느낄 자격이 충분했으리라.

이게 사랑의 권위라는 것일까. 문제는 이것이다. 이 권위 속에 조금이라도 그녀가 사랑하는 자기기만과 즐거운 유혹이 섞여 있지는 않을까? 그런 상황에 처한 여자는 자칫하면 지독한 실수를 하고도 그 실수에서 행복을 느끼기 때문이다.

아니, 그녀는 확실히 의식적으로 그에게 복종했다. 그가 어떤 생각을 펼쳐 내고 그녀 앞에서 마음을 모두 열어 보일 때, 그녀의 눈빛은 불타오르고 있었다. 그녀의 눈빛은 그에게 빛나는 광채를 더해 주었다. 더구나 그 이유도 항상 확실해 보였다. 이따금 그녀 자신이 그 이유를 하기도 했다. 그러나 사랑에 빠진 사람은 아무 이유 없이 맹목적으로 상대를 미화하고, 이 맹목과 무의식 속에 행복이 있으리라. 하지만 그녀는 화를 낼 경우 어째서 화를 냈는지 곧 알아차리곤 했다.

언제나 마음 졸이며 지켜보고 있어도 그녀가 갑자기 뺨을 붉히거나, 깜짝 놀랄 만큼 기뻐하거나, 혹은 그 눈에 걱정스런 불꽃이 타오르는 것을 그는 단 한 번도 보지 못했다. 만약 그와 비슷하기라도 한 무엇인가가 있었다면 그가 2~3일 예정으로 이탈리아로 떠난다고 말했을 때, 그의 눈에는 그녀의 얼굴이 고통스럽게 일그러지는 것처럼 보였을 것이다. 그는 드물게 찾아오는 이 시간이 너무나 고마운 나머지 가슴이 저리고 피가 거꾸로 솟는 듯한 기분이 들다가도, 갑자기 그 모든 것이 다시금 엷은 베일에 가려져 버리는 듯했다. 무엇보다 올가는 순진하면서도 솔직하게 이렇게 덧붙였다. "함께 가지 못하는 것이 너무나도 안타깝군요. 정말 가고 싶은데! 나중에 제가 직접 갔다 온 것처럼 그렇게 자세히, 모조리 다 말씀해 주셔야 해요."

누구에게도 감출 필요 없는 정직한 바람과 그의 말솜씨에 대한 속되고 형식적인 칭찬에 의해 이 모든 미혹은 단숨에 깨져 버렸다. 그는 아주 작은 특징들도 빼놓지 않을 뿐더러, 지금도 정교하고 섬세한 레이스를 완성하기 직전이었다. 이제 한 코만 더 뜨면 완성이다. 이제 곧, 거의 다 됐다……

그러나 갑자기 그녀는 다시금 안정을 되찾아 평안하고 산뜻한 태도를 취했으며, 심지어 때로는 냉담함마저 느껴지게 되었다. 그녀는 가만히 앉아서 일을 하면서 말없이 그의 말에 귀를 기울이고 있다. 간간이 고개를 들어 그에게 시선을 던진다. 그 눈빛이 너무나도 호기심에 가득 차 질문하고 싶어하며, 너무나도 직접적으로 그 화제에 관련된 표정을 짓고 있었으므로 그는 여러 번 책을 내려놓거나 하던 설명을 그만두고 자리를 떠났다. 뒤를 돌아보면 그녀가 황당한 시선으로 바라보고 있었으므로 그도 쑥스러움에 자리로 되돌아와 무언가 적당한 변명거리를 생각해냈다.

그러면 그녀는 그의 말을 있는 그대로 믿고 받아들였다. 의심의 눈초리는

커녕 능청맞은 미소조차 그녀에게선 찾아볼 수 없었다.

'사랑하고 있는 걸까, 아닌 걸까?'

그의 머릿속에선 이 두 물음이 서로 다투고 있었다. 사랑한다면 왜 그녀는 그렇게 주의깊게 모든 것을 숨기려 하는 걸까? 사랑하지 않는다면 왜 그리도 내게 마음을 써 주고 순종적일까? 한 번은 그가 일 주일 예정으로 파리에서 런던으로 떠날 일이 생겼는데, 이 일을 그녀에게 미리 알리지 않고 출발하는 날 말하기 위해 찾아간 적이 있었다.

그녀가 만약 깜짝 놀라며 얼굴빛이 변한다면 그때야말로 그녀의 비밀을 성공리에 파악하고 행복을 느끼는 것이다! 하지만 그녀는 그의 손을 꼭 잡고 슬퍼했다. 그는 절망에 빠졌다.

"정말 쓸쓸할 거예요. 울고 싶어질 정도인 걸요. 마치 고아가 된 것 같아요. 숙모! 어떡하죠, 안드레이 이바노비치가 여행을 간대요!"

그녀가 울먹이는 목소리로 말했다. 그녀는 그를 단숨에 절망의 구렁텅이로 몰아넣았다.

'게다가 숙모까지 불러대다니, 이것만은 아무래도 참을 수 없군! 과연, 저 사람은 헤어지는 게 슬픈 거야. 날 사랑한다는 건 알겠지만…… 그런 사랑은 시장의 물건처럼 시간과 주의, 노력으로 살 수 있는 거라고…… 다시는 돌아오지 않겠어.' 그는 복잡한 표정을 지으며 생각에 잠겼다. 더 이상 못 참겠어. 올가, 이 철없는 아가씨야! 예전에 내 말 한 마디에 전전긍긍했으면서, 왜 이러는 거지?'

그는 깊은 상념에 빠져들었다. 올가에게 무슨 일이 있었던 걸까? 그는 아주 작은 사실 하나를 보지 못하고 있었다. 그녀가 이미 한 번 사랑을 하고, 스스로 자신을 주체하지 못한 채 느닷없이 얼굴을 붉히거나, 가슴의 통증을 느끼고, 사랑의 첫 징조인 열병과도 같은 괴로움에 가득한 소녀 시절을 그녀 나름대로 겪었다는 사실을 슈톨츠는 알지 못했다.

올가가 그를 사랑하는지에 대한 비밀까지는 아니더라도 적어도 이 사실만큼 슈톨츠가 알고 있었다면 그녀의 내면을 꿰뚫어 보는 것이 왜 그리 어려운지, 그것만이라도 파악했을 것임에 틀림없다.

스위스에서 그들은 평범한 여행자들이 갈 만한 곳이라면 어디든 가 보았다. 하지만 사람들이 그다지 찾지 않는 조용한 곳을 더 즐겨 찾았다. 그들은, 적어도 슈톨츠만큼은 '자기 자신의 일'에 정신이 팔려 있었으므로 이 여행에 몹시 지쳐 버렸다. 그들에게 여행은 사실 두 번째 문제였던 것이다.

그는 올가를 따라서 산에 오르고 절벽과 폭포를 구경했지만 어디를 보더라도 그녀의 모습이 가장 선명히 눈에 들어왔다. 그는 숙모를 산 아래의 마차에서 기다리게 하고 그녀의 뒤를 따라서 좁은 등산로를 걸어올라갔다. 그는 몰래 그녀가 언덕을 오르다가 걸음을 멈추고 숨을 고를 때, 어떤 눈으로 자신을 바라보는지 눈여겨보았다. 그녀는 반드시 그 무엇보다도 슈톨츠 자신에게 가장 먼저 시선을 멈추었다. 그 점에서 그는 이미 확신을 얻을 수 있었다.

그야말로 멋진 일이 아닐 수 없다. 가슴 속이 따뜻해지고 환해졌다. 그러나 잠시 뒤 그녀는 주변 풍경에 눈을 돌려 무언가에 취한 것처럼, 반은 황홀경에 반은 무아지경에 빠진 듯한 모습을 보였다. 그럴 때면 그는 더 이상 그녀 앞에 존재하지 않는다.

그가 가볍게 몸을 움직이며 자신의 존재를 상기시키거나 무언가 한 마디라도 꺼내면 그녀는 깜짝 놀라 때론 비명을 지르기도 했다. 그가 곁에 있는지 멀리 있는지, 아니, 뿐만 아니라 그가 이 세상에 존재하는지 아닌지마저 그 순간만큼은 잊고 있음이 분명했다.

그 대신 나중에 숙소에 돌아와서는 발코니 창가에 앉아, 그녀는 그 한 사람에게만 한참 동안 이야기를 했다. 자신이 생각하는 것을 전부 다 말할 때까지 마음속에 남은 이미지를 선택하고 거기에 푹 빠져 열심히 이야기하는 것이다. 때로 하던 말을 멈추고 단어를 선택하려 할 때 슈톨츠가 거들어 주면 그의 말뜻을 바로 이해했다. 그녀의 눈길엔 도와주어서 고맙다는 빛이 엿보였다. 아니면 피곤함에 하얗게 질린 얼굴로 커다란 안락의자에 몸을 푹 파묻고 앉아 지칠 줄 모르는 탐욕스런 눈빛으로 그를 바라보며 '더 말해 주세요, 당신 얘기가 더 듣고 싶어요'라고 말하는 듯 보이기도 했다.

그녀는 꼼짝도 하지 않고 귀를 기울였다. 한 마디도 흘러 듣거나 주의를 흐트러뜨리는 법이 없었다. 슈톨츠가 입을 다물고 있어도 그녀는 계속 경청하고 있었고 그 눈은 끝없는 질문을 품고 있었다. 그는 이 말없는 부름에 새로운 힘과 흥분이 솟아남을 느끼며 말을 이어나갔다.

그야말로 근사한 일이다. 마음은 밝고 따뜻하며, 가슴이 경쾌하게 고동친다. 그녀가 지금 여기에 살아 있는 것만으로 더 이상 아무것도 필요하지 않다. 여기에 그녀의 빛과 열정, 지성, 그녀의 모든 것이 있었다. 그렇게 생각하는 순간 갑자기 그녀가 지친 모습으로 벌떡 일어섰다. 방금 전까지도 무언가를 묻는 듯했던 그 눈이 그에게 돌아가 달라는 부탁을 하는 것 같았다. 혹은 갑자기 식사가 하고 싶어졌다고 말하며 너무나도 맛있게 밥을 먹는다……

이 모든 일이 다 멋있기만 하다. 그는 몽상가가 아니므로 오블로모프처럼 발작적인 열정은 원치 않았다. 물론 그 원인이 서로 다른 곳에 있는 것 또한 사실이다. 그는 감정이 평탄한 강물처럼 흘러가기를 바랐다. 하지만 그 원천에서 뜨겁게 끓어오르는 열정을 조금 퍼내 그 맛에 취하고 나서부터는 평생이 행복의 샘물이 어디에서 솟아나는지 알고 있기만 하면 되는 것이다.

"그녀는 날 사랑하고 있는 것일까, 아닐까?"

슈톨츠는 괴로운 흥분을 안고서 마치 피땀이 얼룩진 것처럼, 아니, 눈물은 절대 보이지 않겠다는 마음으로 이렇게 혼잣말했다.

그의 마음속에서 이 질문이 점점 격렬하게 불타오르더니 불꽃처럼 그의 몸을 에워싸고 의지를 꽁꽁 묶어 버렸다. 이는 이미 사랑이라기보다는 삶의 문제, 유일하고도 중대한 문제가 되었다. 슈톨츠의 마음속엔 그 이외 다른 문제가 비집고 들어갈 자리는 없었다.

최근 반 년 동안, 그의 머릿속에 쌓여 왔던 사랑의 가책과 고통이 한 순간에 우르르 무너져 내린 것만 같았다. 지금껏 그는 여자를 만날 때마다 이런 상황을 솜씨 좋게 피해나갔지만, 이번만큼은 달랐다.

그는, 만약 이러한 이성과 의지 그리고 신경의 긴장 상태가 앞으로 두 달 이상 더 이어졌다간 아무리 건강하던 몸이라도 더 이상 견뎌내지 못하리라는 사실을 직감적으로 느꼈다. 그는 이런 일이 지금까지의 자신과는 전혀 관계없는 일이었다. 타인의 눈에 보이지 않는 영혼과 본능의 싸움에 온 힘을 다하고, 피가 흐르지 않을 뿐 낫지 않을 상처가 마음속에 쌓여 신음하게 되리라는 것을 이해하고 있었다. 이래서는 삶도 의미없이 흘러 지나갈 뿐이다.

슈톨츠는 자신의 능력에 대한 확신을 조금씩 잃어가기 시작했다. 다른 사람들이 여러 가지 이유로, 특히 그 중에서도 사랑 때문에 이성을 잃고 초췌해지는 이야기를 듣고도 예전처럼 가벼운 농담을 할 수 없었다.

그는 이 모든 것이 점점 무서워졌다. 그는 혼잣말을 했다.

"아냐, 이젠 끝을 내야지. 이전처럼 그녀의 마음속을 들여다보고, 내일이라도 행복해지든지 아니면 이곳을 당장 떠나든지 하는 거야!"

"도저히 못 하겠어!" 거울을 보며 그가 말을 이었다. "이 엉망이 된 얼굴을 좀 보라지…… 이젠 됐어!"

그는 느닷없이 목표, 즉 올가를 향해 달려갔다. 하지만 올가는 어떨까? 그녀는 그의 상태를 전혀 눈치채지 못하고 있는 걸까, 아니면 그에게 전혀 별다른 감정을 느끼지 못하는 걸까?

그녀가 눈치채지 못했을 리 없었다. 그녀와 같이 예민한 감각을 지닌 여자라면 친구에게 느끼는 믿음과 호의를 각각 다른 감정으로 나누어 생각하는 데에 큰 노력을 할 필요가 없다. 또한 그녀가 교태를 부리는 모습도 상상하기 어렵다. 그녀는 그 누구에게도 휘말리지 않고 위선으로부터 멀리 떨어진 진실된 도덕성을 제대로 이해하고 있기 때문이다. 그녀는 이러한 속세의 극악한 약점을 초월한 존재였다.

그러나 한 가지 생각해 두어야만 하는 것이 있다. 슈톨츠와 같은 인간이 지성과 연정을 들여 끊임없이 그녀를 떠받들었다는 점이 현실적인 것을 뛰어넘어 그녀를 기쁘게 한 것임에 틀림없다는 점이다. 물론 기쁠 것이 당연하다. 이러한 숭배를 통해 그녀의 상처받은 자존심은 치유받고 끌어내려졌던 자리로 되돌아갈 수 있었다. 차츰 그녀의 자존심이 되살아난 것이다.

하지만 그녀의 생각은 어떨까? 이런 숭배를 어떻게 해결해야 할까? 슈톨츠의 탐구욕과 그녀의 고집스런 침묵이 대립하는 한 이런 숭배가 항상 나타날 리는 없다. 적어도 그의 노력이 헛된 것이 아니며, 그만큼의 의지와 고집을 기울여 이 바람을 언젠가 이룰 것이 틀림없다는 사실을 그녀는 예감했던 것일까? 그는 이 불꽃과 광채를 쓸데없이 낭비하는 것일까? 아니면 이 광채 속에 오블로모프의 그림자도, 사랑도, 모두 가라앉아 버리는 것일까?

그녀는 이 사실에 대해 무엇 하나 이해할 수 없었고 확실히 의식하고 있지도 않았지만 있는 힘껏 이 의문들과, 그리고 자기 자신과 싸우고 있었다. 이 혼란에서 어떻게 벗어날 수 있을지 알지 못했던 것이다.

그녀는 어쩌면 좋은가? 애매모호한 태도를 계속 취할 수는 없다. 가슴 속에 숨겨진 감정, 그 조용한 장난과의 싸움은 언젠가 말이 되어 터져 나오지만, 자신은 그 과거에 대해 뭐라고 말하면 좋을 것인가? 무슨 이름으로 불러야 할까? 슈톨츠에 대한 감정을 무엇이라 이름지을 수 있단 말인가?

그녀가 만약 슈톨츠를 사랑한다면 그 사랑은 어떤 것일까? 교태인가, 아니면 가벼운 장난? 혹은 그보다 더 못한 것? 이런 생각을 하자 그녀는 수치심에 뱃속이 화끈거리고 얼굴이 빨개졌다. 이런 비난을 자신에게 뒤집어씌우고 싶지는 않다.

만약 그것이 순수한 첫사랑이라면 지금 슈톨츠와의 관계는 무엇이란 말인가? 이 또한 장난이며 거짓이란 말인가? 그를 유혹해 결혼으로 이끌어 자신의 가벼운 행동을 변명하고자 하는 치밀한 계산일까? 생각한 것만으로도 소름이 끼치는 바람에 그녀의 얼굴은 백짓장이 되고 말았다.

장난도 거짓도 계산적인 행동도 아니라면…… 그렇다면…… 이 또한 사랑일까?

이렇게 생각하자 그녀는 어찌할 바를 몰랐다. 첫사랑이 끝난 지 7, 8개월이 지났을 뿐인데 이렇게 빨리 두 번째 사랑이 찾아오다니! 이제 누가 그녀의 진심을 믿으려 하겠는가? 이 말을 입 밖에 냈다가는 상대의 마음속에 놀람을 넘어서 경악을 불러일으킬 것이 틀림없다! 생각조차 해서는 안 되는 일이다. 생각할 권리조차 없다.

그녀는 자신의 경험을 되짚어 보았다. 하지만 두 번째 사랑에 대해서는 어떤 지식도 찾을 수 없었다. 그 방면에 권위있을 숙모들과 노처녀들, 현명한 여러 여인들, 그리고 마지막으로 '사랑의 사상가'인 문학자들의 말을 떠올려보았지만 그들 모두는 이렇게 선고했다. '여자가 진심으로 사랑하는 것은 평생 단 한 번뿐이다.' 오블로모프도 같은 말을 했다. 갑자기 소네치카라면 두 번째 사랑에 대해 뭐라고 말할 것인지 생각해 보았다. 하지만 러시아에서 온 사람의 말에 의하면 이 친구는 벌써 세 번째 사랑으로 옮겨 갔다고 한다…….

자신은 슈톨츠를 사랑하지 않는다고, 또 그럴 리 없다고 그녀는 결론지었다! 그녀는 오블로모프를 사랑했지만 그 사랑은 죽고 인생의 꽃은 영원히 시들어 버렸다! 지금 그녀의 마음속에 남아 있는 건 슈톨츠에 대한 우정뿐이다. 이는 그가 가진 빛나는 자질과 그녀에 대한 그의 우정, 관심과 신뢰

위에 쌓여져 있다.

이렇게 그녀는 자신의 오랜 친구에 대한 사랑이란 감정을, 아니 그 가능성마저 단칼에 잘라내 버렸다.

이 때문에 슈톨츠는 그녀의 얼굴과 말에서 어떠한 징표도 읽지 못했다. 거기에는 적극적인 무관심도, 찰나의 섬광도, 흔해 빠진 따스하고 진심어린, 우정의 경계를 털끝만큼이나마 넘어선 듯한 감정의 불꽃마저도 전혀 찾아볼 수 없었다.

이 모든 것을 단번에 끝내기 위해서는 그녀에게 남은 방법은 단 한 가지뿐이었다. 슈톨츠의 마음속에서 눈을 뜬 사랑의 징조를 알아채는 것과 동시에 그 사랑에 여지를 주지 않고 나아갈 길을 막아, 되도록 빠른 시일 내에 그에게서 떠나는 것이다. 하지만 이미 때는 늦었다. 이 일은 아주 오래 전에 벌어졌으며 그의 감정이 열정으로 변해 갈 위험이 있다는 사실을 예견했어야만 했다. 슈톨츠는 오블로모프와는 전혀 달랐다. 그에게선 절대로 벗어날 수가 없었다.

예컨대 떠난다는 것이 물리적으로는 가능할지 몰라도 정신적으로는 불가능했다. 처음에 그녀는 예전처럼 친구라는 권리를 내세우며 슈톨츠란 사람을 때로는 기지 넘치지만 입이 거친 대화 상대로, 때로는 삶의 현상들, 즉 그들의 삶 속에서 일어난 일, 그들 곁을 스쳐 지나간 모든 일, 흥미를 불러일으킨 모든 현상을 정확하고 심도 있게 파악하는 관찰자로 존경하고 있을 뿐이었다.

하지만 자주 만나면 만날수록 그들은 정신적으로 가까워지고 그의 역할도 점차 활기를 띠어갔다. 그는 단순한 관찰자에서 현상의 해석자, 올가의 지도자의 역할로 서서히 위치를 옮겨 갔다. 그는 보이지 않게 그녀의 이성과 양심이 되었다. 이와 함께 생겨난 새로운 권리가 비밀스런 인연의 끈으로 그녀를 옭아매었다. 단 하나 올가가 세심하게 감추어 둔 소중한 마음 한 조각만이 슈톨츠의 관찰과 비판을 피할 수 있었다.

그녀는 자신의 이성과 감정에 대한 이 정신적 보살핌을 아무 말 없이 받아들였지만, 동시에 자신 또한 슈톨츠에 대한 일종의 지배권을 가지게 되었다. 그들은 서로 권리를 교환했다. 하지만 그녀의 경우 전혀 알아차리지 못한 채 어느새 이런 교환을 말없이 허용해 버린 것이다.

이제 와서 어떻게 난데없이 이 모든 걸 버릴 수 있을까…… 게다가 여기에는 셀 수 없을 만큼 그의 노력이 스며들어 있었고, 만족과 변화가 있으며…… 생명이 있다. 이러한 것들이 모조리 사라져 버린다면 그녀에게 무엇을 어떻게 하라는 것인가? 그녀의 머릿속에 도망갈까 하는 생각이 떠올랐을 때는 이미 늦었다. 그녀에겐 그럴 만한 힘이 없었다.

슈톨츠와 함께 보내지 않은 날, 그에게 털어놓지 못한 생각, 그와 나누지 못한 사상, 이 모든 것은 그녀의 눈에서 점점 빛깔과 의미를 잃어갔다.

'아아, 내가 그의 누이동생이었더라면!' 이런 생각이 그녀의 마음속에 떠올랐다. '저런 사람의 머리뿐 아니라 마음에 대해서까지 영원한 권리를 가질 수 있다면. 고통스런 희생이나 슬픔, 비참한 과거의 폭로와 같은 대가를 전혀 치르지 않고도 정정당당하게 자랑스러워하며 그와 같은 위치에 있을 수 있다면, 이것은 얼마나 큰 행복일까. 하지만 지금의 나는 어떤 존재인가? 그가 떠난다고 해도 무슨 말을 하며 잡을 수 있을까? 무슨 권리로 매 순간 그를 보고 그의 목소리가 듣고 싶다고 말할 수 있을까? 내가 외롭고 고민에 빠져 있을 때 그는 내게 여러 가지를 가르쳐 주고 위로해 주지. 그는 내겐 유익하고 기분 좋은 사람이야……. 이런 것도 물론 이유가 되겠지만 권리는 요구할 수 없어. 게다가 내 쪽에선 그에게 무엇을 해 줄 수 있을까? 사심 없이 날 바라보고, 같은 애정으로 보답받는다는 어리석은 생각을 하지 않는 것, 정확하게 그만큼의 권리밖에 되지 않아. 게다가 다른 여자라면 누구라도 그 사람에게 그런 취급을 받는 것을 행복하게 느낄 테니…….'

그녀는 괴로움에 몸부림쳤다. 어떻게 하면 이 상황에서 빠져나갈 수 있을지 생각해 보았지만 그 어떤 목적도 끝도 보이지 않았다. 그녀 앞에 있는 건 오로지 그의 환멸과 영원한 이별의 공포뿐이었다. 아예 모든 것을 슈톨츠에게 밝히고 두 사람 사이의 싸움을 단숨에 끝내면 어떨까 하는 생각이 머릿속에 떠오르기도 했다. 하지만 그렇게 생각한 것만으로 숨이 막힐 듯한 기분이 들었다. 그녀는 수치스럽고 가슴이 아팠다.

무엇보다도 이상한 것은 슈톨츠와 떨어지기 힘든 사이가 되고, 그가 그녀의 삶에 자리하면서부터 그녀는 자신의 과거를 존중하지 않을 뿐 아니라 심지어 부끄럽게 생각하기까지 했다. 예를 들어 남작이나 혹은 다른 남자가 알게 된다면 그녀는 아마도 당황해서 부끄러워하겠지만 결코 지금처럼 괴로워하지는 않았으리라. 지금 그녀는 혹시라도 슈톨츠가 이 사실을 알게 된다고 생각하는 것만으로도 괴로워서 참을 수가 없었다.

그때 슈톨츠의 얼굴엔 어떤 표정이 떠오를까? 어떤 눈으로 자신을 바라볼까? 뭐라고 말할까? 나중에 뭐라고 생각할까? 그녀는 흠칫 몸을 떨며 상상해 보았다. 자신이 그의 눈에 갑자기 별볼일없고 약하며 천박한 여자로 보이겠지. 싫어, 안 돼! 절대로 말할 수 없어!

그녀는 스스로 자신을 관찰하기 시작했다. 그리고 자신이 부끄럽게 여기는 것은 단순히 지나간 로맨스뿐 아니라 그 사랑의 주인공 오블로모프이기도 하다는 사실을 깨닫고 자신도 모르게 깜짝 놀랐다. 옛 친구의 깊은 애정에 대한 배반을 뉘우치며 스스로 큰 상처를 받았다.

어쩌면 그녀도 자신의 부끄러움에 길들여질 수 있는지 모른다. 인간은 어떤 일에도 길들여지게 마련이다! 하지만 이는 슈톨츠에 대한 그녀의 우정이 모든 탐욕스런 의도나 바람과는 전혀 관계가 없을 경우에 한한다. 그녀가 마음속에서 속삭이는 교활한 목소리를 모두 무시할 수 있다 해도, 상상이 가져오는 유혹을 제어할 수는 없었다. 그녀의 마음에는 자주 그 의지를 거스르고 다른 사랑의 형상이 나타나 환하게 빛을 발하곤 했다. 화려한 행복의 단꿈이 점점 유혹을 더해 가며 자라났다. 그것은 오블로모프와 함께하는 꿈결 같은 행복이 아니라, 여러 종류의 넓은 생활 환경을 아우르는 행복, 인생의 깊이가 있고 모든 기쁨과 슬픔이 깃든 행복, 예컨대 슈톨츠와 함께하는 행복이었다.

그때 그녀는 자신의 과거를 눈물로 씻어내려 했지만 그럴 수 없었다. 그녀는 꿈에서 깨어나 꿰뚫어 볼 수 없는 벽 너머로 철저히 몸을 숨기려 했다. 이는 슈톨츠를 괴롭혔던 우정어린 무관심과 침묵의 장벽이었다. 그 뒤 무심코 지난 일을 잊어버리고 아무 생각 없이 친구와 함께 시간을 보내는 즐거움에 몸을 맡겼다. 그녀는 매혹적이고 애교가 넘쳤으며 신뢰감 있는 태도를 취했다. 다시 행복의 꿈, 이미 권리를 잃은 행복을 떠올리는 옳지 못한 꿈이 그녀의 귓가에 속삭였다. '네 미래는 사라지고, 장밋빛 꿈은 과거의 일이며, 인생이란 꽃은 시들어 버렸어.'

아마도 시간이 지남에 따라 그녀는 자신의 상황과 화해하고 많은 노처녀들이 그러하듯 미래에 대한 희망을 저버리는 일에 익숙해져 차가운 권태 속으로 빠져들거나 아니면 자선사업에 몰두할 것이 틀림없다. 하지만 슈톨츠가 생각 없이 내뱉은 한두 마디 속에서 자신이 오랜 친구를 잃은 대신 열정적인 숭배자를 얻었다는 사실을 확실히 깨달은 순간, 그녀의 덧없는 꿈은 갑자기 무서운 모습으로 변했다. 우정이 사랑 속에 모습을 감춰 버린 것이다.

사실을 처음으로 알게 된 아침, 그녀는 백지장처럼 하얗게 질린 얼굴로 온종일 집 밖으로 나오지 않은 채 잔뜩 흥분해서 자신과 싸워나가야만 했다. 지금부터 어찌해야 할 것인가, 자신에게 어떤 의무가 지워질 것인가에 대해 생각해 보았다. 하지만 무엇 하나 생각해 낼 수 없었다. 그녀는 그저 자기 자신을 저주할 뿐이었다. 왜 처음부터 창피함을 이겨내고 슈톨츠에게 과거를 밝히지 못한 것일까. 지금은 수치심에 이어 두려움까지 이겨내야 하지 않은가.

발작과도 같은 결단의 순간이 다가왔다. 그럴 때마다 그녀의 가슴은 저미는 듯한 통증을 호소하며 눈물이 솟아오르는 듯했다. 그녀는 슈톨츠의 품에 안겨 말이 아닌 통곡과 경련, 기절로 자신의 사랑을 그에게 알리고 속죄 징표를 받고 싶다는 생각을 했다.

그녀는 비슷한 경우 다른 여자들이 어떻게 행동하는지 들은 적이 있었다. 소네치카의 경우 약혼자에게 예의 기병 소위에 대한 이야기를 했다. 자신은 그저 놀렸을 뿐이며, 그는 아직 어린애였으므로 밖으로 나가 마차에 오를 때까지 일부러 그를 엄동설한 속에 기다리도록 만들었노라고.

소네치카라면 주저하지 않고 오블로모프에 대해 그저 기분 전환용으로 장난삼아 만난 사람이며, 정말 이상한 사람으로, 그런 '얼간이'를 어떻게 사랑할 수 있으며, 그 말을 누가 진심으로 받아들이겠냐고 둘러댔을 것이 분명하다. 하지만 그런 말로 변명할 수 있는 건 상대가 소네치카의 남편과 같은 부류의 사람일 경우로, 슈톨츠의 앞이라면 어림도 없었다.

올가는, 이 시간을 더 깔끔하게 처리할 수 있었을지도 모른다. 자신은 그저 오블로모프를 심연에서 구해내고 싶다는 생각이었다. 막 사라지려 하는 한 인간을 갱생시키기 위해…… 우정의 모습을 한 교태란 방법으로 말한 뒤 그의 곁을 떠날 생각이었다고 말할 수도 있었으리라. 하지만 이것은 너무나도 멋들어진 둘러대기일 뿐이다. 적어도 진실성은 결여되어 있다. 아니, 구원이란 없다!

'맙소사, 내가 대체 얼마나 무서운 구렁텅이에 빠진 건지!' 올가는 마음속으로 고민하기 시작했다. '다 밝혀 버릴까! 아냐, 안 돼! 그 사람에겐 오랫동안, 아니 영원히 알려서는 안 돼! 하지만 밝히지 않는다면 그 사람의 사랑을 훔치는 것이나 마찬가지인데. 그건 사기이고 눈속임이야. 아아, 누가 날 좀 도와 줘요!' 하지만 도움은 없었다.

그녀는 슈톨츠와 함께하는 시간을 마음속 깊이 즐거워하면서도 때로는 차라리 만나지 않고, 눈에 보일 듯 말 듯한 그림자처럼 그의 삶을 스쳐지나가서, 그 명랑하고 이성적인 존재를 헤어나올 길 없는 열정으로 어지럽히고 싶지 않다는 기분이 들기도 했다.

그녀도 실패로 돌아간 사랑을 한동안 한탄하고 스스로의 과거에 한 방울 눈물을 흘린 뒤, 마음속 깊은 곳에 기억을 묻고…… 다시 한 번 '어울리는 상대'를 발견해서 현명하고 사려깊은 멋진 아내, 훌륭한 엄마가 되어, 과거의 일은 모두 소녀 시절의 꿈이라 여기고, 인생을 살아가는 게 아니라 억지로 참아 가며 보낼지도 모른다. 무엇보다도 모두가 그런 식으로 살고 있기 때문에!

하지만 이것은 그녀 혼자만의 문제가 아니었다. 한 사람이 연관되어 있다. 그리고 그 또한 그녀에게 최상의 궁극적인 목표를 걸고 도박을 하고 있다.

'왜 나는…… 사랑 따위를 해 버린 거지?'

그녀는 마음속 깊이 괴로워하며 오블로모프가 도망치려 했던 공원에서의 아침을 떠올렸다. 당시에 그녀는 그가 도망친 이상 그녀의 인생의 책장은 영원히 닫혀 버린 거라고 생각했었다. 그녀는 그만큼 대담하고 또 쉽게 사랑과 삶의 문제를 해결했다. 그때는 모든 것이 분명해 보였지만 지금은 이 모든 게 뒤엉켜 버려, 풀려고 해 봐야 이미 풀 수 없는 매듭이 되어 버렸다.

그녀는 건방지게도 그저 단순한 시선으로 바라보며 계속 앞으로 걸어나가기만 하면 인생은 테이블보처럼 순종하며 발 아래 펼쳐진다고 생각했다. 얼마나 건방진 생각이었는지! 게다가 그 누구에게도 죄를 물을 수 없다. 그녀만의 잘못이었다!

올가는 왜 슈톨츠가 찾아왔는지 꿈에도 상상하지 못하고 무심결에 긴의자에서 일어나 책을 내려놓고서 그를 맞이했다.

"제가 방해를 한 건 아닌가요?" 호수 쪽으로 나 있는 그녀의 방 창문 쪽으로 걸터앉으며 그가 물었다. "독서 중이셨나봐요?"

"아뇨, 그렇지 않아도 그만 읽으려고 했어요. 어두워지고 있잖아요. 당신을 기다렸어요!"

그녀가 우정과 신뢰가 담긴 부드러운 말투로 말했다.

"그렇다면 잘됐군요. 저도 당신과 이야기를 나누고 싶었거든요."

창 쪽으로 다른 소파를 가져와 그녀에게 내밀며 그가 진지하게 말했다. 그녀는 흠칫하며 그 자리에 못박힌 듯 서 버렸다. 그리고 기계적으로 소파에 털썩 주저앉으며 고개를 숙인 채 눈도 들지 못하고 괴로운 모습으로 조용히 앉아 있었다. 올가는 그 자리에서 100베르스타쯤 떨어진 곳에 있고 싶었다.

순간 마치 번개처럼 그녀의 기억 속에 지난 과거의 추억이 스쳐 지나갔다. '심판의 날이 왔다! 인형놀이 하듯 인생을 가지고 놀아선 안 돼!' 제삼자의 목소리가 들리는 듯했다. '인생으로 못된 장난을 치면 그에 대한 벌을 받아야만 한다!'

그들은 한동안 아무 말도 하지 않았다. 슈톨츠는 생각을 정리하는 듯싶었다. 올가는 겁에 질려 그의 수척해진 얼굴과 찌푸린 눈썹, 결의에 찬 표정으로 꽉 다문 입술을 바라보았다.

'네메시스*2야!'

마음속으로 떨면서 그녀가 생각했다. 둘은 마치 결투 준비라도 하고 있는 것만 같았다.

"당신은 물론 짐작하실 겁니다, 올가 세르게브나. 제가 무슨 말을 하려고 하는지 말이죠."

질문하는 듯한 눈빛으로 그녀를 쳐다보며 슈톨츠가 단호히 말했다. 그는 두 개의 창 사이에 있는 벽을 등지고 앉아 있어 얼굴이 자세히 보이지 않았지만, 올가 쪽은 창문을 통해 들어온 빛이 그대로 얼굴을 비추고 있었다. 그는 그녀가 마음속으로 생각하는 모든 것을 그녀의 표정에서 하나하나 읽을 수 있었다.

"제가 어떻게 그걸 알겠어요?"

그녀가 나지막이 대답했다. 이 위험한 적 앞에서는 오블로모프에게 대항

---

*2 Nemesis : 그리스 신화에 나오는 복수의 신.

했던 때와 같은 의지와 성격도, 직관력과 자제력도 아무런 소용이 없었다.

여태껏 그녀가 슈톨츠의 예리한 눈길로부터 몸을 숨기고 적에게 등을 보이지 않을 수 있었던 것은 오블로모프와의 싸움에서처럼 자기 자신의 역량 때문이 아니었다. 그것은 단지 슈톨츠의 고집스런 침묵, 즉 감추기 좋아하는 그의 행동 덕분이란 사실을 올가 자신도 잘 알고 있었다. 하지만 활짝 트인 전쟁터에서라면 그녀에게 승산은 없었다. '제가 어떻게 그걸 알겠어요?'라는 질문은 상대방이 자신의 의도를 좀 더 명백하게 드러내도록 한 치의 공간, 1분의 시간이라도 벌어보려는 계산에 지나지 않았다.

"모르신다고요?" 그가 솔직하게 말했다. "좋습니다, 그럼 제가 말씀드리죠……."

"아, 안 돼요!"

자신도 모르게 그녀의 입에서 이런 외침이 튀어나왔다. 그녀는 그의 손을 잡고 마치 용서를 구하기라도 하는 듯 그를 쳐다보았다.

"그거 보세요. 제가 생각한 대로군요. 당신은 이미 다 알고 있어요!" 그가 말했다. "왜 안 된다고 했죠?"

잠시 뒤 그가 슬픈 목소리로 물었다. 그녀는 말이 없었다.

"언젠가 제가 말씀드리리라는 사실을 각오하고 계셨다면 당연히 그 질문에 뭐라 대답하면 좋을지도 알고 계시겠군요?"

"각오하고 있었으니까요, 그래서 괴로웠어요!"

그녀는 소파 등받이에 몸을 푹 파묻고 빛을 외면하며 말했다. 겉으로 드러나는 당혹감과 고민의 싸움을 읽어내지 못하도록 조금이라도 빨리 저녁 노을이 도움의 손길을 뻗어 주기를, 그녀는 마음속 깊은 곳에서 기도하고 있었다.

"괴로우셨다고요!" 그가 이 무서운 말을 거의 속삭이듯 되풀이했다. "단테의 말이죠. '희망을 영원히 버려라.' 제가 더 이상 할 말이 없군요. 그 말이 모든 것을 이야기하고 있으니! 하지만 거기에 대해 감사의 말씀을 드려야만 하겠군요." 깊은 한숨을 내쉬며 그가 덧붙였다. "전 혼란과 암흑 속에서 빠져나온 덕에 적어도 이제 어떻게 하면 좋을지 알겠어요. 구원의 길은 단 하나, 조금이라도 빨리 도망치는 겁니다!"

그가 벌떡 일어섰다.

"안 돼요, 제발 부탁이니 그런 말은 하지 마세요!" 그의 손을 잡고 매달리며 놀란 목소리로 애원하듯 그녀가 말했다. "저를 가엾게 여겨 주세요. 저는 어떻게 되는 거죠?"

그가 다시 자리에 앉았다. 그녀 역시 마음을 추스르며 다시 자리에 앉았다.

"저는 당신을 사랑합니다, 올가 세르게브나!" 그가 엄숙한 말투로 말했다. "최근 반 년 동안 제가 어떤 모습이었는지 당신은 전부 다 보고 알고 계실 겁니다! 당신은 무엇을 필요로 하고 있나요? 완전한 승리인가요? 제가 피골이 상접해지거나 아니면 미쳐 버리기라도 하길 원하시나요? 정말 고맙기 그지없군요!"

그녀의 얼굴 표정이 변했다.

"여길 떠나 주세요!"

억지로 누른 수치심과 깊은 슬픔이 뒤섞인, 하지만 기품이 넘치는 태도로 그녀가 말했다. 더 이상 자신의 감정을 감출 힘이 없었다.

"용서하세요, 죄송합니다!" 그가 사죄했다. "우리는 서로를 전혀 이해하려 하지도 않은 채 말다툼만 하고 말았군요. 아니, 저도 당신이 그런 걸 바랄 리 없다는 걸 알고 있습니다. 하지만 당신은 절대 제 입장이 될 수 없겠죠. 그러므로 이렇게 도망치는 제 행동이 이상하게 보이는 겁니다. 인간이란 때론 무의식적으로 이기주의자가 되는 거니까요."

그녀는 마치 앉아 있기가 거북하다는 듯 소파에서 앉은 자세를 바꾸지만 아무 말도 하지 않았다. 그가 말을 이었다.

"혹시 제가 여기 남는다 해도 그게 무슨 의미가 있을까요? 당신은 물론 제게 우정을 다하겠죠. 하지만 그 우정은 굳이 그렇게 하지 않아도 원래 제 것입니다. 이곳을 떠나 1, 2년이 지난다 해도 그 우정은 언제까지나 제 것으로 남을 겁니다. 우정이란 좋은 거예요. 올가 세르게브나, 젊은 남녀 사이에선 사랑이고 노인네들 사이에선 사랑에 대한 추억일 경우에 말이죠. 하지만 이것이 한쪽에서는 우정이고 나머지 한쪽에서는 사랑이라면 그야말로 큰일일 겁니다. 저와 함께 있을 때 당신이 지겨워하지 않는다는 건 알고 있습니다만, 당신과 함께 있는 저의 기분은 어떤 것일까요?"

"네, 그렇다면 떠나세요. 마음대로 하세요!"

그녀가 거의 들릴락 말락 한 소리로 속삭였다.

"남아 있으렵니다!" 그가 자신의 생각을 읊조리듯 소리내어 말했다. "칼날 위를 걷는 것과 같은 일, 커다란 우정 없이는 불가능한 일이죠."

"그럼 전 편하게 있다는 말씀인가요?"

그녀가 갑자기 반문했다.

"당신이, 왜죠?" 그가 즉각 되물었다. "당신은…… 당신은 사랑을 하고 있지 않잖습니까……."

"모르겠어요, 맹세컨대, 모르겠어요! 하지만 혹시라도 당신이…… 혹시 제 삶이 언젠가 변하게 된다면 그땐 전 어떻게 되는 거죠?"

슬프게, 거의 혼잣말처럼 그녀가 덧붙였다.

"이 말을 제가 어떻게 이해해야만 할까요? 쉽게 말해 줘요, 제발!"

그녀 쪽으로 의자를 당겨 앉으며 그가 말했다. 그녀의 말과 그 깊고 꾸밈없는 목소리에 큰 충격을 받은 모습이었다.

그는 올가의 표정을 살피려고 애썼다. 그녀는 아무 말도 하지 않았다. 그녀의 가슴 속에서는 그의 마음을 진정시켜 주고 싶었다. '괴로워하고 있다'는 말을 없었던 것으로 하거나 그가 이해한 것과는 다르게 해석하고픈 바람도 들끓었다. 하지만 어떻게 해석하면 좋을지 그녀 자신도 알지 못했다. 그저 모든 것이 안개 속에 있는 것처럼 두 사람 모두 운명적인 오해의 무게에 괴로워하고, 핵심을 벗어난 상태에 놓여 있다는 것, 두 사람 모두 이 때문에 힘들어하고 있었다. 하지만 그녀가 그의 도움을 빌려 과거와 미래를 깨끗하게 정리할 수도 있으리라는 것을 어렴풋이 느꼈다. 하지만 이를 위해서는 심연을 넘어 자신의 과거를 슈톨츠에게 밝혀야만 한다. 그의 심판을 그녀가 얼마나 원하면서도 얼마나 두려워하고 있었던가!

"저 자신도 전혀 이해할 수가 없어요. 제가 당신보다 더 혼란과 암흑 속에 갇혀 있어요!"

"올가, 당신은 저를 믿으시나요?"

그녀의 손을 잡으며 슈톨츠가 물었다.

"어머니를 믿듯 한없이 당신을 믿어요. 당신도 잘 아시잖아요."

그녀가 기어들어가는 소리로 대답했다.

"그럼 우리가 헤어진 뒤 당신에게 어떤 일이 있었는지 전부 다 말해 주세요. 지금의 당신은 마음을 전혀 읽을 수가 없어요. 하지만 전에는 당신의 얼굴에서 무슨 생각을 하고 있는지 다 읽었거든요. 제 생각엔 이것이 서로를 이해하기 위한 유일한 방법이 아닐까 싶어요. 동의하시나요?"

"그럼요, 그렇고말고요, 그래야만 해요…… 어떻게든 끝을 내야만 해요……."

고백을 피할 수 없다는 생각에 그녀는 괴로운 듯 말했다. '네메시스! 네메시스!' 고개를 숙인 채 그녀가 생각했다.

올가는 고개를 숙인 채 아무 말도 하지 않았다. 슈톨츠는 이 단순한 말, 아니 그보다는 그녀의 침묵 때문에 가슴 속에 공포가 물결치는 듯한 느낌이 들었다.

'그녀는 고통스러워하고 있어! 하느님! 무슨 일이 있었던 것일까?'

그는 이렇게 생각했다. 이마에 식은땀이 흐르고 손발이 떨렸다. 그의 머릿속에는 점점 무서운 일만 떠올랐다. 그녀는 내내 침묵을 지키고 있었다. 자기 자신과 싸우고 있는 듯했다.

"그래서…… 올가 세르게브나……."

그가 재촉했다. 그녀는 아무 말도 하지 못했다. 무언가 신경질적인 뒤척임이 있었지만, 어두워서 보이지 않았다. 그저 비단옷이 스륵스륵 스치는 소리만이 들려왔다.

"용기를 내 보겠어요." 드디어 그녀가 입을 열었다. "얼마나 말하기 힘든지 당신은 상상조차 하지 못할 거예요!" 마음속에서 벌어진 전쟁에 이기기 위해 노력하면서, 잠시 뒤 그녀는 고개를 돌린 채 덧붙여 말했다.

그녀는, 슈톨츠가 자신의 입을 통해서가 아니라 어떤 기적에 의해 모든 걸 알게 되었으면 하고 바랐다. 다행히도 점점 주변은 어두워졌고 그녀의 얼굴도 어둠에 전부 묻혀 버렸다. 지금이라면 목소리만 바꿔도 되는 일이지만 어떤 식으로 말을 꺼내야 좋을지 모르겠다는 듯 말은 입 안에서 맴돌기만 했다.

'아아, 난 무척이나 나쁜 짓을 해 버린 게 틀림없어. 이렇게 부끄럽고 마음이 아픈 걸!'

그녀는 속으로 몰래 괴로움을 삭이고 있었다. 바로 얼마 전까지만 해도 그녀는 굳은 자신감으로 자신뿐 아니라 타인의 운명마저 좌우하는 총명하고 강한 여자였다! 그토록 똑똑하고 강한 그녀가! 하지만 이번에는 그녀 자신이 소녀처럼 벌벌 떨고 있다니! 과거에 대한 부끄러움과 현재를 염려하는 자존심의 고문, 부풀린 거짓, 이것들이 그녀를 괴롭혔다. 견딜 수가 없었다!

"제가 도와드리죠……. 당신은…… 사랑을 했나요?"

슈톨츠가 겨우 말을 꺼냈다. 그는 자신의 말 때문에 마음이 아팠다. 그녀는 침묵으로 그 질문에 대답했다. 그의 가슴 속에 다시 한 번 공포심이 고개를 들었다.

"누구를요? 이 정도는 비밀이 아니겠죠?"

슈톨츠가 물었다. 단어를 정확히 말하려 애쓰고 있었지만 입술이 떨리고 있음을 그 자신도 느낄 수 있었다. 올가 쪽은 슈톨츠보다 더욱 괴로워했다. 다른 이름을 대고 다른 이야기를 만들어 내고 싶었다. 아주 잠깐 망설여 보았지만 달리 방도가 없었다. 위험천만한 순간에 절벽에서 몸을 던지거나 불길 속으로 뛰어드는 것과 같은 기분으로 그녀는 갑자기 입을 열었다.

"오블로모프를요."

그는 화석처럼 굳어 버렸다. 침묵이 2분 가량 계속되었다.

"오블로모프라고요!" 그가 놀라 되풀이했다. "거짓말이로군요!" 목소리를 내리깔고서 그가 단호히 덧붙였다.

"진실이에요!"

그녀가 침착하게 말했다.

"오블로모프라고요? 그럴 리가 없어요!" 슈톨츠는 다시 한 번 확신에 가득한 목소리로 덧붙였다. "뭔가 이유가 있을 겁니다. 당신은 이해하지 못한 겁니다. 그게 당신 자신이건, 오블로모프건. 그도 아니면 사랑이건 간에 말이죠."

그녀는 입을 열지 않았다.

"이건 사랑이 아니라, 뭔가 다른 것입니다. 단언할 수 있어요!"

그는 끈질기게 주장했다.

"네, 전 그를 유혹해서 제멋대로 흔들어 댔고 그를 불행하게 만들었어요……. 그리고 당신 생각대로라면 이번에 당신을 장난감으로 삼고 말 거라고요!"

그녀가 조심스럽게 말했지만 그녀의 목소리에서는 아직도 부끄러움의 눈물이 끓어오르고 있었다.

"상냥한 올가 세르게브나! 아무쪼록 화내지 마세요, 그런 식으로 말하지 마세요. 당신답지 않아요. 제가 그런 일은 꿈에도 생각하지 않았다는 걸 당신도 알고 계실 겁니다. 하지만 전 도저히 이해할 수가 없군요, 이야기가 맞아떨어지지 않아요. 이렇게 오블로모프가……."

"하지만 그는 당신의 우정을 받을 만한 가치가 있는 사람이잖아요? 당신은 어떻게 하면 그의 가치를 평가할 수 있을지 몰라요. 그런데 왜 그가 사랑받을 가치가 없다고 말하는 거죠?"

"사랑이 우정보다 복잡한 것을 요구하지 않는다는 것—저도 알고 있습니다." 슈톨츠가 말했다. "사랑은 때로 맹목적일 때도 있고, 아무 공적도 없는데 사랑하는 일 또한 가끔 있습니다. 말한 그대로예요. 하지만 사랑을 위해서는 무언가가 필요합니다. 이는 정의하거나 이름붙일 수 없는 사소한 것이지만, 내가 사랑하는 둘도 없는 친구이지만 둔감하기 그지없는 일리야에겐 바로 그런 부분이 결여되어 있답니다. 바로 이 때문에 제가 깜짝 놀란 거죠. 들어보세요." 그가 활기 띤 목소리로 말을 이었다. "이런 식으로라면 우리는 결코 끝까지 갈 수도 없고 서로를 이해할 수도 없을 겁니다. 아무쪼록 기분 나빠하지 말고 제게 남김없이 다 말해 보세요. 그럼 제가 그게 무엇인지에 대해, 아니 심지어 어떻게 되는지에 대해서까지 말씀해 드리죠……. 저는 아무래도…… 거기엔 뭔가…… 놓쳐 버린 것이 있는 듯한 기분이 드는군요. 아, 그게 사실이라면?" 그가 흥분해서 덧붙였다. "그 상대가 다른 사람도 아니고 오블로모프라면! 오블로모프가 틀림없다면! 이는 당신이 과거에도 얽매이지 않는다는 증거입니다. 사랑에 속박당하지 않은 자유의 몸이란 의미이기도 합니다. 말씀해 주세요, 어서 말씀해 주세요!" 그가 침착하게, 거의 유쾌한 목소리로 말을 맺었다.

"네, 제발 부탁이니 들어 주세요!" 멍에의 일부가 벗겨졌음을 느끼고 기쁜 듯한 신뢰의 목소리로 그녀가 말했다. "혼자 있을 땐 미쳐 버릴 것만 같아요. 제가 얼마나 가엾은 여자인지 당신은 상상도 하지 못할 거예요! 제게 죄가 있는지 없는지, 과거를 부끄러워해야 하는지 안타까워해야 하는지, 미래에 대한 희망을 가져야 할지 절망해야만 할지, 저 자신도 잘 모르겠어요……. 당신은 자신의 괴로움에 대해 말씀하실 뿐, 저의 괴로움에 대해서는 상상조차 해 보지 않으셨겠죠. 아무쪼록 끝까지 들어 주세요, 다만 머리로 듣지는 마시고요. 전 당신의 이성이 두려운 걸요. 가슴으로 들어 주셨으면 좋겠어요. 어쩌면 당신의 가슴은, 제겐 어머니가 없어 마치 숲 속에서 길을 잃고 헤매는 것과 같다는 사실을 제대로 파악해 냈을지도 모르겠군요." 그녀는 축 처진 나지막한 목소리로 덧붙였다. "아닙니다." 잠시 뒤 서둘러 고쳐 말했다. "절 용서하지 마세요. 이것이 만약 사랑이었다면 그땐…… 여길 떠나주세요." 그녀는 잠시 말을 쉬었다.

"그리고 나중에, 다시 우리 우정이 타오르기 시작하면 그때 찾아오세요. 하지만 이것이 그저 가벼운 마음이었다거나 제가 아무에게나 마음을 주는 그런 여자인 거라면 절 벌하세요. 그리고 멀리 도망가서 저 따위는 잊어 주세요, 아시겠죠."

그는 대답 대신 그녀의 두 손을 꼭 잡았다.

올가의 길고도 상세한 고백이 시작되었다. 그녀는 한 마디씩 또박또박 그토록 오랫동안 그녀의 양심을 괴롭히고 얼굴을 붉게 했던 기억들을 자신의 가슴 속에서 슈톨츠의 가슴 속으로 하나 둘씩 옮겨 놓았다. 처음에는 감격과 행복을 느끼게 했지만 이윽고 갑자기 그녀를 슬픔과 회의의 늪 속으로 떨어뜨린 사건에 대해 전부 이야기했다.

두 사람의 산책과 공원, 자신의 희망, 오블로모프의 마음속에서 일어난 용기와 좌절, 라일락꽃, 심지어 입맞춤에 대해서까지 이야기했다. 단지 찌는 듯 더웠던 여름날 저녁, 공원에서 일어난 일에 대해서만큼은 침묵을 지켰다. 그녀 자신도 그것이 무엇에 의해 일어난 발작인지 아직까지 확실히 결론짓지 못했기 때문이리라.

처음에는 그녀의 부끄러운 듯한 속삭임만이 들렸지만 그녀가 이야기를 하면 할수록 목소리는 점점 또렷하고 거침없어졌다. 그녀의 목소리는 속삭임에서 조금 커졌다가, 곧 가슴 전체를 울릴 만큼 크고 높아졌다. 이처럼 마치 다른 사람에게 일어났던 일을 말하듯, 그녀는 침착하게 이야기를 끝냈다.

그녀의 눈앞을 가리던 막이 내려지고 이 순간까지 똑바로 쳐다보기를 두려워했던 과거가 쫙 펼쳐졌다. 그녀는 수많은 것에 대해 눈을 뜨게 되었다. 만약 주위가 어둡지 않았다면 그녀는 대담하게도 슈톨츠의 얼굴을 똑바로 바라보았을지도 모른다.

그녀는 말을 마치고 슈톨츠의 선고를 기다렸다. 그러나 돌아온 것은 무덤과도 같은 정적이었다.

그는 어떤 상태일까? 말 한 마디는 물론 조금도 움직이지조차 않고 숨소리마저 들리지 않아 마치 그녀 옆에 아무도 없는 것만 같았다.

이 침묵은 그녀를 다시 한 번 의혹 속에 빠뜨렸다. 정적이 계속되었다. 이 침묵은 무엇을 의미하는 것일까? 이 세상에서 가장 통찰력 있고 인정 많은 판사는 그녀에게 어떤 선고를 준비하고 있는 것일까? 다른 모든 이들은 그녀에게 무자비한 판결을 내리겠지만 그 한 사람만큼은 그녀의 변호사가 되어 줄 것이고, 그녀 역시 스스로 그를 선택할 것이다. 그는 모든 걸 이해하고 헤아려서 그녀 자신보다도 훨씬 더 그녀에게 유리한 판결을 내릴 것이 분명하다! 그런 그가 침묵을 지키고 있다. 그녀의 운명 앞에 남은 건 절망뿐이란 말인가?

그녀는 다시 무서운 생각이 들었다…….

문이 열리고 하인이 가져온 두 개의 촛불이 두 사람이 앉아 있는 구석을 환하게 비춰 주었다.

그녀는 슈톨츠에게 겁에 질렸다기보다는 굶주린 듯한, 질문의 답을 구하는 듯한 시선을 던졌다. 그는 팔짱을 끼고 조심스럽지만 노골적인 눈으로 그녀를 보면서 그녀의 당혹감을 즐기고 있었다.

그녀는 마음이 놓이고 기분이 온화해졌다. 그녀는 안도의 한숨을 내쉬었다. 하마터면 울음이 터질 뻔했다. 그 순간 자신에 대한 용서의 기분과 그에 대한 신뢰의 마음이 되살아났다. 그녀는 용서와 위로를 받고 사랑을 되찾은 아이처럼 행복했다.

"그게 전부인가요?"

그가 나지막이 물었다.

"전부예요!"

"그럼 오블로모프의 편지는요?"

그녀는 손가방에서 편지를 꺼내 그에게 건넸다. 그는 촛불 곁으로 다가가 편지를 훑어보고는 탁자 위에 내려놓았다. 그의 두 눈은 올가가 오랫동안 보지 못한 표정을 담고서 다시 한 번 그녀를 바라보고 있었다.

그녀 앞에는 예전의 자신감 넘치고, 약간은 냉소적이면서도 한없이 착하고 상냥한 그녀의 친구가 서 있었다. 그의 얼굴엔 고통이나 의혹의 그림자조차 없었다. 그는 그녀의 두 손을 잡아 하나씩 차례로 입을 맞추고 깊은 상념에 빠졌다. 이번엔 올가가 소리를 죽이고 눈조차 깜박거리지 않은 채 그의 얼굴에 드러나는 생각의 움직임을 지켜보았다.

갑자기 그가 벌떡 일어났다.

"이런, 이것이 오블로모프와 관련된 일인 줄 진작 알았다면 이렇게 괴로워할 필요 없었을 텐데!"

마치 그녀에게 이런 끔찍한 과거 따위는 없었던 것처럼 슈톨츠는 다정하고 믿음직스럽게 그녀를 바라보았다. 그녀의 마음은 한결 가볍고 유쾌해졌다. 지금까지 자신이 두려워하고 있던 것은 이 사람뿐이라는 것이 확실해졌다. 그런 그가 그녀를 벌주지도 않고 도망치려고도 하지 않는다!

슈톨츠는 이미 자제심을 되찾고 기분 또한 좋아졌다. 하지만 그녀는 이것만으로는 부족했다. 자신이 무죄라는 사실을 확인하고 나자, 그녀는 피고인의 입장에서 선고 내용을 알고 싶어졌다. 하지만 그는 모자를 집어들었다.

"어딜 가시려고요?"

"흥분하신 것 같으니까 좀 쉬세요. 내일 마저 이야기합시다."

"당신은 제가 밤새 잠 못 이루기를 바라시나요?" 그녀가 떠나려는 슈톨츠를 가로막아 의자에 앉히며 중얼거렸다. "당신은 아무 말도 없이 돌아가실 생각인 건가요…… 저것이…… 무엇이었는지, 지금의 저는 누구인지, 그리고…… 지금부터 저는 어떤 사람이 되는지에 대해서 한 마디 말도 없이, 안드레이 이바노비치, 절 가엾게 여겨 주세요. 누가 제게 그런 말을 해 주겠어요? 누가 제게 벌을 내릴까요? 제가 벌을 받아 마땅하다면, 누가 절 용서해 줄까요?"

그녀는 이렇게 말하고 뭐라 표현할 수 없는 다정한 우정을 담아 쳐다보았다. 그는 모자를 내던지고 그녀의 발밑에 몸을 던지듯 무릎을 꿇었다.

"나의 천사여, 이렇게 불러도 되겠습니까! 공연히 괴로워하지 마세요. 당신을 벌 주거나 용서할 필요는 없습니다. 저는 당신이 해 주신 이야기에 무엇 하나 덧붙일 말이 없어요. 당신에게 무슨 의혹이 있을 수 있나요? 당신은 그게 무엇이었는지 알고 싶으신가요? 어떤 이름을 붙여야 할지 혼란스러위하고 있나요? 진작부터 알고 계시잖아요…… 오블로모프의 편지는 어디에 있죠?"

그는 탁자에서 편지를 집어들었다.

"잘 들어 보세요!"

그가 편지를 읽어 내려갔다.

'당신의 사랑한다는 말은 현재의 사랑이 아니고 미래의 사랑입니다. 이것은 단지 사랑하고자 하는 무의식의 요구입니다. 때로 여인이 양식의 부족으로 인해 어린아기나 다른 여인에게 표하는 사랑입니다. 뿐만 아니라 심지어 어떤 경우엔 눈물이나 히스테리 발작으로 나타나는 사랑입니다! 당신은 착각을 한 것입니다(슈톨츠는 착각이란 단어를 힘주어 읽었다). 당신 앞에 서 있는 사람은 당신이 여태껏 꿈꿔 왔던 사람이 아닙니다. 좀 더 기다려 보세요. 그가 올 겁니다. 그 때야말로 당신의 눈은 뜨이고 자신의 실수에 분하고도 수치스런 감정을 느끼실 겁니다……'

"보세요, 정곡을 찌르는 말 아닙니까! 당신은 화가 나고 부끄러웠던 거예요, 실수 때문에 더 이상 할 말은 없습니다. 오블로모프가 말한 건 모두 진실이었어요. 하지만 당신은 믿을 생각조차 하지 않았죠. 그게 당신이 지은 죄의 전부입니다. 두 사람은 그때 헤어져야만 했어요. 오블로모프는 당신의 아름다움에 정복당하고…… 당신은 그의…… 비둘기처럼 상냥한 모습에 마음을 뺏긴 겁니다!"

그가 약간은 냉소적인 말투로 덧붙였다.

"전 믿지 않았어요. 하지만 가슴은 실수하는 법이 없다고 생각했거든요."

"그렇지 않아요, 실수를 할 때도 있어요. 그것도 때론 돌이킬 수 없는 실수를! 하지만 당신의 경우 마음까지는 미치지 못한 거죠. 한편에서는 상상과 자애심, 또 한편에서는 연약함이……. 당신은 이걸 피하면 두 번 다시 인생의 축제가 오지 않는 것은 아닐까 걱정했던 겁니다. 이 약한 빛이 삶을 비추고, 그 뒤에는 영원한 밤이 올 것이라고요……."

"그럼 눈물은요?" 그녀가 되물었다. 제가 울었을 때 그 눈물이 가슴 깊은 곳에서 나온 것이 아닌가요? 전 거짓말 따위 한 적 없어요. 전 진심이었어요……."

"그럴 리가요! 여자는 어떤 것에든 우는 걸요! 당신도 그렇게 말씀하지 않으셨나요? 라일락 꽃다발과 익숙한 벤치가 안타까웠다고, 여기에 기만당한 자존심과 실패로 끝난 구원자의 역할, 어느 정도의 습관을 더해 보세요. 눈물은 흘릴 이유는 얼마든지 있습니다!"

"그건 우리의 만남과 산책도 실수인가요? 기억하실 거예요, 제가…… 그 사람 집에 찾아갔던 날을……."

그녀가 주저하며 입을 열었다. 그녀 자신조차 지금 한 말을 없었던 일로 하고 싶어하는 모습이었다. 그녀가 스스로 자신을 책망하려는 건 슈톨츠가 더욱 열심히 자신을 감싸주고, 그의 눈에 비친 그녀가 더욱 더 올바른 사람이 되었으면 하고 바라는 마음 하나 때문이었다.

"하지만 당신 이야기를 들어 보면 헤어지기 직전의 당신들은 대화조차 나누지 않았다고 하지 않았습니까. 이른바 당신들의 '사랑'은 속이 텅 비어 있었던 거예요. 그렇기 때문에 앞으로 나아갈 수 없었던 거구요. 두 사람의 마음은 남남이 되기 전 이미 헤어져 있었어요. 당신이 끝까지 지키고 있던 건 사랑이 아니라 스스로 만들어 낸 사랑의 명령이었어요. 이게 비밀의 전부입니다."

"그럼 입맞춤은요?"

속삭이는 듯한 그녀의 목소리가 너무나도 작았기 때문에, 그는 그녀의 말을 귀로 듣기보다 마음으로 들었다.

"아, 중요한 문제입니다." 그는 일부러 짐짓 위엄 있는 목소리로 말했다. "그 벌로…… 식사 때 당신 몫의 음식 하나를 줄이겠어요." 올가를 바라보는 그의 눈에는 점점 다정한 사랑이 넘쳐 갔다.

"농담은 그런 '실수'의 변명이 될 순 없어요!" 그의 무관심하고 태연한 목소리에 기분이 상한 올가가 엄격한 목소리로 반박했다. "전 당신이 무언가 심한 말로 벌주시고 제가 한 행동을 본래의 이름으로 불러 주시는 편이 오히려 더 편한 걸요."

"이 문제가 일리야가 아닌 다른 남자와 관련된 일이었다면 저도 농담 따위 하지 않을 겁니다." 그는 이렇게 변명했다. "그랬다면 실수는…… 불행으로 끝났을지도 모릅니다. 하지만 오블로모프란 사람은 제가 잘 알고 있으니까요……."

"다른 사람이라뇨, 결코 그럴 일은 없을 거예요!" 새빨개진 얼굴로 그녀가 그의 말을 가로챘다. "전 그를 잘 알게 되었어요. 당신보다 훨씬 더……
……"

"그것 보세요!"

그가 맞장구를 쳤다.

"하지만 혹시라도 그가…… 다른 사람처럼, 새로 태어난 것처럼 변해서
내 말을 들었다면 그때는…… 제가 그를 사랑하지 않았을까요? 그때도 그
감정은 거짓이고 실수일까요?"

다각적으로 일을 살펴보고 아주 작은 오점이나 의혹도 남기지 않을 속셈
으로 그녀가 말을 이어나갔다.

"그러니까 오블로모프 대신 다른 남자가 그 자리에 나타났을 경우 말이
죠. 그땐 의심할 필요도 없이 당신들의 관계는 사랑으로 발전하고 더욱 견고
해졌겠지요. 그때는…… 하지만 이것은 우리와 아무런 관계 없는 다른 사랑
이야기이고 다른 주인공이죠."

그녀는 마지막 남은 짐을 가슴에서 내려놓듯이 길게 한숨을 쉬었다. 둘 다
말이 없었다.

"아, 얼마나 행복한 일인가요…… 병이 낫는다는 것은."

마치 활짝 핀 꽃처럼 밝아진 그녀가 천천히 말을 이어나갔다. 그녀는 깊은
감사와 지금까지 없던 뜨거운 우정의 시선을 그에게 던졌다. 이 시선 속에는
그가 거의 1년 동안 헛되이 추구했던 특별한 불꽃을 느낄 수 있었다. 황홀한
전율이 슈톨츠의 온몸을 감쌌다.

"그렇지 않아요, 병이 나아가고 있는 사람은 바로 저입니다!" 그가 말을
마치고 잠시 생각에 잠겼다. "아, 그 연애소설의 주인공이 일리야라는 사실
만 제가 알았어도! 얼마나 많은 시간을 허비했고 얼마나 번민했던지! 그것
도 무엇 때문에? 누구를 위해?" 그가 거의 화난 목소리로 몇 번이고 말했
다.

하지만 돌연 그는 이러한 울분에서 제정신을 찾고 고통스런 상념에서 깨
어나는 듯했다. 이마의 주름이 펴지고 눈에는 기쁨의 빛이 역력했다.

"하지만 이건 필연적이라는 생각이 듭니다. 그렇기 때문에 저는 지금 아
주 마음이 편안하고, 그리고…… 너무나도 행복합니다!"

그가 환호성을 질렀다.

"무언가 꿈을 꾼 것 같아요. 마치 아무 일도 없었던 듯해요!" 갑자기 기운이 솟는 자신의 모습에 무척 당황하며 생각에 잠긴 채 거의 들릴락 말락한 목소리로 그녀가 이렇게 말했다. "당신은 수치와 후회뿐만이 아니라, 슬픔과 고통, 그 모든 것을 없애 주셨어요……. 어떻게 이러실 수 있으시죠?" 그녀가 나지막이 물었다. "그렇다면 이제 모두 사라져 버리는 걸까요…… 그 실수가?"

"아뇨, 제 생각에…… 이미 다 사라져 버렸습니다!" 처음으로 한 여성을 열정적인 눈으로 바라보며 그 감정을 감추려조차 하지 않은 채 다시 말했다. 지금까지 있었던 모든 일이요."

"하지만 앞으로…… 있게 될 일은…… 실수가 아니라…… 진실이겠죠?" 그녀는 말을 흐리며 물었다.

"자, 여기에 적혀 있군요."

그는 다시 편지를 집어들며 딱 잘라 말했다. '당신 앞에 서 있는 건 당신이 여태껏 기다리던 사람, 당신이 꿈꿔 왔던 사람이 아닙니다. 지금 그 사람이 나타나면, 당신도 눈을 뜨게 되겠죠…….'

"거기에 난 이렇게 덧붙이고 싶군요. '그 사람과 사랑에 빠지겠죠. 그것도 겨우 일 년이 아닌, 평생이 걸려도 모자란 사랑을.' 그 사람이 누구일지는…… 저도 모르겠군요."

그녀를 뚫어져라 쳐다보며 그가 말했다. 그녀는 눈을 내리깔고 입술을 꼭 깨물었다. 하지만 가늘게 뜬 눈에서는 뜨거운 빛이 흘러나오고, 입술은 미소를 채 억누르지 못하고 있었다. 그녀는 그를 흘끗 쳐다보았다. 마음속 깊은 곳에서 웃음이 흘러나오고, 눈가에 눈물마저 고였다.

"올가 세르게브나, 전 당신에게 일어났을 뿐 아니라 앞으로 일어날 일까지 모두 말씀드렸습니다만, 당신은 그 답례로 제 질문에 대답해 주지 않았어요. 심지어 질문을 끝까지 들어 보지도 않았죠."

"제가 무슨 말을 할 수 있겠어요?" 그녀가 당혹스러워하며 말했다. "만일 무언가 말한다 해도, 제게 그럴 권리가 있나요? 당신이 꼭 그토록 듣고 싶어하는 말, 그리고…… 당신이라면 마땅히 들을 자격이 있는 그 말을 제가 입에 담는다니……." 그녀는 속삭이듯 덧붙여 말하고 부끄러운 듯 슈톨츠를 쳐다보았다.

그 눈길에는 지금까지 없었던 우정의 불꽃이 타오르는 것 같았다. 그는 다시 한 번 행복의 전율을 느끼며 입을 열었다.

"서두르지 마세요. 자, 말해 주시죠. 당신 마음속의 의리라는 장례가 끝났을 때 제가 무얼 바랄 자격이 생길까요? 이 일 년이란 시간은 제게 무언가를 가르쳐 주었습니다. 자, 이제 이 문제를 해결해 주십시오. 전 이곳을 떠나야 할까요. 그렇지 않으면…… 머물러야 할까요?"

"세상에, 그런 사탕발림으로 제 마음을 끌어 보려 하시는군요!"

그녀가 갑자기 쾌활하게 말했다.

"오, 아닙니다!" 그가 과장해서 말했다. "이건 아까 전의 질문과는 다릅니다. 이제는 의미가 다르니까요. 제가 이곳에 남는다면 그것은…… 무슨 권리로 그렇게 할 수 있는 걸까요?"

그녀는 갑자기 주저하기 시작했다.

"그것 보세요, 제가 사탕발림하고 있는 것이 아니라니까요!" 그녀를 사로잡았음에 만족스러워하며 그가 말했다. "우리 두 사람이 지금 같은 이야기를 나눈 이상 서로에 대한 태도가 바뀌어야 할 겁니다. 우리 두 사람 다 어제의 우리가 아니니까요."

"전 잘 모르겠어요……."

그녀가 더욱 당혹스러워하며 속삭였다.

"당신에게 충고 한 마디 해도 될까요?"

"말씀하세요…… 무조건 따르겠어요!"

그녀가 열정적이라 해도 좋을 만큼 고분고분한 태도로 덧붙였다.

"저와 결혼해 주십시오. '그 사람'이 오는 걸 기다리는 사이에!"

"아직 그럴 용기가 없어요……."

두근거리면서도 행복에 찬 모습으로, 두 손으로 얼굴을 가리며 그녀가 속삭였다.

"어째서 용기가 없는 겁니까?"

그녀의 머리를 자신에게로 기울이며 그가 작은 목소리로 물었다.

"하지만 그 과거는요?"

마치 어머니의 가슴에 매달리듯 그의 가슴에 얼굴을 묻으며 그녀가 다시 속삭였다. 그는 조용히 그녀의 손을 얼굴에서 떼어내고 머리에 입을 맞춘 뒤 당혹한 듯한 그녀의 모습에 오랫동안 눈을 빼앗기고 있었다. 그리고 두 눈에 가득 차올랐다가 다시 말라버린 그녀의 눈물을 흐뭇하게 바라보았다.

"그런 것 따위 당신의 라일락처럼 시들어 버릴 겁니다!" 그가 결론을 내렸다. "이제껏 얻은 교훈을 활용할 때가 온 겁니다. 지금부터 인생이 시작될 겁니다. 저에게 당신의 미래를 맡기고 다른 생각일랑 하지 마세요. 제가 모든 걸 책임지겠습니다. 자, 숙모님께로 갑시다."

그날 밤 늦게 슈톨츠는 자신의 숙소로 돌아왔다.

'내 행복을 찾았어.' 사랑에 빠진 눈으로 나무와 하늘, 호수와 때마침 물 위로 피어오르는 물안개를 바라보며 그는 이런 생각을 했다. '이제껏 기다린 보람이 있군! 지난 몇 년 동안 감정에 목말라 하고 참고 견디며 정신력을 아끼기를 얼마나 했던가! 얼마나 오랜 세월을 기다려왔던가! 이제 모든 것을 보상받았다. 이것이 바로 그 보상, 인간이 느낄 수 있는 최후의 행복이지!'

지금 그의 눈에 비치는 모든 것은 행복의 베일에 감싸여 있었다. 사무소도, 아버지가 사용하던 농부용 마차도, 염소가죽 장갑도, 기름 낀 주판도, 모든 사무적인 삶이 행복이란 엷은 막으로 뒤덮였다. 그의 기억 속에 되살아난 것은 뭐라 말로 표현할 수 없는 향기로 가득한 어머니의 방, 헤르츠의 변주곡, 공작 저택의 회랑, 푸른 눈, 분가루를 뒤집어 쓴 밤색 머리칼이었다. 이 모든 것을 올가의 상냥한 목소리가 뒤덮고 있었다. 슈톨츠는 마음속으로 그녀의 노래를 들었다……

"올가, 나의 아내!" 온몸으로 전율하며 그가 중얼거렸다. "모든 걸 찾았으니 더 이상 찾을 것도 없고 더 이상 찾아 헤맬 곳도 없어!"

그는 이렇게 벅찬 행복에 감싸인 채 돌아갔다. 도로도 행인들도…… 전혀 눈에 들어오지 않았다.

올가는 한동안 눈으로 그를 배웅한 뒤 창문을 열고 서늘한 밤 공기를 마음껏 들이마셨다. 흥분은 조금씩 가라앉고 가슴의 호흡도 고르게 변했다.

그녀는 호수와 그 너머 먼 곳의 경치를 바라보며 마치 잠이 든 것처럼 너무나도 조용히 깊은 생각에 빠졌다. 그녀는 자신이 무엇을 생각하고 느끼고 있는지 알아내려 했지만 도무지 알 수 없었다. 생각이 파도처럼 잔잔하게 밀려와 피가 순환하듯 혈관 속을 맴돌았다. 그녀는 행복을 몸으로 느끼면서도 그 다다른 곳이 어딘지, 자신은 어떤 존재인지조차 확실히 파악할 수가 없었다. 그녀는 생각했다. 왜 자신의 마음이 이렇게도 고요하고 평화로우며 그 무엇으로도 망칠 수 없는 기쁨을 느끼는지, 그러면서도 왜…….

"내가 그의 신부라니……."

그녀는 혼자 속삭였다.

'난 신부야!' 평생을 환하게 비춰 줄 그토록 꿈꾸던 이 순간을 맞이한 아가씨는 가슴 벅찬 전율 속에 갑자기 부쩍 자라나서는, 그 높은 곳에서 어제 홀로 외로이 걸었던 어두운 오솔길을 바라보기 마련이다.

그런데 왜 올가는 이런 감정을 전혀 느끼지 못하는 것일까? 그녀 또한 인적이 드문 오솔길을 홀로 외로이 걸었고, 삶의 교차점에서 슈톨츠와 만났다. 그는 그녀에게 손을 내밀고 이끌어 주었다. 그곳은 눈부시게 휘황찬란한 빛의 세계가 아니라 넓은 강이 흐르고 끝도 없이 이어진 들판과 친근하게 미소 짓는 언덕이 있는 장소였다. 그녀는 번쩍이는 빛에 눈을 가늘게 뜨거나 가슴이 저미는 듯한 생각을 하지도 않았으며 상상력이 불타오르지도 않았다.

그녀는 조용한 기쁨을 안고 끝없이 펼쳐진 삶의 강물과 넓은 들판, 푸른 언덕 위에 눈을 쉬게 했다. 그녀의 어깨에는 더 이상 전율이 흐르지 않았고 눈은 우쭐함에 불타오르지도 않았다. 단지 들판과 언덕에서 그녀에게 손을 내밀었던 이에게로 시선을 돌렸을 때, 눈물이 두 볼을 따라 조용히 흘러내리는 것을 느낄 수가 있었다…….

그녀는 마치 잠이라도 든 것처럼 내내 가만히 앉아 있었다. 그녀의 행복한 꿈이 그토록 고요했기 때문이다. 그녀는 꼼짝도 하지 않고 거의 숨조차 쉬지 않았다. 그녀는 넋을 잃고 앉아서 온화한 빛과 따스함, 그리고 향기를 머금은 고요하고 깊은 푸른 밤하늘 속에 마음의 눈을 내맡기고 있었다. 행복의 환상이 날개를 넓게 펼치고 저 하늘 구름처럼 그녀의 머리 위를 천천히 흘러가고 있었다…….

그녀는 이 꿈을 꾸는 두 시간 동안 망사와 비단 레이스를 두른 채, 평상복을 걸친 자신의 모습은 단 한 번도 보지 못했다. 화려한 연회도 빛나는 촛불도 즐거운 외침도 그녀의 꿈 속에는 존재하지 않았다. 그녀는 행복을 꿈꾸었지만, 이는 그 어떤 과장도 없는 단순한 것이었다. 그래서 다시 한 번, 자랑스러운 전율이 아니라 그저 깊은 감동을 담아 이렇게 속삭여 보았다. '난 그 사람의 신부야!'

제5장

하느님 맙소사! 뜻밖에 슈톨츠가 찾아와 식사를 했던 명명일 뒤 1년 반이 지났을 무렵 오블로모프의 집엔 내내 암울하고 지루한 기운이 드리워졌다. 일리야 일리이치는 피부가 푸석푸석해지고 두 눈에 가득한 권태는 마치 끈 질긴 병마(病魔)처럼 그 안에서 바깥을 살피고 있었다.

그는 방 안을 서성이다 자리에 누워 뒹굴며 천장을 뚫어져라 쳐다보곤 했다. 책장에서 책을 꺼내 대여섯 줄 읽는가 싶더니 하품을 늘어지게 한 번 하고는 손가락으로 테이블을 통통 두드리기 시작했다.

자하르는 전보다 훨씬 게으르고 지저분한 위인이 되었다. 팔꿈치에는 천을 덧대어 기운 자국이 있다. 그 추레하고 굶주린 듯한 모습이란 제대로 먹지도 못하고 밤새 편히 자지도 못한 채 세 사람 몫의 일을 한 사람 같았다.

오블로모프가 걸치고 있는 실내복은 엉망진창이 되어 아무리 조심스레 구멍을 기워도 이미 낡을 대로 낡은 천의 어딘가 다른 곳에 구멍이 뚫리곤 했다. 오래 전부터 새 실내복이 필요했다. 침대보도 너덜너덜해져서 여기저기 천을 덧대 기운 흔적이 보였다. 창가 커튼은 빛이 바랜 지 오래라 아무리 깨끗하게 빨아도 누더기처럼 보였다.

자하르가 낡은 식탁보를 가져와 오블로모프가 앉아 있는 쪽 절반에만 식탁보를 덮었다. 그러고는 혀끝을 깨물며 조심스럽게 접시와 보드카 병을 나르고 흑빵을 내려놓고는 나갔다.

주인집 문이 열리고 아가피야 마트베이브나가 아직도 기름 튀는 소리가 나는 오믈렛을 프라이팬 째 들고 허둥지둥 들어왔다.

그녀 또한 무서우리만치 많이 변했다. 물론 좋은 쪽으로는 아니었다. 그녀는 훨씬 수척해졌다. 빨갛게 달아오르거나 파랗게 질리는 법 없는 희고 둥근 뺨도 어디론가 사라지고 없었다. 숱이 없는 옅은 눈썹도 더 이상 윤기가 나지 않고 두 눈도 퀭했다.

아가피야는 낡은 사라사 옷을 입고 있었다. 그녀의 두 손은 햇볕에 그을렸다고도, 노동이나 불 또는 물 때문에 그렇게 엉망이 되었다고도 하기 곤란할 만큼 가엾게 변해 있었다.

아쿨리나는 더 이상 이 집에 없었다. 아니시야가 부엌일은 물론 텃밭을 가꾸고 닭들을 돌보며 바닥 청소나 빨래 같은 모든 일을 혼자 처리하고 있었다. 하지만 아니시야만으로는 힘에 부쳤기 때문에 아가피야 마트베브나도 하는 수 없이 손수 부엌일을 해야만 했다. 그녀가 빻고 체에 치고 으깨는 것들은 예전만큼 많은 양이 아니었다. 왜냐하면 커피나 계피 껍질, 아몬드를 전처럼 잔뜩 살 수 없기 때문이다. 레이스는 꿈도 꾸지 못했다. 최근 들어 그녀는 파를 다지거나 고추냉이를 갈아 으깨는 등 향신료를 다루는 일이 늘어났다. 그녀의 얼굴엔 깊은 수심이 가득했다.

하지만 그녀가 한탄하는 것은 자신의 일이나 커피에 대한 일이 아니었다. 이렇게 끙끙대는 건 점점 한가해지며 가세가 줄어들고, 계피를 빻거나 소스에 바닐라를 넣거나 진한 크림을 끓일 일이 없어서가 아니다. 일리야 일리이치가 벌써 2년이 넘도록 그런 것을 조금도 먹지 못했기 때문이다. 그가 마실 커피는 고급 상점에서 한 번에 잔뜩 사들이지 못하고 구멍가게에서 겨우 몇 십 코페이카어치씩 사야만 했다. 크림도 핀란드 여자가 가져오는 것이 아니라 구멍가게에서 사고, 아침에도 막 튀겨 낸 커틀릿 대신 가게에 오랫동안 쌓여 있어서 딱딱해진 햄을 넣은 오믈렛이 그의 아침식탁 위에 올랐다.

이것은 무엇을 의미하는가? 다름이 아니라 벌써 햇수로 2년째 슈톨츠가 꼬박꼬박 보내오는 오블로모프카의 소득이 오블로모프가 여주인에게 넘긴 차용증의 이자를 갚는 데 들어간다는 것을 의미했다.

아가피야의 오라버니라는 사람이 꾸민 '합법적인 일'은 기대 이상의 성공을 거두었다. 타란치에프가 남들의 귀에 들어가서 좋을 일 없는 이야기를 넌지시 건네자마자 일리야 일리이치는 얼굴을 새빨갛게 붉히며 어찌 할 줄을 몰랐다. 그 뒤 화해하기로 하고 세 사람은 함께 술을 마셨다. 그때 오블로모프는 4년 기한의 차용증에 서명을 했다. 그로부터 한 달 뒤 아가피야 마트베이브나는 무슨 일인지도 모르는 채 오빠 앞으로 된 같은 차용증에 서명했다. 아가피야는 그 서류의 내용이 무엇이고 거기에 왜 서명을 하는지 전혀 알지 못했다. 이반 마트베이치는 그녀에게 이것이 지금 살고 있는 집에 관련해 꼭

필요한 서류라고 대충 둘러대며 다음과 같이 쓰라고 일렀다. '이 차용증에……가 서명했다.'

그녀는 써야 할 것이 너무 많다는 사실에 당황해서, 차라리 바뉴샤[1]에게 대신 쓰도록 하는 건 어떨지 오라버니에게 물었다. '요즘 바뉴샤 글솜씨가 아주 많이 늘었어요. 제가 쓰면 자칫 실수를 해 버릴지도 몰라요.' 그러나 오라버니는 무조건 그녀가 써야 한다며 완강하게 요구했다. 하는 수 없이 그녀는 삐뚤빼뚤 옆으로 누운 커다란 글씨체로 서류에 서명을 했다. 그 뒤 이 일에 대해서는 아무 말도 하지 않았다.

오블로모프는 서명을 하면서 이 돈이 의지할 데 없는 고아들을 위해 쓰여질 거라는 사실로 어느 정도 자신을 다독였다. 하지만 이튿날 머리가 맑아진 뒤 이일을 떠올리니 어찌나 부끄럽던지 억지로 잊기 위해 노력하면서 이반 마트베이치와 마주치는 것을 피했다. 타란치에프가 그 이야기를 꺼내면 오블로모프는 곧바로 집을 비우고 시골로 내려가 버리겠다고 그를 위협했다.

나중에 시골 영지에서 돈을 보내왔을 때 이반 마트베이치가 찾아와 일리야 일리이치에게 오블로모프카의 수입에서 얼른 빚을 갚는 것이 자신에게 이로울 거라며 큰소리를 쳤다. 그는 3년 안에 빌린 돈을 갚지 못하고 기한이 되어 정식 지불 요구를 받게 되면, 당장 오블로모프가 그만큼의 현금을 가지고 있는 것도 아니고 더 이상 돈이 들어올 구석도 없기 때문에 오블로모프카를 경매에 붙여 버릴 수밖에 없다고 말했다.

오블로모프는 자신이 어떤 지독한 함정에 빠져들었는지 깨달았다. 슈톨츠가 보내 온 돈은 모조리 빚 갚는 데 들어가고 자신을 위해서는 겨우 입에 풀칠할 정도의 푼돈만이 남아 있었다.

이반 마트베이치는 자신과 오블로모프의 합의하에 이루어진 이 거래를 2년 만에 끝내 버리기 위해 서둘렀다. 혹시라도 무슨 일이 생기거나 누군가 다른 사람이 이 일을 방해할까봐 두려웠기 때문이다. 오블로모프는 느닷없이 곤란한 입장에 서게 되었다.

처음 얼마 동안에는 자신에게 돈이 얼마나 있는지 관리하지 않는 오블로모프의 습관 때문에 이런 것도 그다지 눈에 띄지 않았다. 그러나 이반 마트

---

[1] 바냐의 애칭. 바뉴쉬카도 마찬가지.

베이치가 어떤 곡물가게 주인의 딸과 결혼하려는 마음을 먹고는 따로 집을 얻어 이사를 가버렸다.

아가피야 마트베이브나가 하던 커다란 일들이 갑자기 중단되었다. 용철갑상어와 눈처럼 하얀 송아지고기와 칠면조는 다른 부엌, 즉 무하야로프의 새집에 딸린 부엌에서 그 모습을 드러내기 시작했다.

그곳에서는 저녁마다 불빛이 환하게 비추었다. 그녀 오라비의 미래 친척이 될 사람들과 관청 동료들, 타란치에프 같은 사람들이 모였다. 모든 것이 그곳으로 옮겨졌다. 아가피야 마트베이브나와 아니시야는 갑자기 텅 비어버린 냄비와 단지 앞에서 멍하니 입을 벌린 채 할 일 없는 손을 힘없이 떨구고 서 있을 수밖에 없었다.

아가피야 마트베이브나는 태어나 처음으로 자신이 가지고 있는 것은 집과 텃밭과 닭들뿐이며 텃밭에는 계수나무도 바닐라도 자라고 있지 않음을 깨달았다. 시장에서도 언제부턴가 가게 주인들이 더는 미소 띤 얼굴로 인사하지 않았다. 아가피야는 곧 이 미소와 인사가 그녀 오라비 댁의 잘 차려입은 새뜻보 요리사의 차지가 되었다는 것을 알게 되었다.

오블로모프는 그녀의 오라비가 남겨준 돈을 몽땅 여주인에게 넘겨주었다. 그녀는 서너 달 동안 아무 생각 없이 예전처럼 커피를 봉지째 갈고 계피를 빻았으며 송아지고기와 칠면조고기를 구워냈다. 마지막 남은 70코페이카를 써버리기 직전까지도 그녀는 이런 식으로 부엌일을 하다가, 오블로모프에게 찾아와서는 돈이 한 푼도 없다고 말했다.

그는 이 소식을 듣고 긴의자 위에서 세 번 정도 몸을 뒤척인 뒤 테이블 서랍을 들여다보았다. 거기에도 돈 한 푼 없었다. 어디에 두었는지 기억하려 애를 써 보았지만 아무 생각도 나지 않았다. 어디 동전이라도 없을까 하고 테이블 위를 뒤져 보다가 자하르에게 물어 보았지만 자하르도 돈이라곤 꿈에서조차 본 적이 없노라고 대꾸했다. 그녀는 순진하게도 오라비에게 가서 집에 돈이 떨어졌다고 말했다.

"넌 그 나리랑 고작 두 사람이서 생활비를 하라고 건네 준 1천 루블을 몽땅 써 버린 거냐? 내가 돈이 어디 있어? 너도 알다시피, 난 지금 결혼을 앞두고 있잖아. 두 집 살림을 감당할 수 없다고. 너도 그렇고 나리님도 그렇고 자기 주머니 사정 정도는 확실히 알아 두란 말이지."

"오라버니, 지금 그분의 일로 날 나무라는 건가요? 그분이 오라버니에게 뭘 잘못했는데요? 아무에게도 얽히려 하지 않고 혼자 잘 살고 있는 분이잖아요. 그분을 우리 집으로 불러들인 건 내가 아니라 오라버니와 미헤이 안드레이치라고요."

그는 여동생에게 10루블을 쥐어 주며 더 이상은 어림도 없다고 으름장을 놓았다. 그러나 나중에 예의 선술집에서 타란치에프와 함께 문제를 의논하고 나서는 이렇게 누이와 오블로모프를 내팽개쳐서는 안 된다는 결론을 내렸다. 혹시 이 일이 슈톨츠의 귀에라도 들어가는 날이면 그 자가 느닷없이 들이닥쳐 시시비비를 가리고, 최악의 경우 모든 것이 안 좋은 방향으로 뒤집혀 버릴 수도 있다. 그렇게 되면 차용증에 적힌 금액을 모두 받아낼 여유도 없다. 아무리 '합법적인 일'이라 해도 그 독일 놈이 얼마나 끈질기고 심상치 않은 놈인지!

그는 오블로모프에게 매달 50루블의 돈을 더 주기 시작했다. 이 돈은 3년째 되는 해 오블로모프카에서 벌어들이는 수익에서 받아낼 생각이었다. 누이동생에게는 이 이상은 1코페이카도 더 줄 수 없다고 딱 잘라 말했다. 식사는 어떤 식으로 준비하면 되는지, 지출을 줄이려면 어떻게 해야 하는지에 대해서도 하나하나 주판을 튕겨 가며 설명했다. 어느 시기에 이러저러한 요리를 하라는 것까지 지시하는 것으로 모자라 닭이나 양배추를 팔아 받을 수 있는 돈에 대해서까지 과장해서 셈한 다음, 이 정도 돈이라면 콧노래를 부르며 살 수 있을 거라는 말로 결론을 맺었다.

아가피야 마트베이브나는 태어나 처음으로 집안일이 아닌 다른 일로 고민에 빠졌다. 아쿨리나가 접시를 깨뜨렸다거나 생선을 덜 익힌 탓에 오라버니에게 야단을 맞았다거나 하는 종류의 일 때문이 아니라 전혀 다른 이유로 그야말로 처음 눈물을 흘렸다. 가난의 두려움이 그녀 앞에 닥쳐왔다. 아니, 그 두려움은 사실 그녀가 아닌 일리야 일리이치 때문이었다.

'귀족 나리께서 어떻게 갑자기 아스파라거스 대신에 버터를 곁들인 순무를, 들꿩 대신에 양고기를, 가치나산의 연어와 호박색을 띤 용철갑상어 대신 소금에 절인 농어나, 가장 상황이 안 좋을 때는 동네 가게에서 파는 생선으로 조린 국물을 드셔야 한다니……'

끔찍스러운 일이었다! 그녀는 차마 끝까지 생각하지도 못하고 허둥지둥 옷을 걸치고는 길에 세워 둔 마차를 불러 타고 아침 일찍부터 죽은 전남편의 친척들을 만나러 나섰다. 초대받은 것도 아니고 부활절이나 크리스마스도 아닌데 새벽같이 찾아간 까닭은, 고민거리가 있는데 어쩌면 좋을지 그들에게 상담한 끝에 결국 돈을 좀 빌려 주었으면 좋겠다는 터무니없는 부탁을 하기 위해서였다.

그들은 돈이 많으니 이것이 다 일리야 일리이치를 위한 것임을 알면 흔쾌히 돈을 빌려 줄 것임에 틀림없다. 만약 이것이 그녀가 마실 커피와 차, 또는 아이들의 옷과 신발을 위해서였다면 절대 그들에게 아쉬운 소리를 하지 않았을 것이다. 하지만 이는 정말 조급하고 어쩔 수 없는 필요에 의한 것, 일리야 일리이치가 먹을 아스파라거스와 들꿩을 사기 위해서이다. 그분은 프랑스산 완두콩을 좋아하시니까⋯⋯.

그러나 친척들은 기가 막혀서는 돈을 빌려주지 않았다. 그러고는 일리야 일리이치에게 혹시 금붙이나 은붙이, 아니면 모피 같은 물건이 있다면 그것을 저당잡히라거나, 세상에는 남에게 베풀기를 좋아하는 사람이 있어 그녀가 요구한 돈의 3분의 1 정도라면 시골 영지에서 돈이 도착할 때까지 빌려줄 자선가가 있을지도 모른다는 말만 했다.

다른 때라면 이런 실질적인 충고가 그녀의 귀에 닿기는커녕 훌륭한 주부인 그녀의 머리 위를 그대로 지나가 버려, 어떤 방법으로도 그녀를 납득시킬수 없었을 것이다. 하지만 지금 그녀는 감정만으로 모든 것을 이해하고 있었다. 결국 이것저것 다 따진 뒤, 자신이 결혼할 때 가져온 진주를 전당포의 저울 위에 올려놓았다.

일리야 일리이치는 이런 줄은 꿈에도 모르고 이튿날 훌륭한 연어를 안주삼아 구스베리로 맛을 낸 보드카를 마셨고, 좋아하는 내장 요리와 신선한 들꿩을 먹었다. 아가피야 마트베이브나와 그녀의 아이들은 하인들이나 먹는 스튜와 죽으로 겨우 끼니를 때웠다. 일리야 일리이치와 함께한 자리에서 커피를 두 잔 마셨을 뿐이었다.

진주를 저당잡힌 지 얼마 되지 않아 그녀는 끝까지 가지고 있던 물건들 중 목걸이 하나를 꺼냈다. 이어서 은식기가, 그 뒤에는 모피로 만든 외투가 사라져갔다⋯⋯.

시골 영지에서 돈을 부치는 날이 돌아왔다. 오블로모프는 그 돈을 모조리 그녀에게 주었다. 그녀는 진주를 도로 찾아왔고 목걸이와 은식기, 모피 외투에 대한 이자를 지불했다. 그리고 오블로모프를 위해 아스파라거스와 들꿩을 요리했다. 자신은 보여 주기 위해 그와 함께 있을 때만 커피를 마셨다. 진주는 다시 제자리로 돌아왔다.

하루하루가 지나고 또 한 주가 지날수록, 그녀는 점점 마음을 졸이며 괴로워했다. 그녀의 어깨 위에선 숄이 사라졌다. 나들이옷도 하나 둘 팔아치웠다. 덕분에 그녀는 팔꿈치가 툭 튀어나온 사라사 평상복 한 벌로 날마다 버텨야 했고, 일요일엔 낡고 해진 스카프를 목에 둘렀다.

이런 이유로 그녀는 점점 수척해지고 두 눈은 퀭해졌으며 자신이 직접 일리야 일리이치에게 식사를 날라다 주어야만 했다.

오블로모프가 내일 여기서 타란치에프나 알렉세예프, 또는 이반 게라시모프가 식사를 하러 올 거라고 말을 꺼냈을 때에야 겨우 즐거운 듯한 표정을 짓는 것이 고작이었다. 식사는 매우 맛이 있었고 정갈했다. 그녀는 오블로모프의 체면을 세워 주었다. 그러나 그 뒤에서 그녀가 얼마나 애를 태우고 허둥지둥 뛰어다녔는지, 가게란 가게마다 모조리 돌아다녔는지 아무도 몰랐다. 그녀는 이런 걱정으로 밤에도 좀처럼 잠을 이루지 못하고 눈물마저 흘릴 정도였다!

아가피야는 자신도 모르는 사이에 인생의 거친 파도 속으로 깊이 빠져들어 행복한 나날과 불행한 나날들을 맛보게 되었다! 하지만 그녀는 이 삶을 사랑했다. 눈물과 근심의 쓴맛에도 불구하고 그녀는 이 삶을 이전의 아무 일 없는 평안한 삶으로, 아직 오블로모프란 사람을 모르던 때, 스튜가 부글부글 넘치도록 소리내어 끓는 냄비와 프라이팬, 항아리들 사이에 우뚝 서서 아쿨리나나 정원사에게 이래라 저래라 큰소리를 치던 때의 고요한 삶의 흐름으로 바꾸고 싶지 않았다.

혹시 죽게 된다면? 이런 생각이 갑자기 머릿속에 떠오르자 아가피야는 등골이 오싹해서 온몸을 부르르 떨었다. 죽음이 다가온다면 마를 새 없는 그녀의 눈물도, 날마다 되풀이되는 분주함도, 밤마다 찾아오는 불면증도 단숨에 끝내 버릴 수 있겠지만……

일리야 일리이치는 점심 식사를 마치고 마샤가 프랑스어 읽는 것을 한동안 들어 주다가, 아가피야 마트베이브나의 방에 들어앉아서 그녀가 바네치카*2의 외투 수선하는 모습을 바라보았다. 그녀는 외투를 이쪽저쪽 뒤집어 보다 말고 부엌으로 달려가 저녁 식사로 낼 양고기가 잘 구워지고 있는지, 생선 수프를 끓일 시간이 된 건 아닌지를 살펴보았다. 오블로모프는 그녀의 바쁜 듯한 모습을 보고 있었다.

"정말 언제나 바쁘시군요! 그냥 내버려 두세요!"

"제가 아니면 누가 이 일을 다 하겠어요? 이 두 곳만 더 깁고 나서 생선 수프를 끓이도록 할게요. 바냐도 참 어찌 할 도리가 없는 개구쟁이라니까요! 바로 저번 주에 고쳐 준 옷인데 또 이렇게 찢어 놓다니! 넌 뭐가 그리 우스워?"

그녀는 한 쪽에만 멜빵이 달린 바지에 셔츠 한 장만 걸친 채 테이블 옆에 앉아 있는 바냐를 향해 엄한 목소리로 말했다.

"내일 아침까지 안 고쳐 줄 거야. 그래야 문 밖으로 못 나갈 테니까. 분명 장난꾸러기 아이들이 다 찢어놓은 거야. 싸움이라도 한 거겠지. 솔직히 말하지 못해?"

"아뇨, 엄마, 저절로 찢어진 거라고요."

"저절로라고? 그래, 말 잘 했구나! 그렇게 길거리를 뛰어다니느니 집에 얌전히 앉아 공부라도 할 것이지! 두고 봐, 일리야 일리이치가 한 번만 더 네 프랑스어 공부가 시원치 않다고 말씀하시는 날엔 신발까지 빼앗아 버릴 테니! 그럼 싫어도 책상 앞에 앉아 책을 보겠지!"

"전 프랑스어 공부하기 싫어요."

"왜?"

오블로모프가 물었다.

"프랑스어에는 좋지 않은 말이 많은걸요……."

바냐의 말에 아가피야 마트베이브나는 얼굴을 붉혔고, 오블로모프는 낄낄 웃었다. 분명 이전부터 둘 사이에서 '좋지 않은 말'에 대한 이야기가 오간 적이 있는 듯했다.

"잠자코 있어, 이 개구쟁이 같으니. 콧물이나 닦아라. 콧물이 나는 것도 모르니?"

---

*2 바냐의 또 다른 애칭.

바뉴샤는 코를 킁킁거리기만 할 뿐 닦지는 않았다.

"잠깐만요, 시골 영지에서 돈을 보내오면 바냐에게 새 옷을 두 번 지어 줘야겠어요. 파란색 외투와 제복을요. 내년엔 중학교에 입학할 테니까."

"당분간 입던 옷으로도 충분해요. 돈은 먹고사는 데 써야죠. 고기도 소금에 절여 둬야 하고 당신이 드실 잼도 만들어 놓아야 하고…… 아니시야가 스메타나를 가져왔는지 가서 봐야겠어요……."

그녀가 자리에서 일어났다.

"오늘 저녁은 뭔가요?"

"생선 수프와 양고기구이 바레니키*³예요."

오블로모프는 아무 말도 하지 않았다.

이 때 갑자기 마차가 도착해서 나무문을 똑똑 두드리는 소리가 들렸다. 묶여 있던 개가 쇠사슬을 철컹거리며 짖어대기 시작했다.

오블로모프는 자기 방으로 물러났다. 아마 푸줏간이나 채소 가게 주인 같은 사람들 중 누군가가 여주인을 만나러 온 거라고 생각했기 때문이다. 이런 방문은 보통 빌려간 돈을 돌려 달라는 말로 시작한다. 그 뒤로는 여주인의 거절과 가게 주인의 협박이, 그리고 조금만 더 기다려 달라며 애원하는 소리, 가게 주인의 욕설과 문을 거칠게 닫는 쾅! 소리가 이어진다. 마지막으로 철컹대는 쇠사슬 소리와 개 짖는 소리가 들리는, 유쾌하다고 하기 어려운 광경이었다. 하지만 이번에는 마차가 도착했다. 이것은 무슨 뜻일까? 푸줏간이나 채소 가게 주인이 마차를 타고 올 리가 없다.

갑자기 여주인이 깜짝 놀라서는 그의 방으로 헐레벌떡 달려왔다.

"당신을 만나러 손님이 오셨어요!"

"누구죠? 타란치에프인가? 아니면 알렉세예프?"

"아뇨, 아니에요. 왜 얼마 전 당신의 명명일에 우리 집에서 식사를 하셨던 그 분이에요."

"슈톨츠가?" 오블로모프는 어딘가 숨을 곳을 찾느라 두리번거리며 불안스레 중얼거렸다. "아아! 내 이런 꼴을 보면 과연 무슨 말을 할까…… . 난 밖에 나갔다고 말해 주세요!" 그는 서둘러 덧붙이고는 여주인의 방으로 들어

---

*3 우크라이나 식 만두 요리.

가 버렸다.

아니시야가 재빨리 손님을 맞이하러 뛰어나갔다. 아가피야 마트베이브나는 그녀에게 오블로모프가 한 말을 전했다. 슈톨츠는 그 말을 그대로 믿었지만 오블로모프가 집에 없다는 사실에는 무척 놀라는 눈치였다.

"그럼 두 시간 후에 다시 오겠다고 전해 줘요. 그때 같이 식사를 하자고 말이오!"

이렇게 일러놓고 그는 근처 공원으로 향했다.

"저녁을 드시겠답니다!"

아니시야가 어쩔 줄 몰라하며 전했다.

"저녁을 드시겠다는데요?"

아가피야 마트베이브나도 두려움에 떨며 오블로모프에게 말을 전했다.

"다른 음식을 준비해야만 하겠는 걸."

한참 동안 입을 다물고 있던 오블로모프는 이렇게 말했다.

그녀는 공포에 질린 시선을 그에게 돌렸다. 남은 돈이라곤 기껏해야 50코페이카밖에 없었다. 오라비가 생활비를 주는 매월 1일까지는 아직도 열흘이나 남아 있었다. 돈을 빌려줄 사람도 누구 하나 없었다.

"시간이 모자라요. 일리야 일리이치." 그녀가 겁먹은 소리로 말했다. "준비해 둔 걸 그대로 대접하는 수밖에는……."

"그런 건 입에 대지도 않을 겁니다, 아가피야 마트베이브나. 생선 수프라면 질색하는 데다가 용철갑상어 또한 먹지 않을 겁니다. 양고기도 먹어 본적 없을 테고."

"혓바닥 고기라면 소시지 가게에서 구할 수 있을 거예요!" 갑자기 그녀가 좋은 생각이라도 떠오른 듯 말했다. "가게도 아주 가까워요."

"그거 좋군요, 그럼 되겠어요. 채소하고 신선한 완두콩도 사 오라고 일러두세요……."

'완두콩은 한 근에 80코페이카라고요!'

이 말이 목구멍까지 차올라왔지만 차마 입 밖으로 낼 수 없었다.

"알았습니다, 그렇게 하죠……."

완두콩 대신 양배추를 내놓아야겠다고 작정하고 그녀가 말했다.

"그리고 스위스제 치즈도 한 근 가져오라 일러두세요!" 아가피야 마트베이브나의 주머니 사정은 전혀 모른 채 그가 이렇게 명령했다. "다른 건 필요 없어요! 정말 미안합니다. 생각조차 하지 못한 일이라…… 아아, 여기에 뭔가 고기 스프라도 있다면 좋을 텐데."

아가피야 마트베이브나가 막 자리를 뜨려던 참이었다.

"참, 포도주는?"

그가 갑자기 떠오른 듯 말했다. 그녀의 눈빛에 새로운 공포가 떠올랐다.

"라피트 산 적포도주도 사 오도록 하세요."

그가 평온한 목소리로 말했다.

제6장

두 시간 정도 지나서 슈톨츠가 다시 찾아왔다. 그는 오블로모프를 보자마자 깜짝 놀라 물었다.

"자네, 무슨 일이야? 왜 이렇게 변한 건가? 뒤룩뒤룩 살이 찐 데다 얼굴빛도 나쁘지 않나! 어디 아픈 곳은 없는 건가?"

"몸이 안 좋아, 안드레이." 그를 포옹하며 오블로모프가 말했다.

"왼쪽 발이 저리는 듯하네."

"이 방도 기분 나쁠 지경이로군!" 슈톨츠가 주위를 둘러보며 말했다. "이 실내복은 왜 아직도 안 버리고 있나? 보라고, 여기저기 덧댄 곳 투성이가 아닌가!"

"정이 들어서 그래, 안드레이. 버리기는 너무 아쉬워서."

"게다가 이 이불 하며 커튼은…… 이것도 정이 들어서 그런 거야? 이런 넝마조각을 새 것으로 바꾸기가 아쉽다고? 아이고 세상에, 자네 이런 침대에서 잘 수 있다는 건가? 무슨 일이 있었던 거야?"

슈톨츠는 오블로모프를 뚫어져라 쳐다보다가 곧 다시 한 번 커튼과 침대로 시선을 옮겼다.

"아무것도 아니야." 오블로모프가 주저하며 입을 열었다. "내가 방에 대해 별로 신경쓰지 않는다는 건 자네도 잘 알고 있지 않은가……. 자, 그것보다 어서 식사나 하자고. 어이, 자하르! 어서 식탁을 차려야지. 그건 그렇고 어떤가, 이번엔 좀 오래 머무를 생각인가? 어디서 오는 길이야?"

"어디서 오는 길인지 한번 맞춰 보게. 자네 방에는 이 세상 소식이라곤 그 무엇도 닿지 않는 모양이군?"

오블로모프는 호기심 가득한 눈으로 친구를 쳐다보며 다음 말을 기다렸다.

"올가는 어때?"

"아아, 잊지는 않았군! 난 자네가 잊어버렸다고만 생각했어."

"아냐, 안드레이. 내가 어떻게 그녀를 잊을 수가 있겠나. 그건 내가 살아왔던 과거를 잊는다는 것과 마찬가지인데…… 그때는 낙원에 살고 있었지. 지금은 이 모양 이 꼴이지만!" 그가 한숨을 내쉬었다. "헌데 그녀는 지금 어디 있나?"

"자기 영지에서 가정을 꾸려 나가고 있지."

"숙모와?"

"그리고 남편과."

"그녀가 결혼했단 말야?"

오블로모프가 눈이 휘둥그레져서 물었다.

"자네 왜 그리 놀라나? 옛 생각이라도 나서 그래?"

슈톨츠가 나지막한 소리로 부드럽게 덧붙였다.

"아아, 그럴 리가, 무슨 그런 소리를!" 오블로모프가 정신을 차리며 변명을 늘어놓았다. "그저 좀 놀랐을 뿐이야. 그 소식에 놀란 건지는 잘 모르겠지만, 결혼한 지는 오래됐나? 행복하대? 제발 말 좀 해 봐. 자네 덕분에 마음에서 무거운 짐을 내려놓은 것 같군! 그녀는 이미 날 용서했다고 자네가 내게 맹세하긴 했지만, 자네도 알다시피…… 난 안심할 수 없었어! 뭔가가 내 마음을 물어뜯는 느낌이었지…… 아, 안드레이, 내가 지금 얼마나 고맙게 생각하는지 자네는 모를 거야!"

그는 마음속 깊이 기뻐하며 긴의자에서 튕기듯 일어나 이리저리 몸을 움직였다. 이런 그의 반응이 슈톨츠에겐 흥미로웠다. 심지어 가슴이 찡하기까지 했다.

"자넨 너무나 착한 사람이야, 일리야! 자네 마음은 그녀에게 사랑받을 만한 가치가 있었네. 하나도 빼놓지 않고 그녀에게 전해 주지."

"아니, 그럴 필요 없네. 말하지 마! 내가 그녀의 결혼 소식을 듣고도 기뻐하더라는 말을 하면 그녀는 분명 날 몰인정한 사람으로 생각할 거야."

"기쁨도 감정이 아닌가? 게다가 지금 자네의 기쁨이란, 이기심이 조금도 없는 감정이라고? 자넨 그녀의 행복을 기뻐할 뿐이지 않은가."

"맞아, 사실이야! 나도 참 말도 안 되는 소릴 했군……. 누군가, 그 행운의 사나이는? 솔직히 말해. 알고 싶지 않은 기분도 조금은 들지만."

"누구냐고? 자네 참 눈치가 없군, 일리야?"

오블로모프는 갑자기 자신의 친구에게 시선을 고정시켰다. 얼굴 근육이 일순간 굳어지고 뺨이 창백해졌다.

"자, 자네는…… 아니겠지?"

"또 놀라는군! 그게 뭐 대수라고?"

웃음을 터뜨리며 슈톨츠가 말했다.

"농담하지 말고, 안드레이, 진실을 말해 줘!"

오블로모프는 뛰는 가슴을 부여잡고 말했다.

"맹세컨대, 농담은 안 해. 모두 다 진실이야. 나와 올가가 결혼한 지 벌써 햇수로 2년이네."

차츰 오블로모프의 얼굴에서 조금씩 놀라움은 사라지고, 온화한 생각이 그 자리를 채워갔다. 그는 아직 눈을 들지 못했다. 하지만 그의 마음은 곧 고요하고 진심어린 기쁨으로 가득 찼다. 천천히 고개를 들어 슈톨츠를 쳐다보는 그의 눈길에선 감동과 눈물이 넘쳐흘렀다.

"내 소중한 친구, 안드레이!" 그를 끌어안으며 오블로모프가 외쳤다. "그리운 올가……*1 아, 미안하네. 올가 세르게브나!" 차오르는 환희를 억누르며 그가 이렇게 덧붙였다. "신이 당신들 두 사람에게 축복을 내렸어! 아아, 난 지금 너무나도 행복하네! 그녀에게도 내 마음을 전해 줘……."

"전해주고말고. 오블로모프는 예전 그대로의 모습이고, 조금도 변함이 없노라고 전해 주지!"

깊은 감동을 받은 슈톨츠가 그의 말을 가로막았다.

"아냐, 거기에 이 말도 함께 전해 줘. 내가 올가를 만났던 것은 그녀를 올바른 길로 이끌기 위함이었음을. 그리고 내가 이 만남을 축복하며 새로운 인생길에 들어선 그녀를 축복하고 있다는 것도 전해 주게! 나 아닌 다른 남자였다면 과연 이 상황을 어떻게 받아들일까……." 그는 얼굴에 공포의 빛을 띠우며 말했다. "하지만, 이렇게 되고 나서야." 그는 다시 유쾌한 듯 말을 이었다.

---

*1 여기의 '……'은, 처음에 친근함을 담아 올가를 부르려 했으나, 그녀가 이미 슈톨츠와 결혼했다는 것을 떠올리고 이름 뒤에 성을 붙여 존경의 의미를 나타내는 사이 오블로모프가 느낀 심적 동요를 나타낸 것이다.

난 자신의 역할을 부끄러워하지 않겠네. 후회도 없어. 덕분에 마음의 짐을 덜었군. 아주 상쾌해! 이걸로 나도 행복하진 거야. 정말이지, 고맙네!"

오블로모프가 다시 흥분을 감추지 못하고 긴의자 위에서 지금이라도 덩실덩실 춤을 출 듯했다. 눈물짓는가 싶으면 어느새 웃고 있었다.

"자하르, 식사 때 샴페인도 내 와!"

가진 돈이 한 푼도 없다는 사실을 까맣게 잊고서 그가 소리쳤다.

"그대로 올가에게 전할게, 모두! 그녀가 자네를 잊지 못하는 게 당연하지. 아니, 자넨 그녀의 사랑을 받을, 가치가 있는 사람이네. 자네의 마음은 깊은 샘물과도 같아!"

자하르의 머리가 응접실에서 삐죽이 튀어나왔다.

"이리 좀 와 보셔유!"

오블로모프에게 눈짓을 하면서 그가 말했다.

"무슨 일인데?" 참지 못하고 그가 물었다. "저리 썩 꺼져!"

"돈 좀 주셔유!"

자하르가 속삭였다. 오블로모프는 갑자기 할 말을 잃었다.

"그럼, 됐어!" 그는 문 틈새로 자하르에게 속삭였다. "잊고 있었다고, 사올 시간이 없었다고 말해! 이제 가 봐! 아니, 잠깐! 이리 와 봐!" 그가 소리쳤다. "무슨 소식이 있는지 알아, 축하해 줘, 자하르? 안드레이 이바느이치가 장가를 갔대!"

"아이고 세상에나! 하느님께서 이 기쁜 소식을 들으라구 지를 여태껏 살려두신 모양이구먼유! 축하해유, 안드레이 이바느이치. 부디 오래오래 사시구 아들딸 많이 낳으셔유. 아, 이렇게 기쁠 데가 또 있을까유!"

자하르는 넙죽 절을 하고 빙그레 웃으며 쇳소리를 냈다. 슈톨츠가 지폐를 한 장 꺼내 그에게 내밀었다.

"자, 이 돈으로 코트라도 하나 사 입어. 좀 봐, 거지가 따로 없어."

"신부는 그래 누구신가유, 나리?"

슈톨츠의 손을 잡고 입맞추며 자하르가 물었다.

"올가 세르게브나, 기억 나나?"

오블로모프가 말했다.

"일리인스카야 아가씨! 세상에! 정말 훌륭한 아가씨지유! 그때 일리야 일리이치가 지더러 망령든 개라구 욕을 한 것두 당연한 일이구먼유! 지가 죽을 죄를 진 거유, 몸 둘 바를 모르겠네유. 언젠가 우리 일리야 일리이치와 그 댁 아가씨가 결혼할 거라고 철석같이 믿구 지가 그때 일리인스카야 댁의 하인들에게 그렇게 떠들어대고 다녔슈. 니키타는 아무 잘못 없구먼유! 이렇게 되고 나니 그 말은 말도 안 되는 소리였구먼유. 아이고 세상에, 이럴 수가!"

응접실로 돌아가며 자하르가 몇 번이고 되풀이해 말했다.

"올가가 자네를 시골 영지로 초대했네. 잠시 놀러 오라더군. 자네 사랑도 식어 버렸으니 위험할 일 따위 전혀 없다면서. 설마 질투하거나 하지 않을 테고. 같이 가세."

오블로모프가 한숨을 내쉬었다.

"그럴 순 없어, 안드레이. 사랑이나 질투를 두려워하는 건 아니지만, 그래도 그곳에 갈 수는 없지."

"그럼 뭘 두려워하고 있지?"

"시샘이란 놈이 두렵네. 자네 부부의 행복이 내게는 거울이 되어, 난 끊임없이 지나간 슬픈 과거를 보게 되겠지. 하지만 난 지금과 다른 인생을 살게 되지도 않을 뿐더러, 그렇게 살 수도 없어."

"이제 충분하니 그만두게. 일리야, 오, 내 친구여! 이런 곳에서 살다 보면 싫어도 주위 사람들과 같은 삶을 살게 될 거야. 자네도 이제 곧 영지를 관리하고 집안 살림을 하고 책도 읽고 음악도 듣게 되겠지. 올가의 목소리가 얼마나 아름다워졌는지 꼭 좀 들어 보라고! 그녀가 자주 부르던 아리아 'Casta diva'를 기억하나?"

오블로모프는 더 이상 옛 기억을 떠올리게 하지 말라는 듯이 한쪽 손을 휘휘 저었다.

"함께 가세!" 슈톨츠는 고집을 꺾지 않았다. "이건 올가의 바람이야. 그리고 아마 그녀는 자기 고집을 양보하려 하지 않을 거야. 난 지쳐 포기할지 몰라도 그녀는 아냐. 그녀는 불꽃이고 삶 그 자체나 다름없지. 나도 때로 두 손 들 지경인 걸. 다시 자네 마음속에 과거가 되살아나고 있어. 공원과 라일락을 떠올리면 자네 마음도 움직이겠지……."

"아냐, 안드레이, 제발 부탁이니 내 마음을 더 이상 흔들지 말아 줘!" 오블로모프가 진지한 목소리로 말을 가로막았다. "그렇게 한다면 난 괴롭기만 할 뿐 결코 즐거워지지는 않을 걸세. 추억이란 건 살아 숨쉬는 행복에 대한 기억일 때에야 한 편의 멋진 시가 될 수 있지. 아물어가는 상처를 건드리게 되면 타는 듯한 고통일 뿐이야……. 다른 이야기나 하게. 그래, 내 시골 영지의 일이나 재정 문제 등 이것저것 자네에게 신세를 져 놓고 여태 고맙다는 말 한 마디 하지 못했군. 안드레이, 난 못 하겠어, 그럴 힘도 없고. 감사는 자네 자신의 마음속에서, 자네 행복 속에서, 올가……세르게브나에게서 찾아보게. 난……난 못 해! 용서하게, 아직까지 자네에게 이 모든 일을 맡기고는 있지만, 봄이 오면 반드시 오블로모프카로 돌아갈 테니……."

"자네, 오블로모프카가 어떤 모습인지 상상이 가? 아마 몰라볼 거야! 자네가 답장을 하지 않을 게 뻔하니 편지를 보내지는 않았네. 다리도 놓아졌고 작년 여름엔 저택의 지붕을 올렸어. 내부를 꾸미는 것만은 자네 취향대로 하게나. 그건 내가 손댈 만한 일이 아니니. 모든 일처리는 새 지배인이 하고 있어. 내가 고용한 사람이지. 지출이 어떤 식으로 이루어졌는지 보고서는 읽어 보았겠지……."

오블로모프는 그저 입을 다물고 있었다.

"읽어보지 않을 건가?" 슈톨츠가 그를 쳐다보며 물었다. "어디 있어?"

"기다려, 식사하고 나서 내가 찾아볼게. 자하르에게 물어봐야 해……."

"아, 일리야, 일리야! 난 지금 웃어야 할지 울어야 할지 도무지 알 수가 없군!"

"저녁식사가 끝나면 찾아보겠다니까. 자, 식사나 하자고!"

슈톨츠가 식탁에 앉으면서 인상을 찌푸렸다. 그는 불현듯 일리야의 명명일을 떠올렸다. 그때는 굴과 파인애플, 그리고 도요새고기도 있었는데, 지금은 두껍고 볼품없는 식탁보뿐이고, 식초와 기름병은 뚜껑이 사라져 종잇조각으로 입구를 틀어막아 놓았다. 접시 위에는 커다란 흑빵이 한 조각씩 올라가 있고, 포크는 이가 빠져 있었다. 오블로모프에겐 생선 수프가, 슈톨츠에겐 보리쌀을 넣은 수프와 통째로 익힌 어린 닭 한 마리가 나왔다. 이어서 너무나도 딱딱한 소혀와 양고기가 따라 나왔다. 적포도주가 식탁에 올려졌다. 슈톨츠는 포도주를 컵에 반쯤 따라 한 모금 맛보고 나서 탁자 위에 컵을 내려놓고 더 이상 입에 대지 않았다. 일리야 일리이치는 구스베리로 맛을 낸 보드카 두 잔을 연달아 마시더니 양고기를 게걸스럽게 먹어치웠다.

"이 포도주는 아주 형편없군!"

슈톨츠는 말했다.

"이해해 주게, 급히 서두르다 보니 강 건너까지 포도주를 사러 다녀올 시간이 없었어. 대신 이 구스베리 보드카 맛 좀 보지 않겠나? 맛이 그만이야, 안드레이. 한 번 마셔 보라고!"

오블로모프는 보드카를 한 잔 더 따르더니 단숨에 잔을 비웠다. 슈톨츠는 질린 듯한 표정으로 그를 쳐다볼 뿐 아무 말도 하지 않았다.

"아가피야 마트베이브나가 직접 담근 술이야. 그녀는 참으로 대단한 여자야!" 어느 정도 술에 취한 오블로모프가 말했다. "솔직히 말하자면, 과연 내가 그녀와 헤어져 시골 영지에서 살 수 있을지 상상도 못 하겠네. 저렇게 살림 잘하는 여자는 어디서도 보기 힘들어."

슈톨츠는 약간 눈썹을 찌푸리고서 그의 말을 듣고 있었다.

"자넨 누가 이걸 다 준비했다고 생각해? 아니시야? 아냐! 아니시야는 닭을 치고 양배추를 심은 텃밭에서 김을 매거나 마룻바닥을 닦는 게 고작이지. 이건 전부 아가피야 마트베이브나의 솜씨라고!"

슈톨츠는 양고기도 바레니카도 입에 대지 않은 채 포크를 내려놓고서 음식을 게걸스레 먹어치우는 오블로모프를 쳐다보았다.

"이젠 내가 셔츠를 뒤집어 입는 꼴은 더 이상 보고 싶어도 볼 수 없을 거야." 참으로 맛있다는 듯 뼈다귀까지 빨아대면서 오블로모프가 말을 이었다. "아가피야가 언제나 모든 일을 하나하나 챙겨 주니까, 깁지 않은 양말이 한 켤레도 없다니까. 게다가 몽땅 그녀가 자기 손으로 하지. 커피는 또 얼마나 잘 끓이는데! 식사가 끝나면 내가 커피 맛도 보여 주지."

슈톨츠는 걱정스런 얼굴로 말없이 듣고만 있었다.

"얼마 전 그녀의 오라비가 이사를 했거든. 결혼할 생각이래. 그래서 지금은 살림이 예전만큼 크지 못해. 본디 그 사람 혼자서 그 큰 살림을 척척 꾸려 나갔었는데 말야! 아침부터 저녁까지 여기저기 날아다닌다니까. 시장에 갔는가 하면, 가스친느이 드보르[*2]로……. 자네, 그래서 말인데." 오블로모

[*2] 넵스키 거리에 늘어선 상점.

프가 혀가 꼬인 듯한 소리로 말을 이었다. "내게 2, 3천 루블만 내 준다면 자네에게 이런 혓바닥 고기나 양고기 따위가 아니라 용철갑상어 한 마리를 통째로 내 오고, 송어도 가장 맛있는 지느러미 부분만 대접했을 거야. 아가피야 마트베이브나라면 요리사 없이도 인간의 솜씨라고는 생각하기 어려운 근사한 요리를 만드니까 말야, 그렇고말고!"

그는 다시 보드카 한 잔을 더 들이켰다.

"자, 마시라고, 안드레이, 마시라니까. 정말 좋은 보드카야! 올가 세르게브나라도 자네를 위해 이런 보드카를 만들 수는 없을 걸!" 그가 위태로운 목소리로 말을 했다. 그녀는 '정결한 여신' 같은 아리아는 부를 수 있어도 이런 보드카는 만들지 못한다고! 게다가 닭고기와 버섯을 넣은 피로그도 만들지 못할 거야! 그런 피로그를 구울 수 있는 건 예전의 오블로모프카와 여기뿐이라고! 거기다 더 놀라운 건 이걸 만드는 사람이 요리사가 아니라는 사실이지. 혹시나 더러운 손으로 피로그를 만드는지도 모르지. 하지만 내가 알기로 아가피야 마트베이브나는 청결함 그 자체야!"

슈톨츠는 귀를 기울이고서 유심히 그의 말을 들었다.

"그녀는 정말 흰 손을 가졌었어." 포도주로 머리가 흐리멍덩해진 오블로모프가 말을 이었다. "그 손에 입맞춘다 해도 죄가 되지 않을 그런 손이었지! 하지만 모든 일을 자기 손으로 한 탓에 지금은 아주 거칠어졌어! 내 셔츠에 풀까지 먹인다니까!" 오블로모프가 다정한 목소리로 눈물마저 글썽이며 말했다. "정말이야, 내 눈으로 직접 봤다니까. 그렇게 남편을 돌보는 아내는 또 없을 거야. 정말이라고! 아가피야는 정말 훌륭한 주부야! 아, 안드레이! 올가 세르게브나와 함께 이곳으로 이사오라고. 여기서 별장을 좀 빌리는 거야. 그때부터 즐거운 나날이 펼쳐지겠지! 숲 속에서 차도 마시고 일리야 축일에는 화약 공장으로 산책도 가는 거지. 우리 뒤로는 먹을 것과 사모바르를 가득 실은 마차가 따를 거야. 거기에 가서는 풀밭 위에 양탄자를 깔고 눕는 거지! 아가피야가 올가 세르게브나에게 살림하는 법을 가르칠 거야. 그렇고말고. 물론 지금은 사정이 안 좋지만 말이지. 오빠란 사람이 이사를 했거든. 누가 3, 4천 루블만 빌려 준다면 자네를 위해 커다란 칠면조를 두세 마리 사다 잡아서는 이 테이블을 가득 채울 텐데……."

"하지만 자네, 내게 5천 루블씩을 받고 있지 않나!" 슈톨츠가 갑자기 말했다. "그 돈을 다 어디에 써 버렸나?"

"하지만 빚이⋯⋯?"

저도 모르게 오블로모프에게서 이런 말이 툭 튀어나왔다.

"빚이라고?" 슈톨츠가 앵무새처럼 따라 말했다. "무슨 빚이 있다는 거야?"

그는 마치 무서운 선생님이 도망치려는 어린아이를 바라보는 듯한 눈길로 오블로모프를 쏘아보았다. 오블로모프는 입을 다물었다. 슈톨츠는 자리에서 일어나 긴의자에 앉았다.

"누구한테 빚을 졌단 말야?"

오블로모프는 술이 깨면서 정신이 확 들었다.

"빚은 무슨 빚, 그냥 해 본 소리야."

"아냐, 자네가 지금 한 말이야말로 거짓말이야. 그것도 굉장히 서투른 거짓말이군. 왜 그러나? 무슨 일이 있었던 거지, 일리야? 이제 겨우 양고기하며 시큰한 포도주를 내 온 이유를 알겠군! 자네는 돈이 없는 거야! 그 돈을 다 어디에 쓴 건가?"

"조금 빚을 지고 있는 건 사실이야⋯⋯ 이것저것 먹거리 값으로 집주인 여자한테⋯⋯" 오블로모프가 말했다.

"양고기와 혓바닥고기 값 말인가? 일리야, 말해 봐, 대체 무슨 일이야? 이유나 좀 알면 안 되겠나? 그녀의 오빠란 사람이 이사를 가서 집 형편이 나빠졌다니 뭔가 까닭이 있을 법한데. 빚이 얼마야?"

"차용증에 따르면⋯⋯ 1만 루블."

슈톨츠가 벌떡 일어섰다가 다시 자리에 앉았다.

"1만 루블? 집주인 여자한테? 먹거리 값으로?"

"그래, 미리 사 놓는 것이 많아, 무척 호화로운 생활을 했거든⋯⋯ 자네도 기억하지? 파인애플이며 복숭아에⋯⋯ 그래서 돈을 빌리게 됐네."

슈톨츠는 더 이상 대답하지 않고 마음속에서 생각을 정리해 보았다. '오빠란 사람이 이사를 가서 집안 형편이 나빠졌다. 과연 말한 대로다. 어딜 봐도 헐벗고 가난하고 더러운 느낌이야! 집주인 여자는 어떤 여자일까? 오블로모프는 줄곧 칭찬 일색이던데! 그녀가 오블로모프의 수발을 들고, 그는 그녀의 일이라면 느닷없이 열을 올린다⋯⋯.

갑자기 슈톨츠의 안색이 변했다. 그 이유를 알 것 같았다. 그는 자기도 모르게 몸을 떨었다.

"일리야! 집주인이라는 여자 말야…… 자네에게 어떤 사람이지?"

그러나 오블로모프는 벌써 탁자에 머리를 처박고서 꾸벅꾸벅 졸고 있었다.

'그녀가 일리야의 주머니를 털고 있어. 그가 가진 것을 모두 빼앗아 가려 하는 거야…… 흔히 있을 수 있는 일이지. 내가 왜 여태 이걸 눈치채지 못했을까!'

슈톨츠는 자리에서 일어나 문을 열고 여주인의 방에 들어갔다. 그런 그를 보고 깜짝 놀라 아가피야는 커피 젓던 스푼을 손에서 떨어뜨렸다.

"당신께 드릴 말씀이 있습니다."

슈톨츠가 정중하게 말했다.

"거실로 드세요, 곧 따라 들어가죠."

아가피야가 겁먹은 목소리로 대답했다. 그녀는 스카프를 목에 두르고서 그의 뒤를 따라 거실로 들어와 소파 끄트머리에 앉았다. 숄은 이미 팔아 버린 지 오래였으므로 그녀는 작은 스카프 아래 손을 감추려 애썼다.

"일리야 일리이치가 당신에게 차용증을 써 주었습니까?"

"아뇨." 어리둥절한 눈빛으로 그녀가 대꾸했다. "저는 그분에게서 그 어떤 문서도 받은 적이 없는데요."

"전혀 없다고요?"

"저는 문서 따위 본 적도 없어요!"

역시 어리둥절한 표정을 지으며 그녀가 되풀이해서 말했다.

"차용증 말입니다!"

슈톨츠가 다시 한 번 묻자, 그녀는 잠시 생각에 잠겼다.

"오라버니와 말씀을 나눠 보세요. 전 그런 서류 한 번도 본 적이 없습니다."

'이 여자는 뭐야? 바보인가? 아니면 사기꾼?'

"하지만 일리야 일리이치가 당신에게 빚진 돈이 있죠?"

아가피야는 멍한 눈으로 그를 쳐다보았다. 이윽고 그녀의 얼굴에 무언가 생각난 듯한 표정이 떠오르며 불안한 빛이 번지기 시작했다. 그녀는 저당잡힌 진주와 은식기, 그리고 외투를 떠올렸다. 슈톨츠가 이 빚을 암시하고 있는 것은 아닌가 하는 생각이 언뜻 들었다. 그저 슈톨츠가 어떻게 이 사실을 알았는지에 대해서는 도저히 이해할 수 없었다. 그녀는 이 비밀에 관해서라면 오블로모프는 고사하고 1코페이카의 지출에 대해서도 일일이 알려주는 아니시야에게조차 말 한 마디 하지 않은 터였다.

"그가 얼마를 빌렸죠?"

슈톨츠가 의구심 가득한 목소리로 물었다.

"빌린 돈은 전혀 없습니다. 1코페이카도요!"

'내 앞이라 숨기고 있어, 창피한가 보군. 불쌍한 인간, 고리대금업자! 내가 반드시 진실을 밝혀내고야 말겠어!'

"그럼 1만 루블은요?"

"1만 루블이라뇨?"

깜짝 놀라며 불안한 듯 그녀가 되물었다.

"일리야 일리이치가 차용증을 써 주지 않았습니까. 당신에게 1만 루블을 빌렸다고요. 어때요, 정말입니까?"

"그분은 제게 빚진 돈이 없다니까요. 얼마 전 사순절 기간에 푸줏간 주인에게 12루블 50코페이카를 빚진 적이 있었는데, 2주 전에 다 갚았어요. 우유 가게에서 빌린 크림 값은 다 갚았고요. 그분은 더 이상 아무런 빚도 지고 있지 않습니다."

"그가 당신에게 써 준 차용증은 갖고 있지 않은 건가요?"

아가피야가 흐리멍덩한 눈으로 슈톨츠를 쳐다보았다.

"오라버니와 한번 이야기해 보시는 게 좋을 것 같네요. 두 블록 앞 자므이칼로프에 있는 집에서 살고 계시거든요. 바로 저 앞이에요. 그 집엔 포도주 저장고도 있죠."

"아뇨, 당신과 말씀을 나눴으면 합니다." 그가 단호하게 말했다. "일리야 일리이치는 당신의 오라버니가 아니라 당신에게 돈을 빌렸다고 했으니까요."

"그분은 제게 빌린 돈이 없다니까요. 제가 은식기나 진주 모피를 저당잡힌 건 제가 돈이 필요했기 때문이었어요. 마샤와 제 구두와 바뉴샤의 셔츠를 사고, 채소 가게의 외상값을 갚기 위해서요. 일리야 일리이치를 위해서는 1코페이카도 쓰지 않았다고요."

슈톨츠는 그녀의 말에 귀 기울이는 동안, 그 의미를 조금씩 이해할 수 있었다. 아무래도 그 한 사람만이 아가피야의 비밀을 푸는 열쇠를 쥐고 있는 듯 했다. 그러자 지금껏 그녀에게 던졌던 경멸의 눈길은 자기도 모르는 사이에 호기심으로, 아니, 동정의 빛으로 바뀌어 갔다.

진주와 은식기를 저당잡혔다는 말에서 슈톨츠는 그녀가 치르고 있는 희생의 비밀을 반쯤 읽을 수 있었다. 하지만 그것이 순수한 마음에서 우러나온 성의인지 아니면 미래에 올 행운을 기대한 행동인지에 대해서는 아직 판단을 내릴 수가 없었다.

그는 일리야를 위해서 슬퍼해야 할 일인지 아니면 기뻐해야 할 일인지 도무지 종잡을 수 없었다. 오블로모프가 그녀에게 빚을 지고 있지 않다는 사실, 이 빚은 그녀의 오라비가 꾸며낸 어떤 사기 음모에 지나지 않는다는 사실만은 명백해졌다. 하지만 그 대신 또 다른 많은 사실이 드러났다……. 저당잡힌 은식기와 진주는 무엇을 의미할까?

"그럼 당신은 일리야 일리이치에게 아무것도 요구하지 않았다는 말씀이시죠?"

슈톨츠가 다시 물었다.

"귀찮으시겠지만 오라버니와 말씀을 나눠 보세요." 그녀가 똑같은 대답을 했다. "분명 지금 이 시간이면 집에 계실 겁니다."

"일리야 일리이치가 당신에게 진 빚은 없다 그 말씀이시죠?"

"네, 1코페이카도 없어요, 맹세코 정말이라니까요!"

성상을 향해 성호를 그으며 그녀가 맹세했다.

"그렇다면 지금 한 말을 증인 앞에서도 확실히 하실 수 있겠습니까?"

"누구 앞에서라도 말하죠. 참회하라면 하겠어요! 하지만 진주와 은식기를 저당잡힌 것은 제가 필요한 물건을 사기 위해서였으니……."

"그걸로 충분합니다! 내일 제가 아는 사람 둘과 함께 다시 찾아뵙겠습니다. 그 사람들이 있는 데서도 방금 하셨던 말씀을 똑같이 해 주실 수 있죠?"

"그것보다 오라버니와 먼저 말씀을 나누시는 게 좋을 거예요. 전 차림새가 이래서…… 언제나 부엌에서만 있다 보니, 모르는 사람과 만나는 게 불편하네요. 이것저것 말도 많을 테고."

"상관없어요, 신경 쓰지 마세요. 오라버님과는 내일 당신이 서류에 서명을 하고 난 뒤에 만나뵙도록 하지요…….”

“전 글씨를 잘 쓰지 못해서요…….”

“몇 자만 쓰시면 됩니다, 기껏해야 두 줄이에요.”

“아닙니다, 죄송하지만 어렵겠어요. 저 대신 바뉴샤에게 쓰라고 하는 게 더 낫겠어요. 그 아이는 글씨를 잘 쓰거든요…….”

“아닙니다, 거절해서는 안 돼요. 당신이 직접 그 서류에 서명을 하지 않으면, 이는 곧 일리야 일리이치가 당신에게 1만 루블의 빚을 지고 있다는 뜻이 됩니다.”

“아니라니까요, 그분은 빚진 게 없어요, 한 푼도.” 그녀가 단호하게 말했다. “맹세합니다!”

“그렇다면 더욱 서류에 서명을 하셔야 합니다. 그럼 내일 뵙겠습니다.”

“내일 오라버니에게 들르시는 게 좋을 텐데요…….” 그녀가 그를 배웅하며 말했다. “바로 저기예요. 두 블록 앞에 있는 모퉁이 집이요.”

“아뇨, 괜찮습니다. 그리고 제가 부탁 하나만 더 드리죠. 제가 오기 전까지 오라버님께 아무 말도 하지 마십시오. 그렇게 하지 않으면 일리야 일리이치가 매우 곤란한 상황에 빠지게 되니까요…….”

“그렇다면 오라버니께는 한 마디도 하지 않겠습니다!”

그녀가 순종적으로 말했다.

제7장

이튿날 아가피야 마트베이브나는 자신이 오블로모프에게 어떤 금전적 권리도 없다는 사실에 대한 증명서를 슈톨츠에게 건넸다. 이 증명서를 가지고 슈톨츠는 마음 놓고 있던 이반 마트베이치에게 들이닥쳤다.

이반 마트베이치에게 마른하늘에 날벼락 같은 일이었다. 그는 차용증을 꺼내서 떨리는 오른손 가운뎃손가락으로 오블로모프의 서명과 공증인의 입회 증명을 가리켰다.

"합법입니다요. 저야 뭐 상관 없는 일이지만 그저 내 누이의 이익을 지키려 할 뿐입니다. 일리야 일리이치가 무슨 돈을 빌린 건지 저는 전혀 모릅니다."

"그런 말로 끝날 일이 아닙니다."

슈톨츠는 떠나면서 협박하는 말을 남겼다.

"합법적인 일이라니까요. 저는 아무런 관계도 없습니다!"

두 손을 소매 안으로 숨기면서 이반 마트베이치가 둘러댔다.

이튿날 그가 관청에 출근하자마자 시종이 달려와 지금 당장 집무실로 오라는 장관의 명령을 전했다.

"각하의 방이라고?" 관청 동료들이 깜짝 놀라며 입을 모아 반복했다. "왜? 무슨 일이지? 무슨 보고서라도 당장 내놓으라는 걸까? 도대체 무슨 일일까? 어서, 서둘러! 얼른 보고서를 작성해야지, 목록을 만들라고! 무슨 일이 벌어진 거야?"

그날 저녁 이반 마트베이치는 넋이 나간 채로 선술집에 들어섰다. 타란치에프가 벌써 오래 전에 와서 그를 기다리고 있었다.

"이보게, 무슨 일이야?"

그가 다급하게 물었다.

"무슨 일이냐고?" 이반 마트베이치가 풀 죽은 목소리로 말했다. "자넨 무슨 일이라고 생각하나!"

"욕이라도 먹은 겐가?"

"욕이라면 아주 실컷 들었네!" 이반 마트베이치가 그 말투를 흉내냈다. "차라리 얻어터지는 게 더 나아! 자네도 참!" 그가 분풀이를 하기 시작했다. "그 독일 놈이 어떤 놈인지 제대로 말도 안 해 주다니!"

"방심할 수 없는 놈이라고 내가 말했잖아!"

"방심할 수 없는 놈이 어떤 놈인데? 그런 놈이야 흔해 빠졌다고! 그놈이 엄청난 권력을 가진 놈이라는 말은 왜 안 했나? 그 녀석, 장관을 손아귀에 쥐고 너니 나니 하면서 이야기하더라고. 마치 나와 자네가 말하듯이. 그런 줄 알았으면 그런 놈과 얽히려 들지 않았을 텐데."

"그래도 합법적인 일 아닌가!"

타란치에프가 말했다.

"합법적이라!" 무하야로프가 다시 그를 흉내내며 말했다. "그럼 자네가 가서 한 번 말해 보지 그래? 입이 얼어붙어 버릴 걸? 장관이 내게 뭐라고 물었는지 알기나 해?"

"뭐라고 물었는데?"

타란치에프가 호기심어린 눈빛으로 물었다.

"당신이 어떤 몹쓸 놈과 공모해서 지주 오블로모프에게 술을 먹이고 당신 누이 앞으로 된 차용증에 서명하도록 만들었다는 말이 사실이요? 그렇게 묻더군."

"정말 '몹쓸 놈과 공모해서'라고 말했나?"

"그래, 그렇게 말했다니까……"

"그 몹쓸 놈이란 게 누군데?"

타란치에프가 묻자 무하야로프가 그를 쳐다보았다.

"허, 지금 그걸 몰라서 물어?" 그가 신경질적으로 되받았다. "바로 자네가 아닌가!"

"왜 날 끌어들이지?"

"그 독일 놈과 자네 고향 사람에게 고맙다고나 해. 그놈이 냄새를 맡고는 사방을 쑤시고 다녔어……."

"누군가 다른 사람의 이름을 댔으면 좋았을 것을. 난 그때 그 자리에 없었다고 했어야지!"

"얼씨구! 자네야말로 성인(聖人)이라도 되나!"

"장관이 '어떤 몹쓸 놈과 공모해서 이런저런 일을 한 게 사실인가?' 물었을 때 자넨 뭐라고 말했어? 거기서 잘 둘러댈 수도 있었을 텐데."

"둘러대? 자네가 한 번 해 보시지! 노려보는 눈빛이 얼마나 서슬 퍼렇던지! 나도 죽을힘을 다해 말하고 싶었단 말야. '장관님, 그건 사실이 아닙니다. 누명이라고요. 전 오블로모프라는 사람 알지도 못합니다. 이건 다 타란치에프란 놈이 저지른 일입니다!' 헌데 말이 입 밖으로 나오지를 않더군. 그냥 그분 발 아래 납작 엎드렸지, 뭐."

"그래서 그쪽에서 무슨 고소라도 하겠다는 거야?" 기가 죽은 타란치에프가 물었다. "난 아무 관련없어. 다 자네가……"

"아무 관련이 없다고! 자네가 관련이 없다고? 그럴 리가. 체포되기라도 하면 나보다 자네가 먼저지. 오블로모프에게 술을 권한 게 누구더라? 창피주고 협박한 건 또 누구야?"

"거야 다 자네가 일러 준 방법 아닌가."

"어린아이도 아닌데 왜 그리 눈치가 없나? 난 아무것도 몰라. 자네도 날 모르는 거고."

"양심도 없군! 내 덕에 자네 주머니로 돈이 얼마나 들어간 줄이나 아나? 난 겨우 300루블밖에 못 받았다고……."

"그럼 나 혼자 이 모든 책임을 몽땅 져야 한다는 말인가? 자네 참 간사하구만. 아니, 난 아무것도 모르네. 누이가 여자라서 세상 물정에 어둡다 보니 내게 차용증을 공증인에게 가져다 달라는 부탁을 했을 뿐이야, 그게 다라고. 자네와 자초르트이가 증인이었으니 자네들 책임 아닌가!"

"그건 자네가 누이를 잘 얼러댔으면 될 일 아닌가. 여동생이 오빠 말을 거역할 수 있겠는가?"

타란치에프가 말했다.

"누이는 바보야. 내가 어찌할 도리가 있겠는가?"

"어떤데?"

"어떠냐고? 울고 있지. 제 입으로 '일리야 일리이치에게 받을 돈 따위 없다'는 말만 되풀이하고 있어. 자기는 절대 돈을 빌려 준 적이 없다면서."

"대신 자네에겐 차용증이 있으니. 자네가 잃을 건 아무것도 없겠군……"

무하야로프는 주머니에서 누이의 차용증을 꺼내 갈기갈기 찢은 다음 타란치에프에게 던졌다.

"자, 자네에게 선물로 주지, 누이의 텃밭 딸린 집이라도 가져갈 텐가? 1천 루블도 안 될 걸, 당장이라도 무너질 것 같은데. 거기다 나는 교인도 아닌 줄 아나? 애가 줄줄이 딸린 누이동생을 길거리로 내쫓을 거라고 생각하는 건가?"

"그럼 재판이 시작되는 건가?" 타란치에프가 겁에 질린 목소리로 말했다.

"그 전에 어떻게든 빠져나가야 할 텐데. 자네, 나 좀 도와주게!"

"재판이라고? 재판이고 뭐고 없어! 장관이 노발대발하면서 시에서 추방해 버리겠다는 걸 독일 놈이 나서서 말렸어. 이런 일로 오블로모프의 이름이 오르내리는 게 싫다면서."

"그거 다행이군! 큰 짐 덜었네! 자, 축배라도 들자고!"

타란치에프가 말했다.

"축배? 무슨 돈으로? 자네가 내는 건가?"

"허, 자네가 번 돈은 어쩌고? 오늘도 7루블이나 긁어모으지 않았나!"

"뭐라고? 내 벌이는 이제 끝났어, 장관이 뭐라 했는지 아나? 난 그 말이 끝날 때까지 아무 말도 못했지."

"뭐라고 했는데?"

다시 겁을 집어먹은 타란치에프가 물었다.

"사직서를 내래."

"무슨 소리야, 이보게!" 타란치에프가 눈을 부릅뜨고 말했다. "오블로모프 그 자식에게 욕이라도 실컷 퍼부어야겠어!"

"자네는 가만히 있는 게 나아!"

"아냐, 자네가 뭐라 하던 한바탕 퍼부어 줘야지! 그런데 잠깐, 좋은 방법이 생각났는데 좀 들어 보게!"

"또 뭐야?"

이반 마트베이치가 생각에 잠겨 물었다.

"좋은 생각이 떠올랐는데, 자네가 그 집에서 이사 나온 게 유감이군……"

"뭔데?"

"'뭔데?'가 아닐세! 타란치에프가 그를 바라보며 말했다. 오블로모프와 자네 누이를 잘 감시해야 해. 그 둘이 만두에 뭘 넣어 먹는지까지 몽땅 다 말야. 그리고 증인들도 제대로 포섭하는 거지! 그렇게 되면 그 독일 놈도 손 쓸 도리가 없을 걸. 그리고 자넨 이제 어디에도 매이지 않은 자유로운 사람이니 법대로 시끌벅적하게 고소를 할 수도 있지! 아마 그 독일 놈이 꼬리를 내리고 화해하자며 제 발로 찾아올 걸세."

"오, 그거 좋은 생각인걸!" 무하야로프가 깊은 생각에 잠겨 대답했다. "자넨 궁리해 내는 것 하나는 귀신이라니까. 정작 일을 하려면 쓸모가 없어 그렇지. 자초르트도 마찬가지고. 기다려, 내가 적당한 사람을 찾아보지! 아니, 잠깐만!" 그가 활기를 되찾으며 말했다. "좋아, 그 놈을 아주 혼쭐을 내 주는 거야! 우리 부엌데기 하나를 여동생네로 보내는 거지. 아니시야와 친해지고 나면 미주알고주알 전부 캐낼 수 있을 거야. 그렇게만 되면…… 자, 술이나 들지!"

"그래, 마시자고! 그 때야말로 한바탕 퍼부어 주고 말 테다!"

슈톨츠는 오블로모프를 그곳에서 빠져나오게 하려고 무척이나 애를 써 보았지만, 오블로모프는 그에게 이대로 딱 한 달만 더 있게 해 달라고 부탁했다. 너무나도 간절한 부탁에 슈톨츠는 받아들이지 않을 수 없었다. 오블로모프는 이 한 달 동안 모든 계산을 끝내고, 다른 계약자에게 집을 넘기고, 페테르부르크와 관련된 일을 다 정리해서 두 번 다시 이곳에 되돌아오지 않도록 할 생각이라고 했다. 그 다음엔 시골 영지 집을 꾸미기 위해 세간살이를 구입하고, 아가피야 마트베이브나 같은 살림 잘하는 가정부를 구하고 싶어 했다. 심지어는 아가피야를 설득해서 그녀의 집을 팔게 하고는, 함께 시골로 내려가 큰살림을 꾸려 가게 하고 싶어했다.

"여주인 말야." 슈톨츠가 입을 열었다. "전부터 자네에게 묻고 싶었네만, 일리야, 자네 그 여자와는 어떤 관계인가?"

오블로모프의 얼굴이 갑자기 빨개졌다.

"무슨 뜻이지? 그 말은?"

그가 당황해서 되물었다.

"자네가 더 잘 알 텐데, 그렇지 않으면 이렇게 얼굴 빨개질 이유가 없잖아? 이봐, 일리야. 이 상황에서 무언가 반드시 조심해야 할 게 있다면, 우리 두 사람의 우정을 걸고 자네에게 부탁하겠네. 제발 신중히 행동하게나……."

"도대체 무슨 소리를 하는 거지? 말도 안 되네!"

오블로모프는 어쩔 줄 몰라 하며 변명했다.

"자네가 그녀 이야기만 하면 바보처럼 열 올리는 것을 보고, 난 그렇게 생각했지. 자네가 그녀를……."

"사랑하는 거냐고 묻는 거로군! 말도 안 되는 소릴!"

오블로모프가 쓴웃음을 지으며 말했다.

"그럼 더 안 좋은 일이지, 거기에 그 어떤 정신적 불꽃도 타오르지 않는다면, 그게 그저……."

"안드레이! 자네, 날 그런 비도덕적인 인간으로 생각하나?"

"그럼 왜 얼굴을 붉히는 거지?"

"그야 자네가 그렇게 생각하니까 그렇지."

슈톨츠가 의심스럽다는 듯 고개를 가로저었다. "조심해, 일리야. 구렁텅이로 빠지면 안 돼. 아주 평범한 여자 아닌가. 구질구질한 생활 방식 하며 아는 것도 없고 둔해서 숨이 막힐 지경이네. 더욱이 품위 없는 행동거지까지, 휴!"

오블로모프는 아무 말도 하지 않았다.

"그럼 잘 있게. 올가에게는 올 여름에 자네를 볼 수 있을 거라고, 말해 두지. 우리 집이 아니면 오블로모프카에서라도. 알겠지? 그녀는 잠자코 넘어갈 사람이 아냐!"

"꼭 그렇게 하지, 간다고!" 오블로모프가 주저 없이 대답했다. "그녀가 허락만 한다면 겨울에도 자네 집에서 보내고 싶다고 전해 줘."

"그 말을 들으면 뛸 듯이 기뻐할 걸!"

슈톨츠는 곧 떠났다. 그날 저녁 타란치에프가 오블로모프를 찾아왔다. 타란치에프는 무하야로프의 일로 참지 못하고 오블로모프에게 한바탕 욕을 퍼부어 줄 생각이었다. 하지만 그가 미처 생각하지 못한 것이 있다. 오블로모프는 일리인스카야 댁과 교제를 하면서 타란치에프와 같은 막돼먹고 난폭한 인간과는 거리가 멀어졌다는 사실이다. 이는 거칠고 폭력적인 말이나 행동에 대한 나태한 무관심과 관대함이 혐오로 변했음을 의미한다. 이 변화는 벌써 오래 전에 겉으로 드러났다. 아니, 오블로모프가 별장에 살던 때 이미 어느 정도 나타나 있었다. 하지만 그 때부터 타란치에프가 그를 찾는 일이 점점 드물어진데다 만나더라도 다른 사람과 함께한 자리였으므로 그 둘이 부딪힐 일은 거의 없었다.

"이봐, 잘 지냈나!"

타란치에프가 손도 내밀려고 하지 않은 채 기분 나쁜 듯 말했다.

"안녕하신가!"

오블로모프도 창 밖을 내다보며 냉담하게 대답했다.

"그래, 은인은 돌아갔나?"

"돌아갔지. 그게 왜?"

"훌륭한 은인이더군!"

타란치에프가 독설을 계속했다.

"그가 뭘 어떻게 했다는 건가. 자네 기분에 거슬리기라도 했나?"

"그 친구 목이라도 매달고 싶은 심정이네!"

타란치에프는 증오로 가득 차서 이를 갈며 말했다.

"세상에, 어떻게 그런 말을!"

"자네도 같이 나무에 매달고 싶어!"

"왜 그러나?"

"모든 일은 깔끔하게 처리해야지. 빌린 건 제대로 갚아야 하지 않나, 속임수 쓰지 말고. 자네 이번에 무슨 짓을 한 거야?"

"이보게, 미헤이 안드레이치. 자네의 그 장황한 말을 더 이상 듣고 싶지 않네. 난 게으르고 무신경한 탓에 오랫동안 잠자코 자네 말을 들어 왔어. 자네에게 조금이라도 양심이 있겠거니 생각했는데, 그런 건 조금도 없더군. 자넨 그 사기꾼놈과 짜고 날 속이려 하지 않았나. 자네들 두 사람 중에 누가 더 나쁜 놈인지는 모르겠지만 둘 다 혐오스럽기는 마찬가지야. 이 어처구니 없는 일에서 날 구해 준 게 바로 그 친구야……."

"친구 한 번 잘 됐구먼!" 타란치에프가 말했다. 듣자 하니 그 친구가 자네 약혼녀를 가로챘던데. 그래도 은인이라니, 할 말이 없군! 이봐! 자네도 참 바보 아닌가……."

"그런 식으로 말하지 않았으면 좋겠네!"

오블로모프가 그의 말을 가로막았다.

"아니, 아직 할 말이 남았다고! 내 얼굴도 보고 싶지 않다고 했겠다, 이 배은망덕한 자식아! 자네에게 이 집을 소개해 준 사람도 나고, 어딜 가도 찾기 힘든 여자를 찾아 준 사람도 나야. 이렇게 조용하고 무엇 하나 불편한 것 없는 생활을 할 수 있는 것도 모두 내 덕분 아닌가. 하나부터 열까지 내게 온갖 신세를 져 놓고 이제 와서 모르는 척이라니! 은인이란 말이지? 그 독일 놈이! 오블로모프카까지 빌려 가서는, 두고 봐. 그놈이 자네를 몽땅 벗겨 먹을 테니. 그리고 나선 주식이랍시고 떠맡기겠지. 결국엔 비렁뱅이가 되고 말 거야. 내 말 잘 새겨듣는 게 좋을 걸, 이 바보야! 바보야. 아니, 바보 정도가 아니라 은혜도 모르는 짐승 같은 놈이라고!"

"타란치에프!"

오블로모프가 성난 목소리로 소리쳤다.

"소리는 왜 지르나? 나야말로 모두가 들을 수 있게 자네가 바보에 짐승만도 못한 놈이라고 소리치고 싶다고!" 타란치에프가 크게 소리쳤다. "나와 이반 마트베이치는 둘이서 자네를 돌보고 지켜 주느라 마치 농노처럼 온 힘을 바쳤어. 걸을 때도 발소리가 나지 않게 까치발로 걸어다니며 자네 얼굴색만 살피고 있었다고. 그런데 자넨 장관에게 이반 마트베이치를 고발하다니! 지금 그 친구는 직장도 잃고 그날의 일로 몹시 곤란한 상황에 처했어! 그야말로 추잡한 방법이지! 이렇게 된 이상 자넨 재산의 절반을 그에게 줘야 할 거야. 자, 그 친구 앞으로 수표를 쓰라고. 자넨 지금 취해 있지도 않고 아주 말짱한 정신이니까, 얼른 쓰라고. 그렇지 않으면 난 여기서 한 발짝도 나가지 않겠어……."

"미헤이 안드레이치, 무슨 일로 그렇게 고함을 치고 계세요?" 여주인과 아니시야가 문 뒤에서 안을 들여다보며 물었다. "지나가던 사람이 두 명이나 발걸음을 멈추고 무슨 일인가 엿듣고 있잖아요……."

"계속 소리칠 겁니다." 타란치에프는 흥분해서 고함을 질렀다. "이 바보 천치는 망신을 좀 당해도 싸요! 그 사기꾼 독일 놈이 등쳐먹도록 내버려 두라지! 그 놈은 지금 네놈 애인과 붙어먹고 있으니……."

뺨 때리는 소리가 방 안을 크게 울렸다. 타란치에프는 오블로모프에게 있는 힘껏 따귀를 맞고는 갑자기 입을 다문 채 의자에 털썩 주저앉았다. 그는 정신 나간 사람처럼 놀란 눈으로 주위를 둘러보았다.

"이게 무슨 짓이야? 이게 무슨 짓이냐고, 엉? 지금 무슨 짓을 한 거야!" 타란치에프는 새파랗게 질려 숨을 몰아쉬면서 뺨을 움켜쥐고 투덜거렸다.

"비겁하잖아! 내 언젠가 앙갚음을 해 주지! 지금 바로 시장에게 고소장을 내겠어. 당신들이 증인이야, 잘 봤지?"

"저희는 아무것도 못 봤는데요!"

두 여자가 한 목소리로 말했다.

"아! 다들 한 패로군, 여긴 강도 소굴이야! 사기꾼 집단이라고! 강도짓에 살인까지……."

"썩 꺼져, 이 파렴치한 놈아!" 화가 머리끝까지 나 온몸을 부들부들 떨며, 오블로모프가 새파랗게 질린 얼굴로 소리쳤다. "지금 당장 여기서 나가! 그렇지 않으면 개 패듯 때려 죽여 버릴 테니까!"

그가 눈으로 몽둥이를 찾았다.

"여러분! 강도요! 도와주세요!"

타란치에프가 비명을 질렀다.

"자하르! 이 짐승만도 못한 놈을 내다 버려. 두 번 다시 여기 얼씬도 못하게 해!"

오블로모프가 소리쳤다.

"자아, 지발, 여기 성상(聖像)이 있슈. 그리고 이쪽이 문이구유!"

자하르가 성상과 문을 가리키며 말했다.

"난 네놈을 찾아온 게 아니라 안주인을 찾아왔어."

타란치에프가 소리쳤다.

"마음대로 하세요! 전 당신에게 볼일이 없어요, 미헤이 안드레이치." 아가피야 마트베이브나가 말했다. "당신은 오라버니가 계신 곳에 놀러 온 거지. 저를 만나러 오신 게 아니잖아요! 전 당신이 전염병보다 더 싫어요. 있는 대로 먹고 마시다 못해 이렇게 소리까지 질러 대다니!"

"아! 그래요? 아가피야, 당신 오빠가 당신에게 똑똑히 알려 줄 겁니다! 그리고 너, 사람을 모욕하고 그냥 넘어가진 못할 거야! 내 모자 어디 있어? 젠장! 맘대로 하라고! 강도! 살인자!" 마당을 가로지르며 그가 소리쳤다.

"사람에게 이렇게 창피를 주다니, 이대로는 넘어가지 않을 거라고!"

개가 쇠사슬을 철컹철컹 울리며 뛰어다니다가 소리 나는 쪽을 보고 짖기 시작했다.

이 사건이 일어난 뒤 타란치에프와 오블로모프는 두 번 다시 만나지 않았다.

제8장

슈톨츠는 몇 년째 페테르부르크에 오지 않았다. 언젠가 한 번, 아주 잠깐 올가의 영지와 오블로모프카를 들여다보았을 뿐이다. 일리야 일리이치에게 보낸 편지에는 그가 가서 자신이 정리해둔 영지를 다시 맡아 주었으면 한다고 적혀 있었다. 슈톨츠가 올가와 함께 남쪽 크림 해안으로 간 것에는 두 가지 목적이 있었다. 오데사에 사업적으로 일이 있었고 또 아내가 출산 뒤 몸이 약해졌기 때문이었다.

그들은 해안가 조용한 곳에 검소하고 아담한 집을 마련했다. 실내 장식도 외부 건축과 같은 모양으로 독특한 양식을 띠고 있었으며, 전체 구조에 맞게 주인의 생각과 개성적인 취향이 배어 있었다. 짐이 많았는지 러시아를 비롯한 외국 여러 나라에서 보낸 짐꾸러미와 트렁크, 짐마차가 연이어 도착했다.

안락함을 중시하는 사람이라면 들쭉날쭉 배치된 가구나, 오래된 그림, 팔과 다리가 떨어져나간 조각상을 보며 무심코 어깨를 으쓱일지도 모른다. 볼품은 없지만 추억이 깃든 귀중한 판화가 섞여 들어가기도 하고, 그밖에 자질구레한 물건들이 많아 한눈에도 통일성은 없어 보인다. 다만 보는 눈이 있는 사람들이 그림이나 세월의 흐름으로 누렇게 바랜 책, 오래된 도자기, 돌이나 화폐 같은 것을 보고 탐을 내며 눈을 빛낸 적이 한두 번이 아니었다.

이렇게 여러 시대를 함께하는 가구나 그림은 다른 사람에게는 아무런 의미가 없을지도 모른다. 하지만 두 사람은 행복한 순간과 기념할 만한 사건들을 담고 있는 자잘한 물건이나, 책과 악보의 홍수 속에서 사람의 지성과 미적 감각을 자극하는 생명력을 느꼈다. 영원한 자연의 아름다움에 둘러싸여, 가는 곳마다 끊임없는 사색과 아름다운 삶이 반짝이며 빛을 냈다. 여기에는 일찍이 안드레이 아버지 방에 있던 높은 사무용 책상과 새끼염소 가죽으로 만든 장갑이 한 자리를 차지하고 있었다. 광석, 조가비, 박제한 새, 점토와 견본 상품 등이 들어 있는 구석 선반 옆에는 인조가죽 망토가 걸려 있다. 이런 여러 물건 중에도 가장 눈에 띄는 자리를 차지하는 것은 금으로 된 상감이 들어간 에라르*¹의 피아노였다.

포도와 댕댕이덩굴, 천인화넝쿨이 그물처럼, 코티지*²를 위에서 아래까지 전부 뒤덮고 있었다. 회랑에서는 바다가, 반대편에서는 거리로 통하는 길이 보였다.

이곳은 올가가 집을 나서는 안드레이를 배웅하는 곳이자, 돌아오는 남편을 멀리서부터 지켜보는 곳이었다. 올가는 계단을 뛰어 내려가서 멋진 화단과 긴 포플러 가로수길을 지나, 남편의 품 안으로 뛰어들곤 했다. 결혼한 지 1, 2년을 훌쩍 넘겼음에도 불구하고 두 뺨은 언제나 기쁨으로 붉게 물들고, 눈은 반짝반짝 빛나며, 더할 나위 없이 행복한 열정이 온몸에 흘러넘치고 있었다.

사랑과 결혼에 대한 슈톨츠의 생각은 어쩌면 독특한 것일지도 모른다. 과장일 수도 있지만 분명 독창적이었다. 여기서도 그는 자유롭고 단순한(그는 그렇게 생각했다) 길을 걸어갔다. 하지만 이 '단순한 길'을 나아가기 위해서는 매우 어려운 관찰과 인내와 노동의 과정을 거쳐야 했다.

그는 아버지로부터 인생의 모든 것, 아무리 하찮은 것이라도 가벼이 여기지 않고 진지하게 바라보는 법을 물려받았다. 뿐만 아니라 자기 견해와 인생의 한 걸음 한 걸음까지, 결혼생활에도 적용되는 독일인 특유의 현학적인 엄격함도 이어받은 듯했다.

아버지 슈톨츠의 삶은 석판에 새겨진 십계처럼 누가 보아도 명백하게 드러나 있었기 때문에 그 이상 다른 의미를 읽어낼 수 없었다. 하지만 어머니와 어머니가 들려주던 노래, 그 상냥한 속삭임, 어수선한 공작의 집, 뒤이어 대학과 책, 세상—이 모든 것이 안드레이를 아버지가 제시한 똑바른 궤도에서 이탈하게 했다.

러시아에서 보낸 시간들은 보이지 않는 무늬를 그리고, 무미건조한 숫자

---

*1 Sébastien Erard : 프랑스 피아노·하프 제조가. 16세까지 아버지의 가구제조업을 도왔으나, 1780년경 동생과 함께 악기회사를 설립하였다. 처음에 쳄발로를 제작했고, 그 뒤 피아노와 하프시코드를 만들었다. 베토벤·멘델스존·리스트·베르디 같은 유명 작곡가들도 에라르 피아노를 선호했다. 1811년에는 하프시코드의 획기적인 이중 액션 메커니즘을 발명하였으며, 현재도 Erard 회사의 피아노와 하프시코드는 세계 일류 제품으로 알려져 있다.
*2 cottage : 산간에 세워진 건축공학 피서지나 산장 등을 말함.

와 글자로 된 조합들을 미묘하면서도 뚜렷한 그림으로 바꾸었다.

안드레이는 자신의 감정을 구속하려 하지 않았다. 뿐만 아니라, 꿈꾸고 상상하는 일에도 정당한 사유를 부여하고자 했다. 그렇다해도 자신이 독일인이라는 사실 만큼은 늘 잊지 않으려 애썼다. 독일인의 천성 때문일까. 아니면 다른 이유에서일까. 상상에서 깨어났을 때에는 그에 대해 어떤 결론을 내려야 하는 것처럼 꼭 무언가 삶의 의미와 방향을 나름대로 찾아내곤 했다.

그는 정신적으로 건강했기에 육체적으로도 건강해 보였다. 소년 시절에는 장난꾸러기였지만, 장난을 치지 않을 때에는 아버지의 감독하에 열심히 공부했다. 그래서 걷잡을 수 없는 공상에 빠져 있을 틈이 없었다. 이 때문에 상상은 부패하지 않았고 그의 마음도 망가지지 않았다. 그의 순수함과 순결은 어머니가 빈틈없이 보호하고 있었다.

청년기에 그는 본능적으로 자기 안의 샘솟는 젊음을 소중히 했다. 그 뒤 얼마 지나지 않아 이 샘물 같은 열정이 건강과 쾌활함을 단련하여 용기 있는 청년이 되게 한다는 사실을 깨달았다. 이에 따라 어떤 삶과 맞닥뜨려도 삶을 괴로운 짐이나 십자가로 생각하지 않고 의연하게 대처하여 마땅한 의무로 받아들이고 훌륭하게 삶과의 투쟁을 견뎌나갈 수 있었으리라.

그는 인간의 마음속에 자리잡은 그 귀찮은 법칙에 대해 아주 오랜 시간 고민했다. 처음 상상에 비치는 아름다움과, 뒤에 그 인상이 감정으로 변화하는 과정, 그 느낌, 미묘한 움직임, 결말 등을 의식적 또는 무의식적으로 관찰했다. 주의를 두리번거리며 삶에 다가감에 따라 그는 사랑이야말로 아르키메데스의 지렛대처럼 세상을 움직이는 힘이라는 신념을 갖게 되었다.

사랑 속에는 수없이 많은 보편적인 무엇을 가지고도 뒤바꿀 수 없는 진리와 행복이 포함되어 있다. 하지만 그릇된 이해로 이를 악용할 경우에는 얼마나 많은 거짓과 추악이 빚어질까! 행복은 어디에 있는가? 거짓은 어디에 있는가? 그 경계선은 또 어디란 말인가?

거짓은 어디에 있는가? 이 의문을 가졌을 때, 그의 상상 속에는 현재와 과거를 오가는 수많은 가면이 열을 맞춰 나타났다.

그는 때로는 얼굴을 붉게 물들이고, 때로는 눈썹을 찌푸리며, 미소띤 얼굴로 사랑의 주인공과 여주인공의 끝없는 행렬을 지켜보았다. —50년 동안이나 헤어진 채 서로의 마음을 간직한 연인, 철 장갑을 낀 돈키호테와 그 마음속의 귀부인, 장밋빛의 얼굴에 약간 튀어 나온 눈이 소박하게 느껴지는 목동들과 새끼양을 데려온 그들의 프로이.**3

그리고 레이스로 몸을 휘감고 머리분으로 화려하게 치장한 후작부인이 나타났다. 후작부인은 총명하게 빛나는 눈을 하고 있었으나 입가에는 음탕한 미소를 띠고 있었다. 그리고 권총자살을 하거나, 목을 맨 베르테르들, 눈물이 마를 날 없는 수녀원 속 주름 진 처녀, 멋진 콧수염과 거친 불길처럼 타오르는 눈을 지닌 최근의 주인공들, —또는 소박하고 의식적인 돈 주앙들과 비밀스런 관계가 들통 날까 벌벌 떨면서도 남몰래 가정부에게 홀딱 반해 버린 영리한 사람들까지…… 모두 등장했다!

진실은 어디에 있는가? 이 질문을 떠올리며 그는 멀리 그리고 가까이 상상의 나래를 펼쳤다. 단순하고도 깨끗한, 끊으려야 끊을 수 없는 깊은 남녀 관계의 본보기를 자신의 눈으로 직접 찾고자 했지만 끝내 찾을 수 없었다. 찾아낸 것 같다가도 그것은 단순한 착각이었을 뿐, 환멸만을 느껴야 했다. 때로는 쓸쓸함에 휩싸여 절망에 빠지기도 했다.

'행복은 온전히 주어지지 않아.' 그는 생각했다.

'사랑에 바치는 마음은 내면적인 것일지도 몰라. 이론가들과 논쟁하려 애쓰지도 않고 겁쟁이처럼 몸을 숨기고 있겠지. 어쩌면 그들을 불쌍히 여기고 그 분별없음을 용서하고 있는지도 몰라. 그들은 사랑이 깊게 뿌리 내릴 지반을 갖고 있지 않기 때문에 꽃봉오리가 짓밟히고 있는 거야. 지반만 있다면 모든 삶을 감싸줄 만큼 커다란 나무로 성장했을지도 모르는데.'

그는 세상의 결혼을 보고, 세상의 남편들을 보았다. 아내를 대하는 남편의 태도에 언제나 스핑크스처럼 수수께끼가 느껴졌다. 왠지 이해할 수 없고 말로는 다 나누지 못한 무언가가 있는 것 같았다. 그런데 남편들은 이런 곤란한 문제 고민하려고도 하지 않았다. 해결해야 할 것도 고민해야 할 것도 없다는 듯, 결혼의 길을 의식적이고 규칙적인 발걸음으로 나아갔다.

'그게 옳은 걸까. 어쩌면 정말 그 이상 아무것도 필요 없을지도 몰라.'

마치 부부생활의 예의범절 같이, 사교 모임에 들어갈 때 가벼운 인사를 나누고 한시라도 빨리 일에 착수하려는 듯한 사람들을 보고, 안드레이는 스스

**3 오래된 전원시에 등장하는 순수한 양치기 소녀

로에 대한 의심을 지우며 오히려 이렇게 생각했다.

그들은 답답하다는 듯 인생의 봄을 내쫓아 버린다. 그뿐인가, 많은 이들은 시간이 지나면 아내를 차갑게 노려보곤 하지. 예전에 자신이 어리석게도 사랑 따위, 했었음을 꺼림칙해하듯이.

긴 시간, 어쩌면 노년에 이를 때까지, 사랑을 버리지 않는 사람들도 있다. 하지만 그들조차도 때로 비웃는 것 같은 미소를 버리지 않았다.

마지막으로, 사람들 대부분은 영지를 상속하듯 결혼을 하고, 그 본질적인 이익을 만끽한다. 아내는 집 안에서 훌륭한 질서를 유지하기 때문이다. ─그녀는 안주인이자 어머니이고 아이들의 교육자이다. 그들은 현실적인 가장이 영지를 보듯 사랑을 바라본다. 어느새 익숙해져, 그 뒤에는 돌보지 않았다.

"어찌된 일이지? 자연법칙에 따른 타고난 무능인가?" 그가 혼잣말로 중얼거렸다.

"아니면 준비와 교양이 부족하기 때문인가? ……. 호감과 애정은 다 어디 있는 거지? 아름다움을 잃지 않고, 우스꽝스런 옷을 입고 있지도 않고, 형태가 바뀌거나 사라지지 않는 애정은? 어디에나 흘러넘치고 모든 것을 채워주는 행복─윤택한 삶의 빛, 그 빛은 무얼까?"

그는 예언자처럼 먼 곳을 유심히 바라보았다. 그러자 안개처럼 감정이 형태를 갖추고 떠오르기 시작했다. 감정의 꽃으로 치장하고, 감정의 색채로 빛나는 여인의 모습도 함께. 단순하지만, 밝고 깨끗한 모습이었다.

"꿈이다, 꿈!" 그는 쫓기듯 상념에서 깨어나 입가에 미소를 떠올렸다. 하지만 그의 의지와 달리 꿈이 그려낸 모습은 생생하게 기억에 남아있었다.

처음 이 모습에서 그는 모든 여성의 미래를 꿈꿨다. 하지만 그 뒤, 부쩍 자라 성숙해진 올가에게서 피어오르는 아름다움뿐만 아니라 삶을 갈구하는 힘, 삶에 대한 이해, 그리고 삶과의 투쟁을 갈망하는 힘도 보았다. 말하자면, 그의 과거 상상 속 여러 조건들을 그녀에게서 발견했을 때, 거의 잊혔던 사랑의 모습이 되살아나, 그 모습을 갖춘 올가가 그의 꿈에 찾아오게 되었으리라. 그리고 먼 미래에는 두 사람의 애정이 진실해질 수 있을 것 같은 기분이 들었다. ─우스꽝스런 옷도 입지 않고 사라져 없어지지도 않는 진실한 애정이.

슈톨츠는 사랑과 결혼을 장난으로 여기거나 그 문제를 타산이나 돈, 규벌*4, 지위 같은 것과 묶어서 생각하지 않았다. 하지만 그는 끊임없이 고민해야 했다. 지금까지 한 번도 흔들린 적 없었던 자신의 사회생활을 어떻게 가정생활과 잘 조화시킬 것인가. 실업가이자 여행자인 자신을 어떻게 집에만 있는 가정적인 남편으로 변화시킬 것인가? 만약 자신이 더 이상 바쁘게 돌아다니지 않고 가정에 정착한다면, 자신의 삶은 무엇으로 채워질 것인가? 아이들을 교육시키고 삶을 이끌어 주는 것도 간단한 문제가 아니고, 그야 물론 재미없는 일도 아니겠지만 아직 많은 시간이 남아 있는데, 그때까지 그럼 무얼 해야 좋단 말인가?

이런 문제는 이미 오래 전부터 그를 불안하게 해왔기에 슈톨츠는 자신의 독신생활을 염려하지는 않았다. 아름다움이 다가옴을 느끼고 가슴이 두근거리기 시작해도, 결혼이라는 사슬에 매이려 들지 않았다. 그 때문에, 그는 소녀 시절의 올가를 무시하는 듯한 태도마저 보이며, 그저 앞날이 기대되는 사랑스런 그녀에게 넋을 잃을 뿐이었다.

때로 무언가를 하다가 감수성이 풍부하고 탐구심 넘치는 그녀의 지성에 새롭고 대담한 사상과, 삶에 대해 정확하게 관찰하는 안목을 키워 주었다. 자신도 모르게 쉼없이 눈앞에 펼쳐지는 삶에 대한 생생한 이해와 올바른 견해를 그녀의 영혼에 부어 주다보면 어느새 슈톨츠는 올가도, 자신의 일상이 되어 버린 올가와의 수업도 잊고서 몰두했다.

그녀에게서는 예리한 지성과 견해가 반짝이며 거짓의 그림자도 전혀 보이지 않았다. 또 자신이 모두에게 인기가 있으리라 우쭐대지 않았으며 그녀 안에서는 모든 감정이 단순하고 자유롭게 오갔다. 무엇 하나 남에게서 빌리지 않고 스스로 생각하고 찾아내었다. ―가끔 그녀의 이런 모습들이 어디에서 나온 것인지 그는 의아해하였다. 또 자신이 우연히 이끌어 간 대화와 무심히 내뱉은 감상의 효과에 스스로도 놀랐다.

그가 올가에게 잠시나마 주의를 기울였다면 그도 짐작했음에 틀림없다. 그녀는 숙모의 표면적인 감시에 극단으로 치닫지 않도록 슈톨츠에게 보호받으며, 오직 홀로 자신의 길을 나아가고 있었다. 집안이 어떻고, 족보가 어떻고, 계급이 어떻고 하는 전통을 고수하여 오래된 풍습과 관습을 지나치게 강

---

*4 처의 친척을 중심으로 이루어진 파벌.

요하며, 여러 교훈을 삼고 싶어하는 부인들과 할머니들, 유모. 그런 권위들이 다져놓은 길로 억지로 끌고 가지도 않았다. 그녀는 새로운 길을 나아가며 자신의 지성과 견해와 감성으로 자신만의 발자취를 새겨나갔다.

자연은 올가에게 그런 천성을 부족함 없이 내려주었다. 숙모는 그녀의 의지와 머리를 지배하려 하지 않았기에 올가는 스스로 많은 것을 생각하고 이해하며, 주의 깊게 삶을 바라보고 그들의 말에 귀 기울였다……. 누구보다도 친구 슈톨츠의 이야기와 충고에…….

슈톨츠는 그런 생각은 전혀 못한 채, 다만 그녀의 미래에 많은 희망을 걸었다. 하지만 그 미래는 너무 먼 훗날이었기에 그는 한 번도 그녀를 삶의 반려로 생각해 본 적이 없었다.

하지만 올가의 자존심은 스스로 마음의 문을 닫게 했다. 때문에 그녀는 오랜 시간 자신을 꿰뚫어 보지 못했다. 외국에서 힘겨운 투쟁의 시간을 겪은 뒤, 슈톨츠는 한동안 잊고 있던 올가가 얼마나 단순하고 자연스러우며 강한 여성으로 성장했는지, 놀란 눈으로 바라보았다. 그녀는 자신의 미래에 희망을 걸었던 바로 그 소녀였다. 그리고 점점 그의 눈앞에 그녀 깊은 곳에서 영혼의 심연이 열렸다. 그는 이 영혼을 채워 주어야 했지만 온전히 채워 줄 수는 없었다.

처음에는 꽤 오랫동안, 올가의 생기발랄한 성격과 싸워야 했다. 그녀의 청춘의 열병을 잠재우고, 그 격정을 일정한 범위 안에서 다스리며, 삶의 흐름을 완만하게 할 수 있었지만 한때뿐이었다. 겨우 안심하다가도 다시 불안해진다. 그녀 안에서 샘처럼 솟아오르며 휴식을 모르는 지성과 출렁거리기 시작하는 감정이 새로운 의문을 떠올린다. 그러면 어떻게 해서든 흥분한 상상을 잠재우고 그녀의 자존심을 억제하거나 혹은 반대로 불러일으켜야 한다. 그녀가 이런 현상들을 보며 생각에 잠기면 서둘러 해결의 열쇠를 건넸다.

우연에 대한 믿음이나 환각의 안개는 삶에서 사라져 버렸다. 그녀의 눈앞에는 빛으로 가득한 자유로운 미래가 펼쳐졌다. 그녀는 맑은 물속이라도 들여다보듯, 그 안에 있는 작은 돌과 작은 구덩이 하나하나까지 세심하게 바라보았다. 깨끗한 바닥이 전부 눈에 들어왔다.

"나는 행복해!" 감사를 담은 눈빛으로 지나간 시간에 안녕을 고하고 미래를 한발 한발 더듬어 나가며 그녀가 속삭였다. 예전 스위스에서 한 소녀가 꾸었던 행복한 꿈과 깊은 상념에 잠긴 듯한 코발트색 밤이 떠올랐다. 이 꿈은 그림자처럼 늘 그녀의 삶에 자리잡고 있었다.

'어떻게 이런 행운이 나를 찾아온 걸까?' 그녀는 조심스레 생각했다.

그러고는 조용히 생각을 감추었다. 때로 이 행복이 무너지지 않을까 걱정스런 마음에 두렵기까지 했다.

세월은 흘러갔다 하지만 그들은 이 삶에 질리지 않았다. 삶은 평온해지고 격정도 사그라졌다. 인생의 굴곡도 이해할 만했고, 참을성 있게, 때론 과감하게 관계의 끈들을 이어나갔다. 하지만 삶은 지루해지지 않았다.

올가는 이미 엄숙한 자세로 삶을 이해할 수 있을 만큼 성장해 있었다. 그녀와 안드레이는 하나의 물줄기로 합쳐졌다. 거칠게 정욕에 빠지는 방탕함 따위는 있을 수 없었다. 그들에게는 모든 것이 조화롭고 고요했다.

일정한 경계 안에 사는 사람들은 모두 스스로 얻어낸 평화로움에 빠져 편안하고 한가로이 하늘의 은총을 만끽하며 살고 있다. 하루 세 번 얼굴을 마주하고 여느 때와 같이 별로 특별할 것 없는 이야기를 나누다 하품을 한다. 반쯤 잠에 취해 생각에 생각을 거듭하고, 이야기에 이야기를 거듭하다가 더이상 나눌 것 하나 없어, '삶이란 다 그런 것'이라며 포기한 채 하루 종일 우울감에 빠져있다 해도 이상할 것이 없다.

올가와 안드레이의 삶도 겉보기에는 평범한 사람들과 크게 다르지 않다. 새벽은 아니지만, 아침 일찍 일어나 오랜 시간 마주하고 앉아 차 마시는 것을 즐겼다. 이따금 다 귀찮다는 듯 말없이 자리만 지키고 있을 때도 있다. 그 뒤 각자의 자리로 돌아가거나 함께 일을 하기도 하고, 식사를 하거나 들판에 나가거나 음악을 듣기도 한다. 정말 평범한 사람들 같은, 오블로모프가 상상한 대로의 모습이었다.

다만 다른 점, 그들의 삶에는 졸음과 슬픔이 없다는 것이다.

그들은 삶에 대한 권태와 무감각도 느낄 새 없이, 하루하루를 보냈다. 생기 없는 눈빛 말은 조금도 찾아볼 수 없었다. 대화는 끝없이 이어지다가 때로 열기를 띠고 격해지기도 했다.

방마다 쾌활한 말소리가 들려왔으며, 정원에까지 퍼져 나가기도 했다. 두 사람은 자신의 상상을 그려내듯 말로는 이해할 수 없는 감정의 첫 움직임과, 막 떠오르는 상념의 성장, 어렴풋이 들려오는 영혼의 속삭임을 조용히 서로에게 표현하곤 했다.

그들의 침묵 또한 오블로모프가 지금까지 상상해 온 조용한 행복이었지만 때로는 서로 문제를 던지고 시험해 보거나 하는 끝없는 지적 노동이기도 했다.

영원히 새롭게 빛나는 자연의 아름다움을 때로 그들은 아무 말 없이 경이로운 듯 바라보기만 했다. 올가와 안드레이, 섬세한 두 영혼은 그 아름다움에 무뎌지지 않았다. 땅과 하늘 그리고 바다—이 모두가 그들의 감성을 자극했기 때문이다. 두 사람은 어깨를 나란히 하고 앉아, 이 창조의 빛을 하나의 영혼과 하나의 눈으로 바라보며 말없이 서로를 이해할 수 있었다.

그들은 아침을 무심히 맞이한 적이 없었다. 따뜻한 남쪽 지방, 별이 은은하게 반짝이는 새벽하늘을 아무런 감동도 없이 빠져들 수는 없었다. 쉼 없이 움직이는 생각들, 언제나 찾아오는 영혼의 설렘, 서로에게 생각을 전하고픈 갈망이 일었다!

하지만 이러한 열띤 의논과 조용한 대화, 그리고 오랜 산책의 목적은 과연 무엇이었을까?

그것은 모든 것이었다. 외국에 있었을 때 이미 슈톨츠는 혼자 책을 읽거나 연구하는 습관을 버렸다. 이곳에서 올가와 함께 생활하고부터는 생각마저도 둘이 함께하게 되었다. 그는 아내의 생각과 의지, 괴로우리만치 성급한 성격을 닮아가고 있었다.

가정생활에서 무엇을 해야 하는가, 하는 의문은 자연히 해결되어 흔적도 없이 사라져 버렸다. 그는 자신의 일과 사업에까지 아내를 끌어들여야 했다. 삶에 움직임이 없으면 그녀는 공기를 빼앗긴 듯 질식해 버리기 때문이다.

그 어떤 업무라던가 그의 영지나 오블로모프카에 관계된 사무, 회사일—무엇 하나도 올가의 참여 없이 진행되는 일은 없었다. 그녀가 읽어 보지 않으면 편지 한 통도 보내지 않았다. 생각하고 계획하는 일 하나하나도 그녀를 거쳐야 했다. 모든 일이 그런 식이었다. 그녀는 무엇이든 알고 있었고 관심을 보였다. 슈톨츠가 흥미를 가지는 일이라면 자신도 늘 함께하고자 했다.

처음에는 그녀의 눈을 피할 수 없어 이렇게 일을 처리했다. 편지를 쓰는 것도, 대리인이나 청부업자와 이야기하는 것도, 그녀가 있는 자리에서, 그녀의 눈앞에서 이루어졌다. 나중에는 그렇게 하는 것이 습관이 되었고 필연적인 것이 되어 버렸다.

그녀의 의견과 충고, 찬성이나 반대는 그에게 필수적인 기준이 되었다. 그는 아내가 자신과 같은 눈으로 사물을 이해하며 자신에게 뒤떨어지지 않는 분별력을 갖고 있음을 알게 되었다. 다른 사람들이라면 자하르처럼 아내의 그런 재능에 모욕을 느끼는 이들이 적지 않았겠지만—슈톨츠는 오히려 행복했다.

독서와 수양은 사고에 영양을 공급하고 끝없이 발전하게 한다. 올가는 자신이 보지 못한 책이나 논문이 한권이라도 있으면 매우 불쾌해했다. 슈톨츠가 생각하기에는 너무 딱딱하고 재미도 없는데다 올가가 이해하기 힘들 것 같아 보여 주지 않는 것들도 있었다. 그럴 때면 올가는 모욕감을 느꼈다. 고지식하고 속물적이라며 비난했다. 또 시대에 뒤떨어졌다면서 슈톨츠를 '구식 독일 가발'이라고 불렀다. 이런 문제로 그들 사이에는 활기 넘치고 불꽃 튀는 논쟁이 몇 번이나 연출되기도 했다.

아내가 화를 내면 남편은 웃었다. 그러면 아내는 더욱 화를 냈다. 남편이 농담을 멈추고 생각이나 지식, 독서를 아내와 함께했을 때에야, 비로소 화해할 수 있었다. 결국 그는 자신이 알고 싶고 읽고 싶은 것은 그녀에게도 모두 필요한 것임을 깨닫게 되었다.

그는 '학식 있는 아내'를 자랑하기 위해 아내에게 학문을 강요하는, 오만함 중에서도 가장 어리석은 오만함을 저지르지는 않았다. 그녀의 말속에 그런 희망을 암시하는 말이 한 마디라도 튀어나왔다면 그는 얼굴을 붉혔을 것이 틀림없다. —지식인들 사이에서는 아주 흔하고 평범하지만 현대 여성 교육으로는 당해낼 수 없는 문제에 모호한 눈빛으로 대답했을 때보다 더 얼굴을 붉혔으리라. 그는 올가가 아내로서의 역할뿐 아니라, 자신의 머리로 모든 것을 이해할 수 있기를 바랐던 것뿐이다. 올가는 그것을 남편보다 더 원하고 있었다.

그는 아내에게 도표도 만들어 주지 않고 숫자도 써주지 않았다. 하지만 모든 것을 말해 주고 많은 것을 읽어 주며, 경제이론이나 사회 및 철학문제에 대해서도 과시하거나 대답을 회피하려하지 않았다. 오히려 그는 열정적으로 이야기해 주었다. 그의 설명은 마치 지식이라는 생생한 그림을 그려서 보여 주는 듯했다. 시간이 지나 올가의 기억에서 세세한 부분은 사라졌지만, 풍부한 감성 안에서 그림은 희미해지지 않았고 색도 바래지 않았다. 그녀가 만들어 낸 우주를 비추기 위해 슈톨츠가 지펴 놓은 불도 여전히 꺼지지 않았다.

이 불은 여전히 아내의 눈 속에서 빛나고, 그가 아내에게 전한 생각의 여운은 그녀의 말에서 울려 퍼졌다. 그녀의 의식과 이해의 단계로 들어간 생각은 새로이 지혜가 되어 그녀의 말 속에서 시들지 않고 여자다운 우아함으로 빛난다. 특히 그가 말하고, 읽고 그린 모든 것에서 진주 같은 풍요로운 결실의 한 방울 한 방울이 그녀 삶의 빛나는 심연으로 떨어졌을 때. ―슈톨츠는 자랑스럽고 행복한 나머지 전율했다.

그는 사상가로서, 예술가로서, 아내를 위해 자기 안에 있는 이성적 존재일깨웠다. 살아오면서 이렇게 깊이 삶에 열중한 적은 없었다. 학창 시절에는 삶을 헤쳐나가는 과정에서 여러 경험을 하고 용감하게 스스로를 단련하며 점점 내적으로 견고해졌다. 하지만 지금처럼 깊게, 아내의 멈추지 않는 활화산 같은 정신 세계를 지켜나가며 삶에 깊숙이 파고들었던 적은 없었다!

"정말 행복해!" 슈톨츠는 혼잣말로 중얼거리며 먼 훗날을 상상했다.

저 멀리, 또 다시 새로운 모습이 그에게 미소지었다. 이기주의자 올가도 아니고 열렬한 사랑을 바치는 아내도 아니었다. 색도 향기도 바래, 아무도 모르고 누구도 찾지 않아 삶에 시들어가는 보호자―어머니도 아닌, 무언가 좀 더 다른, 고상하면서도 거의 본 적이 없는 듯한 존재였다.

슈톨츠는 꿈에서 창조자의 어머니로서 어린이들의 행복을 위해 정신적·사회적 활동에 참여하는 올가를 보았다.

과연 그녀에게 그만큼의 의욕과 힘이 있는 것일까. 그는 걱정과 두려움이 앞섰다. 그녀가 삶을 헤쳐나가는 데 필요한 용기를 내면에 간직할 수 있도록 힘을 빌려주었다. 지금이 아니면 안된다. ―두 사람 모두 젊고 강한 지금, 삶이 두 사람에게 인정을 베풀어 주고, 삶의 타격이 그다지 크지 않아 사랑 속에 슬픔을 가라앉힐 수 있는 지금 말이다.

그들에게도 힘든 나날은 있었다. 하지만 오래 가지는 않았다. 사업에 실패하거나 큰돈을 손해 보는 일도 있었다. 그러나 크게 신경 쓰지 않았다. 어느 정도 귀찮고 바빠지기는 했지만 그도 얼마 지나지 않아 잊혀 버렸다.

숙모님의 죽음으로 올가는 괴로움에 눈물을 흘렸다. 그녀의 삶에 어두운 그림자가 드리우는가 싶었지만 그것도 반년뿐이었다.

무엇보다 안타까운 두려움과 끊임없는 불안을 낳는 것은, 아이의 병이었다. 하지만 위험한 상황에서 벗어나자 다시 행복이 찾아왔다.

슈톨츠를 가장 불안하게 한 것은 올가의 건강이었다. 그녀는 오랫동안 산후조리를 해야 했다. 완전히 회복한 뒤에도 그의 걱정은 여전했다. 이보다 무섭고 슬픈 일은 없었다.

"난 정말 행복해!" 자신의 삶에 경탄한 올가가 조용히 되풀이해서 탄성을 질렀다. 행복을 느낄 때마다, 그녀는 생각에 잠겼다. 결혼을 하고 3, 4년이 지나자 그런 순간은 더 잦아졌다.

인간이란 참 이상하다! 행복으로 가득해질수록 올가는 상념에 잠겨, 오히려 걱정과 두려움에 사로잡히기 시작했다. 그녀는 조심스레 스스로를 관찰해 그 원인을 알아냈다. 그녀의 삶은 너무 조용하고 행복한 순간에 멈춰 있었다. 그녀는 애써 그런 의기소침한 생각을 털어버리고 삶을 바쁘게 이어갔다. 떠들썩함과 활기, 그리고 일거리를 바삐 찾아다녔다. 남편에게 부탁해 시내로 나가 사교계를 기웃거리기도 했지만 오래가지는 못했다.

세상의 소란스러움이 아주 잠깐 스치고 지나갔을 뿐이다.

그녀는 이 괴롭고 생소한 기분을 떨쳐내고자 자신의 작은 공간으로 서둘러 돌아갔다. 그리고 다시 가정생활의 자질구레한 걱정거리들을 파고들며 온종일 아이들 방에서 나오려 하지 않았다. 어머니 겸 보모 역할을 다하면서도 안드레이와 함께 독서에 몰두하고, '진지하고 지루한 문제'를 가지고 토론을 하거나 시를 읽고, 이탈리아 여행에 대해 상의하기도 했다.

올가는 오블로모프처럼 권태에 빠질까 두려웠다. 마비상태라고나 할까, 영혼의 잠이라고나 할까. 주기적으로 찾아오는 이 상태를 떨쳐내려 아무리 애를 써봐도 걸핏하면 행복의 꿈이 살며시 다가와 깊고 푸른 밤이 그녀를 감싸고 얕은 잠이 그녀를 묶어 버린다. 이렇게 또 삶의 휴식과도 같은 정체가 찾아온다. 당혹감과 두려움과 피곤, 그리고 정체를 알 수 없는 깊은 우수가 그녀를 휘감으면, 어쩐지 아득하고 걷잡을 수 없는 의문이 쉬지 않고 머릿속에 이어진다.

올가는 한시도 멈추지 않고 그 의문들에 귀 기울이며 자기 내면을 들여다보았지만, 무엇 하나 알아낼 수 없었다. 자신의 영혼이 무엇을 바라고, 요구하고 있는지 알아내지는 못했지만 무언가 간절하게 바라고 요구하고 있는 것만은 확실했다. 말하기 두렵지만 심지어 고뇌하고 있는 것 같았다. 이 행복한 삶만으로는 부족하다는 듯, 이 삶에 지쳐 전에 없는 새로운 무엇을 바라며 먼 훗날을 바라보고 있는 듯했다.

'도대체 이건 뭘까?' 그녀는 두려웠다.

'이 이상 바랄 필요가 있는 걸까? 더 원해도 되는 걸까? 어디로 가라는 거야? 더 이상 갈 데도 없는데! 더는 길이 없단 말야……. 정말 길이 없을까? 나는 이제 인생의 길을 다 간 걸까? 정말 이게 다일까? 이게 전부일까…….' 그녀의 영혼이 스스로에게 물었지만, 왠지 말을 끝까지 잇지 못했다. 이 영혼의 속삭임을 누군가 듣고 있는 것은 아닌지, 누가 알고 있는 것은 아닌지, 올가는 불안한 마음에 주위를 둘러보았다. 그녀의 흔들리는 눈빛이 하늘과 바다와 숲에 물었지만, 답은 어디에도 없었다.

저 멀리 텅 빈 공간에 어둠만이 깔려 있었다.

자연은 언제나 같은 말만 되풀이했다. 그녀는 시작도 끝도 없이 계속되는 단조로운 생명의 흐름을 볼 뿐이었다.

물론 올가는 이 불안에 대해 누구에게 조언을 구하면 좋을지 잘 알고 있었다. 슈톨츠라면 그녀의 모든 의문에 대한 적절한 해답을 주리라. 그러나 그 대답은 어떠할까? 만약 슈톨츠가 그녀의 의문들은 모두 무정하고 여성답지 못한 마음의 속삭임에 불과하다고, 그가 한때 숭배했던 여성은 아무리 열정을 다해 헌신해도 소용없는, 무심하고 만족이라고 모르는 영혼이었다고 말한다면 어찌할까? 이런 여자는 결국 무엇이 될까? 파란 양말*5이라도 되려는 걸까? 불쑥 찾아온 이 고통에 대해 그가 알게 된다면 아내에 대해 대단히 실망하지는 않을까!

그녀는 남편을 피해 숨거나 꾀병을 부렸다. 눈동자에는 비로드 같던 부드러움 대신 건조한 열기가 번뜩이고, 얼굴에는 무거운 먹구름이 끼었다. 아무

---

*5 Blue Stocking [E] : 청탑파(靑鞜派) 여류문학자(女流文學者)를 일컫는 말. 이 명칭은 1750년 경 런던에서 여성문학가 모임(프랑스의 문학살롱과 같은 것)에서 비롯되었다. 거기에는 남성 문학자나 재계인사들도 초대되었는데, 그곳에 참석한 벤저민 스틸링 플리트가 늘 파란 털양말을 신고 있었으므로 이 모임이 블루 스타킹 소사이어티라고 불리게 되었다. 멤버에는 엘리자베스 몬태규·해나 모어·패니 버니 등이 있었다. 남성은 호레이스 월폴을 비롯해 존슨 박사·에드먼드 버크·데이빗 개릭 등이 출입했다. 문학에 대한 흥미를 북돋아 주고 문재(文才)를 발견하는 것을 목적으로 하였지만 현재는 현학적(衒學的)인 부인들을 비유하는 말로도 쓰임.

리 노력해도 억지로나마 웃을 수도 이야기를 할 수도 없었다. 새로운 정치 소식도, 과학 분야의 새로운 발견이나 예술 분야의 새로운 작품에 대한 홍미진진한 설명도 무관심하게 흘려들었다.

그러면서도 울고 싶지는 않았다. 신경이 날카로워지고 소녀다운 감성이 눈을 떠 요동치던 과거의 한때와 같이, 갑작스러운 전율도 느껴지지 않았다. 아니, 이것은 그런 것과는 다르다!

"이건 뭐지?"

아름다운 저녁이나 잠자는 아이들을 볼 때에도, 심지어 남편이 다정한 말을 하고 손길을 건네올 때조차 갑자기 권태를 느끼고 모든 것에 홍미가 사라졌다. 그녀는 절망에 빠져 스스로에게 이렇게 물었다.

그녀는 느닷없이 화석처럼 굳어 입을 다물어 버리는가 하면 또 어느 새 자신의 이상한 증세를 감추기 위해 일부러 더 활기차게 가족을 돌보았다. 결국에는 두통을 느껴 일찍 잠자리에 들곤 했다.

하지만 슈톨츠의 날카로운 눈을 피하기는 그리 쉽지 않았다. 그녀도 이를 잘 알고 있었기에 초조한 마음으로 언젠가 과거를 참회했을 때처럼 그와의 대화를 기다리고 있었다. 드디어 그때가 찾아왔다.

어느날 밤, 두 사람은 포플러 나무가 늘어선 가로수길을 산책했다. 그녀는 기운없이 남편의 어깨에 매달려 걸으며 입을 꼭 다물고 있었다. 원인 모를 증세에 괴로워하고 있었기에 남편이 무슨 말을 해도 간단한 대답밖에 할 수 없었다.

"유모가 그러는데, 올렌카가 어제 밤에 기침을 했다는군. 내일 의사를 불러야 하지 않을까?"

"따뜻한 걸 많이 마시게 했어요. 내일은 산책을 가지 않게 하고 조금 더 상태를 지켜보죠!"

그녀가 단조로운 목소리로 대답했다. 그들은 가로수길 저 끝까지 말없이 걸었다.

"당신 왜 친구 소네치카가 보낸 편지에 답장을 안 하는 거지? 기다리다 우체국에 늦을 뻔했어. 답장도 없이 내팽개친 게 벌써 세 번째 아닌가."

"그냥 빨리 그녀에 대한 건 다 잊고 싶어요……"

그녀는 또 입을 다물었다.

"내가 대신 비추린에게 안부를 전했어. 당신한테 푹 빠져 있으니까. 이걸로 보리가 제때 도착하지 못한 것에 어느 정도 위로가 되었겠지."

그녀는 무표정하게 미소지어 보였다.

"예, 그러셨군요."

그녀가 관심 없다는 듯 대꾸했다.

"왜 그래? 당신 졸려?"

올가는 가슴이 쿵쾅쿵쾅 뛰었다. 처음 있는 일은 아니었다. 질문의 본질에 다가갈 때는 늘 그래왔다.

"아뇨, 아직." 그녀가 억지로 씩씩하게 말했다. "왜요?"

"어디 몸이 안 좋은 거 아냐?"

"아뇨. 왜 그렇게 생각하세요?"

"그냥, 좀 갑갑해하는 것 같아서!"

그녀는 두 손을 그의 어깨에 올렸다.

"아뇨, 아녜요!"

그녀는 짐짓 허물없는 말투로 부정했지만 목소리에는 갑갑함이 느껴졌다.

슈톨츠는 그녀를 가로수 그늘에서 데리고 나와 달빛 아래 마주섰다.

"날 봐!"

그는 가만히 아내의 두 눈을 바라보았다.

"당신은…… 불행해 보인다고 해야 할까, 오늘 당신 눈빛이 이상해. 오늘만이 아니야…… 왜 그래, 올가?"

그는 올가의 가느다란 허리를 잡고 다시 가로수길을 걷기 시작했다.

"사실은 말이죠…… 지금 배가 고파서 그래요!"

웃으려고 애쓰며 그녀가 말했다.

"거짓말, 거짓말하지 마! 꾸며대는 건 질색이라고!"

짐짓 화난 척하며 그가 덧붙였다.

"불행해 보인다고요?" 남편을 멈춰 세우고 그녀가 따지듯이 되풀이해 물었다. "그래요, 내가 불행하다면…… 그건 아마 너무 행복하기 때문일 거예요!"

올가의 목소리가 어찌나 다정다감하던지 슈톨츠는 자기도 모르게 그녀에게 입을 맞추었다.

그녀는 조금 용기가 났다. 가벼운 농담섞인 말이라도 그녀가 불행할지도 모른다는 지적은 그녀가 속마음을 털어놓을 수 있게 이끌어 주었다.

"갑갑하지도 않고 갑갑할 수도 없어요. 당신도 잘 알잖아요. 자꾸 믿어주지 않아서 문제이긴 하지만…… 아픈 데는 없어요, 그냥…… 가끔 좀 우울할 때가 있어요…… 자요, 다 말해 버렸어요. 당신 정말 너무해요. 당신한테는 뭘 감출 수가 없어요! 그래요, 우울한데 왜 그런지 모르겠어요!"

그녀는 슈톨츠의 어깨에 살짝 머리를 기댔다.

"그렇군! 그랬어, 그런데 왜 그러는 거지?"

그녀에게 몸을 기울이며 그가 조용히 물었다.

"모르겠어요."

"하지만 뭔가 이유가 있을 거야. 나나 당신 주변에 이유가 있는 게 아니라면 당신 자신에게 있겠지. 때론 그런 우울증은 신체적 질병의 전조일 수도 있어. 당신 몸은 괜찮아?"

"그럴지도 모르겠네요." 그녀는 진지하게 말했다.

"그렇지만 전혀 아픈 데는 없어요. 보시는대로 식사도 하고, 산책도 하고, 잠도 잘 자고 있어요. 일도 하고 있는 걸요. 그런데 갑자기 우울증 같은 게 찾아오고…… 삶이라는 게…… 왠지 무언가가 부족하다는 느낌이 들어서…… 아뇨, 못 들은 걸로 해주세요. 쓸데없는 이야기니까."

"말해 봐, 말해 보라고!" 그가 놀라서 재촉하며 물었다. "삶에 부족한 게 있는 것 같다니, 그리고 또?"

"왠지 가끔 무서워져요." 그녀가 말을 이었다.

"제발 지금이 순간이 변하지 않기를, 끝나지 않기를, 이런 생각이 들고…… 나도 잘 모르겠어요! 그러다가도 앞으로는 어떻게 될까? 바보 같은 생각에 괴로워요…… 이 행복은 뭘까…… 삶이란……" 이런 생각을 하는 자신이 부끄러웠는지 그녀는 목소리가 점점 사그라졌다.

"기쁨, 슬픔…… 자연……" 그녀는 속삭였다.

"이 모든 것이 나를 어딘가로 끌어당기고 있어요. 불만을 느끼게 되고…… 아아! 이런 바보 같은 생각을 하다니. 나도 부끄러워요…… 이런 게 헛된 망상이란 걸까요……? 신경 쓰지 말아요. 날 그렇게 바라보지 말아요……." 그녀는 남편의 품에 파고들어 애원하는 듯한 목소리로 덧붙였다.

"이 우울증도 곧 어딘가로 사라져버릴 거예요. 그럼 나도 다시 밝고 쾌활해지겠죠. 지금처럼요!"

그녀는 진심으로 부끄러워했다. 이런 '바보 같은' 이야기를 한 것에 사과라도 하려는 듯, 쭈뼛대면서도 다정하게 남편에게 몸을 기댔다.

남편 슈톨츠는 긴 시간에 걸쳐 아내에게 여러 질문을 했다. 아내 올가 역시 한참 동안 최근 자신의 내면에서 일어나는 변화에 대해 이야기했다. ─마치 환자가 의사에게 병의 증상을 설명하듯, 마음속에 북받친 슬픔을 털어놓으며 마음의 혼란을 그려냈다. 이 신기루가 어떻게 사라져 가는지 생각하고 기억해낼 수 있는 것을 하나부터 열까지 남김없이 이야기했다.

슈톨츠는 고개를 숙였다. 그는 불안과 의혹에 사로잡혔다. 아내의 아련한 고백에 모든 생각을 집중한 채 말없이 가로수길을 걸었다.

올가는 그의 눈을 들여다보았다. 그러나 아무것도 보이지 않았다. 두 사람이 세 번째로 가로수길 끝에 다다르자 올가는 남편을 돌려세웠다. 이번에는 자신이 그를 달빛 아래로 이끌고 나왔다. 그리고 무언가 묻고 싶다는 듯 그의 눈을 바라보았다.

"무슨 생각을 하세요?" 그녀가 조심스레 물었다. "내가 너무 바보 같은 소리만 해서 비웃고 있는 거죠, 그렇죠? 난 정말 바보인가봐요. 이 우울함부터가 그렇잖아요?"

그는 말이 없었다.

"왜 아무 말이 없어요?"

그녀가 답답하다는 듯 물었다.

"당신도 내가 진작부터 눈치 채고 있던 걸 알면서도 나한테 아무 말도 하지 않았잖아. 그러니까 나한테도 조용히 생각할 시간을 좀 줘. 당신은 나한테 상당히 어려운 문제를 내준 거라고."

"당신이 그러면 나는 당신이 혼자서 무슨 생각을 할지 고민하고 속을 태우겠죠. 내가 그런 말을 하는 게 아니었어요!" 그녀는 다시 덧붙였다.

"무슨 이야기라도 해봐요."

"무슨 이야기할 게 있겠어?" 슈톨츠가 깊은 생각에 잠겨 말했다.

"어쩌면 아직 신경쇠약이 남아있는지도 모르지. 그렇다면 당신이 어떤 상태인지 내가 아니라 의사가 봐야 할 거야. 내일이라도 의사를 불러야……

하지만 그게 아니라면……" 그는 말을 하면서도 생각에 잠겨 있었다.

"'그게 아니라면.' 뭐예요? 말해 봐요!" 그녀는 참지 못하고 다그쳤다.

그는 계속해서 생각에 잠긴 채 걸음을 옮겼다.

"뭐냔 말예요!" 남편의 손을 흔들며 그녀가 졸라댔다.

"어쩌면 상상력이 지나쳤던 것인지도 모르지. 당신은 활력이 넘치니까…… 하지만 경우에 따라서는 당신이 성숙해져서 그런 때가 온 건지도……." 그는 작은 목소리로, 혼잣말하듯 중얼거렸다.

"안드레이, 부탁이니 크게 말해 줘요! 당신이 그렇게 혼잣말하는 건 못 참겠어요." 그녀가 떼를 쓰듯 말했다.

"내가 바보 같은 소릴 한 건데, 그렇게 고개 숙이고 혼자서만 그러면 어떡해요! 나는 이제 무서워요. 당신과 이렇게 어둠 속에 있는 게 무섭다고요……."

"나도 무슨 말을 해야 할지 몰라서 그래. '우울함이 덮쳐오고 왠지 모를 의문에 마음이 술렁인다.' 이걸로 뭘 어떻게 이해하겠어? 이 문제는 나중에 다시 이야기하지. 그때 다시 생각해 보자고. 아무래도 당신은 바다에서 수영이라도 하며 기운을 차리는 게 좋을 것 같아……

"당신이 그랬잖아요. '만약에…… 경우에 따라서는…… 성숙해져서……' 그게 무슨 뜻이에요?"

그녀가 물었다.

"생각해 봤어……." 자기가 하는 말을 부끄러워하는 듯, 자기 생각에 확신이 들지 않는 듯, 슈톨츠는 깊은 생각에 잠긴 목소리로 천천히 말을 꺼냈다.

"잘 들어. 다들 그런 때가 있어…… 그러니까, 내가 하고 싶은 말은, 이게 신경쇠약 증상이 아니라면, 당신이 정말 건강하다면, 당신은 완전히 성숙해서 성장이 멈추는 때에 이르렀는지도 몰라. 수수께끼가 사라지고 삶이 모조리 드러나 버리는 그런 시기 말야……."

"아무래도 당신은, 내가 나이가 들었다고 말하고 싶은 것 같네요." 그녀는 재빨리 그의 말을 잘랐다.

"그건 실례예요!" 그녀가 따져 말했다.

"나는 아직 젊어요! 힘이 넘친다고요." 그녀는 몸을 쭉 펴며 덧붙였다.

슈톨츠는 웃음을 터뜨렸다.

"걱정 마." 그가 말했다.

"내가 보기에 당신은 평생 나이 먹을 생각이 없는 것 같으니까! 아, 그게 아니지…… 나이를 먹으면 힘이 빠져서 삶과의 투쟁을 그만두게 돼. 하지만 당신의 우울증이나 고민은, 내 생각대로라면 오히려 힘이 넘치고 있다는 증거야…… 활기로 가득 차 만족을 모르고 쉼 없이 의문을 던지는 지성의 탐구가 일상의 한계를 넘어 저 멀리까지 꿰뚫고 나아가려는 거지.

그런데 답을 얻을 수 없으니 우울증이 머리를 들이미는 거야…… 일시적인 삶의 불만이 말야…… 삶의 비밀을 캐내려는 영혼의 고민이지…… 어쩌면 당신도 그런 것일지도 몰라……그렇다면 그것은 바보 같은 짓이 아니야."

그녀는 안도의 한숨을 내쉬었다. 두려움과 불안이 사라졌다는 기쁨 때문인 것 같았다. 남편은 자신에게 실망하지 않았다. 그뿐인가…….

"하지만 난 행복해요. 내 이성은 잠들어 있지 않고, 공상에 빠져있지도 않아요. 삶이 단조로운 것도 아닌데 더 이상 뭐가 필요하겠어요? 그런데 왜 그런 의문이 떠오르는 걸까요?" 그녀가 하소연했다.

"이건 병이에요. 강박증이라고요!"

"그래, 아직 연약해 갈 곳을 모르는 불완전한 지성에게는 강박적일지도 모르지. 맞아, 그러한 우울과 의문들로 인해 이성을 잃고 마는 사람들도 더러 있었어. 어떤 사람들에겐 허깨비로 보일지도 모르니……. 망상과도 같이 말야."

"행복이 넘쳐흐르고 있어요. 이런 삶이 쭉 이어지기만을 바랄 뿐이에요…… 그런데 생각지도 않은 괴로움이 섞여 들어와서……"

"아! 그건 프로메테우스*6의 불에 대한 대가야! 참고 견디는 것만으로는

---

*6 Prometheus : 그리스 신화에 나오는 티탄족(族) 이아페토스의 아들. 이름은 '먼저 생각하는 사람'이란 뜻. 주신(主神) 제우스가 감추어 둔 불을 훔쳐 인간에게 내줌으로써 인간에게 맨 처음 문명을 가르친 장본인으로 알려져 있다. 불을 도둑맞은 제우스는 복수를 결심하고, 판도라 (Pandora)라는 여성을 만들어 프로메테우스에게 보냈다. 이때 동생인 에피메테우스 (Epimetheus, '나중에 생각하는 사람'이라는 뜻)는 형의 제지에도 불구하고 그녀를 아내로 삼았는데, 이로 인해 '판도라의 상자' 사건이 일어나고, 인류의 불행이 비롯되었다고 한다. 또한 그는 제우스의 장래에 관한 비밀을 제우스에게 밝혀 주지 않았기 때문에 코카서스(캅카스)의 바위에 쇠사슬로 묶여, 날마다 낮에는 독수리에게 간을 쪼여 먹히고, 밤이 되면 간은 다시 회복되어

부족해. 그 우울증을 사랑해야 해. 의혹이나 의문들을 존중해야 하지. 삶의 여유가 넘치는 데서 나오는 하나의 사치라고 할 수 있어. 행복의 절정에 이르렀을 때에 찾아오는 거니까. 평범하고 일상적인 삶 속에서는 생겨나지 않아. 슬픔이나 가난에 쫓기는 세계에서는 그런 문제를 따질 때가 아닐 테니까 말야. 그래서 수없이 많은 사람들은 평범한 길을 나아갈 뿐, 그런 의혹의 안개와 의문의 고뇌 따위는 알지도 못해…… 그러니 드물게 이 어려움과 맞닥뜨린 사람에게 그것은 결코 파괴적인 고난이 아니라, 크게 환영해야 할 손님이라 할 수 있겠지."

"하지만 너무 힘겨운걸요. 우울해지고 무관심해져요…… 매사에 무기력해진다고요……" 그녀는 최대한 우울하게 덧붙였다.

"그렇지만 그게 오래 가겠어? 그런 의문들이 조만간 당신 삶에 새로움을 안겨다 줄 거야." 그는 말했다.

"아무 해답도 없을 것 같은 두려운 심연으로 끌려 간 다음에는 더 큰 애정을 갖고 삶을 바라보게 될 거야. 다시는 침체되지 않도록 시련을 견뎌내는 힘이 길러질 거야."

"뭔지 모를 안개와 수많은 환영에 시달리고 있어요." 그녀가 호소했다.

"모든 게 환했었는데, 갑자기 불길한 그림자가 삶을 덮쳐오다니! 정말 무슨 방법이 없을까요?"

"왜 없겠어! 삶에는 언제나 버팀목이 있게 마련이야! 그러면 있는 힘을 다해 삶을 살아가게 돼! 이게 없다면 삶에 의혹이 없었다 해도 살아가기 싫었을 거야!"

"그럼 어떻게 해요? 그냥 의혹에 몸을 맡긴 채 비통에 잠겨야 하나요?"

"천만에." 그가 대답했다.

"의연한 정신으로 무장하고 꾸준히 자기 길을 나아가야지. 우리는 티탄*7

영원한 고통을 겪게 되었다. 그러다가 마침내 영웅 헤라클레스에 의해 독수리가 사살되고, 자기 자식 헤라클레스의 위업(偉業)을 기뻐한 제우스에 의해 고통에서 해방되었다고 한다.

본문에서 슈톨츠가 말하는 프로메테우스의 불이란 금기(禁忌)를 의미한다. 주신 제우스가 정한 금기를 깸으로써 프로메테우스도 대가를 치르게 되지만 문명을 깨우친 인간들도 그에 따르는 괴로움을 겪게 된다. 문명이 인간에게 선물만은 아니었던 것이다.

*7 Titan : 그리스 신화에서 올림포스 신족이 등장하기 이전에 세계를 지배하던 거인족의 신. 통례적으로 오케아노스, 코이오스, 크리오스, 히페리온, 이아페토스, 크로노스의 6주의 남신과 테이

이 아니니까 말야." 그는 아내를 끌어안으며 말을 이었다.

"우리는 맨프레드*8나 파우스트*9와 같이 거대한 문제들을 상대로 대담하게 싸울 수는 없어. 그런 도전을 받을 수도 없고, 그저 고개 숙이고 힘겨운 시간이 지나가기를 조용히 기다리는 거야. 그러면 또 삶이 행복의 미소를 지어줄 테니까. 그리고……."

"하지만 이 우울이 사라지지 않으면요? 점점 심해지고 불안해지면요?" 그녀가 끈질기게 물었다.

"어쩔 수 없지! 그 또한 삶의 일부로 받아들일 수밖에…… 하지만 그럴 리는 없어. 우리에게는 일어나지 않을 일이지! 그건 당신만의 고민이 아니라, 인류 공통의 고민이니까 말야. 그 거대한 고민의 호수에서 당신에게 물한 방울이 튄 거라 할 수 있겠지. 두려움은 인생에서 뒤처진 사람들을 위한 거야. 지탱해 줄 그 무엇도 없을 때 말이야. 삶에 버팀목이 없어졌을 때뿐. 그런데 우리에게는……아, 당신의 우울증이 다른 어떤 병이 아니라 내가 생각한 것이 맞으면 좋으련만……병이라면 큰일이야. 나는 손 쓸 방법도 없이 무력하게 쓰러져 있을 수밖에 없을 테니. 그것만 아니라면, 그런 안개 같은, 종잡을 수 없는 우울증이나 의문들 따위가 어떻게 감히 우리의 행복을 앗아

아, 레아, 테미스, 므네모시네, 포이베, 테티스의 6주의 여신을 말하며, 모두 우라노스(하늘)와 가이아(땅)의 자식. 이들 이름의 일부는 그리스어로는 설명되지 않는 점에서 선주민족에서 계승된 것이라고 생각되며, 또한 일부는 추상명사의 의인화이다. 신화에서는 상기 12신의 막내인 크로노스가 아버지 우라노스의 양물을 잘라서 천지의 지배권을 빼앗았는데, 그를 우두머리로 하는 티탄신족은 결국 크로노스의 막내 제우스를 맹주로 하는 올림포스신과의 10년간에 걸친 싸움에 패하고 땅 속 먼 타르타로스에 유폐되었다고 한다. 또한 히페리온과 테이아의 자식인 태양신 헬리오스, 이아페토스의 자식 아트라스, 프로메테우스 등도 가끔 티탄이라는 이름으로 불린다.

*8 Manfred : 영국 시인, 바이런의 극시. 1817년 간행. 맨프레드 백작은 과거 불륜의 사랑으로 애인을 죽게 한 죄책감에 시달리다가 생에 절망하여 알프스 산중으로 들어간다. 그곳에서 그는 마술의 힘을 빌려서 천지(天地)의 칠정령(七精靈)을 불러 자기 망각의 길을 물어보지만 뜻을 이루지 못한다. 그래서 깊은 계곡에 몸을 던지려고 하였으나 사냥꾼이 이를 막아 자살도 하지 못한다. 드디어 예언의 시간이 되자 덤벼드는 악마에게 "이제 더 이상 너의 희생물이 되지 않겠다. 내 자신을 파괴해 온 나다. 앞으로도 그렇게 할 것이다" 하고 저주하며 죽는다. 바이런의 근대적 자아의식을 가장 강렬하게 표현한 대표작이다. 이 작품을 소재로 한 음악작품으로 슈만의 부수음악(1848~1849)과 차이코프스키의 교향시(1885)가 유명하다.

*9 Faust : 독일의 문호 요한 볼프강 폰 괴테(Johann Wolfgang von Goethe)가 무려 60여 년에 걸쳐 집필한 희곡. 이 작품에는 인간을 둘러싼 가장 중요한 명제들이 모두 다루어지고 있는 바, 천상과 지상의 교통, 참회와 구원, 신의 섭리와 은총 그리고 '영원히 여성적인 것' 등이다.

갈 수 있겠어. 우리의……"

그가 말을 마치기도 전에, 올가는 실성한 사람처럼 갑자기 남편에게 달려들어, 두 팔로 그의 목을 꼭 끌어안았다. 그녀는 한 순간 바커스*¹⁰의 시녀*¹¹처럼 열정적으로 무아지경 속에 몸을 맡겼다.

"정체도 모르는 우울증도, 병도……죽음조차 우리 행복을 빼앗아 갈 수는 없어요!" 안심한 나머지 마음이 들뜬 올가는 다시 행복으로 충만해져, 환희에 찬 목소리로 속삭였다. 지금만큼 열정적으로 남편을 사랑한 적이 없었던 것 같은 느낌마저 들었다.

"운명이 당신의 속삭임을 엿듣지 않게 조심해." 슈톨츠는 미신같은 말로 다정하게 주의를 준다.

"배은망덕하게 보이면 큰일 나! 운명은 자기의 선물을 소중히 여기지 않는 사람을 미워한다고. 지금까지 당신이 조금씩 삶을 배워왔다면 이제부터는 그것을 실감하게 될 거야. 뭐, 기다려봐. 삶이 그 정체를 드러내는 순간, 슬픔과 고통이 시작될 테니까. 이제 시작이야. ─그런 의문을 떠올릴 겨를도 없을 거야. 힘을 아껴 둬!"

아내의 열정적인 행동에 말해 주듯, 슈톨츠는 혼잣말처럼 작은 목소리로 이렇게 덧붙였다. 그 말속에는 우울함이 깃들어 있었다. 이미 아득한 저 먼 곳에서부터 그녀를 향해오는 '슬픔과 고통'을 보기라도 한 것처럼.

순간, 남편의 가라앉은 목소리에 충격을 받은 올가는 조용히 입을 다물었다. 남편을 한없이 믿고 있었기에 그녀는 그 목소리조차 신뢰했다. 그렇기 때문에 남편의 심각함이 더 크게 다가왔고 그에 이끌려, 집중하며 자신의 내부 세계로 빠져들었다.

---

*10 Bacchus : 그리스 신화에 나오는 주신(酒神) 바커스(디오니소스)의 여신자. 머리는 담쟁이덩굴·떡갈나무·단풍나무의 잎으로 장식하고, 손에는 티르소스라고 하는 지팡이를 들고 짐승 가죽을 몸에 걸친 모습으로 열광적인 가무(歌舞)를 즐겼다. 신으로부터 특별한 힘을 얻어 나무를 뽑거나 맹수를 때려 죽이는 등의 광폭성을 지니기도 했지만 한편으로는 포도를 따고 포도주를 만드는 등, 주신(酒神)의 평화로운 일면을 상징하는 요소도 갖고 있었던 것으로 생각된다.

*11 ménade : 메나드 여신을 가리킨 것으로 보인다. 메나드는 주신 바커스를 섬기는 무녀이자 시녀로 비극적 계시와 광란에 타락한 여인이다. 디오니소스가 아내를 잃고 절망에 빠진 오르페우스를 메나드에게 보내자, 몸을 갈기갈기 찢어 머리를 헤브로스 강에 던져버렸다는 이야기만 보아도 그 광기가 어느 정도인지 알 수 있다. 사람을 이로 물어뜯는 적도 있는 메나드의 이 이중적 성격은 영원한 윤회에 대한 고뇌와 쾌락으로 이어져 바커스신의 이중성을 설명하기도 한다.

올가는 남편에게 기댄 채, 완강히 침묵을 지키며 가로수길을 천천히, 기계적으로 걸었다. 남편의 시선을 따라 조심스레 삶의 먼 훗날을 바라보았다. 그의 말대로라면 '시련'의 때가 찾아들고, '슬픔과 고통'이 기다리고 있을 그곳을.

그녀는 다른 꿈을 꾸기 시작했다. 깊고 푸른 밤이 아닌 삶의 새로운 면이 열렸다. 더 이상 끝없는 풍요에 둘러싸여 그와 함께 조용히 살아가는, 맑고 즐거운 세계가 아니었다.

아니, 그녀가 본 것은 눈물로 젖어 있는 상실과 빈곤, 그리고 피할 수 없는 희생의 족쇄였다. 안락 속에 피어나는 몽상에는 금욕과 절제가 강요되고, 전에 없던 감정이 불러일으킨 통곡과 비탄의 삶을 보았다. 질병, 가정파탄, 남편의 죽음 등이 상상 속에 떠올랐다.

그녀는 두려움에 몸서리치면서도 용기와 호기심에 타오르는 눈으로, 새로운 삶의 모습을 바라보았다. 두려움을 끌어안은 채, 이리저리 살펴보며 자신이 견뎌낼 수 있을지 가늠해 보았다. 사랑만이 이 꿈 속에서도 그녀를 배신하지 않았다. 새로운 삶에서도 사랑은 그녀의 충실한 보호자였다. 하지만 그 사랑조차도 지금까지와는 전혀 다른 종류였다!

뜨거운 숨결도 없고 찬란한 빛도, 깊고 푸른 밤도 없었다. 그런 사랑은 몇 년이 흘러 무자비하고 위협적으로 변해 버린 삶으로부터 그녀를 지켜준 진보된 사랑에 비하면 어린아이 장난처럼 느껴졌다.

이 사랑에서는 입맞춤 소리도 웃음소리도 들리지 않았다. 자연과 삶의 축제가 벌어지는 꽃밭에서 나누던 가슴 떨리는 이야기도, 억눌린 열정의 떨림도 없다. 이 모든 건 '시들어 사라져 버렸다'.

하지만 시들어 사라지지 않는 사랑은, 슬픔을 함께 나누는 불행한 순간에도 생명의 힘처럼 두 사람의 얼굴에 강하게 새겨졌다. 같은 고통을 끌어안으며 말없이 오가는 눈빛 속에서 빛을 발했다. 인생의 시련에 맞서 함께 견뎌나가는 인고 속에서 애써 감춘 눈물과 억눌린 통곡 속에서도 느낄 수 있었다.

걷잡을 수 없는 우울함과 의문들 속에서 올가는 다른 꿈을 품게 되었다. 아득히 멀지만 또렷하고 단단한 꿈이었다.

마음을 가라앉혀 주는 남편의 확고한 충고와 그를 향한 한없는 신뢰로 인해 그녀는 수수께끼 같이 기괴한 불안감과 불길한 미래의 꿈을 떨쳐내고, 다시 한 번 앞날을 향해 즐거운 발걸음을 뗄 수 있었다.

우울함의 '안개'가 걷히자 아내와 어머니로써 해야 할 일이 가득한 밝은 아침이 찾아왔다. 한편에서는 화단과 들판이 부르고 있었고, 또 한편에는 남편의 서재가 기다렸다. 그녀는 더 이상 느긋한 마음으로 내키는 모든 것을 스스로에게 허락하는 삶을 살고 있지 않았다. 씩씩하게 체계적인 삶의 준비를 하며 예측할 수 없는 앞날을 기다렸다.

그녀는 부쩍 성숙해졌다. 안드레이는 그의 이상 속 여자와 아내란 어차피 실현될 수 없는 것임을 깨달았다. 하지만 그는 올가를 통해 자신의 허약함을 발견하는 것만으로도 행복했다. 그조차도 그는 기대하지 않았던 것이다.

그는 한평생을 한 가지 일로 적잖게 고민해야 했다. 자존심이 강하고, 긍지 높은 올가 앞에서는 남자로서의 위엄을 계속 일정 수준으로 유지해야 했다. 저속한 질투 따위가 아니라 영롱한 삶을 흐리지 않기 위해서다. 만에 하나 남편에 대한 그녀의 신뢰가 조금이라도 흔들린다면 얼마든지 일어날 수 있는 일이다.

평범한 여자에게는 전혀 필요 없는 것이다. 그들은 결혼을 하면 남편의 좋은 점도 나쁜 점도 순순히 받아들이고 주어진 상황과 환경에 반발하지 않고 타협한다. 처음 느낀 가벼운 이끌림에 저항할 수 없다고 곧 바로 단정짓고 망설임없이 굴복한다. 저항할 이유조차 찾지 못한다. 이것은 운명이다, 여자는 열정에 약하다. 따위의 말을 한다.

예를 들어 남편이 지적 능력이 남들보다 우수한 아주 매력적인 남자라 해도 그런 여자들은 남편의 우월함을 기껏 비싼 목걸이 정도로밖에 자랑스러워하지 않는다. 그조차 남편의 지적 능력이 자신들의 한심한 잔재주를 간파하지 못했을 동안만이다. 그 지적능력이 그들의 교활하고 얼토당토않은, 때론 사악한 천성을 꿰뚫어 보려 한다면, 귀찮고 거추장스럽게 여기는 것이다.

올가는 운명에 대한 맹목적인 복종이라는 논리도 모르고, 여성의 천박한 열정이나 끌림도 이해하지 못했다. 자신이 선택한 사람의 장점과 자신에 대한 권리를 확인하고서야 그 남자를 신뢰했고, 신뢰하기에 사랑했다. 신뢰를 잃으면 사랑도 잃는 것이다. 오블로모프 때처럼. 그 시기에는 그녀의 발걸음이 아직 확고하지 못했고 의지도 흔들리고 있었다. 이제 막 삶을 관찰하고 살피기 시작해 자신의 성격이나 진가에 대해 미처 알기도 전이었다. 창조적인 삶의 여정을 아직 시작하지 않아 인생의 방향을 짐작조차 못하던 시기였다.

지금의 그녀는 안드레이를 맹목적이 아니라 의식적으로 신뢰하고 있다. 그녀의 이상형인 완전한 남성이 그의 안에서 구현되어 있었다. 아내가 남편을 의식적으로 신뢰하면 할수록 항상 그 위치를 유지하고 그녀의 가슴 속뿐 아니라 상상에서까지 영웅으로 군림해야 하는 그는 한층 더 곤란함을 느꼈다. 그녀는 남편을 굳게 믿고 있었기 때문에 그와 자신 사이에는 하느님이 아닌 그 어떤 중개인도 인정하지 않았다.

때문에 그녀는 자신이 인정한 남편의 장점이 털끝만큼이라도 가치를 떨어뜨리는 것을 참지 못했다. 그의 성격이나 지성에서 조금이라도 이상한 음이 들려온다면 모든 것을 뒤흔드는 불협화음을 불러일으키게 될 것이다. 무너진 행복은 그 폐허 아래 그녀를 묻어버리리라. 그녀의 힘이 무사히 남아있다면 그녀는 다시 한 번 시도하려……

하지만 그것은 틀렸다. 그녀 같은 여자는 실수를 되풀이하지 않는다. 이 정도의 신뢰와 사랑이 무너지면 두 번 다시 회복할 수 없다.

슈톨츠는 시들지 않는 봄처럼 만개해 있었다. 가슴을 설레게 하는, 자신의 삶에 충만한 깊은 행복을 느끼고 있었다. 그는 한눈팔지 않고 삶을 지키며 소중히 보살폈다. 다만 올가가 멸망의 구렁에서 종이 한 장 위에 놓여 있었음을 떠올리자, 마음 깊은 곳에서 공포심이 치솟아 올랐다. 자신이 찾아낸 행복, 하나로 녹아든 이 두 존재의 삶이 서로 어긋났을지도 모른다. 삶의 여정에 대한 무지가 무서운 실수를 불러왔을지도 모른다. 오블로모프는……

그는 몸서리를 쳤다. 말도 안 된다!

만약 올가가 오블로모프가 준비한 삶을 살아간다면! 무의미하게 하루하루를 보내고 있는 올가. 시골 마님으로 아이들이나 돌보며, 가사에만 열중하는 게 전부라니!

모든 의문과 탐구심, 열정적으로 끓어 넘치는 생명력은, 바쁘게 되풀이되는 가정생활과 손님맞이, 가족모임과 제사준비, 생일과 가문의 명명일, 그리고 남편의 게으름과 잠 속에서 사라져 가리라!

결혼은 내용이 아닌 형식이 되고, 목적이 아닌 수단이 되어 버리겠지. 방문과 접객, 연회와 야회, 그리고 허무하고 쓸데없는 재잘거림. 이를 위해 언제나 변치 않는 커다란 틀이 될 뿐!

그녀가 그런 삶을 어떻게 견뎌낸단 말인가? 처음에야 삶의 비밀을 찾으며 발버둥치고 울며 고민하겠지만, 어느새 점점 익숙해지며 먹고 자고 살이 찌고 결국에는 무뎌지겠지…….

아니, 그녀는 결코 그렇게 되지 않을 것이다. 울며 괴로워하다가 점점 수척해져, 사랑하지만 선량하고 무력한 남편의 품 속에서 죽어 갈 것이다…… 가엾은 올가!

하지만 그녀 안의 불이 다 꺼지지 않고, 생명의 힘이 완전히 죽지 않은 채 시련을 견디고 자유를 구한다면 어떻게 될까? 그녀가 잠시 약한 손을 붙잡는다면, 힘세고 날카로운 눈을 가진 독수리처럼 갑자기 날갯짓을 하여 자기보다 더 힘세고 늠름하고 날카로운 눈을 가진 수컷 독수리가 있는 높은 바위를 찾아 날아간다면? 불쌍한 일리야!

"불쌍한 일리야!"

어느날 안드레이는 옛일을 떠올리며 무심코 소리쳤다.

올가는 이 이름을 듣자마자 자수를 두던 손을 무릎에 떨어뜨렸다. 그러더니 머리를 뒤로 젖히고 깊은 생각에 잠겼다. 남편의 외침이 파장을 불러일으켰으리라.

"어떻게 지내실까?" 잠시 뒤 그녀가 물었다. "소식을 알 수 없을까요?"

안드레이는 어깨를 으쓱거리기만 했다.

"생각해 보면," 그가 입을 열었다.

"우리는 우편이라는 게 없었던 시절처럼 살고 있는 거나 다름없어. 각자의 길로 헤어져 버리면, 서로 죽은 사람으로 여기며 살던 시대, 정말 소식조차 모르고 삶을 마치던 그런 시대 말야."

"누구든 좋으니 그분의 친구들에게 또 편지를 보내 보는 게 어때요? 무슨 소식이라도 알 수 있을 거예요. 그……"

"굳이 친구한테 부탁하지 않아도 무사하다는 것 정도는 알고 있어. 다른 건 몰라도 여전히 그 집에서 살고 있는 것 같더군. 우린 타인이야. 그가 어떻게 됐는지, 인생을 어떻게 견뎌내고 있는지, 정신적으로 죽어버린 건 아닌지, 생명의 불꽃이 아직도 작게나마 타오르고 있는지 어떻게 알겠어."

"그런 말 하지 말아요, 안드레이. 듣기만 해도 무서워요. 속상하다고요! 소식이 궁금하기도 하지만, 무섭기도 하단 말예요……"

올가는 당장이라도 울음을 터뜨릴 것 같았다.

"봄이 오면 페테르부르크에 갈 테니까, 그때 소식을 좀 알아볼게."

"알아보는 것만으로는 안돼요. 우리가 할 수 있는 일은 다 해야……."

"내가 아무것도 안 했다고 생각해? 나는 입에서 단내가 날 정도로 충고했어. 안달복달하면서 집도 정리해 줬다고. 그런데 무슨 반응이라도 있었나? 만나서 이야기하고 있을 때는, 무슨 일이라도 다 할 것처럼 굴다가도 뒤돌아서면 그걸로 끝인데. 바로 잠들어 버리지. 무슨 주정뱅이 뒷바라지하는 것 같다니까!"

"그러게 왜 더 지켜보지 않고 뒤돌아서 가 버리는 거예요?" 올가는 답답하다는 듯 말을 잘랐다.

"그분은 마음 단단히 먹고 강한 방법을 써야 한다고요. 마차에 태워서 데려와야 해요. 이번에 우리는 영지로 이사 가잖아요. 그분도 우리 가까이서 살게 해요…… 네? 데리고 와요!"

"맙소사. 엄청 귀찮아지겠군!" 안드레이는 방 안을 걸어다니며 생각에 잠겨 말했다.

"끝이 없어!"

"귀찮으신가요?" 올가가 물었다.

"몰랐어요! 이 정도 일로 불평하실 줄이야. 당신이 불평하는 건 처음 들어 보네요."

"불평하는 게 아냐." 안드레이가 말했다.

"난 그저 내 생각을 말했을 뿐이라고."

"어떻게 그런 생각을 하실 수 있어요? 당신, 속으로는 거추장스럽고 짜증난다고 생각하신 거죠, 그렇죠?"

올가는 시험하는 눈빛으로 남편을 바라보았다. 그는 고개를 저었다.

"아니, 거추장스러운 게 아냐. 소용없다는 거지. 가끔 그런 생각이 들어."

"더 이상 말하지 말아요. 말하지 말아요!" 그녀가 말을 막았다.

"나는 또 지난주처럼 이 문제로 끙끙댈 거예요. 우정이 사라졌다 해도 인간적인 도리로 그분을 돌봐드려야 해요. 싫다면 나 혼자라도 갈 거예요. 그분을 데려오지 않고는 돌아오지 않을 거라고요. 내 눈물을 보면 그분도 움직이지 않고는 못 배길 걸요? 그분이 살해당했거나 죽어버렸다면 나는 큰소리로 울어버릴 거예요. 하지만 어쩌면 제 눈물의 힘으로……."

"그가 살아 돌아올지도 모른다고?" 안드레이가 말을 잘랐다.

"아뇨. 세상의 이치라는 게 있으니 살아 돌아올 수는 없다 해도, 적어도 자기 주위를 둘러볼 수 있게, 삶을 조금이나마 좋은 방향으로 바꿀 수 있지 않을까요? 그러면 그 사람도 진흙탕이 아니라, 자기와 비슷한 사람들 곁에서 우리와 함께 보낼 수 있잖아요. 예전에도 잠깐 나를 본 것만으로 한 순간 정신을 차린 것처럼 스스로를 부끄러워했는걸요……."

"당신 혹시 아직 그를 사랑하고 있는 건 아니겠지?" 안드레이는 반농담처럼 물었다.

"아니에요." 올가는 농담이 아니라 과거를 회상하는 눈빛으로 생각에 잠겨 대답했다.

"예전처럼 그분을 사랑하지는 않아요. 하지만 그분이 갖고 있는 무언가를 사랑하고 있어요. 나는 그 마음을 소중히 간직할 거예요. 누구처럼 마음이 변하지는 않을 거예요……."

"누구라니? 말해 봐. 이 독뱀. 자, 찔러봐. 독을 넣어보라고. 나를 두고 하는 말이야? 잘못 생각했어. 정말 이 말이 듣고 싶다면 말해 주지, 당신이 그를 사랑하도록 가르쳐준 것도 바로 나라고. 덕분에 하마터면 말도 안되는 일이 벌어질 뻔했지. 내가 아니었다면 당신은 그녀석한테 눈길도 주지 않고 스쳐지나가 버렸을 거야. 그는 다른 사람 못지않은 지성을 가졌지만 그냥 묻혀 있을 뿐이지. 온갖 쓰레기 밑에 깔려서 하는 일 없이 게으르게 잠만 자고 있다고 알려준 것도 나야. 가르쳐 줄까? 그가 왜 당신에게 소중한 건지, 왜 당신이 아직 그를 사랑하고 있는지?"

그녀는 알려달라는 듯 고개를 끄덕였다.

"그는 그 어떤 지성보다 소중한 것을 갖고 있어. 바로 결백하고 진실한 마음! 그건 일리야가 태어날 때부터 가지고 나온 보물이지. 일리야는 그것을 조금도 망가뜨리지 않고 살아왔어. 하지만 여러 사건을 겪으면서 몇 번인가 쓰러지다보니 점점 열정도 식어 갔지. 결국에는 생활력을 잃고 절망 속에서 죽은 사람처럼 잠에 빠져버린 거야.

하지만 결백과 진실만은 잃지 않았어. 그의 마음은 한 번도 거짓말을 하지 않았어. 어떤 더러움에도 물들지 않았고, 아무리 꾸며대 봤자 거짓으로 그를 유혹하거나 거짓된 길로 끌어들이지는 못해. 그의 주위에 악과 더러움이 노도처럼 휘몰아치고 온세상이 독에 물들어 모든 것이 뒤집힌다 해도 오블로모프만은 절대 거짓 우상에 무릎 꿇지 않아. 그의 마음은 언제나 밝고 깨끗하고 정직할 테니까⋯⋯. 그야말로 수정 같은 영혼이지. 그런 인간은 많지 않아. 아니, 거의 없다고 할 수 있지. 군중 속의 진주라고나 할까! 그의 마음은 무엇을 주고도 꾀어낼 수 없어. 언제 어디서든 기댈 수 있는 남자야. 그래서 당신은 아직 그에게 마음이 있는 거겠지. 나도 그를 보살피는 일을 결코 귀찮다고 생각하지는 않아. 훌륭한 사람은 수없이 만나봤지만, 그처럼 깨끗하고 고귀하고 정직한 마음을 느껴본 적은 없었어. 좋아한 사람은 많았지만 오블로모프만큼 강하게 날 잡아끌었던 친구는 없었거든. 그의 사람됨을 알게 되면 그 사랑은 결코 식을 수 없어. 그렇지? 내 생각대로지?"

올가는 일하던 손 위로 눈을 떨구고는 아무 말도 하지 않았다. 안드레이는 생각에 잠겼다.

"이게 다가 아닌가? 아직 뭐가 더 있었나? 아, 그렇지! ⋯⋯" 그는 문득 생각났다는 듯 기분 좋게 덧붙였다.

"완전히 잊고 있었네. '비둘기 같은 다정한 애정'을⋯⋯"

올가는 웃음을 터뜨리며 재빨리 자수를 내려놓았다. 안드레이 곁으로 달려가 두 팔로 그의 목을 끌어안고는 반짝이는 눈으로 가만히 남편의 얼굴을 바라보았다. 이윽고 그 어깨에 머리를 기댄 채 생각에 잠겼다. 그녀의 추억 속에서 꿈꾸는 듯한 오블로모프의 얼굴, 다정한 눈빛 그리고 격식 차린 말투가 살며시 되살아났다. 헤어질 때 올가의 비난에 부끄러워하며 안쓰럽게 지어 보이던 미소도 떠올랐다. 그녀는 아무 말도 할 수 없을 만큼 가슴이 먹먹해졌다. 갑자기 그가 가엾어졌다.

"당신은 그분을 내버려두거나 버리지는 않으실 거죠?"

남편의 목에서 팔을 풀지 않고 그녀가 말했다.

"절대로! 갑자기 우리 앞에 심연이나 높은 장벽이 생기지 않는 한⋯⋯"

그녀는 남편에게 입을 맞추었다.

"페테르부르크에 가면 날 그분에게 데려가 줄 거죠?"

그는 아직 결심이 서지 않은 듯 아무 말도 하지 않았다.

"그럴 거죠? 네?"

그녀는 끈질기게 대답을 요구했다.

"하지만, 올가." 그녀의 팔에서 목을 빼려고 애쓰며 그가 말했다. "그전에 먼저……"

"아뇨, 말해 줘요. 그러겠다고 약속해 줘요. 난 꼭 그렇게 해야겠어요!"

"약속하지. 하지만 처음 갈 때는 안 돼. 두 번째 갈 때 만나도록 하지. 당신이 어떤 마음일지 알아, 만약 그가……"

"말하지 마세요, 말하지 말아요! 데려가 줄 거죠? 우리 둘이 할 수 있는 일을 하는 거예요. 당신 혼자서는 할 수 없는 일도 있을 테고 하기 싫어질 수도 있으니까!"

"일단 그렇게 하기로 하지. 하지만 당신 속상해할지도 몰라, 그것도 꽤 오랫동안."

슈톨츠는 올가가 끝까지 뜻을 굽히지 않자 조금 기분이 나빠졌는지 이렇게 말했다.

"기억해 두세요." 그녀는 자기 자리에 앉으며 말을 마쳤다.

"'우리 앞에 심연이나 높은 장벽이 생길 때'가 아니면 손을 놓지 않는다고 했죠? 난 이 말을 잊지 않을 거예요."

제9장

어디에나 평온과 고요가 가득했다. 브이보르그의 비포장길, 목재를 깔아 놓은 보도, 휑뎅그렁한 정원, 쐐기풀이 무성하게 자란 도랑 위에도……. 끊어진 줄을 목에 달고 어딘가에서 온 염소 한 마리가 담장 아래서 부지런히 풀을 뜯어 먹다가는 한가롭게 꾸벅꾸벅 졸고 있다. 정오가 되면 굽이 높은 멋진 구두를 신고 보도를 지나가는 서기의 발소리가 또각또각 들려온다. 그러면 어느 집 창문의 모슬린 커튼이 사르르 움직이더니 당아욱꽃 뒤에서 그의 아내가 얼굴을 빼꼼 내밀기도 한다. 아니면 분홍빛이 감도는 젊은 아가씨의 얼굴이 정원에서 담장 위로 잠깐 나타났다가는 이내 모습을 감추기도 했다. 이어서 또 다른 얼굴이 뛰어올랐다가는 다시 사라진다. 그러고 나면 이번에는 첫 번째 얼굴이 또 나타났다가 두 번째 얼굴로 바뀌고는 했다. 그네 타는 아가씨들의 카랑카랑한 웃음소리가 들려왔다.

프쉐니치나의 집은 적막하기만 했다. 하지만 그 아담한 뜰에 들어서면 누구나 활기 넘치는 목가적(牧歌的)인 분위기에 푹 빠지고 말리라. 암탉과 수탉들이 소란스레 울어대다가 구석 여기저기로 뛰어가 숨었다. 사슬에 묶인 개가 철그럭 소리와 함께 뛰어오르며 마구 짖어대기 시작했다. 아쿨리나는 우유 짜던 손을 멈추고 문지기는 장작 패기를 멈추었다. 둘은 호기심 가득한 눈으로 방문객을 쳐다보았다.

"누굴 찾으슈?" 질문을 던진 문지기는 일리야 일리이치나 여주인의 이름을 듣고 아무 말 없이 현관을 가리킨 다음 다시 장작 패는 일에 몰두했다. 그러면 방문객은 바닥에 고운 모래를 깔아 놓은 오솔길을 따라 현관으로 걸음을 옮긴다. 무늬 없는 양탄자가 산뜻하게 깔린 계단을 올라가 반짝반짝 잘 닦인 구리종 손잡이를 잡아당긴다. 아니시야가 문을 연다. 때로는 아이들이나 여주인 또는 자하르가 여는 때도 있지만 자하르는 언제나 맨 마지막이었다.

프쉐니치나의 집 구석구석에서 살림의 풍요로움과 충만함의 숨결이 느껴졌다. 아가피야 마트베이브나가 오빠와 함께 살던 때와는 전혀 딴판이었다.

부엌, 창고, 그릇방, 어디나 할 것 없이 식기와 크고 작은, 둥글거나 타원형의 요리접시, 조미료통과 찻잔들, 그리고 산더미처럼 쌓여 있는 개인용 접시들과 주철과 구리, 도자기류의 항아리들을 넣어둔 찬장으로 비좁게 느껴질 정도였다.

유리 찬장에는 예전에 전당포에서 찾아온 뒤 요즘 들어 한 번도 저당잡힌 적 없는 그녀의 은붙이와 오블로모프의 은붙이가 가지런히 놓여 있었다.

몸통이 큰 주전자에서부터 작고 귀여운 찻주전자까지 종류별로 정리되어 있었다. 게다가 고급 도자기류 두세 가지도 옆자리를 차지했다. 찻잔은 아무 무늬가 없는 것, 무늬에 금박을 입힌 것, 글자를 넣은 것, 불타는 심장을 그린 것, 중국인 모습이 그려진 것 등 종류도 여러 가지였다. 커피와 계피, 바닐라가 담긴 커다란 유리병들도 있고 투명한 찻단지와 기름통, 식초통도 있었다.

몇 개나 되는 선반에는 가정상비약과 약초, 물약, 고약, 알코올, 좀약, 또 가루약과 향을 담은 종이꾸러미들과 유리병들, 그리고 종이 상자들이 수북하게 쌓여 있다. 게다가 비누와 망사용 세제, 얼룩을 빼는 데 쓰는 약재들이 자리를 차지하고 있었다. 안주인이 살림깨나 하는 시골집에 가면 눈에 잘 띄는 것들이었다.

어쩌다가 이 모든 잡다한 것들이 가득한 찬장 문을 열 때면 아가피야 마트베이브나 자신도 한꺼번에 몰려오는 이 마취성 냄새가 역겨워 처음 한동안은 고개를 딴 데로 돌리지 않고는 못 배길 정도였다.

헛간 천장에는 쥐가 쏘는 것을 막기 위해 썰지 않은 둥그란 햄, 치즈, 각설탕, 햇볕에 말린 생선이, 그리고 말린 버섯과 핀란드 여자에게서 구입한 호두를 담은 자루가 주렁주렁 매달려 있었다.

바닥에는 기름통과 큰 덮개가 씌워진 스메타나*¹ 단지들과 달걀 바구니들이 있었다. 정말 없는 것이 없다! 살림살이를 모아 놓은 작은 방주 같은 이 집 구석구석, 선반마다 쌓인 모든 물건들을 남김없이 헤아려 볼라치면 호머

---

*¹ 발효시킨 농축 크림.

의 깃털 펜이 하나 더 필요하지는 않을까.

부엌은 위대한 안주인과 그녀의 탁월한 조수 아니시야가 마음껏 활동할 수 있는, 말 그대로 안살림을 위한 작은 성지였다. 집 안엔 없는 것 없이 다 갖추어져 있고 모든 것이 손만 뻗으면 닿는 곳에 깨끗이 닦이어 질서 있게 정돈되어 있었다. 오래 전부터 집안에 한 줄기 빛도, 신선한 공기도, 안주인의 눈길도, 아니시야의 민첩한 손도, 어느 것 하나 비집고 들어가지 못하는 공간이 있다면 그건 바로 둥지라는 표현이 더 어울리는 자하르의 방이다.

그의 방에는 창문이 없었기에 암흑이 방구석을 캄캄한 굴로 만들어 버렸다. 여주인이 뭔가를 고치려거나 대청소 계획을 들고 자하르의 방을 찾으면 그는 솔과 구두약, 그리고 장화가 어디에 어떻게 놓여야 하는지는 여자가 상관할 바가 아니라고 했다. 왜 옷이 바닥에 널브러져 있는지, 난로 뒤 구석에 놓인 침대가 왜 먼지투성이어야만 하는지에 대해 누구도 상관할 바는 아니며, 또 그 침대에서 옷을 입은 채로 자는 사람은 당신이 아닌 바로 자신이라고 엄포를 놓고는 했다. 자기 방에 둔 빗자루, 판자, 벽돌 두 개, 나무통 밑바닥과 장작 두 다발로 화제가 넘어가면 집안일을 하는 데 절대로 없어서는 안 될 것들이라고 했다. 물론 그 이유에 대해서는 아무 설명도 하지 않았다. 먼지와 거미줄은 그에게 전혀 방해가 되지 않는다는 말도 함께 덧붙였다. 요컨대, 부엌일에는 상관을 하지 않을 테니 마찬가지로 남의 일에 이래라 저래라 하지 않기를 바란다고 했다.

언젠가 한번 자기 방에서 맞닥뜨린 아니시야에게 입에 담지 못할 욕설을 퍼부으며 노발대발 성을 내고는 팔꿈치로 가슴을 밀치며 으름장을 놓았다. 그 뒤로 그녀는 겁에 질려 감히 그의 방을 기웃거릴 엄두도 내지 못했다. 일이 상급 재판, 즉 오블로모프의 의견을 구해야 할 지경에 이르렀을 때는 주인이 직접 살피고 그에 마땅한 엄중한 조치를 취해야만 했다. 그러나 자하르의 방문에 머리만 들이밀고도 사태가 어떻게 돌아가는지를 곧 파악한 오블로모프는 침만 퉤 뱉고는 아무 말도 하지 않았다.

"뭔 구경이라두 났남유?"

일리야 일리이치가 나서면 어떤 변화가 있지 않을까 하는 마음에 그를 찾아갔던 아가피야 마트베이브나와 아니시야에게 자하르가 퉁명스럽게 내뱉었다. 그러고는 볼수염이 넓게 퍼지도록 얼굴 가득 엷게 미소를 지었다.

다른 방들은 어디나 밝고 깨끗했으며 공기도 또한 상쾌했다. 빛바랜 낡은 커튼은 사라지고 거실과 서재의 창문은 모두 붉은 장식이 달린 푸른색과 초록색이 감도는 천이나 모슬린 커튼이 드리워졌다. 이것저것 모두 아가피야 마트베이브나의 손을 거친 작품이었다.

눈처럼 하얀 베개들은 천장에 닿을 만치 잔뜩 쌓여 있었다. 명주이불은 솜을 넣어 누볐다.

몇 주 동안이나 여주인 방 안은 여기저기 펼쳐져 있거나 서로 포개어진 카드놀이용 탁자들로 가득했다. 그 위에 이불과 일리야 일리이치의 실내복이 자리잡고 있었다.

아가피야 마트베이브나는 일감을 풍만한 가슴까지 바짝 당겨 뚫어지게 보면서 이불감을 재단하고 솜을 우겨넣어 누볐다. 실을 끊어야 할 때는 이를 쓰기도 했다. 그녀는 실내복과 이불이 고귀한 일리야 일리이치의 몸을 따뜻하고 포근하며 편안하게 감싸게 될 날을 상상하면서 애정어린 마음으로 피곤함도 잊은 채 억척스레 혼자 바느질에 매달렸다. 그녀에게는 이런 소박한 상상이 고단한 노동에 대한 보상이었다.

오블로모프는 하루 종일 자신의 방 소파에 드러누워, 바늘과 실을 따라 움직이는 그녀의 맨 팔뚝을 눈으로 좇았다. 오블로모프카에서 그랬던 것처럼 실이 바늘귀를 통과하는 희미한 울림, 이로 실을 끊는 소리를 자장가삼아 꾸벅꾸벅 졸기도 했다.

"이젠 좀 쉬세요, 그러다 쓰러지겠어요!"

그가 그녀를 만류하곤 했다.

"하느님은 일하는 사람을 좋아하신답니다!"

일감에서 여전히 눈과 손을 떼지 않으며 그녀가 대답했다.

몇 해 전 그가 처음 이 집으로 이사를 왔을 때처럼 정성껏 끓여 맛있게 탄 커피가 예쁜 잔에 나왔다. 내장 수프, 이탈리아 파르마산 치즈를 곁들인 마카로니, 기다란 대형 만두 피로그, 채소와 생선을 넣은 냉수프, 집에서 기른 어린 닭, 이 모든 것들은 엄격한 순서에 따라 차례로 식탁에 오르고 작은 집의 단조로운 일상에 유쾌한 변화를 가져왔다.

아침부터 저녁까지 반가운 햇살이 이 창문 저 창문을 마구 두드려댔다. 반나절은 이쪽 창을, 또 반나절은 그 반대쪽 창을. 양쪽 모두 채소밭이 있어서 무엇 하나 그늘을 드리울 게 없었다.

카나리아가 즐겁게 재잘거렸다. 당아욱꽃과, 이따금 아이들이 백작의 정원에서 얻어오는 히아신스가 작은 방 가득 짙은 향기를 흩뿌리고 있었다. 안주인이 팔꿈치를 힘차게 움직이며 빻고 있는 계피나 바닐라 향과 순한 하바나 엽궐련 향이 뒤섞여 기분 좋게 느껴졌다.

일리야 일리이치는 삶이 황금빛 구조물로 에워싸인 것만 같았다. 액자 속 사진처럼 밤과 낮, 계절처럼 그 배경만 달라질 뿐이었다. 다른 변화, 이를테면 삶의 밑바닥에서부터 혼탁하고 쓰디쓴 앙금을 휘저어 올릴 만큼 요란한 우연은 일어나지 않았다.

슈톨츠는 여주인의 오빠란 사기꾼에게서 오블로모프카를 되찾아 주었다. 오빠란 사람과 타란치에프가 완전히 자취를 감춘 뒤로 모든 적의 또한 일리야 일리이치의 삶에서 그들과 함께 어디론가 사라졌다. 이제 그의 주변에는 평범하되 착하고 사랑스러운 사람들만 남았다. 존재 자체로 그의 삶을 지탱해주고 오블로모프가 삶을 달리 의식하거나 느끼지 못하도록 도와주자고 하나가 된 사람들 같았다.

아가피야 마트베이브나는 인생의 절정기를 맞고 있었다. 그녀는 자신의 삶이 충분히 만족스러웠다. 다만 예전과 마찬가지로 이번에도 그 느낌을 입 밖에 내지 않았을 뿐이다. 어쩌면 입 밖에 내지 않았다는 표현보다 그런 생각조차 해본 적이 없다고 말하는 게 옳을 것이다. 그녀가 할 수 있는 일이란 일리야 일리이치의 건강을 위해 기도하고, 또 그가 모든 '고통과 분노 그리고 속박으로부터 벗어나게 해주십사' 기도하는 것뿐이었다. 그리고 자신과 아이들, 집안사람들 모두를 온전히 신에게 맡겼다. 그 때문에 그녀의 얼굴에는 늘 행복이 묻어났다. 더는 바랄 게 없는 완벽한 행복! 이기적인 욕망도 없는, 무엇보다 흔한 감정이 아니기에, 다른 기질의 소유자라면 결코 그런 행복감을 느끼지 못하리라.

그녀는 살이 좀 붙었다. 가슴과 어깨는 여전히 넘치는 만족감으로 빛나고 두 눈에서는 온화함과 살림에 대한 세심함을 엿볼 수 있었다. 집안 살림을 도맡아 꾸려가며 순종적인 아니시야, 아쿨리나와 문지기를 거느리던 그때의 품위와 평온함을 다시 되찾았다. 광에서 부엌으로, 부엌에서 헛간으로 이리저리 돌아다니는 그녀의 모습은 걷는다고 하기보다는 사뿐히 떠다니는 것 같았다. 명령을 내릴 때에도 서두르는 기색을 보이지 않고 언제나 침착해 자신의 일을 정확하게 알고 있는 듯 했다.

아니시야가 예전보다 억척스러워진 건 일이 더 많아졌기 때문이다. 이리저리 바쁘게 뛰어다니며 쉴 새 없이 몸을 움직였다. 물론 모두 안주인의 명령에 따른 행동이었다. 눈은 활기로 가득했다. 코는 여전히 넉살 좋게 그녀의 몸에서 다른 신체부위보다 도드라져 나와 있었다. 온갖 배려와 생각과 계획들로 가득한 듯 붉은 기를 띠고서 아무 말 하지 않는 입 대신 그 코가 웅변이라도 하는 것만 같았다.

그 둘은 저마다 자신들의 지위와 맡은 일에 걸맞은 옷차림새를 하고 있었다. 안주인은 커다란 장롱 하나를 마련해 비단드레스며 망토며 외투로 가득 채웠다. 실내용 모자는 강 건너, 그것도 리체이느이 거리에서, 신발은 아프락신 시장*2이 이 아닌 가스친느이 드보르*3에서, 모자는 그 유명한 마르스카야 거리에서 사오게 했다. 아니시야도 부엌일이 끝나면, 특히 일요일에는 모직옷을 걸쳐 입었다.

아쿨리나만 여전히 옷자락을 허리춤에 쑤셔넣고 돌아다녔다. 문지기는 여전히 여름 휴가 때에도 반외투를 끼고 살았다.

자하르에 대해서는 새삼스레 뭐라 할 말이 없다. 그는 회색 연미복을 수선하여 짧은 재킷을 만들었다. 하지만 바지가 무슨 색이며 넥타이를 무엇으로 만들었는지는 짐작조차 하기 어려웠다. 그는 구두 닦는 일이 끝나면 곧바로 잠을 자거나 대문 옆에 앉아 간간이 지나가는 사람을 느린 시선으로 바라보았다. 그것도 아니면 근처 구멍가게에 앉아 수다를 떨었다. 예전 오블로모프카와 가로호바야 거리에서 하던 행동들을 여전히 되풀이했다.

그렇다면 오블로모프는 어떨까? 오블로모프 자신은 그러한 안정과 만족, 평온한 정적의 완벽하고 자연스런 반영이자 표현이었다. 자신의 생활을 들여다보고 생각에 잠기면서 점점 그 생활에 익숙해지자 마침내 더 이상 다른 곳으로 갈 필요도 느끼지 않았고 구태여 찾을 것도 없었다. 그토록 꿈에 그리던, 농부와 하인들에 둘러싸여 모든 것이 풍요로 가득하고 한가로운 전원생활처럼 시적 정취나 화려함은 없어도, 삶에 대한 자신의 이상은 이미 실현

---

*2 값이 싼 물건을 취급하는 상점들이 주로 밀집해 있는 시장.
*3 고급 물건을 취급하는 상점들이 들어서 있는 넵스키 거리 상가.

되었노라 결론을 내렸다.

그는 현재의 삶도 오블로모프식 생존 방식으로 변함없이 이어갔다. 장소가 다르고 시간적 성격이 부분적으로 조금 다를 뿐이었다. 이번에도 그는 예전 오블로모프카에서와 마찬가지로 그다지 큰 대가를 치르지 않고 삶의 근심에서 벗어나 무사안일한 평온을 얻고, 보장받는 데 성공했다.

오블로모프는 삶의 성가시고 괴로운 요구와 위협에서 벗어났음에 마음속으로 기뻐서 어쩔 줄 몰라 했다. 이를테면 주체할 수 없는 기쁨이 번개처럼 빛나고 크나큰 고통이 천둥소리처럼 느닷없이 울려 퍼지는 세계, 허황된 희망이나 허울뿐인 화려한 행복의 환영이 뛰놀고 자신의 생각과 정열이 다른 사람을 좀먹는 세계. 땅바닥으로 곤두박질치든가 승전가를 부르고, 끊임없는 투쟁으로 분주하더니 끝내 몸과 마음이 황폐해져서 어찌할 수 없는 허전함으로 전쟁터를 떠나야 하는 세계, 이런 세계에서 일찌감치 벗어나게 되어 더없이 기뻤다. 사람들은 전투에서 싸움을 벌이다 갈기갈기 찢긴 채로 불만에 가득 차서 전장을 떠나고 있었다. 오블로모프는 전투에서 얻어지는 쾌락을 경험해 보지도 못한 채 의도적으로 쾌락을 거부하고, 활동과 투쟁, 그리고 세속적 삶과는 동떨어진 인적 드문 시골에서만 마음의 평화를 느꼈다.

상상력이 꿈틀거려 잊힌 추억과 이루지 못한 꿈이 되살아나면, 이제까지 살아 온 삶에 대해 양심의 가책을 느끼기도 했다. 그때마다 그는 잠을 편히 못 이루고 밤잠을 설치며 침대에서 벌떡 일어났다. 또 소중한 사람을 잃고서 살아있는 동안 제대로 해주지 못한 설움에 애끓는 눈물을 쏟아내듯, 영원히 사라져 버린 더 밝고 찬란한 삶의 이상을 못내 아쉬워하며 차가운 절망의 눈물을 흘리기도 했다.

그러고는 잠깐이나마 다시 행복감에 젖었다. 주위를 둘러보고 저녁해가 타오르는 노을 속으로 조용하고 평온하게 가라앉는 광경을 음미하며 점점 마음의 안정을 찾아갔다. 그러고는 마침내 자신의 삶이 인간이라는 존재가 누리게 될 이상적 행복이라는 하나의 가능성을 암시하기 위해 현재와 같은 형식을 취한 것이리라, 아니 오히려 자신은 이렇게 창조된 것이며 또 이런 사명을 부여받은 것이리라는 결론에 이르렀다.

삶의 불안한 측면을 표현하고 창조력과 파괴력으로 요동치는 운명을 타고난 이들도 존재한다는 생각을 안 해본 건 아니었다. 누구에게나 저마다 사명이 있게 마련이다!

이게 바로 오블로모프식 플라톤이 만들어 낸 철학으로서, 갖가지 의문들과 의무 그리고 사명에 대한 준엄한 요구로부터 그를 안심시켜 주었다! 그는 원형 경기장의 검투사로 양육된 사람이 아니라 격투를 관람하는 온화한 구경꾼으로 태어나고 길러진 사람이었다. 행복 속에 내재된 불안도 삶의 격정도 그의 소심하고 나태한 마음으로는 도저히 견뎌낼 수 없으리라. 따라서 그에게 있어서 삶은 그 자체가 하나의 낙원으로, 살아가면서 도달할 그 무엇도, 바꾸고 뉘우칠 그 무엇도 없었던 것이다.

해가 갈수록 걱정과 후회가 찾아오는 날이 줄어들었다. 그는 마치 삶을 떠나 스스로 무덤을 파는 황야의 은둔자처럼, 직접 만든 소박하지만 널찍한 관 속에 조금씩 조용히, 남은 인생을 묻었다.

그는 이미 영지를 새롭게 개혁하고 가족 모두가 그곳으로 옮겨가려던 꿈을 접은 지 오래였다. 슈톨츠가 임명해 놓은 관리인은 해마다 성탄절에 맞춰 꽤 넉넉한 수입을 꼬박꼬박 그에게 보내왔다. 농부들도 곡물과 식용 가금류를 실어 날랐다. 집안은 활짝 핀 꽃처럼 밝은 기운과 풍요로 넘쳐났다.

일리야 일리이치는 말 한 쌍도 길들였다. 그러나 그가 얼마나 조심스레 다루었던지 말들은 세 번째 채찍을 맞고 나서야 현관에서 움직이기 시작했다. 처음과 두 번째 채찍질에 한 마리가 조금 걸음을 옮겨 옆으로 몸을 피하자 다른 말도 따라 움직였다. 나중에야 목과 등과 꼬리를 쭉 펴고는 일제히 머리를 흔들며 질주하기 시작했다. 바냐가 네바 강 건너 중학교에 다닐 때도, 집주인 여자가 장을 볼 때도 이 말들을 타고 다녔다.

사육제와 성탄절 주간이 되면 일리야 일리이치를 비롯한 온 가족이 마차를 타고 산책을 나가거나 가설 공연장으로 구경을 갔다. 드물기는 하지만 표를 사서 집안 식구가 다 함께 극장에 다녀온 적도 있었다.

여름에는 교외로 나갔고 일리야의 금요일에는 화약 공장에도 다녀왔다. 이렇듯 삶은 치명적인 변화 없이 되풀이되는 일상적인 현상들로 흘러갔다. 삶의 굴곡이 자그마하고 평화로운 구석까지는 전혀 미치지 않는다고 단언할 수도 있었다. 그러나 불행히도 낙뢰가 산 아래를 뒤흔들고 거대한 대기를 시끄럽게 울리면 쥐구멍에도 작고 희미하게나마 그 영향이 전해지기 마련이다.

일리야 일리이치는 오블로모프카에서처럼 식욕이 왕성했다. 또 여전히 게을러서 산책이나 일은 많이 하지도 않았다. 그는 점점 나이가 들어감에도 무사태평하게 포도주와 구스베리로 담근 보드카를 마셨고 식사 뒤에는 팔자 좋게 한참이나 잠을 청했다.

그러다가 갑자기 모든 것들이 뒤바뀌어 버렸다.

어느 날 오블로모프가 저녁을 먹고 한잠 자고 난 뒤였다. 소파에서 일어나려 해도 몸이 말을 듣지 않고, 말을 하려 했지만 혀도 움직이지 않았다. 너무 놀라 힘없이 한 손을 흔들면서 도움을 청할 뿐이었다.

오블로모프가 자하르와 단둘이 살았다면 손으로 전보를 치느라 아침을 다 허비하고 죽음을 맞이한 다음날이 되어서야 사람들에게 그 부음(訃音)을 알릴 수 있었으리라. 그러나 그를 보는 안주인의 눈은 신의 눈처럼 빛이 났다. 생각해 보고 말 것도 없이 일리야 일리이치가 온전한 상태가 아님을 단번에 가슴으로 느꼈다.

이 직감이 그녀의 마음을 비추자마자 아니시야는 어느새 마차를 타고 의사를 부르러 내달렸다. 여주인은 그의 머리에 얼음을 얹고 찬장에서 온갖 알코올과 물약, 요컨대 민간요법에서 쓰는 모든 것과 여기저기 귀동냥으로 주워들은 도움이 될 만한 건 닥치는 대로 꺼냈다. 때마침 장화 한 짝을 빨리 신은 자하르도 다른 한 짝을 미리 주워 신을 엄두도 내지 못한 채 의사와 여주인과 아니시야와 함께 주인 곁에서 간호를 했다.

일리야 일리이치의 의식이 돌아왔다. 의사는 피를 뽑고 나서, 병명은 뇌졸중이며 앞으로 생활 방식을 바꿔야 한다고 진찰 결과를 내놓았다.

몇 가지 경우만 빼고는 보드카와 맥주, 포도주와 커피, 그리고 모든 기름진 음식, 고기류, 자극적인 음식 섭취가 금지되었다. 그 대신 날마다 운동을 하고 밤에는 반드시 적당한 수면을 취하도록 처방되었다.

아가피야 마트베이브나가 끊임없이 지켜보지 않았더라면 이런 일은 꿈도 못 꾸었으리라. 하지만 그녀에게는 이 모든 것을 꾸려나갈 만한 충분한 능력이 있었다. 온 집안을 자기에게 복종케 했다. 그리고 때로는 어르고 때로는 달래서 오블로모프가 포도주와 식후 수면과 기름진 피로그에 대한 유혹에서 벗어나게 했다.

오블로모프가 깜빡 졸기라도 하면 방 안에 있는 의자가 난데없이 넘어지거나 옆방에서 낡아 쓸모 없게 된 식기가 큰소리와 함께 깨졌다. 또는 아이들에게 왁자지껄 떠들며 놀게 했다. 이쯤 되면 어딘가 달아나지 않고서는 못 배길 만큼 큰 소동이 시작되었음을 말한다! 이도 저도 별 효력이 없을 때는 안주인이 그를 부르거나 무언가를 묻는 상냥한 목소리가 들려왔다.

정원에는 채소밭으로 가는 작은 길을 냈다. 일리야 일리이치는 아침저녁으로 두 시간 동안 이 길을 걸어야 했다. 그녀도 따라나서 함께 걸었다. 상황이 안 될 때는 마샤나 바냐, 아니면 무슨 말이든 잘 들어주고 뭐든 잘 도와주는 점잖은 오랜 친구 알렉세예프가 함께했다.

저기 일리야 일리이치가 바냐의 어깨에 의지해서 좁은 길을 천천히 걸어오고 있다. 이제 거의 어른이 다 된 바냐는 중학교 교복 차림으로 자신의 씩씩하고 빠른 발걸음을 겨우겨우 일리야 일리이치의 좁은 보폭에 맞추고 있었다. 오블로모프의 한쪽 발은 걷는 게 매우 부자유스러웠다. 뇌졸중 탓이었다.

"이제 방으로 가자, 바뉴샤!"

그들이 막 현관문을 들어서려는 순간, 아가피야 마트베이브나가 그들 앞을 가로막고 섰다.

"어딜 벌써 들어가려고요?"

방 안으로 들어가지 못하게 막으면서 그녀가 물었다.

"벌써라뇨! 우린 스무 번이나 왔다 갔다 했어요. 여기서 담까지가 줄잡아 50 사젠은 되니까 2베르스타는 족히 될 거라고요."

"몇 번을 왔다 갔다 했다고?"

그녀가 바뉴샤에게 물었다. 바뉴샤가 얼버무리려고 했다.

"거짓말하면 못 써, 날 봐!" 아이의 눈을 똑바로 노려보며 그녀가 으름장을 놓았다. "내 눈을 속일 생각은 안 하는 게 좋을걸! 괜히 거짓말했다간 일요일에 나가 놀지 못할 줄 알아."

"거짓말이 아니라니까, 엄마. 우리 정말…… 열두 번을 왔다 갔다 했어."

"아, 이런 거짓말쟁이가 있나!" 오블로모프가 말했다. "넌 아카시아잎만 땄잖아. 내가 하나하나 다 세었던 말야……."

"안 돼요, 좀 더 걸으세요. 생선 수프가 다 되려면 아직 멀었어요!"

안주인이 딱 잘라 말하고는 두 사람 코앞에서 문을 쾅 닫아버렸다.

오블로모프는 하는 수 없이 여덟 번을 더 왔다 갔다 하고 나서야 집으로 들어갔다.

방 안으로 들어서자 커다란 원탁 위에 모락모락 김이 나는 생선 수프가 놓여 있었다. 오블로모프만 소파에 앉았다. 거기가 그의 자리였다. 그 오른편 의자에는 아가피야 마트베이브나가, 왼편에 빗장까지 채워진 작은 유아용 의자에는 세 살쯤 되어 보이는 아기가 앉아 있다. 아기 옆으로 이제 곧 열세 살 되는 마샤가, 다음에는 바냐가, 그리고 마지막으로 이날 놀러 온 알렉세예프도 오블로모프 맞은편에 앉아 있다.

"잠깐만요, 금눈돔 한 마리 덜어 드릴게요. 기름이 올라 맛있을 거예요!"

오블로모프 접시에 생선을 담으면서 아가피야 마트베이브나가 말했다.

"여기에다 피로그만 있으면 기가 막힌데!"

"아차, 깜빡했어요! 어제까지만 해도 생각하고 있었는데 이제 기억력이 나빠졌나 봐요!"

아가피야 마트베이브나가 얼렁뚱땅 둘러댔다.

"참, 이반 알렉세이치, 당신 커틀릿에도 양배추를 더 얹는다는 걸 잊었지 뭐예요." 그녀가 알렉세예프를 보며 덧붙였다. "미안해요."

또다시 얼버무렸다.

"천만에요. 전 아무거나 다 잘 먹습니다."

알렉세예프가 말했다.

"왜 완두콩을 곁들인 햄이나 비프스테이크는 준비를 안 했지? 이 친구가 얼마나 좋아하는데." 오블로모프가 나무라듯 말했다.

"직접 다니면서 다 봤는데요, 일리야 일리이치. 좋은 쇠고기가 없었어요! 대신 버찌즙으로 만든 젤리를 내드리라고 일러놨어요. 제가 알기로 아주 좋아하신다던데……."

다시 알렉세예프를 보며 그녀가 말했다.

젤리는 일리야 일리이치에게 해롭지 않았다. 때문에 그저 무엇이든 좋다고 말하는 알렉세예프는 젤리를 맛나게 먹어야만 했다.

오블로모프가 식사를 마치고 바로 그 자리에 드러눕는 버릇만큼은 아무리 누가 뭐라 해도 고칠 수가 없었다. 그는 소파에 그대로 등을 대고 벌렁 나자빠졌는데 그렇다고 한 시간이 넘게 마냥 누워 있지는 않았다. 그가 잠들지 못하도록 안주인은 서둘러 커피를 불 위에 올려놓고 아이들을 곧바로 카펫 위에서 놀게 했다. 그러면 일리야 일리이치도 그들과 함께 어울리지 않을 수가 없었다.

"안드류사가 약이 바짝 올랐어. 당장 울음보가 터지겠다!"

아기를 약 올리는 바네치카를 오블로모프가 꾸짖었다.

"마쉔카, 잘 봐, 안드류사가 의자에 머리를 부딪치겠어!"

아기가 의자 아래로 기어들어가자 그가 재빨리 경고를 했다. 마사가 달려 '동생'을 안아 들었다. 그녀는 아기를 이렇게 불렀다.

순간 갑자기 조용해졌다. 여주인은 커피가 준비되었는지 살피기 위해 부엌으로 나갔다. 아이들도 온순해졌다. 방 안에서는 코고는 소리가 들렸다, 처음에는 나지막하던 소리가 점점 요란해져, 아가피야 마트베이브나가 김이 모락모락 나는 커피 주전자를 들고 나타났을 때는 절정에 달했다. 마부 오두막에 들어선 것처럼 그녀는 깜짝 놀라고 말았다.

그녀가 나무라듯 알렉세예프에게 고개를 돌렸다.

"깨웠는데도 듣지를 않는군요!"

알렉세예프가 자신의 정당함을 주장하며 애써 변명했다. 그녀는 급히 커피 주전자를 탁자에 내려놓고 바닥에서 안드류사를 안아 올리더니 일리야 일리이치가 누워 있는 소파에 살짝 앉혔다. 아기는 그에게 기어올라 얼굴까지 이르더니 코를 움켜쥐었다.

"아! 뭐야? 누구야?"

일리야 일리이치가 놀라 잠에서 깨어 말했다.

"당신이 코를 골며 주무시니까 안드류사가 기어가서 깨운 거예요."

여주인이 상냥하게 말했다.

"내가 언제 잤다고 그래요?" 안드류사를 끌어안으며 오블로모프가 시치미를 뗐다. "아기가 그 작은 손으로 기어오르는 소리를 내가 못 들었을까봐요? 다 듣고 있어요! 이런 개구쟁이를 봤나. 코를 잡아? 나도 해보자꾸나! 여기 봐, 가만 있어봐, 가만 있어보라니까!" 아기를 어르고 달래며 그가 말했다. 그리고 나서 아기를 바닥에 내려놓고 방이 떠나가도록 크게 한숨을 토해냈다.

"무슨 이야기든 좀 해보세요, 이반 알렉세이치!"

"할 얘긴 다 했어요, 일리야 일리이치. 더 이상 할 이야기가 없어요."

"어떻게 없을 수가 있어요? 사교계에도 다니잖아요. 그런데도 새로운 소식이 없어요? 책이라도 읽으실 거 아녜요."

"네, 가끔 읽긴 해요. 그런데 주로 다른 사람들이 읽거나 이야기하는 걸 듣는 편이죠. 어제만 해도 알렉세이 스피리도느이치 집에 갔다가 그 집 아들이 소리내서 읽는 걸 들었어요……"

"무얼 읽었는데요?"

"영국인들 이야기인데, 그 사람들이 어느 나라에 무기와 화약을 보냈다더군요. 알렉세이 스피리도느이치가 그러는데, 곧 전쟁이 일어날 거래요."

"어디로 보냈다는 거죠?"

"스페인이던가 인도던가, 잘 기억은 나지 않는데, 외교관이 노골적으로 불만을 토로했다더군요."

"외교관 누가요?"

"이름은 잊어먹었어요!"

고개를 쳐들어 천장을 바라보며 기억해내려 애쓰면서 알렉세예프가 말했다.

"누구와 전쟁을 한다는 거죠?"

"터키의 파샤하고 한다죠 아마."

"그럼 정치와 관련한 다른 새로운 소식은요?"

한참 동안 아무 말 없던 일리야 일리이치가 물었다.

"어디선가 읽었는데, 지구가 점점 냉각되고 있대요. 그래서 언젠가는 전부 꽁꽁 얼어붙을 거라고 하더군요."

"저런! 그게 어디 정치입니까?"

알렉세예프는 잠시 할 말을 잊었다.

"드미트리 알렉세이치가 글쎄, 처음에는 정치 이야기를 하다가 다른 내용으로 자꾸자꾸 옮겨가며 읽어나갔는데 언제 정치 이야기가 끝났는지 말을 안 해주더라고요. 제 기억으로 그때엔 문학에 대한 이야기라는 게 느껴졌어요."

"문학에 대한 거라면 구체적으로 어떤 내용이었나요?"

오블로모프가 물어보았다.

"말씀드리자면 대표적인 작가는 드미트리예프,*4 카람진,*5 바튜쉬코프,*6 주콥스키*7......."

"푸시킨*8은요?"

"푸시킨은 없던데요. 저도 그 사람이 왜 빠졌을까 의아하게 생각한 걸요! 어쨌거나 턴재 아닙니까!"

알렉세예프가 천재에서 ㅊ을 ㅌ처럼 발음했다.

침묵이 드리워졌다. 여주인이 일감을 가져와 바늘을 이리저리 움직이며 꿰매기 시작했다. 일리야 일리이치와 알렉세예프 쪽으로 시선을 주기도 하고 지저분한 곳은 없는지, 소란스럽지는 않은지, 부엌에서 자하르와 아니시야가 말싸움이라도 하지는 않는지, 아쿨리나가 설거지를 하고 있는지, 뜰에서 쪽문 소리가 들리지는 않는지, 즉 문지기가 집을 비우고 '선술집'에 가는 건 아닌지 귀를 쫑긋거리며 듣고 있었다.

오블로모프는 조용히 침묵과 사색에 잠겼다. 이 사색은 꿈도 아니고 현실도 아니었다. 그는 어느 한 곳에 생각을 집중하지 않고 머릿속에 떠오르는 대로 내버려 두었다. 그리고 일정하게 뛰는 심장 박동 소리를 편안하게 들으며 마치 어디에도 시선을 고정시킬 필요가 없는 사람처럼 가끔 눈만 깜빡거렸다. 그는 막연하고 신비로운 상태, 말하자면 일종의 환각 상태로 빠져들었다.

누구에게나 가끔씩은 아주 잠깐이나마 깊은 생각에 잠기는 순간이 찾아온다. 그때에는 언제 어디선가 경험했던 걸 또다시 체험하고 있는 듯한 착각을 하기도 한다. 지금 눈앞에 벌어지는 현상이 꿈에서 본 건지, 언젠가 예전에 경험했던 것인데 잊어버린 건지는 모르겠지만 하여간 그때 앉아 있던 사람들이 지금 또 옆에 앉아서 언젠가 했던 말을 반복하고 있는 듯한 착각. 다시 그곳으로 가기에는 상상력이 너무나 부족하고 기억력도 이미 지난 과거를 되살리지는 못한다. 그러면서도 공연스레 깊은 생각에 잠기기만 할 뿐이다.

*4 I.I. Dmitriev(1760~1837) : 러시아의 시인.

*5 N.M. Karamzin(1766~1826) : 러시아의 소설가·역사가. 대표작으로 《가난한 리자》가 있음.

*6 K.H. Batyushkov(1787~1855) : 러시아의 시인·소설가.

*7 V.A. Jhukovskii(1783~1852) : 러시아의 시인.

*8 A.S. Pushkin(1799~1837) : 러시아의 국민시인.

지금 오블로모프가 바로 그 상태였다. 이미 어딘가에서 경험한 적이 있는 적막함이 그를 감싸고 들어본 적 있는 시계추 소리가 똑딱똑딱 울리며 툭 하고 이로 실 끊는 소리가 들렸다. 귀에 익은 말과 속삭임 또한 되풀이되고 있었다. '아휴, 아무리 해도 실이 바늘귀에 들어가지 않아. 애 마샤, 네 눈이 더 밝잖니!'

그는 막 선잠에서 깨어난 듯 느리고 기계적으로, 거의 무의식 상태에서 안주인의 얼굴을 쳐다보았다. 추억의 밑바닥에서 낯익은, 마치 어디서 만난 적 있는 듯한 모습이 꿈틀거렸다. 언제 어디서 보았는지 기억의 실마리를 더듬기 시작한다……

기름등불 하나가 밝혀진 넓고 침침한 고향집 응접실, 원탁에 앉아 있는 돌아가신 어머니 그리고 손님들이 보였다. 그들은 말없이 뜨개질에 열중하고 있다. 아버지는 말없이 이리저리 거닐고 있었다. 현재와 과거가 합쳐져 서로 뒤섞였다.

꿀과 우유가 강물처럼 넘쳐흐르고 누구나 힘들여 일하지 않고 얻은 빵을 먹고 금옷과 은옷을 입고 다니는…… 그런 약속의 땅에 도달하는 꿈을 꾸었다.

귓가에는 숱한 꿈과 징조들에 관한 이야기, 그리고 접시들이 부딪치는 소리와 칼장단 소리가 들려왔다. 그는 유모에게 바짝 달라붙어서 늙은이처럼 갈라져 나오는 그녀의 목소리에 귀 기울였다. '밀리트리사 키르비치에브나!' 유모가 그에게 안주인 아가피야 마트베이브나를 가리키며 말했다.

그때처럼 하늘에는 구름이 떠다녔다. 창을 타고 들어온 바람은 그의 머리카락으로 장난을 치며 노는 것만 같았다. 오블로모프의 칠면조는 골골 울면서 창문 아래를 돌아다닌다.

멀리서 개가 짖기 시작했다. 손님이 찾아온 것이다. 안드레이가 베르홀료보에서 아버지와 함께 도착한 건 아닐까? 그에게는 경사스런 날이었다. 정말 그 친구임에 틀림없다. 발자국 소리가 점점 가까워지더니 문이 열렸다……. '안드레이!' 오블로모프가 반가움에 소리쳤다. 정말로 그 앞에는 안드레이가 서 있었다. 그러나 소년이 아닌 장성한 남자로.

오블로모프는 순간, 잠에서 깨어났다. 그의 눈앞에는 환각이 아니라 현실 세계에 존재하는 안드레이, 즉 실재만큼 큰 슈톨츠가 서 있었다.

아가피야는 재빨리 아기를 끌어안고 탁자에서 일감을 치운 다음 아이들을 데리고 나갔다. 알렉세예프도 어딘가로 가버렸다. 슈톨츠와 오블로모프만이 남아서 잠시 꼼짝도 하지 않고 서로를 바라보았다. 슈톨츠의 날카로운 눈길이 그를 파고들었다.

"자네, 정말 안드레이 맞나?"

너무 흥분하여 마치 오랜 시간 보지 못한 애인에게 묻듯이 겨우 들릴락 말락 한 속삭이는 목소리로 오블로모프가 물었다.

"그래, 나야." 안드레이가 나지막한 목소리로 말했다. "자네도 별일 없나, 건강은 어때?"

오블로모프가 다가가서 그를 품에 와락 끌어안았다.

"아아!"

그의 입에서 대답 대신 탄식이 길게 새어 나왔다. 이 한마디로 오랫동안 마음속에 묻어두었던 모든 슬픔과 기쁨을 있는 힘껏 쏟아냈다. 어쩌면 헤어지고 난 뒤 누구 앞에서도 단 한 번 토해내 보지 못한 탄식이리라.

두 사람은 자리에 앉아서도 서로를 뚫어지게 바라보았다.

"자네 건강한 거야?"

안드레이가 거듭 물었다.

"음, 지금은 다행히도 괜찮아."

"그럼, 어디 아팠었나?"

"아, 그게…… 풍을 맞았어……."

"어떻게 그런 일이? 하느님 맙소사!" 안드레이가 놀라 동정어린 목소리로 말했다. "그래도 후유증은 없겠지?"

"응, 왼쪽 다리가 좀 부자유스러울 뿐이야……."

"뭐, 일리야, 일리야! 무슨 일이야? 자네 정신도 이상해진 거 같아! 그 동안 뭘 하며 지냈지? 농담이 아니야. 우리가 못 본 지도 벌써 5년이나 됐잖아?"

오블로모프가 한숨을 내쉬었다.

"왜 오블로모프카에 갔다 오지 않은 거야? 편지는 어째서 안 썼고?"

"이제 와서 자네에게 무슨 할 말이 있겠어, 안드레이? 나란 사람 잘 알잖아. 그러니 더 이상 묻지 마!"

오블로모프가 풀 죽은 목소리로 말했다.

"내내 이 집에 살았던 거야?" 방 안을 둘러보며 슈톨츠가 말했다. "이사 도 안 하고?"

"응, 계속 여기에서…… 이젠 어디 갈 수도 없어!"

"어떻게, 그러기로 마음을 정한 거야?"

"응, 안드레이…… 결심했어."

슈톨츠는 그를 뚫어져라 쳐다보고 생각에 잠겼다가 방 안을 거닐기 시작 했다.

"올가 세르게브나는? 건강하고? 지금 어디 있어? 날 기억이나 하고 있던 가?……"

그는 차마 말을 잇지 못했다.

"건강해. 마치 어제 헤어진 것처럼 자넬 기억하고 있어. 지금 어디에 있는 지 당장 알려주겠네."

"아이들은?"

"아이들도 건강해…… 그런데 말 좀 해봐, 일리야. 여기 계속 남겠다는 말 농담이지? 자네를 데려가려 왔거든. 우리 시골 마을로 가자고……."

"안 돼, 안 돼!" 목소리를 낮추고 문 쪽을 살피면서 오블로모프가 말했 다. 당황한 빛이 역력했다. "아냐, 제발, 그런 말일랑 다시는 입 밖에 내지 말아줘……."

"왜? 무슨 일인데? 나를 잘 알잖아. 오래 전부터 이게 내 사명이라 생각 해왔어. 절대 물러설 수 없어. 이제까지는 이런저런 일로 바빴지만 지금은 한가해졌네. 자넨 반드시 우리하고 가까이서 함께 살아야만 해. 올가와 그렇 게 하기로 약속했으니 그렇게 해. 다행이야, 이제 보니 자네 예전 그대로군. 더 나빠지지는 않았어. 뜻밖인 걸…… 함께 가세! 강제로라도 자넬 끌고 갈 작정이니까! 다르게 살아야만 해, 자네도 그건 잘 알 거야, 지금 이대로는 얼마나 위험한지……."

오블로모프는 조마조마한 마음으로 끝없이 쏟아지는 친구의 말을 들었다.

"크게 말하지 마, 제발, 목소리 좀 낮춰!" 그가 애원하듯 말했다. "저기 에……."

"저기 뭐?"

"귀에 들어가면…… 아가피야가, 내가 정말 떠날 거라고 생각한단 말야……."

"그래서 그게 어쨌는데? 맘대로 생각하라지 뭐!"

"나 참, 어떻게 그런 말을!" 오블로모프가 그의 말허리를 잘랐다. "내 말 좀 들어봐, 안드레이!" 갑자기 그가 전에 없던 단호한 목소리로 덧붙였다. "공연히 애쓸 필요 없어. 설득할 생각은 하지도 마. 난 이곳에서 계속 살 테니."

슈톨츠가 놀라 눈을 크게 뜨고 친구를 보았다. 오블로모프는 고요하면서도 결연한 표정으로 그를 보았다.

"자넨 파멸이야, 일리야! 이 집, 저 여자…… 대체로 이런 생활은…… 좋을 게 없어. 가세, 가자고!"

슈톨츠가 오블로모프의 소매를 움켜쥐고는 그를 문 쪽으로 끌고 가려 했다.

"왜 나를 데려가려고 하는데? 그것도 어디로?"

오블로모프가 뿌리치면서 말했다.

"이 굴 밖으로 나가는 거야, 늪을 떠나 밝은 세상으로, 건강하고 정상적인 삶으로 가득한 넓디넓은 곳으로 말이야!" 슈톨츠가 명령이라도 하듯 강하게 말했다. "자네가 있는 데가 어딘 줄이나 알아? 자네 꼴은 또 어떤지 아느냐 말야? 정신 차려! 굴 속의 두더지처럼 겨울잠을 자려고 이런 생활에 자신을 단련시키고 있는 거야? 기억을 더듬어봐……."

"지난 과거는 상기시킬 필요도 없고 마음을 어지럽히는 일일랑 하지 마. 아무리 말해 봤자 소용없어!" 오블로모프가 잘라 말했다. 그의 얼굴에는 자신이 무엇을 말해야 하는지, 분별력과 확고한 의지가 엿보였다. "나한테 뭘 원하는데? 자네가 나를 끌고 가려는 그 세상은 날 영원히 무너뜨리고 말 거야. 자네도 어쩌지는 못 해. 두 쪽이 난 것을 다시 이어 붙일 수도 없고. 이미 내 환부는 이 집에 엉켜 붙어 뿌리를 내렸어. 강제로 떼어내려 했다간 그땐 죽음뿐이야."

"자네가 지금 있는 이곳이 어떤지, 함께 있는 사람은 누구인지 보고도 그런 소리를 해?"

"알아, 느낄 수 있어…… 아, 안드레이. 모두 느끼고 모두 이해해. 세상에 살아 있다는 게 내겐 오래 전부터 부끄러웠어! 난 자네의 길을 함께 갈 수 없어. 이젠 하고 싶어도 못 해…… 어쩌면 지난번이 마지막 기회였는지도 몰라. 지금은…… (그는 고개를 숙이고 잠시 할 말을 잃었다) 지금은 늦었어…… 자네의 길을 가, 내 일에 신경 쓰지 말고. 나는 자네와의 우정이 무엇보다 소중해. 신께서 못 하신 걸 보면 자네도 헛수고일 테니 더 이상 애쓰지 말아 줘."

"아냐, 일리야, 말은 그렇게 해도 뭔가 숨기는 게 있어. 어쨌든 난 자네를 데려갈 거야. 꼭 데려가고 말겠어. 왜냐하면 난 자네를 못 믿어…… 내 말을 들어. 아무거나 걸치고 우리집으로 가서 하룻밤만 보내자니까. 하고 싶은 이야기가 아주 많아. 자네, 지금 우리나라에서 무슨 일이 벌어지고 있는지 모를 거야. 상상도 못하겠지?"

오블로모프가 뭔가를 묻는 의아스러운 눈길로 그를 바라보았다.

"그러고 보니, 자네가 사람들을 만나려 들지 않는다는 걸 나도 깜박 했네. 나와 함께 가자고, 모두 이야기해 줄 테니……. 대문 밖에 누가 와 있는지 아나? 마차에서 날 기다리고 있어…… 불러올게!"

"올가!" 깜짝 놀란 오블로모프의 입에서 그 이름이 새어 나왔다. 안색마저 어둡게 변했다. "제발, 부탁이니 여기 들어오지 못하게 해, 어서 가. 가, 제발 가버리란 말야!"

그는 슈톨츠를 거의 쫓아내려 했다. 하지만 슈톨츠는 꿈쩍도 하지 않았다.

"그냥 이대로 올가에게 갈 수는 없어. 약속을 했단 말야, 내 말 듣고 있는 거야, 일리야? 오늘이 싫으면 그럼 내일 가자. 날짜를 미룰 수는 있어도 날 쫓아낼 수는 없어…… 내일이든 모레든 어쨌든 다시 만나!"

오블로모프는 입을 꾹 다문 채로 고개를 숙였다. 차마 슈톨츠를 쳐다볼 수가 없었기 때문이다.

"언제로 정할까? 올가가 분명 물어볼 거야."

"아, 안드레이." 그를 끌어안고 어깨에 고개를 묻으며 다정하게 애원하듯 오블로모프가 말했다. "날 그냥 내버려둬…… 잊어버리라고 영원히……"

"어떻게 그럴 수 있어, 영원히라고?"

포옹에서 벗어나 그의 눈을 똑바로 쳐다보며 슈톨츠가 어이가 없다는 듯 물었다.

"응!"

오블로모프가 풀이 죽어서 말했다. 이 말에 너무 놀라 슈톨츠는 자신도 모르게 한걸음 물러섰다.

"자네, 그 말 제정신으로 하는 건가, 일리야?" 그가 나무라듯 목소리를 높였다. "자네, 날 쫓아낼 셈인가, 여자 때문에, 그 여자 하나 때문에! ……맙소사!" 갑자기 경련이라도 일어난 사람처럼 고함을 질러댔다. "아까 내가 본 그 아기 때문인가 그럼…… 일리야, 일리야! 여기서 도망쳐야 해, 떠나자, 어서 떠나 버리자! 어쩌다 이렇게 망가질 수가! 저 여자가…… 자네에게 무언데……"

"아내!"

오블로모프가 침착하게 말했다. 순간 슈톨츠는 돌처럼 표정이 굳어졌다.

"그 아기는 내 아들이야! 자네를 기리기 위해 이름도 안드레이라 지었어!"

그동안의 비밀을 단숨에 털어놓은 오블로모프는, 마침내 무거운 짐을 벗었다는 홀가분한 심정으로 조용히 안도의 한숨을 내쉬었다.

이번에는 슈톨츠의 안색이 돌변했다. 깜짝 놀라 멍한 눈빛으로 주위를 두리번거렸다. 그의 눈앞에 갑자기 '심연'이 열리고 '장벽'이 가로막아서는 것만 같았다. 자신이 알던 오블로모프는 이미 그 자리에 없었다. 갑자기 그의 눈앞에서 모습을 감추어, 땅 속에라도 숨어버린 것처럼 흔적도 없이 사라졌다. 오랜만에 친구를 만나려고 설레는 마음으로 서둘러 달려왔지만 친구는 이미 이 세상 사람이 아니라는, 이미 죽었다는 사실을 알게 된 사람이 경험하는, 그와 같은 뜨거운 비애를 느꼈다.

"자넨 파멸했어!" 슈톨츠가 기계적으로 내뱉었다. "올가에겐 뭐라고 말을 하지?"

오블로모프는 친구의 물음에 대해 무언가를 말하고 싶었는데 목소리가 나오지 않았다. 그는 두 팔을 뻗었다. 그러고는 마치 전투를 앞둔, 죽음을 앞둔 사람처럼, 말없이 안드레이를 꽉 끌어안았다. 이 포옹이 그들의 말과 눈물과 감정을 모두 삼켜버렸다……

"내 아들 안드레이를 잊으면 안 돼!"

목멘 소리로 오블로모프가 한 마지막 말이었다.

아무 말 없이 안드레이는 천천히 방을 빠져 나와 씁쓸한 기분으로 마당을 가로질러 마차에 올라탔다. 오블로모프는 소파에 앉아 팔꿈치를 탁자에 괴고 두 손으로 얼굴을 감쌌다.

'그래, 네 안드레이를 잊지 않으마.' 침울해진 슈톨츠는 마당을 가로지르며 생각했다. '자넨 파멸이야, 일리야. 자네의 오블로모프카도 이젠 더 이상 시골이 아니야. 길이 뚫려 그곳에도 볕이 들게 됐다는 말은 이 상황에서 자네에게 해봤자 무슨 소용이 있겠는가! 4년쯤 지나면 거기에도 역이 들어서고, 자네 농부들이 둑 쌓는 일에 부역을 나가게 될 거야. 철도를 따라서 자네의 곡물을 항구로 실어 나를 날이 멀지 않았다는 말 또한 하지 않겠네…… 거기엔 학교가 들어서고 모두들 글도 배우게 될 테지, 그리고 또…… 아니, 자넨 새로운 행복을 알리는 새벽빛이 밝아오는 것을 보고 깜짝 놀랄 거야, 익숙하지 않아 눈이 다 아플걸? 하지만 너의 안드레이만은 데리고 갈 거야, 네가 가지 못한 그곳으로…… 우린 그 아이와 함께 우리가 소년 시절에 꾸었던 꿈을 이루게 되겠지.'

"안녕, 옛날 옛적의 오블로모프카여!" 작은 집 창문을 마지막으로 돌아보면서 그가 작별 인사를 했다. "네 시대도 이젠 끝났구나!"

"무슨 일이에요?"

올가가 조마조마한 심정으로 물었다.

"아무 일도 아냐!"

안드레이가 퉁명스럽게 잘라 말했다.

"그 사람은 살아 있어요, 건강은요?"

"응."

안드레이가 마지못해 대꾸했다.

"왜 이렇게 빨리 나왔어요? 어째서 날 안 불렀죠? 왜 같이 안 왔어요? 내가 들어가 볼래요!"

"안 돼!"

"무슨 일 있어요?" 올가가 놀라 물었다. "설마 '심연이 열렸다'느니 그런 말을 할 생각은 아니겠죠?"

그는 아무 말도 하지 않았다.

"안에서 무슨 일이 벌어지고 있어요?"

"오블로모프 기질!"

안드레이가 씁쓸하게 대답했다. 올가가 아무리 물어도 그는 집에 다다를 때까지 시무룩한 표정으로 침묵을 지켰다.

제10장

　다섯 해가 지났다. 브이보르그에도 많은 변화가 있었다. 프쉐니치나의 집에 이르는 텅 빈 거리는 별장들로 뒤덮였고, 별장들 사이로 들어선 기다란 석조 관청 건물이, 평화롭고 한적한 안식처의 유리창으로 들이비치는 따사로운 햇살을 가로막고 있었다.

　그 조그만 집은 낡아서 마치 면도도 세수도 안 한 사람처럼 초라하고 지저분해 보였다. 색은 바래졌고 빗물관은 여기저기 망가져 있었다. 때문에 뜰 곳곳에는 더러운 물웅덩이가 패어서 예전처럼 좁은 널빤지가 놓여졌다. 사슬에 묶인 채로 사납게 달려들던 검둥이는 이제 늙은 탓인지, 누가 쪽문으로 들어와도 귀찮은 듯 개집에서 나오려고도 하지 않고 겨우 들릴락 말락 작은 소리로 으르렁대기만 했다.

　집 안은 또 얼마나 변했던가! 그곳 안주인도 낯선 여자로 바뀌었고, 떠들며 노는 아이들도 예전의 아이들이 아니다. 난폭한 타란치에프가 핼쑥하고 벌건 얼굴로 이따금 나타나기도 한다. 하지만 얌전하고 말수가 적은 알렉세에프의 모습은 더 이상 눈에 띄지 않는다. 자하르도 아니시야도 볼 수 없었다. 못 보던 뚱뚱한 요리사가 부엌을 보란 듯이 차지하고서 아가피야 마트베이브나가 조용히 낮은 목소리로 내리는 명령을 마지못해 건성건성 듣고 있었다. 언제나처럼 허리춤에 옷자락을 쑤셔 넣은 아쿨리나는 구유와 커다란 항아리들을 씻고 있다. 허구한 날 멍하게 넋을 놓고 있던 그 문지기도 예의 털외투 차림으로 여전히 개집 같은 방구석에서 무료하게 목숨을 부지하고 있었다. 겨울 여름할 것 없이 고무 방수 덧신을 신고 겨드랑이에는 커다란 서류 봉투를 끼고 있는 '오빠' 이반 마트베이치의 모습이 아침과 저녁 일정한 시각에 격자무늬 울타리 옆을 아른거렸다.

　그렇다면 오블로모프는 어떻게 되었을까? 그는 어디로 간 걸까? 어디에 있단 말인가? 가까운 공동묘지, 관목 숲 사이 조그만 비석 아래 유골함에 그의 시신이 잠들어 있다. 우정어린 손이 묻어둔 라일락 가지가 그 무덤 위에서 졸고 있으며 향긋한 쑥 내음이 진동을 했다. 마치 고요한 정적의 천사가 그의 꿈을 지켜주는 것만 같았다.

아무리 사랑에 눈이 먼 아내라 할지라도 잠시도 눈을 떼지 않고 그를 지켜보며 살 수만은 없는 노릇이다. 영원한 평온, 영원한 정적, 느른한 하루하루 이어짐이 조용히 생명의 엔진을 멈추었다. 고통도 괴로움도 없이, 깜빡 잊고 태엽을 감아주지 않은 시계가 움직임을 멈춘 듯이 그렇게 일리야 일리이치는 삶을 마감했다.

그의 마지막 순간을 지켜본 이도, 죽기 바로 전 마지막 신음 소리를 들은 이도 없었다. 뇌졸중은 이듬해 다시 한 번 재발했는데 그때는 가까스로 잘 넘어갔다. 일리야 일리이치는 얼굴이 백짓장처럼 변하고 허약해졌으며 잘 먹지도 않고 정원 산책도 뜸해지고는 점점 과묵해지고 사색에 잠기는 일이 잦아졌다. 이따금 눈물까지 보였다. 그는 죽음이 다가왔음을 직감하자 두려웠다.

몇 차례 죽음의 고비를 맞기도 했지만 무사히 잘 넘겼다. 그러던 어느 날 아침, 아가피야 마트베이브나가 언제나처럼 그에게 커피를 내왔다. 하지만 이미 그때는 잠든 것처럼 평온하게 임종을 한 뒤였다. 머리가 베개에서 좀 벗어나 있을 뿐 손은 가슴 위에 놓여 있었다. 피가 그곳으로 몰렸다가 그대로 멈춰버린 듯했다.

아가피야 마트베이브나는 과부가 된 지 벌써 3년째다. 그 동안에 모든 것이 옛날 모습으로 돌아왔다. 오빠는 청부업을 하다가 쫄딱 망했지만 용케도 갖은 술수와 아부 덕에 예전에 '농부들의 등록 업무를 보던' 사무실 서기로 복귀했다. 관청에 다니며 다시 한 푼 두 푼 돈을 모아 깊숙이 감춰둔 금고를 채워나갔다. 집안 살림은 엉성하고 단순했지만 오블로모프가 이사왔을 때처럼 기름지고 풍요로웠다.

집안에서 가장 어른 행세를 하는 이는 오빠의 부인, 이리나 판첼레예브나였다. 그녀는 아침에도 제멋대로 가장 늦게 일어나고 하루에 커피를 세 번이나 마셨으며 옷도 세 번이나 갈아입었다. 집안 살림이라 해봤자 자기 치마에 풀을 빳빳하게 먹였는지 살피는 일이었으며, 이게 바로 그녀가 유일하게 요구하는 바이기도 했다. 이것 말고는 그녀가 관여하는 일은 아무것도 없었다.

아가피야 마트베이브나가 예전과 마찬가지로 집안의 진정한 시계추였다. 그녀는 부엌일과 식사 준비를 관리하고 온 집안 식구에게 차와 커피를 끓여 날랐으며, 집안사람들 옷을 모두 세탁하고 수선했다. 아이들과 아쿨리나, 문지기를 챙기는 일 또한 그녀의 몫이었다.

그런데 왜 이렇게 되었을까? 그녀는 오블로모프의 부인으로 어엿한 여지주가 아니던가? 그녀는 누구의 신세도 지지 않고 아쉬운 것 하나 없이 독립해서 살 수도 있었을 텐데, 무엇이 그녀가 남의 살림을 떠맡고 남의 아이들을 돌보며 다른 골칫거리까지 몽땅 떠맡게 만들었을까? 아가피야가 이렇게 고생을 사서 하는 이유는 사랑의 힘 때문일까, 가정에 대한 책임이라는 신성한 의무 때문일까, 아니면 그날그날 배를 채우기 위해서일까? 게다가 그녀를 잘 모셔야 할 자하르와 아니시야는 어디로 갔단 말인가? 무엇보다도 남편이 남겨준 살아 있는 유품, 어린 안드류샤는 어디에 있단 말인가? 전 남편 사이에서 얻은 그녀의 아이들은 그럼 또 어디에?

아이들은 일자리를 얻어 나갔다. 바뉴샤는 학업을 마치고 관청에 취직했다. 마쉔카는 어떤 관공서의 감시인에게 시집을 갔고 안드류샤는 양육을 맡아 책임지겠다는 슈톨츠 부부의 청에 따라 그 가족이 되었다. 아가피야 마트베이브나는 안드류샤의 운명을 첫 번째 결혼에서 얻은 아이들의 운명과 혼동하지 않았다. 마음속으로야 무의식적으로 모두에게 동등한 자리를 부여하고 있을지도 모르겠지만 말이다. 하지만 그녀는 안드류샤의 양육이나 삶의 방식 그리고 미래의 삶에 대해서 바뉴샤나 마쉔카의 인생과는 멀찍이 거리를 두어 구분했다.

"이 아이들은 뭐야? 그저 옛날의 나랑 똑같은 신세의 철부지들이지." 이런 말을 대수롭지 않게 내뱉고는 했다. "저 아이들은 가난뱅이한테서 태어났지만 이 아이만은," 존경에 가까운 시선으로 그녀는 안드류샤를 바라보았으며, 소심하다기보다 조심스러운 손놀림으로 그 머리를 쓰다듬으면서 이렇게 덧붙이기도 했다. "이 아이는 도련님이야! 얼굴도 뽀얗고 얼마나 탐스러워. 손과 발이 이렇게 아담할 수가. 머릿결이 마치 비단 같아. 돌아가신 제 아버지를 빼다 박았어!"

때문에 슈톨츠가 아이를 데려다가 양육하겠노라 제안했을 때 아가피야는 군소리 없이, 심지어 기쁜 마음으로 동의했다. 안드류샤가 있어야 할 곳은 바로 거기이며 자신의 불결한 조카들, 그러니까 오빠의 아이들과 함께 '가난한 생활'을 해서는 안 된다고 판단한 것이다.

그녀는 오블로모프가 죽고 반 년 동안은 깊은 슬픔에 빠져 헤어나지 못한 채 아니시야와 자하르와 함께 살았다. 시도 때도 없이 남편의 무덤을 찾았고, 얼마나 울었는지 눈은 퉁퉁 부었으며, 식음을 전폐하다시피 하고 차로만 연명했다. 밤마다 눈을 붙이지 못하면서 몰라보게 수척해졌다. 하지만 그녀는 누구에게도 불평 한마디 하는 법이 없었다. 사별한 날에서 멀어지면 멀어질수록 그녀는 자기 안으로, 자신의 슬픔 안으로 점점 빠져드는 것 같았다. 모든 사람, 심지어 아니시야로부터도 멀어져갔다. 그녀의 마음을 헤아리는 사람은 아무도 없었다.

"주인마님께서 고인이 되신 부군 생각에 늘 눈물짓는다면서요?"

단골 식료점 주인이 요리사에게 이렇게 묻기도 했다.

"늘 슬퍼한답니다."

슬픔에 젖은 미망인이 주일마다 기도하며 눈물 흘리는 묘지 내 교회에서 나이 든 관리자가 성체(聖體) 파는 여자에게 말했다.

한번은 오빠 부부가 조카들뿐 아니라 타란치에프까지 대동하고, 위로를 한답시고 그녀의 집에 갑작스레 들이닥친 적이 있었다. '몸 망치지 말고 아이들을 봐서라도 기운을 내라'는 판에 박은 듯한 위로와 충고의 말들이 쏟아졌다. 첫번째 남편이 죽은 15년 전에 이미 모두 들었던 말들이다. 그때는 나름의 효과가 있었는지 모르겠지만 지금은 어째서인지 비애와 증오심만 불러일으킬 따름이었다.

화제가 바뀌고 나서야 그녀는 한결 마음이 편해졌다. 그들은 지금이야말로 다시 함께 살 기회이고 '너도 오빠네 가족들과 함께 지내면 쉽게 슬픔을 잊을 것이며' 너만큼 집안일을 제대로 하는 사람이 없으니 자신에게도 좋을 거라는 제안을 했다.

그녀는 생각할 시간을 좀 달라고 했다. 그 뒤로도 두 달을 더 슬픔에 젖어 있다가 마침내 함께 살자는 제안을 받아들였다. 그때 슈톨츠가 안드류샤를 자기 집으로 데려갔기 때문에 외롭기도 했다.

이렇게 해서 아가피야 마트베이브나는 검은 상복 차림에, 검은 털실로 짠 두건을 머리에 쓰고 방과 부엌 사이를 그림자처럼 쏘다니기 시작했다. 예전처럼 찬장을 여닫고 바느질을 하고 레이스를 다림질했다. 하지만 모든 행동이 너무나 무기력해 활기를 찾아볼 수가 없었다. 말이라고는 나지막한 목소리로 마지못해 몇 마디 던지는 게 다였다. 여기저기 물건들 위를 떠다니던 예전의 눈빛은 흐리멍덩해져 온데간데없었다. 두 눈에서는 하나에 집중한 듯, 뭔가 숨겨진 심각함이 역력했다. 그 심각함은 죽은 남편의 얼굴을 의식적으로 한참 동안 쳐다본 순간부터 자신도 모르게 그녀의 얼굴에 자리를 잡았으며 그 뒤로는 한순간도 떠날 줄 몰랐다.

그녀는 집 안을 두루 돌아다니며 필요한 모든 일을 직접 했다. 하지만 이 심각함만은 잠시도 내려놓지 않았다. 남편의 주검 앞에서, 그를 잃어버렸다는 사실을 인식한 순간부터 아가피야는 갑자기 자신의 인생을 깨닫고 그 의미에 대해서 생각해 보게 되었다. 이 생각은 그녀의 얼굴에 영원히 그림자로 드리워졌다. 가슴이 찢어지는 듯한 슬픔을 눈물로 다 쏟아내고 나자 상실감에 사로잡혔다. 어린 안드류샤만 남기고 모든 잡념이 사라졌다. 그 아이를 보고 있으면 얼굴에 화색이 돌고 눈에는 기쁨의 빛이 충만해져 추억의 눈물이 앞을 가렸다. 그녀에게 삶의 희망이 꿈틀거리는 유일한 순간이었다.

그녀는 주위의 모든 것에 냉담했다. 공연히 낭비한 돈이나 손해 본 돈 때문에, 또는 태운 고기나 신선하지 못한 생선 때문에 오빠가 화를 내든 말든, 엉성하게 풀 먹인 치마와 진하지 않고 식어버린 차 때문에 올케가 입을 삐죽거리든 말든, 뚱뚱한 요리사 여편네가 무례하게 굴든 말든 아가피야 마트베이브나는 신경 쓰지 않았다. 마치 남의 얘기를 듣는 듯했다. 심지어 '안주인시늉'이나 '여지주' 따위의 가시 돋친 쑥덕거림도 한 귀로 듣고 한 귀로 흘려버렸다.

그녀는 이 모든 것에 자신만의 애수와 오만한 침묵으로 대응했다.

뿐만 아니라, 온 집안이 환호하고 노래를 부르며 먹고 마시는 성탄절 주간과 부활절, 사육제의 즐거운 저녁이 되면 다들 기뻐서 날뛰는 가운데에도 느닷없이 뜨거운 눈물을 흘리고 자기 방에 틀어박혔다.

그러고는 다시 의미심장한 표정을 지으며 오빠와 그의 아내를 오만하고 측은한 눈길로 쳐다보았다.

그녀는 깨달았다. 비록 신께서 삶에 영혼을 불어넣어 주었다가 다시 가져가 버리기는 했지만, 자신의 인생도 한 번쯤 화려하게 빛난 적이 있었다는 사실을. 태양이 솟아올랐다가 영원히 저 너머로 저버린 것이다……. 그렇게 영원히. 그녀의 삶은 영원히 의식 속에 자리하게 되었다. 이제야 그녀는 왜 살았는지, 결코 헛된 삶을 산 것이 아님을 알았다.

그녀는 무한한 애정을 충분히 쏟았다. 오블로모프를 애인으로, 남편으로, 주인으로 사랑했다. 다만 예전처럼 이 말을 어느 누구에게도 결코 할 수 없었던 것뿐이다. 주위 사람들은 아무도 이해하지 못할 것이다. 어디서 그런 말을 찾을 수 있겠는가! 오빠가, 타란치에프가, 또는 올케가 쓰는 어떤 말에도 그런 표현은 없었다. 왜냐하면 그들에게는 그런 개념이 없기 때문이다. 일리야 일리이치만이 그녀를 이해하리라. 하지만 그에게도 그런 말을 해본 적이 없다. 그때는 그녀 자신이 전혀 이해를 하지 못했을 뿐 아니라 그런 말을 할 수 있는 재주도 없었기 때문이다.

나이를 먹어가며 아가피야는 지난 과거의 일들을 더 분명하게 이해하게 되었다. 그러면 그럴수록 더 깊이 틀어박히고 과묵해지며 심각해졌다. 순간처럼 지나가버린 7년의 세월에서 흘러나온 고요한 빛이 그녀의 인생을 환하게 비춰주었다. 더 이상 바랄 것도 없고 더 이상 갈 곳도 없었다.

겨울을 나려고 시골에서 슈톨츠가 올라왔을 때에만 그녀는 그의 집으로 달려가 안드류샤를 탐욕스럽게 쳐다보고 다정하고도 조심스레 아들을 어르곤 했다.

그러고 나서 그녀는 생각했다. 안드레이 이바노비치에게 무슨 말을 할 수 있을까, 감사한다는 인사라도 해야겠어, 무슨 일이 있어도 오늘은 꼭 그에게 다 말해야지, 마음에 담아둔 우울한 것들을 빠뜨리지 않고 털어놓겠어, 그는 틀림없이 이해해 줄 거야. 하지만 그녀는 그럴 용기가 없었다. 올가에게 안겨 그녀의 손에 격렬하게 입맞춤을 하고 뜨거운 눈물을 쏟아내는 게 고작이었다. 그러면 올가도 덩달아 눈물을 흘렸고 안드레이는 감정이 복받쳐 서둘러 방을 빠져 나가고는 했다.

유리구슬처럼 맑은 고인의 영혼에 대한 공통된 공감, 그 기억들이 그들 모두를 한데 묶어주었다. 올가와 슈톨츠는 그녀에게 시골로 가서 안드류샤 곁에서 함께 살자고 설득해 보았지만 아가피야는 '태어나서 평생을 살았던 곳에서 죽는 게 마땅하죠' 하는 한결같은 대답뿐이었다.

슈톨츠가 영지 관리에 대한 보고서를 내밀고 이듬해 수입을 그녀에게 보내보지만 헛수고였다. 언제나 안드류샤를 위해 잘 간직해 달라며 모두 되돌려보냈다.

"이건 그 아이 몫이지, 제 몫이 아녜요." 그녀는 한사코 마다했다. "안드류샤에게 필요할 거예요. 그 아이는 귀족이잖아요. 전 이대로 살면 돼요."

제11장

어느 날 정오쯤 브이보르그의 보도를 따라서 두 신사가 걷고 있었다. 그들 뒤로는 마차가 조용히 따라오고 있다. 한 사람은 슈톨츠고 다른 한 사람은 그의 작가 친구였다. 통통한 체격에 무엇에도 생각에 잠긴 것만 같은 얼굴에 졸려 보이는 눈매를 지닌 사람이다. 그들은 교회 앞에 다다랐다. 마침 예배를 마친 사람들이 거리로 쏟아져 나왔다. 그들 앞으로 거지들이 몰려들었다. 수도 많을 뿐 아니라 행색도 각각이었다.

"어디서 온 거지들인지 궁금하군."

거지들을 바라보며 작가가 말했다.

"어딘 어디야? 사방 팔방에서 다 기어나온 거지……."

"그걸 묻는 게 아냐." 작가가 반박했다. "내가 알고 싶은 건, 어쩌다가 거지가 되었고, 어떻게 이 지경까지 이르게 되었냐는 거야. 갑자기 된 걸까 아니면 서서히 된 걸까? 정말일까 아니면 거짓일까?"

"알아서 뭐하게? 글 쓰려는 게 《페테르부르크의 신비 *Mysteres de Peterbourg*》 아냐?"

"필요할지도 몰라서……."

늘어지게 하품을 하면서 작가가 중얼거렸다.

"이럴 땐 아무나 잡고 물어보는 거야. 은전으로 1루블만 주면 자기가 살아온 이야기를 다 해줄 테니까 자넨 잘 적어놓았다가 돈을 받고 팔면 돼. 저기 저 노인네, 가장 쓸 만한 거지 같아 보이는데. 어이, 노인장! 이리 좀 와봐요!"

부르는 소리에 노인이 뒤를 돌아보고는 모자를 벗고 그에게 다가왔다.

"자비로우신 나리님들!" 그가 쉰 소리를 냈다. "서른 번 넘게 전쟁에 나가 불구가 된 이 불쌍한 노병을 도와주세유……."

"자하르!" 슈톨츠가 놀라 소리쳤다. "자네 맞지?"

자하르는 갑자기 입을 다물었다. 잠시 뒤, 손으로 햇빛을 가리고 슈톨츠를 뚫어지게 쳐다보았다.

"죄송합니다유, 나리님. 뉘신지 못 알아보겠는뎁슈…… 눈이 완전히 멀어서!"

"주인의 친구, 슈톨츠를 잊었다고."

슈톨츠가 꾸짖었다.

"아이구, 아이구, 도련님, 안드레이 이바느이치! 안타깝게도 눈이 멀어서 몰라봤구먼유! 도련님은 지한티 부모님 같은 분이신디!"

그가 어쩔 줄을 몰라 했다. 슈톨츠의 손을 잡으려 했지만 도저히 그럴 수가 없어 그의 옷소매에다 입을 맞추었다.

"지처럼 미천한 놈에게도 신께서 이런 기쁨을 다 주시는구먼유……."

그는 울지도 웃지도 않고 통곡하기 시작했다. 얼굴은 이마에서 턱까지 시뻘건 도장을 찍어놓은 듯했다. 게다가 코에는 시퍼런 반점이 퍼져있다. 완전 대머리다. 여전히 푸짐한 볼수염은 마구 뒤엉켜서 펠트처럼 덥수룩했고 두 귀밑에는 눈덩이를 하나씩 매달아 놓은 것만 같다. 그는 낡아서 색이 바랜 군복 외투를 걸치고 있었다. 오랜 세월의 흔적이 느껴졌다. 그런데 한쪽 소매는 떨어져 나가고 없었다. 신발은 어땠을까. 맨발에 오래되어 너덜너덜 해어진 덧신만 신고 있었다. 손에는 닳아빠진 털모자가 들려 있다.

"아이구, 자비로우신 하느님! 오늘 지한티 이게 웬 은총이란 말인 가유."

"어쩌다 이 지경이 된 거야? 아무리 그래도 그렇지, 부끄럽지도 않아?"

슈톨츠가 호되게 나무랐다.

"아이구, 도련님, 안드레이 이바느이치! 어쩌겠슈." 힘겹게 한숨을 내쉬고서 자하르가 하소연을 늘어놓기 시작한다. "먹구 살 게 있어야쥬. 아니시야가 살아 있을 때만 혀두 이럴 정도는 아니었습쥬. 그땐 빵 조각이라두 있었구먼유. 그러다 그 여편네가 콜레라루 세상을 뜨자, 명복을 빕니다, 그 오빠라는 사람이 절 못 데리고 있겠다 하지 않겠습니까, 기생충이라 부르면서. 미혜이 안드레이치 타란치에프는 옆을 지나칠 때마다 뒤에서 다리루 걷어차지 뭡니까. 그것두 시도 때도 없이유. 잔소리는 또 얼마나 해대던지 견딜 재간이 있어야쥬! 목구멍에 빵조각 하나 털어넣지 못했다구 하면 믿으시것슈? 주인마님이 아니었더라면, 만수무강하소서!" 성호를 그으면서 자하르가 잠시 말을 끊었다가 다시 이어갔다. "전 엄동설한에 얼어죽어두 벌써 얼어죽었을 거구먼유. 겨울을 나라구 옷가지두 싸주시구 빵두 달란대루 다 주시구 벽난로에 땔 석탄두 주셨슈. 주인마님 덕분에 편하게 지냈쥬. 근디 지 때문에 마님에게까지 잔소리가 시작되기에 그 길루 집을 나와 정처 없이 떠돌고 있습쥬! 이 짓으로 겨우 입에 풀칠하며 산 지두 벌써 두 해째네유……."

"왜 일자리를 구해보지 않았지?"

슈톨츠가 물었다.

"도련님. 안드레이 이바느이치, 요즘 일자리를 어디서 구한대유? 두 군데서 일을 해보긴 했는디, 그 비위를 맞출 수가 있어야쥬. 이젠 죄다 예전 같지가 않더라구유, 더 나빠졌슈. 몸종두 글을 알아야 한다대유. 높으신 나리님들한테두 그런 몸종이 시방 없어서 현관에는 사람들이 얼마나 잔뜩 몰려들었는지 물러유, 글쎄. 다들 몸종을 하나씩만 두지 둘이나 두는 디는 드물다나봐유. 장화두 직접 벗기지 않는다네유, 무슨 기계를 발명했대유!" 상심한 자하르가 말을 이었다. "부끄러운 줄두 몰러유. 지주다운 지주는 점점 사라지는가봐유!"

그가 크게 한숨을 내쉬었다.

"독일인 상인 집에 들어간 적이 있더랬슈. 현관에 그냥 앉아만 있으면 됐쥬. 첨엔 참 좋았는디, 지를 식당으루 보내더라구유. 그게 워디 지가 할 일인가유? 어느 날 그릇을 날랐는디, 그게 뭐 보헤미안 그릇이라든가. 그런디 마룻바닥이 얼마나 반질반질하구 미끄럽던지, 나자빠져라 하더라구유! 갑자기 다리가 따로 놀면서 그릇이 쟁반째루 바닥에 떨어지구 말았쥬. 그래서 쫓겨났슈! 다음 번엔 한 늙은 백작 부인이 지 등치를 보구 지를 마음에 들어했는지, '보기에도 쓸 만해' 이러시면서 절 수위루 써줬잖유. 소싯적부터 해오던 좋은 일자리 아닌감유. 인상을 딱 쓰구 의자에 다리를 꼬구 앉아서 흔들구 있다가 누구라두 오면 바로 대답하지 않고 으르렁대다가 들여보낼 사람이면 들여보내구 아니다 싶으면 목을 잡구 패대기를 쳐버리면 그만인 거쥬. 대단한 분이 오시면 단번에 알 수 있슈. 들고 있던 막대기 흔들며 인사를 하쥬, 이렇게!" 자하르가 손을 마구 흔들었다. "눈살을 찌푸릴 일도 없구 달리 무슨 말이 필요하겠슈! 그런디 하필, 비위 맞추기 힘든 어떤 마님이 온 거유. 꼭 말씀드려야겠구먼유. 한 번 내 방구석을 들여다봤는디 그때 빈대 한 마리를 본 거여유. 발을 동동 구르며 어찌나 고래고래 소리를 지르던지. 참, 지가 빈대를 나오라고 고사라도 지냈남유! 세상에 빈대 없는 집이 어디 있대유? 그러구 얼마 지나서는 지 옆을 지나다 말구 뜬금없이 지한티서 술 냄새가 난다는 거여유. 정말 황당한 분이었습쥬! 그 일로 쫓겨났구먼유."

"정말 술냄새를 풍겼겠지, 그것도 풀풀 말이야!"

슈톨츠가 말했다.

"홧김에, 도련님, 안드레이 이바느이치, 순전히 홧김에 그런 거라구유." 얼굴을 잔뜩 찌푸리면서 자하르가 억울한 듯 하소연했다. "마부짓도 해봤습쥬. 어떤 주인 밑에서 일했는디 괜히 발에 동상만 걸렸지 뭐유. 이제 나이 먹어 기운도 달리는구먼! 걸려두 워째 그리 성질이 드런 말이 걸렸는지. 어느 날인가는 마차루 달려들어서 지를 거의 병신이루 만들 뻔했다니께유. 한번은 노파를 깔아뭉개서 경찰서에 잡혀가기두 했슈……."

"그만하면 됐어. 이젠 떠돌이 생활 그만하고 술도 좀 적당히 마셔. 나와 같이 가, 방 하나 내줄 테니까. 함께 시골로 가자, 듣고 있는 거야?"

"듣고 있슈, 도련님, 근디……."

자하르가 한숨을 내쉬었다.

"마음이 내키지 않아유, 여기, 무덤을 떠난다는 게! 지들을 먹여 살려주신 일리야 일리이치가 여기……." 그가 탄식을 토해냈다. "오늘도 그분 생각이 나더라구유, 명복을 비나이다! 이런 주인님을 데려가시다니! 사람들한티 좋을 일만 했지 나쁜 일이라군 요만큼두 안 하신 분이니께 백 년이라두 사셔야 하는 건디……." 자하르가 얼굴을 찌푸리고 훌쩍거리며 나지막하게 말했다. "오늘도 그분 무덤에 다녀왔슈. 이쪽 길을 따라 거기에 가서 앉아 있자니 눈물이 앞을 가리는디…… 그러고 있다보면 가끔 묘한 생각에 잠겨유. 주위가 온통 조용해지고 '자하르! 자하르!' 부르는 소리가 들리는 것만 같아 등골이 다 오싹했슈. 참, 그런 주인님은 어떻게든 안 돌아가시게 해야 했는데! 도련님을 얼마나 사랑하셨다구유. 부디, 하느님, 천국에서라두 그분 영혼을 기억해 주소서!"

"하여튼 안드류샤도 볼 겸, 언제든 들러. 먹여주고 입혀주고, 거기선 자네 맘대로 살게 해줄게!"

이렇게 말하고 슈톨츠는 그에게 돈을 쥐어 주었다.

"암, 가야쥬. 어떻게 안드레이 일리이치를 보러 안 갈 수가 있대유? 어른이 다 되셨겠네유! 하느님! 주님께서 이런 기쁨을 다 주시구! 가구말구유, 도련님, 부디 건강하시구 천년만년 사세유……"

떠나는 마차 뒤를 따르며 자하르가 중얼중얼 혼잣말을 했다.

"이보게, 자네 저 거지가 하는 이야기를 잘 들었나?"

슈톨츠가 친구에게 물어보았다.

"거지가 명복을 빈 일리야 일리이치란 누굴 두고 하는 말이야?"

작가가 되물었다.

"오블로모프. 그 친구에 대해서라면 수도 없이 많은 이야길 했잖아."

"응, 이름은 기억해. 자네 동료이자 친구라고 했지? 그 사람이 어떻게 됐는데?"

"허망한 인생을 살다가 그렇게 떠났어."

슈톨츠가 한숨을 내쉬고 생각에 잠겼다.

"다른 사람들보다 미련하지도 않았고 영혼은 유리알처럼 깨끗하고 맑았지. 게다가 고결하면서도 온화했고. 그런데 갔어!"

"왜? 원인이 뭐야?"

"원인이라…… 원인은 무슨 원인! 오블로모프 기질!"

슈톨츠가 말해 주었다.

"오블로모프 기질이라!" 작가가 어리둥절해하며 따라 말했다. "그게 뭔데?"

"이제부터 이야기해 주겠네. 생각을 정리할 시간을 좀 주게나. 자넨 받아 적어. 어쩌면 필요로 하는 사람이 있을지 몰라."

그리고 그는 여기에 쓰인 이야기를 모두 그 작가에게 들려주었다.

'오블로모프'는 진정 위대한 작품, 톨스토이는 말하다

곤차로프의 생애

러시아의 소설가 곤차로프(Ivan Aleksandrovich Goncharov)는 오늘날까지도 그 작품세계가 갖는 효력과 예술적 힘을 잃지 않고 있는 위대한 작가 중한 사람이다. 러시아의 사회변화를 극적으로 표현했고 러시아 문학에서 손꼽히는 생생하고 인상 깊은 '오블로모프'라는 인물을 창출했다.

그는 1812년 6월 18일(구력 6월 6일) 러시아 심비르스크(현 울리야놉스크)에서 부유한 상인의 아들로 태어났다. 아버지가 일찍 세상을 떠나는 바람에, 아버지의 지인인 퇴역해군장교 트레구보프가 어머니의 조언자 역할을 하며 4남매를 돌봐주었다.

1820년 곤차로프는 트레구보프의 주선으로 사설기숙학교에 들어간다. 이학교는 사제인 트로이츠키와 그의 독일인 아내 리츠만이 운영하고 있었다. 트로이츠키 부부는 뛰어난 교육자의 자질을 갖추고 있었고, 이 학교에서 곤차로프는 독일어와 프랑스어를 익히고 도서관에서 수많은 고전을 읽으며 문학가로서의 자질을 쌓아갔다.

1822년에는 모스크바 상업학교에 진학한다. 여기에서도 그의 외국어 공부와 독서 열정은 이어진다. 상업학교였지만 곤차로프는 상업에는 거의 관심이 없었으며 인문학에 푹 빠져 있었다. 1831년 8월 곤차로프는 모스크바대학 인문학부에 입학한다. 그 무렵 모스크바대학교에는 게르첸, 오가료프, 레르몬토프, 스탄캐비치, 악사코프 등 뒷날 러시아 문화 전반에 엄청난 영향을 끼친 인물들이 공부하고 있었다.

대학에서 곤차로프는 나제쥬진에게서 철학사와 예술·문학이론, 쉐브이로프로부터 외국문학, 다브이도프에게서 러시아문학에 대해 배웠다. 본격적으로 호머, 단테, 셰익스피어, 세르반테스, 월터 스콧 등 고전작품들을 나름의 방식으로 분석·연구하기도 했다. 무엇보다 그의 문학에 대해 지대한 영향을 끼친 인물은 푸시킨이다. 그 무렵 푸시킨에 대한 곤차로프의 심취는 거의 신 앙이나 다름없었다. 대학 시절 푸시킨의 강의를 들었던 때의 감동을 그는 죽 을 때까지 잊지 못하고 자랑스레 이야기하곤 했다. "그가 들어오는 순간, 강 의실 안이 마치 찬란한 태양으로 밝게 빛나는 듯했다. 그의 시는 나를 포함 한 수많은 학생의 이성을 마비시킬 정도였다. 그의 몸짓, 말투 하나하나에서 느껴졌던 그 경이로움을 어디서 다시 느낄 수 있으랴."

1834년 대학교를 졸업하고 고향 심비르스크로 돌아왔다. 그는 심비르스크 현의 관청 관리로서 사회에 첫 발을 내딛었는데, 관리생활은 농노제 아래에 서의 비참하고 고된 러시아 민중의 삶에 대한 눈을 뜨고 깊이 이해하는 기회 가 되었다. 1835년에는 페테르부르크로 옮겨 외국 문서 번역 일을 맡았다. 그 뒤 1852년 세계여행을 떠나기 전까지 평범한 관리로서 살아간다. 그는 평생 30년 넘게 관직에 있었는데, 이는 그 무렵 작가들 사이에서는 아주 이 례적인 일이라 하겠다.

관리생활은 그에게 문학에 대한 열망을 더욱 부추겼다. 그의 적성에 그리 맞지 않았던 것이다. 능력에 부치는 일이나 하기 싫은 일도 억지로 해야만 했다. 그럴수록 곤차로프는 글을 쓰는 일이야말로 자신의 천직임을 새삼 깨 달아갔다. 이미 열네댓 살 때부터 괴테, 실러 등의 시와 산문을 번역했으며, 젊은 시절 내내 습작이라고 할 만한 여러 작품들을 닥치는 대로 써 보곤 했 다. 인간이란 저마다 사명을 갖고 태어나며, 자신의 사명은 말할 것도 없이 글쓰기라고 생각했다. 그에게 글쓰기란 당장 주린 배를 채워주는 빵보다도 더욱 소중한 것이었다.

그에게 작가로서 명성을 안겨 준 첫 작품은 1847년 발표한 《평범한 이야 기 Obyknovennaya istoriya》이다. 이 작품을 쓰는 데 3년이 넘는 시간과 노 력을 들였으며, 러시아문학계에 큰 영향력을 끼치던 비평가 비사리온 벨린 스키의 호평을 받아 더욱 유명해졌다.

《평범한 이야기》는 수사학적인 우아한 에피소드들을 통하여 고결하지만 비현실적인 한 이상주의자의 환멸을 보여준다. 그 무렵 젊은이들의 신념이 1830년대의 고결한 이상에서 알렉산드르 2세 치하의 적극적이고 실제적인 진보성으로 변하고 있음을 반증한다. 주인공인 아두에프의 기질은 뒷날 그 의 대표작 《오블로모프》의 주인공 오블로모프와 닮은 구석이 많다. 그러므로

《평범한 이야기》는 《오블로모프》의 전신이며 둘은 동일한 범주에 있다.

어린 시절부터 곤차로프는 바다를 사랑했고, 항해에 대한 동경을 품고 있었다. 그리하여 푸챠친 장군을 단장으로 하는 사절단의 비서로서 합류하라는 제의가 들어오자 흔쾌히 받아들인다. 전함 팔라다 호는 1852년 10월 7일 페테르부르크를 떠났다. 일본과의 상거래를 트는 임무를 완수한 사절단은 2년여의 항해 뒤에 시베리아를 거쳐 육로로 1855년 2월 25일 페테르부르크로 돌아왔다. 평

곤차로프
19세기 크람스코이 그림. 모스크바 트레차코프 미술관 소장.

온한 그의 삶에서 이 여행은 매우 특별한 경험이었다. 항해 내내 곤차로프는 빠짐없이 일지를 기록했고, 틈나는 대로 항해 경험을 길게 쓴 편지를 친구들에게 보냈다. 이것을 한데 묶어 1858년 《전함 팔라다 호 *Freget Pallada*》로 발표했다. 읽는 이로 하여금 실제 항해를 하는 듯한 느낌이 들게 하는 정확하고 사실적인 정경 묘사가 돋보이는 훌륭한 여행기이다.

1855년 12월 곤차로프는 검열관이 되면서 다시 관료 생활을 시작한다. 이무렵 그는 '현대인'이라는 문학 서클에서 활발히 활동했다. 이 모임에는 투르게네프, 안넨코프, 네크라소프, 파나예프 등 이름난 인사들이 참여하고 있었다.

1859년, 지난 10년간 심혈을 기울여 온 《오블로모프 *Oblomov*》가 드디어 완성되어 발표되었다. 러시아 귀족계급과 자본가계급을 강하게 대조하면서 농노제에 바탕을 둔 생활양식을 비난하고 있다. 《평범한 이야기》보다 주제와 사회적 본질, 심리적 측면에서 더욱 완숙한 작품으로 대단한 호평을 받았다. 느긋한 몽상가와 민첩한 실리적 인물의 전형을 대조하면서 옛 러시아 귀족주의 전통과 함께 막 발달하기 시작한 자본주의와 산업화가 서로 불안하게 공존하는 당시 러시아 사회상황을 조명하고 있다. 주인공 오블로모프는 관대하지만 우유부단한 귀족청년으로, 박력 있고 실리적인 친구에게 애인을 빼앗긴다. 이러한 뛰어난 인물묘사에서 비롯되어 허무감에 빠지고 무기력하며 시대에

뒤떨어진 19세기 러시아 사회의 사람들을 일컫는 대명사로 '오블로모프시치나(Oblomovshchina, 오블로모프 기질)'라는 말이 크게 유행하기도 했다.

1862년 7월 곤차로프는 신문 〈북방우편〉의 편집장이 되었다. 그러나 신문 편집 일은 그의 마음에 들지 않았고 1년 뒤에 그만두었다. 그 뒤 1863년 출판 관련 위원직을 맡았으나 1868년 작품 활동에 매진하기 위해 그만두었다. 그리고 《오블로모프》와 거의 동시에 쓰기 시작해서 《오블로모프》 발표 이후에도 계속 써 왔던 세 번째 소설 《단애(斷崖) Obryv》를 20년 만에 완성, 1869년에 발표하였다. 《단애》의 주인공 라이스키는 오블로모프의 가장 가까운 아들이라고 할 수 있다. 즉 다음 세대의 주인공이자, 잠에서 깨어난 오블로모프다. 그러나 여전히 기지개를 켜고 눈을 비비며 주위를 둘러보면서 오블로모프의 요람을 찾고 있다.

그 뒤 곤차로프는 세상을 떠날 때까지 거의 작품을 쓰지 않았다. 《구시대의 하인》과 같은 몇몇 스케치와 《안 하는 것보다는 늦는 것이 낫다》, 《백만의 고통》, 《벨린스키라는 인물에 대한 단상》 등 몇몇 비평만을 남겼다. 그 가운데 알렉산드르 그리보예도프의 희곡 〈지혜의 슬픔 Gore ot uma〉에 관한 평론이 가장 뛰어난 것으로 꼽힌다.

1891년 곤차로프는 말년에 쓴 모든 작품, 편지, 단상을 불태워 없앴다. 그리고 자신을 알렉산드르-넵스카야 수도원에 묻어달라는 유언을 남겼다. 1891년 9월 27일(구력 9월 15일) 여든 살의 나이로 상트페테르부르크에서 세상을 떠났다. 그의 작품 덕택에 삶을 깊이 이해하게 되고 인간의 감정에 대해 깨달음을 얻은 수많은 젊은이들이 거리를 가득 메우고 위대한 작가의 마지막 가는 길을 따랐다.

《오블로모프》 탄생

장편소설 《오블로모프》는 1859년 〈조국의 기록〉에 네 차례로 나뉘어 발표되었고, 곧바로 단행본으로 출간되어 엄청난 성공을 거두었다. 톨스토이의 표현을 빌리자면 "《오블로모프》는 오랫동안 보지 못했던 대작 중의 대작이다. 《오블로모프》의 성공은 결코 우연이 아닐 뿐 아니라, 한바탕 소동으로 끝나는 일회적인 것도 아닌 바람직하고 아주 의미심장한 것이다."

'오블로모프'라는 이름은 오래전부터 문학 애호자에게는 친근한 말이 되어

왔다. 그럼에도 그 내용을
완전히 알고 있는 사람은
몇이나 될까?

전함 팔라다 호
곤차로프는 이 배를 타고 일본으로 갔다.

청년 지주 귀족 일리야
일리이치 오블로모프는 페
테르부르크 관청 일을 그
만두고 시내에서 말 그대
로 아무 것도 하지 않는
태만한 나날을 보내고 있
다. 그와는 대조적인 소꿉
친구 슈톨츠는 행동적이고
폭 넓게 사업을 하고 있다. 이렇게 정반대인 두 사람이지만 오블로모프는 슈
톨츠를 믿음직하게 생각하고 슈톨츠도 오블로모프의 순수한 마음을 소중하
게 여긴다. 오블로모프가 무위도식하며 파멸해가는 모습을 두고 볼 수가 없
었던 슈톨츠는 젊은 여자 친구 올가에게 그를 도와줄 것을 부탁하고 유럽으
로 여행을 떠난다. 올가와 오블로모프는 점점 서로 이끌리고 오블로모프의
삶도 크게 바뀌는 듯 하지만, 그는 결국 결정적인 한 걸음을 내딛지 못한다.
올가와의 사랑은 이루어지지 못한 채 그의 기억 속에 영원히 잠들고, 마치
고향 오블로모프카로 돌아가는 것처럼 미망인 아가피야의 셋집에 안주한다.
이제 그의 삶에는 아무런 발전도 전진도 없이 그는 젊은 나이에 뇌졸중으로
세상을 떠난다.

《오블로모프》의 기본 골격은 소설의 주인공 오블로모프의 사랑 이야기다.
언뜻 보기에 소설은 단순하고 어떤 면에서는 쓸데없이 장황하게 보일 수도
있다. 문예비평가 도브롤류보프의 표현을 빌리면 "제1부에서는 오블로모프
가 소파에 누워 있고, 제2부에서는 그가 올가와 사랑에 빠지고, 제3부에서
는 올가가, 자신이 생각했던 사람이 오블로모프가 아니었음을 깨닫는 순간,
서로 헤어지고, 제4부에서는 올가가 슈톨츠와 결혼하고, 오블로모프는 세
들어 사는 주인집 여자와 결혼을 한다. 이것이 전부다." 그러나 정작 소설은
겉으로 드러나는 것과는 달리 풍부한 내용을 포함하고 있고 작가는 예술적
재능을 십분 발휘하고 있다. 바로 이러한 점이 이 소설의 전례 없는 성공의

비밀을 말해준다.

곤차로프의 창작활동은 《평범한 이야기》《오블로모프》《단애》의 세 장편과 세계일주여행을 적은 《전함 팔라다 호》가 전부라고는 하지만 그가 투르게네프와 어깨를 나란히 할 수 있는 대작가라는 것에는 이론(異論)이 없을 것이다. 그가 평생에 걸쳐 발표한 작품은 몇 편 되지 않는데도 그것이 세상에 나올 때마다 러시아문학계에 크나큰 파장을 몰고 왔다. 특히 그의 대표작 《오블로모프》는 러시아 국민성의 한 면을 보편화한 것으로 단지 문학뿐 아니라 러시아 연구를 위해서도 꼭 읽어야 할 책으로 인식되어 있다. 실제 러시아문학 강의에서 반드시 거쳐 가야 할 작가의 작품임에도 불구하고 왠지 유독 우리나라에서는 그 중요성에 반하여 소홀히 취급되었던 작품이다.

이 명작이 현재 독자들에게 냉대를 받고 있는 것은 아마도 그 내용이 단조롭고 따분하다고 전해진 탓이 아닐까 한다. 하기야 오블로모프가 게으른 자의 대명사라는 것은 문학 상식으로 널리 알려져 있다. 이 소설 제1편에서의 주인공은 침대에 누워 독자 앞에 나타난 채 거의 거기에서 내려오지 않는다. 사건다운 사건도 없고 줄거리다운 줄거리도 없는 것이 소설 전체의 특색이다. 그러나 《오블로모프》가 세계명작이란 명성을 얻고 있는 것은, 단조로운 주제와 게으른 주인공임에도 불구하고, 독자에게 아무런 권태감을 느끼게 하지 않을 뿐 아니라 충분한 예술적 만족을 주는 데에 있다. 왜냐하면 곤차로프는 움직임이 없는 무위(無爲)의 경지 속에 특수한 정적(靜的)인 미를 발견한 독특한 예술가이기 때문이다.

농노제가 낳은 '쓸모없는 사람'

이 소설은 도브롤류보프의 유명한 논문 〈오블로모프 주의란 무엇인가〉(1859) 이래 러시아 지식계급의 근본적 약점을 찌른 사회적 폭로 문학으로 일반인에게 받아들여지고 있다. 이 논문으로 도브롤류보프는 오블로모프를 19세기 러시아문학의 대표적인 형상 '쓸모없는 사람'의 계보에 올려놓았다. 뿐만 아니라, 구두를 신는 것조차 하인의 손을 빌려야 하는 지주 귀족의 삶이, 오블로모프를 줏대 없고 무기력한 사람으로 만들어 버렸다고 했다. 그러므로 우선 사회적 전형(典型)으로서의 오블로모프를 검토해 보기로 한다.

전형으로서의 오블로모프 또는 오블로모프시치나(오블로모프 기질)라는

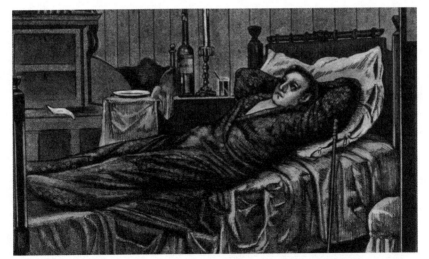

오블로모프의 삽화 즐겨 입었던 '진짜 동방풍 가운' 차림으로 뒹굴고 있는 오블로모프의 전형적인 모습이지만, 그의 표정은 피로와 나태함이 감돌면서도 그의 혼의 주조(主調)라 할 수 있는 부드러운 빛을 찬양하고 있다. 1883년, 치호미로프의 원화를 오리셰프스키가 석판화로 옮김.

말은 이중의 뜻이 있다고 볼 수 있다. 첫째는 농노제 바탕 위에 생긴 낡은 러시아 귀족 지주의 대표자로서이고, 둘째는 러시아 국민성에 포함된 어떤 종류의 특질을 구상화한 것으로서이다. 러시아 국민성을 표현하는 전형으로서 '카라마조프시치나'라는 말이 존재하는 것으로도 알 수 있듯, 오블로모프시치나는 결코 러시아 국민성을 나타내는 전형으로서 포괄적인 것은 아니다. 이 점에 대해서는 작가 곤차로프도, 오블로모프의 성격 안에는 '러시아 사람 약간의 요소적 특질이 들어가 있다'고 자인한 바 있다.

이 장편의 주인공 오블로모프의 주된 성격은, 병적이라 해도 좋을 정도의 의지박약, 여기서 생겨나는 나태, 권태, 살아 있는 흥미와 희망의 결여, 생활에 대한 불안, 일체의 변화에 대한 공포이다. 이런 오블로모프의 태만함을 상징하는 것이 바로, 그가 마음에 들어 하는 '헐렁한 진짜 동양식 가운'이다. 몽상가 오블로모프와는 대조적인 소꿉친구, 슈톨츠는 아버지가 진지하고 강건한 독일인이며 그도 러시아뿐만 아니라 유럽도 자주 오가는 행동파이다.

여기서 우리는 '동양'과 '서양'이라는 문제제기를 할 수 있다. 이 무렵 러시아의 정체성과 앞으로 나아갈 길에 대해 '슬라브파(波)'와 '서유럽파(波)' 사이에는 논쟁이 왕성했다. 오블로모프의 정체(停滯)와 수동성은 '동양' 특성으로 보이고, 슈톨츠의 진보와 적극성 등은 '서양'을 상징하는 것으로 보인다.

그러나 만약 오블로모프가 이러한 부정적인 성격만 갖고 있었다면 그것만으로 주인공이 될 자격은 없었을 것이다. 오블로모프는 다른 면에서는 세상에서 보기 드문 순수하고 감수성 높은 영혼과 선량한 마음의 소유자이다. 결코 사람을 속이거나 상처 입히지 않는다. 친구 슈톨츠의 말을 빌리자면 '수정과 같이 투명한 영혼'을 갖고 있기 때문에 그와 접촉하는 모든 사람의 애정을 불러일으키지 않을 수가 없는 것이다. 뿐만 아니라 오블로모프는 아주 총명한 두뇌를 타고났는데, 다만 그의 지적 능력은 나태에 압도되어 동면 상태에 빠져 있다. 또 그에게는 선에 대한 희망도 있고 일반 복지를 위해 무엇인가를 다하지 않으면 안 된다고 하는 내부 요구도 느끼고 있지만, 이 좋은 성질들이 권태와 무기력 때문에 마비되고 있는 것이다.

오블로모프는 사랑스럽게 유머를 섞어가며 생생한 빛을 발하듯 묘사되어 있다. 반대로 슈톨츠는 긍정적인 부분이 많은데도 매력이 없고 평범한 느낌을 준다. 오블로모프와 사랑이 깨진 뒤 슈톨츠와 결혼한 올가는 부족한 것 하나 없는데, 뭔가 따분하다 느낀다. 이는 결국 근대 합리주의가 필요함을 곤차로프 자신이 인정하면서도, 합리주의에 의해 버려지는 부분 속에 인간다움이 있다 말하고 싶은 것 같다. 오블로모프는 농노제하의 나태와 비활동성, 침체를 상징하고 있는 뿌리 깊은 러시아 민족의 한 전형으로서 오네긴, 페초린, 루진 등과 같은 '잉여인간'이라는 것이다. 즉 오블로모프는 말과 행동, 이상과 실제와의 깊은 모순에 빠져 있다. 그러나 오블로모프에게서 나타나는 잉여인간의 전형적인 콤플렉스는 역설과 논리적 종착역에 다다르고 있다. 그 뒤에는 한 인간의 타락과 파멸이 숨어 있는 것이다. 도브롤류보프의 견해에 따르면, 곤차로프는 자신의 선조 그 누구보다도 오블로모프의 무위의 뿌리를 깊이 간파하고 있다.

그의 섬세하고 부드러운 영혼과 평범하지 않은 비판력을 증명하는 최초의 예로, 제1편 제2장에 등장하는 몇몇 삽화적 인물, 그중에서도 특히 미숙한 작가 펜킹과의 대화를 들 수 있다. 인간의 약점과 악덕을 척결하고 비웃는 것을 문학의 사명이라고 믿고, 유행하는 폭로주의를 소리 높여 주장하는 펜킹의 말에 오블로모프는, 그런 종류의 이른바 신문학에는 "보이지 않는 눈물"이 없고, 오직 끊임없는 조잡한 웃음이 있는 데에 지나지 않는다, 작가는 타

영화 〈오블로모프의 생애로부터〉 슈톨츠(오른쪽)와 올가(가운데)의 노력으로 오블로모프(왼쪽)의 삶에도 아주 짧은 순간이나마 생명의 빛이 감도는 눈부신 나날이 찾아온다. 슈톨츠가 가져온, 그때로서는 문명의 이기였던 자전거를 올가가 타는 장면은 원작에는 없지만 인상적인 에피소드이다. 니키타 미할코프 감독. 1979년, 구소련 영화.

락한 사람들을 그리면서도 인간을 잊고 있다고 반발한다. "당신들은 단지 머리만으로 쓰겠다고 하니" 하고 그는 외친다.

"여러분은 상상을 위해서는 심정 같은 건 필요 없다고 여기나? 천만에. 사상은 사랑에 의해서 살이 붙는다. 타락한 인간에게는 손을 뻗고 그를 안아 일으켜야지. 그렇지 않고 만약 그가 망해간다면 이에 대해서 마음속으로부터의 눈물을 흘려야지 농락해서는 안 된다."

이 말들을 보아도 오블로모프의 문학관이 전문 문사(文士)인 펜킹의 그것보다 훨씬 고매하고 진지하다는 것을 알 수 있다.

이러한 오블로모프의 인간애는 자기 영지인 오블로모프카의 농민들에게까지 미친다. 그는 이미 몇 년 동안 영지 개혁 계획에 전념하여 농민들의 생활을 행복하게 해주기 위해 밤낮으로 생각에 잠겨 있다. 그러나 그가 사실상 그 개혁에 착수하는 날은 언제 올지 알 수 없다. 왜냐하면 계획 그 자체가 언제 완성될지 전혀 전망이 서지 않기 때문이다. 영지 개혁은커녕 주거의 이전조차도 그에게는 참을 수 없는 고행(苦行)으로 느껴지기 때문이다.

이렇게 나태와 무기력이 뼛속까지 침투해 있는 오블로모프도 지적인 소녀 올가와의 사랑에 의해서, 잠시 무위와 권태의 마취에서 깨어나 감격에 찬 활동의 세계로 나아간다. 그러나 그들의 연애가 초기 단계를 끝내고 보다 진지한 실천을 요구하는 과정으로 접어들자 오블로모프에게는 사랑 또한 견딜

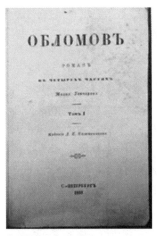

수 없는 무거운 짐이 된다. 그는 임시로 옮긴 변두리 과부 집에서 발을 뺄 기력도 없이, 요리나 재봉 외에는 어떤 능력도 없는 주부 아가피야의 소박하고 온순한 매력에 끌려 늪에 빠지는 갈대처럼 생애를 끝마치고 만다. 새로운 일, 미래에 본능적으로 공포를 느끼고 계속 과거로 돌아가려는 오블로모프의 모습은 상공업 발전으로 급속히 변해가는 러시아에 적응 하지 못한 구세대의 상징이라 볼 수 있다.

《오블로모프》 초판본
1859년 이 책이 페테르부르크에서 간행되자 문단의 반응은 각양각색이었다. 톨스토이가 "오랫동안 보지 못했던 진정 위대한 작품"이라고 절찬한 것에 비해 도스토옙스키는 "혐오스러운 작품"이라며 혹평했다. 모스크바 문학박물관 소장.

옛 러시아에의 그리움, '오블로모프의 꿈'

오블로모프의 생애는 그의 말을 빌리자면 '조락(凋落)으로부터 시작'된 것이지만, 그의 나태, 무기력, 무능력의 원인은 과연 어디에 있었는가? 이 물음에 대답하는 모든 열쇠는 제1편 제9장을 이루고 있는 유명한 '오블로모프의 꿈'이리라. 이것은 러시아 변두리에 위치하는, 교통편이 드물고 비옥하며 평범한 산수(山水)의 아름다움이 갖추어진 마을로, 그곳에는 모든 풍습이 태고의 상태를 유지하고 보수주의는 철저하며, 모든 변화는 역병(疫病)처럼 기피되고, 한 통의 편지가 도착하기라도 하면 일대 사변으로 여겨 공포의 마음으로 이를 맞이한다. 일종의 도원경(桃源境)인 것이다. 그러나 이 도원경은 만민평등의 나라가 아니라 농노제를 바탕으로 하여 유지되고 있다. 그러나 농노들도 주인들에게 잔인성이 없기 때문에 자신들의 처지를 조금도 불행하다 여기지 않고 오히려 오블로모프 일가를 이 세상에서 가장 뛰어난 영주로 믿고, 스스로 오블로모프카의 농노임을 자랑스럽게 생각할 정도이다.

결국 불행에 빠진 것은 농노가 아니라 영주 쪽이었다. 자기 자신은 손가락 하나 까딱하지도 않고 타인의 노력(勞力)으로 충족한 생활을 향락한 결과 모두가 예외 없이 정신적 불구자, 무능력자가 되어 버렸기 때문이다. 특히 오블로모프는 외아들로 편하게 자란 탓에 독립적인 행동은 모조리 위험하다

〈소령의 구혼〉 유복한 상인의 딸과 소령의 혼담을 그린 풍속화. 곤차로프는 유복한 상인 가문에서 태어났다. 당시의 풍속을 잘 전해주는 이 그림에는, 곤차로프가 그려내는 세계의 일상을 떠올리게 하는 옷과 가구들의 섬세한 묘사가 두드러진다. 1948년. 페드토프 그림.

고 해서 금지되고 교육은 육체적으로나 정신적으로 해로운 것으로 여겨져 단지 형식을 위해 실시되었다. 때문에 위에서 말한 바와 같이 평범한 비극의 주인공으로 파멸해 버린 것이다.

소설의 구성으로 볼 때, 오블로모프가 자신의 최초의 바람과는 달리 페테르부르크 시내에서 변두리로 점차 밀려나고 있는 점은 매우 상징적인 의미를 갖는다. 삶은 반복된다. 시내에 살면서 사라져버렸던 어린 시절, 오블로모프카에서의 꿈이 다시 나타난다. 소설의 구성은 대칭적이라고 볼 수 있다. 두 이상적인 장소, 즉 오블로모프카와 브이보르그 방면 사이에는 가로호바야 거리가 위치하고 있는데, 이는 진정한 둥지를 찾아 헤매는 임시방편적 잠자리라고 할 수 있고, 또한 끊임없이 꿈을 갈망하는 과도적 정신 상태의 표현이라고 볼 수도 있다. 즉 이 세 장소는 세 종류의 정신 상태인데, 천국과 잃어버린 천국 그리고 되찾은 천국이 그렇다.

오블로모프가 비극의 주인공이 된 가장 큰 원인은 그가 도원경의 주민으로 생애를 보낸 조상들과는 달리 근대적 교육을 제대로 받았다는 점이다. 때문에 그는 소박한 무자각, 무반성 속에 취생몽사하는 가능성을 빼앗겨, 항상 나태, 의지박약을 부끄럽게 여기고 생활의 갱신을 느끼면서도 여전히 실행으로 옮기는 가능성은 운명에 박탈당한 성격분열자였다. 이 점에서 그는 오네긴을 위시하여 페초린, 루진으로 이어지는 일련의 쓸모없는 인간형의 마지막 한 사람이라고 말할 수 있다. 그들은 저마다 개성의 차이에 의해 표면적으로는 심한 차이를 보여 주지만 그 바탕은 이른바 '40년대의 이상주의자'임은 변함이 없다. 다만 오블로모프는 그중에서 가장 퇴폐한 사람이었다는 것뿐이다.

그러나 무엇보다 큰 차이는 오블로모프가 단 한 가지 점에서 마지막까지 반성 없이 끝났다는 점이다. 그는 자기 자신이 의식하지 않는 농노주의자로, 그의 영지 개혁 계획은, 농노제라는 제도 위에 자신들의 향락과 안일을 확보하려는 것이지 농민의 행복에 관한 배려, 요컨대 자비로운 영주로서의 은혜 영역을 벗어나지 못했다. 왜냐하면 그가 어린 시절부터 불행한 농민의 존재를 모르고 지내왔기 때문이다.

경험으로 생생하게 살아나는 귀족의 삶

《오블로모프》는 순수한 객관적 예술의 전형이라고 일컬어진다. 그러나 이러한 정평에 대해 이의를 주장하는 비평가도 적지 않다. 그들은 곤차로프가 이 전형의 창조를 생각해 낸 것은 자신의 체험과 성격을 바탕으로 한 것으로, 따라서 이 작품에는 주관적 요소가 적지 않게 끼어들어 있다고 말한다. 하기야 그는 상상인 집안의 자제로 태어나기는 했지만 그 저택은 광대해서 하인 방, 하녀 방, 몇 개의 마구간, 소 우리, 곡간, 창고, 가금사육장, 목욕탕 등 무수한 부속 건물이 있었고, 소, 말, 상양, 양의 수도 많았다. '그리고 창고, 지하 저장고, 빙실(氷室)에는 가족을 위시하여 수많은 하인들을 위한 갖가지 식료가 비축되어 있었다. 한 마디로 그것은 하나의 영지였고 마을이었다'고 곤차로프는 〈고향에서〉에서 되돌아보고 있다.

뿐만 아니라 친아버지가 세상을 떠난 뒤 그를 위해 양아버지의 자리에 앉은 트레구보프는, 한때 해군에 근무한 적 있는 지주로, 수백 명의 농노를 소

베네치아노프의 유채화 〈수확기-여름〉
1830년대의 작품. 느긋하게 시간이 흘러가는 여름날, 안일함과 평안이 충만한 광활한 대지를
그린 이 그림은 오블로모프가 어린 시절을 보냈던, 영원히 이어질 것이라 생각했던 인간과 자
연의 조화가 갖추어진 평화로운 곳인 오블로모프카 마을의 목가적 분위기를 느낄 수 있다.

유하여 끊임없이 자신의 영지와 교섭을 갖고 있었다. 따라서 대부분 도시에
서 살았던 곤차로프도 오블로모프카의 생활 습관에 입각해서 '오블로모프의
꿈'을 그토록 생생한 필치로 자세하게 그려낼 수 있던 것이다.

　또 곤차로프가 어렸을 때의 관찰을 활용했다고 보아도 무방한 것은 이 도시적인 오블로모프카 주민들이다. 양아버지 트레구보프는 자신의 영지 관리를 외눈의 농부 책임자에게 맡겼을 뿐 거기에서 나오는 수입을 몰랐고, 이따금 그를 방문하여 도시로 나오는 이웃 지주들도 '고향에서' 하는 이야기에 따르면 '아침부터 그들은 세 사람이 침대에 누운 채 거기에 커피나 식사를 가져오게 하였다. 정오에는 가벼운 점심을 들고 식후에는 다시 침대로 들어갔다. 손님이 찾아와도 거기로 안내되었다' '매우 감수성이 예민했던 나의 뇌리에는 이미 그 무렵부터 그들의 한가한 생활, 무위 등을 보고 있는 동안 막연하나마 '오블로모프시치나'에 관한 인상이 잉태된 것으로 여겨진다'고 고백하고 있다.

　이것들은 모두 사실임에 틀림없겠지만 작품 속에 약간의 자전적 요소가 끼어들었다고 하는 것은 그 작품이 그만큼 주관적인 것이 되었다고는 말할 수 없다. 만약에 이들 소재가 순수하게 객관적 태도로 처리되었다면 문제는 저절로 소멸되었을 것이다. 또 곤차로프에게는 다소 게으른 성향이 있었다거나, 그가 30년 동안 관리 생활을 한 것은 변화를 싫어한 증거이므로, 오블로모프에는 작가의 모습이 다소 투영되어 있다고 하면서 주관적 요소를 말하는 사람이 있는데 이 정도의 공통점은 많은 작품에서 손쉽게 지적할 수 있다. 예를 들어 푸시킨이 모차르트와 어떤 공통성을 갖고 있다고 해서, 누가 그의 작은 극시(劇詩) '모차르트와 살리에리'의 주관성을 논할 것인가. 오블로모프가 과연 범선으로 세계 일주를 할 수 있을 것인가, 평생 동안 불과 세 편이라고는 하지만 그토록 방대한 소설을 쓸 수 있었단 말인가?

작가는 오블로모프를 따스한 눈으로 바라본다. 이 모습을 보면 작가가 옛 러시아의 가부장적 사회를 그리워하고 사랑하는 것이 느껴진다. 또 오블로모프가 남긴 아이가 슈톨츠와 올가 부부에게 맡겨지는 결말은 앞으로 러시아인이 순수한 정신과 풍부한 상상력, 근면함을 모두 갖추기를 기대하며 오블로모프의 게으르고 정체된 모습은 그 과정이라 보여주고 싶었던 것이 아닐까.

곤차로프 연보

1812년   6월 6일 심비르스크(현 울리야놉스크)에서 상인의 아들로 태어나다.

1819년(7세)   아버지 세상을 떠나다.

1820~1822년   처음에는 심비르스크의 사립학원에서, 그 뒤로는 교외에 있는 영지에 설립된 사제 트로이츠키의 학원에서 공부함.

1822년(10세)   7월 20일 모스크바 상업학교 입학.

1831년(19세)   모스크바 대학 인문학부 입학.

1834년(22세)   대학을 졸업하고 고향으로 돌아옴.

1835년(23세)   페테르부르크의 대외통상부에 관리(번역가)로 관직생활 시작. 화가 N.I. 마이코프의 아들에게 문학을 가르침.

1839년(27세)   마이코프 문학잡지 〈월야(月夜)〉에 《행복한 실수》 발표.

1846년(34세)   《평범한 이야기》 완성.

1847년(35세)   잡지 〈현대인〉에 장편소설 《평범한 이야기》 연재.

1848년(36세)   《평범한 이야기》 단행본 출판

1849년(37세)   〈현대인〉에 「오블로모프의 꿈」 등장.

1851년(39세)   어머니 세상을 떠나다.

1852년(40세)   10월 전함 '팔라다' 호에 승선하여 세계여행 시작. 11월에 영국 도착.

1853년(41세)   1월 영국을 떠나 8월에 나가사키에 도착.

1854년(42세)   1월 하순 나가사키를 떠나 8월 흑룡강에 상륙.

1855년(43세)   2월 귀국 3년간 잡지에 여행기 연재.

1856년(44세)   1월 러시아 문학 검열관에 임명.

1858년(46세)   단행본 《전함 팔라다 호》 출판.

1859년(47세)   잡지 〈조국의 기록〉에 오블로모프를 연재 뒤 출판.

1860년(48세) 검열관을 그만둠. 〈현대인〉에 〈라이스키 생애와 일화〉 발표

1861년(49세) 〈조국의 기록〉에 《할머니》, 《초상화》 발표.

1862년(50세) 잡지 〈북방우편〉의 편집자가 됨.

1863년(51세) 편집장을 그만두고 다시 검열관이 됨.

1865년(53세) 출판물 관리국에 들어감.

1867년(55세) 4등 문관으로 퇴역.

1869년(57세) 잡지 〈유럽통보〉에 《단애》 연재.

1870년(58세) 단행본 《단애》 출판.

1872년(60세) 〈유럽통보〉에 《무한한 짐》 발표.

1879년(67세) 잡지 〈러시아어〉에 《안 하는 것보다는 늦는 것이 낫다》 발
표.

1880년(68세) 〈러시아어〉에 《문학적야회(文學的夜會)》 발표.

1881년(69세) 《벨린스키라는 인물에 대한 단상》 출판.

1887년(75세) 〈유럽통보〉에 《대학시절 회상》 발표.

1888년(76세) 잡지 〈니바〉에 《하인》 연재. 〈유럽통보〉에 《추억과 감상》,
《고향에서》 발표.

1889년(77세) 〈유럽통보〉에 《의지의 침범》 발표.

1891년(79세) 잡지 〈러시아평론〉에 《동부 시베리아를 가다》 발표. 9월 15
일 세상을 떠나다. 알렉산드로 묘지에 매장되다.

옮긴이 노현우
국립러시아 미술아카데미(Repin Academy) 졸업. 상트페테르부르크 예술문학연구수
학. Exhibition Center Saint Petersburg Union of Artist. 겸제진경미술대전특선. 단원
미술대전특선. 옮긴책 미하일 불가코프 《거장과 마르가리타》《개의 심장》 등이 있다.

World Book
233
И.А. Гончаров
ОБЛОМОВ
오블로모프
곤차로프/노현우 옮김
1판 1쇄 발행/2015. 1. 12
발행인 고정일
발행처 동서문화사
창업 1956. 12. 12. 등록 16-3799
서울 강남구 도산대로163(신사동, 1층)
☎ 546-0331~6 (FAX) 545-0331
www.dongsuhbook.com
*

사업자등록번호 211-87-75330
ISBN 978-89-497-0888-1 04080
ISBN 978-89-497-0382-4 (세트)